監修《かんしゅう》のことば

深谷圭助《ふかやけいすけ》

この本《ほん》は、ことばを、よく似《に》た意味《いみ》の仲間《なかま》ごとに分《わ》けて並《なら》べた辞典《じてん》です。

みなさんは作文《さくぶん》などを書《か》くときに、同《おな》じことばを何度《なんど》も使《つか》ってしまうことはありませんか？　たとえば、

「お笑《わら》い番組《ばんぐみ》で友《とも》だちが笑《わら》うのを見《み》て、僕《ぼく》は笑《わら》った。」

意味《いみ》は通《つう》じますが、笑《わら》い方《かた》の微妙《びみょう》な違《ちが》いは伝《つた》わらないですよね。これを、

「お笑《わら》い番組《ばんぐみ》で友《とも》だちが腹《はら》を抱《かか》えるのを見《み》て、僕《ぼく》はにやりとした。」

と言《い》いかえれば、笑《わら》い声《ごえ》の大《おお》きさや表情《ひょうじょう》までもが伝《つた》わってくる感《かん》じがしませんか？

また、みなさんは「思《おも》う」と「考《かんが》える」の使《つか》い分《わ》けを、どのようにしていますか？　どちらも、頭《あたま》の中《なか》ですることですから、あまり気《き》にしない人《ひと》も多《おお》いのではないでしょうか。

さて、この本《ほん》で調《しら》べてみましょう。「考《かんが》える」の解説《かいせつ》には、

「見《み》たこと、聞《き》いたこと、感《かん》じたことなどを心《こころ》の中《なか》でまとめて整理《せいり》する。」

とあります。これに対《たい》して、「思《おも》う」の所《ところ》には、

「いろいろな物事《ものごと》について、心《こころ》を働《はたら》かせる。」

という解説《かいせつ》があります。「まとめて整理《せいり》する」は「心《こころ》を働《はたら》かせる」に含《ふく》まれる「働《はたら》き」の一《ひと》つと言《い》えます。つまり、「思《おも》う」のほうが、「考《かんが》える」よりも意味《いみ》の範囲《はんい》が広《ひろ》いということが分《わ》かります。

この本《ほん》を使《つか》いこなせば、どのようなことばを、どのような場面《ばめん》で使《つか》うのがより望《のぞ》ましいのかが分《わ》かってきます。豊《ゆた》かな日本語《にほんご》を使《つか》うためには、よく似《に》た意味《いみ》のことばを比《くら》べて、どこが違《ちが》うのかを学《まな》ぶ必要《ひつよう》があるのです。

みなさんが、自由《じゆう》に楽《たの》しくこの辞典《じてん》を活用《かつよう》し、この辞典《じてん》が、みなさんの体《からだ》の一部《いちぶ》となり、ぼろぼろになるまで使《つか》い込《こ》まれることを願《ねが》ってやみません。

Reikai Gakushū Ruigo

例解学習類語辞典

似たことば・仲間のことば

立命館小学校 校長
深谷圭助 監修

小学館

【この辞典《じてん》の目的《もくてき》】

●ことばには、よく似《に》た意味《いみ》のことばや、似《に》た場面《ばめん》で使《つか》われることばがたくさんあります。この辞典《じてん》は、これら「仲《なか》間《ま》のことば」を集《あつ》め、意味《いみ》の微妙《びみょう》な違《ちが》いや使《つか》い方《かた》の違《ちが》いを分《わ》かりやすく解説《かいせつ》したものです。みなさんには、この本《ほん》を使《つか》って、いろいろなことばを上手《じょうず》に使《つか》い分《わ》けてもらいたいと考《かんが》えています。

【この辞典《じてん》のしくみ】

●この辞典《じてん》では、仲間《なかま》のことばのグループを、大分類《だいぶんるい》・中分《ちゅうぶん》類《るい》・小分類《しょうぶんるい》の三《みっ》つの階層《かいそう》で分《わ》けています。大分類《だいぶんるい》はもっとも大《おお》きなことばのグループで、「体《からだ》・人生《じんせい》」「行動《こうどう》」「気持《きも》ち」「ようす」「自然《しぜん》」の五《いつ》つ。この本《ほん》の章《しょう》に当《あ》たります。大分類《だいぶんるい》をそれぞれ関連《かんれん》の深《ふか》いことばで分《わ》けたのが中分類《ちゅうぶんるい》。小分類《しょうぶんるい》はいちばん小《ちい》さなことばのグループで、全部《ぜんぶ》で一八五の仲《なか》間《ま》のことばからなります。くわしいグループ分《わ》けは、後見《あとみ》返《かえ》し（裏表紙《うらびょうし》の裏側《うらがわ》）の「仲間《なかま》のことば・分類一覧《ぶんるいいちらん》」に示《しめ》しました。

●この辞典《じてん》は、約《やく》九五〇〇のことばをのせています。小学生《しょうがくせい》があまり使《つか》わないことばでも、グループ全体《ぜんたい》をとらえるうえで重要《じゅうよう》なことばは積極的《せっきょくてき》に取《と》り入《い》れました。

●漢字《かんじ》は一字一字《いちじいちじ》に意味《いみ》があります。この本《ほん》の中《なか》で、ことばの意味《いみ》や、ほかのことばの意味《いみ》との違《ちが》いを知《し》るために必要《ひつよう》な場合《ばあい》は漢字《かんじ》を使《つか》って書《か》き表《あらわ》しました。小学校《しょうがっこう》で習《なら》わない難《むずか》しい漢字《かんじ》もありますが、すべての漢字《かんじ》にふりがなをつけましたので、中学校《ちゅうがっこう》や高校《こうこう》で学習《がくしゅう》する漢字《かんじ》でも読《よ》めるようになっています。難《むずか》しい漢字《かんじ》は無理《むり》に覚《おぼ》えようとしなくても、何度《なんど》もながめているうちにだんだん身《み》についてきます。

●小分類《しょうぶんるい》「仲間《なかま》のことば」の中《なか》は、そのグループでもとくに意《い》味《み》の似《に》たことばや、似通《にかよ》った使《つか》い方《かた》をすることばが並《なら》ぶように心《こころ》がけました。ただ、ことばはさまざまな使《つか》われ方《かた》をするものなので、すぐ近《ちか》くに探《さが》している適切《てきせつ》なことばがあるとは限《かぎ》りません。いろいろなことばを知《し》るうえでも、グループ全体《ぜんたい》や隣《となり》のグループなどをじっくりと調《しら》べるようにしてください。

【記号《きごう》などのルール】

前見返《まえみかえ》し（表紙《ひょうし》の裏側《うらがわ》）にある説明《せつめい》といっしょに見《み》てください。

①**小分類《しょうぶんるい》（仲間《なかま》のことば）**……ことばを、似《に》た意味《いみ》のまとまりごとに集《あつ》めた一八五のグループです。赤《あか》いスペースに白《しろ》い文字《もじ》で書《か》いてあります。

②**英語《えいご》について**……小分類《しょうぶんるい》のことばの意味《いみ》の英語《えいご》と、その読《よ》み方《かた》を示《しめ》しました。読《よ》み方《かた》は、英語《えいご》の発音《はつおん》に近《ちか》い片仮名《かたかな》で記《しる》しました。たとえば「家族《かぞく》」という意味《いみ》の英語《えいご》は、日本語《にほんご》の文《ぶん》で使《つか》われるときには「ファミリー」と書《か》くことが多《おお》いですが、ここでは「ファミ

リ」と記《しる》しました。

③このページも見《み》てみよう……その小分類《しょうぶんるい》と、意味《いみ》が似《に》ている小分類《しょうぶんるい》のページを紹介《しょうかい》しています。

④見出《みだ》し語《ご》……日常《にちじょう》よく使《つか》われることばの中《なか》から約《やく》九五〇〇語《ご》を選《えら》びました。大《おお》きな黒《くろ》い文字《もじ》で書《か》いてあります。日本語《にほんご》の文章《ぶんしょう》によく使《つか》われる外国語《がいこくご》もあります。外《がい》国語《こくご》の文字《もじ》づかいは、日本語《にほんご》の文《ぶん》で多《おお》くみられるものを片仮名《かたかな》で記《しる》しました。このため、小分類《しょうぶんるい》のスペースにある、英語《えいご》の発音《はつおん》にもとづいた文字《もじ》づかいとは違《ちが》っている場合《ばあい》があります。

⑤ことばの説明《せつめい》……見出《みだ》し語《ご》の意味《いみ》の説明《せつめい》です。明朝体《みんちょうたい》と呼《よ》ばれる黒《くろ》い文字《もじ》で書《か》いてあります。意味《いみ》が二《ふた》つ以上《いじょう》ある場合《ばあい》は、それぞれの意味《いみ》の説明《せつめい》の先頭《せんとう》に◎の記《き》号《ごう》をつけました。また、ほかの小分類《しょうぶんるい》にその見出《みだ》し語《ご》がある場合《ばあい》には、『◎「あなた」⬇18』と、もう一《ひと》つの説明《せつめい》があるページを示《しめ》しています。

⑥例文《れいぶん》……例 の記号《きごう》に続《つづ》くことばや文章《ぶんしょう》です。その見出《みだ》し語《ご》を使《つか》ったことばや文章《ぶんしょう》のお手本《てほん》です。ゴシック体《たい》と呼《よ》ばれる文字《もじ》で書《か》かれていて、見出《みだ》し語《ご》に相当《そうとう》する部分《ぶぶん》は赤《あか》い文字《もじ》で示《しめ》しました。

⑦似《に》た表現《ひょうげん》のことば……似 の記号《きごう》に続《つづ》くことばです。その見出《みだ》し語《ご》ととくに近《ちか》い意味《いみ》のことばです。もちろん、このことばも見出《みだ》し語《ご》の仲間《なかま》のことばなので、同《おな》じ小分類《しょうぶんるい》のページに入《はい》っている場合《ばあい》もあります。

⑧反対《はんたい》の意味《いみ》のことば……対 の記号《きごう》に続《つづ》くことばです。対《たい》義語《ぎご》といい、その見出《みだ》し語《ご》と反対《はんたい》の意味《いみ》のことばです。

⑨もっと知《し》りたい、ことばの知識《ちしき》……◆の記号《きごう》に続《つづ》く文章《ぶんしょう》です。その見出《みだ》し語《ご》の別《べつ》の文字《もじ》づかいや、ふりがなとは別《べつ》の読《よ》み方《かた》などの知識《ちしき》、また、身《み》につけておくといい知識《ちしき》が書《か》いてあります。

⑩関連《かんれん》することば……小分類《しょうぶんるい》に関連《かんれん》することばを使《つか》った、豊《ゆた》かな表現《ひょうげん》を紹介《しょうかい》しています。ことわざ・慣用句《かんようく》・言《い》い回《まわ》しなど、いろいろな種類《しゅるい》があります。また、ほかの小分類《しょうぶんるい》に、ここと同《おな》じことばがある場合《ばあい》は『⬇「忘《わす》れる」307』と、その説明《せつめい》があるページを示《しめ》しています。

⑪こんなことばも覚《おぼ》えておこう……小分類《しょうぶんるい》に関連《かんれん》する、そのほかの仲間《なかま》のことばです。意味《いみ》や使《つか》い方《かた》については、収録語数《しゅうろくごすう》の多《おお》い国語辞典《こくごじてん》などで調《しら》べてみましょう。

⑫表《ひょう》について……意味《いみ》の似《に》ていることばが、どういった文章《ぶんしょう》で使《つか》われるのかを比較《ひかく》したものです。その文章《ぶんしょう》にふさわしい場合《ばあい》には〇で、使《つか》わなくはないがあまり見《み》受《う》けられない場合《ばあい》には△で、ほとんど使《つか》わない場合《ばあい》には－で示《しめ》しました。

⑬深谷先生《ふかやせんせい》のちょっとひと息《いき》……深谷先生《ふかやせんせい》の、仲間《なかま》のことばの知識《ちしき》についてのコーナーです。目次《もくじ》は14ページにあります。

保護者・教育者の皆様へ

深谷圭助

習うより慣れよ――。使い古された感のある、手垢にまみれた言葉ですが、多くの先人がこの格言を真であると認めたればこそ、言われ続けているという重み。教育者にとっては、「教えること」の否定にもつながる恐ろしい言葉であると襟元を正しつつ、「ならば、〝慣れる〟ことをこそ、教えよう」との発想で、とくに国語教育に励んで参りました。

徹底した、国語辞典を使っての「辞典引き学習」。小学一年次から、辞典を引くことに慣れさせ、知を吸収する喜びに慣れさせる。その足跡としての付箋の山で分厚くなった「マイ辞典」に、自信を深めていく。この循環が回り出せば、しめたもの。子供たちはおのずから、言葉の深みの探求へと旅立ってくれます。では、言葉の広がりを見渡させるにはどうしたらいいか？　こういった発想から、「小学生向けとして、日本初の類語辞典はできないものか」と考え、本書の企画を立案いたしました。

いわゆる〝お勉強エリート〟よりも、豊富な交渉力や共感力を持つ〝コミュニケーション・エリート〟が求められる時代には、言葉の豊かさと、それを適切に使う表現力が問われます。話し言葉で聞く者を惹きつけ、書き言葉で読む者の心をつかむ。また、相手の話や文章を、適切に受け止めることができる。そんな魅力ある大人へと育つためには、いろいろな言葉のニュアンスの違いを習得する必要があると考えます。

本書では、たとえば「笑う」という項目に八十三語もの言葉と、九つの関連表現を収録。大人でも、これだけの「笑いの表現」のバリエーションを使いこなすのは難しいのではないでしょうか？　当然、子供たちも、これらすべてを丸暗記する必要はまったくありません。ただ、「忍び笑い」「含み笑い」「苦笑い」など、微妙な違いを持つ言葉がこんなにたくさんあり、意味がどう違うのかを知る喜びを感じ取ってほしいのです。

基本的に本書は、通常の国語辞典のような、分からない言葉を調べる辞典ではありません。本書は、子供たちが作文などに取り組んでいる最中に、「自分は、さっきから何度も〝誰それが笑った〟と書いてばかりだ。読む人は飽きてしまうかもしれない」と思ったときに活躍します。「笑う」のページを開いた子供たちの目の前に、豊かな表現の世界が広がります。子供たちは自分が言いたかったこと、書きたかったことにぴったりな表現を見つけ、自分のものとすることでしょう。

これまでにも、国語の授業で「似たことば」として類義語を扱う場面はありました。しかし、この『例解学習類語辞典』のように、約九五〇〇語もの言葉について、それぞれのニュアンスの違いを解説した子供向け辞典は初めての試みです。保護者の方々や学校・塾などの先生方におかれましては、この辞典を使った子供たちの理解をよりいっそう深めるため、授業や子供とのふれあいの中で、これからご紹介する「なかまの言葉遊び」をお試しいただけましたら幸いです。

【この本を使った遊び方の例】

●『あなたとわたし劇場』

最少人数：２人
必要な物：画用紙、マジックペン
所要時間：約15分

①この本の「私」「あなた」のページから、いくつかの言葉を選び、図のようなカードを10枚ほど作ります。
②2～4人が1組になり、机の上にすべてのカードを裏返して置きます。
③全員が1枚ずつ、カードを引きます（お互い見せ合っても隠してもかまいません）。
④自分が引いたカードの言葉を使った「せりふ」を順番に言い合って、劇のようなやりとりをします。

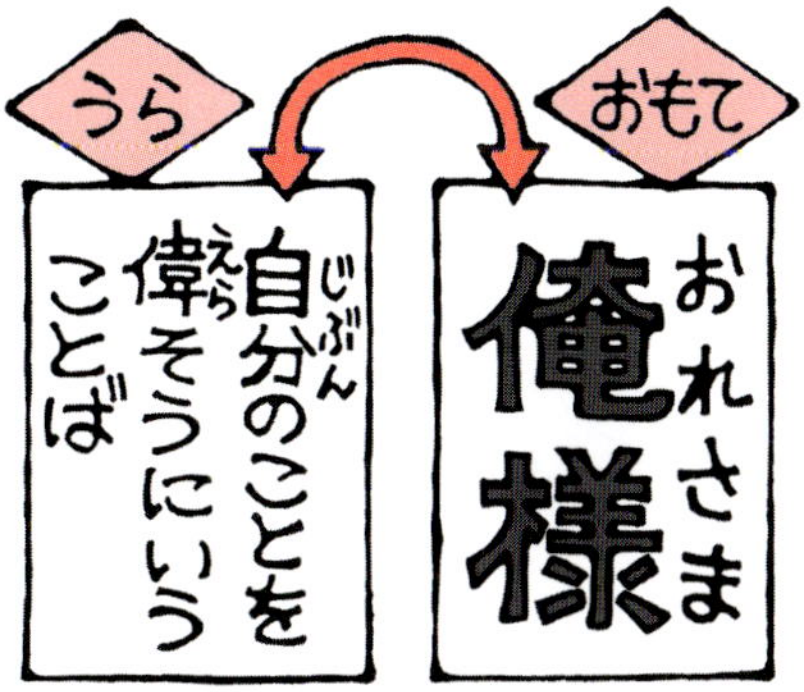

《ゲームの進行例とコツ》

たとえば4人でこのゲームをしたとして、Aくんが「俺様」、Bさんが「あたし」、Cくんが「お宅」、Dさんが「私共」を引いたとします。そこで、こんな劇が成立すればしめたもの。

Aくん「俺様をだれだと思ってるんだ!?」
Bさん「あんたはあたしの息子じゃないか!?」
Cくん「もしもし、お宅の親子げんか、うるさいですよ」
Dさん「私共がご迷惑をおかけして、すみませんでした」

この例では、Aくんがどら息子、Bさんがお母さん、Cくんが隣人、Dさんがお父さん、といった役所《やくどころ》でしょうか。こ

うした〝配役〟は最初から決まっているわけではないので、子供たちにはなかなか難しいかもしれません。

　とくに、Bさんの役割は重要です。トップバッターのAくんは、思いついたせりふを自由に言えばいいのですが、Bさんは、そのリアクションを求められるだけでなく、Cくん以降に続く〝話の流れ〟を考える必要があります。この二番手の役目は指導者の皆さんが代行してもいいかもしれませんね。

　カードの言葉の、せりふの中での使われ方について、他の子供から「その使い方はおかしい」と指摘があったら、それはそれで、本書を使った学習のチャンスです。当該ページをみんなで調べて、意味をしっかりと確認します。

●『知らぬは本人ばかりなり』

最少人数：10人
必要な物：ボール紙など、マジックペン、粘着テープ
所要時間：約30分

①ボール紙などで、子供がかぶれる直径の輪を10個作ります。運動帽などで代用することもできます。
②この本の「笑う」「泣く」「怒る」などのジャンル2つから、それぞれ5～6語ずつ言葉を選んで、厚めの紙に書いて2セットのカードを作ります。
③子供たちを5人組の2チームに分けて、先攻・後攻を決めます。それぞれのリーダーにカードを1セットずつ、伏せた状態で渡します。
④リーダーは、ゲームに挑戦する順番を決めます。そして、裏返したカードから1枚を選び、テープなどで第1挑戦者の頭の輪に貼り付けます。このとき、挑戦者に表面《おもてめん》が見えないよう注意。
⑤挑戦者の頭のカードを見て、残りの4人がその言葉についてのヒントを言います。挑戦者はヒントを聞いて言葉を当てます。後攻チームはその間、正解そのものの言葉をヒントとして言ってしまうなどの反則がないか、チェックします。
⑥正解までの時間を記録し、次は後攻チームの番。両チーム交互に10回のゲームをして、合計タイムが短かった方が勝ちです。

《ゲームの進行例とコツ》
　カード数はチームの人数よりも多くてもかまいません。あ

るチームが「泣くセット」を選び、挑戦者の頭にあるのが「忍び泣きカード」だったとします。ヒントを出す4人は、自力でヒントを言うのでもかまいませんし、この本を使って、言葉の解説文や類語からヒントを出してもいいでしょう。

「声を立てないで泣くこと！」

「こらえて泣く！」

「ううう…って感じかな」

「泣いているのが、ばれるのが嫌なんだね」

などと言います。ただし、「忍んで泣くこと！」というのは反則です。「男泣きカード」で「男が泣くこと」というのもダメですね。

ヒントは、4人が順番に言うのでもいいですし、わいわい言うのでもかまいません。ただし、類語をある程度学習した子供たちでないと、すらすら出てこないかもしれませんから、類語についての授業の終盤にするといいでしょう。

●『類語の虫食い文章』

人数：学級単位
必要な物：とくになし
所要時間：授業1校時分

この本にいくつかある、類語用例表と同様のものを、授業の中で子供たちと作り上げていきます。例として、「怒る」というジャンルの類語についての授業例を紹介します。

まず、黒板に「虫食い文章群」として、下のような文章を、それぞれ横書きにします。そ

> 世界中の人たちが核実験に ☐ 。
> カラオケが下手だとからかわれて ☐ 。
> 政治家の汚職のニュースを見て ☐ 。
> 大好きなガムの値上げを知って ☐ 。
> うっかりミスをした自分に ☐ 。

して、黒板の上方に、

「お冠だ」
「激怒した」
「頭にきた」
「口をとがらせた」
「むかついた」

などの、「怒る」の類語を縦書きにします。それぞれがクロスするように表を作り、各マス目について、その類語が文章の虫食い部分に使われるのが適切かどうか、子供たちに検討させます。

「核実験に口をとがらせた」では、軽い感じに聞こえる」
「お冠は、怒っているのを他人に知らせたい感じがするから、自分への怒りに使

	お冠だ	激怒した	頭にきた	口をとがらせた	むかついた
世界中の人たちが核実験に［　　］。	×	○	×	×	×
カラオケが下手だとからかわれて［　　］。	○	△	○	○	○
政治家の汚職のニュースを見て［　　］。	×	○	○	×	○
大好きなガムの値上げを知って［　　］。	△	×	×	○	○
うっかりミスをした自分に［　　］。	×	×	△	×	○

うのはおかしい」
「カラオケのことぐらいで激怒したのでは、友達がいなくなるよ」

などなど、活発な意見が出ればしめたものです。子供たちの考えを集約して、マス目に図のような○△×を入れてみましょう。その際、これはあくまでも人によって感じ方が違うことなので、「絶対的な正解はない」ということを強調しておくべきでしょう。

【もくじ】

第一章《だいいっしょう》 体《からだ》・人生《じんせい》

＊カッコ内《ない》はおもな収録語《しゅうろくご》

人間関係　にんげんかんけい

人の体　ひとのからだ

人生　じんせい

運命　うんめい

第二章《だいにしょう》　行動《こうどう》

体の動き　からだのうごき

移動　いどう

感覚　かんかく

衣食住　いしょくじゅう

第三章《だいさんしょう》　気持《きも》ち

気持《きも》ち

第四章《だいよんしょう》　ようす

物《もの》のようす

第五章《だいごしょう》　自然《しぜん》

宇宙と地球　うちゅうとちきゅう

自然現象　しぜんげんしょう

深谷《ふかや》先生《せんせい》のちょっとひと息《いき》 もくじ

第一章《だいいっしょう》　体《からだ》・人生《じんせい》

人間関係《にんげんかんけい》

人《ひと》の体《からだ》

人生《じんせい》

運命《うんめい》

人間関係《にんげんかんけい》

私《わたし》

I
［アイ］

私《わたし》 自分《じぶん》を指《さ》すことば。男女《だんじょ》ともに広《ひろ》く使《つか》われるが、男性《だんせい》の場合《ばあい》は、やや改《あらた》まった感《かん》じになる。例 **私《わたし》**がこのクラスの担任《たんにん》です。

私《わたくし》 ◎「私《わたし》」よりも改《あらた》まった言《い》い方《かた》。おもに目上《めうえ》の人《ひと》に対《たい》して使《つか》う、ていねいなことば。例 **私《わたくし》**が本日《ほんじつ》の司会《しかい》を務《つと》めます。◎個人的《こじんてき》な事柄《ことがら》。例 **私《わたくし》**事《ごと》で申《もう》し訳《わけ》ありません。

あたし 「私《わたし》」のくだけた言《い》い方《かた》。おもに、女性《じょせい》が使《つか》うことば。例 **あたし**の家《いえ》に遊《あそ》びにおいで。

あたい 「あたし」より、さらにくだけた言《い》い方《かた》。昔《むかし》、東京《とうきょう》の下町《したまち》の女性《じょせい》や子《こ》どもがおもに使《つか》ったことば。例 その服《ふく》は**あたい**のだよ。

うち ◎おもに近畿地方《きんきちほう》で、女性《じょせい》や子《こ》どもが自分《じぶん》を指《さ》すことば。例 あんた、**うち**のこと好《す》きなん？ ◎「家族《かぞく》・親族《しんぞく》」➡38

あたくし 「私《わたくし》」のくだけた言《い》い方《かた》。やや気取《きど》った感《かん》じがある。おもに、女性《じょせい》が使《つか》うことば。例 **あたくし**に、これくださいな。

私《わたくし》め 「私《わたくし》」の、へりくだっているが、やや気取《きど》った言《い》い方《かた》。例 パリのことなら、どんなことでも**私《わたくし》め**にお任《まか》せください。

あっし 「あたし」の変化《へんか》したことば。へりくだった言《い》い方《かた》で、おもに男性《だんせい》の職人《しょくにん》などが使《つか》った。例 **あっし**には、関《かか》わりのないことです。

あちき 「私《わたし》」のくだけた言《い》い方《かた》。江戸時代《えどじだい》の遊女《ゆうじょ》が自分《じぶん》を「わちき」と呼《よ》んだのが変化《へんか》したもの。例 この始末《しまつ》は、**あちき**に任《まか》せておくれ。

わい おもに近畿地方《きんきちほう》で、男性《だんせい》が自分《じぶん》を指《さ》すことば。「わし」が変化《へんか》したもの。例 **わい**が、タイガースの四番《よばん》バッターや。

わて 「私《わたし》」が変化《へんか》したことば。もとは女性《じょせい》が使《つか》った、近畿地方《きんきちほう》のことば。例 **わて**が、漫才《まんざい》で天下《てんか》を取《と》ったる！

僕《ぼく》 ◎男性《だんせい》が自分《じぶん》を指《さ》すことば。親《した》しい人《ひと》や目下《めした》の人《ひと》と話《はな》すときに使《つか》う。もとは「召《め》し使《つか》い」の意味《いみ》で、へりくだった言《い》い方《かた》。例 **僕《ぼく》**は君《きみ》が大好《だいす》きです。◎「子《こ》ども」➡49

俺《おれ》 男性《だんせい》が自分《じぶん》を指《さ》すことば。「僕《ぼく》」よりもぞんざいで、くだけた言《い》い方《かた》。同等《どうとう》か目下《めした》の人《ひと》に話《はな》すときに使《つか》うことが多《おお》い。例 困《こま》ったことがあったら、**俺《おれ》**に相談《そうだん》しなよ。

おら 「俺《おれ》」のこと。女性《じょせい》が使《つか》うこともある。例 **おら**が村《むら》の名物《めいぶつ》。

おいら 「俺《おれ》」のこと。男《おとこ》の子《こ》や若者《わかもの》が使《つか》う、くだけた言《い》い方《かた》。例 **おいら**が学校《がっこう》でいちばん強《つよ》いぞ。

こちとら 「こちら」のくだけた言《い》い方《かた》で、自分《じぶん》のこと。また、自分《じぶん》たちのこと。例 てやんでえ、

こちとら江戸《えど》っ子《こ》でえ。

自分《じぶん》
「私《わたし》」のこと。おもに男性《だんせい》がへりくだって、改《あらた》まった態度《たいど》でいう。近畿地方《きんきちほう》では「君《きみ》」の意味《いみ》で使《つか》うこともある。例 これは**自分《じぶん》**の本《ほん》です。

我《われ》
◎「私《わたし》」のこと。例 **我《われ》**こそは日本《にほん》一《いち》だ。◎「あなた」↓19

わし
「私《わたし》」の偉《えら》ぶった言《い》い方《かた》。多《おお》く、年配《ねんぱい》の男性《だんせい》が、目下《めした》の者《もの》に対《たい》して使《つか》う。例 この件《けん》は**わし**に任《まか》せなさい。

我《わ》が輩《はい》
「わし」と同《おな》じ意味《いみ》だが、いばった感《かん》じで使《つか》うことば。例 **我《わ》が輩《はい》**が、陸軍大臣《りくぐんだいじん》である。◆「吾《わ》が輩《はい》」とも書《か》く。

俺様《おれさま》
自分《じぶん》のことを偉《えら》そうにいうことば。例 **俺様《おれさま》**をだれだと思《おも》っているんだ。

余《よ》
高《たか》い身分《みぶん》の男性《だんせい》が、自分《じぶん》を指《さ》すことば。例 **余《よ》**は満足《まんぞく》じゃ。◆「予《よ》」とも書《か》く。

麿《まろ》
昔《むかし》の貴族《きぞく》が自分《じぶん》を指《さ》していったことば。例 **麿《まろ》**は一度《いちど》も京《きょう》より外《そと》に出《で》たことがありませぬ。◆「麻呂《まろ》」とも書《か》く。

手前《てまえ》
◎「自分《じぶん》」のへりくだった言《い》い方《かた》。例 **手前《てまえ》**のほうからお伺《うかが》いいたします。◎「あなた」↓19

てめえ
◎「手前《てまえ》」の乱暴《らんぼう》な言《い》い方《かた》。例 **てめえ**のことは**てめえ**でするから、心配《しんぱい》するな。◎「あなた」↓19

小生《しょうせい》
男性《だんせい》が、自分《じぶん》をへりくだっていうことば。おもに、手紙《てがみ》などで使《つか》う。例 **小生《しょうせい》**も元気《げんき》に過《す》ごしております。

不肖《ふしょう》
自分《じぶん》のことをへりくだっていうことば。「肖《しょう》」は、似《に》るという意味《いみ》。「不肖《ふしょう》」は、親《おや》に似《に》ないで愚《おろ》かであるということ。例 **不肖《ふしょう》**、未熟者《みじゅくもの》ではありますが、がんばります。

当方《とうほう》
「私《わたし》」や「私達《わたしたち》」の、公《おおやけ》の立場《たちば》での改《あらた》まった言《い》い方《かた》。例 手数《てすう》料《りょう》は**当方《とうほう》**が負担《ふたん》いたします。対 **先方《せんぽう》**。

朕《ちん》
昔《むかし》、皇帝《こうてい》や天皇《てんのう》などが自分《じぶん》のことを指《さ》していったことば。例「**朕《ちん》**は国家《こっか》なり」とは、フランスのルイ十四世《じゅうよんせい》のことばだ。

本官《ほんかん》
公務員《こうむいん》が、仕事《しごと》の上《うえ》で自分《じぶん》を指《さ》していうことば。おもに、警察官《けいさつかん》や自衛官《じえいかん》が使《つか》う。例 犯人《はんにん》の取《と》り調《しら》べは、**本官《ほんかん》**がいたしました。

「私《わたし》」に関連《かんれん》することば

我関《われかん》せず ある問題《もんだい》に対《たい》して、自分《じぶん》にはまったく関係《かんけい》がないという態度《たいど》を取《と》るようす。

我《われ》に返《かえ》る 正気《しょうき》を取《と》り戻《もど》す。ある物事《ものごと》に気《き》を奪《うば》われていた人《ひと》が、元《もと》の状態《じょうたい》に戻《もど》る。

我《われ》も我《われ》も 大勢《おおぜい》の人《ひと》たちが、他《た》の人《ひと》よりも遅《おく》れないように、先《さき》を争《あらそ》って押《お》しかけるようす。↓505

我《われ》を忘《わす》れる ↓308

●こんなことばも覚《おぼ》えておこう
愚生《ぐせい》・大愚《たいぐ》・吾人《ごじん》・乃公《だいこう》・余輩《よはい》・我《わ》・吾《わ》・わらわ・わちき・わっち・やっこ・やつがれ・身共《みども》・拙者《せっしゃ》・某《それがし》

◆＝もっと知《し》りたい、ことばの知識《ちしき》。

本職《ほんしょく》 公務員《こうむいん》が、仕事《しごと》の上《うえ》で自分《じぶん》を指《さ》していうことば。おもに、事務職《じむしょく》の公務員《こうむいん》が使《つか》う。例 あなたの婚《こん》姻届《いんとどけ》は、本職《ほんしょく》が受理《じゅり》します。

当職《とうしょく》 ある職業《しょくぎょう》についている人《ひと》が、仕事《しごと》の上《うえ》で自分《じぶん》を指《さ》していうことば。例 マンション管理人《かんりにん》である当《とう》職《しょく》が確認《かくにん》したところ、水漏《みずも》れはありませんでした。

私達《わたしたち》 自分《じぶん》たち。自分《じぶん》と仲間《なかま》や家族《かぞく》、立場《たちば》が同《おな》じ人《ひと》たちをまとめていうことば。例 私達《わたしたち》は、小学校《しょうがっこう》の同《どう》級生《きゅうせい》です。

私達《わたくしたち》 「私達《わたしたち》」の改《あらた》まった言《い》い方《かた》。例 私達《わたくしたち》がこのたび、新役員《しんやくいん》に選《えら》ばれました。

私《わたし》ら 「私達《わたしたち》」のくだけた言《い》い方《かた》。例 私《わたし》らは、いつもいっしょだ。

我々《われわれ》 「私達《わたしたち》」と同《おな》じ。自分《じぶん》と仲間《なかま》のつながりの深《ふか》さや、団結《だんけつ》ぶりを強調《きょうちょう》した言《い》い方《かた》。例 我々《われわれ》のクラスが、音楽会《おんがくかい》で優勝《ゆうしょう》しました。

我《われ》ら 「我々《われわれ》」と同《おな》じ。例 少子化《しょうしか》で、我《われ》らの母校《ぼこう》が廃校《はいこう》になる。

俺達《おれたち》 「私達《わたしたち》」のぞんざいな、おもに男性《だんせい》が使《つか》うことば。例 俺達《おれたち》は、卒業《そつぎょう》してからもずっと友《とも》だちだ。

私共《わたしども》 「私達《わたしたち》」のへりくだった言《い》い方《かた》。例 私共《わたしども》の家《いえ》にも、どうぞお越《こ》しください。

私共《わたくしども》 「私達《わたくしたち》」のへりくだった言《い》い方《かた》。おもに、会社《かいしゃ》などで働《はたら》いている人《ひと》が客《きゃく》や取引先《とりひきさき》に対《たい》して使《つか》う。例 飛行中《ひこうちゅう》は、私共《わたくしども》が皆様《みなさま》のお世話《せわ》をいたします。

手前共《てまえども》 「私共《わたくしども》」より、さらにへりくだった言《い》い方《かた》。例 手前共《てまえども》のホテルをご利用《りよう》いただき、まことにありがとうございます。

あなた

you
[ユー]

あなた ◎相手《あいて》の人《ひと》を指《さ》していうことば。自分《じぶん》と同《おな》じか目下《めした》の人《ひと》を指《さ》すときに使《つか》い、ふつう、目上《めうえ》の人《ひと》に対《たい》しては使《つか》わない。例 あなたの家《いえ》はどこですか。◎相手《あいて》をとくに決《き》めずに、広《ひろ》く、多《おお》くの人々《ひとびと》に呼《よ》びかけるときに使《つか》うことば。例 あなたの参加《さんか》をお待《ま》ちしています。◆男性《だんせい》には「貴方《あなた》」「貴男《あなた》」、女性《じょせい》には「貴女《あなた》」という字《じ》を使《つか》う。◎「夫婦《ふうふ》」➡117

あんた 「あなた」のくだけた言《い》い方《かた》。例 あんたに手伝《てつだ》ってもらいたいことがあるんだ。

お前《まえ》 ◎ごく親《した》しい人《ひと》や目下《めした》の相手《あいて》を指《さ》していうことば。ふつうは男性《だんせい》が使《つか》う。例 お前《まえ》のためを思《おも》って少《すこ》しきついことを言《い》うのだ。◎「夫婦《ふうふ》」➡119

おめえ 「お前《まえ》」のぞんざいな言《い》い方《かた》。例 おめえにはそんなこと聞《き》いてないよ。

お前《まえ》さん 親《した》しい相手《あいて》を指《さ》していうことば。とくに、妻《つま》が夫《おっと》に呼《よ》びかけるときに使《つか》う。例 お前《まえ》さん、お茶《ちゃ》が入《はい》ったよ。

その方《ほう》 武士《ぶし》などが、自分《じぶん》と同《おな》じか目下《めした》の相手《あいて》を指《さ》していったことば。例 その方《ほう》、年《とし》はいくつじゃ。

そち
目下《めした》の相手《あいて》を指《さ》していうことば。例 そちに褒美《ほうび》をとらせよう。

おのれ
目下《めした》の相手《あいて》を指《さ》していうことば。男性《だんせい》が、ののしるときに使《つか》うことが多《おお》い。自分《じぶん》という意味《いみ》もある。例 おのれには関係《かんけい》ないことだ。

我《われ》
◎目下《めした》の相手《あいて》を指《さ》していうことば。ののしるときに使《つか》うことが多《おお》い。近畿地方《きんきちほう》などでは、現在《げんざい》でも使《つか》われている。例 我《われ》はどこを見《み》て歩《ある》いているんだ。◎「私《わたし》」➡17

手前《てまえ》
◎相手《あいて》を見下《みくだ》して呼《よ》ぶことば。例 手前《てまえ》は黙《だま》って、引《ひ》っ込《こ》んでいろ。◎「私《わたし》」➡17

てめえ
◎「手前《てまえ》」の乱暴《らんぼう》な言《い》い方《かた》。ふつう、男性《だんせい》が使《つか》う。例 てめえのせいでひどい目《め》にあった。◎「私《わたし》」➡17

君《きみ》
親《した》しい人《ひと》や目下《めした》の相手《あいて》を指《さ》していうことば。例 君《きみ》がヒットを打《う》ったら、僕《ぼく》は確実《かくじつ》にバントで送《おく》るよ。

そなた
身分《みぶん》の高《たか》い人《ひと》が、目下《めした》の相手《あいて》を指《さ》していうことば。例 そなたの名《な》は何《なん》というのか。

おぬし
自分《じぶん》と同《おな》じか目下《めした》の相手《あいて》を指《さ》していうことば。例 おぬしもなかなかやるな。

お手前《てまえ》
身分《みぶん》が同《おな》じくらいの武士《ぶし》が、相手《あいて》を呼《よ》ぶときに使《つか》うことば。例 お手前《てまえ》のおかげで、このたびは助《たす》かった。

汝《なんじ》
自分《じぶん》と同《おな》じか目下《めした》の人《ひと》を指《さ》していうことば。聖書《せいしょ》や名言《めいげん》などでよく使《つか》われる。例 汝《なんじ》の敵《てき》を愛《あい》せよ。

お宅《たく》
◎あまり親《した》しくない相手《あいて》に、軽《かる》い敬意《けいい》を込《こ》めて呼《よ》びかけることば。例 お宅《たく》も東京出身《とうきょうしゅっしん》だそうですね。◎相手《あいて》の家《いえ》や会社《かいしゃ》などを指《さ》すことば。例 お宅《たく》は、駅《えき》から歩《ある》いて何分《なんぷん》くらいかかりますか。◎趣味《しゅみ》などに深《ふか》く没頭《ぼっとう》している人《ひと》。例 姉《あね》はアニメお宅《たく》で、部屋《へや》の中《なか》にはDVD《ディーブイディー》が山《やま》のようにある。

そこもと
身分《みぶん》が同《おな》じくらいの武士《ぶし》が、相手《あいて》を呼《よ》ぶときに使《つか》うことば。例 そこもとに、お目《め》にかけたいものがある。

大将《たいしょう》
◎自分《じぶん》と同《おな》じか目下《めした》の相手《あいて》を、親《した》しみを込《こ》めて、または、からかって呼《よ》ぶことば。例 大将《たいしょう》、元気《げんき》でやっているかい。◎「リーダー」➡63

貴君《きくん》
男性《だんせい》が、自分《じぶん》と同《おな》じか目下《めした》の相手《あいて》を軽《かる》い敬意《けいい》を込《こ》めて呼《よ》ぶことば。おもに、手紙《てがみ》などで使《つか》う。例 貴君《きくん》のご活躍《かつやく》をお祈《いの》りします。

貴公《きこう》
「貴君《きくん》」と同《おな》じ。例 「貴公《きこう》のほうから先《さき》に行《い》ってくれ」「いや、貴公《きこう》こそ」

貴兄《きけい》
男性《だんせい》が、自分《じぶん》と同《おな》じか親《した》しい目上《めうえ》の相手《あいて》を、敬意《けいい》を込《こ》めて呼《よ》ぶことば。おもに、手紙《てがみ》などで使《つか》う。例 貴兄《きけい》のご活躍《かつやく》をうれしく拝見《はいけん》しております。

貴殿《きでん》
男性《だんせい》が、自分《じぶん》と同《おな》じか親《した》しい目上《めうえ》の相手《あいて》を、敬意《けいい》を込《こ》めて呼《よ》ぶことば。おもに、手紙《てがみ》などで使《つか》う。例 貴殿《きでん》のご意見《いけん》をお聞《き》かせください。

貴下《きか》
男性《だんせい》が、目下《めした》の相手《あいて》を敬意《けいい》を込《こ》めて呼《よ》ぶことば。おもに、手紙《てがみ》などで使《つか》う。例 貴下《きか》のご健康《けんこう》をお祈《いの》りします。

足下《そっか》
男性《だんせい》が、目下《めした》の相手《あいて》を敬意《けいい》を込《こ》めて呼《よ》ぶことば。おもに、手紙《てがみ》などで使《つか》う。例足下《そっか》のご助言《じょげん》により、仕事《しごと》がうまくいきました。

大兄《たいけい》
男性《だんせい》が、自分《じぶん》と同《おな》じか親《した》しい目上《めうえ》の相手《あいて》を、うやまっていうことば。おもに、手紙《てがみ》などで使《つか》う。例大兄《たいけい》から拝借《はいしゃく》した本《ほん》を、来週《らいしゅう》お返《かえ》しに伺《うかが》います。

賢兄《けんけい》
同輩《どうはい》の相手《あいて》をうやまっていうことば。おもに、手紙《てがみ》などで使《つか》う。例賢兄《けんけい》のご活躍《かつやく》をお祈《いの》りいたします。

賢弟《けんてい》
男性《だんせい》が、他人《たにん》の弟《おとうと》や年下《としした》の男性《だんせい》をうやまっていうことば。おもに、手紙《てがみ》などで使《つか》う。例賢弟《けんてい》のご多幸《たこう》を心《こころ》より祈《いの》っております。

御身《おんみ》
◎相手《あいて》に対《たい》して、軽《かる》い敬意《けいい》を込《こ》めて呼《よ》ぶことば。男女《だんじょ》ともに使《つか》う。例御身《おんみ》さえよろしければ、ご同行《どうこう》させてください。◎「からだ」➡77

貴様《きさま》
男性《だんせい》が自分《じぶん》と同《おな》じか目下《めした》の相手《あいて》を、見下《みくだ》したり親《した》しみを込《こ》めたりして呼《よ》ぶことば。もとは、相手《あいて》をうやまっていったことば。例貴様《きさま》には借《か》りができたな。

上様《うえさま》
◎天皇《てんのう》や将軍《しょうぐん》など、身分《みぶん》の高《たか》い人《ひと》を呼《よ》ぶことば。例上様《うえさま》は、お酒《さけ》をお召《め》し上《あ》がりになりますか。◎領収書《りょうしゅうしょ》などで、相手《あいて》の名前《なまえ》の代《か》わりに書《か》くことば。例あて名《な》は上様《うえさま》でよろしいでしょうか。◆「じょうさま」ともいう。

あなた達《たち》
「あなた」の複数形《ふくすうけい》。例あなた達《たち》もいっしょにやりましょうよ。

皆《みな》
その場所《ばしょ》にいる人々《ひとびと》や、関係《かんけい》している人々《ひとびと》に呼《よ》びかけるときに使《つか》うことば。例皆《みな》の者《もの》、よく聞《き》け。

皆《みな》さん
「皆」のていねいな言《い》い方《かた》。例ご町内《ちょうない》の皆《みな》さん、明日《あした》からラジオ体操《たいそう》を始《はじ》めます。

皆様《みなさま》
「皆《みな》さん」の、さらにていねいな言《い》い方《かた》。例お集《あつ》まりの皆様《みなさま》に本日《ほんじつ》のゲストを紹介《しょうかい》します。

みんな
「皆《みな》」のくだけた言《い》い方《かた》。例みんなはどの教科《きょうか》が好《す》きなの。

諸君《しょくん》
「皆《みな》さん」の改《あらた》まった言《い》い方《かた》。男性《だんせい》が、自分《じぶん》と同《おな》じか目下《めした》の人々《ひとびと》に対《たい》して呼《よ》びかけるときに使《つか》うことば。例諸君《しょくん》の積極的《せっきょくてき》な参加《さんか》を期待《きたい》します。

諸氏《しょし》
「皆《みな》さん」の改《あらた》まった言《い》い方《かた》。相手《あいて》に軽《かる》い敬意《けいい》を込《こ》めて呼《よ》びかけるときに使《つか》う。例読者《どくしゃ》諸氏《しょし》のご意見《いけん》をお待《ま》ちしております。

諸兄《しょけい》
「皆《みな》さん」の改《あらた》まった言《い》い方《かた》。男性同士《だんせいどうし》で使《つか》うことば。例諸兄《しょけい》のご賛同《さんどう》を得《え》てうれしい限《かぎ》りです。

諸賢《しょけん》
本《ほん》や雑誌《ざっし》などで、敬意《けいい》を込《こ》めて読者《どくしゃ》に呼《よ》びかけることば。例諸賢《しょけん》のご意見《いけん》を受《う》けて、誌面《しめん》を刷新《さっしん》しました。

方々《かたがた》
「あなた達《たち》」のていねいな言《い》い方《かた》。例方々《かたがた》もお聞《き》き及《およ》びのことと存《ぞん》じます。

各々方《おのおのがた》
武士《ぶし》が、複数《ふくすう》の相手《あいて》を敬意《けいい》を込《こ》めて呼《よ》ぶことば。例各々方《おのおのがた》、いざ出陣《しゅつじん》でござる。

各位《かくい》
大勢《おおぜい》の中《なか》の一人《ひとり》ひとりに、敬《けい》意《い》を込《こ》めて呼《よ》びかけることば。

似＝似《に》た表現《ひょうげん》のことば。対＝反対《はんたい》の意味《いみ》のことば。例＝使《つか》い方《かた》の例《れい》。

例 関係各位《かんけいかくい》に感謝《かんしゃ》の意《い》を表《ひょう》します。◆このことば自体《じたい》に敬意《けいい》が込《こ》められているので、「各位様《かくいさま》」「各位殿《かくいどの》」というのは誤《あやま》り。

者共《ものども》　武士《ぶし》などが、目下《めした》の者《もの》に呼《よ》びかけることば。例 くせものじゃ、者共《ものども》出《で》あえ。

野郎共《やろうども》　目下《めした》の者《もの》たちに呼《よ》びかけることば。仲間《なかま》の者《もの》たちを指《さ》すこともある。例 野郎共《やろうども》、行《い》くぞ。

父母《ふぼ》

parents
［ペアレンツ］

父母《ふぼ》　父《ちち》と母《はは》。自分《じぶん》の父《ちち》と母《はは》をまとめていう言《い》い方《かた》。例 父母《ふぼ》会《かい》。例 父母《ふぼ》との思《おも》い出《で》が詰《つ》まった家《いえ》。

父母《ちちはは》　「父母《ふぼ》」のこと。例 いかにいます父母《ちちはは》、つつがなしや友垣《ともがき》(唱歌《しょうか》「故郷《ふるさと》」)。

親《おや》　その子《こ》どもを生《う》んだ人《ひと》。また、その子《こ》どもを育《そだ》てている人《ひと》。父《ちち》または母《はは》、あるいはその両方《りょうほう》。人間《にんげん》以外《いがい》の動物《どうぶつ》にもいう。例 こんなたちの悪《わる》いいたずらをするなんて、親《おや》の顔《かお》が見《み》てみたい。例 親《おや》が血統書付《けっとうしょつ》きなので、子犬《こいぬ》の値段《ねだん》も高《たか》い。対 子《こ》。

両親《りょうしん》　「父母《ふぼ》」のこと。例 結婚《けっこん》の許《ゆる》しを得《え》るために、彼女《かのじょ》の両親《りょうしん》に会《あ》いに行《ゆ》く。

二親《ふたおや》　「両親《りょうしん》」と同《おな》じ。父《ちち》と母《はは》、二人《ふたり》の親《おや》ということ。例 母《はは》は早《はや》くに二親《ふたおや》を亡《な》くし苦労《くろう》した。対 片親《かたおや》。

保護者《ほごしゃ》　親《おや》、または親《おや》に代《か》わって、成人《せいじん》する前《まえ》の子《こ》どもを守《まも》り

「父母《ふぼ》」に関連《かんれん》することば①

生《う》みの親《おや》より育《そだ》ての親《おや》　生《う》んでくれた本当《ほんとう》の親《おや》よりも、育《そだ》ててくれた親《おや》のほうがありがたいということ。

はえば立《た》て、立《た》てば歩《あゆ》めの親心《おやごころ》　子《こ》どもの成長《せいちょう》を待《ま》ち望《のぞ》む、親《おや》の気持《きも》ちを言《い》い表《あらわ》したことば。

子《こ》どもの喧嘩《けんか》に親《おや》が出《で》る　子《こ》ども同士《どうし》のたわいない喧嘩《けんか》に、親《おや》が口出《くちだ》しをする。ささいなことに外《そと》から口《くち》を出《だ》して騒《さわ》ぎ立《た》てることのたとえ。

親《おや》の光《ひかり》は七光《ななひかり》り　親《おや》の地位《ちい》や名声《めいせい》のおかげで、子《こ》どもが利益《りえき》を得《え》ること。「親《おや》の七光《ななひかり》り」または「七光《ななひかり》り」とだけいうこともある。

親《おや》の脛《すね》をかじる　収入《しゅうにゅう》がなかったり少《すく》なかったりで親《おや》に頼《たよ》って生活《せいかつ》する。

親《おや》の心子知《こころこし》らず　親《おや》が子《こ》どものことを深《ふか》く思《おも》う気持《きも》ちを考《かんが》えないで、子《こ》どもは勝手気《かってき》ままなことをしがちなものだということ。

孝行《こうこう》のしたい時分《じぶん》に親《おや》はなし　親《おや》のありがたみが分《わ》かって孝行《こうこう》したいころには、親《おや》はもう死《し》んでいない。親孝行《おやこうこう》は親《おや》が元気《げんき》なうちにしなさいということ。

立《た》っている者《もの》は親《おや》でも使《つか》え　急用《きゅうよう》のときは、そばに立《た》っている人《ひと》がだれであっても、遠慮《えんりょ》しないで使《つか》いなさいということ。

地震雷火事親父《じしんかみなりかじおやじ》　➡408

◆＝もっと知《し》りたい、ことばの知識《ちしき》。

育《そだ》てる義務《ぎむ》のある人《ひと》。例 けがをした生《せい》徒《と》の保護者《ほごしゃ》に、至急連絡《しきゅうれんらく》を取《と》る。

父兄《ふけい》 ◎子《こ》どもの保護者《ほごしゃ》。昔《むかし》、学《がっ》校《こう》で保護者《ほごしゃ》をこういったが、最近《さいきん》は「母《はは》」がない表現《ひょうげん》であることから、ほとんど使《つか》われない。◎「家族《かぞく》・親《しん》族《ぞく》」➡39

親御《おやご》さん 他人《たにん》の親《おや》をうやまった言《い》い方《かた》。例 子《こ》どもと連《れん》絡《らく》が取《と》れないと、親御《おやご》さんが心配《しんぱい》されていましたよ。

実《じつ》の親《おや》 その子《こ》どもを生《う》んだ、父親《ちちおや》や母親《ははおや》。血《ち》のつながりのある親《おや》。例 実《じつ》の親《おや》は早《はや》くに亡《な》くなり、叔《お》母夫婦《ばふうふ》に育《そだ》てられた。

生《う》みの親《おや》 ◎「実《じつ》の親《おや》」と同《おな》じ。例 小《ちい》さなころから祖父母《そふぼ》に育《そだ》てられた僕《ぼく》は、生《う》みの親《おや》の顔《かお》さえ知《し》らない。◎物事《ものごと》を最初《さいしょ》に始《はじ》めた人《ひと》のこと。例 現在《げんざい》の社長《しゃちょう》が、この大《だい》プロジェクトの生《う》みの親《おや》だ。◆「産《う》みの親《おや》」とも書《か》く。

育《そだ》ての親《おや》 ◎その子《こ》どもを生《う》んだ親《おや》ではないが、親《おや》の代《か》わりとなって保護《ほご》し育《そだ》ててくれた人《ひと》。例 伯父夫婦《おじふうふ》が育《そだ》ての親《おや》となって、僕《ぼく》を慈《いつく》しんでくれた。◎物事《ものごと》の育成《いくせい》に力《ちから》を尽《つ》くした人《ひと》。例 あの人《ひと》が、日本《にほん》ソフトボールチームの育《そだ》ての親《おや》だ。

名付《なづ》け親《おや》 生《う》まれた子《こ》どもに、両《りょう》親《しん》に代《か》わって名前《なまえ》をつける人《ひと》。例 僕《ぼく》の名付《なづ》け親《おや》は、母方《ははかた》のおじいちゃんだ。似 名親《なおや》。

養父母《ようふぼ》 養子《ようし》に行《い》った先《さき》の父母《ふぼ》。また、他人《たにん》の子《こ》どもを自分《じぶん》の子《こ》どもとして養《やしな》い育《そだ》てた男女《だんじょ》。養父《ようふ》と養母《ようぼ》。例 弟《おとうと》は親戚《しんせき》の家《いえ》に養子《ようし》に入《はい》り、養父母《ようふぼ》にかわいがられて育《そだ》った。

継父母《けいふぼ》 血《ち》のつながりのない父母《ふぼ》。継父《けいふ》と継母《けいぼ》。例 継父母《けいふぼ》に大切《たいせつ》に育《そだ》てられる。

里親《さとおや》 ◎他人《たにん》の子《こ》どもを引《ひ》き取《と》り、親代《おやが》わりになって養《やしな》い育《そだ》てる人《ひと》。例 児童養護施設《じどうようごしせつ》の子《こ》どもを引《ひ》き取《と》り、里親《さとおや》になる。対 里子《さとご》。◎飼《か》い主《ぬし》のいない犬《いぬ》や猫《ねこ》を引《ひ》き取《と》り育《そだ》てる、人《ひと》や家族《かぞく》のこと。例 インターネットで、犬《いぬ》の里親《さとおや》を探《さが》す。

片親《かたおや》 両親《りょうしん》のうちの一方《いっぽう》。両親《りょうしん》のうち、どちらかしかいないこと。例 交通事故《こうつうじこ》で片親《かたおや》を失《うしな》う。対 二親《ふたおや》。

父《ちち》 ◎両親《りょうしん》のうち男《おとこ》の親《おや》。例 わたしの父《ちち》は、海外《かいがい》に赴任《ふにん》しています。対 母《はは》。◎新《あたら》しく物事《ものごと》を始《はじ》めたり、優《すぐ》れた業績《ぎょうせき》を残《のこ》したりした人《ひと》のこと。例 北《きた》里柴三郎《ざとしばさぶろう》は、日本近代医学《にほんきんだいいがく》の父《ちち》ともいわれている。

父親《ちちおや》 「父《ちち》」のこと。親《おや》としての立場《たちば》を強調《きょうちょう》したことば。例 友《とも》だちに父親《ちちおや》の職業《しょくぎょう》を尋《たず》ねられた。対 母親《ははおや》。

父親《てておや》 「父親《ちちおや》」の変化《へんか》したことば。今《いま》はあまり使《つか》われない。例 父親《てておや》に手《て》を引《ひ》かれて、祭《まつ》り見物《けんぶつ》に行《い》く。

男親《おとこおや》 「父《ちち》」のこと。男《おとこ》としての立場《たちば》を強調《きょうちょう》したことば。例 僕《ぼく》たち兄弟《きょうだい》は、男親《おとこおや》の手一《てひと》つで育《そだ》てられた。対 女親《おんなおや》。

お父《とう》さん ◎子《こ》どもが父《ちち》を、うやまい親《した》しんでいうことば。また、他人《たにん》の父《ちち》をうやまっていうことば。例 お父《とう》さん、お帰《かえ》りなさい。例 このあいだ駅前《えきまえ》で、君《きみ》のお父《とう》さんを

見《み》かけたよ。対 **お母《かあ》さん**。◎「夫婦《ふうふ》」➡117

お父様《とうさま》 「お父《とう》さん」のていねいな言《い》い方《かた》。例 **お父様《とうさま》**、おはようございます。対 **お母様《かあさま》**。

お父《とう》ちゃん 「お父《とう》さん」の、親《した》しみを込《こ》めた、くだけた言《い》い方《かた》。例 **お父《とう》ちゃん**、たまにはどこかに遊《あそ》びに連《つ》れてってよ。似 **父《とう》ちゃん**。対 **お母《かあ》ちゃん**。

おとっつぁん 「お父《とう》さん」と同《おな》じ。現在《げんざい》ではほとんど使《つか》われず、時代劇《じだいげき》のせりふなどで使《つか》われる。例 **おとっつぁん**、おかゆができたわよ。対 **おっかさん**。

ちゃん 「父《ちち》」の、くだけた言《い》い方《かた》。小《ちい》さな子《こ》どもが使《つか》うことば。今《いま》はほとんど使《つか》われない。例 **ちゃん**、お菓子《かし》買《か》っておくれよう。

パパ ◎「お父《とう》さん」と同《おな》じ。幼《おさな》い子《こ》どもが使《つか》うことが多《おお》いが、子《こ》どもが成長《せいちょう》した後《あと》もそのまま使《つか》い続《つづ》ける場合《ばあい》もある。例 **パパ**、お土産《みやげ》忘《わす》れないでね。例 あなたの**パパ**って、すてきね。対 **ママ**。◎「夫婦《ふうふ》」➡118

おやじ ◎「父親《ちちおや》」の、親《した》しみを込《こ》めた、くだけた言《い》い方《かた》。多《おお》く、大人《おとな》の男性《だんせい》が自分《じぶん》の父親《ちちおや》を呼《よ》ぶときに使《つか》う。例 **おやじ**にはまだまだ長生《ながい》きしてもらいたいと思《おも》っている。対 **おふくろ**。◎「青年《せいねん》・成人《せいじん》」➡52

家父《かふ》 他人《たにん》に対《たい》して、自分《じぶん》の父親《ちちおや》を指《さ》していう、改《あらた》まった言《い》い方《かた》。対 **家母《かぼ》**。

慈父《じふ》 愛情《あいじょう》あふれる、優《やさ》しい父《ちち》。また、父《ちち》を敬愛《けいあい》していうことば。例 **慈父《じふ》**の深《ふか》い愛情《あいじょう》に包《つつ》まれて成長《せいちょう》する。対 **慈母《じぼ》**。

老父《ろうふ》 年老《としお》いた父《ちち》。例 田舎《いなか》で一人暮《ひとりぐ》らしをしている**老父《ろうふ》**を、わが家《や》に呼《よ》び寄《よ》せる。対 **老母《ろうぼ》**。

実父《じっぷ》 血《ち》のつながっている父《ちち》。実《じつ》の父《ちち》であることを強調《きょうちょう》したことば。例 別《わか》れて暮《く》らしていた**実父《じっぷ》**と、十《じゅう》

「お父《とう》さん」への電話《でんわ》

深谷先生《ふかやせんせい》のちょっとひと息《いき》

電話《でんわ》で「お父《とう》さんは、いらっしゃいますか?」と聞《き》かれた場合《ばあい》、あなたならどう答《こた》えますか? 「はい。お父《とう》さんにかわります」と答《こた》えてしまうでしょうか? お父《とう》さんということばは、父親本人《ちちおやほんにん》に対《たい》してや、家族《かぞく》など親《した》しい身内《みうち》のあいだで使《つか》うものです。電話《でんわ》の相手《あいて》が「お父《とう》さん」と呼《よ》んだからといって、その人《ひと》に同《おな》じことばで返事《へんじ》をするべきではありません。この場合《ばあい》は、お父《とう》さんを示《しめ》すほかのことばである父《ちち》を使《つか》わなければなりません。「はい。父《ちち》にかわります」。これが正《ただ》しい答《こた》え方《かた》です。

父親《ちちおや》の、より親《した》しみを込《こ》めたくだけた言《い》い方《かた》におやじがありますが、改《あらた》まった場所《ばしょ》や、他人《たにん》に対《たい》して使《つか》うことはあまりありません。しかし、父親《ちちおや》への親《した》しみを示《しめ》すなど、印象的《いんしょうてき》な表現《ひょうげん》をしたいときに使《つか》うことはときどきあります。

◆=もっと知《し》りたい、ことばの知識《ちしき》。

年《ねん》ぶりに再会《さいかい》する。対 **実母《じつぼ》**。

亡父《ぼうふ》
亡《な》くなった父《ちち》。例 **亡父《ぼうふ》**の遺言《ゆいごん》通《どお》り、兄《あに》が会社《かいしゃ》を引《ひ》き継《つ》いだ。対 **亡母《ぼうぼ》**。

父上《ちちうえ》
「父《ちち》」をうやまっていうことば。自分《じぶん》の父親《ちちおや》にも、他人《たにん》の父親《ちちおや》にも使《つか》えるが、現在《げんざい》では、おもに手紙《てがみ》などで使《つか》う。例 **父上《ちちうえ》**にご相談《そうだん》したいことがあり、筆《ふで》を取《と》りました。対 **母上《ははうえ》**。

父君《ちちぎみ》
他人《たにん》の父《ちち》をうやまっていうことば。例 彼女《かのじょ》の**父君《ちちぎみ》**は、有名《ゆうめい》な会社《かいしゃ》に勤《つと》めていらっしゃるそうだ。対 **母君《ははぎみ》**。

父君《ふくん》
「父君《ちちぎみ》」と同《おな》じ。例 彼《かれ》の**父君《ふくん》**は、優《すぐ》れた科学者《かがくしゃ》だ。

尊父《そんぷ》
「父君《ちちぎみ》」と同《おな》じ。例 その後《ご》、ご**尊父《そんぷ》**様《さま》は、いかがお過《す》ごしでしょうか。

厳父《げんぷ》
厳《きび》しい父《ちち》。また、他人《たにん》の父《ちち》をうやまっていうことば。例 先生《せんせい》の**厳父《げんぷ》**が、昨夜《さくや》亡《な》くなられた。

養父《ようふ》
養子《ようし》に行《い》った先《さき》の父《ちち》。また、父親《ちちおや》に代《か》わって養《やしな》い育《そだ》ててくれた男性《だんせい》。例 **養父《ようふ》**は厳《きび》しい人《ひと》で、口答《くちごた》

「父母《ふぼ》」に関連《かんれん》することば②

必要《ひつよう》は発明《はつめい》の母《はは》　発明《はつめい》は、不便《ふべん》を感《かん》じて、どうしても必要《ひつよう》になったときに初《はじ》めて生《う》まれるものだというたとえ。母《はは》が子《こ》を生《う》むように、発明《はつめい》を生《う》み出《だ》すということから。

孟母三遷《もうぼさんせん》の教《おし》え　子《こ》どもの教育《きょういく》にはよい環境《かんきょう》が必要《ひつよう》であり、親《おや》はその環境《かんきょう》を与《あた》えるために努力《どりょく》しなければならないということ。孟子《もうし》（昔《むかし》の中国《ちゅうごく》の思想家《しそうか》）の母《はは》（孟母《もうぼ》）は、初《はじ》め墓地《ぼち》の近《ちか》くに住《す》んだが、孟子《もうし》が葬式《そうしき》のまねをして遊《あそ》ぶので、市場《いちば》の近《ちか》くに移《うつ》り住《す》んだ。すると今度《こんど》は商売《しょうばい》のまねをして遊《あそ》ぶので、学校《がっこう》の近《ちか》くに移《うつ》り住《す》んだ。すると礼儀《れいぎ》作法《さほう》のまねごとをするようになったので、母《はは》は安心《あんしん》してそこに住《す》むようになったという故事《こじ》から。

代理母《だいりはは》　子《こ》どもに恵《めぐ》まれない夫婦《ふうふ》に代《か》わって、その夫婦《ふうふ》の受精卵《じゅせいらん》（父親《ちちおや》の精子《せいし》と母親《ははおや》の卵子《らんし》とを結合《けつごう》させた卵《らん》）または、父親《ちちおや》の精子《せいし》により妊娠《にんしん》・出産《しゅっさん》する女性《じょせい》のこと。「だいりぼ」とも読《よ》む。

聖母《せいぼ》　「聖《せい》なる母《はは》」という意味《いみ》で、キリストの生母《せいぼ》マリアのこと。

国母《こくぼ》　国民《こくみん》の母《はは》という意味《いみ》から、皇后《こうごう》のこと。また、天皇《てんのう》の母《はは》、皇太后《こうたいごう》のこと。

垂乳根《たらちね》　「母《はは》」のこと。「垂乳根《たらちね》の」は、母《はは》または親《おや》にかかる枕詞《まくらことば》（和歌《わか》で使《つか》われる決《き》まり文句《もんく》）。

父《ちち》の日《ひ》　子《こ》どもが父親《ちちおや》に感謝《かんしゃ》する日《ひ》。六月《ろくがつ》の第三日曜日《だいさんにちようび》。

母《はは》の日《ひ》　子《こ》どもが母親《ははおや》に感謝《かんしゃ》する日《ひ》。五月《ごがつ》の第二日曜日《だいににちようび》。

親知《おやし》らず　大人《おとな》になってから生《は》えることが多《おお》い、上下左右《じょうげさゆう》四本《よんほん》の奥歯《おくば》。親《おや》が死《し》んでいるような年《とし》ごろになってから生《は》えるからという説《せつ》と、親元《おやもと》を離《はな》れて生活《せいかつ》する年《とし》ごろになってから生《は》えるからという説《せつ》がある。

えするなど考《かんが》えられない。対 養母《ようぼ》。

継父《けいふ》 実父《じっぷ》がいなくなったあと、母《はは》親《おや》が新《あら》たに結婚《けっこん》した人《ひと》。子《こ》どもと血《ち》のつながりのない父親《ちちおや》。例 母《はは》が再婚《さいこん》し、継父《けいふ》と同居《どうきょ》する。対 継母《けいぼ》。

継父《ままちち》 「継父《けいふ》」と同《おな》じ。例 継父《ままちち》の事《じ》業《ぎょう》を引《ひ》き継《つ》ぐ。対 継母《ままはは》。

舅《しゅうと》 結婚《けっこん》した相手《あいて》の父《ちち》。例 風邪《かぜ》をこじらせた舅《しゅうと》を、母《はは》がつきっきりで看病《かんびょう》した。対 姑《しゅうとめ》。

岳父《がくふ》 妻《つま》の父《ちち》をうやまっていうことば。例 孫《まご》の顔《かお》を見《み》に上京《じょうきょう》した岳父《がくふ》を、駅《えき》まで迎《むか》えに行《い》く。対 岳母《がくぼ》。

義父《ぎふ》 血《ち》のつながりのない義理《ぎり》の父《ちち》。養父《ようふ》・継父《けいふ》・舅《しゅうと》など、すべてについて使《つか》われる。例 義父《ぎふ》とうまくいかず、家《いえ》を飛《と》び出《だ》した。対 義母《ぎぼ》。

母《はは》 ◎両親《りょうしん》のうち女《おんな》の親《おや》。例 小《ちい》さいころは、母《はは》によくおんぶされて出《で》かけた。対 父《ちち》。◎物事《ものごと》を生《う》み出《だ》すもとになるもののたとえ。例 母《はは》なる大地《だいち》。

母親《ははおや》 「母《はは》」のこと。親《おや》としての立場《たちば》を強調《きょうちょう》したことば。例 姉《あね》は、母親《ははおや》似《に》だとよく言《い》われる。対 父親《ちちおや》。

女親《おんなおや》 「母《はは》」のこと。女《おんな》としての立場《たちば》を強調《きょうちょう》したことば。例 女親《おんなおや》がしっかり者《もの》なので、子《こ》どももしっかりしている。対 男親《おとこおや》。

お母《かあ》さん ◎子《こ》どもが母《はは》を、うやまい親《した》しんでいうことば。また、他人《たにん》の母《はは》をうやまっていうことば。例 お母《かあ》さんが手提《てさ》げ袋《ぶくろ》を作《つく》ってくれた。例 あなたのお母《かあ》さんは、今日《きょう》は家《いえ》にいらっしゃいますか。対 お父《とう》さん。◎「夫婦《ふうふ》」⬇119

お母様《かあさま》 「お母《かあ》さん」のていねいな言《い》い方《かた》。例 お母様《かあさま》、今日《きょう》は何《なに》を召《め》し上《あ》がりますか。対 お父様《とうさま》。

お母《かあ》ちゃん 「お母《かあ》さん」の、親《した》しみを込《こ》めた、くだけた言《い》い方《かた》。例 お母《かあ》ちゃんの手《て》はしわだらけだけど、とってもあったかいね。似 母《かあ》ちゃん。対 お父《とう》ちゃん。

おっかさん 「お母《かあ》さん」と同《おな》じ。現在《げんざい》ではほとんど使《つか》われず、時代劇《じだいげき》のせりふなどで使《つか》われる。例 おっかさん、どうぞ達者《たっしゃ》で暮《く》らしておくんなさい。対 おとっつぁん。

ママ ◎「お母《かあ》さん」と同《おな》じ。幼《おさな》い子《こ》どもが使《つか》うことが多《おお》いが、子《こ》どもが成長《せいちょう》した後《あと》もそのまま使《つか》い続《つづ》ける場合《ばあい》もある。例 ママ、学校《がっこう》からお知《し》らせだよ。例 あなたのママは、料理《りょうり》がお上手《じょうず》ね。対 パパ。◎酒場《さかば》の、女主人《おんなしゅじん》のこと。例 あのママは引退《いんたい》して、店《みせ》は売《う》ってしまったそうだ。◎「夫婦《ふうふ》」⬇119

おふくろ 「母親《ははおや》」の、親《した》しみを込《こ》めた、くだけた言《い》い方《かた》。多《おお》く、大人《おとな》の男性《だんせい》が自分《じぶん》の母親《ははおや》を呼《よ》ぶときに使《つか》う。例 田舎《いなか》のおふくろから、小包《こづつみ》が届《とど》いた。対 おやじ。

家母《かぼ》 他人《たにん》に対《たい》して、自分《じぶん》の母親《ははおや》を指《さ》していう、改《あらた》まった言《い》い方《かた》。対 家父《かふ》。

慈母《じぼ》 愛情《あいじょう》あふれる優《やさ》しい母《はは》。また、母《はは》を敬愛《けいあい》していうことば。例 慈母《じぼ》のように優《やさ》しい笑顔《えがお》の観音様《かんのんさま》。対 慈父《じふ》。

老母《ろうぼ》 年老《としお》いた母《はは》。例 老母《ろうぼ》を連《つ》れて、温泉場《おんせんば》に療養《りょうよう》に行《い》く。対 老父《ろうふ》。

実母《じつぼ》 血《ち》のつながっている母《はは》。実《じつ》の母《はは》であることを強調《きょうちょう》したこと

◆＝もっと知《し》りたい、ことばの知識《ちしき》。

ば。例父《ちち》の死後《しご》、実母《じつぼ》は再婚《さいこん》して家《いえ》を離《はな》れた。対実父《じっぷ》。

生母《せいぼ》 その人《ひと》を生《う》んだ母親《ははおや》。生《う》みの母《はは》であることを強調《きょうちょう》したことば。例早《はや》く亡《な》くなったので、僕《ぼく》は生母《せいぼ》の顔《かお》を覚《おぼ》えていない。

亡母《ぼうぼ》 亡《な》くなった母《はは》。例亡母《ぼうぼ》の三回忌《さんかいき》に、お墓参《はかまい》りに行《い》く。対亡父《ぼうふ》。

母上《ははうえ》 「母《はは》」をうやまっていうことば。自分《じぶん》の母親《ははおや》にも、他人《たにん》の母親《ははおや》にも使《つか》えるが、現在《げんざい》では、おもに手紙《てがみ》などで使《つか》う。例母上《ははうえ》からのお便《たよ》りを懐《なつ》かしく拝見《はいけん》いたしました。対父上《ちちうえ》。

母君《ははぎみ》 他人《たにん》の母《はは》をうやまっていうことば。例母君《ははぎみ》には古《ふる》くからお付《つ》き合《あ》いいただいております。対父君《ちちぎみ》。

母堂《ぼどう》 「母君《ははぎみ》」の、改《あらた》まった言《い》い方《かた》。例昨夜《さくや》、先生《せんせい》のご母堂《ぼどう》が亡《な》くなられたと連絡《れんらく》があった。

養母《ようぼ》 養子《ようし》に行《い》った先《さき》の母《はは》。また、母親《ははおや》に代《か》わって養《やしな》い育《そだ》ててくれた女性《じょせい》。例妹《いもうと》は親戚《しんせき》の家《いえ》にもらわれ、養母《ようぼ》にかわいがられて育《そだ》った。対養父《ようふ》。

継母《けいぼ》 実母《じつぼ》がいなくなったあと、父《ちち》親《おや》が新《あら》たに結婚《けっこん》した人《ひと》。子《こ》どもと血《ち》のつながりのない母親《ははおや》。例五才《ごさい》のとき父《ちち》が再婚《さいこん》し、その後《ご》、僕《ぼく》は継母《けいぼ》に育《そだ》てられた。対継父《けいふ》。

継母《ままはは》 「継母《けいぼ》」と同《おな》じ。例シンデレラは、継母《ままはは》と二人《ふたり》の姉《あね》に、いつもいじめられていました。対継父《ままちち》。

姑《しゅうとめ》 結婚《けっこん》した相手《あいて》の母《はは》。例あの家《いえ》の嫁《よめ》と姑《しゅうとめ》は、そうとう仲《なか》が悪《わる》いらしい。対舅《しゅうと》。

岳母《がくぼ》 妻《つま》の母《はは》をうやまっていうことば。例久《ひさ》しぶりに、岳母《がくぼ》を伴《ともな》って食事《しょくじ》に行《い》った。対岳父《がくふ》。

義母《ぎぼ》 血《ち》のつながりのない義理《ぎり》の母《はは》。養母《ようぼ》・継母《けいぼ》・姑《しゅうとめ》など、すべてについて使《つか》われる。例父《ちち》が叔母《おば》と再婚《さいこん》し、叔母《おば》はわたしの義母《ぎぼ》となった。対義父《ぎふ》。

母刀自《ははとじ》 「母《はは》」をうやまっていうことば。「刀自《とじ》」は、中年以上《ちゅうねんいじょう》の女性《じょせい》を尊敬《そんけい》して呼《よ》んだ言《い》い方《かた》で、現在《げんざい》ではほとんど使《つか》われない。

瞼《まぶた》の母《はは》 幼《おさな》いときに別《わか》れ、思《おも》い出《で》の中《なか》だけでしかその面影《おもかげ》をしのぶことができない母《はは》。例幼《おさな》いときに生《い》き別《わか》れた瞼《まぶた》の母《はは》に、一目《ひとめ》だけでも会《あ》いたい。

未婚《みこん》の母《はは》 正式《せいしき》に結婚《けっこん》しないで、子《こ》どもを生《う》んだ女性《じょせい》。例父《ちち》は、未婚《みこん》の母《はは》となった姉《あね》を許《ゆる》そうとはしなかった。

シングルマザー 夫《おっと》がいない状態《じょうたい》で子《こ》どもを育《そだ》てている母《はは》。例離婚《りこん》してシングルマザーとなった姉《あね》を、家族全員《かぞくぜんいん》で支《ささ》えた。

きょうだい

brothers, sisters
［ブラザーズ シスターズ］

このページも見《み》てみよう
青年《せいねん》・成人《せいじん》 ➡49

兄弟《きょうだい》 ◎同《おな》じ親《おや》から生《う》まれた子《こ》どもたち。また、結婚《けっこん》や養子縁組《ようしえんぐみ》などによって、同《おな》じ人《ひと》を親《おや》とすることになった人々《ひとびと》。その夫《おっと》や妻《つま》など、義理《ぎり》の関係《かんけい》にある人《ひと》についてもいう。例 僕《ぼく》は三人《さんにん》兄弟《きょうだい》の末《すえ》っ子《こ》だ。例 母《はは》が再婚《さいこん》して、新《あたら》しい兄弟《きょうだい》ができた。◆もとは、兄《あに》と弟《おとうと》の意味《いみ》だが、現在《げんざい》は男女《だんじょ》の区別《くべつ》なく使《つか》われる。男女《だんじょ》の違《ちが》いを示《しめ》すために、「姉妹」「兄妹」「姉弟」などと書《か》いて「きょうだい」と読《よ》むこともある。◎「友達《ともだち》」➡58

兄弟《けいてい》

兄《あに》と弟《おとうと》。男《おとこ》のきょうだい。例 兄弟《けいてい》は左右《さゆう》の手《て》のごとし(兄弟《きょうだい》は左右《さゆう》の手《て》のように互《たが》いに助《たす》け合《あ》うべきである)。

姉妹《しまい》

◎姉《あね》と妹《いもうと》。女《おんな》のきょうだい。例 隣《となり》の家《いえ》では、姉妹《しまい》そろってピアノを習《なら》っている。◎友好関係《ゆうこうかんけい》にあるもの同士《どうし》や、互《たが》いに似《に》た点《てん》を多《おお》く持《も》つもの同士《どうし》のこと。例 姉妹《しまい》都市《とし》。例 この女子高《じょしこう》は、パリに姉妹校《しまいこう》がある。

兄弟姉妹《きょうだいしまい》

男《おとこ》のきょうだいと女《おんな》のきょうだい。例 僕《ぼく》の家《いえ》は、兄弟姉妹《きょうだいしまい》合《あ》わせて八人《はちにん》の大家族《だいかぞく》だ。

弟妹《ていまい》

弟《おとうと》と妹《いもうと》。年下《としした》のきょうだいの改《あらた》まった言《い》い方《かた》。例 宮沢賢治《みやざわけんじ》は、幼《おさな》い弟妹《ていまい》の面倒《めんどう》を見《み》ながら勉学《べんがく》に励《はげ》んだ。

同胞《どうほう》

◎「兄弟姉妹《きょうだいしまい》」のこと。とくに、同《おな》じ母《はは》から生《う》まれた兄弟姉妹《きょうだいしまい》。「胞《ほう》」は、母《はは》の腹《はら》の意味《いみ》。同《おな》じ腹《はら》から生《う》まれたということから。例 親《おや》の遺産《いさん》をめぐって、同胞《どうほう》が争《あらそ》う。◎同《おな》じ国民《こくみん》や民族《みんぞく》。例 われわれは、祖国《そこく》を同《おな》じくする同胞《どうほう》だ。◆「どうぼう」とも読《よ》む。

同胞《はらから》

◎「同胞《どうほう》」と同《おな》じ。例 妹《いもうと》は、この世《よ》でたった一人《ひとり》の同胞《はらから》だ。

義兄弟《ぎきょうだい》

◎結婚《けっこん》や養子縁組《ようしえんぐみ》などによって、兄弟姉妹《きょうだいしまい》の関係《かんけい》になった人《ひと》。義理《ぎり》の兄弟姉妹《きょうだいしまい》。例 兄《あに》が結《けっ》婚《こん》し、同《おな》い年《どし》の義兄弟《ぎきょうだい》ができた。◎兄弟《きょうだい》の交《まじ》わりをすると約束《やくそく》した、男《おとこ》同士《どうし》の間柄《あいだがら》。例 同《おな》じ志《こころざし》を持《も》った人《ひと》と、義兄弟《ぎきょうだい》の契《ちぎ》りを結《むす》ぶ。

小舅《こじゅうと》

夫《おっと》または妻《つま》の兄弟《きょうだい》。例 姉《あね》は新《しん》婚早々《こんそうそう》、同居《どうきょ》している三人《さんにん》の小舅《こじゅうと》の世話《せわ》を任《まか》された。

小姑《こじゅうと》

夫《おっと》または妻《つま》の姉妹《しまい》。例 姉《あね》の嫁《よめ》入《い》り先《さき》には、何《なに》かと口《くち》うるさい小姑《こじゅうと》が二人《ふたり》もいる。◆「こじゅうとめ」とも読《よ》む。

異母兄弟《いぼきょうだい》

父親《ちちおや》が同《おな》じで母親《ははおや》が違《ちが》う兄弟姉妹《きょうだいしまい》。例 姉《あね》と僕《ぼく》とは異母兄弟《いぼきょうだい》だ。

腹違い《はらちがい》

「異母兄弟《いぼきょうだい》」と同《おな》じ。例 父《ちち》が再婚《さいこん》し、今年《ことし》、腹違《はらちが》いの妹《いもうと》が生《う》まれた。

乳兄弟《ちきょうだい》

血《ち》のつながりはないが、同《おな》じ女性《じょせい》の母乳《ぼにゅう》を飲《の》んで育《そだ》った間柄《あいだがら》の人《ひと》。例 彼《かれ》らは乳兄弟《ちきょうだい》だが、実《じつ》の兄弟《きょうだい》のように仲《なか》がいい。

兄《あに》

◎同《おな》じ親《おや》から生《う》まれた子《こ》のうち、年上《としうえ》の男性《だんせい》。例 両親《りょうしん》が早《はや》くに亡《な》くなり、僕《ぼく》は兄《あに》に育《そだ》てられた。◎夫《おっと》や妻《つま》の兄《あに》、実姉《じっし》の夫《おっと》など。この場合《ばあい》は、「義兄《あに》」と書《か》くこともある。例 妻《つま》の実家《じっか》に遊《あそ》びに行《い》き、兄《あに》(義兄《あに》)と遅《おそ》くまで話《はなし》がはずんだ。

兄上《あにうえ》

兄《あに》をうやまっていうことば。例 あなたの兄上《あにうえ》とわたしは、同級《どうきゅう》です。

兄者《あにじゃ》

自分《じぶん》の兄《あに》をうやまっていうことば。時代劇《じだいげき》などで使《つか》われることば。「兄者人《あにじゃひと》」の略《りゃく》。例 兄者《あにじゃ》、囲《かこ》まれたからには、斬《き》って出《で》るしかないぞ。

兄《にい》さん ◎兄《あに》をうやまい親《した》しんで呼《よ》ぶことば。例 兄《にい》さん、宿題《しゅくだい》教《おし》えてよ。◎「青年《せいねん》・成人《せいじん》」➡50

お兄様《にいさま》 「兄《にい》さん」の、改《あらた》まったていねいな言《い》い方《かた》。例 お兄様《にいさま》は元気《げんき》でいらっしゃいますか。

お兄《にい》ちゃん 「兄《にい》さん」のくだけた言《い》い方《かた》。例 お兄《にい》ちゃん、いっしょに遊《あそ》ぼう。

兄《あに》さん ◎「兄《にい》さん」と同《おな》じ。例 兄《あに》さんが風邪《かぜ》で寝込《ねこ》んだそうだよ。◎「青年《せいねん》・成人《せいじん》」➡50

あんちゃん ◎「兄《あに》さん」のくだけた言《い》い方《かた》。例 僕《ぼく》のあんちゃんは消防士《しょうぼうし》だ。◎「青年《せいねん》・成人《せいじん》」➡50

兄貴《あにき》 ◎兄《あに》を親《した》しみを込《こ》めて呼《よ》ぶことば。例 僕《ぼく》には、中学《ちゅうがく》に通《かよ》う兄貴《あにき》がいる。◎「青年《せいねん》・成人《せいじん》」➡50

家兄《かけい》 他人《たにん》に対《たい》して、自分《じぶん》の兄《あに》をいうことば。

実兄《じっけい》 同《おな》じ父母《ふぼ》から生《う》まれた兄《あに》。血《ち》のつながった実《じつ》の兄《あに》。例 あの学生《がくせい》は、実兄《じっけい》の家《いえ》から大学《だいがく》に通《かよ》っている。

舎兄《しゃけい》 ◎「家兄《かけい》」と同《おな》じ。例 励《はげ》ましのお言葉《ことば》をいただいたことを、舎兄《しゃけい》に伝《つた》えます。◎「ご舎兄《しゃけい》」の形《かたち》で、相手《あいて》の兄《あに》のこと。例 ご舎兄《しゃけい》は、今《いま》どちらにお勤《つと》めですか。◆「しゃきょう」とも読《よ》む。

愚兄《ぐけい》 他人《たにん》に対《たい》して、自分《じぶん》の兄《あに》をへりくだっていうことば。おもに、手紙《てがみ》などで使《つか》う。例 愚兄《ぐけい》は現在《げんざい》、海外《かいがい》で勤務《きんむ》しております。

長兄《ちょうけい》 弟《おとうと》や妹《いもうと》から見《み》て、いちばん年《とし》上《うえ》の兄《あに》。例 兄弟《きょうだい》のうちで、長兄《ちょうけい》だけは気難《きむずか》しくて苦手《にがて》だ。

次兄《じけい》 弟《おとうと》や妹《いもうと》から見《み》て、上《うえ》から二番《にばん》目《め》の兄《あに》。例 海外《かいがい》に留学《りゅうがく》していた次兄《じけい》が帰《かえ》ってきた。

令兄《れいけい》 他人《たにん》をうやまって、その兄《あに》をいうことば。おもに、手紙《てがみ》などで使《つか》う。例 ご令兄《れいけい》には、ひとかたならずお世話《せわ》になりました。

義兄《ぎけい》 ◎結婚《けっこん》や縁組《えんぐみ》などによって兄《あに》になった人《ひと》。義理《ぎり》の兄《あに》。例 結《けっ》婚《こん》してからというもの、義兄《ぎけい》にはいつも世話《せわ》になっている。◎きょうだいのような交《まじ》わりをすることを約束《やくそく》して兄《あに》とした人《ひと》。例 意見《いけん》が衝突《しょうとつ》し、義兄《ぎけい》と頼《たの》む人《ひと》を敵《てき》に回《まわ》してしまった。◆「義兄《あに》」と読《よ》むこともある。

姉《あね》 ◎同《おな》じ親《おや》から生《う》まれた子《こ》のうち、年上《としうえ》の女性《じょせい》。例 姉《あね》は僕《ぼく》より三才《さんさい》年上《としうえ》だ。◎夫《おっと》や妻《つま》の姉《あね》、実兄《じっけい》の妻《つま》など。この場合《ばあい》は、「義姉《あね》」と書《か》くこともある。例 兄《あに》の家《いえ》に行《い》き、姉《あね》（義姉《あね》）の手料理《てりょうり》をごちそうになる。

姉上《あねうえ》 姉《あね》をうやまっていうことば。例 父母《ふぼ》の面倒《めんどう》も見《み》ていただき、本当《ほんとう》に姉上《あねうえ》にはお世話《せわ》になりっぱなしです。

姉《ねえ》さん ◎姉《あね》をうやまい親《した》しんで呼《よ》ぶことば。例 姉《ねえ》さんにセーターを編《あ》んでもらった。◎「青年《せいねん》・成《せい》人《じん》」➡50

お姉様《ねえさま》 「姉《ねえ》さん」の、改《あらた》まったていねいな言《い》い方《かた》。例 あなたのお姉様《ねえさま》を、一度《いちど》食事《しょくじ》にお誘《さそ》いしましょう。

似＝似《に》た表現《ひょうげん》のことば。対＝反対《はんたい》の意味《いみ》のことば。例＝使《つか》い方《かた》の例《れい》。

お姉《ねえ》ちゃん 「姉《ねえ》さん」のくだけた言《い》い方《かた》。例 お姉《ねえ》ちゃん、いっしょにお外《そと》で遊《あそ》ぼうよ。

姉《あね》さん ◎「姉《ねえ》さん」と同《おな》じ。例 わたしは姉《あね》さんといっしょに暮《く》らしたい。◎「青年《せいねん》・成人《せいじん》」⬇50

姉貴《あねき》 ◎姉《あね》を親《した》しみを込《こ》めて呼《よ》ぶことば。例 うちの姉貴《あねき》は話《はなし》が分《わ》かる。◎「青年《せいねん》・成人《せいじん》」⬇50

姉御《あねご》 ◎姉《あね》を親《した》しみと敬意《けいい》を込《こ》めて呼《よ》ぶことば。例 うちの姉御《あねご》がびしっと言《い》うと、何《なん》でもすぐに決《き》まる。◎「青年《せいねん》・成人《せいじん》」⬇50

実姉《じっし》 同《おな》じ父母《ふぼ》から生《う》まれた姉《あね》。血《ち》のつながった実《じつ》の姉《あね》。例 近《ちか》くに来《き》たついでに、実姉《じっし》の嫁《とつ》ぎ先《さき》にあいさつに行《い》く。

愚姉《ぐし》 他人《たにん》に対《たい》して、自分《じぶん》の姉《あね》をへりくだっていうことば。おもに、手紙《てがみ》などで使《つか》う。例 愚姉《ぐし》が嫁《とつ》いでからというもの、灯《ひ》の消《き》えたような毎《まい》日《にち》が続《つづ》いております。

長姉《ちょうし》 弟《おとうと》や妹《いもうと》から見《み》て、いちばん年《とし》上《うえ》の姉《あね》。例 母《はは》の死後《しご》、長姉《ちょうし》が僕《ぼく》ら兄弟《きょうだい》の面倒《めんどう》を見《み》てきた。

次姉《じし》 弟《おとうと》や妹《いもうと》から見《み》て、上《うえ》から二番《にばん》目《め》の姉《あね》。例 年《とし》の近《ちか》い次姉《じし》は何《なん》でも相談《そうだん》に乗《の》ってくれる。

令姉《れいし》 他人《たにん》をうやまって、その姉《あね》をいうことば。おもに、手紙《てがみ》などで使《つか》う。例 ご令姉《れいし》におかれましては、ご結婚《けっこん》おめでとうございます。

義姉《ぎし》 結婚《けっこん》や縁組《えんぐみ》などによって姉《あね》になった人《ひと》。義理《ぎり》の姉《あね》。例 兄《あに》の結婚《けっこん》で、三《み》つ年下《としした》の義姉《ぎし》ができた。◆「義姉《あね》」と読《よ》むこともある。

弟《おとうと》 ◎同《おな》じ親《おや》から生《う》まれた子《こ》のうち、年下《としした》の男性《だんせい》。例 小《ちい》さいころはよく弟《おとうと》を泣《な》かせたものだ。◎夫《おっと》や妻《つま》の弟《おとうと》、実妹《じつまい》の夫《おっと》など。この場合《ばあい》は、「義弟《おとうと》」と書《か》くこともある。例 母《はは》の再婚《さいこん》で、二《ふた》つ年下《としした》の弟《おとうと》（義弟《おとうと》）といっしょに住《す》むことになった。

実弟《じってい》 同《おな》じ父母《ふぼ》から生《う》まれた弟《おとうと》。血《ち》のつながった実《じつ》の弟《おとうと》。例 社《しゃ》長《ちょう》の引退後《いんたいご》、社長《しゃちょう》の実弟《じってい》が跡《あと》を継《つ》いだ。

舎弟《しゃてい》 他人《たにん》に対《たい》して、自分《じぶん》の弟《おとうと》をいうことば。また、目《め》をかけてかわいがっている後輩《こうはい》や弟分《おとうとぶん》。例 このちっちゃいやつが、うちの舎弟《しゃてい》です。

愚弟《ぐてい》 他人《たにん》に対《たい》して、自分《じぶん》の弟《おとうと》をへりくだっていうことば。おもに、手紙《てがみ》などで使《つか》う。例 このたびは愚《ぐ》弟《てい》がたいへんお世話《せわ》になり、ありがとうございました。

末弟《まってい》 いちばん年下《としした》の弟《おとうと》。また、末《すえ》の弟子《でし》の意味《いみ》にも使《つか》われる。例 兄《あに》たちが独立《どくりつ》し、末弟《まってい》が家業《かぎょう》を継《つ》ぐことになった。◆「ばってい」とも読《よ》む。

令弟《れいてい》 他人《たにん》をうやまって、その弟《おとうと》をいうことば。おもに、手紙《てがみ》などで使《つか》う。例 先日《せんじつ》、ご令弟《れいてい》に久々《ひさびさ》にお目《め》にかかりました。

弟《おとうと》さん 他人《たにん》の弟《おとうと》をうやまって、ていねいに呼《よ》ぶことば。例 弟《おとうと》さんは、今小学校《いましょうがっこう》の何年生《なんねんせい》ですか。

義弟《ぎてい》 ◎結婚《けっこん》や縁組《えんぐみ》などによって、弟《おとうと》になった人《ひと》。義理《ぎり》の弟《おとうと》。例 父《ちち》の再婚《さいこん》で、一度《いちど》に三人《さんにん》の義弟《ぎてい》ができた。◎きょうだいのような交《まじ》わりをすることを約束《やくそく》して弟《おとうと》とした人《ひと》。例 義弟《ぎてい》の頼《たの》みとあっちゃあ、一肌脱《ひとはだぬ》ぐしかあ

◆＝もっと知《し》りたい、ことばの知識《ちしき》。

るまい。◆「義弟《おとうと》」と読《よ》むこともある。

弟分《おとうとぶん》　弟《おとうと》と同《おな》じ扱《あつか》いを受《う》ける人《ひと》。弟《おとうと》と同《おな》じような間柄《あいだがら》である、年《とし》下《した》の男性《だんせい》。例こいつはおれの弟分《おとうとぶん》だ。いじめたら承知《しょうち》しないぞ。

妹《いもうと》　◎同《おな》じ親《おや》から生《う》まれた子《こ》のうち、年下《としした》の女性《じょせい》。例昔《むかし》は妹《いもうと》といつもいっしょに遊《あそ》んでいた。◎夫《おっと》や妻《つま》の妹《いもうと》、実弟《じってい》の妻《つま》など。この場合《ばあい》は、「義妹《いもうと》」と書《か》くこともある。例妹《いもうと》（義妹《いもうと》）の洋子《ようこ》さんが、子《こ》どもを連《つ》れて遊《あそ》びに来《き》た。

実妹《じつまい》　同《おな》じ父母《ふぼ》から生《う》まれた妹《いもうと》。血《ち》のつながった実《じつ》の妹《いもうと》。例あの秘書《ひしょ》は、議員《ぎいん》の実妹《じつまい》だ。

愚妹《ぐまい》　他人《たにん》に対《たい》して、自分《じぶん》の妹《いもうと》をへりくだっていうことば。おもに、手紙《てがみ》などで使《つか》う。例愚妹《ぐまい》もこの春《はる》ようやく嫁《とつ》ぎました。

令妹《れいまい》　他人《たにん》の妹《いもうと》をうやまって、その妹《いもうと》をいうことば。おもに、手紙《てがみ》などで使《つか》う。例ご令妹《れいまい》には、老父母《ろうふぼ》を何度《なんど》もお見舞《みま》いいただきました。

妹《いもうと》さん　他人《たにん》の妹《いもうと》をうやまって、ていねいにいうことば。例彼《かれ》の妹《いもうと》さん、パリに留学《りゅうがく》するらしいよ。

義妹《ぎまい》　結婚《けっこん》や縁組《えんぐみ》などによって妹《いもうと》になった人《ひと》。義理《ぎり》の妹《いもうと》。例義妹《ぎまい》の出産祝《しゅっさんいわ》いに、ゆりかごを贈《おく》った。◆「義妹《いもうと》」と読《よ》むこともある。

妹分《いもうとぶん》　妹《いもうと》と同《おな》じ扱《あつか》いを受《う》ける人《ひと》。妹《いもうと》と同《おな》じような間柄《あいだがら》である、年《とし》下《した》の女性《じょせい》。例彼女《かのじょ》はわたしの妹分《いもうとぶん》なの。よろしくね。

「きょうだい」に関連《かんれん》することば

兄弟《きょうだい》は他人《たにん》の始《はじ》まり　親子《おやこ》の縁《えん》は切《き》っても切《き》れないが、兄弟《きょうだい》はもとは仲《なか》がよくても、成長《せいちょう》するにつれて結婚《けっこん》や利害《りがい》に関《かん》することなどで疎遠《そえん》になったり、他人《たにん》のようにいがみ合《あ》うようになったりするということ。

十姉妹《じゅうしまつ》　スズメより少《すこ》し小《ちい》さい小鳥《ことり》。純白《じゅんぱく》や、白《しろ》に黒《くろ》や茶色《ちゃいろ》のまだらのあるものがある。よく人《ひと》に飼《か》われ、また、ヒナを育《そだ》てるのがうまいため、ほかの鳥《とり》の仮親《かりおや》としても使《つか》われる。「じゅうしまい」とも読《よ》む。

息子《むすこ》・娘《むすめ》

son, daughter
［サン、ドーター］

このページも見《み》てみよう
子《こ》ども ➡46
青年《せいねん》・成人《せいじん》 ➡49

子《こ》　◎親《おや》から生《う》まれた人《ひと》や動物《どうぶつ》。例かわいい子《こ》には旅《たび》をさせよ。対親《おや》。◎「子《こ》ども」➡47

子《こ》ども　◎「子《こ》」と同《おな》じ。例三人《さんにん》の子《こ》どもに恵《めぐ》まれて、お母《かあ》さんは幸《しあわ》せだよ。◎年齢《ねんれい》のわりに、することなどが幼《おさな》い者《もの》。例まったく、することが子《こ》どもで、本当《ほんとう》に困《こま》るよ。対大人《おとな》。◆もとは「子《こ》」の複数形《ふくすうけい》だったが、現在《げんざい》は単数《たんすう》として使《つか》われる。◎「子《こ》ども」➡46

子女《しじょ》　◎その家《いえ》の子《こ》。息子《むすこ》と娘《むすめ》。「子《し》」が男《おとこ》の子《こ》、「女《じょ》」が女《おんな》の子《こ》を指《さ》す。例帰国《きこく》子女《しじょ》の多《おお》い大学《だいがく》。例あそこの家《いえ》は、子女《しじょ》の教育《きょういく》に熱心《ねっしん》だ。◎

「子《こ》ども」➡49

愛児《あいじ》　親《おや》がかわいがっている子《こ》。例 愛児《あいじ》を交通事故《こうつうじこ》で亡《な》くし、悲《かな》しみにくれる毎日《まいにち》だ。

愛《いと》し子《ご》　「愛児《あいじ》」のこと。例 単身赴《たんしんふ》任中《にんちゅう》は、愛《いと》し子《ご》に会《あ》えないことが何《なに》よりもつらい。

我《わ》が子《こ》　自分《じぶん》の子《こ》。例 先生《せんせい》にとってクラスのみんなは、我《わ》が子《こ》のような存在《そんざい》だよ。

こぶ　世話《せわ》が焼《や》けるじゃま者《もの》という意味《いみ》での、自分《じぶん》の子《こ》。本当《ほんとう》にじゃまだと思《おも》っていなくても、へりくだった言《い》い方《かた》として使《つか》うこともある。「こぶ」が、自由《じゆう》な行動《こうどう》の妨《さまた》げとなることから。例 こぶつきでよければ、ランチに参加《さんか》させてください。

子宝《こだから》　大切《たいせつ》な子《こ》ども。子《こ》どもを宝物《たからもの》にたとえたことば。例 子宝《こだから》に恵《めぐ》まれて、幸《しあわ》せな毎日《まいにち》を送《おく》っている。

寵児《ちょうじ》　◎特別《とくべつ》にかわいがられる子《こ》。例 愛嬌《あいきょう》のある次男《じなん》は、祖父《そふ》の寵児《ちょうじ》だ。◎時流《じりゅう》に乗《の》って、世間《せけん》の話題《わだい》になる人《ひと》。例 ＩＴ《アイティー》企業《きぎょう》の社長《しゃちょう》が、時代《じだい》の寵児《ちょうじ》とマスコミにもてはやされた。

第一子《だいいっし》　ある親《おや》から最初《さいしょ》に生《う》まれた子《こ》。例 結婚後《けっこんご》すぐ、第一子《だいいっし》が誕生《たんじょう》した。似 一子《いっし》。

長子《ちょうし》　「第一子《だいいっし》」と同《おな》じ。ふつう男《おとこ》の子《こ》をいう。例 大学《だいがく》に通《かよ》う長子《ちょうし》がようやく成人《せいじん》したばかりで、まだまだお金《かね》がかかります。対 末子《まっし》。

総領《そうりょう》　家《いえ》を継《つ》ぐ子《こ》。多《おお》く、いちばん最初《さいしょ》に生《う》まれた子《こ》を指《さ》す。例 兄《あに》は、わが家《や》の総領《そうりょう》だからと厳《きび》しくしつけられた。

次子《じし》　ある親《おや》から二番目《にばんめ》に生《う》まれた子《こ》。また、二番目《にばんめ》の男《おとこ》の子《こ》。例 長子誕生《ちょうしたんじょう》後《ご》、すぐに次子《じし》を授《さず》かった。

末《すえ》っ子《こ》　ある親《おや》からいちばん後《あと》に生《う》まれた子《こ》。例 末《すえ》っ子《こ》は甘《あま》えん坊《ぼう》で、みんなからかわいがられた。

末子《まっし》　「末《すえ》っ子《こ》」の改《あらた》まった言《い》い方《かた》。例 古代《こだい》の日本《にほん》では、末《すえ》っ子《こ》が家《いえ》を継《つ》ぐ末子《まっし》相続《そうぞく》がふつうだったという。対 長子《ちょうし》。◆「ばっし」とも読《よ》む。

一人《ひとり》っ子《こ》　兄弟姉妹《きょうだいしまい》のない子《こ》。親《おや》にとって、ただ一人《ひとり》の子《こ》。例 一人《ひとり》っ子《こ》だから、つい甘《あま》やかして何《なん》でも買《か》い与《あた》えてしまった。◆「独《ひと》りっ子《こ》」とも書《か》く。

一粒種《ひとつぶだね》　大切《たいせつ》な一人《ひとり》っ子《こ》。「一人《ひとり》っ子《こ》」より、かけがえのない子《こ》という意味合《いみあ》いが強《つよ》い。例 大事《だいじ》に育《そだ》てられた一粒種《ひとつぶだね》。

双子《ふたご》　一人《ひとり》の母親《ははおや》から同時《どうじ》に生《う》まれた二人《ふたり》の子《こ》。例 顔《かお》も性格《せいかく》もそっくりの双子《ふたご》で、まったく見《み》分《わ》けがつかない。◆「双《ふた》児《ご》」「二子《ふたご》」とも書《か》く。

双生児《そうせいじ》　「双子《ふたご》」と同《おな》じ。一《ひと》つの受精《じゅせい》卵《らん》から分《わ》かれた場合《ばあい》を「一卵性双生児《いちらんせいそうせいじ》」といい、基本的《きほんてき》に性別《せいべつ》は同《おな》じで、顔付《かおつ》きはとてもよく似《に》ている。二《ふた》つの受精卵《じゅせいらん》がそれぞれ育《そだ》った場合《ばあい》を「二卵性双生児《にらんせいそうせいじ》」といい、ふつうの兄弟《きょうだい》姉妹《しまい》程度《ていど》にしか似《に》ていない。例 双生児《そうせいじ》を出産《しゅっさん》し、一度《いちど》に二人《ふたり》の子《こ》の親《おや》になった。

◆＝もっと知《し》りたい、ことばの知識《ちしき》。

年子《としご》
同《おな》じ母親《ははおや》から生《う》まれた、一才《いっさい》違《ちが》いの子《こ》。例 母《はは》は年子《としご》で三人《さんにん》の子《こ》を出産《しゅっさん》し、子育《こそだ》てに忙《いそが》しい毎日《まいにち》だ。

息子《むすこ》
男《おとこ》の子《こ》。親《おや》にとって、自分《じぶん》の子《こ》である男《おとこ》の子《こ》。例 うちの息子《むすこ》も、もう十二才《じゅうにさい》になりました。

一人息子《ひとりむすこ》
◎兄弟姉妹《きょうだいしまい》のいない息子《むすこ》。例 一人息子《ひとりむすこ》が留学中《りゅうがくちゅう》で、家《いえ》の中《なか》が寂《さび》しい。◎姉妹《しまい》はいても男《おとこ》の兄弟《きょうだい》のいない息子《むすこ》。例 母《はは》は一人息子《ひとりむすこ》の兄《あに》ばかりをかわいがる。

せがれ
◎自分《じぶん》の息子《むすこ》をへりくだっていうことば。例 うちのせがれがいつもお世話《せわ》になっています。◎「他人《たにん》の息子《むすこ》」のくだけた言《い》い方《かた》。例 できの悪《わる》いせがれを持《も》つと大変《たいへん》だね。◎「青年《せいねん》・成人《せいじん》」⬇51

愚息《ぐそく》
自分《じぶん》の息子《むすこ》をへりくだっていうことば。「愚《おろ》かな息子《むすこ》」という意味《いみ》だが、今《いま》ではあまり使《つか》われない。例 愚息《ぐそく》がとんだご迷惑《めいわく》をおかけしました。

長男《ちょうなん》
兄弟《きょうだい》のうち一番目《いちばんめ》に生《う》まれた男子《だんし》。一人《ひとり》っ子《こ》でもこう呼《よ》ぶ。例 しっかりものの長男《ちょうなん》が、一家《いっか》の大黒柱《だいこくばしら》だ。

次男《じなん》
兄弟《きょうだい》のうち二番目《にばんめ》に生《う》まれた男子《だんし》。例 次男《じなん》はいつも、長男《ちょうなん》と同《おな》じものを欲《ほ》しがった。◆「二男《じなん》」とも書《か》く。

三男《さんなん》
兄弟《きょうだい》のうち三番目《さんばんめ》に生《う》まれた男子《だんし》。例 わが家《や》の三男坊《さんなんぼう》は、いちばん負《ま》けん気《き》が強《つよ》い。

二世《にせい》
◎親《おや》の跡《あと》を継《つ》ぐ子《こ》。とくに、長男《ちょうなん》。もとは、歌舞伎《かぶき》の名跡《みょうせき》や欧米人《おうべいじん》の名前《なまえ》で父《ちち》と子《こ》が同《おな》じ名前《なまえ》のときに、親子《おやこ》を区別《くべつ》するために使《つか》った。例 二世《にせい》誕生《たんじょう》を楽《たの》しみにしています。◎政治家《せいじか》やタレントなどのうち、親《おや》も同《おな》じ職業《しょくぎょう》だった人《ひと》。例 あの人《ひと》も、親《おや》の地《じ》

「息子《むすこ》・娘《むすめ》」に関連《かんれん》することば

かわいい子《こ》には旅《たび》をさせよ　子《こ》どもが本当《ほんとう》にかわいければ、親《おや》の手元《てもと》で甘《あま》やかさずに、世《よ》の中《なか》に出《だ》して苦労《くろう》させたほうがよいということ。

親《おや》はなくとも子《こ》は育《そだ》つ　親《おや》のいない子《こ》どもでも、どうにか育《そだ》っていくものだということ。

親《おや》に似《に》ぬ子《こ》は鬼子《おにご》　親《おや》に似《に》ていない子《こ》どもは、鬼《おに》の子《こ》だということ。子《こ》どもの性格《せいかく》や行《おこな》いが親《おや》に似《に》ていないで、悪《わる》いときにいうことば。

一姫二太郎《いちひめにたろう》　子《こ》どもを持《も》つならば、最《さい》初《しょ》は育《そだ》てやすい女《おんな》の子《こ》が、二番目《にばんめ》は男《おとこ》の子《こ》がいいということ。子《こ》が生《う》まれる順序《じゅんじょ》の理想《りそう》をいったことば。

子《こ》はかすがい　子《こ》どもへの愛情《あいじょう》は、夫婦《ふうふ》の仲《なか》をつなぎとめるものであるということ。「かすがい」は、材木《ざいもく》をつなぎとめるコの字形《じがた》の大《おお》きい釘《くぎ》。

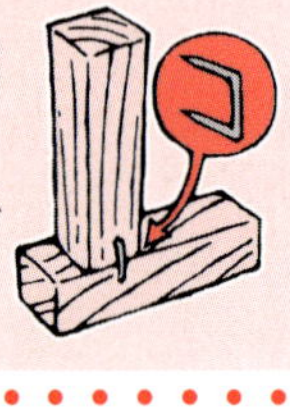

豚児《とんじ》　自分《じぶん》の息子《むすこ》をへりくだっていうことば。できの悪《わる》い息子《むすこ》という意味《いみ》だが、現在《げんざい》では、あまり使《つか》われない。

●こんなことばも覚《おぼ》えておこう
継嗣《けいし》・後嗣《こうし》

盤《ばん》を継《つ》いだ二世《にせい》議員《ぎいん》だ。

ジュニア 「年少者《ねんしょうしゃ》」「息子《むすこ》」などの意味《いみ》の英語《えいご》。例 社長《しゃちょう》のジュニアが後継者候補《こうけいしゃこうほ》だ。

子息《しそく》 他人《たにん》の息子《むすこ》の改《あらた》まった言《い》い方《かた》。例 ご子息《しそく》のご結婚《けっこん》、まことにおめでとうございます。

令息《れいそく》 他人《たにん》をうやまって、その子息《しそく》をいうことば。例 先生《せんせい》のご令息《れい》がお見《み》えになった。対 令嬢《れいじょう》。

坊《ぼっ》ちゃん ◎「令息《れいそく》」のくだけた言《い》い方《かた》。例 お宅《たく》の坊《ぼっ》ちゃんはおいくつですか？ ◎「子《こ》ども」➡49 ◎「青年《せいねん》・成人《せいじん》」➡51

御曹司《おんぞうし》 名門《めいもん》・名士《めいし》など、有力者《ゆうりょくしゃ》の息子《むすこ》。例 大企業《だいきぎょう》の御曹《おんぞう》司《し》と結婚《けっこん》して、玉《たま》の輿《こし》に乗《の》る。

どら息子《むすこ》 怠《なま》け者《もの》で、行《おこな》いが悪《わる》い息子《むすこ》。例 近所《きんじょ》のどら息子《むすこ》が、あちこちで悪《わる》さをしているらしい。

放蕩息子《ほうとうむすこ》 わがままで、遊《あそ》びや酒《さけ》にのめり込《こ》んでいる息子《むすこ》。例 あの放蕩息子《ほうとうむすこ》が、一家《いっか》の財産《ざいさん》を食《く》いつぶした。

娘《むすめ》 ◎親《おや》にとって、自分《じぶん》の子《こ》である女《おんな》の子《こ》。例 娘《むすめ》からのプレゼントの万年筆《まんねんひつ》を、大事《だいじ》に使《つか》っている。◎「青《せい》年《ねん》・成人《せいじん》」➡50

一人娘《ひとりむすめ》 ◎兄弟姉妹《きょうだいしまい》のいない娘《むすめ》。例 一人娘《ひとりむすめ》が嫁《よめ》に行《ゆ》き、夫《ふう》婦《ふ》二人《ふたり》っきりの生活《せいかつ》が始《はじ》まった。◎男《おとこ》兄弟《きょうだい》はいても姉妹《しまい》のいない娘《むすめ》。例 三人兄弟《さんにんきょうだい》よりも、父《ちち》は一人娘《ひとりむすめ》がかわいいらしい。

愛娘《まなむすめ》 とてもかわいがっている娘《むすめ》。例 愛娘《まなむすめ》の帰《かえ》りが遅《おそ》いと、父親《ちちおや》が心配《しんぱい》している。

長女《ちょうじょ》 姉妹《しまい》のうち一番目《いちばんめ》に生《う》まれた女子《じょし》。一人《ひとり》っ子《こ》でもこう呼《よ》ぶ。例『若草物語《わかくさものがたり》』のメグは、四人姉妹《よにんしまい》の長《ちょう》女《じょ》だ。

次女《じじょ》 姉妹《しまい》のうち二番目《にばんめ》に生《う》まれた女子《じょし》。例 明《あか》るく活発《かっぱつ》な次女《じじょ》の名前《なまえ》はジョー。◆「二女《じじょ》」とも書《か》く。

三女《さんじょ》 姉妹《しまい》のうち三番目《さんばんめ》に生《う》まれた女子《じょし》。例 心《こころ》のやさしい三女《さんじょ》エリザベスは、ふだんは「ベス」と呼《よ》ばれている。

末娘《すえむすめ》 兄弟姉妹《きょうだいしまい》のうちで最年少《さいねんしょう》の女《じょ》子《し》。例 無邪気《むじゃき》な末娘《すえむすめ》のエイミーは、姉妹《しまい》の中《なか》でいちばんおしゃれだ。

息女《そくじょ》 他人《たにん》の娘《むすめ》の改《あらた》まった言《い》い方《かた》。また、身分《みぶん》のある人《ひと》の娘《むすめ》。例 恩師《おんし》のご息女《そくじょ》がお嫁《よめ》にいかれた。

令嬢《れいじょう》 他人《たにん》の娘《むすめ》をうやまっていうことば。また、身分《みぶん》の高《たか》い人《ひと》の娘《むすめ》。例 野心家《やしんか》の彼《かれ》は、社長《しゃちょう》令嬢《れいじょう》と結《けっ》婚《こん》して、出世《しゅっせ》をしたいと思《おも》っている。対 令息《れいそく》。

お嬢《じょう》さん ◎「令嬢《れいじょう》」のくだけた言《い》い方《かた》。例 隣《となり》のお嬢《じょう》さんが回覧板《かいらんばん》を持《も》ってきた。◎「子《こ》ども」➡49 ◎「青年《せいねん》・成人《せいじん》」➡51

お嬢様《じょうさま》 「お嬢《じょう》さん」のていねいな言《い》い方《かた》。例 先生《せんせい》にはお嬢様《じょうさま》が一人《ひとり》いらっしゃると聞《き》いています。

箱入《はこい》り娘《むすめ》 めったに外《そと》へ出《だ》さないようにして、家庭《かてい》の中《なか》で大事《だいじ》に育《そだ》てられた娘《むすめ》。「箱入《はこい》り」は、とっておきのもの、大切《たいせつ》なものという

◆＝もっと知《し》りたい、ことばの知識《ちしき》。

意味《いみ》。例 大切《たいせつ》な箱入《はこい》り娘《むすめ》を、泣《な》く泣《な》く嫁《よめ》に出《だ》す。

跡継《あとつ》ぎ 家《いえ》を継《つ》ぐ子《こ》ども。例 僕《ぼく》は跡継《あとつ》ぎなので、大学《だいがく》を卒業《そつぎょう》したら田舎《いなか》に帰《かえ》ります。似 世継《よつ》ぎ。

跡取《あとと》り 「跡継《あとつ》ぎ」と同《おな》じ。例 跡取《あとと》りがいないので、養子《ようし》をもらう。

嗣子《しし》 「跡継《あとつ》ぎ」の改《あらた》まった言《い》い方《かた》。例 嗣子《しし》の誕生《たんじょう》を祝《いわ》う。

嫡子《ちゃくし》 正式《せいしき》な結婚《けっこん》をした夫婦《ふうふ》のあいだに生《う》まれた子《こ》。とくに、家《いえ》を継《つ》ぐ長男《ちょうなん》のこと。例 彼《かれ》が、松平家《まつだいらけ》の嫡子《ちゃくし》だ。

嫡男《ちゃくなん》 「嫡子《ちゃくし》」と同《おな》じ。例 徳川将軍《とくがわしょうぐん》家《け》では代々《だいだい》、嫡男《ちゃくなん》に「竹千代《たけちよ》」という幼名《ようみょう》をつけた。

実子《じっし》 親《おや》からみて、血《ち》のつながっている自分《じぶん》の子《こ》。血縁《けつえん》のある子《こ》。例 DNA《ディーエヌエー》鑑定《かんてい》で、実子《じっし》だと判明《はんめい》した。対 義子《ぎし》。

義子《ぎし》 親《おや》と血《ち》のつながっていない子《こ》。養子《ようし》や娘《むすめ》の夫《おっと》、息子《むすこ》の妻《つま》など血縁《けつえん》のない子《こ》。「義理《ぎり》の子《こ》」という意《い》味《み》。例 親《おや》をなくした子《こ》を、義子《ぎし》として引《ひ》き取《と》った。対 実子《じっし》。

養子《ようし》 実子《じっし》ではないが、養子縁組《ようしえんぐみ》によって子《こ》となった者《もの》。例 姉《あね》の子《こ》を養子《ようし》にもらい育《そだ》てた。

養女《ようじょ》 養子《ようし》となった女性《じょせい》。例 再婚相手《さいこんあいて》の娘《むすめ》を、養女《ようじょ》として迎《むか》え入《い》れる。

継子《ままこ》 再婚相手《さいこんあいて》の子《こ》どもなどで、自分《じぶん》の子《こ》として育《そだ》てるが、血《ち》のつながりのない子《こ》。例 継子《ままこ》のシンデレラは、継母《ままはは》たちにいじめられた。

里子《さとご》 他人《たにん》の家《いえ》に預《あず》けて、育《そだ》ててもらう子《こ》。例 家庭《かてい》の事情《じじょう》で、わが子《こ》を里子《さとご》に出《だ》すことになった。対 里親《さとおや》。

連《つ》れ子《こ》 結婚《けっこん》する相手《あいて》が連《つ》れてきた、前《まえ》の夫《おっと》または妻《つま》とのあいだにできた子《こ》。例 二度目《にどめ》の妻《つま》の連《つ》れ子《こ》と、休日《きゅうじつ》にキャッチボールをする。

捨《す》て子《ご》 親《おや》が、自分《じぶん》が育《そだ》てるべき子《こ》をこっそり捨《す》てること。また、捨《す》てられた子《こ》。例 捨《す》て子《ご》の親《おや》を捜《さが》す。

遺児《いじ》 親《おや》が死《し》んで、残《のこ》された子《こ》。例 交通遺児《こうつういじ》を支援《しえん》する。

忘《わす》れ形見《がたみ》 ◎「遺児《いじ》」と同《おな》じ。また、父《ちち》が死《し》んだとき、母《はは》のおなかの中《なか》にいた子《こ》。例 地震《じしん》で亡《な》くなった兄夫婦《あにふうふ》の忘《わす》れ形見《がたみ》を引《ひ》き取《と》った。◎その人《ひと》を忘《わす》れないための、記念《きねん》の品物《しなもの》。例 忘《わす》れ形見《がたみ》の祖父《そふ》の写真《しゃしん》。

孤児《こじ》 ◎両親《りょうしん》のいない子《こ》ども。例 戦争《せんそう》で親《おや》を失《うしな》った孤児《こじ》たちを救済《きゅうさい》する。◎仲間《なかま》のいない状態《じょうたい》のたとえ。例 このまま核開発《かくかいはつ》を続《つづ》ければ、あの国《くに》は世界《せかい》の孤児《こじ》となってしまうだろう。

孤児《みなしご》 「孤児《こじ》」と同《おな》じ。例 独《ひと》りぼっちの孤児《みなしご》だった彼《かれ》に、かけがえのない友《とも》だちができた。

その他《た》の親戚《しんせき》

relatives
［レラティブズ］

祖父母《そふぼ》 祖父《そふ》と祖母《そぼ》。祖父《そふ》と祖母《そぼ》をまとめていう言《い》い方《かた》。例

似＝似《に》た表現《ひょうげん》のことば。対＝反対《はんたい》の意味《いみ》のことば。例＝使《つか》い方《かた》の例《れい》。

祖父母《そふぼ》は、米作《こめづく》りをしながら田舎暮《いなかぐ》らしをしています。

祖父《そふ》 父《ちち》の父《ちち》、または、母《はは》の父《ちち》。例 祖父《そふ》は、今年《ことし》で七十才《ななじっさい》になる。対 祖母《そぼ》。

祖母《そぼ》 父《ちち》の母《はは》、または、母《はは》の母《はは》。例 わたしは、祖母《そぼ》の三人目《さんにんめ》の孫《まご》です。対 祖父《そふ》。

お祖父《じい》さん 「祖父《そふ》」をうやまい親《した》しんでいうことば。例 お祖父《じい》さんに、入学祝《にゅうがくいわ》いのランドセルをもらった。似 お祖父《じい》ちゃん。対 お祖母《ばあ》さん。◆親戚関係《しんせきかんけい》のない年《とし》を取《と》った男性《だんせい》を、親《した》しんで「おじいさん」ということがあるが、その場合《ばあい》は「お爺《じい》さん」と書《か》く。⬇54

お祖母《ばあ》さん 「祖母《そぼ》」をうやまい親《した》しんでいうことば。例 僕《ぼく》はお祖母《ばあ》さんっ子《こ》で、小《ちい》さいころはいつもいっしょにいた。似 お祖母《ばあ》ちゃん。対 お祖父《じい》さん。◆親戚関係《しんせきかんけい》のない年《とし》を取《と》った女性《じょせい》を、親《した》しんで「おばあさん」ということがあるが、その場合《ばあい》は「お婆《ばあ》さん」と書《か》く。⬇55

じいじ 「祖父《そふ》」のこと。幼児語《ようじご》。例 じいじ、抱《だ》っこして。対 ばあば。

ばあば 「祖母《そぼ》」のこと。幼児語《ようじご》。例 ばあばといっしょに、お買《か》い物《もの》に行《い》く。対 じいじ。

外祖父《がいそふ》 祖父《そふ》のうち、母《はは》のほうの祖《そ》父《ふ》。母方《ははかた》の祖父《そふ》。例 平安《へいあん》時代《じだい》、藤原氏《ふじわらし》は天皇《てんのう》に娘《むすめ》を嫁《とつ》がせ、天《てん》皇《のう》の外祖父《がいそふ》として権力《けんりょく》を握《にぎ》った。対 外《がい》祖母《そぼ》。

外祖母《がいそぼ》 祖母《そぼ》のうち、母《はは》のほうの祖《そ》母《ぼ》。母方《ははかた》の祖母《そぼ》。例 外祖《がいそ》母《ぼ》の実家《じっか》を訪《たず》ねる。対 外祖父《がいそふ》。

伯父《おじ》 父母《ふぼ》の兄《あに》。また、父母《ふぼ》の姉《あね》の夫《おっと》。例 アメリカで仕事《しごと》をしている伯父《おじ》から、手紙《てがみ》が来《き》た。対 伯母《おば》。

叔父《おじ》 父母《ふぼ》の弟《おとうと》。また、父母《ふぼ》の妹《いもうと》の夫《おっと》。例 叔父《おじ》といっしょに映画《えいが》を見《み》に行《い》く。対 叔母《おば》。

伯父《おじ》さん・叔父《おじ》さん 「伯父《おじ》」「叔父《おじ》」をうやまい親《した》しんでいうことば。例 明《あ》日《す》は伯父《おじ》さんと、プールに行《い》く約束《やくそく》をした。対 伯母《おば》さん・叔母《おば》さん。◆親戚《しんせき》関係《かんけい》のない大人《おとな》の男性《だんせい》を、親《した》しんで「おじさん」ということがあるが、その場合《ばあい》は「小父《おじ》さん」と書《か》くことがある。⬇52

伯父貴《おじき》・叔父貴《おじき》 「伯父《おじ》」「叔父《おじ》」をうやまい親《した》しんでいうことば。例 叔父貴《おじき》、明日《あす》の休《やす》みに遊《あそ》びに行《い》ってもいいかい。

伯母《おば》 父母《ふぼ》の姉《あね》。また、父母《ふぼ》の兄《あに》の妻《つま》。例 わたしの伯母《おば》は、大学《だいがく》の先生《せんせい》をしています。対 伯父《おじ》。

叔母《おば》 父母《ふぼ》の妹《いもうと》。また、父母《ふぼ》の弟《おとうと》の妻《つま》。例 叔母《おば》夫婦《ふうふ》の家《いえ》に泊《と》めてもらう。対 叔父《おじ》。

伯母《おば》さん・叔母《おば》さん 「伯母《おば》」「叔母《おば》」をうやまい親《した》しんでいうことば。例 伯《お》母《ば》は、いつもお年玉《としだま》をたくさんくれる。対 伯父《おじ》さん・叔父《おじ》さん。◆親戚関係《しんせきかんけい》のない大人《おとな》の女性《じょせい》を、親《した》しんで「おばさん」ということがあるが、その場合《ばあい》は「小母《おば》さん」と書《か》くことがある。⬇52

大伯父《おおおじ》・大叔父《おおおじ》 祖《そ》父《ふ》母《ぼ》の兄《きょう》弟《だい》。「大伯《おおお》父《じ》」

◆＝もっと知《し》りたい、ことばの知識《ちしき》。

は父母《ふぼ》の伯父《おじ》。「大叔父《おおおじ》」は父母《ふぼ》の叔父《おじ》。例 父《ちち》の実家《じっか》に、戦死《せんし》した**大伯父《おおおじ》**の遺影《いえい》が飾《かざ》ってあった。対 **大伯母《おおおば》・大叔母《おおおば》。**

大伯母《おおおば》・大叔母《おおおば》

祖《そ》父母《ふぼ》の姉《し》妹《まい》。「大伯母《おおおば》」は父母《ふぼ》の伯母《おば》。「大叔母《おおおば》」は父母《ふぼ》の叔母《おば》。例 東京《とうきょう》に行《い》ったついでに、一人《ひとり》暮《ぐ》らしをしている**大叔母《おおおば》**を訪《たず》ねた。対 **大伯父《おおおじ》・大叔父《おおおじ》。**

いとこ

おじやおばの子《こ》ども。例 夏休《なつやす》みは毎年《まいとし》母《はは》の実家《じっか》に行《い》き、**いとこ**と海《うみ》で泳《およ》ぐ。◆自分《じぶん》との年齢《ねんれい》の上下《じょうげ》、性別《せいべつ》によって、「従兄《いとこ》」「従弟《いとこ》」「従姉《いとこ》」「従妹《いとこ》」と書《か》き分《わ》けることもある。

はとこ

親同士《おやどうし》がいとこである子《こ》ども同士《どうし》の関係《かんけい》。また、その相手《あいて》。例 親戚《しんせき》のお葬式《そうしき》で、**はとこ**に初《はじ》めて会《あ》った。

またいとこ

「はとこ」と同《おな》じ。例 ずいぶん年《とし》が違《ちが》うけど、あのおじさんは**またいとこ**にあたる。

いとこおじ

父母《ふぼ》のいとこにあたる男性《だんせい》。例 新《あたら》しい総理大臣《そうりだいじん》は、父方《ちちかた》の**いとこおじ**だ。

いとこおば

父《ふ》母《ぼ》のいとこにあたる女性《じょせい》。例 母《はは》は学《がく》生時代《せいじだい》に、**いとこおば**と韓国旅行《かんこくりょこう》をしたそうだ。

いとこ違《ちが》い

「いとこおじ」「いとこおば」のこと。また、いとこの子《こ》。例 **いとこ違《ちが》い**が生《う》まれたので、久々《ひさびさ》にいとこの家《いえ》に遊《あそ》びに行《い》く。

曾祖父母《そうそふぼ》

祖《そ》父《ふ》や祖《そ》母《ぼ》の、父母《ふぼ》にあたる人《ひと》。例 **曾祖父母《そうそふぼ》**のお墓《はか》は、瀬戸内海《せとないかい》の島《しま》にある。

曾祖父《そうそふ》

祖《そ》父《ふ》や祖《そ》母《ぼ》の、父《ちち》にあたる人《ひと》。例 僕《ぼく》の**曾祖父《そうそふ》**は地元《じもと》の名士《めいし》だ。対 **曾祖母《そうそぼ》。**

曾祖母《そうそぼ》

祖《そ》父《ふ》や祖《そ》母《ぼ》の、母《はは》にあたる人《ひと》。例 母《はは》の田舎《いなか》で暮《く》らしていた**曾祖母《そうそぼ》**が、百才《ひゃくさい》で大往生《だいおうじょう》した。対 **曾祖父《そうそふ》。**

曾《ひい》お祖《じ》父《い》さん

「曾祖父《そうそふ》」を、うやまい親《した》しんでいうことば。例 西田《にしだ》さんの家《いえ》は仲《なか》の良《よ》い大家族《だいかぞく》で、**曾《ひい》お祖《じ》父《い》さん**もいっしょに暮《く》らしている。似 **曾祖父《ひいじじ》。**対 **曾《ひい》お祖《ば》母《あ》さん。**

曾《ひい》お祖《ば》母《あ》さん

「曾祖母《そうそぼ》」を、うやまい親《した》しんでいうことば。例 **曾《ひい》お祖《ば》母《あ》さん**の生《い》きている時代《じだい》に、日本《にほん》は大変《たいへん》な戦争《せんそう》を経験《けいけん》した。似 **曾祖母《ひいばば》。**対 **曾《ひい》お祖《じ》父《い》さん。**

甥《おい》

自分《じぶん》の兄弟姉妹《きょうだいしまい》の、男《おとこ》の子《こ》ども。甥《おい》から見《み》れば、自分《じぶん》はおじ・おばにあたる。例 田中《たなか》さんのお祖父《じい》さんは、**甥《おい》**の結婚式《けっこんしき》でお祝《いわ》いに民謡《みんよう》を歌《うた》ったそうだ。

姪《めい》

自分《じぶん》の兄弟姉妹《きょうだいしまい》の、女《おんな》の子《こ》ども。姪《めい》から見《み》れば、自分《じぶん》はおじ・おばにあたる。例 生《う》まれたばかりの**姪《めい》**は、なんとなくわたしに似《に》ているような気《き》がした。

甥御《おいご》

他人《たにん》をうやまって、その甥《おい》をいうことば。例 **甥御《おいご》**さんは、いくつになられましたか。

姪御《めいご》

他人《たにん》をうやまって、その姪《めい》をいうことば。例 一度《いちど》**姪御《めいご》**さん

似＝似《に》た表現《ひょうげん》のことば。対＝反対《はんたい》の意味《いみ》のことば。例＝使《つか》い方《かた》の例《れい》。

を連《つ》れて、遊《あそ》びにいらっしゃい。

甥っ子《おいっこ》 甥《おい》を、親《した》しんでいうことば。例 明日《あす》から東京《とうきょう》の甥《おい》っ子《こ》が遊《あそ》びに来《く》る。

姪っ子《めいっこ》 姪《めい》を、親《した》しんでいうことば。例 今日《きょう》は姪《めい》っ子《こ》の誕生日《たんじょうび》なので、プレゼントを持《も》って遊《あそ》びに行《い》きます。

高祖父《こうそふ》 祖父《そふ》や祖母《そぼ》の、祖父《そふ》にあたる人《ひと》。例 うちの稼業《かぎょう》の呉《ご》服屋《ふくや》は、高祖父《こうそふ》の代《だい》に創業《そうぎょう》したものだそうだ。対 高祖母《こうそぼ》。

高祖母《こうそぼ》 祖父《そふ》や祖母《そぼ》の、祖母《そぼ》にあたる人《ひと》。例 高祖母《こうそぼ》は、大正《たいしょう》時代《じだい》に映画女優《えいがじょゆう》だったという。対 高祖《こうそ》父《ふ》。

孫《まご》 子《こ》どもの、子《こ》ども。例 孫《まご》は子《こ》どもよりかわいいと、お祖父《じい》ちゃんがよく言《い》っている。

内孫《うちまご》 自分《じぶん》の跡取《あとと》りになる夫婦《ふうふ》から生《う》まれた子《こ》ども。昔《むかし》はふつう、跡取《あとと》りの家族《かぞく》は祖父母《そふぼ》と同《おな》じ家《いえ》に住《す》んだことから。例 お祖母《ばあ》さんは、三人《さんにん》の内孫《うちまご》に囲《かこ》まれて幸《しあわ》せそうだ。対 外孫《そとまご》。◆「ないそん」とも読《よ》む。

外孫《そとまご》 ほかの家《いえ》に嫁《とつ》いだ娘《むすめ》や、養子《ようし》に出《で》た息子《むすこ》にできた子《こ》ども。例 正月《しょうがつ》に外孫《そとまご》に会《あ》えるのが楽《たの》しみだ。対 内孫《うちまご》。◆「がいそん」とも読《よ》む。

孫娘《まごむすめ》 自分《じぶん》の孫《まご》にあたる女《おんな》の子《こ》。例 隣《となり》のおじいちゃんは、今度《こんど》小学生《しょうがくせい》になる孫娘《まごむすめ》が、かわいくてしかたがないらしい。◆男《おとこ》の子《こ》の場合《ばあい》は、孫《まご》息子《むすこ》とはいわない。

初孫《はつまご》 初《はじ》めて生《う》まれた孫《まご》。例 祖父母《そふぼ》にとって初孫《はつまご》だったわたしは、とてもかわいがられたそうだ。◆「ういまご」とも読《よ》む。

令孫《れいそん》 他人《たにん》をうやまって、その孫《まご》をいうことば。例 ご令孫《れいそん》のご入学《にゅうがく》を、お祝《いわ》い申《もう》し上《あ》げます。

曾孫《ひまご》 孫《まご》の子《こ》ども。例 森鷗外《もりおうがい》の曾孫《ひまご》が書《か》いたエッセイを読《よ》む。似 ひこ。◆「ひいまご」「ひこまご」ともいう。

いま「おばさん」って呼《よ》んだ!?

深谷先生《ふかやせんせい》のちょっとひと息《いき》

子《こ》どもにとって、おばさんということばは、いろいろな相手《あいて》に使《つか》えますが、大人《おとな》がおばさんと呼《よ》ぶ場合《ばあい》は、その相手《あいて》が限《かぎ》られているようです。

おばはふつう、親《おや》の姉妹《しまい》や、親《おや》の兄弟《きょうだい》の奥《おく》さんを指《さ》すことばです。親《おや》の姉《あね》などの場合《ばあい》は伯母《おば》と書《か》き、親《おや》の妹《いもうと》などは叔母《おば》と書《か》きます。子《こ》どもにとってのおばさんは、大人《おとな》の女性全般《じょせいぜんぱん》を指《さ》しますから、友《とも》だちのお母《かあ》さんも、結婚《けっこん》していない女性《じょせい》もおばさんと呼《よ》ぶことができます。この場合《ばあい》は、小母《おば》さんと書《か》きます。

でも、大人《おとな》が小母《おば》さんと言《い》う場合《ばあい》、とくに親《した》しい間《あいだ》がらの年上《としうえ》の女性《じょせい》でなければ、相手《あいて》の気持《きも》ちを害《がい》する場合《ばあい》があるので注意《ちゅうい》しなければなりません。小母《おば》さんには、相手《あいて》の女性《じょせい》が自分《じぶん》よりも年上《としうえ》だということを強調《きょうちょう》する意味《いみ》があるので、「大人《おとな》である自分《じぶん》より、さらに年上《としうえ》だろう」と言《い》い切《き》っている感《かん》じがするからです。

私《わたし》 あなた 父母《ふぼ》 きょうだい 息子《むすこ》・娘《むすめ》 ▶その他《た》の親戚《しんせき》 家族《かぞく》・親族《しんぞく》 男女《だんじょ》

◆＝もっと知《し》りたい、ことばの知識《ちしき》。

曾孫《そうそん》 「曾孫《ひまご》」と同《おな》じ。例 五代将軍《ごだいしょうぐん》徳川綱吉《とくがわつなよし》は、家康《いえやす》の曾孫《そうそん》にあたる。

玄孫《やしゃご》 曾孫《ひまご》の子《こ》ども。孫《まご》の孫《まご》。例 長寿社会《ちょうじゅしゃかい》とはいえ、玄孫《やしゃご》の顔《かお》を見《み》られる人《ひと》はなかなかいない。

玄孫《げんそん》 「玄孫《やしゃご》」と同《おな》じ。例 彼《かれ》は、明治《めいじ》維新《いしん》で活躍《かつやく》した偉人《いじん》の玄孫《げんそん》だそうだ。

家族《かぞく》・親族《しんぞく》

family
[ファミリ]

家族《かぞく》 夫婦《ふうふ》・親子《おやこ》・兄弟《きょうだい》など、血《ち》のつながりや縁組《えんぐみ》で結《むす》ばれた人々《ひとびと》。例 家族《かぞく》構成《こうせい》。例 家族《かぞく》で温泉旅《おんせんりょ》行《こう》に行《い》く。

ファミリー ◎「家族《かぞく》」という意《い》味《み》の英語《えいご》。日本《にほん》ではほかのことばと結《むす》びついて使《つか》われることが多《おお》い。例 ファミリーレストラン。例 彼《かれ》の家《いえ》に招《まね》かれたが、なかなかいいファミリーだった。◎血《ち》はつながっていなくても、固《かた》く結《むす》ばれた一門《いちもん》・一《いち》族《ぞく》。例 ファミリー意識《いしき》の強《つよ》い日本《にほん》の企《き》業《ぎょう》。

家庭《かてい》 夫婦《ふうふ》・親子《おやこ》など、いっしょに生活《せいかつ》する集団《しゅうだん》。例 僕《ぼく》たちは、和《なご》やかで温《あたた》かい家庭《かてい》に育《そだ》った。

家《いえ》 ◎「家庭《かてい》」と同《おな》じ。例 兄《あに》は、結婚《けっこん》して別《べつ》に家《いえ》を持《も》った。◎人《ひと》が住《す》むために造《つく》った建物《たてもの》。例 祖父《そふ》は三十才《さんじっさい》のとき、自分《じぶん》の家《いえ》を建《た》てた。◎先祖《せんぞ》から代々《だいだい》伝《つた》えられてきた血筋《ちすじ》。例 長男《ちょうなん》が家《いえ》を継《つ》ぐ。

うち ◎「家《いえ》」の、ややくだけた言《い》い方《かた》。例 姉《あね》がお嫁《よめ》に行《い》ってしまい、うちは火《ひ》が消《き》えたように寂《さび》しくなった。◆「家《うち》」「内《うち》」と書《か》くこともある。◎「私《わたし》」➡16

ホーム 建物《たてもの》としての「家《いえ》」という意《い》味《み》の英語《えいご》。日本《にほん》では「家族《かぞく》」「家庭《かてい》」という意味《いみ》で、ほかのことばと結《むす》びついて使《つか》われることが多《おお》い。例 家《か》族《ぞく》そろってホームドラマを見《み》る。

一家《いっか》 独立《どくりつ》して生活《せいかつ》している一《ひと》つの家族《かぞく》。一《ひと》つの家族全体《かぞくぜんたい》。例 一《いっ》家《か》そろって元気《げんき》に新年《しんねん》を迎《むか》える。

我《わ》が家《や》 ◎自分《じぶん》の家庭《かてい》。例 我《わ》が家《や》には、親《おや》に口答《くちごた》えしないというルールがある。◎自分《じぶん》の住《す》む家《いえ》。例 長旅《ながたび》を終《お》えて、懐《なつ》かしい我《わ》が家《や》へと戻《もど》る。

家人《かじん》 いっしょに生活《せいかつ》している家族《かぞく》。主人《しゅじん》以外《いがい》の家族《かぞく》。例 家人《かじん》に留守《るす》を頼《たの》んで、海外《かいがい》に赴任《ふにん》する。

家内《かない》 ◎家《いえ》の中《なか》ということで、家族《かぞく》のこと。例 家内《かない》安全《あんぜん》のお守《まも》りを買《か》う。◎「夫婦《ふうふ》」➡119

親子《おやこ》 ◎親《おや》と子《こ》。父母《ふぼ》のどちらか、あるいは両方《りょうほう》とその子《こ》ども。例 幼稚園《ようちえん》の運動会《うんどうかい》で、親子《おやこ》が手《て》をつないで走《はし》った。◎親《おや》と子《こ》の関係《かんけい》にたとえられるもの。例 親子《おやこ》電話《でんわ》。例 親子《おやこ》丼《どん》。

父子《ふし》 父親《ちちおや》とその子《こ》ども。ほかのことばと結《むす》びついて使《つか》われることが多《おお》い。例 父子《ふし》家庭《かてい》。

母子《ぼし》 母親《ははおや》とその子《こ》ども。ほかのことばと結《むす》びついて使《つか》われることが多《おお》い。例 母子《ぼし》健康手帳《けんこうてちょう》。例 事故《じこ》に巻《ま》き込《こ》まれたが、母子《ぼし》ともに無事《ぶじ》であった。◆「ははこ」と読《よ》むこともある。

父兄《ふけい》 ◎父《ちち》と兄《あに》。◎「父母《ふぼ》」➡22

親兄弟《おやきょうだい》 親《おや》と兄弟姉妹《きょうだいしまい》。家族《かぞく》のこと。例 姉《あね》は親兄弟《おやきょうだい》の反対《はんたい》を押《お》し切《き》って、一人暮《ひとりぐ》らしを始《はじ》めた。

妻子《さいし》 妻《つま》と子《こ》。夫《おっと》または父《ちち》から見《み》た家族《かぞく》ということ。例 妻子《さいし》を連《つ》れて、祖父《そふ》の家《いえ》を訪《たず》ねる。

妻女《さいじょ》 ◎妻《つま》と娘《むすめ》。例 仕事《しごと》を終《お》え、妻女《さいじょ》の待《ま》つ家《いえ》に帰《かえ》る。◎「夫婦《ふうふ》」➡118

核家族《かくかぞく》 夫婦《ふうふ》とその子《こ》どもだけの家族《かぞく》。祖父母《そふぼ》やおじ・おばなどと同居《どうきょ》していない家族《かぞく》。例 高度成長期《こうどせいちょうき》、都市部《としぶ》では核家族《かくかぞく》が増大《ぞうだい》した。

親類《しんるい》 ◎血縁《けつえん》や縁組《えんぐみ》でつながっている人《ひと》たちのうち、自分《じぶん》の家族《かぞく》以外《いがい》の人《ひと》たち。親《おや》や祖父母《そふぼ》、子《こ》や孫《まご》のような直系《ちょっけい》の人《ひと》については、ふつう使《つか》わない。例 親類《しんるい》のおばさんの家《いえ》を訪《たず》ねる。◎動物《どうぶつ》などで近《ちか》い分類《ぶんるい》のものや、似《に》ているもの。例 トラはあんなに怖《こわ》い動物《どうぶつ》だけど、猫《ねこ》の親類《しんるい》なんだよ。

親戚《しんせき》 「親類《しんるい》」と同《おな》じ。例 彼女《かのじょ》は僕《ぼく》の遠《とお》い親戚《しんせき》にあたる。似 縁戚《えんせき》。

親族《しんぞく》 血縁《けつえん》や縁組《えんぐみ》でつながっている人《ひと》たち。家族《かぞく》や直系《ちょっけい》の人《ひと》も含《ふく》めていう。例 祖父《そふ》の法事《ほうじ》に親族《しんぞく》一同《いちどう》が集《あつ》まった。

	―一同《いちどう》が集《あつ》まる	遠《とお》い―に当《あ》たる	―会議《かいぎ》
親類	○	○	–
親戚	○	○	–
親族	○	–	○

肉親《にくしん》 親子《おやこ》・兄弟姉妹《きょうだいしまい》・おじ・おば・おい・めいのように、ごく近《ちか》い関係《かんけい》で血《ち》のつながっている人《ひと》。近《ちか》い関係《かんけい》でも、夫婦《ふうふ》など血《ち》のつながりのない人《ひと》にはいわない。例 父母《ふぼ》を失《うしな》い、今《いま》では兄《あに》がたった一人《ひとり》の肉親《にくしん》だ。

近親《きんしん》 血縁関係《けつえんかんけい》が近《ちか》い親族《しんぞく》。例 伯父《おじ》のお通夜《つや》は、近親者《きんしんしゃ》のみで行《おこな》われた。

近縁《きんえん》 ◎「近親《きんしん》」と同《おな》じ。例 近縁《きんえん》の親《しん》戚《せき》。対 遠縁《とおえん》。◎生物《せいぶつ》の分類《ぶんるい》で、近《ちか》い関係《かんけい》にある種類《しゅるい》。例 タラバガニとアブラガニは近縁種《きんえんしゅ》である。

身内《みうち》 ◎家族《かぞく》やごく近《ちか》い親族《しんぞく》。例 身内《みうち》に不幸《ふこう》があって、会社《かいしゃ》を休《やす》んだ。◎家族《かぞく》と同《おな》じと思《おも》えるほどに親《した》しい人《ひと》。例 あの役所《やくしょ》は、身内《みうち》の不正《ふせい》には甘《あま》い。

係累《けいるい》 両親《りょうしん》・兄弟《きょうだい》・妻子《さいし》など、面倒《めんどう》を見《み》たり、見《み》られたりする関係《かんけい》の家族《かぞく》。もとは、つなぎしばるという意味《いみ》。例 僕《ぼく》には係累《けいるい》がいないから、何《なに》をするにも身軽《みがる》だ。

縁続《えんつづ》き 血縁《けつえん》や縁組《えんぐみ》によって関係《かんけい》がつながっていること。例 あの先生《せんせい》は、僕《ぼく》の遠《とお》い縁続《えんつづ》きの人《ひと》だ。

縁者《えんじゃ》 縁続《えんつづ》きの人《ひと》。例 父《ちち》の三回忌《さんかいき》に、縁者《えんじゃ》が集《あつ》まり法事《ほうじ》を営《いとな》む。

縁故《えんこ》 ◎「縁続《えんつづ》き」のこと。何《なん》らかの縁《えん》のある人《ひと》とのつながり。例 縁故《えんこ》のない土地《とち》でやり直《なお》す。◎就職《しゅうしょく》などで、その会社《かいしゃ》の関係者《かんけいしゃ》との特別《とくべつ》なかかわり。例 縁故《えんこ》を頼《たよ》らず、自分《じぶん》で就職口《しゅうしょくぐち》を探《さが》す。

身寄《みよ》り 頼《たよ》ったり相談《そうだん》したりすることのできる家族《かぞく》や親類《しんるい》。例 身寄《みよ》りのない子《こ》どもを引《ひ》き取《と》る。

◆＝もっと知《し》りたい、ことばの知識《ちしき》。

遠縁《とおえん》　血縁関係《けつえんかんけい》が遠《とお》い親類《しんるい》。例 彼《かれ》はわたしの遠縁《とおえん》にあたる人《ひと》だ。対 近縁《きんえん》。

血縁《けつえん》　血《ち》がつながっていること。また、そういう間柄《あいだがら》。例 二人《ふたり》は同姓《どうせい》だが、血縁《けつえん》というわけではない。

血族《けつぞく》　血《ち》のつながっている、ひとまとまりの人々《ひとびと》。法律《ほうりつ》では、養《よう》子縁組《しえんぐみ》による親族《しんぞく》も含《ふく》める。同一人《どういつにん》を祖先《そせん》とする場合《ばあい》だけでなく、同一種族《どういつしゅぞく》や同一民族《どういつみんぞく》を祖先《そせん》とする場合《ばあい》にもいう。例 あの民族《みんぞく》は、ほかの民族《みんぞく》よりも飛《と》び抜《ぬ》けて血族《けつぞく》意識《いしき》が強《つよ》い。

一族《いちぞく》　親族関係《しんぞくかんけい》にある人々《ひとびと》を、ひとまとめにした言《い》い方《かた》。例 一族《いちぞく》が力《ちから》を合《あ》わせ、事業《じぎょう》を興《おこ》した。似 同族《どうぞく》。

一門《いちもん》　◎同《おな》じ家系《かけい》、一族《いちぞく》の人《ひと》たち。例 平安時代《へいあんじだい》には、藤原氏《ふじわらし》の一門《いちもん》が勢力《せいりょく》を誇《ほこ》っていた。◎相撲《すもう》や学問《がくもん》などで、同《おな》じ師匠《ししょう》の教《おし》えを受《う》けた人《ひと》たち。例 家元《いえもと》の跡継《あとつ》ぎ問題《もんだい》で、一門《いちもん》に争《あらそ》いが起《お》こる。

眷属《けんぞく》　「一族《いちぞく》」のこと。例 眷属《けんぞく》が集《あつ》まり、荘厳《そうごん》な葬儀《そうぎ》を執《と》り行《おこな》う。◆「眷族《けんぞく》」とも書《か》く。

骨肉《こつにく》　骨《ほね》と肉《にく》ということから、親《おや》子《こ》・兄弟《きょうだい》など、血《ち》のつながりのある者《もの》。例 社長《しゃちょう》のいすをめぐる骨肉《こつにく》の争《あらそ》いに終止符《しゅうしふ》を打《う》つ。似 血肉《けつにく》。

血《ち》を分《わ》ける　実《じつ》の親子《おやこ》・兄弟《きょうだい》など、血《ち》のつながった関係《かんけい》にある。例 僕《ぼく》には血《ち》を分《わ》けた弟《おとうと》が一人《ひとり》いる。

本家《ほんけ》　◎一族《いちぞく》の中心《ちゅうしん》となる血筋《ちすじ》の家《いえ》。例 彼《かれ》は本家《ほんけ》の跡取《あとと》り息子《むすこ》だ。◎ある商売《しょうばい》を最初《さいしょ》に始《はじ》めた店《みせ》。例 さぬきうどんの本家《ほんけ》を名乗《なの》る店《みせ》。

分家《ぶんけ》　本家《ほんけ》の次男《じなん》・三男《さんなん》などが、新《あたら》しく構《かま》えた一家《いっか》。例 次男《じなん》が独《どく》立《りつ》して分家《ぶんけ》した。

姻戚《いんせき》　結婚《けっこん》によってつながりができた親類《しんるい》。例 姉《あね》の結婚《けっこん》で、あの家《いえ》とは姻戚《いんせき》になった。似 姻族《いんぞく》。

縁戚《えんせき》　結婚《けっこん》によってつながりができた親類関係《しんるいかんけい》。例 あの政治家《せいじか》は、財界《ざいかい》の有力者《ゆうりょくしゃ》と縁戚《えんせき》だそうだ。

父方《ちちかた》　父《ちち》の血筋《ちすじ》にあたること。また、その親類《しんるい》。例 父方《ちちかた》の親類《しんるい》には、変《か》わった人《ひと》が多《おお》い。対 母方《ははかた》。

母方《ははかた》　母《はは》の血筋《ちすじ》にあたること。また、その親類《しんるい》。例 母方《ははかた》の親戚《しんせき》とは、もう長《なが》い間《あいだ》疎遠《そえん》になっている。対 父方《ちちかた》。

外戚《がいせき》　母方《ははかた》の親戚《しんせき》。父《ちち》が婿養子《むこようし》として母《はは》の家《いえ》に入《はい》っている場合《ばあい》には使《つか》わない。例 兄《あに》は外戚《がいせき》にあたる人《ひと》の世話《せわ》で就職《しゅうしょく》した。

実家《じっか》　嫁《よめ》や婿《むこ》、養子《ようし》などの生《う》まれた家《いえ》。例 正月《しょうがつ》は、母《はは》の実家《じっか》に遊《あそ》びに行《い》った。

里方《さとかた》　「実家《じっか》」と同《おな》じ。また、その家《いえ》の親類《しんるい》。例 母《はは》が入院《にゅういん》したことを、里方《さとかた》の伯父《おじ》に連絡《れんらく》した。

先祖《せんぞ》　◎その家系《かけい》の初代《しょだい》にあたる人《ひと》。例 うちの先祖《せんぞ》は、四国《しこく》の人《ひと》だったそうだ。◎その家系《かけい》で、今《いま》生《い》きている人《ひと》たちより前《まえ》の人々《ひとびと》。例 この焼《や》き物《もの》は、先祖代々《せんぞだいだい》伝《つた》わる、わが家《や》の家《か》宝《ほう》だ。

祖先《そせん》　◎「先祖《せんぞ》」と同《おな》じ。例 父《ちち》は、わが家《や》の祖先《そせん》を探《さぐ》る旅《たび》に出《で》た。◎動植物《どうしょくぶつ》が進化《しんか》してきた元《もと》の種類《しゅるい》。

似＝似《に》た表現《ひょうげん》のことば。対＝反対《はんたい》の意味《いみ》のことば。例＝使《つか》い方《かた》の例《れい》。

例 鳥《とり》の祖先《そせん》は、恐竜《きょうりゅう》である。

父祖《ふそ》 父《ちち》や祖父《そふ》。また、代々《だいだい》の先祖《せんぞ》。例 商売《しょうばい》をやめ、父祖《ふそ》の地《ち》を捨《す》てて上京《じょうきょう》する。

元祖《がんそ》 ◎その家系《かけい》の初代《しょだい》の人《ひと》。例 元祖《がんそ》の墓《はか》は、祖父《そふ》の田舎《いなか》にある。◎ある商売《しょうばい》を最初《さいしょ》に始《はじ》めた人《ひと》や店《みせ》。例 あの駅前《えきまえ》の店《みせ》が、この土産物《みやげもの》の元祖《がんそ》だ。似 始祖《しそ》。

子孫《しそん》 ◎子《こ》や孫《まご》。また、その人《ひと》の血《ち》を引《ひ》いている人々《ひとびと》。例 平家《へいけ》の子孫《しそん》が住《す》むという村《むら》を訪《おとず》れる。◎これから将来《しょうらい》、血《ち》でつながっていく人々《ひとびと》。例 美《うつく》しい地球《ちきゅう》を子孫《しそん》に残《のこ》そう。

子々孫々《ししそんそん》 「子孫《しそん》」を強調《きょうちょう》した言《い》い方《かた》。子孫《しそん》のずっと先《さき》まで。例 僕《ぼく》に課《か》せられたのは、祖父《そふ》の教《おし》えを子々孫々《ししそんそん》に伝《つた》えることだ。

末裔《まつえい》 歴史上《れきしじょう》の偉大《いだい》な人《ひと》や一族《いちぞく》から、血筋《ちすじ》がずっとつながってきた子孫《しそん》。例 王家《おうけ》の末裔《まつえい》を名乗《なの》る人《ひと》。◆「ばつえい」とも読《よ》む。

後裔《こうえい》 「末裔《まつえい》」と同《おな》じ。例 彼《かれ》はどうやら武田信玄《たけだしんげん》の後裔《こうえい》らしい。

末孫《まっそん》 「末裔《まつえい》」と同《おな》じ。ずっと先《さき》の子孫《しそん》。例 戦国時代《せんごくじだい》に名《な》をはせた武将《ぶしょう》の末孫《まっそん》。◆「ばっそん」とも読《よ》む。

「家族《かぞく》・親族《しんぞく》」に関連《かんれん》することば

遠《とお》くの親類《しんるい》より近《ちか》くの他人《たにん》 いざというときには、遠《とお》い所《ところ》にいる親類《しんるい》よりも近所《きんじょ》に住《す》む他人《たにん》のほうが、何《なに》かにつけて頼《たよ》りになるということ。また、付《つ》き合《あ》いの薄《うす》い親類《しんるい》よりも、親《した》しい他人《たにん》のほうが助《たす》けになるということ。

男女《だんじょ》

man, woman
［マン、ウーマン］

このページも見《み》てみよう
▼子《こ》ども→46
▼青年《せいねん》・成人《せいじん》→49
▼夫婦《ふうふ》→117

男女《だんじょ》 男《おとこ》と女《おんな》。人間《にんげん》にしか使《つか》わない。例 男女別《だんじょべつ》に一列《いちれつ》に並《なら》ぶ。◆「なんにょ」とも読《よ》む。

両性《りょうせい》 「男女《だんじょ》」と同《おな》じ。人間《にんげん》だけでなく動物《どうぶつ》のオスとメスについてもいう。法律《ほうりつ》や生物学《せいぶつがく》のことばとしてよく使《つか》われる。例 婚姻《こんいん》は両性《りょうせい》の合意《ごうい》に基《もと》づく。

性別《せいべつ》 身体的《しんたいてき》な特質《とくしつ》による、男女《だんじょ》またはオス・メスの区別《くべつ》。例 妊娠中《にんしんちゅう》に、赤《あか》ちゃんの性別《せいべつ》を教《おし》えてもらう。

性《せい》 「性別《せいべつ》」と同《おな》じ。例 性《せい》による差別《さべつ》をなくそう。

ジェンダー 社会的《しゃかいてき》・文化的《ぶんかてき》な男女《だんじょ》の役割《やくわり》などの違《ちが》い。男《おとこ》らしさ・女《おんな》らしさとしてとらえられているもの。例 ジェンダーの違《ちが》いで、女性《じょせい》の社会参加《しゃかいさんか》が閉《と》ざされているのは問題《もんだい》だ。

性的《せいてき》 男女《だんじょ》の性《せい》に関《かん》するようす。例 性《せい》ホルモンの働《はたら》きで性的特徴《せいてきとくちょう》が生《う》まれる。

同性《どうせい》 男女《だんじょ》やオス・メスの性《せい》が同《おな》じであること。例 明《あか》るい性格《せいかく》の彼女《かのじょ》は同性《どうせい》にも人気《にんき》がある。対 異性《いせい》。

◆＝もっと知《し》りたい、ことばの知識《ちしき》。

異性《いせい》　男女《だんじょ》やオス・メスの性《せい》が異《こと》なること。多《おお》く、人間《にんげん》の場合《ばあい》に使《つか》われる。例異性《いせい》との交際《こうさい》は、受験《じゅけん》が終《お》わるまでおあずけだ。対**同性《どうせい》**。

善男善女《ぜんなんぜんにょ》　信心深《しんじんぶか》くて、行《おこな》いが正《ただ》しい素直《すなお》な男女《だんじょ》。とくに、お寺参《てらまい》りなどをする男《おとこ》や女《おんな》。例神社《じんじゃ》は初詣《はつもう》での善男善女《ぜんなんぜんにょ》でにぎわっていた。

パーソン　「人《ひと》」「人間《にんげん》」などの意味《いみ》の英語《えいご》。例アメリカ議会《ぎかい》でチェアパーソンを務《つと》める。◆「チェアパーソン」は、議長《ぎちょう》、委員長《いいんちょう》などの意味《いみ》。従来《じゅうらい》は「チェアマン」(「マン」は、男性《だんせい》の意味《いみ》)といわれたが、現在《げんざい》は男女平等《だんじょびょうどう》の観点《かんてん》から、こういわれる。

男《おとこ》　◎人間《にんげん》の性別《せいべつ》で、子《こ》どもを生《う》む器官《きかん》がなく、精子《せいし》を作《つく》る器官《きかん》があるほう。例初《はじ》めて生《う》まれた子《こ》は男《おとこ》だった。対**女《おんな》**。◎成人《せいじん》した男性《だんせい》。一人前《いちにんまえ》の男性《だんせい》。また、男性《だんせい》としての評価《ひょうか》。例君《きみ》を男《おとこ》と見込《みこ》んで頼《たの》みたいことがある。

男性《だんせい》　「男《おとこ》」と同《おな》じ。ふつう、成年《せいねん》の男《おとこ》をいう。例理想《りそう》の男性像《だんせいぞう》は、

父《ちち》のようなたくましいタイプです。対**女性《じょせい》**。

男子《だんし》　◎「男性《だんせい》」のこと。スポーツや医学《いがく》・統計《とうけい》などで使《つか》われることが多《おお》い。例男子《だんし》百《ひゃく》メートル平泳《ひらおよ》ぎの決勝《けっしょう》。対**女子《じょし》**。◎立派《りっぱ》な男性《だんせい》。例男子《だんし》としての面目《めんぼく》をほどこす。◎「子《こ》ども」➡48

男児《だんじ》　◎「男子《だんし》」と同《おな》じ。とくに、男性《だんせい》の心意気《こころいき》などを示《しめ》すときに使《つか》うことば。例日本男児《にほんだんじ》の意地《いじ》を見《み》せてくれ。◎「子《こ》ども」➡48

彼《かれ》　◎話《はな》し手《て》と聞《き》き手《て》以外《いがい》の男《おとこ》の人《ひと》を指《さ》すことば。例あそこに座《すわ》っている彼《かれ》に書類《しょるい》を渡《わた》してきてくれないか。対**彼女《かのじょ》**。◎恋人《こいびと》である男《おとこ》の人《ひと》。例高校《こうこう》に入《はい》り、初《はじ》めて彼《かれ》ができた。対**彼女《かのじょ》**。

彼氏《かれし》　女性《じょせい》から見《み》た、恋人《こいびと》の男性《だんせい》。例姉《あね》の彼氏《かれし》は大学生《だいがくせい》だ。対**彼女《かのじょ》**。◆昭和初期《しょうわしょき》に使《つか》われ始《はじ》めたことば。

男一匹《おとこいっぴき》　一人前《いちにんまえ》の男子《だんし》であることを強《つよ》め、また、自負《じふ》していうことば。例やせても枯《か》れても男一匹《おとこいっぴき》、決《けっ》してうそはつきません。

野郎《やろう》　若《わか》い男性《だんせい》を、ののしりさげすんでいうことば。例あの野《や》郎《ろう》、ただじゃおかない。

殿方《とのがた》　女性《じょせい》が男性《だんせい》を、丁重《ていちょう》にいうことば。上品《じょうひん》な、また、気取《きど》った言《い》い方《かた》。例殿方《とのがた》は、こちらの席《せき》へどうぞ。似**殿御《とのご》**。

紳士《しんし》　◎上品《じょうひん》で礼儀正《れいぎただ》しく、教養《きょうよう》のある男性《だんせい》。上流社会《じょうりゅうしゃかい》の男性《だんせい》。例山高帽《やまたかぼう》をかぶった紳士《しんし》。例紳士《しんし》にあるまじき暴言《ぼうげん》だ。対**淑女《しゅくじょ》**。◎「婦人《ふじん》」に対《たい》して、成人男性《せいじんだんせい》の敬称《けいしょう》。例父《ちち》といっしょに、紳士《しんし》服《ふく》の店《みせ》に買《か》い物《もの》に行《い》く。対**婦人《ふじん》**。

マン　「男性《だんせい》」という意味《いみ》の英語《えいご》。例父《ちち》は、警備会社《けいびがいしゃ》でガードマンの仕事《しごと》をしている。対**ウーマン**。

ジェントルマン　「紳士《しんし》」という意味《いみ》の英語《えいご》。例彼《かれ》は知的《ちてき》で温厚《おんこう》な、正真正銘《しょうしんしょうめい》のジェ

似＝似《に》た表現《ひょうげん》のことば。対＝反対《はんたい》の意味《いみ》のことば。例＝使《つか》い方《かた》の例《れい》。

ントルマンだ。対レディー。

ミスター

◎英語《えいご》で、男性《だんせい》の姓《せい》の前《まえ》に付《つ》ける、「さん」にあたることば。例この件《けん》はミスター鈴木《すずき》に頼《たの》もう。対ミス。ミセス。◎地域《ちいき》・団体《だんたい》などの名《な》の上《うえ》に付《つ》けて、それを代表《だいひょう》する男性《だんせい》のこと。例ミスタージャイアンツと呼《よ》ばれる男《おとこ》。対ミス。

丈夫《じょうふ》

体格《たいかく》がたくましい男《おとこ》。古代中《こだいちゅう》国《ごく》の制度《せいど》で、一丈《いちじょう》(約《やく》一・七メートル)を男子《だんし》の身長《しんちょう》としたところから。例堂々《どうどう》たる丈夫《じょうふ》ぶりに圧倒《あっとう》される。似大丈夫《だいじょうふ》。偉丈夫《いじょうふ》。◆「じょうぶ」とも読《よ》む。

益荒男《ますらお》

立派《りっぱ》で勇気《ゆうき》のある強《つよ》い男《おとこ》。例その若者《わかもの》は、すばらしい精神力《せいしんりょく》と体力《たいりょく》を兼《か》ね備《そな》えた益荒男《ますらお》だった。対手弱女《たおやめ》。

好男子《こうだんし》

好感《こうかん》の持《も》てる男子《だんし》。また、顔立《かおだ》ちの美《うつく》しい男《おとこ》。例兄《あに》は町内一《ちょうないいち》の好男子《こうだんし》で、だれからも人気《にんき》がある。

快男児《かいだんじ》

性質《せいしつ》がさっぱりした気持《きも》ちのよい男《おとこ》。快活《かいかつ》で男《おとこ》らしい男《おとこ》。例今度《こんど》の新人《しんじん》は、スポーツマンでさわやかな笑顔《えがお》の似合《にあ》う快男児《かいだんじ》だ。似好漢《こうかん》。

熱血漢《ねっけつかん》

熱烈《ねつれつ》な心意気《こころいき》と情熱《じょうねつ》を持《も》って物事《ものごと》に当《あ》たる男《おとこ》。例曲《ま》がったことが嫌《きら》いな、校内《こうない》きっての熱血漢《ねっけつかん》。

優男《やさおとこ》

姿《すがた》かたちが上品《じょうひん》で、すらりとしている男《おとこ》。また、性質《せいしつ》の優《やさ》しい男《おとこ》。例筋骨隆々《きんこつりゅうりゅう》の熱血漢《ねっけつかん》よりも、優男《やさおとこ》タイプが好《この》みだ。

貴公子《きこうし》

◎高貴《こうき》な家柄《いえがら》の男子《だんし》。例白馬《はくば》に乗《の》った貴公子《きこうし》がお姫《ひめ》様《さま》を助《たす》けた。◎姿《すがた》かたちが優《すぐ》れ、気品《きひん》のある青年《せいねん》。例彼《かれ》はそのルックスから「テニス界《かい》の貴公子《きこうし》」と呼《よ》ばれる。

年男《としおとこ》

生《う》まれ年《どし》が、その年《とし》の干支《えと》にあたる男性《だんせい》。例年男《としおとこ》だけでロックバンドを組《く》む。対年女《としおんな》。◆節分《せつぶん》の豆《まめ》まき役《やく》となる人《ひと》。もとは、正月《しょうがつ》に年《とし》の神《かみ》を迎《むか》えて祭司《さいし》の役目《やくめ》をする一家《いっか》の主人《しゅじん》のことをいった。

晴《は》れ男《おとこ》

その人《ひと》が外出《がいしゅつ》したり何《なに》かしようとしたりすると、空《そら》が晴《は》れるといわれている男性《だんせい》。例父《ちち》は晴《は》れ男《おとこ》らしく、家族旅行《かぞくりょこう》の日《ひ》は必《かなら》ず晴《は》れる。対雨男《あめおとこ》。

雨男《あめおとこ》

その人《ひと》が外出《がいしゅつ》したり何《なに》かしようとしたりすると、必《かなら》ず雨降《あめふ》りになるといわれる男性《だんせい》を、冷《ひ》やかしていうことば。例毎回雨《まいかいあめ》に降《ふ》られるなんて、この中《なか》に雨男《あめおとこ》がいるに違《ちが》いない。対晴れ男。

女《おんな》

人間《にんげん》の性別《せいべつ》で、子《こ》どもを生《う》む器官《きかん》や、卵子《らんし》を作《つく》る器官《きかん》があるほう。例小学校《しょうがっこう》のときの担任《たんにん》は、女《おんな》の先生《せんせい》ばかりだった。対男《おとこ》。

女性《じょせい》

「女《おんな》」と同《おな》じ。ふつう、成年《せいねん》の女《おんな》をいう。例女性《じょせい》の社会進出《しゃかいしんしゅつ》がめざましい。対男性《だんせい》。

女子《じょし》

◎「女性《じょせい》」のこと。スポーツや医学《いがく》・統計《とうけい》などで使《つか》われることが多《おお》い。例オリンピックの女子柔道《じょしじゅうどう》の応援《おうえん》に行《い》った。対男子《だんし》。◎「子《こ》ども」↓48

彼女《かのじょ》

◎話《はな》し手《て》と聞《き》き手《て》以外《いがい》の女《おんな》の人《ひと》を指《さ》すことば。例背《せ》の高《たか》い彼女《かのじょ》が、キャプテンです。対彼《かれ》。◎恋《こい》

◆＝もっと知《し》りたい、ことばの知識《ちしき》。

人《びと》である女《おんな》の人《ひと》。[例]彼女《かのじょ》からバレンタインデーにチョコレートをもらった。[対]**彼《かれ》。彼氏《かれし》。**

女子《おなご》

「女《おんな》」のこと。「おんなご」が変《へん》化《か》したことば。多《おお》く東北地方《とうほくちほう》や近畿地方《きんきちほう》で使《つか》われる。[例]女子《おなご》衆《しゅう》が集《あつ》まり、何《なに》やら楽《たの》しそうにおしゃべりをしている。

女人《にょにん》

「女《おんな》」の古《ふる》い言《い》い方《かた》。「女子《おなご》」より改《あらた》まった言《い》い方《かた》。[例]女性《じょせい》の立《た》ち入《い》りを禁《きん》じる、女人《にょにん》禁制《きんせい》の山《やま》。

女性《にょしょう》

「女性《じょせい》」のこと。[例]見目《みめ》麗《うるわ》しい女性《にょしょう》にそそのかされる。

婦人《ふじん》

◎「女性《じょせい》」の、改《あらた》まった言《い》い方《かた》。[例]婦人《ふじん》の地位《ちい》向上《こうじょう》をはかる。◎「紳士《しんし》」に対《たい》して、成人《せいじん》した女性《じょせい》。一《いち》人前《にんまえ》の女性《じょせい》。[例]婦人《ふじん》靴《ぐつ》売《う》り場《ば》で、母《はは》と待《ま》ち合《あ》わせをした。[対]**紳士《しんし》。**

婦女《ふじょ》

「女性《じょせい》」のこと。法律《ほうりつ》などに使《つか》われることばで、日常的《にちじょうてき》にはあまり使《つか》われない。[例]婦女《ふじょ》暴行容疑《ぼうこうようぎ》で逮捕《たいほ》される。[似]**婦女子《ふじょし》。**

ウーマン

「女性《じょせい》」という意味《いみ》の英《えい》語《ご》。[例]姉《あね》は、外資系《がいしけい》のキャリアウーマンだ。[対]**マン。**

女史《じょし》

地位《ちい》や名声《めいせい》のある女性《じょせい》を、敬《けい》意《い》を込《こ》めていうことば。皮肉《ひにく》やからかいの意味《いみ》を込《こ》めて使《つか》うこともある。[例]ノーベル平和賞《へいわしょう》受賞《じゅしょう》のマータイ女史《じょし》が来日《らいにち》し、講演《こうえん》した。[例]うちの会社《かいしゃ》では、あの女史《じょし》の機嫌《きげん》を損《そこ》ねると出世《しゅっせ》できない。

女流《じょりゅう》

「女性《じょせい》」のこと。芸術《げいじゅつ》・学問《がくもん》などの分野《ぶんや》に関《かん》することばに付《つ》けて使《つか》われる。[例]女流《じょりゅう》作家《さっか》ならではの観点《かんてん》で書《か》かれた、読《よ》みごたえのある作品《さくひん》だ。

淑女《しゅくじょ》

しとやかで上品《じょうひん》な、品格《ひんかく》の高《たか》い女性《じょせい》。上流社会《じょうりゅうしゃかい》の女性《じょせい》。[例]舞踏会《ぶとうかい》には、ドレスアップした淑女《しゅくじょ》が集《あつ》まった。[対]**紳士《しんし》。**

レディー

「淑女《しゅくじょ》」という意味《いみ》の英《えい》語《ご》。また、一般《いっぱん》に女性《じょせい》のこと。[例]あの、おてんば娘《むすめ》が素敵《すてき》なレディーに成長《せいちょう》した。[対]**ジェントルマン。**

貴婦人《きふじん》

◎高貴《こうき》な身分《みぶん》の女性《じょせい》。[例]貴婦人《きふじん》が差《さ》すようなレースの日傘《ひがさ》が欲《ほ》しい。◎優雅《ゆうが》なもののたとえ。[例]白《しろ》く美《うつく》しいその姿《すがた》から、「海《うみ》の貴婦人《きふじん》」と賞賛《しょうさん》される帆船《はんせん》。

ミス

◎英語《えいご》で、結婚《けっこん》していない女《じょ》性《せい》の姓《せい》の前《まえ》に付《つ》ける、「さん」にあたることば。[例]アガサ・クリスティーが生《う》んだ名探偵《めいたんてい》ミス・マープル。[対]**ミスター。**◎地名《ちめい》や物《もの》の名《な》の前《まえ》に付《つ》けて、地域《ちいき》やその物《もの》を代表《だいひょう》・象徴《しょうちょう》する未婚《みこん》の女性《じょせい》。美人《びじん》コンテストなどの優《ゆう》勝者《しょうしゃ》。[例]隣《となり》の家《いえ》のお姉《ねえ》さんが、今年《ことし》のミスさくらんぼになった。[対]**ミスター。**

ミセス

英語《えいご》で、結婚《けっこん》した女性《じょせい》の姓《せい》の前《まえ》に付《つ》ける、「さん」にあたることば。また、結婚《けっこん》している女《じょ》性《せい》のこと。[例]ヤングミセスのための雑《ざっ》誌《し》。[対]**ミスター。**

ミズ

英語《えいご》で、女性《じょせい》の姓《せい》の前《まえ》に付《つ》ける、「さん」にあたることば。結婚《けっこん》していてもしていなくても使《つか》う。「ミスター」に既婚《きこん》と未婚《みこん》の言《い》い分《わ》けがないのに、女性《じょせい》の呼《よ》び方《かた》だけを分《わ》けるのは不平等《ふびょうどう》だという考《かんが》え方《かた》から生《う》まれたことば。例 相手《あいて》女性《じょせい》が既婚《きこん》か未婚《みこん》か分《わ》からない場合《ばあい》のあて名《な》は、ミズを使用《しよう》します。

手弱女《たおやめ》

優《やさ》しく、しとやかな女性《じょせい》をいうことば。例 瓜実顔《うりざねがお》の手弱女《たおやめ》を妻《つま》にめとる。対 益荒男《ますらお》。

大和撫子《やまとなでしこ》

日本女性《にほんじょせい》の清楚《せいそ》な美《うつく》しさをほめていうことば。例 ジョンは、切《き》れ長《なが》の目《め》に黒髪《くろかみ》の大和《やまと》撫子《なでしこ》に一目《ひとめ》ぼれした。

紅一点《こういってん》

男性《だんせい》の中《なか》のただ一人《ひとり》の女性《じょせい》のこと。緑一面《みどりいちめん》の草《くさ》むらの中《なか》に、ただ一《ひと》つ咲《さ》いている赤《あか》い花《はな》という意味《いみ》から。例 男《おとこ》ばかりのバンドの紅《こう》一点《いってん》で、ボーカルを担当《たんとう》している。対 黒一点《こくいってん》。

黒一点《こくいってん》

女性《じょせい》の中《なか》のただ一人《ひとり》の男性《だんせい》のこと。「紅一点《こういってん》」の対義語《たいぎご》として、あとから作《つく》られたことば。例 共学《きょうがく》になったばかりの高校《こうこう》のブラスバンドで、僕《ぼく》は黒一点《こくいってん》だ。対 紅一点《こういってん》。

年女《としおんな》

生《う》まれ年《どし》が、その年《とし》の干支《えと》にあたる女性《じょせい》。年男《としおとこ》にならってできたことば。例 母《はは》が年女《としおんな》なので、干支《えと》の置物《おきもの》を買《か》ってあげた。対 年男《としおとこ》。

晴《は》れ女《おんな》

その人《ひと》が外出《がいしゅつ》したり何《なに》かしようとしたりすると、空《そら》が晴《は》れるといわれている女性《じょせい》。例 姉《あね》は、ここ一番《いちばん》のときには、降《ふ》っていた雨《あめ》も必《かなら》ずやむ晴《は》れ女《おんな》だ。対 雨女《あめおんな》。

雨女《あめおんな》

その人《ひと》が外出《がいしゅつ》したり何《なに》かしようとしたりすると、必《かなら》ず雨降《あめふ》りになるといわれる女性《じょせい》を、冷《ひ》やかしていうことば。例 雨女《あめおんな》が二人《ふたり》も参加《さんか》するので、明日《あす》の天気《てんき》が心配《しんぱい》だなあ。対 晴《は》れ女《おんな》。

「男女《だんじょ》」に関連《かんれん》することば

アダム 『旧約聖書《きゅうやくせいしょ》』に出《で》てくる、神《かみ》がつくった最初《さいしょ》の男性《だんせい》。イブの夫《おっと》。

イブ 『旧約聖書《きゅうやくせいしょ》』に出《で》てくる、神《かみ》がつくった最初《さいしょ》の女性《じょせい》。アダムの妻《つま》。

男尊女卑《だんそんじょひ》 男性《だんせい》を尊《とうと》び、女性《じょせい》を低《ひく》く見《み》る態度《たいど》や考《かんが》え方《かた》。

東男《あずまおとこ》に京女《きょうおんな》 男性《だんせい》は東国《とうごく》（近畿《きんき》より東《ひがし》の地域《ちいき》）の人《ひと》が男《おとこ》らしくてよく、女性《じょせい》は京都《きょうと》の人《ひと》が女《おんな》らしくてよいということ。また、夫婦《ふうふ》は、この取《と》り合《あ》わせがもっともよいということ。

女心《おんなごころ》と秋《あき》の空《そら》 秋《あき》の天気《てんき》がよく変化《へんか》するように、女《おんな》の人《ひと》の男《おとこ》の人《ひと》への愛情《あいじょう》もよく変《か》わるものだということ。「女《おんな》心《ごころ》」は、男《おとこ》の人《ひと》を愛《あい》する女《おんな》の気持《きも》ちのこと。昔《むかし》は、「男心《おとこごころ》と秋《あき》の空《そら》」のほうがよく使《つか》われた。

遠《とお》くて近《ちか》きは男女《だんじょ》の仲《なか》 男女《だんじょ》の仲《なか》は、離《はな》れているように見《み》えて、意外《いがい》に結《むす》ばれやすいものだということ。

男《おとこ》は度胸《どきょう》、女《おんな》は愛嬌《あいきょう》 男《おとこ》は何《なに》も恐《おそ》れない強《つよ》い心《こころ》を持《も》つことが、女《おんな》は人《ひと》に愛《あい》されるかわいらしさを持《も》つことが大切《たいせつ》だということ。

女三人寄《おんなさんにんよ》れば姦《かしま》しい 女《おんな》の人《ひと》は話《はな》し好《ず》きなので、三人《さんにん》も集《あつ》まるととてもやかましくなるということ。「女《おんな》」という字《じ》を三《みっ》つ集《あつ》めると、やかましい意《い》の「姦《かしま》しい」という漢字《かんじ》になることから生《う》まれたことわざ。

◆＝もっと知《し》りたい、ことばの知識《ちしき》。

子《こ》ども

child
［チャイルド］

このページも見《み》てみよう
▼息子《むすこ》・娘《むすめ》 ⬇30

赤《あか》ん坊《ぼう》

◎生《う》まれて間《ま》もない子《こ》ども。歩《ある》き始《はじ》めるくらいまでをいう。顔《かお》や体《からだ》が赤《あか》みをおびていることから。また、まだ生《う》まれていない胎《たい》児《じ》をこう呼《よ》ぶこともある。例 妹《いもうと》は、赤《あか》ん坊《ぼう》のころから、とてもおとなしかった。◎年齢《ねんれい》より幼《おさな》かったり、未熟《みじゅく》だったりする人《ひと》。例 まだまだ赤《あか》ん坊《ぼう》なので、甘《あま》えてばかりいる。◆「あかんぼ」ともいう。

赤《あか》ちゃん

「赤《あか》ん坊《ぼう》」を親《した》しんでいうことば。動物《どうぶつ》の場合《ばあい》にもいう。例 赤《あか》ちゃんが目《め》を覚《さ》ます前《まえ》に、お掃除《そうじ》を済《す》ませる。

赤子《あかご》

「赤《あか》ん坊《ぼう》」のこと。例 初《はじ》めちょろちょろ中《なか》ぱっぱ、赤子《あかご》泣《な》いてもふた取《と》るな。◆「赤児《あかご》」とも書《か》く。

乳児《にゅうじ》

生《う》まれてから一年《いちねん》くらいの間《あいだ》の、乳《ちち》で育《そだ》っている子《こ》ども。例 乳児《にゅうじ》の栄養《えいよう》バランスを第一《だいいち》に考《かんが》えた粉《こな》ミルク。

乳飲《ちの》み子《ご》

「乳児《にゅうじ》」と同《おな》じ。例 乳飲《ちの》み子《ご》を抱《かか》えた女子《じょし》社員《しゃいん》をいたわる。

嬰児《みどりご》

生《う》まれたばかりの子《こ》ども。「みどり」は、生命力《せいめいりょく》にあふれた新《しん》芽《め》や若葉《わかば》のこと。例 嬰児《みどりご》のように純《じゅん》真無垢《しんむく》な人《ひと》。◆「緑児《みどりご》」とも書《か》く。

嬰児《えいじ》

「嬰児《みどりご》」と同《おな》じ。法律用語《ほうりつようご》として使《つか》うことが多《おお》い。例 産婦人《さんふじん》科《か》病院《びょういん》で、嬰児《えいじ》の誘拐事件《ゆうかいじけん》が起《お》こった。

新生児《しんせいじ》

生《う》まれたばかりの赤《あか》ん坊《ぼう》。医学《いがく》では生後《せいご》四週間《よんしゅうかん》までをいう。例 成長《せいちょう》が早《はや》く、新生児《しんせいじ》用《よう》のおむつが小《ちい》さくて使《つか》えなくなった。

産児《さんじ》

生《う》まれた子《こ》。また、生《う》まれたばかりの子《こ》。例 産児《さんじ》に異常《いじょう》は見《み》られなかった。

胎児《たいじ》

哺《ほ》乳類《にゅうるい》の母親《ははおや》の腹《はら》の中《なか》で育《そだ》つ、まだ生《う》まれていない子《こ》ども。人《ひと》の場合《ばあい》、妊娠八週目以降《にんしんはっしゅうめいこう》の子《こ》をいう。例 妊婦《にんぷ》さんが、おなかにいる胎児《たいじ》に話《はな》しかける。

乳幼児《にゅうようじ》

乳児《にゅうじ》と幼児《ようじ》。小学校入学《しょうがっこうにゅうがく》前《まえ》の子《こ》ども。例 病院《びょういん》に行《い》くことが多《おお》い乳幼児《にゅうようじ》のために、医療費《いりょうひ》を無料《むりょう》にする

ねんね

◎「赤《あか》ん坊《ぼう》」のこと。◎年齢《ねんれい》のわりに世間《せけん》知《し》らずな者《もの》。「寝《ね》る」の「ね」を重《かさ》ねた「ねね」が変化《へんか》したことば。例 体《からだ》ばかり大《おお》きくても、まだねんねで困《こま》る。◎「眠《ねむ》る」⬇220

ベビー

「赤《あか》ん坊《ぼう》」という意味《いみ》の英《えい》語《ご》。例 ベビーカー。例 おっぱいかおむつか、ベビーの泣《な》き方《かた》から判断《はんだん》する。

子《こ》ども

◎年《とし》のいかない幼《おさな》い者《もの》。ふつう、三才《さんさい》くらいから、小《しょう》学生《がくせい》くらいまでを指《さ》す。もとは「子《こ》」の複数形《ふくすうけい》だったが、現在《げんざい》は単数《たんすう》として使《つか》われる。例 子《こ》どもだけで海《うみ》に入《はい》ってはいけない。対 大人《おとな》。◎年齢《ねんれい》のわりに、することなどが幼《おさな》い者《もの》。例 指示《しじ》がないと動《うご》けないなんて、今年《ことし》の新入社員《しんにゅうしゃいん》

は子《こ》どもばかりだ。対 大人《おとな》。◎「息子《むすこ》・娘《むすめ》」➡30

子《こ》
◎年《とし》の若《わか》い者《もの》。「子《こ》ども」より、幅《はば》広《ひろ》い年齢《ねんれい》を指《さ》す。例 近所《きんじょ》の子《こ》にあいさつされて、うれしかった。対 親《おや》。◎「息子《むすこ》・娘《むすめ》」➡30

小児《しょうに》
「子《こ》ども」の言《い》い方《かた》の一《ひと》つ。ふつう、小学校低学年《しょうがっこうていがくねん》くらいまでをいう。医学用語《いがくようご》で使《つか》うことが多《おお》い。例 小児《しょうに》のころは病気《びょうき》にかかりやすい。

幼子《おさなご》
「子《こ》ども」の言《い》い方《かた》の一《ひと》つ。ふつう、満一才《まんいっさい》くらいから小学校《しょうがっこう》へ入学《にゅうがく》するころまでの子《こ》どもをいう。例 あどけない幼子《おさなご》の笑顔《えがお》に、心《こころ》が洗《あら》われるようだ。

幼児《ようじ》
「幼子《おさなご》」の、よりふつうに使《つか》われる言《い》い方《かた》。例 幼児《ようじ》を車《くるま》に残《のこ》して買《か》い物《もの》に行《い》くのは危険《きけん》だ。

子弟《してい》
子《こ》どもや弟《おとうと》。また、身内《みうち》だけでなく仲間内《なかまうち》の年少者《ねんしょうしゃ》を広《ひろ》く指《さ》す。例 良家《りょうけ》の子弟《してい》。例 アメリカ在《ざい》住《じゅう》の日本人《にほんじん》子弟《してい》の教育機関《きょういくきかん》。

小人《しょうにん》
小学生以下《しょうがくせいいか》の子《こ》ども。運賃《うんちん》や入場料《にゅうじょうりょう》を取《と》るときの区分《くぶん》。例 小人《しょうにん》の料金《りょうきん》。対 大人《だいにん》。

幼童《ようどう》
幼《おさな》い子《こ》ども。例 幼童《ようどう》期《き》の思《おも》い出《で》を自伝《じでん》に書《か》き記《しる》す。

童子《どうじ》
◎「子《こ》ども」のこと。例 座敷《ざしき》わらしは、旧家《きゅうか》の座敷《ざしき》に現《あらわ》れる、童子《どうじ》の姿《すがた》をした精霊《せいれい》だという。◎昔《むかし》の貴族《きぞく》などの召《め》し使《つか》いの少年《しょうねん》。◆「童児《どうじ》」とも書《か》く。

稚児《ちご》
◎乳飲《ちの》み子《ご》、幼《おさな》い子《こ》どものこと。例 牛若丸《うしわかまる》は、稚児《ちご》でありながら弁慶《べんけい》を倒《たお》した。◎神社《じんじゃ》やお寺《てら》のお祭《まつ》りなどに、着《き》飾《かざ》って行列《ぎょうれつ》に加《くわ》わる幼《おさな》い子《こ》ども。例 五才《ごさい》のとき、花《はな》まつりの稚児《ちご》行列《ぎょうれつ》に参加《さんか》した。

童《わらべ》
「子《こ》ども」のこと。例 童歌《わらべうた》。◆「わらんべ」ともいう。

ローティーン
十代《じゅうだい》の前半《ぜんはん》。また、その年《とし》ごろの少年《しょうねん》・少女《しょうじょ》。和製英語《わせいえいご》。例 ローティーンを対象《たいしょう》にした携帯小説《けいたいしょうせつ》を読《よ》む。

ハイティーン
十代《じゅうだい》の後半《こうはん》。また、その年《とし》ごろの少年《しょうねん》・少女《しょうじょ》。和製英語《わせいえいご》。例 ハイティーン向《む》けのファッション情報誌《じょうほうし》。

ちび
◎幼《おさな》い子《こ》どもを、親《した》しみを込《こ》めていうことば。体《からだ》が小《ちい》さいということから。例 うちのちびが、いつもお世話《せわ》になっております。◎「低《ひく》い」➡535

ちびっ子《こ》
小学校低学年《しょうがっこうていがくねん》くらいまでの子《こ》どもを、親《した》しみを込《こ》めていうことば。例 夏祭《なつまつ》りは、近所《きんじょ》のちびっ子《こ》が大勢《おおぜい》集《あつ》まり、にぎやかだった。

餓鬼《がき》
がつがつと食《た》べるようすから、子《こ》どもをいやしんでいうことば。もとは、仏教《ぶっきょう》で、地獄《じごく》に落《お》ち、飢《う》えや渇《かわ》きに苦《くる》しむ者《もの》のこと。例 手《て》に負《お》えない餓鬼《がき》だ。

餓鬼んちょ《がき》
「餓鬼《がき》」のくだけた言《い》い方《かた》。例 近所《きんじょ》の餓鬼《がき》んちょを集《あつ》めて、サッカークラブをつくろう。

砂利《じゃり》
小《ちい》さい子《こ》どもを、ばかにしていうことば。もとは、芝居《しばい》などで子《こ》どもの見物人《けんぶつにん》を指《さ》した。例 砂利《じゃり》

◆＝もっと知《し》りたい、ことばの知識《ちしき》。

の出《で》る幕《まく》ではない。似 砂利《じゃり》ん子《こ》。

童《わっぱ》
「子《こ》ども」のこと。とくに、男《おとこ》の子《こ》をののしっていうことば。「わらわ」の音《おん》が変化《へんか》したもの。例 童《わっぱ》ども、危《あぶ》ないからあっちへ行《い》け。似 小童《こわっぱ》。

おぼこ
まだ世間《せけん》のことを知《し》らない子《こ》ども。世間知《せけんし》らずな若《わか》い人《ひと》のこともいう。例 まだおぼこな娘《むすめ》。

園児《えんじ》
幼稚園《ようちえん》や保育園《ほいくえん》に通《かよ》っている子《こ》ども。例 園児《えんじ》のお弁当《べんとう》は、かわいく食《た》べやすく作《つく》ろう。

未就学児《みしゅうがくじ》
まだ小学生《しょうがくせい》になっていない子《こ》ども。例 次《つぎ》は、未就学児《みしゅうがくじ》によるかけっこです。

児童《じどう》
子《こ》ども。とくに、小学生《しょうがくせい》のこと。例 放課後《ほうかご》の児童《じどう》の安全《あんぜん》をはかる。

学童《がくどう》
「児童《じどう》」と同《おな》じ。例 学童《がくどう》向《む》けのキャラクター文具《ぶんぐ》。

小学生《しょうがくせい》
小学校《しょうがっこう》に通《かよ》っている子《こ》ども。例 小学生《しょうがくせい》になる前《まえ》に、漢字《かんじ》で自分《じぶん》の名前《なまえ》が書《か》けるようになる。

生徒《せいと》
学校《がっこう》などで教《おし》えを受《う》ける者《もの》。とくに、中学校《ちゅうがっこう》・高校《こうこう》で教《おし》えを受《う》ける者《もの》。例 あの中学《ちゅうがく》の生徒《せいと》たちは、みんな部活《ぶかつ》に熱心《ねっしん》だ。

男《おとこ》の子《こ》
◎男《おとこ》の子《こ》ども。例 男《おとこ》の子《こ》なら、だれもが野球選手《やきゅうせんしゅ》を夢見《ゆめみ》る時代《じだい》があった。対 女《おんな》の子《こ》。◎若《わか》い男《おとこ》の人《ひと》。赤《あか》ん坊《ぼう》から青年《せいねん》まで、幅広《はばひろ》い年齢《ねんれい》の人《ひと》を指《さ》す。例 新聞配達《しんぶんはいたつ》の男《おとこ》の子《こ》。対 女《おんな》の子《こ》。

女《おんな》の子《こ》
◎女《おんな》の子《こ》ども。例 女《おんな》の子《こ》の髪《かみ》にリボンをつける。対 男《おとこ》の子《こ》。◎若《わか》い女《おんな》の人《ひと》。赤《あか》ん坊《ぼう》から青年《せいねん》まで、幅広《はばひろ》い年齢《ねんれい》の人《ひと》を指《さ》す。例 会社《かいしゃ》の女《おんな》の子《こ》に、資料《しりょう》を持《も》って行《い》かせます。対 男《おとこ》の子《こ》。

男児《だんじ》
◎幼《おさな》い男《おとこ》の子《こ》。小学校低学年《しょうがっこうていがくねん》くらいまでの子《こ》どもを指《さ》す。例 日《ひ》に焼《や》けた男児《だんじ》らが、岩場《いわば》から海《うみ》に飛《と》び込《こ》んだ。◎「男女《だんじょ》」➡42

女児《じょじ》
幼《おさな》い女《おんな》の子《こ》。小学校低学年《しょうがっこうていがくねん》くらいまでの子《こ》どもを指《さ》す。例 女児《じょじ》用《よう》のブラウスを、姪《めい》に贈《おく》る。

少年《しょうねん》
男《おとこ》の子《こ》。年《とし》の若《わか》い男子《だんし》。小学《しょうがっ》校高学年《こうこうがくねん》から高校生《こうこうせい》くらいまでの男子《だんし》を指《さ》す。法律用語《ほうりつようご》としては女《おんな》の子《こ》も含《ふく》む。例 少年《しょうねん》よ、大志《たいし》を抱《いだ》け。対 少女《しょうじょ》。

少女《しょうじょ》
女《おんな》の子《こ》。年《とし》の若《わか》い女子《じょし》。小学《しょうがっ》校高学年《こうこうがくねん》から高校生《こうこうせい》くらいまでの女子《じょし》を指《さ》す。例 少女《しょうじょ》趣味《しゅみ》の服《ふく》。対 少年《しょうねん》。

男子《だんし》
◎男《おとこ》の子《こ》。例 世継《よつ》ぎの男子《だんし》をもうける。対 女子《じょし》。◎一人前《いちにんまえ》の大人《おとな》の男性《だんせい》。例 男子《だんし》たるもの、これくらいで弱音《よわね》をはいてはいけない。◎「男女《だんじょ》」➡42

女子《じょし》
◎女《おんな》の子《こ》。例 女子《じょし》の悪口《わるくち》のひどさにはあきれた。対 男子《だんし》。◎「男女《だんじょ》」➡43

小僧《こぞう》
男《おとこ》の子《こ》を見下《みくだ》したり、親《した》しみを込《こ》めたりしていうことば。例 腕白《わんぱく》小僧《こぞう》。例 うちの小僧《こぞう》も来年《らいねん》は中学生《ちゅうがくせい》だ。似 小僧《こぞう》っ子《こ》。

はな垂《た》れ小僧《こぞう》
◎いつも鼻水《はなみず》を垂《た》らしている子《こ》ども。例 隣《となり》のはな垂《た》れ小僧《こぞう》がやってきたぞ。◎「青年《せいねん》・成人《せいじん》」➡51

息子《むすこ》・娘《むすめ》
その他《た》の親戚《しんせき》
家族《かぞく》・親族《しんぞく》
男女《だんじょ》
子《こ》ども
青年《せいねん》・成人《せいじん》
老人《ろうじん》
友達《ともだち》

小娘《こむすめ》

まだ一人前《いちにんまえ》に成長《せいちょう》していない女《おんな》の子《こ》。精神的《せいしんてき》に未熟《みじゅく》な若《わか》い女性《じょせい》。軽《かる》いあざけりの気持《きも》ちを含《ふく》んでいうことが多《おお》い。例 生意気《なまいき》な小娘《こむすめ》だ。

僕《ぼく》

◎幼《おさな》い男《おとこ》の子《こ》を呼《よ》ぶことば。例 僕《ぼく》、おうちはどこだい。◎「私《わたし》」➡16

坊主《ぼうず》

男《おとこ》の子《こ》を親《した》しんだり、からかったりして呼《よ》ぶことば。昔《むかし》、男児《だんじ》が髪《かみ》をそる習慣《しゅうかん》があったことから。例 おい坊主《ぼうず》、お使《つか》いに行《い》ってきてくれ。

坊《ぼう》や

男《おとこ》の子《こ》を親《した》しんで、優《やさ》しく呼《よ》ぶことば。例 坊《ぼう》や、いくつになったの？

坊《ぼっ》ちゃん

◎よその家《いえ》の男《おとこ》の子《こ》を親《した》しんで呼《よ》ぶことば。例 坊《ぼっ》ちゃん、お元気《げんき》ですか。◎「息子《むすこ》・娘《むすめ》」➡33 ◎「青年《せいねん》・成人《せいじん》」➡51

お嬢《じょう》さん

◎よその家《いえ》の女《おんな》の子《こ》をうやまって呼《よ》ぶことば。例 お留守《るす》だったので、お嬢《じょう》さんに預《あず》けました。似 お嬢《じょう》ちゃん。◎「息子《むすこ》・娘《むすめ》」➡33 ◎「青年《せいねん》・成人《せいじん》」➡51

ボーイ

◎「少年《しょうねん》」という意味《いみ》の英《えい》語《ご》。例 ボーイスカウト。◎飲食店《いんしょくてん》で品物《しなもの》を運《はこ》んでくる男性《だんせい》。例 ボーイを呼《よ》んで、飲《の》み物《もの》を注文《ちゅうもん》する。

ガール

「少女《しょうじょ》」という意味《いみ》の英語《えいご》。例 ガールフレンド。

乙女《おとめ》

少女《しょうじょ》。とくに、感受性《かんじゅせい》が豊《ゆた》か、上品《じょうひん》、純粋《じゅんすい》といった特徴《とくちょう》を持《も》つ女性《じょせい》を指《さ》すことが多《おお》い。例 悩《なや》み多《おお》き乙女《おとめ》たちの、よき相談相手《そうだんあいて》になる。

早乙女《さおとめ》

「乙女《おとめ》」のこと。とくに、田《た》植《う》えをする若《わか》い女性《じょせい》のこと。例 田植《たう》え祭《まつ》りで、かすりの着物《きもの》を着《き》た早乙女《さおとめ》が、苗《なえ》を植《う》える。

子女《しじょ》

◎「女《おんな》の子《こ》」のこと。例 良家《りょうけ》の子女《しじょ》を嫁《よめ》に迎《むか》える。◎「息子《むすこ》・娘《むすめ》」➡30

幼女《ようじょ》

幼《おさな》い女《おんな》の子《こ》。例 幼女《ようじょ》をねらった犯罪《はんざい》が多発《たはつ》している。

童女《どうじょ》

「幼女《ようじょ》」と同《おな》じ。例 十才《じっさい》くらいの童女《どうじょ》が、ほほ笑《え》みながら母《はは》親《おや》の袖《そで》をつかんでいた。◆「どうにょ」とも読《よ》む。

幼年《ようねん》

幼《おさな》い年《とし》ごろ。例 文字《もじ》が大《おお》きくて読《よ》みやすい、幼年《ようねん》向《む》けの絵《え》本《ほん》。

青年《せいねん》・成人《せいじん》

young person, adult
［ヤング・パーソン アダルト］

このページも見《み》てみよう
男女《だんじょ》➡41

青年《せいねん》

年齢《ねんれい》の若《わか》い人《ひと》。十代後半《じゅうだいこうはん》から三十代前半《さんじゅうだいぜんはん》の男性《だんせい》をいうことが多《おお》い。また、その年代《ねんだい》の人々《ひとびと》をまとめていうこともある。例 青年《せいねん》のうちは、何《なん》にでも挑戦《ちょうせん》すべきだ。例 人気《にんき》アイドルが青年実業家《せいねんじつぎょうか》と電撃結婚《でんげきけっこん》した。

若者《わかもの》

年《とし》の若《わか》い人《ひと》。例 若者《わかもの》向《む》けの深《しん》夜番組《やばんぐみ》。

若人《わこうど》

年《とし》の若《わか》い人《ひと》。やや改《あらた》まった言《い》い方《かた》。例 若人《わこうど》の歌声《うたごえ》が青空《あおぞら》に響《ひび》く。

	青年	若者	若人
——に未来《みらい》を託《たく》す	○	○	○
未熟《みじゅく》な——	○	○	–
文学《ぶんがく》——	○	–	–

◆＝もっと知《し》りたい、ことばの知識《ちしき》。

青少年《せいしょうねん》

青年《せいねん》と少年《しょうねん》をあわせた言《い》い方《かた》。ふつう、十二才《じゅうにさい》から二十五才《にじゅうごさい》くらいまでの男女《だんじょ》を指《さ》す。例 **青少年**《せいしょうねん》の育成《いくせい》のために力《ちから》を尽《つ》くす。

ヤング

「若《わか》い」「若者《わかもの》」などの意味《いみ》の英語《えいご》。日本語《にほんご》の中《なか》では、最《さい》近《きん》はあまり使《つか》われなくなっている。例 **ヤング**エージの代表《だいひょう》として、エコロジーについての意見《いけん》を述《の》べる。

若《わか》い者《もの》

年長者《ねんちょうしゃ》が、自分《じぶん》よりも若《わか》い年代《ねんだい》の人《ひと》を指《さ》していうことば。例 最近《さいきん》の**若《わか》い者《もの》**は敬語《けいご》の使《つか》い方《かた》を知《し》らないと、祖父《そふ》が怒《おこ》っている。

若《わか》い衆《しゅ》

◎年《とし》の若《わか》い元気《げんき》な男《おとこ》。ある集団《しゅうだん》の中《なか》で、若《わか》いほうの人《ひと》たち。例 村《むら》の**若《わか》い衆《しゅ》**は、祭《まつ》りの準備《じゅんび》に余念《よねん》がない。◎昔《むかし》ながらの商店《しょうてん》などで働《はたら》く若《わか》い使用人《しようにん》。例 店《みせ》の**若《わか》い衆《しゅ》**に、お使《つか》いを頼《たの》む。◆「わかいしゅう」とも読《よ》む。

若手《わかて》

◎ある集団《しゅうだん》の中《なか》で若《わか》いほうの人《ひと》たち。例 次《つぎ》のプロジェクトは、**若手**《わかて》の社員《しゃいん》からメンバーを選《えら》ぼう。◎若《わか》くて勢《いきお》いのある人《ひと》。例 **若手**《わかて》の指揮《しき》

者《しゃ》が、海外《かいがい》で大成功《だいせいこう》を収《おさ》める。

娘《むすめ》

◎まだ結婚《けっこん》していない若《わか》い女性《じょせい》。例 母《はは》は**娘**《むすめ》時代《じだい》をニューヨークで過《す》ごした。◎「息子《むすこ》・娘《むすめ》」↓33

兄《にい》さん

◎若《わか》い男性《だんせい》を、親《した》しみを込《こ》めて呼《よ》ぶことば。例 車《くるま》がぬかるみにはまって困《こま》っているんだ、**兄《にい》さん**力《ちから》を貸《か》してくれないか。◎「きょうだい」↓28

兄《あに》さん

◎自分《じぶん》の兄《あに》ぐらいの年齢《ねんれい》の男性《だんせい》を呼《よ》ぶことば。例 **兄《あに》さん**、お師匠《ししょう》さんがお呼《よ》びです。◎「きょうだい」↓28

あんちゃん

◎若《わか》い男《おとこ》や不良《ふりょう》じみた若者《わかもの》を、なれなれしく呼《よ》ぶことば。例 **あんちゃん**たちがたむろしている場所《ばしょ》には、あまり近《ちか》づかないほうがいい。◎「きょうだい」↓28

兄貴《あにき》

◎仲間《なかま》の中《なか》で、年上《としうえ》・先輩《せんぱい》の男性《だんせい》を親《した》しみを込《こ》めて、また、ややうやまって呼《よ》ぶことば。例 この先《せん》輩《ぱい》は、大学時代《だいがくじだい》に演劇部《えんげきぶ》で**兄貴**《あにき》と呼《よ》んで慕《した》った人《ひと》だ。似 兄《あに》い。◎「きょうだい」

↓28

姉《ねえ》さん

◎若《わか》い女性《じょせい》を親《した》しみを込《こ》めて呼《よ》ぶことば。飲食店《いんしょくてん》などで給仕《きゅうじ》をする女性《じょせい》をいう場合《ばあい》もある。例 高校生《こうこうせい》くらいのお**姉《ねえ》さん**に、図書館《としょかん》までの道《みち》を尋《たず》ねた。例 **姉《ねえ》さん**、ビールもう一本《いっぽん》。◎「きょうだい」↓28

姉《あね》さん

◎自分《じぶん》の姉《あね》ぐらいの年齢《ねんれい》の女性《じょせい》を呼《よ》ぶことば。例 **姉《あね》さん**の花嫁姿《はなよめすがた》、きれいでしょうね。◎「きょうだい」↓29

姉貴《あねき》

◎親《した》しい仲間《なかま》や若者《わかもの》のあいだで、年上《としうえ》の女性《じょせい》をうやまって呼《よ》ぶことば。例 **姉貴**《あねき》には頭《あたま》が上《あ》がらない。◎「きょうだい」↓29

姉御《あねご》

◎年上《としうえ》の女性《じょせい》を、親《した》しみと敬《けい》意《い》を込《こ》めて呼《よ》ぶことば。例 困《こま》ったことがあったら、なんでも**姉御**《あねご》に相談《そうだん》すればいいよ。◎「きょうだい」↓29

年頃《としごろ》

あることをするのにふさわしい年齢《ねんれい》。とくに、女性《じょせい》が恋愛《れんあい》をしたり、結婚《けっこん》したりするのにちょうどよいとされる年齢《ねんれい》を指《さ》す。例 **年頃**《としごろ》の

娘《むすめ》を持《も》つ母親《ははおや》は、心配事《しんぱいごと》が絶《た》えない。

適齢期《てきれいき》 ちょうどよい年齢《ねんれい》。とくに、結婚《けっこん》するのにちょうどよいとされる時期《じき》。最近《さいきん》はあまり使《つか》われない。例 仕事《しごと》がおもしろく、適齢期《てきれいき》を逃《のが》してしまった。

妙齢《みょうれい》 若《わか》い年《とし》ごろ。とくに、若《わか》い女《じょ》性《せい》についていう。例 そんな下《げ》品《ひん》な話《はなし》をするのは、妙齢《みょうれい》の女性《じょせい》に対《たい》して失礼《しつれい》だ。

若年《じゃくねん》 年《とし》が若《わか》くて、まだ一人前《いちにんまえ》ではないこと。また、そのような人《ひと》。例 彼《かれ》は若年《じゃくねん》ながら、精一杯《せいいっぱい》、家《か》業《ぎょう》を支《ささ》えている。◆「弱年《じゃくねん》」とも書《か》く。

弱冠《じゃっかん》 昔《むかし》、男性《だんせい》の二十才《にじっさい》をいったことば。昔《むかし》の中国《ちゅうごく》では、二十才《にじっさい》になると、成人《せいじん》と認《みと》められて冠《かんむり》をかぶったことから。また、年《とし》の若《わか》いこと。例 弱冠《じゃっかん》十八才《じゅうはっさい》で店《みせ》を持《も》つ。

若輩《じゃくはい》 年《とし》が若《わか》く、経験《けいけん》の浅《あさ》い未熟《みじゅく》な者《もの》。若《わか》い人自身《ひとじしん》が、自分《じぶん》をへりくだっていうことが多《おお》い。例 若輩《じゃくはい》ではございますが、今回《こんかい》はこの仕事《しごと》を担当《たんとう》いたします。◆「弱輩《じゃくはい》」とも書《か》く。

若造《わかぞう》 年《とし》が若《わか》く、経験《けいけん》の浅《あさ》い未熟《みじゅく》な者《もの》を、あざけっていうことば。例 若造《わかぞう》に何《なに》ができるというんだ。◆「若僧《わかぞう》」とも書《か》く。

せがれ ◎若《わか》い男性《だんせい》を乱暴《らんぼう》にいうことば。例 小《こ》せがれが、何《なに》を言《い》うか。◎「息子《むすこ》・娘《むすめ》」➡32

坊《ぼっ》ちゃん ◎何不自由《なにふじゆう》なく育《そだ》てられて、世間知《せけんし》らずな男《だん》性《せい》を皮肉《ひにく》っていうことば。例 彼《かれ》は苦労《くろう》知《し》らずの坊《ぼっ》ちゃんで、金銭感覚《きんせんかんかく》がまったくない。◎「息子《むすこ》・娘《むすめ》」➡33 ◎「子《こ》ども」➡49

はな垂《た》れ小僧《こぞう》 ◎経験《けいけん》の少《すく》ない若者《わかもの》を、あざけっていうことば。例 おじいちゃんから見《み》れば、叔父《おじ》さんなんてはな垂《た》れ小僧《こぞう》だ。◎「子《こ》ども」➡48

お嬢《じょう》さん ◎何不自由《なにふじゆう》なく育《そだ》てられて、世間知《せけんし》らずな女《じょ》性《せい》を皮肉《ひにく》っていうことば。例 お嬢《じょう》さん育《そだ》ちの彼女《かのじょ》に、貧乏暮《びんぼうぐ》らしは耐《た》えられるだろうか。◎「息子《むすこ》・娘《むすめ》」➡33 ◎「子《こ》ども」➡49

成人《せいじん》 心身《しんしん》が発達《はったつ》して、社会的《しゃかいてき》に一《いち》人前《にんまえ》になること。また、そのような人《ひと》。日本《にほん》の法律《ほうりつ》では二十才《はたち》以上《じょう》の人《ひと》をいう。例 これからは成人《せいじん》として自分《じぶん》の行動《こうどう》に責任《せきにん》を持《も》とう。

成年《せいねん》 心身《しんしん》が発達《はったつ》して、社会的《しゃかいてき》に一《いち》人前《にんまえ》であると認《みと》められる年齢《ねんれい》。日本《にほん》の法律《ほうりつ》では満二十才《まんにじっさい》。例 成年《せいねん》に達《たっ》し、晴《は》れて一人暮《ひとりぐ》らしを始《はじ》めることになった。対 未成年《みせいねん》。

未成年《みせいねん》 まだ成人《せいじん》に達《たっ》していないこと。二十才未満《はたちみまん》の人《ひと》。例 未成年《みせいねん》の飲酒《いんしゅ》は、法律《ほうりつ》で禁止《きんし》されている。対 成年《せいねん》。

大人《おとな》 ◎世間《せけん》から見《み》て、一人前《いちにんまえ》と認《みと》められるまでに成長《せいちょう》した人《ひと》。例 お前《まえ》も大人《おとな》になったんだから、少《すこ》しは酒《さけ》でもどうだ。対 子《こ》ども。◎考《かんが》え方《かた》や行動《こうどう》がしっかりしている人《ひと》のこと。例 一年実家《いちねんじっか》を離《はな》れただけで、君《きみ》もずいぶん大人《おとな》になったなあ。対 子《こ》ども。

大人《だいにん》 十二才以上《じゅうにさいいじょう》（中学生以上《ちゅうがくせいいじょう》）の人《ひと》。運賃《うんちん》や入場料《にゅうじょうりょう》を取《と》るときの区分《くぶん》。例 ロープウエーの大人《だいにん》の料金《りょうきん》は

◆＝もっと知《し》りたい、ことばの知識《ちしき》。

五百円《ごひゃくえん》になります。対 小人《しょうにん》。

壮年《そうねん》 社会《しゃかい》の中心《ちゅうしん》となる、働《はたら》き盛《ざか》りの年《とし》ごろ。また、その世代《せだい》の人《ひと》。三十才代《さんじっさいだい》から五十才代《ごじっさいだい》くらいを指《さ》す。例 壮年《そうねん》に至《いた》って、その作家《さっか》は意欲的《いよくてき》に問題作《もんだいさく》を発表《はっぴょう》した。

盛年《せいねん》 若《わか》く元気《げんき》あふれる年《とし》ごろ。「壮《そう》年《ねん》」よりやや若《わか》い年代《ねんだい》。例 盛《せい》年《ねん》にさしかかり人生《じんせい》が充実《じゅうじつ》してきた。

中年《ちゅうねん》 青年《せいねん》と老年《ろうねん》の間《あいだ》の年《とし》ごろ。四十《よんじっ》才代《さいだい》から五十才代《ごじっさいだい》くらいを指《さ》すが、最近《さいきん》は三十才《さんじっさい》くらいからこう呼《よ》ぶこともある。例 ウォーキングは中年《ちゅうねん》の人々《ひとびと》の間《あいだ》で、ブームになっている。

実年《じつねん》 「壮年《そうねん》」の後《あと》の、社会《しゃかい》で指導的《しどうてき》な立場《たちば》となる年《とし》ごろ。五十才《ごじっさい》代《だい》から六十才代《ろくじっさいだい》くらい。一九八五年《ねん》に、厚生省《こうせいしょう》（現在《げんざい》の厚生労働省《こうせいろうどうしょう》）が作《つく》ったことば。例 実年《じつねん》になってから、登山《とざん》をする人《ひと》が増《ふ》えている。

ミドル 「中間《ちゅうかん》」という意味《いみ》の英語《えいご》。また、「ミドルエージ」で「中年《ちゅうねん》」のこと。略《りゃく》して「ミドル」だけでも中年《ちゅうねん》のことをいう。例 父《ちち》は「ナイスミドル」と呼《よ》ばれ、まんざら悪《わる》い気《き》もしないらしい。

おじさん 他人《たにん》の大人《おとな》の男性《だんせい》を、親《した》しんで呼《よ》ぶことば。例 急《きゅう》な夕立《ゆうだち》に困《こま》っていたら、隣《となり》のおじさんが家《いえ》まで車《くるま》に乗《の》せてくれた。似 おじちゃん。対 おばさん。◆「小父《おじ》さん」と書《か》くことがあり、親《おや》の兄弟《きょうだい》である「伯父《おじ》さん・叔父《おじ》さん」とは区別《くべつ》される。
➡35

おやじ ◎「おじさん」のぞんざいな言《い》い方《かた》。また、飲食店《いんしょくてん》の主人《しゅじん》や職場《しょくば》の上司《じょうし》などを、親《した》しみを込《こ》めて呼《よ》ぶときに使《つか》う。例 この店《みせ》のおやじの作《つく》る料理《りょうり》は天下一品《てんかいっぴん》だ。◎「父母《ふぼ》」
➡23

おばさん 他人《たにん》の大人《おとな》の女性《じょせい》を、親《した》しんで呼《よ》ぶことば。例 知《し》らないおばさんに道《みち》を聞《き》かれたので、教《おし》えてあげた。似 おばちゃん。

十五才《じゅうごさい》でも「大人《おとな》」？

深谷先生《ふかやせんせい》のちょっとひと息《いき》

「大人《おとな》と子《こ》どもの区分《くぶん》は？」と聞《き》かれたら、あなたならどう答《こた》えますか？

ふつう、大人《おとな》とは、世間《せけん》から一人前《いちにんまえ》と認《みと》められるまでに成長《せいちょう》した人《ひと》を指《さ》します。しかし、電車《でんしゃ》やバスなどの運賃《うんちん》は、中学生《ちゅうがくせい》以上《いじょう》を「大人料金《おとなりょうきん》」としているのが一般的《いっぱんてき》です。この場合《ばあい》は大人《だいにん》と読《よ》み、大人《おとな》とは読《よ》みません。ちなみに、これに対《たい》して小学生《しょうがくせい》以下《いか》を小人《しょうにん》といいます。

法律《ほうりつ》の上《うえ》で、一人前《いちにんまえ》と認《みと》められるのは満《まん》二十才《にじっさい》で、成年《せいねん》とか成人《せいじん》といいます。

つまり、名実《めいじつ》ともに大人《おとな》といわれるのは二十才《にじっさい》になってからということ。選挙《せんきょ》で投票《とうひょう》をして、いろいろな議会《ぎかい》の議員《ぎいん》を選《えら》ぶことができる年齢《ねんれい》です。

しかし、この年齢《ねんれい》は国《くに》によってまちまちで、ヨーロッパの多《おお》くの国《くに》では十八《じゅうはっ》才《さい》。イランでは十五才《じゅうごさい》、ブラジルなどでは十六才《じゅうろくさい》、マレーシアでは二十一才《にじゅういっさい》となっています。

（二〇〇九年現在《ねんげんざい》）

対 おじさん。◆「小母《おば》さん」と書《か》くことがあり、親《おや》の姉妹《しまい》である「伯母《おば》さん・叔《お》母《ば》さん」とは区別《くべつ》される。➡35

「青年《せいねん》・成人《せいじん》」に関連《かんれん》することば

若《わか》いときの苦労《くろう》は買《か》ってでもせよ　若《わか》くて体力《たいりょく》のあるころの苦労《くろう》は、後《あと》で必《かなら》ず役《やく》に立《た》つときがあるから、進《すす》んでいろいろな苦労《くろう》をしなさいという意味《いみ》のことば。

花《はな》も恥《は》じらう　美《うつく》しい花《はな》でさえ恥《は》ずかしがるほどの、若《わか》くて美《うつく》しい女性《じょせい》を表《あらわ》すことば。「花《はな》も恥《は》じらう乙女《おとめ》」などという。➡545

老人《ろうじん》

old person
［オールド・パーソン］

年寄《としよ》り　年《とし》を取《と》った人《ひと》。前《まえ》に「お」を付《つ》けるとていねいな言《い》い方《かた》になる。例 近所《きんじょ》のお年寄《としよ》りに、昔《むかし》の話《はなし》を聞《き》く。例 パソコンの操作《そうさ》は、年寄《としよ》りには難《むずか》しい。

老人《ろうじん》　年《とし》を取《と》った人《ひと》。法律《ほうりつ》では、六十五才《ろくじゅうごさい》以上《いじょう》の人《ひと》を指《さ》す。例 一人暮《ひとりぐ》らしの老人《ろうじん》が増《ふ》えた。

高齢者《こうれいしゃ》　年齢《ねんれい》が高《たか》い人《ひと》。法律《ほうりつ》では、六十五才《ろくじゅうごさい》以上《いじょう》の人《ひと》を高《こう》齢者《れいしゃ》といい、さらに、六十五才《ろくじゅうごさい》から七十四才《ななじゅうよんさい》までを前期高齢者《ぜんきこうれいしゃ》、七十五《ななじゅうご》才《さい》以上《いじょう》を後期高齢者《こうきこうれいしゃ》という。例 高齢《こうれい》者《しゃ》にもやさしい、バリアフリーのマンションに住《す》む。

老体《ろうたい》　「老人《ろうじん》」のこと。老《お》いた体《からだ》という意味《いみ》から、老《お》いた人《ひと》のことをいうようになった。ふつう、相手《あいて》をうやまって「ご老体《ろうたい》」という。例 環境《かんきょう》保護《ほご》について、ご老体《ろうたい》の考《かんが》えをお聞《き》かせください。

隠居《いんきょ》　◎年《とし》を取《と》って仕事《しごと》を辞《や》め、のんびりと暮《く》らす人《ひと》。例 ご隠居《いんきょ》さんはお元気《げんき》ですか。◎「住《す》む」➡250

ロートル　「老人《ろうじん》」のこと。ややののしった言《い》い方《かた》。中国《ちゅうごく》語《ご》で老人《ろうじん》の意味《いみ》の「老頭児《ラオトールー》」から。例 いまさらロートルの出《で》る幕《まく》ではない。

古老《ころう》　昔《むかし》のことをよく知《し》っている老《ろう》人《じん》。例 村《むら》の古老《ころう》に、昔《むかし》の話《はなし》を聞《き》く。

長老《ちょうろう》　学問《がくもん》や世《よ》の中《なか》のありさまをよく知《し》っている、指導的《しどうてき》立場《たちば》にある老人《ろうじん》。例 彼女《かのじょ》のおじいさんは、学《がっ》界《かい》の長老《ちょうろう》として、一目《いちもく》置《お》かれている。

老《お》いぼれ　◎老人《ろうじん》をののしっていうことば。例 老《お》いぼれは黙《だま》っていろ。◎老人《ろうじん》が自分《じぶん》をいやしめていうことば。例 わたしのような老《お》いぼれでは、とても皆《みな》さんのお役《やく》には立《た》てません。

老年《ろうねん》　年《とし》を取《と》って、体《からだ》などの衰《おとろ》えが目立《めだ》つ年《とし》ごろ。例 祖父《そふ》は老年《ろうねん》期《き》に入《はい》ったが、ますます元気《げんき》だ。

高年《こうねん》　高《たか》い年齢《ねんれい》であること。例 高年《こうねん》層《そう》に人気《にんき》のあるスポーツ。

老齢《ろうれい》　年《とし》を取《と》っていること。また、その年齢《ねんれい》。例 一定《いってい》の年齢《ねんれい》に達《たっ》した人《ひと》に支給《しきゅう》される年金《ねんきん》を、老齢《ろうれい》年金《ねんきん》という。

高齢《こうれい》　高《たか》い年齢《ねんれい》であること。例 先生《せんせい》のお父《とう》さんは、九十才《きゅうじっさい》を超《こ》え

◆＝もっと知《し》りたい、ことばの知識《ちしき》。

るご高齢《こうれい》だそうだ。

年配《ねんぱい》 ◎年《とし》を取《と》っていること。ふつう、五十才以上《ごじっさいいじょう》くらいの人《ひと》を指《さ》す。例 年配《ねんぱい》の女性《じょせい》に、駅《えき》までの道《みち》を聞《き》かれた。◎見《み》た感《かん》じの年《とし》ごろ。だいたいの年齢《ねんれい》。例 叔父《おじ》と先生《せんせい》は同年配《どうねんぱい》だ。◆「年輩《ねんぱい》」とも書《か》く。

老骨《ろうこつ》 年老《としお》いた体《からだ》。ふつう、老人《ろうじん》が自分《じぶん》のことをへりくだっていうことば。例 この年《とし》まで、老骨《ろうこつ》にむち打《う》って働《はたら》いてきました。

お爺《じい》さん 年《とし》を取《と》った男性《だんせい》を、親《した》しんでいうことば。例 お婆《ばあ》さんは川《かわ》へ洗濯《せんたく》に、お爺《じい》さんは山《やま》へしば刈《か》りに行《い》きました。対 お婆《ばあ》さん。◆祖父《そふ》のことは「お祖父《じい》さん」と書《か》き、区別《くべつ》される。⬇35

爺《じい》さん 「お爺《じい》さん」の、ぞんざいな言《い》い方《かた》。例 隣家《りんか》の爺《じい》さんに、塀《へい》を直《なお》してもらう。対 婆《ばあ》さん。

爺《じじい》 「お爺《じい》さん」をののしっていうことば。例 強欲《ごうよく》な爺《じじい》だなあ。対 婆《ばばあ》。

翁《おう》 ◎年《とし》を取《と》った男性《だんせい》。例 翁《おう》は、老《お》いてますます盛《さか》んだ。◎名前《なまえ》の後《あと》に付《つ》けて、年《とし》を取《と》った男性《だんせい》をうやまっていうことば。例 福沢諭吉翁《ふくざわゆきちおう》の業績《ぎょうせき》をたたえる。

翁《おきな》 年《とし》を取《と》った男性《だんせい》。例 今《いま》は昔《むかし》、竹取《たけとり》の翁《おきな》という者《もの》ありけり（『竹取物語《たけとりものがたり》』）。対 媼《おうな》。

老爺《ろうや》 年《とし》を取《と》った男性《だんせい》。例 腰《こし》の曲《ま》がった老爺《ろうや》。対 老婆《ろうば》。

老翁《ろうおう》 「老爺《ろうや》」と同《おな》じ。例 白髪《はくはつ》の老翁《ろうおう》。対 老媼《ろうおう》。

好々爺《こうこうや》 人《ひと》のよいお爺《じい》さん。善良《ぜんりょう》で気《き》のいい老人《ろうじん》。例 好々爺《こうこうや》

「老人《ろうじん》」に関連《かんれん》することば

老《お》いては子《こ》に従《したが》え 親《おや》は年《とし》を取《と》ったら、いろいろな判断《はんだん》を子《こ》どもに任《まか》せ、子《こ》どもの言《い》う通《とお》りにしたほうが何事《なにごと》もうまくいくということ。

年寄《としよ》りの冷《ひ》や水《みず》 年寄《としよ》りが、体力《たいりょく》の衰《おとろ》えも考《かんが》えずに、無理《むり》なことをするのをいましめることば。年寄《としよ》りが若者《わかもの》と同《おな》じように冷《つめ》たい水《みず》を飲《の》んだり、冷《つめ》たい水《みず》を浴《あ》びたりすることは、体《からだ》に悪《わる》いことから。

老婆心《ろうばしん》 年《とし》を取《と》った女性《じょせい》が、あれこれと気《き》をつかいすぎること。また、自分《じぶん》が必要以上《ひつよういじょう》に世話《せわ》をやくことを、へりくだっていうことば。「老婆心《ろうばしん》ながら申《もう》し上《あ》げます」などという。

六十《ろくじゅう》の手習《てなら》い 六十才《ろくじっさい》になって、初《はじ》めて習字《しゅうじ》を始《はじ》めること。年《とし》を取《と》ってから物事《ものごと》を習《なら》うたとえ。「八十《はちじゅう》の手習《てなら》い」などともいう。⬇305

雀百《すずめひゃく》まで踊《おど》り忘《わす》れず スズメの飛《と》び跳《は》ねるような癖《くせ》は死《し》ぬまで直《なお》らないように、人《ひと》の幼《おさな》いときからの習慣《しゅうかん》は、年《とし》を取《と》っても抜《ぬ》けないものだというたとえ。

三《み》つ子《ご》の魂百《たましいひゃく》まで 「雀百《すずめひゃく》まで踊《おど》り忘《わす》れず」と同《おな》じ。幼《おさな》いころの性格《せいかく》は、年《とし》を取《と》っても変《か》わらないということ。

馬齢《ばれい》を重《かさ》ねる たいしたこともせずに、ただ年《とし》を重《かさ》ねる。自分《じぶん》が年《とし》を取《と》ることをへりくだっていうことば。

然《ぜん》とした笑《え》みを浮《う》かべる。

狸親父《たぬきおやじ》
年《とし》を取《と》ったずるがしこい男《おとこ》を、ののしっていうことば。例 あの狸親父《たぬきおやじ》にはだまされるな。

お婆《ばあ》さん
年《とし》を取《と》った女性《じょせい》を、親《した》しんでいうことば。例 お婆《ばあ》さんは、いまおいくつですか。対 お爺《じい》さん。◆祖母《そぼ》のことは「お祖母《ばあ》さん」と書《か》き、区別《くべつ》される。➡35

婆《ばあ》さん
「お婆《ばあ》さん」の、ぞんざいな言《い》い方《かた》。例 おせっかいな婆《ばあ》さんだ。対 爺《じい》さん。

婆《ばばあ》
「お婆《ばあ》さん」をののしっていうことば。例 婆《ばばあ》には関係《かんけい》ないよ。対 爺《じじい》。

媼《おうな》
年《とし》を取《と》った女性《じょせい》。例 名前《なまえ》も分《わ》からない媼《おうな》の物語《ものがたり》。対 翁《おきな》。

老婆《ろうば》
年《とし》を取《と》った女性《じょせい》。例 あそこの家《いえ》には、口《くち》やかましい老婆《ろうば》がいるから注意《ちゅうい》しよう。対 老爺《ろうや》。

老媼《ろうおう》
「老婆《ろうば》」と同《おな》じ。例 民族衣装《みんぞくいしょう》を身《み》につけた老媼《ろうおう》が、威厳《いげん》のある踊《おど》りを披露《ひろう》する。対 老翁《ろうおう》。

老女《ろうじょ》
「老婆《ろうば》」と同《おな》じ。例 年《とし》は取《と》っても、元気《げんき》そのものの老女《ろうじょ》。

似 老婦人《ろうふじん》。

よぼよぼ
年老《としお》いて、体《からだ》つきや動《うご》きがしっかりしないようす。例 おじいさんはよぼよぼだけど、目《め》も耳《みみ》もしっかりしている。

しわしわ
物《もの》の表面《ひょうめん》にしわが多《おお》いようす。老人《ろうじん》の肌《はだ》がしわだらけなようす。例 祖母《そぼ》のしわしわの手《て》を、そっと握《にぎ》った。

高齢化《こうれいか》
国《くに》や地域《ちいき》の中《なか》で老人《ろうじん》の割合《わりあい》が増《ふ》えること。企業《きぎょう》などで、働《はたら》く人《ひと》の平均年齢《へいきんねんれい》が上《あ》がることもいう。例 高齢化《こうれいか》による医療費《いりょうひ》の増加《ぞうか》が、大《おお》きな社会問題《しゃかいもんだい》となっている。

友達《ともだち》

friend
［フレンド］

このページも見《み》てみよう
▼親《した》しい ➡437

友達《ともだち》
同《おな》じ考《かんが》えを持《も》ったり、いっしょに行動《こうどう》したり、いつも親《した》しく付《つ》き合《あ》っている人《ひと》。例 友達《ともだち》と家《いえ》で遊《あそ》ぶ。

友人《ゆうじん》
「友達《ともだち》」と同《おな》じ。例 友人《ゆうじん》に、サッカー部《ぶ》の先輩《せんぱい》を紹介《しょうかい》してもらう。

友《とも》
◎いつも親《した》しく交《まじ》わっている相《あい》手《て》。例 友《とも》と語《かた》り合《あ》う。◎人間《にんげん》以《い》外《がい》の、とくに親《した》しみを感《かん》じるもの。例 満月《まんげつ》を友《とも》として、秋《あき》の夜長《よなが》を過《す》ごす。◎ご飯《はん》や酒《さけ》との相性《あいしょう》がいい食《た》べ物《もの》のこと。例 たらこは、わたしがいちばん好《す》きなご飯《はん》の友《とも》だ。

	友達	友人	友
よい―に恵《めぐ》まれる	○	○	○
会《あ》ってすぐに―になった	○	△	―
竹馬《ちくば》の―	―	―	○

友垣《ともがき》
「友達《ともだち》」のこと。おもに歌《うた》の歌詞《かし》などで使《つか》われることば。友《とも》達《だち》とのきずなを結《むす》ぶことを、垣根《かきね》の木《もく》材《ざい》や竹《たけ》を強《つよ》く結《むす》ぶことにたとえたもの。例 いかにいます父母《ちちはは》、つつがなしや友垣《ともがき》（唱歌《しょうか》「故郷《ふるさと》」）。

朋友《ほうゆう》
「友達《ともだち》」のこと。例 朋友《ほうゆう》の契《ちぎ》りを結《むす》ぶ。

◆＝もっと知《し》りたい、ことばの知識《ちしき》。

フレンド
「友達《ともだち》」という意味《いみ》の英語《えいご》。例ガールフレンド。例九州《きゅうしゅう》に住《す》むペンフレンドと、会《あ》う約束《やくそく》をする。

親友《しんゆう》
信頼《しんらい》し合《あ》える友達《ともだち》。とくに親《した》しい友達《ともだち》。例親友《しんゆう》に悩《なや》みを打《う》ち明《あ》ける。

心《こころ》の友《とも》
◎「親友《しんゆう》」のこと。例落《お》ち込《こ》んでいる僕《ぼく》を励《はげ》ましてくれる君《きみ》は、わが心《こころ》の友《とも》だ。◎心《こころ》を慰《なぐさ》めてくれるもの。例俳句《はいく》を心《こころ》の友《とも》とする。

仲良《なかよ》し
とくに気《き》の合《あ》う、親《した》しい間柄《あいだがら》。また、その人《ひと》。例隣《となり》に越《こ》してきた男《おとこ》の子《こ》と仲良《なかよ》しになる。例クラスの仲良《なかよ》しを誘《さそ》って、キャンプに参加《さんか》する。

心友《しんゆう》
互《たが》いに心《こころ》を打《う》ち明《あ》け、心《こころ》から信《しん》じ合《あ》っている友達《ともだち》。例心友《しんゆう》の彼《かれ》の考《かんが》えは、口《くち》にしなくても分《わ》かる。

知己《ちき》
◎自分《じぶん》の気持《きも》ちや考《かんが》えをよく理解《りかい》してくれる人《ひと》。例今日《きょう》会《あ》ったばかりなのに、百年《ひゃくねん》の知己《ちき》を得《え》た思《おも》いだ。◎知《し》り合《あ》い。知人《ちじん》。例旅先《たびさき》で同郷《どうきょう》の知己《ちき》に会《あ》う。

知友《ちゆう》
互《たが》いの気持《きも》ちが分《わ》かる友達《ともだち》。例何度《なんど》もぶつかり合《あ》ううちに、彼《かれ》とは知友《ちゆう》の仲《なか》になっていた。

知音《ちいん》
心《こころ》の底《そこ》までよく知《し》っている友達《ともだち》。昔《むかし》、中国《ちゅうごく》にいた琴《こと》の名手《めいしゅ》が、自分《じぶん》の琴《こと》の音《ね》の理解者《りかいしゃ》であった親友《しんゆう》が死《し》んだ後《あと》、弦《げん》を切《き》って二度《にど》と琴《こと》を弾《ひ》かなかったという故事《こじ》から。例昔《むかし》からの知音《ちいん》である彼《かれ》が、ぼくを裏切《うらぎ》るなんてあり得《え》ない。

悪友《あくゆう》
◎悪《わる》い友達《ともだち》。例母《はは》は僕《ぼく》の周《まわ》りから悪友《あくゆう》を遠《とお》ざけた。対良友《りょうゆう》。◎隔《へだ》てなく付《つ》き合《あ》える友達《ともだち》や遊《あそ》び仲間《なかま》を、親《した》しみを込《こ》めていうことば。例父《ちち》は大学時代《だいがくじだい》の悪友《あくゆう》と連《つ》れ立《だ》って、旅行《りょこう》に出《で》かけた。

級友《きゅうゆう》
同《おな》じ学級《がっきゅう》でいっしょに勉強《べんきょう》する友達《ともだち》。例入院《にゅういん》した級友《きゅうゆう》のお見舞《みま》いに行《い》く。

同級生《どうきゅうせい》
同《おな》じ学級《がっきゅう》の生徒《せいと》。同《おな》じ学級《がっきゅう》の友達《ともだち》。例小学校《しょうがっこう》のときの同級生《どうきゅうせい》と、駅《えき》でばったり会《あ》った。

クラスメート
「級友《きゅうゆう》」という意味《いみ》の英語《えいご》。例転任《てんにん》する先生《せんせい》に、クラスメート全員《ぜんいん》の寄《よ》せ書《が》きを贈《おく》った。

学友《がくゆう》
同《おな》じ学校《がっこう》でいっしょに勉強《べんきょう》する友達《ともだち》。同《おな》じ学問《がくもん》を学《まな》んでいる友達《ともだち》という意味《いみ》もある。例あの作家《さっか》は、母《はは》の高校時代《こうこうじだい》の学友《がくゆう》だ。

校友《こうゆう》
同《おな》じ学校《がっこう》で勉強《べんきょう》する友達《ともだち》。改《あらた》まった言《い》い方《かた》で、学校側《がっこうがわ》が卒業生《そつぎょうせい》をこう呼《よ》ぶことが多《おお》い。例今度《こんど》の首相《しゅしょう》は、本校《ほんこう》の校友《こうゆう》である。

幼友達《おさなともだち》
幼《おさな》いときの友達《ともだち》。または、幼《おさな》いときからの友達《ともだち》。例幼友達《おさなともだち》を誘《さそ》って、花火見物《はなびけんぶつ》に行《い》く。

幼馴染《おさななじ》み
「幼友達《おさなともだち》」のこと。例彼《かれ》とは幼稚園《ようちえん》のころからの幼馴染《おさななじ》みだ。

昔馴染《むかしなじ》み
◎昔《むかし》の親友《しんゆう》。昔《むかし》から今《いま》も続《つづ》いている親友《しんゆう》。「幼馴染《おさななじ》み」よりやや年長《ねんちょう》になってから親《した》しくなった関係《かんけい》。例祖母《そぼ》は、同窓会《どうそうかい》で昔馴染《むかしなじ》みに会《あ》うのを、今《いま》から楽《たの》しみにしている。◎人《ひと》に限《かぎ》らず、昔《むかし》、親《した》しんだもの。例学生《がくせい》のころによく訪《おとず》れたラーメン屋《や》で、昔馴染《むかしなじ》みの味《あじ》を楽《たの》しむ。

旧友《きゅうゆう》

昔《むかし》の友達《ともだち》。昔《むかし》から今《いま》も続《つづ》いている友達《ともだち》。例 小学校《しょうがっこう》からの旧友《きゅうゆう》を、披露宴《ひろうえん》に招《まね》く。

遊《あそ》び友達《ともだち》

遊《あそ》びをいっしょに楽《たの》しむ友達《ともだち》。また、いっしょに遊《あそ》ぶことだけで結《むす》び付《つ》いている友《とも》達《だち》。例 遊《あそ》び友達《ともだち》とゲームセンターに行《い》く。

茶《ちゃ》飲《の》み友達《ともだち》

お茶《ちゃ》を飲《の》みながら世《せ》間話《けんばなし》などをする親《した》しい友達《ともだち》。例 午後《ごご》にはいつも、祖母《そぼ》の茶《ちゃ》飲《の》み友達《ともだち》がやって来《く》る。◆年《とし》を取《と》ってから結婚《けっこん》した相手《あいて》のこともいう。

良友《りょうゆう》

良《よ》い友達《ともだち》。付《つ》き合《あ》うことで、自分《じぶん》のためになる好《この》ましい友《とも》達《だち》。例 彼《かれ》は小学校生活《しょうがっこうせいかつ》の中《なか》で得《え》た、わたしの良友《りょうゆう》の一人《ひとり》だ。似 益友《えきゆう》。対 悪《あく》友《ゆう》。

僚友《りょうゆう》

同《おな》じ職場《しょくば》の友達《ともだち》。仕事仲間《しごとなかま》。例 仕事《しごと》の帰《かえ》りに、僚友《りょうゆう》と一杯《いっぱい》飲《の》む。

畏友《いゆう》

尊敬《そんけい》している友達《ともだち》。例 彼《かれ》は僕《ぼく》を教《おし》え導《みちび》いてくれる大切《たいせつ》な畏《い》友《ゆう》だ。

盟友《めいゆう》

同《おな》じ考《かんが》えや主張《しゅちょう》を持《も》ち、固《かた》く約束《やくそく》を結《むす》んだ友達《ともだち》。例 お互《たが》いの考《かんが》えを言《い》い合《あ》った僕《ぼく》たちは、無二《むに》の盟友《めいゆう》となった。

社友《しゃゆう》

社員以外《しゃいんいがい》でその会社《かいしゃ》に関係《かんけい》が深《ふか》く、特別《とくべつ》な扱《あつか》いを受《う》ける人《ひと》。また、同《おな》じ会社《かいしゃ》の仲間《なかま》や友達《ともだち》。例 父《ちち》は新聞社《しんぶんしゃ》に社友《しゃゆう》として招《まね》かれた。

戦友《せんゆう》

◎戦場《せんじょう》で生死《せいし》を共《とも》にする仲間《なかま》。軍隊生活《ぐんたいせいかつ》での仲間《なかま》。例 君《きみ》のおじいさんと僕《ぼく》の祖父《そふ》とは、共《とも》に敵《てき》の砲弾《ほうだん》をかいくぐってきた戦友《せんゆう》だそうだね。◎仕事《しごと》やスポーツなどで、厳《きび》しい状況《じょうきょう》を共《とも》にした仲間《なかま》のこと。例 共《とも》に野球《やきゅう》に打《う》ち込《こ》んだ、かつての戦友《せんゆう》が集《つど》う。

亡友《ぼうゆう》

亡《な》くなった友達《ともだち》。例 亡友《ぼうゆう》の一《いっ》周忌《しゅうき》に、墓参《はかまい》りをする。

ルームメイト

アパート・寮《りょう》・下宿《げしゅく》などの同《おな》じ部屋《へや》で生活《せいかつ》する友達《ともだち》。例 ルームメイトといっしょに、部屋《へや》の掃除《そうじ》をする。

だち

「友達《ともだち》」の俗《ぞく》な言《い》い方《かた》。例 この店《みせ》のあるじはおれのだちだか

「友達《ともだち》」に関連《かんれん》することば

類《るい》は友《とも》を呼《よ》ぶ 性質《せいしつ》や趣味《しゅみ》などの似《に》かよった者《もの》や気《き》の合《あ》う者《もの》は、自然《しぜん》に寄《よ》り集《あつ》まるものだということ。

益者三友《えきしゃさんゆう》 交際《こうさい》すると自分《じぶん》にとって利《り》益《えき》になる、正直《しょうじき》な人《ひと》・誠実《せいじつ》な人《ひと》・博《はく》識《しき》な人《ひと》の、三種類《さんしゅるい》の友達《ともだち》のこと。

損者三友《そんしゃさんゆう》 交際《こうさい》すると自分《じぶん》が損《そん》をする、不正直《ふしょうじき》な人《ひと》・不誠実《ふせいじつ》な人《ひと》・口先《くちさき》だけの人《ひと》の、三種類《さんしゅるい》の友達《ともだち》のこと。

友釣《ともづ》り 自分《じぶん》の縄張《なわば》りに入《はい》ってくるほかのアユを攻撃《こうげき》するという、アユの習性《しゅうせい》を利用《りよう》した釣《つ》り方《かた》。針《はり》をつけた生《い》きたアユをおとりに水中《すいちゅう》に放《はな》し、仲間《なかま》のアユを誘《さそ》い寄《よ》せて針《はり》に引《ひ》っかけて釣る。

友引《ともびき》 物事《ものごと》に勝《か》ち負《ま》けがつかないという日《ひ》。この日《ひ》に葬式《そうしき》をすると他人《たにん》の死《し》を誘《さそ》うといって嫌《きら》う。

◆＝もっと知《し》りたい、ことばの知識《ちしき》。

ら、安心《あんしん》して飲《の》みな。

まぶだち 「親友《しんゆう》」の俗《ぞく》な言《い》い方《かた》。例 まぶだちの悪口《わるくち》を言《い》われて、許《ゆる》すわけにはいかない。

兄弟《きょうだい》 ◎男同士《おとこどうし》の親《した》しい間柄《あいだがら》での呼《よ》びかけのことば。例 よう兄弟《きょうだい》、景気《けいき》はどうだい。◎「きょうだい」↓26

兄《けい》 男性《だんせい》が、同性《どうせい》の先輩《せんぱい》や同輩《どうはい》をうやまって呼《よ》ぶことば。姓名《せいめい》に付《つ》けて敬意《けいい》を表《あらわ》すことも多《おお》い。おもに手紙《てがみ》で使《つか》われる。例 兄《けい》らの今後《こんご》のご活躍《かつやく》をお祈《いの》りいたします。

竹馬《ちくば》の友《とも》 幼《おさな》いころの友達《ともだち》。また、幼《おさな》いころからの親《した》しい友達《ともだち》。竹馬《たけうま》に乗《の》っていっしょに遊《あそ》んだということから。例 父《ちち》とあの人《ひと》は、あだ名《な》で呼《よ》び合《あ》う竹馬《ちくば》の友《とも》だ。

刎頸《ふんけい》の友《とも》 その人《ひと》のためならば首《くび》をはねられてもいいというほどの、深《ふか》い交際《こうさい》をしている友達《ともだち》。「刎頸《ふんけい》の交《まじ》わり」を結《むす》んだ友達《ともだち》。昔《むかし》、中《ちゅう》国《ごく》の将軍《しょうぐん》がある政治家《せいじか》を憎《にく》く思《おも》っていたところ、その政治家《せいじか》が将軍《しょうぐん》の前《まえ》では身《み》を隠《かく》す行動《こうどう》を取《と》った。政治家《せいじか》の家臣《かしん》が、なぜ堂々《どうどう》としないのか聞《き》くと、政治家《せいじ》は、「共《とも》に有能《ゆうのう》な自分《じぶん》たちが争《あらそ》うのは国《くに》のためにならない」と言《い》った。将軍《しょうぐん》は、政治家《せいじか》が自分《じぶん》を認《みと》めていることと、国《くに》を思《おも》う気持《きも》ちの強《つよ》さを知《し》り、政治家《せいじか》に謝罪《しゃざい》して、「お互《たが》いのために首《くび》をはねられてもいい」というほどの友情《ゆうじょう》を誓《ちか》ったという故事《こじ》から。例 会社《かいしゃ》を設立《せつりつ》した父《ちち》と彼《かれ》とは、学生時代《がくせいじだい》からの刎頸《ふんけい》の友《とも》だ。

心腹《しんぷく》の友《とも》 信頼《しんらい》し、互《たが》いに胸《むね》のうちを明《あ》かし合《あ》った友達《ともだち》。「心腹《しんぷく》」は、心《こころ》・胸中《きょうちゅう》のこと。例 秘密《ひみつ》にしておきたい自分《じぶん》の恥《はじ》も、心腹《しんぷく》の友《とも》である君《きみ》にだけは言《い》える。

莫逆《ばくげき》の友《とも》 互《たが》いに気心《きごころ》が通《つう》じ、逆《さか》らうことのない極《きわ》めて

「友《とも》」のために、ひと肌脱《はだぬ》ごう
深谷先生《ふかやせんせい》のちょっとひと息《いき》

映画《えいが》などが終《お》わったあと、出演者《しゅつえんしゃ》などの名前《なまえ》が画面《がめん》に流《なが》れるのをエンドロールといいます。この中《なか》に友情出演《ゆうじょうしゅつえん》ということばを見《み》かけたことはありませんか？

これは、その作品《さくひん》の監督《かんとく》や主演俳優《しゅえんはいゆう》などが、友《とも》だちの俳優《はいゆう》に頼《たの》んで出演《しゅつえん》してもらったということです。頼《たの》まれた俳優《はいゆう》は格安《かくやす》の出演料《しゅつえんりょう》や、場合《ばあい》によっては無料《むりょう》で出《で》てくれることもあるそうです。

似《に》たことばに特別出演《とくべつしゅつえん》というものもあり、海外《かいがい》ではカメオ出演《しゅつえん》などと呼《よ》ばれています。カメオは貝《かい》がらなどで作《つく》ったアクセサリーで、ファッションのワンポイントになることから、作品《さくひん》の中《なか》でキラリと目立《めだ》つ出演者《しゅつえんしゃ》をたとえたもの。こちらは、作品《さくひん》の原作者《げんさくしゃ》や主題歌《しゅだいか》の歌手《かしゅ》などが出《で》ている場合《ばあい》をいうことが多《おお》いのですが、友情出演《ゆうじょうしゅつえん》との使《つか》い分《わ》けははっきりしていません。いずれにしても、出演者《しゅつえんしゃ》の個人的《こじんてき》な友《とも》だち付《つ》き合《あ》いが見《み》えるようで楽《たの》しいですね。

親《した》しい友達《ともだち》。「莫逆《ばくげき》」は、逆《さか》らわないこと。例クラブ活動《かつどう》の厳《きび》しい練習《れんしゅう》の中《なか》で、莫逆《ばくげき》の友《とも》を得《え》た。◆「ばくぎゃくのとも」ともいう。

金蘭《きんらん》の友《とも》

互《たが》いに深《ふか》く信頼《しんらい》している友達《ともだち》。二人《ふたり》の間《あいだ》が金《きん》のように固《かた》く、蘭《らん》の花《はな》のようにかぐわしいということから。例周《まわ》りが何《なん》と言《い》おうと、彼《かれ》は兄《あに》の金蘭《きんらん》の友《とも》だという。

メル友《とも》

メールをやり取《と》りする友《とも》達《だち》。例彼《かれ》とは二年《にねん》越《ご》しのメル友《とも》だ。

知《し》り合《あ》い

互《たが》いに、顔《かお》や名前《なまえ》を知《し》っている人《ひと》。例彼女《かのじょ》とは古《ふる》くからの知《し》り合《あ》いだ。

顔《かお》見《み》知《し》り

単《たん》に顔《かお》を知《し》っているが、それほど親《した》しくはない間柄《あいだがら》の人《ひと》。例この事件《じけん》は顔《かお》見《み》知《し》りの犯行《はんこう》らしい。

顔《かお》馴《な》染《じ》み

何度《なんど》も顔《かお》を見《み》て、互《たが》いの顔《かお》を覚《おぼ》えている間柄《あいだがら》の人《ひと》。多《おお》く、店《みせ》などに何度《なんど》も顔《かお》を出《だ》す客《きゃく》に対《たい》して使《つか》われる。例旅先《たびさき》で思《おも》いがけず顔馴染《かおなじ》みのお客《きゃく》さんに会《あ》った。

近付《ちかづ》き

親《した》しく交際《こうさい》する人《ひと》。親《した》しい知《し》り合《あ》い。ふつう、「お近《ちか》付《づ》き」の形《かたち》で使《つか》われる。例前《まえ》からお近《ちか》付《づ》きになりたいと思《おも》っておりました。

知《し》る辺《べ》

「知《し》り合《あ》い」のこと。例知《し》る辺《べ》を頼《たよ》り上京《じょうきょう》する。

存《ぞん》じ寄《よ》り

「知《し》り合《あ》い」のへりくだった言《い》い方《かた》。例近《ちか》くに存《ぞん》じ寄《よ》りの宿《やど》がございます。

知人《ちじん》

「知《し》り合《あ》い」のこと。例知人《ちじん》の紹介《しょうかい》で、出版社《しゅっぱんしゃ》に就職《しゅうしょく》する。

旧知《きゅうち》

古《ふる》くからの知《し》り合《あ》い。例彼《かれ》とは旧知《きゅうち》の間柄《あいだがら》だ。

旧識《きゅうしき》

「旧知《きゅうち》」と同《おな》じ。例彼《かれ》とは十年《じゅうねん》来《らい》の旧識《きゅうしき》のごとく馬《うま》が合《あ》う。

リーダー

leader
［リーダー］

代表者《だいひょうしゃ》

大勢《おおぜい》の人々《ひとびと》や団体《だんたい》を代表《だいひょう》する人《ひと》。例アパートの住民《じゅうみん》の中《なか》から、家賃交渉《やちんこうしょう》の代表者《だいひょうしゃ》を立《た》てる。

代表《だいひょう》

◎大勢《おおぜい》の人々《ひとびと》や団体《だんたい》に代《か》わって考《かんが》えを述《の》べたり、物事《ものごと》をしたりする人《ひと》。また、その役目《やくめ》。例県大《けんたい》会《かい》で優勝《ゆうしょう》して、代表《だいひょう》に選《えら》ばれる。◎一《ひと》つのものや一部分《いちぶぶん》が、全体《ぜんたい》の性質《せいしつ》・特徴《とくちょう》・状態《じょうたい》などを表《あら》すこと。例サクラは日本《にほん》の春《はる》を代表《だいひょう》する花《はな》の一《ひと》つだ。

責任者《せきにんしゃ》

ある事柄《ことがら》について、責任《せきにん》を負《お》う人《ひと》。例わたしが健康《けんこう》保険《ほけん》の事務《じむ》の責任者《せきにんしゃ》です。

指導者《しどうしゃ》

ほかの人々《ひとびと》を、ある方向《ほうこう》・目的《もくてき》に教《おし》え導《みちび》く人《ひと》。例コーチは指導者《しどうしゃ》として皆《みな》に信頼《しんらい》されている。

リーダー

「指導者《しどうしゃ》」という意味《いみ》の英語《えいご》。とくに、グループをまとめて指導《しどう》する人《ひと》。例首相《しゅしょう》は日本《にほん》のリーダーとして、全力《ぜんりょく》を尽《つ》くしてほしい。例登山隊《とざんたい》のリーダーを務《つと》める。

領袖《りょうしゅう》

集団《しゅうだん》・団体《だんたい》などの指導者《しどうしゃ》。衣《い》服《ふく》の「領《りょう》（襟《えり》のこと）」と「袖《そで》」のことで、どちらも目立《めだ》つところにあるということから。例あの政治家《せいじか》は、派閥《ばつ》の領袖《りょうしゅう》として影響力《えいきょうりょく》を持《も》っている。

◆＝もっと知《し》りたい、ことばの知識《ちしき》。

頭《かしら》
◎人《ひと》の頭《あたま》ということから、仲間《なかま》の中《なか》で上《うえ》に立《た》つ人《ひと》。とくに、職人《しょくにん》などの親方《おやかた》のこと。例 大工《だいく》の頭《かしら》。◎「頭部《とうぶ》」➡78

ヘッド
◎「頭《あたま》」という意味《いみ》の英語《えいご》。いちばん上《うえ》に立《た》つ人《ひと》。例 販売促進班《はんばいそくしんはん》のヘッドとして活躍《かつやく》する。◎「頭部《とうぶ》」➡78

親方《おやかた》
職人《しょくにん》や作業員《さぎょういん》などの仕事《しごと》の、監督《かんとく》・指導《しどう》をする人《ひと》。また、相撲部屋《すもうべや》の指導者《しどうしゃ》。例 親方《おやかた》に厳《きび》しく仕込《しこ》まれて、一人前《いちにんまえ》の職人《しょくにん》になる。

網元《あみもと》
漁船《ぎょせん》などを所有《しょゆう》し、ほかの漁師《りょうし》を雇《やと》って漁業《ぎょぎょう》を営《いとな》む人《ひと》。例 台風《たいふう》の接近《せっきん》を聞《き》いて、網元《あみもと》は船《ふね》を出《だ》すことをやめた。

頭領《とうりょう》
大勢《おおぜい》の人々《ひとびと》を率《ひき》いる人《ひと》。例 源頼朝《みなもとのよりとも》は、武士《ぶし》の頭領《とうりょう》となって鎌倉幕府《かまくらばくふ》を開《ひら》いた。似 統領《とうりょう》。

棟梁《とうりょう》
国《くに》や一族《いちぞく》をまとめて率《ひき》いる中心人物《ちゅうしんじんぶつ》。とくに、大工《だいく》の親方《おやかた》のこと。屋根《やね》の「棟《むね》」と「梁《はり》」ということで、どちらも重要《じゅうよう》な部分《ぶぶん》であることから。例 宮大工《みやだいく》の棟梁《とうりょう》に、神社《じんじゃ》の新築《しんちく》を依頼《いらい》する。

旗頭《はたがしら》
ある集団《しゅうだん》を率《ひき》いる人《ひと》。とくに、ある主張《しゅちょう》などを掲《かか》げる一団《いちだん》の指導者《しどうしゃ》。例 彼《かれ》は、消費税値上《しょうひぜいねあ》げ反対派《はんたいは》の旗頭《はたがしら》である。

盟主《めいしゅ》
同盟《どうめい》を結《むす》んだ仲間《なかま》の、中心《ちゅうしん》となる人《ひと》や国《くに》。例 かつてはソ連《れん》が、共産主義陣営《きょうさんしゅぎじんえい》の盟主《めいしゅ》だった。

首脳《しゅのう》
政府《せいふ》や会社《かいしゃ》などで、中心《ちゅうしん》となって指導的《しどうてき》な働《はたら》きをする人《ひと》。例 各国《かっこく》の首脳《しゅのう》がサミットに参加《さんか》した。

巨頭《きょとう》
国《くに》や団体《だんたい》で、重要《じゅうよう》な地位《ちい》にある実力者《じつりょくしゃ》。例 連合国《れんごうこく》の巨頭《きょとう》会談《かいだん》。

酋長《しゅうちょう》
部族《ぶぞく》や氏族《しぞく》の頭《かしら》。「酋《しゅう》」は頭《かしら》という意味《いみ》。例 原住民《げんじゅうみん》の酋長《しゅうちょう》が、コロンブスを迎《むか》えた。

族長《ぞくちょう》
血《ち》のつながっている一族《いちぞく》の頭《かしら》。例 族長《ぞくちょう》に率《ひき》いられた一族《いちぞく》がこの地《ち》に移住《いじゅう》し、荒《あ》れ地《ち》を開拓《かいたく》した。

主査《しゅさ》
中心《ちゅうしん》となって調査《ちょうさ》や審査《しんさ》をする人《ひと》。また、その役目《やくめ》。例 学《がく》位論文審査《いろんぶんしんさ》の主査《しゅさ》。

主任《しゅにん》
中心《ちゅうしん》になって、その仕事《しごと》を受《う》け持《も》つ人《ひと》。また、その役目《やくめ》。例 あの人《ひと》が、この支店《してん》の販売主任《はんばいしゅにん》です。

チーフ
「主任《しゅにん》」という意味《いみ》の英語《えいご》。例 新製品開発《しんせいひんかいはつ》グループのチーフ。

デスク
「机《つくえ》」という意味《いみ》の英語《えいご》。新聞社《しんぶんしゃ》・出版社《しゅっぱんしゃ》・放送局《ほうそうきょく》などで、記事《きじ》の取材《しゅざい》や編集《へんしゅう》を指図《さしず》する人《ひと》。また、その役目《やくめ》。例 父《ちち》は政治部《せいじぶ》のデスクを務《つと》めている。

主将《しゅしょう》
スポーツで、チームを率《ひき》い、代表《だいひょう》する選手《せんしゅ》。例 野球部《やきゅうぶ》の主将《しゅしょう》に選《えら》ばれた。

キャプテン
◎「主将《しゅしょう》」という意味《いみ》の英語《えいご》。例 水泳部《すいえいぶ》のキャプテンとしてがんばる。◎船長《せんちょう》や艦長《かんちょう》・機長《きちょう》などのこと。例 キャプテンクックは、イギリスを代表《だいひょう》する探検家《たんけんか》だ。

監督《かんとく》
仕事全体《しごとぜんたい》を指図《さしず》し、取《と》り締《し》まる人《ひと》。また、その役目《やくめ》。とくに、スポーツのチームの指導者《しどうしゃ》。例 野球《やきゅう》部《ぶ》の**監督**《かんとく》に指導《しどう》を受《う》ける。例 道路工事《どうろこうじ》を**監督**《かんとく》する。

親分《おやぶん》 仲間《なかま》の中《なか》でいちばん上《うえ》に立《た》つ人《ひと》。頭《かしら》として親《おや》のように子分《こぶん》の面倒《めんどう》を見《み》る人《ひと》。例 どうか**親分**《おやぶん》、あっしを子分《こぶん》にしてください。

親玉《おやだま》 仲間《なかま》の中《なか》で中心《ちゅうしん》になる人《ひと》。あまりよくない集団《しゅうだん》の頭《かしら》を指《さ》すことが多《おお》い。例 東京中《とうきょうじゅう》を荒《あ》らし回《まわ》ったすりの**親玉**《おやだま》が逮捕《たいほ》された。

首領《しゅりょう》 仲間《なかま》の中心人物《ちゅうしんじんぶつ》。多《おお》く、悪党《あくとう》に対《たい》していう。例 盗賊《とうぞく》の**首領**《しゅりょう》が、馬《うま》に乗《の》ってやってきた。

頭目《とうもく》 「首領《しゅりょう》」と同《おな》じ。例 中国各地《ちゅうごくかくち》を襲《おそ》った倭寇《わこう》の**頭目**《とうもく》。

ボス ◎人《ひと》の上《うえ》に立《た》って、実権《じっけん》を握《にぎ》っている人《ひと》。例 暗黒街《あんこくがい》の**ボス**。◎上司《じょうし》のこと。例 うちの**ボス**は、今日《きょう》は一日出《いちにちで》かけているよ。

ドン 組織《そしき》や集団《しゅうだん》の上《うえ》に立《た》ち、思《おも》いのままに動《うご》かす権力《けんりょく》を持《も》っている人《ひと》。スペイン・イタリアなどで、国王《こくおう》・貴族《きぞく》の男性《だんせい》の名《な》の前《まえ》に付《つ》けることばから。例 彼《かれ》はマフィアの**ドン**といわれた男《おとこ》だ。

胴元《どうもと》 さいころを使《つか》った、ばくちを主催《しゅさい》する人《ひと》。また、ほかのかけ事《ごと》や事業《じぎょう》などを取《と》り仕切《しき》る人《ひと》のこともいう。例 ばくち場《ば》の**胴元**《どうもと》を務《つと》める。

元締《もとじ》**め** 金銭《きんせん》の勘定《かんじょう》などをまとめて受《う》け持《も》つ人《ひと》。物事《ものごと》をまとめる頭《かしら》。例 相撲《すもう》の地方興行《ちほうこうぎょう》の**元締**《もとじ》**め**。

首魁《しゅかい》 「首領《しゅりょう》」と同《おな》じ。「魁《かい》」は頭《かしら》という意味《いみ》。例 振《ふ》り込《こ》め詐欺事件《さぎじけん》の**首魁**《しゅかい》を逮捕《たいほ》する。

巨魁《きょかい》 たくさんの手下《てした》がいる首魁《しゅかい》。悪者《わるもの》の親分《おやぶん》の大物《おおもの》。例 麻薬密《まやくみつ》輸団《ゆだん》の**巨魁**《きょかい》として君臨《くんりん》した男《おとこ》。

首謀者《しゅぼうしゃ》 悪事《あくじ》や陰謀《いんぼう》などを、中心《ちゅうしん》となって企《くわだ》てる者《もの》。例 クーデターの**首謀者**《しゅぼうしゃ》が、政権《せいけん》を奪《うば》い取《と》った。

主犯《しゅはん》 二人《ふたり》以上《いじょう》で行《おこな》った犯罪《はんざい》で、その中心《ちゅうしん》になった者《もの》。例 銀行強《ぎんこうごう》盗事件《とうじけん》の**主犯**《しゅはん》が逮捕《たいほ》された。

キャンプを楽《たの》しむ山賊《さんぞく》たち？

深谷先生《ふかやせんせい》のちょっとひと息《いき》

ドラマや映画《えいが》などに出《で》てくる悪役《あくやく》のリーダーは、何《なん》と呼《よ》ぶでしょうか。何人《なんにん》かで組《く》んで罪《つみ》を犯《おか》す集団《しゅうだん》の場合《ばあい》は、主犯《しゅはん》です。大《おお》がかりな犯罪組織《はんざいそしき》だと、首謀者《しゅぼうしゃ》などと言《い》うことが多《おお》く、元凶《げんきょう》という呼《よ》び方《かた》もあります。ただ、これは、警察《けいさつ》や社会《しゃかい》の側《がわ》がそう呼《よ》ぶもので、本人《ほんにん》たちがリーダーをそう呼《よ》ぶことは少《すく》ないでしょう。

時代劇《じだいげき》などに出《で》てくる悪者《わるもの》の頭《かしら》には、親分《おやぶん》・親玉《おやだま》・首領《しゅりょう》・頭目《とうもく》などという言《い》い方《かた》があります。これが外国《がいこく》のギャングになると、ボス・ドンなどになります。首領《しゅりょう》やボスなどは、必《かなら》ずしも悪《わる》い集団《しゅうだん》のリーダーだけを指《さ》すわけではありませんが、やっぱり悪《わる》い印象《いんしょう》のほうが強《つよ》いもの。ですから、「明日《あした》から行《い》くキャンプの首領《しゅりょう》は、うちのお父《とう》さんだ」などと言《い》ってはいけません。これでは、お父《とう》さんが山賊《さんぞく》の親分《おやぶん》みたいに聞《き》こえてしまいます。

元凶《げんきょう》 ◎悪事《あくじ》を働《はたら》いた者《もの》たちの中心《ちゅうしん》人物《じんぶつ》。例 収賄事件《しゅうわいじけん》の元凶《げんきょう》を起訴《きそ》する。◎悪《わる》いことが起《お》こる、おおもとの原因《げんいん》。例 土砂崩《どしゃくず》れの元凶《げんきょう》は、人々《ひとびと》が山林《さんりん》をむやみに切《き》ったことだった。

長《ちょう》 ある集団《しゅうだん》の中《なか》で、いちばん高《たか》い地《ち》位《い》の人《ひと》。例 地方公共団体《ちほうこうきょうだんたい》の長《ちょう》。

長《おさ》 「長《ちょう》」と同《おな》じ。例 この村《むら》の長《おさ》の家《いえ》に、泊《と》めてもらいました。

会長《かいちょう》 ◎ある会《かい》や団体《だんたい》の仕事《しごと》を指《し》導《どう》・監督《かんとく》し、代表《だいひょう》する人《ひと》。例 PTA《ピーティーエー》の会長《かいちょう》に選《えら》ばれる。◎会社《かいしゃ》で社《しゃ》長《ちょう》の上《うえ》の役職《やくしょく》。例 社長《しゃちょう》を退《しりぞ》き、会長《かいちょう》に就任《しゅうにん》する。

会頭《かいとう》 会《かい》の代表者《だいひょうしゃ》。また、いくつかの会《かい》をまとめる代表者《だいひょうしゃ》。例 商工会議所《しょうこうかいぎしょ》の会頭《かいとう》。

社長《しゃちょう》 会社《かいしゃ》を代表《だいひょう》し、業務《ぎょうむ》を執《と》り行《おこな》う最高責任者《さいこうせきにんしゃ》。また、その役《やく》目《め》。例 このたび社長《しゃちょう》に就任《しゅうにん》いたしました。

頭取《とうどり》 銀行《ぎんこう》などの最高責任者《さいこうせきにんしゃ》。例 株《かぶ》主総会《ぬしそうかい》で、頭取《とうどり》が新年度《しんねんど》の経《けい》営方針《えいほうしん》を報告《ほうこく》する。

CEO《シーイーオー》 会社《かいしゃ》のさまざまな決定《けってい》をする最高経営責任者《さいこうけいえいせきにんしゃ》。もとは、アメリカの企業《きぎょう》の役職《やくしょく》だったが、日本《にほん》でも会長《かいちょう》・社長《しゃちょう》やそれらを兼《か》ねる役職《やくしょく》として使《つか》われるようになった。例 わが社《しゃ》でも、社長《しゃちょう》がCEO《シーイーオー》と名乗《なの》るようになった。

取締役《とりしまりやく》 会社《かいしゃ》のさまざまな決定《けってい》をする役職《やくしょく》。また、その人《ひと》。例 工場《こうじょう》の閉鎖《へいさ》が、取締役《とりしまりやく》会《かい》で決定《けってい》された。◆ふつう、取締役《とりしまりやく》を代表《だいひょう》するのが代表取締役社長《だいひょうとりしまりやくしゃちょう》。

支配人《しはいにん》 従業員《じゅうぎょういん》のうち、ある施設《しせつ》の運営《うんえい》について、社長《しゃちょう》などに代《か》わって指図《さしず》し、取《と》り締《し》まる人《ひと》。例 ホテルの支配人《しはいにん》。例 劇場《げきじょう》の支配人《しはいにん》。

マネージャー ◎ホテル・レストランなどの支《し》配人《はいにん》。例 父《ちち》は、レストランのマネージャーをしている。◎運動部《うんどうぶ》などで選《せん》手《しゅ》の世話《せわ》をする係《かかり》。また、芸能人《げいのうじん》などについて、外部《がいぶ》との交渉《こうしょう》や身《み》の回《まわ》りの世話《せわ》をする係《かかり》。例 野球部《やきゅうぶ》の女子《じょし》マネージャーになって、選手《せんしゅ》といっしょに甲《こう》子園《しえん》を目指《めざ》す。

部長《ぶちょう》 ◎企業《きぎょう》や役所《やくしょ》などで、ある業《ぎょう》務《む》を行《おこな》う組織《そしき》の長《ちょう》。例 仕事《しごと》を成《な》し遂《と》げて部長《ぶちょう》にほめられた。◎学《がっ》校《こう》の部活動《ぶかつどう》やクラブなどを取《と》り仕切《しき》る生徒《せいと》や教員《きょういん》。例 中学三年《ちゅうがくさんねん》のときには、陸上部《りくじょうぶ》の部長《ぶちょう》を務《つと》めた。

総監《そうかん》 軍隊《ぐんたい》・警察《けいさつ》・消防《しょうぼう》などで、全《ぜん》体《たい》の仕事《しごと》や人員《じんいん》を監督《かんとく》・統率《とうそつ》する人《ひと》。また、その官職《かんしょく》。例 警視《けいし》総《そう》監《かん》。例 消防総監《しょうぼうそうかん》。

総裁《そうさい》 団体《だんたい》や政党《せいとう》などで、全体《ぜんたい》の仕《し》事《ごと》を取《と》り締《し》まる人《ひと》。また、その役職《やくしょく》。例 日本銀行《にっぽんぎんこう》の総裁《そうさい》。例 自由《じゆう》民主党《みんしゅとう》の総裁《そうさい》。

指揮官《しきかん》 軍隊《ぐんたい》や警察《けいさつ》などで、全体《ぜんたい》を指揮《しき》する人《ひと》。また、その役《やく》目《め》。例 部隊《ぶたい》は指揮官《しきかん》の命令《めいれい》に従《したが》い、整《せい》然《ぜん》と行進《こうしん》した。

将軍《しょうぐん》 ◎軍《ぐん》を率《ひき》い、指図《さしず》をする人《ひと》。例 乃木《のぎ》将軍《しょうぐん》は、日露戦争《にちろせんそう》で旅順《りょじゅん》を攻略《こうりゃく》した。◎鎌倉《かまくら》・室町《むろまち》・江戸《えど》それぞれの幕府《ばくふ》の、いちばん位《くらい》の高《たか》い

人《ひと》。「征夷大将軍《せいいたいしょうぐん》」の略《りゃく》。例 三代将軍《さんだいしょうぐん》徳川家光《とくがわいえみつ》。

元帥《げんすい》 軍人《ぐんじん》のいちばん上《うえ》の位《くらい》。全軍《ぜんぐん》を統率《とうそつ》する役職《やくしょく》。例 マッカーサー元帥《げんすい》が、第二次世界大戦後《だいにじせかいたいせんご》の日本《にほん》を指導《しどう》した。

大将《たいしょう》 ◎軍人《ぐんじん》のうち、「元帥《げんすい》」につぐ上級《じょうきゅう》の位《くらい》。例 陸軍大将《りくぐんたいしょう》。◎昔《むかし》の戦《たたか》いで全軍《ぜんぐん》を率《ひき》いる人《ひと》。例 敵《てき》の大将《たいしょう》の首《くび》をあげる。◎集団《しゅうだん》の中《なか》で、もっとも強《つよ》い者《もの》。とくに、柔道《じゅうどう》・剣道《けんどう》などの団体戦《だんたいせん》で、最後《さいご》に試合《しあい》をする人《ひと》。例 決勝戦《けっしょうせん》は大将《たいしょう》同士《どうし》の戦《たたか》いで決着《けっちゃく》がついた。◎「あなた」➡19

総帥《そうすい》 ◎全軍《ぜんぐん》を率《ひき》い、指揮《しき》する総大将《そうだいしょう》。例 陸海空三軍《りくかいくうさんぐん》の総帥《そうすい》。◎巨大《きょだい》な団体《だんたい》・グループなどを率《ひき》いる人《ひと》。例 日本経団連会長《にほんけいだんれんかいちょう》は、日本経済界《にほんけいざいかい》の総帥《そうすい》だ。

総督《そうとく》 全体《ぜんたい》を統率《とうそつ》・管理《かんり》すること。その役目《やくめ》。また、植民地《しょくみんち》の政務《せいむ》・軍事《ぐんじ》を司《つかさど》る長官《ちょうかん》。例 昔《むかし》、インドはイギリス人《じん》の総督《そうとく》によって治《おさ》められていた。◆現在《げんざい》でもカナダやオーストラリアなどには、イギリス国王《こくおう》が任命《にんめい》した総督《そうとく》がいるが、実権《じっけん》はない。

座長《ざちょう》 ◎人《ひと》の集《あつ》まりで、相談《そうだん》を進《すす》めたりまとめたりする役《やく》の人《ひと》。例 座談会《ざだんかい》の座長《ざちょう》になる。◎劇団《げきだん》などをまとめる、中心《ちゅうしん》になる人《ひと》。例 旅回《たびまわ》り一座《いちざ》の座長《ざちょう》。

議長《ぎちょう》 会議《かいぎ》で議事《ぎじ》を進《すす》めたり、まとめたりする役目《やくめ》の人《ひと》。例 クラス会《かい》の議長《ぎちょう》を決《き》める。

チェアマン 「議長《ぎちょう》」という意味《いみ》の英語《えいご》。例 日本《にほん》サッカー協会《きょうかい》のチェアマン。◆「マン」は男性《だんせい》のみを指《さ》すことばのため、女性《じょせい》の社会進出《しゃかいしんしゅつ》に伴《ともな》い、両性共《りょうせいとも》に指《さ》す「チェアパーソン」という言《い》い方《かた》も広《ひろ》く使《つか》われるようになった。

委員長《いいんちょう》 学校《がっこう》の児童《じどう》・生徒《せいと》たちによる自治《じち》の組織《そしき》や労働組合《ろうどうくみあい》、いろいろな委員会《いいんかい》の長《ちょう》。例 兄《あに》は、放送《ほうそう》委員会《いいんかい》の委員長《いいんちょう》になった。

戸主《こしゅ》 一家《いっか》の主人《しゅじん》。今《いま》の世帯主《せたいぬし》にあたる。例 昔《むかし》の制度《せいど》では、戸主《こしゅ》は家《いえ》の責任者《せきにんしゃ》だった。

世帯主《せたいぬし》 同《おな》じ家《いえ》に住《す》んでいる人《ひと》たちの中心《ちゅうしん》となる人《ひと》。例 わが家《や》では、祖父《そふ》が世帯主《せたいぬし》になっている。

首長《しゅちょう》 行政機関《ぎょうせいきかん》の最高責任者《さいこうせきにんしゃ》。内閣《ないかく》総理大臣《そうりだいじん》・知事《ちじ》・市長《しちょう》・町長《ちょうちょう》・村長《そんちょう》などをいう。例 地方公共団体《ちほうこうきょうだんたい》の首長《しゅちょう》。◆発音《はつおん》が似《に》る「市長《しちょう》」との混同《こんどう》を避《さ》けるため、「首長《くびちょう》」と読《よ》むこともある。

知事《ちじ》 都道府県《とどうふけん》の行政《ぎょうせい》を司《つかさど》る役所《やくしょ》の長《ちょう》。四年《よねん》ごとに住民《じゅうみん》によって直接選挙《ちょくせつせんきょ》で選《えら》ばれる。例 都知事《とちじ》が、多《おお》くの市民《しみん》が参加《さんか》するマラソンのスターターを務《つと》める。

長官《ちょうかん》 内閣《ないかく》や各省《かくしょう》に直属《ちょくぞく》している官庁《かんちょう》の長《ちょう》。最高裁判所《さいこうさいばんしょ》の長《ちょう》。例 内閣官房《ないかくかんぼう》長官《ちょうかん》。

庄屋《しょうや》 江戸時代《えどじだい》の村《むら》の代表者《だいひょうしゃ》。代官《だいかん》の命令《めいれい》で、年貢《ねんぐ》の取《と》り立《た》てや村《むら》の政治《せいじ》などを行《おこな》った人《ひと》。例 代々《だいだい》庄屋《しょうや》を務《つと》めた家柄《いえがら》です。◆おもに、関西《かんさい》では庄屋《しょうや》、関東《かんとう》では名主《なぬし》と呼《よ》んだ。

元首《げんしゅ》 国《くに》を代表《だいひょう》する長《ちょう》。国王《こくおう》や大統領《だいとうりょう》など。例 式典《しきてん》には各国《かっこく》の元《げん》

◆＝もっと知《し》りたい、ことばの知識《ちしき》。

首《しゅ》が参列《さんれつ》した。

大統領《だいとうりょう》　共和制《きょうわせい》(選挙《せんきょ》で代表《だいひょう》が選《えら》ばれる政治《せいじ》のしくみ)の国《くに》の元首《げんしゅ》。国民《こくみん》や議会《ぎかい》などから選《えら》ばれて、国《くに》を治《おさ》める最高責任者《さいこうせきにんしゃ》。例アメリカ合衆国《がっしゅうこく》大統領《だいとうりょう》。

内閣総理大臣《ないかくそうりだいじん》　内閣《ないかく》(天皇《てんのう》や王《おう》・大統領《だいとうりょう》を助《たす》ける行政機関《ぎょうせいきかん》)の長《ちょう》。君主制《くんしゅせい》(王《おう》がいる政治《せいじ》のしくみ)の国《くに》では、政治《せいじ》の実質的《じっしつてき》な最高責任者《さいこうせきにんしゃ》。例内閣総理大臣《ないかくそうりだいじん》の施政《しせい》方針演説《ほうしんえんぜつ》。◆「総理大臣《そうりだいじん》」「総理《そうり》」と略《りゃく》される。

首相《しゅしょう》　「内閣総理大臣《ないかくそうりだいじん》」のこと。例首《しゅ》相《しょう》の街頭演説《がいとうえんぜつ》を聞《き》く。

宰相《さいしょう》　「首相《しゅしょう》」と同《おな》じ。昔《むかし》の中国《ちゅうごく》で、皇帝《こうてい》を助《たす》けて政治《せいじ》を行《おこな》った人《ひと》。例イギリスの宰相《さいしょう》チャーチル。

首班《しゅはん》　第一《だいいち》の地位《ちい》に就《つ》く人《ひと》。とくに、内閣《ないかく》の首席《しゅせき》である内閣総理大《ないかくそうりだい》臣《じん》のこと。例国会《こっかい》で首班《しゅはん》を指名《しめい》する(内閣総理大臣《ないかくそうりだいじん》を決《き》める)。

総統《そうとう》　国家《こっか》や軍《ぐん》を統率《とうそつ》する最高位《さいこうい》の役職《やくしょく》。「大統領《だいとうりょう》」という意《い》味《み》の中国語《ちゅうごくご》。台湾《たいわん》の最高指導者《さいこうしどうしゃ》。また、ナチスドイツでヒトラーが就《つ》いた「フューラー」の職《しょく》。例台湾《たいわん》での総統選《そうとうせん》挙《きょ》は接戦《せっせん》だった。

君主《くんしゅ》　国《くに》を代々治《だいだいおさ》める最高位《さいこうい》の人《ひと》。帝王《ていおう》・皇帝《こうてい》・国王《こくおう》など。例立《りっ》憲《けん》君主制《くんしゅせい》。例専制君主《せんせいくんしゅ》。

王《おう》　◎国《くに》や地域《ちいき》などの支配者《しはいしゃ》。例戦《たたか》いに勝《か》って王《おう》の座《ざ》に就《つ》く。◎「優《すぐ》れた人《ひと》」↓70

国王《こくおう》　国《くに》を治《おさ》める王《おう》。一国《いっこく》の元首《げんしゅ》である王《おう》。例国王《こくおう》に忠誠《ちゅうせい》を誓《ちか》う。

キング　「王《おう》」「国王《こくおう》」などの意味《いみ》の英《えい》語《ご》。例キングズイングリッシュ(イギリスの標準英語《ひょうじゅんえいご》)。対クイーン。

王様《おうさま》　◎「王《おう》」と同《おな》じ。例『裸《はだか》の王様《おうさま》』はアンデルセンの童話《どうわ》である。◎ある分野《ぶんや》で最高《さいこう》のもの。例果物《くだもの》の王《おう》様《さま》ドリアン。

帝王《ていおう》　◎君主国《くんしゅこく》の元首《げんしゅ》。例帝王《ていおう》の位《くらい》に就《つ》く。◎ある分野《ぶんや》で、絶対《ぜったい》的《てき》な権力《けんりょく》を持《も》つ者《もの》。例ゴルフ界《かい》の帝《てい》王《おう》。

大王《だいおう》　王《おう》のうち、とくに偉大《いだい》な王《おう》をうやまっていうことば。例アレクサンダー大王《だいおう》。似大帝《たいてい》。

女王《じょおう》　◎女性《じょせい》の王《おう》。また、王妃《おうひ》。例イギリスの女王《じょおう》。◎「優《すぐ》れた人《ひと》」↓70

クイーン　「女王《じょおう》」「王妃《おうひ》」などの意《い》味《み》の英語《えいご》。例スペードのクイーンを引《ひ》いて、ツーペアになった。対キング。

女帝《じょてい》　女性《じょせい》の皇帝《こうてい》・天皇《てんのう》。例女帝《じょてい》エカテリーナ。◆「にょてい」とも読《よ》む。

皇帝《こうてい》　帝国《ていこく》の君主《くんしゅ》。例皇帝《こうてい》ナポレオン。例秦《しん》の始《し》皇帝《こうてい》。

エンペラー　「皇帝《こうてい》」という意味《いみ》の英語《えいご》。例ラストエンペラー。

天皇《てんのう》　日本国憲法《にほんこくけんぽう》によって、日本《にほん》の国《くに》および日本国民《にほんこくみん》の象徴《しょうちょう》とされている人《ひと》。例天皇誕生日《てんのうたんじょうび》。例天皇《てんのう》陛下《へいか》がアメリカを訪問《ほうもん》された。

天子《てんし》　天命《てんめい》を受《う》けて、天《てん》に代《か》わって国《くに》を治《おさ》める者《もの》。日本《にほん》では、天《てん》

似＝似《に》た表現《ひょうげん》のことば。対＝反対《はんたい》の意味《いみ》のことば。例＝使《つか》い方《かた》の例《れい》。

皇《のう》のこと。例 日《ひ》いづるところの天子《てんし》。

帝《みかど》 「天皇《てんのう》」と同《おな》じ。例 帝《みかど》に拝謁《はいえつ》する。
◆「御門《みかど》」とも書《か》く。

主君《しゅくん》 自分《じぶん》の仕《つか》えている君主《くんしゅ》や主人《しゅじん》。例 主君《しゅくん》の命令《めいれい》は絶対《ぜったい》だ。

大名《だいみょう》 平安時代《へいあんじだい》から江戸時代《えどじだい》にかけて、広《ひろ》い領地《りょうち》と家臣《かしん》を持《も》って、領地《りょうち》を治《おさ》めていた者《もの》。とくに、江戸《えど》時代《じだい》、一万石《いちまんごく》以上《いじょう》の領地《りょうち》を持《も》っていた武士《ぶし》。例 ここはかつて大名《だいみょう》行列《ぎょうれつ》が通《とお》った道《みち》だ。例 戦国大名《せんごくだいみょう》。

領主《りょうしゅ》 自分《じぶん》の領地《りょうち》を持《も》ち、そこに住《す》む人々《ひとびと》を治《おさ》めた者《もの》。例 ドン・キホーテは、小《ちい》さな村《むら》の領主《りょうしゅ》だった。

城主《じょうしゅ》 城《しろ》の持《も》ち主《ぬし》。自分《じぶん》の城《しろ》を持《も》つ君主《くんしゅ》。例 戦功《せんこう》を立《た》て、城主《じょうしゅ》に取《と》り立《た》てられる。

殿《との》 昔《むかし》、主君《しゅくん》や身分《みぶん》の高《たか》い人《ひと》をうやまって呼《よ》んだことば。例 殿《との》がお呼《よ》びである。

教皇《きょうこう》 キリスト教《きょう》のカトリック教会《きょうかい》で、いちばん位《くらい》の高《たか》い聖職《せいしょく》者《しゃ》。例 教皇《きょうこう》はバチカン市国《しこく》の元首《げんしゅ》である。似 法王《ほうおう》。

「リーダー」に関連《かんれん》することば

●いろいろな「長《ちょう》」
校長《こうちょう》・園長《えんちょう》・学長《がくちょう》・総長《そうちょう》・塾長《じゅくちょう》・事務長《じむちょう》・室長《しつちょう》・館長《かんちょう》・院長《いんちょう》・署長《しょちょう》・団長《だんちょう》・隊長《たいちょう》・駅長《えきちょう》・船長《せんちょう》・艦長《かんちょう》・機長《きちょう》・村長《そんちょう》・町長《ちょうちょう》・市長《しちょう》・区長《くちょう》・係長《かかりちょう》・課長《かちょう》・次長《じちょう》・局長《きょくちょう》・班長《はんちょう》・店長《てんちょう》・所長《しょちょう》・COO《シーオーオー》

先生《せんせい》

teacher
［ティーチャー］

このページも見《み》てみよう
▼ 指導《しどう》する ➡371

先生《せんせい》 ◎人《ひと》を指導《しどう》する立場《たちば》にある人《ひと》。とくに、学校《がっこう》などで、学問《がくもん》や技術《ぎじゅつ》などを教《おし》える人《ひと》。例 担任《たんにん》の先生《せんせい》から、年賀状《ねんがじょう》をいただいた。◎教師《きょうし》・医師《いし》・弁護士《べんごし》・作家《さっか》・議員《ぎいん》などを尊敬《そんけい》して呼《よ》んだり、呼《よ》びかけたりすることば。例 こちらが、作家《さっか》の東野《ひがしの》先生《せんせい》です。

教師《きょうし》 学校《がっこう》などで、児童《じどう》・生徒《せいと》・学生《がくせい》を教育《きょういく》し、学問《がくもん》や技術《ぎじゅつ》を教《おし》える人《ひと》。例 将来《しょうらい》は国語《こくご》の教師《きょうし》になるのが夢《ゆめ》だ。

教員《きょういん》 学校《がっこう》で教育《きょういく》することを仕事《しごと》にする人《ひと》。例 大学《だいがく》に入《はい》って、教員《きょういん》免許《めんきょ》を取《と》る。

	大学《だいがく》の	担任《たんにん》の	家庭《かてい》の
先生	○	○	−
教師	○	○	○
教員	○	−	−

教職員《きょうしょくいん》 教員《きょういん》と、学校《がっこう》の事務《じむ》や給食《きゅうしょく》の調理《ちょうり》などにあたる職員《しょくいん》をまとめて呼《よ》ぶ言《い》い方《かた》。例 教職員《きょうしょくいん》が総出《そうで》で、運動会《うんどうかい》の準備《じゅんび》をする。

教諭《きょうゆ》 幼稚園《ようちえん》・小学校《しょうがっこう》・中学校《ちゅうがっこう》・高《こう》等学校《とうがっこう》の先生《せんせい》の、正式《せいしき》な呼《よ》び方《かた》。例 母《はは》は、中学校《ちゅうがっこう》の教諭《きょうゆ》の資格《しかく》を持《も》っている。

担任《たんにん》 学校《がっこう》で、教師《きょうし》が学級《がっきゅう》や教科《きょうか》を受《う》け持《も》つこと。またその先生《せんせい》。例 今度《こんど》の担任《たんにん》は、女《おんな》の先生《せんせい》だ。

◆＝もっと知《し》りたい、ことばの知識《ちしき》。

教職《きょうしょく》
学校《がっこう》などで児童《じどう》・生徒《せいと》を教《おし》える仕事《しごと》。例 将来《しょうらい》は教職《きょうしょく》に就《つ》いて、楽《たの》しいクラスを作《つく》りたい。

教授《きょうじゅ》
◎大学《だいがく》で学生《がくせい》を教《おし》え、専門分野《せんもんぶんや》の研究《けんきゅう》をする先生《せんせい》。例 あの教授《きょうじゅ》の授業《じゅぎょう》は、実践的《じっせんてき》でとてもためになる。◎「指導《しどう》する」➡372

准教授《じゅんきょうじゅ》
大学《だいがく》で「教授《きょうじゅ》」の次《つぎ》の位《くらい》の職名《しょくめい》。かつての「助教授《じょきょうじゅ》」に近《ちか》い。例 父《ちち》は去年《きょねん》、准教授《じゅんきょうじゅ》から教授《きょうじゅ》になった。

助教《じょきょう》
大学《だいがく》で「講師《こうし》」に次《つ》ぐか同等《どうとう》の職名《しょくめい》。大学《だいがく》によって立場《たちば》が異《こと》なる。例 大学院《だいがくいん》を出《で》て、留学《りゅうがく》したのちに助教《じょきょう》になった。

助教授《じょきょうじゅ》
かつて大学《だいがく》にあった「教授《きょうじゅ》」の次《つぎ》の位《くらい》の職名《しょくめい》。例 祖父《そふ》は定年《ていねん》まで、助教授《じょきょうじゅ》の職《しょく》にあった。

校長《こうちょう》
小学校《しょうがっこう》・中学校《ちゅうがっこう》・高等学校《こうとうがっこう》などで、教職員《きょうしょくいん》のいちばん上《うえ》に立《た》つ、学校《がっこう》の責任者《せきにんしゃ》。例 校長《こうちょう》先生《せんせい》が、朝礼《ちょうれい》のあいさつをする。似 学校長《がっこうちょう》。

教頭《きょうとう》
小学校《しょうがっこう》・中学校《ちゅうがっこう》・高等学校《こうとうがっこう》などで、「校長《こうちょう》」に次《つ》ぐ地位《ちい》にあって、学校内《がっこうない》をまとめる役目《やくめ》の先生《せんせい》。例 教頭《きょうとう》先生《せんせい》が、みんなに新任《しんにん》の先生《せんせい》を紹介《しょうかい》する。

副校長《ふくこうちょう》
小学校《しょうがっこう》・中学校《ちゅうがっこう》・高等学校《こうとうがっこう》などで、「校長《こうちょう》」を補佐《ほさ》する先生《せんせい》。例 校長《こうちょう》が出張中《しゅっちょうちゅう》のため、副校長《ふくこうちょう》が代《か》わりにあいさつをした。◆「教頭《きょうとう》」に似《に》た役割《やくわり》だが、教頭《きょうとう》だけの学校《がっこう》、副校長《ふくこうちょう》だけの学校《がっこう》、両方《りょうほう》を置《お》く学校《がっこう》などさまざまある。また、教員免許《きょういんめんきょ》がなくては教頭《きょうとう》になれないが、校長《こうちょう》・副校長《ふくこうちょう》になることはできる。

学長《がくちょう》
大学《だいがく》で、教職員《きょうしょくいん》の上《うえ》に立《た》つ責任者《せきにんしゃ》。例 前《まえ》の財務大臣《ざいむだいじん》が、私立大学《しりつだいがく》の学長《がくちょう》になった。似 総長《そうちょう》。

師《し》
「先生《せんせい》」と同《おな》じ。学問《がくもん》や技芸《ぎげい》を教《おし》える人《ひと》。例 仰《あお》げば尊《とうと》し、わが師《し》の恩《おん》(唱歌《しょうか》「仰《あお》げば尊《とうと》し」)。

恩師《おんし》
過去《かこ》に教《おし》えを受《う》けた先生《せんせい》で、恩義《おんぎ》のある人《ひと》。例 兄《あに》は恩師《おんし》に、結婚披露宴《けっこんひろうえん》の祝辞《しゅくじ》をお願《ねが》いした。

旧師《きゅうし》
以前《いぜん》に教《おし》えを受《う》けた先生《せんせい》。例 父《ちち》が、旧師《きゅうし》の出版記念会《しゅっぱんきねんかい》に出席《しゅっせき》した。

先師《せんし》
すでに亡《な》くなった先生《せんせい》。例 母《はは》は先師《せんし》の墓参《はかまい》りのために故郷《こきょう》に向《む》かった。

講師《こうし》
塾《じゅく》や学校《がっこう》などで、ある学科《がっか》を教《おし》える人《ひと》。また、大学《だいがく》で「准教授《じゅんきょうじゅ》」の次《つぎ》の位《くらい》の職名《しょくめい》。例 父《ちち》は若《わか》いころ、塾《じゅく》の講師《こうし》のアルバイトをしていたそうだ。

保母《ほぼ》
児童《じどう》の保育《ほいく》にあたる、資格《しかく》のある女性《じょせい》。男性《だんせい》の「保父《ほふ》」とあわせて正式《せいしき》には「保育士《ほいくし》」という。例 保母《ほぼ》さんの子守歌《こもりうた》が忘《わす》れられない。似 保育士《ほいくし》。

家庭教師《かていきょうし》
生徒《せいと》の家《いえ》に行《い》って、個人的《こじんてき》に勉強《べんきょう》を教《おし》える人《ひと》。また、その仕事《しごと》。例 大学生《だいがくせい》の姉《あね》は家庭教師《かていきょうし》のアルバイトを三《みっ》つかけ持《も》ちしている。

指導員《しどういん》
学問《がくもん》・スポーツ・マナーなどを教《おし》え、指導《しどう》する人《ひと》。例 通学路《つうがくろ》に交通《こうつう》指導員《しどういん》がいるから安心《あんしん》だ。

教官《きょうかん》
大学《だいがく》や研究所《けんきゅうじょ》などで、教育《きょういく》・研究《けんきゅう》の仕事《しごと》をする人《ひと》。また、自動車教習所《じどうしゃきょうしゅうじょ》の指導員《しどういん》などにもいう。例 指導教官《しどうきょうかん》の名簿《めいぼ》を見《み》る。

師匠《ししょう》 学問《がくもん》・芸術《げいじゅつ》・お稽古事《けいこごと》などを教《おし》える先生《せんせい》。例 あの人《ひと》は、姉《あね》の踊《おど》りの**師匠《ししょう》**だ。

宗匠《そうしょう》 和歌《わか》・俳句《はいく》・茶道《さどう》・華道《かどう》などの師匠《ししょう》。例 松尾芭蕉《まつおばしょう》は、三十五才《さんじゅうごさい》で**宗匠《そうしょう》**として独立《どくりつ》したそうだ。

師範《しはん》 学問《がくもん》や技芸《ぎげい》を教《おし》える人《ひと》。また、その資格《しかく》。例 うちのおじいちゃんは昔《むかし》、剣道《けんどう》の**師範《しはん》**を務《つと》めたすご腕《うで》だ。

先達《せんだつ》 ある分野《ぶんや》の経験《けいけん》や知識《ちしき》を持《も》ち、ほかの人《ひと》を教《おし》え導《みちび》く人《ひと》。例 彼《かれ》は会社《かいしゃ》では部下《ぶか》だが、趣味《しゅみ》の油絵《あぶらえ》では**先達《せんだつ》**だ。似 先輩《せんぱい》。

指南《しなん》 ◎学問《がくもん》・武芸《ぶげい》などを教《おし》える人《ひと》。現在《げんざい》では、趣味《しゅみ》など広《ひろ》い分野《ぶんや》についていう。昔《むかし》の中国《ちゅうごく》で作《つく》られた、台車《だいしゃ》を動《うご》かしても常《つね》に南《みなみ》を指《さ》し示《しめ》す、からくり人形《にんぎょう》の「指南車《しなんしゃ》」からできたことば。例 将軍家《しょうぐんけ》の剣術《けんじゅつ》**指南《しなん》**。◎「指《し》導《どう》する」➡371

優《すぐ》れた人《ひと》

great person
［グレイト・パーソン］

このページも見《み》てみよう ▼優《すぐ》れる ➡556

偉人《いじん》 世《よ》の中《なか》に役立《やくだ》つような、立派《りっぱ》な業績《ぎょうせき》を残《のこ》した人《ひと》。例 学校《がっこう》の図書館《としょかん》で、世界《せかい》の**偉人《いじん》**伝《でん》の本《ほん》を読《よ》む。

巨人《きょじん》 ある分野《ぶんや》で大《おお》きな業績《ぎょうせき》のある、抜《ぬ》きん出《で》た人物《じんぶつ》。例 ゴッホは、近代絵画《きんだいかいが》の**巨人《きょじん》**と仰《あお》がれる画家《がか》だ。

巨星《きょせい》 「巨人《きょじん》」と同《おな》じ。例 **巨星《きょせい》**墜《お》つ（偉大《いだい》な人物《じんぶつ》が亡《な》くなること）。

英傑《えいけつ》 才知《さいち》や勇気《ゆうき》などがとくに優《すぐ》れた人物《じんぶつ》。例 坂本竜馬《さかもとりょうま》は、幕末《ばくまつ》に活躍《かつやく》した一代《いちだい》の**英傑《えいけつ》**だ。

傑物《けつぶつ》 並《な》み外《はず》れて優《すぐ》れた人物《じんぶつ》。例 あの人《ひと》はなかなかの**傑物《けつぶつ》**だ。

怪傑《かいけつ》 不思議《ふしぎ》な力《ちから》を持《も》った、優《すぐ》れた人物《じんぶつ》。最近《さいきん》は、漫画《まんが》などのタイトル以外《いがい》にはあまり使《つか》われない。例 **怪傑《かいけつ》**ゾロ。

女傑《じょけつ》 優《すぐ》れた知恵《ちえ》を持《も》ち、勇気《ゆうき》と実行力《じっこうりょく》に富《と》んだ女性《じょせい》。例 新《あたら》しく役員《やくいん》に選《えら》ばれた彼女《かのじょ》は、なかなかの**女傑《じょけつ》**だ。

大物《おおもの》 ◎優《すぐ》れた能力《のうりょく》を持《も》った人《ひと》。例 野球界待望《やきゅうかいたいぼう》の**大物《おおもの》**選手《せんしゅ》。◎大《おお》きな勢力《せいりょく》や影響力《えいきょうりょく》を持《も》つ重要人物《じゅうようじんぶつ》。例 政治家《せいじか》にも経営者《けいえいしゃ》にも顔《かお》のきく政財界《せいざいかい》の**大物《おおもの》**。対 小物《こもの》。◎「大《おお》きい」➡510

大人物《だいじんぶつ》 優《すぐ》れた才能《さいのう》や人徳《じんとく》を備《そな》えた、スケールの大《おお》きな人《ひと》。例 あの人《ひと》は将来《しょうらい》、間違《まちが》いなく**大人物《だいじんぶつ》**になると目《もく》されている。対 小人物《しょうじんぶつ》。

大器《たいき》 人並《ひとな》み外《はず》れて大《おお》きな器量《きりょう》や能力《のうりょく》を持《も》っている人《ひと》。例 **大器《たいき》**晩成《ばんせい》（大《おお》きな器量《きりょう》を備《そな》えた人《ひと》は、真《しん》の能力《のうりょく》を発揮《はっき》するのに人《ひと》より長《なが》い時間《じかん》がかかるということ）。例 未完《みかん》の**大器《たいき》**（真《しん》の能力《のうりょく》をまだ発揮《はっき》しきれていない人《ひと》）。

聖人《せいじん》 ◎知恵《ちえ》や人徳《じんとく》に優《すぐ》れた理想《りそう》の人物《じんぶつ》。とくに、昔《むかし》の中国《ちゅうごく》で理想《りそう》とされた王《おう》や孔子《こうし》など。例 人《ひと》はみな**聖人《せいじん》**君子《くんし》ではないのだから、失敗《しっぱい》する

◆＝もっと知《し》りたい、ことばの知識《ちしき》。

こともある。◎キリスト教《きょう》で、教《おし》えのために命《いのち》をかけるなどした人《ひと》に、教会《きょうかい》から与《あた》えられた称号《しょうごう》。例バレンティヌスという**聖人**《せいじん》が殉教《じゅんきょう》した日《ひ》が、バレンタイン・デーになった。◆「しょうにん」と読《よ》むと、仏教《ぶっきょう》で徳《とく》の高《たか》い僧《そう》のこと。

聖者《せいじゃ》　優《すぐ》れた信仰者《しんこうしゃ》。とくに、キリスト教《きょう》の偉大《いだい》な聖人《せいじん》をうやまっていうことば。例『黄金伝説《おうごんでんせつ》』は、キリスト教《きょう》の**聖者**《せいじゃ》の伝記集《でんきしゅう》だ。

聖女《せいじょ》　けがれを知《し》らない高潔《こうけつ》な女性《じょせい》。とくに、宗教《しゅうきょう》に身《み》をささげた女性《じょせい》。例ジャンヌ＝ダルクは、のちに**聖女**《せいじょ》の列《れつ》に加《くわ》えられた。

賢人《けんじん》　知識《ちしき》が豊《ゆた》かで賢《かしこ》い人《ひと》。また、聖人《せいじん》に次《つ》いで徳《とく》のある人《ひと》。例昔《むかし》の中国《ちゅうごく》に、竹林《ちくりん》の七賢《しちけん》といわれた**賢**《けん》**人**《じん》たちがいた。対**愚人**《ぐじん》。

賢者《けんじゃ》　「賢人《けんじん》」と同《おな》じ。例「**賢者**《けんじゃ》の石《いし》」は、すべての物《もの》を金《きん》に変《か》える力《ちから》があると信《しん》じられていた。対**愚者**《ぐしゃ》。

聖《ひじり》　学問《がくもん》や芸術《げいじゅつ》に優《すぐ》れた人《ひと》、徳《とく》の高《たか》い僧侶《そうりょ》などの古《ふる》い言《い》い方《かた》。例『古今《こきん》和歌集《わかしゅう》』の序文《じょぶん》に、「柿本人麻呂《かきのもとのひとまろ》こそは、歌《うた》の**聖**《ひじり》である」と書《か》かれている。

大賢《たいけん》　非常《ひじょう》に賢《かしこ》いこと。また、その人《ひと》。例**大賢**《たいけん》は愚《ぐ》なるがごとし（非常《ひじょう》に賢《かしこ》い人《ひと》は知識《ちしき》をひけらかしたりしないので、一見《いっけん》したところ愚《おろ》か者《もの》のように見《み》えるということ）。

哲人《てつじん》　見識《けんしき》が高《たか》く道理《どうり》に通《つう》じた人《ひと》。また、哲学者《てつがくしゃ》のこと。例ソクラテスは、古代《こだい》ギリシャの**哲人**《てつじん》として有名《ゆうめい》である。

先賢《せんけん》　昔《むかし》の賢人《けんじん》。例日常生活《にちじょうせいかつ》のさまざまな知恵《ちえ》は、**先賢**《せんけん》の教《おし》えに学《まな》ぶところが大《おお》きい。似**先哲**《せんてつ》。

君子《くんし》　人柄《ひとがら》や行《おこな》いの立派《りっぱ》な人《ひと》。例**君**《くん》**子**《し》、危《あや》うきに近《ちか》よらず（君子《くんし》は常《つね》に身《み》を慎《つつし》み守《まも》って、危険《きけん》なことは避《さ》けて近寄《ちかよ》らない）。対**小人**《しょうじん》。

大人《たいじん》　徳《とく》の高《たか》い立派《りっぱ》な人《ひと》。度量《どりょう》のある人《ひと》。例体格《たいかく》といい物腰《ものごし》といい、まさに**大人**《たいじん》の風格《ふうかく》を備《そな》えた人《ひと》といえる。対**小人**《しょうじん》。

英雄《えいゆう》　才能《さいのう》や武勇《ぶゆう》に優《すぐ》れ、偉大《いだい》な事《じ》業《ぎょう》を成《な》し遂《と》げた人《ひと》。例フランスの生《う》んだ**英雄**《えいゆう》ナポレオン。

ヒーロー　◎「英雄《えいゆう》」という意味《いみ》の英語《えいご》。例悪《あく》を退治《たいじ》して、

「優《すぐ》れた人《ひと》」に関連《かんれん》することば

生《い》き字引《じびき》　なんでもよく知《し》っている人《ひと》のこと。とくに、会社《かいしゃ》や役所《やくしょ》などで、過去《かこ》の事例《じれい》や規則《きそく》に通《つう》じていて、その人《ひと》に聞《き》けばなんでも分《わ》かるというような人《ひと》。「字引《じびき》」は辞書《じしょ》のこと。英《えい》語《ご》では、「ウォーキング・ディクショナリー（歩《ある》く辞書《じしょ》）」という。

四聖《しせい》　釈迦《しゃか》・キリスト・孔子《こうし》・ソクラテスのこと。釈迦《しゃか》は仏教《ぶっきょう》を、キリストはキリスト教《きょう》を開《ひら》いた。孔子《こうし》は中《ちゅう》国《ごく》で儒教《じゅきょう》という教《おし》えを打《う》ち立《た》てた思《し》想家《そうか》。ソクラテスは古代《こだい》ギリシャの哲学者《てつがくしゃ》。

呑舟《どんしゅう》の魚《うお》　大人物《だいじんぶつ》のこと。舟《ふね》をまる呑《の》みにするほどの大《おお》きな魚《さかな》という意味《いみ》から。

似＝似《に》た表現《ひょうげん》のことば。対＝反対《はんたい》の意味《いみ》のことば。例＝使《つか》い方《かた》の例《れい》。

一躍《いちやく》ヒーローになる。◎スポーツなどで華々《はなばな》しく活躍《かつやく》した人《ひと》。例サヨナラホームランを打《う》った選手《せんしゅ》へのヒーローインタビューが始《はじ》まる。◎小説《しょうせつ》・演《えん》劇《げき》・映画《えいが》などの、男《おとこ》の主人公《しゅじんこう》。例あの俳優《はいゆう》が、大《だい》ヒット映画《えいが》のヒーローだ。対ヒロイン。

雄《ゆう》 とくに優《すぐ》れている人《ひと》や会社《かいしゃ》など。例通信業界《つうしんぎょうかい》の雄《ゆう》といわれるA《エー》社《しゃ》が、またまた新製品《しんせいひん》を発表《はっぴょう》した。

両雄《りょうゆう》 二人《ふたり》の英雄《えいゆう》。とくに優《すぐ》れた二人《ふたり》の人物《じんぶつ》。例両雄《りょうゆう》並《なら》び立《た》たず（二人《ふたり》の英雄《えいゆう》が同時《どうじ》に存在《そんざい》すれば、勢力争《せいりょくあらそ》いから必《かなら》ずどちらかが倒《たお》れるものであるということ）。

群雄《ぐんゆう》 優《すぐ》れた力《ちから》を持《も》った、多《おお》くの英《えい》雄《ゆう》たち。例織田信長《おだのぶなが》など多《おお》くの群雄《ぐんゆう》が、室町時代《むろまちじだい》の末期《まっき》に割拠《かっきょ》した。

秀才《しゅうさい》 頭《あたま》がよくて成績《せいせき》が優秀《ゆうしゅう》な人《ひと》。例子《こ》どものころから秀才《しゅうさい》の誉《ほま》れが高《たか》い。対鈍才《どんさい》。

英才《えいさい》 「秀才《しゅうさい》」と同《おな》じ。例英才教育《えいさいきょういく》によって、優《すぐ》れた知能《ちのう》や才能《さいのう》をさらに伸《の》ばす。

俊才《しゅんさい》 勉強《べんきょう》だけでなく、優《すぐ》れた手腕《しゅわん》や抜《ぬ》きん出《で》た才知《さいち》の持《も》ち主《ぬし》。例あの先生《せんせい》は、医学界《いがっかい》で俊才《しゅんさい》とうたわれた若手《わかて》の医師《いし》だ。似俊英《しゅんえい》。

天才《てんさい》 生《う》まれつき、ずば抜《ぬ》けて優《すぐ》れた才能《さいのう》が備《そな》わった人《ひと》。また、その才能《さいのう》。勉強《べんきょう》だけでなく、スポーツや芸術《げいじゅつ》など幅広《はばひろ》い分野《ぶんや》についていう。例天才《てんさい》とは、一《いち》パーセントの才能《さいのう》と九十九《きゅうじゅうきゅう》パーセントの努力《どりょく》から成《な》る（トーマス・エジソンのことば）。

神童《しんどう》 優《すぐ》れて賢《かしこ》い子《こ》ども。例昔《むかし》は神《しん》童《どう》と呼《よ》ばれたのに、今《いま》ではふつうの人《ひと》になった。

偉才《いさい》 人並《ひとな》み外《はず》れて優《すぐ》れた才能《さいのう》を持《も》つ人《ひと》。また、その才能《さいのう》。例化《か》学《がく》の分野《ぶんや》で偉才《いさい》を発揮《はっき》する。

異才《いさい》 ふつうにはない、優《すぐ》れた才能《さいのう》を持《も》つ人《ひと》。また、その才能《さいのう》。例このコンサートでは、音楽界《おんがくかい》の異才《いさい》が三人《さんにん》集《あつ》まる。

鬼才《きさい》 人間《にんげん》の能力《のうりょく》を超《こ》えて見《み》えるほど優《すぐ》れた才能《さいのう》を持《も》つ人《ひと》。また、その才能《さいのう》。例世界的《せかいてき》な映画監督《えいがかんとく》の黒沢《くろさわ》明《あきら》は、光《ひかり》と影《かげ》を生々《なまなま》しく表現《ひょうげん》する鬼才《きさい》だ。

奇才《きさい》 優《すぐ》れた珍《めずら》しい才能《さいのう》を持《も》つ人《ひと》。また、その才能《さいのう》。例幻想的《げんそうてき》な絵《え》を描《えが》くダリは、スペインが生《う》んだ奇《き》才《さい》だ。

麒麟児《きりんじ》 才知《さいち》のとくに優《すぐ》れた、将来《しょうらい》性《せい》のある若者《わかもの》。「麒麟《きりん》」は、頭《あたま》に一本《いっぽん》の角《つの》を持《も》つ中国《ちゅうごく》の想像上《そうぞうじょう》の動《どう》物《ぶつ》。体《からだ》は鹿《しか》、尾《お》は牛《うし》、ひづめは馬《うま》に似《に》て、聖人《せいじん》が出現《しゅつげん》する前兆《ぜんちょう》として現《あらわ》れるといわれる。その麒麟《きりん》の児《こ》という意《い》味《み》。例小《ちい》さいころから麒麟児《きりんじ》ともてはやされた大横綱《だいよこづな》。

才子《さいし》 頭《あたま》の働《はたら》きや才能《さいのう》の優《すぐ》れた人《ひと》。ことわざや慣用句《かんようく》によく使《つか》われることばで、ふつう、男性《だんせい》についていう。女性《じょせい》の場合《ばあい》は、「才女《さいじょ》」「才媛《さいえん》」などという。例才子《さいし》、才《さい》に倒《たお》れる（自分《じぶん》の才知《さいち》を過信《かしん》するあまり、かえって失《しっ》敗《ぱい》してしまうということ）。似才人《さいじん》。

才女《さいじょ》　頭《あたま》がよくて、才知《さいち》の優《すぐ》れた女性《じょせい》。とくに文学《ぶんがく》の才能《さいのう》のことをいうが、仕事《しごと》の能力《のうりょく》のあるきびきびした女性《じょせい》などをいうこともある。例 あの女子大《じょしだい》は、創立以来《そうりついらい》多《おお》くの才女《さいじょ》を輩《はい》出《しゅつ》している。

才媛《さいえん》　「才女《さいじょ》」と同《おな》じだが、文学《ぶんがく》の才《さい》能《のう》に限《かぎ》らず、多方面《たほうめん》で教養豊《きょうようゆた》かな女性《じょせい》のこと。また、多《おお》く結婚式《けっこんしき》での新婦《しんぷ》の紹介《しょうかい》に使《つか》われることばでもある。例 新婦《しんぷ》は名門大学《めいもんだいがく》を卒業《そつぎょう》された才《さい》媛《えん》です。

ヒロイン　小説《しょうせつ》・演劇《えんげき》・映画《えいが》などの、女《おんな》の主人公《しゅじんこう》。例 悲劇《ひげき》のヒロインを演《えん》じた大女優《だいじょゆう》。対 ヒーロー。

権威《けんい》　◎ある専門《せんもん》の分野《ぶんや》で、とくに優《すぐ》れた人《ひと》。例 バイオテクノロジーの権威《けんい》と目《もく》される研究者《けんきゅうしゃ》。◎信頼《しんらい》できると認《みと》められているもの。例 権威《けんい》ある賞《しょう》を受賞《じゅしょう》する。◎人《ひと》を従《したが》わせる威《い》力《りょく》。例 権威《けんい》を笠《かさ》に着《き》て威張《いば》り散《ち》らすとは、みっともない。

巨匠《きょしょう》　おもに芸術《げいじゅつ》の分野《ぶんや》で、ある時《じ》代《だい》を代表《だいひょう》すると認《みと》められる優《すぐ》れた人《ひと》。例 明治時代《めいじじだい》の文壇《ぶんだん》の巨匠《きょしょう》には、夏目漱石《なつめそうせき》や森鷗外《もりおうがい》らがいる。

大家《たいか》　ある分野《ぶんや》についてとくに優《すぐ》れ、指導的立場《しどうてきたちば》にある人《ひと》。例 日本《にほん》画《が》の大家《たいか》として、壁画修復《へきがしゅうふく》の指導《しどう》に当《あ》たる。

泰斗《たいと》　その道《みち》でもっとも尊《とうと》ばれている権威《けんい》のある人《ひと》。「泰山北《たいざんほく》斗《と》」の略《りゃく》で、「泰山《たいざん》」は中国《ちゅうごく》にある名山《めいざん》、「北斗《ほくと》」は北斗七星《ほくとしちせい》のこと。どちらも重《じゅう》要《よう》な存在《そんざい》として、古《ふる》くから中国《ちゅうごく》の人々《ひとびと》に仰《あお》ぎ見《み》られてきたもの。例 学界《がっかい》の泰《たい》斗《と》として、尊敬《そんけい》を集《あつ》める。

老大家《ろうたいか》　年齢《ねんれい》を重《かさ》ね多《おお》くの経験《けいけん》を積《つ》んできた、その道《みち》の大家《たいか》。例 日本画《にほんが》の老大家《ろうたいか》として、今《いま》でも毎日《まいにち》絵筆《えふで》を執《と》る。

オーソリティー　「権威《けんい》」「大家《たいか》」などの意味《いみ》の英語《えいご》。例 考古学《こうこがく》のオーソリティーとして、発掘作業《はっくつさぎょう》を指導《しどう》する。

博士《はかせ》　物事《ものごと》をよく知《し》っている人《ひと》。「博《はく》士《し》」と読《よ》むと、大学院《だいがくいん》が認《みと》める学位《がくい》や、それを受《う》けた人《ひと》のこと。例 お天気《てんき》博士《はかせ》。例 物知《ものし》り博士《はかせ》。

第一人者《だいいちにんしゃ》　その道《みち》でいちばん優《すぐ》れていると認《みと》められた人《ひと》。例 児童教育《じどうきょういく》の第一人者《だいいちにんしゃ》として、子《こ》どもたちからも慕《した》われている。

ナンバーワン　第一位《だいいちい》であること。また、その人《ひと》。例 日本《にほん》の水泳界《すいえいかい》で、実力《じつりょく》ナンバーワンの呼《よ》び声《ごえ》が高《たか》い選手《せんしゅ》。

王《おう》　◎ある分野《ぶんや》で、第一《だいいち》の実力者《じつりょくしゃ》。もっとも優《すぐ》れた者《もの》。例 奪三振《だっさんしん》王《おう》。例 百獣《ひゃくじゅう》の王《おう》ライオン。◎「リーダー」➡64

女王《じょおう》　◎ある分野《ぶんや》で、もっとも優《すぐ》れた女性《じょせい》。例 銀盤《ぎんばん》の女王《じょおう》。◎「リーダー」➡64

超人《ちょうじん》　人間《にんげん》とは思《おも》えないほどの、並《な》み外《はず》れて優《すぐ》れた能力《のうりょく》を持《も》った人《ひと》。例 マラソンで、超人的《ちょうじんてき》な記録《きろく》を打《う》ち立《た》てる。

スーパーマン　「超人《ちょうじん》」という意《い》味《み》の英語《えいご》。例 兄《あに》は、どんなことでもこなせるスーパーマンだ。

エース

◎仲間《なかま》やチームの中《なか》で、もっとも優《すぐ》れた人《ひと》。トランプの多《おお》くのゲームで、「A《エース》」の札《ふだ》がもっとも強《つよ》いとされることから。例エース記者《きしゃ》のスクープ記事《きじ》に、政府《せいふ》が大《おお》いに揺《ゆ》れた。◎野球《やきゅう》で、チームの主力《しゅりょく》の投手《とうしゅ》。例みごとな投球《とうきゅう》で完投勝利《かんとうしょうり》をおさめた若《わか》きエース。

エリート

社会《しゃかい》や集団《しゅうだん》の中《なか》で、指導的地位《しどうてきちい》にいる人々《ひとびと》。優秀《ゆうしゅう》な者《もの》として選《えら》ばれた人《ひと》たち。例あの人《ひと》は、だれよりもエリート意識《いしき》が強《つよ》い。

サラブレッド

家柄《いえがら》などが優《すぐ》れた人《ひと》のこと。優《すぐ》れた競走馬《きょうそうば》の品種《ひんしゅ》の意味《いみ》から。例彼《かれ》は政界《せいかい》のサラブレッドとして、将来《しょうらい》を期待《きたい》されている。

国士《こくし》

その国《くに》の中《なか》で、とくに優《すぐ》れた人物《じんぶつ》。国《くに》のために命《いのち》を投《な》げ打《う》つ覚悟《かくご》のある人物《じんぶつ》。例国士無双《こくしむそう》（天下《てんか》に並《なら》ぶ者《もの》がいない第一級《だいいっきゅう》の人物《じんぶつ》）。

白眉《はくび》

同《おな》じ分野《ぶんや》の中《なか》などで、もっとも優《すぐ》れている人《ひと》や物《もの》。昔《むかし》、中国《ちゅうごく》に優秀《ゆうしゅう》な五人兄弟《ごにんきょうだい》がいたが、中《なか》でもとくに優《すぐ》れている長男《ちょうなん》のまゆに白《しろ》い毛《け》があったという話《はなし》から。例物語文学《ものがたりぶんがく》の白眉《はくび》といわれる『源氏物語《げんじものがたり》』。

名人《めいじん》

優《すぐ》れた腕前《うでまえ》の人《ひと》。また、ある分野《ぶんや》で名《な》のある人《ひと》。例兄《あに》は木登《きのぼ》りの名人《めいじん》で、どんな木《き》でもすいすいと登《のぼ》れる。

達人《たつじん》

物事《ものごと》に通《つう》じた、腕前《うでまえ》の優《すぐ》れた人《ひと》。とくに、武芸《ぶげい》についていうことが多《おお》い。例剣《けん》の達人《たつじん》といわれた宮本武蔵《みやもとむさし》。

名手《めいしゅ》

「名人《めいじん》」と同《おな》じ。例バイオリンの名手《めいしゅ》として名高《なだか》い演奏家《えんそうか》のコンサートに行《い》く。

上手《じょうず》

「名人《めいじん》」と同《おな》じ。例弓《ゆみ》の上手《じょうず》として有名《ゆうめい》な那須与一《なすのよいち》は、扇《おうぎ》の的《まと》を見事《みごと》に射落《いお》とした。対下手《へた》。

名匠《めいしょう》

美術《びじゅつ》・工芸《こうげい》などの分野《ぶんや》の優《すぐ》れた人《ひと》。例名匠《めいしょう》として名高《なだか》い左《ひだり》

深谷先生《ふかやせんせい》のちょっとひと息《いき》

馬鹿《ばか》にできないウマもいる

競走馬《きょうそうば》の一種《いっしゅ》であるサラブレッドは、優《すぐ》れた能力《のうりょく》を親《おや》などから受《う》け継《つ》いだ人《ひと》のたとえとして用《もち》いられることばです。でも、「あの人《ひと》は、サラブレッドだから」という言《い》い方《かた》は、はたして単純《たんじゅん》なほめことばなのでしょうか。

サラブレッドは、競走馬《きょうそうば》として人工的《じんこうてき》にかけ合《あ》わせて作《つく》り出《だ》された種《しゅ》です。つまり、それになぞらえて人《ひと》を呼《よ》ぶときには、その人《ひと》の優秀《ゆうしゅう》さや努力《どりょく》をほめる気持《きも》ちよりむしろ、その才能《さいのう》がどこか人工的《じんこうてき》な感《かん》じがするという気持《きも》ちや、あの親《おや》の子《こ》どもなのだから優《すぐ》れていて当然《とうぜん》だという気持《きも》ちが強《つよ》い感《かん》じがします。そういった意味《いみ》でこのことばは、ほかの「優《すぐ》れた人《ひと》をほめることば」とは異《こと》なるといえるでしょう。

類語《るいご》の中《なか》からことばを選《えら》ぶときには、意味《いみ》の重《かさ》なりやずれを意識《いしき》するだけでなく、裏《うら》の意味《いみ》やその深《ふか》さなども吟味《ぎんみ》しなければなりません。

◆＝もっと知《し》りたい、ことばの知識《ちしき》。

甚五郎作《じんごろうさく》の眠《ねむ》り猫《ねこ》は、愛《あい》らしい姿《すがた》をしている。

名工《めいこう》　優《すぐ》れた工芸品《こうげいひん》を作《つく》る技術《ぎじゅつ》を持《も》っている人《ひと》。例 名工《めいこう》が時間《じかん》をかけて作《つく》り上《あ》げた高級家具《こうきゅうかぐ》をリビングに置《お》く。

エキスパート　ある専門分野《せんもんぶんや》に、深《ふか》い知識《ちしき》や熟練《じゅくれん》した腕《うで》を持《も》っている人《ひと》。例 叔父《おじ》は、車《くるま》の販売《はんばい》に関《かん》しては、この道《みち》二十年《にじゅうねん》のエキスパートだ。

神様《かみさま》　優《すぐ》れた能力《のうりょく》を持《も》ち、人《ひと》から神《かみ》のようにあがめられる人《ひと》。例 先代《せんだい》の社長《しゃちょう》は、周《まわ》りの人《ひと》たちから経営《けいえい》の神様《かみさま》といわれた。

逸材《いつざい》　特別《とくべつ》に優《すぐ》れた才能《さいのう》。また、それを持《も》っている人《ひと》。例 テニス界《かい》の隠《かく》れた逸材《いつざい》。

人物《じんぶつ》　人柄《ひとがら》や能力《のうりょく》など、人間的《にんげんてき》に優《すぐ》れた人《ひと》。例 堂々《どうどう》とした態度《たいど》から、ひとかどの人物《じんぶつ》とお見受《みう》けした。

人《ひと》　有能《ゆうのう》な人材《じんざい》。立派《りっぱ》な人物《じんぶつ》。例 教育界《きょういくかい》にその人《ひと》ありと知《し》られる先生《せんせい》の講演《こうえん》を聴《き》く。

だめな人《ひと》

idiot
［イディオト］

馬鹿《ばか》　◎愚《おろ》かなこと。知恵《ちえ》がないことや人《ひと》をののしっていうことば。例 そんなことも分《わ》からないなんて、馬鹿《ばか》だなあ。◎無益《むえき》なこと。くだらないこと。例 そんな馬鹿《ばか》なことをするものではない。◎程度《ていど》のはなはだしいようす。例 ブランド品《ひん》は馬鹿《ばか》高《たか》いので、なかなか手《て》が出《で》ない。◎そのことに熱中《ねっちゅう》し過《す》ぎて、周囲《しゅうい》が見《み》えなくなった状態《じょうたい》。例 彼《かれ》は寝《ね》る間《ま》も惜《お》しんで稽古《けいこ》に励《はげ》む役者《やくしゃ》馬鹿《ばか》だ。例 親《おや》馬鹿《ばか》。

馬鹿者《ばかもの》　馬鹿《ばか》な人《ひと》。また、そう思《おも》う相手《あいて》をののしることば。例 お前《まえ》のような馬鹿者《ばかもの》は見《み》たことがない。

馬鹿《ばか》たれ　「馬鹿《ばか》」を強《つよ》めていうことば。例 この馬鹿《ばか》たれが、また同《おな》じ間違《まちが》いをするなんて。◆「馬鹿《ばか》ったれ」ともいう。

馬鹿野郎《ばかやろう》　人《ひと》をののしることば。例 馬鹿野郎《ばかやろう》、どこを見《み》て歩《ある》いているんだ。

こけ　◎思慮《しりょ》が浅《あさ》い人《ひと》。また、そのようす。例 人《ひと》をこけにする（馬鹿《ばか》にする）にもほどがある。◎見《み》せかけだけで中身《なかみ》のないこと。例 そんなこけおどしなんか通用《つうよう》しない。

あほう　愚《おろ》かな人《ひと》や愚《おろ》かな行《おこな》い。また、それをののしっていうことば。例 まったくあほうなやつだ。◆「あほ」ともいう。「阿呆《あほう》」と書《か》くことがあるが、これは当《あ》て字《じ》。

あほんだら　「あほう」を強調《きょうちょう》した言《い》い方《かた》。とくに、近畿地方《きんきちほう》で使《つか》う。例 何言《なにい》うとんねん、あほんだら。◆「あほだら」ともいう。

間抜《まぬ》け　大切《たいせつ》なところが抜《ぬ》け落《お》ちていること。また、そのような愚《おろ》かな人《ひと》。例 あれだけ注意《ちゅうい》をしたのに、またやり損《そこ》なうなんて、間抜《まぬ》けなやつだ。

抜《ぬ》け作《さく》　間抜《まぬ》けな人《ひと》をあざけって、人名《じんめい》のようにいうことば。

例 あの抜《ぬ》け作《さく》が、またしくじったらしい。

とんちんかん
することが的《まと》を外《はず》れて、間《ま》が抜《ぬ》けているようす。刀《かたな》を作《つく》る鍛冶《かじ》職人《しょくにん》の、金槌《かなづち》の音《おと》のリズムが合《あ》わないようすから。例 先生《せんせい》の質問《しつもん》に、寝《ね》ぼけてとんちんかんな返事《へんじ》をする。

表六玉《ひょうろくだま》
「間抜《まぬ》け」と同《おな》じ。例 あいつは、とんだ表六玉《ひょうろくだま》だ。◆単《たん》に「表六《ひょうろく》」ともいう。

とんま
言動《げんどう》がちぐはぐであったり、的外《まとはず》れであったりする人《ひと》。また、そのようす。例 あいつ、とんまだけど、憎《にく》めないやつだよね。

とんちき
「間抜《まぬ》け」「とんま」などと同《おな》じ。例 またミスったのか、このとんちきめ。

おたんこなす
間抜《まぬ》けな人《ひと》やのろまな人《ひと》を、ののしっていうことば。例 宿題《しゅくだい》を忘《わす》れたおたんこなすはだれだ。似 おたんちん。

あんぽんたん
間《ま》が抜《ぬ》けていて愚《おろ》かな人《ひと》を、ののしっていうことば。昔《むかし》の「反魂丹《はんごんたん》」という腹痛《ふくつう》の薬《くすり》の音《おん》をまねたことば。例 あんなあんぽんたんなんか相手《あいて》にするな。

すっとこどっこい
「馬鹿野郎《ばかやろう》」などと同《おな》じく、相手《あいて》をののしっていうことば。「馬鹿囃子《ばかばやし》」という踊《おど》りのかけ声《ごえ》から。例 このすっとこどっこいが、顔《かお》を洗《あら》って出直《でなお》して来《こ》い。

いかれぽんち
教養《きょうよう》のない軽薄《けいはく》な男《おとこ》を、ののしっていうことば。「いかれ」は「いかれる(だめになる)」で、「ぽんち」は近畿《きんき》地方《ちほう》の方言《ほうげん》で「ぼんち(坊《ぼっ》ちゃん)」のこと。例 あんないかれぽんちの言《い》うことなど、聞《き》く必要《ひつよう》はない。

べらぼう
◎「馬鹿《ばか》」「あほう」などと同《おな》じ。人《ひと》をののしっていうことば。江戸時代《えどじだい》に見世物《みせもの》にされた「便乱坊《べらんぼう》」という奇人《きじん》から。例 何《なに》をぬかすか、このべらぼうめ。◎馬鹿《ばか》げていること。とんでもないこと。例 そんなべらぼうな話《はなし》があるものか。◎程度《ていど》のはなはだしいようす。例 ガソリンの値段《ねだん》がべらぼうに高《たか》い。

愚《おろ》か者《もの》
愚《おろ》かな人《ひと》。考《かんが》えが足《た》りない人《ひと》。例 あれほど言《い》ったのに、この愚《おろ》か者《もの》めが。

愚者《ぐしゃ》
「愚《おろ》か者《もの》」のこと。例 愚者《ぐしゃ》も千慮《せんりょ》に一得《いっとく》あり(愚《おろ》かな者《もの》でも、たまには役《やく》に立《た》つ名案《めいあん》を出《だ》すこともある)。対 賢者《けんじゃ》。

愚人《ぐじん》
「愚者《ぐしゃ》」と同《おな》じ。例 愚人《ぐじん》との論争《ろんそう》は無益《むえき》である。対 賢人《けんじん》。◆「ぐにん」とも読《よ》む。

痴《し》れ者《もの》
「愚《おろ》か者《もの》」のこと。とくに、度《ど》を越《こ》して異常《いじょう》な者《もの》をののしっていうことば。例 この痴《し》れ者《もの》めが、血迷《ちまよ》ったか。

たわけ
「愚《おろ》か者《もの》」のこと。また、そのような人《ひと》をののしっていうことば。ふざけるという意味《いみ》の「たわける」ということばから。例 そんなことをどこのたわけが言《い》ったの知《し》らんが、うそに決《き》まっている。

◆＝もっと知《し》りたい、ことばの知識《ちしき》。

のろま

動作《どうさ》などが、鈍《にぶ》くて遅《おそ》いようす。また、そのような人《ひと》をののしっていうことば。例 あの生徒《せいと》はのろまなカメのようだが、努力《どりょく》は人《ひと》に負《ま》けていない。

ぐず

動《うご》きや考《かんが》えることがのろくて、はっきりしないようす。また、そのような人《ひと》をののしっていうことば。例 朝《あさ》から始《はじ》めてまだ終《お》わらないとは、なんてぐずなやつだ。◆「愚図《ぐず》」と書《か》くことがあるが、これは当《あ》て字《じ》。

うすのろ

動作《どうさ》や反応《はんのう》がふつうより鈍《にぶ》いようす。また、そのような人《ひと》をののしっていうことば。例 彼《かれ》がこんなうすのろで間抜《まぬ》けとは、思《おも》いもしなかった。

ぼけなす

ぼんやりとして反応《はんのう》の鈍《にぶ》い人《ひと》を、ののしっていうことば。もとは、色《いろ》つやのあせたナスのこと。例 このぼけなすが、とっとと歩《ある》け。

ぼんくら

ぼんやりしていて頭《あたま》の働《はたら》きが鈍《にぶ》いこと。また、そのような人《ひと》をののしっていうことば。もとは、お盆《ぼん》の上《うえ》でさいころをふる賭《か》け事《ごと》に暗《くら》い（よく知《し》らない）人《ひと》を馬《ば》鹿《か》にしたことば。例 あんなぼんくらには、とても任《まか》せておけない。

うつけ

ぼんやりしていること。また、そのような人《ひと》。例 織《お》田信長《だのぶなが》は、若《わか》いころはうつけといわれていた。

鈍才《どんさい》

頭《あたま》の働《はたら》きが鈍《にぶ》く、才能《さいのう》が乏《とぼ》しいこと。また、そのような人《ひと》。例 わたしのような鈍才《どんさい》には、とてもこの仕事《しごと》はできそうにない。対 秀才《しゅうさい》。

単細胞《たんさいぼう》

一《ひと》つの細胞《さいぼう》でできているということから、考《かんが》え方《かた》が単《たん》純《じゅん》な人《ひと》のこと。例 君《きみ》は冗談《じょうだん》を真《ま》に受《う》けてすぐ怒《おこ》るから、単細胞《たんさいぼう》と言《い》われるんだよ。

役立《やくた》たず

なんの役《やく》にも立《た》たないこと。また、そのような人《ひと》。例 こんな簡単《かんたん》なこともできないなんて、役立《やくた》たずもいいとこだ。

ろくでなし

役《やく》に立《た》たないだめな人《ひと》。例 彼《かれ》は毎日《まいにち》、何《なに》もしないで過《す》ごすろくでなしだ。

へっぽこ

技量《ぎりょう》などの劣《おと》っている人《ひと》をあざけっていうことば。例 あの医者《いしゃ》は口《くち》ばかりで、腕前《うでまえ》はへっぽこだよ。

木偶《でく》の坊《ぼう》

自分一人《じぶんひとり》では何《なに》もできない、役《やく》に立《た》たない人《ひと》。「木偶《でく》」は、操《あやつ》り人形《にんぎょう》のこと。例 こんなことも一人《ひとり》でできないのか、この木偶《でく》の坊《ぼう》め。

昼行灯《ひるあんどん》

うすぼんやりしている人《ひと》、役《やく》に立《た》たない人《ひと》をあざけっていうことば。「行灯《あんどん》」は昔《むかし》の照明器具《しょうめいきぐ》で、昼《ひる》に点《つ》けてもむだなことから。例「忠臣蔵《ちゅうしんぐら》」の大石内蔵《おおいしくらの》助《すけ》は、昼行灯《ひるあんどん》と馬鹿《ばか》にされていた。

うどの大木《たいぼく》

体《からだ》が大《おお》きいだけで、なんの役《やく》にも立《た》たない人《ひと》をあざけっていうことば。ウドは「独活《うど》」とも書《か》く。大《おお》きく育《そだ》つと、硬《かた》くて食《た》べられず、木材《もくざい》としては柔《やわ》らか過《す》ぎて使《つか》えないことから。例 彼《かれ》は立派《りっぱ》な体格《たいかく》でスポーツが得意《とくい》そうに見《み》える

子《こ》ども　青年《せいねん》・成人《せいじん》　老人《ろうじん》　友達《ともだち》　リーダー　先生《せんせい》　優《すぐ》れた人《ひと》　だめな人《ひと》

似＝似《に》た表現《ひょうげん》のことば。対＝反対《はんたい》の意味《いみ》のことば。例＝使《つか》い方《かた》の例《れい》。

が、うどの大木《たいぼく》だった。

総領《そうりょう》の甚六《じんろく》　おっとりしていて世《せ》間知《けんし》らずの長男《ちょうなん》を、からかっていうことば。「総領《そうりょう》」は、長《ちょう》男《なん》という意味《いみ》。例あれほどのお人《ひと》よしでは、世間《せけん》から総領《そうりょう》の甚六《じんろく》と言《い》われても仕方《しかた》がない。

与太郎《よたろう》　落語《らくご》に登場《とうじょう》する間抜《まぬ》けな人《ひと》の名前《なまえ》から、愚《おろ》かな人《ひと》のこと。例お宅《たく》の与太郎《よたろう》が、また溝《みぞ》にはまっていたよ。

匹夫《ひっぷ》　教養《きょうよう》がなく、物事《ものごと》の道理《どうり》が分《わ》からないような平凡《へいぼん》な男《おとこ》。慣《かん》用句《ようく》で使《つか》われることが多《おお》い。例匹夫《ひっぷ》の勇《ゆう》(深《ふか》い思慮《しりょ》もなく、ただ血気《けっき》にはやるだけのつまらない勇気《ゆうき》)。

へなちょこ　未熟《みじゅく》な人《ひと》、取《と》るに足《た》りない人《ひと》をあざけっていうことば。もとは、「へな土《つち》」と呼《よ》ばれる質《しつ》の悪《わる》い粘土《ねんど》で作《つく》ったちょこ(酒《さけ》を飲《の》む器《うつわ》)という意味《いみ》。例あんなへなちょこに何《なに》ができるものか。

唐変木《とうへんぼく》　物事《ものごと》の道理《どうり》の分《わ》からない人《ひと》や、気《き》の利《き》かない人《ひと》をののしっていうことば。例何《なに》を馬鹿《ばか》なことを言《い》っているんだ、この唐変木《とうへんぼく》め。

朴念仁《ぼくねんじん》　◎人情《にんじょう》や道理《どうり》の分《わ》からない人《ひと》。例彼《かれ》は、人《ひと》の気持《きも》ちも分《わ》からない朴念仁《ぼくねんじん》だ。◎無口《むくち》で愛想《あいそ》のない人《ひと》。例頑固《がんこ》なだけの朴念仁《ぼくねんじん》では、部下《ぶか》が付《つ》いて来《こ》ないでしょう。

小物《こもの》　◎勢力《せいりょく》や実力《じつりょく》のない、つまらない者《もの》。例警察《けいさつ》に捕《つか》まったのは、密輸団《みつゆだん》の小物《こもの》ばかりだ。対大物《おおもの》。◎「小《ちい》さい」➡513

雑魚《ざこ》　大《たい》したことのない者《もの》。いろいろな種類《しゅるい》が混《ま》じった小《ちい》さい魚《さかな》ということから。例そんな雑魚《ざこ》は、相《あい》手《て》にするな。

小人《しょうじん》　心《こころ》が狭《せま》くて、目先《めさき》の利益《りえき》しか考《かんが》えない、いやしい人間《にんげん》。例小人《しょうじん》閑居《かんきょ》して不善《ふぜん》をなす(つまらない人間《にんげん》は、暇《ひま》があるとよくないことをしがちである)。対君子《くんし》。大人《たいじん》。

小人物《しょうじんぶつ》　心《こころ》の狭《せま》い、つまらない人《にん》間《げん》。例お前《まえ》のような小人《しょうじん》物《ぶつ》に、わたしの志《こころざし》が分《わ》かってたまるか。対大人物《だいじんぶつ》。

人《ひと》の体《からだ》

からだ

body
[ボディ]

体《からだ》　◎人間《にんげん》や動物《どうぶつ》の、頭《あたま》・胴《どう》・手足《てあし》などの全体《ぜんたい》。例ゾウの体《からだ》は大《おお》きい。◎頭《あたま》に対《たい》して首《くび》から下《した》のこと。例思《おも》わず体《からだ》を乗《の》り出《だ》す。◎健康《けんこう》や体力《たいりょく》のこと。例たばこは体《からだ》に害《がい》があるので、やめてほしい。

体《たい》　◎「体《からだ》」のこと。例ひらりと体《たい》をかわして、相手《あいて》の攻撃《こうげき》を避《さ》ける。◎本当《ほんとう》の姿《すがた》。例名《な》は体《たい》を表《あらわ》す(名前《なまえ》は、そのものの性質《せいしつ》をよく表《あらわ》しているものだ)。

身体《しんたい》　「体《からだ》」のこと。人間《にんげん》の場合《ばあい》にのみ使《つか》う。例今日《きょう》は学校《がっこう》で身体《しんたい》検査《けんさ》がある。

からだ ◀ 頭部《とうぶ》 胴《どう》 手足《てあし》 健康《けんこう》 けがをする 病気《びょうき》

人体《じんたい》 人間《にんげん》の体《からだ》。例 人体《じんたい》は、六十兆《ろくじっちょう》個《こ》もの細胞《さいぼう》が集《あつ》まってできている。

人身《じんしん》 人間《にんげん》の体《からだ》。また、個人《こじん》としての身分《みぶん》や立場《たちば》のこと。例 人身《じんしん》事故《じこ》。例 自然災害《しぜんさいがい》から人身《じんしん》と財産《ざいさん》を保《ほ》護《ご》する。

体躯《たいく》 「体《からだ》」のこと。また、体《からだ》つきのこと。例 堂々《どうどう》たる体躯《たいく》の柔道《じゅうどう》選手《せんしゅ》。

躯体《くたい》 ◎「体《からだ》」のこと。例 躯体《くたい》を支《ささ》える骨《ほね》や筋肉《きんにく》。◎建物《たてもの》の骨組《ほねぐ》みなど、強度《きょうど》にかかわる部分《ぶぶん》のこと。例 高層《こうそう》ビルの躯体工事《くたいこうじ》。

肢体《したい》 ◎手足《てあし》と体《からだ》。例 若者《わかもの》たちの、のびやかな肢体《したい》が躍動《やくどう》する。◎「手足《てあし》」➡91

肉体《にくたい》 人《ひと》の体《からだ》。生《い》きている人間《にんげん》の体《からだ》ということを強調《きょうちょう》した言《い》い方《かた》。例 ギリシア彫刻《ちょうこく》は、美《うつく》しい人間《にんげん》の肉体《にくたい》を表現《ひょうげん》している。

肉塊《にくかい》 肉《にく》の切《き》れ。肉《にく》の塊《かたまり》。また、「肉体《にくたい》」のこと。例 人間《にんげん》も死《し》んでしまえば、ただの肉塊《にくかい》に過《す》ぎない。例 動《どう》物園《ぶつえん》のワニが、えさの肉塊《にくかい》にかみつく。

一身《いっしん》 自分《じぶん》一人《ひとり》の体《からだ》。自分自身《じぶんじしん》。例 親《おや》の愛《あい》を一身《いっしん》に集《あつ》めて育《そだ》つ。

図体《ずうたい》 「体《からだ》」のこと。また、体《からだ》が大《おお》きいことを強調《きょうちょう》した言《い》い方《かた》。例 大《おお》きな図体《ずうたい》をして、めそめそ泣《な》くなよ。例 あいつは、図体《ずうたい》の割《わり》には気《き》が小《ちい》さくてずるがしこい。

がたい 「図体《ずうたい》」と同《おな》じ。例 太郎《たろう》くんはがたいがでかいなあ。

身《み》 ◎自分自身《じぶんじしん》の体《からだ》。例 さっと身《み》をかがめる。◎その人自身《ひとじしん》やその人《ひと》の立場《たちば》・地位《ちい》。例 相手《あいて》の身《み》になって考《かんが》えることが大切《たいせつ》だ。

骨身《ほねみ》 骨《ほね》と肉《にく》のこと。また、体《からだ》のこと。例 冬《ふゆ》の寒《さむ》さが、骨身《ほねみ》に染《し》みる。

月《つき》と「体《からだ》」の不思議《ふしぎ》な関係《かんけい》

深谷先生《ふかやせんせい》のちょっとひと息《いき》

わたしが教《おし》えた生徒《せいと》に、お医者《いしゃ》さんになったA君《エーくん》という子《こ》がいました。彼《かれ》が小学一年生《しょうがくいちねんせい》のときのエピソードです。

彼《かれ》は、顔《かお》にかかわることばの漢字《かんじ》（額《ひたい》・顔《かお》・顎《あご》・頬《ほお》・頭《あたま》・頸《くび》など）を調《しら》べるうちに、その多《おお》くの部首《ぶしゅ》が「頁《おおがい》」（「頭《あたま》」のこと）であるということに気《き》づきました。

さらにA君《エーくん》は、人《ひと》の体《からだ》を示《しめ》すことばの漢字《かんじ》（胃《い》・腸《ちょう》・胸《むね》・脚《あし》・肩《かた》・腰《こし》・骨《ほね》など）を調《しら》べ、「月《にくづき》」という部首《ぶしゅ》の字《じ》が多《おお》いことに気《き》づきます。そして体《からだ》と「月《にくづき》」にどういう関係《かんけい》があるのか疑問《ぎもん》に思《おも》い、漢字《かんじ》辞典《じてん》を引《ひ》いて調《しら》べました。その結果《けっか》、体《からだ》の部分《ぶぶん》を示《しめ》すことばに付《つ》いている「月《にくづき》」は、もともと「肉《にく》」から変化《へんか》したものだということをつきとめました。

仲間《なかま》のことばを追《お》いかけてその共通《きょうつう》点《てん》を見《み》つけ、さらに深《ふか》く調《しら》べるというすばらしい学《まな》びを、一年生《いちねんせい》ながら体験《たいけん》することができたのです。

A君《エーくん》がその後《ご》、夢《ゆめ》をかなえることができたのは、こういった発想《はっそう》やねばりのおかげかもしれません。

身柄《みがら》 その人《ひと》の体《からだ》やその人自身《ひとじしん》。とくに、警察《けいさつ》が保護《ほご》したり逮捕《たいほ》したりする相手《あいて》の体《からだ》をいう。例 容疑者《ようぎしゃ》の身柄《みがら》を拘束《こうそく》する。

生体《せいたい》 生《い》きている体《からだ》。とくに医学《いがく》で、生物全般《せいぶつぜんぱん》に使《つか》われる。例 カエルの生体《せいたい》を使《つか》って、実験《じっけん》を行《おこな》う。

生身《なまみ》 生《い》きている人《ひと》の体《からだ》。血《ち》が通《かよ》い、感情《かんじょう》を持《も》っている体《からだ》。例 生身《なまみ》の人間《にんげん》に、あの痛《いた》さが耐《た》えられるわけがない。似 **生《い》き身《み》**。

肌身《はだみ》 自分《じぶん》の体《からだ》。例 お守《まも》りを、肌身《はだみ》離《はな》さず持《も》っている。

ボディー 「体《からだ》」という意味《いみ》の英語《えいご》。とくに、胴体《どうたい》。例 ボディーにパンチを打《う》ち込《こ》む。

体中《からだじゅう》 体全体《からだぜんたい》。例 叔父《おじ》の危篤《きとく》の知《し》らせに、体中《からだじゅう》の力《ちから》が抜《ぬ》けた。

全身《ぜんしん》 「体中《からだじゅう》」のこと。例 全身《ぜんしん》の力《ちから》を込《こ》めて綱引《つなひ》きの綱《つな》を引《ひ》っ張《ぱ》る。

総身《そうみ》 「体中《からだじゅう》」と同《おな》じ。例 大男《おおおとこ》総身《そうみ》に知恵《ちえ》が回《まわ》りかね(体《からだ》は大《おお》きいがぼんやりしていて気《き》の利《き》かない人《ひと》をあざけっていうことば)。◆「そうしん」とも読《よ》む。

満身《まんしん》 「体中《からだじゅう》」と同《おな》じ。とくに、体《からだ》の隅々《すみずみ》までという意味《いみ》を強調《きょうちょう》した言《い》い方《かた》。例 満身《まんしん》に矢《や》を受《う》けた武士《ぶし》が、ものすごい形相《ぎょうそう》で仁王立《におうだ》ちしている。

五体《ごたい》 人《ひと》の体《からだ》の五《いつ》つの部分《ぶぶん》。頭《あたま》・首《くび》・胸《むね》・手《て》・足《あし》。または、頭《あたま》・両手《りょうて》・両足《りょうあし》。また、体全体《からだぜんたい》のこと。例 五体《ごたい》を震《ふる》わせて泣《な》く。

渾身《こんしん》 体全体《からだぜんたい》のこと。とくに、全身《ぜんしん》の力《ちから》を発揮《はっき》する場合《ばあい》に使《つか》う。例 渾身《こんしん》の力《ちから》を振《ふ》り絞《しぼ》って、弓《ゆみ》を引《ひ》く。

お体《からだ》 相手《あいて》の体《からだ》をうやまっていうことば。健康《けんこう》の意味《いみ》で使《つか》われることが多《おお》い。例 お体《からだ》の調子《ちょうし》はいかがですか。例 お体《からだ》に気《き》をつけてください。

御身《おんみ》 ◎「お体《からだ》」のこと。手紙《てがみ》などで使《つか》われることば。例 どうか御身《おんみ》をお大事《だいじ》に。◎「あなた」➡20

玉体《ぎょくたい》 玉《たま》のように美《うつく》しい体《からだ》。また、王《おう》や貴族《きぞく》などの体《からだ》。

母体《ぼたい》 ◎出産《しゅっさん》する母親《ははおや》の体《からだ》。例 母《ぼ》体《たい》の安全《あんぜん》を最優先《さいゆうせん》することが大切《たいせつ》だ。◎ある組織《そしき》が他《た》の組織《そしき》から別《わか》れて設立《せつりつ》された場合《ばあい》の、もとになった組織《そしき》。例 この調理師学校《ちょうりしがっこう》の母体《ぼたい》となったのは、同《おな》じ市内《しない》にある有名《ゆうめい》なレストランだ。

「からだ」に関連《かんれん》することば

満身創痍《まんしんそうい》 体中《からだじゅう》が傷《きず》だらけになること。また、徹底的《てっていてき》に痛《いた》めつけられること。➡96

頭部《とうぶ》

head
[ヘッド]

頭《あたま》 ◎人《ひと》や動物《どうぶつ》の、首《くび》から上《うえ》の部分《ぶぶん》。例 ていねいに頭《あたま》を下《さ》げてあいさつをする。◎額《ひたい》から上《うえ》の、中《なか》に脳《のう》がある部分《ぶぶん》。例 今日《きょう》は朝《あさ》から頭《あたま》が痛《いた》い。◎物事《ものごと》を考《かんが》える能力《のうりょく》のこと。例 もっと頭《あたま》を使《つか》って、整理整頓《せいりせいとん》しなさい。◎髪《かみ》の毛《け》のこと。例 叔父《おじ》もずいぶん頭《あたま》が白《しろ》くなった。◎物事《ものごと》の先頭《せんとう》や最初《さいしょ》のこと。例 劇《げき》のせりふを頭《あたま》から丸暗記《まるあんき》する。

◆＝もっと知《し》りたい、ことばの知識《ちしき》。

頭《かしら》
◎「頭《あたま》」のこと。例尾頭《おかしら》付《つ》きのタイ。◎順番《じゅんばん》のいちばん初《はじ》め。例伯母《おば》のところには、十才《じっさい》を頭《かしら》に三人《さんにん》の男《おとこ》の子《こ》がいる。◎「リーダー」⬇60

頭部《とうぶ》
◎「頭《あたま》」のこと。とくに、頭《あたま》の上部《じょうぶ》、脳《のう》のある部分《ぶぶん》。例あお向《む》けに転《ころ》んで、頭部《とうぶ》を激《はげ》しく打《う》つ。◎物《もの》のいちばん前《まえ》や上《うえ》の部分《ぶぶん》。例ミサイルの頭部《とうぶ》に爆薬《ばくやく》が入《はい》っている。

	あたま	かしら	頭部
――に傷《きず》を負《お》う	○	－	○
――を垂《た》れる	○	△	△
ノーと――を振《ふ》る	○	○	－

こうべ
「頭《あたま》」と同《おな》じ。例父母《ふぼ》の墓《ぼ》前《ぜん》にこうべを垂《た》れ、冥福《めいふく》を祈《いの》る。◆「首《こうべ》」「頭《こうべ》」と書《か》くこともある。

つむり
「頭《あたま》」と同《おな》じ。例つむりを丸《まる》める(頭《あたま》の毛《け》をそって、坊主頭《ぼうずあたま》になる)。◆「つぶり」ともいう。

おつむ
「頭《あたま》」のこと。幼児語《ようじご》。また、「頭《あたま》」のくだけた言《い》い方《かた》。「つむり」に「お」を付《つ》けた、「おつむり」からできたことば。例おつむてんてん(幼児《ようじ》が両手《りょうて》で頭《あたま》を軽《かる》くたたく動作《どうさ》)。例こんな簡単《かんたん》な問題《もんだい》を間違《まちが》えるなんて、おつむが足《た》りないんじゃないの。

かぶり
「頭《あたま》」と同《おな》じ。例かぶりを振《ふ》る(頭《あたま》を横《よこ》に振《ふ》ることから、不承知《ふしょうち》のこと)。

ヘッド
◎「頭《あたま》」という意味《いみ》の英語《えいご》。例ヘッドスライディング。◎物《もの》の先端《せんたん》の部分《ぶぶん》。例バットのヘッド。◎「リーダー」⬇60

頭《ず》
「頭《あたま》」と同《おな》じ。例皆《みな》の者《もの》、頭《ず》が高《たか》い、ひかえよ。

脳天《のうてん》
頭《あたま》のてっぺん。例カラスのふんが、脳天《のうてん》を直撃《ちょくげき》した。

頭頂《とうちょう》
「脳天《のうてん》」と同《おな》じ。例父《ちち》の頭頂《とうちょう》部《ぶ》は、このごろ少《すこ》し薄《うす》くなり始《はじ》めた。◆「ずちょう」とも読《よ》む。

雁首《がんくび》
人《ひと》の首《くび》や頭《あたま》の、くだけた言《い》い方《かた》。「雁首《がんくび》をそろえる」という形《かたち》で、人《ひと》が集《あつ》まっているようすをいうことが多《おお》い。もともとは、キセル(タバコを吸《す》うための、パイプのような道具《どうぐ》)の先《さき》の部分《ぶぶん》で、形《かたち》が鳥《とり》のガンの首《くび》に似《に》ていることから。例いたずら坊主《ぼうず》が雁《がん》首《くび》をそろえて、何《なん》の相談《そうだん》だい。

生首《なまくび》
死体《したい》の、首《くび》から上《うえ》が切《き》り離《はな》されたもの。例昔《むかし》は刑場《けいじょう》に、生《なま》首《くび》をさらしたそうだ。

首級《しゅきゅう》
昔《むかし》の武士《ぶし》が、戦場《せんじょう》で討《う》ち取《と》った敵《てき》の首《くび》。例敵《てき》の大将《たいしょう》の首《しゅ》級《きゅう》を挙《あ》げる。◆「しるし」とも読《よ》む。

髪《かみ》
◎頭《あたま》に生《は》える毛《け》。例髪《かみ》をそって、お坊《ぼう》さんになる。◎髪形《かみがた》のこと。例風《かぜ》が吹《ふ》いて、髪《かみ》が乱《みだ》れてしまった。

髪の毛《かみのけ》
◎「髪《かみ》」と同《おな》じ。例赤《あか》ちゃんの髪《かみ》の毛《け》が伸《の》びて、生《は》えそろってくる。◎一本一本《いっぽんいっぽん》の毛《け》のこと。例床《ゆか》を掃除《そうじ》すると、髪《かみ》の毛《け》がたくさん落《お》ちている。

毛《け》
人《ひと》や動物《どうぶつ》・植物《しょくぶつ》の体《からだ》から生《は》える糸《いと》状《じょう》のもの。また、とくに人《ひと》の髪《かみ》の毛《け》のこと。例コンサートに行《い》ったら、長《なが》い毛《け》を金色《きんいろ》に染《そ》めた人《ひと》がたくさんいた。

頭髪《とうはつ》
「髪《かみ》」と同《おな》じ。例校則《こうそく》では、頭《とう》髪《はつ》は目《め》にかからない長《なが》さに切《き》らなければいけない。

毛髪《もうはつ》　頭《あたま》に生《は》えた毛《け》。また、体《からだ》に生《は》えた毛《け》のこともいう。例 殺人《さつじん》現場《げんば》に落《お》ちていた一本《いっぽん》の**毛髪**《もうはつ》から、犯《はん》人の血液型《けつえきがた》を割《わ》り出《だ》した。

御髪《おぐし》　相手《あいて》の髪《かみ》を、うやまっていうことば。例 先生《せんせい》、**御髪**《おぐし》が乱《みだ》れていらっしゃいますよ。

ヘア　「毛《け》」「髪《かみ》の毛《け》」などの意味《いみ》の英《えい》語《ご》。例 **ヘア**スタイル（髪形《かみがた》）。例 **ヘア**ドライヤー。

緑《みどり》**の黒髪**《くろかみ》　女性《じょせい》の、つやのある黒《くろ》い髪《かみ》の毛《け》をほめることば。「緑《みどり》」は、黒《くろ》くてつやのある色合《いろあ》いのこと。例 **緑**《みどり》**の黒髪**《くろかみ》をゆったりと垂《た》らしたお姫様《ひめさま》。

産毛《うぶげ》　生《う》まれたときから生《は》えている毛《け》。また、顔《かお》などに生《は》えている、細《ほそ》くて短《みじか》くやわらかい毛《け》。例 誕生《たんじょう》の記《き》念《ねん》に、赤《あか》ちゃんの**産毛**《うぶげ》で筆《ふで》を作《つく》った。例 床屋《とこや》さんで、顔《かお》の**産毛**《うぶげ》をそってもらう。

体毛《たいもう》　体《からだ》に生《は》えている毛《け》。例 父《ちち》は**体**《たい》**毛**《もう》が濃《こ》い。

顔《かお》　◎人《ひと》や動物《どうぶつ》の、頭部《とうぶ》の前《まえ》の部分《ぶぶん》。目《め》・鼻《はな》・口《くち》のある部分《ぶぶん》。例 朝起《あさお》きたら、まず**顔**《かお》を洗《あら》おう。◎人《ひと》の表《ひょう》情《じょう》。例 母《はは》は朝《あさ》から浮《う》かない**顔**《かお》をしている。◎評判《ひょうばん》や面目《めんぼく》。例 今回《こんかい》だけは、僕《ぼく》の**顔**《かお》を立《た》ててくれないか。

顔面《がんめん》　顔《かお》の表面《ひょうめん》。例 父《ちち》が事故《じこ》にあったとの知《し》らせに、母《はは》は**顔面**《がんめん》蒼《そう》白《はく》となった。

面《つら》　「顔《かお》」のやや乱暴《らんぼう》な言《い》い方《かた》。例 ひげ**面**《づら》。例 あいつの**面**《つら》など、もう二度《にど》と見《み》たくない。

面《おもて》　「顔《かお》」と同《おな》じ。例 皆《みな》の者《もの》、苦《くる》しゅうない、**面**《おもて》を上《あ》げい。

満面《まんめん》　顔一面《かおいちめん》。顔中《かおじゅう》。例 **満面**《まんめん》に笑《え》みをたたえる。

横顔《よこがお》　◎横《よこ》から見《み》た顔《かお》。例 母《はは》の**横顔**《よこがお》をスケッチする。◎その人《ひと》の、

「頭部《とうぶ》」に関連《かんれん》することば①

正直《しょうじき》**のこうべに神宿**《かみやど》**る**　正直《しょうじき》な人《ひと》には、神《かみ》の助《たす》けが必《かなら》ずある。「神宿《かみやど》る」は、神《かみ》が乗《の》り移《うつ》って助《たす》けるという意味《いみ》。

●「頭《あたま》」のいろいろ

石頭《いしあたま》　石《いし》のように固《かた》い頭《あたま》。転《てん》じて、頑《がん》固《こ》で融通《ゆうずう》のきかないこと。また、そのような人《ひと》。

さいづち頭《あたま》　額《ひたい》と後頭部《こうとうぶ》が突《つ》き出《で》ている頭《あたま》。形《かたち》がさいづち（物《もの》をたたく道《どう》具《ぐ》）に似《に》ていることから。

白髪頭《しらがあたま》　髪《かみ》の毛《け》がほとんど白髪《しらが》になった頭《あたま》。

ごま塩頭《しおあたま》　髪《かみ》の毛《け》に少《すこ》し白髪《しらが》の混《ま》じっている頭《あたま》。黒《くろ》いごまと白《しろ》い塩《しお》の混《ま》じったごま塩《しお》に、色合《いろあ》いが似《に》ていることから。

はげ頭《あたま》　髪《かみ》の毛《け》の抜《ぬ》け落《お》ちた頭《あたま》。

坊主頭《ぼうずあたま》　お坊《ぼう》さんのように、髪《かみ》の毛《け》をそったり、短《みじか》く刈《か》ったりした頭《あたま》。

くりくり坊主《ぼうず》　髪《かみ》の毛《け》を、すっかりそってしまった頭《あたま》。また、その人《ひと》。

いがぐり頭《あたま》　髪《かみ》の毛《け》を短《みじか》く刈《か》って、クリのいがのようにつんつんしている頭《あたま》。

◆＝もっと知《し》りたい、ことばの知識《ちしき》。

他人《たにん》にあまり知《し》られていない一面《いちめん》や人柄《ひとがら》。例 新《しん》チャンピオンの横顔《よこがお》を紹介《しょうかい》する新聞記事《しんぶんきじ》。

横《よこ》っ面《つら》 顔《かお》の横側《よこがわ》。例 相手《あいて》の横《よこ》っ面《つら》を、思《おも》い切《き》り張《は》り飛《と》ばした。

額《ひたい》 顔《かお》の上《うえ》のほうの、髪《かみ》の毛《け》と眉毛《まゆげ》の間《あいだ》の部分《ぶぶん》。例 額《ひたい》から、大粒《おおつぶ》の汗《あせ》が流《なが》れる。

おでこ 「額《ひたい》」のくだけた言《い》い方《かた》。例 おもいきり柱《はしら》にぶつかって、おでこに大《おお》きなこぶができてしまった。

富士額《ふじびたい》 髪《かみ》の毛《け》の額《ひたい》の生《は》えぎわが、富士山《ふじさん》の形《かたち》になっているもの。例 前髪《まえがみ》を上《あ》げると、きれいな富士額《ふじびたい》だった。

眉間《みけん》 額《ひたい》の真《ま》ん中《なか》の、眉《まゆ》と眉《まゆ》の間《あいだ》の部分《ぶぶん》。例 父《ちち》は眉間《みけん》にしわを寄《よ》せて、じっと考《かんが》え込《こ》んでいる。

こめかみ 目尻《めじり》と耳《みみ》の間《あいだ》の部分《ぶぶん》で、物《もの》をかむと動《うご》くところ。かたい生米《なまごめ》をかむと動《うご》くところという意味《いみ》から。例 姉《あね》はこめかみに青筋《あおすじ》を立《た》てて怒《おこ》っている。

目《め》 ◎人《ひと》や動物《どうぶつ》の、物《もの》を見《み》る働《はたら》きをする器官《きかん》。例 目《め》を開《ひら》いて、辺《あた》りを見回《みまわ》す。◎視力《しりょく》のこと。例 草原《そうげん》に住《す》む民族《みんぞく》は目《め》がいいという。◎物《もの》を見抜《みぬ》く能力《のうりょく》。例 あんな人《ひと》と結婚《けっこん》するなんて、男《おとこ》を見《み》る目《め》がないね。◎位置《いち》や形《かたち》が、人《ひと》の目《め》と似《に》ているもの。例 台風《たいふう》の目《め》に入《はい》ると、青空《あおぞら》が見《み》えることもある。◆「眼《め》」とも書《か》く。

瞳《ひとみ》 ◎黒目《くろめ》の真《ま》ん中《なか》にある、光《ひかり》を目《め》に取《と》り込《こ》むための穴《あな》。例 澄《す》んだ瞳《ひとみ》の、美《うつく》しい少女《しょうじょ》。◎目全体《めぜんたい》のこと。例 瞳《ひとみ》を輝《かがや》かせて、エベレスト登頂《とうちょう》の感動《かんどう》を語《かた》る。

瞳孔《どうこう》 「瞳《ひとみ》」と同《おな》じ。例 暗《くら》い場所《ばしょ》では、瞳孔《どうこう》が大《おお》きく開《ひら》く。

眼《まなこ》 「目《め》」と同《おな》じ。もとは、瞳《ひとみ》のことをいった。例 兄《あに》は寝《ね》ぼけ眼《まなこ》で、「今《いま》何時《なんじ》？」と母《はは》に聞《き》いている。

目玉《めだま》 ◎目《め》の玉《たま》。例 驚《おどろ》いて目玉《めだま》を真《ま》ん丸《まる》にする。◎人目《ひとめ》を引《ひ》き付《つ》けるもの。例 今日《きょう》のスーパーの目玉《めだま》商品《しょうひん》は、サラダオイルだ。似 目《め》の玉《たま》。目《め》ん玉《たま》。

眼球《がんきゅう》 「目玉《めだま》」のこと。例 コンタクトレンズを付《つ》けっぱなしにすると、眼球《がんきゅう》が酸素不足《さんそぶそく》になる。似 目《め》の玉《たま》。目《め》ん玉《たま》。

黒目《くろめ》 眼球《がんきゅう》の中央《ちゅうおう》の黒《くろ》い部分《ぶぶん》。例 黒目《くろめ》がぱっちりとした男《おとこ》の子《こ》。◆「黒眼《くろめ》」とも書《か》く。

白目《しろめ》 眼球《がんきゅう》の白《しろ》い部分《ぶぶん》。例 熱中症《ねっちゅうしょう》にかかって、白目《しろめ》をむいて倒《たお》れる。◆「白眼《しろめ》」とも書《か》く。

肉眼《にくがん》 肉体《にくたい》に備《そな》わっている目《め》。また、めがね・望遠鏡《ぼうえんきょう》・顕微鏡《けんびきょう》などを使《つか》わないで物《もの》を見《み》たときの視力《しりょく》。例 肉眼《にくがん》では見《み》えない遠《とお》い星《ほし》を、天体望遠鏡《てんたいぼうえんきょう》で観察《かんさつ》する。

裸眼《らがん》 「肉眼《にくがん》」と同《おな》じ。めがねなどを使《つか》わない、裸《はだか》の眼《め》ということ。例 わたしの視力《しりょく》は、裸眼《らがん》だと〇・四しかない。

両目《りょうめ》 左右《さゆう》両方《りょうほう》の目《め》。例 両目《りょうめ》をしっかり閉《と》じていてください。

両眼《りょうがん》
「両目《りょうめ》」と同《おな》じ。例 兄《あに》は両眼《りょうがん》とも に、コンタクトをしている。

双眸《そうぼう》
「両目《りょうめ》」と同《おな》じ。「眸《ぼう》」は、瞳《ひとみ》の こと。例 力強《ちからづよ》い光《ひかり》を双眸《そうぼう》に 宿《やど》した英雄《えいゆう》。

片目《かため》
◎片方《かたほう》の目《め》。例 片目《かため》をつぶっ て、針《はり》の穴《あな》に糸《いと》を通《とお》す。◎一《いっ》 方《ぽう》の目《め》が見《み》えないこと。例 片目《かため》の巨大《きょだい》 なクマが、この山《やま》の主《ぬし》として恐《おそ》れられ ている。

独眼《どくがん》
片方《かたほう》の目《め》が見《み》えないこと。例 伊達政宗《だてまさむね》は、独眼《どくがん》竜《りゅう》と呼《よ》ばれ た戦国時代《せんごくじだい》の英雄《えいゆう》だ。似 隻眼《せきがん》。

目尻《めじり》
目《め》の、耳《みみ》に近《ちか》いほうの端《はし》。例 年《とし》を取《と》って、目尻《めじり》にしわが増《ふ》 えた。

まなじり
「目尻《めじり》」と同《おな》じ。例 まな じりをつり上《あ》げて怒《おこ》る。

目頭《めがしら》
目《め》の、鼻《はな》に近《ちか》いほうの端《はし》。例 悲《かな》しい話《はなし》を聞《き》いて、思《おも》わず目《め》 頭《がしら》が熱《あつ》くなる(涙《なみだ》が出《で》そうになる)。

似 目角《めかど》。

目元《めもと》
目《め》の辺《あた》り。また、目付《めつ》きのこ と。例 ハンカチで目元《めもと》を押《お》さ える。例 涼《すず》しげな目元《めもと》の男《おとこ》の子《こ》。

まなざし
目付《めつ》きや目《め》の表情《ひょうじょう》。例 わが子《こ》に優《やさ》しいまなざ しを向《む》ける。

瞼《まぶた》
目《め》の上《うえ》を覆《おお》っている皮膚《ひふ》。例 瞼《まぶた》 を閉《と》じて、故郷《こきょう》を思《おも》う。

一重瞼《ひとえまぶた》
瞼《まぶた》にひだがなくて、一重《ひとえ》で あるもの。例 わたしの兄《きょう》 弟《だい》は、三人《さんにん》とも一重瞼《ひとえまぶた》です。

二重瞼《ふたえまぶた》
瞼《まぶた》にひだがあって、二重《にじゅう》に なっているもの。例 僕《ぼく》は 片方《かたほう》だけが二重瞼《ふたえまぶた》なんだ。

睫毛《まつげ》
瞼《まぶた》の上下《じょうげ》のふちに、並《なら》んで生《は》 えている毛《け》。例 妹《いもうと》は、睫毛《まつげ》が 長《なが》く生《は》えそろっている。

逆さ睫毛《さかまつげ》
ふつうは外側《そとがわ》に向《む》かっ て生《は》えている睫毛《まつげ》が、 眼球《がんきゅう》のほうを向《む》いて生《は》えている状態《じょうたい》。 眼球《がんきゅう》を傷付《きずつ》けるおそれがある。例 逆《さか》さ 睫毛《まつげ》が目《め》に入《はい》って痛《いた》いので、母《はは》に抜《ぬ》い てもらった。似 逆睫毛《さかまつげ》。

鼻《はな》
人《ひと》や動物《どうぶつ》の顔《かお》の真《ま》ん中《なか》の、高《たか》く盛《も》 り上《あ》がっている部分《ぶぶん》。呼吸《こきゅう》をした り、においをかいだりする器官《きかん》。例 転《ころ》 んで鼻《はな》の先《さき》をすりむいた。

小鼻《こばな》
鼻《はな》の左右《さゆう》の、膨《ふく》らんだ部分《ぶぶん》。 例 小鼻《こばな》をひくひくさせて、料《りょう》 理《り》のにおいをかぐ。

鼻翼《びよく》
「小鼻《こばな》」と同《おな》じ。例 鼻翼《びよく》を縮《しゅく》 小《しょう》する整形手術《せいけいしゅじゅつ》。

鼻先《はなさき》
◎鼻《はな》の先端《せんたん》の部分《ぶぶん》。例 鼻先《はなさき》で せせら笑《わら》う。◎「近《ちか》い」➡538

鼻面《はなづら》
「鼻先《はなさき》」と同《おな》じ。例 馬《うま》の鼻面《はなづら》を なでる。

鼻筋《はなすじ》
眉間《みけん》から鼻《はな》の先端《せんたん》までの線《せん》。 例 鼻筋《はなすじ》の通《とお》った、ハンサムな 顔立《かおだ》ち。似 鼻梁《びりょう》。

鼻柱《はなばしら》
◎鼻《はな》の中心《ちゅうしん》を通《とお》っている軟骨《なんこつ》。 例 鼻柱《はなばしら》がまっすぐだ。◎負《ま》け ん気《き》、意地《いじ》のこと。この場合《ばあい》は「はなっ ぱしら」ということが多《おお》い。例 鼻《はな》っ柱《ぱしら》 の強《つよ》い彼女《かのじょ》を、なんとかへこましてや りたい。

頬《ほお》
顔《かお》の両側《りょうがわ》のやわらかな部分《ぶぶん》。例 妹《いもうと》は恥《は》ずかしがって、頬《ほお》を赤《あか》らめ ている。◆「ほほ」と読《よ》むこともある。

頬っぺた《ほ》
「頬《ほお》」のくだけた言《い》い方《かた》。 例 今日《きょう》の夕《ゆう》ご飯《はん》はとてもおいしくて、**頬《ほ》っぺた**が落《お》ちそうだ。
似 **頬《ほ》っぺ**。

頬桁《ほおげた》
頬《ほお》の骨《ほね》。頬《ほお》の出《で》っ張《ぱ》った所《ところ》。例 いきなり**頬桁《ほおげた》**を張《は》られた。

えくぼ
笑《わら》ったとき、頬《ほお》にできる小《ちい》さなくぼみ。例 彼女《かのじょ》は笑《わら》うと、かわいらしい**えくぼ**ができる。

耳《みみ》
◎顔《かお》の両横《りょうよこ》にある、音《おと》を聞《き》く器《き》官《かん》。例 ウサギの**耳《みみ》**は長《なが》い。◎聞《き》くことや聞《き》く能力《のうりょく》のこと。例 祖父《そふ》は**耳《みみ》**が遠《とお》くなってきた。◎位置《いち》や形《かたち》が、人《ひと》の耳《みみ》と似《に》ているもの。また、物《もの》のふち。例 朝食《ちょうしょく》のパンの**耳《みみ》**を残《のこ》して、母《はは》に怒《おこ》られた。

耳《みみ》たぶ
耳《みみ》の下《した》のほうに垂《た》れ下《さ》がった、やわらかい肉《にく》の部分《ぶぶん》。例 姉《あね》は**耳《みみ》たぶ**にほくろがある。

耳朶《じだ》
「耳《みみ》たぶ」のこと。また、耳《みみ》のこと。例 **耳朶《じだ》**に触《ふ》れる(耳《みみ》に入《はい》る。聞《き》こえる)。

福耳《ふくみみ》
耳《みみ》たぶの大《おお》きな耳《みみ》。耳《みみ》たぶが大《おお》きいのは福《ふく》を呼《よ》ぶ人相《にんそう》といわれることから。例 この赤《あか》ちゃんは、りっぱな**福耳《ふくみみ》**をしていますね。

口《くち》
◎人《ひと》や動物《どうぶつ》の顔《かお》の下《した》にあり、食物《しょくもつ》を取《と》り入《い》れたり声《こえ》を出《だ》したりする器官《きかん》。例 母《はは》は、**口《くち》**を開《ひら》けば小言《こごと》を言《い》う。◎口《くち》に出《だ》して言《い》うことば。また、その言《い》い方《かた》。例 社長《しゃちょう》は、**口《くち》**は悪《わる》いが面倒見《めんどうみ》はいい。◎物《もの》の裂《さ》け目《め》や穴《あな》の部分《ぶぶん》。例 地震《じしん》で壁《かべ》のひびが、ぱっくりと**口《くち》**を開《あ》けた。

口元《くちもと》
口《くち》の辺《あた》り。例 赤《あか》ちゃんの**口元《くちもと》**がかわいらしい。

口角《こうかく》
口《くち》の両端《りょうはし》の部分《ぶぶん》。例 **口角《こうかく》**泡《あわ》を飛《と》ばす(激《はげ》しい勢《いきお》いで議論《ぎろん》するようす)。

唇《くちびる》
口《くち》の入《い》り口《ぐち》で、口《くち》の周囲《しゅうい》のやわらかい部分《ぶぶん》。例 冬《ふゆ》は**唇《くちびる》**が荒《あ》れる。

口唇《こうしん》
「唇《くちびる》」の医学的《いがくてき》な言《い》い方《かた》。例 **口唇《こうしん》**ヘルペスは、口《くち》や唇《くちびる》の周《まわ》りに小《ちい》さな水《みず》ぶくれができる病気《びょうき》だ。

舌《した》
口《くち》の中《なか》にあって、食物《しょくもつ》を味《あじ》わい、声《こえ》を出《だ》すときに働《はたら》く器官《きかん》。例 熱《あつ》いスープを慌《あわ》てて飲《の》んだら、**舌《した》**をやけどした。

べろ
「舌《した》」のくだけた言《い》い方《かた》。例 弟《おとうと》は何《なに》か失敗《しっぱい》すると、すぐに**べろ**を出《だ》す。

顎《あご》
人《ひと》や動物《どうぶつ》の、口《くち》の上下《じょうげ》の部分《ぶぶん》。物《もの》をかんだり、声《こえ》を出《だ》したりするための器官《きかん》。例 あんまりしゃべりすぎて、**顎《あご》**が疲《つか》れてしまった。

えら
人《ひと》の顎《あご》の両端《りょうたん》の部分《ぶぶん》。もともとは、水中《すいちゅう》に住《す》む動物《どうぶつ》の呼吸《こきゅう》器官《きかん》のことで、形《かたち》が魚《さかな》などのえらと似《に》ていることから。例 僕《ぼく》の**えら**の張《は》った顔《かお》は、父親譲《ちちおやゆず》りだ。

おとがい
「下顎《したあご》」のこと。ことわざで使《つか》われることが多《おお》い。例 **おとがい**を解《と》く(顎《あご》を外《はず》すほど、大口《おおぐち》を開《あ》けて大笑《おおわら》いする)。

二重顎《にじゅうあご》
下顎《したあご》のたるんだ肉《にく》が、二《に》重《じゅう》に重《かさ》なって見《み》えること。例 毎日《まいにち》のジョギングで、**二重顎《にじゅうあご》**をすっきりさせる。

首《くび》
◎頭《あたま》と胴《どう》をつなぐ、細《ほそ》くなった部《ぶ》分《ぶん》。例 彼女《かのじょ》は、**首《くび》**に真珠《しんじゅ》のネックレスをかけていました。◎頭全体《あたまぜんたい》のこと。例 走《はし》っている乗《の》り物《もの》の窓《まど》から**首《くび》**を出《だ》すことは、とても危険《きけん》だ。◎首《くび》に似《に》た形《かたち》のもの。例 ジュースの瓶《びん》の**首《くび》**。

を持《も》つ。

首《くび》っ玉《たま》　「首《くび》」のこと。また、首筋《くびすじ》のこと。例 小《ちい》さな子《こ》どもが、父親《ちちおや》の**首《くび》っ玉《たま》**にしがみついている。

頸部《けいぶ》　脊椎動物《せきついどうぶつ》の、頭《あたま》と胴《どう》をつなぐ部分《ぶぶん》。また、物《もの》と物《もの》をつなぐ部分《ぶぶん》。例 大腿骨頸部《だいたいこつけいぶ》（足《あし》の付《つ》け根《ね》）を骨折《こっせつ》する。

ネック　◎「首《くび》」という意味《いみ》の英語《えいご》。例 タートル**ネック**のセーター。◎物事《ものごと》の障害《しょうがい》になること。例 ハイブリッドカーは環境《かんきょう》に優《やさ》しいが、価格《かかく》が高《たか》いのが**ネック**だ。

小首《こくび》　首《くび》に関《かん》する、ちょっとした動作《どうさ》をいうことば。例「確《たし》かにここにしまっておいたのに」と、母《はは》は**小首《こくび》**をかしげている。

素《そ》っ首《くび》　「首《くび》」の乱暴《らんぼう》な言《い》い方《かた》。例 あいつの**素《そ》っ首《くび》**をたたっ切《き》ってやる。

鎌首《かまくび》　草刈《くさか》り鎌《がま》のように曲《ま》がった首《くび》。ヘビやカマキリなどの首《くび》をいう。

「頭部《とうぶ》」に関連《かんれん》することば②

●「目《め》」のいろいろ

上《あ》がり目《め》・吊《つ》り目《め》　目尻《めじり》の吊《つ》り上《あ》がった目《め》。

下《さ》がり目《め》・垂《た》れ目《め》　目尻《めじり》の下《さ》がった目《め》。

切《き》れ長《なが》　目尻《めじり》が細長《ほそなが》く切《き》れ込《こ》んでいるようす。

出目《でめ》　目《め》が突《つ》き出《で》ていること。また、そのような目《め》。

ぎょろ目《め》　よく動《うご》いて、鋭《するど》くにらみつけるような大《おお》きな目《め》。

寄《よ》り目《め》　物《もの》を見詰《みつ》めたとき、左右《さゆう》の瞳《ひとみ》が顔《かお》の中央《ちゅうおう》に寄《よ》ること。また、そのような目《め》。

どんぐり眼《まなこ》　ドングリのように、丸《まる》くてくりくりしている目《め》。

碧眼《へきがん》　青《あお》い目《め》。とくに、欧米人《おうべいじん》の青《あお》い目《め》。

赤目《あかめ》　充血《じゅうけつ》して、白目《しろめ》の部分《ぶぶん》が赤《あか》くなった目《め》。また、暗《くら》いところでフラッシュをたいて撮影《さつえい》すると、目《め》が赤《あか》く写《うつ》ってしまうこと。

薄目《うすめ》　外《そと》のようすをうかがうときなどに、そっとわずかに開《ひら》いた目《め》。

細目《ほそめ》　まぶしさを防《ふせ》いだり、焦点《しょうてん》を合《あ》わせたりするためにすぼめた目《め》。

血眼《ちまなこ》　血走《ちばし》った目《め》。また、夢中《むちゅう》で物事《ものごと》をするときの目付《めつ》き。

●「口《くち》」のいろいろ

受《う》け口《ぐち》　下唇《したくちびる》が上唇《うわくちびる》よりも前《まえ》に出《で》ている口《くち》。「うけくち」とも読《よ》む。

大口《おおぐち》　大《おお》きな口《くち》。大《おお》きく開《あ》けた口《くち》。

おちょぼ口《ぐち》　小《ちい》さくつぼめた、かわいらしい口《くち》。多《おお》く女性《じょせい》についていう。

●「鼻《はな》」のいろいろ

鉤鼻《かぎばな》　物《もの》を引《ひ》っかける鉤《かぎ》のように、先《さき》の曲《ま》がった鼻《はな》。

鷲鼻《わしばな》　ワシのくちばしのように曲《ま》がった鼻《はな》。

団子鼻《だんごばな》　鼻先《はなさき》が、団子《だんご》のように丸《まる》くなっている鼻《はな》。「だんごっぱな」ともいう。

段鼻《だんばな》　鼻筋《はなすじ》に段《だん》のある鼻《はな》。

鼻《はな》ぺちゃ　鼻《はな》が低《ひく》いようす。

◆＝もっと知《し》りたい、ことばの知識《ちしき》。

うことが多《おお》い。例 ヘビが鎌首《かまくび》をもたげて、カエルを狙《ねら》っている。

猪首《いくび》 イノシシの首《くび》のように、太《ふと》くて短《みじか》い首《くび》。例 俗《ぞく》に、猪首《いくび》の人《ひと》は、いびきをかきやすいといわれる。

首筋《くびすじ》 首《くび》の後《うし》ろの、背《せ》に続《つづ》く部分《ぶぶん》。例 寝違《ねちが》えて首筋《くびすじ》を痛《いた》めてしまった。

うなじ 「首筋《くびすじ》」と同《おな》じ。例 妹《いもうと》はうなじに、大《おお》きなほくろが一《ひと》つある。

首根《くびね》っこ 首《くび》の後《うし》ろの付《つ》け根《ね》の部《ぶ》分《ぶん》。やや乱暴《らんぼう》な言《い》い方《かた》。例 ふざけてガラスを割《わ》った弟《おとうと》の首根《くびね》っこを押《お》さえて謝《あやま》らせた。

襟《えり》 ◎衣服《いふく》の首《くび》の回《まわ》りの部分《ぶぶん》。そこにつける布《ぬの》。例 汗《あせ》で襟《えり》が汚《よご》れる。◎首《くび》の後《うし》ろの部分《ぶぶん》。例 床屋《とこや》さんで、襟《えり》のむだ毛《げ》をそってもらう。

襟足《えりあし》 首《くび》の後《うし》ろの、髪《かみ》の毛《け》の生《は》えぎわの部分《ぶぶん》。例 襟足《えりあし》の美《うつく》しい人《ひと》は、和服《わふく》がよく似合《にあ》う。

襟元《えりもと》 襟《えり》の辺《あた》り。また、衣服《いふく》の襟《えり》の合《あ》わさる胸元《むなもと》の辺《あた》り。例 襟元《えりもと》

が寒《さむ》いので、マフラーを巻《ま》いて外出《がいしゅつ》した。

盆《ぼん》の窪《くぼ》 首《くび》の後《うし》ろ中央《ちゅうおう》の、くぼんだ所《ところ》。例 祖父《そふ》は体調《たいちょう》が悪《わる》くなると、盆《ぼん》の窪《くぼ》にお灸《きゅう》をすえる。

喉《のど》 口《くち》の奥《おく》の、食道《しょくどう》や気管《きかん》につながる部分《ぶぶん》。例 冷《つめ》たい清水《しみず》で喉《のど》をうるおす。

喉元《のどもと》 「喉《のど》」のこと。また、喉《のど》の辺《あた》り。例 喉元《のどもと》過《す》ぎれば熱《あつ》さを忘《わす》れる（苦《くる》しかったことやつらかったことも、時《とき》が過《す》ぎてしまえば簡単《かんたん》に忘《わす》れてしまう）。

喉首《のどくび》 首《くび》の前面《ぜんめん》の部分《ぶぶん》。例 犯人《はんにん》の喉《のど》首《くび》を締《し》め上《あ》げて、過去《かこ》の悪事《あくじ》をすべて白状《はくじょう》させた。

喉笛《のどぶえ》 喉《のど》の、気管《きかん》が通《とお》っている部分《ぶぶん》。例 ライオンが、獲物《えもの》の喉笛《のどぶえ》に嚙《か》みついた。

喉仏《のどぼとけ》 顎《あご》の下《した》、首《くび》の前《まえ》にある出《で》っ張《ぱ》り。成人男性《せいじんだんせい》に見《み》られ、西洋《せいよう》では「アダムのリンゴ」と呼《よ》ばれる。例 父《ちち》は喉仏《のどぼとけ》を動《うご》かして、おいしそうにビールを飲《の》んだ。

胴《どう》

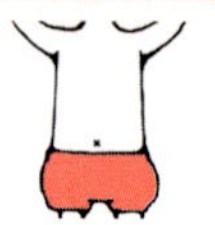

trunk
［トランク］

胴《どう》 ◎頭《あたま》と手足《てあし》を除《のぞ》いた体《からだ》の部分《ぶぶん》。例 ダックスフントは胴《どう》が長《なが》い。◎剣道《けんどう》で、胴《どう》の部分《ぶぶん》をおおう防具《ぼうぐ》や、胴《どう》に打《う》ち込《こ》む技《わざ》のこと。例 胴《どう》を一本取《いっぽんと》られて負《ま》けた。

胴体《どうたい》 ◎人《ひと》や動物《どうぶつ》の「胴《どう》」の部分《ぶぶん》。例 被害者《ひがいしゃ》は、頭《あたま》から胴体《どうたい》にかけて傷《きず》を負《お》った。◎飛行機《ひこうき》や船《ふね》などの、主要《しゅよう》な部分《ぶぶん》。例 車輪《しゃりん》の出《で》ない旅客機《りょかくき》が、胴体着陸《どうたいちゃくりく》をした。

ウエスト 「胴《どう》のくびれた部分《ぶぶん》」という意味《いみ》の英語《えいご》。また、その周囲《しゅうい》の寸法《すんぽう》。例 ウエストがきつくなったスカート。

上半身《じょうはんしん》 体《からだ》の、腰《こし》から上《うえ》の部分《ぶぶん》。例 上半身《じょうはんしん》の乾布摩擦《かんぷまさつ》を毎《まい》日《にち》しているので、冬《ふゆ》でも風邪《かぜ》など引《ひ》いたことがない。対 下半身《かはんしん》。◆「かみはんしん」とも読《よ》む。

下半身《かはんしん》 体《からだ》の、腰《こし》から下《した》の部分《ぶぶん》。例 走《はし》り込《こ》みやスクワットで、下半身《かはんしん》を鍛《きた》える。対 上半身《じょうはんしん》。◆「しもはんしん」とも読《よ》む。

半身《はんしん》 体全体《からだぜんたい》の半分《はんぶん》。上半身《じょうはんしん》か下半《かはん》身《しん》、右半身《みぎはんしん》か左半身《ひだりはんしん》。また、とくに上半身《じょうはんしん》。例 病《やまい》に倒《たお》れ、半身不随《はんしんふずい》となる。例 列車《れっしゃ》の窓《まど》を開《あ》け、半身《はんしん》を乗《の》り出《だ》す。

上体《じょうたい》 「上半身《じょうはんしん》」と同《おな》じ。例 昼寝《ひるね》から覚《さ》めて、上体《じょうたい》をゆっくりと起《お》こす。

肩《かた》 ◎腕《うで》の付《つ》け根《ね》から首《くび》の下《した》までの部分《ぶぶん》。洋服《ようふく》の肩《かた》の部分《ぶぶん》。例 荷物《にもつ》を肩《かた》に担《かつ》ぐ。◎物《もの》を人《ひと》の形《かたち》に見立《みた》てたときの、上《うえ》の両端《りょうはし》の部分《ぶぶん》。例 封筒《ふうとう》の左《ひだり》の肩《かた》の所《ところ》に切手《きって》をはる。◎物《もの》を投《な》げる力《ちから》。例 あの投手《とうしゅ》はプロ並《な》みに肩《かた》が強《つよ》い。

双肩《そうけん》 左右両方《さゆうりょうほう》の肩《かた》。また、責任《せきにん》や義務《ぎむ》を負《お》うもののたとえ。例 母校《ぼこう》の名誉《めいよ》は、君《きみ》たちの双肩《そうけん》にかかっている。

肩口《かたぐち》 肩《かた》の、腕《うで》の付《つ》け根《ね》に近《ちか》い部分《ぶぶん》。例 ちょっと待《ま》ってと言《い》って、友人《ゆうじん》の肩口《かたぐち》をつかむ。似 肩先《かたさき》。◆「かたくち」とも読《よ》む。

胸《むね》 ◎胴体《どうたい》の前《まえ》のほうで、首《くび》と腹《はら》の間《あいだ》の部分《ぶぶん》。例 行進《こうしん》のときは、胸《むね》を張《は》って歩《ある》こう。◎心臓《しんぞう》・肺《はい》や胃《い》のこと。例 びっくりして、胸《むね》がどきどきする。例 正岡子規《まさおかしき》は、胸《むね》を病《や》んで亡《な》くなった。例 食《た》べ過《す》ぎて胸《むね》がやける。◎喜《よろこ》びや悲《かな》しみの感情《かんじょう》、気持《きも》ち。例 捨《す》て猫《ねこ》を見《み》つけて胸《むね》が痛《いた》んだ。

胸部《きょうぶ》 ◎「胸《むね》」の部分《ぶぶん》。また、胸《むね》の辺《あた》り。例 自転車《じてんしゃ》の事故《じこ》で、胸部《きょうぶ》を打《だ》撲《ぼく》する。◎肺《はい》などの呼吸器《こきゅうき》。例 健康《けんこう》診断《しんだん》で、胸部《きょうぶ》のレントゲン写真《しゃしん》をとる。

「胴《どう》」に関連《かんれん》することば

五臓六腑《ごぞうろっぷ》 体《からだ》の隅々《すみずみ》のこと。昔《むかし》の中国《ちゅうごく》の医学《いがく》で、五《いつ》つの内臓《ないぞう》（五臓《ごぞう》）と六《むっ》つのはらわた（六腑《ろっぷ》）のこと。五臓《ごぞう》は、心臓《しんぞう》・肺臓《はいぞう》・肝臓《かんぞう》・腎臓《じんぞう》・脾臓《ひぞう》。六腑《ろっぷ》は、胃《い》・大腸《だいちょう》・小腸《しょうちょう》・胆嚢《たんのう》・膀胱《ぼうこう》・三焦《さんしょう》（三焦《さんしょう》のみ、実際《じっさい》にはない臓器《ぞうき》）。

●いろいろな呼《よ》び方《かた》

なで肩《がた》 なでおろしたように、なだらかに下《さ》がった肩《かた》。

怒り肩《いかりがた》 怒《おこ》ったときの肩《かた》のように、高《たか》く角《かく》ばった肩《かた》。

鳩胸《はとむね》 ハトの胸《むね》のように、前方《ぜんぽう》に突《つ》き出《で》た胸《むね》。

太鼓腹《たいこばら》 太鼓《たいこ》の胴《どう》のように、大《おお》きく膨《ふく》らんだ腹《はら》。

布袋腹《ほていばら》 布袋《ほてい》のように、太《ふと》って前《まえ》に突《つ》き出《で》た大《おお》きな腹《はら》。「布袋《ほてい》」は、昔《むかし》の中《ちゅう》国《ごく》の僧《そう》。常《つね》に袋《ふくろ》を背負《せお》い、太《ふと》った体《からだ》で大《おお》きなおなかを出《だ》して市中《しちゅう》を歩《ある》き回《まわ》ったという。日《に》本《ほん》では七福神《しちふくじん》の一人《ひとり》。

二枚腰《にまいごし》 だめそうに見《み》えても、砕《くだ》けずに持《も》ち直《なお》す粘《ねば》り強《づよ》い腰《こし》。相撲《すもう》や柔道《じゅうどう》でいうが、そのような粘《ねば》り強《づよ》さを発《はっ》揮《き》する人《ひと》にもいう。「粘《ねば》り腰《ごし》」ともいう。

◆＝もっと知《し》りたい、ことばの知識《ちしき》。

バスト
「胸部《きょうぶ》」という意味《いみ》の英語《えいご》。とくに、女性《じょせい》の胸《むね》やその胸《むね》回《まわ》り。**例** バスト・ウエスト・ヒップの寸法《すんぽう》を測《はか》って、洋服《ようふく》をつくる。

胸元《むなもと》
胸《むね》の辺《あた》り。胸《むね》の前《まえ》。**例** 着物《きもの》の胸元《むなもと》を整《ととの》える。**例** 胸元《むなもと》にピストルを突《つ》きつける。

胸板《むないた》
胸《むね》の前面《ぜんめん》の、板《いた》のように平《たい》らな部分《ぶぶん》。**例** 先生《せんせい》の鍛《きた》えた胸板《むないた》は、まるで鋼鉄《こうてつ》のように硬《かた》い。**似** 胸先《むなさき》。

胸倉《むなぐら》
衣服《いふく》の左右《さゆう》の襟《えり》が合《あ》わさって重《かさ》なる辺《あた》り。**例** 相手《あいて》の胸倉《むなぐら》をつかむ。

脇の下《わきのした》
腕《うで》の付《つ》け根《ね》の下《した》の、くぼんだところ。**例** 脇《わき》の下《した》に体《たい》温計《おんけい》を挟《はさ》んで、熱《ねつ》をはかる。◆「腋《わき》の下《した》」とも書《か》く。

脇《わき》
◎胸《むね》の両側《りょうがわ》で、脇《わき》の下《した》から肘《ひじ》が当《あ》たる辺《あた》りまでの体《からだ》の側面《そくめん》。**例** 脇《わき》をくすぐられて、笑《わら》ってしまう。◆「腋《わき》」とも書《か》く。◎「近《ちか》い」↓538

腹《はら》
◎胴体《どうたい》の前《まえ》のほうで、胸《むね》の下《した》の部《ぶ》分《ぶん》。**例** 運動不足《うんどうぶそく》で腹《はら》が出《で》てきた。**対** 背《せ》。◎胃《い》や腸《ちょう》のこと。**例** かき氷《ごおり》を食《た》べ過《す》ぎて腹《はら》が痛《いた》い。◎「考《かんが》える」↓296

腹部《ふくぶ》
◎「腹《はら》」の部分《ぶぶん》。**例** 手術《しゅじゅつ》で腹部《ふくぶ》を切開《せっかい》する。◎物《もの》の真《ま》ん中《なか》のあたり。**例** ジャンボ機《き》の機体《きたい》の腹部《ふくぶ》に、人気《にんき》アニメのイラストが描《えが》かれている。

おなか
「腹《はら》」のていねいな言《い》い方《かた》。**例** 食《た》べ過《す》ぎておなかをこわす。

ぽんぽん
「腹《はら》」のこと。幼児語《ようじご》。**例** ぽんぽんが痛《いた》いのは、よくなったかな。

脇腹《わきばら》
腹《はら》の側面《そくめん》。**例** 笑《わら》い過《す》ぎて脇腹《わきばら》が痛《いた》い。

横腹《よこばら》
「脇腹《わきばら》」と同《おな》じ意味《いみ》だが、物《もの》にも使《つか》う。**例** 水《みず》を飲《の》んですぐ走《はし》ったら、横腹《よこばら》が痛《いた》くなった。**例** タンカーが座礁《ざしょう》して、横腹《よこばら》に大穴《おおあな》が空《あ》いた。

脾腹《ひばら》
「脇腹《わきばら》」と同《おな》じ。**例** 騎馬武者《きばむしゃ》が、戦場《せんじょう》で脾腹《ひばら》に槍《やり》を受《う》けて落馬《らくば》する。◆「よこはら」「よこっぱら」ともいう。

下腹《したばら》
腹《はら》の下《した》の部分《ぶぶん》。**例** 昨日《きのう》から、下腹《したばら》がしくしく痛《いた》む。◆「したはら」「したっぱら」ともいう。

下腹部《かふくぶ》
腹《はら》の下《した》の部分《ぶぶん》。**例** 下腹部《かふくぶ》にさらしを巻《ま》いた男《おとこ》たちが、祭《まつ》りを盛《も》り上《あ》げる。

土手っ腹《どてっぱら》
「腹《はら》」をののしっていうことば。**例** お前《まえ》の土《ど》手《て》っ腹《ぱら》に風穴《かざあな》を空《あ》けてやる。

臍下丹田《せいかたんでん》
下腹部《かふくぶ》の、へその下《した》あたり。心身《しんしん》の元気《げんき》のもとである、気《き》の集《あつ》まるところという。**例** 臍下丹田《せいかたんでん》に力《ちから》を入《い》れ、活力《かつりょく》をみなぎらせる。

へそ
◎腹《はら》の中央《ちゅうおう》にある小《ちい》さなくぼみ。**例** 小《ちい》さな子《こ》が、雷《かみなり》にへそを取《と》られると怖《こわ》がっている。◎物《もの》の中央《ちゅうおう》にある出《で》っ張《ぱ》りやくぼみ。**例** あんぱんのへそに、サクラの花《はな》びらが詰《つ》まっている。

ほぞ
「へそ」と同《おな》じ。多《おお》く、慣用句《かんようく》などに使《つか》われる。**例** ほぞを固《かた》める(覚悟《かくご》を決《き》める)。**例** ほぞをかむ(自分《じぶん》のへそは、かもうとしてもかめないことから、どうしようもないことを悔《く》やむ。後悔《こうかい》する)。

似＝似《に》た表現《ひょうげん》のことば。**対**＝反対《はんたい》の意味《いみ》のことば。**例**＝使《つか》い方《かた》の例《れい》。

みぞおち 胸《むね》と腹《はら》の境《さかい》の柔《やわ》らかくへこんだ所《ところ》。あばら骨《ぼね》や胸骨《きょうこつ》の下《した》にある急所《きゅうしょ》の一《ひと》つ。例 みぞおちを打《う》って気絶《きぜつ》してしまった。◆「みずおち」ともいう。

背《せ》 ◎胴体《どうたい》の後《うし》ろのほうで、首《くび》から腰《こし》までの部分《ぶぶん》。例 敵《てき》に背《せ》を向《む》けて逃《に》げる。対 腹《はら》。◎いすのもたれかかるところや、物《もの》の裏側《うらがわ》。例 パソコンの背《せ》側《がわ》は、配線《はいせん》だらけだ。◎身長《しんちょう》のこと。「せい」ともいう。例 去年《きょねん》より背《せ》が十《じっ》センチも伸《の》びた。

背中《せなか》 「背《せ》」と同《おな》じ。例 子《こ》どもは親《おや》の背中《せなか》を見《み》て育《そだ》つといわれる。

背部《はいぶ》 「背《せ》」の部分《ぶぶん》。例 火事《かじ》で背部《はいぶ》に重度《じゅうど》のやけどを負《お》った。

背筋《せすじ》 背骨《せぼね》の外側《そとがわ》の、くぼんだ部分《ぶぶん》。背中《せなか》の中心線《ちゅうしんせん》。例 背筋《せすじ》をピンと伸《の》ばして、姿勢《しせい》を正《ただ》す。

腰《こし》 ◎胴体《どうたい》の下《した》のほうの、体《からだ》を曲《ま》げたり回《まわ》したりする部分《ぶぶん》。例 老《お》いて腰《こし》が曲《ま》がる。◎物事《ものごと》に対《たい》する態度《たいど》や取《と》り組《く》み方《かた》。例 あの人《ひと》は腰《こし》が低《ひく》い(態度《たいど》が控《ひか》えめだ)。

腰部《ようぶ》 「腰《こし》」の部分《ぶぶん》。例 腰部《ようぶ》に湿布薬《しっぷやく》をはる。

尻《しり》 ◎腰《こし》の後《うし》ろ下《した》の部分《ぶぶん》で、肉《にく》が左右《さゆう》に盛《も》り上《あ》がっている所《ところ》。例 滑《すべ》って転《ころ》んで尻《しり》を打《う》ってしまった。◎物《もの》の後《うし》ろや下《した》の部分《ぶぶん》。例 行列《ぎょうれつ》のいちばん尻《しり》に並《なら》ぶ。例 コップの尻《しり》がぬれていて、テーブルに跡《あと》がつく。

臀部《でんぶ》 「尻《しり》」の部分《ぶぶん》。例 臀部《でんぶ》の皮膚《ひふ》を、やけどした部分《ぶぶん》に移植《いしょく》する。

ヒップ 「尻《しり》」という意味《いみ》の英語《えいご》。また、その周囲《しゅうい》の寸法《すんぽう》。例 ヒップのゆったりとしたスカート。

けつ 「尻《しり》」のくだけた、品《ひん》のない言《い》い方《かた》。例 あの男《おとこ》は、けつの穴《あな》が小《ちい》さい(度量《どりょう》がない。また、けちである)。

手《て》足《あし》

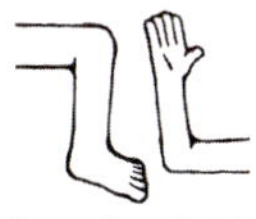

hands, feet
[ハンズ、フィート]

手《て》 ◎手首《てくび》から先《さき》の部分《ぶぶん》。例 手《て》に取《と》ってよく見《み》る。◎肩《かた》から指先《ゆびさき》までの全体《ぜんたい》。例 運動会《うんどうかい》で、大《おお》きく手《て》を振《ふ》って行進《こうしん》する。

お手《て》手《て》 「手《て》」のこと。幼児語《ようじご》。例 小《ちい》さいころは、みんなお手《て》手《て》をつないで幼稚園《ようちえん》に通《かよ》った。

手《て》の平《ひら》 手首《てくび》から先《さき》の、にぎって内《うち》側《がわ》になる部分《ぶぶん》。例 テントウムシを手《て》の平《ひら》の上《うえ》にのせた。◆「掌《てのひら》」とも書《か》く。

掌《たなごころ》 「手《て》の平《ひら》」と同《おな》じ。現在《げんざい》では、決《き》まった言《い》い回《まわ》しの中《なか》で使《つか》うことが多《おお》い。例 掌《たなごころ》を返《かえ》す(態度《たいど》をがらりと変《か》える)。例 掌《たなごころ》を指《さ》す(きわめてはっきりしていることのたとえ)。

手《て》の内《うち》 ◎「手《て》の平《ひら》」と同《おな》じ。例 手《て》の内《うち》に、びっしょり汗《あせ》をかいた。◎心《こころ》の中《なか》で考《かんが》えていること。例 相手《あいて》の手《て》の内《うち》を読《よ》んで攻撃《こうげき》する。

平手《ひらて》 開《ひら》いた手《て》の平《ひら》。物《もの》や人《ひと》を打《う》つときの手《て》の形《かたち》をいうことが多《おお》い。例 平手《ひらて》打《う》ちを食《く》う。

手《て》の甲《こう》 手首《てくび》から先《さき》の、にぎって外《そと》側《がわ》になる部分《ぶぶん》。例 手《て》の甲《こう》を、ぴしゃりとたたかれた。

◆＝もっと知《し》りたい、ことばの知識《ちしき》。

手先《てさき》 ◎手《て》の指先《ゆびさき》。例 手先《てさき》がしびれて、鉛筆《えんぴつ》が持《も》てない。◎手《て》や指《ゆび》の使《つか》い方《かた》。例 母《はは》は手先《てさき》が器用《きよう》で、細《こま》かい模様《もよう》のセーターなども自分《じぶん》で編《あ》んでしまう。

小手先《こてさき》 手《て》の先《さき》のほう。また、とっさのときに発揮《はっき》されるちょっとした応用力《おうようりょく》。例 そんな小手先《こてさき》でごまかせるような相手《あいて》ではない。

片手《かたて》 片方《かたほう》の手《て》。左右《さゆう》のどちらかの手《て》。例 そんな荷物《にもつ》は、片手《かたて》で楽々《らくらく》と持《も》ち上《あ》げられる。対 両手《りょうて》。

隻手《せきしゅ》 「片手《かたて》」と同《おな》じ。「隻《せき》」は、二《ふた》つあるもののうちの一《ひと》つという意味《いみ》。例 禅《ぜん》の問答《もんどう》で「隻手《せきしゅ》の拍手《はくしゅ》はどんな音《おと》?」と聞《き》かれた。対 双手《そうしゅ》。

馬手《めて》 「右手《みぎて》」の古《ふる》い言《い》い方《かた》。昔《むかし》の武士《ぶし》が馬《うま》に乗《の》ったとき、手綱《たづな》を持《も》つほうの手《て》ということから。また、右《みぎ》のほうのこと。例 弁慶《べんけい》は馬手《めて》に長刀《なぎなた》を持《も》ち、立《た》ったまま死《し》んだという。対 弓手《ゆんで》。

弓手《ゆんで》 「左手《ひだりて》」の古《ふる》い言《い》い方《かた》。昔《むかし》の武士《ぶし》が馬《うま》に乗《の》ったとき、弓《ゆみ》を持《も》つほうの手《て》ということから。また、左《ひだり》のほうのこと。例 転《ころ》びかけた兵士《へいし》は、弓手《ゆんで》を地《ち》について立《た》ち上《あ》がった。対 馬手《めて》。

両手《りょうて》 右手《みぎて》と左手《ひだりて》、両方《りょうほう》の手《て》。例 両手《りょうて》を合《あ》わせて必死《ひっし》に頼《たの》む。似 両《りょう》の手《て》。対 片手《かたて》。

双手《そうしゅ》 「両手《りょうて》」と同《おな》じ。例 敵《てき》を撃《う》つときは、双手《そうしゅ》でしっかり銃《じゅう》をかまえろ。対 隻手《せきしゅ》。

諸手《もろて》 「両手《りょうて》」と同《おな》じ。例 友《とも》だちの提案《ていあん》に、諸手《もろて》を上《あ》げて賛成《さんせい》する。

指《ゆび》 手足《てあし》の先《さき》の、枝《えだ》のように分《わ》かれた部分《ぶぶん》。例 悔《くや》しいけれど、指《ゆび》をくわえて見《み》ているしかない。

食指《しょくし》 人差《ひとさ》し指《ゆび》のこと。例 食指《しょくし》が動《うご》く(食欲《しょくよく》が起《お》こる。また、興味《きょうみ》や欲《よく》がわく)。

紅差《べにさ》し指《ゆび》 薬指《くすりゆび》のこと。紅《べに》をつけるのに薬指《くすりゆび》を使《つか》ったこ

「手足《てあし》」の表現《ひょうげん》を手《て》に入《い》れよう 深谷先生《ふかやせんせい》のちょっとひと息《いき》

手《て》は体《からだ》のほかの部分《ぶぶん》に比《くら》べて、複雑《ふくざつ》で細《こま》やかな動《うご》きができます。このことから、実際《じっさい》の手《て》の動《うご》きを表《あらわ》すことばだけでなく、心《こころ》の動《うご》きや人間関係《にんげんかんけい》などを表《あらわ》すことばにたくさん使《つか》われています。

たとえば、何《なに》かを自分《じぶん》のものにすることを手《て》にする(151ページ)・手《て》に入《い》れると言《い》います。物事《ものごと》の解決《かいけつ》の仕方《しかた》については手《て》を打《う》つ(157ページ)・手《て》を尽《つ》くす(481ページ)と言《い》い、人間関係《にんげんかんけい》について、手《て》を切《き》る(325ページ)・手《て》を組《く》む(333ページ)という言《い》い方《かた》をします。ほかにも、手《て》に余《あま》る(476ページ)・手《て》を焼《や》く(477ページ)など、実《じつ》にさまざまなことばがあります。歌手《かしゅ》のことを歌《うた》い手《て》と呼《よ》ぶこともありますね。

これらのことばを少《すこ》しずつでも知《し》っていけば、作文《さくぶん》が苦手《にがて》(422ページ)な人《ひと》も、だんだんすてきな文章《ぶんしょう》を書《か》ける名手《めいしゅ》(71ページ)になれることでしょう。

とから。例二人《ふたり》は、お互《たが》いの紅差《べにさ》し指《ゆび》に結婚指輪《けっこんゆびわ》をはめた。

三《み》つ指《ゆび》
親指《おやゆび》・人差《ひとさ》し指《ゆび》・中指《なかゆび》の三《さん》本《ぼん》の指《ゆび》。また、その三本《さんぼん》の指《ゆび》を床《ゆか》に軽《かる》くつけてするていねいな礼《れい》。例お客様《きゃくさま》を、三《み》つ指《ゆび》をついて迎《むか》える。

腕《うで》
◎肩《かた》から手首《てくび》までの部分《ぶぶん》。例痛《いた》くて腕《うで》が上《あ》がらない。◎能力《のうりょく》や腕力《わんりょく》。例腕《うで》に覚《おぼ》えがある（自分《じぶん》の能力《のうりょく》に自信《じしん》がある）。

かいな
「腕《うで》」のこと。とくに、肩《かた》から肘《ひじ》までの部分《ぶぶん》。おもに、相撲《すもう》などで使《つか》われることば。例かいなを返《かえ》す（相撲《すもう》で、相手《あいて》にまわしを取《と》られないように自分《じぶん》の腕《うで》を上《あ》げる）。

大手《おおで》
肩《かた》から手《て》の指先《ゆびさき》までの全体《ぜんたい》。例大手《おおで》を振《ふ》って歩《ある》く（こそこそしないで、堂々《どうどう》と歩《ある》く）。

前腕《ぜんわん》
肘《ひじ》から手首《てくび》までの部分《ぶぶん》。例ダンベルを使《つか》って、前腕《ぜんわん》を鍛《きた》える。

下膊《かはく》
「前腕《ぜんわん》」と同《おな》じ。例左腕《ひだりうで》下膊《かはく》部《ぶ》に、重傷《じゅうしょう》を負《お》う。対上膊《じょうはく》。

前膊《ぜんはく》
「前腕《ぜんわん》」と同《おな》じ。例その仏像《ぶつぞう》は、右腕《みぎうで》の前膊《ぜんはく》を失《うしな》っていた。

小手《こて》
肘《ひじ》と手首《てくび》の間《あいだ》の部分《ぶぶん》。また、手先《てさき》。例小手《こて》をかざして見《み》る。

上腕《じょうわん》
肩《かた》から肘《ひじ》までの部分《ぶぶん》。例腕《うで》の力《ちから》こぶをつくる筋肉《きんにく》を、上腕《じょうわん》二頭筋《にとうきん》という。

上膊《じょうはく》
「上腕《じょうわん》」と同《おな》じ。例右《みぎ》の上膊骨《じょうはくこつ》を骨折《こっせつ》する。対下膊《かはく》。

二《に》の腕《うで》
「上腕《じょうわん》」と同《おな》じ。例袖《そで》を二《に》の腕《うで》までまくり上《あ》げる。

上肢《じょうし》
人間《にんげん》の手《て》や腕《うで》。また、けものの前足《まえあし》。例上肢《じょうし》骨折《こっせつ》で多《おお》いのは、手首《てくび》の骨折《こっせつ》である。対下肢《かし》。

手首《てくび》
腕《うで》と手《て》の平《ひら》がつながる部分《ぶぶん》。例嫌《いや》がる弟《おとうと》を、手首《てくび》をつかんで引《ひ》っ張《ぱ》っていく。似腕首《うでくび》。

肘《ひじ》
腕《うで》の関節《かんせつ》で、折《お》れ曲《ま》がる外側《そとがわ》の部分《ぶぶん》。例机《つくえ》に肘《ひじ》をついて、考《かんが》えごとをする。

片腕《かたうで》
◎片方《かたほう》の腕《うで》。例テニスをして、片腕《かたうで》だけ太《ふと》くなった。◎有能《ゆうのう》で、もっとも信頼《しんらい》できる補佐役《ほさやく》。例会長《かいちょう》の片腕《かたうで》として、大《おお》いに活躍《かつやく》する。

隻腕《せきわん》
片方《かたほう》の腕《うで》。「隻《せき》」は、二《ふた》つあるもののうちの一《ひと》つという意味《いみ》。例メジャーリーグで活躍《かつやく》した、隻腕《せきわん》投手《とうしゅ》の自伝《じでん》を読《よ》んで感動《かんどう》した。

利《き》き腕《うで》
何《なに》かをするときに、いつも使《つか》うほうの腕《うで》。例利《き》き腕《うで》を骨折《こっせつ》して、ずいぶんと不自由《ふじゆう》な思《おも》いをした。似利《き》き手《て》。

足《あし》
◎体《からだ》を支《ささ》えたり、歩《ある》いたりするときに使《つか》う部分《ぶぶん》。例彼女《かのじょ》は足《あし》が長《なが》い。◎足首《あしくび》から先《さき》の部分《ぶぶん》。例この靴《くつ》は、僕《ぼく》の足《あし》にぴったりだ。

おみ足《あし》
相手《あいて》の足《あし》を、うやまっていうことば。例すらっとしたおみ足《あし》ですね。

あんよ
◎「足《あし》」のこと。幼児語《ようじご》。例転《ころ》んであんよが痛《いた》い。◎「歩《ある》く」⬇168

下肢《かし》
人間《にんげん》の足《あし》。また、けものの後《うし》ろ足《あし》。例下肢《かし》のしびれを訴《うった》える患者《かんじゃ》を、医師《いし》が診察《しんさつ》する。対上肢《じょうし》。

股《また》
◎胴《どう》から足《あし》の分《わ》かれ出《で》るところ。例電車《でんしゃ》の中《なか》で、股《また》を広《ひろ》げて座《すわ》ってはいけない。◎物《もの》の分《わ》かれ目《め》の部分《ぶぶん》。例木《き》の股《また》に足《あし》をかけると、上手《じょうず》に登《のぼ》ることができる。

股座《またぐら》　両《りょう》ももの間《あいだ》の部分《ぶぶん》。例 父《ちち》の股《また》座《ぐら》をくぐりぬけて遊《あそ》ぶ。

股間《こかん》　「股座《またぐら》」と同《おな》じ。例 鋭《するど》い打球《だきゅう》が、三塁手《さんるいしゅ》の股間《こかん》を抜《ぬ》けていった。

もも　足《あし》の付《つ》け根《ね》から膝《ひざ》までの間《あいだ》の部分《ぶぶん》。例 うさぎ跳《と》びをしたので、ももが痛《いた》い。

大腿部《だいたいぶ》　「もも」と同《おな》じ。例 大腿部《だいたいぶ》には、太《ふと》い骨《ほね》がある。

太《ふと》**もも**　足《あし》の、付《つ》け根《ね》に近《ちか》い太《ふと》い部分《ぶぶん》。例 運動《うんどう》のしすぎで、太《ふと》ももがぱんぱんに張《は》ってしまった。

内《うち》**もも**　ももの、内側《うちがわ》の部分《ぶぶん》。例 一日中《いちにちじゅう》海《うみ》で遊《あそ》んでいたので、内《うち》ももまで真《ま》っ黒《くろ》に日焼《ひや》けした。

内股《うちまた》　◎「内もも」と同《おな》じ。例 乗馬《じょうば》で大切《たいせつ》なことは、内股《うちまた》を締《し》めることだ。◎足先《あしさき》を内側《うちがわ》に向《む》けて歩《ある》く歩《ある》き方《かた》。例 着物《きもの》を着《き》ているので、内股《うちまた》でしとやかに歩《ある》く。

膝《ひざ》　◎ももと脛《すね》のつなぎめで、折《お》れ曲《ま》がるところの前面《ぜんめん》。例 川《かわ》があふれて、膝《ひざ》まで水《みず》につかった。◎もものこと。例 荷物《にもつ》を膝《ひざ》に乗《の》せる。

膝頭《ひざがしら》　膝《ひざ》の関節《かんせつ》の前面《ぜんめん》の部分《ぶぶん》。例 転《ころ》んで膝頭《ひざがしら》を痛《いた》めてしまった。

膝小僧《ひざこぞう》　「膝頭《ひざがしら》」のくだけた言《い》い方《かた》。例 転《ころ》んだ子《こ》どもが、膝小《ひざこ》僧《ぞう》をすりむいて泣《な》いている。

脛《すね》　膝《ひざ》から足首《あしくび》までの間《あいだ》の部分《ぶぶん》。例 半《はん》ズボンから脛《すね》をむき出《だ》しにする。例 親《おや》の脛《すね》をかじる（経済的《けいざいてき》に親《おや》に頼《たよ》って生活《せいかつ》する）。

はぎ　「脛《すね》」と同《おな》じ。例 はかまのすそからはぎがのぞく。

膨《ふく》**らはぎ**　脛《すね》の後《うし》ろ側《がわ》の、肉《にく》の膨《ふく》らんだ部分《ぶぶん》。例 歩《ある》き疲《つか》れて、膨《ふく》らはぎにけいれんを起《お》こす。

向《む》**こう脛**《ずね》　脛《すね》の前面《ぜんめん》。例 転《ころ》んで、向《む》こう脛《ずね》をいやというほどぶつける。

弁慶《べんけい》**の泣**《な》**き所**《どころ》　◎「向《む》こう脛《ずね》」のこと。肉《にく》が薄《うす》くなっているところで、ここを打《う》つと非常《ひじょう》に痛《いた》く、豪傑《ごうけつ》の弁慶《べんけい》でさえ痛《いた》がって泣《な》くということから。例 テーブルの角《かど》に弁慶《べんけい》の泣《な》き所《どころ》をぶつけた。

アキレス腱《けん》　◎膨《ふく》らはぎの筋肉《きんにく》と踵《かかと》の骨《ほね》をつないでいる、足首《あしくび》の後《うし》ろの太《ふと》いすじ。例 準備《じゅんび》体操《たいそう》をよくしないと、アキレス腱《けん》を切《き》りやすいので注意《ちゅうい》が必要《ひつよう》だ。◎これを切《き》ると歩《ある》けなくなることから、最大《さいだい》の弱点《じゃくてん》のこと。例 日本経済《にほんけいざい》のアキレス腱《けん》は、石油《せきゆ》の大部分《だいぶぶん》を輸入《ゆにゅう》に頼《たよ》っていることだ。◆ギリシア神話《しんわ》に登場《とうじょう》する

「手足《てあし》」に関連《かんれん》することば

X脚《エックスきゃく》　まっすぐ立《た》ったとき、膝《ひざ》から下《した》の部分《ぶぶん》が外側《そとがわ》に開《ひら》き、X《エックス》字形《じがた》に見《み》える足《あし》。

O脚《オーきゃく》　まっすぐ立《た》ったとき、両膝《りょうひざ》がつかないで離《はな》れ、全体《ぜんたい》がO《オー》字形《じがた》に見《み》える足《あし》。

蟹股《がにまた》　膝頭《ひざがしら》が外側《そとがわ》を向《む》いて見《み》える足《あし》。カニのように、外《そと》に開《ひら》いた足《あし》。

大根足《だいこんあし》　女性《じょせい》の、大根《だいこん》のような太《ふと》い足《あし》をからかっていうことば。

不死身《ふじみ》といわれた英雄《えいゆう》アキレスが、弱点《じゃくてん》である踵《かかと》を射《い》られて死《し》んだということからこの名《な》がついた。

足首《あしくび》 脛《すね》の下《した》の、足《あし》が少《すこ》し細《ほそ》くなった部分《ぶぶん》。例 サッカーで足首《あしくび》をねんざした。

踝《くるぶし》 足首《あしくび》の両側《りょうがわ》にある、骨《ほね》の出《で》っ張《ぱ》った所《ところ》。例 踝《くるぶし》が見《み》える、夏用《なつよう》の短《みじか》い靴下《くつした》。

爪先《つまさき》 ◎足《あし》の指《ゆび》の先《さき》。例 音《おと》を立《た》てないように、爪先《つまさき》でそっと歩《ある》く。◎履《は》き物《もの》の先《さき》の部分《ぶぶん》。例 靴《くつ》の爪先《つまさき》をそろえて脱《ぬ》ぐ。

踵《かかと》 ◎足《あし》の裏《うら》の後部《こうぶ》で、地《ち》につく部分《ぶぶん》。例 冬《ふゆ》は踵《かかと》の皮膚《ひふ》が荒《あ》れて、ざらざらになる。◎履《は》き物《もの》の後《うし》ろの部分《ぶぶん》。例 スニーカーの踵《かかと》が、かなりすり減《へ》ってきた。

きびす 「踵《かかと》」と同《おな》じ。例 きびすを返《かえ》す（後戻《あともど》りする。引《ひ》き返《かえ》す）。◆「くびす」ともいう。

土踏《つちふ》まず 足《あし》の裏《うら》のへこんだ部分《ぶぶん》。例 足《あし》が疲《つか》れたときは、土踏《つちふ》まずを指圧《しあつ》すると気持《きも》ちいい。

扁平足《へんぺいそく》 土踏《つちふ》まずがほとんどない、足《あし》の裏《うら》が平《ひら》たい足《あし》。例 扁《へん》平足《ぺいそく》になると足《あし》が疲《つか》れやすく、また、足《あし》の障害《しょうがい》の原因《げんいん》にもなる。

土足《どそく》 履《は》き物《もの》をはいたままの足《あし》。例 室内《しつない》は土足《どそく》厳禁《げんきん》です。

はだし 靴《くつ》や靴下《くつした》などをはいていないこと。また、その足《あし》。例 小《ちい》さい子《こ》どもたちが、公園《こうえん》の芝生《しばふ》の上《うえ》をはだしで走《はし》り回《まわ》っている。

素足《すあし》 「はだし」と同《おな》じ。例 素足《すあし》がきれいな人《ひと》。

利《き》き足《あし》 よく動《うご》いて、力《ちから》が発揮《はっき》できるほうの足《あし》。例 利《き》き足《あし》で決《き》めた、見事《みごと》なロングシュート。

軸足《じくあし》 体《からだ》を動《うご》かすときの、軸《じく》となって自分《じぶん》を支《ささ》えるほうの足《あし》。例 ピッチャーが、マウンド上《じょう》のプレートに軸足《じくあし》をかける。

生足《なまあし》 ストッキングやタイツなどをはいていない、むき出《だ》しの足《あし》。例 冬《ふゆ》なのに、あの女性《じょせい》は生足《なまあし》だ。

手足《てあし》 ◎手《て》と足《あし》。例 寒《さむ》さのために手《て》足《あし》がかじかんでくる。◎ある人《ひと》の思《おも》い通《どお》りに動《うご》く人《ひと》。例 社長《しゃちょう》の手足《てあし》となって働《はたら》く。◆「しゅそく」とも読《よ》む。

四肢《しし》 両手《りょうて》と両足《りょうあし》。上肢《じょうし》と下肢《かし》を合《あ》わせた言《い》い方《かた》。動物《どうぶつ》の四本《よんほん》の足《あし》にもいう。例 すらりと伸《の》びた美《うつく》しい四肢《しし》。

肢体《したい》 ◎「手足《てあし》」のこと。例 体操《たいそう》の選手《せんしゅ》の柔軟《じゅうなん》な肢体《したい》から、高度《こうど》な技《わざ》が繰《く》り出《だ》される。◎「からだ」➡76

健康《けんこう》

health
［ヘルス］

健康《けんこう》 ◎体《からだ》に悪《わる》いところがなく、体力《たいりょく》・気力《きりょく》が盛《さか》んなこと。例 父《ちち》は健康《けんこう》のために、毎朝《まいあさ》ジョギングをしている。対 不健康《ふけんこう》。◎体《からだ》の状態《じょうたい》のよしあし。例 健康《けんこう》を害《がい》して休《やす》んでいます。◎ものの考《かんが》え方《かた》などが正常《せいじょう》なこと。弱《よわ》いものを助《たす》けようというのは、健康《けんこう》的《てき》な考《かんが》えだ。対 不健康《ふけんこう》。

元気《げんき》 体《からだ》の調子《ちょうし》がよく、生《い》き生《い》きと気力《きりょく》にあふれていること。例

◆＝もっと知《し》りたい、ことばの知識《ちしき》。

公園《こうえん》から、子《こ》どもたちの元気《げんき》な声《こえ》が聞《き》こえる。

丈夫《じょうぶ》 ◎健康《けんこう》で病気《びょうき》にかかりにくいこと。例 病弱《びょうじゃく》だった弟《おとうと》も、部活《ぶかつ》で鍛《きた》えられて丈夫《じょうぶ》になった。◎物《もの》などがしっかりしていて、壊《こわ》れにくいこと。例 スチール製《せい》の丈夫《じょうぶ》な机《つくえ》を買《か》う。

	─な体《からだ》	足《あし》が─	─を回復《かいふく》する
健康	○	–	○
元気	○	–	○
丈夫	○	○	–

健全《けんぜん》 ◎健康《けんこう》なこと。例 スポーツを通《とお》して、健全《けんぜん》な心《こころ》と体《からだ》をつちかう。対 不健全《ふけんぜん》。◎考《かんが》えや行《おこな》い、物事《ものごと》の状態《じょうたい》などがしっかりしていて、偏《かたよ》りがないこと。例 無駄《むだ》を省《はぶ》いて、健全《けんぜん》な財政《ざいせい》を確立《かくりつ》する。対 不健全《ふけんぜん》。

壮健《そうけん》 体《からだ》が丈夫《じょうぶ》で元気《げんき》なこと。改《あらた》まった言《い》い方《かた》で、手紙《てがみ》などで使《つか》うことが多《おお》い。例 皆様《みなさま》、ご壮健《そうけん》でなによりです。

頑健《がんけん》 体《からだ》ががっしりと強《つよ》く、丈夫《じょうぶ》なこと。例 兄《あに》は風邪《かぜ》一《ひと》つ引《ひ》かない頑健《がんけん》な体《からだ》をしている。

頑丈《がんじょう》 人《ひと》の体《からだ》、また物《もの》などがどっしりとしていて、丈夫《じょうぶ》なこと。例 重量級《じゅうりょうきゅう》の選手《せんしゅ》たちは、見《み》るからに頑丈《がんじょう》そうな体付《からだつ》きをしている。

強健《きょうけん》 体《からだ》が強《つよ》く、丈夫《じょうぶ》なこと。例 トレーニングを積《つ》んで、強健《きょうけん》な体《からだ》をつくり上《あ》げる。

強壮《きょうそう》 体《からだ》が丈夫《じょうぶ》で、元気《げんき》なこと。「強健《きょうけん》」より、さらに体力《たいりょく》がみなぎっているようすをいう。例 滋養《じよう》強《きょう》壮剤《そうざい》。

堅固《けんご》 ◎丈夫《じょうぶ》で強《つよ》いこと。人《ひと》の体《からだ》以《い》外《がい》にも使《つか》う。例 山上《さんじょう》に堅固《けんご》な城《しろ》を築《きず》く。◎しっかりしていて動《うご》かないこと。例 何《なん》としてもやり遂《と》げるという堅固《けんご》な意志《いし》を持《も》つ。

健勝《けんしょう》 体《からだ》に悪《わる》いところがなく、健康《けんこう》なこと。改《あらた》まった言《い》い方《かた》で、手紙《てがみ》などで使《つか》うことが多《おお》い。例 ご健勝《けんしょう》のこととお慶《よろこ》び申《もう》し上《あ》げます。

健在《けんざい》 ◎元気《げんき》に暮《く》らしていること。とくに年輩《ねんぱい》の人《ひと》が、変《か》わりなく元気《げんき》に暮《く》らしていること。例 離《はな》れて暮《く》らしているが、祖父母《そふぼ》ともに健在《けんざい》だ。◎あるものが変《か》わりなく機能《きのう》を発揮《はっき》していること。例 ベテラン選手《せんしゅ》が健在《けんざい》ぶりをアピールする。

息災《そくさい》 何事《なにごと》もなく健康《けんこう》に暮《く》らしていること。もとは、仏《ほとけ》の力《ちから》で災《わざわ》いを防《ふせ》ぎ止《と》めるという意味《いみ》。例 おかげさまで、家族《かぞく》ともども息災《そくさい》にいたしております。

無病息災《むびょうそくさい》 病気《びょうき》もせずに健康《けんこう》であること。例 神社《じんじゃ》に行《い》き、家族《かぞく》の無病息災《むびょうそくさい》を祈《いの》る。

無事《ぶじ》 何《なに》も変《か》わったことがないこと。また、病気《びょうき》やけがなどがないこと。元気《げんき》なこと。例 わが子《こ》の旅先《たびさき》での無事《ぶじ》を祈《いの》る。

達者《たっしゃ》 ◎体《からだ》が丈夫《じょうぶ》なようす。例 祖父《そふ》母《ぼ》は田舎《いなか》で達者《たっしゃ》に暮《く》らしている。◎芸《げい》や技術《ぎじゅつ》などが上手《じょうず》にできるようす。例 今度《こんど》の交換留学生《こうかんりゅうがくせい》は、なかなか日本語《にほんご》が達者《たっしゃ》だ。

不死身《ふじみ》 どんな目《め》にあっても死《し》なないと思《おも》えるほどの丈夫《じょうぶ》な体《からだ》。また、どんな困難《こんなん》にもくじけない

似＝似《に》た表現《ひょうげん》のことば。対＝反対《はんたい》の意味《いみ》のことば。例＝使《つか》い方《かた》の例《れい》。

こと。例悪者《わるもの》を倒《たお》す不死身《ふじみ》のヒーローは、子《こ》どもたちのあこがれの的《まと》だ。

まめ
◎体《からだ》が丈夫《じょうぶ》なこと。例おかげさまで、家族全員《かぞくぜんいん》まめに暮《く》らしております。◎勤勉《きんべん》で几帳面《きちょうめん》なようす。例友《とも》だちにまめにメールを送《おく》る。◆「忠実《まめ》」と書《か》くこともある。

健《すこ》やか
体《からだ》や心《こころ》が健康《けんこう》であるようす。とくに、子《こ》どもについて使《つか》うことが多《おお》い。例赤《あか》ちゃんの健《すこ》やかな寝顔《ねがお》を見《み》ていると心《こころ》がなごむ。

かくしゃく
年《とし》を取《と》っても丈夫《じょうぶ》で元気《げんき》のいいようす。例七十七才《ななじゅうななさい》になる祖母《そぼ》は、かくしゃくとしてまったく年《とし》を感《かん》じさせない。

溌剌《はつらつ》
明《あか》るく元気《げんき》のいいようす。例委員長《いいんちょう》に選《えら》ばれた彼《かれ》は、いつも溌剌《はつらつ》と仕事《しごと》をこなしている。

タフ
「頑丈《がんじょう》」「心身《しんしん》が強《つよ》い」などの意《い》味《み》の英語《えいご》。めったなことではへこたれないようす。例打《う》たれ続《つづ》けても倒《たお》れないタフなボクサー。

強《つよ》い
丈夫《じょうぶ》で病気《びょうき》になりにくい。例父《ちち》は北海道《ほっかいどう》で育《そだ》ったので、寒《さむ》さにはめっぽう強《つよ》い。対弱《よわ》い。

つつがない
病気《びょうき》や事故《じこ》などがなく無事《ぶじ》である。「つつが」は、病気《びょうき》や災《わざわ》いという意味《いみ》。例兄《あに》は留学先《りゅうがくさき》のアメリカでつつがなく暮《く》らしている。

ぴちぴち
若々《わかわか》しくて、弾《はず》むように元気《げんき》のいいようす。例ぴちぴちした少女《しょうじょ》たちが、浜辺《はまべ》で遊《あそ》んでいる。

ぴんぴん
健康《けんこう》で生《い》き生《い》きとしているようす。元気《げんき》なようす。例昨日《きのう》まで風邪《かぜ》で休《やす》んでいたのに、今日《きょう》はもうぴんぴんしている。

がっちり
たくましくて丈夫《じょうぶ》なようす。例空手《からて》で鍛《きた》えた父《ちち》の胸板《むないた》は、広《ひろ》くてがっちりしている。似がっしり。

不健康《ふけんこう》
◎健康《けんこう》でないこと。体《からだ》に害《がい》のあること。例入院《にゅういん》した弟《おとうと》は、いかにも不健康《ふけんこう》な顔色《かおいろ》をしていた。対健康《けんこう》。◎生活態度《せいかつたいど》や考《かんが》え方《かた》が、正《ただ》しくないようす。例働《はたら》かずに金《かね》もうけしようなんて、考《かんが》え方《かた》が不健康《ふけんこう》だ。対健康《けんこう》。

不健全《ふけんぜん》
◎健康的《けんこうてき》でないこと。例食《た》べて寝《ね》るだけの不健全《ふけんぜん》な生活《せいかつ》から抜《ぬ》け出《だ》す。対健全《けんぜん》。◎考《かんが》えや行《おこな》い、物事《ものごと》の状態《じょうたい》などが、偏《かたよ》っていて好《この》ましくないこと。例不健全《ふけんぜん》な遊《あそ》びを覚《おぼ》えてはいけない。対健全《けんぜん》。

虚弱《きょじゃく》
体《からだ》が弱《よわ》く、気力《きりょく》や体力《たいりょく》がないこと。例適度《てきど》な運動《うんどう》とバランスのとれた食事《しょくじ》で、虚弱《きょじゃく》体質《たいしつ》を改善《かいぜん》していく。

惰弱《だじゃく》
意気地《いくじ》や体力《たいりょく》がなく、弱々《よわよわ》しいこと。例マラソンを完走《かんそう》できるように、惰弱《だじゃく》な体《からだ》を鍛《きた》え直《なお》す。

柔弱《にゅうじゃく》
気力《きりょく》や体力《たいりょく》がなく、弱々《よわよわ》しいこと。例柔弱《にゅうじゃく》な弟《おとうと》は、何事《なにごと》もすぐにあきらめてしまう。◆「じゅうじゃく」とも読《よ》む。

病弱《びょうじゃく》
病気《びょうき》にかかりやすく、体《からだ》が弱《よわ》いこと。例病弱《びょうじゃく》な母《はは》の代《か》わりに、兄《あに》が家事《かじ》を取《と》り仕切《しき》っている。

弱体《じゃくたい》
体《からだ》の弱《よわ》いこと。また、企業《きぎょう》や国《くに》、組織《そしき》などが弱《よわ》っていること。例競争《きょうそう》のない業界《ぎょうかい》では、企業《きぎょう》は

◆＝もっと知《し》りたい、ことばの知識《ちしき》。

徐々《じょじょ》に弱体化《じゃくたいか》する。

蒲柳《ほりゅう》の質《しつ》 体《からだ》が弱《よわ》くて、病気《びょうき》にかかりやすい体質《たいしつ》。「蒲《ほ》柳《りゅう》」は、カワヤナギのこと。カワヤナギが弱々《よわよわ》しいことから。例 兄《あに》は蒲柳《ほりゅう》の質《しつ》で、医者《いしゃ》と縁《えん》が切《き》れない。

弱《よわ》い 丈夫《じょうぶ》でなく、病気《びょうき》にかかりやすい。例 彼《かれ》はよく食《た》べるわりに胃腸《いちょう》が弱《よわ》い。対 強《つよ》い。

ひ弱《よわ》い 体《からだ》が弱々《よわよわ》しい感《かん》じである。いかにも弱《よわ》そうである。例 体付《からだつ》きはひ弱《よわ》いけれど、彼《かれ》の頭脳《ずのう》はコンピュータ並《な》みだ。

けがをする

get injured
［ゲット・インジャード］

傷付《きずつ》く ◎けがをする。傷《きず》を負《お》う。例 傷付《きずつ》いた足《あし》をかばいながら歩《ある》く。◎「悲《かな》しい」⬇427

擦《す》り剝《む》く こすって体《からだ》の表面《ひょうめん》を傷《きず》つける。例 転《ころ》んで擦《す》り剝《む》いたひざが、ひりひりする。

挫《くじ》く ひねるなどの無理《むり》な力《ちから》が加《くわ》わって、手《て》や足《あし》の関節《かんせつ》を痛《いた》める。例 跳《と》び箱《ばこ》の着地《ちゃくち》に失敗《しっぱい》して、足首《あしくび》を挫《くじ》く。

けが 不注意《ふちゅうい》などで負傷《ふしょう》すること。骨折《こっせつ》や打撲傷《だぼくしょう》など、「傷《きず》」よりも重《おも》く大《おお》きなものをいうことが多《おお》い。例 十字路《じゅうじろ》で自転車《じてんしゃ》とぶつかって、腕《うで》にけがをする。◆「怪我《けが》」と書《か》くことがあるが、これは当《あ》て字《じ》。

打撲《だぼく》 体《からだ》を強《つよ》く打《う》ったりたたいたりすること。例 車《くるま》の追突事故《ついとつじこ》で胸部《きょうぶ》を打撲《だぼく》する。

捻挫《ねんざ》 手《て》や足《あし》の関節《かんせつ》を挫《くじ》くこと。例 スキーの練習中《れんしゅうちゅう》、転《ころ》んで足首《あしくび》を捻挫《ねんざ》する。

脱臼《だっきゅう》 無理《むり》な力《ちから》が加《くわ》わって、関節《かんせつ》が外《はず》れること。例 関節技《かんせつわざ》をかけられて、肩《かた》を脱臼《だっきゅう》する。

骨折《こっせつ》 体《からだ》の骨《ほね》を折《お》ること。例 雪道《ゆきみち》で転《ころ》んで、腕《うで》を骨折《こっせつ》する。

靴擦《くつず》れ 新《あたら》しい靴《くつ》や合《あ》わない靴《くつ》をはいたときに、靴《くつ》と足《あし》とがすれて傷《きず》ができること。また、その傷《きず》。例 かかとにできた靴擦《くつず》れが痛《いた》くて、もう歩《ある》けないよ。

床擦《とこず》れ 長《なが》く寝込《ねこ》んでいるために、床《とこ》に当《あ》たる背《せ》や腰《こし》などの皮膚《ひふ》がただれること。例 長《なが》い入院生活《にゅういんせいかつ》で、腰《こし》に床擦《とこず》れができた。

火傷《やけど》 火《ひ》や熱湯《ねっとう》などに触《ふ》れて、皮膚《ひふ》が水《みず》ぶくれになったり、ただれたりすること。例 フライパンの油《あぶら》がはねて、腕《うで》に火傷《やけど》した。◆「かしょう」とも読《よ》む。

負傷《ふしょう》 体《からだ》に傷《きず》を負《お》うこと。比較的《ひかくてき》大《おお》きなけがの場合《ばあい》に使《つか》うことが多《おお》い。例 交通事故《こうつうじこ》で負傷《ふしょう》した人《ひと》たちを病院《びょういん》に運《はこ》ぶ。

傷痍《しょうい》 「負傷《ふしょう》」と同《おな》じ。「痍《い》」は、傷《きず》という意味《いみ》。例 傷痍軍人《しょういぐんじん》。

傷害《しょうがい》 他人《たにん》の体《からだ》に傷《きず》を負《お》わせること。例 傷害事件《しょうがいじけん》。

致傷《ちしょう》 あることをした結果《けっか》、人《ひと》に傷《きず》を負《お》わせること。裁判《さいばん》などで使《つか》われることが多《おお》い。例 車《くるま》で事故《じこ》を起《お》こして、業務上過失致傷罪《ぎょうむじょうかしつちしょうざい》に問《と》われた。

刃傷《にんじょう》
刃物《はもの》で人《ひと》を傷《きず》つけること。例 犯人《はんにん》は、日《ひ》ごろの恨《うら》みから刃《にん》傷《じょう》に及《およ》んだらしい。

手負《てお》い
銃《じゅう》や刀《かたな》などで傷《きず》を負《お》うこと。また、傷《きず》を負《お》った人《ひと》や動物《どうぶつ》。例 山《やま》に入《はい》り、手負《てお》いのクマを銃《じゅう》でしとめる。

浅手《あさで》
戦《たたか》いなどで負《お》った浅《あさ》い傷《きず》。軽《かる》い傷《きず》。例 敵《てき》の刀《かたな》をかわしたつもりが、腕《うで》に浅手《あさで》を負《お》っていた。対 深手《ふかで》。

深手《ふかで》
戦《たたか》いなどで負《お》った深《ふか》い傷《きず》。重《おも》い傷《きず》。例 深手《ふかで》を負《お》った仲間《なかま》をかばいながら、敵《てき》と戦《たたか》う。対 浅手《あさで》。

軽傷《けいしょう》
軽《かる》い傷《きず》。わずかの傷《きず》。例 事故《じこ》に巻《ま》き込《こ》まれたが、幸《さいわ》い軽傷《けいしょう》ですんだ。対 重傷《じゅうしょう》。

重傷《じゅうしょう》
重《おも》い傷《きず》。大《おお》けが。例 車《くるま》の衝突《しょうとつ》事故《じこ》で、全治《ぜんち》三《さん》か月《げつ》の重傷《じゅうしょう》を負《お》う。対 軽傷《けいしょう》。

重軽傷《じゅうけいしょう》
重《おも》い傷《きず》と軽《かる》い傷《きず》。重傷《じゅうしょう》と軽《けい》傷《しょう》。例 高速道路《こうそくどうろ》で起《お》こった追突《ついとつ》事故《じこ》で、十人《じゅうにん》以上《いじょう》が重軽傷《じゅうけいしょう》を負《お》った。

痛手《いたで》
◎とても重《おも》い傷《きず》。例 足《あし》に痛手《いたで》を負《お》い、立《た》ち上《あ》がることができない。◎大《おお》きな被害《ひがい》や損害《そんがい》。例 チームにとって、あのスター選手《せんしゅ》の移籍《いせき》は痛手《いたで》だ。

ダメージ
「損害《そんがい》」「損傷《そんしょう》」などの意味《いみ》の英語《えいご》。例 打者《だしゃ》は、デッドボールでひじにダメージを受《う》けた。

致命傷《ちめいしょう》
命《いのち》にかかわるような重《おも》い傷《きず》。また、死《し》の原因《げんいん》となった傷《きず》。例 頭《あたま》に受《う》けた傷《きず》が致命傷《ちめいしょう》となった。

公傷《こうしょう》
公務《こうむ》（おおやけの務《つと》め。国《くに》や公《こう》共団体《きょうだんたい》などの仕事《しごと》）中《ちゅう》に受《う》けた傷《きず》。公務員《こうむいん》でない人《ひと》が、勤務中《きんむちゅう》に受《う》けた傷《きず》にも使《つか》う。例 昨日《きのう》の取組《とりくみ》でひざを痛《いた》めた力士《りきし》は、公傷《こうしょう》が認《みと》められて休《きゅう》場《じょう》した。対 私傷《ししょう》。

私傷《ししょう》
公務《こうむ》以外《いがい》のときに受《う》けた傷《きず》。例 遊《あそ》んでいるときのけがは、私傷《ししょう》扱《あつか》いとなる。対 公傷《こうしょう》。

戦傷《せんしょう》
戦争《せんそう》で受《う》けた傷《きず》。例 前線《ぜんせん》で戦《せん》傷《しょう》を負《お》い、後方《こうほう》に退《しりぞ》く。

傷《きず》
◎皮膚《ひふ》や肉《にく》などの、裂《さ》けたり破《やぶ》れたりしたところ。例 保健室《ほけんしつ》で傷《きず》の手当《てあ》てをしてもらう。◎不名誉《ふめいよ》なこと。例 輝《かがや》かしい経歴《けいれき》に傷《きず》がつく。◎心《こころ》などに受《う》けた痛手《いたで》。例 失恋《しつれん》の傷《きず》をいやす。

手傷《てきず》
戦《たたか》いで受《う》けた傷《きず》。とくに、刀《かたな》ややりで受《う》けた傷《きず》。例 両軍《りょうぐん》が激突《げきとつ》し、多《おお》くの兵士《へいし》が手傷《てきず》を負《お》った。

傷病《しょうびょう》
傷《きず》つくことと、病気《びょうき》になること。例 輸送船《ゆそうせん》で傷病《しょうびょう》兵《へい》を本国《ほんごく》に送《おく》り返《かえ》す。

外傷《がいしょう》
体《からだ》の外側《そとがわ》に受《う》けた傷《きず》。また、外《そと》からの力《ちから》で体《からだ》にできた傷《きず》。例 医者《いしゃ》は、外傷《がいしょう》のようすを丹念《たんねん》に調《しら》べた。

打《う》ち身《み》
物《もの》にぶつかったり打《う》たれたりして、皮膚《ひふ》の内側《うちがわ》にできた傷《きず》。内出血《ないしゅっけつ》やはれなどのこと。例 コーチのノックを受《う》けて、体中《からだじゅう》が打《う》ち身《み》だらけだ。

打撲傷《だぼくしょう》
「打《う》ち身《み》」のこと。例 滑《すべ》って強打《きょうだ》した腰《こし》は、全治《ぜんち》二《に》週間《しゅうかん》の打撲傷《だぼくしょう》と診断《しんだん》された。

擦《す》り傷《きず》　こすってすりむけた皮膚《ひふ》の傷《きず》。例 転《ころ》んでひざに**擦《す》り傷《きず》**をこしらえる。

かすり傷《きず》　皮膚《ひふ》の表面《ひょうめん》をかすってできた浅《あさ》い傷《きず》。また、軽《かる》いけがや小《ちい》さな被害《ひがい》のこと。例 二階《にかい》から落《お》ちて**かすり傷《きず》**ですむなんて、信《しん》じられない。

擦過傷《さっかしょう》　「擦《す》り傷《きず》」と同《おな》じ。例 試合《しあい》中《ちゅう》に**擦過傷《さっかしょう》**を負《お》い、簡単《かんたん》な治療《ちりょう》を受《う》ける。

切《き》り傷《きず》　刃物《はもの》などで切《き》ってできた傷《きず》。例 包丁《ほうちょう》で指《ゆび》にこしらえた**切《き》り傷《きず》**が、ずきずき痛《いた》む。

刺《さ》し傷《きず》　とがったものが突《つ》き刺《さ》さってできた傷《きず》。例 解剖《かいぼう》の結果《けっか》、胸部《きょうぶ》の深《ふか》い**刺《さ》し傷《きず》**が死因《しいん》と断定《だんてい》された。

引《ひ》っかき傷《きず》　つめなど先《さき》のとがったもので強《つよ》くかかれてできた傷《きず》。例 子《こ》猫《ねこ》とじゃれていて、おでこに**引《ひ》っかき傷《きず》**ができてしまった。

咬《か》み傷《きず》　かまれてできた傷《きず》。例 **咬《か》み傷《きず》**からばい菌《きん》が入《はい》り、ひどくうんでしまった。

刀傷《かたなきず》　刀《かたな》で切《き》られてできた傷《きず》。例 果《は》たし合《あ》いで腕《うで》に**刀傷《かたなきず》**を負《お》う。

向《む》こう傷《きず》　敵《てき》と正面《しょうめん》から戦《たたか》って、額《ひたい》や顔《かお》など体《からだ》の前面《ぜんめん》に受《う》けた傷《きず》。例 **向《む》こう傷《きず》**を額《ひたい》に受《う》ける。

凍傷《とうしょう》　ひどい寒《さむ》さのために、筋肉《きんにく》や神経《しんけい》がおかされて起《お》こる傷害《しょうがい》。軽《かる》いものは「しもやけ」という。例 冬山《ふゆやま》で吹雪《ふぶき》にあい、重《おも》い**凍傷《とうしょう》**にかかった。

挫傷《ざしょう》　体《からだ》を強《つよ》くぶつけたときなどに、皮膚《ひふ》の表面《ひょうめん》には傷《きず》がつかず、筋肉《きんにく》や内臓《ないぞう》などに傷《きず》を受《う》けること。また、その傷《きず》。例 脳《のう》**挫傷《ざしょう》**。例 ジャングルジムから落《お》ちて、腕《うで》を**挫傷《ざしょう》**する。

裂傷《れっしょう》　皮膚《ひ》などが裂《さ》けてできた傷《きず》。例 事故《じこ》で頭《あたま》に**裂傷《れっしょう》**を負《お》う。

銃創《じゅうそう》　銃《じゅう》で撃《う》たれてできた傷《きず》。「創《そう》」は、傷《きず》という意味《いみ》。例 貫通《かんつう》**銃創《じゅうそう》**。

生傷《なまきず》　受《う》けたばかりの新《あたら》しい傷《きず》。生々《なまなま》しい傷《きず》。例 うちの弟《おとうと》はとてもやんちゃで、**生傷《なまきず》**が絶《た》えない。対 古傷《ふるきず》。

古傷《ふるきず》　◎前《まえ》に受《う》けた傷《きず》。例 雨《あめ》が降《ふ》ると腕《うで》の**古傷《ふるきず》**が痛《いた》む。対 **生傷《なまきず》**。◎前《まえ》に犯《おか》した罪《つみ》やあやまち。例 思《おも》い出《だ》したくない**古傷《ふるきず》**に触《ふ》れられて、胸《むね》が痛《いた》む。

満身創痍《まんしんそうい》　◎体中《からだじゅう》が傷《きず》だらけになること。「創痍《そうい》」は、刃物《はもの》などで体《からだ》に受《う》けた傷《きず》のこと。例 チャンピオンは**満身創痍《まんしんそうい》**になりながらも、ベルトを守《まも》った。◎徹底的《てっていてき》に痛《いた》めつけられること。例 テレビや新聞《しんぶん》でたたかれ、**満身創痍《まんしんそうい》**となる。

「けがをする」に関連《かんれん》することば

脛《すね》に傷《きず》を持《も》つ　人《ひと》に知《し》られると困《こま》るような、やましいことがある。

毛《け》を吹《ふ》いて傷《きず》を求《もと》む　人《ひと》の粗探《あらさが》しをする。また、人《ひと》の欠点《けってん》を見《み》つけ出《だ》して、かえって自分《じぶん》の欠点《けってん》をさらけ出《だ》す。毛《け》を吹《ふ》き分《わ》けてでも入念《にゅうねん》に探《さが》す、ということから。

病気《びょうき》

illness
［イルネス］

病気《びょうき》 ◎体《からだ》に異常《いじょう》が起《お》こり、正常《せいじょう》に働《はたら》かない状態《じょうたい》。例 病気《びょうき》で入院《にゅういん》した友《とも》だちのお見舞《みま》いに行《い》く。◎人《ひと》の悪《わる》い癖《くせ》や直《なお》りにくい欠点《けってん》。例 土壇場《どたんば》になると逃《に》げ出《だ》すという、彼《かれ》のいつもの病気《びょうき》が出《で》た。

疾患《しっかん》 「病気《びょうき》」と同《おな》じ。例 レントゲン写真《しゃしん》を撮《と》ったところ、胸部《きょうぶ》に疾患《しっかん》が見《み》つかった。

疾病《しっぺい》 「病気《びょうき》」と同《おな》じ。例 流行《りゅうこう》のおそれがある疾病《しっぺい》の予防《よぼう》に努《つと》める。

不快《ふかい》 ◎「病気《びょうき》」の遠回《とおまわ》しな言《い》い方《かた》。例 先生《せんせい》は、ご不快《ふかい》のためお休《やす》みです。似 不例《ふれい》。◎「怒《おこ》る」➡402

病魔《びょうま》 病気《びょうき》を魔物《まもの》にたとえた言《い》い方《かた》。重病《じゅうびょう》や難病《なんびょう》に対《たい》して使《つか》われることが多《おお》い。例 病魔《びょうま》に取《と》りつかれ、生死《せいし》の境《さかい》をさまよう。

病《やまい》 「病気《びょうき》」と同《おな》じ。例 旅《たび》の途中《とちゅう》で病《やまい》に倒《たお》れる。

患《わずら》い 「病気《びょうき》」と同《おな》じ。例 母《はは》は長《なが》の患《わずら》いで、見《み》る影《かげ》もなくやせ細《ほそ》った。

万病《まんびょう》 あらゆる病気《びょうき》。すべての病気《びょうき》。例 風邪《かぜ》は万病《まんびょう》のもと。例 祖父《そふ》にとって、お酒《さけ》は万病《まんびょう》に効《き》く薬《くすり》らしい。

四百四病《しひゃくしびょう》 人《ひと》のかかる、あらゆる病気《びょうき》。仏教《ぶっきょう》のことば。例 四百四病《しひゃくしびょう》の外《ほか》(恋《こい》の病《やまい》のこと。病気《びょうき》の中《なか》に入《はい》らないということから)。

大病《たいびょう》 なかなか治《なお》らない重《おも》い病気《びょうき》。例 兄《あに》は大病《たいびょう》を患《わずら》い、もう半年《はんとし》も入院《にゅういん》している。

大患《たいかん》 「大病《たいびょう》」と同《おな》じ。例 彼《かれ》は政界《せいかい》のトップに立《た》つという夢《ゆめ》を果《は》たせぬまま、大患《たいかん》に倒《たお》れた。

難病《なんびょう》 治療《ちりょう》の困難《こんなん》な病気《びょうき》。治療方法《ちりょうほうほう》が確立《かくりつ》されておらず、治《なお》りにくい病気《びょうき》。例 癌《がん》は現在《げんざい》でも難病《なんびょう》の一《ひと》つだ。

不治《ふじ》の病《やまい》 あらゆる手段《しゅだん》を尽《つ》くしても、決《けっ》して治《なお》ることがない病気《びょうき》。例 祖父《そふ》は不治《ふじ》の病《やまい》に冒《おか》され、余命半年《よめいはんとし》と宣告《せんこく》された。◆「不治《ふじ》」は「ふち」とも読《よ》む。

死病《しびょう》 死《し》ぬ確率《かくりつ》が高《たか》い病気《びょうき》。かかったら必《かなら》ず死《し》ぬとされている病気《びょうき》。例 昔《むかし》、結核《けっかく》は、死病《しびょう》として恐《おそ》れられていた。

持病《じびょう》 完全《かんぜん》に治《なお》らず、常《つね》に、または周期的《しゅうきてき》に起《お》きる病気《びょうき》。例 寒《さむ》くなると、持病《じびょう》の腰痛《ようつう》に悩《なや》まされる。

宿痾《しゅくあ》 長《なが》い間《あいだ》治《なお》らない病気《びょうき》。何年《なんねん》も前《まえ》からの病気《びょうき》。「痾《あ》」は、病気《びょうき》という意味《いみ》。例 新《あたら》しい薬《くすり》のおかげで、長年苦《ながねんくる》しんできた宿痾《しゅくあ》が治《なお》った。

奇病《きびょう》 原因《げんいん》や治療法《ちりょうほう》が分《わ》からない珍《めずら》しい病気《びょうき》。また、極《きわ》めて患者《かんじゃ》の少《すく》ない珍《めずら》しい病気《びょうき》。例 アフリカ大陸《たいりく》の奥地《おくち》で、原因不明《げんいんふめい》の奇病《きびょう》が発生《はっせい》した。

既往症《きおうしょう》 前《まえ》にかかったことのある病《びょう》気《き》。医師《いし》の診断《しんだん》などの参考《さんこう》になることが多《おお》い。例 はじめて診察《しんさつ》を受《う》けた医師《いし》から、既往症《きおうしょう》を尋《たず》ねられた。

仮病《けびょう》 本当《ほんとう》は病気《びょうき》ではないのに病気《びょうき》のふりをしたり、病気《びょうき》である

◆＝もっと知《し》りたい、ことばの知識《ちしき》。

とうそをついたりすること。例今度《こんど》のテストは自信《じしん》がないので、仮病《けびょう》を使《つか》ってでも受《う》けたくない。

発病《はつびょう》 病気《びょうき》にかかること。例旅先《たびさき》で弟《おとうと》が発病《はつびょう》したため、旅行《りょこう》を中《ちゅう》断《だん》して家《いえ》に戻《もど》った。

発症《はっしょう》 病気《びょうき》の症状《しょうじょう》が現《あらわ》れること。例この病気《びょうき》は、感染《かんせん》してもすぐには発症《はっしょう》しないらしい。

罹病《りびょう》 病気《びょうき》にかかること。人《ひと》のほかに、動物《どうぶつ》や植物《しょくぶつ》にも使《つか》う。例旅先《たびさき》で罹病《りびょう》した旅行者《りょこうしゃ》を、空港《くうこう》でチェックする。

罹患《りかん》 病気《びょうき》にかかること。おもに、人《ひと》に対《たい》して使《つか》う。例コレラに罹患《りかん》した患者《かんじゃ》を、一時的《いちじてき》に病院《びょういん》に隔離《かくり》する。

入院《にゅういん》 病院《びょういん》に泊《と》まり込《こ》んで、病気《びょうき》やけがの治療《ちりょう》をしたり、検査《けんさ》を受《う》けたりすること。例事故《じこ》で足《あし》を骨折《こっせつ》して、一《いっ》か月間《げつかん》入院《にゅういん》した。対退院《たいいん》。

病《や》む ◎病気《びょうき》になる。例心臓《しんぞう》を病《や》んで、医者《いしゃ》から激《はげ》しい運動《うんどう》を禁《きん》じられる。◎「心配《しんぱい》する」➡498

患《わずら》う 病気《びょうき》になる。例祖父《そふ》は胸《むね》を患《わずら》い、長《なが》いこと郊外《こうがい》の病院《びょういん》に入院《にゅういん》している。

罹《かか》る 病気《びょうき》になる。例インフルエンザに罹《かか》って学校《がっこう》を休《やす》む。

冒《おか》される 病気《びょうき》によって体《からだ》がむしばまれる。例病《やまい》に冒《おか》され、一年間入院《いちねんかんにゅういん》した。

倒《たお》れる ◎病気《びょうき》になって、通常《つうじょう》の生活《せいかつ》ができなくなる。例弟《おとうと》の看病疲《かんびょうづか》れで、母《はは》が倒《たお》れてしまった。◎「死《し》ぬ」➡121 ◎「倒《たお》れる」➡148

体《からだ》を壊《こわ》す 過労《かろう》や不養生《ふようじょう》などで、病気《びょうき》になること。例夜遅《よるおそ》くまで勉強《べんきょう》しても、体《からだ》を壊《こわ》しては何《なに》にもならない。

病《やまい》を得《え》る 病気《びょうき》になる。「得《え》る」というと得《とく》をしたように思《おも》えるが、悪《わる》い目《め》にあうことにもいう。例父《ちち》は三年前《さんねんまえ》に病《やまい》を得《え》て、それ以後《いご》

深谷先生《ふかやせんせい》のちょっとひと息《いき》
髪《かみ》だけでなく、体《からだ》もちょきちょき

病気《びょうき》になったとき、みなさんは小児科《しょうにか》に行《い》くことが多《おお》いのではないでしょうか。お医者《いしゃ》さんの専門《せんもん》を表《あらわ》すことばのうち、分《わ》かりづらいのが内科《ないか》と外科《げか》の違《ちが》い。「体《からだ》の内側《うちがわ》を治《なお》すのが内科《ないか》で、外側《そとがわ》を治《なお》すのが外科《げか》」と思《おも》っている人《ひと》も多《おお》いのではないでしょうか。でも、それは大《おお》きな間違《まちが》いで、これらのことばは治《なお》す部分《ぶぶん》ではなく、治《なお》す方法《ほうほう》を表《あらわ》しているのです。

内科《ないか》では、おもに薬《くすり》で病気《びょうき》を治《なお》そうとします。一方《いっぽう》、おもに手術《しゅじゅつ》で治療《ちりょう》にあたるのが外科《げか》で、昔《むかし》のヨーロッパでは、この仕事《しごと》は医者《いしゃ》ではなく理容師《りようし》がやっていました。理髪店《りはつてん》の看板《かんばん》の白《しろ》・赤《あか》・青《あお》の色《いろ》はそれぞれ、包帯《ほうたい》と動脈《どうみゃく》・静脈《じょうみゃく》（ともに血管《けっかん》のこと）の意味《いみ》です。

もう一《ひと》つ、分《わ》かりにくいことばに整形《せいけい》外科《げか》と形成外科《けいせいげか》があります。整形外科《せいけいげか》は骨《ほね》や筋肉《きんにく》の病気《びょうき》などを、形成外科《けいせいげか》は体《からだ》の表面《ひょうめん》の病気《びょうき》などを治《なお》します。美容整形《びようせいけい》は、じつは整形外科《せいけいげか》ではなく形成外科《けいせいげか》の仕事《しごと》なのです。

入退院《にゅういいん》を繰《く》り返《かえ》している。◆罪《つみ》を犯《おか》すことを「罪《つみ》を得《え》る」ともいう。

寝《ね》る　◎体《からだ》を横《よこ》たえるということから、病気《びょうき》になって床《とこ》にふせる。例おなかが痛《いた》くて、昨日《きのう》は一日中《いちにちじゅう》寝《ね》ていた。◎「横《よこ》になる」➡145　◎「眠《ねむ》る」➡219

寝込《ねこ》む　◎病気《びょうき》になって、長《なが》い間《あいだ》寝《ね》たままになる。例風邪《かぜ》をこじらせ、三日《みっか》も寝込《ねこ》んでしまった。◎「眠《ねむ》る」➡219

寝付《ねつ》く　◎「寝込《ねこ》む」と同《おな》じ。例父《ちち》は病気《びょうき》で、先週《せんしゅう》から寝付《ねつ》いている。◎「眠《ねむ》る」➡219

臥《ふ》せる　病気《びょうき》で寝込《ねこ》む。例あいにく母《はは》は、風邪《かぜ》で臥《ふ》せっております。

病臥《びょうが》　病気《びょうき》で寝込《ねこ》むこと。例姉《あね》といっしょに病臥《びょうが》中《ちゅう》の祖母《そぼ》のお見舞《みま》いに行《い》く。

床《とこ》に就《つ》く　◎病気《びょうき》になって寝込《ねこ》む。例父《ちち》は風邪《かぜ》を引《ひ》いて、昨日《きのう》から床《とこ》に就《つ》いております。◎「眠《ねむ》る」➡219

病床《びょうしょう》に臥《ふ》す　病気《びょうき》になって寝込《ねこ》む。「病床《びょうしょう》」は、病人《びょうにん》の寝床《ねどこ》。例病床《びょうしょう》に臥《ふ》した国王《こくおう》の、一日《いちにち》も早《はや》い回復《かいふく》を祈《いの》った。

ダウン　◎「倒《たお》れる」という意味《いみ》の英語《えいご》。病気《びょうき》になって寝込《ねこ》むこと。例とうとう、風邪《かぜ》でダウンしてしまった。◎「倒《たお》れる」➡149

移《うつ》す　病気《びょうき》などを伝《つた》える。例お見舞《みま》いに来《き》た友《とも》だちに、風邪《かぜ》を移《うつ》してしまった。

移《うつ》る　病気《びょうき》などが伝《つた》わる。例せきをしていた兄《あに》から、家族全員《かぞくぜんいん》に風邪《かぜ》が移《うつ》った。

感染《かんせん》　病気《びょうき》が移《うつ》ること。例感染症《かんせんしょう》。例途上国《とじょうこく》では、エイズウイルスに感染《かんせん》した人《ひと》が急増《きゅうぞう》している。

伝染《でんせん》　病気《びょうき》が移《うつ》ること。例はしかは伝染《でんせん》するので、治《なお》るまで学校《がっこう》を休《やす》む。

「病気《びょうき》」に関連《かんれん》することば

病《やまい》は気《き》から　病気《びょうき》は気持《きも》ちの持《も》ちようでかかったり、また、良《よ》くも悪《わる》くもなるものだということ。

風邪《かぜ》は万病《まんびょう》の元《もと》　風邪《かぜ》を引《ひ》くと、体《からだ》が弱《よわ》っていろいろな病気《びょうき》を引《ひ》き起《お》こす原因《げんいん》となる。たかが風邪《かぜ》だとあまく考《かんが》えずに用心《ようじん》せよということ。

一病息災《いちびょうそくさい》　病気《びょうき》を全然《ぜんぜん》持《も》たない人《ひと》より、一《ひと》つくらい病気《びょうき》を持《も》っている人《ひと》のほうが、体《からだ》に気《き》を配《くば》ってかえって長生《ながい》きするものだということ。

病《やまい》膏肓《こうこう》に入《い》る　病気《びょうき》が重《おも》くなって、治《なお》る見込《みこ》みがなくなる。「膏《こう》」と「肓《こう》」は、内臓《ないぞう》の奥深《おくふか》くで病気《びょうき》の治療《ちりょう》のしにくいところ。昔《むかし》、中国《ちゅうごく》で、重《おも》い病気《びょうき》になった君主《くんしゅ》が評判《ひょうばん》の名医《めいい》を呼《よ》んだところ、病魔《びょうま》が二人《ふたり》の子《こ》どもとなって現《あらわ》れ、名医《めいい》を恐《おそ》れて膏肓《こうこう》に隠《かく》れた夢《ゆめ》を見《み》た。名医《めいい》が到着《とうちゃく》して診察《しんさつ》すると、夢《ゆめ》の通《とお》り「この病気《びょうき》は膏肓《こうこう》にあり、治療《ちりょう》することができません」と言《い》ったという故事《こじ》から。

◆＝もっと知《し》りたい、ことばの知識《ちしき》。

急病《きゅうびょう》 突然《とつぜん》に起《お》こる病気《びょうき》。例 先生《せんせい》が急病《きゅうびょう》のため、一時間目《いちじかんめ》は自習《じしゅう》となった。

長患《ながわずら》い 長《なが》い間《あいだ》病気《びょうき》にかかること。また、その病気《びょうき》。例 曾祖父《そうそふ》は長患《ながわずら》いの末《すえ》、先月永眠《せんげつえいみん》いたしました。

こじれる 病気《びょうき》が治《なお》りそこなって、重《おも》くなる。例 無理《むり》して遅《おそ》くまで起《お》きていたら、風邪《かぜ》がこじれてしまった。

再発《さいはつ》 病気《びょうき》が、一度《いちど》治《おさ》まってから再《ふたた》び起《お》こること。例 手術《しゅじゅつ》を受《う》けた一年後《いちねんご》に、癌《がん》が再発《さいはつ》した。

ぶり返《かえ》す 一度《いちど》治《おさ》まった病気《びょうき》が、再《ふたた》び悪《わる》くなる。例 熱《ねつ》も下《さ》がったので遊《あそ》びに行《い》ったら、風邪《かぜ》がぶり返《かえ》した。

鬼《おに》の霍乱《かくらん》 普段《ふだん》は極《きわ》めて丈夫《じょうぶ》な人《ひと》が、珍《めずら》しく病気《びょうき》になること。からかいの気持《きも》ちを含《ふく》む場合《ばあい》が多《おお》い。「霍乱《かくらん》」は、真夏《まなつ》に起《お》きやすい、激《はげ》しく吐《は》いたり下《くだ》したりする病気《びょうき》で、食中毒《しょくちゅうどく》や日射病《にっしゃびょう》などのこと。強《つよ》いはずの鬼《おに》が、霍乱《かくらん》にかかった状態《じょうたい》になぞらえていう。例 えっ、キャプテンが寝込《ねこ》んだって、そりゃ鬼《おに》の霍乱《かくらん》だ。

病状《びょうじょう》 病気《びょうき》のようす、ぐあい。例 いろいろな治療法《ちりょうほう》を試《ため》したが、病状《びょうじょう》は悪化《あっか》する一方《いっぽう》だった。

症状《しょうじょう》 病気《びょうき》やけがによって起《お》こる、体《からだ》の不調《ふちょう》や変化《へんか》。例 父《ちち》には、疲《つか》れやすい、のどが渇《かわ》くなど、糖尿病《とうにょうびょう》の症状《しょうじょう》が見《み》られる。

容態《ようだい》 病気《びょうき》やけがによって不調《ふちょう》になっている体《からだ》の状態《じょうたい》。例 担当《たんとう》の医師《いし》に、母《はは》の容態《ようだい》を尋《たず》ねる。◆「ようたい」とも読《よ》み、「容体《ようだい》」とも書《か》く。

軽症《けいしょう》 症状《しょうじょう》の軽《かる》い病気《びょうき》やけが。例 家族全員《かぞくぜんいん》が風邪《かぜ》を引《ひ》いたが、幸《さいわ》いみんな軽症《けいしょう》だった。対 重症《じゅうしょう》。

重病《じゅうびょう》 症状《しょうじょう》の重《おも》い病気《びょうき》。命《いのち》にかかわるような重《おも》い病気《びょうき》。例 重病《じゅうびょう》に冒《おか》され、起《お》き上《あ》がることさえできなくなる。

重症《じゅうしょう》 症状《しょうじょう》の重《おも》い病気《びょうき》やけが。「重病《じゅうびょう》」は病気《びょうき》のみにいうが、「重症《じゅうしょう》」はけがにも使《つか》われる。例 重症《じゅうしょう》の患者《かんじゃ》が、救急車《きゅうきゅうしゃ》で病院《びょういん》に運《はこ》ばれてきた。対 軽症《けいしょう》。

重体《じゅうたい》 病気《びょうき》やけががひどく重《おも》いようす。「危篤《きとく》」ほどではないが、生命《せいめい》が危険《きけん》な状態《じょうたい》であること。例 追突事故《ついとつじこ》で胸《むね》を強《つよ》く打《う》った運転手《うんてんしゅ》が、重体《じゅうたい》に陥《おちい》った。◆「重態《じゅうたい》」とも書《か》く。

危篤《きとく》 病気《びょうき》やけがが非常《ひじょう》に重《おも》く、今《いま》にも死《し》にそうなこと。「重体《じゅうたい》」よりも症状《しょうじょう》が重《おも》く、危険《きけん》な状態《じょうたい》であること。例 父危篤《ちちきとく》の知《し》らせを聞《き》き、慌《あわ》てて病院《びょういん》に向《む》かった。

昏睡《こんすい》 病気《びょうき》やけがが重《おも》いために意識《いしき》がなくなり、呼《よ》んでも揺《ゆ》すっても反応《はんのう》しないこと。例 脳出血《のうしゅっけつ》で倒《たお》れた父《ちち》は、三日《みっか》たっても昏睡状態《こんすいじょうたい》が続《つづ》いている。

後遺症《こういしょう》 病気《びょうき》やけがが治《なお》った後《あと》まで残《のこ》る、障害《しょうがい》や症状《しょうじょう》。例 退院《たいいん》した後《あと》も、事故《じこ》の後遺症《こういしょう》でときどき頭痛《ずつう》がする。

治療《ちりょう》 手当《てあ》てをして、病気《びょうき》やけがを治《なお》すこと。例 歯医者《はいしゃ》さんで、虫歯《むしば》を治療《ちりょう》する。

診療《しんりょう》
病人《びょうにん》やけが人《にん》を診察《しんさつ》し、治療《ちりょう》すること。例 この病院《びょういん》は、夜《や》間《かん》も**診療《しんりょう》**している。

施療《せりょう》
治療《ちりょう》を施《ほどこ》すこと。とくに、貧《まず》しい病人《びょうにん》などを無料《むりょう》で治療《ちりょう》すること。例 医師《いし》たちが被災地《ひさいち》に派遣《はけん》され、交替《こうたい》でけが人《にん》に**施療《せりょう》**した。

療治《りょうじ》
治療《ちりょう》すること。とくに、はり・灸《きゅう》・マッサージなどで症状《しょうじょう》を改善《かいぜん》すること。例 母《はは》は持病《じびょう》の神経痛《しんけいつう》で、はりと灸《きゅう》の**療治《りょうじ》**を受《う》けている。

荒療治《あらりょうじ》
◎苦痛《くつう》はやむをえないとして、思《おも》い切《き》った手荒《てあら》い治《ち》療《りょう》をすること。例 あの先生《せんせい》はたいそう**荒療治《あらりょうじ》**だが、よく効《き》くと評判《ひょうばん》だ。◎組織《そしき》などを立《た》て直《なお》すために、思《おも》い切《き》った改革《かいかく》をすること。例 チームを立《た》て直《なお》すためには、**荒療治《あらりょうじ》**が必要《ひつよう》だ。

加療《かりょう》
「治療《ちりょう》」と同《おな》じ。例 父《ちち》のけがには、一月《ひとつき》以上《いじょう》の入院《にゅういん》**加療《かりょう》**が必《ひつ》要《よう》らしい。

手当《てあ》て
病気《びょうき》やけがなどの治療《ちりょう》をすること。医師《いし》だけでなく、看護師《かんごし》や一般《いっぱん》の人《ひと》が行《おこな》う場合《ばあい》もいう。例 保健室《ほけんしつ》で、すりむいたひざの**手当《てあ》て**をしてもらう。

処置《しょち》
「手当《てあ》て」と同《おな》じ。例 事故《じこ》の際《さい》の応急《おうきゅう》**処置《しょち》**がよかったため、大事《だいじ》に至《いた》らずにすんだ。

応急手当《おうきゅうてあ》て
急病人《きゅうびょうにん》や急《きゅう》なけが人《にん》に、ひとまずその場《ば》でできる治療《ちりょう》をすること。例 包丁《ほうちょう》で切《き》った指《ゆび》に**応急手当《おうきゅうてあ》て**をして、病院《びょういん》に向《む》かった。

治《なお》す
病気《びょうき》やけがなど悪《わる》いところをよくして、元《もと》の健康《けんこう》な状態《じょうたい》にする。例 薬《くすり》を飲《の》んで風邪《かぜ》を**治《なお》す**。

癒《い》やす
◎病気《びょうき》やけがなどを、改《かい》善《ぜん》させる。例 温泉《おんせん》に入《はい》って、腰《こし》の痛《いた》みを**癒《い》やす**。◎疲《つか》れや悩《なや》みなどを取《と》り除《のぞ》く。例 音楽《おんがく》を聴《き》いて、失《しつ》恋《れん》の痛手《いたで》を**癒《い》やす**。

	けがを―	のどの渇《かわ》きを―	悪《わる》い癖《くせ》を―
治す	○	−	○
癒やす	○	○	−

ケア
◎「世話《せわ》」という意味《いみ》の英語《えいご》。病人《びょうにん》などを介抱《かいほう》し世話《せわ》をすること。例 わが病院《びょういん》は、心《こころ》のこもった**ケア**が自慢《じまん》です。◎手《て》入《い》れをすること。例 毎日《まいにち》のスキン**ケア**を欠《か》かさない。

闘病《とうびょう》
病気《びょうき》の治療《ちりょう》に、強《つよ》い意志《いし》を持《も》って積極的《せっきょくてき》に立《た》ち向《む》かうこと。例 長《なが》い**闘病《とうびょう》**生活《せいかつ》を経《へ》て、ようやく仕事《しごと》に復帰《ふっき》する。

療養《りょうよう》
病気《びょうき》を治《なお》すために、長期間《ちょうきかん》治《ち》療《りょう》を受《う》けながら体《からだ》を休《やす》め養《やしな》うこと。例 空気《くうき》のきれいな高原《こうげん》に移《うつ》って**療養《りょうよう》**する。

静養《せいよう》
病気《びょうき》を治《なお》したり疲《つか》れを取《と》るために、病院《びょういん》などではなく、自《じ》宅《たく》や保養地《ほようち》で体《からだ》を休《やす》めること。例 仕事《しごと》が一段落《いちだんらく》したので、父《ちち》は山荘《さんそう》へ**静養《せいよう》**に行《い》った。

養生《ようじょう》
◎病気《びょうき》を治《なお》したり病後《びょうご》の健康《けんこう》回復《かいふく》のために、体《からだ》を休《やす》めいたわること。例 静《しず》かな温泉場《おんせんば》で、病後《びょうご》の体《からだ》を**養生《ようじょう》**する。◎普段《ふだん》から健康《けんこう》に気《き》をつかうこと。例 祖父《そふ》は最近《さいきん》、酒《さけ》を控《ひか》えて**養生《ようじょう》**している。

快復《かいふく》
病気《びょうき》が治《なお》り、元《もと》の健康《けんこう》な状態《じょうたい》に戻《もど》ること。例 一日《いちにち》も早《はや》いご

◆＝もっと知《し》りたい、ことばの知識《ちしき》。

快復《かいふく》をお祈《いの》りします。

治癒《ちゆ》
病《びょう》気《き》やけがが治《なお》ること。例 病《びょう》気《き》が**治癒《ちゆ》**するまで、家《いえ》で安《あん》静《せい》にしていなさい。

快癒《かいゆ》
病《びょう》気《き》やけががすっかり治《なお》ること。例 負《ふ》傷《しょう》した足首《あしくび》が**快癒《かいゆ》**し、ようやく練習《れんしゅう》に復帰《ふっき》した。

小康《しょうこう》
重《おも》い症状《しょうじょう》が、少《すこ》しよい状態《じょうたい》になること。一時的《いちじてき》によくなること。例 一時《いちじ》は命《いのち》も危《あや》ぶまれた父《ちち》の病《びょう》状《じょう》も、今《いま》は**小康《しょうこう》**を保《たも》っている。

快方《かいほう》
病《びょう》気《き》やけがが少《すこ》しずつ回復《かいふく》している状態《じょうたい》。例 兄《あに》の病状《びょうじょう》は、順調《じゅんちょう》に**快方《かいほう》**に向《む》かっている。

全快《ぜんかい》
病《びょう》気《き》やけが、とくに病気《びょうき》がすっかり治《なお》って、元《もと》の状態《じょうたい》になること。例 **全快《ぜんかい》**祝《いわ》いのパーティーを開《ひら》く。

全治《ぜんち》
病《びょう》気《き》やけが、とくにけががすっかり治《なお》ること。例 自転車《じてんしゃ》とぶつかって、**全治《ぜんち》**一週間《いっしゅうかん》の傷《きず》を負《お》う。◆「ぜんじ」とも読《よ》む。

完治《かんち》
病《びょう》気《き》やけがが完全《かんぜん》に治《なお》ること。例 春《はる》に骨折《こっせつ》した腕《うで》も、秋《あき》には**完治《かんち》**した。◆「かんじ」とも読《よ》む。

根治《こんじ》
病《びょう》気《き》が根本《こんぽん》から治《なお》ること。また、根本《こんぽん》から治《なお》すこと。例 風邪《かぜ》だって、**根治《こんじ》**するまでは無理《むり》は禁《きん》物《もつ》だ。◆「こんち」とも読《よ》む。

平癒《へいゆ》
病《びょう》気《き》が治《なお》って、普段《ふだん》の状態《じょうたい》に戻《もど》ること。例 父《ちち》の病《びょう》気《き》は、通《つう》院《いん》し始《はじ》めて一週間《いっしゅうかん》で**平癒《へいゆ》**した。

退院《たいいん》
入院《にゅういん》していた患者《かんじゃ》が、けがや病状《びょうじょう》が改善《かいぜん》して病院《びょういん》を出《で》ること。例 手術後《しゅじゅつご》の経過《けいか》がよく、一週間《いっしゅうかん》で**退院《たいいん》**することができた。対 入院《にゅういん》。

治《なお》る
病《びょう》気《き》やけがなど悪《わる》いところがよくなり、元《もと》の状態《じょうたい》に戻《もど》る。例 母《はは》の看病《かんびょう》のおかげで、風邪《かぜ》がようやく**治《なお》った**。

癒《い》える
◎病《びょう》気《き》や傷《きず》がよくなる。例 父《ちち》は病《やまい》も**癒《い》えて**、一年《いちねん》ぶりに出社《しゅっしゃ》した。◎心《こころ》の痛《いた》みや悩《なや》みなどが消《き》える。例 友《とも》だちの優《やさ》しいことばに、心《こころ》の傷《きず》が**癒《い》える**。

床《とこ》上《あ》げ
大病《たいびょう》や出産《しゅっさん》の後《あと》、元《げん》気《き》になって寝床《ねどこ》を取《と》り払《はら》うこと。また、その祝《いわ》い。例 赤飯《せきはん》を炊《た》いて、母《はは》の**床上《とこあ》げ**を祝《いわ》った。

人生《じんせい》

生《い》きる

live
[リブ]

生《い》きる
◎命《いのち》を保《たも》ち、生物《せいぶつ》としての働《はたら》きや活動《かつどう》をする。例 百《ひゃく》才《さい》まで**生《い》きる**。例 海辺《うみべ》に**生《い》きる**生物《せいぶつ》。対 死《し》ぬ。◎そのものが持《も》っている能《のう》力《りょく》が十分《じゅうぶん》に発揮《はっき》される。例 ほんの少《すこ》しのスパイスで、カレーの風味《ふうみ》が**生《い》きて**くる。対 死《し》ぬ。

生《い》かす
◎命《いのち》を保《たも》たせる。例 人質《ひとじち》を**生《い》かして**返《かえ》してほしかったら、言《い》う通《とお》りにしろ。対 殺《ころ》す。◎十分《じゅうぶん》に働《はたら》かせる。例 自分《じぶん》の才能《さいのう》を、仕事《しごと》に**生《い》かす**。対 殺《ころ》す。◎死《し》んだものを生《い》き返《かえ》らせる。例 死者《ししゃ》を**生《い》かす**方法《ほうほう》など、この世《よ》にはない。

似＝似《に》た表現《ひょうげん》のことば。対＝反対《はんたい》の意味《いみ》のことば。例＝使《つか》い方《かた》の例《れい》。

生《い》き抜《ぬ》く

苦《くる》しいことやつらいことに耐《た》えて、積極的《せっきょくてき》に生《い》き通《とお》す。例 厳《きび》しい競争社会《きょうそうしゃかい》をたくましく生《い》き抜《ぬ》く。

生《い》き残《のこ》る

◎ほかの人《ひと》たちが死《し》んだ後《あと》も、死《し》なないで残《のこ》る。例 あの地獄《じごく》のような戦場《せんじょう》で生《い》き残《のこ》ったのは、わずかに十人《じゅうにん》だけだった。◎物事《ものごと》が滅《ほろ》びずに存在《そんざい》し続《つづ》ける。例 激《はげ》しい競争《きょうそう》の中《なか》で、わが社《しゃ》が生《い》き残《のこ》る方《ほう》策《さく》を探《さぐ》る。

生《い》き延《の》びる

命《いのち》を保《たも》つことが容易《ようい》でない状況《じょうきょう》や環境《かんきょう》の中《なか》を、切《き》り抜《ぬ》けて生《い》き続《つづ》ける。例 激《はげ》しい戦火《せんか》を逃《のが》れて、どうにかこうにか生《い》き延《の》びる。

生《い》き長《なが》らえる

危《あや》うく命《いのち》を落《お》としそうになっても、死《し》なないで長《なが》く命《いのち》を保《たも》つ。例 無人《むじん》島《とう》に漂着《ひょうちゃく》した仲間《なかま》のうち、たった一人《ひとり》生《い》き長《なが》らえた。

長《なが》らえる

長《なが》く生《い》き続《つづ》ける。例 健《けん》康《こう》に気《き》を配《くば》っていた祖《そ》母《ぼ》は、百才《ひゃくさい》までも命《いのち》を長《なが》らえた。

命《いのち》をつなぐ

死《し》にそうになりながらも、どうにか生《い》き続《つづ》ける。例 遭難《そうなん》した三日間《みっかかん》、チョコレートで命《いのち》をつないだ。

食《く》いつなぐ

◎少《すく》ない食料《しょくりょう》を、少《すこ》しずつ食《た》べて生《い》き続《つづ》ける。例 救助隊《きゅうじょたい》が来《く》るまで、手持《ても》ちの食料《しょくりょう》で食《く》いつなぐしかない。◎「暮《く》らす」➡217

息《いき》づく

呼吸《こきゅう》をする。生《い》きている。また、目立《めだ》ってはいないが、たしかに存在《そんざい》している。例 高山《こうざん》の岩陰《いわかげ》に、ひっそりと息《いき》づく植物《しょくぶつ》。例 各地《かくち》の祭《まつ》りには、地方《ちほう》の古《ふる》い伝統《でんとう》が息《いき》づいている。

死《し》に後《おく》れる

人《ひと》に先《さき》に死《し》なれ、自《じ》分《ぶん》は生《い》き残《のこ》る。また、死《し》にそうだった時期《じき》に死《し》なずに、生《い》き残《のこ》る。自分《じぶん》の運命《うんめい》を悔《く》いる気持《きも》ちが含《ふく》まれる。例 祖父《そふ》は戦友《せんゆう》たちに死《し》に後《おく》れた自分《じぶん》を、死《し》ぬまで恥《は》じていた。

死《し》に損《そこ》なう

死《し》のうとして失敗《しっぱい》する。また、病気《びょうき》や事《じ》故《こ》など死《し》んでも不思議《ふしぎ》でない状況《じょうきょう》で、死《し》なずに生《い》き続《つづ》ける。例 父《ちち》は若《わか》いころ、大病《たいびょう》で一度《いちど》死《し》に損《そこ》なっている。

生活《せいかつ》

➡「暮《く》らす」217

生存《せいぞん》

命《いのち》を保《たも》って存在《そんざい》していること。生《い》きていること。例 生存者《せいぞんしゃ》を確認《かくにん》する。例 都市化《としか》の波《なみ》が、野鳥《やちょう》の生《せい》存《ぞん》を脅《おびや》かしている。

生息《せいそく》

一定《いってい》の地域《ちいき》や環境《かんきょう》の中《なか》に、ある種類《しゅるい》の動物《どうぶつ》や植物《しょくぶつ》が生《い》きていること。例 コアラはオーストラリアに生息《せいそく》している。◆動物《どうぶつ》の場合《ばあい》は「棲《せい》息《そく》」と書《か》くこともある。

存命《ぞんめい》

生《い》きていること。例 父母《ふぼ》は、ともに存命《ぞんめい》しております。

在世《ざいせ》

この世《よ》に存在《そんざい》していること。また、その間《あいだ》。例 在世《ざいせ》のうちに話《はな》しておきたい。◆「ざいせい」とも読《よ》む。

延命《えんめい》

◎命《いのち》を延《の》ばすこと。例 最新《さいしん》の医療《いりょう》により延命《えんめい》を図《はか》る。◎高《たか》い地位《ちい》などを失《うしな》わないように手《て》を尽《つ》くすこと。例 支持率《しじりつ》ががた落《お》ちした内閣《ないかく》は、あの手《て》この手《て》で延命《えんめい》を図《はか》った。

◆＝もっと知《し》りたい、ことばの知識《ちしき》。

目《め》の黒《くろ》いうち　生《い》きている間《あいだ》。命《いのち》のあるうち。ふつう、「目《め》の黒《くろ》いうちは〜をさせない」などと言《い》い、自分《じぶん》の考《かんが》えに反《はん》する他人《たにん》の行動《こうどう》をおさえる決意《けつい》を表《あらわ》す。例わしの目《め》の黒《くろ》いうちは、ぜったいにこの土地《とち》は売《う》らん。

生《い》き返《かえ》る　◎死《し》んだものや死《し》にかけたものが、命《いのち》を取《と》り戻《もど》す。例一度《いちど》死《し》んだ人間《にんげん》が生《い》き返《かえ》るなどということはない。◎勢《いきお》いの衰《おとろ》えたものが再《ふたた》び元気《げんき》になる。例久《ひさ》しぶりの雨《あめ》で、木々《きぎ》が生《い》き返《かえ》った。

息《いき》を吹《ふ》き返《かえ》す　「生《い》き返《かえ》る」と同《おな》じ。再《ふたた》び息《いき》をするようになる。例おぼれた子《こ》どもが、人工呼吸《じんこうこきゅう》によって息《いき》を吹《ふ》き返《かえ》した。例倒産《とうさん》しかけた会社《かいしゃ》が、一《ひと》つのヒット商品《しょうひん》で息《いき》を吹《ふ》き返《かえ》した。

蘇《よみがえ》る　◎死《し》んだものや死《し》にかけたものが、命《いのち》を取《と》り戻《もど》す。黄泉《よみ》の国《くに》(仏教《ぶっきょう》で死者《ししゃ》の魂《たましい》が行《い》くとされる場所《ばしょ》)から帰《かえ》るという意味《いみ》。例事故《じこ》で仮死状態《かしじょうたい》にあった人《ひと》が、医師《いし》たちの懸命《けんめい》な努力《どりょく》によって蘇《よみがえ》った。◎一度《いちど》失《うしな》ったものが戻《もど》る。例アルバムを開《ひら》くと、幼《おさな》いころの記憶《きおく》が蘇《よみがえ》った。

再生《さいせい》　◎生《い》き返《かえ》ること。例難病《なんびょう》を克服《こくふく》した父《ちち》は、再生《さいせい》の喜《よろこ》びをかみしめていた。◎ごみなどを、再《ふたた》び資源《しげん》や製品《せいひん》として使《つか》えるようにすること。例わが家《や》では、古紙《こし》を再生《さいせい》したトイレットペーパーを使《つか》っている。

蘇生《そせい》　生《い》き返《かえ》ること。例救急隊員《きゅうきゅうたいいん》の人工呼吸《じんこうこきゅう》のおかげで、弟《おとうと》は蘇生《そせい》した。

命《いのち》　◎人間《にんげん》や生物《せいぶつ》が、生《い》きて活動《かつどう》するためのもとの力《ちから》となるもの。例二《ふた》つとない命《いのち》を大切《たいせつ》にする。◎生《い》きている間《あいだ》。例夏《なつ》の盛《さか》りが過《す》ぎると、セミは成虫《せいちゅう》としての短《みじか》い命《いのち》を終《お》える。

生《せい》　◎「命《いのち》」のこと。例僕《ぼく》は十一年前《じゅういちねんまえ》の今日《きょう》、この世《よ》に生《せい》を受《う》けた。対死《し》。◎生《い》きていること。例この地球上《ちきゅうじょう》には、何十億《なんじゅうおく》もの人《ひと》が生《せい》を営《いとな》んでいる。対死《し》。

生命《せいめい》　◎「命《いのち》」と同《おな》じ。例どんな小《ちい》さな生《い》き物《もの》にも生命《せいめい》はある。◎ある人《ひと》が仕事《しごと》や活動《かつどう》などを続《つづ》ける原動《げんどう》力《りょく》となるもの。例彼《かれ》は事故《じこ》で足《あし》を負《ふ》傷《しょう》し、選手生命《せんしゅせいめい》を絶《た》たれた。

一命《いちめい》　「命《いのち》」を、かけがえのないたった一《ひと》つのものであることを強調《きょうちょう》した言《い》い方《かた》。例車《くるま》にはねられたが、危《あや》うく一命《いちめい》を取《と》り留《と》めた。

人命《じんめい》　人間《にんげん》の命《いのち》。例戦争《せんそう》によって、多《おお》くの尊《とうと》い人命《じんめい》が失《うしな》われた。

身命《しんめい》　体《からだ》と命《いのち》。とくに、命《いのち》のこと。例身命《しんめい》をなげうって、恵《めぐ》まれない人《ひと》たちのために尽《つ》くす。◆「しんみょう」とも読《よ》む。

命脈《めいみゃく》　◎絶《た》えることなく続《つづ》く命《いのち》。例点滴《てんてき》によって、かろうじて命脈《めいみゃく》をつないでいる。◎物事《ものごと》が絶《た》えることなく続《つづ》いていること。例かつて天下《てんか》をねらった織田氏《おだし》は、江戸時代《えどじだい》には小大名《だいみょう》として命脈《めいみゃく》を保《たも》った。

露命《ろめい》　はかない命《いのち》のこと。草木《くさき》につく露《つゆ》は、時間《じかん》がたつと消《き》えてしまうことから。例内職《ないしょく》のわずかな手間賃《てまちん》だけで、露命《ろめい》をつなぐ(細々《ほそぼそ》とはかない命《いのち》を保《たも》つ)。

ライフ
「命《いのち》」「生活《せいかつ》」などの意味《いみ》の英語《えいご》。日本語《にほんご》では、ほかのことばと結《むす》びついて使《つか》われることが多《おお》い。例ボートに乗《の》るときは、**ライフ**ジャケット(救命胴衣《きゅうめいどうい》)を着用《ちゃくよう》のこと。例大《おお》地震《じしん》によって、**ライフ**ライン(電気《でんき》・水道《すいどう》などの、生活《せいかつ》にかかわるものの補給路《ほきゅうろ》)がずたずたに切断《せつだん》された。

寿命《じゅみょう》
◎生物《せいぶつ》が生《う》まれてから死《し》ぬまでの命《いのち》の長《なが》さ。例医学《いがく》の進歩《しんぽ》で、日本人《にほんじん》の**寿命**《じゅみょう》は世界一《せかいいち》になった。◎道具《どうぐ》や機械《きかい》などの、使用《しよう》に耐《た》える期間《きかん》。例わが家《や》の洗濯機《せんたくき》は、もう**寿命**《じゅみょう》が来《き》ている。

天寿《てんじゅ》
天《てん》から与《あた》えられた命《いのち》の長《なが》さ。あらかじめ決《き》められている寿命《じゅみょう》。例祖父《そふ》は去年《きょねん》、**天寿**《てんじゅ》を全《まっと》うした(寿命《じゅみょう》が尽《つ》きて死《し》んだ)。

余命《よめい》
これから先《さき》、死《し》ぬまでの命《いのち》。死《し》ぬまで残《のこ》された命《いのち》。例祖母《そぼ》は末期《まっき》の癌《がん》で、**余命**《よめい》いくばくもない(あと少《すこ》ししか生《い》きられない)。

長生き《ながい》
長《なが》く生《い》きること。かなりの年齢《ねんれい》まで生《い》きること。例両親《りょうしん》には**長生**《ながい》**き**してほしい。対**早死**《はやじ》**に。若死**《わかじ》**に。**

長生《ちょうせい》
長生《ながい》きをすること。例ここは日本有数《にほんゆうすう》の**長生**《ちょうせい》の村《むら》として知《し》られている。

長寿《ちょうじゅ》
◎長生《ながい》きをすること。寿命《じゅみょう》が長《なが》いこと。めでたいという気《き》持《も》ちを含《ふく》んだことば。例恩師《おんし》の**長寿**《ちょうじゅ》を祝《いわ》うため、卒業生《そつぎょうせい》たちが集《あつ》まった。◎物事《ものごと》が、ふつうよりも長《なが》く続《つづ》いているもの。例このアニメは、三十年以上《さんじゅうねんいじょう》も続《つづ》く**長寿**《ちょうじゅ》番組《ばんぐみ》だ。

長命《ちょうめい》
長生《ながい》きをすること。命《いのち》が長《なが》く続《つづ》くこと。例祖父母《そふぼ》の**長命**《ちょうめい》を願《ねが》う。対**短命**《たんめい》**。**

不老長寿《ふろうちょうじゅ》
いつまでも老《お》いずに長《なが》生《い》きすること。例昔《むかし》から多《おお》くの権力者《けんりょくしゃ》が**不老長寿**《ふろうちょうじゅ》を願《ねが》ったが、果《は》たすことはできなかった。

一生《いっしょう》
◎生《う》まれてから死《し》ぬまでの間《あいだ》。例そんなことをすると、**一生**《いっしょう》後悔《こうかい》することになるよ。◎「一生《いっしょう》の」の形《かたち》で、人生《じんせい》にかかわるような一大事《いちだいじ》を表《あらわ》すことば。例**一生**《いっしょう》のお願《ねが》いだから、助《たす》けてください。

生涯《しょうがい》
◎人《ひと》が生《う》まれてから死《し》ぬまでの間《あいだ》。例あの詩人《しじん》は、貧困《ひんこん》の中《なか》で短《みじか》い**生涯**《しょうがい》を終《お》えた。◎ある時点《じてん》から死《し》ぬまでの人生《じんせい》。例僕《ぼく》はもう**生涯**《しょうがい》、故郷《こきょう》には帰《かえ》らないつもりだ。

一生涯《いっしょうがい》
「生涯《しょうがい》」の重《おも》みを強調《きょうちょう》した言《い》い方《かた》。例叔母《おば》は**一生涯**《いっしょうがい》を子弟《してい》の教育《きょういく》にささげた。

一代《いちだい》
その人《ひと》の生《い》きている間《あいだ》。例金《きん》メダリストの彼《かれ》が予選《よせん》で敗退《はいたい》するなんて、**一代**《いちだい》の不覚《ふかく》だ。人《ひと》の一生《いっしょう》。また、世界《せかい》・時代《じだい》・世《よ》の中《なか》のこと。例権力《けんりょく》をその手《て》に握《にぎ》った彼《かれ》は、わが**世**《よ》の春《はる》を楽《たの》しんでいる。

世《よ》

人生《じんせい》
人《ひと》が生《う》まれてから死《し》ぬまでの間《あいだ》。例人《ひと》は皆《みな》、幸福《こうふく》な**人生**《じんせい》を願《ねが》っている。

今生《こんじょう》
この世《よ》に生《い》きている間《あいだ》。また、この世《よ》。例**今生**《こんじょう》の思《おも》い出《で》に、母《はは》ともう一度《いちど》会《あ》いたい。

終生《しゅうせい》
死《し》ぬまでの間《あいだ》。死《し》ぬまでずっと。例僕《ぼく》たち二人《ふたり》の友情《ゆうじょう》は、

◆＝もっと知《し》りたい、ことばの知識《ちしき》。

終《しゅう》生《せい》変《か》わることがないだろう。◆「終《しゅう》世《せい》」とも書《か》く。

終身《しゅうしん》 「終生《しゅうせい》」と同《おな》じ。ほかのことばを後《あと》に続《つづ》けて使《つか》われることが多《おお》い。例 **終身《しゅうしん》**名誉《めいよ》監督《かんとく》に選《えら》ばれる。例 彼《かれ》は貧《まず》しい人々《ひとびと》のために**終身《しゅうしん》**力《ちから》を尽《つ》くした。

畢生《ひっせい》 「終生《しゅうせい》」と同《おな》じ。「畢《ひつ》」は、終《お》えるという意味《いみ》。例 この小説《しょうせつ》は、彼《かれ》の**畢生《ひっせい》**の大作《たいさく》だ。

半生《はんせい》 人《ひと》の一生《いっしょう》の半分《はんぶん》。例 ガンジーは、インド独立《どくりつ》のために**半生《はんせい》**をささげた。

「生《い》きる」に関連《かんれん》することば

命《いのち》あっての物種《ものだね》 命《いのち》があってこそ何《なに》かをできるのだから、何《なに》よりも命《いのち》を大《たい》切《せつ》にしなさいということ。

鶴《つる》は千年《せんねん》、亀《かめ》は万年《まんねん》 長生《ながい》きをしてめでたいこと。ツルとカメは、ともに寿命《じゅみょう》が長《なが》くめでたいものとされることから、祝《いわ》いのことばとして使《つか》われる。

生《う》まれる

be born
［ビ・ボーン］

生《う》まれる ◎子《こ》が、母親《ははおや》のおなかから出《で》る。この世《よ》に出《で》て、生《い》き始《はじ》める。例 元気《げんき》な男《おとこ》の子《こ》が**生《う》まれる**。◎物事《ものごと》が、新《あら》たに作《つく》り出《だ》される。例 このアトリエで名画《めいが》が**生《う》まれた**。

生《う》まれ出《で》る 「生まれる」の強調《きょうちょう》した言《い》い方《かた》。例 今《いま》まさに、新《あたら》しい命《いのち》が**生《う》まれ出《で》よう**としている。

生《う》まれ落《お》ちる この世《よ》に生《う》まれる。例 人《ひと》は**生《う》まれ落《お》ちた**その瞬間《しゅんかん》から、運命《うんめい》というものを背負《せお》っている。

産声《うぶごえ》を上《あ》げる 生《う》まれる。「産《うぶ》声《ごえ》」は、赤《あか》ん坊《ぼう》が生《う》まれたときに初《はじ》めて出《だ》す泣《な》き声《ごえ》。例 妹《いもうと》は、この病院《びょういん》で**産声《うぶごえ》を上《あ》げた**。

生《せい》を受《う》ける 「生《う》まれる」と同《おな》じ。例 この世《よ》に**生《せい》を受《う》けた**ことを感謝《かんしゃ》する。

生《う》まれ変《か》わる ◎死《し》んだ後《あと》に、別《べつ》のものになって生《う》まれてくる。例 チベットでは、高《こう》僧《そう》は死《し》んでもまた**生《う》まれ変《か》わる**と信《しん》じられている。◎心《こころ》を入《い》れ替《か》えて、行《おこな》いなどが変《か》わる。例 あの事件《じけん》の後《あと》、彼《かれ》は真人間《まにんげん》に**生《う》まれ変《か》わった**。

誕生《たんじょう》 人間《にんげん》や動物《どうぶつ》が生《う》まれること。また、新《あたら》しい物事《ものごと》が作《つく》り出《だ》されること。例 動物園《どうぶつえん》で、ライオンの赤《あか》ちゃんが**誕生《たんじょう》**した。対 死亡《しぼう》。死去《しきょ》。

生誕《せいたん》 人間《にんげん》が生《う》まれること。とくに、偉人《いじん》が生《う》まれること。例 アンデルセンの**生誕《せいたん》**二百年《にひゃくねん》を祝《いわ》う催《もよお》し。

降誕《こうたん》 神《かみ》や聖人《せいじん》など、尊《とうと》い者《もの》が生《う》まれること。例 キリストの**降誕《こうたん》**を祝《いわ》うのがクリスマスです。◆仏《ほとけ》がこの世《よ》に生《う》まれることは、「降誕《ごうたん》」という。

出生《しゅっしょう》 人間《にんげん》が生《う》まれること。「出生《しゅっしょう》届《とどけ》」「出生《しゅっしょう》地《ち》」など、事務的《じむてき》なことばに使《つか》われることが多《おお》い。例 主人《しゅじん》

生《い》きる
◀生《う》まれる
育《そだ》つ
入学《にゅうがく》・卒業《そつぎょう》
結婚《けっこん》
夫婦《ふうふ》
死《し》ぬ
葬式《そうしき》

公《こう》の出生《しゅっしょう》の秘密《ひみつ》が明《あ》かされた。対 死《し》亡《ぼう》。死去《しきょ》。◆「しゅっせい」とも読《よ》む。

生《う》まれ 生《う》まれること。また、生《う》まれた場所《ばしょ》。例 わたしの父《ちち》は、四月《しがつ》生《う》まれです。例 生《う》まれは富山《とやま》です。

おぎゃあ ➡「泣《な》く」386

生《う》む ◎母親《ははおや》が、子《こ》をおなかから出《だ》す。例 母《はは》は二十五才《にじゅうごさい》でわたしを生《う》んだ。◎物事《ものごと》を新《あら》たに作《つく》り出《だ》す。例 不審《ふしん》な行動《こうどう》が疑惑《ぎわく》を生《う》む。

生《う》み落《お》とす 「生《う》む」の、苦痛《くつう》や力《ちから》強《づよ》さを強調《きょうちょう》した言《い》い方《かた》。例 のら犬《いぬ》が、三匹《さんびき》の子犬《こいぬ》を生《う》み落《お》とした。

腹《はら》を痛《いた》める 子《こ》どもを生《う》む。出産《しゅっさん》のときに、腹《はら》の痛《いた》みを味《あじ》わうことから。例 腹《はら》を痛《いた》めた子《こ》なんだから、かわいいに決《き》まっている。◆「腹《はら》を痛《いた》めた子《こ》」は、自分《じぶん》が生《う》んだ子《こ》という意味《いみ》。

出産《しゅっさん》 子《こ》どもを生《う》むこと。卵《たまご》や小《ちい》さな動物《どうぶつ》の場合《ばあい》は使《つか》わない。例 牧場《ぼくじょう》の馬《うま》の出産《しゅっさん》に立《た》ち会《あ》う。

お産《さん》 「出産《しゅっさん》」と同《おな》じ。例 実家《じっか》に帰《かえ》ってお産《さん》をする。

安産《あんざん》 ひどく苦《くる》しむことなく、無事《ぶじ》に出産《しゅっさん》すること。例 安産《あんざん》を願《ねが》ってお守《まも》りを買《か》った。対 難産《なんざん》。

難産《なんざん》 ◎出産《しゅっさん》のとき、なかなか子《こ》どもが生《う》まれず、苦《くる》しむこと。例 難産《なんざん》の末《すえ》、男《おとこ》の子《こ》を出産《しゅっさん》した。対 安産《あんざん》。◎簡単《かんたん》には成立《せいりつ》しないこと。例 難産《なんざん》の末《すえ》にできた法律《ほうりつ》。

分娩《ぶんべん》 「出産《しゅっさん》」と同《おな》じ。例 分娩室《ぶんべんしつ》。例 自然分娩《しぜんぶんべん》。

身二《みふた》つ 子《こ》どもを生《う》むこと。出産《しゅっさん》をして、母親《ははおや》の体《からだ》と子《こ》どもの体《からだ》が別々《べつべつ》になるということから。例 来年《らいねん》のサクラの季節《きせつ》には、身二《みふた》つになる予定《よてい》です。

初産《ういざん》 初《はじ》めての出産《しゅっさん》。例 初産《ういざん》の叔母《おば》に、母《はは》が先輩《せんぱい》としてアドバイスする。◆「しょざん」「はつざん」とも読《よ》む。

早生《はやう》まれ 一月一日《いちがつついたち》から四月一日《しがつついたち》までに生《う》まれること。また、その間《あいだ》に生《う》まれた人《ひと》。

遅生《おそう》まれ 四月二日《しがつふつか》から十二月《じゅうにがつ》三十一日《さんじゅういちにち》までに生《う》まれること。また、その間《あいだ》に生《う》まれた人《ひと》。

生《う》み付《つ》ける 卵《たまご》を生《う》んで、物《もの》にくっ付《つ》ける。例 カミキリムシは、木《き》の幹《みき》に卵《たまご》を生《う》み付《つ》ける。

孵《かえ》る 卵《たまご》から、幼《よう》虫《ちゅう》やひなが出《で》てくる。例 卵《たまご》が孵《かえ》って、ひよこが出《で》てきた。

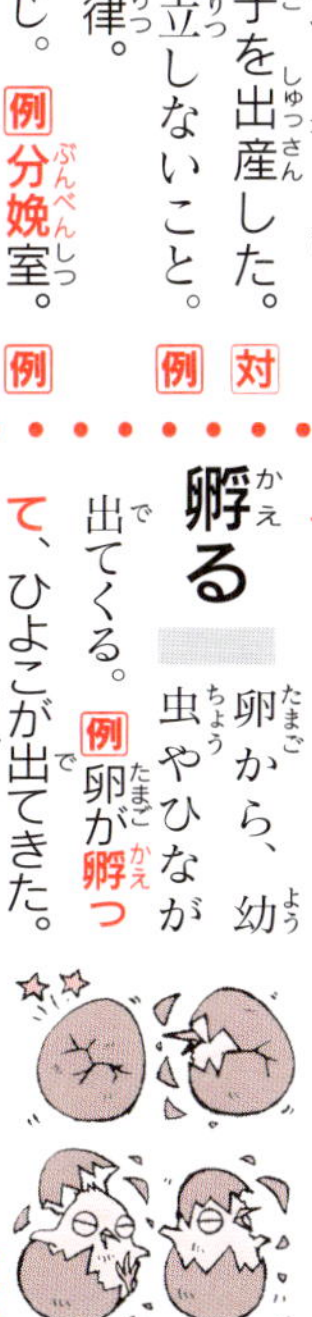

産卵《さんらん》 卵《たまご》を生《う》むこと。例 サケは産卵《さんらん》のために、生《う》まれた川《かわ》をさかのぼる。

孵化《ふか》 卵《たまご》がかえること。例 ウミガメの人工孵化《じんこうふか》に成功《せいこう》した。

胎生《たいせい》 子《こ》どもが母親《ははおや》のおなかの中《なか》で、その動物《どうぶつ》の形《かたち》に育《そだ》って、生《う》まれること。ほとんどの哺乳類《ほにゅうるい》の生《う》まれ方《かた》。例 サメやヘビの中《なか》には、胎生《たいせい》の種《しゅ》もある。

卵生《らんせい》 卵《たまご》の形《かたち》で生《う》まれてくること。魚《さかな》・鳥《とり》・虫《むし》などの生《う》まれ方《かた》。

◆＝もっと知《し》りたい、ことばの知識《ちしき》。

例 カモノハシは、哺乳類《ほにゅうるい》だが**卵生《らんせい》**だ。

「生《う》まれる」に関連《かんれん》することば

瓜《うり》のつるに茄子《なすび》はならぬ 平凡《へいぼん》な親《おや》からは、優秀《ゆうしゅう》な子《こ》どもは生《う》まれないことのたとえ。「茄子《なすび》」は、ナスのこと。

鳶《とび》が鷹《たか》を生《う》む 平凡《へいぼん》な親《おや》に、優秀《ゆうしゅう》な子《こ》どもが生《う》まれることのたとえ。

●こんなことばも覚《おぼ》えておこう

案《あん》ずるより産《う》むが易《やす》し ↓499
生《う》みの親《おや》より育《そだ》ての親《おや》 ↓21
口《くち》から先《さき》に生《う》まれる ↓270
産湯《うぶゆ》を使《つか》う・呱々《ここ》の声《こえ》をあげる・へその緒《お》を切《き》る

育《そだ》つ

grow
[グロウ]

育《そだ》つ 大《おお》きくなる。成長《せいちょう》する。例 寝《ね》る子《こ》は**育《そだ》つ**。

大《おお》きくなる 体《からだ》が大《おお》きく成長《せいちょう》する。例 豆《まめ》の木《き》は見《み》る見《み》るうちに**大《おお》きくなった**。

長《ちょう》じる ◎成長《せいちょう》する。例 **長《ちょう》じて**後《のち》に、将軍《しょうぐん》になった。◎「優《すぐ》れる」↓556

成長《せいちょう》 動物《どうぶつ》や物事《ものごと》が、育《そだ》って大《おお》きくなること。例 小《ちい》さな会社《かいしゃ》が、世界的《せかいてき》な大企業《だいきぎょう》へと**成長《せいちょう》**した。

生長《せいちょう》 草木《くさき》などが生《は》え育《そだ》つこと。例 肥料《ひりょう》を与《あた》え、作物《さくもつ》の**生長《せいちょう》**を促《そく》進《しん》させる。

成育《せいいく》 人《ひと》や動物《どうぶつ》が育《そだ》つこと。また、育《そだ》てること。例 子《こ》どもを元気《げんき》にする**成育《せいいく》**環境《かんきょう》が大事《だいじ》だ。

生育《せいいく》 植物《しょくぶつ》が育《そだ》つこと。また、育《そだ》てること。例 植物《しょくぶつ》の**生育《せいいく》**に欠《か》かせない栄養素《えいようそ》は、窒素《ちっそ》・リン酸《さん》・カリウムです。

発育《はついく》 だんだん大《おお》きく育《そだ》つこと。例 睡眠不足《すいみんぶそく》は、子《こ》どもの**発育《はついく》**を妨《さまた》げる。

発達《はったつ》 ◎成長《せいちょう》していくこと。育《そだ》っていくこと。例 **発達《はったつ》**した低気圧《ていきあつ》により、大雨《おおあめ》になるでしょう。◎物《もの》の機能《きのう》が、より高度《こうど》な働《はたら》きをするようになること。例 東京《とうきょう》の交通網《こうつうもう》は、大正《たいしょう》時代《じだい》から**発達《はったつ》**し始《はじ》めた。

成熟《せいじゅく》 体《からだ》や心《こころ》が十分《じゅうぶん》に成長《せいちょう》すること。また、果物《くだもの》などが熟《じゅく》すること。例 **成熟《せいじゅく》**した体《からだ》。

乳離《ちばな》れ ◎赤《あか》ちゃんが成長《せいちょう》して、母《はは》親《おや》の乳《ちち》を飲《の》まなくなること。例 うちの子《こ》も、やっと**乳離《ちばな》れ**してリンゴを食《た》べ始《はじ》めた。◎成長《せいちょう》して自分《じぶん》一人《ひとり》で行動《こうどう》できるようになること。例 いつまでも**乳離《ちばな》れ**できない大人《おとな》が増《ふ》えてきた。◆「ちちばなれ」とも読《よ》む。

離乳《りにゅう》 乳児《にゅうじ》に母乳《ぼにゅう》やミルク以外《いがい》の食《た》べ物《もの》を与《あた》え、だんだんとふつうの食《た》べ物《もの》に慣《な》れさせていくこと。例 発達《はったつ》に合《あ》わせた**離乳《りにゅう》**食《しょく》を与《あた》える。

ませる 実際《じっさい》の年齢《ねんれい》よりも大人《おとな》らしくなる。子《こ》どもが年《とし》のわりに大人《おとな》びる。例 **ませた**口《くち》をきく子《こ》だ。

こましゃくれる 小《ちい》さい子《こ》どもが、ませた行《こう》動《どう》や物言《ものい》いをする。幼《おさな》いくせに大人《おとな》のように振《ふ》る舞《ま》う。例 少年《しょうねん》は**こましゃくれた**物《もの》言《い》いで、大人《おとな》たちの笑《わら》いを誘《さそ》った。

大人《おとな》びる　体付《からだつ》きや考《かんが》え方《かた》が大人《おとな》らしくなる。例 中学《ちゅうがく》に上《あ》がり、制服《せいふく》のせいか急《きゅう》に大人《おとな》びて見《み》える。

一本立《いっぽんだ》ち　仕事《しごと》などを自分一人《じぶんひとり》の力《ちから》でやっていくこと。例 一本立《いっぽんだ》ちするまでには、まだまだ時間《じかん》がかかりそうだ。

一人歩《ひとりある》き　◎成長《せいちょう》し、自分《じぶん》の力《ちから》だけで生活《せいかつ》や仕事《しごと》をすること。例 中学《ちゅうがく》を卒業《そつぎょう》してすぐ、親元《おやもと》を離《はな》れ、一人歩《ひとりある》きを始《はじ》めた。◎「歩《ある》く」➡168

独《ひと》り立《だ》ち　◎赤《あか》ん坊《ぼう》が、ほかの助《たす》けを借《か》りずに自分一人《じぶんひとり》の力《ちから》で立《た》つこと。例 孫《まご》が初《はじ》めて独《ひと》り立《だ》ちした日《ひ》。◎自分《じぶん》だけの力《ちから》で、生活《せいかつ》や仕事《しごと》をやっていくこと。例 もう十分《じゅうぶん》、独《ひと》り立《だ》ちできる技術《ぎじゅつ》を身《み》につけた。

自立《じりつ》　自分《じぶん》の力《ちから》で物事《ものごと》をしていくこと。独《ひと》り立《だ》ちすること。例 経《けい》済力《ざいりょく》はないが、精神的《せいしんてき》には自立《じりつ》する年《とし》ごろだ。

独立《どくりつ》　◎ほかの力《ちから》を借《か》りないで、一人《ひとり》で生《い》きていくこと。例 親《おや》方《かた》から独立《どくりつ》して店《みせ》を持《も》つ。◎国《くに》が他国《たこく》の影響《えいきょう》を受《う》けずに、独自《どくじ》の政治《せいじ》をすること。例 アメリカは、一七七六年《ねん》にイギリスから独立《どくりつ》した。

早熟《そうじゅく》　心《こころ》や体《からだ》が年《とし》よりも大人《おとな》びていること。ませていること。また、果物《くだもの》などが早《はや》く熟《じゅく》すること。例 早熟《そうじゅく》な兄《あに》は、中学生《ちゅうがくせい》のころから飢餓問題《きがもんだい》に関《かん》心《しん》を持《も》っていた。

奥手《おくて》　成熟《せいじゅく》の遅《おそ》い人《ひと》。例 奥手《おくて》なので、異性《いせい》の前《まえ》では緊張《きんちょう》する。

親離《おやばな》れ　子《こ》どもが成長《せいちょう》して、親《おや》の保《ほ》護《ご》なしに自力《じりき》で行動《こうどう》できるようになること。例 そんなことでは、いつまでたっても親離《おやばな》れできないよ。

子離《こばな》れ　子《こ》どもが成長《せいちょう》したときに、親《おや》が保護者《ほごしゃ》としての役割《やくわり》を離《はな》れ、子《こ》どもの意思《いし》を尊重《そんちょう》するようになること。例 近年《きんねん》、子離《こばな》れできていない親《おや》が多《おお》い。

育《そだ》ち盛《ざか》り　子《こ》どもの体《からだ》がどんどん育《そだ》つ時期《じき》。十代《じゅうだい》の中《なか》ごろをいう。例 育《そだ》ち盛《ざか》りの子《こ》どもを三人《さんにん》もかかえて、家計《かけい》が大変《たいへん》だ。

すくすく　勢《いきお》いよく成長《せいちょう》するようす。元気《げんき》にのびのびと成長《せいちょう》するようす。例 野生《やせい》の森《もり》ですくすく育《そだ》つ、チンパンジーの赤《あか》ちゃん。

巣立《すだ》つ　◎ひなが育《そだ》ち、巣《す》から飛《と》び立《た》つ。例 ひなが巣《す》立《だ》つ日《ひ》も近《ちか》い。◎「入学《にゅうがく》・卒業《そつぎょう》」➡113

とうが立《た》つ　◎野菜《やさい》などが育《そだ》ち過《す》ぎてかたくなり、食《た》べごろを過《す》ぎる。例 収穫《しゅうかく》しなかった野菜《やさい》は、とうが立《た》ってとても食《た》べられない。◎人《ひと》が若《わか》い盛《さか》りの時期《じき》を過《す》ぎる。例 いい投手《とうしゅ》だが、入団《にゅうだん》させるにはとうが立《た》っている。

育《そだ》てる　◎子《こ》どもを養《やしな》って大《おお》きくする。例 女手一《おんなでひと》つで子《こ》どもを育《そだ》てるのは、並大抵《なみたいてい》の苦労《くろう》ではない。◎「指導《しどう》する」➡373

育《はぐく》む　大切《たいせつ》に育《そだ》てる。十分《じゅうぶん》な状態《じょうたい》で育《そだ》てる。例 多《おお》くの生《い》き物《もの》を育《はぐく》む豊《ゆた》かな土壌《どじょう》で、おいしい米《こめ》を作《つく》る。

養《やし》う　育《そだ》てる。とくに、生活《せいかつ》の面倒《めんどう》を見《み》る。例 将来《しょうらい》は、同居《どうきょ》して親《おや》を養《やしな》うつもりだ。

	子《こ》どもを——	親《おや》を——	草花《くさばな》を——
育てる	○	−	○
育む	○	−	△
養う	○	○	−

一人前《いちにんまえ》にする　◎大人《おとな》になるまで育《そだ》てる。例 子《こ》どもを一人前《いちにんまえ》にするまでは、死《し》んでも死《し》にきれない。◎技術《ぎじゅつ》や学問《がくもん》などが、ある程度《ていど》の水準《すいじゅん》になるまで教《おし》え育《そだ》てる。例 親方《おやかた》に弟子《でし》入《い》りして、一人前《いちにんまえ》にしてもらった。

手塩《てしお》にかける　いろいろと面倒《めんどう》を見《み》て、苦労《くろう》して育《そだ》てあげる。例 祖父《そふ》が手塩《てしお》にかけて育《そだ》てたキクの品評会《ひんぴょうかい》を見《み》に行《い》く。

育児《いくじ》　幼《おさな》い子《こ》どもを育《そだ》てること。例 育児《いくじ》のために会社《かいしゃ》を休《やす》む。

保育《ほいく》　幼《おさな》い子《こ》どもを、守《まも》り育《そだ》てること。例 保育《ほいく》園《えん》で保育《ほいく》士《し》さんに子《こ》どもを預《あず》けて仕事《しごと》に向《む》かう。

愛育《あいいく》　子《こ》どもやペットなどを、かわいがって育《そだ》てること。例 生《い》き物《もの》を愛育《あいいく》する心《こころ》を養《やしな》う。

扶養《ふよう》　金銭的《きんせんてき》に養《やしな》うこと。例 父《ちち》の扶養《ふよう》家族《かぞく》は、母《はは》とわたしの二人《ふたり》だ。

養育《よういく》　親《おや》が子《こ》を養《やしな》うこと。例 子《こ》どもを育《そだ》てるのに必要《ひつよう》な養育《よういく》費《ひ》。

養護《ようご》　子《こ》どもの成長《せいちょう》を助《たす》け育《そだ》てること。体《からだ》の不自由《ふじゆう》な人《ひと》などを助《たす》け、世話《せわ》をすること。例 地元《じもと》の小学校《しょうがっこう》の児童《じどう》を、地域《ちいき》の人《ひと》たちが養護《ようご》する。

子育《こそだ》て　子《こ》どもを育《そだ》てること。例 叔母《おば》は子育《こそだ》てが一段落《いちだんらく》し、また働《はたら》き始《はじ》めた。

育成《いくせい》　健全《けんぜん》な大人《おとな》になるよう、教《おし》え導《みちび》くこと。例 青少年《せいしょうねん》の育成《いくせい》に力《ちから》を入《い》れる。

養成《ようせい》　スポーツや職業《しょくぎょう》など、一定《いってい》の技能《ぎのう》を身《み》につけさせること。例 能力《のうりょく》をもつ人材《じんざい》を養成《ようせい》する。

子飼《こが》い　初歩《しょほ》の段階《だんかい》から一人前《いちにんまえ》に育《そだ》ててあげること。また、その育《そだ》てられた人《ひと》。例 監督《かんとく》子飼《こが》いの選手《せんしゅ》に期待《きたい》がかかる。

過保護《かほご》　子《こ》どもなどに、必要以上《ひつよういじょう》に世話《せわ》を焼《や》き、甘《あま》やかして育《そだ》てること。例 親《おや》の過保護《かほご》に苦《くる》しむ子《こ》どもたち。

蝶《ちょう》よ花《はな》よ　親《おや》が自分《じぶん》の子《こ》をとてもかわいがって、大切《たいせつ》にするようす。女《おんな》の子《こ》についていうことが多《おお》い。例 蝶《ちょう》よ花《はな》よと育《そだ》てられ、わがままになってしまった娘《むすめ》。

植《う》える　草木《くさき》の根《ね》や球根《きゅうこん》を土《つち》の中《なか》にうずめて育《そだ》てる。例 環境《かんきょう》保護《ほご》のために木《き》を植《う》える。

作《つく》る　農作物《のうさくもつ》などを世話《せわ》し、育《そだ》てる。例 いちごを作《つく》る農家《のうか》。

培《つちか》う　◎根《ね》に土《つち》をかけ、草木《くさき》が育《そだ》つようにする。例 温室《おんしつ》で、花《はな》を大切《たいせつ》に培《つちか》う。◎時間《じかん》をかけて大切《たいせつ》に育《そだ》てる。例 団体競技《だんたいきょうぎ》で、友情《ゆうじょう》を培《つちか》う。

飼《か》う　動物《どうぶつ》にえさを与《あた》えて、養《やしな》う。例 家《いえ》の中《なか》で猫《ねこ》を飼《か》う。

飼《か》い慣《な》らす　動物《どうぶつ》などを飼《か》って、人間《にんげん》に慣《な》れるように育《そだ》てる。例伯父《おじ》のところの犬《いぬ》は、よく飼《か》い慣《な》らされている。

栽培《さいばい》 草《くさ》や木《き》を植《う》えて育《そだ》てること。例自家《じか》栽培《さいばい》のしいたけを食《た》べる。

水栽培《みずさいばい》 土《つち》を使《つか》わず、養分《ようぶん》を溶《と》かした水《みず》で植物《しょくぶつ》を育《そだ》てること。例ペットボトルで、ヒヤシンスを水栽培《みずさいばい》する。似水耕栽培《すいこうさいばい》。

促成栽培《そくせいさいばい》 ビニールハウスなどを使《つか》って、野菜《やさい》や花《はな》をふつうより早《はや》く育《そだ》てること。例まだ寒《さむ》いのに、花屋《はなや》さんには促成栽培《そくせいさいばい》のチューリップがたくさん並《なら》んでいた。

ハウス栽培《さいばい》 ビニールハウスなどの中《なか》で、野菜《やさい》や花《はな》などを、季節《きせつ》に関係《かんけい》なく育《そだ》てること。例ハウス栽培《さいばい》により、夏野菜《なつやさい》を春《はる》に出荷《しゅっか》する。

培養《ばいよう》 草木《くさき》を育《そだ》てること。また、微《び》生物《せいぶつ》などを増《ふ》やすこと。例シャーレで菌《きん》を培養《ばいよう》する。

園芸《えんげい》 果物《くだもの》・野菜《やさい》・花《はな》などを育《そだ》てること。また、その技術《ぎじゅつ》。例母《はは》は趣味《しゅみ》で園芸《えんげい》をやっている。

土《つち》いじり 趣味《しゅみ》で畑作《はたさく》や園芸《えんげい》をすること。土《つち》を手《て》で触《さわ》って、植物《しょくぶつ》を育《そだ》てるということ。例家庭《かてい》菜園《さいえん》で土《つち》いじりをしていると、癒《い》やされる。

庭《にわ》いじり 手《て》をかけて庭《にわ》の草木《くさき》を育《そだ》てること。例郊外《こうがい》の一軒家《いっけんや》に引《ひ》っ越《こ》してからは、庭《にわ》いじりが趣味《しゅみ》になった。

庭仕事《にわしごと》 庭《にわ》の草木《くさき》などの手入《てい》れをすること。例休日《きゅうじつ》は、庭仕《にわし》事《ごと》に精《せい》を出《だ》す。

ガーデニング 趣味《しゅみ》として草《くさ》花《ばな》・樹木《じゅもく》などを育《そだ》てること。趣味《しゅみ》の園芸《えんげい》。例ガーデニングをしているので、長《なが》く家《いえ》を空《あ》けるときは隣《となり》の人《ひと》に水《みず》やりを頼《たの》む。

飼育《しいく》 動物《どうぶつ》を飼《か》って、育《そだ》て養《やしな》うこと。例校庭《こうてい》の小屋《こや》で、ウサギを五《ご》羽《わ》飼育《しいく》している。

放牧《ほうぼく》 野山《のやま》に牛《うし》や馬《うま》を放《はな》して育《そだ》てること。例放牧《ほうぼく》して育《そだ》てた牛《うし》の乳《ちち》を搾《しぼ》る。

野飼《のが》い 「放牧《ほうぼく》」と同《おな》じ。例野飼《のが》いの牛《うし》を集《あつ》める。

放《はな》し飼《が》い 「放牧《ほうぼく》」と同《おな》じ。また、犬《いぬ》などを、外《そと》を自由《じゆう》に歩《ある》ける状態《じょうたい》で飼《か》うこと。例放《はな》し飼《が》いのニワトリが産《う》んだ、新鮮《しんせん》な卵《たまご》はおいしい。

牧畜《ぼくちく》 牧場《ぼくじょう》で、家畜《かちく》を養《やしな》い育《そだ》てること。また、その仕事《しごと》。例北海《ほっかい》道《どう》で牧畜《ぼくちく》を営《いとな》む。

遊牧《ゆうぼく》 決《き》まった所《ところ》に住《す》まないで、食《しょく》物《もつ》や水《みず》を探《さが》して移《うつ》り住《す》み、牛《うし》・馬《うま》・羊《ひつじ》などを飼《か》うこと。例モンゴルの遊牧民《ゆうぼくみん》は、ゲルと呼《よ》ばれる移動式《いどうしき》の家《いえ》に住《す》んでいる。

養鶏《ようけい》 肉《にく》や卵《たまご》をとるために、ニワトリを飼《か》うこと。例養鶏場《ようけいじょう》では卵《たまご》をコンベヤーで運《はこ》び集《あつ》める。

養豚《ようとん》 肉《にく》などを得《え》るために、豚《ぶた》を飼《か》うこと。例この業者《ぎょうしゃ》は、天然《てんねん》のえさで養豚《ようとん》している。

養蚕《ようさん》 蚕《かいこ》を飼《か》って、繭《まゆ》をとること。例養蚕業《ようさんぎょう》は、まず蚕《かいこ》を飼《か》うための桑《くわ》を栽培《さいばい》することから始《はじ》まる。

◆＝もっと知《し》りたい、ことばの知識《ちしき》。

養蜂《ようほう》 蜂蜜《はちみつ》などをとるために、ハチを飼《か》うこと。例 養蜂場《ようほうじょう》で、蜂蜜《はちみつ》とローヤルゼリーを買《か》う。

養殖《ようしょく》 魚《さかな》や貝《かい》などを、海《うみ》の中《なか》の囲《かこ》いや池《いけ》などで養《やしな》い増《ふ》やすこと。例 天然《てんねん》と養殖《ようしょく》の見分《みわ》けがつかない。

養魚《ようぎょ》 「養殖《ようしょく》」のうち、とくに魚《さかな》を養《やしな》い増《ふ》やすこと。例 金魚《きんぎょ》の養魚《ようぎょ》場《じょう》。

「育《そだ》つ」に関連《かんれん》することば

深窓《しんそう》に育《そだ》つ 裕福《ゆうふく》な家庭《かてい》の娘《むすめ》が、世《よ》の中《なか》に出《で》ないで、家《いえ》の奥《おく》で大切《たいせつ》に育《そだ》てられる。

寝《ね》る子《こ》は育《そだ》つ よく寝《ね》る子《こ》は、健康《けんこう》ですくすくと育《そだ》つということ。

入学《にゅうがく》・卒業《そつぎょう》

entrance, graduation
［エントランス グラデュエーション］

入学《にゅうがく》 そこに学《まな》ぶ者《もの》として学校《がっこう》に入《はい》ること。ある学校《がっこう》の新《あたら》しい児《じ》童《どう》・生徒《せいと》・学生《がくせい》となること。例 小学《しょうがっ》校《こう》に入学《にゅうがく》した日《ひ》、校庭《こうてい》のサクラが満開《まんかい》でした。

入校《にゅうこう》 「入学《にゅうがく》」と同《おな》じ。例 入学式《にゅうがくしき》までに、入校《にゅうこう》手続《てつづ》きを終《お》えてください。

入園《にゅうえん》 ◎幼稚園《ようちえん》や保育園《ほいくえん》に園児《えんじ》として入《はい》ること。例 近所《きんじょ》の幼稚園《ようちえん》に入園《にゅうえん》することになりました。◎動物《どうぶつ》園《えん》や遊園地《ゆうえんち》などに入場《にゅうじょう》すること。例 今日《きょう》は動物園《どうぶつえん》の入園《にゅうえん》が無料《むりょう》の日《ひ》だ。

就学《しゅうがく》 学校《がっこう》に入《はい》って学《まな》ぶこと。とくに、小学校《しょうがっこう》に入《はい》ること。例 アジアの国々《くにぐに》には、経済的理由《けいざいてきりゆう》で就学《しゅうがく》できない子《こ》どもがたくさんいる。

在学《ざいがく》 児童《じどう》・生徒《せいと》・学生《がくせい》として学校《がっこう》に籍《せき》を置《お》き、学《まな》んでいること。例 父《ちち》の仕事《しごと》の関係《かんけい》で、メキシコの日本《にほん》人学校《じんがっこう》に在学《ざいがく》している。

在校《ざいこう》 ◎「在学《ざいがく》」と同《おな》じ。例 在校生《ざいこうせい》を代表《だいひょう》して、卒業生《そつぎょうせい》に花束《はなたば》を贈《おく》る。◎校舎《こうしゃ》や校庭《こうてい》にいること。例 運動《うんどう》会《かい》の準備《じゅんび》のため、先生方《せんせいがた》が遅《おそ》くまで在《ざい》校《こう》している。

在籍《ざいせき》 団体《だんたい》・学校《がっこう》などに属《ぞく》する者《もの》として登録《とうろく》されていること。例 本校《ほんこう》に在籍《ざいせき》する児童《じどう》の数《かず》は、年々《ねんねん》減《へ》っている。

進級《しんきゅう》 等級《とうきゅう》・学年《がくねん》などが、上《うえ》へ進《すす》むこと。例 六年生《ろくねんせい》に進級《しんきゅう》してから、彼《かれ》は見違《みちが》えるように成長《せいちょう》した。

進学《しんがく》 小学校《しょうがっこう》から中学校《ちゅうがっこう》へ進《すす》むように、上《うえ》の学校《がっこう》へ進《すす》むこと。例 兄《あに》は好《す》きな文学《ぶんがく》を勉強《べんきょう》するために、進《しん》学《がく》の道《みち》を選《えら》んだ。

上《あ》がる ◎進学《しんがく》する。また、学年《がくねん》が次《つぎ》に進《すす》む。例 早《はや》いもので、うちの息子《むすこ》も来年《らいねん》は中学《ちゅうがく》に上《あ》がる年《とし》です。◎「食《た》べる」➡226 ◎「雨《あめ》」➡588

飛《と》び級《きゅう》 成績《せいせき》のとくに優秀《ゆうしゅう》な者《もの》が、例外的《れいがいてき》に学年《がくねん》や課程《かてい》を飛《と》び越《こ》えて進級《しんきゅう》・進学《しんがく》すること。例 飛《と》び級《きゅう》をして、年上《としうえ》の友《とも》だちができた。

転校《てんこう》 ほかの学校《がっこう》に移《うつ》ること。例 転《てん》校《こう》して会《あ》えなくなった友《とも》だちに、手紙《てがみ》を書《か》いた。

転学《てんがく》 ◎「転校《てんこう》」と同《おな》じ。例 私立《しりつ》の中《ちゅう》学校《がっこう》に転学《てんがく》する。◎大学《だいがく》などで、他《た》の学部《がくぶ》に移《うつ》ること。例 四月《しがつ》から、法学部《ほうがくぶ》への転学《てんがく》を許可《きょか》される。似 転部《てんぶ》。

転入《てんにゅう》 ほかの学校《がっこう》から、転校《てんこう》してくること。例 クラスのみんなで、転入生《てんにゅうせい》の面倒《めんどう》を見《み》る。

編入《へんにゅう》 途中《とちゅう》から、ある学年《がくねん》、組織《そしき》などに入《はい》ること。例 姉《あね》は試験《しけん》を受《う》けて、短大《たんだい》から四年制大学《よねんせいだいがく》の三年《さんねん》に編入《へんにゅう》した。

復学《ふくがく》 停学《ていがく》・休学《きゅうがく》していた学生《がくせい》・生徒《せいと》が、再《ふたた》びもとの学校《がっこう》に復帰《ふっき》すること。例 病気《びょうき》が全快《ぜんかい》して、一年《いちねん》ぶりに復学《ふくがく》する。似 復校《ふっこう》。

卒業《そつぎょう》 ◎決《き》められた勉強《べんきょう》を終《お》えて、学校《がっこう》を出《で》ること。例 卒業《そつぎょう》したら、技術《ぎじゅつ》を身《み》につけて職人《しょくにん》になるつもりだ。◎ある段階《だんかい》や時期《じき》を通《とお》り過《す》ぎること。例 アイドルを卒業《そつぎょう》して、今《いま》は女優《じょゆう》として活躍《かつやく》している。

修了《しゅうりょう》 決《き》められた学業《がくぎょう》・課程《かてい》を全部《ぜんぶ》終《お》えること。例 三日間《みっかかん》で、研修《けんしゅう》の全課程《ぜんかてい》を修了《しゅうりょう》した。

卒《そつ》 「卒業《そつぎょう》」の略《りゃく》。例 担任《たんにん》の先生《せんせい》は、教育大学卒《きょういくだいがくそつ》だ。

卒園《そつえん》 幼稚園《ようちえん》または保育園《ほいくえん》を卒業《そつぎょう》すること。例 卒園式《そつえんしき》では、多《おお》くの保護者《ほごしゃ》が涙《なみだ》ぐんでいた。

巣立つ《すだつ》 ◎学校《がっこう》を卒業《そつぎょう》して世《よ》の中《なか》に出《で》る。ひな鳥《どり》が成長《せいちょう》して巣《す》から飛《と》び立《た》つようすから。例 卒業生《そつぎょうせい》は、みな祝福《しゅくふく》を受《う》けて学《まな》び舎《や》を巣立《すだ》っていった。◎「育《そだ》つ」⬇109

休学《きゅうがく》 病気《びょうき》などで、長《なが》く学校《がっこう》を休《やす》むこと。例 残念《ざんねん》ながら、一年間《いちねんかん》休学《きゅうがく》することになった。

留年《りゅうねん》 学生《がくせい》が進級《しんきゅう》・卒業《そつぎょう》するのに必《ひつ》要《よう》な学業《がくぎょう》を終《お》えることができず、同《おな》じ学年《がくねん》に留《とど》まること。例 兄《あに》はドイツ語《ご》の単位《たんい》を落《お》として留年《りゅうねん》した。

停学《ていがく》 校則《こうそく》に違反《いはん》した学生《がくせい》や生徒《せいと》に対《たい》して、一定期間《いっていきかん》学校《がっこう》へ来《く》ることを禁止《きんし》すること。例 他校《たこう》の生徒《せいと》とけんかをしたために、一週間《いっしゅうかん》の停学処分《ていがくしょぶん》を受《う》ける。

退学《たいがく》 卒業《そつぎょう》しないで、途中《とちゅう》で学校《がっこう》をやめること。また、やめさせること。例 大学在学中《だいがくざいがくちゅう》に商売《しょうばい》を始《はじ》め、ついに退学《たいがく》した。

退校《たいこう》 ◎「退学《たいがく》」と同《おな》じ。例 校則《こうそく》に違《い》反《はん》した場合《ばあい》は、退校処分《たいこうしょぶん》になることがあります。◎学校《がっこう》から帰《かえ》ること。例 用事《ようじ》があったので、早《はや》い時間《じかん》に退校《たいこう》した。

放校《ほうこう》 行《おこな》いの悪《わる》い学生《がくせい》や生徒《せいと》を、退学《たいがく》させること。例 素行《そこう》のよくない学生《がくせい》を放校処分《ほうこうしょぶん》とする。

中退《ちゅうたい》 「中途退学《ちゅうとたいがく》」の略《りゃく》。学校《がっこう》を卒業《そつぎょう》しないで、途中《とちゅう》でやめること。例 高校《こうこう》を中退《ちゅうたい》したが、独学《どくがく》で大学受験《だいがくじゅけん》の資格《しかく》を得《え》た。

合格《ごうかく》 ◎試験《しけん》に受《う》かること。例 猛勉《もうべん》強《きょう》のかいあって、難関校《なんかんこう》に合格《ごうかく》した。対 不合格《ふごうかく》。◎物事《ものごと》が、特定《とくてい》の資格《しかく》や条件《じょうけん》にあてはまること。例 規格《きかく》に合格《ごうかく》した製品《せいひん》には、認定《にんてい》マークが付《つ》けられます。対 不合格《ふごうかく》。失格《しっかく》。

及第《きゅうだい》 「合格《ごうかく》」と同《おな》じ。学校《がっこう》での進級《しんきゅう》の合否判定《ごうひはんてい》に使《つか》うことが多《おお》い。例 学期末試験《がっきまつしけん》に及第《きゅうだい》し、無事進級《ぶじしんきゅう》できた。対 落第《らくだい》。

通過《つうか》 ◎試験《しけん》などに合格《ごうかく》すること。例 十倍《じゅうばい》の難関《なんかん》を通過《つうか》して、

五名《ごめい》が入学《にゅうがく》を許可《きょか》された。◎「通《とお》る」⬇180

パス
「通過《つうか》する」という意味《いみ》の英語《えいご》。試験《しけん》や審査《しんさ》などに合格《ごうかく》すること。例 姉《あね》は昇級《しょうきゅう》試験《しけん》に難《なん》なくパスしたそうだ。

受《う》かる
試験《しけん》などに合格《ごうかく》する。例 司法《しほう》試験《しけん》に受《う》かるまで、猛《もう》勉強《べんきょう》を続《つづ》けた。対 落《お》ちる。

通《とお》る
◎通過《つうか》するということから、試験《しけん》などに合格《ごうかく》する。例 一次《いちじ》試験《しけん》は通《とお》ったが、二次《にじ》試験《しけん》の面接《めんせつ》で落《お》ちた。◎「通《とお》る」⬇179

不合格《ふごうかく》
◎試験《しけん》に合格《ごうかく》しないこと。例 自分《じぶん》ではできたと思《おも》ったのに、不合格《ふごうかく》だった。対 合格《ごうかく》。◎物《もの》事《ごと》が、特定《とくてい》の資格《しかく》や条件《じょうけん》にあてはまらないこと。例 検査《けんさ》に不合格《ふごうかく》となった製《せい》品《ひん》が廃棄《はいき》される。似 失格《しっかく》。対 合格《ごうかく》。

落第《らくだい》
◎試験《しけん》や審査《しんさ》に落《お》ちること。例 筆記《ひっき》試験《しけん》に落第《らくだい》する。対 及第《きゅうだい》。◎学年《がくねん》の課程《かてい》が修了《しゅうりょう》できず、卒業《そつぎょう》や進級《しんきゅう》ができないこと。例 出席《しゅっせき》日数《にっすう》が足《た》りなくて、落第《らくだい》する。◎一定《いってい》の基準《きじゅん》に達《たっ》していると認《みと》められないこと。例 そんなことでは、コーチとして落第《らくだい》だ。

落《お》ちる
◎試験《しけん》などに不合格《ふごうかく》になる。例 二次《にじ》試験《しけん》で約半分《やくはんぶん》が落《お》ちるそうだ。対 受《う》かる。◎「逃《に》げる」⬇193

滑《すべ》る
試験《しけん》に失敗《しっぱい》する。例 兄《あに》は入学《にゅうがく》試験《しけん》に滑《すべ》り続《つづ》け、最後《さいご》の一校《いっこう》でようやく合格《ごうかく》した。

合否《ごうひ》
合格《ごうかく》と不合格《ふごうかく》。また、合格《ごうかく》か不合格《ふごうかく》かということ。例 全《ぜん》力《りょく》を尽《つ》くし、あとは合否《ごうひ》の判定《はんてい》を待《ま》つのみだ。

結婚《けっこん》

marriage
［マリッジ］

結婚《けっこん》
男性《だんせい》と女性《じょせい》が、正式《せいしき》に夫婦《ふうふ》になること。例 結婚《けっこん》記念日《きねんび》を、子《こ》どもたちが祝《いわ》ってくれた。

婚姻《こんいん》
「結婚《けっこん》」と同《おな》じ。法律《ほうりつ》の上《うえ》で、男女《だんじょ》の結婚《けっこん》が成立《せいりつ》すること。例 日本《にほん》では、いとこ同士《どうし》の婚姻《こんいん》は認《みと》められている。

成婚《せいこん》
結婚《けっこん》が成立《せいりつ》すること。例 皇太《こうたい》子《し》の御《ご》成婚《せいこん》の祝賀《しゅくが》パレード。

ゴールイン
恋愛《れんあい》の末《すえ》の結婚《けっこん》を、競技《きょうぎ》などのゴールにたとえた言《い》い方《かた》。和製《わせい》英語《えいご》。例 お二人《ふたり》は長年《ながねん》の交際《こうさい》を実《みの》らせ、めでたくゴールインされました。

籍《せき》を入《い》れる
役所《やくしょ》に結婚《けっこん》の届《とど》けを出《だ》す。法律上《ほうりつじょう》の正式《せいしき》な夫婦《ふうふ》となる。例 あの二人《ふたり》はもう籍《せき》を入《い》れて、いっしょに生活《せいかつ》を始《はじ》めているそうだ。

入籍《にゅうせき》
籍《せき》を入《い》れること。例 挙式《きょしき》に先《さき》立《だ》ち、先日《せんじつ》二人《ふたり》で入籍《にゅうせき》を済《す》ませてきました。

一緒《いっしょ》になる
夫婦《ふうふ》になる。結婚《けっこん》していっしょに生活《せいかつ》する。例 父《ちち》は、母《はは》に会《あ》って一週間《いっしゅうかん》で、一緒《いっしょ》になろうと決《き》めたそうだ。

連《つ》れ添《そ》う
「一緒《いっしょ》になる」と同《おな》じ。例 父《ちち》と母《はは》は、連《つ》れ添《そ》ってもう二十年《にじゅうねん》になる。

似＝似《に》た表現《ひょうげん》のことば。対＝反対《はんたい》の意味《いみ》のことば。例＝使《つか》い方《かた》の例《れい》。

所帯《しょたい》を持《も》つ

独立《どくりつ》して一家《いっか》を構《かま》える。また、結婚《けっこん》して家庭《かてい》をつくる。例 叔父《おじ》はいつも「所帯《しょたい》を持《も》つとなにかと大変《たいへん》だ」と言《い》っている。

身《み》を固《かた》める

◎「所帯《しょたい》を持《も》つ」と同《おな》じ。例 独身生活《どくしんせいかつ》を楽《たの》しんでいた伯父《おじ》だったが、先月《せんげつ》、身《み》を固《かた》めた。◎「着《き》る」↓243

添《そ》い遂《と》げる

◎一生《いっしょう》夫婦《ふうふ》として暮《く》らす。例 お互《たが》いに白髪《しらが》となるまで、添《そ》い遂《と》げる。◎困難《こんなん》を乗《の》り越《こ》えて結婚《けっこん》する。例 家族《かぞく》の反対《はんたい》を押《お》し切《き》って添《そ》い遂《と》げる。

縁組《えんぐみ》

夫婦《ふうふ》の縁《えん》を結《むす》ぶこと。結婚《けっこん》すること。例 縁組《えんぐみ》が調《ととの》い、めでたく挙式《きょしき》の日《ひ》を迎《むか》える。

良縁《りょうえん》

その人《ひと》にとって、望《のぞ》ましい縁組《えんぐみ》。例 良縁《りょうえん》に恵《めぐ》まれ、娘《むすめ》がこのたび嫁《とつ》ぐこととなりました。

新婚《しんこん》

結婚《けっこん》したばかりであること。また、その人《ひと》。例 新婚《しんこん》ほやほやの二人《ふたり》は、いつも手《て》をつないで歩《ある》いている。

初婚《しょこん》

初《はじ》めての結婚《けっこん》。例 お二人《ふたり》は、ともに初婚《しょこん》のカップルです。対 再婚《さいこん》。

再婚《さいこん》

二度目《にどめ》以降《いこう》の結婚《けっこん》。妻《つま》または夫《おっと》と死別《しべつ》・離婚《りこん》した人《ひと》が、もう一度《いちど》結婚《けっこん》すること。例 叔母《おば》を病気《びょうき》で亡《な》くした叔父《おじ》は、この春《はる》に再婚《さいこん》することになった。対 初婚《しょこん》。

未婚《みこん》

まだ結婚《けっこん》していないこと。また、その人《ひと》。例 好《す》きになった相手《あいて》が未婚《みこん》かどうか気《き》になる。対 既婚《きこん》。

独身《どくしん》

「未婚《みこん》」と同《おな》じ。例 伯父《おじ》は、独身《どくしん》を通《とお》している。

既婚《きこん》

すでに結婚《けっこん》していること。例 既婚者《きこんしゃ》を対象《たいしょう》としたアンケート。対 未婚《みこん》。

嫁《とつ》ぐ

嫁《よめ》に行《い》く。例 祖母《そぼ》は、十六才《じゅうろくさい》で祖父《そふ》のもとに嫁《とつ》いだ。

嫁《か》する

「嫁《とつ》ぐ」の改《あらた》まった言《い》い方《かた》。例 この地方《ちほう》きっての旧家《きゅうか》に嫁《か》する。

嫁入《よめい》り

女性《じょせい》が相手《あいて》の家《いえ》に嫁《とつ》ぐこと。例 彼女《かのじょ》の嫁入《よめい》り先《さき》は、有名《ゆうめい》な旅館《りょかん》らしいよ。対 婿入《むこい》り。

輿入《こしい》れ

「嫁入《よめい》り」と同《おな》じ。「輿《こし》」は、お嫁《よめ》さんが乗《の》る乗《の》り物《もの》。昔《むかし》、輿《こし》に乗《の》って嫁入《よめい》り先《さき》の家《いえ》に入《はい》ったことから。例 大安吉日《たいあんきちじつ》を選《えら》んで、輿入《こしい》れをする。

玉《たま》の輿《こし》に乗《の》る

女性《じょせい》が、自分《じぶん》より財産《ざいさん》や地位《ちい》がある男性《だんせい》と結婚《けっこん》する。「玉《たま》の輿《こし》」は身分《みぶん》の高《たか》い人《ひと》が乗《の》った立派《りっぱ》な乗《の》り物《もの》。例 シンデレラは王子《おうじ》に見初《みそ》められて、玉《たま》の輿《こし》に乗《の》った。

逆玉《ぎゃくたま》

男性《だんせい》が、自分《じぶん》より財産《ざいさん》や地位《ちい》がある女性《じょせい》と結婚《けっこん》すること。「玉《たま》の輿《こし》に乗《の》る」の逆《ぎゃく》の組《く》み合《あ》わせということ。例 社長令嬢《しゃちょうれいじょう》を妻《つま》にし、逆玉《ぎゃくたま》に乗《の》って出世《しゅっせ》する。

片付《かたづ》く

娘《むすめ》が嫁《よめ》に行《い》く。女性《じょせい》が結婚《けっこん》することを、身内《みうち》の人《ひと》がへりくだっていうことば。例 いちばん下《した》の娘《むすめ》も、先月《せんげつ》やっと片付《かたづ》きました。

婿入《むこい》り

男性《だんせい》が結婚《けっこん》して、相手《あいて》の家《いえ》に入《はい》ること。例 あそこの家《いえ》は一人娘《ひとりむすめ》だから、彼《かれ》が婿入《むこい》りして後《あと》を継《つ》ぐようだ。対 嫁入《よめい》り。

娶《めと》る
男性《だんせい》が、女性《じょせい》を妻《つま》として迎《むか》える。例 名門《めいもん》の家《いえ》の娘《むすめ》を娶《めと》る。

妻帯《さいたい》
男性《だんせい》が妻《つま》を持《も》つこと。また、妻《つま》がいること。例 ここにいる人《ひと》たちは、みんな妻帯《さいたい》者《しゃ》だ。

結婚式《けっこんしき》
神《かみ》や仏《ほとけ》、または親《した》しい人《ひと》の前《まえ》で行《おこな》う結婚《けっこん》の儀式《ぎしき》。例 丘《おか》の上《うえ》にある教会《きょうかい》で二人《ふたり》だけの結婚式《けっこんしき》を挙《あ》げる。

婚礼《こんれい》
「結婚式《けっこんしき》」のこと。広《ひろ》くは「披露《ひろう》宴《えん》」も含《ふく》む。例 姉《あね》の婚礼《こんれい》の日《ひ》取《ど》りが決《き》まる。

挙式《きょしき》
結婚式《けっこんしき》を執《と》り行《おこな》うこと。例 本《ほん》日《じつ》の挙式《きょしき》は午後《ごご》一時《いちじ》からです。

婚儀《こんぎ》
「結婚式《けっこんしき》」のこと。結婚《けっこん》の儀式《ぎしき》。例 めでたく婚儀《こんぎ》も調《ととの》った。

華燭《かしょく》の典《てん》
「結婚式《けっこんしき》」をほめていうことば。自分《じぶん》や身内《みうち》の場合《ばあい》は使《つか》わない。「華燭《かしょく》」は、結婚式《けっこんしき》で点《とも》す華《はな》やかなともしび。例 このたびめでたく、華燭《かしょく》の典《てん》を挙《あ》げられました。

祝言《しゅうげん》
「結婚式《けっこんしき》」のこと。もともとは祝《いわ》いのことば、祝《いわ》いの儀式《ぎしき》という意味《いみ》だが、とくに結婚式《けっこんしき》を指《さ》していうようになった。例 大安吉日《たいあんきちじつ》を選《えら》んで、祝言《しゅうげん》を挙《あ》げる。

披露宴《ひろうえん》
結婚《けっこん》したことやめでたいことを、親類《しんるい》や友人《ゆうじん》などに報《ほう》告《こく》する宴会《えんかい》。例 結婚《けっこん》披露宴《ひろうえん》で、お祝《いわ》いの歌《うた》を歌《うた》った。

見合《みあ》い
結婚《けっこん》を目的《もくてき》として、親《おや》や親《しん》類《るい》・友人《ゆうじん》などが紹介《しょうかい》した異《い》性《せい》に会《あ》うこと。例 姉《あね》はおめかしして、お見合《みあ》いに出《で》かけた。

婚約《こんやく》
結婚《けっこん》の約束《やくそく》をすること。また、その約束《やくそく》。例 兄《あに》が幼《おさな》なじみと婚約《こんやく》した。

結納《ゆいのう》
婚約《こんやく》が成立《せいりつ》したしるしに、男《だん》女《じょ》やその親《おや》たちが品物《しなもの》やお金《かね》をやりとりすること。また、その儀《ぎ》式《しき》。例 吉日《きちじつ》を選《えら》んで、結納《ゆいのう》を交《か》わす。

婚姻届《こんいんとどけ》
男女《だんじょ》が結婚《けっこん》したことを役所《やくしょ》に届《とど》け出《で》る書類《しょるい》。例 結婚《けっこん》した二人《ふたり》は、そろって役所《やくしょ》に婚姻届《こんいんとどけ》を出《だ》した。

国際結婚《こくさいけっこん》
国籍《こくせき》の違《ちが》う男女《だんじょ》が結婚《けっこん》すること。例 叔母《おば》が国《こく》際結婚《さいけっこん》をしたので、外国人《がいこくじん》の親類《しんるい》ができた。

政略結婚《せいりゃくけっこん》
家《いえ》の利益《りえき》や国《くに》の結《むす》びつきのために、本人《ほんにん》たちの気持《きも》ちを無視《むし》して親《おや》などが決《き》めた結《けっ》婚《こん》。例 戦国時代《せんごくじだい》の武将《ぶしょう》の娘《むすめ》は、政略《せいりゃく》結婚《けっこん》の犠牲《ぎせい》になった。

恋愛結婚《れんあいけっこん》
恋愛《れんあい》によって結《むす》ばれた結婚《けっこん》。例 いちばん上《うえ》の姉《あね》は、ドラマのような恋愛結婚《れんあいけっこん》を夢見《ゆめみ》ている。

見合《みあ》い結婚《けっこん》
見合《みあ》いで知《し》り合《あ》った男女《だんじょ》の結婚《けっこん》。例 母《はは》方《かた》の祖父《そふ》と祖母《そぼ》は見合《みあ》い結婚《けっこん》だったそうだ。

できちゃった結婚《けっこん》
独身《どくしん》のうちに妊娠《にんしん》したり、赤《あか》ちゃんが生《う》まれたりしたために、男女《だんじょ》が結婚《けっこん》すること。くだけた言《い》い方《かた》。例 あのアイドル、できちゃった結婚《けっこん》らしいよ。

重婚《じゅうこん》
結婚《けっこん》している人《ひと》が、さらにほかの異性《いせい》と結婚《けっこん》すること。日《に》本《ほん》では法律《ほうりつ》で禁《きん》じられている。例 世界《せかい》には、重婚《じゅうこん》が許《ゆる》されている国《くに》もあるそうだ。

「結婚《けっこん》」に関連《かんれん》することば

一人口《ひとりぐち》は食《く》えぬが二人口《ふたりぐち》は食《く》える
一人暮《ひとりぐ》らしはいろいろむだが多《おお》いが、結婚《けっこん》して二人《ふたり》で暮《く》らせば何《なん》とか生活《せいかつ》できる。結婚《けっこん》したほうが、独身《どくしん》でいるよりも経済的《けいざいてき》であるということ。「一人口《ひとりぐち》」は一人《ひとり》で生計《せいけい》を立《た》てること、「二人口《ふたりぐち》」は夫婦《ふうふ》二人《ふたり》の家計《かけい》。

手鍋提《てなべさ》げても ➡416

夫婦《ふうふ》

couple
［カップル］

このページも見《み》てみよう
▼男女《だんじょ》 ➡41

夫婦《ふうふ》
結婚《けっこん》した一組《ひとくみ》の男女《だんじょ》。夫《おっと》と妻《つま》。例 うちの両親《りょうしん》は、とても仲《なか》のよい夫婦《ふうふ》といわれる。

夫妻《ふさい》
「夫婦《ふうふ》」のこと。自分《じぶん》や身近《みぢか》な人《ひと》には使《つか》わない。例 大統領《だいとうりょう》夫妻《ふさい》が主催《しゅさい》する晩餐会《ばんさんかい》に出席《しゅっせき》する。

	仲《なか》のよい—	晴《は》れて—になる	ご—でお越《こ》しください
夫婦	○	○	△
夫妻	△	–	○

夫婦《めおと》
「夫婦《ふうふ》」と同《おな》じ。例 困難《こんなん》を乗《の》り越《こ》え、二人《ふたり》は晴《は》れて夫婦《めおと》となった。◆「みょうと」ともいう。

配偶者《はいぐうしゃ》
結婚相手《けっこんあいて》のこと。夫《おっと》からみた妻《つま》、妻《つま》からみた夫《おっと》。婚姻《こんいん》によって、法律上《ほうりつじょう》の身分《みぶん》として成立《せいりつ》する。例 書類《しょるい》に、配偶者《はいぐうしゃ》の名前《なまえ》を記入《きにゅう》してください。

伴侶《はんりょ》
「配偶者《はいぐうしゃ》」のこと。「侶《りょ》」は、仲間《なかま》という意味《いみ》。例 父《ちち》も母《はは》も、互《たが》いに人生《じんせい》のよき伴侶《はんりょ》に恵《めぐ》まれたようだ。

連《つ》れ合《あ》い
「配偶者《はいぐうしゃ》」のこと。第三者《だいさんしゃ》に対《たい》して、自分《じぶん》の夫《おっと》や妻《つま》のことをいうことば。例 夫《おっと》が会社《かいしゃ》の上司《じょうし》に、「これがわたしの連《つ》れ合《あ》いです」と紹介《しょうかい》した。

パートナー
二人一組《ふたりひとくみ》で行動《こうどう》するときに組《く》む相手《あいて》。スポーツやゲーム、事業《じぎょう》などの相棒《あいぼう》のほか、恋人《こいびと》や配偶者《はいぐうしゃ》のこともいう。例 結《けっ》婚《こん》を決《き》めたのは、お互《たが》いをよきパートナーと信《しん》じたからです。

夫《おっと》
夫婦《ふうふ》のうちの、男性《だんせい》のほう。例 あの人《ひと》はまだ若《わか》いが、すでに夫《おっと》のある身《み》だ。対 妻《つま》。

夫君《ふくん》
他人《たにん》の夫《おっと》をうやまっていうことば。多《おお》く、男性《だんせい》が使《つか》う。例 夫君《ふくん》はお元気《げんき》でいらっしゃいますか。

主人《しゅじん》
◎妻《つま》が、他人《たにん》に対《たい》して、自分《じぶん》の夫《おっと》を指《さ》していうことば。例 主人《しゅじん》はあいにく留守《るす》にしております。◎一家《いっか》の主《あるじ》。店《みせ》の主《あるじ》。例 旅館《りょかん》の主人《しゅじん》の出迎《でむか》えを受《う》ける。

あなた
◎妻《つま》が夫《おっと》を、親《した》しみを込《こ》めて呼《よ》ぶことば。例 あなた、ご飯《はん》ができたわよ。◎「あなた」➡18

お父《とう》さん
◎子《こ》どもの視点《してん》に立《た》って、母親《ははおや》が父親《ちちおや》を呼《よ》ぶことば。例 リュックが重《おも》そうだから、お父《とう》さん持《も》ってあげて。対 お母《かあ》さん。

◆＝もっと知《し》りたい、ことばの知識《ちしき》。

◎「父母《ふぼ》」➡22

パパ ◎「お父《とう》さん」と同《おな》じ。幼《おさな》い子《こ》どもが使《つか》うことが多《おお》いが、子《こ》どもが成長《せいちょう》した後《あと》もそのまま使《つか》い続《つづ》ける場合《ばあい》もある。例 パパ、帰《かえ》りに買《か》い物《もの》を頼《たの》みますよ。◎「父母《ふぼ》」➡23

亭主《ていしゅ》 ◎夫《おっと》のこと。例 うちの亭主《ていしゅ》なら、出《で》かけております。◎一家《いっか》の主人《しゅじん》。商店《しょうてん》の主人《しゅじん》。例 料理店《りょうりてん》の亭主《ていしゅ》。

旦那《だんな》 ◎「亭主《ていしゅ》」と同《おな》じ。例 うちの旦《だん》那《な》ときたら、キャベツとレタスの区別《くべつ》もつかないのよ。◎その家《いえ》の主人《しゅじん》。商店《しょうてん》の主《あるじ》。例 旦那《だんな》が使用人《しようにん》に、用事《ようじ》を言《い》いつける。

内《うち》の人《ひと》 妻《つま》が、他人《たにん》に対《たい》して自分《じぶん》の夫《おっと》をいうことば。また、いっしょに生活《せいかつ》している人《ひと》、家族《かぞく》。例 内《うち》の人《ひと》が、よろしくと申《もう》しておりました。

宿六《やどろく》 妻《つま》が夫《おっと》を、卑《いや》しめたり親《した》しみを込《こ》めたりしていうことば。「宿《やど》のろくでなし」からできたことば。例 うちの宿六《やどろく》が、お宅《たく》にお邪魔《じゃま》していないでしょうか。

宅《たく》 「主人《しゅじん》」と同《おな》じ。少《すこ》し気取《きど》った言《い》い方《かた》。例 宅《たく》は出張中《しゅっちょうちゅう》で、来週戻《らいしゅうもど》ります。

先夫《せんぷ》 現在《げんざい》の夫《おっと》と結婚《けっこん》する前《まえ》に、離《り》婚《こん》したり死別《しべつ》したりした前《まえ》の夫《おっと》。例 先夫《せんぷ》とは、今《いま》はまったく音信不《おんしんふ》通《つう》です。似 前夫《ぜんぷ》。

亡夫《ぼうふ》 亡《な》くなった夫《おっと》。例 今日《きょう》は亡夫《ぼうふ》の墓参《はかまい》りに行《い》ってきました。

婿《むこ》 娘《むすめ》の夫《おっと》。とくに、娘《むすめ》の夫《おっと》としてその家《いえ》の戸籍《こせき》に入《はい》った男性《だんせい》。例 いちばん上《うえ》の姉《あね》が婿《むこ》を取《と》る。

入《い》り婿《むこ》 婿《むこ》として、妻《つま》の家《いえ》の戸籍《こせき》に入《はい》ること。また、その人《ひと》。例 親方《おやかた》に見込《みこ》まれて、入《い》り婿《むこ》となった。

婿養子《むこようし》 「入《い》り婿《むこ》」のこと。例 父《ちち》は、一人娘《ひとりむすめ》の母《はは》のところに婿養《むこよう》子《し》に入《はい》った。

妻《つま》 夫婦《ふうふ》のうちの、女性《じょせい》のほう。例 妻《つま》といっしょに伺《うかが》います。対 夫《おっと》。

妻女《さいじょ》 ◎「妻《つま》」のこと。妻《つま》である女《おんな》。例 このお墓《はか》には、戦国時代《せんごくじだい》に

「夫婦《ふうふ》」に関連《かんれん》することば

おしどり夫婦《ふうふ》 「おしどり」はカモの仲《なか》間《ま》の水鳥《みずとり》。オスとメスがいつもいっしょにいるので、仲《なか》のよい夫婦《ふうふ》のたとえに使《つか》われる。

糟糠《そうこう》の妻《つま》 貧《まず》しい生活《せいかつ》をしていたときから、長年《ながねん》連《つ》れ添《そ》って苦労《くろう》を共《とも》にしてきた妻《つま》。「糟糠《そうこう》」は、酒《さけ》の糟《かす》と米《こめ》の糠《ぬか》のことで、粗末《そまつ》な食事《しょくじ》。転《てん》じて、貧《まず》しい生活《せいかつ》のこと。

似《に》た者夫婦《ものふうふ》 性格《せいかく》や好《この》みなどが、よく似《に》ている夫婦《ふうふ》。また、いっしょに生《せい》活《かつ》するうちに、夫婦《ふうふ》は性格《せいかく》や好《この》みが似《に》てくるものだということ。

蚤《のみ》の夫婦《ふうふ》 夫《おっと》より妻《つま》のほうが、体《からだ》の大《おお》きい夫婦《ふうふ》のこと。ノミは、メスがオスより体《からだ》が大《おお》きいことから。

夫唱婦随《ふしょうふずい》 夫《おっと》が言《い》い出《だ》したことに、妻《つま》が従《したが》うこと。

●こんなことばも覚《おぼ》えておこう

荊妻《けいさい》・背《せ》の君《きみ》・主《ぬし》

似＝似《に》た表現《ひょうげん》のことば。対＝反対《はんたい》の意味《いみ》のことば。例＝使《つか》い方《かた》の例《れい》。

活躍《かつやく》した武将《ぶしょう》とその妻女《さいじょ》が葬《ほうむ》られている。◎「家族《かぞく》・親族《しんぞく》」➡39

妻《さい》 夫《おっと》が、他人《たにん》に対《たい》して自分《じぶん》の妻《つま》をいうことば。例 私《わたくし》の代《か》わりに、妻《さい》を伺《うかが》わせます。

細君《さいくん》 ◎親《した》しい人《ひと》に対《たい》し、夫《おっと》が自分《じぶん》の妻《つま》をいうことば。例 うちの細君《さいくん》でよければ、いつでも手伝《てつだ》いに行《い》かせるよ。◎他人《たにん》の妻《つま》を、軽《かる》い敬意《けいい》を込《こ》めていうことば。目上《めうえ》の人《ひと》には使《つか》わない。例 あまり遅《おそ》くまで付《つ》き合《あ》わせたら、君《きみ》の細君《さいくん》に怒《おこ》られそうだ。

家内《かない》 ◎他人《たにん》に対《たい》し、夫《おっと》が自分《じぶん》の妻《つま》をいうことば。例 家内《かない》がいつもお世話《せわ》になっております。◎「家族《かぞく》・親族《しんぞく》」➡38

お前《まえ》 ◎夫《おっと》が妻《つま》を、親《した》しみを込《こ》めていうことば。例 お前《まえ》には、いつも苦労《くろう》をかけてるな。◎「あなた」➡18

お母《かあ》さん ◎子《こ》どもの視点《してん》に立《た》って、父親《ちちおや》が母親《ははおや》を呼《よ》ぶことば。例 カレーライスのおいしいつくり方《かた》なら、お母《かあ》さんに聞《き》くといい。対 お父《とう》さん。◎「父母《ふぼ》」➡25

ママ ◎「お母《かあ》さん」と同《おな》じ。幼《おさな》い子《こ》どもが使《つか》うことが多《おお》いが、子《こ》どもが成長《せいちょう》した後《あと》もそのまま使《つか》い続《つづ》ける場合《ばあい》もある。例 会社《かいしゃ》の帰《かえ》りに、ママに頼《たの》まれたものを買《か》ってきたよ。◎酒《さか》場《ば》の女主人《おんなしゅじん》のこと。例 今《いま》の人《ひと》、あの店《みせ》のママさんだよ。◎「父母《ふぼ》」➡25

女房《にょうぼう》 夫《おっと》が、他人《たにん》に対《たい》して自分《じぶん》の妻《つま》をいうことば。親《した》しい間柄《あいだがら》で使《つか》われる。平安時代《へいあんじだい》のころは、貴族《きぞく》に仕《つか》えた身分《みぶん》の高《たか》い女官《にょかん》を指《さ》し、江戸《えど》時《じ》代《だい》には、愛情《あいじょう》の対象《たいしょう》となる女性全体《じょせいぜんたい》を指《さ》した。例 いつも女房《にょうぼう》の尻《しり》に敷《し》かれっぱなしだ。◆「にょうぼ」ともいう。

かみさん 親《した》しい人《ひと》に対《たい》し、夫《おっと》が自分《じぶん》の妻《つま》を、または、その人《ひと》の妻《つま》を呼《よ》ぶことば。例 うちのかみさんは甘《あま》いものが好《す》きだから、ケーキを買《か》って帰《かえ》ろう。

かかあ 夫《おっと》が妻《つま》を、卑《いや》しめたり親《した》しみを込《こ》めたりしていうことば。例 うちのかかあは、口《くち》うるさいんだ。

山《やま》の神《かみ》 夫《おっと》が口《くち》うるさい妻《つま》をいうことば。山《やま》を守《まも》る神《かみ》は、多《おお》くが女《おんな》の神《かみ》であるとされることから。例 こんなことが山《やま》の神《かみ》に知《し》れたら、それこそ大変《たいへん》だ。

ワイフ 「妻《つま》」という意味《いみ》の英語《えいご》。日《に》本《ほん》では、やや気取《きど》った言《い》い方《かた》。例 家《いえ》のことは、ワイフに任《まか》せてある。

奥様《おくさま》 他人《たにん》の妻《つま》を、うやまっていうことば。例 課長《かちょう》、奥様《おくさま》からお電話《でんわ》です。

奥《おく》さん 「奥様《おくさま》」と同《おな》じ。敬意《けいい》はやや軽《かる》い。例 奥《おく》さん、今日《きょう》はお肉《にく》が安《やす》いよ。

奥方《おくがた》 身分《みぶん》の高《たか》い人《ひと》の妻《つま》をうやまっていうことば。例 主君《しゅくん》の奥方《おくがた》を、城《しろ》にお連《つ》れした。

夫人《ふじん》 「奥様《おくさま》」と同《おな》じ。例 夫人《ふじん》を同伴《どうはん》して晩餐会《ばんさんかい》に出席《しゅっせき》する。

令夫人《れいふじん》 「奥様《おくさま》」と同《おな》じ。手紙《てがみ》などで使《つか》われることば。例 大統領閣下《だいとうりょうかっか》並《なら》びに令夫人《れいふじん》。似 令室《れいしつ》。◆「令《れい》」は、尊敬《そんけい》を表《あらわ》すことばで、ほかに

◆＝もっと知《し》りたい、ことばの知識《ちしき》。

「令嬢《れいじょう》」「令息《れいそく》」などがある。

先妻《せんさい》

現在《げんざい》の妻《つま》と結婚《けっこん》する前《まえ》に、離《り》婚《こん》したり死別《しべつ》したりした前《まえ》の妻《つま》。例 死別《しべつ》した先妻《せんさい》の墓参《はかまい》りをする。似 前妻《ぜんさい》。対 後妻《ごさい》。

亡妻《ぼうさい》

亡《な》くなった妻《つま》。例 本日《ほんじつ》は、亡《ぼう》妻《さい》の七回忌《しちかいき》にお集《あつ》まりいただき、ありがとうございます。

嫁《よめ》

◎自分《じぶん》の妻《つま》。また、他人《たにん》の妻《つま》。例 君《きみ》の嫁《よめ》さんは、料理《りょうり》がうまいね。◎息子《むすこ》の妻《つま》として、その家《いえ》の戸籍《こせき》に入《はい》った女性《じょせい》。例 本当《ほんとう》によくできた嫁《よめ》で、助《たす》かっています。

後妻《ごさい》

妻《つま》と死別《しべつ》または離婚《りこん》した男性《だんせい》が、その後《ご》に結婚《けっこん》した妻《つま》。例 奥様《おくさま》を亡《な》くされた先生《せんせい》が、後妻《ごさい》を迎《むか》えた。対 先妻《せんさい》。

兄嫁《あによめ》

兄《あに》の妻《つま》。例 兄嫁《あによめ》とは、仲良《なかよ》くやっています。

未亡人《みぼうじん》

夫《おっと》が死《し》に、再婚《さいこん》しないでいる女性《じょせい》。例 叔母《おば》は交通事《こうつうじ》故《こ》で叔父《おじ》を亡《な》くし、未亡人《みぼうじん》となった。

寡婦《かふ》

「未亡人《みぼうじん》」と同《おな》じ。例 寡婦《かふ》には、税金《ぜいきん》の優遇措置《ゆうぐうそち》がある。

後家《ごけ》

「未亡人《みぼうじん》」と同《おな》じ。例 親戚《しんせき》の後《ご》家《け》さんに、再婚相手《さいこんあいて》を紹介《しょうかい》する。

やもめ

夫《おっと》を亡《な》くした妻《つま》。または、妻《つま》を亡《な》くした夫《おっと》。例 叔父《おじ》はやもめ暮《ぐ》らしをしている。◆男性《だんせい》の場合《ばあい》は「男《おとこ》やもめ」「やもお」ともいう。

つがい

動物《どうぶつ》のオスとメスの組《く》み合《あ》わせ。例 つがいの文鳥《ぶんちょう》を飼《か》う。

死《し》ぬ

die
［ダイ］

死《し》ぬ

◎人《ひと》や動物《どうぶつ》の、命《いのち》がなくなる。例 かわいがっていた愛犬《あいけん》が、死《し》んでしまった。対 生《い》きる。◎そのものが持《も》っている能力《のうりょく》が、うまく発揮《はっき》されないでいる。例 持《も》っているだけで使《つか》わなければ、いくらいい道具《どうぐ》でも死《し》んだも同然《どうぜん》だ。対 生《い》きる。

亡《な》くなる

生命《せいめい》を失《うしな》う。「死《し》ぬ」などの露骨《ろこつ》な表現《ひょうげん》を避《さ》けた言《い》い方《かた》。例 お世話《せわ》になった先生《せんせい》が亡《な》くなった。

没《ぼっ》する

「亡《な》くなる」と同《おな》じ。社会《しゃかい》的《てき》に重要《じゅうよう》な人物《じんぶつ》や、存在感《そんざいかん》のある人物《じんぶつ》の死《し》に使《つか》うことが多《おお》い。例 平清盛《たいらのきよもり》は、没《ぼっ》するまでの十年間《じゅうねんかん》をこの地《ち》で暮《く》らしたといわれている。

逝《ゆ》く

「亡《な》くなる」と同《おな》じ。立《た》ち去《さ》って帰《かえ》らないという意味《いみ》。例 祖父《そふ》が自宅《じたく》で家族《かぞく》に見守《みまも》られながら逝《ゆ》く。◆「いく」ともいう。

果《は》てる

「亡《な》くなる」と同《おな》じ。続《つづ》いていたものが終《お》わるということから。例 志半《こころざしなか》ばにして果《は》てた父《ちち》の跡《あと》を継《つ》いで、家業《かぎょう》に精《せい》を出《だ》す。

朽《く》ち果《は》てる

世《よ》に知《し》られないまま死《し》んでしまう。すっかり腐《くさ》って、もとの形《かたち》をなくしてしまうということから。例 世間《せけん》の片隅《かたすみ》に生《い》き、むなしく朽《く》ち果《は》てる。

眠《ねむ》る

◎死《し》ぬ。死《し》んで葬《ほうむ》られている。永遠《えいえん》に眠《ねむ》る、という意味《いみ》から。例 お盆《ぼん》には、父母《ふぼ》の眠《ねむ》るふるさとに帰《かえ》ります。◎「眠《ねむ》る」⬇219

似＝似《に》た表現《ひょうげん》のことば。対＝反対《はんたい》の意味《いみ》のことば。例＝使《つか》い方《かた》の例《れい》。

倒《たお》れる

◎事故《じこ》などで急《きゅう》に命《いのち》を奪《うば》われたり、殺《ころ》されたりする。例 暗殺者《あんさつしゃ》の凶弾《きょうだん》に倒《たお》れた、黒人解放運《こくじんかいほううん》動《どう》の指導者《しどうしゃ》キング牧師《ぼくし》。◎「病気《びょうき》」➡98 ◎「倒《たお》れる」➡148

散《ち》る

人《ひと》がはかなく死《し》ぬ。多《おお》く、戦《せん》死《し》することをいう。例 戦争《せんそう》で南《みなみ》の海《うみ》に散《ち》った若者《わかもの》たち。似 花《はな》と散《ち》る。

お隠《かく》れになる

身分《みぶん》の高《たか》い人《ひと》が死《し》ぬ。例 五十《ごじゅう》年《ねん》も君臨《くんりん》した王《おう》がお隠《かく》れになった。

くたばる

◎「死《し》ぬ」の乱暴《らんぼう》な言《い》い方《かた》。また、ののしっていうことば。例 夢《ゆめ》をつかんだおれは、いつくたばってもかまわない。◎「疲《つか》れる」➡207

失《うしな》う

かけがえのない、大切《たいせつ》な人《ひと》に死《し》なれる。例 戦争《せんそう》で息子《むすこ》を失《うしな》った母親《ははおや》が、反戦《はんせん》デモに参加《さんか》する。

死《し》に花《ばな》を咲《さ》かせる

立派《りっぱ》に死《し》んで、死《し》後《ご》に名誉《めいよ》を残《のこ》す。また、死《し》んでかえって名誉《めいよ》が増《ま》す。例 死《し》に花《ばな》を咲《さ》かせようと、人生《じんせい》最後《さいご》のかけに出《で》る。

巨星墜《きょせいお》つ

偉大《いだい》な人物《じんぶつ》が死《し》ぬ。「巨《きょ》星《せい》」は、大人物《だいじんぶつ》のたとえ。例 世界的《せかいてき》な大作家《だいさっか》が亡《な》くなり、まさに巨星墜《きょせいお》つの感《かん》が強《つよ》い。

跡《あと》を追《お》う

◎関係《かんけい》の深《ふか》かった人《ひと》の死《し》に続《つづ》いて、死《し》ぬ。例 彼《かれ》の母親《ははおや》は、夫《おっと》が病死《びょうし》した後《あと》、跡《あと》を追《お》うようにして亡《な》くなった。◎亡《な》くなった人《ひと》を慕《した》って、自分《じぶん》も命《いのち》を絶《た》つ。例 乃《の》木将軍《ぎしょうぐん》は、明治天皇《めいじてんのう》の跡《あと》を追《お》って、自《みずか》ら命《いのち》を絶《た》った。◆「後《あと》を追《お》う」とも書《か》く。

天寿《てんじゅ》を全《まっと》うする

寿命《じゅみょう》となって死《し》ぬ。「天寿《てんじゅ》」は、天《てん》から授《さず》かった命《いのち》で、寿命《じゅみょう》のこと。例 祖父《そふ》は八十才《はちじっさい》の天寿《てんじゅ》を全《まっと》うした。

幽明境《ゆうめいさかい》を異《こと》にする

死別《しべつ》する。「幽明《ゆうめい》」は、暗《くら》い所《ところ》と明《あか》るい所《ところ》のことで、あの世《よ》とこの世《よ》という意味《いみ》。あの世《よ》とこの世《よ》に分《わ》かれるということ。例 このたびの

深谷先生《ふかやせんせい》のちょっとひと息《いき》

取《と》り扱《あつか》い注意《ちゅうい》のことばたち

人《ひと》の死《し》についての話題《わだい》は、気持《きも》ちのいいものではありません。このため、死《し》ぬということばは、遠回《とおまわ》しな言《い》い方《かた》がいろいろ使《つか》われています。

ほかにも、時《とき》と場合《ばあい》によって、使《つか》うべきでない言《い》い方《かた》やことばというものがあります。ついうっかり口《くち》を滑《すべ》らせてしまうと、相手《あいて》の気持《きも》ちを害《がい》することがあるので注意《ちゅうい》が必要《ひつよう》です。

受験生《じゅけんせい》の前《まえ》では、たとえ試験《しけん》の不合格《ふごうかく》について言《い》っているのでなくても、滑《すべ》る・落《お》ちるなどのことばを使《つか》うのはやめましょう。また、結婚式《けっこんしき》では、破《やぶ》れる・帰《かえ》る・再《ふた》びなど、カップルの別《わか》れを感《かん》じさせることばを使《つか》うのはさけなければなりません。帰《かえ》るは「お嫁《よめ》さんが実家《じっか》に帰《かえ》る」という意味《いみ》に、再《ふた》びは「この結婚《けっこん》は失敗《しっぱい》に終《お》わって、ほかの人《ひと》と再《ふた》び結婚《けっこん》することになる」という意味《いみ》に解釈《かいしゃく》できるからです。難《むずか》しすぎて、無口《むくち》になってしまうかもしれませんね。

◆＝もっと知《し》りたい、ことばの知識《ちしき》。

急逝《きゅうせい》により、**幽明境《ゆうめいさかい》を異《こと》にする**こととなりました。

死《し》　命《いのち》がなくなること。例 死《し》を決《けっ》して事《こと》に当《あ》たる。対 生《せい》。

死亡《しぼう》　人《ひと》が死《し》ぬこと。例 交通事故《こうつうじこ》で死亡《しぼう》した人《ひと》に花《はな》を供《そな》える。対 出生《しゅっしょう》。誕生《たんじょう》。

死去《しきょ》　「死亡《しぼう》」と同《おな》じ。死《し》んでこの世《よ》を去《さ》ること。例 妻《つま》は昨夜《さくや》死去《しきょ》いたしました。対 出生《しゅっしょう》。誕生《たんじょう》。

死没《しぼつ》　「死亡《しぼう》」と同《おな》じ。災害《さいがい》・戦争《せんそう》などによる人《ひと》の死《し》を、哀悼《あいとう》の気《き》持《も》ちを込《こ》めていう場合《ばあい》に使《つか》う。例 内戦《ないせん》で死没《しぼつ》した人々《ひとびと》の追悼会《ついとうかい》を開《ひら》く。

没《ぼつ》　◎死《し》ぬこと。例 昭和四十年《しょうわよんじゅうねん》没《ぼつ》。◎採用《さいよう》しないこと。例 原稿《げんこう》を没《ぼつ》にする。

落命《らくめい》　死《し》ぬこと。命《いのち》を落《お》とすこと。とくに、不慮《ふりょ》の災難《さいなん》などで死《し》ぬこと。例 船乗《ふなの》りだった父《ちち》は、海難事故《かいなんじこ》で落命《らくめい》しました。

絶命《ぜつめい》　死《し》ぬこと。命《いのち》が絶《た》えること。例 発見《はっけん》されたときは、すでに絶命《ぜつめい》していた。

永眠《えいみん》　死《し》ぬこと。永遠《えいえん》の眠《ねむ》りに就《つ》くという意味《いみ》から。例 祖母《そぼ》は七十才《ななじっさい》で永眠《えいみん》した。

物故《ぶっこ》　「死《し》ぬこと」の改《あらた》まった言《い》い方《かた》。例 祖父《そふ》が、昨年《さくねん》物故《ぶっこ》した友人《ゆうじん》をしのんで、食事会《しょくじかい》を開《ひら》いた。

他界《たかい》　「死《し》ぬこと」を遠回《とおまわ》しにいったことば。この世《よ》からほかの世《せ》界《かい》(天国《てんごく》など)に行《い》くということ。例 他《た》界《かい》した父《ちち》の遺品《いひん》を整理《せいり》する。

辞世《じせい》　死《し》を前《まえ》にして、この世《よ》に別《わか》れを告《つ》げる(辞《じ》する)こと。例 辞《じ》世《せい》の句《く》を詠《よ》み、切腹《せっぷく》した武士《ぶし》。

往生《おうじょう》　◎死《し》ぬこと。仏教《ぶっきょう》のことばで、死《し》んで仏《ほとけ》の浄土《じょうど》に行《い》くということから。例 祖父《そふ》は隠居後《いんきょご》も百才《ひゃくさい》まで生《い》き、往生《おうじょう》を遂《と》げた。似 大往生《だいおうじょう》。◎「困《こま》る」➡477

成仏《じょうぶつ》　死《し》んでこの世《よ》に未練《みれん》を残《のこ》さず仏《ほとけ》になるということ。例 安《やす》らかに成仏《じょうぶつ》してください。

お陀仏《だぶつ》　◎死《し》ぬこと。例 このがけから落《お》ちたらお陀仏《だぶつ》だ。◎物事《ものごと》がだめになること。例 長年使《ながねんつか》ってきたテレビが、ついにお陀仏《だぶつ》になった。

昇天《しょうてん》　人《ひと》が死《し》んでその魂《たましい》が天《てん》に昇《のぼ》ること。キリスト教《きょう》で、イエス・キリストが死後《しご》に天《てん》に昇《のぼ》ったとされることから。例 最期《さいご》は妻《つま》に手《て》を握《にぎ》られ、安《やす》らかに昇天《しょうてん》した。

逝去《せいきょ》　他人《たにん》をうやまって、その死《し》をいうことば。例 先生《せんせい》の奥様《おくさま》が、昨夜《さくや》ご逝去《せいきょ》されました。

崩御《ほうぎょ》　天皇《てんのう》・皇后《こうごう》などをうやまって、その死《し》をいうことば。例 先帝《せんてい》の崩御《ほうぎょ》に伴《ともな》い、新《あたら》しい天皇《てんのう》が即位《そくい》された。

不幸《ふこう》　身内《みうち》や近親者《きんしんしゃ》の死《し》を遠回《とおまわ》しにいうことば。例 身内《みうち》に不幸《ふこう》があって、帰省《きせい》しておりました。

一巻《いっかん》の終《お》わり　物事《ものごと》の結末《けつまつ》がついてしまうこと。とくに、死《し》ぬこと。一巻《いっかん》からなる物語《ものがたり》が終《お》わることから。例 フグの毒《どく》にあたったら一巻《いっかん》の終《お》わりだ。

亡《な》い　すでに死《し》んで、この世《よ》にいない。例 親不孝《おやふこう》なわたしのことは、もう亡《な》いものと思《おも》ってください。

ころり
あっけなく死《し》ぬようす。苦《くる》しまずに死《し》ぬようす。例 昨日《きのう》まで元気《げんき》だった叔母《おば》が、ハチに刺《さ》されて**ころり**と逝《い》ってしまった。似 **ころっと**。

ぽっくり
人《ひと》が突然《とつぜん》に死《し》ぬようす。苦《くる》しまずに死《し》ぬようす。例 長《なが》く苦《くる》しまずに、**ぽっくり**死《し》にたいものだ。

急死《きゅうし》
元気《げんき》だった人《ひと》が、急病《きゅうびょう》や事故《じこ》などで突然《とつぜん》死《し》ぬこと。例 友人《ゆうじん》が心不全《しんふぜん》のため、旅行先《りょこうさき》のホテルで**急《きゅう》死《し》**した。

急逝《きゅうせい》
「急死《きゅうし》」と同《おな》じ。例 **急《きゅう》逝《せい》**した歌手《かしゅ》の告別式《こくべつしき》に、多《おお》くのファンが集《あつ》まった。

突然死《とつぜんし》
何《なん》の前兆《ぜんちょう》もなく、突然《とつぜん》死《し》ぬこと。例 **突然死《とつぜんし》**の多《おお》くは、原因《げんいん》が不明《ふめい》である。

短命《たんめい》
命《いのち》が短《みじか》いこと。人間《にんげん》だけでなく、植物《しょくぶつ》や動物《どうぶつ》、機械《きかい》や物事《ものごと》についてもいう。例 祖父《そふ》は**短命《たんめい》**だった。例 わずか三《さん》か月《げつ》という**短命《たんめい》**に終《お》わった内閣《ないかく》。対 **長命《ちょうめい》**。

薄命《はくめい》
◎「短命《たんめい》」と同《おな》じ。寿命《じゅみょう》が短《みじか》いことをはかなんだ言《い》い方《かた》。例 あまりにも**薄命《はくめい》**だった少女《しょうじょ》の死《し》を嘆《なげ》く。◎「不運《ふうん》」➡135

早死《はやじ》に
若《わか》くして死《し》ぬこと。例 オークションでは、**早死《はやじ》に**したアーティストの絵《え》に高《たか》い値《ね》がついた。対 **長生《ながい》き**。

若死《わかじ》に
「早死《はやじ》に」と同《おな》じ。例 これからというときに、兄《あに》は病《やまい》で**若死《わかじ》に**してしまった。対 **長生《ながい》き**。

夭逝《ようせい》
くみずみずしいという意味《いみ》。才能《さいのう》があり将来《しょうらい》を期待《きたい》されていた人《ひと》が、若《わか》くして亡《な》くなったことをいう場合《ばあい》が多《おお》い。例 将来《しょうらい》を嘱望《しょくぼう》されていたピアニストが、十九才《じゅうきゅうさい》で**夭逝《ようせい》**した。

「早死《はやじ》に」と同《おな》じ。「夭《よう》」は、若《わか》

夭折《ようせつ》
「夭逝《ようせい》」と同《おな》じ。例 天才詩人《てんさいしじん》の**夭折《ようせつ》**を惜《お》しむ。

早世《そうせい》
「早死《はやじ》に」と同《おな》じ。例 長男《ちょうなん》が**早世《そうせい》**したため、長女《ちょうじょ》が養子《ようし》をとって家《いえ》を継《つ》ぐことになった。

病死《びょうし》
病気《びょうき》で死《し》ぬこと。人間《にんげん》にも動物《どうぶつ》にも使《つか》う。例 戦《たたか》いに敗《やぶ》れ、流《なが》された島《しま》で**病死《びょうし》**した。

病没《びょうぼつ》
「病死《びょうし》」のこと。人間《にんげん》の死《し》のみに使《つか》う。例 父《ちち》が**病没《びょうぼつ》**してから二年《にねん》になる。

脳死《のうし》
大脳《だいのう》などの機能《きのう》が失《うしな》われた状態《じょうたい》。例 **脳死《のうし》**したときの臓器提《ぞうきてい》供《きょう》の意思《いし》を示《しめ》すために、ドナーカードを携帯《けいたい》する。◆心臓《しんぞう》を動《うご》かすなどの、生命維持《せいめいいじ》の機能《きのう》は脳《のう》に残《のこ》っている場合《ばあい》をいう。

心臓死《しんぞうし》
心臓《しんぞう》が止《と》まり、死《し》ぬこと。例 兄《あに》は五日間《いつかかん》脳死《のうし》状態《じょうたい》だったが、先《さき》ほど**心臓死《しんぞうし》**した。◆心臓《しんぞう》が止《と》まった遺体《いたい》からは、ふつう臓器移《ぞうきい》植《しょく》はされない。

安楽死《あんらくし》
回復《かいふく》の見込《みこ》みがなく、苦痛《くつう》の激《はげ》しい病人《びょうにん》を、本人《ほんにん》の意《い》志《し》で死《し》なせること。動物《どうぶつ》を苦《くる》しめずに死《し》なせる意味《いみ》でも使《つか》う。例 **安楽死《あんらくし》**を認《みと》めるかどうか、日本《にほん》では意見《いけん》が分《わ》かれている。

尊厳死《そんげんし》
人間《にんげん》としての尊厳《そんげん》を保《たも》って死《し》を迎《むか》えること。例 命《いのち》の重《おも》さと**尊厳死《そんげんし》**の問題《もんだい》について、友《とも》だち

◆＝もっと知《し》りたい、ことばの知識《ちしき》。

と話《はな》し合《あ》う。

無駄死《むだじ》に 何《なん》の役《やく》にも立《た》たずに、無駄《むだ》に命《いのち》を落《お》とすこと。例 無益《むえき》な戦争《せんそう》で、若者《わかもの》を無駄死《むだじ》にさせてはいけない。

犬死《いぬじ》に ある目的《もくてき》のために命《いのち》を落《お》としたが、結果的《けっかてき》にその死《し》が無駄《むだ》になること。例 ここで失敗《しっぱい》したら、彼《かれ》の死《し》は犬死《いぬじ》にになってしまう。

徒死《とし》 「無駄死《むだじ》に」と同《おな》じ。「徒《と》」は、何《なん》の役《やく》にも立《た》たないという意《い》味《み》。例 勇戦《ゆうせん》するとも徒死《とし》するな。

行《い》き倒《だお》れ 飢《う》えや寒《さむ》さ・病気《びょうき》などのため、道《みち》などで倒《たお》れたり死《し》んだりすること。例 ロシアの文豪《ぶんごう》トルストイは、旅先《たびさき》で行《い》き倒《だお》れになった。◆「ゆきだおれ」ともいう。

野《の》たれ死《じ》に 道《みち》ばたなどで、みじめに死《し》ぬこと。例 このまま落《お》ちぶれて、野《の》たれ死《じ》になどしたくはない。

命《いのち》を捨《す》てる ◎ある目的《もくてき》のために、命《いのち》を投《な》げ出《だ》す。例 国《くに》のために命《いのち》を捨《す》てる覚悟《かくご》で取《と》り組《く》む。◎生《い》きるべきであるのに、死《し》んでしまう。例 無謀《むぼう》な運転《うんてん》で、命《いのち》を捨《す》てる若者《わかもの》が多《おお》い。

命《いのち》を棒《ぼう》に振《ふ》る 無駄《むだ》に命《いのち》を捨《す》てる。例 無茶《むちゃ》な生《せい》活《かつ》をして命《いのち》を棒《ぼう》に振《ふ》るな。

先立《さきだ》つ 先《さき》に死《し》ぬ。ふつう、身内《みうち》よりも先《さき》に死《し》ぬことをいう。例 妻《つま》に先立《さきだ》たれ、すっかり元気《げんき》をなくした夫《おっと》。

立《た》ち往生《おうじょう》 ◎立《た》ったまま死《し》ぬこと。例 弁慶《べんけい》の立《た》ち往生《おうじょう》。◎事故《じこ》などで身動《みうご》きが取《と》れなくなったり、物事《ものごと》が行《い》き詰《づ》まってうまく処理《しょり》できなくなったりすること。例 事故《じこ》のため、踏《ふ》み切《き》りで電車《でんしゃ》が立《た》ち往生《おうじょう》している。

畳《たたみ》の上《うえ》で死《し》ぬ 事故《じこ》などで死《し》ぬのではなく、自《じ》宅《たく》で穏《おだ》やかな死《し》に方《かた》をする。例 危険《きけん》な仕事《しごと》に従事《じゅうじ》しているが、せめて畳《たたみ》の上《うえ》で死《し》にたい。

非業《ひごう》の死《し》 災害《さいがい》などで思《おも》いがけない死《し》に方《かた》をすること。例 突然《とつぜん》の増水《ぞうすい》で激流《げきりゅう》にのみ込《こ》まれ、非《ひ》業《ごう》の死《し》を遂《と》げた。似 非業《ひごう》の最期《さいご》。

刑死《けいし》 処刑《しょけい》されて死《し》ぬこと。例 殺人《さつじん》犯《はん》は死刑判決《しけいはんけつ》を受《う》け、刑死《けいし》した。

獄死《ごくし》 牢獄《ろうごく》の中《なか》で死《し》ぬこと。例 獄死《ごくし》した男《おとこ》が無実《むじつ》であったことが、後《あと》で判明《はんめい》した。似 牢死《ろうし》。

客死《かくし》 旅先《たびさき》、または他国《たこく》で死《し》ぬこと。例 志半《こころざしなか》ばにして、異国《いこく》の地《ち》に客死《かくし》する。◆「きゃくし」とも読《よ》む。

変死《へんし》 事故死《じこし》・他殺《たさつ》・自殺《じさつ》など、ふつうでない状態《じょうたい》で死《し》ぬこと。例 自宅《じたく》で変死《へんし》した人《ひと》を、司法解剖《しほうかいぼう》する。

怪死《かいし》 死因《しいん》に疑《うたが》いのある死《し》に方《かた》をすること。例 取材先《しゅざいさき》で怪死《かいし》したジャーナリストの日記《にっき》から、容疑者《ようぎしゃ》が浮《う》かび上《あ》がった。

人死《ひとじ》に 思《おも》いがけない出来事《できごと》のために、人《ひと》が死《し》ぬこと。例 気《き》球《きゅう》の事故《じこ》で人死《ひとじ》にが出《で》る。

犠牲《ぎせい》 災害《さいがい》や戦争《せんそう》・犯罪《はんざい》などで、死《し》んだり負傷《ふしょう》したりすること。例 戦争《せんそう》の犠牲《ぎせい》となった人々《ひとびと》の霊《れい》を慰《なぐさ》める。

事故死《じこし》 事故《じこ》で死《し》ぬこと。例 事故《じこ》死《し》したレーサーの告別式《こくべつしき》が営《いとな》まれた。

即死《そくし》 事故《じこ》などにあったその時点《じてん》で、すぐに死《し》ぬこと。例 ケネディ大統領《だいとうりょう》は、何者《なにもの》かに撃《う》たれて即死《そくし》した。

横死《おうし》 犯罪《はんざい》や思《おも》いがけない災難《さいなん》のために、志半《こころざしなか》ばで死《し》ぬこと。例 織田信長《おだのぶなが》は、本能寺《ほんのうじ》で無念《むねん》の横死《おうし》を遂《と》げた。

溺死《できし》 水《みず》に溺《おぼ》れて死《し》ぬこと。例 津波《つなみ》のため、牛《うし》や馬《うま》まで溺死《できし》した。
似 溺《おぼ》れ死《じ》に。

水死《すいし》 「溺死《できし》」と同《おな》じ。例 高波《たかなみ》にのまれた海水浴客《かいすいよくきゃく》が水死《すいし》した。

海《うみ》の藻屑《もくず》となる 海《うみ》に沈《しず》んで死《し》ぬ。溺死《できし》する。例 多《おお》くの若者《わかもの》が、戦艦大和《せんかんやまと》と共《とも》に海《うみ》の藻屑《もくず》となった。

魚腹《ぎょふく》に葬《ほうむ》られる 魚《さかな》のえさになるという意味《いみ》から、海《うみ》や川《かわ》で水死《すいし》する。例 遭難《そうなん》した漁船《ぎょせん》の乗組員《のりくみいん》は、すべて魚腹《ぎょふく》に葬《ほうむ》られた。

凍死《とうし》 寒《さむ》さのために、体《からだ》が冷《ひ》えて死《し》ぬこと。例 冬山登山《ふゆやまとざん》の一行《いっこう》は、吹雪《ふぶき》の中《なか》、互《たが》いに声《こえ》をかけ合《あ》って凍死《とうし》を免《まぬが》れた。似 凍《こご》え死《じ》に。

轢死《れきし》 電車《でんしゃ》・自動車《じどうしゃ》など、車輪《しゃりん》のあるものにひかれて死《し》ぬこと。
例 高速道路《こうそくどうろ》での轢死《れきし》事件《じけん》の目撃者《もくげきしゃ》を捜《さが》す。

過労死《かろうし》 仕事《しごと》をしている人《ひと》が働《はたら》き過《す》ぎてひどく疲《つか》れ、それが原《げん》因《いん》で死《し》ぬこと。例 働《はたら》き盛《ざか》りの人《ひと》たちに、過労死《かろうし》が増加《ぞうか》している。

殉職《じゅんしょく》 自分《じぶん》の職務《しょくむ》のために死《し》ぬこと。
例 救助《きゅうじょ》に飛《と》び込《こ》んだ消防士《しょうぼうし》が、煙《けむり》に巻《ま》かれて殉職《じゅんしょく》した。

餓死《がし》 食《た》べ物《もの》をとらないで、飢《う》えて死《し》ぬこと。例 飢饉《ききん》で大勢《おおぜい》の農《のう》民《みん》が餓死《がし》した。似 飢《う》え死《じ》に。

戦死《せんし》 戦場《せんじょう》で敵《てき》と戦《たたか》って死《し》ぬこと。
例 太平洋戦争《たいへいようせんそう》では、大勢《おおぜい》の若《わか》者《もの》が戦死《せんし》した。似 戦病死《せんびょうし》。

戦没《せんぼつ》 「戦死《せんし》」と同《おな》じ。例 戦没《せんぼつ》した兵《へい》士《し》の霊《れい》を慰《なぐさ》める。

討《う》ち死《じ》に 「戦死《せんし》」と同《おな》じ。とくに、武士《ぶし》が敵《てき》に討《う》たれて死《し》ぬこと。例 大将《たいしょう》は、戦場《せんじょう》で立派《りっぱ》に討《う》ち死《じ》にしました。

自殺《じさつ》 自分《じぶん》で自分《じぶん》の命《いのち》を断《た》つこと。
例 悲《かな》しいことがあったからといって、自殺《じさつ》などしてはいけない。

自害《じがい》 自分《じぶん》で自分《じぶん》の体《からだ》を傷《きず》つけて、自殺《じさつ》すること。例 落城《らくじょう》した敵《てき》の大将《たいしょう》は、自害《じがい》して果《は》てた。

自決《じけつ》 「自殺《じさつ》」と同《おな》じ。例 敵将《てきしょう》が、敗《はい》戦《せん》の責任《せきにん》を取《と》って自決《じけつ》した。

心中《しんじゅう》 二人《ふたり》以上《いじょう》の人《ひと》が、いっしょに自殺《じさつ》すること。例 子《こ》どもを道《みち》連《づ》れにした心中《しんじゅう》など、身勝手《みがって》で許《ゆる》されないことだ。

殉《じゅん》じる ◎主君《しゅくん》が死《し》んだときに、臣《しん》下《か》が跡《あと》を追《お》って自殺《じさつ》する。
例 乃木大将《のぎたいしょう》は、明治天皇《めいじてんのう》に殉《じゅん》じて自害《じがい》した。◎あるもののために、命《いのち》を投《な》げ出《だ》す。例 一命《いちめい》をなげうって、国《くに》に殉《じゅん》じる。

殉死《じゅんし》 殉《じゅん》じること。例 昔《むかし》は、王《おう》や皇《こう》帝《てい》が死《し》ぬと家来《けらい》が殉死《じゅんし》することがあった。

殉難《じゅんなん》　国《くに》・社会《しゃかい》・宗教《しゅうきょう》などの危難《きなん》のために、犠牲《ぎせい》となって死《し》ぬこと。例 戦争《せんそう》の殉難《じゅんなん》者《しゃ》を祭《まつ》る。

殉教《じゅんきょう》　自分《じぶん》の信仰《しんこう》のために、命《いのち》をささげること。例 多《おお》くのキリシタンたちが迫害《はくがい》され殉教《じゅんきょう》した。

息《いき》が絶《た》える　死《し》ぬ。呼吸《こきゅう》が止《と》まる。例 抱《だ》き起《お》こしたときは、すでに息《いき》が絶《た》えていた。似 息絶《いきた》える。

息《いき》を引《ひ》き取《と》る　「息《いき》が絶《た》える」と同《おな》じ。例 祖母《そぼ》は眠《ねむ》るように息《いき》を引《ひ》き取《と》った。

事切《こときれ》る　「息《いき》が絶《た》える」と同《おな》じ。例 救急車《きゅうきゅうしゃ》が到着《とうちゃく》したときには、すでに事切《ことき》れていた。

命《いのち》が尽《つ》きる　寿命《じゅみょう》が尽《つ》きて、死《し》ぬ。例 命《いのち》が尽《つ》きるまで、どんなことがあろうと王様《おうさま》をお守《まも》りいたします。

命《いのち》を落《お》とす　事故《じこ》や病気《びょうき》で人《ひと》が死《し》ぬ。老衰《ろうすい》による死《し》には使《つか》わない。例 冬山《ふゆやま》で雪崩《なだれ》に巻《ま》き込《こ》まれ、三人《さんにん》が命《いのち》を落《お》とした。

冷《つめ》たくなる　死《し》ぬ。死《し》んで体温《たいおん》がなくなる。例 救助《きゅうじょ》隊《たい》が発見《はっけん》したときには、すでに冷《つめ》たくなっていた。

土《つち》になる　死《し》ぬ。土葬《どそう》や野《の》ざらしで死《し》んで、朽《く》ちて土《つち》に変《か》わる。例 戦争《せんそう》で中国《ちゅうごく》に行《い》った曾祖父《そうそふ》は、異国《いこく》の土《つち》になった。似 土《つち》に帰《かえ》る。

骨《ほね》になる　死《し》ぬ。死《し》んで遺骨《いこつ》だけになる。例 遠《とお》い異国《いこく》の地《ち》から、骨《ほね》になって故国《ここく》に帰《かえ》ってきた。

仏《ほとけ》になる　死《し》ぬ。「仏《ほとけ》」には死者《ししゃ》という意味《いみ》がある。例 祖《そ》母《ぼ》は自宅《じたく》で家族《かぞく》に見守《みまも》られ、安《やす》らかに仏《ほとけ》になった。

旅立《たびだ》つ　◎死《し》んで、遠《とお》いあの世《よ》に行《い》くことを、旅《たび》にたとえたことば。例 長《なが》く入院《にゅういん》生活《せいかつ》を続《つづ》けていた祖《そ》父《ふ》が、未明《みめい》に旅立《たびだ》ったそうだ。似 天国《てんごく》に旅立《たびだ》つ。◎「出発《しゅっぱつ》する」➡183

世《よ》を去《さ》る　死《し》んで、この世《よ》から去《さ》っていく。例 若《わか》くして世《よ》を去《さ》った天才《てんさい》詩人《しじん》。

死出《しで》の旅《たび》　死《し》んで、死出《しで》の山《やま》に旅《たび》立《だ》つこと。「死出《しで》」は、「死出《しで》の山《やま》」のことで、あの世《よ》にあるという険《けわ》しい山《やま》。例 死出《しで》の旅《たび》に出《で》る祖父《そふ》のために、わらじをお棺《かん》に入《い》れてやる。

帰《かえ》らぬ旅《たび》　永遠《えいえん》に帰《かえ》らない旅《たび》に出《で》ること。死《し》んであの世《よ》へ旅立《たびだ》つこと。例 父《ちち》が帰《かえ》らぬ旅《たび》に赴《おもむ》いてから十年《じゅうねん》が過《す》ぎた。

帰《かえ》らぬ人《ひと》となる　死《し》んで、再《ふたた》びこの世《よ》に帰《かえ》って来《こ》ない。例 登山《とざん》中《ちゅう》に消息《しょうそく》を絶《た》ち、帰《かえ》らぬ人《ひと》となる。

永遠《えいえん》の眠《ねむ》りに就《つ》く　死《し》ぬ。死《し》んで、永《えい》久《きゅう》に眠《ねむ》る。例 家族《かぞく》に見守《みまも》られて、祖《そ》母《ぼ》は永遠《えいえん》の眠《ねむ》りに就《つ》いた。似 永《なが》い眠《ねむ》りに就《つ》く。

不帰《ふき》の客《きゃく》となる　「帰《かえ》らぬ人《ひと》となる」と同《おな》じ。「不帰《ふき》の客《きゃく》」は、二度《にど》と帰《かえ》らない人《ひと》。例 戦友《せんゆう》を追《お》って、自分《じぶん》も不帰《ふき》の客《きゃく》となる。

黄泉《よみ》の客《きゃく》となる　死《し》ぬ。「黄泉《よみ》」は、死《し》んだ人《ひと》

生《い》きる
生《う》まれる
育《そだ》つ
入学《にゅうがく》・卒業《そつぎょう》
結婚《けっこん》
夫婦《ふうふ》
死《し》ぬ ◀
葬式《そうしき》

が行《い》くという「黄泉《よみ》の国《くに》」のこと。死《し》んで黄泉《よみ》の国《くに》に行《い》く。例僕《ぼく》をかわいがってくれた叔母《おば》は、昨年《さくねん》、**黄泉《よみ》の客《きゃく》となった**。

棺《かん》をおおう

死《し》ぬ。「棺《かん》」は、死《し》んだ人《ひと》の遺体《いたい》を納《おさ》める箱《はこ》。棺《かん》のふたをするということから。例生《う》まれてから**棺《かん》をおおう**まで、人生《じんせい》の旅《たび》は長《なが》い。

亡《な》き数《かず》に入《い》る

死《し》ぬ。「亡《な》き数《かず》」は、死《し》んだ人《ひと》の数《かず》や死《し》んだ人《ひと》の仲間《なかま》のこと。死《し》んで死者《しゃ》の仲間《なかま》になる。例みんなに愛《あい》された小説家《しょうせつか》も、ついに**亡《な》き数《かず》に入《い》った**。

鬼籍《きせき》に入《い》る

死《し》ぬ。「鬼籍《きせき》」は、死《し》んだ人《ひと》の名《な》や死亡年《しぼうねん》月日《がっぴ》を書《か》き記《しる》す帳面《ちょうめん》。死《し》んで鬼籍《きせき》に記入《きにゅう》される。例母《はは》が**鬼籍《きせき》に入《い》って**、早《はや》くも五年《ごねん》がたった。◆「入《い》る」を「入《はい》る」とは読《よ》まない。

お迎《むか》えが来《く》る

死《し》ぬ。臨終《りんじゅう》のとき、阿弥陀仏《あみだぶつ》が浄土《じょうど》に導《みちび》くため迎《むか》えに来《く》るとされることから。例長生《ながい》きしたおれにも、そろそろ**お迎《むか》えが来《き》た**ようだな。

神《かみ》に召《め》される

死《し》ぬ。神《かみ》に招《まね》かれて、天国《てんごく》に行《い》く。例悲《かな》しんではいけません。彼《かれ》らは**神《かみ》に召《め》された**のです。

死《し》に際《ぎわ》

今《いま》にも死《し》のうとしているとき。例祖母《そぼ》が**死《し》に際《ぎわ》**に言《い》い残《のこ》したことばを、しっかりと胸《むね》に刻《きざ》み込《こ》む。

往生際《おうじょうぎわ》

◎「死《し》に際《ぎわ》」と同《おな》じ。例**往《おう》生際《じょうぎわ》**は潔《いさぎよ》くありたい。◎ぎりぎりまで追《お》い詰《つ》められたとき。また、そのときの態度《たいど》。「往生際《おうじょうぎわ》が悪《わる》い」という形《かたち》で使《つか》われることが多《おお》い。例まだ負《ま》けを認《みと》めないなんて、**往生際《おうじょうぎわ》**が悪《わる》い人《ひと》だ。

臨終《りんじゅう》

「死《し》に際《ぎわ》」と同《おな》じ。例知《し》らせを聞《き》いて駆《か》けつけ、祖父《そふ》の**臨終《りんじゅう》**に間《ま》に合《あ》った。

最期《さいご》

人《ひと》の命《いのち》が終《お》わるとき。例ご子《し》息《そく》は、戦地《せんち》で立派《りっぱ》な**最期《さいご》**を遂《と》げられました。

断末魔《だんまつま》

死《し》ぬ間際《まぎわ》の苦痛《くつう》。例**断末魔《だんまつま》**の叫《さけ》び。

「死《し》ぬ」に関連《かんれん》することば

●身分《みぶん》の高《たか》い人《ひと》の死《し》の言《い》い方《かた》
崩《ほう》ずる・薨《こう》ずる・薨去《こうきょ》・寂滅《じゃくめつ》・寂《じゃく》する・遷化《せんげ》・涅槃《ねはん》・示寂《しじゃく》・入寂《にゅうじゃく》・入定《にゅうじょう》・入滅《にゅうめつ》

●こんなことばも覚《おぼ》えておこう
失命《しつめい》・長逝《ちょうせい》・瞑目《めいもく》・悶死《もんし》・頓死《とんし》・憤死《ふんし》・斃死《へいし》・敢《あ》えなくなる・空《むな》しくなる・身罷《みまか》る・異域《いいき》の鬼《おに》となる・泉下《せんか》の客《きゃく》となる・白玉楼中《はくぎょくろうちゅう》の人《ひと》となる

葬式《そうしき》

funeral
［フューネラル］

葬式《そうしき》

死《し》んだ人《ひと》を葬《ほうむ》るための儀式《ぎしき》。例祖父《そふ》の**葬式《そうしき》**に参列《さんれつ》する。

葬儀《そうぎ》

「葬式《そうしき》」と同《おな》じ。例昔《むかし》お世話《せわ》になった先生《せんせい》の**葬儀《そうぎ》**が、しめやかに行《おこな》われた。

葬礼《そうれい》

「葬式《そうしき》」と同《おな》じ。例先日行《せんじつおこな》われた前社長《ぜんしゃちょう》の**葬礼《そうれい》**には、多《おお》くの

◆＝もっと知《し》りたい、ことばの知識《ちしき》。

関係者《かんけいしゃ》が参列《さんれつ》した。

不祝儀《ぶしゅうぎ》 めでたくない出来事《できごと》。とくに、葬式《そうしき》のこと。例今年《ことし》に入《はい》ってから、親戚《しんせき》の不祝儀《ぶしゅうぎ》が三件《さんけん》も続《つづ》いた。対祝儀《しゅうぎ》。

弔事《ちょうじ》 人《ひと》の死《し》。または、人《ひと》の死《し》に伴《ともな》う儀式《ぎしき》。通夜《つや》や葬儀《そうぎ》など。例親戚《しんせき》の弔事《ちょうじ》に出席《しゅっせき》するために、故郷《こきょう》へ帰《かえ》る。対慶事《けいじ》。

密葬《みっそう》 死者《ししゃ》をひそかに葬《ほうむ》ること。とくに、身内《みうち》だけで内々《ないない》に行《おこな》う葬儀《そうぎ》。例故人《こじん》の遺言《ゆいごん》に従《したが》い、親族《しんぞく》だけの密葬《みっそう》を行《おこな》った。対本葬《ほんそう》。

本葬《ほんそう》 正式《せいしき》に行《おこな》われる葬儀《そうぎ》。例社長《しゃちょう》の郷里《きょうり》で、本葬《ほんそう》が執《と》り行《おこな》われた。対密葬《みっそう》。

国葬《こくそう》 国家《こっか》に大《おお》きな功労《こうろう》があった人《ひと》が死《し》んだとき、国《くに》の儀式《ぎしき》として行《おこな》う葬儀《そうぎ》。例各国《かっこく》から大臣級《だいじんきゅう》の会葬者《かいそうしゃ》を迎《むか》え、国葬《こくそう》が営《いとな》まれた。

通夜《つや》 葬式《そうしき》の前《まえ》に、親族《しんぞく》や親《した》しい人《ひと》が集《あつ》まり、死者《ししゃ》のそばで一晩《ひとばん》過《す》ごすこと。例祖母《そぼ》の通夜《つや》に、親族一同《しんぞくいちどう》が集《あつ》まった。

告別式《こくべつしき》 死者《ししゃ》に別《わか》れを告《つ》げるための儀式《ぎしき》。例告別式《こくべつしき》を、午前《ごぜん》十一時《じゅういちじ》よりこのお寺《てら》で執《と》り行《おこな》います。

葬送《そうそう》 死者《ししゃ》を埋葬《まいそう》するため、墓地《ぼち》まで送《おく》ること。また、葬儀《そうぎ》で死者《ししゃ》を見送《みおく》ること。例葬送《そうそう》のために集《あつ》まった人《ひと》たちの間《あいだ》を、霊柩車《れいきゅうしゃ》がゆっくりと動《うご》き出《だ》した。似送葬《そうそう》。

葬列《そうれつ》 葬儀《そうぎ》に参加《さんか》する人《ひと》の列《れつ》。また、死者《ししゃ》を埋葬《まいそう》するために送《おく》る人《ひと》の列《れつ》。例告別式《こくべつしき》が行《おこな》われた会場《かいじょう》では、長《なが》い葬列《そうれつ》ができていた。

野辺《のべ》の送《おく》り 死者《ししゃ》を火葬場《かそうば》や墓地《ぼち》まで送《おく》ること。「野《の》辺《べ》」は火葬場《かそうば》・墓地《ぼち》のこと。例野辺《のべ》の送《おく》りの行列《ぎょうれつ》が、あぜ道《みち》の中《なか》を静々《しずしず》と進《すす》む。似野辺送《のべおく》り。

会葬《かいそう》 葬儀《そうぎ》に参列《さんれつ》すること。例葬儀《そうぎ》場《じょう》では、会葬《かいそう》の人《ひと》たちが思《おも》い思《おも》いに故人《こじん》をしのんでいた。

弔《とむら》う ◎死《し》んだ人《ひと》の霊《れい》を慰《なぐさ》める。例故郷《こきょう》の墓《はか》に参《まい》り、先祖《せんぞ》の霊《れい》を弔《とむら》う。◎人《ひと》の死《し》を嘆《なげ》き悲《かな》しみ、遺族《いぞく》に慰《なぐさ》めのことばを述《の》べる。例事故《じこ》で亡《な》くなった方《かた》の遺族《いぞく》を弔《とむら》う。

弔《とむら》い 「葬式《そうしき》」のこと。多《おお》く、「お弔《とむら》い」という。例古《ふる》くからの友人《ゆうじん》のお弔《とむら》いに参列《さんれつ》する。◆「弔《とむら》い合戦《がっせん》」とは、戦死者《せんししゃ》の敵《かたき》を討《う》ち、その霊《れい》を慰《なぐさ》める戦《たたか》いのこと。また、スポーツなどで、親《した》しい人《ひと》が負《ま》けた相手《あいて》へ復《ふく》しゅうするための試合《しあい》などにもいう。

お悔《く》やみ 人《ひと》の死《し》を悲《かな》しみ惜《お》しんで、遺族《いぞく》を慰《なぐさ》めること。また、その慰《なぐさ》めのことば。例家族《かぞく》を亡《な》くした友人《ゆうじん》に、お悔《く》やみを述《の》べる。

弔辞《ちょうじ》 人《ひと》の死《し》を嘆《なげ》き悲《かな》しむ気持《きも》ちを表《あらわ》したことばや文《ぶん》。例友人《ゆうじん》の告別式《こくべつしき》で弔辞《ちょうじ》を述《の》べる。

埋葬《まいそう》 遺体《いたい》や遺骨《いこつ》を土《つち》の中《なか》や墓《はか》の中《なか》に埋《う》めて葬《ほうむ》ること。例祖父《そふ》の遺骨《いこつ》を先祖代々《せんぞだいだい》の墓《はか》に埋葬《まいそう》する。

葬《ほうむ》る ◎埋葬《まいそう》する。例遺言《ゆいごん》に従《したが》い、祖父《そふ》の遺骨《いこつ》を郷里《きょうり》の墓《はか》に葬《ほうむ》る。◎世《よ》の中《なか》に知《し》られないようにする。例真相《しんそう》を、闇《やみ》から闇《やみ》に葬《ほうむ》る。◎社会的《しゃかいてき》な地位《ちい》を失《うしな》わせる。例悪質《あくしつ》なデマによって、業界《ぎょうかい》から葬《ほうむ》られる。◎「殺《ころ》す」⬇137

火葬《かそう》 遺体《いたい》を焼《や》いて、その骨《ほね》を葬《ほうむ》ること。例父《ちち》の愛用《あいよう》していた品《しな》をひつぎに入《い》れ、いっしょに火葬《かそう》した。

土葬《どそう》 遺体《いたい》を焼《や》かずに、そのまま土《つち》の中《なか》に葬《ほうむ》ること。例日本《にほん》でも、昔《むかし》は土葬《どそう》が多《おお》く行《おこな》われていた。

水葬《すいそう》 遺体《いたい》や遺骨《いこつ》を、海《うみ》や川《かわ》などの水中《すいちゅう》に葬《ほうむ》ること。例昔《むかし》は、航《こう》海中《かいちゅう》に病死《びょうし》した船員《せんいん》の遺体《いたい》を水葬《すいそう》にしたという。

風葬《ふうそう》 遺体《いたい》をそのまま風雨《ふうう》にさらし、自然《しぜん》に消滅《しょうめつ》させる葬《ほうむ》り方《かた》。例風葬《ふうそう》は明治時代《めいじじだい》に禁止《きんし》された。

鳥葬《ちょうそう》 遺体《いたい》を野山《のやま》に放置《ほうち》し、鳥《とり》のついばむのにまかせる葬《ほうむ》り方《かた》。例アジアの一部《いちぶ》では、今《いま》もなお鳥葬《ちょうそう》が行《おこな》われている。

茶毘《だび》に付《ふ》す 火葬《かそう》にする。「茶毘《だび》」は、もと古代《こだい》インドのことばで、焼身《しょうしん》という意味《いみ》。例祖父《そふ》の遺体《いたい》は、葬儀《そうぎ》の後《あと》茶毘《だび》に付《ふ》された。

納骨《のうこつ》 火葬《かそう》にした遺骨《いこつ》を、骨壺《こつつぼ》に納《おさ》めること。また、墓《はか》や寺《てら》などに遺骨《いこつ》を納《おさ》めること。例祖《そ》母《ぼ》の遺骨《いこつ》は、祖父《そふ》の眠《ねむ》る郷里《きょうり》の墓《はか》に納骨《のうこつ》した。

分骨《ぶんこつ》 火葬《かそう》にした遺骨《いこつ》を、二《に》か所《しょ》以《い》上《じょう》に分《わ》けて納《おさ》めること。また、その骨《ほね》。例祖父《そふ》の遺骨《いこつ》を、郷里《きょうり》の墓《はか》と本山《ほんざん》の納骨堂《のうこつどう》に分骨《ぶんこつ》する。

法事《ほうじ》 死者《ししゃ》の死後《しご》の幸福《こうふく》を祈《いの》るための儀式《ぎしき》。ふつう、初七日《しょなのか》や四十九日《しじゅうくにち》、年忌《ねんき》(毎年巡《まいとしめぐ》ってくる命《めい》日《にち》)などに行《おこな》う儀式《ぎしき》についていう。「法《ほう》要《よう》」よりも規模《きぼ》が小《ちい》さく、個人的《こじんてき》な場《ば》合《あい》に使《つか》われることが多《おお》い。例法事《ほうじ》のために、明日《あした》から母《はは》の実家《じっか》に帰《かえ》る。

法要《ほうよう》 「法事《ほうじ》」と同《おな》じだが、より規模《きぼ》が大《おお》きく、改《あらた》まった場合《ばあい》に使《つか》われることが多《おお》い。例弘法大師《こうぼうだいし》をしのぶ法要《ほうよう》が、おごそかに営《いとな》まれた。

仏事《ぶつじ》 仏教《ぶっきょう》で行《おこな》う儀式《ぎしき》。とくに、法《ほう》事《じ》や法要《ほうよう》のこと。例仏事《ぶつじ》に関《かん》するマナーは、複雑《ふくざつ》で難《むずか》しい。

供養《くよう》 死者《ししゃ》の霊《れい》に物《もの》を供《そな》えて、死後《しご》の幸福《こうふく》を祈《いの》ること。例大地震《おおじしん》で犠牲《ぎせい》になった人《ひと》の供養《くよう》をする。

回向《えこう》 「供養《くよう》」と同《おな》じ。例念仏《ねんぶつ》を唱《とな》え、先祖《せんぞ》の霊《れい》を回向《えこう》する。

追善《ついぜん》 死者《ししゃ》の死後《しご》の幸福《こうふく》を祈《いの》って、仏事《ぶつじ》やその人《ひと》にちなんだ催《もよお》しをすること。例先年亡《せんねんな》くなった歌舞伎《かぶき》役者《やくしゃ》の追善興行《ついぜんこうぎょう》が行《おこな》われた。

慰霊祭《いれいさい》 死者《ししゃ》の霊《れい》を慰《なぐさ》めるための儀《ぎ》式《しき》。おもに事故《じこ》や災害《さいがい》などで、一度《いちど》に多《おお》くの人《ひと》が亡《な》くなったときに行《おこな》う。例飛行機《ひこうき》の墜落現場《ついらくげんば》で、犠牲《ぎせい》となった人《ひと》たちの慰霊祭《いれいさい》を行《おこな》う。

冥福《めいふく》を祈《いの》る 死者《ししゃ》の死後《しご》の幸福《こうふく》を、心《こころ》の中《なか》で願《ねが》う。「冥福《めいふく》」は、死後《しご》の幸福《こうふく》という意味《いみ》。例戦争《せんそう》で亡《な》くなった人《ひと》たちの冥福《めいふく》を祈《いの》る。

菩提《ぼだい》を弔《とむら》う 「冥福《めいふく》を祈《いの》る」と同《おな》じ。「菩提《ぼだい》」は、死後《しご》の幸福《こうふく》。死者《ししゃ》が極楽《ごくらく》(仏教《ぶっきょう》で、死《し》んだ人《ひと》が行《い》くという安楽《あんらく》な世界《せかい》)に行《い》けるように祈《いの》る。例病魔《びょうま》に冒《おか》されて亡《な》くなった姉《あね》の菩提《ぼだい》を弔《とむら》う。

喪《も》に服《ふく》する 人《ひと》が死《し》んだ後《あと》、家族《かぞく》や親族《しんぞく》がある一定《いってい》の期間《きかん》、交際《こうさい》や祝《いわ》い事《ごと》などを慎《つつし》み避《さ》ける。例祖父《そふ》が亡《な》くなって、家族《かぞく》は喪《も》に服《ふく》し

◆＝もっと知《し》りたい、ことばの知識《ちしき》。

ているところだ。

忌中《きちゅう》 喪《も》に服《ふく》する期間《きかん》で、多《おお》くは、人《ひと》の死後《しご》四十九日間《しじゅうくにちかん》のこと。例 忌中《きちゅう》には、お祝《いわ》いの席《せき》などへの出席《しゅっせき》を控《ひか》える。

喪中《もちゅう》 「忌中《きちゅう》」のさらに期間《きかん》の長《なが》いもので、多《おお》くは、死後一年間《しごいちねんかん》をいう。例 喪中《もちゅう》につき、年末年始《ねんまつねんし》のごあいさつをご遠慮《えんりょ》申《もう》し上《あ》げます。

命日《めいにち》 毎年《まいとし》やってくる、その人《ひと》が死《し》んだ日《ひ》。本来《ほんらい》は毎月《まいつき》の同《おな》じ日《ひ》のことだが、現在《げんざい》はそれを「月命日《つきめいにち》」と呼《よ》び、年《ねん》に一度《いちど》の月《つき》も同《おな》じ日《ひ》（「祥月命日《しょうつきめいにち》」という）を「命日《めいにち》」と呼《よ》ぶことが多《おお》い。例 今日《きょう》二十三日《にじゅうさんにち》は、祖母《そぼ》の命日《めいにち》だ。

初七日《しょなのか》 人《ひと》が死《し》んでから七日目《なのかめ》の日《ひ》。また、その日《ひ》に行《おこな》う法《ほう》事《じ》。例 叔父《おじ》の初七日《しょなのか》の法事《ほうじ》に出席《しゅっせき》する。◆「しょなぬか」「しょしちにち」などともいう。

回忌《かいき》 仏教《ぶっきょう》で、死後何年目《しごなんねんめ》の命日《めいにち》に当《あ》たるかを表《あらわ》すことば。「回《かい》忌《き》」だけでは使《つか》われず、満二年目《まんにねんめ》を三《さん》回忌《かいき》、満六年目《まんろくねんめ》を七回忌《しちかいき》のようにいう。例 先代社長《せんだいしゃちょう》の七回忌《しちかいき》の法要《ほうよう》が行《おこな》われる。似 周忌《しゅうき》。

霊前《れいぜん》 死者《ししゃ》の霊《れい》を祭《まつ》ってある場所《ばしょ》の前《まえ》。また、「御霊前《ごれいぜん》」の形《かたち》で、そこに供《そな》えるお金《かね》や物《もの》のこと。例 祖父《そふ》の霊前《れいぜん》に花《はな》を供《そな》え、家族《かぞく》が元気《げんき》であることを報告《ほうこく》する。

弔問《ちょうもん》 死者《ししゃ》の遺族《いぞく》を訪《たず》ねて、お悔《く》やみを述《の》べること。例 葬儀《そうぎ》に出《で》られなかったので、改《あらた》めて遺族《いぞく》を弔問《ちょうもん》した。

弔電《ちょうでん》 その人《ひと》の死《し》を悲《かな》しんで打《う》つ、悔《く》やみの電報《でんぽう》。例 葬儀《そうぎ》で弔電《ちょうでん》を読《よ》み上《あ》げる。

死に化粧《しにげしょう》 死《し》んだ人《ひと》の顔《かお》を美《うつく》しく整《ととの》えるため、薄《うす》く施《ほどこ》す化粧《けしょう》。例 亡《な》くなった祖母《そぼ》に、母《はは》が死《し》に化粧《げしょう》をしてあげた。

白装束《しろしょうぞく》 全身真《ぜんしんま》っ白《しろ》の和服《わふく》。神事《しんじ》や凶事《きょうじ》に用《もち》い、また、死《し》んだ人《ひと》に着《き》せる（この場合《ばあい》、「経帷子《きょうかたびら》」ともいう）。例 白装束《しろしょうぞく》に身《み》を包《つつ》んだ祖父《そふ》は、まるで眠《ねむ》っているようだった。似 死《し》に装束《しょうぞく》。

喪服《もふく》 葬儀《そうぎ》や法事《ほうじ》のときなどに着《き》る黒《くろ》っぽい衣服《いふく》。また、喪《も》に服《ふく》している人《ひと》が着《き》る黒《くろ》っぽい衣服《いふく》。例 喪服《もふく》を着《き》た人《ひと》が葬儀場《そうぎじょう》から出《で》てきた。

喪章《もしょう》 葬儀《そうぎ》のときなどに、その人《ひと》の死《し》を悲《かな》しむ気持《きも》ちを表《あらわ》すためにつける、黒《くろ》い布《ぬの》やリボン。例 腕《うで》に喪章《もしょう》をつけて葬儀《そうぎ》の手伝《てつだ》いをする。

忌引き《きびき》 家族《かぞく》や近《ちか》しい親族《しんぞく》が死《し》んだために、ある期間学校《きかんがっこう》や勤《つと》めを休《やす》むこと。例 弟《おとうと》と僕《ぼく》は、忌引《きび》きで学校《がっこう》を五日間《いつかかん》休《やす》んだ。

挽歌《ばんか》 人《ひと》の死《し》を悲《かな》しみ嘆《なげ》く詩歌《しいか》。昔《むかし》、中国《ちゅうごく》で、死者《ししゃ》の棺《かん》おけを運《はこ》ぶ（「挽《ひ》く」という）ときに歌《うた》った歌《うた》という意味《いみ》から。例 親友《しんゆう》の死《し》を悼《いた》み、友情《ゆうじょう》のあかしとして挽歌《ばんか》をささげる。

半旗《はんき》 その人《ひと》の死《し》を嘆《なげ》き悲《かな》しむ気持《きも》ちを表《あらわ》すために、さおの先《さき》から三分《さんぶん》の一《いち》ほど下《さ》げて旗《はた》を掲《かか》げること。例 大統領《だいとうりょう》の死《し》を聞《き》いた国民《こくみん》は、半旗《はんき》を掲《かか》げて悲《かな》しみを表《あらわ》した。

生《い》きる　生《う》まれる　育《そだ》つ　入学《にゅうがく》・卒業《そつぎょう》　結婚《けっこん》　夫婦《ふうふ》　死《し》ぬ　葬式《そうしき》◀

運《うん》命《めい》

運命《うんめい》

destiny
［デスティニ］

運命《うんめい》 ◎人《ひと》の力《ちから》ではどうすることもできない、幸《しあわ》せや不幸《ふしあわ》せの巡《めぐ》り合《あ》わせ。例 彼《かれ》は政治家《せいじか》の道《みち》を歩《あゆ》む運命《うんめい》だったのだ。◎今後《こんご》の物事《ものごと》の成《な》り行《ゆ》きや人《ひと》の一生《いっしょう》。例 百人《ひゃくにん》以上《いじょう》の乗客《じょうきゃく》が、沈《しず》みゆく船《ふね》と運命《うんめい》を共《とも》にした。

運《うん》 「運命《うんめい》」と同《おな》じ。また、とくに幸運《こううん》のこと。例 頑張《がんば》って勉強《べんきょう》したのに、試験前《しけんまえ》に風邪《かぜ》を引《ひ》くとは運《うん》が悪《わる》い。例 懸賞《けんしょう》に当《あ》たるなんて、僕《ぼく》にも運《うん》が向《む》いてきたぞ。

運勢《うんせい》 幸運《こううん》や不運《ふうん》の巡《めぐ》り合《あ》わせ。人《にん》間《げん》に対《たい》してのみ使《つか》う。占《うらな》いなどでは、ある期間《きかん》のことについていう場合《ばあい》が多《おお》い。例 今週《こんしゅう》の運勢《うんせい》は、金運《きんうん》、恋愛運《れんあいうん》とも最悪《さいあく》だ。

	——が尽《つ》きる	今年《ことし》の——を占《うらな》う	——がいい
運命	△	△	−
運	○	○	○
運勢	−	○	−

運気《うんき》 いろいろな自然現象《しぜんげんしょう》からみた、人《ひと》の運勢《うんせい》。例 わたしの母《はは》は、川《かわ》の近《ちか》くに住《す》むと運気《うんき》が上《あ》がると信《しん》じている。

巡《めぐ》り合《あ》わせ 自然《しぜん》にそうなる運《うん》命《めい》。いろいろな出来《でき》事《ごと》の組《く》み合《あ》わせが、意図《いと》したものではなく、思《おも》いがけなく偶然《ぐうぜん》にそうなること。例 別《わか》れた場所《ばしょ》で彼女《かのじょ》と再会《さいかい》するとは、不思議《ふしぎ》な巡《めぐ》り合《あ》わせだ。似 回《まわ》り合《あ》わせ。

年回《としまわ》り 特定《とくてい》の年齢《ねんれい》によって決《き》まるという運勢《うんせい》のよしあし。例 父《ちち》は四十二才《よんじゅうにさい》で年回《としまわ》りが悪《わる》いので、今年《ことし》は何事《なにごと》に対《たい》しても慎重《しんちょう》だ。

星回《ほしまわ》り その人《ひと》の運命《うんめい》を支配《しはい》するといわれる、その人《ひと》の生《う》まれ年《どし》に当《あ》たる星《ほし》の巡《めぐ》り合《あ》わせ。例 今年《ことし》は星回《ほしまわ》りが悪《わる》いのか、何《なに》をやってもうまくいかない。

縁起《えんぎ》 いいことや悪《わる》いことの前《まえ》ぶれ。仏教《ぶっきょう》のことばで、物事《ものごと》の原因《げんいん》と結果《けっか》の関係《かんけい》をいう。例 縁起《えんぎ》をかついで、試合《しあい》の前日《ぜんじつ》はトンカツを食《た》べた。例 茶柱《ちゃばしら》が立《た》つと縁起《えんぎ》がよいといわれている。

運不運《うんふうん》 幸運《こううん》と不運《ふうん》。運《うん》がよいことと、悪《わる》いこと。例 厳《きび》しい勝負《しょうぶ》の世界《せかい》では、運不運《うんふうん》も実力《じつりょく》のうちだ。

明暗《めいあん》 「運不運《うんふうん》」と同《おな》じ。ふつう「明暗《めいあん》を分《わ》ける」という形《かたち》で使《つか》われ、ある行動《こうどう》や決断《けつだん》によって結果《けっか》が左右《さゆう》されることをいう。例 ロスタイムに入《はい》ってからのあのゴールが、勝負《しょうぶ》の明暗《めいあん》を分《わ》けた。

吉凶《きっきょう》 縁起《えんぎ》がよいことと、悪《わる》いこと。例 お正月《しょうがつ》におみくじを引《ひ》いて、今年《ことし》の吉凶《きっきょう》を占《うらな》う。

禍福《かふく》 「吉凶《きっきょう》」と同《おな》じ。例 人生《じんせい》の禍福《かふく》は、まったく予想《よそう》がつかない。

◆＝もっと知《し》りたい、ことばの知識《ちしき》。

運命《うんめい》◀ 幸運《こううん》 不運《ふうん》 殺《ころ》す

ものだ。

定《さだ》め 「運命《うんめい》」のこと。不幸《ふこう》な結果《けっか》をいうことが多《おお》い。例 いつかは滅《ほろ》びるのが、生《い》きているものの定《さだ》めだ。

宿命《しゅくめい》 生まれる前《まえ》から決《き》まっている、決《けっ》して避《さ》けることのできない運命《うんめい》。人生《じんせい》を左右《さゆう》するような大《おお》きな出来事《できごと》についていう。例 彼《かれ》とわたしとは、宿命《しゅくめい》のライバルだ。

因縁《いんねん》 生まれる前《まえ》からの定《さだ》まった運命《うんめい》や関係《かんけい》。仏教《ぶっきょう》で、「因《いん》」は物事《ものごと》の直接《ちょくせつ》の原因《げんいん》、「縁《えん》」はそれを助《たす》ける間接的《かんせつてき》な条件《じょうけん》のこと。例 決勝戦《けっしょうせん》で、無二《むに》の親友《しんゆう》と戦《たたか》うことになったのも、何《なに》かの因縁《いんねん》だろう。

宿縁《しゅくえん》 「因縁《いんねん》」と同《おな》じ。例 前世《ぜんせ》からの宿縁《しゅくえん》によって結《むす》ばれた二人《ふたり》は、今日《きょう》晴《は》れて結婚式《けっこんしき》を挙《あ》げた。

天《てん》 ◎自然《しぜん》の大《おお》きな定《さだ》め。万物《ばんぶつ》を支配《しはい》するものの定《さだ》めた運命《うんめい》。例 万策《ばんさく》尽《つ》きた今《いま》となっては、運《うん》を天《てん》に任《まか》せるだけだ。◎「空《そら》」➡572

天命《てんめい》 天《てん》から与《あた》えられた使命《しめい》。人《ひと》の力《ちから》ではどうすることもできない、天《てん》の意志《いし》による運命《うんめい》。例 人事《じんじ》を尽《つ》くして天命《てんめい》を待《ま》つ（人間《にんげん》の力《ちから》でできるだけのことをして、後《あと》は成《な》り行《ゆ》きに任《まか》せる）。

天運《てんうん》 天《てん》の意志《いし》による運命《うんめい》。例 彼女《かのじょ》に振《ふ》られてしまったが、これも天運《てんうん》だとあきらめた。

命運《めいうん》 幸福《こうふく》になるか不幸《ふこう》になるか、栄《さか》えるか滅《ほろ》びるかといった運命《うんめい》。とくに、国《くに》などの存亡《そんぼう》にかかわる重大《じゅうだい》な意味《いみ》を持《も》つこと。例 国家《こっか》の命運《めいうん》にかかわる一大事《いちだいじ》が起《お》こった。

「運命《うんめい》」に関連《かんれん》することば

塞翁《さいおう》が馬《うま》 人《ひと》の運命《うんめい》は幸福《こうふく》と不幸《ふこう》が絶《た》えず入《い》れ替《か》わるので、何《なに》が幸福《こうふく》で何《なに》が不幸《ふこう》か分《わ》からない。人生《じんせい》どう変《か》わるかは前《まえ》もって分《わ》からないということ。昔《むかし》、中国《ちゅうごく》の北《きた》の塞《とりで》に住《す》んでいた老人《ろうじん》（塞翁《さいおう》）が馬《うま》に逃《に》げられた。後《のち》にその馬は優《すぐ》れた馬《うま》を連《つ》れて帰《かえ》ってきたが、息子《むすこ》がその馬《うま》から落《お》ちて足《あし》を折《お》った。しかし、そのけがのため息子《むすこ》は兵士《へいし》になることを免《まぬが》れ、戦死《せんし》せずに済《す》んだという故事《こじ》から。「人間《にんげん》万事塞翁《ばんじさいおう》が馬《うま》」ともいう。

禍福《かふく》はあざなえる縄《なわ》のごとし 人生《じんせい》の災《わざわ》いと幸福《こうふく》は、縄《なわ》をより合《あ》わせたようにからみ合《あ》っていて、代《か》わる代《が》わるやってくるものだということ。

鬼《おに》が出《で》るか蛇《じゃ》が出《で》るか これからどんな恐《おそ》ろしいことが起《お》こるのか、まるで予想《よそう》もつかない。先《さき》のことはどうなるか分《わ》からないことのたとえ。

昨日《きのう》は人《ひと》の身《み》今日《きょう》は我《わ》が身《み》 他人《たにん》の身《み》に起《お》こった災難《さいなん》を、自分《じぶん》には無関係《むかんけい》だと安心《あんしん》してはいられないということ。人《ひと》の運命《うんめい》は予測《よそく》しがたいことのたとえ。

俎《まないた》の鯉《こい》 生死《せいし》が他人《たにん》の手《て》に握《にぎ》られ、ただ運命《うんめい》に身《み》を任《まか》せるほかはないことのたとえ。俎《まないた》に載《の》せられたコイは、料理《りょうり》されて死《し》ぬ運命《うんめい》であることから。

身《み》の上《うえ》 人《ひと》の一生《いっしょう》の運命《うんめい》。例 この試合《しあい》は、彼《かれ》のプロとしての今後《こんご》の身《み》の上《うえ》を占《うらな》う一戦《いっせん》になる。

境遇《きょうぐう》 その人《ひと》が置《お》かれた、家庭環境《かていかんきょう》や経済状況《けいざいじょうきょう》などのありさま。例 彼《かれ》は、不幸《ふこう》な境遇《きょうぐう》に負《ま》けずにがんばった。

時《とき》の運《うん》 その時々《ときどき》の運勢《うんせい》。例 勝負《しょうぶ》は時《とき》の運《うん》さ、くよくよするなよ。

くじ運《うん》 くじを引《ひ》いたときの、当《あ》たるか当《あ》たらないかの運《うん》。例 母《はは》はくじ運《うん》が強《つよ》いのか、商店街《しょうてんがい》のくじ引《び》きで一等賞《いっとうしょう》のハワイ旅行《りょこう》を引《ひ》き当《あ》てた。

家運《かうん》 一家《いっか》の運命《うんめい》。例 父《ちち》の跡《あと》を継《つ》いだ兄《あに》が無理《むり》な経営《けいえい》をしたばかりに、家運《かうん》が一気《いっき》に傾《かたむ》いた。

社運《しゃうん》 会社《かいしゃ》の運命《うんめい》。例 社運《しゃうん》をかけた新製品《しんせいひん》の発表会《はっぴょうかい》が、盛大《せいだい》に行《おこな》われた。

武運《ぶうん》 武士《ぶし》や軍人《ぐんじん》の運命《うんめい》。戦《いくさ》で勝《か》つか負《ま》けるかの運《うん》。例 武運長久《ぶうんちょうきゅう》(武運《ぶうん》が長《なが》く続《つづ》くこと)を祈《いの》る。

国運《こくうん》 国家《こっか》の運命《うんめい》。国家《こっか》の成《な》り行《ゆ》き。例 政府《せいふ》が国運《こくうん》をかけた大事業《だいじぎょう》に乗《の》り出《だ》す。

幸運《こううん》

luck
[ラック]

幸運《こううん》 運《うん》がよいこと。幸《しあわ》せな巡《めぐ》り合《あ》わせ。自分《じぶん》の力《ちから》とは無関係《むかんけい》に、物事《ものごと》の結果《けっか》がよくなること。例 道《みち》に迷《まよ》ったが、親切《しんせつ》な人《ひと》に助《たす》けてもらい幸運《こううん》だった。例 新人女優《しんじんじょゆう》が、主役《しゅやく》に選《えら》ばれるという幸運《こううん》をつかんだ。対 不運《ふうん》。
◆「好運《こううん》」とも書《か》く。

幸《さいわ》い ◎運《うん》がよいようす。例 寝坊《ねぼう》したが、幸《さいわ》いなことに集合時間《しゅうごうじかん》には間《ま》に合《あ》った。◎望《のぞ》ましく、ありがたいこと。例 早《はや》めに送《おく》っていただけると幸《さいわ》いです。

幸《しあわ》せ よい運《うん》に恵《めぐ》まれて、心《こころ》が満《み》ち足《た》りていること。物事《ものごと》が望《のぞ》ましい方向《ほうこう》に運《はこ》んで、満足《まんぞく》できる状態《じょうたい》にあること。例 家族《かぞく》の愛《あい》に包《つつ》まれ、幸《しあわ》せな日々《ひび》を送《おく》る。対 不幸《ふしあわ》せ。

付《つ》き よい巡《めぐ》り合《あ》わせ、何《なに》かをするときの運《うん》や幸運《こううん》。「付《つ》き」があると、物事《ものごと》の結果《けっか》がよくなるとされる。例 いい当《あ》たりだったのに三塁手《さんるいしゅ》の正面《しょうめん》だなんて、付《つ》きがないね。

果報《かほう》 「幸福《こうふく》」と同《おな》じ。例 慌《あわ》てるなよ、果報《かほう》は寝《ね》て待《ま》て(幸《しあわ》せは焦《あせ》らず待《ま》っていれば、自然《しぜん》と巡《めぐ》ってくるものだ)というだろう。

強運《きょううん》 非常《ひじょう》に運《うん》が強《つよ》いこと。例 たった一枚《いちまい》買《か》ったくじで一等《いっとう》を当《あ》てるなんて、強運《きょううん》な男《おとこ》だ。

悪運《あくうん》 ◎悪《わる》いことをしても、その報《むく》いを受《う》けずに栄《さか》えている運《うん》。例 彼《かれ》は悪運《あくうん》が強《つよ》くて、何《なに》か失敗《しっぱい》をしでかしても大事《おおごと》になったためしがない。◎「不運《ふうん》」➡135

開運《かいうん》 運《うん》がよくなること。例 神社《じんじゃ》で開運《かいうん》のお守《まも》りを買《か》う。

運《うん》が開《ひら》ける 巡《めぐ》り合《あ》わせがよくなる。幸《しあわ》せなことが次々《つぎつぎ》と起《お》こり、苦《くる》しい状態《じょうたい》から抜《ぬ》け出《だ》せそうになる。例 母《はは》の病気《びょうき》が治《なお》って父《ちち》

◆＝もっと知《し》りたい、ことばの知識《ちしき》。

の再就職《さいしゅうしょく》も決《き》まり、どうやらわが家《や》も**運《うん》が開《ひら》けて**きたようだ。

運《うん》が向《む》く

「運《うん》が開《ひら》ける」と同《おな》じ。例 助《たす》けた人《ひと》が億万長《おくまんちょう》者《じゃ》だったなんて、とうとう**運《うん》が向《む》いて**きたぞ。

付《つ》く

運《うん》がよい。幸運《こううん》に恵《めぐ》まれている。自分《じぶん》ではどうすることもできない物事《ものごと》が、運《うん》よく都合《つごう》のよい結《けっ》果《か》になる。例 いつもは混《こ》む電車《でんしゃ》なのに、空席《くうせき》があるとは**付《つ》いてる**。

ラッキー

「幸運《こううん》だ」という意味《いみ》の英語《えいご》。例 **ラッキー**なヒットで試合《しあい》をものにした。例 こんな所《ところ》で大好《だいす》きなアイドルに会《あ》えるなんて、**ラッキー**！ 対 アンラッキー。

もうけ物《もの》

思《おも》いがけなく得《え》た利益《りえき》や幸運《こううん》。例 ねらっていたシャツが半額《はんがく》になっていて、思《おも》わぬ**もうけ物《もの》**だった。似 拾《ひろ》い物《もの》。

めっけ物《もの》

「もうけ物《もの》」と同《おな》じ。「見《み》つけもの」の変化《へんか》したことば。例 二階《にかい》から落《お》ちたのに、かすり傷《きず》で済《す》んだのは**めっけ物《もの》**だ。

吉《きち》

運勢《うんせい》がよいこと。めでたいこと。また、おみくじなどで幸運《こううん》が予《よ》想《そう》されること。運勢《うんせい》がよい順《じゅん》に「大吉《だいきち》」「中吉《ちゅうきち》」「小吉《しょうきち》」「吉《きち》」「末吉《すえきち》」が一《いっ》般的《ぱんてき》だが、「吉《きち》」を「大《だい》吉《きち》」の次《つぎ》によいとする場合《ばあい》もある。例 彼女《かのじょ》に告白《こくはく》すべきかどうか占《うらな》うと、おみくじは**吉《きち》**と出《で》た。対 凶《きょう》。

僥倖《ぎょうこう》

思《おも》いがけない幸運《こううん》。例 こんなにすばらしい先生《せんせい》に出会《であ》えたのは、まったくの**僥倖《ぎょうこう》**だ。

物怪《もっけ》の幸《さいわ》い

思《おも》いがけない幸運《こううん》。願《ねが》ってもない幸《さいわ》いなこと。「物怪《もっけ》」は「もののけ」の変化《へんか》したことばといわれ、思《おも》いがけないこと、意外《いがい》なことという意味《いみ》。例 母《はは》の留守《るす》を**物怪《もっけ》の幸《さいわ》い**と、みんなを呼《よ》んで大騒《おおさわ》ぎをする。

棚《たな》からぼたもち

思《おも》いがけない幸運《こううん》を得《え》ることのたとえ。棚《たな》の上《うえ》からぼたもちが落《お》ちてくるように、苦労《くろう》しないで幸運《こううん》をつかむこと。例 対戦相手《たいせんあいて》が試合《しあい》に遅刻《ちこく》したため、**棚《たな》からぼたもち**で勝利《しょうり》を得《え》た。◆「棚《たな》ぼた」ともいう。

いい目《め》が出《で》る

よい巡《めぐ》り合《あ》わせになる。運《うん》が向《む》いてきて、自分《じぶん》の思《おも》った通《とお》りに物事《ものごと》が進《すす》む。さいころを使《つか》ったゲームやかけで、ねらった通《とお》りの目《め》が出《で》ることから。例 失敗《しっぱい》したからって気《き》にするなよ、そのうち**いい目《め》が出《で》る**さ。似 目《め》が出《で》る。

有卦《うけ》に入《い》る

運勢《うんせい》がよくなって、よいことが続《つづ》く。「有卦《うけ》」は、昔《むかし》の中国《ちゅうごく》の占《うらな》いで、めでたいことが七年間続《しちねんかんつづ》くという年回《としまわ》りのこと。例 新製品《しんせいひん》が大《だい》ヒットして、会社《かいしゃ》はすっかり**有卦《うけ》に入《い》る**。

不《ふ》運《うん》

bad luck
［バッド・ラック］

不《ふ》運《うん》

運《うん》が悪《わる》いこと。幸運《こううん》に恵《めぐ》まれないこと。人《ひと》の力《ちから》ではどうしようもないという気持《きも》ちを込《こ》めて使《つか》われることが多《おお》い。例あんなに練習《れんしゅう》したのに、けがで舞台《ぶたい》に立《た》てないなんて、不運《ふうん》な人《ひと》だ。対幸運《こううん》。

不幸せ《ふしあわせ》 幸《しあわ》せでないこと。運《うん》に恵《めぐ》まれず、満足《まんぞく》できない境遇《きょうぐう》にあること。例人《ひと》を信《しん》じられない人《ひと》は不《ふ》幸《しあわ》せだ。対幸《しあわ》せ。

悲運《ひうん》 悲《かな》しい運命《うんめい》。例試合《しあい》を前《まえ》に、骨折《こっせつ》という悲運《ひうん》に見舞《みま》われた。

非運《ひうん》 努力《どりょく》しても運《うん》が開《ひら》けないこと。例何《なに》をやってもうまくいかず、非運《ひうん》に泣《な》いた。◆「否運《ひうん》」とも書《か》く。

不遇《ふぐう》 才能《さいのう》や能力《のうりょく》がありながら運《うん》に恵《めぐ》まれず、ふさわしい地位《ちい》や境遇《きょうぐう》を得《え》られないこと。例今《いま》では有名《ゆうめい》な作曲家《さっきょくか》である彼《かれ》にも、不遇《ふぐう》な時代《じだい》があった。

悪運《あくうん》 ◎何《なに》をやってもよくない結果《けっか》になるほど運《うん》が悪《わる》いこと。例雨《あめ》に降《ふ》られるし、電車《でんしゃ》は遅《おく》れるしで、今日《きょう》は悪運《あくうん》続《つづ》きだった。◎「幸運《こううん》」➡133

薄命《はくめい》 ◎運命《うんめい》に恵《めぐ》まれないこと。不《ふ》幸《しあわ》せなこと。例世《よ》に出《で》る機会《きかい》のない、わが身《み》の薄命《はくめい》を嘆《なげ》く。似薄《はっ》

幸《こう》。◎「死《し》ぬ」➡123

数奇《すうき》 人生《じんせい》の幸《しあわ》せ不幸《ふしあわ》せの幅《はば》が大《おお》きく、波乱《はらん》に満《み》ちていること。例大企業《だいきぎょう》の社長《しゃちょう》から犯罪者《はんざいしゃ》へと、数奇《すうき》な運命《うんめい》をたどる。

付《つ》いていない 運《うん》が悪《わる》い。幸運《こううん》に恵《めぐ》まれていない。大問題《だいもんだい》ではなく、ちょっとした悪《わる》いことに巡《めぐ》り合《あ》うようす。例家《いえ》を出《で》たとたんに雨《あめ》が降《ふ》り出《だ》すとは付《つ》いていない。似付《つ》きがない。

貧乏《びんぼう》くじを引《ひ》く もっとも損《そん》な役《やく》や運《うん》の悪《わる》い巡《めぐ》り合《あ》わせになる。「貧乏《びんぼう》くじ」は、いちばん不利《ふり》なくじ。例一日中《いちにちじゅう》、口《くち》うるさい叔母《おば》の相手《あいて》をさせられるなんて、とんだ貧乏《びんぼう》くじを引《ひ》いたものだ。

アンラッキー 「不運《ふうん》だ」という意味《いみ》の英語《えいご》。例勝《か》っていた試合《しあい》が、アンラッキーなこ

わたしの不幸《ふこう》は親《おや》への「不孝《ふこう》」

深谷先生《ふかやせんせい》のちょっとひと息《いき》

戦争《せんそう》ドラマの戦《たたか》いの場面《ばめん》などで、死《し》にゆく兵士《へいし》が「先立《さきだ》つふこうをお許《ゆる》しください」などと言《い》うことがあります。これは、親《おや》より先《さき》に死《し》んで悲《かな》しませることをわびることばですが、みなさんは、この「ふこう」をどう書《か》くと思《おも》いますか?

死《し》という悲《かな》しい出来事《できごと》だから不幸《ふこう》かと思《おも》うかもしれませんが、それは不正解《ふせいかい》。正《ただ》しくは不孝《ふこう》と書《か》き、「親孝行《おやこうこう》でないこと」という意味《いみ》です。親《おや》にとって、子《こ》どもが元気《げんき》に生《い》き続《つづ》けることが何《なに》よりの親《おや》孝行《こうこう》であり、それができない不孝《ふこう》をわびているのです。不幸《ふこう》と書《か》くとしたら、そう感《かん》じるのは親《おや》よりも死《し》ぬ本人《ほんにん》なのですから、それをわびるのはおかしいですよね。でも、これは大人《おとな》でもよくやってしまう間違《まちが》いで、インターネットのある検《けん》索《さく》サイトによると、「先立《さきだ》つ不幸《ふこう》」の検《けん》索結果《さくけっか》のほうが多《おお》いほどです。みなさんは日本語《にほんご》をしっかり学《まな》んで、不孝《ふこう》にならないようにしましょう。

◆＝もっと知《し》りたい、ことばの知識《ちしき》。

体《からだ》・人生《じんせい》 運命《うんめい》
運命《うんめい》 幸運《こううん》 ▶不運《ふうん》 殺《ころ》す

運命《うんめい》 幸運《こううん》 不運《ふうん》 殺《ころ》す ◀

とに雨《あめ》でノーゲームになった。対ラッキー。

運《うん》の尽《つ》き 運命《うんめい》が尽《つ》きて最後《さいご》のときが来たこと。よい運《うん》に見放《みはな》されること。例兄《あに》にいたずらを目撃《もくげき》されたのが**運《うん》の尽《つ》き**で、母《はは》にこってり油《あぶら》を絞《しぼ》られた。

武運拙《ぶうんつたな》く 武士《ぶし》や軍人《ぐんじん》としての運《うん》に見放《みはな》されるようす。例最後《さいご》の決戦《けっせん》で、**武運拙《ぶうんつたな》く**敗《やぶ》れた。

間《ま》が悪《わる》い ◎そうなっては困《こま》るときにそうなってしまい、運《うん》が悪《わる》い。例友《とも》だちの家《いえ》に遊《あそ》びに行《い》ったが、**間《ま》が悪《わる》い**ことに留守《るす》だった。◎「恥《は》ずかしい」➡494

凶《きょう》 運勢《うんせい》が悪《わる》いこと。おみくじなどで不運《ふうん》が予想《よそう》されること。さらに運《うん》が悪《わる》い「大凶《だいきょう》」もある。例大病《たいびょう》はするし、事故《じこ》にはあうし、今年《ことし》の運勢《うんせい》は**凶《きょう》**らしい。対吉《きち》。

泣《な》き面《つら》に蜂《はち》 悪《わる》いことの上《うえ》に、さらに悪《わる》いことが重《かさ》なることのたとえ。ある不運《ふうん》で泣《な》いている人《ひと》が、さらに顔《かお》をハチに刺《さ》されるようすから。例転《ころ》んでけがをした上《うえ》に財《さい》布を落《お》とすとは、まさに**泣《な》き面《つら》に蜂《はち》**だ。◆「泣きっ面《つら》に蜂《はち》」ともいう。

弱《よわ》り目《め》にたたり目《め》 困《こま》っているときに、さらにほかの困難《こんなん》が重《かさ》なること。不運《ふうん》の上《うえ》に不運《ふうん》が重《かさ》なること。「弱《よわ》り目《め》」は困《こま》っているとき、「たたり目《め》」は災《わざわ》いにあうときという意味《いみ》。例父《ちち》がけがで入《にゅう》院《いん》しているときに、母《はは》が過労《かろう》でダウンするとは、**弱《よわ》り目《め》にたたり目《め》**だ。

踏《ふ》んだり蹴《け》ったり 「弱《よわ》り目《め》にたたり目《め》」と同《おな》じ。踏《ふ》まれた上《うえ》にさらに蹴《け》られる不運《ふうん》が重《かさ》なるということ。例会社《かいしゃ》が倒《とう》産《さん》した日《ひ》に工場《こうじょう》が火事《かじ》になるとは、**踏《ふ》んだり蹴《け》ったり**だ。

犬《いぬ》も歩《ある》けば棒《ぼう》に当《あ》たる 出《で》しゃばると不運《ふうん》にあうということ。犬《いぬ》がうろつき歩《ある》くと棒《ぼう》でたたかれることもあるということ。逆《ぎゃく》に、まめに動《うご》き回《まわ》れば、思《おも》いがけない幸運《こううん》に出会《であ》うという意味《いみ》もある。例忙《いそが》しいのにＰＴ《ピーティー》Ａ《エー》役員《やくいん》を買《か》って出《で》たら、**犬《いぬ》も歩《ある》けば棒《ぼう》に当《あ》たる**で、体《からだ》をこわしてしまった。

殺《ころ》す

kill
［キル］

殺《ころ》す ◎人《ひと》や動物《どうぶつ》の命《いのち》を奪《うば》う。例殺《さっ》虫《ちゅう》剤《ざい》で毛虫《けむし》を**殺《ころ》す**。対生《い》かす。◎そのものの働《はたら》きを抑《おさ》えたり、本《ほん》来《らい》の能力《のうりょく》などを発揮《はっき》させないようにしたりする。例彼《かれ》に活躍《かつやく》の場《ば》を与《あた》えなければ、せっかくの才能《さいのう》を**殺《ころ》して**しまう。対生《い》かす。

殺《あや》める 「殺《ころ》す」と同《おな》じ。例何人《なんにん》もの人《ひと》を**殺《あや》める**凶悪《きょうあく》事件《じけん》が発《はっ》生《せい》した。

倒《たお》す ◎敵《てき》などを殺《ころ》す。例斬《き》りかかってくる敵《てき》を、次々《つぎつぎ》に**倒《たお》す**。◎「倒《たお》れる」➡149 ◎「勝《か》つ」➡354

仕留《しと》める 敵《てき》や獲物《えもの》など殺《ころ》す。また、狙《ねら》っていたものを手《て》に入《い》れる。例猟師《りょうし》が、一発《いっぱつ》でイノシシを**仕留《しと》めた**。

消《け》す
人《ひと》を殺《ころ》す。この世《よ》からいなくなるようにする。例 裏切《うらぎ》り者《もの》のあの男《おとこ》は、組織《そしき》に消《け》されるだろう。

片付《かたづ》ける
自分《じぶん》にとって邪魔《じゃま》な人《ひと》を殺《ころ》す。例 信長《のぶなが》は、立《た》ちふさがる敵《てき》を次々《つぎつぎ》と片付《かたづ》けていった。

やる
「人《ひと》を殺《ころ》す」の乱暴《らんぼう》な言《い》い方《かた》。例 ぐずぐずしてないで、早《はや》いとこやってしまえ。◆「殺《や》る」と書《か》くことがあるが、これは当《あ》て字《じ》。

ばらす
「人《ひと》を殺《ころ》す」の乱暴《らんぼう》な言《い》い方《かた》。例 余計《よけい》なことをしゃべると、ばらすぞ。

葬《ほうむ》る
◎死《し》んだ人《ひと》を墓《はか》などに納《おさ》めることから、人《ひと》を殺《ころ》したり勢力《せいりょく》を失《うしな》わせたりする。例 大統領《だいとうりょう》は権力《けんりょく》を使《つか》って政敵《せいてき》を葬《ほうむ》った。◎「葬式《そうしき》」⬇128

葬《ほうむ》り去《さ》る
世間《せけん》に知《し》られないまま、人《ひと》を殺《ころ》したり勢力《せいりょく》を失《うしな》わせたりする。例 不正《ふせい》の証拠《しょうこ》を知《し》る者《もの》が葬《ほうむ》り去《さ》られた。

刺《さ》し違《ちが》える
互《たが》いに刀《かたな》で刺《さ》し合《あ》って死《し》ぬ。また、自分《じぶん》が死《し》ぬ覚悟《かくご》で相手《あいて》を襲《おそ》う。例 あいつとは、刺《さ》し違《ちが》える覚悟《かくご》だ。

息《いき》の根《ね》を止《と》める
「息《いき》の根《ね》」は呼吸《こきゅう》のことから、殺《ころ》す。また、相手《あいて》を完全《かんぜん》にやっつける。例 悪《あく》の組織《そしき》の息《いき》の根《ね》を止《と》める。

血祭《ちまつ》りに上《あ》げる
戦意《せんい》を盛《も》り上《あ》げるために敵《てき》を殺《ころ》す。昔《むかし》、捕《と》らえていた敵《てき》を出陣前《しゅつじんまえ》に殺《ころ》し、味方《みかた》の士気《しき》を奮《ふる》い立《た》たせたことから。また、戦場《せんじょう》で最初《さいしょ》の敵《てき》を勢《いきお》いよく倒《たお》す。例 まず敵《てき》の手先《てさき》から血祭《ちまつ》りに上《あ》げてやる。

手《て》に掛《か》ける
自分《じぶん》の手《て》で、相手《あいて》を殺《ころ》す。例 城主《じょうしゅ》は妻子《さいし》を手《て》に掛《か》け、自分《じぶん》も切腹《せっぷく》して死《し》んだ。

止《とど》めを刺《さ》す
再起《さいき》できないよう完全《かんぜん》に殺《ころ》す。また、徹底的《てっていてき》にやっつける。例 試合終了《しあいしゅうりょう》間際《まぎわ》のゴールで、敵《てき》に止《とど》めを刺《さ》した。

亡《な》き者《もの》にする
人《ひと》を殺《ころ》す。「亡《な》き者《もの》」は、死《し》んだ人《ひと》という意味《いみ》。例 もうけを独《ひと》り占《じ》めするために、仲間《なかま》を亡《な》き者《もの》にした悪党《あくとう》。

殺人《さつじん》
人《ひと》を殺《ころ》すこと。例 男《おとこ》は殺人《さつじん》の疑《うたが》いで逮捕《たいほ》された。

殺害《さつがい》
「殺人《さつじん》」と同《おな》じ。例 被告《ひこく》は、殺《さつ》害《がい》の意思《いし》はなかったという。

人殺《ひとごろ》し
「殺人《さつじん》」と同《おな》じ。また、殺人《さつじん》者《しゃ》のこと。例 人殺《ひとごろ》しをかくまうことも犯罪《はんざい》だ。

殺傷《さっしょう》
殺《ころ》したり傷《きず》つけたりすること。例 ナイフを持《も》った男《おとこ》が、路上《ろじょう》で通行人《つうこうにん》を殺傷《さっしょう》する事件《じけん》が起《お》こる。

虐殺《ぎゃくさつ》
むごたらしく殺《ころ》すこと。権力《けんりょく》による殺人《さつじん》や戦争《せんそう》などについていうことが多《おお》い。例 比叡山《ひえいざん》の僧《そう》たちが織田信長《おだのぶなが》に虐殺《ぎゃくさつ》された。

惨殺《ざんさつ》
むごたらしく殺《ころ》すこと。例 凶悪犯《きょうあくはん》に惨殺《ざんさつ》される。

殺戮《さつりく》
むごたらしく、多《おお》くの人々《ひとびと》を殺《ころ》すこと。例 侵略者《しんりゃくしゃ》は、先《せん》住民《じゅうみん》の殺戮《さつりく》を繰《く》り返《かえ》した。

暗殺《あんさつ》
政治《せいじ》や思想《しそう》で対立《たいりつ》する相手《あいて》を、ひそかにねらって殺《ころ》すこと。例 大統領《だいとうりょう》の暗殺《あんさつ》は失敗《しっぱい》に終《お》わった。

謀殺《ぼうさつ》
計画的《けいかくてき》に人《ひと》を殺《ころ》すこと。例 蘇《そ》我入鹿《がのいるか》は、中大兄皇子《なかのおおえのおうじ》らによっ

◆＝もっと知《し》りたい、ことばの知識《ちしき》。

て謀殺《ぼうさつ》された。

他殺《たさつ》 人《ひと》に殺《ころ》されること。例 警察《けいさつ》は他殺《たさつ》の疑《うたが》いで捜査《そうさ》している。対 自殺《じさつ》。

毒殺《どくさつ》 毒《どく》を飲《の》ませて殺《ころ》すこと。例 家《け》来《らい》が主君《しゅくん》を毒殺《どくさつ》する物語《ものがたり》。

毒《どく》を盛《も》る 毒殺《どくさつ》する。「盛《も》る」は、薬《くすり》を調合《ちょうごう》して飲《の》ませるという意味《いみ》。例 被害者《ひがいしゃ》に恨《うら》みを持《も》ったあの男《おとこ》が、毒《どく》を盛《も》った可能性《かのうせい》が高《たか》い。

一服盛《いっぷくも》る 「毒《どく》を盛《も》る」と同《おな》じ。「一《いっ》服《ぷく》」は、薬《くすり》の一回分《いっかいぶん》。例 殿《との》に一服盛《いっぷくも》られるのを防《ふせ》ぐため、お毒見役《どくみやく》が箸《はし》をつける。

討《う》つ 敵《てき》を攻《せ》めて、傷《きず》つけたり殺《ころ》したりする。例 親《おや》の敵《かたき》を討《う》つ。

討《う》ち取《と》る 刀《かたな》や槍《やり》などの武器《ぶき》を使《つか》って、相手《あいて》を殺《ころ》す。例 敵《てき》の大将《たいしょう》を討《う》ち取《と》る。

刃《やいば》に掛《か》ける 刀《かたな》などで、人《ひと》を切《き》り殺《ころ》す。例 あの豪傑《ごうけつ》が刃《やいば》に掛《か》けた人数《にんずう》は、数知《かずし》れない。

射殺《しゃさつ》 銃《じゅう》などで撃《う》ち殺《ころ》すこと。例 逆《さか》らう者《もの》は、その場《ば》で容赦《ようしゃ》なく射殺《しゃさつ》された。

銃殺《じゅうさつ》 銃《じゅう》で撃《う》ち殺《ころ》すこと。とくに、銃《じゅう》で死刑《しけい》にすること。例 軍規《ぐんき》を乱《みだ》した罪《つみ》で銃殺《じゅうさつ》される。

処刑《しょけい》 刑罰《けいばつ》を加《くわ》えること。とくに、死刑《しけい》にすること。例 戦争犯罪《せんそうはんざい》人《にん》の処刑《しょけい》が行《おこな》われた。

潰《つぶ》す 食《た》べるために、家畜《かちく》などを殺《ころ》す。例 遊牧民《ゆうぼくみん》は、大切《たいせつ》な客《きゃく》が来《く》ると、羊《ひつじ》を潰《つぶ》してもてなす。

絞《し》める 食《た》べるために、ニワトリなどの首《くび》を絞《し》めて殺《ころ》す。例 ニワトリを絞《し》めて、ごちそうを作《つく》る。

ほふる ◎食《た》べるために、家畜《かちく》などの体《からだ》を切《き》って殺《ころ》す。例 祭《まつ》りで、シカをほふって神《かみ》にささげた。◎「勝《か》つ」➡355

殺生《せっしょう》 ◎生《い》き物《もの》を殺《ころ》すこと。例 無益《むえき》な殺生《せっしょう》をしてはいけない。◎ひどいこと。むごいこと。例 今月《こんげつ》から小遣《こづか》いを減《へ》らすって、そんな殺生《せっしょう》な。

駆除《くじょ》 害《がい》がある動物《どうぶつ》・虫《むし》などを、殺《ころ》したり追《お》い払《はら》ったりすること。例 害虫《がいちゅう》の駆除《くじょ》のため、微量《びりょう》の農薬《のうやく》を使《つか》う。

「殺《ころ》す」に関連《かんれん》することば

息《いき》を殺《ころ》す 呼吸《こきゅう》を抑《おさ》えて、じっとしている。

殺《ころ》し文句《もんく》 その一言《ひとこと》で、相手《あいて》の気持《きも》ちを自分《じぶん》の方《ほう》へ強《つよ》く引《ひ》きつける決《き》め手《て》となることば。

窮鳥懐《きゅうちょうふところ》に入《い》れば猟師《りょうし》も殺《ころ》さず 人《ひと》が困《こま》りきって助《たす》けを求《もと》めて来《き》たら、どんな事情《じじょう》があっても助《たす》けてやるのが人《にん》情《じょう》であるということ。「窮鳥《きゅうちょう》」は、追《お》い詰《つ》められて逃《に》げ場《ば》のない鳥《とり》。

大《だい》の虫《むし》を生《い》かして小《しょう》の虫《むし》を殺《ころ》す やむをえないときには、大事《だいじ》な物事《ものごと》を守《まも》るため、小《ちい》さな物事《ものごと》を犠牲《ぎせい》にするのも仕方《しかた》がないということ。

虫《むし》も殺《ころ》さない おとなしくて、気《き》が優《やさ》しそうなようす。小《ちい》さな虫《むし》でさえ殺《ころ》せないように見《み》えるということから。➡441

●こんなことばも覚《おぼ》えておこう
弑逆《しいぎゃく》・誅殺《ちゅうさつ》・弑《しい》する・誅《ちゅう》する

第二章《だいにしょう》　行動《こうどう》

体《からだ》の動《うご》き

立《た》つ

stand
［スタンド］

立《た》つ　◎足《あし》を伸《の》ばして、体《からだ》を支《ささ》える姿勢《しせい》をとる。例 家《いえ》の前《まえ》に、見《み》知《し》らぬ人《ひと》が立《た》っていた。対 座《すわ》る。◎座《すわ》ったり横《よこ》になったりしていたものが、起《お》き上《あ》がる。例 先生《せんせい》に質問《しつもん》されたので、いすから立《た》って答《こた》えた。対 座《すわ》る。◎「出発《しゅっぱつ》する」➡183

突《つ》っ立《た》つ　まっすぐに立《た》つ。立《た》ったままでいる。ぼんやりと立《た》っている。例 ぼうっと突《つ》っ立《た》っていないで、早《はや》く来《き》なさい。

爪先立《つまさきだ》つ　かかとを上《あ》げて、爪先《つまさき》で伸《の》び上《あ》がるように立《た》つ。例 小《ちい》さい子《こ》どもが、窓《まど》の外《そと》を見《み》ようと爪先立《つまさきだ》つ。

爪立《つまだ》てる　爪先立《つまさきだ》つようにする。例 たくさんの人《ひと》が集《あつ》まっている中《なか》を、何事《なにごと》だろうと爪立《つまだ》ててのぞく。

伸《の》び上《あ》がる　爪先《つまさき》で立《た》つなどして、背《せ》を伸《の》ばす。例 棚《たな》の上《うえ》にある箱《はこ》を、伸《の》び上《あ》がって取《と》る。

立《た》ち続《つづ》ける　ずっと立《た》ったままでいる。例 友《とも》だちが来《く》るのを待《ま》って、一時間《いちじかん》近《ちか》くも集合場《しゅうごうば》所《しょ》に立《た》ち続《つづ》けた。

立《た》ち尽《つ》くす　身動《みうご》きしないで、いつまでも立《た》ち続《つづ》ける。感動《かんどう》したりぼうぜんとなったりして、我《われ》を忘《わす》れた状態《じょうたい》で、じっと立《た》っている。例 目《め》の前《まえ》に開《ひら》けた景色《けしき》の美《うつく》しさに、ぼうぜんと立《た》ち尽《つ》くす。

たたずむ　ある場所《ばしょ》にしばらく立《た》ち止《ど》まる。例 花《はな》びらが舞《ま》い散《ち》るサクラの木《き》の下《した》にたたずむ。

立《た》ち上《あ》がる　座《すわ》ったり寝《ね》たりしている姿勢《しせい》から、体《からだ》を起《お》こして立《た》つ。例 砂場《すなば》で遊《あそ》んでいた弟《おとうと》が、母《はは》に呼《よ》ばれて立《た》ち上《あ》がる。

起《お》きる　◎「立《た》ち上《あ》がる」と同《おな》じ。例 最終《さいしゅう》コーナーで転《ころ》んだが、すぐに起《お》きて走《はし》り続《つづ》けた。◎「起《お》きる」➡224

腰《こし》を上《あ》げる　◎座《すわ》った姿勢《しせい》から立《た》ち上《あ》がる。例「出《しゅっ》発《ぱつ》！」の声《こえ》を聞《き》いて、みんないっせいに腰《こし》を上《あ》げた。◎仕事《しごと》などに取《と》りかかる。例 世論《せろん》の反発《はんぱつ》に、政府《せいふ》もやっと重《おも》い腰《こし》を上《あ》げた。

神輿《みこし》を上《あ》げる　「腰《こし》を上《あ》げる」と同《おな》じ。座《すわ》り込《こ》んでいた腰《こし》を上《あ》げる。「神輿《みこし》」の「輿《こし》」に「腰《こし》」をかけた言《い》い方《かた》。例 テレビにかじりついていた弟《おとうと》は、アニメが終《お》わるとようやく神輿《みこし》を上《あ》げた。

直立《ちょくりつ》　まっすぐに立《た》つこと。例 草原《そうげん》の真《ま》ん中《なか》に巨木《きょぼく》が一本《いっぽん》、直立《ちょくりつ》していた。

直立不動《ちょくりつふどう》　まっすぐに立《た》って、身《み》動《うご》きしないこと。例 直立不動《ちょくりつふどう》の姿勢《しせい》で、集中《しゅうちゅう》して先生《せんせい》の話《はなし》を聞《き》く。

起立《きりつ》 座《すわ》った姿勢《しせい》から立《た》ち上《あ》がること。例 卒業式《そつぎょうしき》にお招《まね》きしたお客様《きゃくさま》を、起立《きりつ》して迎《むか》える。

背伸《せの》び ◎爪先《つまさき》を立《た》て、背《せ》を伸《の》ばすこと。例 お祭《まつ》りの行列《ぎょうれつ》を一目《ひとめ》見《み》ようと、人込《ひとご》みの中《なか》で背伸《せの》びをした。◎実力《じつりょく》以上《いじょう》のことをしようとすること。例 背伸《せの》びして大人《おとな》のまねをしても、失敗《しっぱい》するだけだ。

立《た》ち通《どお》し ある時間《じかん》、ずっと立《た》ったままでいること。例 試合中《しあいちゅう》、兄《あに》のチームを立《た》ち通《どお》しで応援《おうえん》した。

立《た》ちっ放《ぱな》し 「立《た》ち通《どお》し」と同《おな》じ。例 母《はは》は立《た》ちっ放《ぱな》しで、一時間《いちじかん》も近所《きんじょ》のおばさんと話《はなし》をしている。

立《た》ち詰《づ》め 何《なに》かの理由《りゆう》で、ずっと立《た》ったままでいること。例 一日中《いちにちじゅう》立《た》ち詰《づ》めで作業《さぎょう》をしたので、もうくたくただ。

立《た》ちん坊《ぼう》 ずっと立《た》ったままでいること。また、その人《ひと》。例 バスが込《こ》んでいて、終点《しゅうてん》まで立《た》ちん坊《ぼう》だった。似 立《た》ちんぼ。

総立《そうだ》ち その場《ば》にいる人《ひと》たちが、いっせいに立《た》ち上《あ》がること。例 演奏《えんそう》が終《お》わると、聴衆《ちょうしゅう》は総立《そうだ》ちになって拍手《はくしゅ》を送《おく》った。

仁王立《におうだ》ち 仁王《におう》（寺《てら》の門《もん》などの両《りょう》わきに置《お》かれる、怖《こわ》い顔《かお》をした像《ぞう》）のように、どっしりといかめしく立《た》つこと。例 この先《さき》には行《い》かせないぞと、仁王立《におうだ》ちになって道《みち》をふさぐ。

逆立《さかだ》ち 両手《りょうて》を地《ち》につけ、足《あし》を上《あ》げて、体《からだ》の上下《じょうげ》を逆《さか》さにして立《た》つこと。例 もし君《きみ》が勝負《しょうぶ》に勝《か》ったら、逆立《さかだ》ちしてグラウンドを一周《いっしゅう》してやるよ。

倒立《とうりつ》 「逆立《さかだ》ち」のこと。体操競技《たいそうきょうぎ》などで多《おお》く使《つか》われることば。例 体操選手《たいそうせんしゅ》が平均台《へいきんだい》の上《うえ》で倒立《とうりつ》する。

だじゃれを言《い》うのは、だれじゃ？
深谷先生《ふかやせんせい》のちょっとひと息《いき》

わたしたちが普段使《ふだんつか》っていることばが、用件《ようけん》をただ伝《つた》えればいいだけ、というものになってしまったらどうなるでしょうか。だれの話《はな》し方《かた》も似《に》たような言《い》い回《まわ》しになり、ずいぶんとそっけなくなってしまうのではないでしょうか。

しかし、実際《じっさい》には、人《ひと》はさまざまなことばを使《つか》い分《わ》けて、自分《じぶん》らしい方法《ほうほう》で思《おも》いを伝《つた》えようとするものです。

たとえば、「立《た》ち上《あ》がる・仕事《しごと》に取《と》りかかる」という意味《いみ》の神輿《みこし》をあげるということばは、腰《こし》と輿《こし》をかけた表現《ひょうげん》ですが、腰《こし》をあげると言《い》うよりも景気《けいき》がよく、明《あか》るい雰囲気《ふんいき》になります。ほかにも「不要《ふよう》なもの」などの意味《いみ》のお払《はら》いと、神社《じんじゃ》でするお祓《はら》いをかけた、お払《はら》い箱《ばこ》（165ページ）という言《い》い方《かた》もあります。

なんだ、だじゃれじゃないかと思《おも》うかもしれませんが、同《おな》じ意味《いみ》のことばでも、どれを選《えら》ぶかによって、文章《ぶんしょう》がぐんとおもしろくなることがあるのです。

◆＝もっと知《し》りたい、ことばの知識《ちしき》。

しゃちほこ立《だ》ち

「逆《さか》立《だ》ち」のこと。「しゃちほこ」は、城《しろ》などの屋《や》根《ね》の両端《りょうはし》に飾《かざ》られる想像上《そうぞうじょう》の海獣《かいじゅう》で、逆《さか》立《だ》ちの姿勢《しせい》をしていることから。「しゃちほこ立《だ》ちしても」（どんなにがんばっても）の形《かたち》で使《つか》われることが多《おお》い。例 **しゃちほこ立《だ》ち**しても、彼《かれ》の英《えい》語力《ごりょく》にはかなわない。似 **しゃっちょこ立《だ》ち**。

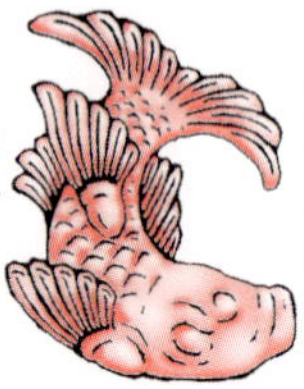

立《た》っち

立《た》つこと。幼児語《ようじご》。例 さあ、**立《た》っち**してあんよしようね。

すっと

軽《かろ》やかに、すばやく立《た》ち上《あ》がるようす。例 彼《かれ》は**すっと**立《た》ち上《あ》がり、お年寄《としよ》りに席《せき》を譲《ゆず》った。

すっく

力強《ちからづよ》く、まっすぐに立《た》ち上《あ》がるようす。例 あやしい物音《ものおと》に気《き》づいた父《ちち》は、**すっく**と立《た》ち上《あ》がり、ようすを見《み》に行《い》った。似 **すくっと**。

ぱっと

突然《とつぜん》、または、短《みじか》い時間《じかん》にさっと立《た》ち上《あ》がるようす。例 母《はは》が帰《かえ》ってくると、妹《いもうと》は**ぱっと**立《た》ち上《あ》がり、玄関《げんかん》へと飛《と》んでいった。

ぬっと

◎急《きゅう》に立《た》ち上《あ》がるようす。例 黙《だま》って座《すわ》っていた男《おとこ》が、**ぬっと**立《た》ち上《あ》がった。◎急《きゅう》に現《あらわ》れるようす。例 お菓子《かし》を配《くば》っていたら、横《よこ》から手《て》が**ぬっと**出《で》てきた。

座《すわ》る

sit
［スイット］

座《すわ》る

◎いすや床《ゆか》・地面《じめん》などに腰《こし》を下《お》ろす。例 畳《たたみ》に**座《すわ》る**。例 ベンチの真《ま》ん中《なか》に**座《すわ》る**。対 **立《た》つ**。◎ある地《ち》位《い》や役職《やくしょく》に就《つ》く。例 社長《しゃちょう》のいすに**座《すわ》る**。

座《ざ》する

◎「座《すわ》る」の改《あらた》まった言《い》い方《かた》。例 板《いた》の間《ま》に**座《ざ》する**。◎何《なに》もせずにじっとしている。例 **座《ざ》して**死《し》を待《ま》つわけにはいかない。◎事件《じけん》などのかかわりあいになる。連座《れんざ》する。例 大臣《だいじん》までもが、選挙違反《せんきょいはん》に**座《ざ》した**。

腰掛《こしか》ける

いすや台《だい》などの上《うえ》に座《すわ》る。例 お年寄《としよ》りのために、**腰掛《こしか》ける**いすを用意《ようい》する。

掛《か》ける

◎「腰掛《こしか》ける」と同《おな》じ。例 どうぞ**掛《か》けて**お待《ま》ちください。◎「投《な》げる」

⬇157

着《つ》く

◎座《すわ》る。例 家族全員《かぞくぜんいん》が、夕飯《ゆうはん》の食卓《しょくたく》に**着《つ》いた**。◎「到着《とうちゃく》する」

⬇191

	席《せき》に	いすに	地《じ》べたに
座る	○	○	○
掛ける	△	○	－
着く	○	－	－

席《せき》に着《つ》く

一人《ひとり》ひとりに用意《ようい》された場所《ばしょ》に座《すわ》る。例 チケットの番号《ばんごう》を確《たし》かめて**席《せき》に着《つ》く**。

座《ざ》に着《つ》く

◎会合《かいごう》などで用意《ようい》された場所《ばしょ》に座《すわ》る。例 一同《いちどう》が**座《ざ》に着《つ》く**まで待《ま》つ。◎重要《じゅうよう》な地位《ちい》に就《つ》く。例 大臣《だいじん》の**座《ざ》に着《つ》く**。

腰《こし》を下《お》ろす

立《た》っていた人《ひと》が、いすや地面《じめん》などに座《すわ》る。例 疲《つか》れたので道端《みちばた》に**腰《こし》を下《お》ろす**。

かしこまる

◎慎《つつし》みの気持《きも》ちを示《しめ》すため、姿勢《しせい》を

正《ただ》して座《すわ》る。例 彼女《かのじょ》の両親《りょうしん》の前《まえ》でかしこまっていたら、足《あし》がしびれてきた。◎目上《めうえ》の人《ひと》をおそれうやまう気持《きも》ちから、慎《つつし》んだ態度《たいど》を取《と》る。例 市長《しちょう》が入室《にゅうしつ》すると、職員《しょくいん》は全員《ぜんいん》立《た》ち上《あ》がり、かしこまっておじぎをした。

座《すわ》り込《こ》む
◎ある場所《ばしょ》に座《すわ》って動《うご》かなくなる。例 玄関先《げんかんさき》に座《すわ》り込《こ》んで長話《ながばなし》をしている。◎目的《もくてき》を遂《と》げるために、座《すわ》って動《うご》かない。例 デモ隊《たい》が、門《もん》の前《まえ》に座《すわ》り込《こ》む。

へたり込《こ》む
➡「落《お》ち込《こ》む」472

居座《いすわ》る
◎座《すわ》り込《こ》んで動《うご》かない。例 許《ゆる》しがもらえるまで、この場《ば》に居座《いすわ》るつもりです。◎ある地位《ちい》にとどまって動《うご》かない。例 社長《しゃちょう》の地位《ちい》に居座《いすわ》らず、そろそろ後継《こうけい》に道《みち》を譲《ゆず》ったらどうだ。

居並《いなら》ぶ
多《おお》くの人《ひと》が並《なら》んで座《すわ》る。例 各国《かっこく》の首脳《しゅのう》が居並《いなら》ぶ本《ほん》会議場《かいぎじょう》で、スピーチをする。

膝《ひざ》を正《ただ》す
改《あらた》まってきちんと座《すわ》る。正座《せいざ》する。例 大事《だいじ》な話《はなし》なので、膝《ひざ》を正《ただ》して聞《き》きなさい。

膝《ひざ》を崩《くず》す
楽《らく》な姿勢《しせい》で座《すわ》る。正座《せいざ》をやめる。例 そうかたくならずに、どうぞ膝《ひざ》を崩《くず》してください。

屈《かが》む
足《あし》や腰《こし》を曲《ま》げて、姿勢《しせい》を低《ひく》くする。例 腰痛《ようつう》で屈《かが》むとつらい。

屈《こご》む
「屈《かが》む」と同《おな》じ。例 天井《てんじょう》が低《ひく》くなっているので、屈《こご》まないと頭《あたま》をぶつけるよ。

屈《かが》み込《こ》む
屈《かが》んで動《うご》かなくなる。例 朝会《ちょうかい》の途中《とちゅう》、急《きゅう》に腹《はら》が痛《いた》くなって屈《かが》み込《こ》む。

しゃがむ
「屈《かが》む」よりも尻《しり》を下《さ》げて、低《ひく》い姿勢《しせい》になる。例 小《ちい》さい子《こ》どもが、道端《みちばた》にしゃがんでアリを見《み》ている。

しゃがみ込《こ》む
しゃがんでじっとしている。座《すわ》り込《こ》んで動《うご》かない。例 子《こ》どもが菓子売《かしう》り場《ば》でしゃがみ込《こ》んで泣《な》いている。

うずくまる
体《からだ》を小《ちい》さく丸《まる》めてしゃがみ込《こ》む。例 寒《さむ》くなってきたので、ひざを抱《かか》えてうずくまる。

つくばう
「うずくまる」と同《おな》じ。例 床《ゆか》につくばって、落《お》とした針《はり》を捜《さが》す。

ひざまずく
地面《じめん》にひざをつけて姿勢《しせい》を低《ひく》くする。地《じ》面《めん》に両《りょう》ひざをつける場合《ばあい》と、片《かた》ひざをつける場合《ばあい》の両方《りょうほう》にいう。例 王様《おうさま》の前《まえ》でひざまずく騎士《きし》。

あぐら
両足《りょうあし》を組《く》んだ座《すわ》り方《かた》。足先《あしさき》を反対側《はんたいがわ》の足《あし》の太《ふと》ももに乗《の》せる場合《ばあい》もある。例 その男性《だんせい》はあぐらをかいて座《すわ》っていた。

大《おお》あぐら
遠慮《えんりょ》なしにあぐらをかいて座《すわ》ること。例 いきなり入《はい》ってきて、大《おお》あぐらをかいて「主人《しゅじん》を呼《よ》べ」と叫《さけ》んだ。

膝組《ひざぐ》み
あぐらをかくこと。例 男《おとこ》たちは膝組《ひざぐ》みをして酒《さけ》を飲《の》み始《はじ》めた。

蹲踞《そんきょ》
しゃがむこと。また、相撲《すもう》や剣道《けんどう》の試合《しあい》の前《まえ》に、両《りょう》ひざを開い

行動《こうどう》　体《からだ》の動《うご》き
立《た》つ　▶座《すわ》る　横《よこ》になる　跳《は》ねる　倒《たお》れる　持《も》つ　触《さわ》る　投《な》げる

◆＝もっと知《し》りたい、ことばの知識《ちしき》。

て爪先《つまさき》を立《た》てて、しゃがんで待機《たいき》すること。例敵《てき》が来《く》るのを、蹲踞《そんきょ》して待《ま》つ。

お座《すわ》り

◎座《すわ》ること。幼児語《ようじご》。例お座《すわ》りしてご飯《はん》を食《た》べましょう。◎犬《いぬ》が後《うし》ろ足《あし》を曲《ま》げて腰《こし》を下《お》ろすこと。また、それを犬《いぬ》に命《めい》じるときのかけ声《ごえ》。例うちの犬《いぬ》は、お座《すわ》りもちゃんとできない。

えんこ

尻《しり》を地面《じめん》につけ、足《あし》を前《まえ》に投《な》げ出《だ》した座《すわ》り方《かた》。幼児語《ようじご》。例ちゃんとえんこして待《ま》ってなさい。

立《た》て膝《ひざ》

正座《せいざ》やあぐらの姿勢《しせい》から、片方《かたほう》の膝《ひざ》を立《た》てて座《すわ》ること。また、その姿勢《しせい》。例立《た》て膝《ひざ》で食事《しょくじ》をしてはいけない。◆日本《にほん》ではマナー違反《いはん》とされるが、韓国《かんこく》では、女性《じょせい》の正式《せいしき》な座《すわ》り方《かた》。

横座《よこずわ》り

正座《せいざ》の姿勢《しせい》から、両方《りょうほう》の足《あし》を同《おな》じ方向《ほうこう》に崩《くず》した座《すわ》り方《かた》。「お姉《ねえ》さん座《すわ》り」ともいう。例正座《せいざ》をしていた子《こ》どもが、話《はなし》に飽《あ》きたのか、いつの間《ま》にか横座《よこずわ》りをしていた。◆両《りょう》足《あし》の間《あいだ》にお尻《しり》を落《お》とした座《すわ》り方《かた》を、「お婆《ばあ》さん座《すわ》り」ということもある。

座《すわ》り込《こ》み

どっかりと座《すわ》って腰《こし》を据《す》えること。とくに、不満《ふまん》なことへの抗議《こうぎ》として、施設《しせつ》や公共《こうきょう》の場所《ばしょ》に座《すわ》って意思《いし》表示《ひょうじ》をすること。例労働者《ろうどうしゃ》たちが、玄関前《げんかんまえ》で座《すわ》り込《こ》みを始《はじ》めた。

座禅《ざぜん》

仏教《ぶっきょう》の修行法《しゅぎょうほう》の一《ひと》つ。おもに、両方《りょうほう》の足先《あしさき》を反対《はんたい》の足《あし》の太《ふと》ももに乗《の》せた座《すわ》り方《かた》をして、心《こころ》を空《から》っぽにする。例禅宗《ぜんしゅう》の寺《てら》で座禅《ざぜん》を組《く》む。

座《すわ》り

◎座《すわ》ること。例座《すわ》り机《づくえ》で書《か》き物《もの》をする。◎物《もの》を置《お》いたときの安定《あんてい》ぶり、落《お》ち着《つ》きぐあい。例背《せ》が高《たか》くて座《すわ》りの悪《わる》い置《お》き物《もの》。◆「据《す》わり」と書《か》くこともある。

正座《せいざ》

足《あし》の甲《こう》やすねを床《ゆか》につけ、両《りょう》ひざをそろえて座《すわ》ること。例祖母《そぼ》が茶室《ちゃしつ》で正座《せいざ》をして、お茶《ちゃ》をたてている。

端座《たんざ》

「正座《せいざ》」と同《おな》じ。例寺《てら》の住職《じゅうしょく》が、端座《たんざ》してお経《きょう》を読《よ》む。

対座《たいざ》

向《む》かい合《あ》って座《すわ》ること。例机《つくえ》を挟《はさ》んで客《きゃく》と対座《たいざ》する。

鎮座《ちんざ》

人《ひと》や物《もの》がどっしりと場所《ばしょ》を占《し》めていること。神様《かみさま》の霊《れい》が、一定《いってい》の場所《ばしょ》に鎮《しず》まっていること。例リビングの中央《ちゅうおう》に鎮座《ちんざ》するのは、大枚《たいまい》はたいて買《か》った大型《おおがた》テレビだ。

車座《くるまざ》

大勢《おおぜい》の人《ひと》が、内側《うちがわ》を向《む》いて輪《わ》になって座《すわ》ること。例車座《くるまざ》になって、花見《はなみ》をする。

土下座《どげざ》

土《つち》や床《ゆか》の上《うえ》に座《すわ》り込《こ》み、手《て》をついて額《ひたい》を地面《じめん》にすりつけるようにしておじぎをすること。深《ふか》い敬意《けいい》や謝罪《しゃざい》の気持《きも》ちを示《しめ》す。例土下《どげ》座《ざ》して謝《あやま》る。

座《すわ》り心地《ごこち》

◎いすなどに座《すわ》ったときの快適《かいてき》さ。例座《すわ》り心地《ごこち》のよいソファー。◎ある地位《ちい》に就《つ》いていたときの気分《きぶん》。例長官《ちょうかん》のいすの座《すわ》り心地《ごこち》はいかがですか。

平《たい》ら

足《あし》を崩《くず》して、楽《らく》にするようす。例どうぞ、お平《たい》らに。

着席《ちゃくせき》

席《せき》に着《つ》くこと。例着席《ちゃくせき》したままお聞《き》きください。

着座《ちゃくざ》
「着席《ちゃくせき》」と同《おな》じ。例 指定席《していせき》に着《ちゃく》座《ざ》する。

連座《れんざ》
◎前後左右《ぜんごさゆう》の席《せき》に連《つら》なって座《すわ》ること。例 学生《がくせい》が連座《れんざ》する式《しき》場《じょう》。◎他人《たにん》の犯罪《はんざい》により、連帯《れんたい》して罰《ばっ》せられること。例 秘書《ひしょ》の選挙違反《せんきょいはん》で、候補者《こうほしゃ》も連座《れんざ》して当選《とうせん》を取《と》り消《け》された。

同席《どうせき》
同《おな》じ会合《かいごう》や席《せき》に居合《いあ》わせること。例 社長《しゃちょう》と同席《どうせき》の会議《かいぎ》で、とても緊張《きんちょう》した。

相席《あいせき》
飲食店《いんしょくてん》などで、知《し》らない人《ひと》と同《おな》じテーブルに着《つ》くこと。例 店《みせ》が込《こ》んでいたので、相席《あいせき》になった。

上座《かみざ》
その場《ば》の席《せき》のうち、最《もっと》も目上《めうえ》の人《ひと》が座《すわ》るべき席《せき》。例 今日《きょう》は君《きみ》の歓迎会《かんげいかい》だから、上座《かみざ》は譲《ゆず》るよ。対 下《しも》座《ざ》。◆ふつう、出入《でい》り口《ぐち》から遠《とお》い奥《おく》の席《せき》が上座《かみざ》だが、景色《けしき》が見《み》える部屋《へや》の場合《ばあい》は、見《み》やすい席《せき》が上座《かみざ》となる。

下座《しもざ》
その場《ば》の席《せき》のうち、目下《めした》の人《ひと》が座《すわ》るべき席《せき》。例 大広間《おおひろま》では、下座《しもざ》からは社長《しゃちょう》の声《こえ》は聞《き》こえなかった。似 末席《まっせき》。対 上座《かみざ》。

ちょこん
小《ちい》さいものが座《すわ》るようす。例 猫《ねこ》が塀《へい》の上《うえ》にちょこんと座《すわ》っている。

ぺたり
床《ゆか》や地面《じめん》に、尻《しり》をくっつけて座《すわ》るようす。例 床《ゆか》にぺたりと座《すわ》って絵《え》を描《か》いている。

でんと
重々《おもおも》しく、堂々《どうどう》と座《すわ》るようす。例 気後《きおく》れすることなく、でんと座《すわ》っていればよい。

どっかり
重々《おもおも》しく座《すわ》るようす。例 最後《さいご》に大物《おおもの》が現《あらわ》れ、どっかりといすの中央《ちゅうおう》に座《すわ》った。似 どっか。

へたへた
↓「落《お》ち込《こ》む」475

「座《すわ》る」に関連《かんれん》することば

座《ざ》して食《く》らえば山《やま》も空《むな》し 働《はたら》かないで財産《ざいざん》を使《つか》っていれば、山《やま》のようなたくさんの財産《ざいさん》も、いつかは食《く》い尽《つ》くしてなくなってしまう。

●こんなことばも覚《おぼ》えておこう
危座《きざ》・起座《きざ》・結跏趺坐《けっかふざ》・半跏趺坐《はんかふざ》

横《よこ》になる

lie
[ライ]

このページも見《み》てみよう
眠《ねむ》る ↓219

寝《ね》る
◎体《からだ》を横《よこ》にする。例 寝《ね》たままで、テレビを見《み》る。◎「病気《びょうき》」↓99 ◎「眠《ねむ》る」↓219

寝転《ねころ》ぶ
体《からだ》をごろりと横《よこ》にする。例 草原《そうげん》に寝転《ねころ》んで、空《そら》の雲《くも》を眺《なが》める。似 寝転《ねころ》がる。

転《ころ》がる
◎「寝転《ねころ》ぶ」と同《おな》じ。例 草《くさ》の上《うえ》に転《ころ》がって、空《そら》に現《あらわ》れたにじを眺《なが》めた。◎よくあるもの、珍《めずら》しくないものとしてある。例 どこにでも、転《ころ》がっている、ありふれた話《はなし》。◎「倒《たお》れる」↓149

寝《ね》そべる
体《からだ》を伸《の》ばして、くつろいだ感《かん》じで横《よこ》になる。例 犬小屋《いぬごや》の前《まえ》で、ポチが気持《きも》ちよさそうに寝《ね》そべっている。

行《こう》動《どう》
体《からだ》の動《うご》き
立《た》つ
座《すわ》る
▶横《よこ》になる
跳《は》ねる
倒《たお》れる
持《も》つ
触《さわ》る
投《な》げる

◆＝もっと知《し》りたい、ことばの知識《ちしき》。

横《よこ》たわる ◎体《からだ》を横《よこ》にする。例 病気《びょうき》でベッドに横《よこ》たわる祖父《そふ》。◎横《よこ》または水平《すいへい》に、長《なが》く伸びる。例 夏《なつ》の夜空《よぞら》に横《よこ》たわる天《あま》の川《がわ》。

横《よこ》になる 体《からだ》を横《よこ》にして寝《ね》る。例 ちょっと疲《つか》れたので、横《よこ》になって一休《ひとやす》みした。

伏《ふ》せる 胸《むね》や腹《はら》を、地面《じめん》や床《ゆか》などにつける。例 身《み》を伏《ふ》せて、敵《てき》の攻撃《こうげき》を避《さ》ける。

伏《ふ》す 腹《はら》ばいになる。ひざをついて頭《あたま》を下《さ》げる。例 伏《ふ》してお願《ねが》い申《もう》し上《あ》げます。

突《つ》っ伏《ぷ》す 急《きゅう》に伏《ふ》せる。勢《いきお》いよく伏《ふ》せる。例 叔父《おじ》が亡《な》くなったという知《し》らせを聞《き》き、床《ゆか》に突《つ》っ伏《ぷ》して泣《な》いた。

うつ伏《ぶ》せる 顔《かお》や体《からだ》の腹側《はらがわ》を下《した》にして横《よこ》たわる。例 ふとんにうつ伏《ぶ》せて、思《おも》い切《き》り泣《な》いた。◆「俯《うつぶ》せる」とも書《か》く。

はう 手足《てあし》や腹《はら》を、地面《じめん》や床《ゆか》につけて進《すす》む。例 火事《かじ》のときは地《ち》をはって逃《に》げる。

はいつくばる はうようにして、うずくまる。例 はいつくばって、谷川《たにがわ》の水《みず》を飲《の》む。似 はいつくばう。

横臥《おうが》 体《からだ》を横《よこ》にして寝《ね》ること。例 病院《びょういん》のベッドに横臥《おうが》したまま、見舞《みま》い客《きゃく》と話《はなし》をする。

仰臥《ぎょうが》 仰向《あおむ》けに寝《ね》ること。例 足《あし》を折《お》ってしまったので、仰臥《ぎょうが》したまま身動《みうご》きがとれない。

うつ伏《ぶ》せ 顔《かお》を下《した》に向《む》けて伏《ふ》せること。例 父《ちち》はいつもうつ伏《ぶ》せで、枕《まくら》を抱《かか》えて寝《ね》ている。◆「俯《うつぶ》せ」とも書《か》く。

腹《はら》ばい 「うつ伏《ぶ》せ」と同《おな》じ。顔《かお》を上《あ》げて前《まえ》を向《む》いている場《ば》合《あい》や、その姿勢《しせい》で前後左右《ぜんごさゆう》に動《うご》く場合《ばあい》にもいう。例 サーフボードに腹《はら》ばいになって、沖《おき》に向《む》かって進《すす》む。

伏臥《ふくが》 うつ伏《ぶ》せになって寝《ね》ること。例 伏臥《ふくが》の姿勢《しせい》で筋《きん》トレを行《おこな》う。

匍匐《ほふく》 腹《はら》ばいになって、手足《てあし》ではって動《うご》くこと。例 敵《てき》の銃弾《じゅうだん》をよけるために、匍匐《ほふく》前進《ぜんしん》する。

四《よ》つんばい 両手《りょうて》両足《りょうあし》を地面《じめん》につけること。また、その形《かたち》ではうこと。例 地震《じしん》のときに、四《よ》つんばいで机《つくえ》の下《した》にあわてて逃《に》げ込《こ》んだ。

はいはい はうこと。幼児語《ようじご》。例 赤《あか》ちゃんがはいはいできるようになった。

大《だい》の字《じ》 漢字《かんじ》の「大《だい》」の字《じ》の形《かたち》に、人《ひと》が手足《てあし》を広《ひろ》げて横《よこ》になるようす。例 草原《そうげん》に大《だい》の字《じ》になると、すごく気持《きも》ちがいい。

ごろり 人《ひと》や物《もの》が転《ころ》がったり、横《よこ》になったりするようす。例 ごろりと寝転《ねころ》がって、文庫本《ぶんこぼん》を読《よ》む。似 ごろっと。ごろん。

跳《は》ねる

jump
［ジャンプ］

跳《は》ねる 勢《いきお》いよくとび上《あ》がる。例 お菓子《かし》をもらった子《こ》が、喜《よろこ》んでぴょんぴょん跳《は》ねる。

とぶ

◎地面《じめん》などをけって、一時的《いちじてき》に空中《くうちゅう》に浮《う》く。例 思《おも》い切《き》り助《じょ》走《そう》して、六段《ろくだん》のとび箱《ばこ》をとぶ。◆「跳《と》ぶ」「飛《と》ぶ」とも書《か》く。「跳《と》ぶ」は、ウサギやカエルなどのように一時的《いちじてき》に足《あし》で跳《は》ね上《あ》がって浮《う》かぶ動作《どうさ》をいい、「飛《と》ぶ」は、鳥《とり》や飛行機《ひこうき》などが持続的《じぞくてき》に浮《う》かぶようすをいう。また、火花《ひばな》や花粉《かふん》など、自力《じりき》でなく浮《う》かぶものについても「飛《と》ぶ」という。◎「出発《しゅっぱつ》する」⬇183 ◎「逃《に》げる」⬇194

すっとぶ

勢《いきお》いよくとぶ。急《いそ》いで行《い》く。また、急《きゅう》に消《き》え去《さ》る。例 危《あや》うく事故《じこ》を起《お》こしかけて、眠気《ねむけ》がすっとんだ。

ぶっとぶ

勢《いきお》いよくとぶ。また、常識《じょうしき》から離《はな》れている。例 強風《きょうふう》で小屋《こや》の屋根《やね》がぶっとんだ。例 新入社員《しんにゅうしゃいん》のぶっとんだ意見《いけん》が、案《あん》外参考《がいさんこう》になる。

躍《おど》る

とんだり跳《は》ねたりして、勢《いきお》いよく動《うご》く。例 身《み》を躍《おど》らせて、プールにとび込《こ》む。

弾《はず》む

◎弾力《だんりょく》のあるものが何《なに》かに当《あ》たって、勢《いきお》いよく跳《は》ね返《かえ》る。例 弾《はず》んだボールが顔《かお》に当《あ》たった。◎勢《いきお》いに乗《の》って調子《ちょうし》づく。例 久《ひさ》しぶりに会《あ》って、話《はなし》が弾《はず》んだ。

とび上《あ》がる

◎とんで、空中《くうちゅう》に上《あ》がる。例 屋上《おくじょう》からヘリコプターがとび上《あ》がる。◎「驚《おどろ》く」⬇388 ◎「うれしい」⬇424

躍《おど》り上《あ》がる

◎勢《いきお》いよく、一時的《いちじてき》に体《からだ》を浮《う》かばせる。例 ステージの上《うえ》に躍《おど》り上《あ》がる。◎「うれしい」⬇424

跳《は》ね上《あ》がる

◎跳《は》ねて上《うえ》のほうへとぶ。例 水《みず》たまりを車《くるま》が通《とお》り、泥水《どろみず》が跳《は》ね上《あ》がる。◎値《ね》段《だん》などが、急《きゅう》に高《たか》くなる。例 石油《せきゆ》の値《ね》段《だん》が跳《は》ね上《あ》がる。

とび跳《は》ねる

とぶように跳《は》ねる。喜《よろこ》びや元気《げんき》がみなぎっているようすにいう。例 釣《つ》った魚《さかな》が、バケツの中《なか》でとび跳《は》ねる。

跳《は》ね回《まわ》る

あちこちをとび回《まわ》る。例 おりから逃《に》げたウサギが、庭《にわ》を跳《は》ね回《まわ》る。

跳《は》ね返《かえ》る

◎物《もの》がぶつかって、もとの方向《ほうこう》に戻《もど》る。例 バッターの打球《だきゅう》が、フェンスに当《あ》たって跳《は》ね返《かえ》った。◎物事《ものごと》の影響《えいきょう》が、めぐりめぐって、もとの物事《ものごと》に及《およ》ぶ。例 人類《じんるい》による環境《かんきょう》破壊《はかい》が、健康《けんこう》への害《がい》として跳《は》ね返《かえ》る。

とび越《こ》える

物《もの》の上《うえ》をとんで越《こ》える。例 ゲートをとび越《こ》えて、馬《うま》が逃《に》げ出《だ》した。

とび付《つ》く

◎とび上《あ》がって、着地《ちゃくち》のときに目的《もくてき》の物《もの》につかまる。勢《いきお》いよく全身《ぜんしん》で物《もの》につかまる。例 子《こ》どもが母親《ははおや》にとび付《つ》く。◎興味《きょうみ》を持《も》ったものに、軽々《かるがる》しく手《て》を出《だ》す。例 伯父《おじ》は、もうけ話《ばなし》にとび付《つ》いて、大損《おおぞん》をした。

とびかかる

「とび付《つ》く」と同《おな》じ意味《いみ》だが、勢《いきお》いよく襲《おそ》いかかるという感《かん》じを表《あらわ》す。例 ライオンが獲物《えもの》にとびかかる。

とび移《うつ》る

空中《くうちゅう》をとんで、別《べつ》の場所《ばしょ》に移動《いどう》する。例 ムサ

◆＝もっと知《し》りたい、ことばの知識《ちしき》。

サビが、枝《えだ》から枝《えだ》へと**とび移《うつ》る**。

とび降《お》りる

◎高《たか》い所《ところ》から、身《み》を躍《おど》らせて落下《らっか》する。例パラシュートを背負《せお》い、飛行機《ひこうき》から**とび降《お》りる**。◎動《うご》いている乗《の》り物《もの》から、勢《いきお》いよく降《お》りる。例列車《れっしゃ》のデッキから**とび降《お》りる**。◆「とび下《お》りる」とも書《か》く。

とび込《こ》む

◎空中《くうちゅう》をとんで、中《なか》に入《はい》る。例船《ふね》から海《うみ》に**とび込《こ》んで**泳《およ》ぐ。◎自分《じぶん》から進《すす》んで、物事《ものごと》にかかわりを持《も》つ。例あのタレントは、中学生《ちゅうがくせい》のときにスカウトされて、芸能界《げいのうかい》に**とび込《こ》んだ**。

跳躍《ちょうやく》

とび上《あ》がること。例あの走《はし》り高《たか》とびの選手《せんしゅ》は、すばらしい**跳躍**力《ちょうやくりょく》を持《も》っている。

ジャンプ

「跳《は》ねる」という意味《いみ》の英語《えいご》。また、スキーの種目《しゅもく》の一《ひと》つ。例二塁手《にるいしゅ》が**ジャンプ**して、打球《だきゅう》をキャッチした。

ダイブ

頭《あたま》から、下《した》のほうに向《む》けてとび込《こ》むこと。また、水中《すいちゅう》に潜《もぐ》ること。例バンジージャンプで、がけの上《うえ》から**ダイブ**する。

馬《うま》とび

体《からだ》をかがめた人《ひと》の背《せ》をとび越《こ》す遊《あそ》び。例校庭《こうてい》で**馬《うま》とび**をして遊《あそ》んだ。

うさぎとび

両足《りょうあし》をそろえてしゃがみ、反動《はんどう》をつけて前《まえ》の方《ほう》にとぶ運動《うんどう》をくり返《かえ》すトレーニング。例野球部《やきゅうぶ》の練習《れんしゅう》では、**うさぎとび**がきつかった。◆過去《かこ》に中学《ちゅうがく》・高《こう》校《こう》の部活動《ぶかつどう》などで盛《さか》んに行《おこな》われたが、ひざを痛《いた》める害《がい》があるとして、最近《さいきん》はあまり行《おこな》われない。

横《よこ》っとび

勢《いきお》いよく横《よこ》のほうにとぶこと。「横《よこ》とび」を強《つよ》めた言《い》い方《かた》。例**横《よこ》っとび**にとんで、間《かん》一髪《いっぱつ》のところで車《くるま》をよけた。

ぴょん

身軽《みがる》な感《かん》じで一回《いっかい》跳《は》ねるようす。例水《みず》たまりを**ぴょん**ととび越《こ》える。

ぴょんぴょん

続《つづ》けてとんだり跳《は》ねたりするようす。例カエルが**ぴょんぴょん**跳《は》ねている。

倒《たお》れる

fall
［フォール］

倒《たお》れる

◎立《た》っていたものが横《よこ》になる。傾《かたむ》いて、地面《じめん》につきそうな状態《じょうたい》にもいう。例石《いし》につまずいて**倒《たお》れた**子《こ》を起《お》こしてあげる。◎「病気《びょうき》」➡98 ◎「死《し》ぬ」➡121

ぶっ倒《たお》れる

「倒《たお》れる」を強《つよ》めた言《い》い方《かた》。例強烈《きょうれつ》なパンチをくらって、鼻血《はなぢ》を出《だ》して**ぶっ倒《たお》れた**。

倒《たお》れ込《こ》む

疲《つか》れたり体調《たいちょう》が悪《わる》かったりして、その場《ば》に倒《たお》れてしまう。例疲《つか》れ果《は》てて帰《かえ》ってきた兄《あに》が、玄関先《げんかんさき》に**倒《たお》れ込《こ》んで**しまった。

倒《たお》れかかる

倒《たお》れて物《もの》にもたれかかる。また、今《いま》にも倒《たお》れそうになる。例台風《たいふう》のあと、大木《たいぼく》が五重塔《ごじゅうのとう》に**倒《たお》れかかって**いた。例新築《しんちく》マンションの隣《となり》に、**倒《たお》れかかった**古《ふる》い家《いえ》があった。

ダウン

◎「倒《たお》れる」という意味《いみ》の英《えい》語《ご》。ボクシングで、パンチを受《う》けて倒《たお》れること。例 チャンピオンの右《みぎ》ストレートが決《き》まり、挑戦者《ちょうせんしゃ》はダウンした。◎「病気《びょうき》」↓99

倒《たお》す

◎力《ちから》を加《くわ》えて、立《た》っているものを横《よこ》にする。例 コップを倒《たお》して、ミルクを全部《ぜんぶ》こぼしてしまった。◎「殺《ころ》す」↓136 ◎「勝《か》つ」↓354

押《お》し倒《たお》す

押《お》して倒《たお》す。押《お》して転《ころ》ばす。例 横綱《よこづな》が、土《ど》俵《ひょう》の外《そと》に押《お》し倒《たお》した力士《りきし》に手《て》を差《さ》しのべた。

突《つ》き倒《たお》す

突《つ》いて倒《たお》す。押《お》して転《ころ》ばす。例 後《うし》ろから突《つ》き倒《たお》すとは、ひきょうだぞ!

突《つ》き転《ころ》ばす

勢《いきお》いよく突《つ》き倒《たお》す。例 審判《しんぱん》が見《み》ていないからといって、わざと突《つ》き転《ころ》ばすのは反則《はんそく》だ。似 突《つ》っ転《ころ》ばす。

踏《ふ》み倒《たお》す

◎足《あし》で踏《ふ》んで倒《たお》す。例 犬《いぬ》が植《う》え込《こ》みの花《はな》を踏《ふ》み倒《たお》してしまった。◎代金《だいきん》や借金《しゃっきん》など、支払《しはら》わなければならないお金《かね》を払《はら》わないですます。例 捕《つか》まった犯人《はんにん》は、飲《いん》食代《しょくだい》を踏《ふ》み倒《たお》して逃《に》げ回《まわ》っていたそうだ。

なぎ倒《たお》す

◎立《た》っているものを横《よこ》に払《はら》って倒《たお》す。例 台風《たいふう》が、収穫前《しゅうかくまえ》の稲《いね》をなぎ倒《たお》していった。◎「勝《か》つ」↓355

転《ころ》ぶ

◎人《ひと》や動物《どうぶつ》が、歩《ある》いているときなどに安定《あんてい》を失《うしな》って倒《たお》れる。例 水《みず》たまりで、滑《すべ》って転《ころ》ぶ。◎物事《ものごと》の成《な》り行《ゆ》きが、違《ちが》った方向《ほうこう》へ向《む》かう。例 候補者選《こうほしゃえら》びは、思《おも》わぬ方向《ほうこう》へと転《ころ》んでいった。

転《ころ》がる

◎立《た》っていたものが倒《たお》れる。例 大男《おおおとこ》が木《き》の根《ね》っこにつまずいて転《ころ》がった。◎よくあるもの、珍《めずら》しくないものとしてある。例 このもうけ話《ばなし》は、どこにでも転《ころ》がっているようなもんじゃないぞ。◎「横《よこ》になる」↓145

すっ転《ころ》ぶ

「転《ころ》ぶ」を強《つよ》めた言《い》い方《かた》。勢《いきお》いよく転《ころ》ぶ。例 ステージの上《うえ》ですっ転《ころ》んだ役者《やくしゃ》のかつらが取《と》れ、観客《かんきゃく》は大笑《おおわら》いした。

こける

◎「転《ころ》ぶ」のくだけた言《い》い方《かた》。例 ゴール直前《ちょくぜん》でこけて最下位《さいかい》になり、悔《くや》しい思《おも》いをした。◎映画《えいが》の評判《ひょうばん》や、新商品《しんせいひん》の売《う》り上《あ》げなどが振《ふ》るわない。例 海外《かいがい》ロケまでした大作《たいさく》がこけて、映画会社《えいがかいしゃ》がつぶれた。

尻《しり》餅《もち》をつく

転《ころ》んで、地面《じめん》に尻《しり》を打《う》ちつける。例 生《う》まれて初《はじ》めてスケートに挑戦《ちょうせん》した弟《おとうと》は、尻餅《しりもち》をついてばかりいた。

ひっくり返《かえ》る

勢《いきお》いよく横《よこ》や後《うし》ろに倒《たお》れる。例 滑《すべ》ってひっくり返《かえ》ったときに、強《つよ》く腰《こし》を打《う》った。

つまずく

◎歩《ある》いたり走《はし》ったりしているとき、足先《あしさき》を物《もの》にぶつけてよろける。例 石《いし》につまずいて転《ころ》ぶ。◎「しくじる」↓342

けつまずく

◎「つまずく」を強《つよ》めた言《い》い方《かた》。例 慣《な》れない着物《きもの》を着《き》て歩《ある》きにくく、敷居《しきい》にけつまずく。◎「しくじる」↓342

◆＝もっと知《し》りたい、ことばの知識《ちしき》。

のめる
上半身《じょうはんしん》が前《まえ》のほうに倒《たお》れる。また、倒《たお》れそうになる。例 暗闇《くらやみ》で何《なに》かにつまずいてのめる。

つんのめる
「のめる」を強《つよ》めた言《い》い方《かた》。勢《いきお》いよく前《まえ》へ倒《たお》れる。前《まえ》へ倒《たお》れそうになる。例 後《うし》ろから押《お》されて、つんのめる。

転《ころ》がす
立《た》っているものを倒《たお》す。人《ひと》にも物《もの》にも使《つか》う。例 花《か》びんを転《ころ》がしてしまい、テーブルの上《うえ》が水浸《みずびた》しになった。例 柔道《じゅうどう》で、自分《じぶん》より大《おお》きな相手《あいて》を転《ころ》がす。

転《ころ》ばす
人《ひと》を転《ころ》がす。例 足《あし》を引《ひ》っ掛《か》けて転《ころ》ばすなんて、危《あぶ》ないからやめなさい。

転倒《てんとう》
人《ひと》や動物《どうぶつ》が転《ころ》んだり、物《もの》などが倒《たお》れたりすること。例 レース中《ちゅう》に転倒《てんとう》し、骨折《こっせつ》した。例 地震《じしん》に備《そな》え、家具《かぐ》の転倒《てんとう》防止対策《ぼうしたいさく》をする。

横倒《よこだお》し
横《よこ》に倒《たお》れること。例 事故《じこ》で電車《でんしゃ》が横倒《よこだお》しになった。

横転《おうてん》
「横倒《よこだお》し」の、やや改《あらた》まった言《い》い方《かた》。例 スピードの出《だ》し過《す》ぎでカーブを曲《ま》がりきれず、トラックが横転《おうてん》した。

卒倒《そっとう》
急《きゅう》に気《き》を失《うしな》って倒《たお》れること。例 ショックのあまり母親《ははおや》が卒倒《そっとう》しそうだから、このことはないしょにしてね。

昏倒《こんとう》
めまいがして倒《たお》れること。例 頭《あたま》にボールが当《あ》たって昏倒《こんとう》した選手《せんしゅ》を、たんかで運《はこ》ぶ。

将棋倒《しょうぎだお》し
行列《ぎょうれつ》などで、一人《ひとり》の人《ひと》が倒《たお》れると、それに押《お》されてほかの人《ひと》も次々《つぎつぎ》と倒《たお》れること。将棋《しょうぎ》の駒《こま》を一列《いちれつ》に立《た》てて並《なら》べ、端《はし》の一枚《いちまい》を押《お》して倒《たお》すと、次々《つぎつぎ》に倒《たお》れるようすから。例 電車《でんしゃ》が急《きゅう》に止《と》まったので、乗客《じょうきゃく》が将棋倒《しょうぎだお》しになった。

ばったり
◎急《きゅう》に倒《たお》れるようす。例 目《め》の前《まえ》でばったりと倒《たお》れる人《ひと》を見《み》て、叫《さけ》び声《ごえ》を上《あ》げた。似 ばたっと。ばたり。◎「会《あ》う」➡324

ばたん
物《もの》が勢《いきお》いよく倒《たお》れるようす。例 風《かぜ》が吹《ふ》き、立《た》て看《かん》板《ばん》がばたんと倒《たお》れた。

ぱたっと
あまり重《おも》くない物《もの》が倒《たお》れるようす。例 写真《しゃしん》立《た》てがぱたっと倒《たお》れた。似 ぱたり。

ばたばた
◎続《つづ》けざまに倒《たお》れるようす。例 校庭《こうてい》で野球《やきゅう》の練習《れんしゅう》をしていた人《ひと》たちが、暑《あつ》さでばたばたと倒《たお》れた。◎「忙《いそが》しい」➡508

すてん
勢《いきお》いよく倒《たお》れるようす。例 すてんとひっくり返《かえ》った男《おとこ》の子《こ》は、母親《ははおや》の顔《かお》を見《み》ると泣《な》き出《だ》した。

すってんころり
勢《いきお》いよく滑《すべ》って転《ころ》ぶようす。例 慣《な》れない雪道《ゆきみち》で、すってんころりと転《ころ》んだ。

持《も》つ

have, hold
［ハブ、ホウルド］

持《も》つ
◎人《ひと》や物《もの》などを手《て》に取《と》る。例 おばあさんの荷物《にもつ》を持《も》ってあげる。◎自分《じぶん》の物《もの》にする。所有《しょゆう》する。例 たくさんの土地《とち》を持《も》っている。

似＝似《に》た表現《ひょうげん》のことば。対＝反対《はんたい》の意味《いみ》のことば。例＝使《つか》い方《かた》の例《れい》。

取《と》る
◎手《て》に持《も》つ。自分《じぶん》のほうに引《ひ》き寄《よ》せて持《も》つ。例 おしょうゆを**取《と》って**ください。◎「食《た》べる」⬇226

手《て》にする
◎直接《ちょくせつ》手《て》に持《も》つ。例 **手《て》にした**金《きん》メダルを、高々《たかだか》とかざす。◎自分《じぶん》のものにする。例 叔父《おじ》の遺産《いさん》を**手《て》にする**。

手《て》に取《と》る
見《み》る、においをかぐなどのために、何《なに》かを手《て》にする。例 お客様《きゃくさま》、どうぞ**手《て》に取《と》って**ご覧《らん》ください。

取《と》り上《あ》げる
◎置《お》かれているものを、手《て》に持《も》って上《うえ》にあげる。例 筆《ふで》を**取《と》り上《あ》げて**、さらさらと書《か》く。◎申《もう》し出《で》や意見《いけん》などを受《う》け付《つ》ける。例 わたしの意見《いけん》が**取《と》り上《あ》げ**られた。◎相手《あいて》の物《もの》を奪《うば》い取《と》る。例 妹《いもうと》のおやつを**取《と》り上《あ》げたら**、泣《な》いてしまった。

持《も》ち上《あ》げる
◎手《て》で持《も》って、上《うえ》にあげる。例 重量挙《じゅうりょうあ》げの選手《せんしゅ》が、真《ま》っ赤《か》な顔《かお》をしてバーベルを**持《も》ち上《あ》げる**。◎「褒《ほ》める」⬇500

持《も》ち直《なお》す
◎持《も》ち方《かた》や、持《も》つ手《て》を替《か》える。例 重《おも》い買《か》い物《もの》袋《ぶくろ》を、右手《みぎて》から左手《ひだりて》に**持《も》ち直《なお》す**。◎天《てん》気《き》や病気《びょうき》などで、いったん悪《わる》くなりかけたものが、もとのよいほうに戻《もど》る。例 どうやら天気《てんき》も**持《も》ち直《なお》した**ようだ。

携《たずさ》える
手《て》に持《も》つ。身《み》につけて持《も》つ。例 花束《はなたば》を**携《たずさ》えて**お墓参《はかまい》りに行《い》く。

ささげる
両手《りょうて》に持《も》って、目《め》の高《たか》さより上《うえ》にあげる。例 壇《だん》に上《あ》がり、賞状《しょうじょう》を**ささげて**礼《れい》をする。

差《さ》し上《あ》げる
◎手《て》などに持《も》って高《たか》くあげる。例 父親《ちちおや》が両腕《りょううで》で高《たか》く**差《さ》し上《あ》げる**と、赤《あか》ちゃんは声《こえ》を出《だ》して笑《わら》った。◎「与《あた》える」⬇336

提《さ》げる
持《も》ち手《て》やひもなどがついた物《もの》を、手《て》に持《も》ったり肩《かた》や首《くび》などにかけたりして、ぶら下《さ》げる。例 大《おお》きなカバンを**提《さ》げて**、どちらかご旅《りょ》行《こう》ですか。例 首《くび》からカメラを**提《さ》げた**観《かん》光客《こうきゃく》が、大勢《おおぜい》バスから降《お》りてきた。

手《て》に汗《あせ》握《にぎ》るスポーツの感動《かんどう》

動作《どうさ》を表《あらわ》すことばのうち、手《て》の動《うご》きに関《かん》するものの多《おお》さは、とくに目《め》を引《ひ》きます。**持《も》つ**と**つまむ**の違《ちが》いからは手《て》の動《うご》きの差《さ》がよくわかりますし、**投《とう》じる**と**放《ほう》る**では、投《な》げる人《ひと》の思《おも》いが違《ちが》って伝《つた》わります。手《て》を握《にぎ》る動作《どうさ》も、その強弱《きょうじゃく》を表《あらわ》すことばによって、握《にぎ》る人《ひと》の心《こころ》の違《ちが》いが表《あらわ》されます。**ぎゅっと**握《にぎ》る、**そっと**握《にぎ》る、**がっちり**握《にぎ》る…ことばの違《ちが》いから、握《にぎ》る対象《たいしょう》への思《おも》い入《い》れの強《つよ》さや、優《やさ》しさなどが伝《つた》わってきますよね?

深谷先生《ふかやせんせい》のちょっとひと息《いき》

ことばを選《えら》ぶときには、そのようすをよく観察《かんさつ》して表現《ひょうげん》することが大切《たいせつ》です。目《め》に見《み》える動作《どうさ》だけでなく、心《こころ》の動《うご》きも感《かん》じなければならないのです。体《からだ》の動《うご》きで人《ひと》を感動《かんどう》させるのがプロスポーツ選手《せんしゅ》だとしたら、それを表現《ひょうげん》することで感動《かんどう》を伝《つた》えるプロは、スポーツ記事《きじ》などの記《き》者《しゃ》たちでしょう。彼《かれ》らが選手《せんしゅ》の心《こころ》までをも表現《ひょうげん》した新聞記事《しんぶんきじ》などから、「うまい表現《ひょうげん》」を学《まな》んでみましょう。

◆=もっと知《し》りたい、ことばの知識《ちしき》。

引《ひ》っ提《さ》げる
◎大《おお》きなもの、目立《めだ》つものなどを手《て》に提《さ》げて持《も》つ。例 大荷物《おおにもつ》を引《ひ》っ提《さ》げて、海外旅行《かいがいりょこう》に出発《しゅっぱつ》した。◎「行《い》く」➡178

ぶら下《さ》げる
ぶらりと垂《た》れ下《さ》げる。例 軒下《のきした》にてるてる坊主《ぼうず》をぶら下《さ》げた。

小脇《こわき》に抱《かか》える
脇《わき》にちょっと挟《はさ》んで持《も》つ。例 スケッチブックを小脇《こわき》に抱《かか》えて公園《こうえん》に行《い》く。

つかむ
◎手《て》でしっかりと持《も》って、離《はな》さないようにする。例 後《うし》ろからだれかに腕《うで》をつかまれ、ドキッとした。◎自分《じぶん》のものにする。例 二人《ふたり》で幸運《こううん》をつかむ。◎「理解《りかい》する」➡300

かざす
◎手《て》に持《も》ってかかげる。例 優勝旗《ゆうしょうき》をかざす。◎物《もの》の上《うえ》へ手《て》を出《だ》す。例 ストーブに手《て》をかざす。

引《ひ》っつかむ
勢《いきお》いよく、また荒々《あらあら》しくつかむ。例 騎馬戦《きばせん》で敵《てき》の帽子《ぼうし》を引《ひ》っつかむ。

つかみ取《と》る
◎手《て》でつかんで取《と》る。例 手渡《てわた》した荷《に》物《もつ》をつかみ取《と》ると、さっさと行《い》ってしまった。◎努力《どりょく》して手《て》に入《い》れる。例 厳《きび》しい練習《れんしゅう》を積《つ》み重《かさ》ね、栄光《えいこう》をつかみ取《と》る。

手《て》づかみ
直接《ちょくせつ》、手《て》でしっかりと持《も》つこと。例 幼稚園《ようちえん》の弟《おとうと》が手《て》づかみで食《た》べられるよう、小《ちい》さなおにぎりを作《つく》る。

鷲《わし》づかみ
ワシが獲物《えもの》をつかむように、手《て》のひらを大《おお》きく開《ひら》いて荒々《あらあら》しくつかむこと。例 スナック菓子《がし》を鷲《わし》づかみにして、口《くち》いっぱいにほお張《ば》る。

大《おお》づかみ
◎手《て》のひらを大《おお》きく広《ひろ》げてつかみ取《と》ること。例 お菓子《かし》のつかみ取《ど》り大会《たいかい》で、穴《あな》の中《なか》に手《て》を入《い》れ精一杯《せいいっぱい》大《おお》づかみした。◎物事《ものごと》の全体像《ぜんたいぞう》を、大《おお》ざっぱにとらえること。例 計画《けいかく》を大《おお》づかみに説明《せつめい》する。

ぎゅっと
力《ちから》を入《い》れて強《つよ》く握《にぎ》るようす。例「よろしく」と言《い》って、対戦者《たいせんしゃ》の手《て》をぎゅっと握《にぎ》る。

むんず
急《きゅう》にしっかりと力《ちから》を入《い》れるようす。例 逃《に》げようとしたら、腕《うで》をむんずとつかまれた。似 むず。

握《にぎ》る
◎指《ゆび》で包《つつ》むように物《もの》を持《も》つ。例 マイクを握《にぎ》る手《て》が、緊張《きんちょう》で汗《あせ》ばんできた。◎自分《じぶん》のものにする。例 絶大《ぜつだい》な権力《けんりょく》を握《にぎ》る。◎人《ひと》の弱点《じゃくてん》や、知《し》られると困《こま》るような情報《じょうほう》を持《も》つ。例 動《うご》かぬ証拠《しょうこ》を握《にぎ》る。

握《にぎ》り締《し》める
手《て》に力《ちから》を入《い》れて、かたく握《にぎ》る。例 手術《しゅじゅつ》室《しつ》に向《む》かう彼女《かのじょ》の手《て》を握《にぎ》り締《し》め、励《はげ》ましのことばをかけた。

握《にぎ》りつぶす
◎手《て》で握《にぎ》って、物《もの》をつぶす。例 持《も》っていた空《あ》き缶《かん》を握《にぎ》りつぶし、悔《くや》しさをあらわにする。◎他人《たにん》からの意見《いけん》や提案《ていあん》を、わざと手元《てもと》にとどめたままにしてうやむやにする。例 人《ひと》の意見《いけん》を握《にぎ》りつぶす。

摘《つ》む
◎花《はな》や葉《は》などを、指先《ゆびさき》で挟《はさ》んで取《と》る。例 八十八夜《はちじゅうはちや》が過《す》ぎ、お茶《ちゃ》を摘《つ》む時期《じき》になった。◎悪事《あくじ》や他《た》

人《にん》の才能《さいのう》などを、大《おお》きくならないうちに取《と》り除《のぞ》く。例非行《ひこう》の芽《め》は、早《はや》いうちに摘《つ》むべきだ。◎「切《き》る」➡161

226
つまむ
◎指先《ゆびさき》で挟《はさ》んで持《も》つ。例鼻《はな》をつまむ。◎「食《た》べる」➡

つまみ出《だ》す
◎つまんで外《そと》に出《だ》す。例ピンセットで、混《ま》じったごみを一《ひと》つずつつまみ出《だ》す。◎邪魔《じゃま》な人《ひと》などを、外《そと》に追《お》い出《だ》す。例身分証《みぶんしょう》のない者《もの》はつまみ出《だ》せ。

挟《はさ》む
◎間《あいだ》に入《い》れて落《お》ちないように持《も》つ。例線香花火《せんこうはなび》を、親指《おやゆび》と人差《ひとさ》し指《ゆび》で挟《はさ》んで持《も》つ。◎二《ふた》つのものの間《あいだ》に入《い》れる。例テーブルを挟《はさ》んで話《はな》し合《あ》う。

手挟《たばさ》む
手《て》やわきに挟《はさ》んで持《も》つ。例侍《さむらい》が刀《かたな》を手挟《たばさ》む。

つねる
指先《ゆびさき》や爪《つめ》で、皮膚《ひふ》をつまんでねじる。例夢《ゆめ》じゃないかと、自分《じぶん》のほおをつねってみる。

ひねる
◎手《て》や指《ゆび》でねじる。例蛇《じゃ》口《ぐち》をひねっても水《みず》が出《で》てこない。◎あれこれ工夫《くふう》する。わざと変《か》わったことをする。例ひねった問題《もんだい》に悩《なや》まされた。

ひねくり回《まわ》す
指先《ゆびさき》でいろいろにひねってみる。例暇《ひま》つぶしに知《ち》恵《え》の輪《わ》をひねくり回《まわ》す。あれこれいじり回《まわ》す。

順手《じゅんて》
鉄棒《てつぼう》などで、手《て》の甲《こう》を上《うえ》にして握《にぎ》る握《にぎ》り方《かた》。例順手《じゅんて》で鉄《てつ》棒《ぼう》を握《にぎ》り、懸垂《けんすい》をした。

逆手《さかて》
鉄棒《てつぼう》などで、手《て》のひらを自分《じぶん》の体《からだ》のほうに向《む》けて握《にぎ》る握《にぎ》り方《かた》。例僕《ぼく》は順手《じゅんて》より逆手《さかて》のほうが逆上《さかあ》がりしやすい。◆「ぎゃくて」とも読《よ》む。

握手《あくしゅ》
◎手《て》を握《にぎ》り合《あ》うこと。親《した》しみを込《こ》めたあいさつとして行《おこな》う。例好《す》きな作家《さっか》のサイン会《かい》に行《い》き、握手《あくしゅ》をしてもらう。◎「力《ちから》を合《あ》わせる」➡334

触《さわ》る

touch
［タッチ］

触《さわ》る
◎指《ゆび》や手《て》のひらなどを、そのものに軽《かる》くつける。多《おお》く、意《い》志《し》を持《も》って接触《せっしょく》する場合《ばあい》に使《つか》う。例思《おも》わず触《さわ》りたくなる、ふわふわのぬいぐるみ。◎何《なに》かが体《からだ》に触《ふ》れて、そのものの存在《そんざい》を感《かん》じ取《と》る。例夜《よる》の墓地《ぼち》を歩《ある》いていたら、何《なに》かひんやりしたものが足《あし》に触《さわ》った。

触《ふ》れる
◎物《もの》と物《もの》とが軽《かる》く接《せっ》する。偶然《ぐうぜん》、また瞬間的《しゅんかんてき》な接触《せっしょく》について使《つか》うことが多《おお》い。例隣《となり》の人《ひと》と肩《かた》が触《ふ》れたので謝《あやま》った。例息抜《いきぬ》きのため、外《そと》の空気《くうき》に触《ふ》れにいく。◎「会《あ》う」➡323 ◎「逆《さか》らう」➡457

触《ふ》れ合《あ》う
◎互《たが》いに相手《あいて》に触《ふ》れる。両方《りょうほう》から触《さわ》り合《あ》う。例満員電車《まんいんでんしゃ》で、他《た》の乗客《じょうきゃく》と肩《かた》が触《ふ》れ合《あ》う。◎「親《した》しい」➡438

接触《せっしょく》
◎近《ちか》づいて、触《ふ》れること。また、触《ふ》れ合《あ》うこと。例接触《せっしょく》事故《じこ》で車《くるま》に傷《きず》がついた。例高圧線《こうあつせん》に接触《せっしょく》すると、感電死《かんでんし》することがある。◎「会《あ》う」➡324

タッチ
「触《ふ》れる」という意味《いみ》の英《えい》語《ご》。例三塁《さんるい》ランナーがホームベースにタッチする。

行《こう》動《どう》 体《からだ》の動《うご》き
跳《は》ねる 倒《たお》れる 持《も》つ ▶触《さわ》る 投《な》げる 叩《たた》く 切《き》る 捨《す》てる

◆＝もっと知《し》りたい、ことばの知識《ちしき》。

手触《てざわ》り

手《て》に触《さわ》った感《かん》じ。例 手触《てざわ》りがいいカシミアのセーターを買《か》う。

いじる

物《もの》を手《て》や指《ゆび》で触《さわ》る。例 鼻《はな》をいじっていたら、鼻血《はなぢ》が出《で》てきた。例 車《くるま》をいじるのが趣味《しゅみ》です。

いじくる

「いじる」のくだけた言《い》い方《かた》。例 彼女《かのじょ》は髪《かみ》をいじくる癖《くせ》がある。

いじくり回《まわ》す

指先《ゆびさき》で、しきりに触《さわ》ったりひねったりする。例 工業高校《こうぎょうこうこう》に通《かよ》う兄《あに》は、機械《きかい》をいじくり回《まわ》すのが趣味《しゅみ》だ。

まさぐる

手《て》や指《ゆび》で、あちこち探《さぐ》る。また、手《て》でいじくる。例 彼《かれ》は切符《きっぷ》をなくしたのか、しきりにかばんやポケットの中《なか》をまさぐっている。

もてあそぶ

◎手《て》に持《も》って遊《あそ》ぶ。例 女子高生《じょしこうせい》が髪《かみ》をもてあそびながら携帯電話《けいたいでんわ》をかけている。◎自分勝手《じぶんかって》に扱《あつか》って、おもしろがる。例 人《ひと》の心《こころ》をもてあそんで急《きゅう》に別《わか》れるなんて、ひどいやつだ。

なでる

手《て》のひらなどで、体《からだ》や物《もの》の表面《ひょうめん》を、そっと触《さわ》る。愛《あい》情《じょう》表現《ひょうげん》や感触《かんしょく》を確《たし》かめたり楽《たの》しんだりする目的《もくてき》で行《おこな》うことが多《おお》い。例 「かわいいねえ」と言《い》いながら、赤《あか》ちゃんの頭《あたま》をなでる。

さする

手《て》のひらなどで、体《からだ》や物《もの》の表面《ひょうめん》を、繰《く》り返《かえ》し軽《かる》くこする。例 ぶつけた足《あし》をさすりながら、青《あお》あざになりそうだと思《おも》った。

なで回《まわ》す

手《て》のひらであちらこちらをなでる。例 うちの犬《いぬ》は、仰向《あおむ》けに寝《ね》かせてなで回《まわ》すと大《おお》喜《よろこ》びする。

なで付《つ》ける

なでて押《お》しつける。とくに、乱《みだ》れた髪《かみ》をくしや手《て》で押《お》しつけて整《ととの》える。例 寝癖《ねぐせ》ではねた髪《かみ》をなで付《つ》けて、記念写真《きねんしゃしん》を撮《と》る。

なで上《あ》げる

上《うえ》に向《む》かってなでる。例 馬《うま》のたてがみをなで上《あ》げる。

なで下《お》ろす

◎上《うえ》から下《した》へ向《む》かってなでる。例 長《なが》い髪《かみ》をなで下《お》ろす。◎「胸《むね》をなで下《お》ろす」の形《かたち》で、一安心《ひとあんしん》する。例 息子《むすこ》が無事《ぶじ》だと聞《き》いて、ほっと胸《むね》をなで下《お》ろした。

逆《さか》なで

◎毛並《けな》みに逆《さか》らってなでること。例 毛《け》を逆《さか》なですると、猫《ねこ》は歯《は》をむいて怒《おこ》った。◎人《ひと》の神経《しんけい》にさわるようなことを、言《い》ったりしたりすること。例 被害者《ひがいしゃ》の感情《かんじょう》を逆《さか》なでしないよう、ことばには気《き》をつけてください。

かく

爪《つめ》や指先《ゆびさき》などで、強《つよ》くこする。例 しもやけになった手《て》を、何《なん》度《ど》もかく。

引《ひ》っかく

爪《つめ》などで、物《もの》の表面《ひょうめん》を強《つよ》くこする。例 ネコに引《ひ》っかかれた傷《きず》が、ひりひり痛《いた》む。

かき上《あ》げる

垂《た》れ下《さ》がっているものを、上《うえ》のほうへ引《ひ》き上《あ》げる。例 長《なが》い髪《かみ》をかき上《あ》げて、耳《みみ》にかける。

かきむしる

むやみに引《ひ》っかく。激《はげ》しく、傷《きず》つけるほどに繰《く》り返《かえ》しかく。例 寝《ね》ているあいだに、蚊《か》に刺《さ》されたところをかきむしってしまった。

もむ

◎両手《りょうて》で挟《はさ》んでこする。例新聞紙《しんぶんし》を、もんで柔《やわ》らかくする。例塩《しお》でキュウリをもむ。◎指《ゆび》で包《つつ》み込《こ》むようにして握《にぎ》ったり、手《て》のひらで押《お》したりする。例おばあさんの肩《かた》をもむ。◎体《からだ》を触《ふ》れ合《あ》わせるようにして押《お》し合《あ》う。例人込《ひとご》みに、もまれて歩《ある》く。◎いろいろな経験《けいけん》を積《つ》ませて鍛《きた》える。例親方《おやかた》のところで、この子《こ》をどんどんもんでやってください。◎「論《ろん》じる」⬇284

もみほぐす

もんで柔《やわ》らかくする。例運動《うんどう》の後《あと》は、よく筋肉《きんにく》をもみほぐしておこう。

マッサージ

体《からだ》をもんだりさすったりして血《ち》の巡《めぐ》りをよくし、疲《つか》れや病気《びょうき》を癒《い》やす方法《ほうほう》。例ベッドにうつ伏《ぶ》せになり、全身《ぜんしん》をマッサージしてもらう。

もみ消《け》す

◎火《ひ》のついたものを、もんで消《け》す。例たばこの火《ひ》をもみ消《け》す。◎都合《つごう》の悪《わる》いことが世間《せけん》に知《し》られるのを押《お》さえる。例アイドルタレントのスキャンダルは、すぐにもみ消《け》された。

もみ手《で》

左右《さゆう》の手《て》のひらをすり合《あ》わせること。頼《たの》み事《ごと》や謝罪《しゃざい》・弁解《べんかい》などをするときの手付《てつ》きのこと。例「一生《いっしょう》のお願《ねが》い」と言《い》って、もみ手《で》をしながら頼《たの》み込《こ》んだ。

投《な》げる

throw
［スロー］

投《な》げる

◎手《て》や肩《かた》の力《ちから》で物《もの》を遠《とお》くへ飛《と》ばす。例川《かわ》に石《いし》を投《な》げる。◎柔道《じゅうどう》・相撲《すもう》などで、相手《あいて》の体《からだ》を倒《たお》す。例体《からだ》の小《ちい》さな人《ひと》が、大男《おおおとこ》を軽々《かるがる》と投《な》げる。◎あきらめて、放《ほう》り出《だ》す。例大差《たいさ》がついても、最後《さいご》まで試合《しあい》を投《な》げてはいけない。

投《とう》じる

◎「投《な》げる」と同《おな》じ。例プロ初登板《はつとうばん》の投手《とうしゅ》が、第一《だいいっ》球《きゅう》を投《とう》じた。◎物《もの》やお金《かね》などを、人《ひと》や事業《じぎょう》につぎ込《こ》む。例財産《ざいさん》を投《とう》じて、恵《めぐ》まれない子《こ》どもたちを救《すく》う。

放《ほう》る

◎「投《な》げる」と同《おな》じ。多《おお》く、目《もく》標《ひょう》を定《さだ》めずに投《な》げる場合《ばあい》に使《つか》う。例車《くるま》の窓《まど》から空《あ》き缶《かん》を放《ほう》ってはいけない。◎途中《とちゅう》でやめて、そのままにする。例仕事《しごと》を放《ほう》ったまま、いなくなってしまった。

投《な》げ付《つ》ける

ぶつけるように手荒《てあら》く投《な》げる。例柔道《じゅうどう》の試合《しあい》で、相手《あいて》を畳《たたみ》に投《な》げ付《つ》ける。例怒《おこ》った友《とも》だちは、自分《じぶん》の帽子《ぼうし》を投《な》げ付《つ》けてきた。

放《ほう》り投《な》げる

無造作《むぞうさ》に、または乱暴《らんぼう》に投《な》げる。例弟《おとうと》は帰宅《きたく》してランドセルを放《ほう》り投《な》げると、すぐに遊《あそ》びに行《い》ってしまった。

投《な》げ入《い》れる

投《な》げて中《なか》へ入《い》れる。例部屋《へや》の隅《すみ》のごみ箱《ばこ》に、丸《まる》めたティッシュを投《な》げ入《い》れる。

投《な》げかける

◎衣類《いるい》などを投《な》げてかける。また、相手《あいて》に届《とど》くように投《な》げる。例海《うみ》から上《あ》がってきた人《ひと》にタオルを投《な》げかける。◎ことばや視線《しせん》を、相手《あいて》に向《む》ける。例冷《つめ》たい視線《しせん》を投《な》げかける。◎問題《もんだい》などを差《さ》

◆＝もっと知《し》りたい、ことばの知識《ちしき》。

し出《だ》す。例 世《よ》の中《なか》の常識《じょうしき》に対《たい》して、素《そ》朴《ぼく》な疑問《ぎもん》を投《な》げかける。

投《な》げ込《こ》む

◎投《な》げて入《い》れる。また、無《む》造《ぞう》作《さ》に投《な》げ入《い》れる。例 郵便《ゆうびん》受《う》けにちらしを投《な》げ込《こ》むアルバイトをしている。◎野球《やきゅう》で、投手《とうしゅ》が数《かず》多《おお》く投球練習《とうきゅうれんしゅう》をする。例 百球《ひゃっきゅう》ほど投《な》げ込《こ》んで肩《かた》を温《あたた》める。

投《な》げ出《だ》す

◎物《もの》を投《な》げて前《まえ》や外《そと》に出《だ》す。投《な》げるようにして出《だ》す。例 足《あし》を投《な》げ出《だ》して座《すわ》る。例 土俵《どひょう》の外《そと》に投《な》げ出《だ》された力士《りきし》。◎やるべきことを、あきらめて途中《とちゅう》でやめる。例 宿題《しゅくだい》を投《な》げ出《だ》して、遊《あそ》びに行《い》ってしまった。◎財産《ざいさん》や命《いのち》などの大切《たいせつ》なものを、ある目的《もくてき》のために差《さ》し出《だ》す。例 家族《かぞく》のためなら命《いのち》も投《な》げ出《だ》す。

放《ほう》り出《だ》す

◎乱暴《らんぼう》に外《そと》へ投《な》げ出《だ》す。例 ポケットの中身《なかみ》を放《ほう》り出《だ》して机《つくえ》に置《お》く。◎やるべきことを、あきらめて途中《とちゅう》でやめる。例 仕事《しごと》を放《ほう》り出《だ》して、どこで油《あぶら》を売《う》っていたんだ。◎人《ひと》を乱暴《らんぼう》に追《お》い出《だ》す。例 やっかい者《もの》を放《ほう》り出《だ》す。

ぶつける

◎物《もの》を投《な》げて当《あ》てる。例 壁《かべ》にボールをぶつけて遊《あそ》ぶ。◎物《もの》を強《つよ》く打《う》ち当《あ》てる。例 柱《はしら》におでこをぶつける。似 ぶっつける。◎「怒《おこ》る」➡395

ぶん投《な》げる

勢《いきお》いよく投《な》げる。例 手当《てあ》たりしだいに物《もの》をぶん投《な》げてくる。

叩《たた》き付《つ》ける

激《はげ》しく投《な》げつける。勢《いきお》いよく打《う》ちつける。例 帽子《ぼうし》を床《ゆか》に叩《たた》き付《つ》けて悔《くや》しがる。

投《とう》下《か》

◎高《たか》い所《ところ》から物《もの》を投《な》げ下《お》ろすこと。例 被災地《ひさいち》の上空《じょうくう》を飛《と》ぶヘリコプターから、食料《しょくりょう》が投下《とうか》された。◎事業《じぎょう》などのために、資金《しきん》を出《だ》すこと。例 多額《たがく》の資金《しきん》が投下《とうか》されたプロジェクト。

投入《とうにゅう》

◎投《な》げ入《い》れること。例 スプレー缶《かん》は、火中《かちゅう》に投入《とうにゅう》しないこと。◎事業《じぎょう》などのために、人《ひと》や物《もの》をつぎ込《こ》むこと。例 新型《しんがた》エンジンの開発《かいはつ》に、百人近《ひゃくにんちか》い研究者《けんきゅうしゃ》が投入《とうにゅう》された。

投擲《とうてき》

◎物《もの》を投《な》げること。例 手榴弾《しゅりゅうだん》を目標《もくひょう》に向《む》かって投擲《とうてき》する。◎「投擲競技《とうてききょうぎ》」の略《りゃく》。陸上競技《りくじょうきょうぎ》で、円盤投《えんばんな》げ・砲丸投《ほうがんな》げ・槍投《やりな》げ・ハンマー投《な》げのこと。

トス

「投《な》げ上《あ》げる」という意味《いみ》の英《えい》語《ご》。野球《やきゅう》やバスケットボールなどで、近《ちか》くにいる相手《あいて》にボールを軽《かる》く投《な》げて渡《わた》すこと。また、テニスや卓《たっ》球《きゅう》などで、サーブを打《う》つときにボールを空中《くうちゅう》に投《な》げ上《あ》げること。例 セカンドが取《と》った球《たま》を、ショートにトスした。例 トスがうまく上《あ》がらず、サーブをミスした。

まく

◎広《ひろ》い範囲《はんい》に細《こま》かく振《ふ》るようにして散《ち》らす。例 スプリンクラーで公園《こうえん》の草花《くさばな》に水《みず》をまく。◎「与《あた》える」➡336

まき散《ち》らす

◎あちこちにまいて散《ち》らす。例 風《かぜ》が木《こ》の葉《は》をまき散《ち》らす。◎悪臭《あくしゅう》や騒音《そうおん》・うわさなどを、あちこちに広《ひろ》める。例 根《ね》も葉《は》もないうわさをまき散《ち》らす。

ばらまく

◎あちこちにばらばらにまく。数《かず》が多《おお》いものを一《いっ》か所《しょ》に固《かた》まらないようにまき散《ち》ら

似＝似《に》た表現《ひょうげん》のことば。対＝反対《はんたい》の意味《いみ》のことば。例＝使《つか》い方《かた》の例《れい》。

す。例 見上《みあ》げると、宝石《ほうせき》をばらまいたような星空《ほしぞら》が広《ひろ》がっていた。◎「与《あた》える」⬇336

掛《か》ける

◎液体《えきたい》や粉末《ふんまつ》などを、上《うえ》から注《そそ》ぐ。例 背中《せなか》にお湯《ゆ》を掛《か》ける。例 肉《にく》にコショウを掛《か》けて下味《したあじ》をつける。◎「座《すわ》る」⬇142

振《ふ》る

◎勢《いきお》いをつけてかける。例 火《か》葬場《そうば》から帰《かえ》ったら、清《きよ》めの塩《しお》を体《からだ》に振《ふ》る。◎手《て》を動《うご》かして、握《にぎ》ったものを小刻《こきざ》みに何度《なんど》も動《うご》かす。例 よく振《ふ》ってからお使《つか》いください。

振《ふ》りまく

◎あちこちまき散《ち》らす。例 姉《あね》はおしゃれをして香水《こうすい》を振《ふ》りまいて出《で》かけた。◎「与《あた》える」⬇336

振《ふ》り掛《か》ける

液体《えきたい》や粉末《ふんまつ》を、上《うえ》から振《ふ》り散《ち》らしてかける。例 最後《さいご》にゴマを振《ふ》り掛《か》けてできあがりだ。

ぶっ掛《か》ける

液体《えきたい》や粉末《ふんまつ》を、勢《いきお》いよく注《そそ》ぎかける。例 バケツを持《も》ち上《あ》げ、頭《あたま》から水《みず》をぶっ掛《か》けた。

叩《たた》く

hit,beat,knock

[ヒット、ビート、ノック]

叩《たた》く

◎手《て》や、手《て》にした物《もの》で打《う》つ。続《つづ》けて打《う》つときにも、一回《いっかい》だけ打《う》つときにもいう。例 太鼓《たいこ》を叩《たた》く。◎「勝《か》つ」⬇355

はたく

平《ひら》たい物《もの》や軽《かる》い物《もの》でたたく。また、ほこりなどをたたいて払《はら》う。例 ちりをよくはたいてから、家《いえ》に入《はい》りなさい。

打《う》つ

◎ある物《もの》を、ほかの物《もの》に強《つよ》く当《あ》てる。例 くぎを打《う》つ。例 転《ころ》んで頭《あたま》を打《う》った。◎「感動《かんどう》する」⬇433

打《う》ち込《こ》む

◎打《う》って中《なか》に入《い》れる。例 くいを打《う》ち込《こ》んでさくを作《つく》る。◎「頑張《がんば》る」⬇480

打《う》ち付《つ》ける

◎くぎなどを打《う》って、取《と》りつける。例 台風《たいふう》に備《そな》えて、雨戸《あまど》に板《いた》を打《う》ち付《つ》ける。◎強《つよ》く打《う》つ。例 柱《はしら》に頭《あたま》を打《う》ち付《つ》け、こぶができた。

打《う》ち払《はら》う

◎たたいて取《と》り除《のぞ》く。例 コートについたほこりを打《う》ち払《はら》う。◎相手《あいて》を追《お》い払《はら》う。例 豆《まめ》をまいて、鬼《おに》を打《う》ち払《はら》う。

小突《こづ》く

指先《ゆびさき》などで、ちょっと突《つ》いたり押《お》したりする。例 後《うし》ろの席《せき》の人《ひと》に、頭《あたま》を小突《こづ》かれた。

手《て》を打《う》つ

◎感心《かんしん》したり、思《おも》い当《あ》たったり、感情《かんじょう》が高《たか》ぶったりしたときに、両手《りょうて》を打《う》ち合《あ》わせて音《おと》を出《だ》す。例「そうだ!」と言《い》って手《て》を打《う》ち、立《た》ち上《あ》がった。◎物事《ものごと》がうまく行《い》くように、先《さき》のことを考《かんが》えて準備《じゅんび》をしておく。例 地震《じしん》に備《そな》え、あらゆる手《て》を打《う》つ。◎話《はな》し合《あ》いがまとまって同意《どうい》する。例 この辺《へん》で手《て》を打《う》っておこう。

連打《れんだ》

続《つづ》けて打《う》つこと。例 太鼓《たいこ》を激《はげ》しく連打《れんだ》する。例 連打《れんだ》されたピッチャーが肩《かた》を落《お》とす。

乱打《らんだ》

続《つづ》けざまにたたくこと。例 火《か》事《じ》が発生《はっせい》し、半鐘《はんしょう》を乱打《らんだ》する。

こんこん

◎硬《かた》い物《もの》を軽《かる》くたたくときに出《で》る音《おと》。とくに、扉《とびら》をたたくときに出《で》る音《おと》。例 だれかが

◆＝もっと知《し》りたい、ことばの知識《ちしき》。

ドアをこんこんとノックした。◎「雪《ゆき》」➡593

とんとん 物《もの》を、続《つづ》けて軽《かる》くたたく音《おと》。例 母《はは》の肩《かた》をとんとんたたく。

どんどん 物《もの》を、続《つづ》けて強《つよ》くたたく音《おと》。例 門《もん》をどんどんとたたく音《おと》がする。

ぽん 物《もの》を軽《かる》くたたくようす。例 道《みち》端《ばた》で背中《せなか》をぽんとたたかれた。

ぱちぱち ◎物《もの》を続《つづ》けて打《う》ち合《あ》わせる音《おと》。とくに、拍手《はくしゅ》をする音《おと》。例 赤《あか》ちゃんが、手《て》をぱちぱちたたいて喜《よろこ》んでいる。◎「燃《も》える」➡578

拍手《はくしゅ》 ➡「褒《ほ》める」501

手拍子《てびょうし》 手《て》をたたいて拍子《ひょうし》を取《と》ること。例 曲《きょく》に合《あ》わせて手拍《てびょう》子《し》しながら歌《うた》う。

ノック 「叩《たた》く」という意味《いみ》の英語《えいご》。部屋《へや》に入《はい》るとき、ドアをたたくこと。例 部屋《へや》に入《はい》るときはノックしてね。

柏手《かしわで》 神様《かみさま》を拝《おが》むときに、両方《りょうほう》の手《て》のひらを打《う》ち合《あ》わせて鳴《な》らすこと。例 柏手《かしわで》を打《う》って、願《ねが》い事《ごと》をする。

殴《なぐ》る 相手《あいて》を強《つよ》く打《う》つ。例 殴《なぐ》るけるの乱暴《らんぼう》を働《はたら》き、相手《あいて》にけがをさせた。

殴《なぐ》り付《つ》ける 力《ちから》を入《い》れて強《つよ》く殴《なぐ》る。例 いきなり相《あい》手《て》を殴《なぐ》り付《つ》けた。

ぶつ ◎殴《なぐ》る。また、ぶつける。打《う》つ。例 平手《ひらて》でほおをぶつ。例 転《ころ》んでひざをぶつ。◎「言《い》う」➡271

張《は》る 平手《ひらて》で打《う》つ。例 いきなり彼女《かのじょ》に、横《よこ》つ面《つら》を張《は》られた。

ひっぱたく 強《つよ》くたたく。例 口《くち》答《ごた》えしたら、ほおをひっぱたかれた。

ぶっ叩《たた》く 勢《いきお》いよくたたく。例 エンジンをぶっ叩《たた》いたら、動《うご》き出《だ》した。

ぶっ飛《と》ばす ◎相手《あいて》を飛《と》ばすほどの強《つよ》い勢《いきお》いで殴《なぐ》る。例 だれかれかまわずぶっ飛《と》ばすなんて、乱暴《らんぼう》なやつだ。◎「走《はし》る」➡172

ぶん殴《なぐ》る 勢《いきお》いよく殴《なぐ》る。例 思《おも》い切《き》りぶん殴《なぐ》る。

手《て》を上《あ》げる ◎殴《なぐ》ろうとして手《て》を振《ふ》り上《あ》げる。また、殴《なぐ》る。例 うちの父《ちち》は、子《こ》どもたちに一《いち》度《ど》も手《て》を上《あ》げたことはない。◎「負《ま》ける」➡362

殴打《おうだ》 相手《あいて》を殴《なぐ》ること。素手《すで》または棒《ぼう》などで、人《ひと》の体《からだ》をひどくたたくこと。例 被害者《ひがいしゃ》は、棒《ぼう》のようなもので殴打《おうだ》されたようだ。

滅多打《めったう》ち めちゃめちゃにたたくこと。また、野球《やきゅう》などでヒットやホームランを連発《れんぱつ》すること。例 滅多打《めったう》ちにされたエースが、マウンドを去《さ》った。

ばしっと 強《つよ》くたたくようす。強《つよ》くたたいて出《で》た大《おお》きな音《おと》。例 授業中《じゅぎょうちゅう》居眠《いねむ》りをしていたら、先生《せんせい》にばしっとノートでたたかれた。

ぽかり 頭《あたま》などを強《つよ》くたたく音《おと》。また、そのようす。例 後《うし》ろから頭《あたま》をぽかりとたたかれた。似 ぽかっと。

ぽかぽか

◎頭《あたま》などを繰《く》り返《かえ》したたくようす。例 頭《あたま》をぽかぽか殴《なぐ》られ、こぶがいくつもできた。似 ぽかぽか。◎「熱《あつ》い・温《あたた》かい」➡213

ぼかすか

何度《なんど》も続《つづ》けて打《う》ったり、殴《なぐ》ったりするようす。例 よってたかってぼかすか殴《なぐ》られる。例 初回《しょかい》からぼかすかヒットを打《う》たれて差《さ》をつけられた。似 ぽかすか。

切《き》る

cut
［カット］

切《き》る

◎刃物《はもの》などで物《もの》を分《わ》け離《はな》す。例 包丁《ほうちょう》でニンジンを切《き》ってなべに入《い》れる。◎体《からだ》の一部《いちぶ》を傷《きず》つける。例 紙《かみ》で指先《ゆびさき》を切《き》ってしまった。

切《き》れる

◎刃物《はもの》などで物《もの》が断《た》ち切《き》られる。例 ひもが切《き》れて荷物《にもつ》が落《お》ちた。◎刃物《はもの》などの切《き》れ味《あじ》がよい。例 このナイフはよく切《き》れる。◎頭《あたま》の働《はたら》きがよい。例 彼《かれ》はなかなか切《き》れる。◎「怒《おこ》る」➡395

断《た》つ

◎物《もの》を切《き》り離《はな》す。例 縫《ぬ》い終《お》わって、糸《いと》を断《た》つ。例 悪《あく》の根《ね》を断《た》つ。◎続《つづ》けていたことをやめる。例 兄《あに》の合格《ごうかく》を祈《いの》って、父《ちち》が酒《さけ》を断《た》った。

切《き》り離《はな》す

つながっている物《もの》を切《き》って、別々《べつべつ》にする。例 魚《さかな》の頭《あたま》と尾《お》を切《き》り離《はな》す。例 最後尾《さいこうび》の客車《きゃくしゃ》を切《き》り離《はな》す。◆「切《き》り放《はな》す」とも書《か》く。

断《た》ち切《き》る

◎刃物《はもの》などで物《もの》を切《き》り離《はな》す。例 機械《きかい》を使《つか》って紙《かみ》を断《た》ち切《き》る。◎続《つづ》いていた関係《かんけい》や習慣《しゅうかん》をやめる。例 未練《みれん》を断《た》ち切《き》る。例 悪習《あくしゅう》を断《た》ち切《き》る。◆布《ぬの》や紙《かみ》を切《き》るときは、「裁《た》ち切《き》る」とも書《か》く。

切《き》り取《と》る

物《もの》の一部分《いちぶぶん》を本体《ほんたい》から切《き》り離《はな》す。例 応募用紙《おうぼようし》を切《き》り取《と》って提出《ていしゅつ》する。

切《き》り落《お》とす

物《もの》の一部分《いちぶぶん》を切《き》って本体《ほんたい》から離《はな》す。例 枯《か》れた枝《えだ》を切《き》り落《お》とす。例 パンの耳《みみ》を切《き》り落《お》とす。

切《き》り込《こ》む

◎刃物《はもの》で中《なか》まで深《ふか》く切《き》る。例 深《ふか》く切《き》り込《こ》んで、パイナップルのしんを取《と》る。◎「質問《しつもん》する」➡298 ◎「攻《せ》める」➡363

切《き》り抜《ぬ》く

紙《かみ》などの一部分《いちぶぶん》を切《き》り取《と》る。例 自由研究《じゆうけんきゅう》に必要《ひつよう》な新聞《しんぶん》の記事《きじ》を切《き》り抜《ぬ》く。

切《き》り開《ひら》く

◎切《き》って中《なか》を開《あ》ける。例 魚《さかな》の腹《はら》を切《き》り開《ひら》いて、卵《たまご》を取《と》り出《だ》す。◎だれもいない分野《ぶんや》で、業績《ぎょうせき》を上《あ》げる。困難《こんなん》を乗《の》り越《こ》える。例 エジソンは多《おお》くの発明《はつめい》で、電気《でんき》の時代《じだい》を切《き》り開《ひら》いた。

かき切《き》る

刃物《はもの》などで引《ひ》っかくように勢《いきお》いよく切《き》る。例 武士《ぶし》は自分《じぶん》に非《ひ》があれば、腹《はら》をかき切《き》って責任《せきにん》を取《と》ったものだ。似 かっ切《き》る。

噛《か》み切《き》る

歯《は》でかんで切《き》る。例 はさみが見《み》つからないので、糸《いと》を噛《か》み切《き》った。

焼《や》き切《き》る

火《ひ》や薬品《やくひん》を使《つか》って、焼《や》いて切《き》る。例 ロープの余分《よぶん》な部分《ぶぶん》を、バーナーで焼《や》き切《き》る。

ちょん切《ぎ》る

無造作《むぞうさ》に、すっぱり切《き》って落《お》とす。例

◆＝もっと知《し》りたい、ことばの知識《ちしき》。

間違《まちが》えて、咲《さ》いたばかりのバラの花《はな》をちょん切《ぎ》ってしまった。

叩《たた》き切《き》る

刀《かたな》などで、勢《いきお》いよくたたくようにして切《き》る。例 これ以上近《いじょうちか》づくと、叩《たた》き切《き》るぞ。
似 叩《たた》っ切《き》る。

ぶった切《ぎ》る

刀《かたな》などで、力《ちから》を込《こ》めて勢《いきお》いよく切《き》る。例 若侍《わかざむらい》は襲《おそ》いかかってくる敵《てき》を、次《つぎ》から次《つぎ》へとぶった切《ぎ》った。

ナイフを入《い》れる

食《た》べ物《もの》などを、ナイフで切《き》る。例 ローストビーフにナイフを入《い》れて、お客様《きゃくさま》に取《と》り分《わ》ける。

包丁《ほうちょう》を入《い》れる

食《た》べ物《もの》などを包《ほう》丁《ちょう》で切《き》る。軽《かる》く切《き》れ込《こ》みを入《い》れるときにも使《つか》う。例 マグロに包丁《ほうちょう》を入《い》れて刺身《さしみ》にする。例 エビの背《せ》と腹《はら》に包丁《ほうちょう》を入《い》れておけば、加《か》熱《ねつ》しても丸《まる》まらない。

はさみを入《い》れる

紙《かみ》などを、はさみで切《き》る。また、入場券《にゅうじょうけん》などに、使《つか》ったしるしに切《き》れ込《こ》みなどを入《い》れることもいう。例 高速道路《こうそくどうろ》の開通式《かいつうしき》で、テープにはさみを入《い》れる。

裁《た》つ

布《ぬの》や紙《かみ》を、寸法《すんぽう》や型《かた》に合《あ》わせて切《き》る。例 型紙《かたがみ》を当《あ》てて服地《ふくじ》を裁《た》つ。

刻《きざ》む

◎刃物《はもの》で細《こま》かく切《き》る。例 玉《たま》ネギを刻《きざ》んでいたら、涙《なみだ》が出《で》てきた。◎木《き》や石《いし》などに、浅《あさ》く切《き》れ目《め》や模様《もよう》などを入《い》れる。例 彫刻刀《ちょうこくとう》を使《つか》って、板《いた》に文字《もじ》を刻《きざ》む。◎「覚《おぼ》える」➡306

切《き》り刻《きざ》む

切《き》って細《こま》かくする。例 落書《らくが》きした紙《かみ》を切《き》り刻《きざ》んで捨《す》てる。

裂《さ》く

◎一《ひと》つの物《もの》を、強引《ごういん》に二《ふた》つ以《い》上《じょう》に分《わ》ける。例 あぶったするめを裂《さ》いて食《た》べる。例 絹《きぬ》を裂《さ》くような悲鳴《ひめい》(高《たか》くて鋭《するど》い悲鳴《ひめい》)が聞《き》こえた。◎「別《わか》れる」➡326

引《ひ》き裂《さ》く

◎強《つよ》く引《ひ》っ張《ぱ》って裂《さ》く。例 戻《もど》ってみると、テントがずたずたに引《ひ》き裂《さ》かれていた。◎「別《わか》れる」➡326

切《き》り裂《さ》く

切《き》って、二《ふた》つに分《わ》ける。例 手《て》ぬぐいを切《き》り裂《さ》いて、包帯《ほうたい》の代《か》わりに使《つか》う。

千切《ちぎ》る

◎指先《ゆびさき》を使《つか》って細《こま》かく切《き》り離《はな》す。例 手紙《てがみ》を千切《ちぎ》ってごみ箱《ばこ》に捨《す》てる。例 パンを千切《ちぎ》って食《た》べる。◎物《もの》をもぎ取《と》る。例 満員電車《まんいんでんしゃ》で、ボタンが千切《ちぎ》られてしまった。

引《ひ》き千切《ちぎ》る

強《つよ》く引《ひ》っ張《ぱ》って、無《む》理《り》に千切《ちぎ》る。例 出《で》かけようとする兄《あに》を止《と》めようとして、上着《うわぎ》の袖《そで》を引《ひ》き千切《ちぎ》ってしまった。

食《く》い千切《ちぎ》る

歯《は》でかんで、引《ひ》き千《ち》切《ぎ》る。例 かたくなったパンは、さすがの僕《ぼく》にも食《く》い千切《ちぎ》ることができなかった。

刈《か》る

髪《かみ》の毛《け》や植物《しょくぶつ》などを、根元《ねもと》を残《のこ》して切《き》り取《と》る。例 実《みの》った麦《むぎ》を、家族総出《かぞくそうで》で刈《か》る。

刈《か》り取《と》る

◎穀物《こくもつ》を刈《か》って取《と》る。例 台風《たいふう》が来《く》る前《まえ》に、稲《いね》を刈《か》り取《と》る。似 刈《か》り入《い》れる。◎雑草《ざっそう》などを切《き》り取《と》る。例 庭《にわ》の雑草《ざっそう》を、かまで刈《か》り取《と》る。◎よくないものを取《と》り除《のぞ》く。例 悪《あく》の芽《め》は早《はや》いうちに刈《か》り取《と》ることが重要《じゅうよう》だ。

刈《か》り込《こ》む

髪《かみ》の毛《け》や植《しょく》物《ぶつ》の形《かたち》を整《ととの》えるために、先《さき》の部《ぶ》分《ぶん》を切《き》る。例夏《なつ》に備《そな》えて、髪《かみ》を短《みじか》く刈《か》り込《こ》む。

削《そ》ぐ

◎物《もの》の先《さき》がとがるように切《き》る。例竹《たけ》を削《そ》いで焼《や》き鳥《とりよう》用のくしを作《つく》る。◎削《けず》り落《お》とすように切《き》る。例母《はは》が、台所《だいどころ》でゴボウを削《そ》いでいる。

削《そ》げる

削《けず》られたように薄《うす》くなる。やせる。例何日《なんにち》も寝《ね》込《こ》んでいたので、ほおの肉《にく》が削《そ》げてしまった。

削《けず》る

刃《は》物《もの》などを使《つか》って、物《もの》の表面《ひょうめん》を薄《うす》く削《そ》ぎ取《と》る。例明日《あした》使《つか》う色鉛筆《いろえんぴつ》を削《けず》っておく。

削《そ》ぎ落《お》とす

◎薄《うす》く削《けず》って取《と》り除《のぞ》く。例包丁《ほうちょう》の背《せ》を使《つか》って、魚《さかな》のうろこを削《そ》ぎ落《お》とす。◎余計《よけい》なものを削《けず》り落《お》とす。例運動《うんどう》でぜい肉《にく》を削《そ》ぎ落《お》とした美《うつく》しいスタイル。

摘《つ》む

◎はさみなどで、髪《かみ》の毛《け》や植《しょく》物《ぶつ》などの先《さき》を切《き》る。例盆栽《ぼんさい》の松《まつ》の枝《えだ》を摘《つ》む。◎悪事《あくじ》や他人《たにん》の才能《さいのう》などを、大《おお》きくならないうちに取《と》り除《のぞ》く。例非行《ひこう》の芽《め》を摘《つ》む。◎「持《も》つ」➡152

挽《ひ》く

◎のこぎりなどを使《つか》って、木《き》を切《き》ったり削《けず》ったりする。例切《き》り出《だ》した丸太《まるた》をのこぎりで挽《ひ》く。◎肉《にく》や豆《まめ》を、ひきうすなどで細《こま》かくする。例コーヒー豆《まめ》を挽《ひ》く。

割《さ》く

◎刃《は》物《もの》で切《き》り開《ひら》く。例包丁《ほうちょう》でサンマの腹《はら》を割《さ》く。◎一部分《いちぶぶん》を分《わ》けて、他《た》の用途《ようと》に回《まわ》す。例私《わたくし》のためにお時間《じかん》を割《さ》いていただき、ありがとうございます。

さばく

一続《ひとつづ》きになっているものや、かたまりになっているものをばらばらにする。例ニワトリをさばいて、いろいろな料理《りょうり》を作《つく》る。◆漢字《かんじ》では「捌《さば》く」と書《か》く。

下《お》ろす

◎魚《さかな》などを料理《りょうり》するために、切《き》り開《ひら》いていくつかの部分《ぶぶん》に分《わ》ける。例アジの身《み》を三枚《さんまい》に下《お》ろす。◎下《お》ろし金《がね》で、固《かた》い食《た》べ物《もの》などをすって砕《くだ》く。例ワサビを下《お》ろしてお刺身《さしみ》に添《そ》える。

刎《は》ねる

人《ひと》の首《くび》を、刀《かたな》で切《き》り落《お》とす。例罪人《ざいにん》の首《くび》を刎《は》ねる。

こそげる

物《もの》の表面《ひょうめん》や、その表面《ひょうめん》に付着《ふちゃく》しているものをこすり取《と》る。例かまの底《そこ》に付着《ふちゃく》したお焦《こ》げを、木《き》べらでこそげる。

擦《す》り切《き》れる

物《もの》が何度《なんど》もこすれて、切《き》れたり減《へ》ったりする。例何年《なんねん》も着《き》ている服《ふく》の袖口《そでぐち》が、すっかり擦《す》り切《き》れてしまった。

切断《せつだん》

つながっている物《もの》を切《き》り離《はな》すこと。例強風《きょうふう》で、各地《かくち》の電《でん》話線《わせん》が切断《せつだん》された。

寸断《すんだん》

ずたずたに断《た》ち切《き》ること。例昨夜《さくや》からの猛吹雪《もうふぶき》で、道路《どうろ》が寸断《すんだん》された。

両断《りょうだん》

真《ま》っ二《ぷた》つに断《た》ち切《き》ること。例包丁《ほうちょう》でスイカを両断《りょうだん》する。

切開《せっかい》

治療《ちりょう》などのために、体《からだ》の一部《いちぶ》分《ぶん》を切《き》り開《ひら》くこと。例患部《かんぶ》を切開《せっかい》しないで、薬《くすり》を使《つか》って治《なお》す。

入刀《にゅうとう》

刃《は》物《もの》を当《あ》てて切《き》ること。例ケーキ入刀《にゅうとう》の瞬間《しゅんかん》をカメラに収《おさ》めた。◆結婚《けっこん》披露宴《ひろうえん》でウエディングケーキを切《き》るときに、縁起《えんぎ》のよくない「切《き》る」（夫婦《ふうふ》が縁《えん》を切《き》る＝離婚《りこん》を連想《れんそう》

◆＝もっと知《し》りたい、ことばの知識《ちしき》。

させる）ということばを避《さ》けて使《つか》うことが多《おお》い。

裁断《さいだん》 裁《た》つこと。例 生地《きじ》を裁《た》ちばさみで裁断《さいだん》する。

断裁《だんさい》 紙《かみ》などを切《き》ること。必要《ひつよう》のなくなった書類《しょるい》や本《ほん》を、ずたずたに切《き》ること。例 不要《ふよう》になった書類《しょるい》をシュレッダーで断裁《だんさい》する。

カット 「切《き》る」という意味《いみ》の英語《えいご》。例 美容院《びよういん》で髪《かみ》をカットする。例 最近《さいきん》は、食《た》べやすくカットされた果物《くだもの》が人気《にんき》だ。

剪定《せんてい》 果樹《かじゅ》の生育《せいいく》をよくしたり樹木《じゅもく》の形《かたち》を整《ととの》えたりするために、枝《えだ》の一《いち》部《ぶ》を切《き》り取《と》ること。例 脚立《きゃたつ》に上《のぼ》って、リンゴの木《き》を剪定《せんてい》する。

真《ま》っ二《ぷた》つ 真《ま》ん中《なか》の部分《ぶぶん》から、二《ふた》つに分《わ》かれること。一《ひと》つの集団《しゅうだん》が、同《おな》じくらいの勢《いきお》いの二《ふた》つに分《わ》かれること。例 スイカを真《ま》っ二《ぷた》つに切《き》る。例 会議《かいぎ》の進《すす》め方《かた》を巡《めぐ》って、意《い》見《けん》が真《ま》っ二《ぷた》つに分《わ》かれてしまった。

八《や》つ裂《ざ》き ずたずたに切《き》ること。とくに、恨《うら》みを込《こ》めていうことが多《おお》い。例 あいつへの憎《にく》しみは、八《や》つ裂《ざ》きにしても足《た》りないくらいだ。◆八《やっ》つに切《き》ることではない。

ぷつん 引《ひ》っ張《ぱ》られたひもや糸《いと》などが急《きゅう》に切《き》れるようす。心《こころ》の張《は》り合《あ》いが切《き》れるときにも使《つか》う。例 凧《たこ》をつないでいた糸《いと》が強《つよ》い風《かぜ》でぷつんと切《き》れた。例 もうすぐ終《お》わると思《おも》ったとたん、緊張《きんちょう》の糸《いと》がぷつんと切《き》れてしまった。似 ぷっつん。ぶつん。

ぷっつり ◎ひもや糸《いと》などが切《き》れるようす。例 木《き》の枝《えだ》からぶら下《さ》がっていたクモの糸《いと》が、ぷっつりと切《き》れた。◎人間関係《にんげんかんけい》や連絡《れんらく》などが途絶《とだ》えるようす。例 ぷっつりと便《たよ》りが途絶《とだ》えた。似 ぶっつり。

ぶっつり 「ぷつん」より太《ふと》いものが切《き》れるようす。例 船《ふね》をつ

「切《き》る」に関連《かんれん》することば

一刀両断《いっとうりょうだん》 一太刀《ひとたち》のもとに真《ま》っ二《ぷた》つに切《き》ること。

糸切《いとき》り歯《ば》 人間《にんげん》の、犬歯《けんし》。糸《いと》を切《き》るときにこの歯《は》を使《つか》うことから。

快刀乱麻《かいとうらんま》を断《た》つ もつれてしまった事件《じけん》や物事《ものごと》を、手際《てぎわ》よく片《かた》づけることのたとえ。

金《かね》の切《き》れ目《め》が縁《えん》の切《き》れ目《め》 お金《かね》を持《も》っているときにはいい関係《かんけい》にあるが、お金《かね》がなくなるとその関係《かんけい》がなくなってしまうということ。

切《き》っても切《き》れない 切《き》ろうと思《おも》っても切《き》ることができない。関係《かんけい》が非常《ひじょう》に深《ふか》いことのたとえ。

尻切《しりき》れとんぼ 始《はじ》めた物事《ものごと》が途中《とちゅう》で切《き》れて、最後《さいご》まで続《つづ》かないこと。

肉《にく》を切《き》らせて骨《ほね》を断《た》つ 自分《じぶん》が痛手《いたで》を受《う》ける代《か》わりに、相手《あいて》にもそれ以上《いじょう》の痛手《いたで》を与《あた》えること。

丸《まる》い卵《たまご》も切《き》りようで四角《しかく》 物事《ものごと》は、扱《あつか》い方《かた》によってよくも悪《わる》くもなるということ。

ないでいた太《ふと》いロープがぶつりと切《き》れる。似 ぷつり。

ちょんと 手軽《てがる》に物《もの》を断《た》ち切《き》るようす。例 チューリップの花《はな》をちょんと切《き》って、花瓶《かびん》に挿《さ》す。

ちょきん はさみなどで物《もの》を一度《いちど》に断《た》ち切《き》るようす。例 朝顔《あさがお》のつるが伸《の》びすぎたので、ちょきんと切《き》った。似 ちょきんちょきん。

ちょきちょき はさみなどで物《もの》を調子《ちょうし》よく切《き》るようす。例 母《はは》が弟《おとうと》の髪《かみ》をちょきちょき切《き》っている。

じょきじょき はさみなどで物《もの》を勢《いきお》いよく切《き》るようす。例 一年間《いちねんかん》伸《の》ばし続《つづ》けた髪《かみ》の毛《け》を、はさみでじょきじょき切《き》ってもらった。

ざっくり 一気《いっき》に切《き》るようす。例 メロンをざっくりと切《き》って、中《なか》の種《たね》を取《と》り除《のぞ》く。似 ざくりと。

ばっさり 思《おも》い切《き》り勢《いきお》いよく切《き》るようす。例 肩《かた》まで伸《の》びた髪《かみ》をばっさり切《き》る。似 ばさり。

ばさっと 勢《いきお》いよく切《き》るようす。例 しげっている枝《えだ》を、ばさっと切《き》り落《お》とす。

すぱり 鋭《するど》い切《き》れ味《あじ》の刃物《はもの》で、物《もの》を断《た》ち切《き》るようす。例 竹《たけ》を刀《かたな》で、すぱりと切《き》る。

すっぱり 思《おも》い切《き》りよく断《た》ち切《き》るようす。例 長《なが》い髪《かみ》をすっぱり切《き》る。似 すぱっと。

ぶつぶつ ◎物《もの》を次々《つぎつぎ》と切《き》り離《はな》すようす。例 魚《さかな》を包丁《ほうちょう》でぶつぶつ切《き》る。◎「物《もの》の言《い》い方《かた》」➡280

ずたずた もとの形《かたち》を残《のこ》さないくらいに、細《こま》かく切《き》り裂《さ》かれたようす。例 手紙《てがみ》をずたずたに破《やぶ》いて捨《す》てる。

捨《す》てる

throw away
［スロウ・アウェイ］

捨《す》てる ◎いらないものとして手放《てばな》す。例 空《あ》き缶《かん》をくず箱《ばこ》に捨《す》てる。対 拾《ひろ》う。◎なれ親《した》しんでいたものを、見放《みはな》す。例 立身出世《りっしんしゅっせ》のために、故郷《こきょう》を捨《す》てる。◎あきらめて投《な》げ出《だ》す。例 敵《てき》に大量得点《たいりょうとくてん》を許《ゆる》してしまい、試《し》合《あい》を捨《す》てる。◎心《こころ》から除《のぞ》き去《さ》る。心《こころ》をとらえていた思《おも》いを消《け》す。例 反感《はんかん》を捨《す》てて、力《ちから》を合《あ》わせて仕事《しごと》をする。

ほかす 捨《す》てる。また、放《ほう》っておく。おもに近畿地方《きんきちほう》の言《い》い方《かた》。例 空《あ》き缶《かん》をごみ箱《ばこ》にほかす。例 弟《おとうと》はランドセルを玄関《げんかん》にほかして遊《あそ》びに行《い》ってもうた。

投《な》げ捨《す》てる ◎放《ほう》り投《な》げて捨《す》てる。例 空《あ》き缶《かん》を道《みち》端《ばた》に投《な》げ捨《す》てるのは、マナー違反《いはん》だよ。◎放《ほう》っておく。例 弟《おとうと》は、宿題《しゅくだい》を投《な》げ捨《す》てて遊《あそ》びに行《い》ってしまった。

なげうつ 「投《な》げ捨《す》てる」と同《おな》じ。また、大切《たいせつ》なものを惜《お》しいと思《おも》わず差《さ》し出《だ》す。例 父《ちち》は、全《ぜん》財産《ざいさん》をなげうって社会《しゃかい》のために尽《つ》くした。

打《う》ち捨《す》てる ◎思《おも》い切《き》りよく捨《す》てる。例 すべてを打《う》

◆＝もっと知《し》りたい、ことばの知識《ちしき》。

ち捨《す》てて旅《たび》に出《で》た。◎放《ほう》っておいて、見向《みむ》きもしない。例空《あ》き地《ち》に打《う》ち捨《す》てられた自転車《じてんしゃ》。

うっちゃる

勢《いきお》いよく捨《す》てる。また、放《ほう》っておく。「打《う》ちゃる」の変化《へんか》したことば。例宿《しゅく》題《だい》なんかうっちゃって、遊《あそ》びに行《い》こう。

振《ふ》り捨《す》てる

思《おも》い切《き》って捨《す》てる。また、見捨《みす》ててかえりみない。例彼女《かのじょ》への未練《みれん》を振《ふ》り捨《す》てて、都会《とかい》に働《はたら》きに出《で》る。

かなぐり捨《す》てる

◎「振《ふ》り捨《す》てる」と同《おな》じ。「かなぐる」は、荒々《あらあら》しく取《と》り去《さ》るという意味《いみ》。例姉《あね》は恥《はじ》も外聞《がいぶん》もかなぐり捨《す》てて、大声《おおごえ》で泣《な》きわめいた。◎身《み》につけている服《ふく》などを荒々《あらあら》しく取《と》って捨《す》てる。例兄《あに》は上着《うわぎ》をかなぐり捨《す》てて、がむしゃらに父《ちち》に向《む》かっていった。

切《き》り捨《す》てる

◎切《き》り取《と》って捨《す》てる。例野菜《やさい》の腐《くさ》った部分《ぶぶん》を切《き》り捨《す》てる。◎むだな部分《ぶぶん》を取《と》り除《のぞ》く。いらないものとして見捨《みす》てる。例社会的弱者《しゃかいてきじゃくしゃ》を切《き》り捨《す》てるような政策《せいさく》には反対《はんたい》だ。

見捨《みす》てる

◎世話《せわ》などをしていた相手《あいて》との関係《かんけい》を切《き》る。例医者《いしゃ》に見捨《みす》てられる。◎困《こま》っている人《ひと》などを、見《み》ていながら助《たす》けないでいる。例重《おも》い荷物《にもつ》を持《も》って困《こま》っているおじいさんを、見捨《みす》ててはおけない。

振《ふ》るい落《お》とす

多《おお》くの中《なか》から、一定《いってい》の基準《きじゅん》に合《あ》わないものを選《えら》び捨《す》てる。例一次試験《いちじしけん》で、平均点《へいきんてん》以下《いか》の人《ひと》を振《ふ》るい落《お》とす。

ぽいする

◎捨《す》てる。幼児語《ようじご》。例それはばっちいからぽいして、こっちのをあげようね。◎軽《かる》い気持《きも》ちで捨《す》てる意味《いみ》の、くだけた言《い》い方《かた》。例車《くるま》の窓《まど》から、ごみをぽいするのはやめてほしい。

焼《や》き捨《す》てる

焼《や》いて形《かたち》をなくして捨《す》てる。例失恋《しつれん》した兄《あに》は、彼女《かのじょ》からの手紙《てがみ》を焼《や》き捨《す》てた。

乗《の》り捨《す》てる

乗《の》っていた乗《の》り物《もの》から降《お》りて、そのまま

「捨《す》てる」に関連《かんれん》することば

小異《しょうい》を捨《す》てて大同《だいどう》につく ➡335

捨《す》てる神《かみ》あれば拾《ひろ》う神《かみ》あり　ある人《ひと》に見放《みはな》されても、別《べつ》の人《ひと》に助《たす》けられることがある。この世《よ》は広《ひろ》くさまざまなのだから、一時的《いちじてき》な不運《ふうん》にがっかりしたり、くよくよしたりするなということ。

聞《き》き捨《す》てならない　聞《き》いてそのままにしてはおけない。聞《き》き流《なが》すことができない。

捨《す》てたものではない　まだ役《やく》に立《た》ちそうだ。見込《みこ》みがある。捨《す》てるにはまだ早《はや》いということから。

四捨五入《ししゃごにゅう》　計算《けいさん》で、おおよその数《かず》を求《もと》めるやり方《かた》。四以下《よんいか》は切《き》り捨《す》て、五以上《いじょう》は切《き》り上《あ》げて、一《ひと》つ上《うえ》の位《くらい》とする方法《ほうほう》。

世捨《よす》て人《びと》　世《よ》の中《なか》とのかかわり合《あ》いを持《も》たずに、生《い》きている人《ひと》。俗世間《ぞくせけん》から離《はな》れて生活《せいかつ》する人《ひと》。

置《お》き去《ざ》りにする。例 犯人《はんにん》の**乗《の》り捨《す》てた**車《くるま》が、駐車場《ちゅうしゃじょう》で発見《はっけん》された。

脱《ぬ》ぎ捨《す》てる
◎捨《す》てるように勢《いきお》いよく脱《ぬ》ぐ。また、脱《ぬ》いだものを片《かた》づけないでそのままにしておく。例 弟《おとうと》は、泥《どろ》だらけの靴下《くつした》を玄《げん》関《かん》で**脱《ぬ》ぎ捨《す》てた**。◎今《いま》まで身《み》につけていた習慣《しゅうかん》や考《かんが》えを捨《す》てる。例 古《ふる》い考《かんが》えを**脱《ぬ》ぎ捨《す》て**、新《あたら》しい目《め》で物事《ものごと》を見詰《みつ》め直《なお》そう。

投棄《とうき》
いらなくなったものを捨《す》てること。例 この空《あ》き地《ち》には、壊《こわ》れた洗濯機《せんたくき》や冷蔵庫《れいぞうこ》が不法《ふほう》に**投棄《とうき》**されている。

遺棄《いき》
捨《す》ててそのまま放《ほう》っておくこと。多《おお》く、捨《す》ててはいけないものを捨《す》てること。例 村《むら》には避難民《ひなんみん》が**遺棄《いき》**していった道具類《どうぐるい》が散乱《さんらん》していた。例 死体《したい》を**遺棄《いき》**する。

廃棄《はいき》
いらなくなったものとして捨《す》てること。例 旧式《きゅうしき》のテープレコーダーを**廃棄《はいき》**する。

破棄《はき》
◎書類《しょるい》などを捨《す》てること。例 古《ふる》い文書《ぶんしょ》を**破棄《はき》**する。◎法《ほう》律《りつ》・判決《はんけつ》・約束事《やくそくごと》などを取《と》り消《け》すこと。例 高等裁判所《こうとうさいばんしょ》が、一審《いっしん》の判決《はんけつ》を**破棄《はき》**する。

焼却《しょうきゃく》
焼《や》き捨《す》てること。例 この温水《おんすい》プールは、ごみを**焼却《しょうきゃく》**した熱《ねつ》を利用《りよう》している。

棄権《きけん》
自分《じぶん》の権利《けんり》を捨《す》てること。例 選挙《せんきょ》は**棄権《きけん》**せずに、ちゃんと投票《とうひょう》しよう。

放棄《ほうき》
自分《じぶん》から捨《す》ててしまうこと。例 けがをしたため、試合《しあい》を**放《ほう》棄《き》**する。例 日本国憲法《にほんこくけんぽう》は、戦争《せんそう》の**放棄《ほうき》**をうたっている。

お払《はら》い箱《ばこ》
◎いらなくなったものを捨《す》てること。例 ぼろぼろになったセーターを**お払《はら》い箱《ばこ》**にする。◎雇《やと》っていた人《ひと》を辞《や》めさせること。例 兄《あに》は勤《つと》めてたった一週間《いっしゅうかん》で、会社《かいしゃ》を**お払《はら》い箱《ばこ》**になった。◆伊勢神宮《いせじんぐう》から信者《しんじゃ》に配《くば》られるお札《ふだ》を入《い》れておく箱《はこ》のことを「御祓《おはら》い箱《ばこ》」という。毎年新《まいとしあたら》しいお札《ふだ》がくると古《ふる》いお札《ふだ》は捨《す》てられたことから、「お祓《はら》い」を「お払《はら》い」にかけたことば。

使《つか》い捨《す》て
◎本来《ほんらい》は何度《なんど》も使《つか》えるものを、一度《いちど》使《つか》って捨《す》ててしまうこと。例 注射針《ちゅうしゃばり》は、衛生《えいせい》面《めん》を考《かんが》えて**使《つか》い捨《す》て**にする。◎捨《す》てられることを見越《みこ》して、安《やす》く作《つく》られた商《しょう》品《ひん》。例 **使《つか》い捨《す》て**のライター。

捨《す》て身《み》
➡「頑張《がんば》る」483

捨《す》て鉢《ばち》
もうどうなってもいいという、投《な》げやりな気持《きも》ち。例 失敗続《しっぱいつづ》きで、**捨《す》て鉢《ばち》**になった友《とも》だちを慰《なぐさ》める。

捨《す》て値《ね》
損《そん》を覚悟《かくご》で付《つ》けた、安《やす》い値《ね》段《だん》。捨《す》てるのと同《おな》じような値《ね》段《だん》。例 汚《よご》れた文庫本《ぶんこぼん》が、**捨《す》て値《ね》**で売《う》られていた。

とかげのしっぽ切《き》り
不正《ふせい》などが見《み》つかったとき、組織《そしき》の罪《つみ》を下《した》の者《もの》のせいにして、上《うえ》の者《もの》が責任逃《せきにんのが》れをすること。例 あの人《ひと》が会《かい》社《しゃ》を首《くび》になったなんて、**とかげのしっぽ切《き》り**だ。

行動《こうどう》
体《からだ》の動《うご》き
跳《は》ねる
倒《たお》れる
持《も》つ
触《さわ》る
投《な》げる
叩《たた》く
切《き》る
▶捨《す》てる

◆＝もっと知《し》りたい、ことばの知識《ちしき》。

移動《いどう》

歩《ある》く

walk
［ウォーク］

歩《ある》く 足《あし》を使《つか》って、前《まえ》に進《すす》む。例 学《がっ》校《こう》へは、歩《ある》いて通《かよ》う。

歩《あゆ》む ◎一歩《いっぽ》一歩《いっぽ》、踏《ふ》みしめて歩《ある》く。例 池《いけ》のほとりを歩《あゆ》む。◎物事《ものごと》が進《すす》む。例 目標《もくひょう》をもって人生《じんせい》を歩《あゆ》む。

歩《ある》き回《まわ》る あちこち歩《ある》く。例 カブトムシを求《もと》めて、野山《のやま》を歩《ある》き回《まわ》る。

歩《ある》き通《とお》す 長《なが》い距離《きょり》を、最後《さいご》まで歩《ある》く。例 目的地《もくてきち》までの十《じっ》キロを、最後《さいご》まで歩《ある》き通《とお》す。

練《ね》り歩《ある》く 行列《ぎょうれつ》などが、ゆっくり歩《ある》き回《まわ》る。例 おみこしが、町内《ちょうない》を練《ね》り歩《ある》く。似 練《ね》る。

歩《あゆ》み寄《よ》る ◎歩《ある》いて近《ちか》づく。例 先《せん》生《せい》が、ゆっくりと歩《あゆ》み寄《よ》る。◎意見《いけん》・主張《しゅちょう》などを譲《ゆず》り合《あ》って、解決《かいけつ》に近《ちか》づく。例 両国《りょうこく》が歩《あゆ》み寄《よ》って、国境問題《こっきょうもんだい》を解決《かいけつ》する。

踏《ふ》み出《だ》す ◎歩《ある》き出《だ》す。例 みんな足《あし》をそろえて、右足《みぎあし》から踏《ふ》み出《だ》す。◎新《あたら》しい仕事《しごと》・活動《かつどう》に取《と》りかかる。例 新《あたら》しい人生《じんせい》の第一歩《だいいっぽ》を踏《ふ》み出《だ》す。

足《あし》を急《せ》かせる 歩《ある》くのを早《はや》める。例 友《とも》だちとの約《やく》束《そく》の時間《じかん》に間《ま》に合《あ》うように、足《あし》を急《せ》かせる。

足音《あしおと》を忍《しの》ばせる 音《おと》を立《た》てないように、こっそり歩《ある》く。例 怖《こわ》い犬《いぬ》が寝《ね》ている前《まえ》を、足音《あしおと》を忍《しの》ばせて通《とお》る。

のし歩《ある》く いばった態度《たいど》で歩《ある》く。例 子分《こぶん》を従《したが》えて、町《まち》をのし歩《ある》く。

足《あし》に任《まか》せる 行《ゆ》く先《さき》を決《き》めないで、気《き》ままに歩《ある》く。例 足《あし》に任《まか》せて、気楽《きらく》な旅《たび》をする。

「歩《ある》く」に関連《かんれん》することば

大手《おおで》を振《ふ》る 大《おお》きく手《て》を振《ふ》って大《おお》いばりで歩《ある》く。周《まわ》りに遠慮《えんりょ》しないで、堂々《どうどう》と物事《ものごと》を行《おこな》う。

肩《かた》で風《かぜ》を切《き》る 肩《かた》を突《つ》き立《た》てて、得意《とくい》そうにいばって歩《ある》くようす。➡445

歩兵《ほへい》 徒歩《とほ》で戦《たたか》う兵隊《へいたい》。

歩哨《ほしょう》 陣地《じんち》などの警戒《けいかい》や見張《みは》りをする兵士《へいし》。

歩《ふ》 将棋《しょうぎ》の駒《こま》の一《ひと》つ。前《まえ》に一《ひと》ますしか進《すす》めない、いちばん弱《よわ》い駒《こま》。「歩兵《ふひょう》」ともいう。

競歩《きょうほ》 陸上競技《りくじょうきょうぎ》の一《ひと》つで、徒歩《とほ》のスピードを競《きそ》うレース。歩《ある》き方《かた》は、左右《さゆう》どちらかのかかとが、いつも地面《じめん》についていなければならないと決《き》められている。

●こんなことばも覚《おぼ》えておこう

低回《ていかい》・跋渉《ばっしょう》・流亡《りゅうぼう》・流離《りゅうり》

歩《ある》く◀
走《はし》る
泳《およ》ぐ
行《い》く
通《とお》る
訪《たず》ねる
出発《しゅっぱつ》する
来《く》る

足《あし》を棒《ぼう》にする 足《あし》が疲《つか》れ果《は》てるまで、歩《ある》き回《まわ》る。例 いなくなった猫《ねこ》を、**足《あし》を棒《ぼう》にして**捜《さが》す。

さすらう あちこちの土地《とち》を旅《たび》して回《まわ》る。例 遊牧民《ゆうぼくみん》が、草原《そうげん》を**さすらう**。

さまよう 迷《まよ》うなどして目的地《もくてきち》を見失《みうしな》い、あちこち歩《ある》き回《まわ》る。例 下山《げざん》できなくなった登山者《とざんしゃ》が、一晩中《ひとばんじゅう》森《もり》の中《なか》を**さまよう**。似 さまよい歩《ある》く。

漂《ただよ》う ◎軽《かる》いものが水《みず》の上《うえ》や空《そら》を揺《ゆ》れ動《うご》くように、あちこちを歩《ある》き回《まわ》る。例 荒野《こうや》を、あてもなく**漂《ただよ》う**。◎香《かお》りや雰囲気《ふんいき》・気配《けはい》などが、その場《ば》で感《かん》じられる。例 その店《みせ》には、怪《あや》しげな雰囲気《ふんいき》が**漂《ただよ》って**いた。

ぶらつく 目的《もくてき》もなく、気楽《きらく》に歩《ある》く。ぶらぶらする。例 電車《でんしゃ》が来《く》るまで、辺《あた》りを**ぶらつく**。

ふらつく ◎あてもなく、あちこちを歩《ある》き回《まわ》る。例 学校《がっこう》の周《まわ》りを友《とも》だちと**ふらつく**。◎気持《きも》ちや物事《ものごと》が安定《あんてい》せず、揺《ゆ》れ動《うご》く。例 参考書《さんこうしょ》を買《か》うつもりだったが、新《あたら》しい漫画《まんが》が出《で》ているのを見《み》て少《すこ》し**ふらついた**。

うろつく 意味《いみ》もなく、あちこちを歩《ある》き回《まわ》る。あまり、いい意味《いみ》には使《つか》わない。例 怪《あや》しい男《おとこ》が、学校《がっこう》の周《まわ》りを**うろつく**。

ほっつき歩《ある》く あてもなく、あちこち歩《ある》き回《まわ》る。歩《ある》き回《まわ》ることを非難《ひなん》する気持《きも》ちを表《あらわ》すことが多《おお》い。例 こんな時間《じかん》まで、どこを**ほっつき歩《ある》いて**いたんだ。似 ほっつく。ほっつき回《まわ》る。

歩行《ほこう》 歩《ある》くこと。例 **歩行者《ほこうしゃ》**優先《ゆうせん》。例 人《ひと》は右側《みぎがわ》を**歩行《ほこう》**すること。

ウオーキング 「歩行《ほこう》」という意味《いみ》の英語《えいご》。とくに、健康《けんこう》のために積極的《せっきょくてき》に歩《ある》くこと。例 父《ちち》は三十分《さんじっぷん》の**ウオーキング**を、毎日《まいにち》欠《か》かさない。

闊歩《かっぽ》 大《おお》またで堂々《どうどう》と歩《ある》くこと。いばって歩《ある》くこと。例 町中《まちじゅう》を、わがもの顔《がお》に**闊歩《かっぽ》**する。

散歩《さんぽ》 気晴《きば》らしや健康《けんこう》のために歩《ある》くこと。例 犬《いぬ》を**散歩《さんぽ》**させるのは、姉《あね》の役目《やくめ》だ。

散策《さんさく》 周《まわ》りの風景《ふうけい》などを楽《たの》しみながら、のんびり歩《ある》くこと。人以外《ひといがい》には使《つか》わない。例 人気《ひとけ》のない公園《こうえん》を、一人静《ひとりしず》かに**散策《さんさく》**する。

	公園《こうえん》を——する	健康《けんこう》のため——する	犬《いぬ》を——させる
散歩	○	○	○
散策	○	△	−

逍遥《しょうよう》 「散歩《さんぽ》」のこと。例 紅葉《こうよう》の色《いろ》が極《きわ》まる野山《のやま》の**逍遥《しょうよう》**を楽《たの》しむ。

そぞろ歩《ある》き あてもなく気《き》の向《む》くままに、ぶらぶら歩《ある》き回《まわ》ること。例 川辺《かわべ》を**そぞろ歩《ある》き**する。

徘徊《はいかい》 目的《もくてき》もなく、あちこち歩《ある》き回《まわ》ること。例 真夜中《まよなか》の公園《こうえん》を、怪《あや》しい人《ひと》が**徘徊《はいかい》**している。

彷徨《ほうこう》 さまよい歩《ある》くこと。例 遭難者《そうなんしゃ》が、山小屋《やまごや》を探《さが》して**彷徨《ほうこう》**する。

放浪《ほうろう》 一《いっ》か所《しょ》に長《なが》くいないで、あちこちの土地《とち》を、転々《てんてん》と歩《ある》き回《まわ》

行動《こうどう》
移動《いどう》
▶歩《ある》く 走《はし》る 泳《およ》ぐ 行《い》く 通《とお》る 訪《たず》ねる 出発《しゅっぱつ》する 来《く》る

◆＝もっと知《し》りたい、ことばの知識《ちしき》。

ること。例 諸国《しょこく》を放浪《ほうろう》して見聞《けんぶん》を広《ひろ》める。似 流浪《るろう》。

漂泊《ひょうはく》

故郷《こきょう》を遠《とお》く離《はな》れて、あちこちの土地《とち》を歩《ある》き回《まわ》ること。例 松尾芭蕉《まつおばしょう》は、旅《たび》に明《あ》け暮《く》れた漂泊《ひょうはく》の詩人《しじん》だった。

踏破《とうは》

厳《きび》しく困難《こんなん》な道《みち》を、最後《さいご》まで歩《ある》くこと。例 険《けわ》しい登山道《とざんどう》を踏破《とうは》する。

縦走《じゅうそう》

◎山登《やまのぼ》りで、尾根伝《おねづた》いに歩《ある》くこと。例 南《みなみ》アルプスを縦走《じゅうそう》する。◎「通《とお》る」➡181

行脚《あんぎゃ》

あちこちを、めぐり歩《ある》くこと。もとは、僧《そう》が修行《しゅぎょう》のために、各地《かくち》を歩《ある》いて回《まわ》ったこと。例 キャンペーンのために、全国《ぜんこく》の書店《しょてん》を行脚《あんぎゃ》する。

行進《こうしん》

大勢《おおぜい》の人《ひと》が、列《れつ》を組《く》んで歩《ある》くこと。例 音楽《おんがく》に合《あ》わせて、整然《せいぜん》と行進《こうしん》する。

伝《つた》い歩《ある》き

壁《かべ》などで体《からだ》を支《ささ》えながら歩《ある》くこと。とくに、赤《あか》ん坊《ぼう》が歩《ある》き始《はじ》めたときの歩《ある》き方《かた》。例 うちの長男《ちょうなん》が伝《つた》い歩《ある》きを始《はじ》めた。

一人《ひとり》歩《ある》き

◎一人《ひとり》だけで歩《ある》くこと。例 夜道《よみち》の一人歩《ひとりある》きは、危険《きけん》なのでやめよう。◎物事《ものごと》が本来《ほんらい》の予定《よてい》などから離《はな》れて、勝手《かって》に動《うご》くこと。例 この漫画《まんが》は映画《えいが》になって、原作者《げんさくしゃ》の手《て》から一人歩《ひとりある》きをし始《はじ》めた。◆「独《ひと》り歩《ある》き」とも書《か》く。◎「育《そだ》つ」➡109

山《やま》歩《ある》き

楽《たの》しみや運動《うんどう》のために、山《やま》を歩《ある》くこと。例 久《ひさ》しぶりの山歩《やまある》きで、足《あし》の筋肉《きんにく》が痛《いた》い。

ハイキング

「山歩《やまある》き」という意味《いみ》の英語《えいご》。例 家族《かぞく》でハイキングに出《で》かける。

食《た》べ歩《ある》き

➡「食《た》べる」232

早足《はやあし》

歩《ある》くスピードが速《はや》いこと。また、その歩《ある》き方《かた》。例 遅刻《ちこく》しそうなので、つい早足《はやあし》になる。似 急《いそ》ぎ足《あし》。◆「速足《はやあし》」とも書《か》く。

足早《あしばや》

◎急《いそ》いで速《はや》く歩《ある》くこと。例 北風《きたかぜ》の吹《ふ》きつける道《みち》を、足早《あしばや》に通《とお》り過《す》ぎる。◎時間《じかん》がすばやく経過《けいか》することのたとえ。例 サクラの季節《きせつ》が足早《あしばや》に通《とお》り過《す》ぎていく。

歩《ある》き

歩《ある》くこと。例 車《くるま》が入《はい》れるのはここまでで、この先《さき》は歩《ある》きだ。

歩《あゆ》み

◎歩《あゆ》むこと。例 歩《あゆ》みののろいカメ。◎物事《ものごと》が進《すす》むこと。成長《せいちょう》すること。例 本町小学校《ほんまちしょうがっこう》の歩《あゆ》み。

小走《こばし》り

走《はし》るように、急《いそ》いで歩《ある》くこと。例 道《みち》で転《ころ》んだ人《ひと》に、小走《こばし》りで駆《か》け寄《よ》る。

徒歩《とほ》

乗《の》り物《もの》に乗《の》らないで、歩《ある》くこと。例 学校《がっこう》までバスで五分《ごふん》だが、徒歩《とほ》だと二十分《にじっぷん》かかる。

徒《かち》

「徒歩《とほ》」と同《おな》じ。例 浅《あさ》い川《かわ》を徒《かち》で渡《わた》る。

あんよ

◎歩《ある》くこと。幼児語《ようじご》。例 もう、上手《じょうず》にあんよできるね。◎「手足《てあし》」➡89

一歩《いっぽ》

片足《かたあし》の一踏《ひとふ》み。また、その長《なが》さの分《ぶん》だけ前《まえ》へ進《すす》むこと。例 山道《やまみち》を一歩《いっぽ》ずつ登《のぼ》る。似 一足《ひとあし》。

足取《あしど》り

◎歩《ある》き方《かた》。足《あし》の運《はこ》びぐあい。例 姉《あね》は何《なに》かいいことがあったらしく、足取《あしど》りが軽《かる》い。◎人《ひと》や動物《どうぶつ》が移動《いどう》した経路《けいろ》。例 目撃者《もくげきしゃ》が見《み》つからないため、犯人《はんにん》の足取《あしど》りがつかめない。

足並《あしな》み　いっしょに歩《ある》くときの、足《あし》のそろいぐあい。例 足並《あしな》みをそろえて行進《こうしん》する。

歩調《ほちょう》　「足並《あしな》み」と同《おな》じ。例 全員《ぜんいん》の歩調《ほちょう》を合《あ》わせる。

千鳥足《ちどりあし》　酒《さけ》に酔《よ》った人《ひと》の、ふらふらとした歩《ある》き方《かた》。足《あし》を交差《こうさ》させて歩《ある》く、チドリの歩《ある》き方《かた》に似《に》ているということから。例 酔《よ》っ払《ぱら》いが、千鳥《ちどり》足《あし》で路地《ろじ》を歩《ある》く。

忍《しの》び足《あし》　音《おと》を立《た》てないように、こっそり歩《ある》くこと。例 猫《ねこ》が、小鳥《ことり》をねらって忍《しの》び足《あし》で近《ちか》づく。

抜《ぬ》き足差《あしさ》し足《あし》　音《おと》のしないように、爪先立《つまさきだ》ちで歩《ある》くこと。例 先生《せんせい》に見《み》つからないように、抜《ぬ》き足差《あしさ》し足《あし》で歩《ある》く。◆「抜《ぬ》き足《あし》差《さ》し足忍《あししの》び足《あし》」という言《い》い方《かた》もある。

すり足《あし》　足《あし》の裏《うら》で、地面《じめん》や床《ゆか》などを、するようにして歩《ある》くこと。例 廊下《ろうか》をすり足《あし》で、静《しず》かに歩《ある》く。

探《さぐ》り足《あし》　暗《くら》いところなどを、足《あし》で探《さぐ》りながら歩《ある》くこと。例 暗《くら》闇《やみ》を、探《さぐ》り足《あし》でおそるおそる進《すす》む。

大股《おおまた》　歩《ある》くときの歩幅《ほはば》が、広《ひろ》いこと。例 街《まち》を大股《おおまた》で、さっそうと歩《ある》く。対 小股《こまた》。

小股《こまた》　歩《ある》くときの歩幅《ほはば》が、狭《せま》いこと。例 氷《こおり》の上《うえ》を、小股《こまた》でちょこちょこ歩《ある》く。対 大股《おおまた》。

足《あし》もと　歩《ある》きぐあい。例 歩《ある》き始《はじ》めたばかりの赤《あか》ちゃんは、足《あし》もとが危《あぶ》なつかしい。例 足《あし》もとが軽《かる》い（足取《あしど》りが軽快《けいかい》なようす）。

足踏《あしぶ》み　◎進《すす》まないで、その場《ば》で両《りょう》足《あし》を代《か》わる代《が》わる上下《じょうげ》させること。例 笛《ふえ》の合図《あいず》で、足踏《あしぶ》みをする。◎物事《ものごと》の進歩《しんぽ》・進行《しんこう》が止《と》まって、同《おな》じ状態《じょうたい》が続《つづ》くこと。例 景気回復《けいきかいふく》は、足《あし》踏《ぶ》みしている状態《じょうたい》だ。

牛歩《ぎゅうほ》　➡「遅《おそ》い」555

健脚《けんきゃく》　足《あし》が丈夫《じょうぶ》で、よく歩《ある》けること。例 祖父《そふ》は今《いま》でも山登《やまのぼ》りが好《す》きで、健脚《けんきゃく》を自慢《じまん》している。

すたこら　➡「逃《に》げる」197

すたすた　急《いそ》ぎ足《あし》で、さっさと歩《ある》くようす。例 振《ふ》り向《む》きもしないで、すたすたと歩《ある》いていってしまった。

てくてく　長《なが》い距離《きょり》を、同《おな》じ調子《ちょうし》でひたすら歩《ある》いていくようす。例 電車《でんしゃ》も飛行機《ひこうき》もない時代《じだい》は、どんなに遠《とお》くてもてくてく歩《ある》いていったそうだ。

とことこ　狭《せま》い歩幅《ほはば》で、足早《あしばや》に歩《ある》くようす。例 小《ちい》さい子《こ》が、とことこ歩《ある》く。

ずかずか　何《なん》の遠慮《えんりょ》もなしに、勢《いきお》いよく家《いえ》の中《なか》に入《はい》ったり近寄《ちかよ》ったりするようす。例 他人《たにん》の家《いえ》に、勝手《かって》にずかずかと入《はい》り込《こ》むなんて非常識《ひじょうしき》だ。

つかつか　目的《もくてき》を強《つよ》く持《も》って進《すす》み出《で》るようす。例 警察官《けいさつかん》が、つかつかと近《ちか》づいてきた。

どたどた　激《はげ》しい足音《あしおと》を立《た》てて、歩《ある》いたり走《はし》ったりする

◆＝もっと知《し》りたい、ことばの知識《ちしき》。

ようす。例 階段《かいだん》を、どたどたと駆《か》け下《お》りる。似 どすどす。

ぶらぶら あてもなく、気楽《きらく》に歩《ある》くようす。例 まだ時間《じかん》があるので、駅《えき》までぶらぶら歩《ある》いていこう。似 ぷらぷら。

うろうろ どちらに行《い》っていいか迷《まよ》い、あちこち歩《ある》き回《まわ》るようす。例 出口《でぐち》が分《わ》からなくて、うろうろしてしまった。

ふらふら ◎あてもなく、何《なん》となく歩《ある》き回《まわ》るようす。例 夜《よる》の町《まち》を、ふらふらと歩《ある》く。◎気持《きも》ちや物事《ものごと》が、安定《あんてい》しないようす。例 こまの回転《かいてん》が遅《おそ》くなり、ふらふらしだした。◎「疲《つか》れる」⬇208

とぼとぼ 元気《げんき》なく、しょんぼりとして歩《ある》くようす。例 暗《くら》い夜道《よみち》を、雨《あめ》にぬれながらとぼとぼ歩《ある》いて帰《かえ》る。

えっちらおっちら つらそうに、ゆっくり歩《ある》くようす。例 大《おお》きな荷物《にもつ》を持《も》った人《ひと》が、えっちらおっちらと、苦《くる》しそうに坂《さか》を上《のぼ》る。

よろよろ 足《あし》がふらついて、倒《たお》れそうな足取《あしど》りで歩《ある》くようす。例 お年寄《としよ》りが、つえをついてよろよろと歩《ある》いている。似 よたよた。

のしのし 重々《おもおも》しい足取《あしど》りで、ゆっくり歩《ある》くようす。例 ゾウがのしのしと歩《ある》き回《まわ》る。似 のっしのっし。

静々《しずしず》 静《しず》かにゆっくりと歩《ある》くようす。例 新郎新婦《しんろうしんぷ》が、静々《しずしず》と教会《きょうかい》から歩《あゆ》み出《で》る。

しゃなりしゃなり 気取《きど》ってゆっくり歩《ある》くようす。例 妹《いもうと》が七五三《しちごさん》の着物《きもの》を着《き》て、しゃなりしゃなりとこちらへ歩《ある》いてくる。

ちょこちょこ 足《あし》を小刻《こきざ》みに動《うご》かして、歩《ある》いたり走《はし》ったりするようす。例 ファミリーレストランの中《なか》を、小《ちい》さい子《こ》がちょこちょこ歩《ある》き回《まわ》っている。

よちよち 赤《あか》ん坊《ぼう》などが、危《あぶ》なっかしく歩《ある》くようす。例 カルガモのひなが、よちよちと歩《ある》く。

走《はし》る

run
[ラン]

このページも見《み》てみよう
逃《に》げる ⬇192
急《いそ》ぐ ⬇504

走《はし》る ◎足《あし》をすばやく動《うご》かして前《まえ》に進《すす》む。例 犬《いぬ》が走《はし》る。◎車《くるま》や電車《でんしゃ》などが、速《はや》く動《うご》く。例 走《はし》っていくバスを見送《みおく》る。◎「痛《いた》い・痒《かゆ》い」⬇200

駆《か》ける 地面《じめん》をけるように走《はし》る。例 大草原《だいそうげん》を駆《か》ける馬《うま》の群《む》れ。

馳《は》せる ◎速《はや》く走《はし》らせる。例 馬《うま》を馳《は》せる。◎心《こころ》をある方向《ほうこう》に向《む》ける。例 遠《とお》い異国《いこく》に思《おも》いを馳《は》せる。

走《はし》らせる 用件《ようけん》を命《めい》じて急《いそ》いで行《い》かせる。例 使者《ししゃ》を走《はし》らせる。

駆《か》る ◎車《くるま》や馬《うま》などに乗《の》って走《はし》る。例バイクを駆《か》って海岸沿《かいがんぞ》いの道《みち》を行《い》く。

走《はし》り出《だ》す ◎走《はし》り始《はじ》める。例子《こ》どもたちが、元気《げんき》よく走《はし》り出《だ》す。◎物事《ものごと》が計画《けいかく》から実現《じつげん》へ進《すす》み出《だ》す。例準備《じゅんび》を重《かさ》ねたプロジェクトが、いよいよ走《はし》り出《だ》した。

駆《か》け出《だ》す ◎地面《じめん》をけるように走《はし》り始《はじ》める。例忘《わす》れ物《もの》に気《き》づいて、慌《あわ》てて駆《か》け出《だ》す。

走《はし》り回《まわ》る ◎あちこち走《はし》る。例迷《まい》子《ご》になった弟《おとうと》を捜《さが》して、公園中《こうえんじゅう》を走《はし》り回《まわ》る。◎「頑張《がんば》る」➡481

駆《か》け回《まわ》る ◎「走《はし》り回《まわ》る」と同《おな》じ。例広々《ひろびろ》とした公園《こうえん》を駆《か》け回《まわ》る。◎「頑張《がんば》る」➡481

駆《か》けずり回《まわ》る ◎「駆《か》け回《まわ》る」のくだけた言《い》い方《かた》。例雪《ゆき》の積《つ》もった庭《にわ》を、犬《いぬ》が駆《か》けずり回《まわ》る。◎「頑張《がんば》る」➡481

飛《と》び回《まわ》る ◎元気《げんき》に走《はし》り回《まわ》る。例合格《ごうかく》の知《し》らせを聞《き》いて部屋中《へやじゅう》を飛《と》び回《まわ》る。◎「頑張《がんば》る」➡481

駆《か》け巡《めぐ》る ◎走《はし》り回《まわ》る。例野山《のやま》を駆《か》け巡《めぐ》る。◎いろいろな考《かんが》えなどが、頭《あたま》の中《なか》に次々《つぎつぎ》と浮《う》かぶ。例懐《なつ》かしい風景《ふうけい》を目《め》の前《まえ》にして、思《おも》い出《で》が頭《あたま》の中《なか》を駆《か》け巡《めぐ》る。

走《はし》り込《こ》む ◎走《はし》って中《なか》に入《はい》る。例突然《とつぜん》の雨《あめ》にあって、近《ちか》くの店《みせ》に走《はし》り込《こ》む。◎十分《じゅうぶん》に走《はし》る訓《くん》練《れん》をする。例冬《ふゆ》の間《あいだ》に走《はし》り込《こ》んで体《たい》力《りょく》をつける。

駆《か》け込《こ》む ◎走《はし》って中《なか》に入《はい》る。例始業時間《しぎょうじかん》の直前《ちょくぜん》に教室《きょうしつ》に駆《か》け込《こ》む。◎助《たす》けを求《もと》めて、急《いそ》いで相談《そうだん》に行《い》く。例振《ふ》り込《こ》め詐欺《さぎ》にあって、警察《けいさつ》に駆《か》け込《こ》んだ。

駆《か》け寄《よ》る ◎走《はし》ってきて近寄《ちかよ》る。例転《ころ》んで泣《な》いている女《おんな》の子《こ》に駆《か》け寄《よ》って、助《たす》け起《お》こす。似走《はし》り寄《よ》る。

ひた走《はし》る ◎休《やす》まずにひたすら走《はし》る。例ランナーがゴールに向《む》かってひた走《はし》る。

飛《と》ばす ◎勢《いきお》いよく走《はし》る。とくに、乗《の》り物《もの》を速《はや》く動《うご》かす。例母《はは》が急病《きゅうびょう》だとの知《し》らせを聞《き》き、高速道路《こうそくどうろ》を猛《もう》スピードで飛《と》ばした。◎やるべきことをやらずに、次《つぎ》の行動《こうどう》に移《うつ》る。例分《わ》からない問題《もんだい》は飛《と》ばして進《すす》みなさ

「走《はし》る」に関連《かんれん》することば

悪事千里《あくじせんり》を走《はし》る 悪《わる》いことをすると、すぐに世間《せけん》に知《し》れ渡《わた》ってしまうということ。「好事門《こうじもん》を出《い》でず」（よいことをしてもなかなか世間《せけん》には知《し》られないものだ）と対《つい》になって使《つか》われることば。

師走《しわす》 陰暦十二月《いんれきじゅうにがつ》のこと。現在《げんざい》の十二《じゅうに》月《がつ》のこともいう。語源《ごげん》にはいろいろな説《せつ》があるが、師匠《ししょう》の僧《そう》があちこちの家《いえ》へ行《い》きお経《きょう》をあげるために忙《いそが》しく走《はし》り回《まわ》る月《つき》だから、という説《せつ》が一般的《いっぱんてき》。

●こんなことばも覚《おぼ》えておこう
馳駆《ちく》・長駆《ちょうく》・疾駆《しっく》

行動《こうどう》
移動《いどう》
歩《ある》く
▶走《はし》る
泳《およ》ぐ
行《い》く
通《とお》る
訪《たず》ねる
出発《しゅっぱつ》する
来《く》る

◆＝もっと知《し》りたい、ことばの知識《ちしき》。

い。

すっ飛《と》ばす ◎勢《いきお》いよく飛《と》ばす。例 自転車《じてんしゃ》をすっ飛《と》ばして現場《げんば》に向《む》かう。

ぶっ飛《と》ばす ◎激《はげ》しい勢《いきお》いで飛《と》ばす。例 時速百《じそくひゃっ》キロで高速道路《こうそくどうろ》をぶっ飛《と》ばした。◎「叩《たた》く」➡158

突《つ》っ走《ぱし》る ◎勢《いきお》いよく走《はし》る。例 スポーツカーが突《つ》っ走《ぱし》る。◎ある目的《もくてき》に向《む》けて一心《いっしん》に行動《こうどう》する。例 予選通過《よせんつうか》という目標《もくひょう》に向《む》かって突《つ》っ走《ぱし》った一年間《いちねんかん》。

走《はし》り ◎走《はし》ること。また、そのようす。例 あの選手《せんしゅ》の、今日《きょう》の走《はし》りは最高《さいこう》だ。◎物事《ものごと》のはじめとなったもの。例 この本《ほん》が類語《るいご》ブームの走《はし》りとなった。

駆《か》け足《あし》 ◎少《すこ》し速《はや》く走《はし》ること。例 久《ひさ》しぶりに友《とも》だちと会《あ》えると思《おも》うと、ついつい駆《か》け足《あし》になる。◎「急《いそ》ぐ」➡505

一《ひと》っ走《ぱし》り ちょっとした用事《ようじ》で、近《ちか》くの目的地《もくてきち》まで走《はし》ること。例 郵便局《ゆうびんきょく》まで一《ひと》っ走《ぱし》りして、切《きっ》手《て》を買《か》ってきてくれ。

韋駄天走《いだてんばし》り とても速《はや》く走《はし》ること。「韋駄天《いだてん》」は非《ひ》常《じょう》に足《あし》の速《はや》い神様《かみさま》の名前《なまえ》。また、足《あし》の速《はや》い人《ひと》をたとえていう。例 隠《かく》れていた人《ひと》が韋駄天走《いだてんばし》りで逃《に》げていく。

快走《かいそう》 陸上競技《りくじょうきょうぎ》などで、気持《きも》ちがよいほど速《はや》く走《はし》ること。例 第《だい》二走者《にそうしゃ》の快走《かいそう》で、日本《にほん》チームがトップに躍《おど》り出《で》た。

疾走《しっそう》 とても速《はや》く走《はし》ること。人間《にんげん》だけでなく、動物《どうぶつ》や乗《の》り物《もの》などにも使《つか》う。例 全力《ぜんりょく》疾走《しっそう》でゴールインする。例 特急列車《とっきゅうれっしゃ》が疾走《しっそう》する。

力走《りきそう》 陸上競技《りくじょうきょうぎ》などで、力《ちから》いっぱい走《はし》ること。例 アンカーの力走《りきそう》で逆転優勝《ぎゃくてんゆうしょう》する。

完走《かんそう》 陸上競技《りくじょうきょうぎ》などで、途中《とちゅう》でやめずに最後《さいご》まで走《はし》り抜《ぬ》くこと。例 マラソン大会《たいかい》では、全員《ぜんいん》完走《かんそう》することができた。

逆走《ぎゃくそう》 道路《どうろ》やコースを、通常《つうじょう》とは逆《ぎゃく》の方向《ほうこう》に走《はし》ること。例 一方通《いっぽうつう》行《こう》の道《みち》を逆走《ぎゃくそう》した車《くるま》が、警官《けいかん》に呼《よ》び止《と》められる。

好走《こうそう》 陸上競技《りくじょうきょうぎ》などで、すばらしく速《はや》く走《はし》ること。例 先月《せんげつ》の競《きょう》技会《ぎかい》での好走《こうそう》が評価《ひょうか》されて、代表選手《だいひょうせんしゅ》に選《えら》ばれた。

試走《しそう》 試《ため》しに走《はし》ってみること。とくに、マラソンや自動車《じどうしゃ》などの競《きょう》技《ぎ》で、実際《じっさい》のレースの前《まえ》に試《ため》しにそのコースを走《はし》ってみること。例 駅伝《えきでん》のコースを試走《しそう》してみる。◆自動車《じどうしゃ》の性能《せいのう》や乗《の》り心地《ごこち》を試《ため》すために走《はし》るのは「試乗《しじょう》」。

助走《じょそう》 陸上《りくじょう》の跳躍《ちょうやく》競《きょう》技《ぎ》や体操《たいそう》などで、勢《いきお》いをつけるために踏《ふ》み切《き》りの位置《いち》まで走《はし》ること。例 とび箱《ばこ》の助走《じょそう》の距離《きょり》を長《なが》めにとる。

独走《どくそう》 一人《ひとり》で走《はし》ること。また、陸上《りくじょう》競《きょう》技《ぎ》などで、二位以下《にいいか》の走者《そうしゃ》を大《おお》きく離《はな》して走《はし》ること。例 優勝候《ゆうしょうこう》補《ほ》の選手《せんしゅ》が、独走《どくそう》態勢《たいせい》に入《はい》る。

背走《はいそう》 後《うし》ろの方向《ほうこう》に走《はし》ること。例 打《だ》球《きゅう》を追《お》って背走《はいそう》した外野手《がいやしゅ》が、フェンスぎりぎりで見事《みごと》にキャッチした。

伴走《ばんそう》 マラソンや駅伝《えきでん》などで、走者《そうしゃ》に付《つ》き添《そ》って走《はし》ること。例後《おく》れ始《はじ》めた選手《せんしゅ》を励《はげ》ますため、コーチが伴走《ばんそう》する。

迷走《めいそう》 ◎道筋《みちすじ》が定《さだ》まらないまま不《ふ》規《き》則《そく》に進《すす》むこと。例台風十号《たいふうじゅうごう》が、迷走《めいそう》しながら日本列島《にほんれっとう》に接近《せっきん》する。◎解決《かいけつ》への道筋《みちすじ》や進《すす》むべき方向《ほうこう》が、見《み》えなくなること。例リーダーを失《うしな》って、宇宙開発計画《うちゅうかいはつけいかく》は迷走《めいそう》しだした。

走破《そうは》 困難《こんなん》を乗《の》り越《こ》えて、決《き》めた道《みち》のりを走《はし》り通《とお》すこと。乗《の》り物《もの》についても使《つか》われる。例夏休《なつやす》みを利用《りよう》して、東海道五十三次《とうかいどうごじゅうさんつぎ》を自転車《じてんしゃ》で走破《そうは》した。

競走《きょうそう》 決《き》められた距離《きょり》を走《はし》って速《はや》さを競《きそ》うこと。例二百《にひゃく》メートル競走《きょうそう》に出場《しゅつじょう》する。似徒競走《ときょうそう》。

駆《か》**けっこ** てっぺんまで、みんなで駆《か》けっこしよう。似駆《か》けくらべ。駆《か》けっくら。駆《か》けくら。

競走《きょうそう》すること。例丘《おか》の

走行《そうこう》 自動車《じどうしゃ》などが走《はし》ること。例愛《あい》車《しゃ》の走行《そうこう》距離《きょり》が一万《いちまん》キロを超《こ》えた。

爆走《ばくそう》 自動車《じどうしゃ》などが、ものすごい音《おと》をたてて勢《いきお》いよく走《はし》ること。例サーキットを、スポーツカーが爆走《ばくそう》する。

暴走《ぼうそう》 ◎自動車《じどうしゃ》などを乱暴《らんぼう》に走《はし》らせること。例警察《けいさつ》が暴走《ぼうそう》族《ぞく》を取《と》り締《し》まる。◎操作《そうさ》できなくなった乗《の》り物《もの》が、勝手《かって》に走《はし》ること。例無人列車《むじんれっしゃ》が暴走《ぼうそう》する。◎物事《ものごと》が勝手《かって》に進《すす》み、抑《おさ》えがきかなくなること。例原子炉《げんしろ》が暴走《ぼうそう》しないよう、万全《ばんぜん》の備《そな》えをする。

自走《じそう》 機械《きかい》が自分《じぶん》の動力《どうりょく》で走《はし》ること。例車両《しゃりょう》に大砲《たいほう》を搭載《とうさい》したものを自走《じそう》砲《ほう》という。

滑走《かっそう》 ◎飛行機《ひこうき》が離《り》着《ちゃく》陸《りく》するときに、地上《ちじょう》などを走《はし》ること。例ジャンボジェットが滑走《かっそう》路《ろ》から飛《と》び立《た》つ。◎スキーやスケートの競技《きょうぎ》で、選《せん》手《しゅ》が滑《すべ》ること。例第一《だいいち》滑走《かっそう》者《しゃ》は、期待《きたい》の新人《しんじん》だ。

ダッシュ 「疾走《しっそう》」という意味《いみ》の英《えい》語《ご》。例短距離《たんきょり》走《そう》ではスタートでのダッシュが重要《じゅうよう》だ。

ジョギング 健康保持《けんこうほじ》や訓練《くんれん》のためにゆっくり走《はし》ること。例父《ちち》は、朝《あさ》の三十分《さんじっぷん》のジョギングを日課《にっか》にしている。

ランニング 「走《はし》ること」という意《い》味《み》の英語《えいご》。訓練《くんれん》などのために走《はし》ること。例本格的《ほんかくてき》な練習《れんしゅう》の前《まえ》に、校庭《こうてい》を三周《さんしゅう》ランニングする。

一目散《いちもくさん》 わき目《め》も振《ふ》らずに必死《ひっし》に走《はし》っていくようす。例人《ひと》の気配《けはい》に驚《おどろ》いて、のら猫《ねこ》が一目散《いちもくさん》に逃《に》げて行《い》った。

飛《と》**ぶよう** ◎まるで空中《くうちゅう》を移動《いどう》するかのように、速《はや》く走《はし》るようす。例よほど家《いえ》が恋《こい》しかったのか、彼女《かのじょ》は飛《と》ぶように帰《かえ》ってしまった。◎商品《しょうひん》の売《う》れ行《ゆ》きがとてもよいようす。例人気《にんき》グループのCD《シーディー》が飛《と》ぶように売《う》れる。

こけつまろびつ 非常《ひじょう》に慌《あわ》てて走《はし》るようす。

◆＝もっと知《し》りたい、ことばの知識《ちしき》。

倒《たお》れたり転《ころ》がったりするということから。例「お化《ば》けだ」の声《こえ》に肝《きも》をつぶし、弟《おとうと》はこけつまろびつ逃《に》げていった。

泳《およ》ぐ

swim
［スウィム］

泳《およ》ぐ ◎手足《てあし》を動《うご》かして、水中《すいちゅう》や水《すい》面《めん》を進《すす》む。魚《さかな》など動物《どうぶつ》についてもいう。例 臨海学校《りんかいがっこう》で、六年生《ろくねんせい》は五百《ごひゃく》メートル泳《およ》ぐ。◎世《よ》の中《なか》をうまく渡《わた》っていく。例 うまく政界《せいかい》を泳《およ》いで、実力者《じつりょくしゃ》にのし上《あ》がった。

水泳《すいえい》 スポーツや娯楽《ごらく》で泳《およ》ぐこと。例 父《ちち》は海《うみ》の近《ちか》くで育《そだ》ったので、水泳《すいえい》が上手《じょうず》だ。

スイミング 「水泳《すいえい》」という意味《いみ》の英語《えいご》。例 スイミングクラブ。例 スイミングスクール。

水練《すいれん》 水泳《すいえい》の練習《れんしゅう》。また、水泳《すいえい》の技《ぎ》術《じゅつ》。例 水練場《すいれんじょう》。

泳《およ》ぎ 泳《およ》ぐこと。例 あの子《こ》は泳《およ》ぎがうまい。例 イルカの泳《およ》ぎはとても速《はや》い。

水浴《みずあ》び 水《みず》につかったり、水《みず》をかぶったりすること。川《かわ》や海《うみ》などで遊《あそ》ぶこと。例 川《かわ》で水浴《みずあ》びをした後《あと》、みんなでスイカ割《わ》りをした。

水浴《すいよく》 「水浴《みずあ》び」と同《おな》じ。例 ガンジス川《がわ》で水浴《すいよく》する人々《ひとびと》。例 全国《ぜんこく》の水浴場《すいよくじょう》の、水質検査《すいしつけんさ》をする。

競泳《きょうえい》 決《き》まった泳《およ》ぎ方《かた》で定《さだ》められた距離《きょり》を泳《およ》ぎ、速《はや》さを競《きそ》う水泳《すいえい》競《きょう》技《ぎ》。自由形《じゆうがた》・平泳《ひらおよ》ぎ・バタフライ・背泳《せおよ》ぎ・リレーなどの種目《しゅもく》がある。例 競泳用《きょうえいよう》の水着《みずぎ》に着替《きが》える。

遊泳《ゆうえい》 水泳《すいえい》や水浴《みずあ》びをすること。例 ここは遊泳《ゆうえい》禁止地区《きんしちく》なので、泳《およ》いではいけません。

力泳《りきえい》 力《ちから》いっぱい泳《およ》ぐこと。例 みんなの声援《せいえん》を受《う》けて力泳《りきえい》する。

遠泳《えんえい》 長《なが》い距離《きょり》を泳《およ》ぐこと。また、その競技《きょうぎ》。例 六年生《ろくねんせい》になった

おしゃべりな道具《どうぐ》たち

深谷先生《ふかやせんせい》のちょっとひと息《いき》

人《ひと》が持《も》っている性質《せいしつ》を、身近《みぢか》な道具《どうぐ》になぞらえて表《あらわ》す言《い》い方《かた》があります。たとえば、泳《およ》げない人《ひと》という意味《いみ》の金槌《かなづち》。水《みず》の中《なか》に入《い》れると、あっという間《ま》に沈《しず》んでしまう性質《せいしつ》が同《おな》じで、泳《およ》げない人《ひと》のことをうまく表《あらわ》しています。また、ぼんやりとした人《ひと》のことを意味《いみ》する昼行灯《ひるあんどん》（74ページ）ということばは、ちょっとからかったような言《い》い方《かた》ですが、おもしろみのある表現《ひょうげん》です。

しかし、昔《むかし》は身近《みぢか》だった道具《どうぐ》のなかには、だんだんと使《つか》われなくなって、みなさんが知《し》らないものもあるのではないでしょうか。鎌首《かまくび》（83ページ）や腰巾着《こしぎんちゃく》（455ページ）、月夜《つきよ》に提灯《ちょうちん》（614ページ）など、なじみのうすい道具《どうぐ》になぞらえたことばに出会《であ》ったら、その道具《どうぐ》がどんなものなのか調《しら》べてみましょう。きっと、さまざまなことばの意味《いみ》を、より深《ふか》く味《あじ》わうことにつながるはずです。

ら、島《しま》を一周《いっしゅう》する遠泳大会《えんえいたいかい》に参加《さんか》する。

潜水《せんすい》
水中《すいちゅう》に潜《もぐ》ること。例 海賊船《かいぞくせん》の宝《たから》を求《もと》めて潜水《せんすい》する。

ダイビング
◎「潜水《せんすい》」という意味《いみ》の英語《えいご》。例 スキンダイビング。◎水中《すいちゅう》に頭《あたま》から飛《と》び込《こ》むこと。例 高飛《たかと》び込《こ》みで、十《じゅう》メートルの高《たか》さからダイビングした。

海水浴《かいすいよく》
海《うみ》で泳《およ》いだり遊《あそ》んだりすること。例 夏休《なつやす》みに家族《かぞく》で海水浴《かいすいよく》に出《で》かける。

河童《かっぱ》
頭《あたま》に皿《さら》がある、水陸両生《すいりくりょうせい》の想像上《そうぞうじょう》の生《い》き物《もの》。泳《およ》ぎが上手《じょうず》な人《ひと》のたとえ。「カエル」にたとえることもある。例 あいつは河童《かっぱ》だから、遠泳《えんえい》なんて屁《へ》でもないよ。

金槌《かなづち》
泳《およ》げない人《ひと》のこと。金槌《かなづち》は水《みず》に沈《しず》むことから。例 金槌《かなづち》だった僕《ぼく》だが、五年生《ごねんせい》の夏《なつ》、突然泳《とつぜんおよ》げるようになった。

クロール
競泳《きょうえい》の泳法《えいほう》の一《ひと》つ。水面《すいめん》でうつ伏《ぶ》せになり、両腕《りょううで》で左右交互《さゆうこうご》に水《みず》をかき、ばた足《あし》で進《すす》む泳《およ》ぎ方《かた》。例 彼《かれ》のクロールは、派《は》手《で》に水《みず》しぶきが上《あ》がるわりには遅《おそ》い。

バタフライ
競泳《きょうえい》の泳法《えいほう》の一《ひと》つ。水面《すいめん》でうつ伏《ぶ》せになり、両腕《りょううで》で同時《どうじ》に水《みず》をかき、両足《りょうあし》をそろえて足《あし》の甲《こう》で水《みず》を打《う》って進《すす》む泳《およ》ぎ方《かた》。もとは、チョウという意味《いみ》の英語《えいご》で、その飛《と》ぶようすに似《に》ていることから。例 水面《すいめん》にバタフライで顔《かお》を出《だ》す選《せん》手《しゅ》のポスター。

背泳《せおよ》ぎ
競泳《きょうえい》の泳法《えいほう》の一《ひと》つ。水面《すいめん》であお向《む》けになり、両腕《りょううで》で左右交互《さゆうこうご》に回《まわ》すようにして水《みず》をかき、ばた足《あし》で進《すす》む泳《およ》ぎ方《かた》。例 背泳《せおよ》ぎだけは、飛《と》び込《こ》みのスタートができない。◆「背泳《はいえい》」ともいう。

平泳《ひらおよ》ぎ
競泳《きょうえい》の泳法《えいほう》の一《ひと》つ。水面《すいめん》でうつ伏《ぶ》せになり、両腕《りょううで》を開《ひら》くように水《みず》をかき、カエルのように両足《りょうあし》を開《ひら》いて水《みず》をけって進《すす》む泳《およ》ぎ方《かた》。例 隣《となり》のコースで平泳《ひらおよ》ぎする人《ひと》の足《あし》が当《あ》たった。

自由形《じゆうがた》
競泳《きょうえい》で、泳法《えいほう》を定《さだ》めない種《しゅ》目《もく》。ふつうは、いちばん速《はや》いクロールで泳《およ》ぐ。例 個人《こじん》メドレーでもメドレーリレーでも、最後《さいご》は自由形《じゆうがた》で泳《およ》ぐ。

立《た》ち泳《およ》ぎ
頭《あたま》を水面《すいめん》から出《だ》して、体《からだ》を立《た》てて泳《およ》ぐ泳《およ》ぎ方《かた》。例 沈没船《ちんぼつせん》を捜索《そうさく》しているダイバーたちが、立《た》ち泳《およ》ぎで話《はな》し合《あ》っている。

犬《いぬ》かき
犬《いぬ》が泳《およ》ぐときのように、頭《あたま》を水面《すいめん》から出《だ》して、両手《りょうて》で左右交互《さゆうこうご》に水《みず》をかき、両足《りょうあし》で水《みず》をけるようにして進《すす》む泳《およ》ぎ方《かた》。例 呼吸《こきゅう》は楽《らく》だが、犬《いぬ》かきでは思《おも》うように進《すす》めない。

着衣泳《ちゃくいえい》
服《ふく》を着《き》たまま水中《すいちゅう》に投《な》げ出《だ》されるような事故《じこ》を想定《そうてい》して、その困難《こんなん》さを体験《たいけん》するために、あえて服《ふく》を着《き》たまま泳《およ》いでみる訓練《くんれん》。例 体育《たいいく》の時間《じかん》に着衣泳《ちゃくいえい》をするので、着替《きが》えの服《ふく》を持《も》っていく。

すいすい
水中《すいちゅう》を軽快《けいかい》に進《すす》むようす。上手《じょうず》に泳《およ》ぐようす。例 メダカが小川《おがわ》をすいすい泳《およ》ぐ。

ばしゃばしゃ
水《みず》しぶきを盛《さか》んに上《あ》げて泳《およ》ぐようす。また、その音《おと》。例 ばしゃばしゃと水音《みずおと》をたてて、ばた足《あし》で泳《およ》ぐ。

◆＝もっと知《し》りたい、ことばの知識《ちしき》。

「泳《およ》ぐ」に関連《かんれん》することば

抜《ぬ》き手《て》を切《き》る　抜《ぬ》き手《て》を切《き》って泳《およ》ぐ。「抜《ぬ》き手《て》」は、両手《りょうて》を代《か》わる代《が》わる水《みず》の中《なか》から抜《ぬ》き出《だ》し、水《みず》をかき分《わ》けて進《すす》む泳《およ》ぎ方《かた》。

畳《たたみ》の上《うえ》の水練《すいれん》　理屈《りくつ》やり方《かた》は分《わ》かっていても、実際《じっさい》には役《やく》に立《た》たないことのたとえ。畳《たたみ》の上《うえ》で水泳《すいえい》の練習《れんしゅう》をしても、うまく泳《およ》げるようにはならないということから。「畳水練《たたみすいれん》」ともいう。

行《い》く

go
［ゴウ］

このページも見《み》てみよう
▼
訪《たず》ねる
↓182

行《い》く・行《ゆ》く

ある目的《もくてき》のために、そこへ出《で》かける。今《いま》いる場所《ばしょ》から離《はな》れる。例 さあ、時間《じかん》だからそろそろ行《い》こうよ。対 帰《かえ》る。

赴《おもむ》く

◎目的《もくてき》を持《も》って、行《い》くべき場所《ばしょ》に行《い》く。例 特派員《とくはいん》として現地《げんち》に取材《しゅざい》に赴《おもむ》く。◎気持《きも》ちや物事《ものごと》の状態《じょうたい》が変《か》わっていく。例 心《こころ》の赴《おもむ》くままにエッセーをつづる。

向《む》かう

◎目的《もくてき》の場所《ばしょ》や方向《ほうこう》を目指《めざ》して、進《すす》んでいく。例 事故《じこ》の知《し》らせを受《う》けて、急《いそ》いで現場《げんば》に向《む》かった。◎物事《ものごと》がある状態《じょうたい》に変《か》わっていく。例 幸《さいわ》い、けがはすぐに快方《かいほう》へと向《む》かった。

出向《でむ》く

今《いま》いる場所《ばしょ》から、ある場所《ばしょ》に出《で》かけていく。例 役所《やくしょ》に出向《でむ》いたが、印鑑《いんかん》を忘《わす》れたので出直《でなお》した。例 ご都合《つごう》のよい場所《ばしょ》に、どこへでも出向《でむ》くつもりです。

足《あし》が向《む》く

何《なん》となく行《い》きたいと思《おも》って、そちらに向《む》かう。例 おなかがすくと、ついついお気《き》に入《い》りのラーメン屋《や》に足《あし》が向《む》いてしまう。

たどる

◎決《き》まった道《みち》に沿《そ》って目的《もくてき》地《ち》へと進《すす》んでいく。例 川《かわ》の流《なが》れをたどって歩《ある》いていったら、源《げん》流《りゅう》に出《で》た。◎はっきりしない物事《ものごと》を探《さが》し求《もと》める。例 いつ鍵《かぎ》をなくしたのか、一週間前《いっしゅうかんまえ》からの記憶《きおく》をたどってみる。◎物事《ものごと》がある方向《ほうこう》に進《すす》む。例 隆盛《りゅうせい》の一途《いっと》をたどる。

足《あし》を伸《の》ばす

旅行《りょこう》や散歩《さんぽ》などで、もともと予定《よてい》していた場所《ばしょ》よりも遠《とお》くへ行《い》く。例 京都《きょうと》に来《き》たのだから、ついでに大阪《おおさか》まで足《あし》を伸《の》ばそう。

上《のぼ》る

◎高《たか》いほうに向《む》かっていく。例 坂《さか》を上《のぼ》ると、赤《あか》い屋根《やね》が見《み》えた。対 下《くだ》る。◎川《かわ》の源《みなもと》に向《む》かっていく。例 川《かわ》を上《のぼ》る船《ふね》に乗《の》り、さらに山《やま》深《ぶか》い宿《やど》に向《む》かう。対 下《くだ》る。◎都《みやこ》に行《い》く。例 天下統一《てんかとういつ》を目指《めざ》して、都《みやこ》に上《のぼ》る。対 下《くだ》る。

下《くだ》る

◎低《ひく》いほうに向《む》かっていく。例 山道《やまみち》を下《くだ》ると一軒《いっけん》の温泉宿《おんせんやど》を見《み》つけた。対 上《のぼ》る。◎川《かわ》の下流《かりゅう》に向《む》かっていく。例 水上《すいじょう》バスは川《かわ》を下《くだ》って海《うみ》に出《で》た。対 上《のぼ》る。◎都《みやこ》から地方《ちほう》に行《い》く。例 東海道《とうかいどう》を下《くだ》って、小田原《おだわら》まで徒《と》歩旅行《ほりょこう》をする。対 上《のぼ》る。

駆《か》け付《つ》ける 大急《おおいそ》ぎで、その場所《ばしょ》に行《い》く。例 いざというときは、いつでもすぐに駆《か》け付《つ》けるよ。

馳《は》せ着《つ》ける 「駆《か》け付《つ》ける」と同《おな》じ。例 主君《しゅくん》の命《めい》が下《くだ》ると、多《おお》くの家来《けらい》が馳《は》せ着《つ》けた。

いらっしゃる ◎「行《い》く」のうやまった言《い》い方《かた》。例 パリへはいついらっしゃるご予定《よてい》ですか。◎「来《く》る」↓186

お出《い》で ◎「行《い》くこと」のうやまった言《い》い方《かた》。例 お出《い》でを待《ま》つ。例 薬師寺《やくしじ》にお出《い》でになったことはありますか。◎「来《く》る」↓186

お越《こ》し ◎「お出《い》で」と同《おな》じ。例 お越《こ》しを願《ねが》う。例 これからどちらにお越《こ》しになるのですか。◎「来《く》る」↓186

参《まい》る ◎「行《い》く」のへりくだった言《い》い方《かた》。例 祝賀会《しゅくがかい》には、わが社《しゃ》を代表《だいひょう》して部長《ぶちょう》が参《まい》ります。◎「来《く》る」↓186 ◎「負《ま》ける」↓360 ◎「困《こま》る」↓476

参《さん》じる 「参《まい》る」と同《おな》じ。例 どうやらお宅《たく》に参《さん》じた際《さい》に、傘《かさ》を忘《わす》れてきたようです。

馳《は》せ参《さん》じる 主君《しゅくん》や目上《めうえ》の人《ひと》などの元《もと》に、急《いそ》いで駆《か》けつける。例 主君《しゅくん》の一大事《いちだいじ》という知《し》らせを聞《き》いて、大急《おおいそ》ぎで馳《は》せ参《さん》じました。

まかり越《こ》す 「参《まい》る」と同《おな》じ。例 先生《せんせい》がいらっしゃると伺《うかが》って、自宅《じたく》からまかり越《こ》したしだいです。

参上《さんじょう》 「行《い》くこと」のへりくだった言《い》い方《かた》。例 ご注文《ちゅうもん》の品《しな》ができ上《あ》がりましたので、お届《とど》けに参上《さんじょう》いたします。

行《い》き・行《ゆ》き 行《い》くこと。とくに、目的地《もくてきち》に向《む》かっていくこと。地名《ちめい》の後《あと》に付《つ》けて、乗《の》り物《もの》の行《い》き先《さき》を表《あらわ》すこともある。例 行《い》きは特《とっ》急《きゅう》に乗《の》ろう。例 青森《あおもり》行《い》きの列車《れっしゃ》は、雪《ゆき》で一時間《いちじかん》ほど遅《おく》れている。対 帰《かえ》り。

直行《ちょっこう》 寄《よ》り道《みち》せずに、まっすぐに目《もく》的地《てきち》に行《い》くこと。例 野球場《やきゅうじょう》へは、近《ちか》くの駅《えき》から直行《ちょっこう》のバスが出《で》ている。

急行《きゅうこう》 ◎大急《おおいそ》ぎで目的地《もくてきち》に行《い》くこと。例 災害現場《さいがいげんば》に、レスキュー隊《たい》が急行《きゅうこう》する。◎いくつかの駅《えき》に停《と》まらずに走《はし》る鉄道《てつどう》やバス。例 次《つぎ》の急行《きゅうこう》まで、まだ一時間《いちじかん》もある。

行幸《ぎょうこう》 天皇《てんのう》が出《で》かけること。例 陛下《へいか》の行幸《ぎょうこう》の車列《しゃれつ》に手《て》を振《ふ》る。

行《い》き付《つ》け 何度《なんど》も行《い》って、その店《みせ》のなじみになっていること。また、その店《みせ》。例 行《い》き付《つ》けの理《り》容店《ようてん》で散髪《さんぱつ》をする。

伴《ともな》う だれかを連《つ》れて行《い》く。とくに、親《した》しい人《ひと》といっしょに行《い》くときに使《つか》う。例 秘書《ひしょ》を伴《ともな》って会議《かいぎ》に出席《しゅっせき》する。

連《つ》れる 「伴《ともな》う」と同《おな》じ。例 妹《いもうと》を連《つ》れてスケート場《じょう》に出《で》かける。

率《ひき》いる ◎多《おお》くの人々《ひとびと》を引《ひ》き連《つ》れて行《い》く。例 生徒《せいと》を率《ひき》いて社《しゃ》会科見学《かいかけんがく》に行《い》く。◎人々《ひとびと》の上《うえ》に立《た》ち、指図《さしず》して動《うご》かす。例 有名《ゆうめい》な脚本家《きゃくほんか》が率《ひき》いる劇団《げきだん》。

◆＝もっと知《し》りたい、ことばの知識《ちしき》。

従《したが》える

◎目上《めうえ》の者《もの》が、目下《めした》の者《もの》を引《ひ》き連《つ》れて行《い》く。例 王《おう》は多《おお》くの家来《けらい》を従《したが》えて旅《たび》に出《で》た。◎命令《めいれい》に従《したが》わせる。例 戦《たたか》いに勝《か》って、多《おお》くの国《くに》を従《したが》える。

	子分《こぶん》を—	家族《かぞく》を—	妻《つま》を—
伴う	△	○	○
連れる	△	○	○
率いる	○	△	—
従える	○	△	—

引《ひ》き回《まわ》す

◎あちこちの場所《ばしょ》に連《つ》れて歩《ある》く。連《つ》れられる側《がわ》にとって、迷惑《めいわく》な場合《ばあい》が多《おお》い。例 母《はは》と買《か》い物《もの》に行《い》くと、そこら中《じゅう》の店《みせ》に引《ひ》き回《まわ》されるので疲《つか》れてしまう。似 引《ひ》っぱり回《まわ》す。◎「指導《しどう》する」➡374

引《ひ》きずり回《まわ》す

「引《ひ》き回《まわ》す」を強調《きょうちょう》した言《い》い方《かた》。例 東京見物《とうきょうけんぶつ》にあちこち引《ひ》きずり回《まわ》された。

引《ひ》き連《つ》れる

多《おお》くの人《ひと》を従《したが》えて連《つ》れて行《い》く。例 監督《かんとく》が、チームのメンバーを引《ひ》き連《つ》れて遠《えん》征《せい》に出《で》る。

引《ひ》っ提《さ》げる

◎「引《ひ》き連《つ》れる」のくだけた言《い》い方《かた》。例 子分《こぶん》を三人《さんにん》引《ひ》っ提《さ》げて現《あらわ》れた。◎「持《も》つ」➡152

従《したが》う

◎人《ひと》の後《あと》について行《い》く。人《ひと》のそばを離《はな》れないようについて行《い》く。例 案内係《あんないがかり》に従《したが》って会場《かいじょう》に入《はい》った。◎人《ひと》に言《い》われた通《とお》りにする。例 避難訓《ひなんくん》練《れん》では、先生《せんせい》の指示《しじ》に従《したが》って行動《こうどう》する。

付《つ》き従《したが》う

◎目下《めした》の立場《たちば》にある者《もの》が、目上《めうえ》の人《ひと》について行《い》く。例 社長《しゃちょう》に付《つ》き従《したが》って、得意先《とくいさき》を回《まわ》ってあいさつする。◎勢力《せいりょく》のある人《ひと》に服従《ふくじゅう》する。例 毛利氏《もうりし》は、過去《かこ》に戦《たたか》った豊臣秀吉《とよとみひでよし》に付《つ》き従《したが》った。

連《つ》れ立《だ》つ

何《なに》かをするためにいっしょに行《い》く。上下《じょうげ》の関《かん》係《けい》がある場合《ばあい》にも、ない場合《ばあい》にも使《つか》う。例 妻《つま》と連《つ》れ立《だ》って、映画館《えいがかん》に行《い》った。

一緒《いっしょ》

物《もの》がひとまとめになっているようす。また、「ご一緒《いっしょ》する」の形《かたち》で、「連《つ》れ立《だ》つ」という意味《いみ》。例 駅《えき》までご一緒《いっしょ》いたしましょう。

引率《いんそつ》

多《おお》くの人《ひと》を取《と》りまとめて、引《ひ》き連《つ》れて行《い》くこと。例 クラス全員《ぜんいん》を引率《いんそつ》して、美術館《びじゅつかん》を見学《けんがく》する。

同行《どうこう》

いっしょに行《い》くこと。また、連《つ》れて行《い》くこと。例 遺跡《いせき》の調《ちょう》査《さ》に、記者《きしゃ》が同行《どうこう》する。例 不審《ふしん》な点《てん》があるので、警察署《けいさつしょ》まで同行《どうこう》願《ねが》います。

同道《どうどう》

「同行《どうこう》」の、やや改《あらた》まった言《い》い方《かた》。目上《めうえ》の人《ひと》が目下《めした》の人《ひと》を連《つ》れて行《い》くときに使《つか》うことが多《おお》い。例 部《ぶ》下《か》を同道《どうどう》して、中国支社《ちゅうごくししゃ》を視察《しさつ》する。

同伴《どうはん》

「同行《どうこう》」と同《おな》じ。親《した》しい関係《かんけい》の人《ひと》が連《つ》れ添《そ》って行《い》くときに多《おお》く使《つか》われる。例 映画《えいが》の鑑賞会《かんしょうかい》には、保護者《ほごしゃ》同伴《どうはん》でお出《い》でください。

帯同《たいどう》

連《つ》れて行《い》くこと。例 出張《しゅっちょう》には秘書《ひしょ》を帯同《たいどう》する。

連行《れんこう》

連《つ》れられる人《ひと》の意思《いし》にかかわらず、連《つ》れて行《い》くこと。とくに、警察官《けいさつかん》が犯人《はんにん》などを警察署《けいさつしょ》に連《つ》れて行《い》くこと。例 連行《れんこう》される容疑者《ようぎしゃ》に、報道《ほうどう》陣《じん》が群《むら》がる。

随行《ずいこう》

身分《みぶん》の高《たか》い人《ひと》や客《きゃく》の旅行《りょこう》や視《し》察《さつ》などに、同行《どうこう》すること。例首相《しゅしょう》のヨーロッパ外遊《がいゆう》に随行《ずいこう》する。

お供《とも》

◎目上《めうえ》の人《ひと》や主人《しゅじん》に従《したが》って、いっしょに行《い》くこと。また、そのようについて行《い》く人《ひと》。例あの店《みせ》に行《い》くなら、喜《よろこ》んでお供《とも》しますよ。例社長《しゃちょう》とお供《とも》の方《かた》がお見《み》えです。

随伴《ずいはん》

「随行《ずいこう》」と同《おな》じ。例大使《たいし》に随伴《ずいはん》して、世界各地《せかいかくち》を歴訪《れきほう》する。

道連《みちづ》れ

◎旅行《りょこう》などにいっしょに行《い》くこと、また、その人《ひと》。例旅《たび》は道連《みちづ》れ世《よ》は情《なさ》け(旅《たび》では道連《みちづ》れがいると心強《こころづよ》いように、人生《じんせい》では、お互《たが》いに思《おも》いやりを持《も》って生《い》きるべきだということ)。◎相手《あいて》の意思《いし》を無視《むし》して、同《おな》じ道《みち》を歩《あゆ》ませること。とくに、共《とも》に死《し》ぬこと。例小《ちい》さな子《こ》どもを道連《みちづ》れにするとは、ひどい話《はなし》だ。

通《とお》る

pass
[パス]

通《とお》る

◎人《ひと》や物事《ものごと》が、ある場所《ばしょ》を一方《いっぽう》から他方《たほう》へと動《うご》いていく。例目《め》の前《まえ》を多《おお》くの人々《ひとびと》が通《とお》る。◎「入学《にゅうがく》・卒業《そつぎょう》」➡114

通《つう》じる

◎道《みち》などがつながって、二《ふた》つの場所《ばしょ》が行《い》き来《き》できるようになる。例駅《えき》に通《つう》じる道《みち》には、楽《たの》しそうな店《みせ》が立《た》ち並《なら》んでいる。◎ある場所《ばしょ》まで届《とど》かせる。例さっきから何度《なんど》も家《いえ》に電話《でんわ》しているのに、全然《ぜんぜん》通《つう》じない。

過《す》ぎる

◎止《と》まらずに、ある地点《ちてん》を通《とお》って行《い》く。例列車《れっしゃ》は今《いま》京都駅《きょうとえき》を過《す》ぎたところだ。◎ある時期《じき》や時間《じかん》が終《お》わる。例楽《たの》しい時間《じかん》はあっという間《ま》に過《す》ぎてしまう。◎「優《すぐ》れる」➡557

通《とお》り過《す》ぎる

◎ある場所《ばしょ》を通《とお》ってその先《さき》へ行《い》く。例駅《えき》を通《とお》り過《す》ぎて右《みぎ》に曲《ま》がると、音楽《おんがく》ホールが見《み》えてくる。◎うっかり行《い》き過《す》ぎてしまう。例左折《させつ》するはずの交差点《こうさてん》を、うっかり通《とお》り過《す》ぎてしまった。

通《とお》り越《こ》す

◎「通《とお》り過《す》ぎる」と同《おな》じ。例ぼんやりしていて、乗《の》り換《か》えるはずの駅《えき》を通《とお》り越《こ》してしまった。◎ある程度《ていど》にとどまらずに、その段階《だんかい》を超《こ》えて先《さき》に行《い》く。例会社《かいしゃ》で居眠《いねむ》りするなんて、怒《いか》りを通《とお》り越《こ》してあきれてしまう。

よぎる

◎「通《とお》り過《す》ぎる」と同《おな》じ。例目《め》の前《まえ》を、大《おお》きな鳥《とり》がよぎっていった。◎ある気持《きも》ちや考《かんが》えが、心《こころ》に浮《う》かんですぐに消《き》える。例懐《なつ》かしい思《おも》い出《で》が、一瞬《いっしゅん》、心《こころ》をよぎる。

行《い》き過《す》ぎる

◎通《とお》り過《す》ぎる。例窓《まど》の下《した》を行《い》き過《す》ぎる人々《ひとびと》を、ぼんやりと眺《なが》めていた。例おしゃべりに夢中《むちゅう》で、郵便局《ゆうびんきょく》を行《い》き過《す》ぎてしまった。◎常識的《じょうしきてき》な程度《ていど》を越《こ》えて、物事《ものごと》をやり過《す》ぎてしまう。例あそこで手《て》を出《だ》したのは、行《い》き過《す》ぎた行動《こうどう》だった。

通《とお》り抜《ぬ》ける

◎ある場所《ばしょ》、とくに、細《ほそ》い通路《つうろ》や透《す》き間《ま》を通《とお》って向《む》こう側《がわ》に出《で》る。例トンネルを通《とお》り抜《ぬ》けると、眼前《がんぜん》に海《うみ》が広《ひろ》がった。

突《つ》き抜《ぬ》ける

◎「通《とお》り抜《ぬ》ける」と同《おな》じ。例この裏道《うらみち》を突《つ》き抜《ぬ》けたところに、商店街《しょうてんがい》がある。◎物《もの》の中《なか》を勢《いきお》いよく通《とお》って、向《む》こう側《がわ》

◆＝もっと知《し》りたい、ことばの知識《ちしき》。

に出《で》る。例 板《いた》が薄《うす》かったので、くぎが反対側《はんたいがわ》まで突《つ》き抜《ぬ》けてしまった。

擦《す》り抜《ぬ》ける

◎狭《せま》い場所《ばしょ》や人《ひと》と人《ひと》との間《あいだ》、物《もの》の透《す》き間《ま》を、ぶつからないようにうまく通《とお》り抜《ぬ》けて向《む》こう側《がわ》に出《で》る。例 ビルとビルとの透《す》き間《ま》を擦《す》り抜《ぬ》けると、大通《おおどお》りに出《で》られる。◎「逃《に》げる」↓194

潜《くぐ》る

◎物《もの》の下《した》や、通《とお》りにくい透《す》き間《ま》を通《とお》り抜《ぬ》ける。例 門《もん》を潜《くぐ》って、屋敷《やしき》の中《なか》に入《はい》る。似 かい潜《くぐ》る。潜《くぐ》り抜《ぬ》ける。◎すきを見《み》てうまく行動《こうどう》する。例 法《ほう》の網《あみ》を潜《くぐ》って、犯罪《はんざい》まがいの行為《こうい》をする。似 かい潜《くぐ》る。潜《くぐ》り抜《ぬ》ける。

貫《つらぬ》く

◎物《もの》の一方《いっぽう》の側《がわ》と反対側《はんたいがわ》を通《つう》じさせる。例 トンネル建設《けんせつ》のため、山《やま》を貫《つらぬ》く大工事《だいこうじ》が行《おこな》われる。◎「やり遂《と》げる」↓341

突《つ》っ切《き》る

勢《いきお》いよく一直線《いっちょくせん》に通《とお》り抜《ぬ》ける。例 校庭《こうてい》を北《きた》の方向《ほうこう》に突《つ》っ切《き》ったところに体育館《たいいくかん》がある。

抜《ぬ》ける

ある物《もの》の中《なか》を通《とお》り抜《ぬ》けて、向《む》こう側《がわ》に出《で》る。例 森《もり》を抜《ぬ》けると、美《うつく》しい湖《みずうみ》が現《あらわ》れた。

経《へ》る

◎目的地《もくてきち》に行《い》く途中《とちゅう》で、ある場所《ばしょ》を通《とお》って行《い》く。例 広島《ひろしま》を経《へ》て福岡《ふくおか》に向《む》かう。◎ある過程《かてい》や道筋《みちすじ》をたどる。ある職業《しょくぎょう》や役職《やくしょく》などを経験《けいけん》する。例 多《おお》くの困難《こんなん》を経《へ》て、壮大《そうだい》な計《けい》画《かく》が実現《じつげん》できた。

通《とお》りかかる

ちょうどそのときに、その場所《ばしょ》を通《とお》る。例 急《きゅう》な雨《あめ》に困《こま》っていたら、たまたま知《ち》人《じん》が通《とお》りかかった。似 通《とお》りすがる。

差《さ》しかかる

その場所《ばしょ》にたどり着《つ》く。例 バスは、いよいよ難所《なんしょ》といわれる峠《とうげ》に差《さ》しかかった。

横切《よこぎ》る

人《ひと》の前《まえ》を、横《よこ》の方向《ほうこう》に通《とお》り過《す》ぎる。道路《どうろ》を渡《わた》る。例 信号《しんごう》のない車道《しゃどう》を歩行者《ほこうしゃ》が横切《よこぎ》るのは、危険《きけん》な行為《こうい》だ。

まかり通《とお》る

◎人々《ひとびと》の前《まえ》を、堂々《どうどう》といばって通《とお》る。例 よろいに身《み》を固《かた》めた武士《ぶし》たちが、町《ちょう》人《にん》の間《あいだ》をまかり通《とお》る。◎よくない行為《こうい》が、当《あ》たり前《まえ》のように通用《つうよう》してしまう。例 こんな不正《ふせい》がまかり通《とお》るとは、世《よ》も末《すえ》だ。

通過《つうか》

◎ある地点《ちてん》を、止《と》まらずに通《とお》り過《す》ぎること。例 この駅《えき》は急《きゅう》行《こう》も準急《じゅんきゅう》も通過《つうか》してしまう。◎「入学《にゅうがく》・卒業《そつぎょう》」↓113

通行《つうこう》

人《ひと》や車《くるま》などが道《みち》を通《とお》って行《い》くこと。例 こんな場所《ばしょ》に荷物《にもつ》を積《つ》み上《あ》げたら、車両《しゃりょう》の通行《つうこう》を妨《さまた》げてしまう。

通《とお》り

◎人《ひと》が通行《つうこう》したり、物《もの》が通《とお》ったりするようす。例 この部屋《へや》は風《かぜ》の通《とお》りが悪《わる》い。◎声《こえ》や音《おと》が伝《つた》わるようす。例 彼《かれ》の声《こえ》は通《とお》りがいい。◎道《どう》路《ろ》のこと。往来《おうらい》。人《ひと》の行《い》きかう道《みち》。例 通《とお》りに面《めん》した部屋《へや》なので、少《すこ》しうるさい。

素通《すどお》り

近《ちか》くを通《とお》りかかっていながら、その場所《ばしょ》に立《た》ち寄《よ》らないで通《とお》り過《す》ぎること。例 甘《あま》いものが好《す》きな姉《あね》は、ケーキ屋《や》さんの前《まえ》を素通《すどお》りできない。

通《とお》りがかり

どこかへ行《い》く途中《とちゅう》に、ある場所《ばしょ》を通《とお》る

こと。その道《みち》を通《とお》るついで。例通《とお》りがかりの人《ひと》たちに、高層《こうそう》マンション建築《けんちく》反対《はんたい》の署名《しょめい》を求《もと》める。

通《とお》りすがり　「通《とお》りがかり」と同《おな》じ。例わたしは、通《とお》りすがりの者《もの》ですが、事情《じじょう》を聞《き》かせてくれませんか。

直通《ちょくつう》　乗《の》り物《もの》で、乗《の》り換《か》えなしに目的《もくてき》の場所《ばしょ》まで行《い》けること。また、電話《でんわ》などが、相手《あいて》に直接《ちょくせつ》通《つう》じること。例駅《えき》から展望台《てんぼうだい》までの直通《ちょくつう》バスが出《で》ています。例わたしの直通《ちょくつう》の電話番《でんわばん》号《ごう》を教《おし》えましょう。

経由《けいゆ》　目的地《もくてきち》に行《い》く途中《とちゅう》で、ある地点《ちてん》を通《とお》ること。人《ひと》だけでなく、荷物《にもつ》・郵便《ゆうびん》などについても使《つか》う。例この飛行機《ひこうき》はシベリアを経由《けいゆ》してヨーロッパに向《む》かう。

開通《かいつう》　道路《どうろ》・鉄道《てつどう》・電話回線《でんわかいせん》などの設備《せつび》ができて、通《つう》じるようになること。例高速道路《こうそくどうろ》が開通《かいつう》し、記念《きねん》式典《しきてん》が行《おこな》われた。

四通八達《しつうはったつ》　道路《どうろ》などの交通網《こうつうもう》が、四方八方《しほうはっぽう》に通《つう》じていること。例この町《まち》は、道路《どうろ》が四通八達《しつうはったつ》している交通《こうつう》の要所《ようしょ》だ。

貫通《かんつう》　ある物《もの》の内部《ないぶ》を通《とお》り、その一方《いっぽう》の側《がわ》から反対側《はんたいがわ》まで突《つ》き通《とお》ること。また、そのように突《つ》き通《とお》すこと。例トンネルがやっと貫通《かんつう》した。例銃弾《じゅうだん》が厚《あつ》い板《いた》を貫通《かんつう》する。

横断《おうだん》　◎道路《どうろ》や川《かわ》などを、直角《ちょっかく》に交《まじ》わるように横切《よこぎ》ること。例横《おう》断《だん》歩道《ほどう》は手《て》を挙《あ》げて渡《わた》ろう。◎広《ひろ》い土《と》地《ち》や海《うみ》などを、東西《とうざい》の方向《ほうこう》に通《とお》り抜《ぬ》けること。例ユーラシア大陸《たいりく》を鉄道《てつどう》で横《おう》断《だん》する。対縦断《じゅうだん》。

縦断《じゅうだん》　広《ひろ》い土地《とち》や海《うみ》などを、南北《なんぼく》の方向《ほうこう》に通《とお》り抜《ぬ》けること。また、細長《ほそなが》い陸地《りくち》を、端《はし》から端《はし》まで行《い》くこと。例大型《おおがた》の台風《たいふう》が日本列島《にほんれっとう》を縦断《じゅうだん》する。対横断《おうだん》。

縦走《じゅうそう》　◎山脈《さんみゃく》などが南北《なんぼく》、あるいは陸地《りくち》の長《なが》い方向《ほうこう》に連《つら》なること。例南《みなみ》アメリカ大陸《たいりく》の太平洋側《たいへいようがわ》を縦走《じゅうそう》するアンデス山脈《さんみゃく》。◎「歩《ある》く」➡168

縦貫《じゅうかん》　道路《どうろ》やトンネルなどが、南北《なんぼく》の方向《ほうこう》に貫《つらぬ》くこと。陸地《りくち》の長《なが》い方向《ほうこう》に貫《つらぬ》くこと。例風光明媚《ふうこうめいび》な半島《はんとう》を、高速道路《こうそくどうろ》が縦貫《じゅうかん》している。

通《とお》り抜《ぬ》け　そこを通《とお》って向《む》こう側《がわ》に通《つう》じていること。また、そのような道《みち》。例この路地《ろじ》は、表《おもて》通《どお》りには通《とお》り抜《ぬ》けできない。

「通《とお》る」に関連《かんれん》することば

すべての道《みち》はローマに通《つう》ず　手段《しゅだん》は違《ちが》っても目的《もくてき》は同《おな》じであることや真《しん》理《り》は一《ひと》つであることのたとえ。ローマ帝国《ていこく》が栄《さか》えていた古代《こだい》には、世界《せかい》中《じゅう》の道《みち》がローマに通《つう》じているといわれたことから。

無理《むり》が通《とお》れば道理《どうり》が引《ひ》っ込《こ》む　不正《ふせい》な要求《ようきゅう》や考《かんが》えを押《お》し通《とお》す人《ひと》がいると、そのことで正《ただ》しい意見《いけん》が通《とお》らなくなるだけでなく、世《よ》の中全体《なかぜんたい》がすさんで、それ以降《いこう》も正《ただ》しい意見《いけん》が通《とお》りにくくなるということ。

◆＝もっと知《し》りたい、ことばの知識《ちしき》。

スルー　◎「通《とお》り抜《ぬ》ける」「突《つ》き抜《ぬ》ける」などの意《い》味《み》の英《えい》語《ご》。例 ドライブスルー。例 その信号《しんごう》はスルーして、次《つぎ》の角《かど》を右折《うせつ》してください。◎日本語《にほんご》のなかでは、人《ひと》の話《はなし》をまともに聞《き》かず受《う》け流《なが》すという意《い》味《み》でも使《つか》われる。例 あいつの話《はなし》は長《なが》いからスルーしよう。

訪《たず》ねる

このページも見《み》てみよう
▼ 行《い》く ↓176

訪《たず》ねる　ある目的《もくてき》を持《も》って、人《ひと》の家《いえ》やある場《ば》所《しょ》へ出《で》かける。例 友《とも》だちの家《いえ》を訪《たず》ねる。

訪《おとず》れる　◎「訪《たず》ねる」と同《おな》じ。例 新《しん》築祝《ちくいわ》いに、上司《じょうし》の家《いえ》を訪《おとず》れた。◎「来《く》る」↓186

訪《と》う　「訪《たず》ねる」と同《おな》じ。例 祖《そ》父《ふ》の夢《ゆめ》は、仏教発祥《ぶっきょうはっしょう》の地《ち》を訪《と》う旅《たび》に

出《で》ることだそうだ。

寄《よ》る　目的《もくてき》地《ち》に行《い》く途《と》中《ちゅう》で、ついでにほかの場《ば》所《しょ》を訪《おとず》れる。例 ちょっと寄《よ》るところがあるので、先《さき》に帰《かえ》っていて。

立《た》ち寄《よ》る　「寄《よ》る」と同《おな》じ。例 学校《がっこう》の帰《かえ》りに、友《とも》だちの家《いえ》に立《た》ち寄《よ》る。

足《あし》を運《はこ》ぶ　ある場《ば》所《しょ》に、わざわざ訪《たず》ねて行《い》く。例 ゾウを描《えが》くため、何度《なんど》も動物園《どうぶつえん》に足《あし》を運《はこ》んだ。

訪問《ほうもん》　訪《たず》ねること。他《た》人《にん》の家《いえ》などを訪《おとず》れること。例 先生《せんせい》のご都合《つごう》をお聞《き》きしてから訪問《ほうもん》するようにしよう。

来訪《らいほう》　人《ひと》が訪《たず》ねて来《く》ること。例 大統《だいとう》領《りょう》が日《に》本《ほん》に来訪《らいほう》し、歓迎《かんげい》の行《ぎょう》事《じ》が行《おこな》われた。対 往訪《おうほう》。

往訪《おうほう》　こちらから人《ひと》を訪《たず》ねて行《い》くこと。例 北海道《ほっかいどう》に引《ひ》っ越《こ》した友《ゆう》人宅《じんたく》を往訪《おうほう》した。対 来訪《らいほう》。

来宅《らいたく》　人《ひと》が自《じ》分《ぶん》の家《いえ》に訪《たず》ねて来《く》ること。例 次《つぎ》のご来宅《らいたく》をお待《ま》ちしております。

歴訪《れきほう》　さまざまな場《ば》所《しょ》や人《ひと》を、次々《つぎつぎ》と訪《ほう》問《もん》すること。例 首相《しゅしょう》がヨーロッパ諸国《しょこく》歴訪《れきほう》の旅《たび》に出《で》た。

探訪《たんぼう》　出《で》かけて行《い》って、実際《じっさい》のようすを探《さぐ》り調《しら》べること。例 全国《ぜんこく》各地《かくち》のおいしい郷《きょう》土《ど》料《りょう》理《り》を探訪《たんぼう》する旅《たび》に出《で》る。

伺《うかが》う　◎「訪《たず》ねる」のへりくだった言《い》い方《かた》。例 明日《あす》、事《じ》務《む》所《しょ》のほうに伺《うかが》います。◎「聞《き》く」↓263 ◎「質問《しつもん》する」↓298

お邪《じゃ》魔《ま》する　相手《あいて》の家《いえ》を訪《たず》ねることの、へりくだった言《い》い方《かた》。例 三時《さんじ》ごろ、お宅《たく》にお邪魔《じゃま》してよろしいでしょうか。

推参《すいさん》　相手《あいて》のもとへ出《で》かけて行《い》くこと。もとは、自《じ》分《ぶん》から押《お》しかけて行《い》くという意《い》味《み》。例 突《とつ》然《ぜん》推参《すいさん》いたしまして、申《もう》し訳《わけ》ありません。

来《らい》駕《が》　相《あい》手《て》が訪《たず》ねて来《く》ることを、うやまっていうことば。「駕《が》」は馬《うま》に引《ひ》かせた車《くるま》のことで、それに乗《の》っ

てわざわざ訪《おとず》れるということ。例ご来駕《らいが》を賜《たまわ》り、まことに光栄《こうえい》です。

会社訪問《かいしゃほうもん》
学生《がくせい》が、就職《しゅうしょく》を希望《きぼう》する会社《かいしゃ》に就職《しゅうしょく》試験《しけん》などの前《まえ》に訪《おとず》れて、社員《しゃいん》などの話《はなし》を聞《き》くこと。例兄《あに》は自動車《じどうしゃ》メーカーの会社訪問《かいしゃほうもん》に緊張《きんちょう》して出《で》かけた。

家庭訪問《かていほうもん》
学校《がっこう》の教師《きょうし》などが、生徒《せいと》の家庭環境《かていかんきょう》を知《し》るために、その家庭《かてい》を訪《たず》ねること。例わたしの学校《がっこう》は学区《がっく》が広《ひろ》いので、先生《せんせい》は家庭訪問《かていほうもん》が大変《たいへん》だと言《い》っている。

出発《しゅっぱつ》する

depart
［ディパート］

出《で》かける
ある場所《ばしょ》に行《い》くために、今《いま》いるところを離《はな》れる。目的《もくてき》があって行《い》く場合《ばあい》にも、単《たん》に外《がい》出《しゅつ》する場合《ばあい》にも使《つか》われる。例たまには出《で》かけて、外食《がいしょく》しようよ。

出《で》る
ある場所《ばしょ》に向《む》かおうとして、今《いま》いるところを離《はな》れる。例今日《きょう》は正午《しょうご》に家《いえ》を出《で》る予定《よてい》だ。

出《だ》す
そろったので、車《くるま》を出《だ》す。
乗《の》り物《もの》を発進《はっしん》させる。例全員《ぜんいん》そろったので、車《くるま》を出《だ》す。

発《はっ》する
ほかの場所《ばしょ》へ出発《しゅっぱつ》する。例日本《にほん》を発《はっ》した船団《せんだん》は、一路《いちろ》アメリカに向《む》かった。

乗《の》り出《だ》す
◎船《ふね》などに乗《の》って、今《いま》いるところから出《で》る。例豪華客船《ごうかきゃくせん》が、多《おお》くの人々《ひとびと》に見送《みおく》られて大海《たいかい》に乗《の》り出《だ》す。似漕《こ》ぎ出《だ》す。◎あることを、自分《じぶん》から進《すす》んでやり始《はじ》める。例事件《じけん》の解決《かいけつ》に、名探偵《めいたんてい》が乗《の》り出《だ》す。

立《た》つ
◎出発《しゅっぱつ》する。例明日《あす》の朝《あさ》、七時《しちじ》に東京駅《とうきょうえき》を立《た》つ予定《よてい》です。◆「発《た》つ」とも書《か》く。◎「立《た》つ」↓140

旅立《たびだ》つ
◎旅行《りょこう》に出発《しゅっぱつ》する。例大《おお》きな希望《きぼう》を抱《いだ》いて、フランス留学《りゅうがく》へと旅立《たびだ》つ。◎「死《し》ぬ」↓126

後《あと》にする
そこから出発《しゅっぱつ》して、今《いま》いた場所《ばしょ》を去《さ》る。例大《たい》望《もう》を抱《いだ》いて故郷《こきょう》を後《あと》にする。

飛《と》ぶ
◎大急《おおいそ》ぎで目的地《もくてきち》に行《い》く。一気《いっき》にそこまで行《い》く。例事件《じけん》の知《し》らせを受《う》けて、記者《きしゃ》が現場《げんば》へ飛《と》ぶ。◎「跳《は》ねる」↓147 ◎「逃《に》げる」↓194

飛《と》び立《た》つ
◎ある場所《ばしょ》に向《む》かって飛行機《ひこうき》などが飛《と》び去《さ》る。例彼《かれ》を乗《の》せた飛行機《ひこうき》が、マレーシアへ飛《と》び立《た》った。◎人《ひと》の思《おも》いなどが、遠《とお》い場所《ばしょ》や未来《みらい》の出来事《できごと》へ向《む》く。例来月《らいげつ》のコンテストに向《む》けて、気持《きも》ちが飛《と》び立《た》つ。◎「うれしい」↓424

途《と》に就《つ》く
出発《しゅっぱつ》する。旅立《たびだ》つ。例全日本《ぜんにっぽん》のバレーボールチームは、優秀《ゆうしゅう》な成績《せいせき》をあげて帰国《きこく》の途《と》に就《つ》いた。

外出《がいしゅつ》
家《いえ》や仕事場《しごとば》などから、よそに出《で》かけること。例用事《ようじ》があるのでちょっと外出《がいしゅつ》してきます。

出発《しゅっぱつ》
◎目的地《もくてきち》に向《む》かって出《で》かけること。例六年生全員《ろくねんせいぜんいん》が、今朝《けさ》八時《はちじ》に修学旅行《しゅうがくりょこう》に出発《しゅっぱつ》した。対到着《とうちゃく》。◎新《あたら》しいことを始《はじ》めること。例彼女《かのじょ》の新《あたら》しい人生《じんせい》の出発《しゅっぱつ》を祝《いわ》って、みんなで乾杯《かんぱい》しよう。

発《はつ》
その場所《ばしょ》を出発《しゅっぱつ》すること。おもに地名《ちめい》や時刻《じこく》の後《あと》に続《つづ》けて使《つか》われ

◆＝もっと知《し》りたい、ことばの知識《ちしき》。

る。例午後九時《ごごくじ》発《はつ》の夜行列車《やこうれっしゃ》に乗《の》って、北海道《ほっかいどう》に旅立《たびだ》つ。対着《ちゃく》。

出動《しゅつどう》　軍《ぐん》や警察《けいさつ》・消防《しょうぼう》などが、任務《にんむ》のために目的地《もくてきち》に向《む》かうこと。例強盗《ごうとう》事件《じけん》の発生《はっせい》に、警官《けいかん》が緊急《きんきゅう》に出動《しゅつどう》する。

スタート　「出発《しゅっぱつ》」「開始《かいし》」などの意味《いみ》の英語《えいご》。例ランナーが全員《ぜんいん》、きれいなスタートを切《き》った。対ゴール。

早発《そうはつ》　列車《れっしゃ》や飛行機《ひこうき》などが、決《き》まった時刻《じこく》よりも早《はや》く出発《しゅっぱつ》すること。例原則《げんそく》として、路線《ろせん》バスが早発《そうはつ》することはありません。対遅発《ちはつ》。

遅発《ちはつ》　列車《れっしゃ》や飛行機《ひこうき》などが、決《き》まった時刻《じこく》よりも遅《おそ》く出発《しゅっぱつ》すること。例あまりに雨《あめ》が強《つよ》いので、この電車《でんしゃ》は五分《ごふん》ほど遅発《ちはつ》いたします。対早発《そうはつ》。

先発《せんぱつ》　ほかの人《ひと》より先《さき》に出発《しゅっぱつ》すること。また、先《さき》に出発《しゅっぱつ》した人《ひと》。例救助《きゅうじょ》に向《む》かった先発《せんぱつ》の人々《ひとびと》は、今日《きょう》の夜《よる》には現地《げんち》に到着《とうちゃく》する。対後発《こうはつ》。

後発《こうはつ》　◎ほかの人《ひと》より遅《おく》れて出発《しゅっぱつ》すること。また、遅《おく》れて出発《しゅっぱつ》した人《ひと》。例後発《こうはつ》の連中《れんちゅう》が結局《けっきょく》、追《お》いついてしまった。対先発《せんぱつ》。◎物事《ものごと》に遅《おく》れて取《と》りかかること。例後発《こうはつ》メーカーなのに、新《あたら》しいアイデアを出《だ》して最高《さいこう》のレベルに達《たっ》した。

旅立《たびだ》ち　◎旅《たび》に出発《しゅっぱつ》すること。例アメリカへの旅立《たびだ》ちの日《ひ》を祝《いわ》うように、出発《しゅっぱつ》の朝《あさ》は美《うつく》しい日本晴《にほんば》れとなった。◎新《あたら》しい生活《せいかつ》を始《はじ》めること。例この卒業式《そつぎょうしき》こそが、新生活《しんせいかつ》への旅立《たびだ》ちである。似出《い》で立《た》ち。

出立《しゅったつ》　旅《たび》に出《で》ること。例出立《しゅったつ》は明日《あす》の早朝《そうちょう》に決《き》めた。

門出《かどで》　◎心《こころ》を決《き》めて、長《なが》い旅《たび》に出《で》ること。例門出《かどで》をみんなで見送《みおく》る。◎進学《しんがく》や就職《しゅうしょく》、また結婚《けっこん》など、新《あたら》しい生活《せいかつ》を始《はじ》めること。例結婚《けっこん》した友人《ゆうじん》の、新生活《しんせいかつ》の門出《かどで》を祝《いわ》う。

壮途《そうと》　前途《ぜんと》に大《おお》きな希望《きぼう》を持《も》った、勇《いさ》ましい門出《かどで》。例極地探検《きょくちたんけん》の壮途《そうと》を祝《しゅく》して、盛大《せいだい》なパーティーが開《ひら》かれた。

鹿島立《かしまだ》ち　「旅立《たびだ》ち」と同《おな》じ。とくに、大《おお》きな任務《にんむ》のために旅立《たびだ》つことをいう。◆一説《いっせつ》に、奈良《なら》時代《じだい》に防人《さきもり》(九州《きゅうしゅう》の防衛《ぼうえい》の任《にん》に当《あ》たった兵士《へいし》)などが、茨城県《いばらきけん》の鹿島神社《かしまじんじゃ》に立《た》ち寄《よ》って旅《たび》の無事《ぶじ》を祈《いの》ったのが語源《ごげん》という。

早立《はやだ》ち　朝早《あさはや》く旅《たび》に出《で》ること。例旅館《りょかん》におにぎりを用意《ようい》してもらい、早立《はやだ》ちする。

朝立《あさだ》ち　「早立《はやだ》ち」と同《おな》じ。例夜《よ》が明《あ》ける前《まえ》に、宿《やど》を朝立《あさだ》ちする予定《よてい》だ。

七《なな》つ立《だ》ち　「早立《はやだ》ち」のこと。「七《なな》つ」は昔《むかし》の時刻《じこく》で、現在《げんざい》の午前四時《ごぜんよじ》ごろ。例お江戸《えど》日本橋《にほんばし》七《なな》つ立《だ》ち。

発車《はっしゃ》　列車《れっしゃ》や自動車《じどうしゃ》などが出発《しゅっぱつ》すること。例悪天候《あくてんこう》だったが、バスは定刻通《ていこくどお》りに停留所《ていりゅうじょ》を発車《はっしゃ》した。対停車《ていしゃ》。

発進《はっしん》　自動車《じどうしゃ》・飛行機《ひこうき》・船《ふね》などが動《うご》き出《だ》すこと。例坂道《さかみち》で車《くるま》を発進《はっしん》させるには、練習《れんしゅう》が必要《ひつよう》だ。

発走《はっそう》 陸上競技《りくじょうきょうぎ》などで、ランナーがいっせいに走《はし》り出《だ》すこと。例 決勝《けっしょう》にこまを進《すす》めた八名《はちめい》の選手《せんしゅ》の**発走《はっそう》**時刻《じこく》が迫《せま》る。

出航《しゅっこう》 船《ふね》や飛行機《ひこうき》が出発《しゅっぱつ》すること。例 **出航《しゅっこう》**を待《ま》つ船《ふね》が港《みなと》に停泊《ていはく》している。似 出帆《しゅっぱん》。

出港《しゅっこう》 船《ふね》が港《みなと》を出《で》ること。例 まだ夜《よ》も明《あ》けないうちに、漁船《ぎょせん》が次々《つぎつぎ》と漁場《ぎょじょう》に向《む》けて**出港《しゅっこう》**していった。

出船《でふね》 船《ふね》が港《みなと》から出《で》て行《い》くこと。また、港《みなと》を出《で》て行《い》く船《ふね》。例 雨《あめ》の日《ひ》の**出船《でふね》**は、何《なん》となく寂《さび》しいものだ。対 入《い》り船《ふね》。◆「でぶね」ともいう。また、「しゅっせん」とも読《よ》む。

船出《ふなで》 ◎港《みなと》から外海《そとうみ》に向《む》けて、船《ふね》が出発《しゅっぱつ》すること。例 **船出《ふなで》**を見《み》送《おく》る人々《ひとびと》が、手《て》に手《て》に紙《かみ》テープを持《も》っている。◎新《あたら》しい生活《せいかつ》を始《はじ》めることのたとえ。例 息子《むすこ》の社会人《しゃかいじん》としての**船出《ふなで》**を祝《いわ》う。

離岸《りがん》 「船出《ふなで》」と同《おな》じ。船《ふね》が岸《きし》を離《はな》れること。例 この船《ふね》は木曜日《もくようび》に**離岸《りがん》**する予定《よてい》だ。対 着岸《ちゃくがん》。接岸《せつがん》。

抜錨《ばつびょう》 いかりを巻《ま》き上《あ》げて、船《ふね》が出《しゅっ》港《こう》すること。「錨《びょう》」は、いかり。例 **抜錨《ばつびょう》**の時刻《じこく》が、刻一刻《こくいっこく》と迫《せま》る。対 投錨《とうびょう》。

離陸《りりく》 飛行機《ひこうき》などが陸地《りくち》を離《はな》れて飛《と》び立《た》つこと。例 濃霧《のうむ》のため、この飛行機《ひこうき》の**離陸《りりく》**は二時間《にじかん》遅《おく》れになる。対 着陸《ちゃくりく》。

始発《しはつ》 ◎その路線《ろせん》の電車《でんしゃ》やバスで、その日《ひ》最初《さいしょ》に出発《しゅっぱつ》すること。また、その電車《でんしゃ》やバス。例 登山鉄道《とざんてつどう》の**始発《しはつ》**は午前五時《ごぜんごじ》です。対 終発《しゅうはつ》。終電《しゅうでん》。◎電車《でんしゃ》やバスなどが、そこを起点《きてん》として出発《しゅっぱつ》すること。例 東京《とうきょう》**始発《しはつ》**のバスに乗《の》って、スキー場《じょう》に向《む》かう。対 終着《しゅうちゃく》。

終発《しゅうはつ》 その路線《ろせん》の電車《でんしゃ》やバスで、その日《ひ》最後《さいご》に出発《しゅっぱつ》すること。また、その電車《でんしゃ》やバス。例 **終発《しゅうはつ》**の列車《れっしゃ》に乗《の》り遅《おく》れてしまった。似 終電《しゅうでん》。対 始発《しはつ》。

お出《で》まし 外出《がいしゅつ》や出席《しゅっせき》のうやまった言《い》い方《かた》。目上《めうえ》の人《ひと》がわざわざ来《き》てくれたことを感謝《かんしゃ》して言《い》う。例 わざわざ社長《しゃちょう》に**お出《で》まし**いただくのだから、失礼《しつれい》のないように。

お立《た》ち 「出発《しゅっぱつ》」のうやまった言《い》い方《かた》。例 明日《あす》は何時《なんじ》に**お立《た》ち**ですか。

来《く》る

come
[カム]

来《く》る ◎離《はな》れているものが、自分《じぶん》のいるところへ近《ちか》づく。例 友《とも》だちが家《いえ》に**来《く》る**ので、掃除《そうじ》しておこう。◎ある時刻《じこく》や時間《じかん》になる。例 北《きた》の大地《だいち》に遅《おそ》い春《はる》が**来《き》た**。

来《きた》る 「来《く》る」と同《おな》じ。例 わが町《まち》に総《そう》理大臣《りだいじん》**来《きた》る**。

やって来《く》る こちらに向《む》かって来《く》る。近《ちか》づいて来《く》る。例 向《む》こうから**やって来《き》た**人《ひと》が、手《て》を振《ふ》っている。

寄《よ》せ来《く》る ◎波《なみ》や軍勢《ぐんぜい》などが押《お》し寄《よ》せてくる。例 **寄《よ》せ来《く》る**波《なみ》の音《おと》を聞《き》きながら眠《ねむ》った。◎新《あたら》し

◆＝もっと知《し》りたい、ことばの知識《ちしき》。

い時代《じだい》や文化《ぶんか》などが押《お》し寄《よ》せて来《く》る。

現《あらわ》れる 例 ひたひたと寄《よ》せ来《く》る民主化《みんしゅか》の波《なみ》。 今《いま》までいなかった人《ひと》がその場《ば》に出《で》てくる。また、隠《かく》れていたものが見《み》えるようになる。例 容《よう》疑者《ぎしゃ》が現場《げんば》に現《あらわ》れる。

訪《おとず》れる ◎季節《きせつ》やある状況《じょうきょう》がやって来《く》る。例 梅雨《つゆ》が終《お》わって、夏《なつ》が訪《おとず》れる。◎「訪《たず》ねる」⬇182

いらっしゃる ◎「来《く》る」のうやまった言《い》い方《かた》。例 先生《せんせい》は三時《さんじ》にいらっしゃる予定《よてい》だ。◎「行《い》く」⬇177

お出《い》で ◎「来《く》ること」のうやまった言《い》い方《かた》。例 またのお出《い》でをお待《ま》ちしております。◎「行《い》く」⬇177

お越《こ》し ◎「来《く》ること」のうやまった言《い》い方《かた》。例 一度《いちど》わが家《や》へもお越《こ》しください。◎「行《い》く」⬇177

見《み》える ◎「来《く》る」のうやまった言《い》い方《かた》。例 先生《せんせい》が見《み》えたら、お茶《ちゃ》を出《だ》してください。◎「見《み》る」⬇251

お見《み》え 「来《く》ること」のうやまった言《い》い方《かた》。例 お客様《きゃくさま》がお見《み》えになりました。

お成《な》り 身分《みぶん》が高《たか》い人《ひと》をうやまって、その外出《がいしゅつ》や訪問《ほうもん》をいうことば。昔《むかし》、皇族《こうぞく》や将軍《しょうぐん》などについて使《つか》った言《い》い方《かた》。例 上様《うえさま》のお成《な》り。

参《まい》る ◎「来《く》る」のへりくだった言《い》い方《かた》。また、ていねいな言《い》い方《かた》。例 ここへは電車《でんしゃ》で参《まい》りました。例 ただいま担当《たんとう》の者《もの》が参《まい》ります。◎「行《い》く」⬇177 ◎「負《ま》ける」⬇360 ◎「困《こま》る」⬇476

訪《おとず》れ やって来《く》ること。例 春《はる》の訪《おとず》れが待《ま》ち遠《どお》しい。

到来《とうらい》 ある時期《じき》がやって来《く》ること。例 冬《ふゆ》の季節《きせつ》が到来《とうらい》し、雪国《ゆきぐに》は二《に》メートルもの雪《ゆき》に閉《と》ざされた。

遠来《えんらい》 遠《とお》くから来《く》ること。例 遠来《えんらい》の客《きゃく》を温《あたた》かく迎《むか》えようと、準備《じゅんび》して待《ま》つ。

新来《しんらい》 新《あたら》しく来《く》ること。また、その物《もの》や人《ひと》。例 主人《しゅじん》は新来《しんらい》の客《きゃく》に

ドルキャットを知《し》っていますか?

深谷《ふかや》先生《せんせい》のちょっとひと息《いき》

みなさんは「招《まね》き猫《ねこ》」という置《お》き物《もの》を知《し》っていますか? お客《きゃく》さんをたくさん招《まね》くために、お店《みせ》などに置《お》かれています。でも、これをアメリカのお店《みせ》に置《お》いてしまうと、お客《きゃく》さんは寄《よ》りつきません。いったいなぜでしょうか。

日本《にほん》では人《ひと》を呼《よ》ぶときには、手《て》の平《ひら》を下《した》にして、親指《おやゆび》以外《いがい》の指《ゆび》を下《した》に振《ふ》りますよね。でも、アメリカやイギリスなど西《せい》洋《よう》の多《おお》くの国《くに》では、これは「あっちへ行《い》け!」という意味《いみ》の動《うご》きなのです。これらの国《くに》で「おいで」と招《まね》くときには、手《て》の平《ひら》を上《うえ》にして、指《ゆび》を上《うえ》に振《ふ》ります。

そして、この西洋《せいよう》ふうの手招《てまね》きをしている「ドルキャット」という招《まね》き猫《ねこ》まであるのです。日本《にほん》の招《まね》き猫《ねこ》が「千万両《せんまんりょう》」などと書《か》かれた小判《こばん》を抱《かか》えているところを、$《ドル》と書《か》かれたコインを抱《かか》えていて、甲《こう》をこちらに向《む》けた手《て》を顔《かお》に付《つ》けています。これならアメリカの店《みせ》も千客万来《せんきゃくばんらい》ですね。

「よくいらっしゃいました」と声《こえ》をかけた。

再来《さいらい》 前《まえ》にあったことと同《おな》じようなことが、もう一度《いちど》やって来《く》ること。例 景気《けいき》が急上昇《きゅうじょうしょう》し、バブル期《き》の再来《さいらい》かと思《おも》われた。

飛来《ひらい》 飛《と》んで来《く》ること。例 白鳥《はくちょう》が飛来《ひらい》した湖《みずうみ》には、多《おお》くのカメラマンが集《あつ》まった。

外来《がいらい》 ◎外国《がいこく》や外部《がいぶ》から来《く》ること。例 わが国《くに》は外来《がいらい》の文化《ぶんか》を受《う》け入《い》れながら、独自《どくじ》の文化《ぶんか》をつくり上《あ》げてきた。◎入院《にゅういん》していない患者《かんじゃ》が、診察《しんさつ》してもらいに来《く》ること。例 病院《びょういん》の受付《うけつけ》に外来患者《がいらいかんじゃ》が並《なら》んでいる。

伝来《でんらい》 ◎外国《がいこく》から伝《つた》わって来《く》ること。例 仏教《ぶっきょう》が日本《にほん》に伝来《でんらい》したのは六世紀《ろくせいき》だ。◎代々《だいだい》受《う》け継《つ》いできたこと。例 先祖《せんぞ》伝来《でんらい》の土地《とち》を守《まも》り続《つづ》ける。

渡来《とらい》 外国《がいこく》から海《うみ》を渡《わた》ってやって来《く》ること。例 織田信長《おだのぶなが》は、南蛮《なんばん》渡来《とらい》の珍《めずら》しいものを好《この》んだ。

舶来《はくらい》 外国《がいこく》から船《ふね》によって運《はこ》ばれて来《く》ること。また、その品物《しなもの》。例 ひいおじいちゃんは、欧米《おうべい》からの舶《はく》来品《らいひん》を集《あつ》めるのが趣味《しゅみ》だったそうだ。

来航《らいこう》 外国《がいこく》から船《ふね》で来《く》ること。例 ペリーの率《ひき》いる黒船《くろふね》が、浦賀沖《うらがおき》に来航《らいこう》した。

来校《らいこう》 その学校《がっこう》の生徒《せいと》や教師《きょうし》でない人《ひと》が、学校《がっこう》を訪《たず》ねて来《く》ること。例 学校公開日《がっこうこうかいび》には、地域《ちいき》の多《おお》くの人々《ひとびと》が来校《らいこう》した。

来場《らいじょう》 その場所《ばしょ》・会場《かいじょう》に来《く》ること。例 本日《ほんじつ》はご来場《らいじょう》いただき、まことにありがとうございます。

来店《らいてん》 客《きゃく》が店《みせ》に来《く》ること。例 当日《とうじつ》ご来店《らいてん》いただいたお客様全員《きゃくさまぜんいん》に、粗品《そしな》を用意《ようい》しております。

来社《らいしゃ》 その会社《かいしゃ》の社員《しゃいん》でない人《ひと》が、会社《かいしゃ》を訪《たず》ねて来《く》ること。例 来《らい》社《しゃ》されたお客様《きゃくさま》を案内《あんない》する。

来館《らいかん》 美術館《びじゅつかん》・図書館《としょかん》・映画館《えいがかん》などに来《く》ること。例 来館者《らいかんしゃ》にアンケートをお願《ねが》いする。

来日《らいにち》 外国《がいこく》の人《ひと》が日本《にほん》に来《く》ること。「日《にち》」は、日本《にほん》のこと。例 主要《しゅよう》国《こく》の首脳《しゅのう》が来日《らいにち》するため、警備《けいび》が一層《いっそう》強化《きょうか》された。

来朝《らいちょう》 日本《にほん》へ来《く》ること。似 訪日《ほうにち》。外国《がいこく》の使者《ししゃ》などが朝廷《ちょうてい》に来《き》て、贈《おく》り物《もの》を献上《けんじょう》するという意味《いみ》。例 外国《がいこく》の使節団《しせつだん》が来朝《らいちょう》する。

降臨《こうりん》 ◎神《かみ》や仏《ほとけ》が地上《ちじょう》に降《お》り立《た》つこと。例 弥勒菩薩《みろくぼさつ》は、遠《とお》い将来《しょうらい》に降臨《こうりん》して人々《ひとびと》を救《すく》うという。◎他人《たにん》をうやまって、その人《ひと》が来《く》ることをいうことば。例 忘年会《ぼうねんかい》に、ぜひ、ご降臨《こうりん》ください。

「来《く》る」に関連《かんれん》することば

千客万来《せんきゃくばんらい》 たくさんの客《きゃく》が、次々《つぎつぎ》にやって来《く》ること。

帰《かえ》る

come back
［カム・バック］

帰《かえ》**る** ◎もとの場所《ばしょ》に戻《もど》る。例 学校《がっこう》からまっすぐ家《いえ》に帰《かえ》る。対 行《い》く。◎やって来《き》た人《ひと》が、その場所《ばしょ》を離《はな》

◆＝もっと知《し》りたい、ことばの知識《ちしき》。

れる。例お客《きゃく》さんが帰《かえ》るまで、テレビはがまんしよう。対行《い》く。

戻《もど》る

◎もとの場所《ばしょ》へ帰《かえ》る。例忘《わす》れ物《もの》を取《と》りに家《いえ》に戻《もど》る。◎もとの状態《じょうたい》になる。例壊《こわ》れたラジオを軽《かる》くたたいたら、もとに戻《もど》った。

引《ひ》き返《かえ》す

人《ひと》や乗《の》り物《もの》などが、途《と》中《ちゅう》で進《すす》んできた道《みち》を戻《もど》る。例道《みち》を間違《まちが》えたので、大急《おおいそ》ぎで引《ひ》き返《かえ》した。◆「引《ひ》っ返《かえ》す」ともいう。

	家《いえ》に―	―故郷《こきょう》に	百《ひゃく》メートルほど―
帰る	○	○	−
戻る	○	○	○
引き返す	○	△	○

帰《かえ》り着《つ》く

出発《しゅっぱつ》したもとの場所《ばしょ》に帰《かえ》って来《く》る。例大雨《おおあめ》の中《なか》、やっとの思《おも》いで家《いえ》に帰《かえ》り着《つ》いた。

舞《ま》い戻《もど》る

もとの所《ところ》にまた帰《かえ》って来《く》る。例ツバメは、しばらくすると巣《す》に舞《ま》い戻《もど》ってきた。

取《と》って返《かえ》す

「引《ひ》き返《かえ》す」と同《おな》じ。例忘《わす》れ物《もの》に気《き》づき、急《いそ》いで家《いえ》に取《と》って返《かえ》す。

きびすを返《かえ》す

「引《ひ》き返《かえ》す」と同《おな》じ。「きびす」は、かかとのことで、「くびす」ともいう。かかとを反対《はんたい》に向《む》けることは、体全体《からだぜんたい》を逆《ぎゃく》に向《む》け、戻《もど》っていくことになることから。例大切《たいせつ》な本《ほん》を家《いえ》に忘《わす》れてきたので、慌《あわ》ててきびすを返《かえ》した。似きびすを回《めぐ》らす。

出直《でなお》す

◎一度《いちど》帰《かえ》って、改《あらた》めて出《で》かける。例お忙《いそが》しいようなので、明日《あす》また出直《でなお》します。◎物事《ものごと》を最初《さいしょ》からやり直《なお》す。例心機一転《しんきいってん》して、また一《いち》から出直《でなお》そう。

追《お》い返《かえ》す

やって来《き》た人《ひと》を、追《お》い立《た》てて帰《かえ》らせる。例友《とも》だちの家《いえ》に謝《あやま》りに行《い》ったが、追《お》い返《かえ》されてしまった。

帰還《きかん》

外国《がいこく》や遠《とお》い場所《ばしょ》から帰《かえ》って来《く》ること。例宇宙船《うちゅうせん》が、無事《ぶじ》地球《ちきゅう》に帰還《きかん》する。

帰着《きちゃく》

◎ある場所《ばしょ》に帰《かえ》り着《つ》くこと。例社員《しゃいん》が新潟出張《にいがたしゅっちょう》から無事《ぶじ》に帰着《きちゃく》する。◎物事《ものごと》や議論《ぎろん》などが、あるところに落《お》ち着《つ》くこと。例結局《けっきょく》、同《おな》じ結論《けつろん》に帰着《きちゃく》したようだ。

生還《せいかん》

◎危険《きけん》をくぐり抜《ぬ》けて、生《い》きて帰《かえ》ること。例激戦地《げきせんち》から、奇跡的《きせきてき》に生還《せいかん》する。◎野球《やきゅう》で、走者《そうしゃ》がホームインして得点《とくてん》すること。例犠牲《ぎせい》フライで、三塁走者《さんるいそうしゃ》が生還《せいかん》する。

とんぼ返《がえ》り

目的地《もくてきち》へ行《い》って用事《ようじ》を済《す》ませ、すぐに引《ひ》き返《かえ》すこと。くるりと急《きゅう》に向《む》きを変《か》える、トンボの飛《と》び方《かた》からのたとえ。例会議《かいぎ》を終《お》えて、その日《ひ》のうちにとんぼ返《がえ》りで帰《かえ》ってくる。

早引《はやび》け

学校《がっこう》や会社《かいしゃ》などが終《お》わる前《まえ》に帰《かえ》ること。例熱《ねつ》があるので、先生《せんせい》に言《い》って学校《がっこう》を早引《はやび》けさせてもらった。似早引《はやび》き。

早退《そうたい》

「早引《はやび》け」と同《おな》じ。例急《きゅう》な腹痛《ふくつう》のため、お昼《ひる》で早退《そうたい》した。

帰《かえ》り

帰《かえ》ること。また、帰《かえ》る途中《とちゅう》。例今日《きょう》は帰《かえ》りが少《すこ》し遅《おそ》くなります。例学校《がっこう》の帰《かえ》りに、友《とも》だちの家《いえ》に寄《よ》り道《みち》する。対行《い》き。

帰《かえ》り道《みち》

帰《かえ》るときに通《とお》る道《みち》。また、帰《かえ》る途中《とちゅう》。例帰《かえ》り道《みち》のサ

似＝似《に》た表現《ひょうげん》のことば。対＝反対《はんたい》の意味《いみ》のことば。例＝使《つか》い方《かた》の例《れい》。

クラが満開《まんかい》だった。例 学校《がっこう》からの帰《かえ》り道《みち》に、弟《おとうと》とばったり出会《であ》った。似 戻《もど》り道。

帰路《きろ》 「帰《かえ》り道《みち》」と同《おな》じ。例 仕事《しごと》を終《お》えて帰路《きろ》につく。

帰途《きと》 「帰《かえ》り道《みち》」と同《おな》じ。例 九州旅行《きゅうしゅうりょこう》の帰途《きと》に、京都《きょうと》に立《た》ち寄《よ》る。

帰りがけ《かえりがけ》 帰《かえ》る途中《とちゅう》。また、帰《かえ》ろうとしたそのとき。例 帰《かえ》りがけに先生《せんせい》に呼《よ》ばれて、職員室《しょくいんしつ》に行《い》く。似 帰《かえ》りしな。帰《かえ》り際《ぎわ》。

回帰《かいき》 流行《りゅうこう》や考《かんが》えなどが、一回《ひとまわ》りしてもとの状態《じょうたい》に戻《もど》ること。例 自然《しぜん》への回帰《かいき》。

帰国《きこく》 外国《がいこく》から自分《じぶん》の国《くに》に帰《かえ》ること。例 日本選手団《にほんせんしゅだん》が帰国《きこく》した。

帰郷《ききょう》 自分《じぶん》のふるさとに帰《かえ》ること。例 盆《ぼん》と正月《しょうがつ》には、毎年《まいとし》、帰郷《ききょう》する。似 帰省《きせい》。

帰京《ききょう》 都《みやこ》に住《す》む人《ひと》が、旅先《たびさき》から都《みやこ》に帰《かえ》ること。例 北海道《ほっかいどう》の三泊旅《さんぱくりょ》行《こう》から、先《さき》ほど帰京《ききょう》しました。

帰宅《きたく》 自分《じぶん》の家《いえ》に帰《かえ》ること。例 みなさん、本日《ほんじつ》は台風《たいふう》のため、早《はや》めに帰宅《きたく》してください。

帰社《きしゃ》 自分《じぶん》の会社《かいしゃ》に帰《かえ》ること。例 営業《えいぎょう》マンが、夜遅《よるおそ》くに帰社《きしゃ》した。

帰航《きこう》 飛行機《ひこうき》や船《ふね》で帰《かえ》ること。例 明日《あす》の午後《ごご》、釜山《プサン》発《はつ》のフェリーで帰航《きこう》する予定《よてい》だ。

凱旋《がいせん》 戦《たたか》いに勝《か》って帰《かえ》ること。例 甲子園《こうしえん》の優勝校《ゆうしょうこう》が、地元《じもと》に凱旋《がいせん》した。

「帰《かえ》る」に関連《かんれん》することば

帰心矢《きしんや》**のごとし** 早《はや》く帰《かえ》りたいと心《こころ》に強《つよ》く思《おも》うこと。矢《や》のように飛《と》んで、一刻《いっこく》も早《はや》く帰《かえ》りたいという気持《きも》ちを言《い》ったもの。

故郷《こきょう》**へ錦**《にしき》**を飾**《かざ》**る** ➡341

去《さ》る

leave
［リーブ］

去る《さる》 ◎ある場所《ばしょ》から離《はな》れる。どこかへ行《い》ってしまって、その場《ば》所《しょ》からいなくなる。例 黙《だま》ってその場《ば》を去《さ》る。◎時期《じき》や時間《じかん》が過《す》ぎる。例 寒《さむ》い冬《ふゆ》が去《さ》って、暖《あたた》かい春《はる》が来《く》る。◎今《いま》までの状態《じょうたい》がなくなる。例 けがをした腕《うで》の痛《いた》みが去《さ》る。

立ち去る《たちさる》 ある場所《ばしょ》から、よそへ行《い》っていなくなる。例 友人《ゆうじん》との別《わか》れを惜《お》しみながら、その場《ば》を立《た》ち去《さ》る。

退く《しりぞく》 ◎今《いま》いる所《ところ》から、後《うし》ろのほうへ移動《いどう》する。例 大声《おおごえ》でどなられ、びっくりして二《に》、三歩《さんぽ》退《しりぞ》いた。対 進《すす》む。◎仕事《しごと》などを辞《や》める。例 若《わか》い人《ひと》に道《みち》を譲《ゆず》って、第一線《だいいっせん》を退《しりぞ》く。

下がる《さがる》 後《うし》ろのほうへ移動《いどう》する。例 危《あぶ》ないですから電車《でんしゃ》が到着《とうちゃく》する際《さい》には、白線《はくせん》の内側《うちがわ》にお下《さ》がりください。

退く《どく》 体《からだ》を動《うご》かして、その場所《ばしょ》をあける。その場所《ばしょ》から離《はな》れて、ほかの所《ところ》に移《うつ》る。例 邪魔《じゃま》だから、ちょっとそこを退《ど》いてください。

退く《のく》 「退《ど》く」と同《おな》じ。例 危《あぶ》ないから、早《はや》くそこを退《の》いてください。

辞《じ》する ◎あいさつをして、その場《ば》を去《さ》る。例 先生《せんせい》のもとを**辞《じ》する**。◎役職《やくしょく》などを辞《や》めたり、断《ことわ》ったりする。例 会長《かいちょう》の職《しょく》を**辞《じ》する**。

辞去《じきょ》 辞《じ》すること。例 お礼《れい》を言《い》って、友人《ゆうじん》の家《いえ》を**辞去《じきょ》**する。

拝辞《はいじ》 ◎「その場《ば》を去《さ》ること」の、へりくだった言《い》い方《かた》。例 お世《せ》話《わ》になった先生《せんせい》のもとを**拝辞《はいじ》**する。◎辞退《じたい》することをへりくだっていうことば。例 せっかくですが、そのお話《はなし》は**拝《はい》辞《じ》**させていただきます。

おいとまする 訪問先《ほうもんさき》などから去《さ》る。例 それではこれで**おいとまさせて**いただきます。

失《う》せる ◎「去《さ》る」のぞんざいな言《い》い方《かた》。例 けがをしないうちに、とっとと**失《う》せろ**。◎なくなる。例 これだけ暑《あつ》いと、やる気《き》が**失《う》せる**。

飛《と》び出《だ》す その場所《ばしょ》から急《きゅう》に去《さ》る。例 みんなが止《と》めるのも聞《き》かずに、故郷《こきょう》を**飛《と》び出《だ》した**。

引《ひ》き取《と》る ◎その場《ば》から去《さ》る。相《あい》手《て》が去《さ》ることを願《ねが》うときにも使《つか》う。例 今日《きょう》のところは、どうぞお**引《ひ》き取《と》り**ください。◎「もらう」➡338

引《ひ》き上《あ》げる 出《で》かけていった先《さき》から、もとの所《ところ》に戻《もど》る。例 もう遅《おそ》いから、そろそろ**引《ひ》き上《あ》げよう**。◆「引《ひ》き揚《あ》げる」とも書《か》く。

立《た》ち退《の》く その場《ば》を去《さ》り、よそへ移《うつ》る。住《す》んでいる場所《ばしょ》から、ほかの場所《ばしょ》に移《うつ》る。例 建《た》て替《か》えのため、アパートを**立《た》ち退《の》く**。

引《ひ》き払《はら》う 後片《あとかた》づけをして、よそへ移《うつ》る。例 実家《じっか》に戻《もど》るために、アパートを**引《ひ》き払《はら》う**。

退去《たいきょ》 ある場《ば》所《しょ》から立《た》ち去《さ》ること。例 不法入国《ふほうにゅうこく》の疑《うたが》いで、国外《こくがい》への**退去《たいきょ》**を命《めい》じられる。

退出《たいしゅつ》 公《おおやけ》の場所《ばしょ》や目上《めうえ》の人《ひと》の前《まえ》から、退《しりぞ》き下《さ》がること。例 校長先生《こうちょうせんせい》にあいさつをして、部屋《へや》を**退出《たいしゅつ》**する。

退場《たいじょう》 ◎会場《かいじょう》や競技場《きょうぎじょう》から去《さ》ること。例 開会式《かいかいしき》が終《お》わり選手《せんしゅ》が**退《たい》場《じょう》**する。◎スポーツなどの違反行為《いはんこうい》への罰《ばつ》として、競技場《きょうぎじょう》から去《さ》るよう命《めい》じられること。退場処分《たいじょうしょぶん》。例 審判《しんぱん》に激《はげ》しく抗議《こうぎ》をした監督《かんとく》が、**退場《たいじょう》**になった。

退散《たいさん》 ◎集《あつ》まっていた人《ひと》が、ばらばらに去《さ》ること。例 お邪魔《じゃま》のようですので、わたしは**退散《たいさん》**いたします。◎「逃《に》げる」➡195

置《お》き去《ざ》り そこに残《のこ》したまま、去《さ》ってしまうこと。例 子《こ》どもを遊園地《ゆうえんち》に**置《お》き去《ざ》り**にするとは、なんてひどい親《おや》だ。似 **置《お》き捨《す》て**。

「去《さ》る」に関連《かんれん》することば

去《さ》る者《もの》は追《お》わず 自分《じぶん》のもとを去《さ》ろうとする者《もの》は、無理《むり》に引《ひ》き止《と》めない。このあとに、「来《きた》る者《もの》は拒《こば》まず」（自《じ》分《ぶん》を信《しん》じてやって来《く》る者《もの》は、だれであろうと拒《こば》まない）と続《つづ》く。

去《さ》る者《もの》は日々《ひび》に疎《うと》し ➡308

立《た》つ鳥跡《とりあと》を濁《にご》さず 水鳥《みずとり》が飛《と》び立《た》った跡《あと》がきれいなように、人《ひと》も去《さ》るときは、見苦《みぐる》しくないように後始末《あとしまつ》をきちんとしてから去《さ》るべきだというたとえ。「飛《と》ぶ鳥跡《とりあと》を濁《にご》さず」ともいう。

到着《とうちゃく》する

arrive
［アライブ］

着《つ》く

◎移動《いどう》してある場所《ばしょ》に来《く》る。例この電車《でんしゃ》は十時《じゅうじ》に札幌駅《さっぽろえき》に着《つ》く予定《よてい》だ。◎物《もの》が手元《てもと》に届《とど》く。例今朝《けさ》着《つ》いたばかりの新鮮《しんせん》な魚《さかな》を、店先《みせさき》に並《なら》べた。◎「座《すわ》る」➡142

着《つ》ける

◎乗《の》り物《もの》をある場所《ばしょ》に止《と》める。例ボートを岸辺《きしべ》に着《つ》ける。◎「着《き》る」➡242

行《い》き着《つ》く

◎目的地《もくてきち》に向《む》かって行《い》き、そこに着《つ》く。例夜《よる》も遅《おそ》くなって、ようやく旅館《りょかん》に行《い》き着《つ》いた。◎物事《ものごと》が進《すす》んで、最終的《さいしゅうてき》な結果《けっか》が出《で》る。例議論《ぎろん》の行《い》き着《つ》く先《さき》は、だれにも分《わ》からない。◆「ゆきつく」とも読《よ》む。

至《いた》る

「行《い》き着《つ》く」と同《おな》じ。例本日《ほんじつ》の午前中《ごぜんちゅう》に、山頂《さんちょう》へと至《いた》る。

達《たっ》する

◎目的地《もくてきち》や目標《もくひょう》、ある水準《すいじゅん》などに行《い》き着《つ》く。例長《なが》年《ねん》の修行《しゅぎょう》を経《へ》て、悟《さと》りの境地《きょうち》に達《たっ》する。例今年《ことし》の入学希望者《にゅうがくきぼうしゃ》は三千人《さんぜんにん》に達《たっ》した。◎「やり遂《と》げる」➡340

こぎ着《つ》ける

◎船《ふね》をこいで、目的《もくてき》の場所《ばしょ》に到着《とうちゃく》させる。例ボートを向《む》こう岸《ぎし》にこぎ着《つ》ける。◎「やり遂《と》げる」➡340

たどり着《つ》く

苦労《くろう》して、ようやく目的地《もくてきち》に行《い》き着《つ》く。例山小屋《やまごや》にたどり着《つ》いたときには、もう暗《くら》くなっていた。

流《なが》れ着《つ》く

◎海《うみ》や川《かわ》などを流《なが》れて、行《い》き着《つ》く。例遠《とお》い南《みなみ》の島《しま》から、ヤシの実《み》が日本《にほん》の海岸《かいがん》に流《なが》れ着《つ》いた。◎居場所《いばしょ》を転々《てんてん》として、今《いま》いる土地《とち》にたどり着《つ》く。例日本中《にほんじゅう》を放浪《ほうろう》し、この港町《みなとまち》に流《なが》れ着《つ》いた。

乗《の》り付《つ》ける

乗《の》り物《もの》に乗《の》って直《ちょく》接《せつ》目的地《もくてきち》まで行《い》く。例パーティー会場《かいじょう》のホテルに、自家用《じかよう》車《しゃ》で乗《の》り付《つ》ける。

到着《とうちゃく》

目的地《もくてきち》に行《い》き着《つ》くこと。人《ひと》にも物《もの》にも使《つか》われる。例この飛行機《ひこうき》は、予定通《よていどお》りロンドンのヒースロー空港《くうこう》に到着《とうちゃく》いたします。対出発《しゅっぱつ》。

着《ちゃく》

その場所《ばしょ》に到着《とうちゃく》すること。おもに地名《ちめい》や時刻《じこく》の後《あと》に続《つづ》けて使《つか》われる。例午後五時《ごごごじ》京都《きょうと》着《ちゃく》の新幹線《しんかんせん》に乗《の》る。対発《はつ》。

到達《とうたつ》

◎目標《もくひょう》とする場所《ばしょ》に着《つ》くこと。例あと一息《ひといき》で、頂上《ちょうじょう》に到達《とうたつ》できる。◎物事《ものごと》が、ある水準《すいじゅん》や結論《けつろん》などに行《い》き着《つ》くこと。例人類《じんるい》は文明《ぶんめい》を持《も》つ段階《だんかい》に到達《とうたつ》した。

ゴール

「到着《とうちゃく》」「決勝点《けっしょうてん》」などの意《い》味《み》の英語《えいご》。例一位《いちい》でゴールに飛《と》び込《こ》む。対スタート。

早着《そうちゃく》

列車《れっしゃ》や飛行機《ひこうき》などが、決《き》まった時刻《じこく》よりも早《はや》く駅《えき》や空港《くうこう》などに着《つ》くこと。例福岡《ふくおか》からの便《びん》は、五《ご》分《ふん》ほどの早着《そうちゃく》だった。対延着《えんちゃく》。

延着《えんちゃく》

列車《れっしゃ》や飛行機《ひこうき》などが、決《き》まった時刻《じこく》よりも遅《おそ》く駅《えき》や空港《くうこう》などに着《つ》くこと。例強風《きょうふう》のため、特急《とっきゅう》列車《れっしゃ》は延着《えんちゃく》するとのことです。対早《そう》着《ちゃく》。

先着《せんちゃく》

ほかの人《ひと》よりも先《さき》にその場所《ばしょ》に着《つ》くこと。申《もう》し込《こ》みの受《う》け

◆＝もっと知《し》りたい、ことばの知識《ちしき》。

付《つ》けや募集《ぼしゅう》などの文章《ぶんしょう》に使《つか》われることが多《おお》い。例 先着《せんちゃく》十名《じゅうめい》のお客様《きゃくさま》には、お好《す》きなドリンクを一杯《いっぱい》サービスいたします。

帰着《きちゃく》

➡「帰《かえ》る」188

来着《らいちゃく》

こちらに到着《とうちゃく》すること。例 視察団《しさつだん》が、アメリカから成田空港《なりたくうこう》に来着《らいちゃく》する。

同着《どうちゃく》

同時《どうじ》にゴールに着《つ》くこと。例 今回《こんかい》のマラソン大会《たいかい》は、同着《どうちゃく》の選手《せんしゅ》二人《ふたり》が優勝《ゆうしょう》という結果《けっか》になった。

必着《ひっちゃく》

郵便物《ゆうびんぶつ》や宅配便《たくはいびん》の荷物《にもつ》などが、決《き》められた日《ひ》までに必《かなら》ず着《つ》くようにすること。例 応募書類《おうぼしょるい》は一月十日《いちがつとおか》必着《ひっちゃく》でお願《ねが》いします。

終着《しゅうちゃく》

電車《でんしゃ》やバスなどが、最終目的《さいしゅうもくてき》の駅《えき》やバス停《てい》に着《つ》くこと。例 この列車《れっしゃ》の終着駅《しゅうちゃくえき》は、東京《とうきょう》ではなく新宿《しんじゅく》だ。対 始発《しはつ》。

着岸《ちゃくがん》

船《ふね》が岸《きし》や港《みなと》に着《つ》くこと。例 その豪華客船《ごうかきゃくせん》は、昨夜横浜《さくやよこはま》ふ頭《とう》に着岸《ちゃくがん》した。似 着船《ちゃくせん》。対 離岸《りがん》。

接岸《せつがん》

船《ふね》が岸壁《がんぺき》や陸地《りくち》に着《つ》いて、横付《よこづ》けになること。例 救命《きゅうめい》ボートを接岸《せつがん》して、遭難者《そうなんしゃ》を救助《きゅうじょ》した。対 離岸《りがん》。

漂着《ひょうちゃく》

水《みず》の上《うえ》を漂《ただよ》い流《なが》れていたものが、陸地《りくち》に着《つ》くこと。例 転覆《てんぷく》した船《ふね》から投《な》げ出《だ》された人《ひと》たちは、近《ちか》くの離《はな》れ小島《こじま》に漂着《ひょうちゃく》した。

着陸《ちゃくりく》

飛行機《ひこうき》やヘリコプターなどが、空《そら》から陸上《りくじょう》に降《お》り立《た》つこと。例 旅客機《りょかっき》が、台風《たいふう》を避《さ》けて近隣《きんりん》の空港《くうこう》に着陸《ちゃくりく》する。対 離陸《りりく》。

不時着《ふじちゃく》

「不時着陸《ふじちゃくりく》」の略《りゃく》。飛行機《ひこうき》が、機械《きかい》の故障《こしょう》や悪天候《あくてんこう》のために、予定《よてい》していた場所以外《ばしょいがい》に着陸《ちゃくりく》すること。例 レーダーが壊《こわ》れたため、セスナ機《き》は砂漠《さばく》に不時着《ふじちゃく》した。

軟着陸《なんちゃくりく》

宇宙船《うちゅうせん》などが逆噴射《ぎゃくふんしゃ》を使《つか》い、重力《じゅうりょく》に逆《さか》らって速度《そくど》を緩《ゆる》めながらゆっくりと着陸《ちゃくりく》すること。例 地球《ちきゅう》から発射《はっしゃ》された探査《たんさ》船《せん》は、火星《かせい》に無事《ぶじ》軟着陸《なんちゃくりく》した。

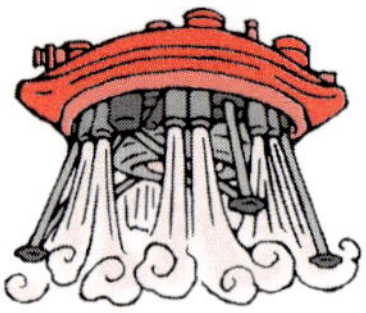

逃《に》げる

run away
［ラン・アウェイ］

このページも見《み》てみよう
▼走《はし》る ➡170

逃《に》げる

◎追《お》いかけてくる者《もの》から捕《つか》まらないよう遠《とお》ざかる。例 猫《ねこ》に追《お》われて、ネズミが逃《に》げる。対 追《お》う。◎捕《と》らえられている所《ところ》から抜《ぬ》け出《だ》す。例 かごから小鳥《ことり》が逃《に》げた。◎責任《せきにん》を負《お》うことなどを避《さ》ける。例 現実《げんじつ》から逃《に》げてばかりでは、何《なに》も解決《かいけつ》しない。

逃《のが》れる

◎「逃《に》げる」と同《おな》じ。例 都会《とかい》の喧騒《けんそう》を逃《のが》れて、高原《こうげん》でのんびりとハイキングをした。◎悪《わる》い状態《じょうたい》にならなくて済《す》む。例 たまたま旅行《りょこう》に行《い》っていたため、危《あや》うく難《なん》を逃《のが》れた。

逃《に》がす

◎捕《つか》まえ損《そこ》なう。例 もうちょっとのところで、魚《さかな》を逃《に》がした。◎捕《と》らえていたものを放《はな》してやる。逃《に》げるのを助《たす》けてやる。例 仲《なか》間《ま》が、犯人《はんにん》を逃《に》がす。

取《と》り逃《に》がす　捕《つか》まえようとして、もう少《すこ》しのところで逃《に》げられる。また、捕《と》らえていたものに逃《に》げられる。例 犯人《はんにん》を取《と》り逃《に》がした警察《けいさつ》に、非難《ひなん》が集中《しゅうちゅう》した。

逃《のが》す　「逃《に》がす」と同《おな》じ。例 またとない絶好《ぜっこう》のチャンスを逃《のが》してしまった。

	チャンスを――	かごの鳥《とり》を――	勝利《しょうり》を――
逃がす	○	○	－
取り逃がす	○	－	－
逃す	○	△	○

落《お》ちる　◎戦《たたか》いに負《ま》けるなどして、ひそかに逃《に》げ去《さ》る。例 戦《いくさ》に負《ま》けた武士《ぶし》が、都《みやこ》を落《お》ちて行《い》く。◎「入学《にゅうがく》・卒業《そつぎょう》」➡114

落《お》ち延《の》びる　遠《とお》くまで逃《に》げていく。例 戦《たたか》いに敗《やぶ》れた平家《へいけ》の武者《むしゃ》が、この村《むら》に落《お》ち延《の》びたという伝説《でんせつ》がある。

脱《だっ》する　危《あぶ》ない所《ところ》や状態《じょうたい》から逃《のが》れる。例 保護《ほご》活動《かつどう》によって、トキが絶滅《ぜつめつ》の危機《きき》を脱《だっ》する。

逃《に》げ失《う》せる　逃《に》げて、行方《ゆくえ》が分《わ》からなくなる。例 犯人《はんにん》は追《お》っ手《て》をまいて、まんまと逃《に》げ失《う》せた。

行方《ゆくえ》をくらます　「逃《に》げ失《う》せる」と同《おな》じ。例 街中《まちなか》で人込《ひとご》みに紛《まぎ》れて、行方《ゆくえ》をくらます。

逃《に》げ出《だ》す　逃《に》げて、ある場所《ばしょ》から出《で》て行《い》く。例 クマがおりから逃《に》げ出《だ》す。

逃《に》げ去《さ》る　逃《に》げていなくなる。例 敵《てき》は戦《たたか》う前《まえ》に逃《に》げ去《さ》って、影《かげ》も形《かたち》もない。

逃《に》げ込《こ》む　逃《に》げて、ある場所《ばしょ》に入《はい》り込《こ》む。例 山《やま》から下《お》りてきたサルが、学校《がっこう》の体育館《たいいくかん》に逃《に》げ込《こ》んだ。

逃《に》げ回《まわ》る　あちこちへ逃《に》げる。例 人気《にんき》歌手《かしゅ》が、報道陣《ほうどうじん》から逃《に》げ回《まわ》っている。

逃《に》げ散《ち》る　集《あつ》まっていたものが、あちこちへ散《ち》らばって逃《に》げる。例 突然《とつぜん》の雷《かみなり》に、人々《ひとびと》はいっせいに逃《に》げ散《ち》った。

逃《に》げ惑《まど》う　どこへ逃《に》げたらよいか分《わ》からないで、混乱《こんらん》しながら逃《に》げる。例 大火事《おおかじ》の中《なか》を、大勢《おおぜい》の人《ひと》が逃《に》げ惑《まど》う。

逃《に》げ切《き》る　◎最後《さいご》まで捕《つか》まらないように、うまく逃《に》げる。例 激《はげ》しい攻撃《こうげき》から逃《に》げ切《き》る。◎「勝《か》つ」➡356

逃《に》げ通《とお》す　「逃《に》げ切《き》る」と同《おな》じ。例 不正《ふせい》を働《はたら》いておきながら、捕《つか》まらずに逃《に》げ通《とお》すことなどできない。

逃《に》げおおせる　「逃《に》げ切《き》る」と同《おな》じ。例 闇《やみ》にまぎれて、まんまと逃《に》げおおせた。

逃《に》げ延《の》びる　何《なん》とか遠《とお》くに逃《のが》れる。例 戦火《せんか》をくぐり抜《ぬ》けて、命《いのち》からがら逃《に》げ延《の》びた。

切《き》り抜《ぬ》ける　敵《てき》の囲《かこ》みを破《やぶ》って逃《に》げる。また、苦《くる》しい

◆＝もっと知《し》りたい、ことばの知識《ちしき》。

状態《じょうたい》から、やっと逃《のが》れ出《で》る。例 敵陣《てきじん》を**切《き》り抜《ぬ》ける**。例 母《はは》からお小遣《こづか》いの前《まえ》借《が》りをして、どうにかピンチを**切《き》り抜《ぬ》けた**。

擦《す》り抜《ぬ》ける ◎うまくごまかして、その場《ば》を切《き》り抜《ぬ》ける。例 困《こま》った立場《たちば》に追《お》い込《こ》まれたが、彼《かれ》の機転《きてん》で何《なん》とか**擦《す》り抜《ぬ》けた**。◎「通《とお》る」↓180

ずらかる 逃《に》げる。逃亡《とうぼう》する。もと、泥棒《どろぼう》などが用《もち》いたことば。例 銭形警部《ぜにがたけいぶ》が来《こ》ないうちに、盗《ぬす》んだダイヤを持《も》って、早《はや》いとこ**ずらかろう**。

飛《と》ぶ ◎犯罪者《はんざいしゃ》などが、遠《とお》くへ逃《に》げる。例 犯人《はんにん》は事件《じけん》の発覚《はっかく》を恐《おそ》れて、外国《がいこく》に**飛《と》んだ**。◎「跳《は》ねる」↓147 ◎「出発《しゅっぱつ》する」↓183

網《あみ》の目《め》をくぐる 警察《けいさつ》などの追《お》っ手《て》から、うまく逃《のが》れる。また、法律《ほうりつ》の不備《ふび》をついて悪事《あくじ》を行《おこな》う。「網《あみ》の目《め》」は、網《あみ》の糸《いと》と糸《いと》の透《す》き間《ま》のこと。小《ちい》さな透《す》き間《ま》をうまくかいくぐるということから。例 捜査当局《そうさとうきょく》の厳《きび》しい**網《あみ》の目《め》をくぐって**、海外《かいがい》へ逃亡《とうぼう》する。

後《うし》ろを見《み》せる 負《ま》けて逃《に》げ出《だ》す。かなわないと思《おも》って、相手《あいて》に背《せ》を向《む》けて逃《に》げる。例 敵《てき》に**後《うし》ろを見《み》せる**とは、情《なさ》けないやつだ。

血路《けつろ》を開《ひら》く 敵《てき》の囲《かこ》みを切《き》り開《ひら》いて逃《に》げる。また、困難《こんなん》な状態《じょうたい》を切《き》り抜《ぬ》ける。「血路《けつろ》」は、多《おお》くの犠牲《ぎせい》を払《はら》って切《き》り開《ひら》いた道《みち》のこと。例 **血路《けつろ》を開《ひら》く**ために、全員《ぜんいん》が城内《じょうない》から討《う》って出《で》る。例 苦労《くろう》の末《すえ》に新《あら》たなヒット商品《しょうひん》を開発《かいはつ》し、会社再建《かいしゃさいけん》の**血路《けつろ》を開《ひら》く**。

虎口《ここう》を脱《だっ》する 危《あぶ》ない場所《ばしょ》や状《じょう》態《たい》から、やっとの思《おも》いで逃《のが》れる。「虎口《ここう》」はトラの口《くち》のことで、危《あぶ》ない場所《ばしょ》や状態《じょうたい》のたとえ。例 敵《てき》のアジトの扉《とびら》を破《やぶ》って、激《はげ》しい格《かく》闘戦《とうせん》のすえ**虎口《ここう》を脱《だっ》した**。似 虎口《ここう》を逃《のが》れる。

逃亡《とうぼう》 逃《に》げて、いなくなること。例 犯人《はんにん》が国外《こくがい》に**逃亡《とうぼう》**する。

「逃《に》げる」に関連《かんれん》することば

三十六計逃《さんじゅうろっけいに》げるにしかず 危《あぶ》ないときには、あれこれ考《かんが》えるより、逃《に》げ出《だ》すのがいちばんよい方法《ほうほう》だということ。「三十六計《さんじゅうろっけい》」は、三十六種類《さんじゅうろくしゅるい》の計略《けいりゃく》で、多《おお》くの作戦《さくせん》という意味《いみ》。「しかず」はそのほうがよい、それに越《こ》したことはないという意味《いみ》。

逃《に》がした魚《さかな》は大《おお》きい 釣《つ》り損《そこ》ねた魚《さかな》は大《おお》きかったと思《おも》うように、手《て》に入《い》れ損《そこ》なったものは、実際《じっさい》の値打《ねう》ちよりよいものだったように思《おも》えるということ。

逃《に》げるが勝《か》ち 争《あらそ》わずに相手《あいて》に勝《か》ちを譲《ゆず》ったほうが、かえって得《とく》になり、長《なが》い目《め》で見《み》ると勝《か》ちといえるということ。

逃《に》げを打《う》つ 逃《に》げる用意《ようい》をする。また、言《い》い逃《のが》れする手段《しゅだん》をあれこれ考《かんが》える。

逃避《とうひ》 困難《こんなん》などを避《さ》けたり、そのことを考《かんが》えたりしないようにすること。例 現実《げんじつ》から逃避《とうひ》して、ゲームの世界《せかい》に逃《に》げ込《こ》んでいる。

逃走《とうそう》 逃《に》げ去《さ》ること。例 犯人《はんにん》はいまだに逃走中《とうそうちゅう》だ。

遁走《とんそう》 「逃走《とうそう》」と同《おな》じ。「遁《とん》」は、逃《に》げるという意味《いみ》。例 遁走《とんそう》する敵《てき》を追撃《ついげき》する。

高飛《たかと》**び** 犯人《はんにん》などが捕《つか》まらないように外国《がいこく》など遠《とお》くへ逃《に》げること。例 犯人《はんにん》は偽造《ぎぞう》パスポートを使《つか》って、フィリピンに高飛《たかと》びした。

出奔《しゅっぽん》 逃《に》げ去《さ》って、行方《ゆくえ》が分《わ》からなくなること。例 けんかをして相手《あいて》を傷《きず》つけ、出奔《しゅっぽん》したまま帰《かえ》って来《こ》ない。

逐電《ちくでん》 すばやく逃《に》げて行方《ゆくえ》をくらますこと。「電《でん》」は稲妻《いなずま》のことで、「逐電《ちくでん》」は、稲妻《いなずま》を追《お》いかけるように急《いそ》ぐということ。例 主君《しゅくん》を斬《き》って逐電《ちくでん》した侍《さむらい》を追《お》う。

退散《たいさん》 ◎逃《に》げ去《さ》ること。例 敵《てき》の軍隊《ぐんたい》は、あっという間《ま》に退散《たいさん》した。

◎「去《さ》る」➡190

雲隠《くもがく》**れ** 姿《すがた》を隠《かく》すこと。もとは、月《つき》が雲《くも》に隠《かく》れて見《み》えなくなること。例 借金取《しゃっきんと》りに追《お》われているので、この辺《へん》で雲隠《くもがく》れすることにしよう。

退却《たいきゃく》 戦《たたか》いに負《ま》けて逃《に》げること。また、不利《ふり》な状況《じょうきょう》になって引《ひ》き下《さ》がること。例 敵《てき》の猛攻《もうこう》の前《まえ》に、やむなく退却《たいきゃく》した。

敗走《はいそう》 戦《たたか》いに負《ま》けて、走《はし》るようにして逃《に》げること。例 不意打《ふいう》ちにあった敵軍《てきぐん》は、あっけなく敗走《はいそう》した。

潰走《かいそう》 戦《たたか》いに負《ま》けて、散《ち》り散《ぢ》りになって逃《に》げること。例 大打撃《だいだげき》を受《う》けて、味方《みかた》の軍《ぐん》が潰走《かいそう》する。

脱獄《だつごく》 囚人《しゅうじん》が、刑務所《けいむしょ》や牢獄《ろうごく》などから逃《に》げ出《だ》すこと。例 たとえ脱獄《だつごく》できたとしても、逃《に》げ切《き》るのは至難《しなん》の業《わざ》だ。

破獄《はごく》 脱獄《だつごく》すること。例 かつて日本《にほん》には、破獄《はごく》四回《よんかい》という伝説《でんせつ》の囚人《しゅうじん》が存在《そんざい》した。

牢破《ろうやぶ》**り** 囚人《しゅうじん》が牢《ろう》から逃《に》げ出《だ》すこと。例 仲間《なかま》に助《たす》けられて牢破《ろうやぶ》りする。似 牢抜《ろうぬ》け。

脱走《だっそう》 いなければならない所《ところ》から、抜《ぬ》け出《だ》して逃《に》げ去《さ》ること。例 脱走兵《だっそうへい》による犯罪《はんざい》が、跡《あと》を絶《た》たない。

脱出《だっしゅつ》 危険《きけん》な所《ところ》や、悪《わる》い状態《じょうたい》から抜《ぬ》け出《だ》すこと。例 緊急《きんきゅう》の際《さい》は、この非常口《ひじょうぐち》から脱出《だっしゅつ》してください。

亡命《ぼうめい》 政治《せいじ》・思想《しそう》・宗教《しゅうきょう》などについての考《かんが》え方《かた》の違《ちが》いから迫害《はくがい》を受《う》け、外国《がいこく》に逃《のが》れること。例 大統領《だいとうりょう》は、革命軍《かくめいぐん》に追《お》われて隣国《りんごく》に亡命《ぼうめい》した。

駆《か》**け落**《お》**ち** 親《おや》などに結婚《けっこん》を許《ゆる》されない男女《だんじょ》が、ほかの場所《ばしょ》にひそかに逃《に》げること。例 若《わか》い二人《ふたり》が、手《て》に手《て》を取《と》って夜行列車《やこうれっしゃ》で駆《か》け落《お》ちをする。

とんずら 「逃《に》げ去《さ》ること」の、くだけた言《い》い方《かた》。「とん」は遁走《とんそう》、「ずら」は「ずらかる」の略《りゃく》から。例 あの男《おとこ》は、店《みせ》の金《かね》を持《も》ち出《だ》してとんずらしやがった。

どろん 急《きゅう》に消《き》えていなくなること。もとは、芝居《しばい》で打《う》った太鼓《たいこ》の音《おと》(どろどろ)で、幽霊《ゆうれい》の出入《でい》りする場面《ばめん》に使《つか》われたことから。例 会社《かいしゃ》の金《かね》を持《も》ったまま**どろん**した。

エスケープ 「逃《に》げる」という意《い》味《み》の英語《えいご》。学生《がくせい》が授《じゅ》業《ぎょう》をサボること。例 授業《じゅぎょう》を**エスケープ**して、映画《えいが》を見《み》に行《い》く。

当《あ》て逃《に》げ 自動車《じどうしゃ》や船《ふね》が衝突事故《しょうとつじこ》を起《お》こした後《あと》、そのまま逃《に》げ去《さ》ること。例 車《くるま》を道《みち》に止《と》めておいたら、**当《あ》て逃《に》げ**されてしまった。

勝《か》ち逃《に》げ 勝《か》った人《ひと》が、次《つぎ》の勝負《しょうぶ》を避《さ》けて逃《に》げること。例 まだ勝負《しょうぶ》は続《つづ》いてるのに、**勝《か》ち逃《に》げ**するなんてずるいよ。

食《く》い逃《に》げ 店《みせ》で飲食《いんしょく》をして、代金《だいきん》を払《はら》わずに逃《に》げること。またその人《ひと》。例 **食《く》い逃《に》げ**の被害《ひがい》が続《つづ》いたので、前払《まえばら》い制《せい》にした。似 **飲《の》み逃《に》げ**。

乗《の》り逃《に》げ を、◎乗《の》り物《もの》に乗《の》った代金《だいきん》を、払《はら》わずに逃《に》げること。例 タクシーを**乗《の》り逃《に》げ**した男《おとこ》が捕《つか》まった。◎他人《たにん》の乗《の》り物《もの》を盗《ぬす》んで逃《に》げること。例 駅前《えきまえ》に自転車《じてんしゃ》を放置《ほうち》しておくと、**乗《の》り逃《に》げ**されるよ。

ひき逃《に》げ 自動車《じどうしゃ》などで人《ひと》をひいて、そのまま逃《に》げること。例 酔《よ》っ払《ぱら》い運転《うんてん》や**ひき逃《に》げ**事件《じけん》は、絶対《ぜったい》に許《ゆる》すことができない。

持《も》ち逃《に》げ 人《ひと》の物《もの》やお金《かね》を、黙《だま》って持《も》って逃《に》げること。例 バッグを**持《も》ち逃《に》げ**されないように、しっかり見《み》ていてね。

夜《よ》逃《に》げ 夜《よる》の間《あいだ》に、こっそり家《いえ》を出《で》て、よその土地《とち》へ逃《に》げ去《さ》ること。例 事業《じぎょう》に失敗《しっぱい》して、とうとう**夜《よ》逃《に》げ**をしたそうだ。

命《いのち》からがら やっとのことで逃《に》げ出《だ》すようす。危《あや》うく命《いのち》だけは助《たす》かって。例 クマに襲《おそ》われ、**命《いのち》からがら**山小屋《やまごや》に逃《に》げ帰《かえ》った。

風《かぜ》を食《く》らう いち早《はや》くようすに感《かん》づいて、慌《あわ》てて逃《に》げ去《さ》る。とくに、悪事《あくじ》がばれて、逃《に》げるときにいう。例 悪者《わるもの》どもは、**風《かぜ》を食《く》らって**逃《に》げ出《だ》した。

くもの子《こ》を散《ち》らすよう たくさん集《あつ》まっていた動物《どうぶつ》や人《ひと》が、さまざまな方向《ほうこう》に急《いそ》いで逃《に》げるようす。クモの幼虫《ようちゅう》がたくさん入《はい》った袋《ふくろ》をつつくと、四方八方《しほうはっぽう》に散《ち》って逃《に》げるようすから。例 突然《とつぜん》の夕立《ゆうだち》に、広場《ひろば》に集《あつ》まっていた群集《ぐんしゅう》は**くもの子《こ》を散《ち》らすように**逃《に》げ散《ち》った。

雲《くも》を霞《かすみ》 一目散《いちもくさん》に逃《に》げ去《さ》って、姿《すがた》を隠《かく》すようす。例 いきなりおじいさんにどなられて、いたずらをしていた子《こ》どもたちは**雲《くも》を霞《かすみ》**と逃《に》げ去《さ》った。

算《さん》を乱《みだ》して 群集《ぐんしゅう》が混乱《こんらん》して、散《ち》り散《ぢ》りばらばらになるようす。「算《さん》」は「算木《さんぎ》」のことで、昔《むかし》の中国《ちゅうごく》や日本《にほん》で計算《けいさん》や占《うらな》いに使《つか》った棒《ぼう》。その算木《さんぎ》が、ばらばらになっているようすから。例 不意打《ふいう》ちを食《く》らった敵軍《てきぐん》は、**算《さん》を乱《みだ》して**逃《に》げ散《ち》った。

尻《しり》に帆《ほ》をかけて 急《いそ》いで逃《に》げ出《だ》すようす。お尻《しり》に帆船《はんせん》の帆《ほ》をかけたように、すばやく逃《に》げるようす。例 あいつなら、臆病風《おくびょうかぜ》に吹《ふ》かれて、**尻《しり》に帆《ほ》をかけて**逃《に》げ出《だ》したよ。

脱兎《だっと》のごとく 非常《ひじょう》にすばやく逃《に》げるようす。「脱兎《だっと》」は、逃《に》げるウサギ。逃《に》げるウサギのようにすばやいということ。例 警察官《けいさつかん》に見《み》つかった泥《どろ》棒《ぼう》は、**脱兎《だっと》のごとく**逃《に》げ去《さ》った。

ほうほうの体《てい》 さんざんな目《め》にあって、やっとのことで逃《に》げるようす。「ほうほう」は「這《ほ》う這《ほ》う」と書《か》き、這《は》うようなかっこうでという意味《いみ》。例 山《やま》で嵐《あらし》にあい、**ほうほうの体《てい》**で引《ひ》き返《かえ》した。

すたこら 急《いそ》いでその場《ば》から逃《に》げ去《さ》るようす。例 いたずらがばれて**すたこら**逃《に》げる。似 **すたこらさっさ**。

逃《に》げ足《あし》 逃《に》げる足取《あしど》り。逃《に》げる速《はや》さ。例 なんて**逃《に》げ足《あし》**の速《はや》い泥《どろ》棒《ぼう》だ。

逃《に》げ腰《ごし》 逃《に》げようとするときの腰付《こしつ》き。また、責任《せきにん》や困難《こんなん》などから逃《のが》れようとする態度《たいど》。例 面倒《めんどう》な頼《たの》みごとには、つい**逃《に》げ腰《ごし》**になってしまう。

感覚《かんかく》

感《かん》じ取《と》る

feel
［フィール］

このページも見《み》てみよう
▼理解《りかい》する ⬇300

感《かん》じ取《と》る 実際《じっさい》に触《ふ》れたり、見《み》たり、聞《き》いたりして、物事《ものごと》の性質《せいしつ》や相手《あいて》の事情《じじょう》、雰囲気《ふんいき》などを察《さっ》する。例 涼風《りょうふう》に、秋《あき》の気配《けはい》を**感《かん》じ取《と》る**。

気付《きづ》く ◎それまで気《き》にとめていなかったことに注意《ちゅうい》が向《む》いて、その存在《そんざい》や状態《じょうたい》を知《し》る。例 財布《さいふ》を忘《わす》れたのに**気付《きづ》いて**、慌《あわ》てて家《いえ》に戻《もど》った。◎気《き》を失《うしな》っていた人《ひと》や、眠《ねむ》りこけていた人《ひと》が、意識《いしき》を取《と》り戻《もど》す。例 **気付《きづ》いたら**、電車《でんしゃ》は終点《しゅうてん》の駅《えき》に着《つ》いていた。

感付《かんづ》く 直感的《ちょっかんてき》に気《き》づく。例 母《はは》に**感付《かんづ》かれ**ないように、誕《たん》生日《じょうび》パーティーの準備《じゅんび》をする。

覚《おぼ》える ◎心《こころ》や体《からだ》に、ある感《かん》じを受《う》ける。例 寒《さむ》さを**覚《おぼ》えた**ので、開《あ》けていた窓《まど》を閉《し》めた。◎「学《まな》ぶ」⬇302 ◎「覚《おぼ》える」⬇305

悟《さと》る ◎隠《かく》されていた物事《ものごと》や明《あき》らかにされていない事情《じじょう》を見抜《みぬ》いたり、それとなく感《かん》じたりする。例 やっとだまされたと**悟《さと》る**。◆仏教《ぶっきょう》では、心《こころ》の迷《まよ》いから抜《ぬ》け出《だ》して真理《しんり》を知《し》るという意味《いみ》。◎「理解《りかい》する」⬇300

催《もよお》す そういう気持《きも》ちや状態《じょうたい》になる。やらずにはいられなくなる。例 あまりに退屈《たいくつ》なスピーチだったので、眠気《ねむけ》を**催《もよお》した**。例 突然《とつぜん》便意《べんい》を**催《もよお》した**ので、慌《あわ》ててトイレを探《さが》した。

気取《けど》る 周囲《しゅうい》のようすや人《ひと》の態度《たいど》などを見《み》て、事情《じじょう》に気《き》づく。多《おお》く、「気取《けど》られる」という受《う》け身《み》の形《かたち》で、知《し》られてはまずいことを知《し》られる場合《ばあい》に使《つか》う。例 テストのできがよくな

◆＝もっと知《し》りたい、ことばの知識《ちしき》。

かったことを、母《はは》に気取《けど》られてしまった。

思《おも》い当《あ》たる

物事《ものごと》の理由《りゆう》などについて、自分《じぶん》の経験《けいけん》や記憶《きおく》に照《て》らし合《あ》わせて考《かんが》え、なるほどと気《き》づく。例彼《かれ》がクラブをやめると言《い》い出《だ》した理由《りゆう》については、思《おも》い当《あ》たることがある。

ぴんと来《く》る

◎直感的《ちょっかんてき》にぱっと分《わ》かる。例写真《しゃしん》を見《み》て、彼女《かのじょ》の母親《ははおや》だとぴんと来《き》た。◎自分《じぶん》の考《かんが》えや好《この》みにぴったり合《あ》う。例この洋服《ようふく》のデザインは、どうもぴんと来《こ》ないなあ。

空気《くうき》を読《よ》む

その場《ば》の雰囲気《ふんいき》から状況《じょうきょう》を感《かん》じ取《と》る。とくに、その場《ば》で自分《じぶん》が何《なに》をすべきか、すべきでないかや、相手《あいて》のしてほしいこと、してほしくないことをくみ取《と》る。例クラスの空気《くうき》を読《よ》んでばかりいては、自分《じぶん》らしさは発揮《はっき》できない。

五感《ごかん》

外《そと》からの刺激《しげき》を受《う》け取《と》る、視《し》覚《かく》（見《み》る）、聴覚《ちょうかく》（聞《き》く）、嗅覚《きゅうかく》（においをかぐ）、味覚《みかく》（味《あじ》わう）、触覚《しょっかく》（触《さわ》って感《かん》じる）の五《いつ》つの感覚《かんかく》。例五感《ごかん》を研《と》ぎ澄《す》ませて、大自然《だいしぜん》の変化《へんか》を感《かん》じ取《と》る。

感覚《かんかく》

◎五感《ごかん》の働《はたら》きや、それらで感《かん》じ取《と》ったもの。例麻酔《ますい》が効《き》いてきたのか、手足《てあし》の感覚《かんかく》がなくなってきた。◎物事《ものごと》を感《かん》じ取《と》る心《こころ》の働《はたら》きや感《かん》じ方《かた》。例感覚《かんかく》の鋭《するど》い人《ひと》の文章《ぶんしょう》は、読《よ》んでいて刺激《しげき》を受《う》ける。

センス

「感覚《かんかく》」という意味《いみ》の英語《えいご》。とくに、物事《ものごと》のよさや微《び》妙《みょう》な違《ちが》いなどを感《かん》じ取《と》る心《こころ》の働《はたら》き。例あの人《ひと》はセンスがいいから、家具《かぐ》の選《せん》択《たく》は任《まか》せてもいいと思《おも》う。

フィーリング

「感覚《かんかく》」「感《かん》じ」などの意味《いみ》の英語《えいご》。見《み》たときや感《かん》じたときに、感覚的《かんかくてき》にとらえられる気分《きぶん》や印象《いんしょう》。例フィーリングの合《あ》った人《ひと》とは、交際《こうさい》もうまくいく。

感知《かんち》

◎物事《ものごと》の状態《じょうたい》を知《し》ること。人《ひと》や動物《どうぶつ》が、直感的《ちょっかんてき》に気《き》づくこと。例野生動物《やせいどうぶつ》は、地震《じしん》を前《まえ》もって感《かん》知《ち》する能力《のうりょく》があるといわれている。◎機械《きかい》が状況《じょうきょう》の変化《へんか》を感《かん》じ取《と》って反応《はんのう》すること。例温度《おんど》の急激《きゅうげき》な変化《へんか》を感知《かんち》して、警報機《けいほうき》が作動《さどう》した。

検知《けんち》

機械《きかい》などを使《つか》って検査《けんさ》し、故《こ》障《しょう》などを知《し》ること。例高感度《こうかんど》のセンサーで、ガス漏《も》れを検知《けんち》した。

察知《さっち》

情報《じょうほう》や経験《けいけん》をもとに、おしはかって知《し》ること。例敵《てき》の動《うご》きをいち早《はや》く察知《さっち》する。

実感《じっかん》

◎実際《じっさい》に体験《たいけん》した感《かん》じ。心《こころ》からそのように感《かん》じること。例委員《いいん》に選《えら》ばれて、責任《せきにん》の重《おも》さを実感《じっかん》した。◎実際《じっさい》に接《せっ》したときのような、生《い》き生《い》きとした感《かん》じ。例事故現場《じこげんば》の映像《えいぞう》を見《み》て、救助活動《きゅうじょかつどう》の困難《こんなん》さを実感《じっかん》する。

痛感《つうかん》

身《み》に染《し》みて、痛《いた》いほどそう感《かん》じること。多《おお》く、あることをきっかけにして、本当《ほんとう》にそうだと思《おも》うこと。例親元《おやもと》を離《はな》れて、母《はは》のありがたみを痛感《つうかん》する。

予感《よかん》

前《まえ》もって、こんなことが起《お》こりそうだと何《なん》となく感《かん》じること。また、その感《かん》じ。例今日《きょう》は、何《なに》かすてきなことがありそうな予感《よかん》がする。

直感《ちょっかん》 物事《ものごと》を、瞬間的《しゅんかんてき》・感覚的《かんかくてき》にこうだろうと感《かん》じ取《と》ること。例 この人《ひと》と結婚《けっこん》することになるだろうという**直感《ちょっかん》**があった。

第六感《だいろっかん》 五感《ごかん》以外《いがい》にあるといわれる、何《なに》かを鋭《するど》く感《かん》じ取《と》る感覚《かんかく》。例 この場所《ばしょ》は危険《きけん》だと、僕《ぼく》の**第六感《だいろっかん》**が語《かた》りかけてきた。

	不吉《ふきつ》な――	犯人《はんにん》だと――で分《わ》かった	――が働《はたら》く
予感	○	－	－
直感	－	○	○
第六感	－	△	○

虫《むし》の知《し》らせ ある事件《じけん》が起《お》こる前《まえ》に、何《なん》となくそうなるのではないかと感《かん》じること。とくに、悪《わる》い予感《よかん》がするときにいうことが多《おお》い。「虫《むし》」は、人《ひと》の体《からだ》の中《なか》にいて、その人《ひと》の意識《いしき》や感情《かんじょう》を引《ひ》き起《お》こすと考《かんが》えられていたもの。例 **虫《むし》の知《し》らせ**でいつものバスに乗《の》るのをやめたので、事故《じこ》にあわずに済《す》んだ。

霊感《れいかん》 人間《にんげん》の力《ちから》を超《こ》えた、まるで神《しん》仏《ぶつ》から与《あた》えられたような、すばらしくて不思議《ふしぎ》なひらめき。現在《げんざい》では、死者《ししゃ》の霊《れい》や心霊現象《しんれいげんしょう》などを感《かん》じ取《と》る能力《のうりょく》という意味《いみ》で使《つか》われることが多《おお》い。例 その画家《がか》は**霊感《れいかん》**を受《う》けて名作《めいさく》を描《えが》いたという。例 **霊感《れいかん》**が強《つよ》いという彼女《かのじょ》が、寺《てら》で恐《おそ》ろしいものを見《み》たと泣《な》き出《だ》した。

勘《かん》 ◎物事《ものごと》のよしあしを、理屈《りくつ》ではなく直感的《ちょっかんてき》に感《かん》じ取《と》る能力《のうりょく》。例 これがおもしろい本《ほん》だということは**勘《かん》**で分《わ》かった。◎やり方《かた》を要領《ようりょう》よく、上手《じょうず》に身《み》につける素質《そしつ》。例 彼女《かのじょ》は**勘《かん》**がいいので、難《むずか》しい技《わざ》もすぐにマスターしてしまう。

ひらめき 人《ひと》を驚《おどろ》かすような鋭《するど》い感覚《かんかく》や、直感的《ちょっかんてき》な頭《あたま》の働《はたら》き。また、すばらしい考《かんが》えが頭《あたま》に浮《う》かぶこと。例 この長編小説《ちょうへんしょうせつ》には、作《さっ》家《か》の**ひらめき**が感《かん》じられる。

インスピレーション 「ひらめき」という意味《いみ》の英語《えいご》。突然頭《とつぜんあたま》の中《なか》に浮《う》かんだ、すばらしい考《かんが》えや思《おも》いつき。例 そのころの彼《かれ》は、**インスピレーション**がわいて次《つぎ》から次《つぎ》へと後世《こうせい》に残《のこ》る名曲《めいきょく》を作《つく》った。

心当《こころあ》たり ◎あのことではないかと、思《おも》い当《あ》たること。例 彼女《かのじょ》が急《きゅう》にギターを始《はじ》めた理由《りゆう》には**心当《こころあ》たり**がある。◎ここはどうかと見当《けんとう》をつけた場所《ばしょ》。例 彼《かれ》が行《い》きそうな店《みせ》なら、いくつか**心当《こころあ》たり**がある。

感性《かんせい》 物事《ものごと》に接《せっ》して、心《こころ》に感《かん》じ取《と》る能力《のうりょく》。例 新人監督《しんじんかんとく》の映画《えいが》には、今《いま》までにないみずみずしい**感性《かんせい》**が見《み》られる。対 理性《りせい》。

感受性《かんじゅせい》 物事《ものごと》から受《う》けた刺激《しげき》や印象《いんしょう》を、心《こころ》に深《ふか》く感《かん》じ取《と》る能《のう》力《りょく》。例 彼女《かのじょ》は、優《すぐ》れた**感受性《かんじゅせい》**を持《も》っている。

薄々《うすうす》 はっきりとは分《わ》からないが、何《なん》となく少《すこ》しは分《わ》かるようす。例 彼《かれ》が戻《もど》ってこないことは、みんな**薄々《うすうす》**分《わ》かっていた。

はっと ◎突然《とつぜん》起《お》きたことに、急《きゅう》に気《き》づくようす。例 父《ちち》に呼《よ》び止《と》められ、**はっと**してわれに返《かえ》った。◎「驚《おどろ》く」➡392

痛《いた》い・痒《かゆ》い

painful, itchy
［ペインフル、イッチ］

このページも見《み》てみよう
▼苦《くる》しむ ⬇465

痛《いた》い
◎体《からだ》の内部《ないぶ》にぐあいの悪《わる》いところがあったり、体《からだ》の外部《がいぶ》に打撃《だげき》や刺激《しげき》を与《あた》えられたりして、その部分《ぶぶん》が苦《くる》しくつらい。例 転《ころ》んで打《う》ったひざが痛《いた》い。例 急《きゅう》におなかが痛《いた》くなる。◎「困《こま》る」⬇477

重《おも》い
◎疲《つか》れや病気《びょうき》などで、体《からだ》の部分《ぶぶん》が押《お》しつけられるような、不快《ふかい》な感《かん》じがする。例 マラソンの練《れん》習《しゅう》をし過《す》ぎて、足《あし》が重《おも》い。例 風邪《かぜ》で朝《あさ》から頭《あたま》が重《おも》い。◎「重《おも》い」⬇541

痛痒《いたがゆ》い
痛《いた》みを伴《ともな》ったかゆみを感《かん》じる。例 目《め》にほこりが入《はい》って痛痒《いたがゆ》かったので、目薬《めぐすり》を差《さ》した。

痒《かゆ》い
皮膚《ひふ》がむずむずして、かきたい感《かん》じがする。例 蚊《か》に刺《さ》された所《ところ》が痒《かゆ》くてたまらない。

むず痒《がゆ》い
むずむずするようにかゆい。例 腕《うで》のかさぶたがむず痒《がゆ》くて、かいてしまった。

くすぐったい
◎くすぐられたりして、むずむずした感《かん》じがする。例 犬《いぬ》に顔《かお》をなめられてくすぐったい。◎「恥《は》ずかしい」⬇493

こそばゆい
◎「くすぐったい」と同《おな》じ。例 鼻《はな》がこそばゆくてくしゃみが出《で》そうだ。◎「恥《は》ずかしい」⬇493

苦痛《くつう》
◎体《からだ》に感《かん》じる、ひどい痛《いた》み。例 患者《かんじゃ》が苦痛《くつう》に耐《た》えかねてうめき声《ごえ》を上《あ》げる。◎「苦《くる》しむ」⬇468

激痛《げきつう》
急《きゅう》に起《お》こる、激《はげ》しい痛《いた》み。例 転《ころ》んだ瞬間《しゅんかん》、ひざに激痛《げきつう》が走《はし》った。対 鈍痛《どんつう》。◆「劇痛《げきつう》」とも書《か》く。

鈍痛《どんつう》
重苦《おもくる》しく長《なが》く続《つづ》く痛《いた》み。例 疲《つか》れのせいか、ここ数日《すうじつ》頭《あたま》に鈍痛《どんつう》を感《かん》じる。対 激痛《げきつう》。

疼痛《とうつう》
ずきずきとうずくような痛《いた》み。「疼《とう》」は、うずくという意味《いみ》。例 父《ちち》は胸《むね》に疼痛《とうつう》を覚《おぼ》え、検査《けんさ》を受《う》けた。

痛《いた》む
傷《きず》や病気《びょうき》などのために、体《からだ》に苦痛《くつう》を覚《おぼ》える。例 靴《くつ》ずれの傷《きず》が痛《いた》む。

痛《いた》める
体《からだ》を痛《いた》くしたり、体《からだ》のある部分《ぶぶん》を悪《わる》くしたりする。例 スキーで転《ころ》び、足首《あしくび》を痛《いた》める。

差《さ》し込《こ》む
◎胃《い》や腸《ちょう》が急《きゅう》に激《はげ》しく痛《いた》む。例 急《きゅう》に差《さ》し込《こ》んで、その場《ば》にしゃがみ込《こ》んだ。◎「光《ひか》る」⬇581

染《し》みる
皮膚《ひふ》や歯《は》などが、ひりひりと痛《いた》む。例 消毒薬《しょうどくやく》が傷《きず》に染《し》みる。

走《はし》る
◎不快《ふかい》な感《かん》じや感情《かんじょう》などがさっと現《あらわ》れて消《き》える。例 突然《とつぜん》、肩《かた》に痛《いた》みが走《はし》った。◎「走《はし》る」⬇170

ひりつく
ひりひりと痛《いた》む。皮膚《ひふ》やのどなどが、刺激《しげき》を受《う》けて痛《いた》む。例 激辛《げきから》のカレーを食《た》べたら、のどがひりついた。

もたれる
食《た》べ物《もの》が消化《しょうか》されずに胃《い》にとどまって、不快《ふかい》な感《かん》じがする。例 から揚《あ》げを食《た》べ過《す》ぎ

感《かん》じ取《と》る
痛《いた》い・痒《かゆ》い ◀
におう
疲《つか》れる
腹《はら》が減《へ》る
熱《あつ》い・温《あたた》かい

て、胃《い》がもたれる。

疼《うず》く
体《からだ》を突《つ》き刺《さ》すようにずきずきと痛《いた》む。長《なが》く感《かん》じられる強《つよ》い痛《いた》みをいい、一瞬《いっしゅん》の痛《いた》みや弱《よわ》い痛《いた》みには使《つか》わない。例 一晩中《ひとばんじゅう》虫歯《むしば》が疼《うず》いて眠《ねむ》れなかった。

しびれる
◎体《からだ》の全体《ぜんたい》やその一部《いちぶ》の感覚《かんかく》がなくなり、自《じ》由《ゆう》に動《うご》かせなくなる。また、感電《かんでん》したようなびりびりした感覚《かんかく》を受《う》ける。例 長時間正座《ちょうじかんせいざ》していたので、足《あし》がしびれた。◎「感動《かんどう》する」➡434

痛《いた》み
◎病気《びょうき》や傷《きず》などのために感《かん》じる苦《くる》しみ。例 背伸《せの》びをした瞬間《しゅんかん》、背中《せなか》に痛《いた》みが走《はし》る。◎「悲《かな》しい」➡428

しびれ
しびれること。体《からだ》の全体《ぜんたい》や、その一部《いちぶ》の感覚《かんかく》がなくなり、自由《じゆう》に動《うご》かせなくなること。例 ときどき、手足《てあし》にしびれを感《かん》じる。

痒《かゆ》み
かゆい感《かん》じ。皮膚《ひふ》がむずむずして、かきたい感《かん》じがすること。例 虫刺《むしさ》されの薬《くすり》を塗《ぬ》ったので、ようやく痒《かゆ》みが治《おさ》まった。

頭痛《ずつう》
◎頭《あたま》が痛《いた》むこと。頭《あたま》の痛《いた》み。例 風邪《かぜ》を引《ひ》いて、朝《あさ》から頭痛《ずつう》がする。◎「心配《しんぱい》する」➡499

片頭痛《へんずつう》
頭《あたま》の片側《かたがわ》の激《はげ》しい痛《いた》み。例 母《はは》は片頭痛《へんずつう》がするといって、朝《あさ》から寝込《ねこ》んでいる。◆「へんとうつう」「かたずつう」とも読《よ》む。また、「偏頭痛《へんずつう》」とも書《か》く。

歯痛《しつう》
歯《は》が痛《いた》むこと。歯《は》の痛《いた》み。例 歯痛《しつう》が治《おさ》まらないので、歯医《はい》者《しゃ》さんに行《い》った。◆「はいた」とも読《よ》む。

腹痛《ふくつう》
腹《はら》が痛《いた》むこと。腹《はら》の痛《いた》み。例 食《た》べ過《す》ぎて腹痛《ふくつう》を起《お》こす。◆「はらいた」とも読《よ》む。

疝痛《せんつう》
内臓《ないぞう》の病気《びょうき》によって発作的《ほっさてき》に起《お》こる、腹《はら》の激《はげ》しい痛《いた》み。例 疝痛《せんつう》を起《お》こした母《はは》は、病院《びょういん》のベッドでうんうんうなっていた。

腰痛《ようつう》
腰《こし》が痛《いた》むこと。腰《こし》の痛《いた》み。例 父《ちち》は腰痛《ようつう》に悩《なや》まされている。

陣痛《じんつう》
◎赤《あか》ちゃんを産《う》むときに、間《ま》をおいて繰《く》り返《かえ》し起《お》こる腹《はら》の激《はげ》しい痛《いた》み。例 陣痛《じんつう》が始《はじ》まり、母《はは》は分娩室《ぶんべんしつ》に移《うつ》された。◎「苦《くる》しむ」➡468

筋肉痛《きんにくつう》
筋肉《きんにく》の痛《いた》み。運動《うんどう》をした後《あと》、しばらくしてから起《お》こる。例 一日中《いちにちじゅう》引《ひ》っ越《こ》しの荷物《にもつ》を運《はこ》んだせいで、筋肉痛《きんにくつう》になった。

神経痛《しんけいつう》
神経《しんけい》(体内《たいない》で、痛《いた》みの情報《じょうほう》や動《うご》きの命令《めいれい》などを伝《つた》える糸状《いとじょう》の器官《きかん》)の不調《ふちょう》などが原因《げんいん》で起《お》こる、手足《てあし》や関節《かんせつ》などの痛《いた》み。例 祖母《そぼ》は、梅雨時《つゆどき》になると神経痛《しんけいつう》がつらいと言《い》っている。

ちくちく
先《さき》のとがったもので、何度《なんど》も刺《さ》されるような痛《いた》みを感《かん》じるようす。例 光化学《こうかがく》スモッグのせいで、目《め》がちくちくする。似 ちくっと。

しくしく
◎絶《た》え間《ま》なく鈍《にぶ》く痛《いた》むようす。例 夜中《よなか》に冷《ひ》えたのか、朝《あさ》から腹《はら》がしくしくする。◎「泣《な》く」➡386

じんじん
しびれるように痛《いた》むようす。例 机《つくえ》の角《かど》にぶつけたひじが、じんじんと痛《いた》む。

◆＝もっと知《し》りたい、ことばの知識《ちしき》。

がんがん
◎何《なに》かで殴《なぐ》られたかのように、頭《あたま》が激《はげ》しく痛《いた》むようす。例 風邪《かぜ》で熱《ねつ》が下《さ》がらないうえに、頭《あたま》が**がんがん**してきた。◎「燃《も》える」↓578

ずきずき
病気《びょうき》や傷《きず》のある部分《ぶぶん》が、脈《みゃく》に合《あ》わせて絶《た》えず強《つよ》く痛《いた》むようす。例 傷口《きずぐち》がはれて**ずきずき**痛《いた》み出《だ》した。似 **ずきんずきん**。

きりきり
◎鋭《するど》いものが差《さ》し込《こ》まれたかのように、激《はげ》しく痛《いた》むようす。例 腹《はら》が**きりきり**と痛《いた》んで、ひどく苦《くる》しい。◎「悔《く》やむ」↓465

ひりひり
皮膚《ひふ》が、傷《きず》ややけどなどによって痛《いた》みを感《かん》じるようす。例 擦《す》りむいた傷《きず》が**ひりひり**する。◎「味《あじ》わう」↓242

ぴりぴり
皮膚《ひふ》が、傷《きず》ややけどなどによって、刺《さ》されたような痛《いた》みを感《かん》じるようす。例 お風《ふ》呂《ろ》のお湯《ゆ》が熱《あつ》くて、**ぴりぴり**する。◎「味《あじ》わう」↓242 ◎「いら立《だ》つ」↓412

ちかちか
◎強《つよ》い刺激《しげき》のために目《め》が痛《いた》い感《かん》じがするようす。例 車《くるま》のライトがまぶしくて、目《め》が**ちかちか**する。◎「光《ひか》る」↓584

むずむず
虫《むし》がはい回《まわ》るような、かゆい感《かん》じがするようす。例 鼻《はな》の辺《あた》りが**むずむず**して、くしゃみが出《で》そうだ。

こちょこちょ
くすぐるようす。例 膨《ふく》れっ面《つら》の妹《いもうと》のわきの下《した》を、**こちょこちょ**くすぐって笑《わら》わせる。

「痛《いた》い・痒《かゆ》い」に関連《かんれん》することば

痛《いた》し痒《かゆ》し　どっちにしてもぐあいが悪《わる》く、困《こま》ってしまうということ。かくと痛《いた》いし、かかなければかゆい、という意味《いみ》から。

痛《いた》くも痒《かゆ》くもない　何《なん》にも感《かん》じない。何《なに》をされても、何《なん》の影響《えいきょう》もなく平気《へいき》だということ。↓478

痛《いた》くもない腹《はら》を探《さぐ》られる　↓459

我《わ》が身《み》をつねって人《ひと》の痛《いた》さを知《し》れ　自《じ》分《ぶん》の身《み》に置《お》き換《か》えて、他人《たにん》の苦痛《くつう》を思《おも》いやりなさいということ。

におう

smell
［スメル］

匂《にお》う
◎鼻《はな》によいにおいが感《かん》じられる。例 部屋《へや》の中《なか》に、フリージアの花《はな》がかすかに**匂《にお》って**いる。◎「美《うつく》しい」↓545

臭《にお》う
◎鼻《はな》に嫌《いや》なにおいが感《かん》じられる。例 冷蔵庫《れいぞうこ》の中《なか》が何《なん》となく**臭《にお》う**ので、脱臭剤《だっしゅうざい》を入《い》れた。◎「疑《うたが》う」↓459

香《かお》る
よいにおいがする。辺《あた》りによいにおいが漂《ただよ》う。例 庭園《ていえん》には咲《さ》き誇《ほこ》った梅《うめ》の花《はな》が**香《かお》って**いる。◆「薫《かお》る」とも書《か》く。

鼻《はな》を突《つ》く
つんと痛《いた》くなるほど、強《つよ》いにおいが鼻《はな》を刺激《しげき》する。例 ドアを開《あ》けたとたん、物《もの》が焦《こ》げたような悪臭《あくしゅう》が**鼻《はな》を突《つ》いた**。似 **鼻《はな》を刺《さ》す**。

鼻《はな》に付《つ》く
◎嫌《いや》なにおいが鼻《はな》から離《はな》れない感《かん》じがする。

例 新《あたら》しいローションは、香料《こうりょう》が強《つよ》すぎてどうにも鼻《はな》に付《つ》く。◎「嫌《きら》い」➡418

嗅《か》ぐ においを鼻《はな》で感《かん》じ取《と》る。例 バラの花《はな》に顔《かお》を近《ちか》づけて、においを嗅《か》ぐ。

嗅《か》ぎ付《つ》ける ◎においをかいで、物《もの》のありかを探《さが》し当《あ》てる。例 獲物《えもの》のにおいを嗅《か》ぎ付《つ》けて、オオカミがやってきた。◎気配《けはい》や雰囲《ふんい》気《き》から、隠《かく》されていることを探《さぐ》り出《だ》す。例 彼女《かのじょ》に秘密《ひみつ》を嗅《か》ぎ付《つ》けられた。

嗅《か》ぎ分《わ》ける ◎においの違《ちが》いを感《かん》じ取《と》って、物《もの》を判別《はんべつ》する。例 彼《かれ》は、焼《や》いているにおいだけで魚《さかな》の種類《しゅるい》を嗅《か》ぎ分《わ》けてしまう。◎雰《ふん》囲気《いき》や状態《じょうたい》の違《ちが》いを感《かん》じ取《と》る。例 消《しょう》防士《ぼうし》には、安全《あんぜん》か危険《きけん》かを嗅《か》ぎ分《わ》ける能力《のうりょく》があるそうだ。

聞《き》く ◎香《かお》りをかぎ分《わ》ける。味《あじ》を舌《した》で感《かん》じ取《と》る。耳《みみ》を使《つか》うわけではないが、感覚《かんかく》を研《と》ぎすませて味《あじ》わうことを、耳《みみ》で聞《き》くことにたとえた表《ひょう》現《げん》。例 香《こう》を聞《き》くなんて、ずいぶん風《ふう》流《りゅう》な趣味《しゅみ》をお持《も》ちですね。◎「聞《き》く」➡263 ◎「質問《しつもん》する」➡297

鼻《はな》が利《き》く ◎嗅覚《きゅうかく》が鋭《するど》くて、においをかぎ分《わ》ける能力《のうりょく》が優《すぐ》れている。例 警察犬《けいさつけん》は、人間《にんげん》が足《あし》もとにも及《およ》ばないほど鼻《はな》が利《き》く。◎ちょっとした手《て》がかりから、秘密《ひみつ》や情《じょう》報《ほう》を探《さぐ》り当《あ》てる能力《のうりょく》がある。例 彼《かれ》は、どの政治家《せいじか》に仕《つか》えれば得《とく》か鼻《はな》が利《き》く。

芳《かんば》しい ◎よい香《かお》りがする。香《かお》り高《たか》い花《はな》や木《き》についていうことが多《おお》い。例 新《あたら》しい旅館《りょかん》は芳《かんば》しいヒノキの香《かお》りに満《み》ちている。◎「芳《かんば》しくない」という形《かたち》で、好《この》ましくない、よくないという意味《いみ》を表《あらわ》す。多《おお》く、香《かお》り以外《いがい》の物事《ものごと》についていう。例 残念《ざんねん》ながら、今《こん》回《かい》の試験《しけん》の成績《せいせき》はあまり芳《かんば》しくなかった。

かぐわしい よい香《かお》りがする。上《じょう》品《ひん》で、あまり強《つよ》くない香《かお》りについて使《つか》うことが多《おお》い。例 温《おん》

深谷先生《ふかやせんせい》のちょっとひと息《いき》

かぐわしいドーナツマン

人気者《にんきもの》の「アンパンマン」を、みなさん知《し》っていますよね? そのテレビアニメのなかでドキンちゃんが、ドーナツマンのにおいをかいで「なかなかかぐわしい香《かお》りのドーナツね」と言《い》っていました。かぐわしいという、大人《おとな》でもなかなか使《つか》わないことばが、子《こ》ども向《む》けの番組《ばんぐみ》に出《で》てきたことに少《すこ》し驚《おどろ》きました。作者《さくしゃ》の、やなせたかしさんをはじめとするスタッフにとっては、ごく自然《しぜん》に出《で》てくることばなのかもしれません。あるいは、おてんばだけどおすましな、ドキンちゃんの「お嬢《じょう》さまっぽさ」を表現《ひょうげん》するためにあえて言《い》わせたのか。はたまた、食《た》べ物《もの》をテーマにしたキャラクターがたくさん出《で》てくるので、そのおいしそうな香《かお》りの表《ひょう》現《げん》に広《ひろ》がりを持《も》たせるためなのか……いろいろ深読《ふかよ》みしてしまいました。いずれにしても、若《わか》い世代《せだい》があまり使《つか》わないことばを大《たい》切《せつ》にする姿勢《しせい》が見《み》えてきて、好感《こうかん》が持《も》てました。

◆＝もっと知《し》りたい、ことばの知識《ちしき》。

室《しつ》の中《なか》でかぐわしいバラの香《かお》りに包《つつ》まれ、うっとりしてしまった。

香《こう》ばしい 食《た》べ物《もの》などがこんがり焼《や》けたようなよい香《かお》りがする。「かぐわしい」が変化《へんか》したことば。例 商店街《しょうてんがい》を歩《ある》いていると、香《こう》ばしいパンの香《かお》りが漂《ただよ》ってきた。

臭《くさ》い ◎鼻《はな》に嫌《いや》なにおいを感《かん》じる。例 シャツが少《すこ》し臭《くさ》いから洗濯《せんたく》しよう。◎「疑《うたが》う」⬇460

におやか よいにおいがするようす。例 におやかな花々《はなばな》が、庭園《ていえん》に咲《さ》き誇《ほこ》っている。似 においやか。

芳醇《ほうじゅん》 料理《りょうり》や酒《さけ》などの香《かお》りが高《たか》く、味《あじ》わいがよいこと。例 フランス料理《りょうり》に合《あ》うのは、芳醇《ほうじゅん》な赤《あか》ワインだ。

馥郁《ふくいく》 よい香《かお》りがあたりに漂《ただよ》うようす。例 馥郁《ふくいく》たるキンモクセイの香《かお》りが、秋《あき》の街《まち》を包《つつ》み込《こ》んでいる。

鼻《はな》が曲《ま》がるほど ものすごく嫌《いや》な、強《つよ》いにおいがするようす。例 一週間《いっしゅうかん》ぶりに家《いえ》に帰《かえ》ったら、何《なに》かが腐《くさ》っていたのか、鼻《はな》が曲《ま》がるほどの異臭《いしゅう》がした。似 鼻《はな》がひん曲《ま》がるほど。

匂《にお》い ◎空気《くうき》を通《とお》して鼻《はな》で受《う》け止《と》める、心地《ここち》よい感《かん》じ。おもに、食《た》べ物《もの》についていう。例 焼《や》き肉《にく》の匂《にお》いをかいだら、急《きゅう》におなかがすいてきた。◎いかにもそれらしい雰囲気《ふんいき》が感《かん》じられること。例 下町《したまち》を散歩《さんぽ》すると、懐《なつ》かしい匂《にお》いがする。

臭《にお》い 鼻《はな》に感《かん》じられる臭《くさ》み。例 梅雨《つゆ》時《どき》は、ごみの臭《にお》いが気《き》になる。

香《かお》り ◎空気《くうき》を通《とお》して鼻《はな》で受《う》け止《と》める、心地《ここち》よい感《かん》じ。おもに、花《はな》や香水《こうすい》、飲《の》み物《もの》などについていう。例 洗《あら》いたてのタオルの香《かお》りが好《す》きだ。◎それらしい上品《じょうひん》な雰囲気《ふんいき》が感《かん》じられること。例 旧家《きゅうか》が立《た》ち並《なら》ぶ町並《まちな》みには、江戸《えど》の香《かお》りが残《のこ》っている。◆「薫《かお》り」とも書《か》く。

	臭い	香り
いい――がする	○	○
いやな――だ	○	–
――高《たか》い作品《さくひん》	–	○

香《か》 「香《かお》り」と同《おな》じ。ふつう、風流《ふうりゅう》な表現《ひょうげん》をするときに使《つか》う。例 湯《ゆ》の香《か》漂《ただよ》う露天風呂《ろてんぶろ》を楽《たの》しむ。

「におう」に関連《かんれん》することば

臭《くさ》い物《もの》に蓋《ふた》をする 人《ひと》に知《し》られては困《こま》るようなことを、一時《いちじ》しのぎのやり方《かた》で、外《そと》から分《わ》からないようにする。

臭《くさ》い飯《めし》を食《く》う 刑務所《けいむしょ》に入《はい》る。昔《むかし》の刑《けい》務所《むしょ》で出《だ》される食事《しょくじ》が、臭《くさ》くてまずかったことから。

人間臭《にんげんくさ》い いかにも人間《にんげん》らしい欠点《けってん》や俗《ぞく》っぽいところが表《あらわ》れていて、親《した》しみやすい。

バタ臭《くさ》い 西洋風《せいようふう》である。また、西洋《せいよう》かぶれしている。「バタ」は、「バター」のことで、西洋風《せいようふう》なもののたとえ。

香魚《こうぎょ》 アユの別名《べつめい》。独特《どくとく》のよい香《かお》りがすることから。

●こんなことばも覚《おぼ》えておこう

芳烈《ほうれつ》・芬々《ふんぷん》

香気《こうき》
よい香《かお》り。例 華《はな》やかなランの花《はな》が、あやしい香気《こうき》を放《はな》っている。

芳香《ほうこう》
よい香《かお》り。例 春先《はるさき》になると、庭《にわ》はジンチョウゲの芳香《ほうこう》に包《つつ》まれる。

移り香《うつりが》
ほかの物《もの》から移《うつ》ってついた、よい香《かお》り。例 平安時《へいあんじ》代《だい》の貴族《きぞく》は、お香《こう》を着物《きもの》にたきしめて移《うつ》り香《が》を楽《たの》しんでいた。

残り香《のこりが》
人《ひと》が立《た》ち去《さ》った後《あと》に残《のこ》る、その人《ひと》のかすかな香《かお》り。例 部屋《へや》の中《なか》に、訪《たず》ねてきた叔母《おば》の残《のこ》り香《が》が漂《ただよ》う。◆「のこりか」とも読《よ》む。

臭み《くさみ》
◎嫌《いや》なにおい。例 ショウガを加《くわ》えて煮《に》ると、魚《さかな》の臭《くさ》みが抜《ぬ》ける。◎「嫌《きら》い」↓422

臭気《しゅうき》
臭《くさ》いにおい。例 地下室《ちかしつ》に入《はい》ると、なんとも言《い》えない臭気《しゅうき》が鼻《はな》につんときた。

悪臭《あくしゅう》
気分《きぶん》が悪《わる》くなるほどの嫌《いや》なにおい。例 空《あ》き地《ち》に不法投棄《ふほうとうき》されたごみの山《やま》から、ものすごい悪臭《あくしゅう》がする。

異臭《いしゅう》
嫌《いや》なにおい。変《へん》なにおい。例 隣《となり》の家《いえ》から異臭《いしゅう》がするので、警察《けいさつ》に通報《つうほう》した。

刺激臭《しげきしゅう》
目《め》・鼻《はな》・のどなどが痛《いた》くなるような、きついにおい。例 発生《はっせい》したガスの刺激臭《しげきしゅう》に耐《た》えきれず、人々《ひとびと》はハンカチで鼻《はな》と口《くち》を押《お》さえた。

つんと
◎においが強《つよ》く鼻《はな》を突《つ》くようす。例 アンモニアは、鼻《はな》につんとくるにおいが特徴《とくちょう》だ。◎「気取《きど》る」↓410

ぷんと
急《きゅう》に強《つよ》くにおってくるようす。例 ニンニクを入《い》れたフライパンを火《ひ》にかけると、ぷんとよいにおいがしてきた。

つんつん
においが強《つよ》く鼻《はな》を刺《さ》すようす。例 果実《かじつ》で作《つく》った酢《す》は、酢《す》特有《とくゆう》のつんつんしたにおいがしない。

「匂《にお》い」が付《つ》いて「臭《にお》って」しまう？　深谷先生《ふかやせんせい》のちょっとひと息《いき》

「くさいにおい」ということばを漢字《かんじ》で書《か》くとどうなるでしょう？　当然《とうぜん》、「臭《くさ》い臭《にお》い」という字《じ》になって、たいへん読《よ》みづらくなってしまいます。新聞《しんぶん》や本《ほん》などでは、両方《りょうほう》かどちらかを平仮名《ひらがな》で書《か》くことが多《おお》いようです。

においという読《よ》み方《かた》が、いやなにおいだけに使《つか》うのだったら、「臭《くさ》い臭《にお》い」という言《い》い方《かた》は「頭《ず》痛《つう》が痛《いた》い」のようなおかしな表現《ひょうげん》とされることでしょう。

でも、いいにおいのほうも同《おな》じに読《よ》むのが混乱《こんらん》のもと。たとえば「焼《や》き肉《にく》のにおいをかいだら、おなかがすいてきた」「焼《や》き肉《にく》のにおいがつかないよう、上着《うわぎ》を脱《ぬ》いだ」という二《ふた》つの文《ぶん》では、同《おな》じ焼《や》き肉《にく》のにおいなのに、前者《ぜんしゃ》では匂《にお》い、後《こう》者《しゃ》では臭《にお》いという字《じ》を使《つか》います。

人《ひと》によって、時《とき》と場合《ばあい》によって、においの「快《かい》・不快《ふかい》」が違《ちが》ってくるという感《かん》覚《かく》のあいまいさが、漢字《かんじ》づかいのあいまいさに反《はん》映《えい》されているのです。

◆＝もっと知《し》りたい、ことばの知識《ちしき》。

ぷんぷん

◎強《つよ》いにおいが、鼻《はな》を突《つ》くようす。例 隣《となり》の女性客《じょせいきゃく》の香水《こうすい》が**ぷんぷん**して、料理《りょうり》の味《あじ》が楽《たの》しめなかったよ。◎「怒《おこ》る」➡400

くんくん

においをかごうとして鼻《はな》を近《ちか》づけたり、鼻《はな》で細《こま》かく息《いき》を吸《す》い込《こ》んだりするようす。また、そのときの音《おと》。例 どんなスパイスが使《つか》われているのか、カレールーを**くんくん**とかぐ。

汗臭《あせくさ》い

汗《あせ》の、嫌《いや》なにおいがする。例 **汗臭《あせくさ》い**ので、食事《しょくじ》の前《まえ》にシャワーを浴《あ》びてこよう。

生臭《なまぐさ》い

◎生《なま》の魚《さかな》や肉《にく》、血《ち》などのにおいがする。例 魚《さかな》をさばいたので、手《て》が**生臭《なまぐさ》く**なってしまった。◎金銭《きんせん》や地位《ちい》など、人間《にんげん》の欲望《よくぼう》を隠《かく》さない生々《なまなま》しいようす。例 お坊《ぼう》さんだというのに、平気《へいき》で**生臭《なまぐさ》い**話《はなし》をするね。

血《ち》なまぐさい

◎血《ち》のにおいがする。例 ステーキが生焼《なまや》けで、**血《ち》なまぐさい**感《かん》じがする。◎人《ひと》の血《ち》が流《なが》されるような残酷《ざんこく》なようすである。例 最近《さいきん》は**血《ち》なまぐさい**事件《じけん》が多《おお》い。

土臭《つちくさ》い

◎土《つち》のにおいがする。例 **土臭《つちくさ》い**荷物《にもつ》が届《とど》いたと思《おも》ったら、中身《なかみ》はジャガイモだった。◎あかぬけていない。やぼったい。例 その格好《かっこう》は、どうみても**土臭《つちくさ》い**。

泥臭《どろくさ》い

「土臭《つちくさ》い」と同《おな》じ。泥《どろ》や土《つち》のにおいがするということから。例 収穫《しゅうかく》したての野菜《やさい》は、ずいぶんと**泥臭《どろくさ》い**。例 あの役者《やくしゃ》の演技《えんぎ》は、いかにも**泥臭《どろくさ》い**。

青臭《あおくさ》い

◎草《くさ》や木《き》のような、また、青菜《あおな》を切《き》ったときのようなにおいがする。例 枝豆《えだまめ》が生《なま》ゆでで、**青《あお》臭《くさ》くて**食《た》べられない。◎幼稚《ようち》である。未熟《みじゅく》である。例 お金《かね》などどうでもいいなどと、**青臭《あおくさ》い**ことを言《い》うな。

かび臭《くさ》い

◎かびのにおいがする。例 長《なが》い間《あいだ》閉《し》め切《き》ってあった納戸《なんど》の中《なか》に入《はい》ると、**かび臭《くさ》かった**。◎「古《ふる》い」➡549

抹香臭《まっこうくさ》い

線香《せんこう》のにおいがする。いかにも、寺《てら》や葬式《そうしき》に関係《かんけい》する感《かん》じがする。「抹香《まっこう》」は、葬式《そうしき》などで使《つか》う粉状《こなじょう》のお香《こう》のこと。例 彼《かれ》は若《わか》いのに、**抹香臭《まっこうくさ》い**話《はなし》ばかりする。似 線香臭《せんこうくさ》い。

焦《こ》げ臭《くさ》い

物《もの》が焦《こ》げたようなにおいがする。例 パンを焼《や》き過《す》ぎて、**焦《こ》げ臭《くさ》く**なってしまった。

きな臭《くさ》い

◎「焦《こ》げ臭《くさ》い」と同《おな》じ。例 たき火《び》の跡《あと》がまだ**きな臭《くさ》い**ので、もう一度《いちど》水《みず》をかけておこう。◎戦争《せんそう》や動乱《どうらん》などが起《お》こりそうな気配《けはい》がする。火薬《かやく》が燃《も》えたにおいがすることから。例 領土問題《りょうどもんだい》を巡《めぐ》って、両国《りょうこく》に**きな臭《くさ》い**空気《くうき》が漂《ただよ》い始《はじ》めた。◆「きな」の語源《ごげん》は不明《ふめい》。

疲《つか》れる

get tired
[ゲット・タイアド]

このページも見《み》てみよう
▼苦《くる》しむ ➡465

疲《つか》れる

体力《たいりょく》や気力《きりょく》を使《つか》い過《す》ぎて、元気《げんき》がなくなる。肉体的《にくたいてき》な疲《つか》れにも精神的《せいしんてき》な疲《つか》れにもいう。例 運《うん》動会《どうかい》で張《は》り切《き》りすぎて疲《つか》れた。例 初対《しょたい》面《めん》の人《ひと》と話《はな》して、気《き》が疲《つか》れた。

くたびれる

◎疲《つか》れて、それ以《い》上《じょう》動《うご》くのが嫌《いや》になる。例 一日中《いちにちじゅう》歩《ある》き回《まわ》っていたのでくたびれた。◎「古《ふる》い」➡550

へばる

へとへとに疲《つか》れる。ひどく疲《つか》れて、体力《たいりょく》や気力《きりょく》がなくなる。例 早朝《そうちょう》からの猛練習《もうれんしゅう》で、合宿《がっしゅく》一日目《いちにちめ》からへばってしまった。

へたばる

へとへとに疲《つか》れて動《うご》けなくなる。疲《つか》れ果《は》てて座《すわ》り込《こ》む。例 友《とも》だちといっしょにマラソン大会《たいかい》に出場《しゅつじょう》したが、途中《とちゅう》でへたばってしまった。

ばてる

ひどく疲《つか》れて力《ちから》が出《で》なくなる。動《うご》けなくなるほど、疲《つか》れ切《き》る。例 暑《あつ》い中《なか》を、何度《なんど》も重《おも》い荷物《にもつ》を運《はこ》んだのでばててしまった。

くたばる

◎動《うご》けなくなるほど、ひどく疲《つか》れる。例 この程度《ていど》の練習《れんしゅう》でくたばっていては、試合《しあい》には勝《か》てないぞ。◎「死《し》ぬ」➡121

疲《つか》れ切《き》る

へとへとに疲《つか》れる。例 生徒会長《せいとかいちょう》に選《えら》ばれた兄《あに》は、毎日《まいにち》疲《つか》れ切《き》って帰《かえ》って来《く》る。

疲《つか》れ果《は》てる

すっかり疲《つか》れる。例 朝《あさ》から晩《ばん》まで引《ひ》っ越《こ》しの準備《じゅんび》に追《お》われ、疲《つか》れ果《は》ててしまった。

顎《あご》を出《だ》す

ひどく疲《つか》れて足《あし》が動《うご》かなくなる。歩《ある》き疲《つか》れて息《いき》があがると、はあはあとあごが前《まえ》に出《で》る格好《かっこう》になることから。例 トラックを三周《さんしゅう》走《はし》っただけで顎《あご》を出《だ》すなんて、たるんでいるぞ。

気骨《きぼね》が折《お》れる

あれこれと気《き》をつかうことが多《おお》く、精神的《せいしんてき》に疲《つか》れる。「気骨《きぼね》」は、気苦《きぐ》労《ろう》、心《こころ》づかいという意味《いみ》。例 気難《きむずか》しい祖父《そふ》の相手《あいて》をするのは気骨《きぼね》が折《お》れる。

精《せい》も根《こん》も尽《つ》きる

全力《ぜんりょく》を出《だ》し尽《つ》くして、精《せい》力《りょく》も根気《こんき》も使《つか》い果《は》たしてしまう。例 逆転《ぎゃくてん》ホームランを打《う》たれたピッチャーは、精《せい》も根《こん》も尽《つ》きたようすで肩《かた》を落《お》とした。

だるい

病気《びょうき》や疲《つか》れなどで、物事《ものごと》をするのがおっくうに感《かん》じられる。例 風邪《かぜ》気味《ぎみ》のせいか、体《からだ》がだるい。

けだるい

体《からだ》や気分《きぶん》が何《なん》となくだるく、すっきりとしない。例 ぽかぽかした春《はる》の日《ひ》は、常《つね》に眠《ねむ》くてけだるい。

かったるい

◎病気《びょうき》や疲《つか》れなどで、だるい。例 熱《ねつ》があるので、何《なに》をするのもかったるい。◎「いら立《だ》つ」➡411

しんどい

疲《つか》れてだるい。疲《つか》れて苦《くる》しい。もと、近畿地《きんきち》方《ほう》のことば。例 今日《きょう》の練習《れんしゅう》はしんどかったなあ。

グロッキー

疲《つか》れ果《は》てて、ふらふらになるようす。もとは、ボクシング用語《ようご》。例 近《ちか》ごろ徹夜《てつや》続《つづ》きで、グロッキー気味《ぎみ》だ。

疲《つか》れ

疲《つか》れること。また、疲《つか》れの度《ど》合《あ》い。例 たっぷり睡眠《すいみん》をとつ

◆＝もっと知《し》りたい、ことばの知識《ちしき》。

たら、ようやく疲《つか》れがとれた。

疲労《ひろう》 疲《つか》れること。例 母《はは》は疲労《ひろう》が重《かさ》なって、とうとう寝込《ねこ》んでしまった。

困憊《こんぱい》 困《こま》って、くたくたに疲《つか》れること。どうにもならないほど苦《くる》しみ疲《つか》れること。「憊《はい》」は、疲《つか》れる・弱《よわ》るという意味《いみ》。例 雪《ゆき》が降《ふ》りしきる中《なか》を下山《げざん》した登山者《とざんしゃ》たちは、みな疲労困憊《ひろうこんぱい》していた。

疲弊《ひへい》 ◎心身《しんしん》が疲《つか》れ弱《よわ》ること。例 大《おお》仕事《しごと》を任《まか》された父《ちち》は、かなり疲弊《ひへい》しているようだ。◎国《くに》や企業《きぎょう》などが、戦争《せんそう》や不況《ふきょう》などでうまくいかなくなること。例 長引《ながび》く内戦《ないせん》で国《くに》が疲弊《ひへい》する。

気疲《きづか》れ あれこれ心配《しんぱい》したり、気《き》をつかったりしたために、精《せい》神的《しんてき》に疲《つか》れること。例 冗談《じょうだん》の通《つう》じない人《ひと》といっしょにいると、気疲《きづか》れする。

過労《かろう》 働《はたら》き過《す》ぎて、疲労《ひろう》がたまること。例 家《いえ》にも帰《かえ》らず働《はたら》き続《つづ》けていた父《ちち》は、とうとう過労《かろう》で倒《たお》れてしまった。

倦怠《けんたい》 ◎疲《つか》れて体《からだ》がだるいこと。例 睡眠時間《すいみんじかん》が短《みじか》かったので、倦怠感《けんたいかん》がとれない。◎「飽《あ》きる」⬇478

げんなり ◎暑《あつ》さや疲《つか》れなどで、すっかり元気《げんき》がなくなるようす。例 いつもは元気《げんき》のいい弟《おとうと》も、連日《れんじつ》の暑《あつ》さでげんなりしている。◎「飽《あ》きる」⬇478

ふらふら ◎疲《つか》れなどからしっかりした姿勢《しせい》でいられず、よろめくようす。例 マラソンを走《はし》り終《お》えたときには、もうふらふらだった。◎「歩《ある》く」⬇170

くたくた ひどく疲《つか》れて、体《からだ》の力《ちから》が抜けたようす。例 一《いち》日中《にちじゅう》歩《ある》かされて、くたくたになってしまった。

へとへと ひどく疲《つか》れて、体《からだ》の力《ちから》がなくなっているようす。例 テニスを、毎日《まいにち》へとへとになる

「出《だ》す」と「落《お》ちる」で大違《おおちが》い

深谷先生《ふかやせんせい》のちょっとひと息《いき》

顎《あご》を出《だ》す（207ページ）、顎《あご》が外《はず》れるほど（379ページ）、顎《あご》が落《お》ちる（238ページ）。これらはよく似《に》た言《い》い回《まわ》しですが、それぞれ、まったく別《べつ》の意味《いみ》のことばです。

たとえば、ある日《ひ》、うどん屋《や》さんで手《て》打《う》ちうどんを食《た》べたところ、こしがあって、とてもおいしかったとします。この感動《かんどう》を、お店《みせ》のご主人《しゅじん》にぜひとも伝《つた》えたい。でも、ほめるつもりで、「この店《みせ》のうどんは、こしがあって顎《あご》が出《で》ますね」なんて言《い》い間違《まちが》えようものなら、ご主人《しゅじん》から「うちのうどんは固《かた》くて、食《く》うのに疲《つか》れるって意味《いみ》か！」と、どなられてしまうかもしれません。

顎《あご》が外《はず》れるほどの笑《わら》い話《ばなし》……ということで終《お》わればいいのですが、できれば間《ま》違《ちが》いは避《さ》けたいもの。顎《あご》が「落《お》ちたり、出《で》たり、外《はず》れたり」するだけで意味《いみ》がすっかり変《か》わる日本語《にほんご》の繊細《せんさい》さを、めんどうくさいと思《おも》うか、楽《たの》しいと思《おも》うかはみなさん次第《しだい》です。

感《かん》じ取《と》る 痛《いた》い・痒《かゆ》い におう ▶疲《つか》れる 腹《はら》が減《へ》る 熱《あつ》い・温《あたた》かい

まで練習《れんしゅう》する。

ぐったり 疲《つか》れたり気《き》が抜《ぬ》けたりして、何《なに》をする元気《げんき》もないようす。病気《びょうき》などで元気《げんき》がなくなる場合《ばあい》にもいう。例 練習《れんしゅう》の後《あと》は**ぐったり**して、何《なに》もする気《き》にならない。

よれよれ ◎疲《つか》れ切《き》って、すっかり元気《げんき》がなくなっているようす。例 兄《あに》は満員電車《まんいんでんしゃ》に二時間《にじかん》も揺《ゆ》られていたらしく、**よれよれ**になって帰《かえ》って来《き》た。◎「古《ふる》い」➡551

やつれる 病気《びょうき》や心労《しんろう》などで、やせ衰《おとろ》える。例 気苦労《きぐろう》が絶《た》えない母《はは》は、すっかり**やつれて**しまった。

「疲《つか》れる」に関連《かんれん》することば

青菜《あおな》に塩《しお》 元気《げんき》をなくして、しょげかえるようす。青菜《あおな》に塩《しお》を振《ふ》りかけると、しなっとしおれてしまうことから。➡475

虫《むし》の息《いき》 弱《よわ》り果《は》てて、今《いま》にも絶《た》えそうな呼吸《こきゅう》。また、その状態《じょうたい》。

腹《はら》が減《へ》る

get hungry
[ゲット・ハングリ]

このページも見《み》てみよう
▼食《た》べる➡226

腹《はら》が減《へ》る 胃《い》の中《なか》が空《から》っぽになって、物《もの》を食《た》べたくなる。例 一日中《いちにちじゅう》畑仕事《はたけしごと》をしていたので、**腹《はら》が減《へ》った**。似 腹《はら》が空《す》く。

おなかが空《す》く 「腹《はら》が減《へ》る」と同《おな》じ。ややていねいな言《い》い方《かた》。例 朝食《ちょうしょく》がトースト一枚《いちまい》だったので、まだ十時《じゅうじ》なのに**おなかが空《す》いた**。

小腹《こばら》が空《す》く ちょっと腹《はら》が減《へ》る。例 **小腹《こばら》が空《す》いた**ので、パンかカップラーメンでも食《た》べたい。

飢《う》える ◎食《た》べ物《もの》がなくて、ひどく腹《はら》が減《へ》って苦《くる》しむ。例 飢饉《ききん》のため、アフリカでは多《おお》くの人《ひと》が**飢《う》えて**いる。◎強《つよ》く望《のぞ》んでいるものが満《み》たされないで、苦《くる》しむ。例 愛情《あいじょう》に**飢《う》える**。

腹《はら》が鳴《な》る 腹《はら》が減《へ》って、ぐうぐう音《おと》がする。例 授業中《じゅぎょうちゅう》に**腹《はら》が鳴《な》って**、みんなに聞《き》こえそうで困《こま》った。

おなかと背中《せなか》がくっつく とても腹《はら》が減《へ》っているようすのたとえ。おなかが空《から》っぽでへこんでしまい、背中《せなか》とくっつきそうだということ。例 昼食《ちゅうしょく》抜《ぬ》きで畑仕事《はたけしごと》をして、**おなかと背中《せなか》がくっつき**そうだ。

ひもじい とても腹《はら》が減《へ》って、食《た》べ物《もの》が欲《ほ》しいようす。例 どんなに貧乏《びんぼう》しても、子《こ》どもたちには**ひもじい**思《おも》いをさせたくない。

飢《う》え 食《た》べ物《もの》がなく、腹《はら》が減《へ》って苦《くる》しむこと。例 国連《こくれん》は、**飢《う》え**に苦《くる》しむ人々《ひとびと》に食糧援助《しょくりょうえんじょ》をしている。

飢餓《きが》 「飢《う》え」と同《おな》じ。例 地球温暖《ちきゅうおんだん》化《か》のための日照《ひで》りや洪水《こうずい》で、多《おお》くの人々《ひとびと》が**飢餓《きが》**に苦《くる》しんでいる。

◆＝もっと知《し》りたい、ことばの知識《ちしき》。

空腹《くうふく》 腹《はら》が減《へ》っていること。例 赤《あか》ちゃんが空腹《くうふく》を訴《うった》えて泣《な》いている。

空《す》き腹《ばら》 「空腹《くうふく》」と同《おな》じ。例 空《す》き腹《ばら》を抱《かか》えて帰宅《きたく》した弟《おとうと》は、いきなり「お母《かあ》さん、なんかない?」と叫《さけ》んだ。◆「すきっぱら」ともいう。

腹《はら》ぺこ とても腹《はら》が減《へ》っていること。また、そのようなようす。例 お昼《ひる》をまだ食《た》べていないので、腹《はら》ぺこだ。

干《ひ》乾《ぼ》し 食《た》べ物《もの》がなく、空腹《くうふく》で体《からだ》がやせ細《ほそ》ること。例 何《なに》も食《た》べる物《もの》がなく、このままだと干《ひ》乾《ぼ》しになってしまう。

ぺこぺこ ◎とても腹《はら》が減《へ》っているようす。例 サッカーで走《はし》り回《まわ》っていたので、おなかがぺこぺこだ。◎「こびる」➡455

ぐうぐう ◎腹《はら》が減《へ》っているときに、腹《はら》が鳴《な》るようす。また、その音《おと》。例 朝《あさ》ご飯《はん》を食《た》べなかったので、授業中《じゅぎょうちゅう》に、おなかがぐうぐう鳴《な》ってしまった。◎「眠《ねむ》る」➡224

「腹《はら》が減《へ》る」に関連《かんれん》することば

武士《ぶし》は食《く》わねど高楊枝《たかようじ》 ➡488

腹《はら》が減《へ》っては戦《いくさ》ができぬ 腹《はら》が減《へ》っていては、何《なに》をやってもよい働《はたら》きはできない。物事《ものごと》をする前《まえ》に、腹《はら》ごしらえをすべきであるということ。

衣食足《いしょくた》りて礼節《れいせつ》を知《し》る 人間《にんげん》は、日常《にちじょう》生活《せいかつ》に不自由《ふじゆう》がなくなって初《はじ》めて、礼儀作法《れいぎさほう》にも心《こころ》を向《む》ける余裕《よゆう》ができてくる。「衣食足《いしょくた》りて栄辱《えいじょく》を知《し》る」ともいう。

兵糧攻《ひょうろうぜ》め 食糧補給路《しょくりょうほきゅうろ》を断《た》って、敵《てき》を打《う》ち負《ま》かす攻《せ》め方《かた》。「兵糧《ひょうろう》」は軍隊《ぐんたい》の食料《しょくりょう》。

ハングリー精神《せいしん》 ➡366 物事《ものごと》を強《つよ》く求《もと》める気《き》持《も》ち。「ハングリー」は、空腹《くうふく》という意味《いみ》の英語《えいご》。「ハングリー精神《せいしん》でがんばり抜《ぬ》く」などという。

ハンガー・ストライキ 抗議《こうぎ》をしたり要求《ようきゅう》を通《とお》したりするために、食事《しょくじ》を断《た》つ行為《こうい》。略《りゃく》して「ハンスト」ともいう。

熱《あつ》い・温《あたた》かい

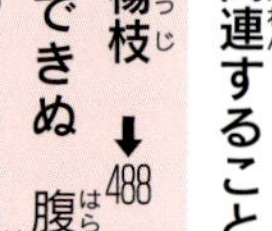

hot, warm
［ホット、ウォーム］

熱《あつ》い ◎物《もの》の温度《おんど》が非常《ひじょう》に高《たか》い。例 熱《あつ》いお茶《ちゃ》を飲《の》んで、舌《した》をやけどした。対 冷《つめ》たい。◎人《ひと》の情熱《じょうねつ》や感《かん》情《じょう》が激《はげ》しいようす。例 監督《かんとく》の映画《えいが》に対《たい》する熱《あつ》い思《おも》いが伝《つた》わってくる作品《さくひん》。

暑《あつ》い 気温《きおん》が非常《ひじょう》に高《たか》い。例 今年《ことし》もまた、暑《あつ》い夏《なつ》がやってきた。対 寒《さむ》い

蒸《む》し暑《あつ》い 風《かぜ》がなくて、気温《きおん》も湿《しつ》度《ど》も高《たか》い。例 蒸《む》し暑《あつ》いので、なかなか寝《ね》つけない。

暑苦《あつくる》しい ◎息苦《いきぐる》しいほど暑《あつ》い。例 大勢《おおぜい》の人《ひと》が一部屋《ひとへや》に集《あつ》められ、とても暑苦《あつくる》しい。◎服装《ふくそう》や髪形《かみがた》のようすが、そばで見《み》ていて暑《あつ》そうで不快《ふかい》にさせるようす。例 伸《の》びた不《ぶ》精《しょう》ひげと長髪《ちょうはつ》が、いかにも暑苦《あつくる》しい。

温《あたた》かい ◎物《もの》の温度《おんど》が、熱《あつ》くも冷《つめ》たくもなくて、ほどよい高《たか》さ

である。例 温《あたた》かいスープが冷《ひ》えた体《からだ》に染《し》み渡《わた》る。対 冷《つめ》たい。◆「あったかい」ともいう。◎「情《なさ》け深《ぶか》い」↓434

暖《あたた》かい

◎気《き》温《おん》が暑《あつ》くも寒《さむ》くもなく、ほどよい高《たか》さである。気《き》象《しょう》や気《き》温《おん》など、体全体《からだぜんたい》で感《かん》じる場《ば》合《あい》に使《つか》うことが多《おお》い。例 今年《ことし》の冬《ふゆ》は、例《れい》年《ねん》より暖《あたた》かい。例 暖《あたた》かいセーターを着《き》込《こ》んで釣《つ》りに行《い》く。対 寒《さむ》い。◎「懐《ふところ》が暖《あたた》かい」という形《かたち》で、お金《かね》が十分《じゅうぶん》にある。「懐《ふところ》」は、財《さい》布《ふ》のこと。例 ボーナスが出《で》て父《ちち》の懐《ふところ》が暖《あたた》かいうちに、新《あたら》しいゲームをおねだりしておこう。◆「あったかい」ともいう。

温《ぬく》い

「温《あたた》かい」と同《おな》じ。例 暑《あつ》さで川《かわ》の水《みず》が温《ぬく》い。

ぬるい

適温《てきおん》よりも低《ひく》い。中途半端《ちゅうとはんぱ》な温《おん》度《ど》である。液体《えきたい》についていうことが多《おお》い。例 出《だ》されたスープはぬるく、肉《にく》も冷《さ》め切《き》っていた。例 風《ふ》呂《ろ》のお湯《ゆ》がぬるくて、体《からだ》が冷《ひ》えてしまった。

生《なま》ぬるい

◎何《なん》となくぬるい。液《えき》体《たい》だけでなく、風《かぜ》などにも使《つか》う。「生《なま》」は、何《なん》となく、中途半《ちゅうとはん》端《ぱ》という意《い》味《み》。例 生《なま》ぬるいみそ汁《しる》なんて、おいしくない。例 生《なま》ぬるい空気《くうき》が漂《ただよ》う。◎中途半端《ちゅうとはんぱ》で、厳《きび》しさが足《た》りない。例 そんな生《なま》ぬるいやり方《かた》では、いつまでたっても上達《じょうたつ》しない。

生暖《なまあたた》かい

何《なん》となく暖《あたた》かい。不快《ふかい》な感《かん》じにいうことが多《おお》い。「生《なま》」は、何《なん》となく、中途半端《ちゅうとはんぱ》にという意《い》味《み》。例 生暖《なまあたた》かいものが手《て》に触《ふ》れ、どきっとする。例 どこからともなく生《なま》暖《あたた》かい風《かぜ》が吹《ふ》いてくる。◆「なまあったかい」ともいう。

温《あたた》か

物《もの》の温《おん》度《ど》や気持《きも》ちなどが、温《あたた》かいようす。例 温《あたた》かなスープ。例 温《あたた》かな家《か》庭《てい》で、すくすくと育《そだ》つ。◆「あったか」ともいう。

暖《あたた》か

気《き》温《おん》などが暖《あたた》かくてほどよいようす。例 暖《あたた》かな小春日和《こはるびより》。例 彼岸《ひがん》を過《す》ぎて、日《ひ》差《ざ》しが暖《あたた》かに感《かん》じられるようになった。◆「あったか」ともいう。

ホット

◎「熱《あつ》いもの」という意味《いみ》の英《えい》語《ご》。例 ホットココアは体《からだ》が温《あたた》まる。対 アイス。◎「新《あたら》しい」↓547

温暖《おんだん》

気候《きこう》がほどよく快適《かいてき》であること。とくに、農業《のうぎょう》に適《てき》した気《き》候《こう》をいう。例 温暖《おんだん》な土地《とち》で、ミカンを栽培《さいばい》している。対 寒冷《かんれい》。

温和《おんわ》

◎気《き》候《こう》が暖《あたた》かく、厳《きび》しい変化《へんか》のないこと。例 温和《おんわ》な気《き》候《こう》の土《と》地《ち》で生《う》まれ育《そだ》つ。◎「おとなしい」↓441

焼《や》け付《つ》くよう

直射日光《ちょくしゃにっこう》で皮膚《ひふ》が焼《や》けるのではないかと思《おも》うほど暑《あつ》いようす。例 焼《や》け付《つ》くような暑《あつ》さの中《なか》、家族《かぞく》そろって墓《はか》参《まい》りに行《い》った。

暑《あつ》さ

気《き》温《おん》が非常《ひじょう》に高《たか》いこと。また、その程度《ていど》。暑《あつ》い季節《きせつ》にもいう。例 夏《なつ》の暑《あつ》さに負《ま》けずがんばる。例 暑《あつ》さ寒《さむ》さも彼岸《ひがん》まで。対 寒《さむ》さ。

暑気《しょき》

夏《なつ》のひどい暑《あつ》さ。例 動物園《どうぶつえん》のシロクマに、暑気《しょき》見舞《みま》いの氷《こおり》を贈《おく》ってやろう。対 寒気《かんき》。

猛暑《もうしょ》

夏《なつ》の激《はげ》しい暑《あつ》さ。例 日本列島《にほんれっとう》は、記録的《きろくてき》な猛暑《もうしょ》に見舞《みま》われ

◆＝もっと知《し》りたい、ことばの知識《ちしき》。

た。

酷暑《こくしょ》
真夏《まなつ》の厳《きび》しい暑《あつ》さ。例 酷暑《こくしょ》の折《おり》、お変《か》わりございませんか？ 似 炎暑《えんしょ》。大暑《たいしょ》。

極暑《ごくしょ》
非常《ひじょう》に暑《あつ》いこと。また、夏《なつ》の暑《あつ》い盛《さか》り。例 極暑《ごくしょ》の中《なか》を、ひたすら歩《ある》く。対 極寒《ごっかん》。

灼熱《しゃくねつ》
◎焼《や》けつくように熱《あつ》いこと。例 真夏《まなつ》の灼熱《しゃくねつ》の太陽《たいよう》に照《て》らされる。◎激《はげ》しく情熱《じょうねつ》を燃《も》やすこと。例 灼熱《しゃくねつ》の恋《こい》に身《み》を焦《こ》がす。

暖《だん》
暖《あたた》かいこと。暖《あたた》かさ。例 ストーブのそばで暖《だん》をとる。

暖気《だんき》
暖《あたた》かい気候《きこう》や空気《くうき》。また、暖《あたた》かい程度《ていど》。例 ここ何日《なんにち》かの暖《だん》気《き》で雪解《ゆきど》けが進《すす》む。例 部屋《へや》の暖《だん》気《き》を逃《に》がさないよう、ドアをすぐに閉《し》める。

温もり《ぬくもり》
あたたかさ。例 母《はは》の温《ぬく》もりが伝《つた》わる手編《てあ》みのセーター。似 温《ぬく》み。

あたたかみ
あたたかい感《かん》じがすること。「暖《あたた》かみ」「温《あたた》かみ」と書《か》く。例 蛍光灯《けいこうとう》に比《くら》べて、白熱灯《はくねつとう》は暖《あたた》かみのある光《ひかり》だ。例 人間《にんげん》としての温《あたた》かみを持《も》って人《ひと》に接《せっ》する。◆「あったかみ」ともいう。

草いきれ《くさいきれ》
暑《あつ》い日《ひ》に草《くさ》むらに立《た》ち込《こ》めた、むっとする熱《ねっ》気《き》。例 虫取《むしと》り網《あみ》を持《も》って、夏《なつ》の草《くさ》いきれの中《なか》を歩《ある》く。

人いきれ《ひといきれ》
人《ひと》が大勢《おおぜい》いて、体《からだ》から出《で》る熱気《ねっき》やにおいでむんむんすること。例 満員電車《まんいんでんしゃ》の人《ひと》いきれで気分《きぶん》が悪《わる》くなった。

常温《じょうおん》
温《あたた》かくも冷《つめ》たくもない、自然《しぜん》な温度《おんど》。例 このお菓子《かし》は常温《じょうおん》で保存《ほぞん》してください。

適温《てきおん》
何《なに》かをするのに最《もっと》も適《てき》した温《おん》度《ど》。また、食品《しょくひん》が最《もっと》もおいしく感《かん》じられる温度《おんど》。例 お風呂《ふろ》の適温《てきおん》は四十度前後《よんじゅうどぜんご》である。

室温《しつおん》
部屋《へや》の中《なか》の温度《おんど》。例 風邪《かぜ》を引《ひ》かないように、室温《しつおん》を一定《いってい》に保《たも》つ。

深谷先生《ふかやせんせい》のちょっとひと息《いき》

水《みず》と日《ひ》のあたたかさ

温《あたた》かいと暖《あたた》かいは、会話《かいわ》のなかで使《つか》うときにはあまり違《ちが》いを意識《いしき》しませんが、いざ文章《ぶんしょう》に書《か》くとなると、どちらの漢字《かんじ》を使《つか》うべきか迷《まよ》いがちなことばです。

漢字《かんじ》のもともとの意味《いみ》を調《しら》べてみましょう。「温」という字《じ》は、部首《ぶしゅ》が水《みず》を表《あらわ》す「氵《さんずい》」であることからも分《わ》かるように、「蒸気《じょうき》がこもってあたたかい」という意味《いみ》で、体《からだ》の一部《いちぶ》や心《こころ》で感《かん》じるあたたかさのこと。一方《いっぽう》「暖」という字《じ》は、部《ぶ》首《しゅ》の「日《ひへん》」が表《あらわ》すとおり、「日《ひ》の光《ひかり》が緩《ゆる》やかに行《い》きわたりあたたかい」という意《い》味《み》で、全身《ぜんしん》で感《かん》じるあたたかさのこと。

どちらを使《つか》うか迷《まよ》ったときには、反対《はんたい》の意味《いみ》のことばを思《おも》い浮《う》かべてみてください。冷《つめ》たいの反対《はんたい》は温《あたた》かい、寒《さむ》いの反《はん》対《たい》は暖《あたた》かいと、はっきりしています。いま、あなたが「あたたかい」と漢字《かんじ》で書《か》きたいものが冷《ひ》えてしまうと、冷《つめ》たくなるのか、寒《さむ》くなるのか……これを考《かんが》えれば分《わ》かってきますよね？

人肌《ひとはだ》 人間《にんげん》の肌《はだ》くらいの温《あたた》かみ。例牛乳《ぎゅうにゅう》を**人肌**《ひとはだ》に温《あたた》める。

火照る《ほてる》 顔《かお》や体《からだ》が熱《あつ》くなる。また、熱《あつ》く感《かん》じる。例風《ふ》呂《ろ》上《あ》がりで体《からだ》が**火照**《ほて》**って**いる。

茹る《うだる》 暑《あつ》さでぐったりする。「茹《ゆだ》る」が変《へん》化《か》したことば。例**茹**《うだ》**る**ような蒸《む》し暑《あつ》さの中《なか》、野《や》外《がい》コンサートが始《はじ》まった。

蒸す《むす》 湿《しっ》気《け》が多《おお》くて、蒸《む》し暑《あつ》く感《かん》じる。例旅《りょ》行《こう》から帰《かえ》ると、閉《し》め切《き》っていた部《へ》屋《や》がすごく**蒸**《む》**して**いた。

あたたまる ◎熱《ねつ》が加《くわ》わって、ちょうどよい温《おん》度《ど》になる。火《ひ》などにあたって体《からだ》をあたためる。「暖《あたた》まる」「温《あたた》まる」と書《か》く。例 スキーの後は、ストーブに当《あ》たって**暖**《あたた》**まる**（**温**《あたた》**まる**）。対冷《ひ》える。◎物《もの》が温《あたた》かくなる。気《き》持《も》ちがほっとして、幸《こう》福《ふく》になる。「温《あたた》まる」と書《か》く。例心《こころ》の**温**《あたた》**まる**話《はなし》に、思《おも》わず聞《き》き入《い》ってしまった。対冷《ひ》える。◆「あったまる」ともいう。

ぬるむ 冷《つめ》たいものの温《おん》度《ど》が少《すこ》し上《あ》がる。例立《りっ》春《しゅん》を過《す》ぎて、日《ひ》増《ま》しに水《みず》**ぬるむ**季《き》節《せつ》になった。

熱々《あつあつ》 ◎料《りょう》理《り》などが熱《あつ》いようす。例**熱々**《あつあつ》のピザをいただく。◎「好《す》き」⬇418

蒸し蒸し《むしむし》 風《かぜ》がなくて湿《しっ》度《ど》が高《たか》く、蒸《む》し暑《あつ》いようす。例**蒸**《む》**し蒸**《む》**し**する夏《なつ》の夜《よる》は寝《ね》苦《ぐる》しいね。

むんむん 物《もの》が蒸《む》されるように暑《あつ》いようす。熱《ねっ》気《き》や湿《しっ》気《け》が、辺《あた》り一《いち》面《めん》に立《た》ち込《こ》めているようす。例オーディション会《かい》場《じょう》は、出《しゅつ》場《じょう》者《しゃ》の熱《ねっ》気《き》で**むんむん**していた。

むっと ◎熱《ねっ》気《き》やにおいなどが、急《きゅう》に強《つよ》く感《かん》じられるようす。また、それによって息《いき》苦《ぐる》しく感《かん》じるようす。例暖《だん》房《ぼう》で**むっと**する部《へ》屋《や》の空《くう》気《き》を入《い》れ替《か》える。◎「怒《おこ》る」⬇400

ほかほか ちょうどよい暖《あたた》かさを感《かん》じるようす。例天《てん》日《ぴ》で干《ほ》した**ほかほか**のふとん。例早《はや》足《あし》で歩《ある》いたら、体《からだ》が**ほかほか**してきた。

ぽかぽか ◎暖《あたた》かくて、気《き》持《も》ちのよいようす。例**ぽかぽか**とした春《はる》の陽《よう》気《き》に誘《さそ》われて、散《さん》歩《ぽ》に出《で》かける。◎「叩《たた》く」⬇159

ぬくぬく ◎暖《あたた》かくて、気《き》持《も》ちのよいようす。例兄《あに》は宿《しゅく》題《だい》もせずに、こたつで**ぬくぬく**としている。◎甘《あま》やかされて不《ふ》自《じ》由《ゆう》のないようす。例彼《かれ》は、親《おや》のもとで**ぬくぬく**と暮《く》らしている。

寒《さむ》い・冷《つめ》たい

cold, cool
［コウルド、クール］

冷たい《つめたい》 ◎物《もの》の温《おん》度《ど》が低《ひく》く感《かん》じられる。例サッカーで汗《あせ》をかいた後《あと》は**冷**《つめ》**たい**飲《の》み物《もの》が最《さい》高《こう》だ。例**冷**《つめ》**たくて**歯《は》に染《し》みる。対熱《あつ》い。◎「素《そ》っ気《け》ない」⬇442

冷やっこい《ひやっこい》 冷《つめ》たくて、ひやりとする。例**冷**《ひ》**やっこい**豆《とう》腐《ふ》を食《た》べる。◆「ひゃっこい」ともいう。

寒い《さむい》 気《き》温《おん》が非《ひ》常《じょう》に低《ひく》い。例やけに**寒**《さむ》**い**と思《おも》ったら、雪《ゆき》がこんなに積《つ》もっている。対暑《あつ》い。暖《あたた》かい。

◆＝もっと知《し》りたい、ことばの知《ち》識《しき》。

肌寒い《はだざむい》

肌《はだ》に寒《さむ》さを感《かん》じる。とくに、季節《きせつ》が冬《ふゆ》へと近《ちか》づき、少《すこ》し寒《さむ》く感《かん》じるようす。例 朝夕《あさゆう》めっきり肌《はだ》寒《さむ》くなってきた。◆「はだざむい」ともいう。

薄ら寒い《うすらさむい》

少《すこ》し寒《さむ》い。何《なん》となく寒《さむ》い。例 薄《うす》ら寒《さむ》い初冬《しょとう》の一日《いちにち》。

	――毎日《まいにち》――	――風《かぜ》が――	――背筋《せすじ》が
寒い	○	△	○
肌寒い	○	○	―
薄ら寒い	○	○	○

うそ寒い《うそさむい》

「薄《うす》ら寒《さむ》い」と同《おな》じ。例 急《きゅう》に曇《くも》ってきて、うそ寒《さむ》く感《かん》じる。

涼しい《すずしい》

気温《きおん》が快適《かいてき》な程度《ていど》に低《ひく》く感《かん》じる。冷《ひ》ややかで気持《きも》ちがいい。例 涼《すず》しい風《かぜ》が、川《かわ》を渡《わた》って吹《ふ》いてくる。

清涼《せいりょう》

さわやかで涼《すず》しいこと。例 清《せい》涼《りょう》飲料水《いんりょうすい》。例 ハイキングに行《い》き、清涼《せいりょう》な山《やま》の空気《くうき》を胸《むね》いっぱいに吸《す》い込《こ》む。

寒冷《かんれい》

気温《きおん》が低《ひく》く、寒《さむ》いこと。例 寒冷《かんれい》な気候《きこう》でも育《そだ》つ農作物《のうさくぶつ》を栽《さい》培《ばい》している。対 温暖《おんだん》。

冷ややか《ひややか》

◎ひやりと冷《つめ》たさを感《かん》じさせるようす。例 冷《ひ》ややかな風《かぜ》が気持《きも》ちいい高原《こうげん》の朝《あさ》。◎「素《そ》っ気《け》ない」⬇443

身を切るよう《みをきるよう》

◎寒《さむ》さが厳《きび》しくて、体《からだ》を切《き》るようである。例 身《み》を切《き》るような寒《さむ》さにじっと耐《た》える。◎「苦《くる》しむ」⬇470

寒さ《さむさ》

気温《きおん》が低《ひく》くて寒《さむ》いこと。また、その程度《ていど》。寒《さむ》い季節《きせつ》にもいう。例 寒《さむ》さ知《し》らずの子《こ》どもたちが、雪《ゆき》の中《なか》を走《はし》り回《まわ》っている。対 暑《あつ》さ。

寒気《かんき》

冷《つめ》たい空気《くうき》。冬《ふゆ》の空気《くうき》の冷《つめ》たさ。例 上空《じょうくう》に寒気《かんき》が入《はい》り、大気《たいき》の状態《じょうたい》が不安定《ふあんてい》になっています。対 暑気《しょき》。

極寒《ごっかん》

非常《ひじょう》に寒《さむ》いこと。また、その時期《じき》。例 極寒《ごっかん》の海《うみ》で生活《せいかつ》するアザラシ。似 酷寒《こっかん》。厳寒《げんかん》。対 極暑《ごくしょ》。

涼気《りょうき》

涼《すず》しい空気《くうき》。また、涼しさを感《かん》じさせる気配《けはい》。例 すがすがしい朝《あさ》の涼気《りょうき》の中《なか》、カメラを抱《かか》え写真《しゃしん》を撮《と》りに出《で》かけた。例 竹林《ちくりん》の中《なか》を通《とお》ると、心地《ここち》よい涼気《りょうき》を感《かん》じる。

納涼《のうりょう》

暑《あつ》さを避《さ》けるために、工夫《くふう》して涼《すず》しさを味《あじ》わうこと。例 浴衣《ゆかた》で納涼《のうりょう》花火大会《はなびたいかい》に出《で》かける。

冷や《ひや》

冷《つめ》たいもの。名詞《めいし》の上《うえ》に付《つ》いて、冷《つめ》たい、温《あたた》めていない、冷《ひ》やしたものを意味《いみ》することば。また、「冷《ひ》や酒《ざけ》」、「冷《ひ》や水《みず》」の略《りゃく》。例 冷《ひ》やめし。例 冷《ひ》ややっこ。例 お冷《ひ》や(冷《つめ》たい水《みず》)を一杯《いっぱい》ください。

アイス

◎「冷《ひ》やしたもの」という意味《いみ》の英語《えいご》。例 コーヒーはアイスにしますか? 対 ホット。◎「氷《こおり》」という意味《いみ》の英語《えいご》。例 アイススケートに初挑戦《はつちょうせん》する。◎「アイスクリーム」「アイスキャンデー」の略《りゃく》。例 暑《あつ》いのでアイスが食《た》べたい。

寒気《さむけ》

◎体《からだ》で感《かん》じる寒《さむ》さ。例 風邪《かぜ》を引《ひ》いたのか、朝《あさ》から寒《さむ》気《け》がする一日《いちにち》だった。◎「怖《こわ》がる」⬇407

身震い《みぶるい》

◎寒《さむ》さで体《からだ》が震《ふる》えること。例 上着《うわぎ》なしで朝刊《ちょうかん》を取《と》り

に外《そと》に出《で》て、思《おも》わず身震《みぶる》いした。◎「怖《こわ》がる」⬇405

底冷《そこび》え 体《からだ》のしんまで冷《ひ》えるような、厳《きび》しい寒《さむ》さ。例 底冷《そこび》えする夜《よる》で、なかなか眠《ねむ》れなかった。

冷《ひ》える ◎温度《おんど》が下《さ》がって冷《つめ》たくなる。気温《きおん》が下《さ》がって寒《さむ》くなる。例 冷《ひ》えた麦茶《むぎちゃ》がおいしい。例 朝《あさ》晩《ばん》は冷《ひ》えるので、上《うえ》に羽織《はお》るものを一《いち》枚《まい》持《も》って出《で》かけよう。対 あたたまる。◎「素《そ》っ気《け》ない」⬇443

冷《ひ》え込《こ》む 寒《さむ》さが一段《いちだん》と厳《きび》しくなる。また、寒《さむ》さが体《からだ》に染《し》みる。例 明日《あす》の朝《あさ》はかなり冷《ひ》え込《こ》むでしょう。例 体《からだ》のしんまで冷《ひ》え込《こ》んで、風邪《かぜ》を引《ひ》いてしまった。

凍《い》て付《つ》く 凍《こお》りつく。凍《こお》って固《かた》まる。例 北国《きたぐに》の冬《ふゆ》は、凍《い》て付《つ》くような寒《さむ》さだ。例 凍《い》て付《つ》いた朝《あさ》の道《みち》を、転《ころ》ばないように注意《ちゅうい》して歩《ある》く。

しばれる 厳《きび》しく冷《ひ》え込《こ》む。東《とう》北《ほく》・北海道《ほっかいどう》地方《ちほう》で使《つか》われることば。例 今夜《こんや》はしばれるから、暖《あたた》かくして寝《ね》よう。

かじかむ 手足《てあし》、とくに指《ゆび》が冷《ひ》えてかたくなり、思《おも》うように動《うご》かなくなる。例 寒《さむ》さで手《て》がかじかみ、ピアノがうまく弾《ひ》けない。

凍《こご》える 寒《さむ》さのために体《からだ》が思《おも》うように動《うご》かなくなる。全身《ぜんしん》にも体《からだ》の一部《いちぶ》にも使《つか》う。例 凍《こご》えて唇《くちびる》が震《ふる》え、うまくしゃべれない。

冷《ひ》え切《き》る ◎すっかり冷《つめ》たくなる。例 スキーで冷《ひ》え切《き》った体《からだ》を、サウナに入《はい》って温《あたた》める。◎「素《そ》っ気《け》ない」⬇443

震《ふる》える ◎寒《さむ》さで、体《からだ》が小刻《こきざ》みに動《うご》く。例 校門《こうもん》の前《まえ》で、捨《す》て猫《ねこ》が雨《あめ》に打《う》たれて震《ふる》えていた。◎「怖《こわ》がる」⬇404

震《ふる》え上《あ》がる ◎ひどく震《ふる》える。例 夏《なつ》のスーパーは、クーラーが効《き》き過《す》ぎて震《ふる》え上《あ》がるほどの寒《さむ》さだ。◎「怖《こわ》がる」⬇404

歯《は》の根《ね》が合《あ》わない ◎寒《さむ》さで、歯《は》ががちがちとぶつかるほど震《ふる》える。例 寒中《かんちゅう》水泳《すいえい》で海《うみ》に入《はい》ったら、歯《は》の根《ね》が合《あ》わないほど寒《さむ》かった。◎「怖《こわ》がる」⬇404

鳥肌《とりはだ》が立《た》つ ◎寒《さむ》さでぞっとする。寒《さむ》かったり怖《こわ》かったりすると、毛穴《けあな》が収縮《しゅうしゅく》して鳥《とり》の羽毛《うもう》をむしったあとのようなぶつぶつの肌《はだ》になることから。例 プールの水《みず》は、鳥肌《とりはだ》が立《た》つほど冷《つめ》たかった。◎「怖《こわ》がる」⬇404

総毛立《そうけだ》つ ◎寒《さむ》さのために、全身《ぜんしん》の毛《け》が逆立《さかだ》つ。例 凍《こお》りついた真冬《まふゆ》の湖《みずうみ》を見《み》て、思《おも》わず総毛立《そうけだ》つ。◎「怖《こわ》がる」⬇404

粟立《あわだ》つ ◎寒《さむ》さのために、皮膚《ひふ》の表《ひょう》面《めん》にぶつぶつと粟粒《あわつぶ》ができたようになる。例 朝《あさ》の冷気《れいき》にふれて、肌《はだ》が粟立《あわだ》つ。◎「怖《こわ》がる」⬇404

涼《すず》む 涼《すず》しい風《かぜ》に当《あ》たったり、物陰《ものかげ》に入《はい》ったりして暑《あつ》さを避《さ》ける。例 木陰《こかげ》で涼《すず》みながら、本《ほん》を読《よ》む。

涼《りょう》を取《と》る 「涼《すず》む」と同《おな》じ。例 川風《かわかぜ》に吹《ふ》かれて、涼《りょう》を取《と》りながら食事《しょくじ》をする。似 涼《りょう》を入《い》れる。

冷《さ》める ◎熱《あつ》いものの温度《おんど》が、自然《しぜん》に低《ひく》くなる。例 お湯《ゆ》が冷《さ》

◆＝もっと知《し》りたい、ことばの知識《ちしき》。

めないうちに、早《はや》くお風呂《ふろ》に入《はい》りなさい。◎「素《そ》っ気《け》ない」⬇443

しんしん
◎寒《さむ》さが身《み》に深《ふか》く染《し》みとおるようす。例夜《よる》になり、寒《さむ》さが**しんしん**と身《み》に染《し》みるようになった。◆「深々《しんしん》」などと書《か》く。◎「雪《ゆき》」⬇593

寒々《さむざむ》
◎見《み》た感《かん》じなどが、いかにも寒《さむ》そうなようす。例真冬《まふゆ》の**寒々《さむざむ》**とした空《そら》を、渡《わた》り鳥《どり》が飛《と》んでいく。◎殺風景《さっぷうけい》で、荒《あ》れ果《は》てたようす。例がらんとして**寒々《さむざむ》**とした部屋《へや》。

凛《りん》と
身《み》や心《こころ》がきりりと引《ひ》き締《し》まるような、寒《さむ》さの厳《きび》しいようす。例朝《あさ》の**凛《りん》と**した空気《くうき》に触《ふ》れ、身《み》も心《こころ》もしゃきっとした。

冷《ひ》え冷《び》え
◎風《かぜ》や空気《くうき》が冷《つめ》たく感《かん》じられるようす。例**冷《ひ》え冷《び》え**とした冬《ふゆ》の夜《よる》。◎「素《そ》っ気《け》ない」⬇443

ひやり
◎瞬間的《しゅんかんてき》に冷《つめ》たく感《かん》じるようす。例**ひやり**とした手《て》をおでこに当《あ》てて、母《はは》が熱《ねつ》を測《はか》ってくれる。例**ひやり**とした感触《かんしょく》のこんにゃくに触《ふ》れる。似ひやっと。◎「怖《こわ》がる」⬇406

ひんやり
◎空気《くうき》や飲《の》み物《もの》などが冷《つめ》たいようす。例高原《こうげん》の朝《あさ》の空気《くうき》は**ひんやり**として気持《きも》ちがいい。

ひやひや
◎肌《はだ》に冷《つめ》たく感《かん》じるようす。例びっしょり冷《ひ》や汗《あせ》をかいて、背中《せなか》が**ひやひや**する。◎「心配《しんぱい》する」⬇499

ぞくぞく
◎寒《さむ》さで身震《みぶる》いするようす。例**ぞくぞく**したあと高熱《こうねつ》が出《で》た場合《ばあい》は、インフルエンザの可能性《かのうせい》もある。◎「怖《こわ》がる」⬇407 ◎「うれしい」⬇426

がくがく
◎寒《さむ》さで、足《あし》やひざが小刻《こきざ》みに震《ふる》えるようす。例雪山《ゆきやま》から救助《きゅうじょ》された人《ひと》は、毛布《もうふ》をかぶって**がくがく**震《ふる》えていた。◎「怖《こわ》がる」⬇407

がたがた
◎寒《さむ》さで、体《からだ》が激《はげ》しく震《ふる》えるようす。例寒《さむ》さに弱《よわ》い姉《あね》は、厚着《あつぎ》をしているのに**がたがた**震《ふる》えている。◎「物《もの》の言《い》い方《かた》」⬇280 ◎「怖《こわ》がる」⬇407 ◎「古《ふる》い」⬇551

ぶるぶる
◎寒《さむ》さで、手足《てあし》や唇《くちびる》などが細《こま》かく震《ふる》えるようす。例寒《さむ》くて手《て》が**ぶるぶる**するので、ボタンをうまくかけられない。◎「怖《こわ》がる」⬇407

きんと
◎冷《つめ》たくするとおいしい飲《の》み物《もの》などが、とても冷《ひ》えているようす。例**きんと**冷《ひ》やした麦茶《むぎちゃ》を飲《の》む。似きんきん。

「寒《さむ》い・冷《つめ》たい」に関連《かんれん》することば

三寒四温《さんかんしおん》 寒《さむ》い日《ひ》が三日《みっか》ほど続《つづ》くと、次《つぎ》に暖《あたた》かい日《ひ》が四日《よっか》ほど続《つづ》くという、中国東北部《ちゅうごくとうほくぶ》や朝鮮半島《ちょうせんはんとう》などの、顕著《けんちょ》な冬《ふゆ》の気候《きこう》のこと。

冬将軍《ふゆしょうぐん》 冬《ふゆ》のこと。冬《ふゆ》の厳《きび》しさを人間《にんげん》にたとえたことば。モスクワを攻《せ》めたナポレオンが、冬《ふゆ》の寒《さむ》さと雪《ゆき》のために敗《やぶ》れたことから。

暑《あつ》さ寒《さむ》さも彼岸《ひがん》まで 夏《なつ》の暑《あつ》さも冬《ふゆ》の寒《さむ》さも、彼岸《ひがん》のころになると和《やわ》らいで、しのぎやすくなるということ。

衣食住《いしょくじゅう》

暮《く》らす

live
［リブ］

暮《く》らす

◎毎日《まいにち》の生活《せいかつ》をする。仕事《しごと》など、いろいろなことをしながら生《い》きていく。例去年《きょねん》の春《はる》から一年間《いちねんかん》、東京《とうきょう》で暮《く》らした。◎そればかりをして過《す》ごす。例仕事《しごと》のない兄《あに》は、毎《まい》日遊《にちあそ》んで暮《く》らしている。

食《た》べる

◎蓄《たくわ》えや、働《はたら》いて稼《かせ》いだお金《かね》で生活《せいかつ》する。例作家《さっか》として食《た》べていくには、それなりの覚悟《かくご》が必要《ひつよう》だ。◎「食《た》べる」↓226

食《く》う

◎「食《た》べる」と同《おな》じ。例こんなに安《やす》い給料《きゅうりょう》では、とても食《く》っていけない。◎「食《た》べる」↓226 ◎「勝《か》つ」↓355

食《く》える

生活《せいかつ》する分《ぶん》のお金《かね》を稼《かせ》ぎ、暮《く》らしていける。ややくだけた言《い》い方《かた》。例プロ野球選手《やきゅうせんしゅ》として食《く》えるのは、ほんのわずかな人《ひと》たちだけだ。

生計《せいけい》を立《た》てる

ある方法《ほうほう》や仕事《しごと》などでお金《かね》を稼《かせ》ぎ、暮《く》らしていく。例兄《あに》は、好《す》きな音楽《おんがく》で生計《せいけい》を立《た》てていくというが、容易《ようい》なことではない。

食《く》いつなぐ

◎わずかな蓄《たくわ》えや収入《しゅうにゅう》で、どうにか細々《ほそぼそ》と生活《せいかつ》する。例兄一人《あにひとり》の収入《しゅうにゅう》では、家族《かぞく》が食《く》いつなぐのはとうてい無理《むり》だ。◎「生《い》きる」↓103

糊口《ここう》をしのぐ

何《なん》とか食《た》べていけるくらいの状態《じょうたい》で、やっとの思《おも》いで暮《く》らす。自分《じぶん》の働《はたら》きをけんそんする場合《ばあい》にも使《つか》う。「糊口《ここう》」は「かゆをすする」という意味《いみ》で、かゆのような粗末《そまつ》な食《た》べ物《もの》しか口《くち》にできないということ。例大学《だいがく》を卒業《そつぎょう》してこの方《かた》、雑文《ざつぶん》を書《か》いて糊口《ここう》をしのいで参《まい》りました。

口《くち》を糊《のり》する

「糊口《ここう》をしのぐ」と同《おな》じ。例父《ちち》が倒《たお》れてからは、母《はは》の内職《ないしょく》で口《くち》を糊《のり》する毎日《まいにち》だ。

食《く》いはぐれる

◎職《しょく》を失《うしな》って、生活《せいかつ》できなくなる。例明治時代《めいじじだい》になり、多《おお》くの武士《ぶし》が食《く》いはぐれてしまった。◆「食《く》いっぱぐれる」ともいう。◎「食《た》べる」↓227

営《いとな》む

◎生活《せいかつ》を滞《とどこお》りなく送《おく》る。例平凡《へいぼん》な市民《しみん》としての生活《せいかつ》を営《いとな》む。◎仕事《しごと》をする。店《みせ》などを経営《けいえい》する。例祖父《そふ》の代《だい》からの定食屋《ていしょくや》を営《いとな》んでいる。

生活《せいかつ》

人《ひと》や動物《どうぶつ》が、それぞれの世界《せかい》で生《い》きていくこと。人《ひと》が収入《しゅうにゅう》を得《え》て、ゆとりを持《も》って生《い》きていくこと。例会社《かいしゃ》を辞《や》めて、農村《のうそん》での生活《せいかつ》を楽《たの》しんでいます。例こんな給料《きゅうりょう》では生活《せいかつ》していけない。

暮《く》らし

暮《く》らすこと。生活《せいかつ》すること。例上京《じょうきょう》して三《さん》か月《げつ》、都会《とかい》の暮《く》らしにも慣《な》れた。例収入《しゅうにゅう》が減《へ》ったので、暮《く》らしを切《き》り詰《つ》める。

世渡《よわた》り

世《よ》の中《なか》で生活《せいかつ》していくうえでの、他人《たにん》との付《つ》き合《あ》い方《かた》

◆＝もっと知《し》りたい、ことばの知識《ちしき》。

や身《み》の処《しょ》し方《かた》。例 彼《かれ》は世渡《よわた》りがうまいから、そこそこ出世《しゅっせ》するだろう。

渡世《とせい》 世《よ》の中《なか》で暮《く》らしていくこと。生活《せいかつ》のための職業《しょくぎょう》。例 男《おとこ》なら、渡世《とせい》の義理《ぎり》は大切《たいせつ》にしなよ。例 親《おや》の代《だい》から八百屋《やおや》を渡世《とせい》にしている。

処世《しょせい》 世《よ》の中《なか》の人々《ひとびと》とうまく付《つ》き合《あ》いながら、いろいろな問題《もんだい》をうまく処理《しょり》して生《い》きていくこと。例 厳《きび》しい社会《しゃかい》で生《い》きていくための処世術《しょせいじゅつ》を身《み》につける。

身過《みす》ぎ 世《よ》の中《なか》で何《なん》とか暮《く》らしていくこと。また、その手段《しゅだん》。例 父《ちち》からたたき込《こ》まれた木工《もっこう》の仕事《しごと》で、身過《みす》ぎをしている。似 世過《よす》ぎ。身《み》過《す》ぎ世過《よす》ぎ。

寝起《ねお》き ◎寝《ね》ることと起《お》きること。転《てん》じて、日常《にちじょう》の生活《せいかつ》。例 兄《あに》が実家《じっか》にいたころは、わたしは二階《にかい》の六畳間《ろくじょうま》で寝起《ねお》きしていた。◎「起《お》きる」➡225

起居《ききょ》 立《た》つことと座《すわ》ること。転《てん》じて、日常《にちじょう》の生活《せいかつ》。例 留学中《りゅうがくちゅう》に起《き》居《きょ》を共《とも》にした仲間《なかま》は、今《いま》でもわたしの大《おお》きな財産《ざいさん》だ。

寝食《しんしょく》 睡眠《すいみん》と食事《しょくじ》。転《てん》じて、日常《にちじょう》の生活《せいかつ》。例 寝食《しんしょく》を忘《わす》れて、受験《じゅけん》勉強《べんきょう》をする。例 コーチと寝食《しんしょく》を共《とも》にして、練習《れんしゅう》に励《はげ》む。

起臥《きが》 「寝起《ねお》き」と同《おな》じ。起《お》きることと臥《ふ》せる(寝《ね》る)こと。例 働《はたら》きもせず、他人《たにん》の家《いえ》の二階《にかい》に起臥《きが》する怠《なま》け者《もの》。

自活《じかつ》 人《ひと》の援助《えんじょ》などに頼《たよ》らずに、自《じ》分一人《ぶんひとり》の働《はたら》きで生活《せいかつ》していくこと。例 大学卒業後《だいがくそつぎょうご》、親元《おやもと》を離《はな》れて自活《じかつ》することにした。

衣食《いしょく》 着《き》ることと食《た》べること。転《てん》じて、日常《にちじょう》の生活《せいかつ》。例 家族《かぞく》の衣《い》食《しょく》のために、父《ちち》は毎日働《まいにちはたら》いている。

衣食住《いしょくじゅう》 衣服《いふく》と食物《しょくもつ》と住居《じゅうきょ》。日常《にちじょう》の生活《せいかつ》。また、暮《く》らし向《む》き。例 安定《あんてい》した収入《しゅうにゅう》があれば、衣食住《いしょくじゅう》の向上《こうじょう》を図《はか》ることができる。

人生《じんせい》 ➡「生《い》きる」105

実生活《じっせいかつ》 現実《げんじつ》に営《いとな》んでいる生活《せいかつ》。理《り》想《そう》の生《い》き方《かた》や、本《ほん》や映画《えいが》などでの生活《せいかつ》とは違《ちが》うもの。例 あの役者《やくしゃ》は映画《えいが》では悪役《あくやく》を演《えん》じたが、実生活《じっせいかつ》ではとてもいい人《ひと》だ。

私生活《しせいかつ》 仕事《しごと》や公的《こうてき》な立場《たちば》などを離《はな》れた、その人《ひと》の個人《こじん》としての生活《せいかつ》。例 いくら仕事《しごと》が忙《いそが》しくても、私生活《しせいかつ》もおろそかにしたくない。

一人暮《ひとりぐ》らし 一人《ひとり》だけで生活《せいかつ》すること。例 春《はる》から念願《ねんがん》の一人暮《ひとりぐ》らしを始《はじ》めることになった。◆「独《ひと》り暮《ぐ》らし」とも書《か》く。

その日暮《ひぐ》らし その日《ひ》の収入《しゅうにゅう》を全部《ぜんぶ》使《つか》って、その日《ひ》を何《なん》とか生活《せいかつ》していくこと。ゆとりも、先《さき》の見通《みとお》しもない貧《まず》しい暮《く》らし。例 上京《じょうきょう》したものの、しばらくの間《あいだ》はその日暮《ひぐ》らしの毎日《まいにち》を送《おく》った。

暮《く》らしぶり 生活《せいかつ》の仕方《しかた》。例 昭《しょう》和初期《わしょき》の質素《しっそ》な暮《く》らしぶりが見直《みなお》されている。

暮《く》らし向《む》き 生活《せいかつ》のようす。家計《かけい》の状態《じょうたい》。例 物価上《ぶっかじょう》昇《しょう》で、暮《く》らし向《む》きはちっともよくならない。

眠《ねむ》る

sleep
［スリープ］

このページも見《み》てみよう
▼横《よこ》になる ⬇145

眠《ねむ》る ◎目《め》をつぶって体《からだ》を動《うご》かさず、意識《いしき》のない状態《じょうたい》になる。「寝《ね》る」と違《ちが》って、必《かなら》ずしも体《からだ》を横《よこ》たえることを意味《いみ》しない。例 昨夜《さくや》は、ぐっすりとよく眠《ねむ》れた。例 込《こ》んだ電車《でんしゃ》の中《なか》で、つり革《かわ》につかまって眠《ねむ》っている人《ひと》がいる。◎「死《し》ぬ」⬇120

寝《ね》る ◎眠《ねむ》る。例 昔《むかし》から「寝《ね》る子《こ》は育《そだ》つ」といわれている。対 起《お》きる。◎「病気《びょうき》」⬇99 ◎「横《よこ》になる」⬇145

寝込《ねこ》む ◎少《すこ》しくらいの音《おと》では目《め》を覚《さ》まさないほど、深《ふか》く眠《ねむ》る。例 昨日《きのう》の夜《よる》はぐっすりと寝込《ねこ》んでいて、地震《じしん》にも気《き》づかなかった。◎「病《びょう》気《き》」⬇99

寝入《ねい》る 眠《ねむ》り始《はじ》める。また、深《ふか》く眠《ねむ》る。例 テレビを見《み》ているうちに、つい寝入《ねい》ってしまった。例 ぐっすり寝入《ねい》っていたので、目覚《めざ》ましの音《おと》も聞《き》こえなかった。

寝付《ねつ》く ◎眠《ねむ》りに入《はい》る。例 ぐずっていた赤《あか》ちゃんが、やっと寝付《ねつ》いた。◎「病気《びょうき》」⬇99

眠《ねむ》り込《こ》む 深《ふか》くぐっすり眠《ねむ》る。例 電車《でんしゃ》の揺《ゆ》れが気持《きも》ちよくて、終点《しゅうてん》まで眠《ねむ》り込《こ》んでしまった。

眠《ねむ》りこける ぐっすりと眠《ねむ》り続《つづ》ける。少々《しょうしょう》の物音《ものおと》では起《お》きない状態《じょうたい》。例 父《ちち》はお酒《さけ》を飲《の》み過《す》ぎて、こたつで眠《ねむ》りこけている。

休《やす》む 寝《ね》る。眠《ねむ》るために床《とこ》に就《つ》く。例 風邪《かぜ》気味《ぎみ》なので、今日《きょう》は早《はや》めに休《やす》んだほうがいい。

まどろむ 少《すこ》しの間《あいだ》、とろとろと眠《ねむ》る。眠《ねむ》くなって意識《いしき》がだんだん働《はたら》かなくなり、浅《あさ》い眠《ねむ》りにつく。例 祖母《そぼ》が縁側《えんがわ》でまどろんでいる。

寝《ね》かす 眠《ねむ》らせる。寝《ね》つくようにする。布団《ふとん》や床《ゆか》などに横《よこ》たえる。例 こたつで寝《ね》ていた弟《おとうと》を抱《だ》き起《お》こして、ベッドで寝《ね》かす。対 起《お》こす。

寝《ね》かし付《つ》ける 赤《あか》ちゃんなどを、眠《ねむ》らせる。例 子《こ》守《も》り歌《うた》を歌《うた》って、赤《あか》ちゃんを寝《ね》かし付《つ》ける。

床《とこ》に就《つ》く ◎眠《ねむ》るために寝床《ねどこ》に入《はい》る。就寝《しゅうしん》する。例 夏休《なつやす》みの宿題《しゅくだい》を終《お》えて床《とこ》に就《つ》いたのは真夜《まよ》中《なか》だった。◎「病気《びょうき》」⬇99

眠《ねむ》りに就《つ》く 眠《ねむ》り始《はじ》める。例 町《まち》中《じゅう》の人《ひと》が眠《ねむ》りに就《つ》いた真夜中《まよなか》に、事件《じけん》は起《お》こった。

眠《ねむ》りに落《お》ちる 眠《ねむ》りに入《はい》る。例 毒《どく》リンゴを食《た》べた白雪姫《しらゆきひめ》は、やがて深《ふか》い眠《ねむ》りに落《お》ちた。

夢《ゆめ》を結《むす》ぶ 安《やす》らかな眠《ねむ》りに就《つ》く。安眠《あんみん》する。また、夢《ゆめ》を見《み》る。例 静《しず》かな温泉地《おんせんち》で心《こころ》と体《からだ》をいやし、安《やす》らかに夢《ゆめ》を結《むす》ぶ。

瞼《まぶた》が重《おも》くなる 眠《ねむ》くなる。目《め》をつぶって眠《ねむ》ってしまいそうになる。例 電車《でんしゃ》で本《ほん》を読《よ》み始《はじ》めると、いつも瞼《まぶた》が重《おも》くなる。

行動《こうどう》
衣食住《いしょくじゅう》
暮《く》らす
▶眠《ねむ》る
起《お》きる
食《た》べる
噛《か》む・なめる
飲《の》む
味《あじ》わう

◆＝もっと知《し》りたい、ことばの知識《ちしき》。

舟《ふね》をこぐ

上半身《じょうはんしん》を前後《ぜんご》に揺《ゆ》すって居眠《いねむ》りをする。櫓《ろ》や櫂《かい》で舟《ふね》をこぐようすに似《に》ていることから。例授業中《じゅぎょうちゅう》、彼《かれ》はいちばん前《まえ》の席《せき》でずっと**舟《ふね》をこいで**いた。

泥《どろ》のように眠《ねむ》る

疲《つか》れ果《は》てて、あるいは酔《よ》っ払《ぱら》って、正体《しょうたい》もなく眠《ねむ》り込《こ》む。例試合《しあい》を終《お》えて帰宅《きたく》した兄《あに》は、その夜《よる》、**泥《どろ》のように眠《ねむ》った**。

惰眠《だみん》を貪《むさぼ》る

怠《なま》けて眠《ねむ》ってばかりいる。また、やるべきことをしないで、無駄《むだ》に日々《ひび》を過《す》ごす。例日曜日《にちようび》は**惰眠《だみん》を貪《むさぼ》って**しまい、宿題《しゅくだい》を忘《わす》れてしまった。

寝静《ねしず》まる

人々《ひとびと》が寝入《ねい》って、辺《あた》りが静《しず》かになる。例母《はは》は弟《おとうと》たちが**寝静《ねしず》まる**のを待《ま》って、部屋《へや》の片《かた》づけを始《はじ》めた。

枕《まくら》を高《たか》くする

安心《あんしん》して眠《ねむ》る。また、安心《あんしん》して暮《く》らす。例台風《たいふう》が無事《ぶじ》に通《とお》り過《す》ぎるまでは、**枕《まくら》を高《たか》くして**寝《ね》ることはできない。

寝過《ねす》ごす

起《お》きようと予定《よてい》していた時刻《じこく》を過《す》ぎても寝《ね》ている。例つい**寝過《ねす》ごして**、待《ま》ち合《あ》わせの時間《じかん》に遅《おく》れてしまった。

寝《ね》ぼける

◎目《め》が覚《さ》めてから、しばらくぼんやりしている。例**寝《ね》ぼけて**、ここがどこなのか分《わ》からなかった。◎眠《ねむ》りから突然《とつぜん》起《お》き上《あ》がり、わけの分《わ》からないことをする。例弟《おとうと》は**寝《ね》ぼけて**、夜中《よなか》にパジャマを脱《ぬ》ぎ始《はじ》めた。◎眠《ねむ》りとは関係《かんけい》なく、正気《しょうき》とは思《おも》えないような発言《はつげん》をする。例なにを**寝《ね》ぼけた**ことを言《い》っているんだ。

眠気《ねむけ》を誘《さそ》う

眠《ねむ》りたいという気持《きも》ちにさせる。退屈《たいくつ》で眠《ねむ》たくなる。例先生《せんせい》の長《なが》い長《なが》い思《おも》い出《で》話《ばなし》は、僕《ぼく》らの**眠気《ねむけ》を誘《さそ》う**ばかりだ。

睡魔《すいま》に襲《おそ》われる

ひどい眠気《ねむけ》が止《と》めようもなく起《お》こる。「睡魔《すいま》」は、眠気《ねむけ》を魔物《まもの》にたとえたことば。例宿題《しゅくだい》をしようと机《つくえ》に向《む》かったとたん**睡《すい》魔《ま》に襲《おそ》われ**、気《き》がついたら朝《あさ》だった。

川《かわ》の字《じ》に寝《ね》る

子《こ》どもを中《なか》に挟《はさ》み、その両側《りょうがわ》を父母《ふぼ》が寝《ね》る。その姿《すがた》を「川《かわ》」の字《じ》に見立《みた》てて、家族《かぞく》の仲《なか》がよいようすをいう。例狭《せま》い部屋《へや》に親子《おやこ》三人《さんにん》が**川《かわ》の字《じ》に寝《ね》る**。

就寝《しゅうしん》

寝床《ねどこ》に入《はい》って眠《ねむ》りに就《つ》くこと。例**就寝《しゅうしん》**時間《じかん》。例**就寝《しゅうしん》**する前《まえ》に、歯《は》を磨《みが》く習慣《しゅうかん》を身《み》につける。対**起《き》床《しょう》**。

熟睡《じゅくすい》

ぐっすり眠《ねむ》ること。例夜通《よどお》し道路工事《どうろこうじ》の音《おと》がうるさくて、**熟睡《じゅくすい》**できなかった。

爆睡《ばくすい》

ちょっとのことでは起《お》きないほど、ぐっすりと深《ふか》く眠《ねむ》ること。若者《わかもの》ことば。例入試《にゅうし》が終《お》わった日《ひ》、兄《あに》は帰宅《きたく》すると食事《しょくじ》もとらずに**爆《ばく》睡《すい》**した。

ねんね

◎寝《ね》ること。幼児語《ようじご》。例さあ、**ねんね**の時間《じかん》ですよ。◎「子《こ》ども」➡46

安眠《あんみん》

安《やす》らかにぐっすりと眠《ねむ》ること。例暴走族《ぼうそうぞく》が走《はし》り回《まわ》って、**安眠《あんみん》**

をさまたげられた。

快眠《かいみん》 心地《ここち》よく眠《ねむ》ること。例 健康《けんこう》のためには、適度《てきど》な運動《うんどう》と毎晩《まいばん》の快眠《かいみん》が欠《か》かせない。

ごろ寝《ね》 寝巻《ねま》きに着替《きが》えず、布団《ふとん》なども用意《ようい》せず、所《ところ》かまわずごろりと横《よこ》になって眠《ねむ》ること。例 疲《つか》れてソファーでごろ寝《ね》する。

うたた寝《ね》 寝床《ねどこ》に入《はい》らず、眠気《ねむけ》に負《ま》けてその場《ば》でうとうとと眠《ねむ》ってしまうこと。例 こたつでうたた寝《ね》して風邪《かぜ》を引《ひ》いてしまった。

雑魚寝《ざこね》 多《おお》くの人《ひと》が同《おな》じ部屋《へや》で、入《い》り交《ま》じって寝《ね》ること。「雑《ざ》魚《こ》」は、高級《こうきゅう》でない魚《さかな》や小魚《こざかな》。雑魚《ざこ》は種類《しゅるい》ごとに分《わ》けず、まぜこぜに置《お》いておくことからいう。例 父《ちち》が若《わか》いころは、友《とも》だちの下宿《げしゅく》でお酒《さけ》を飲《の》んでは雑魚寝《ざこね》をしていたらしい。

添《そ》い寝《ね》 一《ひと》つの布団《ふとん》などに寄《よ》り添《そ》って寝《ね》ること。とくに、赤《あか》ちゃんを寝《ね》かしつけたり、病人《びょうにん》の看病《かんびょう》のために寄《よ》り添《そ》って寝《ね》たりすること。例 妹《いもうと》を寝《ね》かそうと添《そ》い寝《ね》しているうちに、自分《じぶん》が寝《ね》てしまった。

不貞寝《ふてね》 ふてくされて、眠《ねむ》くもないのに寝《ね》てしまうこと。例 母《はは》にしかられた妹《いもうと》は、部屋《へや》にこもって不貞寝《ふてね》をきめこんだ。

二度寝《にどね》 一度目《いちどめ》が覚《さ》めてから、もう一度《いちど》寝《ね》ること。例 目覚《めざ》まし時計《どけい》をかけたのに、つい二度寝《にどね》して遅刻《ちこく》してしまった。

早寝《はやね》 夜《よる》、早《はや》い時間《じかん》に寝《ね》ること。ふつうより早《はや》く寝《ね》ること。例 明日《あした》は五時起《ごじお》きなので、今日《きょう》は早寝《はやね》をしよう。対 早起《はやお》き。

寝《ね》だめ 睡眠《すいみん》が十分《じゅうぶん》とれないことを見越《みこ》して、前《まえ》もって余分《よぶん》に寝《ね》ておくこと。実際《じっさい》はあまり効果《こうか》がない。例 テスト期間中《きかんちゅう》は勉強《べんきょう》であまり眠《ねむ》れないので、今《いま》のうちに寝《ね》だめしておこう。

泣《な》き寝入《ねい》り ◎泣《な》いていた子《こ》どもが、そのまま眠《ねむ》ってしまうこと。例 泣《な》きじゃくっていた弟《おとうと》は、いつの間《ま》にか泣《な》き寝入《ねい》りしてしまった。◎ひどい目《め》にあったのに、抗《こう》議《ぎ》などをせずにあきらめてしまうこと。例 暴力団《ぼうりょくだん》のいやがらせにも、泣《な》き寝入《ねい》りせず立《た》ち上《あ》がろう。

居眠《いねむ》り 座《すわ》ったり腰《こし》かけたりしたまま眠《ねむ》ってしまうこと。何《なに》かをしているときに、ついつい眠《ねむ》ってしまうこと。例 授業中《じゅぎょうちゅう》に、つい居眠《いねむ》りしてしまった。

仮眠《かみん》 短時間《たんじかん》だけ眠《ねむ》り、疲《つか》れを少《すこ》し取《と》り除《のぞ》くこと。例 兄《あに》は一時間《いちじかん》ほど仮眠《かみん》をとり、再《ふたた》び勉強《べんきょう》を始《はじ》めた。

仮寝《かりね》 「仮眠《かみん》」と同《おな》じ。例 父《ちち》は座布団《ざぶとん》を枕《まくら》に仮寝《かりね》した後《あと》、また仕事《しごと》場《ば》に向《む》かった。

半睡《はんすい》 半分眠《はんぶんねむ》っていて、ぼんやりしていること。例 あまり興味《きょうみ》のない話題《わだい》だったので、半睡《はんすい》の状態《じょうたい》で聞《き》き流《なが》した。

一眠《ひとねむ》り 少《すこ》しの間眠《あいだねむ》ること。例 出発《しゅっぱつ》までまだ時間《じかん》があるから、一眠《ひとねむ》りしよう。似 一寝入《ひとねい》り。

朝寝《あさね》 朝遅《あさおそ》くまで寝《ね》ていること。例 たまの休《やす》みの日《ひ》くらい朝寝《あさね》をしたい。対 朝起《あさお》き。

◆＝もっと知《し》りたい、ことばの知識《ちしき》。

寝坊《ねぼう》 起《お》きようと予定《よてい》していた時刻《じこく》を過《す》ぎても眠《ねむ》っていること。また、その人《ひと》。例 寝坊《ねぼう》して学校《がっこう》に遅刻《ちこく》する。似 **朝寝坊**《あさねぼう》。

昼寝《ひるね》 昼間《ひるま》、少《すこ》しの間眠《あいだねむ》ること。例 母《はは》は、わたしたちが昼寝《ひるね》しているうちに、台所《だいどころ》の片《かた》づけを済《す》ませていた。

午睡《ごすい》 「昼寝《ひるね》」と同《おな》じ。例 祖母《そぼ》は健康《けんこう》のために、毎日三十分《まいにちさんじっぷん》の午睡《ごすい》をとる。

野宿《のじゅく》 野外《やがい》で寝《ね》ること。とくに、旅《たび》の途中《とちゅう》で、ホテルや旅館《りょかん》ではなく野外《やがい》で寝《ね》ること。例 ホテルがどこも満室《まんしつ》で、しかたなく公園《こうえん》で野宿《のじゅく》した。

野営《やえい》 野外《やがい》にテントを張《は》って寝《ね》ること。とくに、軍隊《ぐんたい》が野外《やがい》に兵《へい》を集結《しゅうけつ》し、寝泊《ねとま》りすること。例 河原《かわら》で野営《やえい》するのは危険《きけん》だ。

空寝《そらね》 眠《ねむ》ったふりをすること。ここでの「空《そら》」は、実体《じったい》がないということから、にせもの・うそという意味《いみ》。例 あいつは都合《つごう》が悪《わる》いとすぐに空寝《そらね》をする。

うそ寝《ね》 「空寝《そらね》」と同《おな》じ。例 弟《おとうと》のうそ寝《ね》はわざとらしくて、見《み》ているほうが笑《わら》ってしまう。

狸寝入《たぬきねい》**り** 人《ひと》をだますつもりで、眠《ねむ》ったふりをすること。タヌキは、驚《おどろ》くと気《き》を失《うしな》ってしまうのを、寝《ね》たふりをして人《ひと》をだましていると考《かんが》えたところから生《う》まれたことば。例 けんかの矛先《ほこさき》がこっちに向《む》きそうになったので、狸寝入《たぬきねい》りをきめこんだ。

眠《ねむ》**い** 眠《ねむ》りたい気持《きも》ちだ。例 昨日《きのう》は徹夜《てつや》したので、眠《ねむ》くてたまらない。

眠《ねむ》**たい** 「眠《ねむ》い」と同《おな》じ。例 十時《じゅうじ》を過《す》ぎたので、弟《おとうと》は眠《ねむ》たそうな顔《かお》をしている。

いぎたない 眠《ねむ》り込《こ》んでいて、なかなか目《め》が覚《さ》めない。また、寝相《ねぞう》が悪《わる》い、だらしない姿《すがた》で寝《ね》ているようす。例 みんなが布団《ふとん》をあげ始《はじ》めても、彼《かれ》はまだいぎたなく眠《ねむ》っていた。

睡眠《すいみん》 眠《ねむ》ること。例 入試《にゅうし》の前日《ぜんじつ》は、慌《あわ》てず騒《さわ》がず、睡眠《すいみん》を十分《じゅうぶん》にとることも大切《たいせつ》だ。

催眠《さいみん》 眠気《ねむけ》を起《お》こさせること。眠《ねむ》った状態《じょうたい》にさせること。例 催眠《さいみん》作用《さよう》のある風邪薬《かぜぐすり》を飲《の》んだので、その日《ひ》は車《くるま》の運転《うんてん》を控《ひか》えた。例 催眠術《さいみんじゅつ》。

一睡《いっすい》 短時間眠《たんじかんねむ》ること。ふつう、「一睡《いっすい》もしない」「一睡《いっすい》もできない」という形《かたち》で、眠《ねむ》れないことをいう。例 近所《きんじょ》で起《お》こった殺人事件《さつじんじけん》のことが気《き》になって、昨夜《さくや》は一睡《いっすい》もできなかった。

寝《ね》 眠《ねむ》ること。例 寝《ね》が足《た》りない。例 寝《ね》が浅《あさ》い。

眠《ねむ》**り** 眠《ねむ》ること。眠《ねむ》っていること。例 眠《ねむ》りが浅《あさ》くて、疲《つか》れが十分《じゅうぶん》とれていない。

眠気《ねむけ》 眠《ねむ》りたいという気持《きも》ち。眠《ねむ》くなる気分《きぶん》。例 冷《つめ》たい水《みず》で顔《かお》を洗《あら》って、眠気《ねむけ》を覚《さ》ます。

寝込《ねこ》**み** よく寝入《ねい》っている最中《さいちゅう》。例 犯人《はんにん》は被害者《ひがいしゃ》の寝込《ねこ》みを襲《おそ》い、金品《きんぴん》を奪《うば》って逃走《とうそう》したらしい。
◆「ねごみ」とも読《よ》む。

寝入《ねい》**り端**《ばな》 寝入《ねい》って間《ま》もないとき。例 寝入《ねい》り端《ばな》に地震《じしん》が

似＝似《に》た表現《ひょうげん》のことば。対＝反対《はんたい》の意味《いみ》のことば。例＝使《つか》い方《かた》の例《れい》。

あったので、びっくりして飛《と》び起《お》きた。

寝《ね》しな これから寝《ね》ようとするとき。また、寝《ね》ようとして横《よこ》になって間《ま》もなくのとき。例 **寝《ね》しな**にお茶《ちゃ》を飲《の》んだので、眠《ねむ》れなくなった。例 **寝《ね》しな**に携帯電話《けいたいでんわ》が鳴《な》って、起《お》こされてしまった。似 **寝際《ねぎわ》**。

寝付《ねつ》き 寝《ね》つくこと。眠《ねむ》りに入《はい》ること。例 妹《いもうと》は**寝付《ねつ》き**が悪《わる》く、いつまでも寝返《ねがえ》りを打《う》っていた。

寝《ね》たきり 老《お》いや病気《びょうき》などで、床《とこ》に就《つ》いたまま起《お》きられないこと。眠《ねむ》りっぱなしという意味《いみ》ではない。例 サッカーの試合中《しあいちゅう》に骨折《こっせつ》した兄《あに》は、二《に》週間《しゅうかん》ほど**寝《ね》たきり**生活《せいかつ》を送《おく》った。

うとうと 時折《ときおり》目覚《めざ》めながら、浅《あさ》く眠《ねむ》るようす。例 ぽかぽか暖《あたた》かいので、つい**うとうと**と居眠《いねむ》りをしてしまった。

うつらうつら 疲《つか》れなどのために意識《いしき》がはっきりせず、眠《ねむ》ったような覚《さ》めたような状態《じょうたい》が続《つづ》くようす。例 昨夜《さくや》は遅《おそ》くまでテ

「眠《ねむ》る」に関連《かんれん》することば

華胥《かしょ》の国《くに》に遊《あそ》ぶ いい気持《きも》ちで昼寝《ひるね》を楽《たの》しむことをいう。古代中国《こだいちゅうごく》の王様《おうさま》が昼寝《ひるね》をして、華胥《かしょ》の国《くに》（平和《へいわ》で理《り》想的《そうてき》な社会《しゃかい》）に遊《あそ》んだ夢《ゆめ》を見《み》たという言《い》い伝《つた》えから。夢《ゆめ》から覚《さ》めた王様《おうさま》は、華胥《かしょ》の国《くに》にならって善政《ぜんせい》を行《おこな》ったという。

足《あし》を向《む》けて寝《ね》られない 恩人《おんじん》などに深《ふか》く感謝《かんしゃ》していて、その人《ひと》のほうへ足《あし》を向《む》けて寝《ね》るような失礼《しつれい》な寝方《ねかた》はできないということ。感謝《かんしゃ》や尊敬《そんけい》の心《こころ》を表《あらわ》したことば。

休眠《きゅうみん》 動物《どうぶつ》や植物《しょくぶつ》がある期間《きかん》、活動《かつどう》や成長《せいちょう》を休《やす》むこと。また、物事《ものごと》が一時《いちじ》的《てき》に活動《かつどう》していないことや、その状《じょう》態《たい》のたとえ。

草木《くさき》も眠《ねむ》る 夜《よる》がすっかり更《ふ》けて、草《くさ》も木《き》も眠《ねむ》ったように静《しず》かになるようすをいうことば。

草枕《くさまくら》 旅先《たびさき》で寝《ね》ること。また、旅《たび》をすること。草《くさ》を束《たば》ねて枕《まくら》にして寝《ね》ること。

いうことから。

春眠暁《しゅんみんあかつき》を覚《おぼ》えず 春《はる》の夜《よる》は暖《あたた》かくて気《き》持《も》ちよく眠《ねむ》れるうえに、夜明《よあ》け（暁《あかつき》）も早《はや》いので、朝《あさ》になったのも気《き》がつかず、なかなか目《め》が覚《さ》めない。春《はる》の朝《あさ》は眠《ねむ》くてなかなか起《お》きられないということ。中国《ちゅうごく》の「春暁《しゅんぎょう》」という詩《し》の最初《さいしょ》の句《く》。

白川夜船《しらかわよふね》 ぐっすり眠《ねむ》っていて、何《なに》も気《き》づかないこと。また、知《し》ったかぶりをすることにもいう。京都《きょうと》を見物《けんぶつ》したふりをしていた者《もの》が、京都《きょうと》の白《しら》川《かわ》（地名《ちめい》）のことを聞《き》かれて川《かわ》の名《な》前《まえ》と思《おも》い、夜《よる》の間《あいだ》に船《ふね》で通《とお》ったから知《し》らないと答《こた》えたという話《はなし》から。「白《しら》河夜船《かわよふね》」とも書《か》く。

夢寐《むび》にも忘《わす》れない 「夢寐《むび》」は、夢《ゆめ》を見《み》ているということで、眠《ねむ》っている間《あいだ》という意味《いみ》。たとえ夢《ゆめ》を見《み》て眠《ねむ》っている間《あいだ》であっても決《けっ》して忘《わす》れないということ。

◆＝もっと知《し》りたい、ことばの知識《ちしき》。

レビを見《み》ていたので、午前中《ごぜんちゅう》ずっとうつらうつらしていた。

こっくり　居眠《いねむ》りをして、頭《あたま》を下《さ》げては上《あ》げてと前後《ぜんご》や左右《さゆう》に動《うご》かしながら眠《ねむ》るようす。例 先《せん》生《せい》の話《はなし》を聞《き》きながら、ついこっくりしてしまった。似 **こっくりこっくり**。

とろとろ　◎短《みじか》い時《じ》間《かん》、浅《あさ》く眠《ねむ》るようす。また、心地《ここち》よい眠《ねむ》り。例 テレビを見《み》ながら、ついとろとろと眠《ねむ》ったようだ。例 日当《ひあ》たりのいい縁側《えんがわ》に寝《ね》そべると、すぐとろとろしてきた。◎「燃《も》える」➡578

すうすう　息《いき》を吸《す》ったり吐《は》いたりする音《おと》。とくに、寝息《ねいき》や鼻息《はないき》などが軽《かる》い音《おと》を立《た》てるようす。例 映《えい》画《が》が始《はじ》まると、彼女《かのじょ》はすうすう眠《ねむ》ってしまった。

すやすや　子《こ》どもなどが安《やす》らかに眠《ねむ》っているようす。例 赤《あか》ちゃんがかわいい顔《かお》ですやすや眠《ねむ》っている。

ぐっすり　深《ふか》く眠《ねむ》っているようす。熟《じゅく》睡《すい》しているようす。例 周《まわ》りがどんなに騒《さわ》いでいても、弟《おとうと》はおかまいなしにぐっすり眠《ねむ》っている。

ぐうぐう　◎いびきをかくほど、深《ふか》く眠《ねむ》っているようす。ぐっすり眠《ねむ》っているときの寝息《ねいき》やいびきの音《おと》。例 父《ちち》は疲《つか》れているのか、ぐうぐう大《おお》いびきをかいて眠《ねむ》っている。◎「腹《はら》が減《へ》る」➡210

ぐうすか　いびきをかいて深《ふか》く眠《ねむ》っているようす。例 休《やす》みの日《ひ》になると、兄《あに》は昼過《ひるす》ぎまでぐうすか眠《ねむ》っている。

昏々《こんこん》　意《い》識《しき》がないくらいに、深《ふか》く眠《ねむ》っているようす。また、意《い》識《しき》のないまま、深《ふか》く眠《ねむ》り続《つづ》けているようす。例 一命《いちめい》は取《と》り留《と》めたものの、祖《そ》母《ぼ》は昏々《こんこん》と眠《ねむ》り続《つづ》けている。

起《お》きる

起《お》**きる**　◎目《め》を覚《さ》ます。眠《ねむ》りから覚《さ》める。例 明日《あした》は早朝練習《そうちょうれんしゅう》があるので、六時《ろくじ》に起《お》きよう。対 **寝**《ね》**る**。◎眠《ねむ》らないでいる。目《め》を覚《さ》ましている。例 兄《あに》はテスト勉強《べんきょう》のために、朝《あさ》の五時《ごじ》まで起《お》きていたそうだ。対 **寝**《ね》**る**。◎「立《た》つ」➡140

起《お》**き上**《あ》**がる**　寝《ね》ていた状態《じょうたい》から、全身《ぜんしん》または上半身《じょうはんしん》を起《お》こす。例 朝早《あさはや》く弟《おとうと》に起《お》こされ、眠《ねむ》い目《め》をこすってベッドから起《お》き上《あ》がった。

跳《は》**ね起**《お》**きる**　勢《いきお》いよく起《お》きる。急《いそ》いで起《お》きる。例 突《とつ》然《ぜん》の大《おお》きな揺《ゆ》れに、思《おも》わず跳《は》ね起《お》きた。似 **飛**《と》**び起**《お》**きる**。

覚《さ》**める**　眠《ねむ》りから起《お》きる。眠《ねむ》りや夢《ゆめ》などの、意《い》識《しき》がはっきりしない状態《じょうたい》から、意《い》識《しき》のはっきりした状《じょう》態《たい》に戻《もど》る。例 昼寝《ひるね》から覚《さ》めたら、もう夜《よる》だった。

目《め》**覚**《ざ》**める**　◎眠《ねむ》りから起《お》きる。例 朝《あさ》目《め》覚《ざ》めたら、窓《まど》の外《そと》は一面《いちめん》の雪《ゆき》化《げ》粧《しょう》だった。◎隠《かく》れていた素《そ》質《しつ》や才能《さいのう》などを生《い》かして、活動《かつどう》を始《はじ》める。例 明《めい》治《じ》維《い》新《しん》で、日本《にほん》は近代《きんだい》に目《め》

似＝似《に》た表現《ひょうげん》のことば。対＝反対《はんたい》の意味《いみ》のことば。例＝使《つか》い方《かた》の例《れい》。

覚《ざ》めた。

目《め》が覚《さ》める

◎眠《ねむ》りから起《お》きる。例 明《あか》るい日差《ひざ》しと小鳥《ことり》のさえずりで目《め》が覚《さ》める。◎自分《じぶん》の欠点《けってん》に気《き》づいて反省《はんせい》する。例 父《ちち》の忠告《ちゅうこく》ではっと目《め》が覚《さ》めた。

覚《さ》ます

寝《ね》ている人《ひと》を、眠《ねむ》りから覚《さ》めるようにする。はっきりしない意識《いしき》を、刺激《しげき》を与《あた》えてはっきりさせる。例 宿題《しゅくだい》をしている途中《とちゅう》でうとうとし始《はじ》めたので、体《からだ》を動《うご》かして眠《ねむ》気《け》を覚《さ》ました。

目《め》を覚《さ》ます

◎眠《ねむ》りから覚《さ》める。例 大《おお》きな物音《ものおと》に、やっと眠《ねむ》った赤《あか》ちゃんが目《め》を覚《さ》ましてしまった。◎過《あやま》ちや迷《まよ》いから抜《ぬ》け出《だ》す。例 遊《あそ》んでばかりいないで、いいかげんに目《め》を覚《さ》ましたらどうだ。

起《お》こす

寝《ね》ている人《ひと》を、眠《ねむ》りから覚《さ》めるようにする。目《め》を覚《さ》まさせる。例 よく寝《ね》ているから、起《お》こすのはかわいそうだ。例 明日《あした》は友《とも》だちと釣《つ》りに行《い》くので、五時《ごじ》に起《お》こしてください。対 寝《ね》かす。

揺《ゆ》り起《お》こす

寝《ね》ている人《ひと》を、揺《ゆ》さぶって目覚《めざ》めさせる。例 こたつで寝《ね》ている妹《いもうと》を揺《ゆ》り起《お》こして、ベッドに行《い》かせる。

叩《たた》き起《お》こす

寝《ね》ている人《ひと》を、無理《むり》に起《お》こす。例 目覚《めざ》まし時計《どけい》が鳴《な》っても寝《ね》ている弟《おとうと》を叩《たた》き起《お》こす。

起床《きしょう》

目《め》を覚《さ》まし、寝床《ねどこ》から起《お》き出《で》ること。例 わたしは毎日六時《まいにちろくじ》に起床《きしょう》する。対 就寝《しゅうしん》。

覚醒《かくせい》

◎目《め》が覚《さ》めること。目《め》を覚《さ》ますこと。例 手術《しゅじゅつ》が成功《せいこう》し、母《はは》はようやく昏睡状態《こんすいじょうたい》から覚醒《かくせい》した。◎迷《まよ》いから覚《さ》めたり、自分《じぶん》の能力《のうりょく》に気《き》づいたりすること。例 友人《ゆうじん》の忠告《ちゅうこく》に、はっと覚醒《かくせい》する。

寝起《ねお》き

◎眠《ねむ》りから覚《さ》めて起《お》き出《で》ること。また、そのときのようすや気分《きぶん》。例 寝起《ねお》きで頭《あたま》がぼうっとしていたので、着替《きが》えに時間《じかん》がかかってしまった。◎「暮《く》らす」➡218

早起《はやお》き

朝早《あさはや》く起《お》きること。例 健康《けんこう》のために早起《はやお》きして、朝《ちょう》食《しょく》の前《まえ》に三十分間《さんじっぷんかん》ジョギングする。対 早寝《はやね》。

朝起《あさお》き

朝早《あさはや》く起《お》きること。また、その人《ひと》。例 夏休《なつやす》みの朝起《あさお》きはつらい。対 朝寝《あさね》。

目覚《めざ》め

◎眠《ねむ》りから覚《さ》めること。例 今朝《けさ》はすっきりとした目覚《めざ》めだったので、一日中《いちにちじゅう》、快調《かいちょう》だ。◎今《いま》まで隠《かく》れ潜《ひそ》んでいたものが働《はたら》き始《はじ》めること。例 木々《きぎ》の芽吹《めぶ》きに、春《はる》の目覚《めざ》めを感《かん》じる。

寝覚《ねざ》め

眠《ねむ》りから目《め》が覚《さ》めること。また、そのときのようすや気分《きぶん》。例 母《はは》は毎朝《まいあさ》寝覚《ねざ》めが悪《わる》い(目《め》が覚《さ》めたときの気分《きぶん》がよくない)。◆「寝《ね》覚《ざ》めが悪《わる》い」には、「ひどいことをして良心《りょうしん》がとがめる」という意味《いみ》もある。

むっくり

突然《とつぜん》起《お》き上《あ》がるようす。例 物音《ものおと》に気《き》づいた父《ちち》は、布団《ふとん》からむっくりと起《お》きて、ようすを見《み》に行《い》った。似 むっく。

がばと

勢《いきお》いよく起《お》き上《あ》がるようす。例 怪《あや》しい気配《けはい》に、がばと飛《と》び起《お》きた。似 がばっと。

◆＝もっと知《し》りたい、ことばの知識《ちしき》。

「起《お》きる」に関連《かんれん》することば

早《はや》起《お》きは三文《さんもん》の徳《とく》　朝早《あさはや》く起《お》きれば、必《かなら》ず何《なに》かよいことや利益《りえき》があるということ。「三文《さんもん》」は昔《むかし》のお金《かね》で、わずかな金額《きんがく》。「早《はや》起《お》き」は「朝起《あさお》き」ともいい、「徳《とく》」は「得《とく》」とも書《か》く。

寝《ね》ても覚《さ》めても　寝《ね》ていても起《お》きていても。いつも。どんな時《とき》でも。「寝《ね》ても覚《さ》めても、彼女《かのじょ》のことが頭《あたま》から離《はな》れない」などと使《つか》う。

食《た》べる

eat
［イート］

このページも見《み》てみよう
▼味《あじ》わう ⬇238
▼噛《か》む・なめる ⬇232

食《た》べる

◎食《た》べ物《もの》を口《くち》に入《い》れ、かんで飲《の》みこむ。例 毎日《まいにち》七時《しちじ》に朝《あさ》ごはんを**食《た》べる**。◎「暮《く》らす」⬇217

食《く》う

◎「食《た》べる」の、ぞんざいな言《い》い方《かた》。例 いつまでも**食《く》って**いないで、早《はや》くドッジボールをしよう。◎時間《じかん》やお金《かね》などを消費《しょうひ》する。例 この車《くるま》は大《おお》きくて古《ふる》いので、かなりガソリンを**食《く》う**。◎「暮《く》らす」⬇217 ◎「勝《か》つ」⬇355

食《く》らう

◎「食《く》う」よりも、さらに乱《らん》暴《ぼう》な言《い》い方《かた》。例 あいつは、よせばいいのに大飯《おおめし》を**食《く》らって**動《うご》けなくなった。◎よくないことを自分《じぶん》の身《み》に受《う》ける。例 ボクシングの試合《しあい》で、続《つづ》けざまにパンチを**食《く》らう**。

食《しょく》する

食《た》べる。例 内陸部《ないりくぶ》では貴《き》重《ちょう》なたんぱく源《げん》として、イナゴの佃煮《つくだに》が**食《しょく》されて**いた。

食《は》む

食《しょく》物《もつ》をかんで食《た》べる。また、給料《きゅうりょう》などをもらって生活《せいかつ》する。例 牧場《ぼくじょう》では、牛《うし》がのんびりと草《くさ》を**食《は》んで**いた。

上《あ》がる

◎「食《た》べる」「飲《の》む」の、うやまった言《い》い方《かた》。例 どうぞお昼《ひる》を**上《あ》がって**ください。◎「入学《にゅうがく》・卒業《そつぎょう》」⬇112 ◎「雨《あめ》」⬇588

召《め》す

◎「食《た》べる」「飲《の》む」の、うやまった言《い》い方《かた》。例 朝《あさ》はいつも何《なに》を**召《め》され**ますか？ ◎「着《き》る」⬇242

召《め》し上《あ》がる

「食《た》べる」「飲《の》む」の、うやまった言《い》い方《かた》。「上《あ》がる」「召《め》す」より、さらにていねい。例 どうぞお**召《め》し上《あ》がり**ください。

頂《いただ》く

◎「食《た》べる」「飲《の》む」の、へりくだった言《い》い方《かた》。例 先《さき》ほどお団《だん》子《ご》を**頂《いただ》き**ました。◆「戴《いただ》く」とも書《か》く。◎「もらう」⬇339

つまむ

◎指先《ゆびさき》で取《と》って食《た》べる。手《て》軽《がる》に食《た》べる。例 お一《ひと》つ**つまんで**ください。◎「持《も》つ」⬇153

つつく

◎鍋料理《なべりょうり》などを、箸《はし》で突《つ》くようにして食《た》べる。例 仲間《なかま》と鍋《なべ》を**つつく**。◎鳥《とり》などが、くちばしで突《つ》くようにして食《た》べる。例 鳥《とり》が、えさを**つつく**。◆「つっつく」ともいう。

ついばむ

鳥《とり》が、くちばしでえさをつついて食《た》べる。例 ハトがポップコーンを**ついばむ**。

取《と》る

◎必要《ひつよう》なものを体《からだ》に入《い》れる。例 こんな粗末《そまつ》な食事《しょくじ》では栄養《えいよう》

暮《く》らす
眠《ねむ》る
起《お》きる
食《た》べる
噛《か》む・なめる
飲《の》む
味《あじ》わう

が取《と》れないよ。◎「持《も》つ」➡151

認《したた》める

◎食事《しょくじ》をする。例 朝餉《あさげ》(朝食《ちょうしょく》)を認《したた》めてから参《まい》ろうぞ。◎「書《か》く」➡313

口《くち》にする

◎「食《た》べる」の遠回《とおまわ》しな言《い》い方《かた》。例 気分《きぶん》が悪《わる》くて何《なに》も口《くち》にすることができない。◎「言《い》う」➡269

手《て》を付《つ》ける

料理《りょうり》などを食《た》べる。例 このお膳《ぜん》にはまだだれも手《て》を付《つ》けていません。

箸《はし》を付《つ》ける

箸《はし》で料理《りょうり》を食《た》べ始《はじ》める。例 皆《みな》さん遠慮《えんりょ》せずに、料理《りょうり》に箸《はし》を付《つ》けてくださいね。

かき込《こ》む

大急《おおいそ》ぎで食《た》べる。食器《しょっき》から、箸《はし》で口《くち》の中《なか》にかき入《い》れるようすから。例 お茶漬《ちゃづ》けをかき込《こ》んだら、ご飯《はん》が鼻《はな》に入《はい》った。◆「かっこむ」ともいう。

頬張《ほおば》る

食《た》べ物《もの》を口《くち》にいっぱいに入《い》れる。例 スナック菓子《がし》を頬張《ほおば》りながら廊下《ろうか》を歩《ある》く。

ぱくつく

口《くち》を大《おお》きく開《あ》けて盛《さか》んに食《た》べる。ぱくぱく食《た》べる。例 試合後《しあいご》、おいしそうにおにぎりをぱくつく少年《しょうねん》たち。似 ぱくる。

むさぼり食《く》う

空腹《くうふく》のあまり、がつがつと食《た》べる。例 飢《う》えた子《こ》どもたちが、援助《えんじょ》の食料《しょくりょう》をむさぼり食《く》う姿《すがた》を見《み》て涙《なみだ》が出《で》た。

がっつく

がつがつ食《く》う。また、やたらと物《もの》を欲《ほ》しがる。例 たくさんあるんだから、そんなにがっつくなよ。

平《たい》らげる

残《のこ》さずにすっかり食《た》べてしまう。例 よっぽどおなかが空《す》いていたのか、ご飯《はん》をお釜《かま》ごと平《たい》らげてしまった。

箸《はし》が進《すす》む

おいしくてどんどん食《た》べられる。例 箸《はし》が進《すす》まないようだけど、どこかぐあいでも悪《わる》いのかい？ 似 食《しょく》が進《すす》む。

食《た》べ尽《つ》くす

すべて食《た》べてしまう。例 飛来《ひらい》したイナゴが、草《くさ》という草《くさ》をあっという間《ま》に食《た》べ尽《つ》くしてしまった。似 食《く》い尽《つ》くす。

食《く》い荒《あ》らす

◎荒《あら》っぽく、汚《きたな》らしい食《た》べ方《かた》をする。例 犯人《はんにん》は、冷蔵庫《れいぞうこ》の中身《なかみ》まで食《く》い荒《あ》らして逃《に》げたそうだ。◎動物《どうぶつ》や虫《むし》が、農《のう》作物《さくぶつ》などを食《た》べる。例 害虫《がいちゅう》に食《く》い荒《あ》らされた野菜畑《やさいばたけ》。

食《く》い散《ち》らす

こぼしたり汚《よご》したりして、行儀《ぎょうぎ》の悪《わる》い食《た》べ方《かた》をする。例 こんなにたくさん食《く》い散《ち》らして、跡片《あとかた》づけが大変《たいへん》だ。似 食《く》い散《ち》らかす。

ごちそうになる

食事《しょくじ》などを振《ふ》る舞《ま》ってもらう。例 今日《きょう》は先生《せんせい》にごちそうになるから、夕飯《ゆうはん》はいらないよ。

呼《よ》ばれる

ごちそうになる。「招《まね》かれる」ということから。例 友人宅《ゆうじんたく》で、手作《てづく》りのケーキを呼《よ》ばれた。

食《く》いはぐれる

◎機会《きかい》を逃《のが》して、食《た》べ損《そこ》なう。例 立食《りっしょく》パーティーで遠慮《えんりょ》していたら、食《く》いはぐれてしまった。◆「食《く》いっぱぐれる」ともいう。◎「暮《く》らす」➡217

◆＝もっと知《し》りたい、ことばの知識《ちしき》。

飲食《いんしょく》
飲《の》むことと食《た》べること。例 プールサイドは**飲食《いんしょく》**禁止《きんし》です。

飲《の》み食《く》い
「飲食《いんしょく》」と同《おな》じ。例 **飲《の》み食《く》い**するだけの毎日《まいにち》では味気《あじけ》ない。

食事《しょくじ》
ご飯《はん》を食《た》べること。また、食《た》べる物《もの》。例 **食事《しょくじ》**の準備《じゅんび》が調《ととの》ったので、食堂《しょくどう》にお出《い》でください。

頂戴《ちょうだい》する
◎「食《た》べる」のへりくだった言《い》い方《かた》。例 お歳《せい》暮《ぼ》のタラバガニは、家族《かぞく》でおいしく**頂《ちょう》戴《だい》しました**。◎「もらう」➡339

会食《かいしょく》
何人《なんにん》かで、いっしょに食事《しょくじ》をすること。例 婚約《こんやく》が決《き》まり、両家《りょうけ》で**会食《かいしょく》**の席《せき》を設《もう》ける。

外食《がいしょく》
飲食店《いんしょくてん》で食事《しょくじ》をすること。例 昨夜《さくや》は結婚記念日《けっこんきねんび》だったので、家族《かぞく》で**外食《がいしょく》**した。

立食《りっしょく》
立《た》ったままで食《た》べること。とくにパーティーで、テーブルに並《なら》べた飲食物《いんしょくぶつ》を客《きゃく》が自由《じゆう》に取《と》って食《た》べるようにした形式《けいしき》。例 今回《こんかい》の懇親《こんしん》会《かい》は**立食《りっしょく》**パーティーだった。

立《た》ち食《ぐ》い
立《た》ったままでものを食《た》べること。例 駅構内《えきこうない》の**立《た》ち食《ぐ》い**そばでお昼《ひる》を済《す》ます。

買《か》い食《ぐ》い
子《こ》どもなどが、自分《じぶん》で勝手《かって》にお菓子《かし》などを買《か》って食《た》べること。例 学校《がっこう》の帰《かえ》りに**買《か》い食《ぐ》い**していたら、先生《せんせい》に見《み》つかってしまった。

つまみ食《ぐ》い
食器《しょっき》を使《つか》わず、指先《ゆびさき》で食《た》べ物《もの》を挟《はさ》んで食《た》べること。とくに、人《ひと》の目《め》につかないように、出《だ》される前《まえ》の料理《りょうり》を食《た》べること。例 料理《りょうり》をしながら**つまみ食《ぐ》い**をしていたら、おなかがいっぱいになった。例 母《はは》に隠《かく》れてこっそり**つまみ食《ぐ》い**して怒《おこ》られた。

試食《ししょく》
味《あじ》や調理《ちょうり》のよしあしを知《し》るために、試《ため》しに食《た》べてみること。例 デパートの食品《しょくひん》売《う》り場《ば》で、**試食《ししょく》**してからコロッケを買《か》った。

大食《おおぐ》いネーミング大賞《たいしょう》　深谷《ふかや》先生《せんせい》のちょっとひと息《いき》

おかずや付《つ》け合《あ》わせなどのおいしさを表《あらわ》すことばとして、「ごはんが何杯《なんばい》でも食《た》べられる」という言《い》い回《まわ》しがあります。おかずと交互《こうご》に食《た》べるうちに、主食《しゅしょく》であるごはんもいっしょにどんどん減《へ》っていくようすからできた表現《ひょうげん》です。

そして、そのようすをそのまま名前《なまえ》にした食《た》べ物《もの》があります。おもに岡山県《おかやまけん》で作《つく》られている、「ままかり」という魚《さかな》の酢漬《すづ》けがそれ。あまりにもおいしすぎて、自分《じぶん》の家《いえ》のごはん（まんま／まま）だけでは足《た》りず、よそから借《か》りてさらに食《た》べたくなるほどだということ。

同《おな》じように、カツオの内臓《ないぞう》の塩辛《しおから》である「酒盗《しゅとう》」というおつまみは、おいしすぎてついつい酒《さけ》を飲《の》み過《す》ぎてしまい、酒《さけ》が盗《ぬす》まれたかのような勢《いきお》いでなくなっていくという意味《いみ》。

どちらもオーバーな表現《ひょうげん》ですが、人間《にんげん》の食欲《しょくよく》をユーモラスにとらえた、おもしろいネーミングですよね。

似＝似《に》た表現《ひょうげん》のことば。対＝反対《はんたい》の意味《いみ》のことば。例＝使《つか》い方《かた》の例《れい》。

盗《ぬす》み食《ぐ》い　人《ひと》に隠《かく》れて物《もの》を食《た》べること。また、物《もの》を盗《ぬす》んで食《た》べること。例夕食《ゆうしょく》のおかずを、母《はは》に隠《かく》れて盗《ぬす》み食《ぐ》いする。例よその畑《はたけ》の作物《さくもつ》を盗《ぬす》み食《ぐ》いするとは、けしからん。

やけ食《ぐ》い　思《おも》い通《どお》りにならないことがあり、やけになってたくさん食《た》べて気《き》を紛《まぎ》らすこと。例母《はは》に怒《おこ》られてやけ食《ぐ》いしたら、食《た》べ物《もの》がのどにつかえてしまった。

大食《おおぐ》い　たくさん食《た》べること。また、その人《ひと》。例三人前《さんにんまえ》食《た》べてもけろっとしているなんて、やせの大《おお》食《ぐ》いだね。

大食《たいしょく》　「大食《おおぐ》い」と同《おな》じ。例パーティーでさんざん大食《たいしょく》した。

大食漢《たいしょくかん》　大食《おおぐ》らいの人《ひと》。例兄《あに》は、学校一《がっこういち》の大食漢《たいしょくかん》だ。

完食《かんしょく》　出《だ》された食事《しょくじ》を食《た》べきること。テレビの大食《おおぐ》い番組《ばんぐみ》から生《う》まれたことば。例大盛《おおも》りカレーを十分《じっぷん》で完食《かんしょく》したら、ただになるらしい。

食《た》べ過《す》ぎ　限度《げんど》を越《こ》して、物《もの》を食《た》べること。例食《た》べ過《す》ぎて吐《は》きそうだ。似食《く》い過《す》ぎ。

過食《かしょく》　食《た》べ過《す》ぎること。例父《ちち》は過《か》食《しょく》の習慣《しゅうかん》がたたって、太鼓腹《たいこばら》だ。

食《く》いだめ　一度《いちど》にたくさん食《た》べて、腹《はら》にためること。例今度《こんど》いつ食《た》べられるか分《わ》からないから、たっぷり食《く》いだめしておいた。似食《く》い置《お》き。

暴食《ぼうしょく》　むやみやたらに食《た》べること。例仕事《しごと》のストレスがたまって、つい暴食《ぼうしょく》してしまった。

暴飲暴食《ぼういんぼうしょく》　むやみに飲《の》み食《く》いすること。例忘年会《ぼうねんかい》で暴飲《ぼういん》暴食《ぼうしょく》して、胃《い》の調子《ちょうし》が最悪《さいあく》だ。

牛飲馬食《ぎゅういんばしょく》　すごい量《りょう》を飲《の》み食《く》いすること。牛《うし》が水《みず》を飲《の》み、馬《うま》が草《くさ》を食《た》べるように、大《おお》いに飲《の》み食《く》いするということ。例おいしいからといって牛飲馬食《ぎゅういんばしょく》をしていると、そのうち体《からだ》をこわすよ。似鯨飲馬食《げいいんばしょく》。

小食《しょうしょく》　少《すこ》しの量《りょう》しか食《た》べないこと。例彼《かれ》は、体《からだ》に似合《にあ》わず小食《しょうしょく》だ。
◆「少食《しょうしょく》」とも書《か》く。

節食《せっしょく》　食事《しょくじ》の量《りょう》を、適度《てきど》に減《へ》らすこと。例ボクサーは、常《つね》に節《せっ》食《しょく》を心《こころ》がけている。

ダイエット　美容《びよう》や健康《けんこう》を考《かんが》えて、太《ふと》らないように食事《しょくじ》を制限《せいげん》すること。例無理《むり》なダイエットをして体《からだ》をこわした。

絶食《ぜっしょく》　ある期間《きかん》まったく食《た》べないでいること。例胃《い》の検査《けんさ》のため、朝《あさ》から絶食《ぜっしょく》している。

断食《だんじき》　神《かみ》や仏《ほとけ》に願《ねが》い事《ごと》をしたり、病気《びょうき》を治《なお》したりするために、しばらくの間《あいだ》食《た》べるのをやめること。例イスラム教《きょう》には、約一《やくいっ》か月間《げつかん》、太陽《たいよう》が昇《のぼ》っている間《あいだ》は断食《だんじき》をするという決《き》まりがある。

美食《びしょく》　ぜいたくでおいしいものばかり食《た》べること。また、その食《しょく》事《じ》。例フランスの国王《こくおう》は、美食《びしょく》の限《かぎ》りを尽《つ》くした。

飽食《ほうしょく》　飽《あ》きるほど腹《はら》いっぱい食《た》べること。食《た》べたいだけ食《た》べられて、食《た》べる物《もの》に不自由《ふじゆう》しないこと。例この飽食《ほうしょく》の時代《じだい》にも、世界《せかい》には食《た》べる

◆＝もっと知《し》りたい、ことばの知識《ちしき》。

ものがない子どももいる。

粗食《そしょく》 粗末《そまつ》な食事《しょくじ》。例 戦後《せんご》は粗食《そしょく》に耐《た》えて生《い》き延《の》びた。

偏食《へんしょく》 好《す》き嫌《きら》いが激《はげ》しく、特定《とくてい》の食《しょく》品《ひん》だけしか食《た》べないこと。例 子《こ》どもの偏食《へんしょく》に悩《なや》む。

食《く》わず嫌《ぎら》い 試《ため》しに食《た》べてみることさえせずに、その食《た》べ物《もの》を嫌《きら》うこと。例 わたしはレバーの見《み》た目《め》が苦手《にがて》で、食《く》わず嫌《ぎら》いになっている。似 食《た》べず嫌《ぎら》い。

腹《はら》ごしらえ 何《なに》かをする前《まえ》に、しっかりと食事《しょくじ》をしておくこと。例 まずは腹《はら》ごしらえしてから出《で》かけよう。

相伴《しょうばん》 宴席《えんせき》などに招《まね》かれた客《きゃく》の連《つ》れとして行《い》き、自分《じぶん》もごちそうになること。また、招《まね》いた側《がわ》が飲食《いんしょく》店《てん》などで客《きゃく》をもてなし、自分《じぶん》も食事《しょくじ》を共《とも》にすること。例 会長《かいちょう》にお相伴《しょうばん》させていただき、高級《こうきゅう》レストランの味《あじ》を楽《たの》しんだ。

伴食《ばんしょく》 「相伴《しょうばん》」と同《おな》じ。例 伴食《ばんしょく》の栄《えい》を賜《たまわ》る。似 陪食《ばいしょく》。

お呼《よ》ばれ 人《ひと》から食事《しょくじ》などに招《まね》かれること。例 お呼《よ》ばれなので、一張羅《いっちょうら》を着《き》て行《い》く。

口直《くちなお》し 前《まえ》に食《た》べた物《もの》の味《あじ》を消《け》すために、さっぱりした物《もの》や薄味《うすあじ》の物《もの》を飲食《いんしょく》すること。また、その物《もの》。もとは、まずい味《あじ》や苦《にが》い味《あじ》を消《け》すことだが、飲食店《いんしょくてん》などでは、料理《りょうり》に自信《じしん》があっても、けんそんしていう。例 お口直《くちなお》しに、レモンのシャーベットはいかがですか?

毒味《どくみ》 ◎昔《むかし》、権力者《けんりょくしゃ》に出《だ》す食事《しょくじ》に毒《どく》が入《はい》っていないことを、出《だ》す前《まえ》に少《すこ》し食《た》べて確《たし》かめた習慣《しゅうかん》。例 殿様《とのさま》

「食《た》べる」に関連《かんれん》することば

秋茄子《あきなす》は嫁《よめ》に食《く》わすな 秋《あき》にできるナスはとてもおいしいので、嫁《よめ》にはもったいないから食《た》べさせるなということ。姑《しゅうとめ》が嫁《よめ》に意地悪《いじわる》をするようすをいったことば。逆《ぎゃく》に、秋《あき》ナスは体《からだ》が冷《ひ》えてよくないので、大事《だいじ》な嫁《よめ》に食《た》べさせるなという意味《いみ》だという説《せつ》もある。

京《きょう》の着倒《きだお》れ大阪《おおさか》の食《く》い倒《だお》れ 京都《きょうと》の人《ひと》は着《き》る物《もの》にお金《かね》を惜《お》しまず、大阪《おおさか》の人《ひと》は食《た》べ物《もの》にお金《かね》を惜《お》しまないものだということ。

腹八分《はらはちぶ》に医者《いしゃ》いらず 食《た》べ物《もの》を腹《はら》いっぱいでなく、ほどほどに食《た》べていれば、病気《びょうき》にならず医者《いしゃ》を呼《よ》ぶこともないということ。

腹《はら》も身《み》の内《うち》 腹《はら》も自分《じぶん》の体《からだ》の一部《いちぶ》なのだから、むちゃな飲《の》み食《く》いをしてはいけないということ。

ふぐ食《く》う無分別《むふんべつ》ふぐ食《く》わぬ無分別《むふんべつ》 「無《む》分別」は、愚《おろ》かだという意味《いみ》。フグがうまいからといって、やたらに食《た》べるのは愚《おろ》かだが、毒《どく》が怖《こわ》いからと、おいしいフグを食《た》べないのもまた愚《おろ》かだということ。

初物七十五日《はつものしちじゅうごにち》 初物《はつもの》（その季節《きせつ》になって初《はじ》めてとれた作物《さくもつ》）を食《た》べると、寿命《じゅみょう》が七十五日《しちじゅうごにち》延《の》びるということ。

のお毒味《どくみ》役《やく》になる。◆「毒見《どくみ》」とも書《か》く。
◎「味《あじ》わう」➡240

お代《か》わり 同《おな》じものを、もう一杯《いっぱい》食《た》べたり飲《の》んだりすること。例 たくさん作《つく》ったから、何杯《なんばい》でもお代《か》わりしてね。

意地汚《いじきたな》い 欲張《よくば》ってやたらに食《た》べたがるようす。例 いつまでも意地汚《いじきたな》く食《た》べていないで、さっさと片《かた》づけなさい。

食《く》い意地《いじ》が張《は》る もっと食《た》べたいと思《おも》う気持《きも》ちが強《つよ》い。例 うちの犬《いぬ》は、食《く》い意地《いじ》が張《は》って困《こま》る。

食《しょく》が細《ほそ》い 食欲《しょくよく》がなく、少《すこ》ししか食《た》べられない。例 食《しょく》が細《ほそ》くて、出《だ》されたものを全部《ぜんぶ》食《た》べきれない。

たらふく おなかいっぱい食《た》べるようす。例 たらふく食《く》ったら眠《ねむ》くなってきた。

摂取《せっしゅ》 食《た》べ物《もの》や栄養《えいよう》などを、体《からだ》の中《なか》に取《と》り入《い》れること。例 牛乳《ぎゅうにゅう》からカルシウムを摂取《せっしゅ》する。

摂食《せっしょく》 物《もの》を食《た》べること。例 チンパンジーの摂食《せっしょく》行動《こうどう》を毎日《まいにち》観察《かんさつ》する。

米食《べいしょく》 米《こめ》を主食《しゅしょく》とすること。例 米《べい》食《しょく》する民族《みんぞく》は、アジアに多《おお》い。

菜食《さいしょく》 肉《にく》や魚《さかな》を食《た》べずに、おもに野《や》菜《さい》を食《た》べること。例 菜食《さいしょく》主《しゅ》義《ぎ》の人《ひと》を、ベジタリアンという。

肉食《にくしょく》 人《ひと》が動物《どうぶつ》の肉《にく》を食《た》べること。また、動物《どうぶつ》が植物《しょくぶつ》を食《た》べずに、他《た》の動物《どうぶつ》の肉《にく》を食《た》べること。また、その性質《せいしつ》。例 日本《にほん》では昔《むかし》、肉食《にくしょく》を禁《きん》じていた。例 ライオンは肉食《にくしょく》動物《どうぶつ》だ。

肉食《にくじき》 仏教《ぶっきょう》のことばで「肉食《にくしょく》」のこと。例 当山《とうざん》の僧《そう》は肉食《にくじき》をせず、植《しょく》物性《ぶっせい》のたんぱく質《しつ》をうまく使《つか》った精進《しょうじん》料理《りょうり》をいただきます。

草食《そうしょく》 動物《どうぶつ》が肉《にく》を食《た》べずに、植物《しょくぶつ》だけを食《た》べること。また、その性質《せいしつ》。例 草食《そうしょく》性《せい》の恐竜《きょうりゅう》は、体《からだ》は巨大《きょだい》だがおとなしかったらしい。

雑食《ざっしょく》 植物性《しょくぶつせい》のものも動物性《どうぶつせい》のものも、両方《りょうほう》食《た》べること。例 人間《にんげん》もサルも雑食《ざっしょく》だ。

生食《せいしょく》 生《なま》のまま食《た》べること。例 生《せい》食《しょく》用《よう》のカキを買《か》って帰《かえ》る。◆「なましょく」とも読《よ》む。

食《しょく》 食《た》べること。例 食《しょく》の教育《きょういく》の重要《じゅうよう》性《せい》が注目《ちゅうもく》されている。

一口《ひとくち》 ほんの少《すこ》し飲《の》み食《く》いをすること。例 そのオムライス、一口《ひとくち》ちょうだい。

悪食《あくじき》 ふつうは食《た》べないような物《もの》を食《た》べること。例 クジャクは悪《あく》食《じき》で、毒虫《どくむし》さえも食《た》べてしまうそうだ。

いかもの食《ぐ》い 「悪食《あくじき》」と同《おな》じ。また、その人《ひと》。「いかもの」は、本物《ほんもの》に似《に》せたまがいもの、いかがわしいもの。例 好《この》んでいかもの食《ぐ》いするのだから、放《ほう》っておこう。

下手物食《げてものぐ》い 「悪食《あくじき》」と同《おな》じ。「下《げ》手物《てもの》」は、値段《ねだん》の安《やす》い並《なみ》の品物《しなもの》。例 外国《がいこく》で下手物食《げてものぐ》いに挑《ちょう》戦《せん》するテレビリポーター。

口汚《くちよご》し 人《ひと》に食《た》べ物《もの》をすすめるときの、へりくだった言《い》い方《かた》。例 これはほんのお口汚《くちよご》しですが、どうぞ。

◆＝もっと知《し》りたい、ことばの知識《ちしき》。

食《た》べ歩《ある》き
土地《とち》の名物料理《めいぶつりょうり》やおいしい食《た》べ物《もの》を、あちこち食《た》べて回《まわ》ること。例 食《た》べ歩《ある》きが趣味《しゅみ》で、その日《ひ》食《た》べたものをブログに載《の》せている。

食《た》べ放題《ほうだい》
食《た》べたいだけ自由《じゆう》に食《た》べること。例 飲《の》み放題《ほうだい》食《た》べ放題《ほうだい》の店《みせ》に行《い》く。

共食《ともぐ》い
◎同《おな》じ仲間同士《なかまどうし》が食《く》い合《あ》うこと。例 コオロギは、同《おな》じかごでたくさん飼《か》っていると、共食《ともぐ》いすることがある。◎同《おな》じ業種《ぎょうしゅ》の会社《かいしゃ》同士《どうし》が競争《きょうそう》して、共倒《ともだお》れになること。例 値下《ねさ》げ競争《きょうそう》が過熱《かねつ》して、同業者《どうぎょうしゃ》同士《どうし》が共食《ともぐ》いとなってしまった。

食通《しょくつう》
料理《りょうり》の味《あじ》や知識《ちしき》について詳《くわ》しいこと。また、その人《ひと》。例 わたしの叔母《おば》さんは、かなりの食通《しょくつう》で、いろいろなレストランを知《し》っている。

美食家《びしょくか》
おいしい物《もの》やぜいたくな物《もの》を食《た》べるのが、とくに好《す》きな人《ひと》。例 あの人《ひと》は美食家《びしょくか》で味《あじ》にうるさいから、料理人《りょうりにん》たちに恐《おそ》れられている。

グルメ
「美食家《びしょくか》」という意味《いみ》のフランス語《ご》。例 テレビのグルメ番組《ばんぐみ》で見《み》た、あのレストランに行《い》ってみよう。

ぱくぱく
盛《さか》んに物《もの》を食《た》べるようす。例 ぱくぱくよく食《た》べる子《こ》だ。

もぐもぐ
◎口《くち》を大《おお》きく開《ひら》かずに、物《もの》をかむようす。例 歯《は》の悪《わる》い祖父《そふ》は、いつまでももぐもぐ口《くち》を動《うご》かしている。◎「物《もの》の言《い》い方《かた》」↓281

むしゃむしゃ
勢《いきお》いよく食《た》べるようす。また、無作法《ぶさほう》に食《た》べるようす。例 手《て》づかみでむしゃむしゃと食《た》べる。

もりもり
勢《いきお》いよく、どんどん食《た》べるようす。例 もりもり食《た》べて大《おお》きくなれよ。

がつがつ
◎飢《う》えてむさぼり食《く》うようす。例 のら犬《いぬ》のようにがつがつ食《た》べる。◎「願《ねが》う」↓493

ぱくっと
大《おお》きな口《くち》で、一口《ひとくち》に食《た》べるようす。例 おまんじゅうをまるごとぱくっと口《くち》に入《い》れた。似 ぱくり。

ぺろり
◎食《た》べ物《もの》を、短時間《たんじかん》に余《あま》さず食《た》べてしまうようす。例 山盛《やまも》りのごちそうをぺろりと平《たい》らげる。似 ぺろっと。◎「噛む・なめる」↓235

噛《か》む・なめる

bite, lick
［バイト、リック］

このページも見《み》てみよう
▼食《た》べる↓226

噛《か》む
◎物《もの》を口《くち》に入《い》れて、上下《じょうげ》の歯《は》で挟《はさ》んだり砕《くだ》いたりする。例 よく噛《か》んで食《た》べる。◎相手《あいて》を歯《は》で傷《きず》つける。例 飼《か》い犬《いぬ》に手《て》を噛《か》まれる。

かじる
物《もの》の端《はし》などを、少《すこ》しかみ取《と》る。例 大切《たいせつ》な本《ほん》をネズミにかじられた。例 親《おや》のすねをかじる（いつまでも親《おや》に頼《たよ》って生活《せいかつ》する）。

くわえる
口《くち》や歯《は》で、物《もの》を挟《はさ》んで支《ささ》え持《も》つ。例 猫《ねこ》がネズミをくわえてきた。例友《とも》だちの活躍《かつやく》を、指《ゆび》をくわえて見《み》ていた。

食《く》い付《つ》く

◎口《くち》の中《なか》に入《い》れ、くわえて離《はな》さない。例スッポンに食《く》い付《つ》かれると、雷《かみなり》が鳴《な》るまで離《はな》れないという俗説《ぞくせつ》がある。◎うまい話《はなし》などに、喜《よろこ》んで飛《と》びつく。例もうけ話《ばなし》に食《く》い付《つ》いて、後《あと》で大変《たいへん》な目《め》にあった。

食《く》らい付《つ》く

◎しっかりと食《く》いつく。例魚《さかな》がえさに食《く》らい付《つ》く。例相手《あいて》に食《く》らい付《つ》いて離《はな》そうとしない。

噛《か》み付《つ》く

◎相手《あいて》が痛《いた》みを感《かん》じるほど、歯《は》で強《つよ》くかむ。例犬《いぬ》の頭《あたま》をなでようとしたら、噛《か》み付《つ》かれそうになった。◎強《つよ》い態度《たいど》で相手《あいて》に抗議《こうぎ》する。相手《あいて》を追及《ついきゅう》をする。例納《なっ》得《とく》できない決定《けってい》だったので、審判《しんぱん》に噛《か》み付《つ》いた。

かじり付《つ》く

◎大《おお》きなものを勢《いきお》いよくかみ取《と》ろうとする。例大《おお》きなリンゴに、皮《かわ》ごとかじり付《つ》く。◎しがみついて離《はな》れまいとする。例弁護士《べんごし》を目指《めざ》している兄《あに》は、いつも机《つくえ》にかじり付《つ》いている。

	興奮《こうふん》して手《て》に――	鳥《とり》がえさに――	大《おお》きなリンゴに――
食い付く	○	○	△
食らい付く	○	△	△
噛み付く	○	–	–
かじり付く	○	–	○

かぶり付《つ》く

◎食《た》べ物《もの》などに、口《くち》を大《おお》きく開《あ》けてかじりつく。例冷《ひ》えたスイカにかぶり付《つ》く。

噛《か》み締《し》める

◎力《ちから》を入《い》れてかむ。例試合《しあい》に負《ま》けた悔《くや》しさに、唇《くちびる》を噛《か》み締《し》める。◎物事《ものごと》の深《ふか》みや意味《いみ》を、十分《じゅうぶん》に感《かん》じる。例健康《けんこう》のありがたさを噛《か》み締《し》める。

噛《か》み砕《くだ》く

◎強《つよ》くかんで細《こま》かくする。例大《おお》きなあめ玉《だま》を、口《くち》の中《なか》で噛《か》み砕《くだ》く。◎難《むずか》しいことを易《やさ》しく解説《かいせつ》する。例パソコンに詳《くわ》しい兄《あに》が、使《つか》い方《かた》を噛《か》み砕《くだ》いて説明《せつめい》してくれた。

なめる

◎物《もの》に舌《した》で触《ふ》れる。例猫《ねこ》がわたしの手《て》をなめる。◎つらい経験《けいけん》をする。例苦《くる》しみをなめたことのある人《ひと》なら、僕《ぼく》の悩《なや》みを分《わ》かってくれるはずだ。◎「味《あじ》わう」➡238

しゃぶる

◎口《くち》の中《なか》に入《い》れて、なめたり吸《す》ったりする。例骨《ほね》の周《まわ》りについた肉《にく》をしゃぶる。例赤《あか》ちゃんが指《ゆび》をしゃぶる。

しゃぶり付《つ》く

◎口《くち》で吸《す》いついて離《はな》さないようにする。例赤《あか》ちゃんが、お母《かあ》さんのおっぱいにしゃぶり付《つ》く。

なめ回《まわ》す

◎舌《した》であちこちをなめる。例えさを食《た》べ終《お》わった犬《いぬ》が、空《から》の容器《ようき》をなめ回《まわ》している。

丸《まる》かじり

◎食《た》べ物《もの》を切《き》り分《わ》けずに、もとの形《かたち》のままかじること。例取《と》り立《た》ての新鮮《しんせん》なキュウリを丸《まる》かじりする。

甘噛《あまが》み

◎動物《どうぶつ》などが、物《もの》をかみ切《き》るためでなく、弱《よわ》くかむこと。例犬《いぬ》の甘噛《あまが》みのしつけをする。

咀嚼《そしゃく》

◎食《た》べ物《もの》をよくかみ砕《くだ》くこと。例消化《しょうか》を助《たす》けるために、よく咀嚼《そしゃく》して食《た》べることが大切《たいせつ》だ。◎

◆＝もっと知《し》りたい、ことばの知識《ちしき》。

文章《ぶんしょう》などの意味《いみ》をよく考《かんが》えて味《あじ》わうこと。例 名文《めいぶん》を**咀嚼《そしゃく》**して、そのよさを十分《じゅうぶん》に味《あじ》わうようにしたい。

反芻《はんすう》　◎牛《うし》などの動物《どうぶつ》が、飲《の》み込《こ》んだ食物《しょくもつ》を、もう一度《いちど》口《くち》に戻《もど》してかみ直《なお》すこと。例 牛《うし》や羊《ひつじ》は**反芻《はんすう》**動物《どうぶつ》である。◎繰《く》り返《かえ》しよく考《かんが》えること。例 先生《せんせい》のおっしゃったことを**反芻《はんすう》**する。

舌《した》なめずり　ごちそうやちょうどいい獲物《えもの》などを前《まえ》にして、舌《した》で唇《くちびる》をなめ回《まわ》すこと。例 晩《ばん》ご飯《はん》のおかずは大好《だいす》きなハンバーグだと聞《き》いて、**舌《した》なめずり**をする。

歯応《はごた》え　◎物《もの》をかんだときの歯《は》の感《かん》じ。例 こりこりとした**歯《は》応《ごた》え**のあるたくわん。◎人《ひと》と対話《たいわ》して感《かん》じられる反応《はんのう》のよしあし。例 今度《こんど》の新入部員《しんにゅうぶいん》は、**歯応《はごた》え**がありそうだ。

腰《こし》が強《つよ》い　◎食《た》べ物《もの》、とくにめん類《るい》をかんだとき、ねばりや弾力性《だんりょくせい》が強《つよ》い。また、弾力《だんりょく》があって折《お》れにくい。例 **腰《こし》が強《つよ》い**うどんはおいしい。例 **腰《こし》が強《つよ》い**紙《かみ》。◎気《き》が強《つよ》くてくじけない。例 **腰《こし》が強《つよ》い**人《ひと》だから、どんな困難《こんなん》も乗《の》り越《こ》えていける。

がぶり　口《くち》を大《おお》きく開《あ》けて、一口《ひとくち》にかぶりつくようす。例 ワニが獲物《えもの》に、**がぶり**とかみついた。似 がぶっと。

ばりばり　堅《かた》い物《もの》を、勢《いきお》いよくかみ砕《くだ》くようす。例 祖父《そふ》は堅《かた》いせんべいでも、**ばりばり**と食《た》べてしまう。

ぱりぱり　堅《かた》くて薄《うす》い物《もの》を、歯切《はぎ》れよくかむようす。「ば

「噛《か》む・なめる」に関連《かんれん》することば

歯《は》を食《く》いしばる　つらさ・悔《くや》しさ・痛《いた》みなどを、あごに力《ちから》を入《い》れ、歯《は》をぐっとかみ合《あ》わせて一生懸命《いっしょうけんめい》耐《た》える。↓488

歯《は》が立《た》たない　堅《かた》くて、とてもかむことができない。また、相手《あいて》が強《つよ》すぎて、とても太刀《たち》打《う》ちできない。↓363・539

窮鼠《きゅうそ》猫《ねこ》を噛《か》む　どんなに弱《よわ》い者《もの》でも、必死《ひっし》になれば強《つよ》い者《もの》を打《う》ち負《ま》かすことがあるということ。「窮鼠《きゅうそ》」は、追《お》い詰《つ》められて逃《に》げ場《ば》のないネズミ。追《お》い込《こ》まれれば、ネズミも猫《ねこ》に食《く》いついてでも逃《に》げようとするという意《い》味《み》から。

苦杯《くはい》をなめる　にがい経験《けいけん》をする。「苦《く》杯《はい》を喫《きっ》する」「苦汁《くじゅう》をなめる」ともいう。↓467

辛酸《しんさん》をなめる　苦《くる》しくつらい目《め》にあう。↓467

噛《か》んで含《ふく》める　よく分《わ》かるように、細《こま》かくていねいに言《い》って聞《き》かせる。赤《あか》ん坊《ぼう》などに、大人《おとな》が食《た》べ物《もの》を一度《いちど》かんでから口《くち》に入《い》れてやることから。↓374

●**いろいろな噛《か》み方《かた》**
がりっと・かりっと・しゃりしゃり・しゃりっと・しゃきしゃき・にちゃにちゃ・ぎりり・ぎりぎり・じゃりじゃり

りばり」より、薄《うす》くて軽《かる》い物《もの》をかむようすにいう。例テレビを見《み》ながら、スナック菓子《がし》をぱりぱりと頬張《ほおば》る。

ぼりぼり　堅《かた》い物《もの》をかじるときの、やや大《おお》きな音《おと》のようす。例動物園《どうぶつえん》のサルが、サツマイモをぼりぼり食《た》べる。

ぽりぽり　堅《かた》い物《もの》をかじるときの、軽《かる》い音《おと》のようす。例ピーナッツをぽりぽりかじる。

がりがり　かなり堅《かた》い物《もの》を、荒々《あらあら》しくかみ砕《くだ》くようす。例アイスキャンディーをがりがりとかじる。

かりかり　◎堅《かた》くて軽《かる》い感《かん》じの物《もの》を、かみ砕《くだ》くようす。例リスがどんぐりをかりかりかじっている。◎「いら立《だ》つ」➡412

こりこり　堅《かた》いものや歯《は》ごたえのあるものを、歯切《はぎ》れよくかむようす。例レンコンのこりこりとした歯《は》ごたえを楽《たの》しむ。

しこしこ　おもに、めん類《るい》に弾力《だんりょく》があって、歯《は》ごたえのよいようす。例この店《みせ》のうどんは、しこしこした歯《は》ざわりで評判《ひょうばん》だ。

さくさく　あまり堅《かた》くない物《もの》をかんだときの、軽《かろ》やかな歯《は》ごたえのようす。例さくさくとおいしいアップルパイを食《た》べる。

くちゃくちゃ　軟《やわ》らかい物《もの》を、口《くち》の中《なか》で音《おと》をたててかむようす。例ガムをくちゃくちゃかみながらあいさつするな。

ぺろぺろ　舌《した》で物《もの》をなめ回《まわ》すようす。例子猫《こねこ》がお皿《さら》のミルクをぺろぺろとなめる。

べろべろ　◎舌《した》を大《おお》きく出《だ》して、物《もの》をなめるようす。例犬《いぬ》がわたしの顔《かお》をべろべろなめ回《まわ》す。◎ひどく酔《よ》っ払《ぱら》ったようす。例父《ちち》がべろべろに酔《よ》っ払《ぱら》って帰《かえ》ってきた。

ぺろり　◎舌《した》を出《だ》して、ひとなめするようす。例唇《くちびる》をぺろりとなめる。似ぺろっと。◎「食《た》べる」➡232

飲《の》む

drink
［ドリンク］

飲《の》む　のどを通《とお》して、液体《えきたい》や粉《こな》などを体《からだ》に入《い》れる。例冷《つめ》たい水《みず》を飲《の》む。

飲《の》み込《こ》む　◎飲《の》んで、のどから胃《い》の中《なか》へ入《い》れる。また、かまないで丸《まる》のみする。例嫌《きら》いなピーマンは、目《め》をつぶって飲《の》み込《こ》む。◎「理解《りかい》する」➡300

飲《の》み下《くだ》す　「飲《の》み込《こ》む」とほぼ同《おな》じ。胃《い》に流《なが》し込《こ》むという感《かん》じが強《つよ》い。例祖父《そふ》が胃薬《いぐすり》を一息《ひといき》に飲《の》み下《くだ》す。

仰《あお》ぐ　◎あお向《む》いて一気《いっき》に飲《の》む。酒《さけ》や毒薬《どくやく》などを飲《の》むときに使《つか》う。例良心《りょうしん》の呵責《かしゃく》に耐《た》えかね毒《どく》を仰《あお》ぐ。◎「見《み》る」➡258

あおる　一息《ひといき》に飲《の》む。とくに、酒《さけ》や毒薬《どくやく》を飲《の》むときに使《つか》う。例仕事《しごと》を終《お》えて、酒《さけ》をあおる。

◆＝もっと知《し》りたい、ことばの知識《ちしき》。

干《ほ》す

酒《さけ》を飲《の》んで、器《うつわ》を空《から》にする。例杯《さかずき》を干《ほ》す。

飲《の》み干《ほ》す

器《うつわ》に入《はい》っているものを、全部《ぜんぶ》飲《の》む。一滴《いってき》も残《のこ》さずに、最後《さいご》まで飲《の》みきる。例ラーメンのスープを飲《の》み干《ほ》す。

吸《す》う

液体《えきたい》などを口《くち》の中《なか》へ引《ひ》き入《い》れる。例樹液《じゅえき》を吸《す》うのに夢中《むちゅう》な虫《むし》たち。

すする

少《すこ》しずつ吸《す》い上《あ》げて飲《の》む。例熱《あつ》いお茶《ちゃ》をすする。

服《ふく》する

お茶《ちゃ》や薬《くすり》などを飲《の》む。例食前《しょくぜん》に薬《くすり》を服《ふく》するように。

喫《きっ》する

飲《の》む。おもに、茶《ちゃ》を楽《たの》しんで飲《の》む。また、食《た》べる・吸《す》うの意味《いみ》もある。例そもそも、お茶《ちゃ》を喫《きっ》するところを喫茶店《きっさてん》といった。

酌《く》む

酒《さけ》などをついで飲《の》む。例旧《きゅう》友《ゆう》と酒《さけ》を酌《く》む。

酌《く》み交《か》わす

互《たが》いに杯《さかずき》をやり取《と》りしながら、酒《さけ》を飲《の》む。例親《した》しく酒《さけ》を酌《く》み交《か》わす。

引《ひ》っかける

◎酒《さけ》を少《すこ》し飲《の》む。例一杯《いっぱい》引《ひ》っかけて帰《かえ》ろう。例一杯《いっぱい》引《ひ》っかけて寝《ね》る。◎「着《き》る」➡243

浴《あ》びる

酒《さけ》を望《のぞ》むままに多《おお》く飲《の》む。水《みず》をかぶるように、大量《たいりょう》に飲《の》むということ。例毎日《まいにち》浴《あ》びるように飲《の》んでいたら、体《からだ》をこわすよ。

がぶ飲《の》み

水《みず》・酒《さけ》などを、たて続《つづ》けにたくさん飲《の》むこと。例のどが乾《かわ》いて、蛇口《じゃぐち》からあふれる水《みず》をがぶ飲《の》みした。

らっぱ飲《の》み

飲《の》み物《もの》が入《はい》った瓶《びん》を口《くち》につけて持《も》ち上《あ》げ、らっぱを吹《ふ》くような格好《かっこう》で直接《ちょくせつ》飲《の》むこと。例酔《よ》っぱらいがワインをらっぱ飲《の》みしていた。

一気《いっき》飲《の》み

大量《たいりょう》の酒《さけ》を、一息《ひといき》に飲《の》み干《ほ》すこと。例一気《いっき》飲《の》みは危険《きけん》だから、絶対《ぜったい》にしてはいけない。

立《た》ち飲《の》み

立《た》ったままで飲《の》むこと。例冷蔵庫《れいぞうこ》の前《まえ》でジュースを立《た》ち飲《の》みするのは、行儀《ぎょうぎ》が悪《わる》いぞ。

丸呑《まるの》み

食《た》べ物《もの》をかまずに、そのままの形《かたち》で飲《の》み込《こ》むこと。例人《ひと》をも丸呑《まるの》みにするという大蛇《だいじゃ》。

鵜呑《うの》み

◎鳥《とり》のウが魚《さかな》をのむように、食《た》べ物《もの》をかまないで飲《の》み込《こ》むこと。例ごはんは鵜呑《うの》みせず、よくかんで食《た》べよう。◎他人《たにん》の言《い》ったことを、よく考《かんが》えもせずに信《しん》じ込《こ》むこと。例人《ひと》のことばを鵜呑《うの》みにしないで、自分《じぶん》で確《たし》かめてみよう。

誤飲《ごいん》

飲食物《いんしょくぶつ》ではないものを、誤《あやま》って飲《の》み込《こ》むこと。例乳幼児《にゅうようじ》の誤飲《ごいん》事故《じこ》が増《ふ》えている。

試飲《しいん》

味見《あじみ》をするなどの目的《もくてき》で、試《ため》しに飲《の》むこと。例新酒《しんしゅ》の試飲《しいん》会《かい》に招待《しょうたい》される。

飲用《いんよう》

飲《の》むのに用《もち》いること。また、ある程度《ていど》続《つづ》けて飲《の》むこと。例この川《かわ》の水《みず》は、飲用《いんよう》水《すい》として合格《ごうかく》だ。例健康《けんこう》のため、お酢《す》を毎日《まいにち》飲用《いんよう》する。

暴飲《ぼういん》

むやみやたらに飲《の》むこと。例暴飲《ぼういん》暴食《ぼうしょく》はしないほうがいい。

一服《いっぷく》

茶《ちゃ》を一飲《ひとの》み、タバコを一吸《ひとす》いすること。また、そのようにして休憩《きゅうけい》すること。例 一服《いっぷく》してから仕《し》事《ごと》にかかります。

飲酒《いんしゅ》
酒《さけ》を飲《の》むこと。例 飲酒《いんしゅ》運転《うんてん》を追放《ついほう》しよう。

乾杯《かんぱい》
杯《さかずき》をさし上《あ》げたり、触《ふ》れ合《あ》わせたりして、喜《よろこ》びや健康《けんこう》などを祝《いわ》い、酒《さけ》などを飲《の》み干《ほ》すこと。例 二人《ふたり》の門出《かどで》を祝《いわ》って乾杯《かんぱい》する。

服用《ふくよう》
薬《くすり》などを飲《の》むこと。例 ほかに服用《ふくよう》中《ちゅう》の薬《くすり》がある。似 服薬《ふくやく》。

内服《ないふく》
薬《くすり》を飲《の》むこと。例 この薬《くすり》は毎《まい》食後《しょくご》、内服《ないふく》してください。

内用《ないよう》
「内服《ないふく》」と同《おな》じ。例 漢方薬《かんぽうやく》を内《ない》用《よう》する。

服毒《ふくどく》
毒《どく》を飲《の》むこと。例 服毒《ふくどく》自殺《じさつ》をはかる。

一息《ひといき》
一気《いっき》。一回《いっかい》呼吸《こきゅう》する短《みじか》い間《あいだ》。例 中《ちゅう》ジョッキの生《なま》ビールなら、一息《ひといき》で飲《の》んでしまう。

一気《いっき》
途中《とちゅう》で休《やす》まずに飲《の》むようす。例 炭酸飲料《たんさんいんりょう》を一気《いっき》に飲《の》んだら、すごいげっぷが出《で》た。似 いっぺん。

ごくごく
飲《の》み物《もの》を、のどを鳴《な》らして勢《いきお》いよく飲《の》み込《こ》むようす。例 牛乳《ぎゅうにゅう》を毎朝《まいあさ》ごくごく飲《の》んでから学校《がっこう》に行く。似 ごくりごくり。

がぶがぶ
大量《たいりょう》の飲《の》み物《もの》を、むさぼるように勢《いきお》いよく飲《の》み込《こ》むようす。例 運動《うんどう》の後《あと》、水道《すいどう》の水《みず》を蛇口《じゃぐち》からがぶがぶ飲《の》む。

ぐいぐい
勢《いきお》いよく続《つづ》けて飲《の》むようす。おもに、酒《さけ》を飲《の》むようす。例 父《ちち》がぐいぐいお酒《さけ》を飲《の》んでいる。

ぐびぐび
のどを鳴《な》らしながら、酒《さけ》などを飲《の》むようす。例 焼酎《しょうちゅう》をぐびぐびやりながら、愚痴《ぐち》を言《い》い合《あ》う。似 ぐびりぐびり。

ぐいと
一息《ひといき》に勢《いきお》いよく飲《の》むようす。おもに酒《さけ》を飲《の》むようす。例 茶《ちゃ》わんの酒《さけ》をぐいと飲《の》み干《ほ》した。似 ぐいっと。

がぶっと
大《おお》きな口《くち》で飲《の》むようす。例 大波《おおなみ》がきてがぶっと

「飲《の》む」に関連《かんれん》することば

渇《かっ》しても盗泉《とうせん》の水《みず》を飲《の》まず　どんなに貧《まず》しくても、不正《ふせい》なことはしないということ。孔子《こうし》（昔《むかし》の中国《ちゅうごく》の思想家《しそうか》）が、「盗泉《とうせん》」という泉《いずみ》の前《まえ》を通《とお》ったとき、のどが渇《かわ》いていたが、「盗《とう》」という名前《なまえ》を嫌《きら》って水《みず》を飲《の》まなかったという話《はなし》から。

爪《つめ》の垢《あか》を煎《せん》じて飲《の》む　優《すぐ》れた人《ひと》に、少《すこ》しでもあやかろうとするたとえ。優《すぐ》れた人《ひと》の爪《つめ》の垢《あか》を、薬《くすり》のように煎《せん》じて（湯《ゆ》で煮《に》詰《つ》めて）飲《の》めば、効果《こうか》があるだろうという意味《いみ》から。

煮《に》え湯《ゆ》を飲《の》まされる　信頼《しんらい》していた人《ひと》に裏切《うらぎ》られたりして、ひどい目《め》にあわされること。「煮《に》え湯《ゆ》」は、煮《に》えたぎった湯《ゆ》。熱湯《ねっとう》を飲《の》まされるということから。

ガソリンを入《い》れる　活動《かつどう》の原動力《げんどうりょく》を補《ほ》給《きゅう》する。おもに、お酒《さけ》を飲《の》んで元気《げんき》をつけることにいう。

酒《さけ》に飲《の》まれる　酒《さけ》にひどく酔《よ》って、自《じ》制心《せいしん》を失《うしな》う。

◆＝もっと知《し》りたい、ことばの知識《ちしき》。

海水《かいすい》を飲《の》み込《こ》んだ。

ごくん
液体《えきたい》や、錠剤《じょうざい》などの小《ちい》さな固形物《こけいぶつ》を、のどを鳴《な》らして一気《いっき》に飲《の》み込《こ》むようす。例 オブラートに包《つつ》んだ薬《くすり》を、水《みず》といっしょに**ごくん**と飲《の》み込《こ》む。似 **ごくり**。**ごくっと**。

ちびちび
◎ほんの少《すこ》しずつ飲《の》むようす。おもに酒《さけ》を飲《の》むようす。例 強《つよ》い酒《さけ》を**ちびちび**飲《の》む。似 **ちびりちびり**。◎「少《すく》ない」⬇528

ちゅうちゅう
ストローなどで液体《えきたい》をすするようす。例 ストローでジュースを**ちゅうちゅう**飲《の》む子《こ》ども。

ずるずる
音《おと》を立《た》てて、すすって飲《の》むようす。例 スプーンですくったスープを**ずるずる**飲《の》むのは行儀《ぎょうぎ》が悪《わる》いよ。

つるつる
おもに、めん類《るい》を音《おと》を立《た》ててすするようす。例 おじいちゃんがそばを**つるつる**とすすっている。似 **するする**。

味《あじ》わう

taste
［テイスト］

このページも見《み》てみよう
▼食《た》べる⬇226

味《あじ》わう
食《た》べてみて、味《あじ》を楽《たの》しむ。例 ここの名物《めいぶつ》ですが、**味《あじ》わって**みてください。

なめる
◎舌《した》の先《さき》で味《あじ》を確《たし》かめる。例 各地《かくち》の塩《しお》を**なめて**、味《あじ》を比《くら》べる。◎つらい経験《けいけん》をする。例 世《よ》の中《なか》の辛酸《しんさん》を**なめる**。◎「噛《か》む・なめる」⬇233

味《あじ》をみる
少《すこ》し食《た》べたり飲《の》んだりして、味加減《あじかげん》を確《たし》かめる。例 スープの**味《あじ》をみる**。

口《くち》に合《あ》う
味《あじ》が好《この》みに合《あ》う。例 このレストランには、わたしの**口《くち》に合《あ》う**料理《りょうり》はなかった。

喉《のど》が鳴《な》る
おいしそうで、すごく食《た》べたくなる。例 たくさんのごちそうを前《まえ》にして、ごくりと**喉《のど》が鳴《な》った**。

頬《ほお》が落《お》ちる
食《た》べ物《もの》が非常《ひじょう》においしいようす。例 初《はじ》めてフォアグラを食《た》べてみて、**頬《ほお》が落《お》ちて**しまいそうだ。◆「ほっぺたが落《お》ちる」ともいう。

顎《あご》が落《お》ちる
食《た》べ物《もの》の味《あじ》が、このうえなくおいしい。例 **顎《あご》が落《お》ちる**ほどおいしいお寿司《すし》だ。

舌鼓《したつづみ》を打《う》つ
おいしいものを食《た》べたときに、あまりのおいしさに思《おも》わず舌《した》を鳴《な》らす。例 名物《めいぶつ》のだだちゃ豆《まめ》に**舌鼓《したつづみ》を打《う》つ**。◆「舌鼓《したつづみ》」は「したづつみ」ともいう。

気《き》が抜《ぬ》ける
◎炭酸飲料《たんさんいんりょう》から二酸《にさん》化炭素《かたんそ》が抜《ぬ》けて、味《あじ》が落《お》ちる。例 **気《き》が抜《ぬ》けた**サイダーはまずい。◎「落《お》ち込《こ》む」⬇473

おいしい
味《あじ》がよい。例 炊《た》きたてのごはんを**おいしく**いただく。

うまい
食《た》べ物《もの》などの味《あじ》が、おいしい。例 **うまい**めしを食《く》いにいこう。対まずい。

まずい　味《あじ》が悪《わる》い。おいしくない。例砂糖《さとう》と塩《しお》を間違《まちが》えたケーキは、食《た》べられないほどまずかった。対うまい。

水《みず》っぽい　水《みず》けが多《おお》くて味《あじ》が薄《うす》く、まずい。例水《みず》っぽいカボチャの煮物《にもの》。

薄《うす》い　◎味《あじ》があっさりしている。味《あじ》わいが乏《とぼ》しい。例薄《うす》い味《あじ》付《つ》けにして、塩分《えんぶん》を控《ひか》える。◎「少《すく》ない」➡525

濃《こ》い　味《あじ》が強《つよ》い。例牧場《ぼくじょう》で濃《こ》い牛《ぎゅう》乳《にゅう》を飲《の》む。

しつこい　味《あじ》が濃《こ》すぎて、口《くち》の中《なか》に残《のこ》る感《かん》じである。例しつこい料理《りょうり》ばかりで胃《い》がもたれた。

あぶらっこい　油《あぶら》や脂身《あぶらみ》を多《おお》く含《ふく》み、味《あじ》がしつこい。例大《おお》トロはあぶらっこくて、江《え》戸《ど》時代《じだい》には敬遠《けいえん》されていた。

あくどい　味《あじ》がどぎつく、しつこい。例あと味《あじ》がよく、あくどいところがない。

灰汁《あく》が強《つよ》い　山菜《さんさい》や野草《やそう》などに含《ふく》まれる、渋《しぶ》み・えぐみが強《つよ》い。例タケノコは灰汁《あく》が強《つよ》いので、米糠《こめぬか》でゆでて、灰汁《あく》を取《と》り除《のぞ》く。

えぐい　灰汁《あく》が強《つよ》くて、いがらっぽい感《かん》じがする。例この山《さん》菜《さい》は、かなりえぐい。

くどい　味《あじ》が濃《こ》すぎる。例この店《みせ》は、くどい料理《りょうり》ばかりだ。

甘《あま》い　◎砂糖《さとう》や、蜜《みつ》などのような味《あじ》がする。例甘《あま》いジュースを飲《の》む。対辛《から》い。◎「快《こころよ》い」➡430　◎「簡単《かんたん》」➡564

辛《から》い　◎トウガラシのように舌《した》が熱《あつ》くなるような味《あじ》がする。また、塩気《しおけ》が多《おお》くて、しょっぱい。例このカレーライスは辛《から》くて舌《した》がひりひりする。例今日《きょう》の煮物《にもの》は、少《すこ》し辛《から》い。対甘《あま》い。◎人《ひと》の態度《たいど》が厳《きび》しい。例先生《せんせい》はわたしにだけ、点《てん》が辛《から》いような気《き》がする。対甘《あま》い。

甘《あま》ったるい　味《あじ》や香《かお》りが度《ど》を越《こ》して甘《あま》い。嫌《いや》になるほど甘《あま》い。例甘《あま》ったるいケーキばかりで、気持《きも》ちが悪《わる》くなってきた。

甘辛《あまから》い　甘《あま》さと辛《から》さの両方《りょうほう》が感《かん》じられる味《あじ》である。例天丼《てんどん》に甘辛《あまから》いたれがかかっている。

甘酸《あまず》っぱい　◎酸《す》っぱみのある甘《あま》い味《あじ》がする。例甘酸《あまず》っぱいミカン。◎楽《たの》しさと悲《かな》しさがまじったような気持《きも》ちがする。例甘《あま》酸《ず》っぱい初恋《はつこい》の思《おも》い出《で》。

塩辛《しおから》い　塩味《しおあじ》が強《つよ》い。例海《うみ》の水《みず》はなぜ塩辛《しおから》いのですか？

しょっぱい　「塩辛《しおから》い」と同《おな》じ。例このスープは、しょっぱくてとても飲《の》めない。

苦《にが》い　◎食《た》べ物《もの》の焦《こ》げた部分《ぶぶん》や薬《くすり》などのように、舌《した》を刺激《しげき》するような味《あじ》がする。例薬《くすり》は少《すこ》し苦《にが》いほうが、効《き》くような気《き》がする。◎「苦《くる》しむ」➡470

ほろ苦《にが》い　◎かすかに苦《にが》い。例ほろ苦《にが》いチョコレート。◎「苦《くる》しむ」➡470

酸《す》っぱい　酢《す》や梅干《うめぼ》しのような味《あじ》がする。例酸《す》っぱい梅《うめ》干《ぼ》しを口《くち》に含《ふく》むと、つばがたくさん出《で》

◆＝もっと知《し》りたい、ことばの知識《ちしき》。

てくる。

渋い《しぶい》 ◎未熟《みじゅく》な果物《くだもの》や濃《こ》いお茶《ちゃ》のような、舌《した》がしびれるような味《あじ》がする。例 渋《しぶ》いお茶《ちゃ》には、甘《あま》い和菓子《わがし》が合《あ》う。◎人《ひと》や物《もの》が、地味《じみ》だが落《お》ち着《つ》いた魅力《みりょく》がある。例 祖母《そぼ》は、渋《しぶ》い色《いろ》の服《ふく》が好《す》きだ。

美味《びみ》 味《あじ》がとてもいいこと。例 新鮮《しんせん》なエビはきわめて美味《びみ》だ。

甘美《かんび》 ◎ほどよく甘《あま》くておいしいこと。例 人気《にんき》パティシエの作《つく》る甘美《かんび》なデザートのとりこになる。◎心地《ここち》のよい気持《きも》ちにさせること。例 甘《かん》美《び》な空想《くうそう》にひたる。

芳醇《ほうじゅん》 ⬇「におう」204

濃厚《のうこう》 味《あじ》が濃《こ》いようす。こってりしているようす。例 濃厚《のうこう》な味《あじ》の牛乳《ぎゅうにゅう》。対 淡泊《たんぱく》。

淡泊《たんぱく》 味《あじ》があっさりしているようす。例 白身《しろみ》の魚《さかな》は味《あじ》が淡泊《たんぱく》だ。対 濃厚《のうこう》。◆「淡白《たんぱく》」とも書《か》く。

大味《おおあじ》 単純《たんじゅん》で微妙《びみょう》な風味《ふうみ》に欠《か》ける味《あじ》。例 このウナギは大《おお》きいから大《おお》味《あじ》かと思《おも》ったら、そうでもなかった。

賞味《しょうみ》 味《あじ》わうこと。飲食物《いんしょくぶつ》を、おいしく飲《の》み食《く》いすること。例 いただいたお菓子《かし》は、ありがたく賞味《しょうみ》いたしました。

玩味《がんみ》 味《あじ》わうこと。飲食物《いんしょくぶつ》に限《かぎ》らず、文章《ぶんしょう》や物《もの》のよさを味《あじ》わうときにも使《つか》う。例 手《て》に入《はい》りにくいチーズなので、よく玩味《がんみ》してお召《め》し上《あ》がりください。例 古典《こてん》の名作《めいさく》を熟読《じゅくどく》玩味《がんみ》する。

味見《あじみ》 調理中《ちょうりちゅう》に少《すこ》し食《た》べたり飲《の》んだりして、味《あじ》を確《たし》かめること。例 みそ汁《しる》の味見《あじみ》をして、火《ひ》を止《と》めた。

毒味《どくみ》 ◎客《きゃく》などに出《だ》す食事《しょくじ》の味加減《あじかげん》を見《み》ること。例 毒味《どくみ》して、塩《しお》を少《すこ》し足《た》して味《あじ》を調《ととの》えた。◆「毒見《どくみ》」とも書《か》く。◎「食《た》べる」⬇230

うまみ 食《た》べ物《もの》のおいしさ。うまさ。例 魚《さかな》のうまみを出《だ》す。◆近年《きんねん》では、甘味《かんみ》・酸味《さんみ》・塩味《しおみ》・苦味《にがみ》と

あめをくれるいじわる母《かあ》さん？

深谷先生《ふかやせんせい》のちょっとひと息《いき》

ある日《ひ》、子《こ》どもがお母《かあ》さんに「あめをちょうだい」と手《て》を出《だ》す光景《こうけい》を目《め》にしました。お母《かあ》さんは「辛《から》いかもしれないよ」と一粒《ひとつぶ》渡《わた》していました。辛《から》いあめだなんて、トウガラシ入《い》りか何《なに》かでしょうか。いや、お母《かあ》さんが子《こ》どもにそんなものを食《た》べさせるはずがありません。包《つつ》みをちらりと見《み》るとミント味《あじ》のあめでした。

お母《かあ》さんが言《い》った「辛《から》い」には、からしのように舌《した》が熱《あつ》くなる味《あじ》という意味《いみ》ではなく、ミントでのどがスースーする味《あじ》という意味《いみ》が含《ふく》まれていたのです。

このほか、辛《から》いということばは、塩分《えんぶん》のしょっぱさや、わさびが鼻《はな》につんとくる感覚《かんかく》などを表現《ひょうげん》します。麻婆豆腐《マーボーどうふ》を食《た》べたときに、花椒《ホワジャオ》（山椒《さんしょう》の一種《いっしゅ》）という調味料《ちょうみりょう》の、舌《した》がしびれる味《あじ》に驚《おどろ》いたことがあります。辛《から》さはそれほどでもないのですが、ほかのことばが見《み》あたらず、「これも辛《から》いと言《い》うしかないかな」と思《おも》いながら、舌《した》をひりひりさせました。

並《なら》ぶ、五《いつ》つ目《め》の味覚《みかく》とすることもある。

こく 濃厚《のうこう》なうまみ。例 あんこう鍋《なべ》は、こくがあってうまい。

滋味《じみ》 栄養《えいよう》があっておいしいこと。栄養豊富《えいようほうふ》な食《た》べ物《もの》。例 滋味《じみ》豊《ゆた》かな郷土料理《きょうどりょうり》。

マイルド 「まろやかな」という意《い》味《み》の英語《えいご》。味《あじ》がまろやかなようす。口当《くちあ》たりがよいようす。例 朝《あさ》はもう少《すこ》しマイルドなコーヒーがいい。

ジューシー 「みずみずしい」という意味《いみ》の英語《えいご》。果物《くだもの》や肉料理《にくりょうり》などに、果汁《かじゅう》や水分《すいぶん》が多《おお》く含《ふく》まれているようす。例 肉汁《にくじゅう》たっぷりのジューシーな鳥料理《とりりょうり》。

フルーティー 「果物《くだもの》のような」という意味《いみ》の英《えい》語《ご》。洋菓子《ようがし》やワインなど果物《くだもの》を原料《げんりょう》とした飲食物《いんしょくぶつ》で、果物《くだもの》の味《あじ》わいが強《つよ》いこと。例 このワインはフルーティーで飲《の》みやすい。

後味《あとあじ》 ◎食《た》べた後《あと》に口《くち》の中《なか》に残《のこ》る感《かん》じ。例 この緑茶《りょくちゃ》は後味《あとあじ》がよい。似 後口《あとくち》。◎何《なに》かをやり終《お》えた後《あと》に残《のこ》る気持《きも》ち。例 けんか別《わか》れをしてしまい、どうにも後味《あとあじ》が悪《わる》い。

塩梅《あんばい》 ◎料理《りょうり》の味加減《あじかげん》。昔《むかし》は塩《しお》と梅《うめ》酢《ず》で味《あじ》を調《ととの》えたことから。例 塩梅《あんばい》を間違《まちが》えたらしく、まずくてとても食《た》べられない。◎体調《たいちょう》や物事《ものごと》のぐあい。例 塩梅《あんばい》が悪《わる》くて寝込《ねこ》んでいる。例 いい塩梅《あんばい》に晴《は》れてきた。

味覚《みかく》 舌《した》で感《かん》じ取《と》る、甘《あま》さ・辛《から》さ・酸《す》っぱさなどの感覚《かんかく》。また、おいしい食《た》べ物《もの》。例 味覚《みかく》の秋《あき》。

風味《ふうみ》 ◎食《た》べ物《もの》の、それらしい豊《ゆた》かな味《あじ》わい。例 腰《こし》があり風味《ふうみ》豊《ゆた》かなそば。◎実際《じっさい》には使《つか》われていない材料《ざいりょう》の味《あじ》を、人工的《じんこうてき》に再現《さいげん》した味《あじ》わい。例 無果汁《むかじゅう》だけどオレンジ風味《ふうみ》のジュース。

香味《こうみ》 食《た》べ物《もの》の、においと味《あじ》。例 ニンニクやショウガなどの香味《こうみ》野菜《やさい》をたっぷり入《い》れる。

フレーバー 「風味《ふうみ》」「香味《こうみ》」などの意《い》味《み》の英語《えいご》。例 アイスクリームのフレーバーを選《えら》ぶ。

あっさり ◎味《あじ》や性質《せいしつ》などがしつこくないようす。例 あっさりした味付《あじつ》けの煮物《にもの》。◎「簡単《かんたん》」➡566

さらり ◎味《あじ》がなめらかで軽《かる》いようす。淡泊《たんぱく》なようす。例 さらりとした野菜《やさい》ジュースが大好《だいす》きです。◎飲《の》み物《もの》やスープなどの粘《ねば》り気《け》が少《すく》なく、のどをすばやく流《なが》れていくようす。例 さらりとしたのど越《ご》しの、おいしいお茶《ちゃ》。◎「簡単《かんたん》」➡566

さっぱり ◎しつこくない、あっさりとしたようす。例 さっぱりした炭酸飲料《たんさんいんりょう》を飲《の》む。◎「快《こころよ》い」➡432

まろやか 味《あじ》が穏《おだ》やかなようす。口当《くちあ》たりがやわらかいようす。例 まろやかなコーヒー。

まったり 味《あじ》わいが穏《おだ》やかで、こくのあるようす。例 まったりした味《あじ》のマンゴージュース。

ぴりっと 辛《から》みなどの強《つよ》い刺激《しげき》があるが、さわやかな味《あじ》わいがあるようす。例 ぴりっと辛《から》い高《たか》

◆＝もっと知《し》りたい、ことばの知識《ちしき》。

菜漬《なづ》け。似 ぴりり。

ひりひり
◎辛《から》みで舌《した》やのどに強《つよ》い刺激《しげき》を感《かん》じるようす。例 辛《から》いカレーを食《た》べて、のどが**ひりひり**する。◎「痛《いた》い・痒《かゆ》い」➡202

ぴりぴり
◎辛《から》みで、舌《した》やのどに刺《さ》されるような強《つよ》い刺《し》激《げき》を感《かん》じるようす。例 辛《から》いメキシコ料《りょう》理《り》を食《た》べた後《あと》、ずっと舌《した》が**ぴりぴり**している。◎「痛《いた》い・痒《かゆ》い」➡202 ◎「いら立《だ》つ」➡412

こってり
味《あじ》や油分《あぶらぶん》が濃《こ》いようす。例 背《せ》脂《あぶら》入《い》りの**こってり**したとんこつラーメン。

ほくほく
◎焼《や》いたりふかしたりしたクリ・イモ・カボチャなどの、水分《すいぶん》が少《すく》なくてやわらかいようす。例 甘《あま》くて**ほくほく**としたサツマイモが食《た》べたい。似 **ほっくり**。**ぽくぽく**。◎「うれしい」➡426

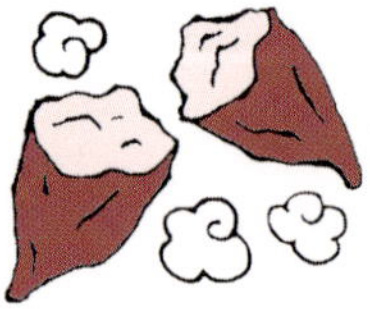

もちもち
弾力《だんりょく》や粘《ねば》り気《け》があって、やわらかいようす。例 ベーグルの**もちもち**とした食感《しょっかん》がたまらない。似 **もっちり**。

「味《あじ》わう」に関係《かんけい》のあることば

名物《めいぶつ》にうまい物《もの》なし　名物《めいぶつ》・名産品《めいさんひん》として もてはやされているものは、食《た》べてみると、それほどではないということ。評判《ひょうばん》は高《たか》いものの、実際《じっさい》は大《たい》したことがない物事《ものごと》のたとえ。

醍醐味《だいごみ》　「醍醐《だいご》」は、牛乳《ぎゅうにゅう》から作《つく》る濃厚《のうこう》で甘味《あまみ》のある液《えき》で、この世《よ》で最高《さいこう》の美味《びみ》とされるもの。醍醐《だいご》のような味《あじ》ということから、物事《ものごと》の本当《ほんとう》のよさやおもしろみのこと。

着《き》る

wear
[ウエア]

着《き》る
上半身《じょうはんしん》、または、体全体《からだぜんたい》に衣《い》服《ふく》をつける。ふつう、衣服《いふく》の袖《そで》に腕《うで》を通《とお》すことをいう。例 お正月《しょうがつ》に晴《は》れ着《ぎ》を**着《き》る**。

着《き》せる
他人《たにん》の体《からだ》に衣服《いふく》をつけさせる。例 人形《にんぎょう》に赤《あか》い服《ふく》を**着《き》せる**。

着込《きこ》む
衣《い》服《ふく》を重《かさ》ねて着《き》る。厚着《あつぎ》をする。例 寒《さむ》かったので、セーターを何枚《なんまい》も**着込《きこ》んで**出《で》かけた。

着《つ》ける
◎衣《い》服《ふく》やアクセサリーなどを体《からだ》につける。例 はかまを**着《つ》けて**、お客様《きゃくさま》にあいさつをする。◎「到着《とうちゃく》する」➡191

まとう
体《からだ》の全体《ぜんたい》、または一部《いちぶ》に、布《ぬの》や衣《い》服《ふく》をからませる。例 父《ちち》は腰《こし》にバスタオルを**まとった**だけの姿《すがた》で、浴室《よくしつ》から出《で》てきた。

召《め》す
◎「着《き》る」のうやまった言《い》い方《かた》。例 風《かぜ》が冷《つめ》たいので、コートをお**召《め》し**ください。◎「食《た》べる」➡226

袖《そで》を通《とお》す
衣《い》服《ふく》を着《き》る。とくに、新《あたら》しい衣《い》服《ふく》を着《き》るときに使《つか》うことば。例 買《か》ったばかりのスーツに**袖《そで》を通《とお》す**。

手《て》を通《とお》す
「袖《そで》を通《とお》す」と同《おな》じ。例 四《し》月《がつ》から通《かよ》う中学校《ちゅうがっこう》の制服《せいふく》に**手《て》を通《とお》す**。

似＝似《に》た表現《ひょうげん》のことば。対＝反対《はんたい》の意味《いみ》のことば。例＝使《つか》い方《かた》の例《れい》。

身《み》に付《つ》ける

◎衣服《いふく》を着《き》る。アクセサリーを体《からだ》につける意味《いみ》もある。例デパートの制服《せいふく》を身《み》に付《つ》けた女《おんな》の人《ひと》に売《う》り場《ば》を尋《たず》ねる。例赤《あか》いネックレスを身《み》に付《つ》けてパーティーに行《い》く。◎「学《まな》ぶ」↓302

身《み》を固《かた》める

◎しっかり身支度《みじたく》をする。例兄《あに》は防寒《ぼうかん》服《ふく》に身《み》を固《かた》め、吹雪《ふぶき》の中《なか》、出《で》ていった。◎「結婚《けっこん》」↓115

着崩《きくず》す

きちんとした着付《きつ》けや服《ふく》の組《く》み合《あ》わせから外《はず》れたやり方《かた》で、衣服《いふく》を着《き》る。例自分《じぶん》の好《す》きなように、スーツを着崩《きくず》して着《き》る。

羽織《はお》る

上着《うわぎ》・コートなどを、袖《そで》を通《とお》さなかったり、ボタンをかけなかったりして、軽《かる》く肩《かた》にかけるようにして着《き》る。例冷《ひ》えてきたので、ブラウスの上《うえ》からカーディガンを羽織《はお》った。

引《ひ》っかける

◎上着《うわぎ》・コートなどを、無造作《むぞうさ》に着《き》る。例寝坊《ねぼう》した兄《あに》は、ジャンパーを引《ひ》っかけると玄関《げんかん》を飛《と》び出《だ》していった。◎「飲《の》む」↓236

端折《はしょ》る

◎着物《きもの》のすその端《はし》を折《お》って持《も》ち上《あ》げ、帯《おび》などに挟《はさ》む。例男《おとこ》の人《ひと》が、浴衣《ゆかた》を端折《はしょ》って雨《あめ》の中《なか》を駆《か》けていく。似からげる。◎文章《ぶんしょう》や話《はなし》などを、省《はぶ》いて短《みじか》くする。例長《なが》い話《はなし》なので、途中《とちゅう》を端折《はしょ》って話《はな》した。◆「はしおる」が変化《へんか》したことば。

着膨《きぶく》れる

衣服《いふく》をたくさん重《かさ》ねて着《き》て、膨《ふく》れ上《あ》がる。例妹《いもうと》は着膨《きぶく》れて、まるで雪《ゆき》だるまのようだ。

着替《きが》える

着《き》ていた衣服《いふく》を脱《ぬ》いで、別《べつ》の衣服《いふく》を着《き》る。例全《ぜん》員《いん》体操服《たいそうふく》に着替《きが》えて、運動場《うんどうじょう》に集合《しゅうごう》しなさい。◆「きかえる」ともいう。

穿《は》く

ズボン・スカート・はかまなど、下半身《かはんしん》につける衣服《いふく》に足《あし》を通《とお》して、身《み》につける。例お気《き》に入《い》りのスカートを穿《は》いて出《で》かける。

履《は》く

履《は》き物《もの》を足《あし》につける。例長靴《ながぐつ》を履《は》いて、水《みず》たまりの中《なか》を歩《ある》く。

突《つ》っかける

履《は》き物《もの》を爪先《つまさき》にちょっとかけて履《は》く。例近《ちか》くのスーパーまで、サンダルを突《つ》っかけていく。

履《は》き違《ちが》える

◎間違《まちが》えて他人《たにん》の履《は》き物《もの》を履《は》く。例友《とも》だちの靴《くつ》がぼくのとそっくりだったので、つい履《は》き違《ちが》えてしまった。◎物事《ものごと》やことばの意味《いみ》を取《と》り違《ちが》える。例自由《じゆう》とわがままを履《は》き違《ちが》えてはいけない。

履《は》き潰《つぶ》す

靴《くつ》などを長《なが》い間《あいだ》履《は》き続《つづ》けて、傷《いた》んで履《は》けなくする。例マラソン選手《せんしゅ》は、練習《れんしゅう》で何足《なんぞく》ものシューズを履《は》き潰《つぶ》すらしい。

かぶる

帽子《ぼうし》・かつら・お面《めん》などで、頭《あたま》や顔《かお》の表面《ひょうめん》を覆《おお》う。布団《ふとん》などで自分《じぶん》の全身《ぜんしん》を覆《おお》うこともいう。例節分《せつぶん》に鬼《おに》のお面《めん》をかぶって、豆《まめ》まきをする。◆「かむる」ともいう。

戴《いただ》く

冠《かんむり》や帽子《ぼうし》などを、頭《あたま》の上《うえ》にのせる。例冠《かんむり》を頭《あたま》に戴《いただ》いた王様《おうさま》が、バルコニーから市民《しみん》の歓声《かんせい》にこたえた。◆「頂《いただ》く」とも書《か》く。

◆＝もっと知《し》りたい、ことばの知識《ちしき》。

着用《ちゃくよう》 衣服《いふく》などを身《み》につけること。また、身《み》につけて使用《しよう》すること。例 工事現場《こうじげんば》では、ヘルメットを**着用**《ちゃくよう》すること。

着衣《ちゃくい》 衣服《いふく》を身《み》につけること。また、身《み》につけている衣服《いふく》。例 おぼれた子《こ》どもを助《たす》けるため、**着衣**《ちゃくい》のまま水《みず》に飛《と》び込《こ》んだ。対 **脱衣**《だつい》。

お召《め》**し** 「着《き》ること」のうやまった言《い》い方《かた》。例 お嬢様《じょうさま》、コートを**お召**《め》**し**になりますか。

重《かさ》**ね着**《ぎ》 衣服《いふく》を重《かさ》ねて着《き》ること。例 寒《さむ》くなったので、シャツの上《うえ》にセーターを**重**《かさ》**ね着**《ぎ》する。

厚着《あつぎ》 衣服《いふく》をたくさん重《かさ》ねて着《き》ること。また、厚《あつ》い衣服《いふく》を着《き》ること。例 今日《きょう》は寒《さむ》いので、**厚着**《あつぎ》して学校《がっこう》に行《い》こう。対 **薄着**《うすぎ》。

薄着《うすぎ》 衣服《いふく》を少《すこ》ししか着《き》ないこと。また、薄《うす》い衣服《いふく》を着《き》ること。例 **薄着**《うすぎ》していたら、案《あん》の定《じょう》、風邪《かぜ》を引《ひ》いてしまった。対 **厚着**《あつぎ》。

着流《きなが》**し** 男性《だんせい》の、羽織《はおり》・はかまをつけないくだけた和服姿《わふくすがた》。例 祖父《そふ》は夕方《ゆうがた》になると、**着流**《きなが》**し**で散歩《さんぽ》に出《で》る。

尻《しり》**からげ** 着物《きもの》の後《うし》ろのすそを束《たば》ねるようにまくり上《あ》げて、帯《おび》に挟《はさ》むこと。例 お坊《ぼう》さんが**尻**《しり》**からげ**をして、お堂《どう》の掃除《そうじ》をしている。似 **尻**《しり》**っ端折**《ぱしょ》**り**。

着膨《きぶく》**れ** 衣服《いふく》をたくさん重《かさ》ねて着《き》て、膨《ふく》れ上《あ》がること。例 冬《ふゆ》はみんな**着膨**《きぶく》**れ**しているので、電車《でんしゃ》の込《こ》みぐあいが増《ま》す。

着太《きぶと》**り** 厚着《あつぎ》をしたために、太《ふと》って見《み》えること。また、衣服《いふく》を着《き》ると、実際《じっさい》よりも太《ふと》って見《み》えること。例 ジャケットの下《した》にセーターを着《き》ると、**着太**《きぶと》**り**して見《み》える。対 **着**《き》**やせ**。

着《き》**やせ** 衣服《いふく》を着《き》ると、実際《じっさい》よりもやせて見《み》えること。例 姉《あね》は小《ちい》さいころから**着**《き》**やせ**するタイプだ。対 **着太**《きぶと》**り**。

着付《きつ》**け** 衣服《いふく》をきちんと着《き》ること。衣服《いふく》を人《ひと》にきちんと着《き》せること。とくに、和服《わふく》について使《つか》われる。例 係《かかり》の人《ひと》に花嫁衣装《はなよめいしょう》の**着付**《きつ》**け**をしてもらう。

試着《しちゃく》 衣服《いふく》などが体《からだ》に合《あ》うか、似合《にあ》うかなどを見《み》るため、試《ため》しに身《み》につけてみること。例 上着《うわぎ》を**試着**《しちゃく》してみたら、思《おも》ったよりも大《おお》きかった。

着替《きが》**え** ◎着替《きが》えること。例 **着替**《きが》**え**に手間《てま》取《ど》って、待《ま》ち合《あ》わせに遅《おく》れてしまった。◎着替《きが》えるための衣服《いふく》。例 お風呂《ふろ》に入《はい》る前《まえ》に、**着替**《きが》**え**を用意《ようい》しておく。

衣替《ころもが》**え** 衣服《いふく》を着替《きが》えること。とくに、季節《きせつ》に応《おう》じて衣服《いふく》を替《か》えること。学校《がっこう》の制服《せいふく》については、六《ろく》月一日《がつついたち》と十月一日《じゅうがつついたち》を目安《めやす》に行《おこな》われる。例 今日《きょう》から**衣替**《ころもが》**え**で、半袖《はんそで》の腕《うで》に感《かん》じる風《かぜ》も気持《きも》ちいい。◆「衣更《ころもが》え」とも書《か》く。

更衣《こうい》 「衣替《ころもが》え」のこと。現代《げんだい》では「更衣《こうい》」だけではあまり使《つか》われず、「更衣室《こういしつ》（着替《きが》えるための部屋《へや》）」ということばに残《のこ》る。例 **更衣**《こうい》室《しつ》で、体操服《たいそうふく》に着替《きが》える。

お召《め》**し替**《か》**え** 「着替《きが》え」のうやまった言《い》い方《かた》。例 ご新《しん》婦様《ぷさま》は、こちらの部屋《へや》でお召《め》し替《か》えください。

お色直《いろなお》し
結婚披露宴《けっこんひろうえん》などで、新《しん》郎新婦《ろうしんぷ》が衣装《いしょう》を着替《きが》えること。例 お色直《いろなお》しのために、新郎新《しんろうしん》婦《ぷ》が退場《たいじょう》いたします。◆ふつう、ウェディングドレスなどの洋装《ようそう》と和装《わそう》とを着替《きが》える。

着帽《ちゃくぼう》
帽子《ぼうし》をかぶること。例 児童全《じどうぜん》員《いん》が体操服《たいそうふく》に着替《きが》え、着帽《ちゃくぼう》して行進《こうしん》の練習《れんしゅう》をする。対 脱帽《だつぼう》。

頬《ほお》かぶり
◎手《て》ぬぐいなどをかぶり、頭《あたま》からほおにかけて覆《おお》い隠《かく》すように包《つつ》むこと。例 父《ちち》と母《はは》は、頬《ほお》かぶりして畑仕事《はたしごと》を始《はじ》めた。◆「ほおかむり」「ほっかぶり」「ほっかむり」ともいう。◎「とぼける」➡462

姉《あね》さんかぶり
女性《じょせい》が掃除《そうじ》などするときに、ほこりがかからないように頭《あたま》を覆《おお》う、手《て》ぬぐいのかぶり方《かた》。例 姉《あね》さんかぶりをした祖母《そぼ》が、障子《しょうじ》にはたきをかけている。◆手《て》ぬぐいの中央《ちゅうおう》を額《ひたい》にあて、両《りょう》端《はし》を後《うし》ろに回《まわ》し、その端《はし》を折《お》り返《かえ》して頭上《ずじょう》にのせたり、一方《いっぽう》の端《はし》を額《ひたい》のところに挟《はさ》んで止《と》めたりするかぶり方《かた》。「ねえさんかぶり」ともいう。

下駄履《げたば》き
下駄《げた》を履《は》くこと。また、下駄《げた》を履《は》いている状態《じょうたい》。例 浴衣《ゆかた》に下駄履《げたば》きで、花火大会《はなびたいかい》に行《い》く。

装《よそお》う
◎衣服《いふく》を着《き》る。とくに、華《はな》やかな衣装《いしょう》を着《き》る。例 美《うつく》しく装《よそお》った女性《じょせい》たちが、授賞式会場《じゅしょうしきかいじょう》に到《とう》着《ちゃく》する。◎何《なに》かのふりをする。例 平静《へいせい》を装《よそお》ったが、心《こころ》の動揺《どうよう》を見透《みす》かされてしまった。

着飾《きかざ》る
華《はな》やかな衣装《いしょう》で身《み》を飾《かざ》る。例 パーティー会場《かいじょう》は、色《いろ》とりどりに着飾《きかざ》った女性《じょせい》でいっぱいだった。

着《き》こなす
自分《じぶん》によく似合《にあ》うように、衣服《いふく》を上手《じょうず》に着《き》る。

靴下《くつした》を買《か》うのは靴屋《くつや》さん？
深谷先生《ふかやせんせい》のちょっとひと息《いき》

着《き》る、穿《は》く、履《は》くは、どれも衣類《いるい》などを体《からだ》に身《み》につけるという意味《いみ》です。このうち、穿《は》くと履《は》くは、話《はな》しことばでは同《おな》じ「はく」なので使《つか》い分《わ》ける必要《ひつよう》がありません。でも、漢字《かんじ》で書《か》くとなると、ちょっと考《かんが》えてしまう場合《ばあい》もあります。ズボンなど、下半身《かはんしん》をおおう衣類《いるい》は穿《は》く、靴《くつ》は履《は》くで問題《もんだい》ないのですが、「靴下《くつした》をはく」というときはどちらなのでしょうか。布製《ぬのせい》だから穿《は》く？ 靴《くつ》と同《おな》じ部分《ぶぶん》だから履《は》く？ ——正解《せいかい》は履《は》く。足《あし》の先《さき》をおおう靴下《くつした》、足袋《たび》などの場合《ばあい》はこう書《か》き、スキー板《いた》を履《は》くという人《ひと》もいます。

ところで、手袋《てぶくろ》を着用《ちゃくよう》することはどう言《い》うでしょうか？ 手袋《てぶくろ》をする・はめるなどと言《い》うことが多《おお》いようですが、手袋《てぶくろ》を穿《は》くという言《い》い方《かた》もあり、とくに北海《ほっかい》道《どう》などで使《つか》われています。このほか、車《くるま》にタイヤを付《つ》けることを、タイヤを履《は》くなどと言《い》う場合《ばあい》があります。車《くるま》への愛着《あいちゃく》を感《かん》じさせる言《い》い方《かた》ですね。

◆＝もっと知《し》りたい、ことばの知識《ちしき》。

例 今年《ことし》流行《りゅうこう》の服《ふく》を、うまく着《き》こなす。

繕《つくろ》う

◎身《み》なりなどをきちんと整《ととの》える。例 母《はは》は家事《かじ》と介護《かいご》に追《お》われ、身《み》なりを繕《つくろ》う暇《ひま》もない。◎「気取《きど》る」↓409

洒落《しゃれ》る

すてきに見《み》せようとして、気《き》の利《き》いた身《み》なりや化粧《けしょう》をする。例 彼女《かのじょ》は、いつ見《み》ても洒落《しゃれ》た身《み》なりをしている。

洒落込《しゃれこ》む

いつもより念入《ねんい》りに洒落《しゃれ》る。例 兄《あに》は彼女《かのじょ》とのデートに、洒落込《しゃれこ》んで出《で》かけた。

めかす

衣服《いふく》を飾《かざ》り立《た》て、念入《ねんい》りに化粧《けしょう》をする。からかいの気《き》持《も》ちを含《ふく》む場合《ばあい》もある。例 今日《きょう》はやけにめかして、どこへ行《い》くんだい。

めかし込《こ》む

入念《にゅうねん》におしゃれをする。例 姉《あね》はめかし込《こ》んで友《とも》だちの誕生《たんじょう》パーティーに出《で》かけた。

扮《ふん》する

身《み》なりや顔立《かおだ》ちを変《か》えて、別《べつ》の姿《すがた》になる。とくに、演《えん》劇《げき》などで登場人物《とうじょうじんぶつ》の姿《すがた》になってその役《やく》をする。例 学芸会《がくげいかい》の劇《げき》でオオカミに扮《ふん》する。

身《み》をやつす

目立《めだ》たないようにするため、わざとみすぼらしい身《み》なりをする。例 殿様《とのさま》は猟師《りょうし》に身《み》をやつして城《しろ》から抜《ぬ》け出《だ》した。

装《よそお》い

装《よそお》うこと。また、その装《よそお》った姿《すがた》。例 春《はる》らしい装《よそお》いで花見《はなみ》に出《で》かける。

おめかし

外出《がいしゅつ》したり人《ひと》に会《あ》ったりするために、着飾《きかざ》ったり化粧《けしょう》をしたりすること。例 母《はは》は入念《にゅうねん》におめかしして、同窓会《どうそうかい》に出《で》かけた。

お洒落《しゃれ》

身《み》なりをよくしたり化粧《けしょう》に気《き》をつけたりして、心《こころ》を配《くば》ること。また、そのようすやそのような人《ひと》。例 彼《かれ》はいつもお洒落《しゃれ》に気《き》をつかっている。

着《き》こなし

衣服《いふく》を自分《じぶん》に似合《にあ》うように上手《じょうず》に着《き》ること。例 あの俳優《はいゆう》は、いつもスーツの着《き》こなしがいい。

扮装《ふんそう》

身《み》なり・顔立《かおだ》ちなどを装《よそお》い飾《かざ》ること。とくに、演劇《えんげき》などで俳優《はいゆう》や役者《やくしゃ》が登場人物《とうじょうじんぶつ》の姿《すがた》になること。本当《ほんとう》の姿《すがた》を隠《かく》し、人《ひと》をだますこと。例 王様《おうさま》の扮装《ふんそう》をして舞台《ぶたい》に立《た》つ。例 作業員《さぎょういん》に扮装《ふんそう》して家《いえ》に押《お》し入《い》った犯人《はんにん》が、逮捕《たいほ》された。

変装《へんそう》

何《なん》らかの目的《もくてき》のために、ほかのだれかになりすまし、姿《すがた》・形《かたち》を変《か》えること。例 乗務員《じょうむいん》に変装《へんそう》した刑事《けいじ》が、すきを見《み》て犯人《はんにん》を取《と》り押《お》さえた。

仮装《かそう》

ほかの人《ひと》や動物《どうぶつ》などの姿《すがた》を装《よそお》うこと。集会《しゅうかい》や催《もよお》し物《もの》など、人《ひと》が集《あつ》まる場《ば》で遊《あそ》びで行《おこな》うものをいうことが多《おお》い。例 アニメのキャラクターに仮装《かそう》して、運動会《うんどうかい》を盛《も》り上《あ》げる。

盛装《せいそう》

華《はな》やかに着飾《きかざ》ること。また、その服装《ふくそう》。例 振《ふ》り袖姿《そですがた》に盛装《せいそう》して、成人式《せいじんしき》に出席《しゅっせき》する。

正装《せいそう》

正式《せいしき》な服装《ふくそう》。例 学生《がくせい》にとっては、学生服《がくせいふく》が正装《せいそう》だ。対 略《りゃく》装《そう》。

礼装《れいそう》

儀式《ぎしき》などに出《で》るときの、正式《せいしき》な服装《ふくそう》。タキシード・燕尾《えんび》服《ふく》・紋付《もんつ》き羽織袴《はおりはかま》・イブニングドレス・留《と》め袖《そで》、独身女性《どくしんじょせい》は振《ふ》り袖《そで》などをいう。

例 授賞式《じゅしょうしき》に、礼装《れいそう》で出席《しゅっせき》する。

ドレスアップ 「着飾《きかざ》る」という意味《いみ》の英語《えいご》。例 ドレスアップして、ホテルのレストランへ食事《しょくじ》に出《で》かける。

フォーマル 「正式《せいしき》な」という意味《いみ》の英語《えいご》。服装《ふくそう》が正式《せいしき》であるようす。例 フォーマルウエアでお客様《きゃくさま》をもてなす。対 カジュアル。

カジュアル 「略式《りゃくしき》の」「普段《ふだん》の」などの意味《いみ》の英語《えいご》。気軽《きがる》な服装《ふくそう》であるようす。例 内々《うちうち》の会《かい》ですので、カジュアルな服装《ふくそう》でおいでください。対 フォーマル。

普段着《ふだんぎ》 日常《にちじょう》、家《いえ》の中《なか》などで着《き》ている衣服《いふく》。例 近所《きんじょ》のコンビニに、普段着《ふだんぎ》のまま出《で》かける。

平服《へいふく》 「普段着《ふだんぎ》」と同《おな》じ。例 披露宴《ひろうえん》には、平服《へいふく》でご出席《しゅっせき》ください。

略装《りゃくそう》 略式《りゃくしき》の服装《ふくそう》。男性《だんせい》は一般的《いっぱんてき》な黒《くろ》っぽい背広《せびろ》、女性《じょせい》はややドレッシーな洋装《ようそう》など。例 仲間内《なかまうち》での祝《しゅく》賀会《がかい》なので、どうぞ略装《りゃくそう》でお出《で》かけください。似 略服《りゃくふく》。対 正装《せいそう》。

軽装《けいそう》 身軽《みがる》な服装《ふくそう》。活動《かつどう》しやすい服《ふく》装《そう》。例 この山《やま》は、毎年《まいとし》軽装《けいそう》でハイキングを楽《たの》しむ人《ひと》たちでにぎわう。

洋装《ようそう》 洋服《ようふく》を着《き》ること。西洋風《せいようふう》の服《ふく》装《そう》。例 茶道《さどう》を教《おし》えている母《はは》も、普段《ふだん》は洋装《ようそう》で過《す》ごしている。対 和装《わそう》。◆現代《げんだい》の日本《にほん》では、多《おお》くの人《ひと》の普段着《ふだんぎ》が洋装《ようそう》である。

和装《わそう》 和服《わふく》を着《き》ること。日本風《にほんふう》の服《ふく》装《そう》。例 友《とも》だちの結婚式《けっこんしき》に、和《わ》装《そう》で出席《しゅっせき》する。対 洋装《ようそう》。

支度《したく》 身《み》なりを整《ととの》えること。例 そろそろ出《で》かけるから、早《はや》く支度《したく》しなさい。◆「仕度《したく》」とも書《か》く。

身支度《みじたく》 ある事《こと》をするのにふさわしい身《み》なりをすること。多《おお》く、外出《がいしゅつ》のために身《み》なりを整《ととの》えたり化粧《けしょう》をしたりすること。例 家《いえ》を出《で》る前《まえ》に身支《みじ》度《たく》を整《ととの》える。◆「身仕度《みじたく》」とも書《か》く。

身《み》だしなみ 服装《ふくそう》や態度《たいど》に気《き》をつけて、他人《たにん》に不快感《ふかいかん》を与《あた》えないようにすること。例 先生《せんせい》に、身《み》だしなみが悪《わる》いと注意《ちゅうい》された。

身繕《みづくろ》い 身《み》なりを整《ととの》えること。例 母《はは》は鏡《かがみ》の前《まえ》で身繕《みづくろ》いして買《か》い物《もの》に出《で》かけた。

出《い》で立《た》ち 身《み》なり。服装《ふくそう》。本来《ほんらい》は外出《がいしゅつ》するときの格好《かっこう》や服装《ふくそう》のこと。例 魚屋《さかなや》さんは、ねじり鉢巻《はちま》きにゴム長《なが》の出《い》で立《た》ちで店《みせ》に立《た》つ。

「着《き》る」に関連《かんれん》することば

着《き》た切《き》り雀《すずめ》 着替《きが》えがなく、今着《いまき》ているものしか持《も》っていないこと。昔話《むかしばなし》の「舌切《したき》り雀《すずめ》」をもじったもの。

着《き》の身着《みき》のまま 着《き》ているもののほかに、何《なに》も持《も》たないこと。

伊達《だて》の薄着《うすぎ》 厚着《あつぎ》は着膨《きぶく》れして格好《かっこう》が悪《わる》いので、寒《さむ》いときでも無理《むり》をして薄着《うすぎ》をすること。

濡《ぬ》れ衣《ぎぬ》を着《き》せられる 無実《むじつ》の罪《つみ》を着《き》せられる。ありもしない疑《うたが》いをかけられる。

一糸《いっし》まとわず 衣服《いふく》を一枚《いちまい》も着《き》ていない。すっぱだかである。

◆＝もっと知《し》りたい、ことばの知識《ちしき》。

住《す》む

live
［リブ］

住《す》む

場所《ばしょ》を決《き》めてそこで生活《せいかつ》する。例 駅《えき》から五分《ごふん》の高層《こうそう》マンションに住《す》む。◆動物《どうぶつ》に使《つか》う場合《ばあい》は「棲《す》む」と書《か》くこともある。

住《す》まう

ずっと住《す》み続《つづ》ける。例 わたしたちは、祖父《そふ》の代《だい》からこの屋敷《やしき》に住《す》まっている。

落《お》ち着《つ》く

住所《じゅうしょ》を決《き》めて安定《あんてい》する。勤《つと》め先《さき》が決《き》まることや、結婚《けっこん》することにもいう。例 都会《とかい》を離《はな》れ、父《ちち》の生《う》まれ故郷《こきょう》であるこの地《ち》に落《お》ち着《つ》くことになった。

住《す》み着《つ》く

住所《じゅうしょ》を決《き》めて、長《なが》い間《あいだ》住《す》み続《つづ》ける。例 この町《まち》に住《す》み着《つ》いて、もう十年《じゅうねん》になる。

居着《いつ》く

よそから来《き》て、そこに住《す》むようになる。また、落《お》ち着《つ》いてその場所《ばしょ》にいる。例 あの空《あ》き家《や》には、数《すう》か月前《げつまえ》から野良犬《のらいぬ》が居着《いつ》いている。例 兄《あに》は遊《あそ》びに行《い》ってばかりで、ちっとも家《いえ》に居着《いつ》かない。

宿《やど》る

◎一時的《いちじてき》に、そこをすみかとする。また、旅行《りょこう》で宿《やど》を取《と》る。例 春《はる》になると、毎年軒先《まいとしのきさき》にツバメが宿《やど》る。◎物事《ものごと》がある所《ところ》にとどまる。例 その人《ひと》の目《め》には、力強《ちからづよ》い光《ひかり》が宿《やど》っていた。

住《す》み慣《な》れる

長《なが》く住《す》んで、その家《いえ》や土地《とち》に慣《な》れる。例 住《す》み慣《な》れた故郷《こきょう》を離《はな》れ、都会《とかい》へと旅立《たびだ》つ。

移《うつ》り住《す》む

今《いま》まで住《す》んでいた場所《ばしょ》から、ほかの場所《ばしょ》に移《うつ》って住《す》む。例 祖父《そふ》は退職《たいしょく》した後《あと》、祖母《ぼ》といっしょに海外《かいがい》に移《うつ》り住《す》む予定《よてい》だ。

引《ひ》っ越《こ》す

住《す》む家《いえ》や仕事《しごと》などの場所《ばしょ》を移《うつ》す。移転《いてん》する。例 ようやく完成《かんせい》した新居《しんきょ》へ、吉日《きちじつ》を選《えら》んで引《ひ》っ越《こ》す。

転《ころ》がり込《こ》む

◎知人《ちじん》などの家《いえ》に、一時的《いちじてき》に移《うつ》り住《す》んで世話《せわ》になる。例 兄《あに》は友《とも》だちのアパートに転《ころ》がり込《こ》んだらしい。◎「もらう」⬇338

住《す》み替《か》える

住《す》む家《いえ》を替《か》える。例 木造《もくぞう》アパートから、鉄筋《てっきん》の高層《こうそう》マンションに住《す》み替《か》える。

住《す》み込《こ》む

雇《やと》われた人《ひと》が、雇《やと》い主《ぬし》の家《いえ》などに寝泊《ねとま》りして働《はたら》く。例 大工《だいく》の見習《みなら》いとして、親方《おやかた》の家《いえ》に住《す》み込《こ》む。

居《きょ》を構《かま》える

住《す》む場所《ばしょ》を、そこに持《も》つ。例 町《まち》を見下《みお》ろす高台《たかだい》に居《きょ》を構《かま》える。

居住《きょじゅう》

住《す》むこと。例 この辺《あた》りは交通《こうつう》の便《べん》がいいので、居住《きょじゅう》する人《ひと》が年々増加《ねんねんぞうか》している。

住居《じゅうきょ》

人《ひと》が住《す》む家《いえ》。人《ひと》の住《す》む場所《ばしょ》や地点《ちてん》のこと。例 駅《えき》の近《ちか》くに住居《じゅうきょ》を移《うつ》す。

居《きょ》

「住居《じゅうきょ》」のこと。例 祖父《そふ》たちは郊外《こうがい》に居《きょ》を定《さだ》め、悠々自適《ゆうゆうじてき》の生活《せいかつ》を始《はじ》めた。

在住《ざいじゅう》

その土地《とち》に住《す》んでいること。例 東京都《とうきょうと》在住《ざいじゅう》。例 マニラに在住《ざいじゅう》する日本人《にほんじん》の子《こ》どもたちの多《おお》くは、日本人学校《にほんじんがっこう》に通《かよ》っている。

常住《じょうじゅう》 いつも同《おな》じ場所《ばしょ》に住《す》んでいること。例 このマンションは、管理人《かんりにん》さんが常住《じょうじゅう》しているので安心《あんしん》だ。

安住《あんじゅう》 落《お》ち着《つ》いて、心安《こころやす》らかに生活《せいかつ》すること。例 伯父《おじ》は今《いま》まであちこち移《うつ》り住《す》んでいたが、やっと安住《あんじゅう》の地《ち》を見《み》つけたそうだ。

定住《ていじゅう》 ある場所《ばしょ》に生活《せいかつ》の場《ば》を定《さだ》めて長《なが》く住《す》むこと。例 人類《じんるい》は大昔《おおむかし》、農業《のうぎょう》を始《はじ》めたころに定住《ていじゅう》しだした。

永住《えいじゅう》 その土地《とち》に、死《し》ぬまで住《す》み続《つづ》けること。例 海外赴任《かいがいふにん》した兄《あに》は、その土地《とち》が気《き》に入《い》り、永住《えいじゅう》すると言《い》い出《だ》した。

入居《にゅうきょ》 その建物《たてもの》に新《あたら》しく入《はい》って住《す》むこと。会社《かいしゃ》などが、事務所《じむしょ》や店《みせ》をかまえることもいう。例 マンションが完成《かんせい》して入居《にゅうきょ》が始《はじ》まる。

同居《どうきょ》 同《おな》じ家《いえ》にいっしょに住《す》むこと。家族同士《かぞくどうし》の場合《ばあい》も、家族《かぞく》でない人同士《ひとどうし》の場合《ばあい》もいう。例 わが家《や》には、今年《ことし》から大学《だいがく》に通《かよ》ういとこが同居《どうきょ》している。対 別居《べっきょ》。

同棲《どうせい》 結婚《けっこん》していない男女《だんじょ》が、同《おな》じ家《いえ》に住《す》むこと。例 叔父《おじ》は恋人《こいびと》と三年間《さんねんかん》同棲《どうせい》したそうだ。

別居《べっきょ》 夫婦《ふうふ》や親子《おやこ》などの家族同士《かぞくどうし》が、別々《べつべつ》の家《いえ》に住《す》むこと。例 大学《だいがく》に通《かよ》う姉《あね》は、親《おや》と別居《べっきょ》してアパート暮《ぐ》らしをしている。対 同居《どうきょ》。

雑居《ざっきょ》 ◎ 一《ひと》つの家《いえ》に幾《いく》つかの家族《かぞく》が住《す》むこと。例 公民館《こうみんかん》には、避難《ひなん》した数家族《すうかぞく》が雑居《ざっきょ》している。◎ 一《ひと》つの建物《たてもの》に、いろいろな店《みせ》や会社《かいしゃ》などが入居《にゅうきょ》していること。例 よく行《い》くカラオケ店《てん》は、あの雑居《ざっきょ》ビルの三階《さんかい》にある。

独居《どっきょ》 一人《ひとり》きりで住《す》むこと。例 交際《こうさい》を絶《た》って、山中《さんちゅう》に独居《どっきょ》する。

下宿《げしゅく》 部屋代《へやだい》、食費《しょくひ》などを払《はら》って、他人《たにん》の家《いえ》で暮《く》らすこと。また、その家《いえ》。例 親元《おやもと》を離《はな》れて大学《だいがく》の近《ちか》くに下宿《げしゅく》する。

寄宿《きしゅく》 他人《たにん》の家《いえ》に身《み》を寄《よ》せて暮《く》らすこと。学生《がくせい》や会社員《かいしゃいん》などが、学校《がっこう》・会社《かいしゃ》が用意《ようい》した宿舎《しゅくしゃ》に住《す》むこと。例 寄宿舎《きしゅくしゃ》。例 叔母《おば》の家《いえ》に寄宿《きしゅく》して、学校《がっこう》に通《かよ》う。

居候《いそうろう》 他人《たにん》のはからいで、その家《いえ》に住《す》まわせてもらうこと。また、その人《ひと》。例 一時的《いちじてき》に姉夫婦《あねふうふ》の家《いえ》に居候《いそうろう》する。

寄食《きしょく》 「居候《いそうろう》」と同《おな》じ。例 同郷《どうきょう》の先輩《せんぱい》の家《いえ》に寄食《きしょく》する。

寄寓《きぐう》 「居候《いそうろう》」と同《おな》じ。また、仮《かり》の住《す》まい。例 誘《さそ》われて、海沿《うみぞ》いに立《た》つ友人《ゆうじん》の別荘《べっそう》にしばらく寄寓《きぐう》する。

寄留《きりゅう》 ほかの土地《とち》や他人《たにん》の家《いえ》に、一《いち》時的《じてき》に身《み》を寄《よ》せて暮《く》らすこと。例 火事《かじ》で家《いえ》を失《うしな》い、親戚《しんせき》の家《いえ》に寄留《きりゅう》する。

仮住《かりず》まい 一時的《いちじてき》な住《す》まいとすること。また、その家《いえ》。例 家《いえ》を建《た》て直《なお》す間《あいだ》、仮住《かりず》まいの生活《せいかつ》をする。

仮寓《かぐう》 「仮住《かりず》まい」のこと。例 下宿《げしゅく》が見《み》つかるまで、友人《ゆうじん》の家《いえ》に仮《か》寓《ぐう》する。似 寓居《ぐうきょ》。

居留《きょりゅう》 一時的《いちじてき》にその地《ち》にとどまり住《す》むこと。とくに、外国人《がいこくじん》や先住民《せんじゅうみん》がその国《くに》の決《き》められた特定《とくてい》の地域《ちいき》に住《す》むこと。例 明治時代《めいじじだい》には、横浜《よこはま》や神戸《こうべ》などに多《おお》くの外国人《がいこくじん》が居留《きょりゅう》していた。

隠居《いんきょ》　◎仕事《しごと》を辞《や》めたり家長《かちょう》の地位《ちい》を譲《ゆず》ったりして暮《く》らすこと。例 祖父《そふ》は店《みせ》を父《ちち》に任《まか》せて、さっさと隠居《いんきょ》してしまった。◎「老人《ろうじん》」➡53

隠棲《いんせい》　世間《せけん》から離《はな》れて、ひっそり静《しず》かに暮《く》らすこと。また、その住《す》まい。例 祖母《そぼ》を亡《な》くした祖父《そふ》は、故郷《こきょう》の村《むら》に隠棲《いんせい》してしまった。

隠遁《いんとん》　「隠棲《いんせい》」と同《おな》じ。例 父《ちち》は、定年《ていねん》退職後《たいしょくご》は、山奥《やまおく》に隠遁《いんとん》したいそうだ。

閑居《かんきょ》　◎静《しず》かで落《お》ち着《つ》いた住《す》まい。また、世間《せけん》から離《はな》れて静《しず》かに生活《せいかつ》すること。例 静《しず》かな田舎《いなか》に閑居《かんきょ》する。◎何《なに》もせずに、無駄《むだ》に時間《じかん》を浪費《ろうひ》すること。例 小人《しょうじん》閑居《かんきょ》して不善《ふぜん》をなす（考《かんが》えが浅《あさ》くつまらない人間《にんげん》は、暇《ひま》でいるとよくないことをしがちである）。

山居《さんきょ》　町《まち》を逃《のが》れ、世間《せけん》から離《はな》れて山《やま》の中《なか》に住《す》むこと。また、その住《す》まい。例 煩《わずら》わしい世間《せけん》との付《つ》き合《あ》いを絶《た》って、独《ひと》り山居《さんきょ》する。

侘《わ》び住《ず》まい　人目《ひとめ》につかないように、質素《しっそ》に暮《く》らすこと。また、その住《す》まい。例 店《みせ》をたたんだ祖父《そふ》は、田舎《いなか》で夫婦《ふうふ》二人《ふたり》の侘《わ》び住《ず》まいをしている。

移転《いてん》　場所《ばしょ》や住所《じゅうしょ》などを移《うつ》すこと。個人《こじん》の家《いえ》だけでなく、役所《やくしょ》や会社《かいしゃ》、学校《がっこう》などにも使《つか》われる。例 都市《とし》部《ぶ》にあった大学《だいがく》のキャンパスを、郊外《こうがい》に移転《いてん》する。

引《ひ》っ越《こ》し　今《いま》住《す》んでいる場所《ばしょ》とは別《べつ》の場所《ばしょ》に移《うつ》り住《す》むこと。すぐ隣《となり》の土地《とち》に移《うつ》る場合《ばあい》から、遠《とお》くに移《うつ》る場合《ばあい》まで広《ひろ》く使《つか》われる。例 休日《きゅうじつ》に車《くるま》を借《か》りて、友《とも》だちの引《ひ》っ越《こ》しを手伝《てつだ》う。

転居《てんきょ》　引《ひ》っ越《こ》しすること。法律《ほうりつ》では、同《おな》じ市区町村内《しくちょうそんない》で引《ひ》っ越《こ》すことをいい、それ以外《いがい》は「転出《てんしゅつ》」「転入《てんにゅう》」という。例 通《とお》りの向《む》かいにある、新《あたら》しいマンションに転居《てんきょ》する。

転地《てんち》　病気《びょうき》を治《なお》すために、住《す》むところを変《か》えること。例 母《はは》の病状《びょうじょう》改善《かいぜん》には転地《てんち》がよいと、医師《いし》から勧《すす》められる。

移住《いじゅう》　外国《がいこく》など離《はな》れた土地《とち》に移《うつ》り、そこで生活《せいかつ》すること。また、開拓《かいたく》などの目的《もくてき》で、集団《しゅうだん》で移《うつ》り住《す》むこと。例 明治時代《めいじじだい》以降《いこう》、大勢《おおぜい》の人《ひと》が夢《ゆめ》を抱《いだ》いて海外《かいがい》に移住《いじゅう》した。

	仕事《しごと》の都合《つごう》で——する	隣《となり》の部屋《へや》に——する	隣《となり》の県《けん》に——する
引っ越し	○	○	○
転居	○	−	△
移住	○	−	−

土着《どちゃく》　昔《むかし》からその土地《とち》に住《す》んでいること。また、文化《ぶんか》や習慣《しゅうかん》が、かなり昔《むかし》からその土地《とち》にあること。例 この辺《あた》りに土着《どちゃく》していた先住民《せんじゅうみん》の、独自《どくじ》の文化《ぶんか》を保護《ほご》する。例 旅先《たびさき》で出会《であ》った土着《どちゃく》の民族音楽《みんぞくおんがく》を楽《たの》しむ。

先住《せんじゅう》　ある人々《ひとびと》が移《うつ》り住《す》む前《まえ》から、その土地《とち》に住《す》んでいること。例 アメリカの先住《せんじゅう》民族《みんぞく》の生活《せいかつ》を調《しら》べる。

入植《にゅうしょく》　未開地《みかいち》や外国《がいこく》などに移住《いじゅう》して、農地《のうち》の開墾《かいこん》などに当《あ》たること。

例 南米《なんべい》への**入植**《にゅうしょく》者《しゃ》を募《つの》る。

移民《いみん》 働《はたら》く目的《もくてき》で、外国《がいこく》などに移住《いじゅう》すること。また、その人《ひと》。例 日本人《にほんじん》がブラジルに**移民**《いみん》してから百年《ひゃくねん》目《め》にあたる年《とし》に、両国《りょうこく》ではいろいろな催《もよお》しが開《ひら》かれた。

生息《せいそく》 ➡「生《い》きる」103

「住《す》む」に関連《かんれん》することば

住《す》めば都《みやこ》 住《す》み慣《な》れると、どんな不便《ふべん》な所《ところ》でもそこがいちばん住《す》みよく思《おも》えるようになるということ。同《おな》じ意《い》味《み》で、「地獄《じごく》も住《す》みか」ともいう。

石《いし》に枕《まくら》し流《なが》れに漱《くちすす》ぐ 俗世間《ぞくせけん》から遠《とお》ざかり、山林《さんりん》に隠《かく》れ住《す》んで自由《じゆう》な生活《せいかつ》をする。

郷《ごう》に入《い》っては郷《ごう》に従《したが》え その土地《とち》に住《す》むには、その土地《とち》の風俗《ふうぞく》・習慣《しゅうかん》に従《したが》うのが処世《しょせい》の術《じゅつ》である。

世《よ》をはばかる 世間《せけん》に遠慮《えんりょ》する。世間《せけん》との交《まじ》わりを避《さ》ける。「世《よ》をはばかって隠《かく》れ住《す》む」などという。

見《み》る聞《き》く話《はな》す

見《み》る

see
［シー］

見《み》る ◎物《もの》の形《かたち》や色《いろ》などを目《め》で感《かん》じる。例 窓《まど》から外《そと》を**見《み》る**。例 少《すこ》し遠出《とおで》して、サクラの花《はな》を**見《み》に**行《い》った。◎物《もの》や印刷物《いんさつぶつ》をざっと読《よ》む。例 手紙《てがみ》を**見《み》て**、慌《あわ》てて駆《か》けつけたんだよ。◎映《えい》画《が》やテレビなどの作品《さくひん》を鑑賞《かんしょう》する。例 話題《わだい》の映画《えいが》を**見《み》た**が、うわさほどいい作品《さくひん》ではなかった。◎物事《ものごと》がある状態《じょうたい》になる。例 ずさんな内容《ないよう》だったので、この計画《けいかく》は実現《じつげん》を**見《み》なかった**。◎「読《よ》む」➡311

診《み》る 医師《いし》が患者《かんじゃ》を診察《しんさつ》する。例 病院《びょういん》に行《い》って、先生《せんせい》に**診《み》て**もらう。

看《み》る 人《ひと》の世話《せわ》をする。例 けがをした祖母《そぼ》の面倒《めんどう》を**看《み》る**。

見《み》える ◎物《もの》の形《かたち》や色《いろ》などが、自然《しぜん》に目《め》に入《はい》る。見《み》ることができる。例 左側《ひだりがわ》に**見《み》える**のが、東京《とうきょう》タワーです。◎原因《げんいん》や状態《じょうたい》などが、そのように推測《すいそく》できる。例 あの表情《ひょうじょう》からすると、彼《かれ》は今日《きょう》は好調《こうちょう》と**見《み》える**。◎「来《く》る」➡186

認《みと》める ◎見《み》て知《し》る。存在《そんざい》に気《き》づく。例 怪《あや》しい人影《ひとかげ》を**認《みと》めて**、思《おも》わず柱《はしら》の後《うし》ろに隠《かく》れた。◎物事《ものごと》を、そうであると受《う》け入《い》れる。相手《あいて》に能力《のうりょく》があると判断《はんだん》する。例 彼《かれ》のビオラの演奏《えんそう》は、世界《せかい》に**認《みと》められて**いる。

目《め》にする 見《み》る。見《み》かける。例 よく**目《め》にする**鳥《とり》だが、名《な》前《まえ》は知《し》らない。

視線《しせん》を投《な》げる 目《め》を向《む》けて対象《たいしょう》を見《み》る。例 思《おも》いを寄《よ》せている人《ひと》に、熱《あつ》い**視線《しせん》を投《な》げた**。

見《み》かける 目《め》にとめる。見《み》る機会《きかい》がある。例 姿《すがた》を**見《み》かけた**ので、思《おも》わず声《こえ》をかけてしまった。

◆＝もっと知《し》りたい、ことばの知識《ちしき》。

見受《みう》ける ◎見《み》かける。目《め》にとまる。例 あのお寺《てら》の周《まわ》りでは、スケッチをしている人《ひと》をよく**見受《みう》ける**。◎ようすを見《み》て判断《はんだん》する。例 二年《にねん》ぶりに会《あ》った彼《かれ》は、元気《げんき》そうに**見受《みう》けられた**。

見当《みあ》たる 探《さが》していた物《もの》が見《み》つかる。例 かぎが**見当《みあ》たらず**、出《で》かけるのに手間《てま》取《ど》ってしまった。

目《め》に入《はい》る 自然《しぜん》と目《め》に見《み》えてくる。例 見《み》たくないと思《おも》っても、この派手《はで》なポスターはいやでも**目《め》に入《はい》る**。

目《め》に触《ふ》れる 「目《め》に入《はい》る」と同《おな》じ。例 **目《め》に触《ふ》れた**恐竜《きょうりゅう》の本《ほん》は、全部《ぜんぶ》買《か》ってしまう。

拝《おが》む 「見《み》る」のへりくだった言《い》い方《かた》。とくに、貴重《きちょう》なものを少《すこ》しだけ見《み》せてもらうときに使《つか》われる。神《かみ》や仏《ほとけ》、また、その像《ぞう》を見《み》るときには手《て》を合《あ》わせることから。例 仏像《ぶつぞう》を**拝《おが》む**と、気持《きも》ちが癒《い》やされる。例 こんなに多《おお》くの札束《さつたば》を一度《いちど》に**拝《おが》む**のは、生《う》まれて初《はじ》めてだ。

拝《はい》する ◎「拝《おが》む」と同《おな》じ。拝見《はいけん》する。例 先生方《せんせいがた》のご尊顔《そんがん》を**拝《はい》する**ことができ、光栄《こうえい》に存《ぞん》じます。◎目《め》上《うえ》の人《ひと》から、ことばや役目《やくめ》をいただく。例 このたび総理《そうり》から、外務大臣《がいむだいじん》の任《にん》を**拝《はい》しました**。

拝見《はいけん》 「見《み》ること」のへりくだった言《い》い方《かた》。例 お手紙《てがみ》を**拝見《はいけん》**し、さっそくお返事《へんじ》を差《さ》し上《あ》げました。

御覧《ごらん》 ◎「見《み》ること」をうやまっていうことば。例 展示品《てんじひん》は、手《て》を触《ふ》れずに**御覧《ごらん》**ください。◎同等《どうとう》か目下《めした》の相手《あいて》に「見《み》ろ」と命《めい》じるのを、少《すこ》しやわらかく表現《ひょうげん》したことば。例 この答《こた》えは間違《まちが》っているので、もう一度《いちど》見直《みなお》して**御覧《ごらん》**。

御覧《ごらん》に入《い》れる 「見《み》せる」のへりくだった言《い》い方《かた》。例 わざわざ**御覧《ごらん》に入《い》れる**ような作品《さくひん》ではありません。

見通《みとお》す ◎ほかの物《もの》に遮《さえぎ》られずに、遠《とお》くまで見《み》る。例 この部屋《へや》からは、富士山《ふじさん》を**見通《みとお》す**ことができる。◎始《はじ》めから終《お》わりまで、続《つづ》けて見《み》る。例 人気《にんき》ドラマのDVD《ディーブイディー》を、全部《ぜんぶ》**見通《みとお》して**しまった。◎人《ひと》の心《こころ》や物事《ものごと》の本質《ほんしつ》を見抜《みぬ》く。例 いくら隠《かく》しても、母《はは》にはすべて**見通《みとお》されて**しまう。◎将来《しょうらい》のことを予測《よそく》する。例 十年後《じゅうねんご》を**見通《みとお》して**、ちゃんと貯金《ちょきん》をしておこう。

見届《みとど》ける 物事《ものごと》の成《な》り行《ゆ》きを、最後《さいご》までよく見《み》る。例 最後《さいご》の客《きゃく》が帰《かえ》るのを**見届《みとど》けて**からシャッターを降《お》ろす。

見極《みきわ》める 物事《ものごと》の成《な》り行《ゆ》きを、最後《さいご》まで見《み》る。確認《かくにん》する。例 一回目《いっかいめ》の実験結果《じっけんけっか》を**見極《みきわ》めて**から、次《つぎ》の段階《だんかい》に進《すす》もう。

見《み》て取《と》る 外《そと》から見《み》えるようすから、事情《じじょう》や人《ひと》の感情《かんじょう》などを判断《はんだん》する。例 相手《あいて》チームのブロック力《りょく》が弱《よわ》いと**見《み》て取《と》って**、強烈《きょうれつ》なアタックを次々《つぎつぎ》に繰《く》り出《だ》した。

見直《みなお》す ◎一度《いちど》見《み》たものを、改《あらた》めて注意《ちゅうい》して見《み》る。例 時間《じかん》が余《あま》ったので、答案《とうあん》を**見直《みなお》して**から提出《ていしゅつ》する。◎以前《いぜん》には気《き》づかなかったよさなどを認《みと》める。例 この年《とし》になって、故《こ》郷《きょう》のすばらしさを**見直《みなお》す**ことができた。

透《す》かす　物《もの》を通《とお》して、その向《む》こう側《がわ》を見《み》る。例すすを付《つ》けたガラスを**透《す》かして**、日食《にっしょく》のようすを観《かん》察《さつ》する。

見返《みかえ》す　◎一度《いちど》見《み》たものを、改《あらた》めてもう一度《いちど》よく見《み》る。例書《か》き上《あ》げた原稿《げんこう》を**見返《みかえ》し**たら、三《みっ》つも誤《ご》字《じ》があった。◎自分《じぶん》を見《み》ている人《ひと》を、こちらからも見《み》る。例わたしは決《けっ》してうそは言《い》っていないと、相手《あいて》の目《め》を**見《み》返《かえ》す**。◎過去《かこ》に負《ま》けたりばかにされたりした相手《あいて》に対《たい》して、成功《せいこう》した自分《じぶん》を見《み》せつける。例去年《きょねん》負《ま》けた相手《あいて》を、完《かん》封勝利《ぷうしょうり》で**見返《みかえ》して**やった。

見慣《みな》れる　いつも見《み》ていて、よく知《し》っている。何度《なんど》も見《み》ていて珍《めずら》しくなくなる。例**見慣《みな》れた**景色《けしき》とも今日《きょう》でお別《わか》れだと思《おも》うと、とても寂《さび》しい。

目《め》に染《し》みる　◎何《なに》かに目《め》が刺激《しげき》されて痛《いた》みを感《かん》じる。例タバコの煙《けむり》が**目《め》に染《し》みる**。◎色《いろ》などが鮮《あざ》やかに見《み》える。例今日《きょう》は、空《そら》の青《あお》さが**目《め》に染《し》みる**ようだ。

目《め》に付《つ》く　目立《めだ》って、人《ひと》の注意《ちゅうい》を引《ひ》く。例六月《ろくがつ》も中旬《ちゅうじゅん》になったので、客席《きゃくせき》には半袖《はんそで》の人《ひと》が**目《め》に付《つ》く**。

目《め》に留《と》まる　◎視線《しせん》がある物《もの》をとらえ、注意《ちゅうい》を引《ひ》く。例いたずらが先生《せんせい》の**目《め》に留《と》まって**、しかられた。◎ある物《もの》に心《こころ》が引《ひ》きつけられる。例軽《かる》い気持《きも》ちで応募《おうぼ》した作品《さくひん》が、審査員《しんさいん》の**目《め》に留《と》まった**。

目《ま》の当《あ》たりにする　すぐ近《ちか》くで見《み》る。実《じっ》際《さい》に自分《じぶん》の目《め》の前《まえ》で見《み》る。例本場《ほんば》のフラメンコを**目《ま》の当《あ》たりにして**、とても感動《かんどう》した。

見合《みあ》う　◎互《たが》いに相手《あいて》を見《み》る。例二人《ふたり》は**見合《みあ》った**まま、しばらく動《うご》かなかった。◎釣《つ》り合《あ》いが取《と》れる。例年齢《ねんれい》に**見合《みあ》った**服装《ふくそう》を心《こころ》がける。

見合《みあ》わせる　◎互《たが》いに相手《あいて》を見《み》る。例思《おも》い出話《でばなし》をしながら、友《とも》だちと顔《かお》を**見合《みあ》わせて**大《おお》笑《わら》いした。◎あることが原因《げんいん》で、しようと思《おも》っていたことをしばらくやめておく。例強風《きょうふう》のため特急列車《とっきゅうれっしゃ》の運転《うんてん》を**見合《みあ》わせて**います。

見交《みか》わす　互《たが》いに相手《あいて》を見《み》る。例二十年《にじゅうねん》ぶりの再会《さいかい》で、二人《ふたり》は懐《なつ》かしそうに目《め》を**見交《みか》わした**。

見送《みおく》る　◎離《はな》れていくものを目《め》で追《お》う。例外野手《がいやしゅ》は、スタンドに消《き》えていく打球《だきゅう》を**見送《みおく》った**。◎去《さ》って行《い》く人《ひと》の出発《しゅっぱつ》を見守《みまも》る。例転校《てんこう》する友《とも》だちを**見送《みおく》る**ために、駅《えき》に行《い》った。◎やり過《す》ごす。ようすを見《み》る。例バスがぎゅうぎゅうに込《こ》んでいたので、一台《いちだい》**見送《みおく》った**。

見《み》かねる　気《き》の毒《どく》だったり、あまりにひどいようすだったりして、黙《だま》っていることができなくなる。例困《こま》り果《は》てている彼《かれ》を**見《み》かねて**、力《ちから》を貸《か》してやった。例車内《しゃない》で騒《さわ》いでいる子《こ》どもたちを**見《み》かねて**注意《ちゅうい》する。

見残《みのこ》す　時間《じかん》がなくて、一部分《いちぶぶん》を残《のこ》して見《み》る。例映画《えいが》のラストシーンを**見残《みのこ》した**。

◆＝もっと知《し》りたい、ことばの知識《ちしき》。

▶見《み》る 聞《き》く 言《い》う 物《もの》の言《い》い方《かた》 言《い》い切《き》る 論《ろん》じる 話《はな》し合《あ》う

見飽《みあ》きる 長《なが》い間《あいだ》見《み》ていたり、何《なん》度《ど》も見《み》たりして嫌《いや》になる。例 ゴッホの「ひまわり」の絵《え》は、どんなに見《み》ていても見飽《みあ》きることがない。

見逃《みのが》す ◎見《み》ているのに気《き》がつかないで、そのままにしてしまう。例 誤字《ごじ》を見逃《みのが》したまま印刷《いんさつ》してしまった。◎見《み》る機会《きかい》を逃《のが》してしまう。例 評判《ひょうばん》の舞台《ぶたい》は、見逃《みのが》さないようにしている。◎気《き》がついているのに、わざと知《し》らないふりをする。例 今回《こんかい》は見《み》逃《のが》してやるが、また同《おな》じことをしたら許《ゆる》さないぞ。

見落《みお》とす 見《み》ていたのに、気《き》づかずにいる。例 細《こま》かい字《じ》だったので、注意《ちゅうい》書きを見落《みお》としてしまった。

見過《みす》ごす ◎見《み》ていたのに、気《き》づかずにいる。例 うっかりして、担当者《たんとうしゃ》の名前《なまえ》を見過《みす》ごしてしまった。◎知《し》っていながら、そのままにしておく。例 こんなひどい仕打《しう》ちをされて、黙《だま》って見過《みす》ごすわけにはいかない。

	標識《ひょうしき》を―	好機《こうき》を―	―を間違《まちが》い
見逃す	○	○	○
見落とす	○	–	○
見過ごす	○	△	△

見損《みそこ》なう ◎人《ひと》に対《たい》する評価《ひょうか》を誤《あやま》る。実際《じっさい》より良《よ》く評価《ひょうか》する場合《ばあい》にも、悪《わる》く評価《ひょうか》する場合《ばあい》にも使《つか》われる。例 そんな手抜《てぬ》きの仕事《しごと》をするなんて、君《きみ》を見損《みそこ》なっていたよ。◎見《み》る機会《きかい》を逃《のが》す。例 部活動《ぶかつどう》で遅《おそ》くなって、毎日《まいにち》楽《たの》しみにしているテレビ番組《ばんぐみ》を見損《みそこ》なってしまった。

見失《みうしな》う 今《いま》まで見《み》えていた物《もの》や人《ひと》が、見《み》えなくなる。例 犯人《はんにん》を追《お》いかけていたが、曲《ま》がり角《かど》のところで姿《すがた》を見失《みうしな》った。

目《め》を離《はな》す 注意《ちゅうい》して見《み》ていたものから、一瞬《いっしゅん》視線《しせん》をそらす。例 目《め》を離《はな》しているすきに、連《つ》れていた犬《いぬ》がいなくなってしまった。

見違《みちが》える ◎見方《みかた》を間違《まちが》える。例 地図《ちず》を見違《みちが》えて、駅《えき》に着《つ》けなかった。◎物事《ものごと》の変化《へんか》が大《おお》きくて、一瞬《いっしゅん》見《み》ただけでは、そのものだと分《わ》からない。例 彼女《かのじょ》に掃除《そうじ》してもらったら、部屋《へや》が見違《みちが》えるほどきれいになった。似 見誤《みあやま》る。見間違《みまちが》う。

見《み》まがう 「見違《みちが》える」と同《おな》じ。例 雪《ゆき》と見《み》まがう花《はな》の白《しろ》さは、古来《こらい》、歌《うた》に詠《よ》み込《こ》まれてきた。◆「見《み》まごう」ともいう。

見忘《みわす》れる ➡「忘《わす》れる」307

目立《めだ》つ ほかと比《くら》べて違《ちが》うところがあり、とくに目《め》を引《ひ》く。例 目立《めだ》つ柄《がら》のT《ティー》シャツを着《き》て行《い》くので、すぐに見《み》つかると思《おも》います。

のぞく ◎穴《あな》や透《す》き間《ま》から、向《む》こう側《がわ》にあるものを見《み》る。高《たか》い場所《ばしょ》から体《からだ》を乗《の》り出《だ》して下《した》を見《み》る。例 顕微鏡《けんびきょう》をのぞいて、細胞《さいぼう》のようすを観察《かんさつ》する。例 がけから谷底《たにぞこ》をのぞいたら、怖《こわ》くて足《あし》がすくんだ。◎ちょっと見《み》たり立《た》ち寄《よ》ったりする。例 待《ま》ち合《あ》わせ時《じ》間《かん》まで間《ま》があったので、おもちゃ売《う》り場《ば》をのぞいた。◎容易《ようい》には見《み》られない

似＝似《に》た表現《ひょうげん》のことば。対＝反対《はんたい》の意味《いみ》のことば。例＝使《つか》い方《かた》の例《れい》。

ものを、何《なん》とかしてちょっと見《み》る。例 他人《たにん》の秘密《ひみつ》をのぞくのは、あまりよい趣味《しゅみ》ではない。

のぞき込《こ》む

身《み》を乗《の》り出《だ》したり、首《くび》を伸《の》ばして顔《かお》を近《ちか》づけたりして、そこにあるものを見《み》る。例 井戸《いど》の底《そこ》をのぞき込《こ》んだら、宝箱《たからばこ》があった。

うかがう

◎そっとようすを見《み》る。例 暗《くら》やみで怪《あや》しい物音《ものおと》がしたので、辺《あた》りをうかがう。◎ようすを見《み》ながら、よい時機《じき》になるのを待《ま》つ。例 親《おや》の顔色《かおいろ》をうかがって、旅行《りょこう》の話《はなし》を切《き》り出《だ》す。◎だいたいのようすが分《わ》かる。例 彼《かれ》の堂々《どうどう》とした態度《たいど》からは、自信《じしん》のほどがうかがわれる。◆「窺《うかが》う」と書《か》く。

かいま見《み》る

◎ものの透《す》き間《ま》から、ちらっと見《み》る。例 窓《まど》辺《べ》からかいま見《み》た少女《しょうじょ》の姿《すがた》が忘《わす》れられない。◎物事《ものごと》の一部《いちぶ》を、少《すこ》しだけ知《し》る。例 その文献《ぶんけん》から、江戸時代《えどじだい》の人《ひと》たちの生活《せいかつ》をかいま見《み》ることができる。

盗《ぬす》み見《み》る

人《ひと》に分《わ》からないように、こっそり見《み》る。例 本当《ほんとう》に怒《おこ》っているかどうか、泣《な》くふりをしながら盗《ぬす》み見《み》ていた。

一見《いっけん》

一度《いちど》見《み》ること。また、ざっと見《み》た感《かん》じ。例 この記録映画《きろくえいが》は一見《いっけん》の価値《かち》がある。例 一見《いっけん》こわそうに見《み》えるが、意外《いがい》と優《やさ》しい先生《せんせい》だ。

目撃《もくげき》

その場所《ばしょ》にいて、事件《じけん》などを実際《じっさい》に見《み》ること。例 うわさの二人《ふたり》がデートしている現場《げんば》を目撃《もくげき》してしまった。

実見《じっけん》

実際《じっさい》にそのものを、自分《じぶん》の目《め》ではっきり見《み》ること。例 外国《がいこく》で実見《じっけん》したことを記録《きろく》に残《のこ》す。

散見《さんけん》

あちらこちらに、ちらほらと見《み》える。「散見《さんけん》される」という受《う》け身《み》の形《かたち》で使《つか》われることが多《おお》い。例 行楽《こうらく》シーズンにはまだ早《はや》いが、駅《えき》には大《おお》きな荷物《にもつ》を持《も》った人《ひと》が散見《さんけん》される。

再見《さいけん》

過去《かこ》に見《み》たものを、もう一度《いちど》見《み》ること。見直《みなお》すこと。例 古都《こと》奈良《なら》を再見《さいけん》する旅《たび》に出《で》る。◆中国語《ちゅうごくご》では「再見《ツァイツェン》」と読《よ》んで、「さようなら」という意味《いみ》。

瞥見《べっけん》

ちらりとそちらに目《め》を向《む》けて見《み》ること。例 地図《ちず》を瞥見《べっけん》しただけで、先生《せんせい》のお宅《たく》はすぐに分《わ》かった。

一瞥《いちべつ》

ちらっと見《み》ること。例 彼《かれ》は、わたしに一瞥《いちべつ》もくれずに立《た》ち去《さ》った。

看過《かんか》

問題《もんだい》のある事柄《ことがら》を見《み》ておきながら、見過《みす》ごしてしまうこと。打《う》ち消《け》しの表現《ひょうげん》とともに使《つか》われることが多《おお》い。例 夏休《なつやす》みを短縮《たんしゅく》するなんて、看過《かんか》できない問題《もんだい》だ。

見落《みお》とし

うっかり見逃《みのが》してしまうこと。例 見落《みお》としがないかどうか、もう一度《いちど》答案用紙《とうあんようし》を読《よ》み直《なお》す。

目《め》こぼし

人《ひと》の悪事《あくじ》などに気《き》づいていながら、見《み》ないふりをして済《す》ませること。例 わざとやったわけではないので、どうかお目《め》こぼし願《ねが》います。

下見《したみ》

前《まえ》もって場所《ばしょ》などを見《み》ておくこと。例 入試会場《にゅうしかいじょう》は、事前《じぜん》

◆＝もっと知《し》りたい、ことばの知識《ちしき》。

に下見《したみ》に行《い》っておくことが大切《たいせつ》だ。

のぞき見《み》　人《ひと》に見《み》つからないようにこっそりと見《み》ること。例 隣《となり》の人《ひと》の答案《とうあん》をのぞき見《み》なんてしていないよ。

一覧《いちらん》　◎一通《ひととお》りざっと見《み》ること。例 参加者《さんかしゃ》の名簿《めいぼ》を一覧《いちらん》したところ、けっこう知人《ちじん》が多《おお》いことが分《わ》かった。◎いろいろな内容《ないよう》が一目《ひとめ》見《み》れば分《わ》かるように、表《ひょう》などにまとめたもの。例 同級生《どうきゅうせい》の趣味《しゅみ》や生年月日《せいねんがっぴ》の一覧表《いちらんひょう》を作《つく》る。

閲覧《えつらん》　役所《やくしょ》や図書館《としょかん》などに備《そな》えられている書物《しょもつ》や資料《しりょう》などを見《み》せてもらって、読《よ》んだり調《しら》べたりすること。例 国会図書館《こっかいとしょかん》で、自分《じぶん》の生《う》まれた日《ひ》の新聞《しんぶん》を閲覧《えつらん》する。

回覧《かいらん》　人々《ひとびと》の間《あいだ》で順番《じゅんばん》に回《まわ》して見《み》ること。例 この本《ほん》は今回《こんかい》の研究《けんきゅう》に役立《やくだ》つので、みんなに回覧《かいらん》しよう。

縦覧《じゅうらん》　見《み》たい人《ひと》が自由《じゆう》に見《み》ること。例 工場内《こうじょうない》は縦覧《じゅうらん》禁止《きんし》です。

通覧《つうらん》　全体《ぜんたい》に一通《ひととお》り目《め》を通《とお》すこと。例 この参考書《さんこうしょ》一冊《いっさつ》で、戦国時代《せんごくじだい》の歴史《れきし》の概要《がいよう》を通覧《つうらん》することができる。

供覧《きょうらん》　公開《こうかい》して多《おお》くの人《ひと》に見《み》せること。例 故人《こじん》の書斎《しょさい》を、市民《しみん》に供覧《きょうらん》する。

概観《がいかん》　全体《ぜんたい》のようすをざっと見《み》ること。全体《ぜんたい》のようすそのものを指《さ》すこともある。例 世界経済《せかいけいざい》を概観《がいかん》して、講演《こうえん》の原稿《げんこう》を作成《さくせい》する。

総覧《そうらん》　◎全体《ぜんたい》を見《み》ること。例 関係《かんけい》のある法律《ほうりつ》を総覧《そうらん》したが、そのような規定《きてい》はどこにもないようだ。◎関係《かんけい》のある事柄《ことがら》を見《み》やすくまとめた書物《しょもつ》。例 学校総覧《がっこうそうらん》。

大観《たいかん》　広《ひろ》く全体《ぜんたい》を眺《なが》めること。例 時代《じだい》の情勢《じょうせい》を大観《たいかん》する。

内覧《ないらん》　公式《こうしき》でなく、内輪《うちわ》の人《ひと》だけで見《み》ること。例 大会議室《だいかいぎしつ》で、新製品《しんせいひん》の内覧会《ないらんかい》を行《おこな》う。

博覧《はくらん》　◎広《ひろ》く一般《いっぱん》の人々《ひとびと》が見《み》ること。例 貴重《きちょう》な史料《しりょう》こそ博覧《はくらん》に供《きょう》したいものだ。◎たくさんの書物《しょもつ》を読《よ》んだり、いろいろな物事《ものごと》を見聞《けんぶん》したりして、多《おお》くのことを知《し》っていること。例 その作家《さっか》は、博覧強記《はくらんきょうき》（たくさんの書物《しょもつ》を読《よ》んで、いろいろなことをよく覚《おぼ》えていること）で知《し》られている。

拝観《はいかん》　寺院《じいん》や神社《じんじゃ》、またそこに収蔵《しゅうぞう》されている宝物《たからもの》を見《み》せてもらうこと。例 寺社《じしゃ》を拝観《はいかん》するときには、原則《げんそく》として写真撮影《しゃしんさつえい》は禁止《きんし》だ。

ちょっと見《み》　少《すこ》しだけ見《み》ること。また、少《すこ》しだけ見《み》て得《え》た印象《いんしょう》。例 ちょっと見《み》はとっつきにくそうだが、意外《いがい》に気《き》さくな人《ひと》だ。似 ぱっと見《み》。

一目《ひとめ》　◎一度《いちど》、また、ちょっと見《み》ること。例 外国《がいこく》に行《い》く前《まえ》に、君《きみ》に一目《ひとめ》会《あ》いたかったんだ。◎一度《いちど》に広《ひろ》い範囲《はんい》を見《み》ること。例 この丘《おか》に登《のぼ》ると、街《まち》が一目《ひとめ》で見渡《みわた》せる。

丸見《まるみ》え　すっかり見《み》えること。全体《ぜんたい》が見《み》えること。例 この窓《まど》を開《あ》けると、部屋《へや》の中《なか》が丸見《まるみ》えになってしまう。

はた目《め》　本人以外《ほんにんいがい》の人《ひと》が、客観的《きゃっかんてき》に見《み》た感《かん》じ。例 あの二人《ふたり》は、はた目《め》にもうらやましいほど仲《なか》のいい

▶見《み》る　聞《き》く　言《い》う　物《もの》の言《い》い方《かた》
言《い》い切《き》る　論《ろん》じる　話《はな》し合《あ》う

夫婦《ふうふ》だ。

ひが目《め》　間違《まちが》って見《み》ること。物事《ものごと》を偏《かたよ》った考《かんが》えで判断《はんだん》すること。例あの選手《せんしゅ》には特別《とくべつ》な才能《さいのう》などないというのは、わたしのひが目《め》だった。

人目《ひとめ》　世間《せけん》の人々《ひとびと》が見《み》ていること。他人《たにん》の視線《しせん》。例ここは人目《ひとめ》があるので、どこか静《しず》かな店《みせ》に入《はい》って話《はな》そう。

人目《ひとめ》に立《た》つ　他人《たにん》の注意《ちゅうい》を引《ひ》く。目立《めだ》つ。例その洋《よう》服《ふく》の柄《がら》は、ずいぶんと人目《ひとめ》に立《た》つね。似人目《ひとめ》につく。

人目《ひとめ》を盗《ぬす》む　他人《たにん》に見《み》られないように、こっそり行《おこな》う。例人目《ひとめ》を盗《ぬす》んで、こっそり伝《つた》える。

必見《ひっけん》　必《かなら》ず見《み》たり読《よ》んだりしなければならないこと。例映画通《えいがつう》というのなら、この作品《さくひん》は必見《ひっけん》だよ。

見納《みおさ》め　それを見《み》る最後《さいご》の機会《きかい》。例今年《ことし》のサクラも、これで見《み》納《おさ》めだ。

見《み》にくい　邪魔《じゃま》なものがあったり、ぼやけていたりしてよく見《み》えない。例前《まえ》の客《きゃく》の背《せ》が高《たか》すぎて、舞台《ぶたい》が見《み》にくい。

ちらり　◎ほんのちょっと見《み》るようす。例彼《かれ》の姿《すがた》はちらりと見《み》ただけなので、どんな服装《ふくそう》だったか覚《おぼ》えていない。似ちらっと。◎「聞《き》く」➡268

ちらちら　◎小《ちい》さなものがかすかに見《み》えたり、見《み》えなくなったりするようす。例遠《とお》くに街《まち》の明《あ》かりがちらちら見《み》える。◎「聞《き》く」➡268 ◎「光《ひか》る」➡584 ◎「雪《ゆき》」➡592

きょろきょろ　落《お》ち着《つ》きなく辺《あた》りを見回《みまわ》しているようす。例珍《めずら》しいからといって、あまりきょろきょろするのはみっともない。

ぎょろぎょろ　大《おお》きく目《め》を見開《みひら》いて、辺《あた》りをにらむように見回《みまわ》すようす。例みんなが怪《あや》しい人《ひと》に見《み》えて、ついぎょろぎょろとにらんでしまった。似ぎょろっと。

見《み》やる　◎遠《とお》くにあるものに目《め》を向《む》ける。例はるか水平線《すいへいせん》を見《み》やると、遠《とお》くに島《しま》が見《み》える。◎ある方向《ほうこう》に目《め》を向《む》ける。例大《おお》きな音《おと》のしたほうを見《み》やる。

目《め》をやる　ある方向《ほうこう》に視線《しせん》を向《む》ける。例窓《まど》の外《そと》に目《め》をやると、雪《ゆき》が降《ふ》り始《はじ》めていた。

目《め》を向《む》ける　◎ある場所《ばしょ》を意識《いしき》して見《み》る。例フェンスの向《む》こうに目《め》を向《む》けると、バラの花《はな》が咲《さ》き乱《みだ》れていた。◎ある方向《ほうこう》や物事《ものごと》に関心《かんしん》を向《む》ける。例これからは海外《かいがい》にも目《め》を向《む》けて、外国人《がいこくじん》も欲《ほ》しがる製品《せいひん》の開発《かいはつ》に努《つと》めよう。

目《め》を転《てん》じる　◎今《いま》まで見《み》ていたものから視線《しせん》を外《はず》して、別《べつ》のほうを見《み》る。例黒板《こくばん》から窓《まど》の外《そと》に目《め》を転《てん》じると、雨《あめ》が降《ふ》っていた。◎視点《してん》や考《かんが》え方《かた》を変《か》える。例農業《のうぎょう》に目《め》を転《てん》じてみれば、自由貿易《じゆうぼうえき》が必《かなら》ずしもいいとは限《かぎ》らない。

目《め》が行《い》く　視線《しせん》がそちらに向《む》いてしまう。例あまりに奇《き》

◆＝もっと知《し》りたい、ことばの知識《ちしき》。

抜《ばつ》なスタイルをした人《ひと》がいるので、ついついそちらに目《め》が行《い》ってしまう。

仰《あお》ぐ

◎顔《かお》を上《うえ》に向《む》けて、上《うえ》のほうに目《め》をやる。例ホームランを打《う》たれて、投手《とうしゅ》は思《おも》わず天《てん》を仰《あお》いだ。◎人《ひと》を尊敬《そんけい》する。例この歌人《かじん》を長年《ながねん》、師《し》と仰《あお》いでいる。◎目上《めうえ》の人《ひと》に、あることをしてほしいと求《もと》める。例上司《じょうし》の指示《しじ》を仰《あお》いでから、新《あたら》しい仕事《しごと》に取《と》り組《く》もう。◎「飲《の》む」↓235

仰《あお》ぎ見《み》る

◎顔《かお》を上《うえ》に向《む》けて、上《うえ》のほうにあるものを見《み》る。例空《そら》に上《のぼ》った月《つき》を仰《あお》ぎ見《み》る。◎尊《そん》敬《けい》の気持《きも》ちで人《ひと》を見《み》る。例伯父《おじ》を人生《じんせい》の師《し》として仰《あお》ぎ見《み》る。

振《ふ》り仰《あお》ぐ

「仰《あお》ぐ」と同《おな》じ。例空《そら》を振《ふ》り仰《あお》いで、北極星《ほっきょくせい》を探《さが》した。例師匠《ししょう》を振《ふ》り仰《あお》いで修業《しゅぎょう》に励《はげ》む。

見上《みあ》げる

◎下《した》から上《うえ》のほうを見《み》る。例見上《みあ》げると、屋《おく》上《じょう》で手《て》を振《ふ》っている先生《せんせい》の姿《すがた》が目《め》に入《はい》った。対見下《みお》ろす。◎「見上《みあ》げた」の形《かたち》で、感心《かんしん》するほど立派《りっぱ》である。目上《めうえ》の人《ひと》には使《つか》わない。例毎日《まいにち》、家《いえ》の前《まえ》の道路《どうろ》を掃除《そうじ》するとは、なかなか見上《みあ》げたものだ。

見下《みお》ろす

◎上《うえ》から下《した》のほうを見《み》る。例展望塔《てんぼうとう》から見下《みお》ろすと、学校《がっこう》の体育館《たいいくかん》がまるでマッチ箱《ばこ》のように見《み》える。対見上《みあ》げる。◎人《ひと》を軽蔑《けいべつ》する。例そんな、人《ひと》を見下《みお》ろすような態度《たいど》を取《と》るものではない。

目《め》を落《お》とす

視線《しせん》を下《した》に向《む》ける。例地面《じめん》に目《め》を落《お》とすと、アリが行列《ぎょうれつ》しているのが見《み》えた。

顧《かえり》みる

◎後《うし》ろを振《ふ》り返《かえ》って見《み》る。例彼女《かのじょ》は何度《なんど》もこちらを顧《かえり》みて、別《わか》れを惜《お》しんでいた。◎過去《かこ》の出来事《できごと》を思《おも》い起《お》こして考《かんが》える。例過去《かこ》を顧《かえり》みると、何度《なんど》も人《ひと》に助《たす》けてもらったということを痛感《つうかん》する。◎気《き》にかける。多《おお》く、打《う》ち消《け》しの形《かたち》で使《つか》われる。例家族《かぞく》のことなど顧《かえり》みずに仕事《しごと》をしてきたが、これからは子《こ》どもたちのことを考《かんが》えよう。

見回《みまわ》す

自分《じぶん》の周囲《しゅうい》をぐるりと見《み》る。例変《へん》な物音《ものおと》がしたので辺《あた》りを見回《みまわ》したが、とくに何事《なにごと》もなかった。

目《め》をそらす

今《いま》まで見《み》ていたものの、あるいは必《かなら》ず見《み》ておかなければならないものから、視《し》線《せん》を外《はず》す。例下品《げひん》なテレビ番組《ばんぐみ》から、思《おも》わず目《め》をそらす。例悲《かな》しい事実《じじつ》でも、記者《きしゃ》としては目《め》をそらしてはならない。似視線《しせん》をそらす。

目《め》を背《そむ》ける

「目《め》をそらす」と同《おな》じだが、よりひどい状《じょう》況《きょう》を表《あらわ》すことが多《おお》い。例感染症《かんせんしょう》の広《ひろ》がった地域《ちいき》は、目《め》を背《そむ》けるほどの惨状《さんじょう》だった。似目《め》を覆《おお》う。

仰視《ぎょうし》

仰《あお》ぎ見《み》ること。例夜空《よぞら》を仰視《ぎょうし》しても、今夜《こんや》は星《ほし》が一《ひと》つも見《み》えない。

上目遣《うわめづか》い

目《め》だけを上《うえ》のほうに向《む》けて、相手《あいて》のようすを見《み》ること。多《おお》く、相手《あいて》に対《たい》して不満《ふまん》があるときや、相手《あいて》に責《せ》められているときに使《つか》われる。例いたずらをしてしから

似＝似《に》た表現《ひょうげん》のことば。対＝反対《はんたい》の意味《いみ》のことば。例＝使《つか》い方《かた》の例《れい》。

れている弟《おとうと》が、**上目遣《うわめづか》い**で母《はは》の顔《かお》を見《み》ている。

後顧《こうこ》　後《うし》ろを振《ふ》り返《かえ》って見《み》ること。多《おお》く「後顧《こうこ》の憂《うれ》い」の形《かたち》で、後《あと》に残《のこ》る気《き》づかいや心配《しんぱい》という意味《いみ》で使《つか》われる。例 こちらは大丈夫《だいじょうぶ》ですので、**後顧《こうこ》**の憂《うれ》いなく海外《かいがい》でご活躍《かつやく》ください。

一顧《いっこ》　ちょっと振《ふ》り返《かえ》って、見《み》たり考《かんが》えたりすること。多《おお》く、後《あと》に打《う》ち消《け》しのことばが続《つづ》く。例 意地悪《いじわる》なコーチは、初心者《しょしんしゃ》のことは**一顧《いっこ》**だにしなかった。例 この作品《さくひん》は**一顧《いっこ》**の価値《かち》もない。

脇見《わきみ》　きちんと見《み》ていなくてはならないところから目《め》をそらして、ほかのところを見《み》ること。例 **脇見《わきみ》**をしていて、見《み》せ場《ば》を見逃《みのが》してしまった。例 **脇見《わきみ》**運転《うんてん》は事故《じこ》のもとだ。

脇目《わきめ》　◎「脇見《わきみ》」と同《おな》じ。例 自転車《じてんしゃ》に乗《の》っているときに、**脇目《わきめ》**は禁物《きんもつ》だ。例 **脇目《わきめ》**も振《ふ》らずにテスト勉強《べんきょう》をする。◎そのことと関係《かんけい》のない人《ひと》が、客観的《きゃっかんてき》に見《み》ること。例 **脇目《わきめ》**には簡単《かんたん》そうに見《み》えるが、実《じつ》は慣《な》れるまで時間《じかん》がかかる。

横目《よこめ》　横《よこ》のほうを見《み》ること。例 風景《ふうけい》を見《み》る振《ふ》りをしながら、**横目《よこめ》**で彼女《かのじょ》の表情《ひょうじょう》をずっと追《お》っていた。

よそ見《み》　見《み》なくてはならないものを見《み》ずに、別《べつ》のものを見《み》ること。例 **よそ見《み》**しているから手元《てもと》が狂《くる》ってしまうんだ。

見入《みい》る　夢中《むちゅう》になってずっと見《み》る。例 あまりに美《うつく》しい光景《こうけい》に、ついつい**見入《みい》って**しまった。

見張《みは》る　◎「目《め》を見張《みは》る」の形《かたち》で、驚《おどろ》いたり感心《かんしん》したりして、目《め》を思《おも》い切《き》り開《ひら》いて見《み》る。例 久《ひさ》しぶりに舞台《ぶたい》に上《あ》がった女優《じょゆう》は、目《め》を**見張《みは》る**ような名演技《めいえんぎ》を見《み》せた。◎変《か》わったことがないかどうか、周《まわ》りのようすを注意《ちゅうい》して見守《みまも》る。例 いたずらをしないように、きちんと**見張《みは》って**いよう。

見詰《みつ》める　ほかに目《め》を向《む》けず、そのものだけをじっと見《み》続《つづ》ける。例 そんなに**見詰《みつ》められる**と、かえって緊張《きんちょう》しちゃうよ。

見定《みさだ》める　注意《ちゅうい》してよく見《み》て、はっきり分《わ》かるようにする。例 事《こと》の成《な》り行《ゆ》きを**見定《みさだ》めて**から、結論《けつろん》を出《だ》そう。

見据《みす》える　◎にらむようにしてじっと見《み》る。例 相手《あいて》の選手《せんしゅ》をじっと**見据《みす》えて**、サーブを打《う》ち込《こ》んだ。◎物事《ものごと》の本質《ほんしつ》を注意《ちゅうい》してよく見《み》る。例 将来《しょうらい》を**見据《みす》えて**、今《いま》からきちんと貯金《ちょきん》しておこう。

目《め》を注《そそ》ぐ　注意深《ちゅういぶか》く見《み》る。また、ある方向《ほうこう》にとくに目《め》を向《む》ける。例 この選手《せんしゅ》の成長《せいちょう》ぶりには**目《め》を注《そそ》ぐ**べきだろう。例 父《ちち》の声《こえ》が聞《き》こえてくる方向《ほうこう》に**目《め》を注《そそ》いだ**。似 視線《しせん》を注《そそ》ぐ。

目《め》をつける　人《ひと》が気《き》づいていない特定《とくてい》の物事《ものごと》や人物《じんぶつ》を発見《はっけん》する。例 あのイタリア料理店《りょうりてん》は、前《まえ》からおいしそうだと**目《め》をつけて**いたんだ。

目《め》を留《と》める　珍《めずら》しかったり気《き》を引《ひ》かれたりして、注目《ちゅうもく》する。例 今《いま》まで見《み》たこともない花《はな》に**目《め》**

を留《と》めて、思《おも》わず立《た》ち止《ど》まった。

目《め》を凝《こ》らす 神経《しんけい》を集中《しゅうちゅう》して、じっと一点《いってん》を見詰《みつ》める。例 暗《くら》やみの中《なか》でどんなに目《め》を凝《こ》らしても、彼《かれ》の姿《すがた》を見《み》つけることはできなかった。似 **瞳《ひとみ》を凝《こ》らす。**

穴《あな》の開《あ》くほど見《み》る 長《なが》い間《あいだ》、じっと見詰《みつ》める。とくに、人《ひと》の顔《かお》などをまじまじと見《み》る。例 あまりにおかしなことを言《い》い出《だ》すので、友《とも》だちの顔《かお》を穴《あな》の開《あ》くほど見《み》た。

目《め》を皿《さら》のようにする 目《め》を大《おお》きく見《み》開《ひら》く。驚《おどろ》いたり、ものを見逃《みのが》すまいとして見《み》るときの目付《めつ》きを表現《ひょうげん》したことば。例 あまりに勘定《かんじょう》が高《たか》かったので、目《め》を皿《さら》のようにして請求書《せいきゅうしょ》を何回《なんかい》も見《み》直《なお》した。

見《み》とれる 心《こころ》を奪《うば》われ、うっとりとして見《み》る。例 長年《ながねん》あこがれていた女性《じょせい》ピアニストの姿《すがた》に、我《われ》を忘《わす》れて見《み》とれてしまった。似 **見《み》ほれる。**

見守《みまも》る ◎じっと見詰《みつ》める。例 どんな小《ちい》さなことでも見逃《みのが》すまいと、先生《せんせい》の動《うご》きを見守《みまも》る。◎無事《ぶじ》であるように、注意《ちゅうい》しながら見続《みつづ》ける。例 けがをした子《こ》どものようすを、母親《ははおや》がベッドのそばで見守《みまも》る。

目《め》を配《くば》る あちらこちらに注意《ちゅうい》を向《む》けて、よく見《み》る。例 パーティーでは、つまらなそうにしている人《ひと》がいないか目《め》を配《くば》るのも、接待《せったい》役《やく》の務《つと》めだ。

にらむ ◎鋭《するど》く、怖《こわ》い目付《めつ》きでじっと見《み》る。例 時計《とけい》をにらんで、ランナーのゴールを待《ま》つ。例 いたずらした子《こ》どもをにらんだら、泣《な》き出《だ》してしまった。◎見当《けんとう》をつける。原因《げんいん》や真実《しんじつ》はこうだと考《かんが》える。例 事故《じこ》の原因《げんいん》は、わたしがにらんだ通《とお》りわき見運転《みうんてん》だった。

にらみ付《つ》ける じっとにらむ。激《はげ》しく、鋭《するど》い視《し》線《せん》で見《み》る。例 大《おお》きな声《こえ》で話《はな》していたら、隣《となり》の乗客《じょうきゃく》ににらみ付《つ》けられてしまった。

ねめ付《つ》ける 「にらみつける」と同《おな》じ。「ねめる」は、「にらむ」という意味《いみ》。例 面接官《めんせつかん》は話《はなし》を聞《き》くときに、ねめ付《つ》けるようにわたしの顔《かお》を見《み》ていた。似 **ねめ回《まわ》す。**

直視《ちょくし》 ◎視線《しせん》をそらさず、まっすぐ見詰《みつ》めること。例 兄弟《きょうだい》が遺《い》産《さん》を巡《めぐ》っていがみ合《あ》う光景《こうけい》は、直視《ちょくし》するに堪《た》えない。◎現実《げんじつ》をありのまま受《う》け止《と》めること。例 パス回《まわ》しのまずさを直視《ちょくし》せずに、チームの予選突破《よせんとっぱ》はありえない。

注視《ちゅうし》 注意《ちゅうい》して、ある一点《いってん》をじっと見詰《みつ》めること。例 人々《ひとびと》の注視《ちゅうし》の中《なか》、関係者《かんけいしゃ》の記者会見《きしゃかいけん》が行《おこな》われた。

注目《ちゅうもく》 ◎注意《ちゅうい》して、じっと見《み》ること。例 校庭《こうてい》で大声《おおごえ》でけんかを始《はじ》めた二人《ふたり》に、みんなが注目《ちゅうもく》した。◎興味《きょうみ》を持《も》って、物事《ものごと》の動向《どうこう》をずっと見守《みまも》ること。例 彼《かれ》の技術《ぎじゅつ》の成長《せいちょう》ぶりは、注目《ちゅうもく》に値《あたい》する。

凝視《ぎょうし》 ある一点《いってん》を、目《め》を凝《こ》らしてじっと見詰《みつ》めること。例 何《なに》も言《い》わずに、相手《あいて》の目《め》を凝視《ぎょうし》する。

似=似《に》た表現《ひょうげん》のことば。対=反対《はんたい》の意味《いみ》のことば。例=使《つか》い方《かた》の例《れい》。

正視《せいし》　目《め》をそらすことなく、正面《しょうめん》からまともに見《み》ること。例 難民《なんみん》たちの窮状《きゅうじょう》を知《し》らせるニュース映像《えいぞう》は、気《き》の毒《どく》で正視《せいし》できない。

着目《ちゃくもく》　とくに、ある点《てん》に目《め》をつけ、注意《ちゅうい》して見《み》ること。例 デザインの新《あたら》しさに着目《ちゃくもく》して、入選作《にゅうせんさく》を決《き》める。

着眼《ちゃくがん》　目《め》をつけること。目《め》のつけどころ。例 君《きみ》の着眼点《ちゃくがんてん》には、いつもながら感心《かんしん》させられるよ。

環視《かんし》　多《おお》くの人々《ひとびと》が周《まわ》りを取《と》り囲《かこ》んで見《み》ること。例 二人《ふたり》の男《おとこ》が、衆人環視《しゅうじんかんし》の中《なか》で取《と》っ組《く》み合《あ》いのけんかをしていた。

細見《さいけん》　物事《ものごと》を詳《くわ》しいところまで細《こま》かく見《み》ること。詳《くわ》しい地図《ちず》やガイドブックなどのことを指《さ》すこともある。例 細見《さいけん》した結果《けっか》、その患者《かんじゃ》は全快《ぜんかい》したと言《い》える。

矯《た》めつすがめつ　いろいろな方向《ほうこう》や視点《してん》から、じっくりと見《み》るようす。例 何度《なんど》も矯《た》めつすがめつした挙《あ》げ句《く》、結局《けっきょく》買《か》わずに店《みせ》を出《で》た。

じっと　◎視線《しせん》を動《うご》かさずに、同《おな》じ一点《いってん》をずっと見続《みつづ》けるようす。例 相手《あいて》の顔《かお》をじっと見《み》て、答《こた》えを待《ま》った。◎「耐《た》える」➡489

じろっと　目《め》を人《ひと》などに向《む》けて、鋭《するど》くにらみつけるようす。例 演奏中《えんそうちゅう》にくしゃみをしたら、隣《となり》の人《ひと》にじろっと見《み》られてしまった。似 じろり。

じろじろ　無遠慮《ぶえんりょ》に人《ひと》やその行動《こうどう》を見詰《みつ》めるようす。例 知人《ちじん》かと思《おも》ってついじろじろ見《み》てしまったが、別人《べつじん》だった。

まじまじ　目《め》を一点《いってん》に据《す》えて、無《ぶ》遠慮《えんりょ》に見《み》るようす。例 あまりにも立派《りっぱ》になってしまった旧友《きゅうゆう》の顔《かお》を、まじまじと見《み》た。

しげしげ　何度《なんど》も何度《なんど》も、また、つくづくと見《み》るようす。例 やはり母親《ははおや》に似《に》るものだと、少女《しょうじょ》の顔《かお》をしげしげと見《み》る。

きっと　態度《たいど》・顔付《かおつ》き・目付《めつ》きが急《きゅう》に厳《きび》しくなるようす。例 犯人扱《はんにんあつか》いされて、きっと警官《けいかん》をにらみつけた。

かっと　◎急《きゅう》に目《め》を大《おお》きく見開《みひら》くようす。例 歌舞伎役者《かぶきやくしゃ》は、かっと目《め》を見開《みひら》いて見得《みえ》を切《き》った。◎「怒《おこ》る」➡400

眺《なが》める　◎遠《とお》くや広《ひろ》い範囲《はんい》を、ゆったりした気分《きぶん》で見《み》る。例 目《め》を休《やす》ませるために、ぼんやりと木々《きぎ》の緑《みどり》を眺《なが》めた。◎気持《きも》ちが吸《す》い寄《よ》せられたかのように、じっと長《なが》い間《あいだ》見《み》る。例 あまりの懐《なつ》かしさに、いくら眺《なが》めていても飽《あ》きることはなかった。◎何《なに》もできないで見《み》ている。例 危険《きけん》な事故現《じこげん》場《ば》に居合《いあ》わせた人々《ひとびと》は、ただ眺《なが》めているだけで何《なに》もできなかった。

望《のぞ》む　◎遠《とお》くや広《ひろ》い範囲《はんい》を見《み》る。例 ホテルのレストランからは、遠《とお》くに富士山《ふじさん》の雪景色《ゆきげしき》を望《のぞ》むことができる。◎「願《ねが》う」➡489

見渡《みわた》す　遠《とお》くまで、広《ひろ》い範囲《はんい》にわたって見《み》る。見《み》える範囲《はんい》を一通《ひととお》りざっと見《み》る。例 丘《おか》の上《うえ》から一面《いちめん》のラベンダー畑《ばたけ》を見渡《みわた》すことができ

◆＝もっと知《し》りたい、ことばの知識《ちしき》。

る。

見晴《みは》らす ある場所《ばしょ》から広《ひろ》い範囲《はんい》を見渡《みわた》す。例 ホテルのバルコニーから、美《うつく》しい湖《みずうみ》を**見晴《みは》らす**ことができる。

見晴《みは》るかす 遠《とお》くまで見晴《みは》らす。例 かなたにかすんだ海《うみ》を**見晴《みは》るかす**。

眼下《がんか》に望《のぞ》む 高《たか》い場所《ばしょ》にいて、下《した》のほうにあるものを見《み》る。例 山頂《さんちょう》の見晴《みは》らし台《だい》からは、多《おお》くの島々《しまじま》を**眼下《がんか》に望《のぞ》む**ことができる。

眺《なが》め ある場所《ばしょ》からずっと見渡《みわた》せる景色《けしき》。例 今度《こんど》はもっと**眺《なが》め**のよい部屋《へや》に泊《と》まろう。

見晴《みは》らし 遠《とお》くまで広《ひろ》く見渡《みわた》すこと。また、その景色《けしき》。例 山頂《さんちょう》からの**見晴《みは》らし**がすばらしい。

一望《いちぼう》 一目《ひとめ》で広《ひろ》い範囲《はんい》を見渡《みわた》すこと。例 展望台《てんぼうだい》から、ふもとに広《ひろ》がる家並《いえな》みを**一望《いちぼう》**することができる。

遠望《えんぼう》 遠《とお》くを眺《なが》めること。例 離《はな》れ小島《こじま》の海岸《かいがん》から、本土《ほんど》を**遠望《えんぼう》**する。

眺望《ちょうぼう》 遠《とお》くまで広《ひろ》く見渡《みわた》すこと。また、その眺《なが》め。例 この高層《こうそう》マンションは、**眺望《ちょうぼう》**のよさで人気《にんき》を集《あつ》めている。

展望《てんぼう》 ◎はるか遠《とお》くまで、広《ひろ》く景色《けしき》を見渡《みわた》すこと。また、その眺《なが》め。例 最上階《さいじょうかい》にある露天風呂《ろてんぶろ》からの**展望《てんぼう》**は最高《さいこう》だ。◎世《よ》の中《なか》の物事《ものごと》の変化《へんか》や、社会《しゃかい》の動《うご》きを広《ひろ》く見渡《みわた》すこと。例 今年《ことし》の球界《きゅうかい》を**展望《てんぼう》**して、野球評論家《やきゅうひょうろんか》が議論《ぎろん》した。

望見《ぼうけん》 遠《とお》くから眺《なが》めること。例 晴《は》れた日《ひ》には、海岸《かいがん》から朝鮮半島《ちょうせんはんとう》が**望見《ぼうけん》**できる。

遠見《とおみ》 遠《とお》くから距離《きょり》を置《お》いて見《み》ること。また、その役割《やくわり》をする人《ひと》。例 国境《こっきょう》の敵陣《てきじん》を**遠見《とおみ》**して、上官《じょうかん》に報告《ほうこく》する。

遠目《とおめ》 遠《とお》くから、距離《きょり》を置《お》いて見《み》ること。例 あの二人《ふたり》はそっくりだから、**遠目《とおめ》**にも姉妹《しまい》だと分《わ》かる。

俯瞰《ふかん》 高《たか》い場所《ばしょ》から下《した》を見下《みお》ろすこと。「俯《ふ》」はうつむく、「瞰《かん》」は見下《みお》ろすという意味《いみ》。例 最上階《さいじょうかい》から**俯瞰《ふかん》**した夜景《やけい》は、まるで宝石箱《ほうせきばこ》のように美《うつく》しかった。

鳥瞰《ちょうかん》 鳥《とり》が飛《と》んでいるときに地上《ちじょう》を見《み》るように、高《たか》い場所《ばしょ》や空中《くうちゅう》から、地上《ちじょう》の広《ひろ》い範囲《はんい》を見下《みお》ろすこと。例 **鳥瞰《ちょうかん》**図《ず》を見《み》ると、わが校《こう》はかなり高台《たかだい》にあるようだ。

見渡《みわた》す限《かぎ》り どこまでも遠《とお》く、ずっと続《つづ》いているようす。例 **見渡《みわた》す限《かぎ》り**の青《あお》い大海原《おおうなばら》に、小《ちい》さなヨットでこぎ出《だ》す。

笑覧《しょうらん》 自分《じぶん》が書《か》いた文章《ぶんしょう》や書物《しょもつ》などを、人《ひと》に見《み》せるときのへりくだった言《い》い方《かた》。つまらないものですが、どうかご覧《らん》になってください、という意味《いみ》。例 このたび論文集《ろんぶんしゅう》が発表《はっぴょう》されましたので、どうぞご**笑覧《しょうらん》**ください。

高覧《こうらん》 他人《たにん》が見《み》ることをうやまった言《い》い方《かた》。とくに、自分《じぶん》の書《か》いたものを相手《あいて》に見《み》せるときに使《つか》われる。例 先生《せんせい》にご**高覧《こうらん》**いただければ幸《さいわ》いです。

天覧《てんらん》 天皇《てんのう》が見《み》ること。例 **天覧《てんらん》**試合《じあい》でホームランを打《う》てるとは、

似《に》＝似た表現《ひょうげん》のことば。対＝反対《はんたい》の意味《いみ》のことば。例＝使《つか》い方《かた》の例《れい》。

なんと幸運《こううん》な選手《せんしゅ》だろう。

照覧《しょうらん》　神《かみ》や仏《ほとけ》が見《み》ること。例 神々《かみがみ》もご照覧《しょうらん》あれとばかりに、悪事《あくじ》の証拠《しょうこ》を示《しめ》す。

「見《み》る」に関連《かんれん》することば

視線《しせん》を浴《あ》びる　大勢《おおぜい》の人《ひと》から見詰《みつ》められる。「観客《かんきゃく》の熱《あつ》い視線《しせん》を浴《あ》びる」などという。

こうべを回《めぐ》らす　振《ふ》り返《かえ》って見《み》る。振《ふ》り向《む》く。また、過去《かこ》を振《ふ》り返《かえ》る。「こうべ」は「首《こうべ》」とも書《か》き、頭《あたま》のこと。

見《み》る影《かげ》もない　かつての面影《おもかげ》がまったく失《うしな》われて、見《み》るに堪《た》えない。みすぼらしくて、みじめである。

白《しろ》い目《め》で見《み》る　➡423

百聞《ひゃくぶん》は一見《いっけん》にしかず　他人《たにん》から百回《ひゃっかい》聞《き》くより、実際《じっさい》に自分《じぶん》で一回《いっかい》見《み》たほうがよく分《わ》かるということ。「しかず」は、及《およ》ばないという意味《いみ》。

●こんなことばも覚《おぼ》えておこう

刮目《かつもく》・四顧《しこ》・奏覧《そうらん》・台覧《たいらん》・披見《ひけん》・見《み》そなわす

聞《き》く

listen, hear
［リッスン、ヒア］

このページも見《み》てみよう
▼質問《しつもん》する ➡297

聞《き》く　◎音《おと》や声《こえ》を耳《みみ》で感《かん》じる。例 怪《あや》しい物音《ものおと》を聞《き》いて外《そと》に出《で》てみる。◎人《ひと》の話《はなし》を耳《みみ》に感《かん》じて理解《りかい》する。例 彼女《かのじょ》のピアノの腕前《うでまえ》については、あちこちで聞《き》いたよ。◎人《ひと》の話《はなし》や要求《ようきゅう》などに応《おう》じる。例 妹《いもうと》は小《ちい》さいころから親《おや》の言《い》うことをよく聞《き》く子《こ》だった。◎「におう」➡203 ◎「質問《しつもん》する」➡297

聴《き》く　◎音楽《おんがく》などを耳《みみ》に入《い》れる。また、自分《じぶん》から耳《みみ》を傾《かたむ》けて、注意《ちゅうい》してていねいに聞《き》く。例 福祉《ふくし》についての講演《こうえん》を聴《き》く。

伺《うかが》う　◎「聞《き》く」のへりくだった言《い》い方《かた》。お聞《き》きする。例 先生《せんせい》のご出発《しゅっぱつ》は、明朝《みょうちょう》九時《くじ》と伺《うかが》っております。◎「訪《たず》ねる」➡182 ◎「質問《しつもん》する」➡298

承《うけたまわ》る　「聞《き》く」のへりくだった言《い》い方《かた》。謹《つつし》んでお聞《き》きする。例 承《うけたまわ》ったご意見《いけん》を参考《さんこう》に、もう一度《いちど》検討《けんとう》いたします。

聞《き》こえる　◎音《おと》や声《こえ》が耳《みみ》に入《はい》る。例 この店《みせ》はうるさくて、君《きみ》の話《はなし》がよく聞《き》こえないよ。◎自分《じぶん》の話《はなし》が、ほかの人《ひと》に意味《いみ》を持《も》って受《う》け取《と》られる。例 冗談《じょうだん》に聞《き》こえるかもしれないけど、本当《ほんとう》のことなんだよ。◎うわさや評判《ひょうばん》が広《ひろ》く伝《つた》わる。例 小柄《こがら》ではあるが、現役当時《げんえきとうじ》は名力士《めいりきし》として聞《き》こえていた。

耳《みみ》にする　何気《なにげ》なく聞《き》く。とくに聞《き》こうとしないのに、たまたま聞《き》いてしまう。例 その事件《じけん》については、会社《かいしゃ》で妙《みょう》なうわさを耳《みみ》にした。

耳《みみ》に入《はい》る　◎物音《ものおと》が、自然《しぜん》に聞《き》こえてくる。例 姉《あね》の部屋《へや》から流《なが》れるCD《シーディー》の音《おと》が耳《みみ》に入《はい》る。◎うわさや情報《じょうほう》などが聞《き》こえてくる。例 あの学校《がっこう》の評判《ひょうばん》は、父《ちち》の耳《みみ》に入《はい》っているはずだ。

◆＝もっと知《し》りたい、ことばの知識《ちしき》。

耳朶《じだ》に触《ふ》れる

「耳《みみ》に入《はい》る」と同《おな》じ。「耳朶《じだ》」は、みみたぶのこと。例 彼《かれ》のうわさが、みんなの**耳朶《じだ》に触《ふ》れた**。

小耳《こみみ》に挟《はさ》む

何《なに》かの折《おり》に、だれからというわけでもなく、ふと聞《き》く。例 彼女《かのじょ》が有名《ゆうめい》な進学校《しんがくこう》に合格《ごうかく》したことを**小耳《こみみ》に挟《はさ》んだ**。似 耳《みみ》に挟《はさ》む。

聞《き》き取《と》る

◎音《おと》やことばを耳《みみ》で聞《き》いて、正《ただ》しく理解《りかい》する。例 英語《えいご》の会話《かいわ》を**聞《き》き取《と》る**のは得意《とくい》だ。
◎「質問《しつもん》する」➡298

耳《みみ》を貸《か》す

相手《あいて》の話《はなし》を聞《き》いたり、相談《そうだん》に乗《の》ったりする。例 ないしょの話《はなし》があるので、ちょっと**耳《みみ》を貸《か》して**。

耳《みみ》を澄《す》ます

小《ちい》さな音《おと》や声《こえ》などを聞《き》き逃《のが》さないように、注意《ちゅうい》してじっと聞《き》く。例 **耳《みみ》を澄《す》ます**と、野鳥《やちょう》の声《こえ》が聞《き》こえてくる。

耳《みみ》を傾《かたむ》ける

熱心《ねっしん》に聞《き》く。例 父《ちち》の意見《いけん》に**耳《みみ》を傾《かたむ》ける**。

耳《みみ》をそばだてる

「耳《みみ》を澄《す》ます」と同《おな》じ。「そばだてる」は、もともと、物《もの》の片方《かたほう》の端《はし》を高《たか》くしたり、傾《かたむ》けたりするという意味《いみ》。例 チェンバロの音色《ねいろ》を聞《き》くために、**耳《みみ》をそばだてる**。

聞《き》き耳《みみ》を立《た》てる

「耳《みみ》を澄《す》ます」と同《おな》じだが、聞《き》いていることを人《ひと》に知《し》られないようにしている感《かん》じがある。例 隣《となり》の家《いえ》が何《なに》をしているか、ついつい**聞《き》き耳《みみ》を立《た》てて**しまう。

聞《き》き入《い》る

集中《しゅうちゅう》して、熱心《ねっしん》に聞《き》く。また、心《こころ》引《ひ》かれて、うっとりしながら聞《き》く。例 バイオリニストの名演奏《めいえんそう》に、時《とき》を忘《わす》れて**聞《き》き入《い》る**。

聞《き》きほれる

聞《き》いて心《こころ》を奪《うば》われ、うっとりとする。例 彼《かれ》の美声《びせい》に、ついつい**聞《き》きほれた**。

聞《き》き分《わ》ける

◎いろいろな音《おと》を聞《き》いて、その違《ちが》いを区別《くべつ》する。例 セミの鳴《な》き声《ごえ》を**聞《き》き分《わ》ける**。◎人《ひと》の話《はなし》を聞《き》いて、その内容《ないよう》を理解《りかい》し、納得《なっとく》する。例 明日《あした》は仕事《しごと》だから遊《あそ》べないんだ、**聞《き》き分《わ》けて**くれよ。

聞《き》き出《だ》す

◎聞《き》き始《はじ》める。例 このラジオ番組《ばんぐみ》を**聞《き》き出《だ》した**のは今年《ことし》の四月《しがつ》だ。◎隠《かく》されていることや、自分《じぶん》が知《し》りたいと思《おも》っていることを人《ひと》から聞《き》いて探《さぐ》り出《だ》す。例 今回《こんかい》の旅行《りょこう》について、父《ちち》は詳《くわ》しく教《おし》えてくれないので、母《はは》から**聞《き》き出《だ》そう**。

聞《き》き及《およ》ぶ

人《ひと》から聞《き》いて、すでに知《し》っている。例 その件《けん》については、かねてより**聞《き》き及《およ》んで**おります。

耳《みみ》に達《たっ》する

人《ひと》から伝《つた》わって、ある情報《じょうほう》をすでに知《し》っている。例 彼《かれ》がすごいピッチャーだということは、みんなの**耳《みみ》に達《たっ》して**いる。

聞《き》き付《つ》ける

◎音《おと》や声《こえ》を耳《みみ》にして、気《き》づく。例 弟《おとうと》の声《こえ》を**聞《き》き付《つ》けて**、ポチが走《はし》ってきた。◎人《ひと》から伝《つた》え聞《き》く。例 ロックスターが来《く》るといううわさを**聞《き》き付《つ》けて**、空港《くうこう》にファンが詰《つ》めかけた。

耳《みみ》に入《い》れる

人《ひと》に話《はな》して聞《き》かせる。例 その件《けん》に関《かん》

似＝似《に》た表現《ひょうげん》のことば。対＝反対《はんたい》の意味《いみ》のことば。例＝使《つか》い方《かた》の例《れい》。

しては、先生《せんせい》の耳《みみ》に入《い》れたほうがいい。

聞《き》き込《こ》む ◎聞《き》いて知《し》る。情報《じょうほう》などを引《ひ》き出《だ》す。例 あのカレー屋《や》さんがおいしいという話《はなし》を聞《き》き込《こ》んだ。◎時間《じかん》をかけて何度《なんど》も聞《き》いて味《あじ》わう。例 今度《こんど》の音楽会《おんがくかい》で演奏《えんそう》する曲《きょく》を、練習《れんしゅう》の前《まえ》に聞《き》き込《こ》んでおく。

伝《つた》え聞《き》く ◎ほかの人《ひと》から聞《き》く。例 伝《つた》え聞《き》いたところによると、新任《しんにん》の先生《せんせい》はアメリカ留学《りゅうがく》の経験《けいけん》があるそうだ。◎古《ふる》くからの言《い》い伝《つた》えとして聞《き》く。例 この川《かわ》には、昔《むかし》、河童《かっぱ》が住《す》んでいたと伝《つた》え聞《き》いている。

人《ひと》づてに聞《き》く ほかの人《ひと》を通《とお》して聞《き》く。例 あの人《ひと》の活躍《かつやく》については、人《ひと》づてに聞《き》いて知《し》った。

漏《も》れ聞《き》く 本人《ほんにん》からではなく、ほかの人《ひと》からふと聞《き》く。例 漏《も》れ聞《き》くところによると、明日《あした》から先生《せんせい》のお母様《かあさま》が入院《にゅういん》なさるそうだ。

耳慣《みみな》れる 何度《なんど》も聞《き》いて、珍《めずら》しくはなくなる。例 耳慣《みみな》れた下校《げこう》の音楽《おんがく》とも今日《きょう》でお別《わか》れだ。似 聞《き》き慣《な》れる。

耳《みみ》に付《つ》く 聞《き》いた音《おと》が気《き》になって頭《あたま》から離《はな》れなくなる。例 カエルの鳴《な》き声《ごえ》が耳《みみ》に付《つ》いて、なかなか眠《ねむ》れない。

聞《き》き直《なお》す 一度《いちど》聞《き》いたことを、聞《き》き取《と》れなかったり分《わ》かりにくかったりして、改《あらた》めて聞《き》く。例 道順《みちじゅん》があまりに複雑《ふくざつ》だったので、聞《き》き直《なお》してしまった。

聞《き》き流《なが》す 他人《たにん》の話《はなし》を聞《き》きつつも、言《い》っている内容《ないよう》を気《き》にかけない。例 母《はは》の説教《せっきょう》を軽《かる》く聞《き》き流《なが》していたら、後《あと》からもっとしかられた。

聞《き》きかじる 全部《ぜんぶ》ではなく、ごく一部《いちぶ》のうわっつらのことだけを聞《き》いて知《し》っている。例 天文《てんもん》学《がく》については少《すこ》し聞《き》きかじったことがある。

聞《き》き違《ちが》える 人《ひと》の話《はな》したことばや、話《はなし》の内容《ないよう》などを間違《まちが》えて聞《き》いてしまう。例 彼女《かのじょ》の電話《でんわ》番号《ばんごう》を聞《き》き違《ちが》えてメモしたらしく、全然《ぜんぜん》通《つう》じない。

聞《き》きづらい ◎はっきりと聞《き》こえない。例 店《みせ》の中《なか》は音楽《おんがく》が大《おお》きすぎて、相手《あいて》の話《はなし》が聞《き》きづらい。似 聞《き》きにくい。◎不愉快《ふゆかい》で聞《き》いていられない。例 いない人《ひと》の悪口《わるくち》は、聞《き》きづらいものだ。◎直接《ちょくせつ》聞《き》くのがためらわれる。例 テストのできはどうだったか、人前《ひとまえ》では聞《き》きづらい。似 聞《き》きにくい。

聞《き》き逃《のが》す ◎話《はなし》や音楽《おんがく》などを聞《き》かないでしまう。例 トイレに行《い》ってしまい、先生《せんせい》の話《はなし》を聞《き》き逃《のが》した。◎「質問《しつもん》する」➡298

聞《き》き漏《も》らす 聞《き》かなくてはならなかったことの一部分《いちぶぶん》を、うっかり聞《き》かないままにしてしまう。例 明日《あした》の集合《しゅうごう》場所《ばしょ》のアナウンスを聞《き》き漏《も》らした。

聞《き》き落《お》とす 「聞《き》き漏《も》らす」と同《おな》じ。例 試験《しけん》の出題《しゅつだい》範囲《はんい》が変更《へんこう》になったことを聞《き》き落《お》としていた。

聞《き》きそびれる 人《ひと》に聞《き》こうと思《おも》っていたのに、つ

◆＝もっと知《し》りたい、ことばの知識《ちしき》。

いつい聞《き》くことができずにいる。例 来《らい》週《しゅう》のバザーに行《い》くのかどうか、つい聞《き》きそびれてしまった。

聞《き》く耳《みみ》を持《も》たない 他人《たにん》の意《い》見《けん》をまったく受《う》け入《い》れない。例 兄《あに》は頑固《がんこ》だから、一度《いちど》言《い》い出《だ》したら家族《かぞく》の説得《せっとく》にも**聞《き》く耳《みみ》を持《も》たない**。

聞《き》き飽《あ》きる ➡「飽《あ》きる」479

耳《みみ》にたこができる ➡「飽《あ》きる」479

清聴《せいちょう》 講演《こうえん》や演説《えんぜつ》などを、相手《あいて》が聞《き》いてくれたことに感謝《かんしゃ》していうことば。例 長時間《ちょうじかん》のご**清聴《せいちょう》**、ありがとうございました。

静聴《せいちょう》 人《ひと》の話《はなし》を、私語《しご》などせずに静《しず》かに聞くこと。例 皆様《みなさま》、ご**静《せい》聴《ちょう》**をお願《ねが》いいたします。

傾聴《けいちょう》 熱心《ねっしん》に聞《き》くこと。とくに、人《ひと》の話《はなし》などを、心《こころ》を集中《しゅうちゅう》して聞《き》くこと。例 彼《かれ》の体験談《たいけんだん》は**傾聴《けいちょう》**に値《あたい》する。

拝聴《はいちょう》 「聞《き》くこと」のへりくだった言《い》い方《かた》。例 先生《せんせい》のご講演《こうえん》を**拝《はい》聴《ちょう》**いたしました。

聴取《ちょうしゅ》 ◎ラジオ放送《ほうそう》を聞《き》くこと。例 ラジオ番組《ばんぐみ》のエコキャンペーンに、**聴取《ちょうしゅ》**者《しゃ》から大《おお》きな反響《はんきょう》があった。◎「質問《しつもん》する」➡299

試聴《しちょう》 CD《シーディー》などの音楽商品《おんがくしょうひん》を、買《か》う前《まえ》に試《ため》しに聞いてみること。例 評判《ひょうばん》の新譜《しんぷ》を**試聴《しちょう》**する。

聴講《ちょうこう》 大学《だいがく》などの講義《こうぎ》を聞《き》くこと。例 夏休《なつやす》みに、近《ちか》くの大学《だいがく》の一般《いっぱん》向《む》けセミナーで日本文化論《にほんぶんかろん》を**聴講《ちょうこう》**した。

傍聴《ぼうちょう》 会議《かいぎ》や裁判《さいばん》などを、当事者《とうじしゃ》でない人《ひと》が許《ゆる》しを得《え》て、その会《かい》場内《じょうない》で聞《き》くこと。例 社会科《しゃかいか》の自由研《じゆうけん》究《きゅう》で、市議会《しぎかい》を**傍聴《ぼうちょう》**した。

又聞《またぎ》き その話《はなし》を聞いた人《ひと》から、さらに伝《つた》え聞《き》くこと。例 **又《また》聞《ぎ》き**なので確《たし》かではないが、今度《こんど》の試《し》合《あい》から君《きみ》がレギュラーになるようだよ。

伝聞《でんぶん》 人《ひと》から伝《つた》え聞《き》くこと。例 **伝聞《でんぶん》**するところによれば、彼女《かのじょ》の病状《びょうじょう》はずいぶんよくなってきたそうだ。

盗《ぬす》み聞《ぎ》き 他人《たにん》の話《はなし》を、本人《ほんにん》に気《き》づかれないようにこっそり聞《き》くこと。例 いくら知《し》りたいと思《おも》っても、**盗《ぬす》み聞《ぎ》き**するのはよくないよ。

立《た》ち聞《ぎ》き 他人同士《たにんどうし》がしている話《はなし》を、人目《ひとめ》につかない場所《しょ》で立《た》ったままこっそり聞《き》くこと。例 たまたま通《とお》りかかっただけで、別《べつ》に**立《た》ち聞《ぎ》き**していたわけではないよ。

盗聴《とうちょう》 他人《たにん》の話《はなし》や電話《でんわ》などをこっそり聞《き》くこと。とくに、ひそかに他人《たにん》の部屋《へや》や電話機《でんわき》などにマイクなどを取《と》りつけて、人《ひと》の話《はなし》を盗《ぬす》み聞《ぎ》きする犯罪《はんざい》をいう。例 探偵《たんてい》に調《しら》べてもらったら、会議《かいぎ》の内容《ないよう》を**盗聴《とうちょう》**されていたことが分《わ》かった。

耳新《みみあたら》しい 今《いま》まで聞《き》いたことがない感《かん》じだ。そのようなことばや話《はなし》を聞《き》くのは初《はじ》めてで、新《あたら》しく感《かん》じる。例 平凡《へいぼん》な生活《せいかつ》なので、とくに**耳新《みみあたら》しい**話《はなし》はない。

耳《みみ》が早《はや》い 新《あたら》しい情報《じょうほう》やうわさなどを、人《ひと》よりも早《はや》く聞《き》きつける。例 芸能界《げいのうかい》のニュースについては、彼女《かのじょ》はとくに**耳《みみ》が早《はや》い**。

聞《き》こえ ◎聞《き》こえること。とくに、聞《き》こえる度《ど》合《あ》いのこと。例 電池《でんち》が切《き》れかけているのか、このところラジオの**聞《き》こえ**が悪《わる》い。◎聞《き》いた人《ひと》に与《あた》える印象《いんしょう》や、世間《せけん》の評判《ひょうばん》。例「サマーフェスティバル」というと**聞《き》こえ**はよいが、要《よう》するにただの夏祭《なつまつ》りだよ。

聞《き》き取《と》り 人《ひと》の言《い》うことを聞《き》いて、正《ただ》しく理《り》解《かい》すること。例 英語《えいご》の**聞《き》き取《と》り**の試験《しけん》はどうも苦手《にがて》だ。

聞《き》き覚《おぼ》え ◎以前《いぜん》に聞《き》いて覚《おぼ》えていること。例 **聞《き》き覚《おぼ》え**のあるメロディーなので、途中《とちゅう》から声《こえ》を合《あ》わせて歌《うた》った。◎耳《みみ》から聞《き》いて覚《おぼ》えること。例 **聞《き》き覚《おぼ》え**の英語《えいご》が役《やく》に立《た》った。

聞《き》き捨《ず》て 聞《き》いたことを問題《もんだい》にしないで、そのまま放《ほう》っておくこと。「聞《き》き捨《ず》てならない」など、打《う》ち消《け》しの形《かたち》で使《つか》われることが多《おお》い。例 忠告《ちゅうこく》を**聞《き》き捨《ず》て**にする。例 この事《じ》件《けん》がわたしのせいだなんて、**聞《き》き捨《ず》て**ならない。

言《こと》づて ◎人《ひと》に頼《たの》んで伝《つた》えてもらうこと。また、そのことば。例 今日《きょう》は帰《かえ》りが遅《おそ》くなると、お母《かあ》さんに**言《こと》づて**しておいてね。◎ほかの人《ひと》から伝《つた》え聞《き》くこと。例 その話《はなし》は**言《こと》づて**に聞《き》いたことがある。

初耳《はつみみ》 初《はじ》めて聞《き》くこと。また、初《はじ》めて聞《き》く話《はなし》。例 隣《となり》のお兄《にい》ちゃんが気象予報士《きしょうよほうし》を目指《めざ》していたとは**初耳《はつみみ》**だよ。

空耳《そらみみ》 実際《じっさい》には音《おと》や声《こえ》がしていないのに、聞《き》こえたような気《き》がすること。例 僕《ぼく》の名前《なまえ》が呼《よ》ばれたと思《おも》ったのは**空耳《そらみみ》**だったのか。

早耳《はやみみ》 ほかの人《ひと》よりも情報《じょうほう》やうわさを早《はや》く聞《き》きつけること。また、そのような人《ひと》。例 **早耳《はやみみ》**の芸能《げいのう》レポーターが、スクープ記事《きじ》を書《か》く。

地獄耳《じごくみみ》 ◎「早耳《はやみみ》」と同《おな》じ。例 引《ひ》っ越《こ》しの話《はなし》はだれにもしていなかったのに、君《きみ》は**地獄耳《じごくみみ》**だなあ。◎一度《いちど》聞《き》いたことを、いつまでも覚《おぼ》えていること。また、そのような人《ひと》。例

「聞《き》く」に関連《かんれん》することば

人聞《ひとぎ》きが悪《わる》い 世間《せけん》の人《ひと》に聞《き》かれると困《こま》る。

聞《き》くに堪《た》えない あまりに不愉快《ふゆかい》な内《ない》容《よう》で、とても聞《き》いていられない。

聞《き》きしに勝《まさ》る 人《ひと》から聞《き》いて、想像《そうぞう》していた以上《いじょう》である。

話《はな》し上手《じょうず》は聞《き》き上手《じょうず》 話《はなし》をするのがうまい人《ひと》は、他人《たにん》の話《はなし》を聞《き》くことも上手《じょうず》である。

耳年増《みみどしま》 実際《じっさい》は経験《けいけん》が少《すく》ないのに、聞《き》いたり読《よ》んだりして得《え》た知識《ちしき》として、世《よ》の中《なか》の事情《じじょう》に詳《くわ》しいこと。また、そのような人《ひと》。「年増《としま》」は、年配《ねんぱい》の女《じょ》性《せい》のこと。

◆＝もっと知《し》りたい、ことばの知識《ちしき》。

十年前《じゅうねんまえ》の冗談《じょうだん》をいまだに根《ね》に持《も》つとは、なんて**地獄耳《じごくみみ》**なんだ。

ヒアリング

◎「聞《き》くこと」という意味《いみ》の英語《えいご》。外国語《がいこくご》を聞《き》いて意味《いみ》を理解《りかい》すること。例 視《し》聴覚室《ちょうかくしつ》で英語《えいご》の**ヒアリング**テストを受《う》ける。◎「質問《しつもん》する」↓299

リスニング

◎「聞《き》くこと」という意《い》味《み》の英語《えいご》。音楽《おんがく》など外国語《がいこくご》を聞《き》いて楽《たの》しむこと。また、聞《き》いて意味《いみ》を理解《りかい》すること。例 図書館《としょかん》にはCD《シーディー》を聞《き》ける**リスニング**ルームがある。例 中国語《ちゅうごくご》の**リスニング**の試験《しけん》で高得点《こうとくてん》をあげる。

ちらり

◎ほんのちょっと聞《き》くようす。例 先生《せんせい》が今年《ことし》で学校《がっこう》をお辞《や》めになるといううわさを、**ちらり**と耳《みみ》にした。似 **ちらっと**。◎「見《み》る」↓257

ちらちら

◎ちょっと耳《みみ》に入《はい》るようす。例 彼《かれ》については、このところよくないうわさを**ちらちら**耳《みみ》にする。◎「見《み》る」↓257 ◎「光《ひか》る」↓584 ◎「雪《ゆき》」↓592

言《い》う

say
［セイ］

このページも見《み》てみよう
▼物《もの》の言《い》い方《かた》↓276

言《い》う

◎思《おも》ったことをことばで表《あらわ》す。文字《もじ》で表《あらわ》す場合《ばあい》も含《ふく》む。例 今《いま》彼女《かのじょ》が**言《い》った**ことは、とても大切《たいせつ》なことだと思《おも》う。例 明日《あした》は行《い》けないと彼女《かのじょ》にメールで**言《い》われた**。

しゃべる

◎話《はな》す。ものを言《い》う。多《おお》くは、親《した》しい者同士《ものどうし》が気楽《きらく》に話《はなし》をする場合《ばあい》に使《つか》われる。例 **しゃべって**ばかりいないで早《はや》く作業《さぎょう》を進《すす》めなさい。

しゃべくる

◎口数《くちかず》多《おお》く、ぺらぺらとよくしゃべる。例 人気《にんき》の漫才師《まんざいし》が**しゃべくって**、観《かん》客《きゃく》を沸《わ》かせる。

話《はな》す

◎ことばを使《つか》って自分《じぶん》の考《かんが》えや出来事《できごと》などを人《ひと》に伝《つた》える。例 父《ちち》が学生時代《がくせいじだい》の思《おも》い出《で》を**話《はな》して**くれた。◎お互《たが》いに語《かた》り合《あ》ったり、相談《そうだん》したりする。例 悩《なや》み事《ごと》があるなら何《なん》でも**話《はな》して**ください。

語《かた》る

◎聞《き》き手《て》に自分《じぶん》の考《かんが》えや出来《でき》事《ごと》など、まとまったことを話《はな》して聞《き》かせる。例 三年《さんねん》たってから、彼《かれ》は事件《じけん》の一部始終《いちぶしじゅう》を**語《かた》って**くれた。◎「読《よ》む」↓311

	大声《おおごえ》で	英語《えいご》を	自分《じぶん》の過去《かこ》を
言う	○	–	–
しゃべる	○	○	△
話す	○	○	○
語る	○	–	○

だべる

◎とりとめもないおしゃべりをする。例 友《とも》だちとお菓子《かし》を食《た》べながら**だべって**時間《じかん》をつぶす。◆「駄弁《だべん》」（つまらないおしゃべり）からできたことば。漢字《かんじ》では「駄弁《だべ》る」と書《か》くこともある。

述《の》べる

◎ある内容《ないよう》の事柄《ことがら》を人《ひと》に話《はな》す。例 学級会《がっきゅうかい》では、手《て》を上《あ》げて指名《しめい》されてから意見《いけん》を**述《の》べる**。

似＝似《に》た表現《ひょうげん》のことば。対＝反対《はんたい》の意味《いみ》のことば。例＝使《つか》い方《かた》の例《れい》。

のがルールだ。◎ある内容《ないよう》の事柄《ことがら》を文《ぶん》章《しょう》に書《か》き表《あらわ》す。例 詳《くわ》しいことは、第二《だいに》章《しょう》で述《の》べてある。

弁《べん》じる　述《の》べる。◎積極的《せっきょくてき》に自分《じぶん》の意見《いけん》を述べる。例 教育問題《きょういくもんだい》について、ここで一席《いっせき》弁《べん》じたいと思《おも》います。◎弁解《べんかい》や申《もう》し開《ひら》きをする。例 友人《ゆうじん》の無《む》罪《ざい》のために弁《べん》じる。

口《くち》にする　◎口《くち》に出《だ》して言《い》う。あることを話題《わだい》にする。例 部員《ぶいん》たちは一言《ひとこと》も不満《ふまん》を口《くち》にすることなく厳《きび》しい練習《れんしゅう》に耐《た》えた。似 口《くち》に出《だ》す。◎「食《た》べる」⬇227

物《もの》を言《い》う　◎声《こえ》を出《だ》してしゃべる。例 このロボットは物《もの》を言《い》うことができる。◎威力《いりょく》を発揮《はっき》する。役《やく》に立《た》つ。例 苦《くる》しい接戦《せっせん》のときにこそ、精神力《せいしんりょく》の強《つよ》さが物《もの》を言《い》う。

口《くち》をきく　◎人《ひと》と話《はなし》をする。例 妹《いもうと》はへそを曲《ま》げて、朝《あさ》からだれとも口《くち》をきかない。◎交渉《こうしょう》などがうまくいくように、両者《りょうしゃ》の仲立《なかだ》ちをする。例 地元《じもと》の有力者《ゆうりょくしゃ》に口《くち》をきいてもらい、会社《かいしゃ》に就職《しゅうしょく》できた。

口《くち》を開《ひら》く　話《はな》し始《はじ》める。しゃべり出《だ》す。例 興奮《こうふん》して泣《な》いていたが、やっと落《お》ち着《つ》いて口《くち》を開《ひら》いた。例 留学帰《りゅうがくがえ》りの彼《かれ》は、口《くち》を開《ひら》けばアメリカの話題《わだい》ばかりだ。

言《い》い出《だ》す　◎人《ひと》より先《さき》に言《い》う。例 この計画《けいかく》を最初《さいしょ》に言《い》い出《だ》したのは彼《かれ》だった。◎予《よ》想《そう》しなかったことを、おもむろに言《い》い出《だ》す。例 出発《しゅっぱつ》の直前《ちょくぜん》に、祖母《そぼ》が旅行《りょこう》に行《い》きたくないと言《い》い出《だ》した。

切《き》り出《だ》す　相談事《そうだんごと》や大切《たいせつ》な用件《ようけん》などを、改《あらた》まって話《はな》し始《はじ》める。例 友《とも》だちがまじめな顔《かお》をして、話《はなし》があると切《き》り出《だ》してきた。

話《はな》しかける　◎相手《あいて》と話《はなし》をしようとして、ことばをかける。例 入学式《にゅうがくしき》で緊張《きんちょう》していたときに話《はな》しかけてくれたのが、今《いま》の親友《しんゆう》だ。似 語《かた》りかける。◎話《はな》し始《はじ》める。多《おお》く、

「言《い》い訳《わけ》」はすべて悪《わる》いのか？

深谷先生《ふかやせんせい》のちょっとひと息《いき》

みなさんは、何《なに》かで怒《おこ》られたときに反《はん》論《ろん》をして、「言《い》い訳《わけ》をするな」とさらに怒《おこ》られたことはありませんか？

言《い》い訳《わけ》ということばには、「筋道《すじみち》を立《た》てて説明《せつめい》すること。自分《じぶん》を正当化《せいとうか》して弁《べん》解《かい》をすること」などの意味《いみ》があります。正当化《せいとうか》や弁解《べんかい》には言《い》い逃《のが》れという感《かん》じがありますが、説明《せつめい》のほうは、まったく悪《わる》いことではありません。悪《わる》い印象《いんしょう》にばかりとらわれて、言《い》い訳《わけ》をすべていけないことと決《き》めつけるのは間違《まちが》いなのです。

ただし、「筋道《すじみち》を立《た》てて」というところがポイントです。だれが聞《き》いても納得《なっとく》できるような「すばらしい言《い》い訳《わけ》」ができたなら、だれもそれを「そんなの言《い》い訳《わけ》だろ」と責《せ》めたりはしないでしょう。

これと似《に》たことばに、理屈《りくつ》と屁理屈《へりくつ》があると思《おも》います。ある人《ひと》の主張《しゅちょう》をちょっと聞《き》いただけで「屁理屈《へりくつ》だ」と決《き》めつける前《まえ》に、それがなぜ「屁《へ》」なのかを説明《せつめい》する必要《ひつよう》があるでしょう。

◆＝もっと知《し》りたい、ことばの知識《ちしき》。

途中《とちゅう》で話《はなし》が中断《ちゅうだん》する場合《ばあい》に使《つか》われる。例 大切《たいせつ》なことを母《はは》に話《はな》しかけたところで、父《ちち》が帰《かえ》ってきたのでやめた。

声《こえ》をかける

◎相手《あいて》と話《はなし》をしようとしてことばをかけたり、あいさつしたりする。例 旅先《たびさき》で見知《みし》らぬ人《ひと》に**声《こえ》をかけられた**。◎何《なに》かをいっしょにやろうと相手《あいて》を誘《さそ》う。例 サッカーチームを作《つく》らないかと数人《すうにん》に**声《こえ》をかけた**。

口《くち》を切《き》る

何人《なんにん》かいる中《なか》で最初《さいしょ》に発言《はつげん》する。瓶《びん》の口《くち》などを新《あたら》しく開《あ》けることから。例 一人《ひとり》が**口《くち》を切《き》る**と次々《つぎつぎ》に意見《いけん》が出《で》て、会議《かいぎ》は活発《かっぱつ》に動《うご》き出《だ》した。似 **口火《くちび》を切《き》る**。

口《くち》をそろえる

何人《なんにん》かの人《ひと》が同《おな》じ内容《ないよう》のことを言《い》う。例 あの子《こ》は本当《ほんとう》に礼儀正《れいぎただ》しいと、みんなが**口《くち》をそろえて**ほめる。

声《こえ》をそろえる

◎何人《なんにん》かの人《ひと》がいっしょに声《こえ》を出《だ》す。例 勝利《しょうり》をたたえ、**声《こえ》をそろえて**校歌《こうか》を歌《うた》う。◎何人《なんにん》かの人《ひと》が同《おな》じことを言《い》う。例 観客《かんきゃく》らは、**声《こえ》をそろえて**

あの映画《えいが》は最高《さいこう》だったと言《い》う。

言《い》い換《か》える

同《おな》じ意味《いみ》のことを、別《べつ》のことばで言《い》う。例 エコロジーとは、**言《い》い換《か》えれば**地球《ちきゅう》をいたわることである。

言《い》いかける

あることを話《はな》し始《はじ》める。例 **言《い》いかけて**やめるなんて、気《き》になるじゃないか。

言《い》い交《か》わす

◎お互《たが》いに、ことばのやり取《と》りをする。例 彼《かれ》と久《ひさ》しぶりに会《あ》ったが、一言二言《ひとことふたこと》**言《い》い交《か》わした**だけで別《わか》れてしまった。

◎「約束《やくそく》する」➡369

言《い》い添《そ》える

ことばを付《つ》け加《くわ》える。例 最後《さいご》に**言《い》い添《そ》え**ますが、くれぐれもお体《からだ》には気《き》をつけてください。似 **言《い》い足《た》す**。

言《い》い尽《つ》くす

◎言《い》いたいことを全部《ぜんぶ》言《い》う。例 自分《じぶん》の主張《しゅちょう》は、だいたい**言《い》い尽《つ》くした**。◎ことばで十分《じゅうぶん》に表現《ひょうげん》する。打《う》ち消《け》しのことばを伴《ともな》って使《つか》われることが多《おお》い。例 ナイアガラの滝《たき》の迫力《はくりょく》は、ことばで**言《い》い尽《つ》くす**ことができない。

「言《い》う」に関連《かんれん》することば

口《くち》から先《さき》に生《う》まれる おしゃべりな人《ひと》や口《くち》のうまい人《ひと》を、あざけっていうことば。

ああ言《い》えばこう言《い》う 人《ひと》の言《い》うことに、いちいち盾《たて》を突《つ》いたり理屈《りくつ》をこねたりすることをいう。

空《あ》きだるは音《おと》が高《たか》い 何《なに》も入《はい》っていないたるをたたくと高《たか》い音《おと》がすることから、中身《なかみ》のない、何《なに》も考《かんが》えていない人《ひと》ほどよくしゃべることのたとえ。

口《くち》も八丁《はっちょう》手《て》も八丁《はっちょう》 話《はな》すこともすることも手際《てぎわ》がよく、抜《ぬ》けめがないようす。「八丁《はっちょう》」は、八《やっ》つの道具《どうぐ》のことで、多《おお》くの道具《どうぐ》を使《つか》いこなすということ。「口八丁手八丁《くちはっちょうてはっちょう》」ともいう。

あることないこと 事実《じじつ》と根拠《こんきょ》のないでたらめ。「彼女《かのじょ》はうわさ話《ばなし》が好《す》きで、あることないこと言《い》いふらす」などと使《つか》う。

似＝似《に》た表現《ひょうげん》のことば。対＝反対《はんたい》の意味《いみ》のことば。例＝使《つか》い方《かた》の例《れい》。

言葉《ことば》を尽《つ》くす
相手《あいて》によく伝《つた》えようとして、ありったけのことばを使《つか》う。例 先生《せんせい》に真意《しんい》を知《し》ってもらおうと、言葉《ことば》を尽《つ》くして説明《せつめい》する。

ぬかす
言《い》う。しゃべる。相手《あいて》を見下《みくだ》した言《い》い方《かた》。例 水《みず》よりお茶《ちゃ》がほしいなどと、生意気《なまいき》なことをぬかすな。

ほざく
「ぬかす」と同《おな》じ。例 勝手《かって》なことをほざいていると、痛《いた》い目《め》を見《み》るぞ。

吐《は》く
口《くち》に出《だ》して思《おも》ったことを言《い》う。例 この程度《ていど》の練習《れんしゅう》で弱音《よわね》を吐《は》くようでは、レギュラーにはなれない。

つく
うそなどを口《くち》に出《だ》して言《い》う。例 わたしはやっていませんと、思《おも》わずうそをついてしまった。

ぶつ
◎演説《えんぜつ》などを勢《いきお》いよく行《おこな》う。例 最近《さいきん》の政治家《せいじか》のふがいなさについて、一席《いっせき》ぶたせてもらおう。◎「叩《たた》く」➡158

漏《も》らす
人《ひと》が秘密《ひみつ》にしていることなどを、こっそりとほかの人《ひと》に知《し》らせる。例 内部《ないぶ》の情報《じょうほう》を漏《も》らした人《ひと》がいるようだ。

口走《くちばし》る
◎調子《ちょうし》に乗《の》って、余計《よけい》なことや言《い》ってはならないことを言《い》う。例 彼女《かのじょ》が好《す》きだということを、うっかり口走《くちばし》ってしまった。◎無意識《むいしき》に、ことばを口《くち》に出《だ》してしまう。例 高熱《こうねつ》が出《で》て、うわごとを口走《くちばし》っている。

言《い》い損《そこ》なう
◎言《い》い方《かた》を間違《まちが》える。例 あがってしまって、せりふを言《い》い損《そこ》なってしまった。◎言《い》おうと思《おも》っていたのに、言《い》わずに終《お》わってしまう。例 彼女《かのじょ》にお礼《れい》を言《い》うつもりだったが、ついつい言《い》い損《そこ》なってしまった。

言《い》い誤《あやま》る
言《い》い間違《まちが》える。例 彼《かれ》は「いい人《ひと》だ」と言《い》おうと思《おも》ったのに、「人《ひと》がいい」と言《い》い誤《あやま》ってしまった。

言《い》いそびれる
言《い》おうと思《おも》っていながら、言《い》う機会《きかい》を失《うしな》ったままで終《お》わってしまう。例 しかられるのが怖《こわ》くて、自分《じぶん》がガラスを割《わ》ったということを言《い》いそびれてしまった。

言《い》いかねる
言《い》いたいと思《おも》っても、何《なに》かの理由《りゆう》で言《い》うことができないでいる。例 今《いま》の成績《せいせき》では、必《かなら》ず合格《ごうかく》できるとは言《い》いかねる。

言《い》い渋《しぶ》る
言《い》いにくい事情《じじょう》などがあって、言《い》うのをためらう。例 彼女《かのじょ》にメールアドレスを聞《き》いたが、言《い》い渋《しぶ》って教《おし》えてくれなかった。

言《い》い漏《も》らす
言《い》うべきことの一部《いちぶ》を、言《い》い忘《わす》れる。例 肝心《かんじん》の待《ま》ち合《あ》わせ場所《ばしょ》を言《い》い漏《も》らしてしまった。似 言《い》い落《お》とす。

言《い》い過《す》ぎる
言《い》ってはいけないことや、言《い》わなくていいようなことまで言《い》ってしまう。例 そんなに嫌《いや》なら辞《や》めろなんて、昨日《きのう》は僕《ぼく》も言《い》い過《す》ぎた。

口《くち》が過《す》ぎる
出過《です》ぎたことや失礼《しつれい》なことなど、言《い》うべきでないことまで言《い》ってしまう。例 あいつはいつもだめだなんて、口《くち》が過《す》ぎるよ。似 言葉《ことば》が過《す》ぎる。

◆＝もっと知《し》りたい、ことばの知識《ちしき》。

口《くち》が滑《すべ》る
調子《ちょうし》に乗《の》って、言《い》ってはいけないことや言《い》わなくてもいいようなことを、うっかり言《い》ってしまう。例 つい**口《くち》が滑《すべ》って**、仮《け》病《びょう》で休《やす》んだのがばれてしまった。

言《い》い返《かえ》す
相手《あいて》の言《い》ったことに対《たい》して、負《ま》けずにこちらからも言《い》う。例 **言《い》い返《かえ》せ**なかったところをみると、彼《かれ》がうそをついていたことは明《あき》らかだ。

口《くち》ずさむ
歌《うた》や詩《し》などを、思《おも》いつくまま軽《かる》く声《こえ》に出《だ》す。例 父《ちち》はいつも、お気《き》に入《い》りの歌《うた》を**口《くち》ずさんで**いる。

物語《ものがた》る
◎ある物事《ものごと》について、まとまった話《はなし》をする。例 先輩《せんぱい》が**物語《ものがた》る**海外経験《かいがいけいけん》を、うらやましく聞《き》いた。◎ある事実《じじつ》が、それとかかわる物事《ものごと》の状態《じょうたい》や事情《じじょう》をよく表《あらわ》している。例 崩《くず》れた裏山《うらやま》が、昨日《きのう》の雨《あめ》の強《つよ》さを**物語《ものがた》って**いる。

申《もう》し出《で》る
自分《じぶん》の意見《いけん》や希望《きぼう》などを、相手《あいて》に伝《つた》える。例 ピクニックの参加希望者《さんかきぼうしゃ》は、早《はや》めに**申《もう》し出《で》て**ください。

おっしゃる
「言《い》う」をうやまっていうことば。例 先《せん》生《せい》は、いつも友《とも》だちを大切《たいせつ》にするように**おっしゃる**。似 **言《い》われる**。

のたまう
「おっしゃる」と同《おな》じ。皮肉《ひにく》やからかいの気持《きも》ちをこめて使《つか》われることがある。例 孔子《こうし》は「温故知新《おんこちしん》」と**のたまわれた**。例 実力《じつりょく》もないのに、偉《えら》そうなことを**のたまって**いる。

仰《おお》せになる
「言《い》う」をうやまっていうことばで、「おっしゃる」より、さらに改《あらた》まった言《い》い方《かた》。例 女王《じょおう》は隣国《りんごく》との戦争《せんそう》をやめるようにと**仰《おお》せになった**。似 **仰《おお》せられる**。

申《もう》し上《あ》げる
「言《い》う」のへりくだった言《い》い方《かた》。例 暑中《しょちゅう》お見舞《みま》い**申《もう》し上《あ》げ**ます。

申《もう》す
「言《い》う」「話《はな》す」のへりくだった言《い》い方《かた》。例 その意見《いけん》は、わたしが**申《もう》し**ました。

申《もう》し述《の》べる
「述《の》べる」のへりくだった言《い》い方《かた》。例 ここで、私《わたくし》の意見《いけん》を**申《もう》し述《の》べたい**と思《おも》います。

申《もう》しかねる
「言《い》いかねる」の、へりくだった言《い》い方《かた》。自分《じぶん》の立場《たちば》からは言《い》えない、自分《じぶん》では決《き》められないといった場合《ばあい》に使《つか》われることが多《おお》い。例 社《しゃ》の決定《けってい》を待《ま》たなくてはならないので、私《わたくし》からは何《なん》とも**申《もう》しかねます**。

ささやく
◎声《こえ》をひそめて、相手《あいて》にそっと話《はな》す。例 明日《あした》もここで会《あ》おうと、彼女《かのじょ》の耳元《みみもと》でそっと**ささやいた**。◎不確《ふたし》かなことやおおっぴらにはできないようなことを、ひそかにうわさする。例 次《つぎ》の大会《たいかい》で、あの選手《せんしゅ》が引退《いんたい》するのではないかと**ささやかれて**いる。

つぶやく
小《ちい》さな声《こえ》で独《ひと》り言《ごと》を言《い》う。例 仕事《しごと》が大変《たいへん》だと**つぶやいた**ところで、だれも聞《き》いてはくれない。

ぼやく
不平《ふへい》や不満《ふまん》をぶつぶつ言《い》う。例 こんなに勉強《べんきょう》しているのに成績《せいせき》が上《あ》がらないと、つい**ぼ**

やいてしまった。

声《こえ》を落《お》とす

声《こえ》の調子《ちょうし》を下《さ》げて、小《ちい》さな声《こえ》になる。ひそひそ話《ばなし》を始《はじ》める。例 ここだけの話《はなし》だと言《い》って、彼《かれ》は声《こえ》を落《お》として真実《しんじつ》を語《かた》り始《はじ》めた。

声《こえ》を忍《しの》ばせる

ほかの人《ひと》に聞《き》こえないように、小《ちい》さな声《こえ》になる。例 布団《ふとん》の中《なか》で声《こえ》を忍《しの》ばせて泣《な》く。

声《こえ》をひそめる

周《まわ》りの人《ひと》に聞《き》かれないように、小《ちい》さな声《こえ》になる。例 だれかに見《み》つかってはいけないと、思《おも》わず声《こえ》をひそめた。

どもる

ことばが滑《なめ》らかに出《で》ず、つかえたり同《おな》じ音《おと》を繰《く》り返《かえ》したりする。例 緊張《きんちょう》して、舞台《ぶたい》の上《うえ》でどもってしまった。

なまる

標準的《ひょうじゅんてき》な発音《はつおん》・言《い》い方《かた》とは異《こと》なる、ある地方独特《ちほうどくとく》の発音《はつおん》・言《い》い方《かた》で話《はな》す。また、外国語《がいこくご》を自国語風《じこくごふう》の発音《はつおん》で話《はな》す。例 上京《じょうきょう》したばかりのころは、わたしもかなりなまっていた。

発言《はつげん》

会議《かいぎ》や会合《かいごう》などで、自分《じぶん》の意見《いけん》を言《い》うこと。例 学級会《がっきゅうかい》で、席替《せきが》えについて発言《はつげん》する。

演説《えんぜつ》

何《なに》かを訴《うった》えるために、多《おお》くの人《ひと》の前《まえ》で自分《じぶん》の意見《いけん》や主張《しゅちょう》を述《の》べること。例 市長選挙《しちょうせんきょ》に立候補《りっこうほ》した人《ひと》が、駅前《えきまえ》で演説《えんぜつ》をしていた。

言論《げんろん》

話《はな》したり文章《ぶんしょう》に書《か》いたりして、自分《じぶん》の考《かんが》えや意見《いけん》などを発表《はっぴょう》し論《ろん》じること。とくに、政治的《せいじてき》な意見《いけん》などを発表《はっぴょう》すること。例 日本国憲法《にほんこくけんぽう》では言論《げんろん》の自由《じゆう》が保障《ほしょう》されている。

論述《ろんじゅつ》

筋道《すじみち》を立《た》てて、自分《じぶん》の考《かんが》えたことや意見《いけん》を述《の》べること。例 あの学校《がっこう》の入試《にゅうし》には、必《かなら》ず論述《ろんじゅつ》問題《もんだい》が出《で》るから対策《たいさく》が必要《ひつよう》だ。

前述《ぜんじゅつ》

すでに前《まえ》に述《の》べたこと。例 前《ぜん》述《じゅつ》の通《とお》り、今回選出《こんかいせんしゅつ》する委員《いいん》は十名《じゅうめい》です。似 上述《じょうじゅつ》。先述《せんじゅつ》。対 後述《こうじゅつ》。

後述《こうじゅつ》

後《あと》で述《の》べること。例 申《もう》し込《こ》み方法《ほうほう》の詳細《しょうさい》については後述《こうじゅつ》します。対 前述《ぜんじゅつ》。

詳述《しょうじゅつ》

詳《くわ》しく、ていねいに述《の》べること。例 その事件《じけん》の経緯《けいい》について、詳述《しょうじゅつ》した報告書《ほうこくしょ》を作成《さくせい》する。似 詳説《しょうせつ》。

陳述《ちんじゅつ》

意見《いけん》や考《かんが》えを口《くち》で述《の》べること。また、その内容《ないよう》。とくに、裁《さい》判《ばん》で考《かんが》えを述《の》べること。例 裁判《さいばん》において、証人《しょうにん》が陳述《ちんじゅつ》を行《おこな》う。

口述《こうじゅつ》

まとまった内容《ないよう》を文書《ぶんしょ》ではなく、直接《ちょくせつ》、口《くち》で述《の》べること。例 病《やまい》に倒《たお》れた作家《さっか》は、口述《こうじゅつ》筆記《ひっき》で最《さい》後《ご》の作品《さくひん》を仕上《しあ》げた。

開陳《かいちん》

自分《じぶん》の意見《いけん》や考《かんが》えを述《の》べること。例 憲法改正《けんぽうかいせい》についての意《い》見《けん》を開陳《かいちん》する。

述懐《じゅっかい》

自分《じぶん》の思《おも》いや記憶《きおく》について話《はな》すこと。例 パリに留学《りゅうがく》したときの思《おも》い出《で》を、デザイナーがしみじみと述懐《じゅっかい》する。

供述《きょうじゅつ》

容疑者《ようぎしゃ》や証人《しょうにん》が、警察官《けいさつかん》などの取《と》り調《しら》べに対《たい》して、事実《じじつ》や意見《いけん》を述《の》べること。例 被告《ひこく》の供述《きょうじゅつ》通《どお》り、凶器《きょうき》は事件現場《じけんげんば》近《ちか》くの湖《みずうみ》の中《なか》から発見《はっけん》された。

代弁《だいべん》

本人《ほんにん》に代《か》わって、その人《ひと》の意《い》見《けん》や希望《きぼう》などを述《の》べること。

行《こう》動《どう》
見《み》る聞《き》く話《はな》す
見《み》る
聞《き》く
▶言《い》う
物《もの》の言《い》い方《かた》
言《い》い切《き》る
論《ろん》じる
話《はな》し合《あ》う

◆＝もっと知《し》りたい、ことばの知識《ちしき》。

例 無《む》二《に》の親友《しんゆう》の彼《かれ》が、わたしの気持《きも》ちを**代弁**《だいべん》してくれた。

仰《おお》せ 目上《めうえ》の人《ひと》の発言《はつげん》や言《い》いつけを、うやまっていうことば。例 先《せん》生《せい》の**仰《おお》せ**の通《とお》り、熱《ねつ》の下《さ》がらないうちは安静《あんせい》にしています。

言上《ごんじょう》 目《め》上《うえ》の人《ひと》に、自分《じぶん》の考《かんが》えなどを申《もう》し上《あ》げること。例 このたびの戦《いくさ》について、殿《との》に**言上**《ごんじょう》する。

ささやき ◎声《こえ》をひそめて相手《あいて》にそっと話《はな》すこと。また、その声《こえ》。例 彼《かれ》の愛《あい》の**ささやき**に思《おも》わずうっとりした。◎人間《にんげん》の声《こえ》ばかりでなく、小《ちい》さな音《おと》のたとえ。例 荒野《こうや》には何《なに》もなく、ただ風《かぜ》の**ささやき**だけが聞《き》こえた。

つぶやき 小《ちい》さな声《こえ》で独《ひと》り言《ごと》を言《い》うこと。また、その独《ひと》り言《ごと》。例 早《はや》く家《いえ》に帰《かえ》りたいなあという**つぶやき**を、コーチに聞《き》かれてしまった。

独《ひと》り言《ごと》 聞《き》く人《ひと》がいないのに、一人《ひとり》で何《なに》かを言《い》うこと。また、そのことば。例 弟《おとうと》は、集中《しゅうちゅう》すると**独《ひと》り言《ごと》**が増《ふ》える。

独語《どくご》 独《ひと》り言《ごと》を言《い》うこと。例 わたしはこれからどうなるのかと**独《どく》語《ご》**する。似 独言《どくげん》。独白《どくはく》。◆ドイツを「独逸《どいつ》」と書《か》くことから、ドイツ語《ご》という意《い》味《み》もある。

耳打《みみう》ち 相手《あいて》の耳《みみ》に口《くち》を近《ちか》づけて、小声《こごえ》で言《い》うこと。その人《ひと》にだけ情報《じょうほう》を伝《つた》えること。例 この店《みせ》のケーキは高《たか》いだけでおいしくないと、母《はは》に**耳打《みみう》ち**された。

換言《かんげん》 言《い》い方《かた》を変《か》えたり、別《べつ》のことばに置《お》き換《か》えたりすること。例 ていねいにやるということは、換言《かんげん》すれば、時間《じかん》をかけるということだ。

過言《かごん》 言《い》い過《す》ぎること。おおげさなことを言《い》うこと。「過言《かごん》ではない」などと、打《う》ち消《け》しのことばを伴《ともな》って使《つか》われることが多《おお》い。例 風邪《かぜ》は万《まん》病《びょう》の元《もと》と言《い》っても**過言**《かごん》ではない。

言及《げんきゅう》 ある事柄《ことがら》について述《の》べること。話《はなし》だけでなく、書《か》いたものについてもいう。例 市長《しちょう》は予算《よさん》の問題《もんだい》に**言及**《げんきゅう》した。

他言《たごん》 話《はな》してはいけないことを、他《た》人《にん》に話《はな》すこと。例 この件《けん》については、**他言**《たごん》は無用《むよう》に願《ねが》います。◆「たげん」ともいう。

口外《こうがい》 口《くち》に出《だ》して言《い》うこと。秘密《ひみつ》などを第三者《だいさんしゃ》に話《はな》すこと。例 このことはないしょだから**口外**《こうがい》しないでね。

付言《ふげん》 後《あと》から付《つ》け加《くわ》えて言《い》うこと。また、そのことば。例 念《ねん》のため**付言**《ふげん》すれば、雨天《うてん》の場合《ばあい》は中止《ちゅうし》です。

いわく ◎「その人《ひと》が言《い》うには」「その人《ひと》が言《い》うことには」という意《い》味《み》。例 先生《せんせい》**いわく**、この校舎《こうしゃ》は、もともとお城《しろ》だったそうだ。◎はっきりと言《い》えない隠《かく》れた事情《じじょう》や理由《りゆう》。よくないことについて使《つか》われることが多《おお》い。例 先日《せんじつ》の泊《と》まり客《きゃく》は、**いわく**ありげな人《ひと》たちだった。

うんぬん ◎あれこれ言《い》うこと。とやかく批評《ひひょう》すること。例 みんなで決《き》めたことだから、今《いま》さら**うんぬん**する気《き》はない。◎文章《ぶんしょう》の後《あと》に続《つづ》く文句《もんく》を省略《しょうりゃく》するときに使《つか》われるこ

似＝似《に》た表現《ひょうげん》のことば。対＝反対《はんたい》の意味《いみ》のことば。例＝使《つか》い方《かた》の例《れい》。

とば。「などなど」といった意味《いみ》。例 この本《ほん》には、インドの歴史《れきし》うんぬんが書《か》かれている。◆「云々《うんぬん》」と書《か》く。

第一声《だいいっせい》

ある活動《かつどう》を始《はじ》めるときに多《おお》くの人《ひと》の前《まえ》で最初《さいしょ》に発《はっ》することば。役職《やくしょく》に就任《しゅうにん》したときのあいさつや選挙演説《せんきょえんぜつ》など。例 都知事候補者《とちじこうほしゃ》は、新宿駅前《しんじゅくえきまえ》で第一声《だいいっせい》を上《あ》げた。

暴言《ぼうげん》

口《くち》にするべきではない、乱暴《らんぼう》で失礼《しつれい》なことば。例 目上《めうえ》の人《ひと》に向《む》かって暴言《ぼうげん》を吐《は》く。

放言《ほうげん》

他人《たにん》の気持《きも》ちや迷惑《めいわく》を考《かんが》えず、思《おも》ったことを無責任《むせきにん》に言《い》ってしまうこと。また、そのことば。例 女性《じょせい》を差別《さべつ》する放言《ほうげん》で非難《ひなん》される。

口任《くちまか》せ

深《ふか》く考《かんが》えないで、口《くち》から出《で》るのに任《まか》せて言《い》うこと。例 口任《くちまか》せのでたらめを言《い》う。

出任《でまか》せ

よく考《かんが》えないで、根拠《こんきょ》のないでたらめを言《い》うこと。例 生《い》きた恐竜《きょうりゅう》を見《み》てきたなんて、出任《でまか》せを言《い》うなよ。

問《と》わず語《がた》り

人《ひと》から尋《たず》ねられたわけではなく、自分《じぶん》のほうから話《はな》すこと。例 母《はは》は青春時代《せいしゅんじだい》の思《おも》い出《で》を、問《と》わず語《がた》りに話《はな》し始《はじ》めた。

開口一番《かいこういちばん》

話《はなし》を始《はじ》めた最初《さいしょ》の話題《わだい》として。いきなり。例 首相《しゅしょう》は開口一番《かいこういちばん》、辞任《じにん》の意向《いこう》を申《もう》し出《で》た。

異口同音《いくどうおん》

多《おお》くの人《ひと》が、口《くち》をそろえて同《おな》じ内容《ないよう》のことを言《い》うこと。例 集《あつ》まった人々《ひとびと》は、異口同音《いくどうおん》に管理者《かんりしゃ》の無責任《むせきにん》さを訴《うった》えた。

無駄話《むだばなし》

気楽《きらく》な相手《あいて》と軽《かる》い気分《きぶん》でする、とりとめのないおしゃべり。例 友《とも》だちと無駄話《むだばなし》をしていたら、あっという間《ま》に時間《じかん》が過《す》ぎてしまった。

おしゃべり

◎気楽《きらく》な相手《あいて》と軽《かる》い話《はなし》をすること。例 授業中《じゅぎょうちゅう》におしゃべりをしていたら、先生《せんせい》にしかられた。◎よく話《はな》すこと。また、口数《くちかず》が多《おお》い人《ひと》。例 あの人《ひと》はおしゃべりだから、秘密《ひみつ》を打《う》ち明《あ》けたりしないほうがいい。

饒舌《じょうぜつ》

よくしゃべること。例 父《ちち》は、普段《ふだん》はもの静《しず》かだが、酔《よ》っ払《ぱら》うと饒舌《じょうぜつ》になる。

余談《よだん》

用件以外《ようけんいがい》の話《はなし》。本筋《ほんすじ》を離《はな》れた話《はなし》。例 余談《よだん》はこれくらいにして、本論《ほんろん》に入《はい》ります。

放談《ほうだん》

言《い》いたいことを、遠慮《えんりょ》なく話《はな》すこと。また、その話《はなし》。例 テレビで、政治《せいじ》について放談《ほうだん》する番組《ばんぐみ》を見《み》る。

雑談《ざつだん》

話題《わだい》や目的《もくてき》などをとくに決《き》めずに、気楽《きらく》な話《はなし》をすること。例 気軽《きがる》な雑談《ざつだん》から、思《おも》わぬすばらしい発想《はっそう》が生《う》まれることがある。

手話《しゅわ》

耳《みみ》や口《くち》が不自由《ふじゆう》な人《ひと》が、音声《おんせい》の代《か》わりに手《て》の動《うご》きや身振《みぶ》りを利用《りよう》して会話《かいわ》する方法《ほうほう》。例 耳《みみ》の不自由《ふじゆう》な人《ひと》に、手話《しゅわ》で道《みち》を教《おし》える。

四方山話《よもやまばなし》

世《よ》の中《なか》のいろいろなことについての話《はなし》。「四方《よも》」は、東西南北《とうざいなんぼく》を表《あらわ》すことから、あちらこちらという意味《いみ》。例 母《はは》は久《ひさ》しぶりに古《ふる》い友人《ゆうじん》と会《あ》って、四方山話《よもやまばなし》に花《はな》を咲《さ》かせたという。

与太話《よたばなし》

ふざけた、つまらない話《はなし》。でたらめな話《はなし》。例 彼《かれ》は酔《よ》うと与太話《よたばなし》ばかりするが、どうも憎《にく》めない。

◆＝もっと知《し》りたい、ことばの知識《ちしき》。

世間話《せけんばなし》 世《よ》の中《なか》の出来事《できごと》やうわさなどについての、ありふれた気楽《きらく》な話《はなし》。例 彼女《かのじょ》とはたまに会《あ》って、世間話《せけんばなし》をする程度《ていど》の仲《なか》だ。

駄弁《だべん》 何《なん》の役《やく》にも立《た》たない、つまらないおしゃべり。例 駄弁《だべん》を弄《ろう》して、試験前《しけんまえ》の大切《たいせつ》な時間《じかん》を浪費《ろうひ》してしまった。

物《もの》の言《い》い方《かた》

expression
［イクスプレッション］

このページも見《み》てみよう
▼言《い》う→268

言《い》い方《かた》 話《はな》し方《かた》。ことばづかい。例 先生《せんせい》に対《たい》して、あんな言《い》い方《かた》をするなんて失礼《しつれい》だよ。

物言《ものい》い ◎「言《い》い方《かた》」と同《おな》じ。例 やさしい物言《ものい》いで、ていねいに指導《しどう》する先生《せんせい》。◎ある決定《けってい》に対《たい》して、反対意見《はんたいいけん》を言《い》うこと。とくに相撲《すもう》で、行司《ぎょうじ》の判定《はんてい》に異議《いぎ》を唱《とな》えること。例 優勝《ゆうしょう》のかかった大一番《おおいちばん》に、物言《ものい》いがつく。

言《い》い回《まわ》し 物事《ものごと》の表現《ひょうげん》の仕方《しかた》。例 持《も》ってまわった言《い》い回《まわ》しで、聞《き》いていてもよく分《わ》からない。

話《はな》し振《ぶ》り 話《はなし》をするときのようす。例 事故《じこ》と聞《き》いて驚《おどろ》いたが、姉《あね》の落《お》ち着《つ》いた話《はな》し振《ぶ》りに一安心《ひとあんしん》した。

弁舌《べんぜつ》 話《はなし》の仕方《しかた》。また、物《もの》を言《い》うこと。例 児童会《じどうかい》の会長選挙《かいちょうせんきょ》で、友人《ゆうじん》の応援《おうえん》に弁舌《べんぜつ》を振《ふ》るう。

口調《くちょう》 ことばを話《はな》すときの、調子《ちょうし》や勢《いきお》い。例 友《とも》だちの両親《りょうしん》に、改《あらた》まった口調《くちょう》で説明《せつめい》する。

語調《ごちょう》 「口調《くちょう》」と同《おな》じ。また、話《はな》すときの声《こえ》の高《たか》さや調子《ちょうし》。例 小《ちい》さな子《こ》どもたちに対《たい》して、おだやかな語調《ごちょう》で話《はなし》をする。

語気《ごき》 話《はな》すときの、ことばの勢《いきお》い。例 仏《ほとけ》の顔《かお》も三度《さんど》とばかりに、語気《ごき》を荒《あら》らげてしかりつけた。

語《かた》り口《くち》 話《はな》すときの口調《くちょう》。話《はな》し方《かた》。例 たくみな語《かた》り口《くち》に、すっかり引《ひ》き込《こ》まれる。

歯切《はぎ》れ 話《はな》すときの、発音《はつおん》やしゃべる調子《ちょうし》。例 先生《せんせい》に突然質問《とつぜんしつもん》されて、歯切《はぎ》れの悪《わる》い返事《へんじ》しかできなかった。

イントネーション 話《はなし》をするときの、文《ぶん》の終《お》わりや切《き》れ目《め》の声《こえ》の調子《ちょうし》の上《あ》がり下《さ》がり。例 質問《しつもん》をするときのイントネーションは、文《ぶん》の後《うし》ろが上《あ》がる。

アクセント 習慣《しゅうかん》となっている、一《ひと》つひとつのことばの、声《こえ》の調子《ちょうし》の上《あ》がり下《さ》がり。例 日本人《にほんじん》は「雨《あめ》」と「飴《あめ》」を、アクセントで聞《き》き分《わ》ける。

口振《くちぶ》り 話《はな》す人《ひと》の考《かんが》えや思《おも》いがうかがえるような、話《はな》し方《かた》の調子《ちょうし》。例 あの口振《くちぶ》りでは、どうやらテストの成績《せいせき》はよかったようだね。

口付《くちつ》き 「口振《くちぶ》り」と同《おな》じ。例 弟《おとうと》は不満《ふまん》そうな口付《くちつ》きをした。

口吻《こうふん》 物《もの》の言《い》い方《かた》。話《はな》し方《かた》。例 彼《かれ》はあきらめきれないといった口吻《こうふん》だった。

言《い》い草《ぐさ》 人《ひと》が言《い》ったことばや言《い》い方《かた》。とくに、不愉快《ふゆかい》な言《い》い方《かた》。例 親《おや》に対《たい》して、その言《い》い草《ぐさ》はなんだ。◆「言《い》い種《ぐさ》」とも書《か》く。

言葉遣《ことばづか》い 話《はなし》をするときのことばの使《つか》い方《かた》、選《えら》び方《かた》。例 ていねいな言葉遣《ことばづか》いで説明《せつめい》する。

口《くち》がうまい 人《ひと》が気《き》に入《い》るようなことを言《い》うのが上手《じょうず》である。例 口《くち》がうまい店員《てんいん》に乗《の》せられて、ついに買《か》わされてしまった。

口《くち》が減《へ》らない 注意《ちゅうい》されたり論争《ろんそう》で負《ま》けたりしても、なお言《い》い訳《わけ》や負《ま》け惜《お》しみを言《い》い返《かえ》すようす。「減《へ》る」は、ここでは気後《きおく》れする・ひるむという意味《いみ》。例 ああだこうだと、口《くち》が減《へ》らないやつだなあ。

口《くち》が軽《かる》い 言《い》ってはいけないようなことまで、何《なん》でもぺらぺらとしゃべる。例 あの人《ひと》は口《くち》が軽《かる》いから、すぐにうわさが広《ひろ》まってしまいますよ。対 口《くち》が堅《かた》い。

舌《した》が回《まわ》る つかえないで、よくしゃべる。例 聞《き》かれもしないことまでべらべらと、よく舌《した》が回《まわ》るものだ。

弁《べん》が立《た》つ 話《はな》すことが上手《じょうず》である。例 弁《べん》が立《た》つので、よく応援演説《おうえんえんぜつ》を頼《たの》まれる。

まくし立《た》てる 相手《あいて》に言《い》い返《かえ》す暇《ひま》を与《あた》えず、激《はげ》しい勢《いきお》いでしゃべり続《つづ》ける。例 相手《あいて》の言《い》うことなど聞《き》かずに、一気《いっき》にまくし立《た》てる。

よどみなく つかえずに、すらすらとしゃべるようす。例 大勢《おおぜい》の聴衆《ちょうしゅう》を前《まえ》にして、よどみなくしゃべる。

雄弁《ゆうべん》 ◎聞《き》き手《て》に力強《ちからづよ》く訴《うった》えかけて、納得《なっとく》させるような堂々《どうどう》とした話《はな》しぶり。例 会場《かいじょう》の人々《ひとびと》を前《まえ》に雄弁《ゆうべん》を振《ふ》るう。◎物事《ものごと》の真実《しんじつ》をはっきりと表《あらわ》していることのたとえ。「～を雄弁《ゆうべん》に物語《ものがた》る」という形《かたち》で使《つか》われることが多《おお》い。例 選手《せんしゅ》の晴《は》れやかな表情《ひょうじょう》が、記録《きろく》のすばらしさを雄弁《ゆうべん》に物語《ものがた》っている。

能弁《のうべん》 話《はなし》がうまいこと。例 彼《かれ》のように能弁《のうべん》な人《ひと》は、政治家《せいじか》に向《む》いているかもしれない。対 訥弁《とつべん》。

熱弁《ねつべん》 力《ちから》や情熱《じょうねつ》のこもった、熱心《ねっしん》な話《はな》し方《かた》。例 環境保護《かんきょうほご》について熱弁《ねつべん》を振《ふ》るう彼《かれ》に、多《おお》くの人《ひと》が心《こころ》を動《うご》かされた。

流暢《りゅうちょう》 流《なが》れるようにすらすらと話《はなし》をするようす。例 日本《にほん》に留学《りゅうがく》して間《ま》もないのに、流暢《りゅうちょう》な日本語《にほんご》で話《はな》すなんて驚《おどろ》きだ。

名調子《めいちょうし》 味《あじ》わい深《ぶか》い、見事《みごと》な語《かた》り口《くち》。とくに、話《はな》すことを職業《しょくぎょう》にしている人《ひと》の、見事《みごと》な話《はな》し方《かた》。例 独特《どくとく》の名調子《めいちょうし》で、多《おお》くの人《ひと》に親《した》しまれた野球解説者《やきゅうかいせつしゃ》。

立《た》て板《いた》に水《みず》 つかえずにすらすらと話《はな》すようす。立《た》てかけてある板《いた》に水《みず》を流《なが》すと、止《と》まることなく流《なが》れることから。例 プロのアナウンサーの話《はな》し振《ぶ》りは、さすがに立《た》て板《いた》に水《みず》だね。

弁舌《べんぜつ》さわやか よどみない口調《くちょう》で、分《わ》かりやすく話《はな》すようす。例 工場見学《こうじょうけんがく》で、広報《こうほう》の人《ひと》が弁舌《べんぜつ》さわやかに説明《せつめい》してくれた。

◆＝もっと知《し》りたい、ことばの知識《ちしき》。

た。

四《し》の五《ご》の あれこれ面倒《めんどう》なことを言《い》うようす。文句《もんく》や不平《へい》を並《なら》べたてるようす。例 四《し》の五《ご》の言《い》わずに、さっさとやりなさい。

綿々《めんめん》 途切《とぎ》れることなく、思《おも》いなどを述《の》べたり書《か》いたりするようす。例 恋人《こいびと》に、自分《じぶん》の思《おも》いを綿々《めんめん》と話《はな》す。

滔々《とうとう》 すらすらとよどみなく、自分《じぶん》の思《おも》いなどを話《はな》すようす。例 自分《じぶん》の信念《しんねん》を滔々《とうとう》と述《の》べる。

縷々《るる》 こまごまと詳《くわ》しく話《はな》すようす。例 両親《りょうしん》に、事情《じじょう》を縷々《るる》説明《せつめい》する。

長広舌《ちょうこうぜつ》 つかえずに長々《ながなが》としゃべり続《つづ》けること。「広長舌《こうちょうぜつ》（仏《ほとけ》に備《そな》わる相《そう》の一《ひと》つで、舌《した》が広《ひろ》くて長《なが》いようす）」が変化《へんか》したことば。例 立会演説会《たちあいえんぜつかい》で長広舌《ちょうこうぜつ》を振《ふ》るう。

口《くち》ごもる 声《こえ》の出《だ》し方《かた》がはっきりせず、口《くち》の中《なか》にことばがこもってもぞもぞ言《い》う。多《おお》く、言《い》いにくいことを言《い》うときに、ためらってことばがはっきり出《で》ない場合《ばあい》に使《つか》われる。例 ガールフレンドの話《はなし》になると、彼《かれ》はいつも口《くち》ごもる。

言《い》いよどむ 話《はなし》がつかえたりためらったりして、あいまいな言《い》い方《かた》をする。例 どうして宿題《しゅくだい》を忘《わす》れてきたのかと聞《き》かれて、言《い》いよどんでしまった。

口《くち》を濁《にご》す はっきり言《い》わずに、ことばをあいまいにする。例 彼《かれ》が欠席《けっせき》した理由《りゆう》を尋《たず》ねても、みな口《くち》を濁《にご》すばかりだった。似 言葉《ことば》を濁《にご》す。

たどたどしい しゃべり方《かた》や動作《どうさ》などが、慣《な》れていない感《かん》じで危《あぶ》なっかしい。例 わたしのたどたどしい中国語《ちゅうごくご》でも、けっこう役《やく》に立《た》った。

ろれつが回《まわ》らない 舌《した》がよく動《うご》かず、発音《はつおん》することばがはっきりしない。酒《さけ》に酔《よ》ったりして、ことばが不明瞭《ふめいりょう》になる。例 夜遅《よるおそ》く帰宅《きたく》した父《ちち》は、泥酔《でいすい》してろれつが回《まわ》らない状態《じょうたい》だった。◆「ろれつ」は「呂律《ろれつ》」と書《か》く。もとは「りょりつ」と読《よ》み、雅楽《ががく》（日本《にほん》の昔《むかし》からの宮中音楽《きゅうちゅうおんがく》）の音階《おんかい》の名《な》。それが、音《おと》の調子《ちょうし》という意味《いみ》になり、さらに、しゃべるときの舌《した》の動《うご》きを表《あらわ》すようになった。

舌足《したた》らず ◎舌《した》がよく回《まわ》らないために、ことばがはっきり発音《はつおん》できないこと。例 幼《おさな》い子《こ》どもが舌足《したた》らずに絵本《えほん》を読《よ》み上《あ》げるのはかわいらしい。◎表現《ひょうげん》が十分《じゅうぶん》でなく、意図《いと》が伝《つた》わりにくいこと。例 慣《な》れない人《ひと》が書《か》いたのか、このマニュアルは舌足《したた》らずで内容《ないよう》が分《わ》かりにくい。

片言《かたこと》 幼《おさな》い子《こ》どもや、まだうまくそのことばを話《はな》せない外国人《がいこくじん》などの、不完全《ふかんぜん》でたどたどしい話《はな》し方《かた》。例 外国人《がいこくじん》に、片言《かたこと》の日本語《にほんご》で道《みち》を聞《き》かれた。

訥弁《とつべん》 ことばがつかえて滑《なめ》らかに出《で》ない、下手《へた》な話《はな》し方《かた》。例 雄弁《ゆうべん》より訥弁《とつべん》であるくらいのほうが親《した》しみが持《も》てる。対 能弁《のうべん》。

減《へ》らず口《ぐち》 自分勝手《じぶんかって》な屁理屈《へりくつ》や負《ま》け惜《お》しみを言《い》うこと。また、そのことば。例 減《へ》らず口《ぐち》をたた

似＝似《に》た表現《ひょうげん》のことば。対＝反対《はんたい》の意味《いみ》のことば。例＝使《つか》い方《かた》の例《れい》。

く暇《ひま》があったら、勉強《べんきょう》しなさい。

声高《こわだか》 話《はな》し声《ごえ》が大《おお》きいこと。例 いい大人《おとな》が、車内《しゃない》で声高《こわだか》に言《い》い争《あらそ》いをしている。

早口《はやくち》 物《もの》の言《い》い方《かた》が早《はや》いようす。例 電話《でんわ》に出《で》ると、どうも早口《はやくち》になってしまう。似 口早《くちばや》。

早口言葉《はやくちことば》 同《おな》じ音《おん》が重《かさ》なったりして発音《はつおん》しにくい文句《もんく》を、早口《はやくち》に言《い》うこと。また、その文《もん》句《く》。「隣《となり》の客《きゃく》はよく柿食《かきく》う客《きゃく》だ」などの類《たぐい》。例 アナウンサーは、いつも早口言葉《はやくちことば》をしゃべる練習《れんしゅう》をしている。

口汚《くちぎたな》い 聞《き》く人《ひと》が不快《ふかい》に感《かん》じるほど、ことばづかいが下品《げひん》で乱暴《らんぼう》なようす。例 本人《ほんにん》がいないところで、口汚《くちぎたな》くののしる。

口々《くちぐち》 めいめいが、思《おも》い思《おも》いに物《もの》を言《い》うようす。例 先生《せんせい》の前《まえ》で、口々《くちぐち》に夏休《なつやす》みの出来事《できごと》を話《はな》した。

聞《き》こえよがし 皮肉《ひにく》・悪口《わるくち》などを、本人《ほんにん》にわざと聞《き》こえるように言《い》うようす。例 聞《き》こえよがしに、友《とも》だちの悪口《わるくち》を言《い》う。

おうむ返《がえ》し オウムが人《ひと》の口《くち》まねをするように、相手《あいて》の言《い》ったことばを、何《なに》も考《かんが》えずにそのまま繰《く》り返《かえ》して言《い》うこと。例 テレビに夢中《むちゅう》の弟《おとうと》は、何《なに》を聞《き》いてもおうむ返《がえ》しに返事《へんじ》をするだけだ。

口《くち》を極《きわ》める ほめたりけなしたりするときに、これ以《い》上《じょう》はないという言《い》い方《かた》をする。例 借《しゃっ》金《きん》を返《かえ》さない相手《あいて》を、口《くち》を極《きわ》めてののしる。

口《くち》を酸《す》っぱくする 忠告《ちゅうこく》などを、うんざりするほど何度《なんど》も繰《く》り返《かえ》して言《い》う。例 口《くち》を酸《す》っぱくして注意《ちゅうい》しても、まったく言《い》うことをきかない。

御託《ごたく》を並《なら》べる 自分勝手《じぶんかって》な理屈《りくつ》をくどくどと言《い》いたてる。「御託《ごたく》」は、もとは「御託宣《ごたくせん》（神様《かみさま》のお告《つ》げ）」のこと。例 なんだかんだと御託《ごたく》を並《なら》べて、一向《いっこう》に耳《みみ》を貸《か》そうとしない。

奥歯《おくば》に物《もの》が挟《はさ》まったよう 思《おも》っていることをはっきりと言《い》わないようす。奥歯《おくば》に食《た》べ物《もの》などが挟《はさ》まって、ことばをうまく言《い》えないようすから。例 奥歯《おくば》に物《もの》が挟《はさ》まったような口振《くちぶ》りが気《き》になるね。

蚊《か》の鳴《な》くような声《こえ》 蚊《か》の羽音《はおと》のような、かすかで小《ちい》さな声《こえ》。例 友《とも》だちは恥《は》ずかしさのあまり、蚊《か》の鳴《な》くような声《こえ》で話《はな》した。

すらすら ◎つかえずに、滑《なめ》らかに物《もの》を言《い》うようす。例 歴史《れきし》の年号《ねんごう》をすらすらと答《こた》える。◎「簡単《かんたん》」➡566

ぺらぺら ◎口《くち》が軽《かる》くて、軽薄《けいはく》そうによくしゃべるようす。例 あることないことを、あちこちでぺらぺらとしゃべりまくる。◎外国語《がいこくご》などを自由《じゆう》に話《はな》すようす。例 彼女《かのじょ》は、英語《えいご》がぺらぺらだ。

べらべら 見境《みさかい》なく、なんでも勢《いきお》いよくしゃべるようす。例 まったく、べらべらとよくしゃべる人《ひと》だね。

ぺちゃくちゃ

うるさいほどよくしゃべるようす。例いつまでぺちゃくちゃ話《はな》していれば気《き》が済《す》むのか。似べちゃくちゃ。

がたがた

◎あれこれ文句《もんく》を言《い》うようす。例そんなささいなことで、がたがた言《い》うな。◎「寒《さむ》い・冷《つめ》たい」↓216 ◎「怖《こわ》がる」↓407 ◎「古《ふる》い」↓551

くどくど

同《おな》じことを、しつこく繰《く》り返《かえ》して言《い》うようす。例母《はは》は、弟《おとうと》にくどくどと説教《せっきょう》をしている。

くだくだ

必要《ひつよう》以上《いじょう》に説明《せつめい》や弁解《べんかい》が長《なが》く、くどいようす。例いくらくだくだと弁解《べんかい》しても、もう遅《おそ》い。似ぐだぐだ。ぐたぐた。

つべこべ

いろいろと理屈《りくつ》をつけたり、不平《ふへい》などをうるさく言《い》ったりするようす。例つべこべ言《い》わずに、おとなしく待《ま》ってろ。

ぶつくさ

文句《もんく》や不平《ふへい》を、同《おな》じように繰《く》り返《かえ》して言《い》うようす。例さっきから、何《なに》をぶつくさ言《い》ってるんだ。

たらたら

不満《ふまん》やお世辞《せじ》、文句《もんく》など、周《まわ》りが聞《き》いて心地《ここち》よくないようなことをいつまでも言《い》うようす。また、不満《ふまん》などが心《こころ》にたまっているようす。例弟《おとうと》のせいで自分《じぶん》が親《おや》にしかられ、不満《ふまん》たらたらだ。

ぬけぬけ

↓「ずうずうしい」452

ひそひそ

人《ひと》に聞《き》かれないように、小《ちい》さい声《こえ》で話《はな》すようす。例ここだけの話《はなし》だといって、ひそひそと耳元《みみもと》でささやく。

ごにょごにょ

口《くち》の中《なか》で、聞《き》き取《と》りにくくつぶやくようす。例言《い》いたいことがあるなら、ごにょごにょ言《い》わずにはっきり言《い》ったらどうだ。

ぶつぶつ

◎低《ひく》い声《こえ》でつぶやくようす。例母《はは》はぶつぶつと独《ひと》り言《ごと》を言《い》う癖《くせ》がある。◎不平《ふへい》や不満《ふまん》を小声《こごえ》で言《い》うようす。例陰《かげ》でぶつぶつ文句《もんく》を言《い》ってもしょうがない。◎「切《き》る」↓163

ぼそぼそ

低《ひく》い小《ちい》さな声《こえ》で話《はな》すようす。例ぼそぼそと小声《こごえ》で話《はな》したのでは、よく聞《き》き取《と》れない。似ぼそっと。

むにゃむにゃ

寝言《ねごと》やまじないなど、訳《わけ》の分《わ》からないことばを口《くち》の中《なか》でつぶやくようす。例寝《ね》たとたんに、むにゃむにゃと寝言《ねごと》を言《い》い始《はじ》めた。

ふがふが

息《いき》がもれて、言《い》っていることがはっきりしないようす。例入《い》れ歯《ば》を外《はず》したおじいさんのことばは、ふがふがしてよく分《わ》からないよ。

へどもど

◎どうしてよいのか分《わ》からず、物《もの》が言《い》えなかったり、返答《へんとう》にまごついたりするようす。例突然《とつぜん》質問《しつもん》され、答《こた》えに窮《きゅう》してへどもどする。◎「慌《あわ》てる」↓394

しどろもどろ

慌《あわ》てたり緊張《きんちょう》したりして、話《はな》し方《かた》がひどく乱《みだ》れるようす。例お前《まえ》がやったのだろうと問《と》い詰《つ》められて、しどろもどろになってしまった。

もぐもぐ

◎口《くち》を大《おお》きく開《ひら》かずに物《もの》を言《い》うようす。例 答《こた》えに焦《あせ》って、口《くち》をもぐもぐさせる。似 もごもご。◎「食《た》べる」➡232

とつとつ

口《くち》ごもりながら、切《き》れ切《ぎ》れに話《はな》すようす。例 口下手《くちべた》な彼《かれ》は、とつとつと自分《じぶん》の思《おも》い出《で》を語《かた》り始《はじ》めた。

言《い》い切《き》る

assert
［アサート］

言《い》い切《き》る

◎自信《じしん》や決意《けつい》を持《も》って、はっきり言《い》う。例 大会《たいかい》前《まえ》のインタビューで、必《かなら》ず優勝《ゆうしょう》して帰《かえ》ると言《い》い切《き》った。◎自分《じぶん》の考《かんが》えなどを、最後《さいご》まで全部《ぜんぶ》言《い》ってしまう。例 思《おも》っていたことを言《い》い切《き》らないうちに、時間《じかん》がきてしまった。

言《い》い張《は》る

自分《じぶん》の考《かんが》えを、強《つよ》く主張《しゅちょう》し続《つづ》ける。例 自分《じぶん》一人《ひとり》でできるまでやると言《い》い張《は》ってきかない。

言《い》い通《とお》す

最初《さいしょ》から最後《さいご》まで、ずっと同《おな》じことを主張《しゅちょう》する。例 何《なに》を言《い》われても自分《じぶん》の考《かんが》えを曲《ま》げずに、ずっと言《い》い通《とお》してきた。

言《い》い立《た》てる

◎一《ひと》つひとつ数《かぞ》え上《あ》げて言《い》う。例 人《ひと》の欠点《けってん》を言《い》い立《た》てる。◎強《つよ》く主張《しゅちょう》する。例 ことさらに言《い》い立《た》てるほどのことでもないので、黙《だま》っていた。

言《い》い放《はな》つ

自分《じぶん》の考《かんが》えていることを遠慮《えんりょ》なく言《い》う。例 あいつのせいで負《ま》けたと、はっきり言《い》い放《はな》った。

訴《うった》える

◎解決《かいけつ》してもらうために、不満《ふまん》や苦《くる》しみなどを人《ひと》に強《つよ》く言《い》う。例 夜中《よなか》に腹痛《ふくつう》を訴《うった》え、救急車《きゅうきゅうしゃ》で病院《びょういん》に運《はこ》ばれた。◎物事《ものごと》の解決《かいけつ》や善悪《ぜんあく》の判断《はんだん》を求《もと》めて、裁判所《さいばんしょ》などに申《もう》し出《で》る。例 騒音《そうおん》がひどい隣人《りんじん》を訴《うった》える。

鳴《な》らす

◎強《つよ》く言《い》い立《た》てる。例 給料《きゅうりょう》が少《すく》ないと不平《ふへい》を鳴《な》らす従業員《じゅうぎょういん》が多《おお》い。◎あることで有名《ゆうめい》である。例 父《ちち》は、湘南《しょうなん》でサーファーとして鳴《な》らした。

たんかを切《き》る

歯切《はぎ》れのいいことばで、勢《いきお》いよくまくし立《た》てる。例 胸《むね》のすくようなたんかを切《き》る。

言《い》い捨《す》てる

相手《あいて》の返事《へんじ》を待《ま》たないで、憎《にく》まれ口《ぐち》などを言《い》いっ放《ぱな》しにする。例「もう二度《にど》とこんな店《みせ》に来《く》るもんか！」と言《い》い捨《す》てて、立《た》ち去《さ》った。

言《い》い散《ち》らす

分別《ふんべつ》なく、やたらに言《い》う。例 父《ちち》に向《む》かって、不平不満《ふへいふまん》を言《い》い散《ち》らす。

声《こえ》を大《だい》にする

大《おお》きな声《こえ》で、はっきりと主張《しゅちょう》する。例 森《もり》を守《まも》るべきだと声《こえ》を大《だい》にする。

口幅《くちはば》ったいことを言《い》う

身《み》の程知《ほどし》らずで、生意気《なまいき》なことを言《い》う。例 口幅《くちはば》ったいことを言《い》うようですが、今《いま》この仕事《しごと》ができるのはわたししかいません。

断言《だんげん》

確信《かくしん》を持《も》ってきっぱりと言《い》い切《き》ること。例 けっして損《そん》はさせないと断言《だんげん》できます。

◆＝もっと知《し》りたい、ことばの知識《ちしき》。

確言《かくげん》 はっきりと言《い》い切《き》ること。例 証拠《しょうこ》がないので、確言《かくげん》することはできない。

明言《めいげん》 あいまいな言《い》い方《かた》をせず、はっきり言《い》い切《き》ること。例 メダリストは記者《きしゃ》の質問《しつもん》に対《たい》して、次《つぎ》のオリンピック出場《しゅつじょう》もねらうと明言《めいげん》した。

言明《げんめい》 ことばに出《だ》して、はっきり言《い》い切《き》ること。例 政府《せいふ》は、二日《ふつか》以内《いない》に調査団《ちょうさだん》を派遣《はけん》すると言明《げんめい》した。

公言《こうげん》 人前《ひとまえ》で隠《かく》しだてすることなく、堂々《どうどう》と言《い》うこと。例「お金《かね》で買《か》えないものはない」と公言《こうげん》してはばからない社長《しゃちょう》が、逮捕《たいほ》された。

喝破《かっぱ》 物事《ものごと》を見抜《みぬ》いてはっきり言《い》うこと。誤《あやま》った説《せつ》をしりぞけ、正《ただ》しい説《せつ》を明言《めいげん》すること。例 音楽評論家《おんがくひょうろんか》は、そのアルバムの真髄《しんずい》を一言《ひとこと》で喝破《かっぱ》した。

主張《しゅちょう》 自分《じぶん》の意見《いけん》や言《い》い分《ぶん》を、強《つよ》く言《い》い張《は》ること。例 被告人《ひこくにん》は無実《むじつ》を主張《しゅちょう》し続《つづ》けた。

力説《りきせつ》 相手《あいて》を納得《なっとく》させようとして、懸命《けんめい》に話《はな》すこと。例 総理《そうり》は国《こく》民《みん》に、新制度《しんせいど》の必要性《ひつようせい》を力説《りきせつ》した。

強調《きょうちょう》 全体《ぜんたい》のうちのある部分《ぶぶん》を、とくに強《つよ》く主張《しゅちょう》すること。例 新《しん》社長《しゃちょう》は、人材育成《じんざいいくせい》の重要性《じゅうようせい》を強調《きょうちょう》した。

アピール ◎人々《ひとびと》や世論《せろん》などに広《ひろ》く訴《うった》えること。また、その訴《うった》え。例 原爆被害者《げんばくひがいしゃ》の写真展《しゃしんてん》で、反核《はんかく》をアピールする。◎運動競技《うんどうきょうぎ》で、選手《せんしゅ》が審判《しんぱん》に抗議《こうぎ》・要求《ようきゅう》をすること。例 審判《しんぱん》へのアピールもむなしくアウトになった。◎人《ひと》を引《ひ》きつける魅力《みりょく》。例 若者《わかもの》にアピールする洋服《ようふく》。

強弁《きょうべん》 無理《むり》に理屈《りくつ》をつけて、自分《じぶん》の言《い》い分《ぶん》を正当化《せいとうか》しようとすること。例 自分《じぶん》にはまったく関係《かんけい》のないことだと強弁《きょうべん》する。

直言《ちょくげん》 思《おも》っていることを、面《めん》と向《む》かって直接《ちょくせつ》言《い》うこと。例 友《とも》だちの欠点《けってん》を遠慮《えんりょ》なく直言《ちょくげん》する。

単刀直入《たんとうちょくにゅう》 話《はなし》や文章《ぶんしょう》で、遠回《とおまわ》しでなくすぐに本題《ほんだい》に入《はい》ること。たった一人《ひとり》で、刀《かたな》を持《も》って敵《てき》に切《き》り込《こ》むという意味《いみ》から。例 うわさの真相《しんそう》を、本人《ほんにん》に単刀直入《たんとうちょくにゅう》に尋《たず》ねる。

口が悪い《くちがわるい》 人《ひと》や物事《ものごと》をずけずけとけなすような話《はな》し方《かた》をする。例 根《ね》はいい人《ひと》だが、口《くち》が悪《わる》くて人《ひと》を不快《ふかい》にすることがある。

言いっ放し《いいっぱなし》 言《い》いたいことだけを言《い》うこと。例 勉強《べんきょう》しろと言《い》いっ放《ぱな》しで、学費《がくひ》を出《だ》してくれないのでは困《こま》るよ。

忌憚のない《きたんのない》 遠慮《えんりょ》なく率直《そっちょく》に物《もの》を言《い》うようす。「忌憚《きたん》」は、遠慮《えんりょ》すること。例 どうぞ忌憚《きたん》のないご意見《いけん》をお聞《き》かせください。

歯に衣着せぬ《はにきぬきせぬ》 思《おも》った通《とお》りを、遠慮《えんりょ》せずにずばずば言《い》うようす。例 彼女《かのじょ》の、歯《は》に衣《きぬ》着《き》せぬ言《い》い方《かた》が心地《ここち》よい。

はっきり ことばや態度《たいど》に遠慮《えんりょ》がなく、確《たし》かなさま。例 嫌《いや》なら嫌《いや》だと、この際《さい》、はっきり言《い》ったほうがよい。

きっぱり ことばや態度《たいど》が、はっきりしているようす。例 いらないものはいらないと、きっぱり断《ことわ》るようにしましょう。

似＝似《に》た表現《ひょうげん》のことば。対＝反対《はんたい》の意味《いみ》のことば。例＝使《つか》い方《かた》の例《れい》。

ずばり
物事《ものごと》の要点《ようてん》・急所《きゅうしょ》などを、正確《せいかく》に言《い》い当《あ》てるようす。例占《うらな》い師《し》に、自分《じぶん》の欠点《けってん》を**ずばり**と指《し》摘《てき》されて驚《おどろ》く。似**ずばっと。**

ぴしゃり
手《て》厳《きび》しく、はっきりと物《もの》を言《い》うようす。例もう一度《いちど》お願《ねが》いしてみたが、**ぴしゃり**と断《ことわ》られた。似**ぴしゃっと。**

ずばずば
遠慮《えんりょ》せずに、どんどん指《し》摘《てき》するようす。例思《おも》ったことを相手《あいて》かまわず**ずばずば**言《い》う人《ひと》なので、周囲《しゅうい》は気《き》が気《き》でない。

ずけずけ
言《い》いにくいことを遠慮《えんりょ》なく言《い》うようす。例よくもまあ**ずけずけ**と、人《ひと》の悪口《わるくち》を言《い》えるものだ。

うそぶく
◎偉《えら》そうに大《おお》きなことを言《い》う。例彼《かれ》は絶対《ぜったい》に優勝《ゆうしょう》してみせると**うそぶいた**。◎「とぼける」➡462

ぶち上《あ》げる
大《おお》きなことを、大々《だいだい》的《てき》に言《い》う。例デビューしたての新人《しんじん》歌手《かしゅ》が、世界進出《せかいしんしゅつ》を**ぶち上《あ》げた**。

大口《おおぐち》を叩《たた》く
偉《えら》そうなことや、おおげさなことを言《い》う。例試合前《しあいまえ》に**大口《おおぐち》を叩《たた》いた**ボクサーが、KO《ケーオー》負《ま》けした。似**でかい口《くち》を叩《たた》く。**

大《おお》きな口《くち》をきく
「大口《おおぐち》を叩《たた》く」と同《おな》じ。例できもしないくせに**大《おお》きな口《くち》をきく**な。

法《ほ》螺《ら》を吹《ふ》く
おおげさなことを言《い》う。また、でたらめを言《い》う。「法《ほ》螺《ら》」はホラガイのこと。この貝《かい》がらに穴《あな》を開《あ》けて吹《ふ》くと、らっぱのように大《おお》きな音《おと》がすることから。例ここのカレーなら十杯《じっぱい》は食《た》べられると**法《ほ》螺《ら》を吹《ふ》いた**。

らっぱを吹《ふ》く
「法《ほ》螺《ら》を吹《ふ》く」と同《おな》じ。例あいつはいつも**らっぱを吹《ふ》く**ので、話《はなし》は半分《はんぶん》に聞《き》いたほうがいい。

大《おお》風《ぶ》呂《ろ》敷《しき》を広《ひろ》げる
できそうもないことを、おおげさに言《い》ったり計画《けいかく》したりする。例「宇《う》宙《ちゅう》飛《ひ》行《こう》士《し》になって、結婚《けっこん》式《しき》は月《つき》で挙《あ》げる」と**大《おお》風《ぶ》呂《ろ》敷《しき》を広《ひろ》げた**。

大《おお》見《み》得《え》を切《き》る
自分《じぶん》が自信《じしん》のあることについて、おおげさに示《しめ》す。もともとは、歌舞伎《かぶき》役者《やくしゃ》が演技《えんぎ》中《ちゅう》に目《め》立《だ》つようなことばづかいやしぐさをすること。例**大《おお》見《み》得《え》を切《き》った**以上《いじょう》は、何《なに》が何《なん》でも一番《いちばん》になってやる。似**見《み》得《え》を切《き》る。**

気《き》炎《えん》を上《あ》げる
威勢《いせい》のいいことを盛《さか》んに言《い》う。例サラリーマンが、居酒屋《いざかや》で酒《さけ》を飲《の》んで**気《き》炎《えん》を上《あ》げて**いる。似**気炎《きえん》を吐《は》く。**

尾《お》ひれを付《つ》ける
実際《じっさい》にないことを付《つ》け加《くわ》えて、話《はなし》をおおげさにする。例うわさ話《ばなし》は、とかく**尾《お》ひれを付《つ》ける**ことが多《おお》いものだ。◆「尾《お》鰭《ひれ》」と書《か》くが、「おびれ」とは読《よ》まない。

豪《ごう》語《ご》
物事《ものごと》を、自信《じしん》ありげにおおげさに言《い》うこと。例兄《あに》は、自分《じぶん》は女《おんな》の子《こ》にもてると**豪《ごう》語《ご》**している。

広《こう》言《げん》
相手《あいて》かまわず、実際《じっさい》よりおおげさに言《い》うこと。例大勢《おおぜい》の前《まえ》

◆＝もっと知《し》りたい、ことばの知識《ちしき》。

で偉《えら》そうに広言《こうげん》しているが、本当《ほんとう》に大《だい》丈夫《じょうぶ》かな。

大言壮語《たいげんそうご》　いばって、実力《じつりょく》以上《いじょう》に大《おお》きなことを言《い》うこと。大言壮語《たいげんそうご》例彼《かれ》には、できもしないのにする癖《くせ》がある。

法螺吹き《ほらふ》　いつもおおげさなうそを言《い》うこと。また、その人《ひと》。例彼《かれ》は有名《ゆうめい》な法螺吹《ほらふ》きだから、相手《あいて》にしないことね。

揚言《ようげん》　声《こえ》を大《だい》にして言《い》うこと。公然《こうぜん》と言《い》いふらすこと。例だれに反対《はんたい》されようと、やろうと思《おも》ったことは必《かなら》ずやると揚言《ようげん》する。

論《ろん》じる

discuss
［ディスカス］

このページも見《み》てみよう
▼
話《はな》し合《あ》う
⬇288

論じる《ろん》　◎筋道《すじみち》を立《た》てて物事《ものごと》を説明《せつめい》する。例最近《さいきん》の文学《ぶんがく》の傾《けい》向《こう》について論《ろん》じた文章《ぶんしょう》を読《よ》む。◎お互《たが》いに意《い》見《けん》を述《の》べ合《あ》って、ある問題《もんだい》について議《ぎ》論《ろん》する。例数人《すうにん》の政治家《せいじか》が、税《ぜい》金《きん》の問題《もんだい》について論《ろん》じていた。

あげつらう　物事《ものごと》のよしあしなどについて言《い》い立《た》てる。細《こま》かい失敗《しっぱい》や欠点《けってん》などを取《と》り上《あ》げて文句《もんく》を言《い》う。例彼《かれ》は他人《たにん》のミスばかりあげつらうので、グループの中《なか》では嫌《きら》われ者《もの》だ。

もむ　◎いろいろな意見《いけん》を出《だ》して議《ぎ》論《ろん》する。例もう少《すこ》しもんでから結論《けつろん》を出《だ》さないと、きちんとした対《たい》策《さく》はできない。◎「触《さわ》る」⬇155

言い合う《いあ》　◎口喧嘩《くちげんか》をする。例ささいなことで言《い》い合《あ》っているうちに、大喧嘩《おおげんか》になった。◎「話《はな》し合《あ》う」⬇288

言い争う《いあらそ》　お互《たが》いに自分《じぶん》の意見《いけん》を主張《しゅちょう》して、相手《あいて》を言《い》い負《ま》かそうとする。例三人《さんにん》のうちだれが主役《しゅやく》をやるかで、激《はげ》しく言《い》い争《あらそ》った。

渡り合う《わたあ》　◎激《はげ》しく議論《ぎろん》する。例会社《かいしゃ》の営業《えいぎょう》方針《ほうしん》をめぐって、上司《じょうし》と渡《わた》り合《あ》う。◎「戦《たたか》う」⬇345

言い負かす《いま》　自分《じぶん》の意見《いけん》をあくまで通《とお》して、言《い》い合《あ》っていた相手《あいて》に勝《か》つ。例口《くち》の達者《たっしゃ》な妹《いもうと》に言《い》い負《ま》かされた。

やり込める《こ》　弱《よわ》みを突《つ》いたり言《い》い負《ま》かしたりして、相《あい》手《て》を黙《だま》らせる。例君《きみ》の完全《かんぜん》な落《お》ち度《ど》だとやり込《こ》めてやった。

へこます　相手《あいて》に対《たい》してことばなどで攻《せ》めて負《ま》かす。例あの生意気《なまいき》な後輩《こうはい》を、一度《いちど》はへこましてやりたい。

論陣を張る《ろんじんは》　議論《ぎろん》を戦《たたか》わせるときに、相手《あいて》に言《い》い負《ま》かされないように、自分《じぶん》の意見《いけん》や主張《しゅちょう》をしっかりと組《く》み立《た》てて示《しめ》す。例弁護側《べんごがわ》は、見事《みごと》な論陣《ろんじん》を張《は》ってきた。

口角泡を飛ばす《こうかくあわと》　口《くち》からつばが飛《と》び散《ち》るほど、激《はげ》しい勢《いきお》いで議論《ぎろん》する。「口角《こうかく》」は、唇《くちびる》の左右《さゆう》の端《はし》の部分《ぶぶん》。例映画賞《えいがしょう》の審査《しんさ》で、口角泡《こうかくあわ》を飛《と》ばして議論《ぎろん》を繰《く》り広《ひろ》げ

似＝似《に》た表現《ひょうげん》のことば。対＝反対《はんたい》の意味《いみ》のことば。例＝使《つか》い方《かた》の例《れい》。

た。

議論《ぎろん》 ある問題《もんだい》について、意見《いけん》を述《の》べ合《あ》ったり批判《ひはん》し合《あ》ったりして論《ろん》じること。例 校則《こうそく》を改《あらた》める件《けん》について、生徒会《せいとかい》と教員《きょういん》の間《あいだ》で議論《ぎろん》を尽《つ》くした。似 論議《ろんぎ》。

討論《とうろん》 ある問題《もんだい》について、とくに設《もう》けられた場《ば》に集《あつ》まった人《ひと》たちが意見《いけん》を述《の》べ合《あ》うこと。例 テレビ局《きょく》が、消費税《しょうひぜい》についての討論会《とうろんかい》を開《ひら》く。

討議《とうぎ》 ある問題《もんだい》について、何《なん》らかの結論《けつろん》を出《だ》すためにいろいろと意見《いけん》を出《だ》し合《あ》うこと。例 政治家《せいじか》たちが、予算《よさん》についての討議《とうぎ》に入《はい》る。

ディスカッション 「討論《とうろん》」という意味《いみ》の英語《えいご》。例 動物愛護《どうぶつあいご》についてのパネルディスカッションに参加《さんか》した。

対談《たいだん》 ある設《もう》けられた場《ば》で、二人《ふたり》が向《む》かい合《あ》って話《はな》し合《あ》うこと。また、その話《はな》し合《あ》い。取《と》り立《た》てて結論《けつろん》を出《だ》そうとしない場合《ばあい》もある。例 歌手《かしゅ》と俳優《はいゆう》が、好《す》きな音楽《おんがく》について対談《たいだん》するコーナー。

鼎談《ていだん》 三人《さんにん》が語《かた》り合《あ》うこと。「鼎《てい》」は、「かなえ」という昔《むかし》の中国《ちゅうごく》で使《つか》った三本足《さんぼんあし》の器《うつわ》のこと。例 三党《さんとう》の党首《とうしゅ》が、日本《にほん》の将来《しょうらい》について鼎談《ていだん》する。

シンポジウム 話《はな》し合《あ》いの形式《けいしき》の一《ひと》つ。ある問《もん》題《だい》について、複数《ふくすう》の人々《ひとびと》が意見《いけん》を述《の》べ、その後《ご》は聴衆《ちょうしゅう》との質疑応答《しつぎおうとう》を交《まじ》えて討《とう》論《ろん》を進《すす》めていくもの。例 詩《し》についてのシンポジウムでは、詩人《しじん》や学生《がくせい》によって熱《ねっ》っぽい議論《ぎろん》が展開《てんかい》された。

ディベート 「討論《とうろん》」という意味《いみ》の英語《えいご》。とくに、あるテーマについて賛成《さんせい》・反対《はんたい》に分《わ》かれて討論《とうろん》すること。話《はな》し合《あ》いの技術《ぎじゅつ》の訓練《くんれん》として行《おこな》われることが多《おお》い。例 アメリカ留学《りゅうがく》の準備《じゅんび》として、英語《えいご》でディベートできる力《ちから》をつけておく。

論戦《ろんせん》 ある問題《もんだい》について、活発《かっぱつ》に意《い》見《けん》を戦《たたか》わせること。例 あの二人《ふたり》の思想家《しそうか》は、もう十年《じゅうねん》も論戦《ろんせん》を繰《く》り広《ひろ》げている。

論争《ろんそう》 異《こと》なる意見《いけん》を持《も》った人同士《ひとどうし》が、自分《じぶん》の意見《いけん》を激《はげ》しく主張《しゅちょう》し、争《あらそ》うこと。例 中高一貫教育《ちゅうこういっかんきょういく》の是非《ぜひ》をめぐって、専門家《せんもんか》が論争《ろんそう》している。似 争論《そうろん》。

対論《たいろん》 二《ふた》つの異《こと》なる立場《たちば》にある人《ひと》が、意見《いけん》を述《の》べ合《あ》い、議論《ぎろん》すること。例 改革推進派《かいかくすいしんは》と反対派《はんたいは》が、長時間《ちょうじかん》にわたって対論《たいろん》した。

論破《ろんぱ》 議論《ぎろん》によって、相手《あいて》を言《い》い負《ま》かすこと。例 環境《かんきょう》破壊《はかい》の影《えい》響《きょう》を調査《ちょうさ》して、開発《かいはつ》をごり押《お》ししてくる人々《ひとびと》を論破《ろんぱ》した。

論及《ろんきゅう》 議論《ぎろん》がそのことにまで及《およ》ぶこと。例 細部《さいぶ》にまで論及《ろんきゅう》するレポートを作成《さくせい》する。

反論《はんろん》 相手《あいて》の意見《いけん》に反対《はんたい》して、自分《じぶん》の意見《いけん》を述《の》べること。また、その反対意見《はんたいいけん》。例 彼《かれ》の案《あん》について反論《はんろん》がなければ、今回《こんかい》はそれを採用《さいよう》しよう。

論駁《ろんばく》 相手《あいて》の説《せつ》や意見《いけん》の中《なか》にある誤《あやま》りを指摘《してき》して、激《はげ》しく非難《ひなん》したり攻撃《こうげき》したりすること。例 彼《かれ》の主張《しゅちょう》は理路整然《りろせいぜん》としていて、まったく論駁《ろんばく》する余地《よち》がない。

◆＝もっと知《し》りたい、ことばの知識《ちしき》。

反駁《はんばく》 相手《あいて》の批判《ひはん》に反論《はんろん》すること。例 彼《かれ》の意見《いけん》には、簡単《かんたん》には反《はん》駁《ばく》できない。

甲論乙駁《こうろんおつばく》 一人《ひとり》の人《ひと》(甲《こう》)が意見《いけん》を述《の》べると、もう一人《ひとり》の人《ひと》(乙《おつ》)がそれに反対《はんたい》するというように、いつまでも議論《ぎろん》のまとまりがつかないこと。例 学級会《がっきゅうかい》は甲論乙駁《こうろんおつばく》で、結論《けつろん》に達《たつ》しなかった。

抗議《こうぎ》 相手《あいて》の発言《はつげん》や行動《こうどう》が不当《ふとう》だとして、反対《はんたい》の意見《いけん》を述《の》べたり要求《ようきゅう》したりすること。例 大会直前《たいかいちょくぜん》に行《おこな》われたルール変更《へんこう》について、選手団《せんしゅだん》は強《つよ》く抗議《こうぎ》した。

口論《こうろん》 お互《たが》いに、自分《じぶん》の意見《いけん》をことばで主張《しゅちょう》し、争《あらそ》うこと。例 兄《あに》は父《ちち》との口論《こうろん》の末《すえ》、家《いえ》を出《で》てしまった。

口喧嘩《くちげんか》 お互《たが》いに、自分《じぶん》の意見《いけん》を主《しゅ》張《ちょう》して相手《あいて》を言《い》い負《ま》かそうとすること。ことばで争《あらそ》う喧嘩《けんか》。例 仲《なか》がいいくせに、あの二人《ふたり》は口喧嘩《くちげんか》ばかりしている。

いさかい ◎口喧嘩《くちげんか》をすること。例 隣《となり》の家《いえ》は、いつもいさかいが絶《た》えない。◎「戦《たたか》う」➡351

言い合い《いいあい》 ◎口喧嘩《くちげんか》をすること。例 どちらが車《くるま》を運転《うんてん》するかで、父《ちち》と兄《あに》が言《い》い合《あ》いを始《はじ》めた。◎お互《たが》いに自分《じぶん》の考《かんが》えていることなどを口《くち》に出《だ》して言《い》うこと。例 あの二人《ふたり》は、冗談《じょうだん》の言《い》い合《あ》いばかりしている。

言《い》い争《あらそ》い 言《い》い争《あらそ》うこと。口喧嘩《くちげんか》。例 発表会《はっぴょうかい》のテーマを何《なに》にするかで、言《い》い争《あらそ》いになった。

押《お》し問答《もんどう》 お互《たが》いに自分《じぶん》の意見《いけん》を一歩《いっぽ》も譲《ゆず》らないこと。繰《く》り返《かえ》し言《い》い張《は》って、「問答《もんどう》」は、議論《ぎろん》すること。例 押《お》し問答《もんどう》の末《すえ》、今回《こんかい》はわたしがコーヒー代《だい》を払《はら》った。

激論《げきろん》 お互《たが》いにまったく譲《ゆず》らず、激《はげ》しく議論《ぎろん》すること。例 映画《えいが》の感想《かんそう》について、兄《あに》と激論《げきろん》を戦《たたか》わした。

舌戦《ぜっせん》 相手《あいて》をことばで言《い》い負《ま》かそうとして争《あらそ》うこと。例 各候補者《かくこうほしゃ》が、市内《しない》のあちこちで舌戦《ぜっせん》を繰《く》り広《ひろ》げている。

水《みず》かけ論《ろん》 お互《たが》いが自分《じぶん》の意見《いけん》にこだわってかみ合《あ》わず、いつまでも争《あらそ》うこと。また、どちらが正《ただ》しいかの証拠《しょうこ》などがなく、終《お》わらな

「論《ろん》じる」に関連《かんれん》することば

論《ろん》より証拠《しょうこ》 事実《じじつ》をはっきりさせるためには、頭《あたま》で考《かんが》えたり議論《ぎろん》したりするよりも、確《たし》かな証拠《しょうこ》を見《み》せるほうがよいということ。

俎上《そじょう》に載《の》せる ある物事《ものごと》や人物《じんぶつ》を取《と》り上《あ》げ、さまざまな角度《かくど》から論《ろん》じたり批評《ひひょう》したりする。「俎《そ》」は、まないたのこと。

沙汰《さた》の限《かぎ》り あれこれ論《ろん》じる範囲《はんい》を越《こ》えてひどいこと。もってのほか。「彼《かれ》をキャプテンにするなど沙汰《さた》の限《かぎ》りだ」などという。

是非《ぜひ》に及《およ》ばず あれこれ論《ろん》じるまでもなく、そうするしかない。仕方《しかた》がない。

論《ろん》をまたない 論《ろん》じるまでもない。当《とう》然《ぜん》である。「彼女《かのじょ》の言《い》うことが正《ただ》しいことは論《ろん》をまたない」などという。

い議論《ぎろん》。例 夫婦喧嘩《ふうふげんか》は、いつも言《い》ったら言《い》わないの水《みず》かけ論《ろん》になる。

論《ろん》 ある事柄《ことがら》についての筋道《すじみち》の立《た》った考《かんが》え。例 火星《かせい》の生命体《せいめいたい》の存在《そんざい》について、論《ろん》を戦《たたか》わせる。

理想論《りそうろん》 現実《げんじつ》を見《み》ずに、理想《りそう》だけを言《い》う意見《いけん》。例 平等《びょうどう》と一口《ひとくち》に言《い》っても、完全《かんぜん》な平等《びょうどう》などというものは理想論《りそうろん》にすぎない。

正論《せいろん》 道理《どうり》にかなった、正《ただ》しい意見《いけん》や主張《しゅちょう》。現実的《げんじつてき》でない理想論《りそうろん》を、皮肉《ひにく》っていう場合《ばあい》もある。例 彼女《かのじょ》の言《い》うことは正論《せいろん》だが、経済的《けいざいてき》な点《てん》では現実味《げんじつみ》がない。

暴論《ぼうろん》 道理《どうり》に合《あ》っていない、乱暴《らんぼう》な意見《いけん》。例 正式《せいしき》な会議《かいぎ》であんな暴論《ぼうろん》を吐《は》いては、非難《ひなん》されて当然《とうぜん》だ。

極論《きょくろん》 思《おも》い切《き》って極端《きょくたん》なことを言《い》うこと。また、その意見《いけん》。例 放送部《ほうそうぶ》を廃止《はいし》してもいいなんて、それは極論《きょくろん》だよ。

極言《きょくげん》 「極論《きょくろん》」と同《おな》じ。例 極言《きょくげん》すれば、あの作家《さっか》の作品《さくひん》はすべて妻《つま》にささげられたものだといえる。

持論《じろん》 その人《ひと》が、普段《ふだん》正《ただ》しいと信《しん》じている、自分《じぶん》なりの意見《いけん》や考《かんが》え。例 彼女《かのじょ》は、冷《ひ》えは健康《けんこう》の大敵《たいてき》だという持論《じろん》を決《けっ》して曲《ま》げない。

世論《よろん》 世《よ》の中《なか》の多《おお》くの人々《ひとびと》の意見《いけん》。例 人口問題《じんこうもんだい》についての世論《よろん》調査《ちょうさ》が実施《じっし》される。◆もとは「輿論《よろん》」と書《か》いたが、現在《げんざい》では「世論《よろん》」と書《か》くのが一般的《いっぱんてき》。また、「せろん」ともいう。

公論《こうろん》 世間《せけん》の多《おお》くの人《ひと》たちが認《みと》め、とくに正《ただ》しいものであると支持《しじ》している意見《いけん》。例 天下《てんか》の公論《こうろん》に背《そむ》いて、持論《じろん》を押《お》し通《とお》す政治家《せいじか》。

弁論《べんろん》 ◎多《おお》くの人《ひと》の前《まえ》で、自分《じぶん》の意見《いけん》や主張《しゅちょう》を述《の》べること。例 留学生《りゅうがくせい》のための日本語《にほんご》弁論《べんろん》大会《たいかい》で優勝《ゆうしょう》する。◎ある裁判《さいばん》に関係《かんけい》のある人《ひと》が、法廷《ほうてい》で申《もう》し立《た》てや主張《しゅちょう》などをすること。例 弁護人《べんごにん》が最終弁論《さいしゅうべんろん》を行《おこな》う。

論説《ろんせつ》 筋道《すじみち》を立《た》てて自分《じぶん》の考《かんが》えを述《の》べること。また、そのような文章《ぶんしょう》。とくに、新聞《しんぶん》の社説《しゃせつ》のように、さまざまな問題《もんだい》についての意見《いけん》を主張《しゅちょう》した文章《ぶんしょう》。例 板垣退助《いたがきたいすけ》は、自由新聞《じゆうしんぶん》の論説《ろんせつ》で政府《せいふ》を批判《ひはん》した。

合議《ごうぎ》 二人《ふたり》以上《いじょう》の人《ひと》が集《あつ》まって相談《そうだん》すること。例 委員《いいん》が合議《ごうぎ》して、次回《じかい》の学芸会《がくげいかい》のテーマを決《き》める。

協議《きょうぎ》 人《ひと》が集《あつ》まって相談《そうだん》すること。例 微妙《びみょう》なプレーの判定《はんてい》について、審判団《しんぱんだん》が協議《きょうぎ》する。

会談《かいだん》 ある問題《もんだい》について、それに関《かん》係《けい》のある人《ひと》が集《あつ》まって相談《そうだん》すること。多《おお》く、責任《せきにん》や地位《ちい》のある人《ひと》たちが公式《こうしき》に集《あつ》まって、大《おお》きな問題《もんだい》について話《はな》し合《あ》うときに使《つか》われる。例 アジア各《かっ》国《こく》の首脳《しゅのう》が、外交問題《がいこうもんだい》について会談《かいだん》する。

評議《ひょうぎ》 組織《そしき》や団体《だんたい》の中《なか》で責任《せきにん》ある立《たち》場《ば》の人《ひと》たちが集《あつ》まって、ある問題《もんだい》について意見《いけん》を出《だ》し合《あ》って相談《そうだん》すること。例 町《まち》おこしの評議員《ひょうぎいん》として、新《あたら》しい特産品《とくさんひん》の提案《ていあん》をする。

審議《しんぎ》 会議《かいぎ》に提出《ていしゅつ》された議案《ぎあん》について話《はな》し合《あ》い、詳《くわ》しく検討《けんとう》すること。例 法律《ほうりつ》の改正《かいせい》について、国会《こっかい》が審議《しんぎ》を重《かさ》ねている。

衆議《しゅうぎ》 ある問題《もんだい》について、大勢《おおぜい》で話《はな》し合《あ》うこと。また、そのとき

◆＝もっと知《し》りたい、ことばの知識《ちしき》。

に出《で》た意見《いけん》。例 来年《らいねん》の合唱《がっしょう》コンクールへの参加《さんか》の件《けん》は、衆議《しゅうぎ》一決《いっけつ》(話《はな》し合《あ》いがまとまり、一《ひと》つの結論《けつろん》が出《で》ること)した。

論外《ろんがい》

論《ろん》じる価値《かち》もないこと。もってのほかのこと。例 自分《じぶん》のためなら何《なに》をしてもいいという彼《かれ》の考《かんが》えは論外《ろんがい》だ。

舌鋒鋭《ぜっぽうするど》く

議論《ぎろん》しているときなどの話《はな》しぶりが鋭《するど》く、相手《あいて》をどんどん追《お》いつめていくようす。例 論敵《ろんてき》を舌鋒鋭《ぜっぽうするど》く追及《ついきゅう》し、こちらの意見《いけん》を通《とお》した。

議論百出《ぎろんひゃくしゅつ》

多《おお》くの意見《いけん》が出《で》ること。例 あの作曲家《さっきょくか》の評価《ひょうか》について、議論百出《ぎろんひゃくしゅつ》する。

丁々発止《ちょうちょうはっし》

お互《たが》いに激《はげ》しく意見《いけん》を述《の》べ合《あ》い、議論《ぎろん》するようす。刀《かたな》と刀《かたな》でお互《たが》いに激《はげ》しく戦《たたか》う音《おと》や、そのようすを表《あらわ》すことから。例 弁論部《べんろんぶ》で力《ちから》をつけてきた二人《ふたり》が、丁々発止《ちょうちょうはっし》とやり合《あ》う。

喧々囂々《けんけんごうごう》

多《おお》くの人々《ひとびと》が、やかましく自分勝手《じぶんかって》な意見《いけん》を言《い》い合《あ》うようす。例 女性《じょせい》の大胆《だいたん》なファッションについて、喧々囂々《けんけんごうごう》たる騒《さわ》ぎになっている。

侃々諤々《かんかんがくがく》

相手《あいて》やその場《ば》の人々《ひとびと》に遠慮《えんりょ》することなく、自分《じぶん》が正《ただ》しいと思《おも》う意見《いけん》を、どんどん述《の》べること。例 消費税率《しょうひぜいりつ》の引《ひ》き上《あ》げをめぐって、侃々諤々《かんかんがくがく》たる議論《ぎろん》が巻《ま》き起《お》こった。

堂々巡《どうどうめぐ》り

議論《ぎろん》などが、同《おな》じことの繰《く》り返《かえ》しで先《さき》へ進《すす》まないこと。例 話《はな》し合《あ》いは、いつまでたっても堂々巡《どうどうめぐ》りで結論《けつろん》は出《で》そうにもない。

話《はな》し合《あ》う

talk
[トーク]

このページも見《み》てみよう
▼論《ろん》じる ⬇284

話《はな》し合《あ》う

◎互《たが》いに思《おも》っていることを話《はな》す。例 給食《きゅうしょく》を食《た》べながら、隣《となり》の子《こ》と楽《たの》しく話《はな》し合《あ》う。◎互《たが》いの意見《いけん》を出《だ》し合《あ》って、結論《けつろん》を出《だ》す。例 学芸会《がくげいかい》の出《だ》し物《もの》について、クラスのみんなで話《はな》し合《あ》って決《き》める。

語《かた》り合《あ》う

互《たが》いに話《はなし》をする。例 友《とも》だちと将来《しょうらい》の夢《ゆめ》を語《かた》り合《あ》う。

語《かた》らう

二人《ふたり》以上《いじょう》の人《ひと》が、親《した》しく話《はな》し合《あ》う。例 リビングでお茶《ちゃ》を飲《の》みながら、家族《かぞく》と語《かた》らう。

言《い》い合《あ》う

◎お互《たが》いに自分《じぶん》の考《かんが》えていることなどを、口《くち》に出《だ》して言《い》う。口々《くちぐち》に言《い》う。例 友《とも》だちと好《す》きな男《おとこ》の子《こ》の名前《なまえ》を言《い》い合《あ》う。◎「論《ろん》じる」⬇284

談《だん》じる

ある問題《もんだい》などについて話《はな》し合《あ》う。例 若手《わかて》の議員《ぎいん》が集《あつ》まり、国政《こくせい》を談《だん》じる。

言葉《ことば》を交《か》わす

相手《あいて》と話《はなし》をする。ちょっと話《はなし》をする。例 これがきっかけで、彼《かれ》と親《した》しく言葉《ことば》を交《か》わすようになった。

語《かた》りかける

相手《あいて》に話《はな》しかける。話《はな》して聞《き》かせる。

例 小《ちい》さな子《こ》に、優《やさ》しく諭《さと》すような声《こえ》で語《かた》りかける。

話《はな》し込《こ》む
腰《こし》を落《お》ち着《つ》けて、じっくりと話《はなし》をする。時間《じかん》のたつのを忘《わす》れて話《はなし》に夢中《むちゅう》になる。例 すぐに帰《かえ》るはずだったのに、話《はな》し込《こ》んでついつい長居《ながい》をしてしまった。

語《かた》り明《あ》かす
一晩中《ひとばんじゅう》話《はなし》をして、夜《よ》を明《あ》かす。すっかり話《はな》し込《こ》んでしまう。例 友《とも》だちの家《いえ》に泊《と》まり、朝《あさ》まで語《かた》り明《あ》かした。

膝《ひざ》を交《まじ》える
互《たが》いに近寄《ちかよ》って、親《した》しく話《はな》し合《あ》う。ひざが触《ふ》れ合《あ》うほど近《ちか》づくということから。例 市長《しちょう》と市民《しみん》が膝《ひざ》を交《まじ》えて話《はな》し合《あ》った。似 膝《ひざ》を突《つ》き合《あ》わせる。

額《ひたい》を集《あつ》める
大勢《おおぜい》が、寄《よ》り集《あつ》まって相談《そうだん》する。顔《かお》を近《ちか》づけ、額《ひたい》を寄《よ》せ合《あ》うようにして話《はな》すことから。例 額《ひたい》を集《あつ》めて相談《そうだん》したが、いっこうにいい知恵《ちえ》は浮《う》かんでこない。

打《う》ち合《あ》わせる
前《まえ》もって話《はな》し合《あ》っておく。例 イベントの段取《だんど》りを打《う》ち合《あ》わせる。

話《はなし》が弾《はず》む
楽《たの》しかったり興味深《きょうみぶか》かったりして、話《はなし》が調子《ちょうし》よく続《つづ》く。例 初《はじ》めて会《あ》った人《ひと》と話《はなし》が弾《はず》んで、また会《あ》う約束《やくそく》をして別《わか》れた。

話《はなし》に花《はな》が咲《さ》く
次《つぎ》から次《つぎ》へと興味《きょうみ》ある話《はなし》が出《で》て、会話《かいわ》が弾《はず》む。花《はな》が咲《さ》いたように、にぎやかになることから。例 久《ひさ》しぶりに昔《むかし》の仲間《なかま》が大勢《おおぜい》集《あつ》まって、話《はなし》に花《はな》が咲《さ》いた。

話《はなし》に実《み》が入《はい》る
興味《きょうみ》がわいて、話《はなし》に夢中《むちゅう》になる。例 ついつい話《はなし》に実《み》が入《はい》り、時間《じかん》がたつのも忘《わす》れてしまう。

談笑《だんしょう》
打《う》ち解《と》けて、親《した》しい雰囲気《ふんいき》で楽《たの》しく話《はな》し合《あ》うこと。例 結婚《けっこん》式場《しきじょう》の控《ひか》え室《しつ》では、親族《しんぞく》が和《なご》やかに談笑《だんしょう》していた。

歓談《かんだん》
打《う》ち解《と》けて、親《した》しく語《かた》り合《あ》うこと。パーティーなどで、会《かい》

膝《ひざ》や額《ひたい》で何《なに》を話《はな》す?

話《はな》し合《あ》うという意味《いみ》を持《も》つ言《い》い回《まわ》しのなかには、話《はなし》をするときの主役《しゅやく》である「口《くち》」ということばを使《つか》わずに、体《からだ》のほかの部分《ぶぶん》の動《うご》きで表現《ひょうげん》するものが、いくつかあります。

たとえば、膝《ひざ》を交《まじ》えるは、座《すわ》った状態《じょうたい》で、お互《たが》いのひざが触《ふ》れ合《あ》うほど近《ちか》づいて話《はなし》をするという意味《いみ》。話《はな》している人同士《ひとどうし》がうちとけているようすが伝《つた》わってきます。また、額《ひたい》を集《あつ》めるは、大勢《おおぜい》の人《ひと》たちが顔《かお》を近《ちか》づけて、知恵《ちえ》を出《だ》し合《あ》いながら、あれこれ話《はな》しているようすが目《め》に浮《う》かんできます。

単純《たんじゅん》に、「みんなで話《はな》し合《あ》った」などというよりも、こうして体《からだ》の部分《ぶぶん》や動《うご》きのことばを使《つか》うことで、親密《しんみつ》さや熱気《ねっき》までもが表現《ひょうげん》され、文章全体《ぶんしょうぜんたい》がいきいきとしてきます。メールや電話《でんわ》では伝《つた》えられないような大切《たいせつ》な話《はなし》を、直接《ちょくせつ》会《あ》って話《はな》し合《あ》う人《ひと》たち。彼《かれ》らの話《はな》し声《ごえ》がこちらにも少《すこ》し聞《き》こえてくるようですね。

深谷先生《ふかやせんせい》のちょっとひと息《いき》

◆＝もっと知《し》りたい、ことばの知識《ちしき》。

話《わ》を楽《たの》しむこと。例ケーキでも召《め》し上《あ》がりながら、どうぞゆっくりとご歓談《かんだん》ください。

懇談《こんだん》 打《う》ち解《と》けて、親《した》しく話《はな》し合《あ》うこと。例保護者会《ほごしゃかい》で、担任《たんにん》の先生《せんせい》と懇談《こんだん》する。似懇話《こんわ》。

面談《めんだん》 会《あ》って、直接《ちょくせつ》話《はなし》をすること。例弁護士《べんごし》と面談《めんだん》し、打《う》ち合《あ》わせをする。

放談《ほうだん》 ↓「言《い》う」275

密談《みつだん》 人《ひと》に知《し》られないように、こっそり相談《そうだん》すること。また、その相談《そうだん》。例部屋《へや》の隅《すみ》で、何《なに》やらひそひそと密談《みつだん》している。

話《はな》し合《あ》い 互《たが》いに、思《おも》っていることや意見《いけん》を述《の》べ合《あ》うこと。例領土問題《りょうどもんだい》は、話《はな》し合《あ》いで解決《かいけつ》すべきだ。

会話《かいわ》 二人以上《ふたりいじょう》の人《ひと》が、互《たが》いに話《はな》したり聞《き》いたりすること。また、その話《はなし》。例あの人《ひと》と親《した》しそうに会話《かいわ》していたから、てっきり知《し》り合《あ》いかと思《おも》った。

談話《だんわ》 ある事柄《ことがら》に関《かん》して、形式《けいしき》ばらずに意見《いけん》を述《の》べること。また、その内容《ないよう》。例先生《せんせい》は、談話室《だんわしつ》にいらっしゃいます。例この問題《もんだい》に関《かん》する首相《しゅしょう》の談話《だんわ》が、新聞《しんぶん》に掲載《けいさい》された。

	話し合い	会話	談話
家族《かぞく》との——	○	○	○
外国人《がいこくじん》との——	△	○	△
——で決《き》める	○	–	–

対話《たいわ》 向《む》かい合《あ》って話《はな》し合《あ》うこと。また、その話《はなし》。例社長《しゃちょう》が社員《しゃいん》と直接《ちょくせつ》対話《たいわ》し、よりよい職場《しょくば》づくりに努《つと》める。

話《はなし》 ◎話《はな》すこと。ことばを交《か》わすこと。例いつまでたっても話《はなし》は尽《つ》きない。例あの人《ひと》は話《はなし》がうまい。◎話《はな》し合《あ》うこと。相談《そうだん》すること。例ちょっと話《はなし》があるから、会議室《かいぎしつ》まで来《き》てほしい。例やっと話《はなし》がまとまった。

やり取《と》り ◎ことばの受《う》け答《こた》えをすること。また、口論《こうろん》すること。例電話《でんわ》でのやり取《と》りをそばで聞《き》いていて、何《なに》が起《お》こったのかと不《ふ》安《あん》になった。例激《はげ》しいやり取《と》りの末《すえ》、お互《たが》い妥協《だきょう》した。◎手紙《てがみ》や物《もの》などを、送《おく》ったり受《う》け取《と》ったりすること。例彼《かれ》とは、年賀状《ねんがじょう》をやり取《と》りするだけの付《つ》き合《あ》いだ。

相談《そうだん》 問題《もんだい》の解決《かいけつ》のために話《はな》し合《あ》ったり、他人《たにん》の意見《いけん》を聞《き》いたりすること。また、その話《はな》し合《あ》い。例大事《だいじ》なことは、親《おや》に相談《そうだん》してから決《き》める。

打《う》ち合《あ》わせ 前《まえ》もって相談《そうだん》すること。例課長《かちょう》は仕事《しごと》の打《う》ち合《あ》わせで、席《せき》を外《はず》しています。

下相談《したそうだん》 本格的《ほんかくてき》に相談《そうだん》する前《まえ》に、あらかじめしておく話《はな》し合《あ》い。例会議《かいぎ》の下相談《したそうだん》をしておこう。

物《もの》は相談《そうだん》 物事《ものごと》は、人《ひと》に相談《そうだん》してみれば思《おも》わぬ名案《めいあん》が浮《う》かぶこともあるということ。また、他人《たにん》に相談《そうだん》を持《も》ちかけるときにいうことば。例物《もの》は相談《そうだん》だが、今度《こんど》の連休《れんきゅう》にどこか旅行《りょこう》に行《い》かないか。

談合《だんごう》 ◎何人《なんにん》かが集《あつ》まって相談《そうだん》すること。例実行委員会《じっこういいんかい》で談合《だんごう》したうえで、決定《けってい》します。◎ライバル会《がい》社同士《しゃどうし》が、競争《きょうそう》せずに役所《やくしょ》などから受《う》ける仕事《しごと》を回《まわ》し合《あ》うこと。また、その話《はな》し合《あ》い。例 公共事業《こうきょうじぎょう》をめぐる談合《だんごう》が、相次《あいつ》いで発覚《はっかく》した。

鳩首《きゅうしゅ》 人々《ひとびと》が寄《よ》り集《あつ》まって、額《ひたい》を突《つ》き合《あ》わせて相談《そうだん》すること。「鳩《きゅう》」は、集《あつ》めるという意味《いみ》。例 公民館《こうみんかん》に住民《じゅうみん》が集《あつ》まり、鳩首協議《きゅうしゅきょうぎ》する。

交渉《こうしょう》 特定《とくてい》の問題《もんだい》について、相手《あいて》と話《はな》し合《あ》うこと。例 労働条件《ろうどうじょうけん》について、組合《くみあい》が会社側《かいしゃがわ》に交渉《こうしょう》を申《もう》し入《い》れる。

談判《だんぱん》 事件《じけん》やもめごとに決着《けっちゃく》をつけるために、相手方《あいてがた》と交渉《こうしょう》すること。例 社長《しゃちょう》に直談判《じかだんぱん》して、給料《きゅうりょう》を上《あ》げてもらう。

折衝《せっしょう》 問題《もんだい》を解決《かいけつ》するために、相手《あいて》と話《はな》し合《あ》いをすること。例 貿易問題《ぼうえきもんだい》でアメリカと折衝《せっしょう》する。

膝詰《ひざづ》め談判《だんぱん》 相手《あいて》に膝《ひざ》を詰《つ》め寄《よ》せて談判《だんぱん》すること。直接会《ちょくせつあ》って強《つよ》くかけ合《あ》うこと。例 膝詰《ひざづ》め談判《だんぱん》で、ダム建設計画《けんせつけいかく》の変更《へんこう》を強《つよ》く求《もと》めた。

渡《わた》りがつく 話《はな》し合《あ》いがつく。交渉《こうしょう》が成立《せいりつ》する。例 生鮮食料品《せいせんしょくりょうひん》の仕入《しい》れに関《かん》して、生産者《せいさんしゃ》と渡《わた》りがつく。

話《はなし》が付《つ》く 交渉《こうしょう》がまとまる。物事《ものごと》の決着《けっちゃく》がつく。例 自然《しぜん》を残《のこ》しながら開発《かいはつ》を進《すす》めるということで話《はなし》が付《つ》いた。

会議《かいぎ》 関係者《かんけいしゃ》が集《あつ》まって相談《そうだん》をし、物事《ものごと》を決定《けってい》すること。また、その集《あつ》まり。例 登校班長会議《とうこうはんちょうかいぎ》を開《ひら》き、交通安全《こうつうあんぜん》の取《と》り組《く》みについて確認《かくにん》する。

座談《ざだん》 座《すわ》って気楽《きらく》に話《はな》し合《あ》うこと。例 座談会《ざだんかい》。例 仲間《なかま》が集《あつ》まり、夜遅《よるおそ》くまで座談《ざだん》に興《きょう》じた。

評定《ひょうじょう》 相談《そうだん》して決《き》めること。例 諸将《しょしょう》が集《あつ》まって、城攻《しろぜ》めの評定《ひょうじょう》を開《ひら》く。

小田原評定《おだわらひょうじょう》 いつまでたっても結論《けつろん》の出《で》ない会議《かいぎ》や相談《そうだん》。豊臣秀吉《とよとみひでよし》が小田原城《おだわらじょう》を攻《せ》めたとき、城《しろ》に立《た》てこもった北条氏《ほうじょうし》が、戦《たたか》うか降参《こうさん》するかの評定《ひょうじょう》をしたが、いつまでたっても結論《けつろん》を出《だ》せなかったことから。例 会議《かいぎ》はまるで小田原評定《おだわらひょうじょう》で、結論《けつろん》が出《で》ない。

叫《さけ》ぶ

shout
［シャウト］

叫《さけ》ぶ ◎声《こえ》を張《は》り上《あ》げる。例 助《たす》けを求《もと》めて、大《おお》きな声《こえ》で叫《さけ》んだ。◎世間《せけん》に対《たい》して、強《つよ》く訴《うった》える。例 日本人《にほんじん》として、核兵器《かくへいき》の廃絶《はいぜつ》を叫《さけ》び続《つづ》ける。

怒鳴《どな》る ◎大《おお》きな声《こえ》で言《い》う。例 そんなに怒鳴《どな》らなくても、聞《き》こえているよ。◎「怒《おこ》る」➡395

喚《わめ》く 不平《ふへい》や非難《ひなん》・訴《うった》えなどを表《あらわ》すために、大《おお》きな声《こえ》を出《だ》す。例 泣《な》こうが喚《わめ》こうが、だめなものはだめだ。

	大声《おおごえ》で——	「そこをどけ」と——警官《けいかん》	泣《な》き——
叫ぶ	○	△	○
怒鳴る	○	○	−
喚く	○	−	○

喚《わめ》き立《た》てる 激《はげ》しく喚《わめ》く。例 興《こう》奮《ふん》して喚《わめ》き立《た》てたと

◆＝もっと知《し》りたい、ことばの知識《ちしき》。

ころで、何《なに》も変《か》わりはしない。

ほえる　獣《けもの》などが荒々《あらあら》しく鳴《な》く。また、大声《おおごえ》で叫《さけ》ぶ。例 自分《じぶん》の意見《いけん》を通《とお》そうと、大声《おおごえ》でほえている。

張《は》り上《あ》げる　大声《おおごえ》を出《だ》す。例 声《こえ》を張《は》り上《あ》げて校歌《こうか》を歌《うた》う。

がなり立《た》てる　あたりかまわず激《はげ》しく怒鳴《どな》る。例 選挙《せんきょ》カーからマイクでがなり立《た》てる候補者《こうほしゃ》の声《こえ》がうるさい。

声《こえ》を立《た》てる　声《こえ》を出《だ》す。例 野鳥《やちょう》の観察中《かんさつちゅう》は、声《こえ》を立《た》てるんじゃない。

声《こえ》をからす　出《だ》し過《す》ぎて声《こえ》がかすれる。例 ボランティアの人《ひと》たちが、声《こえ》をからして署名《しょめい》を呼《よ》びかけている。

声《こえ》を振《ふ》り絞《しぼ》る　これ以上《いじょう》出《で》ないほどの、ありったけの声《こえ》を出《だ》す。例 観客席《かんきゃくせき》から、声《こえ》を振《ふ》り絞《しぼ》って応援《おうえん》する。

唱《とな》える　◎大声《おおごえ》で叫《さけ》ぶ。例 当選《とうせん》した立候補者《りっこうほしゃ》の事務所《じむしょ》から、万歳《ばんざい》を唱《とな》える声《こえ》が聞《き》こえてきた。◎人《ひと》に先立《さきだ》って主張《しゅちょう》する。例 ダーウィンは進化論《しんかろん》を唱《とな》えた。◎「読《よ》む」⬇311

呼《よ》ぶ　声《こえ》を上《あ》げて、名前《なまえ》などを言《い》う。例 いくら呼《よ》んでも返事《へんじ》がない。

甲走《かんばし》る　声《こえ》が高《たか》く、きんきんと鋭《するど》く響《ひび》く。例 その女性《じょせい》は急《きゅう》に不機嫌《ふきげん》になり、甲走《かんばし》った声《こえ》で叫《さけ》んだ。

叫《さけ》び　大声《おおごえ》を上《あ》げること。世間《せけん》に主《しゅ》張《ちょう》すること。また、その声《こえ》や主張《しゅちょう》。例 救《すく》いを求《もと》める、悲痛《ひつう》な叫《さけ》びが聞《き》こえてくる。

雄叫《おたけ》び　勇《いさ》ましく叫《さけ》ぶこと。また、その声《こえ》。例 ハンマー投《な》げの選手《せんしゅ》が雄叫《おたけ》びを上《あ》げる。

悲鳴《ひめい》　◎恐《おそ》ろしさや苦痛《くつう》などのために、声《こえ》を上《あ》げること。また、その声《こえ》。例 絹《きぬ》を裂《さ》くような女性《じょせい》の悲鳴《ひめい》が聞《き》こえた。◎人《ひと》に助《たす》けを求《もと》めること。また、その要請《ようせい》。例 あまりの忙《いそが》しさに悲鳴《ひめい》を上《あ》げる。

絶叫《ぜっきょう》　出《だ》せる限《かぎ》りの声《こえ》を出《だ》して叫《さけ》ぶこと。また、その叫《さけ》び声《ごえ》。例 恐怖《きょうふ》のあまり絶叫《ぜっきょう》する。

連呼《れんこ》　同《おな》じことばを、何度《なんど》も繰《く》り返《かえ》して大声《おおごえ》で言《い》うこと。例 抗議《こうぎ》集会《しゅうかい》でスローガンを連呼《れんこ》する。

唱和《しょうわ》　一人《ひとり》がまず唱《とな》え、続《つづ》いてほかの多《おお》くの人《ひと》たちが同《おな》じことばを唱《とな》えること。例 それでは皆《みな》さん、ご唱和《しょうわ》ください。乾杯《かんぱい》!

三唱《さんしょう》　決《き》まったことばを、大《おお》きな声《こえ》で三回唱《さんかいとな》えること。例 では最後《さいご》に、全員《ぜんいん》で万歳《ばんざい》を三唱《さんしょう》したいと思《おも》います。

声《こえ》を限《かぎ》り　ありったけの声《こえ》を出《だ》すようす。例 転《ころ》んで足《あし》をくじいたので、声《こえ》を限《かぎ》りに助《たす》けを求《もと》めた。

甲高《かんだか》い　声《こえ》の調子《ちょうし》が、高《たか》く鋭《するど》い。例 タンチョウヅルの甲高《かんだか》い鳴《な》き声《ごえ》が、湿原《しつげん》に響《ひび》き渡《わた》った。

金切《かなき》り声《ごえ》　金属《きんぞく》を切《き》るときに出《で》る音《おと》のように、高《たか》く張《は》り上《あ》げた鋭《するど》い声《こえ》。ふつう、女性《じょせい》の声《こえ》にい

似=似《に》た表現《ひょうげん》のことば。対=反対《はんたい》の意味《いみ》のことば。例=使《つか》い方《かた》の例《れい》。

う。例お目当《めあ》てのスターが登場《とうじょう》し、女《じょ》性《せい》ファンが金切《かなき》り声《ごえ》を上《あ》げる。

黄色《きいろ》い声《こえ》 女性《じょせい》や子《こ》どもなどの、甲高《かんだか》い歓声《かんせい》。例アイドルのコンサート会場《かいじょう》に黄色《きいろ》い声《ごえ》がこだまする。

叫《さけ》び声《ごえ》 大《おお》きく張《は》り上《あ》げる声《こえ》。叫《さけ》ぶ声《こえ》。例遠《とお》くで叫《さけ》び声《ごえ》が聞《き》こえた。

シュプレヒコール 集会《しゅうかい》やデモなどで、参加者《さんかしゃ》がいっせいにスローガンを唱《とな》えること。また、その唱和《しょうわ》。例デモ隊《たい》から、値上《ねあ》げ反対《はんたい》のシュプレヒコールが起《お》こる。

シャウト 叫《さけ》ぶこと。とくに、音《おん》楽《がく》で叫《さけ》ぶように歌《うた》うこと。例ボーカルが、派手《はで》にシャウトする。

「叫《さけ》ぶ」に関連《かんれん》することば

快哉《かいさい》を叫《さけ》ぶ 喜《よろこ》びの声《こえ》をあげる。「快《かい》哉《さい》」は、気持《きも》ちがよいこと。

黙《だま》る

become silent
［ビカム・サイレント］

黙《だま》る 物《もの》を言《い》うのをやめる。物《もの》を言《い》わないでいる。例親《おや》に黙《だま》って出《で》かけたら、後《あと》でしかられるよ。

黙《もく》する 黙《だま》る。例兄《あに》は「黙《もく》して語《かた》らず」と言《い》ったきり、あとは一言《ひとこと》もしゃべらなかった。

黙《だま》り込《こ》む まったくしゃべらなくなる。例父《ちち》は急《きゅう》に黙《だま》り込《こ》んで、何《なに》かをじっと考《かんが》えている。

黙《だま》りこくる いつまでも、黙《だま》ったままの状態《じょうたい》でいる。例都合《つごう》が悪《わる》くなると、妹《いもうと》はすぐ黙《だま》りこくってしまう。

押《お》し黙《だま》る 物《もの》を言《い》うのをやめて、黙《だま》ってしまう。例うそを見破《みやぶ》られた犯人《はんにん》は、押《お》し黙《だま》ったまま下《した》を向《む》いている。

口《くち》を閉《と》ざす 口《くち》を閉《と》じて、何《なに》も言《い》わないでいる。例幽霊《ゆうれい》のうわさについて、地元《じもと》の人《ひと》はみんな口《くち》を閉《と》ざしている。似口《くち》を閉《と》じる。

口《くち》をつぐむ 「口《くち》を閉《と》ざす」と同《おな》じ。例その事件《じけん》に関《かん》しては、父《ちち》は一切《いっさい》口《くち》をつぐんでいる。

口《くち》を結《むす》ぶ 「口《くち》を閉《と》ざす」と同《おな》じ。例朝礼《ちょうれい》のときは、口《くち》を結《むす》んで先生《せんせい》のほうに注目《ちゅうもく》しなさい。

口《くち》を封《ふう》じる 自分《じぶん》に都合《つごう》の悪《わる》いことを、言《い》わせないようにする。例あいつの口《くち》を封《ふう》じないと、こっちの身《み》が危《あぶ》ないぞ。

口数《くちかず》が少《すく》ない 物《もの》を言《い》う回数《かいすう》が少《すく》ない。あまりしゃべらない。例彼《かれ》はふだんは口数《くちかず》が少《すく》ないが、会議《かいぎ》のときは積極的《せっきょくてき》に発言《はつげん》する。

口《くち》が重《おも》い 「口数《くちかず》が少《すく》ない」と同《おな》じ。例修学旅行《しゅうがくりょこう》のおみやげは何《なに》がいいか、口《くち》が重《おも》い祖父《そふ》から、やっとのことで聞《き》き出《だ》した。

口《くち》が堅《かた》い 言《い》ってはいけないことを、むやみに他言《たごん》しない。例彼《かれ》なら口《くち》が堅《かた》いから、本当《ほんとう》のことを話《はな》しても大丈夫《だいじょうぶ》だ。対口《くち》が軽《かる》い。

◆＝もっと知《し》りたい、ことばの知識《ちしき》。

おくびにも出《だ》さない そのことを秘《ひ》密《みつ》にして決《けっ》して言《い》わず、それらしいようすも見《み》せない。「おくび」は、げっぷのことで、げっぷも出《で》ないように、口《くち》をかたく閉《と》じているということ。例 父《ちち》は少年時代《しょうねんじだい》の苦労《くろう》をおくびにも出《だ》さない。似 おくびにも見《み》せない。

沈黙《ちんもく》 ◎口《くち》をきかずに黙《だま》ること。例 気《き》まずい空気《くうき》になり、みんなが沈黙《ちんもく》した。◎その場《ば》がとても静《しず》かなこと。例 沈黙《ちんもく》を破《やぶ》って雷《かみなり》が鳴《な》った。

無言《むごん》 何《なに》も言《い》わないこと。例 友《とも》だちは無言《むごん》のまま、じっと僕《ぼく》をにらんでいた。

無口《むくち》 口数《くちかず》が少《すく》ないこと。例 無口《むくち》な父《ちち》は、黙《だま》って新聞《しんぶん》を読《よ》んでいる。

寡黙《かもく》 口数《くちかず》が少《すく》ないこと。「寡《か》」は、少《すく》ないという意味《いみ》。例 おしゃべりな人《ひと》より、寡黙《かもく》な人《ひと》のほうが信用《しんよう》できるような気《き》がする。

暗黙《あんもく》 口《くち》に出《だ》して言《い》わないこと。例 その件《けん》は、みんな暗黙《あんもく》のうちに了解《りょうかい》していたことだ。

黙秘《もくひ》 警察《けいさつ》や裁判《さいばん》などでの調《しら》べに応《おう》じず、まったく話《はな》さないこと。例 取《と》り調《しら》べに対《たい》して、容疑者《ようぎしゃ》は一切《いっさい》黙秘《もくひ》しているようだ。

完黙《かんもく》 警察《けいさつ》の取《と》り調《しら》べなどに対《たい》して、黙秘《もくひ》を通《とお》すこと。「完全黙秘《かんぜんもくひ》」を略《りゃく》したことば。例 犯人《はんにん》は、いまだに完黙《かんもく》しているらしい。

黙礼《もくれい》 目《め》を交《か》わして礼《れい》をすること。例 先生《せんせい》に黙礼《もくれい》して通《とお》り過《す》ぎる。

黙禱《もくとう》 無言《むごん》のまま、心《こころ》の中《なか》で祈《いの》ること。例 犠牲者《ぎせいしゃ》の霊《れい》に黙禱《もくとう》をささげる。

黙認《もくにん》 暗黙《あんもく》のうちに認《みと》め許《ゆる》すこと。例 今回《こんかい》だけは遅刻《ちこく》を黙認《もくにん》する。

だんまり 黙《だま》ること。何《なに》も言《い》わないこと。例 兄《あに》は返答《へんとう》に困《こま》って、だんまりを決《き》め込《こ》んでいる。

ノーコメント 何《なに》も言《い》うことはないということ。説明《せつめい》や回答《かいとう》を求《もと》められ、それを断《ことわ》るときにいうことば。例 汚職《おしょく》に関《かん》してのマスコミの攻撃《こうげき》に、大臣《だいじん》はノーコメントを貫《つらぬ》き通《とお》した。

言《い》わず語《かた》らず 口《くち》に出《だ》して言《い》わなくても、それとなく相手《あいて》に分《わ》かるようす。例 親友《しんゆう》の彼女《かのじょ》とは、言《い》わず語《かた》らずのうちにお互《たが》いの気持《きも》ちが通《つう》じている。

うんともすんとも あとに打《う》ち消《け》しのことばがきて、返事《へんじ》や答《こた》えがまったくないようす。「すん」は、「うん」に対《たい》して語呂《ごろ》を合《あ》わせたことば。例 彼《かれ》にメールを出《だ》したのに、うんともすんとも言《い》ってこない。

むっつり 口数《くちかず》が少《すく》なく、無愛想《ぶあいそう》なようす。例 せっかくの交流会《こうりゅうかい》なんだから、むっつりしてないで少《すこ》しは話《はなし》をしよう。

「黙《だま》る」に関連《かんれん》することば

沈黙《ちんもく》は金《きん》、雄弁《ゆうべん》は銀《ぎん》 優《すぐ》れた話《はな》し方《かた》をすることより、黙《だま》るべきときに黙《だま》っていることのほうが、まさっている。しゃべりすぎに対《たい》する戒《いまし》めのことば。

天使《てんし》が通《とお》る 会話《かいわ》などが途切《とぎ》れて、みんなが黙《だま》り込《こ》む。フランスのことわざ。

似《に》＝似た表現《ひょうげん》のことば。対＝反対《はんたい》の意味《いみ》のことば。例＝使《つか》い方《かた》の例《れい》。

考《かんが》える学《まな》ぶ

考《かんが》える

think
［スインク］

考《かんが》える 見《み》たこと、聞《き》いたこと、感《かん》じたことなどを、心《こころ》の中《なか》でまとめて整理《せいり》する。例 問題《もんだい》を解《と》こうと、一生懸命《いっしょうけんめい》考《かんが》えた。

思《おも》う ◎いろいろな物事《ものごと》について、心《こころ》を働《はたら》かせる。例 彼《かれ》の意見《いけん》は正《ただ》しいと思《おも》う。◎「好《す》き」➡414

	考える	思う
日本《にほん》の将来《しょうらい》を――	○	○
おいしいと――	ー	○
失敗《しっぱい》の理由《りゆう》を――	○	ー

考《かんが》え込《こ》む 深《ふか》く突《つ》き詰《つ》めて考《かんが》える。物事《ものごと》をあれこれと考《かんが》え悩《なや》む。例 どうしていいか分《わ》からず、考《かんが》え込《こ》んでしまった。

思《おも》い巡《めぐ》らす あれこれと考《かんが》える。例 自分《じぶん》の将来《しょうらい》のことを思《おも》い巡《めぐ》らす。

案《あん》じる ◎あれこれと考《かんが》える。いろいろ工夫《くふう》する。例 一計《いっけい》を案《あん》じる。◎「心配《しんぱい》する」➡498

頭《あたま》を絞《しぼ》る いい考《かんが》えを出《だ》そうと、あれこれ考《かんが》える。例 問題《もんだい》を解決《かいけつ》するために、もっといい方法《ほうほう》はないものかと頭《あたま》を絞《しぼ》る。似 知恵《ちえ》を絞《しぼ》る。

頭《あたま》をひねる 難《むずか》しいことを、一生懸命《いっしょうけんめい》に考《かんが》える。例 難《むずか》しい問題《もんだい》に頭《あたま》をひねる。

鑑《かんが》みる 手本《てほん》や過去《かこ》にあったことなどと比《くら》べ合《あ》わせて考《かんが》える。例 自分《じぶん》の経験《けいけん》に鑑《かんが》みて判断《はんだん》を下《くだ》す。

慮《おもんぱか》る よくよく考《かんが》える。例 将来《しょうらい》を慮《おもんぱか》って、子《こ》どものしつけは厳《きび》しくする。

掘《ほ》り下《さ》げる 物事《ものごと》を深《ふか》く考《かんが》えたり調《しら》べたりする。例 問題《もんだい》の本質《ほんしつ》を掘《ほ》り下《さ》げて考《かんが》える。

思《おも》い合《あ》わせる 一《ひと》つのことを、ほかの物事《ものごと》と比《くら》べて考《かんが》える。例 二《ふた》つの手《て》がかりを思《おも》い合《あ》わせて、問題《もんだい》を解《と》く。

考《かんが》え直《なお》す ◎もう一度《いちど》よく考《かんが》える。例 どこで間違《まちが》えたか、最初《さいしょ》から考《かんが》え直《なお》してみる。◎今《いま》までの考《かんが》えを変《か》える。例 行《い》こうと思《おも》っていたが、考《かんが》え直《なお》すことにした。

思《おも》い直《なお》す 考《かんが》えを変《か》える。例 そんなことを言《い》わずに、どうか思《おも》い直《なお》してください。

こだわる つまらないことを必要《ひつよう》以上《いじょう》に気《き》にする。最近《さいきん》は「物事《ものごと》に妥協《だきょう》せずにきわめる」といったよい意味《いみ》でも使《つか》われる。例 いつまでも小《ちい》さな失敗《しっぱい》にこだわることはない。例 材料《ざいりょう》にこだわった最高《さいこう》の製品作《せいひんづく》り。

考《かんが》え 考《かんが》えること。考《かんが》えた事柄《ことがら》。意見《いけん》・工夫《くふう》・判断《はんだん》・想像《そうぞう》など。例 いい考《かんが》えが浮《う》かぶ。例 自分《じぶん》の考《かんが》えを発表《はっぴょう》する。

思考《しこう》 深《ふか》く考《かんが》えること。また、その考《かんが》え。例 思考停止《しこうていし》。例 人生《じんせい》に

◆＝もっと知《し》りたい、ことばの知識《ちしき》。

ついて思考《しこう》する。

思案《しあん》 ◎どうしたらよいか、あれこれ考《かんが》えること。例ここが思案《しあん》のしどころだ。◎「心配《しんぱい》する」➡497

一考《いっこう》 一度《いちど》考《かんが》えてみること。例これは一考《いっこう》を要《よう》する問題《もんだい》だ。

考察《こうさつ》 物事《ものごと》を明《あき》らかにするために、深《ふか》く考《かんが》え調《しら》べること。おもに学問的《がくもんてき》な研究《けんきゅう》についていう。例日本《にほん》の古代文化《こだいぶんか》を考察《こうさつ》した本《ほん》がおもしろい。

考慮《こうりょ》 ある判断《はんだん》をするために、いろいろなことを合《あ》わせて考《かんが》えること。例下級生《かきゅうせい》の体力《たいりょく》も考慮《こうりょ》に入《い》れて、トレーニングを行《おこな》う。

勘案《かんあん》 いくつかの事柄《ことがら》を、考《かんが》え合《あ》わせること。例みんなの意見《いけん》を勘案《かんあん》して、結論《けつろん》を出《だ》す。

思慮《しりょ》 注意深《ちゅういぶか》く考《かんが》え、判断《はんだん》すること。例あまりにも思慮《しりょ》の足《た》りない言動《げんどう》だ。

思慮分別《しりょふんべつ》 注意深《ちゅういぶか》く考《かんが》え、正《ただ》しく判断《はんだん》すること。よくわきまえること。例あの人《ひと》は思慮分別《しりょふんべつ》のある人《ひと》だ。

見解《けんかい》 物事《ものごと》に対《たい》する考《かんが》え方《かた》や価値判断《かちはんだん》。例見解《けんかい》の相違《そうい》。例首相《しゅしょう》が、財政問題《ざいせいもんだい》に関《かん》する政府《せいふ》の見解《けんかい》を明《あき》らかにする。

所存《しょぞん》 心《こころ》に思《おも》うところ。考《かんが》え。例問題《もんだい》の解決《かいけつ》に向《む》けて、精《せい》いっぱい努力《どりょく》する所存《しょぞん》です。

料簡《りょうけん》 考《かんが》えや気持《きも》ち。また、分別《ふんべつ》。例料簡《りょうけん》が狭《せま》いやつだ。例そんな悪《わる》い料簡《りょうけん》など起《お》こすものではない。◆「了簡《りょうけん》」「了見《りょうけん》」などとも書《か》く。

思惑《おもわく》 前《まえ》もって考《かんが》えていた事柄《ことがら》。また、その考《かんが》え。見込《みこ》み。例思惑《おもわく》が外《はず》れる。例思惑通《おもわくどお》りに事《こと》が運《はこ》ぶ。

腹《はら》 ◎考《かんが》えていること。本心《ほんしん》。例選《せん》手《しゅ》の起用《きよう》について、監督《かんとく》の腹《はら》は決《き》まっているらしい。◎「胴《どう》」➡86

一存《いちぞん》 自分一人《じぶんひとり》の考《かんが》え。例日程《にってい》をどうするかは、わたしの一存《いちぞん》では決《き》めかねる。

熟慮《じゅくりょ》 長《なが》い時間《じかん》をかけて、じっくりとよく考《かんが》えること。例みんなで熟慮《じゅくりょ》した上《うえ》で、判断《はんだん》を下《くだ》した。

熟考《じゅくこう》 「熟慮《じゅくりょ》」と同《おな》じ。例自分《じぶん》の将来《しょうらい》のことだから、よく熟考《じゅくこう》しなくてはいけない。

「考《かんが》える」に関連《かんれん》することば

考《かんが》える葦《あし》 人間《にんげん》は弱《よわ》いアシ（水辺《みずべ》に生《は》える草《くさ》）のようなものにすぎないが、「考《かんが》える」という特質《とくしつ》を持《も》っているということ。フランスの哲学者《てつがくしゃ》パスカルのことば。

下手《へた》の考《かんが》え休《やす》むに似《に》たり よい知恵《ちえ》もないのに、いつまでも考《かんが》えるのは、何《なに》もしないでいるのと同《おな》じことだということ。

千慮《せんりょ》の一失《いっしつ》 どんなに賢《かしこ》い人《ひと》でも、まれに失敗《しっぱい》や考《かんが》え違《ちが》いがあるということ。よく考《かんが》えて実行《じっこう》しながら、うっかり失敗《しっぱい》すること。

物《もの》は考《かんが》えよう 物事《ものごと》は考《かんが》え方《かた》しだいで、よくも悪《わる》くも解釈《かいしゃく》できるものだということ。

深慮《しんりょ》 深《ふか》く考《かんが》え抜《ぬ》くこと。慎重《しんちょう》に考《かんが》えること。例 深慮《しんりょ》を重《かさ》ねて、納得《なっとく》のいく結論《けつろん》を出《だ》した。対 浅慮《せんりょ》。

瞑想《めいそう》 目《め》を閉《と》じて、意識《いしき》を集中《しゅうちゅう》して静《しず》かに考《かんが》えること。例 一人《ひとり》静《しず》かに瞑想《めいそう》して、今日一日《きょういちにち》を反省《はんせい》する。

黙想《もくそう》 黙《だま》って考《かんが》えにふけること。例 目《め》を閉《と》じて黙想《もくそう》する。似 黙《もっ》考《こう》。

沈思黙考《ちんしもっこう》 静《しず》かに深《ふか》く考《かんが》え込《こ》むこと。例 このところ忙《いそが》しくて、一《ひと》つのことを沈思黙考《ちんしもっこう》する時間《じかん》がない。

浅慮《せんりょ》 考《かんが》えの浅《あさ》いこと。浅《あさ》はかな考《かんが》え。例 あのような発言《はつげん》をして、ただ自分《じぶん》の浅慮《せんりょ》を恥《は》じるばかりです。似 短慮《たんりょ》。対 深慮《しんりょ》。

顧慮《こりょ》 気《き》を配《くば》って深《ふか》く考《かんが》えること。例 彼《かれ》は、周《まわ》りの人《ひと》の迷惑《めいわく》など顧慮《こりょ》しない。

再考《さいこう》 もう一度《いちど》よく考《かんが》え直《なお》すこと。例 旅行《りょこう》の予定《よてい》を再考《さいこう》する。

長考《ちょうこう》 長《なが》い時間《じかんかんが》考えること。とくに、囲碁《いご》や将棋《しょうぎ》で使《つか》われることば。例 長考《ちょうこう》の末《すえ》、名人《めいじん》は意外《いがい》な一手《いって》を指《さ》した。

思索《しさく》 筋道《すじみち》をたどって深《ふか》く考《かんが》えること。例 ロダンの「考《かんが》える人《ひと》」は、思索《しさく》にふける姿《すがた》を題材《だいざい》にした彫刻《ちょうこく》だ。

愚考《ぐこう》 愚《おろ》かな考《かんが》え。また、自分《じぶん》の考《かんが》えのへりくだった言《い》い方《かた》。例 愚考《ぐこう》を述《の》べさせていただきます。似 愚《ぐ》案《あん》。

御意《ぎょい》 目上《めうえ》の人《ひと》などをうやまって、その考《かんが》えなどをいうことば。例 提案《ていあん》が社長《しゃちょう》の御意《ぎょい》にかなう。

質問《しつもん》する

ask
［アスク］

このページも見《み》てみよう
▼聞《き》く ➡263

聞《き》く ◎分《わ》からないことや知《し》らないことを、人《ひと》に教《おし》えてもらう。例 音楽会《おんがくかい》の曲目《きょくもく》について、みんなの意見《いけん》を聞《き》く。◎「におう」➡203 ◎「聞《き》く」

尋《たず》ねる ➡263 人《ひと》に聞《き》いて教《おし》えてもらう。例 問題《もんだい》の解《と》き方《かた》を友《とも》だちに尋《たず》ねる。

問《と》う 質問《しつもん》して、答《こた》えを聞《き》き出《だ》す。例 みんなの考《かんが》えを問《と》う。

質《ただ》す 分《わ》からないことをはっきりさせるため、尋《たず》ねて確《たし》かめる。質問《しつもん》して明《あき》らかにする。例 どうして逃《に》げ出《だ》したのか、友《とも》だちの真意《しんい》を質《ただ》した。

諮《はか》る 相談《そうだん》を持《も》ちかけて、意見《いけん》を聞《き》く。例 計画《けいかく》を実行《じっこう》するかどうか、委員会《いいんかい》に諮《はか》って決定《けってい》する。

問《と》い合《あ》わせる 分《わ》からないことを、聞《き》いて確《たし》かめる。例 列車《れっしゃ》の発車時刻《はっしゃじこく》を、駅《えき》に問《と》い合《あ》わせる。

問《と》いかける 相《あい》手《て》に質《しつ》問《もん》する。例 矢継《やつ》ぎ早《ばや》に問《と》いかける。

問《と》い返《かえ》す ◎一度《いちど》聞《き》いたことを、もう一度《いちど》問《と》う。例 友《とも》の本心《ほんしん》が知《し》りたくて、三度《さんど》も問《と》い返《かえ》した。◎相手《あいて》の問《と》いに答《こた》えないで、逆《ぎゃく》に質問《しつもん》

◆＝もっと知《し》りたい、ことばの知識《ちしき》。

する。例 友《とも》だちにブルネイの場所《ばしょ》を聞《き》いたら、「ブルネイって、何《なに》」と問《と》い返《かえ》された。似 聞《き》き返《かえ》す。

聞《き》き取《と》る
◎事情《じじょう》が分《わ》かるように関係《かんけい》のある人《ひと》に尋《たず》ねる。例 事故《じこ》の目撃者《もくげきしゃ》を集《あつ》めて、当時《とうじ》の状《じょう》況《きょう》を聞《き》き取《と》る。◎「聞《き》く」→264

とがめる
◎怪《あや》しんで尋《たず》ねる。例 無灯火《むとうか》の自転車《じてんしゃ》に乗《の》っていて、お巡《まわ》りさんにとがめられた。◎「怒《おこ》る」→395

聞《き》き質《ただ》す
物事《ものごと》の真相《しんそう》などを、よく聞《き》いて確《たし》かめる。例 事故《じこ》の原因《げんいん》を、運転手《うんてんしゅ》に聞《き》き質《ただ》す。

問《と》い質《ただ》す
分《わ》からないことや本当《ほんとう》のことをはっきりさせるために、厳《きび》しく質問《しつもん》する。例 検察官《けんさつかん》が、証言《しょうげん》の不審《ふしん》な点《てん》を問《と》い質《ただ》す。

問《と》い詰《つ》める
あいまいな答《こた》えを許《ゆる》さずに、真実《しんじつ》を言《い》うまで厳《きび》しく質問《しつもん》する。例 厳《きび》しく問《と》い詰《つ》めて、ついに白状《はくじょう》させた。

聞《き》きとがめる
相手《あいて》の発言《はつげん》の納得《なっとく》できない点《てん》を、問《と》い質《ただ》したり非難《ひなん》したりする。例 父《ちち》は、僕《ぼく》のいいかげんな返事《へんじ》を聞《き》きとがめて怒《おこ》り出《だ》した。

切《き》り込《こ》む
◎鋭《するど》く問《と》い詰《つ》める。例 本質《ほんしつ》に切《き》り込《こ》んだ質問《しつもん》。◎「切《き》る」→159 ◎「攻《せ》める」→363

聞《き》き逃《のが》す
◎質問《しつもん》するつもりだったのに、うっかりしてそのチャンスを失《うしな》ってしまう。例 ゲーム作家《さっか》に質問《しつもん》しようと思《おも》っていたが、つい聞《き》き逃《のが》してしまった。◎「聞《き》く」→265

伺《うかが》う
◎「問《と》う」「尋《たず》ねる」のへりくだった言《い》い方《かた》。お尋《たず》ねする。目上《めうえ》の人《ひと》に質問《しつもん》するときに使《つか》われる。例 少々《しょうしょう》お伺《うかが》いしたいことがあるのですが。◎「訪《たず》ねる」→182 ◎「聞《き》く」→263

問《と》い
質問《しつもん》すること。また、試験《しけん》などの問題《もんだい》。例 先生《せんせい》の問《と》いに答《こた》える。

質問《しつもん》
分《わ》からないことや知《し》りたいことを尋《たず》ねること。例 校長先生《こうちょうせんせい》に質問《しつもん》があります。

発問《はつもん》
質問《しつもん》を相手《あいて》に投《な》げかけること。例 手《て》を上《あ》げて、発問《はつもん》してください。

質疑《しつぎ》
疑問《ぎもん》のある点《てん》について、質問《しつもん》すること。研究会《けんきゅうかい》や説明会《せつめいかい》などでの、発表《はっぴょう》に対《たい》する質問《しつもん》に使《つか》われることが多《おお》い。例 質疑《しつぎ》応答《おうとう》。例 これより質疑《しつぎ》に応《おう》じます。

下問《かもん》
身分《みぶん》の高《たか》い人《ひと》が、目下《めした》の者《もの》に質問《しつもん》すること。質問《しつもん》する人《ひと》をうやまうことば。例 天皇陛下《てんのうへいか》のご下問《かもん》にお答《こた》えいたします。似 下聞《かぶん》。

設問《せつもん》
問題《もんだい》や質問《しつもん》を作《つく》って試験《しけん》などに出《だ》すこと。また、その問題《もんだい》や質問《しつもん》。例 次《つぎ》の設問《せつもん》に答《こた》えなさい。

試問《しもん》
問題《もんだい》を出《だ》して試験《しけん》すること。例 口頭《こうとう》試問《しもん》。例 面接《めんせつ》で時事《じじ》問《もん》題《だい》について試問《しもん》された。

愚問《ぐもん》
つまらない質問《しつもん》。聞《き》く意味《いみ》がない質問《しつもん》。また、自分《じぶん》の質問《しつもん》をへりくだっていうことば。例 スポーツ選手《せんしゅ》に、勝《か》ちたいかなどと聞《き》くのは愚問《ぐもん》だ。

奇問《きもん》
思《おも》いもよらない変《へん》な質問《しつもん》。例 難問《なんもん》奇問《きもん》。例 こんな奇問《きもん》には答《こた》えようがない。

難問《なんもん》 答《こた》えるのが難《むずか》しい質問《しつもん》や問題《もんだい》。例 今年《ことし》の入試《にゅうし》は難問《なんもん》が多《おお》かったので、平均点《へいきんてん》は低《ひく》いだろう。

反問《はんもん》 尋《たず》ねてきた人《ひと》に、逆《ぎゃく》に問《と》い返《かえ》すこと。例 意見《いけん》を聞《き》いたら、「君《きみ》はどう考《かんが》えているの」と相手《あいて》から反《はん》問《もん》された。

諮問《しもん》 相談《そうだん》して意見《いけん》を聞《き》くこと。とくに、役所《やくしょ》などが政策《せいさく》について、専門家《せんもんか》の意見《いけん》を聞《き》くこと。例 審議《しんぎ》会《かい》が大臣《だいじん》の諮問《しもん》に答《こた》える。対 答申《とうしん》。

伺《うかが》い 「尋《たず》ねること」「聞《き》くこと」のへりくだった言《い》い方《かた》。例 社長《しゃちょう》のご機嫌《きげん》伺《うかが》いに参上《さんじょう》する。

聴聞《ちょうもん》 役所《やくしょ》などが、何《なに》かを決定《けってい》する前《まえ》に、関係《かんけい》のある人《ひと》たちに意《い》見《けん》を聞《き》くこと。もとは、僧《そう》の説法《せっぽう》などを聞《き》くこと。例 交通規則《こうつうきそく》の改定《かいてい》に先《さき》立《だ》って、聴聞《ちょうもん》会《かい》が開《ひら》かれた。

聴取《ちょうしゅ》 ◎何《なに》かを調《しら》べるために、物事《ものごと》を聞《き》き出《だ》すこと。おもに警察《けいさつ》官《かん》などが、事件《じけん》の容疑者《ようぎしゃ》や目撃者《もくげきしゃ》などに聞《き》くことをいう。例 事件《じけん》について、参考人《さんこうにん》から事情《じじょう》を聴取《ちょうしゅ》する。◎「聞《き》く」↓266

ヒアリング ◎「聞《き》くこと」という意味《いみ》の英語《えいご》。重要《じゅうよう》なことを決《き》める前《まえ》に、関係《かんけい》のある人《ひと》たちに意見《いけん》を聞《き》くこと。公聴会《こうちょうかい》。聴聞会《ちょうもんかい》。例 マンション建設《けんせつ》に関《かん》して、近《ちか》くの住《じゅう》民《みん》を集《あつ》めてヒアリングを行《おこな》う。◎「聞《き》く」↓268

喚問《かんもん》 公《おおやけ》の場所《ばしょ》に呼《よ》び出《だ》して、問《と》い質《ただ》すこと。証人《しょうにん》や参考人《さんこうにん》に質《しつ》問《もん》すること。例 国会《こっかい》での喚問《かんもん》のようすを、テレビで見《み》る。

尋問《じんもん》 裁判官《さいばんかん》・警察官《けいさつかん》などが、取《と》り調《しら》べをすること。詳《くわ》しく問《と》い質《ただ》すこと。例 警察官《けいさつかん》が、不審《ふしん》な人《ひと》を尋《じん》問《もん》する。

問責《もんせき》 責任《せきにん》を問《と》い質《ただ》すこと。例 失言《しつげん》した大臣《だいじん》が問責《もんせき》を受《う》ける。

難詰《なんきつ》 欠点《けってん》を挙《あ》げて非難《ひなん》し、厳《きび》しく責《せ》めること。例 賞味期限《しょうみきげん》をごまかした食品会社《しょくひんがいしゃ》の社長《しゃちょう》が、記者会《きしゃかい》見《けん》で難詰《なんきつ》される。

詰問《きつもん》 相手《あいて》を責《せ》めて、厳《きび》しく問《と》い質《ただ》すこと。問《と》い詰《つ》めること。例 遅刻《ちこく》した理由《りゆう》を、先生《せんせい》に詰問《きつもん》された。

追及《ついきゅう》 責任《せきにん》や原因《げんいん》などをどこまでも探《さぐ》って、問《と》い質《ただ》すこと。例 事《じ》故《こ》の責任《せきにん》を厳《きび》しく追及《ついきゅう》する。

自問《じもん》 自分《じぶん》で自分《じぶん》の心《こころ》に問《と》いかけること。反省《はんせい》して考《かんが》えること。例 あれでよかったのかと、自問《じもん》自答《じとう》してみる。

照会《しょうかい》 確認《かくにん》のために問《と》い合《あ》わせること。例 家《いえ》を出発《しゅっぱつ》する前《まえ》に、インターネットで、列車《れっしゃ》の空席《くうせき》を照会《しょうかい》する。

「質問《しつもん》する」に関連《かんれん》することば

聞《き》くは一時《いっとき》の恥《はじ》、聞《き》かぬは一生《いっしょう》の恥《はじ》

知《し》らないことを人《ひと》に聞《き》いて恥《は》ずかしくても、それは一時《いっとき》のことで、聞《き》かなければ、いつまでたっても分《わ》からずに、一生《いっしょう》恥《は》ずかしい思《おも》いをする。分《わ》からないことはすぐに聞《き》くべきだということ。

●こんなことばも覚《おぼ》えておこう

査問《さもん》・審問《しんもん》

◆＝もっと知《し》りたい、ことばの知識《ちしき》。

理《り》解《かい》する

understand
［アンダースタンド］

このページも見《み》てみよう
▼感《かん》じ取《と》る→197

分《わ》かる

物事《ものごと》の意《い》味《み》・内容《ないよう》・事情《じじょう》などを正《ただ》しく理《り》解《かい》する。例 わたしの父《ちち》は、しゃれがまったく**分《わ》からない**人《ひと》だ。例 彼《かれ》の言《い》いたいことはよく**分《わ》かる**。

知《し》る

物事《ものごと》の意《い》味《み》・内容《ないよう》・事情《じじょう》などを理《り》解《かい》する。感《かん》じ取《と》る。例 漢《かん》和辞典《わじてん》を調《しら》べて、漢字《かんじ》の意《い》味《み》を**知《し》る**。

思《おも》い知《し》る

身《み》に染《し》みて分《わ》かる。なるほどと思《おも》う。例 氷《ひょう》河《が》の解《と》けた南極《なんきょく》の映像《えいぞう》を見《み》て、地《ち》球温《きゅうおん》暖化《だんか》の深刻《しんこく》さを**思《おも》い知《し》った**。

飲《の》み込《こ》む

◎物事《ものごと》をしっかりと理《り》解《かい》し、自《じ》分《ぶん》の知《ち》識《しき》にする。食《た》べ物《もの》を飲《の》み込《こ》んで、自《じ》分《ぶん》の体《からだ》に取《と》り入《い》れるようすから。例 なぜしかられたのか分《わ》からなかったが、説明《せつめい》を聞《き》いて事情《じじょう》が**飲《の》み込《こ》めた**。◎「飲《の》む」→235

つかむ

◎物事《ものごと》の要点《ようてん》をとらえて、自《じ》分《ぶん》のものにする。例 文《ぶん》章《しょう》の要点《ようてん》を**つかんで**、論旨《ろんし》を正《ただ》しく読《よ》み取《と》る。◎「持《も》つ」→152

解《かい》する

分《わ》かる。解釈《かいしゃく》する。例 芸《げい》術《じゅつ》を**解《かい》する**感性《かんせい》を養《やしな》っていきたい。

悟《さと》る

◎はっきりと理《り》解《かい》する。例 怒《おこ》っている先生《せんせい》の涙《なみだ》を見《み》て、事《こと》の重大《じゅうだい》さを**悟《さと》った**。◆仏教《ぶっきょう》では、心《こころ》の迷《まよ》いから抜《ぬ》け出《だ》して真《しん》理《り》を知《し》るという意《い》味《み》。◎「感《かん》じ取《と》る」→197

心得《こころえ》る

物事《ものごと》の意《い》味《み》や事情《じじょう》などを、十分《じゅうぶん》に理《り》解《かい》する。例 卒業《そつぎょう》式《しき》の進行《しんこう》は、万事《ばんじ》**心《こころ》得《え》て**いる。

わきまえる

物事《ものごと》の道《どう》理《り》をよく知《し》っている。違《ちが》いを見《み》分《わ》ける。例 彼《かれ》は形式《けいしき》ばらない性格《せいかく》だが、礼儀《れいぎ》は**わきまえて**いる。

うなずける

もっともだと納得《なっとく》できる。同《どう》意《い》できる。例 審判《しんぱん》のアウトの判定《はんてい》は、どうにも**うなずけない**。

合点《がてん》がいく

疑《ぎ》問《もん》に思《おも》っていたことの事情《じじょう》がよく理《り》解《かい》できる。納得《なっとく》できる。「合《が》点《てん》」は「がっ

「理《り》解《かい》する」に関連《かんれん》することば

目《め》から鱗《うろこ》が落《お》ちる あることがきっかけとなり、それまで理《り》解《かい》できなかったことが、急《きゅう》にはっきり分《わ》かるようになるたとえ。目《め》の表面《ひょうめん》にくっついていた鱗《うろこ》が取《と》れて、はっきり見《み》えるようになる意《い》味《み》から。

腑《ふ》に落《お》ちない 納得《なっとく》がいかない。合《が》点《てん》がいかない。

一《いち》を聞《き》いて十《じゅう》を知《し》る 物事《ものごと》の一《いち》部《ぶ》を聞《き》いただけで、全体《ぜんたい》を理《り》解《かい》できるほど賢明《けんめい》である。

百《ひゃく》も承《しょう》知《ち》 言《い》われるまでもなく、十分《じゅうぶん》に分《わ》かっていること。「百《ひゃく》も承《しょう》知《ち》、二《に》百《ひゃく》も合点《がってん》」と続《つづ》けてもいう。

考《かんが》える 質問《しつもん》する 理《り》解《かい》する 学《まな》ぶ 覚《おぼ》える 忘《わす》れる 読《よ》む 書《か》く

てん」ともいい、和歌《わか》や俳句《はいく》を批評《ひひょう》し、よい作品《さくひん》に付《つ》けるしるしのこと。例 水泳《すいえい》の得意《とくい》な彼《かれ》が、島育《しまそだ》ちだと聞《き》いて合《が》点《てん》がいった。

得心《とくしん》がいく 「合点《がてん》がいく」と同《おな》じ。例 先生《せんせい》の説明《せつめい》を聞《き》いて、やっと得心《とくしん》がいった。

受《う》け取《と》る ◎人《ひと》のことばを聞《き》き、自分《じぶん》なりに解釈《かいしゃく》する。例 人《ひと》の話《はなし》を好意的《こういてき》に受《う》け取《と》る。◎「もらう」➡338

理解《りかい》 ◎物事《ものごと》の意味《いみ》・内容《ないよう》・事情《じじょう》などが正《ただ》しく分《わ》かること。例 父《ちち》は英語《えいご》をまったく理解《りかい》できない。◎他《た》人《にん》の気持《きも》ちや立場《たちば》を察《さっ》すること。例 彼《かれ》の意見《いけん》には反対《はんたい》だが、そう言《い》わざるをえない立場《たちば》は理解《りかい》できる。

把握《はあく》 物事《ものごと》を十分《じゅうぶん》に理解《りかい》すること。手《て》で物《もの》をしっかりつかむということから。例 災害現場《さいがいげんば》では、まず状況《じょうきょう》を把握《はあく》することが大切《たいせつ》だ。

消化《しょうか》 読《よ》んだり聞《き》いたりしたことを十分理解《じゅうぶんりかい》して、自分《じぶん》の知識《ちしき》とすること。例 明治時代《めいじじだい》の日本《にほん》は、欧米《おうべい》の文化《ぶんか》を取《と》り入《い》れて消化《しょうか》した。

飲《の》み込《こ》み 物事《ものごと》の内容《ないよう》などを理解《りかい》すること。また、理解《りかい》の早《はや》さや正確《せいかく》さ。例 一度教《いちどおし》えただけなのにもう操作《そうさ》できるなんて、弟《おとうと》は飲《の》み込《こ》みが早《はや》い。◆「呑み込み」とも書《か》く。

納得《なっとく》 ほかの人《ひと》の考《かんが》えなどを理解《りかい》して、受《う》け入《い》れること。例 お小《こ》遣《づか》いの値下《ねさ》げなんて納得《なっとく》できない。

了解《りょうかい》 物事《ものごと》の内容《ないよう》や相手《あいて》の要求《ようきゅう》などを理解《りかい》して、認《みと》めること。例 クラス全員《ぜんいん》の了解《りょうかい》を得《え》て、ウサギを飼《か》うことにした。

了承《りょうしょう》 事情《じじょう》を理解《りかい》して、よしとすること。相手《あいて》の示《しめ》した案《あん》などを認《みと》めることもいう。例 学校《がっこう》の改築《かいちく》が市《し》議会《ぎかい》で了承《りょうしょう》された。

承知《しょうち》 ◎申《もう》し入《い》れや頼《たの》みを聞《き》き入《い》れること。例 夏休《なつやす》みの一人旅《ひとりたび》を母《はは》が承知《しょうち》してくれた。◎許《ゆる》すこと。多《おお》くは打《う》ち消《け》しのことばが続《つづ》いて使《つか》われる。例 またうそをついたら承知《しょうち》しないぞ。◎すでに知《し》っているということ。例 あの道《みち》が通行止《つうこうど》めなのは承知《しょうち》している。

	了解	了承	承知
はい──しました	○	○	○
──を得《え》る	○	○	－
暗黙《あんもく》の──	○	－	－

承諾《しょうだく》 相手《あいて》の意見《いけん》や希望《きぼう》などを聞《き》いて、受《う》け入《い》れること。例 友人《ゆうじん》の依頼《いらい》を承諾《しょうだく》する。

首肯《しゅこう》 うなずくこと。もっともだと納得《なっとく》し、賛成《さんせい》すること。例 裁《さい》判所《ばんしょ》の判決《はんけつ》は、正当《せいとう》なものとして首肯《しゅこう》できる。

会得《えとく》 よく理解《りかい》して、知識《ちしき》や技術《ぎじゅつ》などを自分《じぶん》のものにすること。例 肉《にく》じゃがのおいしい作《つく》り方《かた》を会得《えとく》した。

体得《たいとく》 実際《じっさい》に自分《じぶん》で体験《たいけん》して、自分《じぶん》のものにすること。例 柔道《じゅうどう》の技《わざ》を体得《たいとく》する。

自得《じとく》 自分《じぶん》の力《ちから》で理解《りかい》すること。みずから悟《さと》ること。例 練習《れんしゅう》を繰《く》り返《かえ》し、新《あたら》しい技《わざ》を自得《じとく》する。

感得《かんとく》 深《ふか》い道理《どうり》や真理《しんり》などを感《かん》じ取《と》って、会得《えとく》すること。例 人《じん》

◆＝もっと知《し》りたい、ことばの知識《ちしき》。

生《せい》の真理《しんり》を感得《かんとく》する。

物分《ものわ》かり 物事《ものごと》を理解《りかい》すること。また、その能力《のうりょく》。例 物分《ものわ》かりのいい人《ひと》も悪《わる》い人《ひと》もいるから大変《たいへん》だ。

聞《き》き分《わ》け 人《ひと》の言《い》うことを納得《なっとく》して、それに従《したが》うこと。子《こ》どもに使《つか》われることが多《おお》い。例 お前《まえ》より妹《いもうと》のほうがよっぽど聞《き》き分《わ》けがいいと、母《はは》によく言《い》われる。

学《まな》ぶ

learn, study
［ラーン、スタディ］

学《まな》ぶ 人《ひと》に教《おし》えてもらったり、自分《じぶん》で勉強《べんきょう》したりして、知識《ちしき》や技《ぎ》術《じゅつ》を自分《じぶん》のものにする。また、経験《けいけん》して知識《ちしき》を得《え》る。例 この中学《ちゅうがく》で三年間《さんねんかん》学《まな》んだ。例 アルバイトをして、世《よ》の中《なか》の厳《きび》しさを学《まな》ぶことができた。

習《なら》う 物《もの》のやり方《かた》を人《ひと》から教《おそ》わる。指導《しどう》を受《う》ける。また、そのやり方《かた》を繰《く》り返《かえ》して行《おこな》い、自分《じぶん》のものにする。例 五才《ごさい》のときから、母《はは》にピアノを習《なら》っている。

教《おそ》わる 教《おし》えてもらう。教《おし》えを受《う》ける。例 駅《えき》までの道《みち》を教《おそ》わる。例 あの先生《せんせい》には小学校時代《しょうがっこうじだい》、わたしも妹《いもうと》も教《おそ》わっている。

覚《おぼ》える ◎学習《がくしゅう》したことを自分《じぶん》のものにする。例 単純作業《たんじゅんさぎょう》ばかりではないので、仕事《しごと》を覚《おぼ》えるにはかなり時間《じかん》がかかった。◎「感《かん》じ取《と》る」⬇197 ◎「覚《おぼ》える」⬇305

覚《おぼ》え込《こ》む 知識《ちしき》や技能《ぎのう》を、すっかり自分《じぶん》のものにする。例 先輩《せんぱい》の指導《しどう》を受《う》けて、サッカーの基《き》本《ほん》を体《からだ》で覚《おぼ》え込《こ》む。

身《み》に付《つ》ける ◎知識《ちしき》や技術《ぎじゅつ》などを自分《じぶん》のものにする。例 講習会《こうしゅうかい》で、心臓《しんぞう》マッサージの仕方《しかた》を身《み》に付《つ》ける。◎「着《き》る」⬇243

見習《みなら》う 人《ひと》のやることを見《み》てまねることで、自分《じぶん》もそれを覚《おぼ》える。また、人《ひと》のやることをお手本《てほん》として、見《み》て学《まな》ぶ。例 君《きみ》を見習《みなら》って、弟《おとうと》ももう少《すこ》し勉強《べんきょう》に身《み》を入《い》れてくれるといいんだがなあ。

修《おさ》める 学問《がくもん》や技芸《ぎげい》などを勉強《べんきょう》して身《み》につける。例 大学《だいがく》で医《い》学《がく》を修《おさ》めた父《ちち》は、祖父《そふ》の病院《びょういん》を継《つ》いだ。◆学《まな》んでいる最中《さいちゅう》のことはいわず、すでに一通《ひととお》り学《まな》び終《お》わった場合《ばあい》にいう。

さらう 一度《いちど》教《おし》えられたことを繰《く》り返《かえ》して勉強《べんきょう》する。例 今日《きょう》教《おそ》わったピアノのエチュードをさらう。◆「復習《さら》う」と漢字《かんじ》を当《あ》てることもある。

勉強《べんきょう》 ◎学問《がくもん》・技術《ぎじゅつ》・知識《ちしき》などを身《み》につけること。また、そのために励《はげ》むこと。例 大学《だいがく》では法律《ほうりつ》を勉《べん》強《きょう》しています。◎将来《しょうらい》の自分《じぶん》のためになる経験《けいけん》。例 今回《こんかい》の失敗《しっぱい》はいい勉強《べんきょう》になった。

勉学《べんがく》 ある目標《もくひょう》に向《む》けて勉強《べんきょう》に励《はげ》むこと。少《すこ》し改《あらた》まった言《い》い方《かた》。例 この中学《ちゅうがく》は、勉学《べんがく》にもスポーツにも打《う》ち込《こ》める環境《かんきょう》が整《ととの》っている。

学習《がくしゅう》 ◎知識《ちしき》や技能《ぎのう》などを学《まな》ぶこと。例 近《ちか》くの海岸《かいがん》に校外学習《こうがいがくしゅう》に出《で》かける。◎人間《にんげん》や動物《どうぶつ》が、経験《けいけん》を通《つう》じ

考《かんが》える 質問《しつもん》する 理解《りかい》する ◀学《まな》ぶ 覚《おぼ》える 忘《わす》れる 読《よ》む 書《か》く

て生《い》きる方法《ほうほう》などを身《み》につけること。例 鈴《すず》が鳴《な》るとえさをもらえることを学《がく》習《しゅう》した犬《いぬ》は、鈴《すず》の音《おと》を聞《き》いただけでよだれを出《だ》す。

	——に励《はげ》む	——につとめる	英語《えいご》の——
勉強	○	–	○
勉学	○	○	–
学習	△	–	○

修学《しゅうがく》 学問《がくもん》を修《おさ》め、身《み》につけること。例 志望校《しぼうこう》の修学《しゅうがく》案内《あんない》を取《と》り寄《よ》せる。

修行《しゅぎょう》 仕事《しごと》や日常《にちじょう》の努力《どりょく》を通《とお》して、学問《がくもん》や技術《ぎじゅつ》を身《み》につけること。宗教的《しゅうきょうてき》な教《おし》えを身《み》につけることにもいう。例 武者《むしゃ》修行《しゅぎょう》の旅《たび》に出《で》る。例 作《さっ》家《か》になるために、文章《ぶんしょう》の修行《しゅぎょう》を積《つ》む。

修業《しゅぎょう》 例 ここのシェフは、銀座《ぎんざ》の一《いち》流店《りゅうてん》で修業《しゅぎょう》を積《つ》んだそうだ。◆「しゅうぎょう」とも読《よ》む。

予習《よしゅう》 これから習《なら》うところを、前《まえ》もって勉強《べんきょう》しておくこと。例 軽《かる》く予習《よしゅう》しておくだけで、授業《じゅぎょう》の分《わ》かりぐあいがずいぶん違《ちが》う。対 復習《ふくしゅう》。

復習《ふくしゅう》 一度《いちど》習《なら》ったことを、繰《く》り返《かえ》して自分《じぶん》で勉強《べんきょう》したり練習《れんしゅう》したりすること。例 授業《じゅぎょう》で解《と》いた問題《もんだい》を、もう一度《いちど》復習《ふくしゅう》しておこう。対 予習《よしゅう》。

おさらい 教《おそ》わったことを、繰《く》り返《かえ》し練習《れんしゅう》したり学習《がくしゅう》したりすること。学校《がっこう》で習《なら》ったことよりも、芸事《げいごと》などによく使《つか》われる。例 夕方《ゆうがた》のうちにピアノのおさらいを済《す》ませておこう。例 明日《あす》は小唄《こうた》のおさらい会《かい》なので、祖母《そぼ》は朝《あさ》からけいこに余念《よねん》がない。

自習《じしゅう》 先生《せんせい》がいなかったりして、自《じ》分《ぶん》だけで勉強《べんきょう》すること。例 六《ろく》時間目《じかんめ》の国語《こくご》は自習《じしゅう》になります。

自学自習《じがくじしゅう》 人《ひと》に教《おし》えてもらうのではなく、自分自身《じぶんじしん》で進《すす》んで勉強《べんきょう》すること。例 母《はは》は、家庭《かてい》の事《じ》情《じょう》で大学《だいがく》に行《い》けなかったため、自学自《じがくじ》

「楽《たの》しい勉強《べんきょう》」はありえない？ 深谷先生《ふかやせんせい》のちょっとひと息《いき》

学《まな》ぶということばと、習《なら》うということばは、子《こ》どもが育《そだ》つようすをよく表《あらわ》していると思《おも》います。学《まな》ぶという字《じ》は、子《こ》どもたちが身《み》ぶり、手《て》ぶりをまねしながら身《み》につけるという意味《いみ》の「真似《まね》ぶ」が変《へん》化《か》してできたという説《せつ》があります。また、「習《しゅう》」という字《じ》は、ひな鳥《どり》が巣立《すだ》つ日《ひ》を目《め》指《ざ》して、羽《はね》をはばたかせる練習《れんしゅう》をしているようすを表《あらわ》しています。どちらのことばからも、子《こ》どもたちがお手本《てほん》を見《み》て練《れん》習《しゅう》する、ひたむきな姿《すがた》が目《め》に浮《う》かびます。

一方《いっぽう》、勉強《べんきょう》ということばは、もとは「強《し》いて勉《つと》める（無理《むり》にがまんしてする）」という意味《いみ》で、苦《くる》しさに耐《た》えるようすからは、学《まな》ぶことへの喜《よろこ》びは感《かん》じられません。教《おし》えるということばも同様《どうよう》です。「教《きょう》」という字《じ》は、先生《せんせい》がむちを持《も》ってたたき込《こ》むという意味《いみ》なのです。苦《くる》しさや厳《きび》しさの結果《けっか》として得《え》られるものもあるのでしょうが、どうせなら、楽《たの》しく学《まな》びたいですよね？

◆＝もっと知《し》りたい、ことばの知識《ちしき》。

習《しゅう》で英語《えいご》を身《み》につけた。

独学《どくがく》 学校《がっこう》に行《い》ったり先生《せんせい》に習《なら》ったりせずに、自分一人《じぶんひとり》で勉強《べんきょう》すること。例 独学《どくがく》で法律《ほうりつ》を勉強《べんきょう》して、弁《べん》護士《ごし》になった。

独習《どくしゅう》 「独学《どくがく》」と同《おな》じ意味《いみ》だが、技術《ぎじゅつ》や芸事《げいごと》などについていうことが多《おお》い。例 中学《ちゅうがく》のころからフルートを独習《どくしゅう》していたので、市民《しみん》オーケストラに参加《さんか》することにした。

履修《りしゅう》 決《き》められた学科《がっか》や課程《かてい》を学《まな》ぶこと。例 教員免許取得《きょういんめんきょしゅとく》のために、必要《ひつよう》な単位《たんい》を履修《りしゅう》する。

伝習《でんしゅう》 先生《せんせい》から、学問《がくもん》や技芸《ぎげい》などを習《なら》うこと。伝統的《でんとうてき》なことについて習《なら》う場合《ばあい》に多《おお》く使《つか》われる。例 古代《こだい》の染色法《せんしょくほう》について、職人《しょくにん》から伝習《でんしゅう》を受《う》ける。

実習《じっしゅう》 ある技術《ぎじゅつ》について、実際《じっさい》に体《たい》験《けん》して身《み》につけること。例 調理《ちょうり》実習《じっしゅう》で、炊《た》き込《こ》みご飯《はん》を作《つく》った。

受講《じゅこう》 講義《こうぎ》や講習《こうしゅう》などを受《う》けること。例 その通信講座《つうしんこうざ》の受講《じゅこう》生《せい》は、全国《ぜんこく》で一万人《いちまんにん》以上《いじょう》いるそうだ。

必修《ひっしゅう》 学校《がっこう》などで、必《かなら》ず学習《がくしゅう》して身《み》につけなければならないこと。また、その科目《かもく》。例 必修《ひっしゅう》の科目《かもく》で成績《せいせき》が悪《わる》いと、追試験《ついしけん》を受《う》けなくてはいけない。対 選択《せんたく》。

専攻《せんこう》 ある学問分野《がくもんぶんや》を専門《せんもん》に学《まな》んで研究《けんきゅう》すること。また、その学《がく》問分野《もんぶんや》。例 大学《だいがく》では心理学《しんりがく》を専攻《せんこう》している。

留学《りゅうがく》 ある期間外国《きかんがいこく》に行《い》き、そこの学校《がっこう》などに通《かよ》って勉強《べんきょう》すること。国内《こくない》のよその土地《とち》で勉強《べんきょう》することをいうこともある。例 イタリアに留学《りゅうがく》して、本場《ほんば》の声楽《せいがく》を修《おさ》める。

遊学《ゆうがく》 自分《じぶん》の故郷《こきょう》を離《はな》れ、よその土《と》地《ち》や外国《がいこく》に行《い》って勉強《べんきょう》すること。学校《がっこう》などに通《かよ》わないで学《まな》ぶ場合《ばあい》に使《つか》われることも多《おお》い。例 大学卒業《だいがくそつぎょう》後《ご》は京都《きょうと》に遊学《ゆうがく》して、古美術《こびじゅつ》について学《まな》ぶつもりだ。

修得《しゅうとく》 学問《がくもん》や技術《ぎじゅつ》などを学《まな》んで身《み》につけること。例 大学院《だいがくいん》では考《こう》

「学《まな》ぶ」に関連《かんれん》することば

学問《がくもん》に王道《おうどう》なし 学問《がくもん》というものは、基礎《きそ》からきちんと積《つ》み上《あ》げていかなければ身《み》につけることはできないということ。「王道《おうどう》」は、近道《ちかみち》、安易《あんい》な方法《ほうほう》という意味《いみ》で、たとえ王《おう》であっても、学問《がくもん》だけはこつこつやらなくてはならないものだという西洋《せいよう》のことわざから。

習《なら》うより慣《な》れよ 人《ひと》から教《おし》えられるよりも、自分《じぶん》で何度《なんど》も経験《けいけん》して慣《な》れたほうが、早《はや》く身《み》につくものだということ。

蛍雪《けいせつ》の功《こう》 苦労《くろう》して勉学《べんがく》に励《はげ》んだ成果《せいか》。昔《むかし》、中国《ちゅうごく》に、明《あ》かりに使《つか》う油《あぶら》を買《か》えないため、ホタルを集《あつ》めてその光《ひかり》で勉強《べんきょう》した人《ひと》や、雪《ゆき》に反射《はんしゃ》する月《つき》や星《ほし》の光《ひかり》で書物《しょもつ》を読《よ》んだ人《ひと》がいたという故事《こじ》からできたことば。卒業式《そつぎょうしき》などで歌《うた》う「蛍《ほたる》の光《ひかり》」の歌詞《かし》は、この故《こ》事《じ》をふまえた歌《うた》。

古学《こがく》を修得《しゅうとく》したいと思《おも》っている。

習得《しゅうとく》 技術《ぎじゅつ》や学問《がくもん》などを学《まな》んで身《み》につけること。技術《ぎじゅつ》について使《つか》われることが多《おお》い。例 しにせの造《つく》り酒《ざか》屋《や》で醸造《じょうぞう》の技術《ぎじゅつ》を習得《しゅうとく》する。

マスター 「修得《しゅうとく》」「習得《しゅうとく》」などの意《い》味《み》の英語《えいご》。例 スペイン語会話《ごかいわ》を一通《ひととお》りマスターしてから旅行《りょこう》に行《い》きたい。

学問《がくもん》 学《まな》んで知識《ちしき》を得《え》ること。また、その知識《ちしき》。例 日本《にほん》では学問《がくもん》の自由《じゆう》が保障《ほしょう》されている。例 彼《かれ》には学問《がくもん》があるので、漢文《かんぶん》もすらすら読《よ》んでしまう。

学業《がくぎょう》 学校《がっこう》で勉強《べんきょう》することの、やや改《あらた》まった言《い》い方《かた》。例 あのアイドルは、芸能活動《げいのうかつどう》を休《やす》んで学業《がくぎょう》に専念《せんねん》するらしい。

稽古《けいこ》 ◎芸事《げいごと》などを習《なら》うこと。例 今度《こんど》転校《てんこう》してきた子《こ》は、五才《ごさい》のときからバイオリンのお稽古《けいこ》をしているそうだ。◎芝居《しばい》の公演前《こうえんまえ》に、出演《しゅつえん》者《しゃ》が集《あつ》まってせりふや動《うご》きを覚《おぼ》えること。リハーサル。例 芝居《しばい》の稽古《けいこ》は、深《しん》夜《や》にまで及《およ》んだ。

手習《てなら》い 「稽古《けいこ》」のこと。もとは、字《じ》を書《か》く練習《れんしゅう》をすること、習《しゅう》字《じ》という意味《いみ》で、それが広《ひろ》い意味《いみ》で使《つか》われるようになった。例 お琴《こと》の手習《てなら》いを始《はじ》めて一年《いちねん》になる。

苦学《くがく》 自分《じぶん》で働《はたら》いて、必要《ひつよう》な学費《がくひ》を稼《かせ》ぎながら、苦労《くろう》して勉強《べんきょう》すること。例 父《ちち》は商店《しょうてん》に住《す》み込《こ》みをして、苦学《くがく》しながら大学《だいがく》を卒業《そつぎょう》したそうだ。

初学《しょがく》 ある学問《がくもん》を初《はじ》めて学《まな》ぶこと。例 油絵《あぶらえ》はまったく初学《しょがく》なので、分《わ》からないことだらけだ。

晩学《ばんがく》 年《とし》を取《と》ってから学問《がくもん》を始《はじ》めること。例 彼《かれ》は晩学《ばんがく》の士《し》ながら、歴史学者《れきしがくしゃ》として大《おお》きな功績《こうせき》を残《のこ》した。

六十《ろくじゅう》の手習《てなら》い 年《とし》を取《と》ってから学《まな》ぶこと。六十《ろくじっ》才《さい》になって初《はじ》めて、手習《てなら》いをするということから。例 祖母《そぼ》は「六十《ろくじゅう》の手習《てなら》いよ」と言《い》いながら、バイオリンのレッスンに通《かよ》っている。◆習《なら》い始《はじ》めたのが六十才《ろくじっさい》でなくてもいう。

がり勉《べん》 ほかのことには目《め》もくれずに、いつも勉強《べんきょう》ばかりしていること。また、そういう人《ひと》。あまりよい意味《いみ》には使《つか》われない。例 彼《かれ》はがり勉《べん》などせず、余裕《よゆう》で大学《だいがく》に合格《ごうかく》した。

耳学問《みみがくもん》 自分《じぶん》できちんと学《まな》んだのではなく、他人《たにん》の話《はなし》を聞《き》きかじって知識《ちしき》を得《え》ること。また、そのようにして得《え》た知識《ちしき》。例 わたしの天文学《てんもんがく》の知識《ちしき》は、単《たん》なる耳学問《みみがくもん》にすぎません。

一家相伝《いっかそうでん》 芸能《げいのう》や商売上《しょうばいじょう》の特殊《とくしゅ》な技術《ぎじゅつ》を、その家《いえ》で代々《だいだい》伝《つた》えていること。例 一家相伝《いっかそうでん》の秘薬《ひやく》。

一子相伝《いっしそうでん》 学問《がくもん》・技芸《ぎげい》の奥義《おうぎ》を、代々《だいだい》、自分《じぶん》の子《こ》ども一人《ひとり》だけに伝《つた》えること。例 その家《いえ》では、一子相伝《いっしそうでん》が固《かた》く守《まも》られている。

覚《おぼ》える

remember
［リメンバー］

覚《おぼ》える ◎体験《たいけん》した物事《ものごと》などを、心《こころ》にとどめておく。例 彼《かれ》といっしょに遊《あそ》んだことを、よく覚《おぼ》えている。◆「憶《おぼ》える」とも書《か》く。◎「感《かん》じ

◆＝もっと知《し》りたい、ことばの知識《ちしき》。

取《と》る」⬇197 ◎「学《まな》ぶ」⬇302

頭《あたま》に入《い》れる しっかり覚《おぼ》えて、忘《わす》れないようにする。例 舞台《ぶたい》で間違《まちが》えないように、自分《じぶん》のせりふを頭《あたま》に入《い》れる。

記憶《きおく》 物事《ものごと》を覚《おぼ》えること。また、覚《おぼ》えている内容《ないよう》。例 算数《さんすう》の公式《こうしき》を記憶《きおく》する。例 小《ちい》さいころのことは、記憶《きおく》があいまいだ。

記《しる》す ◎深《ふか》く心《こころ》にとどめる。記憶《きおく》する。例 先生《せんせい》のことばを、心《こころ》に記《しる》しておく。◎「書《か》く」⬇313

刻《きざ》む ◎忘《わす》れないように、しっかりと覚《おぼ》える。例 父《ちち》の教《おし》えを胸《むね》に刻《きざ》む。◎「切《き》る」⬇160

心《こころ》に留《と》める 忘《わす》れないでおく。例 出発《しゅっぱつ》の日《ひ》に言《い》われた母《はは》の注意《ちゅうい》を、心《こころ》に留《と》める。

肝《きも》に銘《めい》じる 心《こころ》にしっかり刻《きざ》みつけて、覚《おぼ》えておく。知識《ちしき》などでなく、これからの人生《じんせい》に役立《やくだ》つ教訓《きょうくん》などを身《み》につけることをいう。「銘《めい》じる」は、石碑《せきひ》などに文字《もじ》を刻《きざ》みつけるという意味《いみ》。例 先生《せんせい》の忠告《ちゅうこく》を肝《きも》に銘《めい》じて、再出発《さいしゅっぱつ》を誓《ちか》った。

銘記《めいき》 心《こころ》に刻《きざ》みつけて忘《わす》れないこと。例 この悲惨《ひさん》な事故《じこ》を銘記《めいき》し、二度《にど》と起《お》こらないよう祈《いの》りたい。

暗記《あんき》 書《か》かれたものや本《ほん》などを見《み》ずに、言《い》ったり書《か》いたりできるように覚《おぼ》えること。例 明日《あす》までに、英《えい》単語《たんご》を十個《じっこ》暗記《あんき》しよう。

暗唱《あんしょう》 文章《ぶんしょう》や詩《し》、数式《すうしき》などを暗記《あんき》して、口《くち》に出《だ》して唱《とな》えること。例 宮沢賢治《みやざわけんじ》の詩《し》を、みんなの前《まえ》で暗唱《あんしょう》した。

丸暗記《まるあんき》 内容《ないよう》を理解《りかい》しないで、そっくりそのまま暗記《あんき》すること。例 もう時間《じかん》がないので、教科書《きょうかしょ》を丸暗記《まるあんき》するしかない。

棒暗記《ぼうあんき》 「丸暗記《まるあんき》」と同《おな》じ。例 父《ちち》は、結婚式《けっこんしき》のスピーチ原稿《げんこう》を、必死《ひっし》で棒暗記《ぼうあんき》している。

空《そら》 ◎暗記《あんき》していること。何《なに》も見《み》ないで言《い》えること。例『平家物語《へいけものがたり》』の始《はじ》まりの部分《ぶぶん》を、空《そら》で言《い》える。◎「空《そら》」⬇572 ◎「天気《てんき》」⬇586

そらんじる 書《か》かれたものを見《み》なくても、言《い》えるように覚《おぼ》える。例 全国《ぜんこく》の県庁所在地《けんちょうしょざいち》を、そらんじることができる。

詰《つ》め込《こ》む 多《おお》くの知識《ちしき》を、無理《むり》に覚《おぼ》える。例 テスト前《まえ》に詰《つ》め込《こ》んだ知識《ちしき》は、すぐに忘《わす》れてしまう。

「覚《おぼ》える」に関連《かんれん》することば

門前《もんぜん》の小僧《こぞう》習《なら》わぬ経《きょう》を読《よ》む 毎日《まいにち》繰《く》り返《かえ》して見《み》たり聞《き》いたりしていると、正式《せいしき》に習《なら》わなくてもいつの間《ま》にか覚《おぼ》えてしまうことのたとえ。寺《てら》の近《ちか》くにいる小僧《こぞう》が、毎日《まいにち》、寺《てら》から聞《き》こえてくるお経《きょう》を、知《し》らず知《し》らずのうちに覚《おぼ》えてしまうということから。

馬鹿《ばか》の一《ひと》つ覚《おぼ》え 何《なに》か一《ひと》つのことを覚《おぼ》えると、そのことばかりを得意《とくい》になって繰《く》り返《かえ》し言《い》ったりしたりすること。そのような人《ひと》をあざけっていうことば。

考《かん》える 質問《しつもん》する 理解《りかい》する 学《まな》ぶ 丸暗記《まるあんき》 覚《おぼ》える ◀ 忘《わす》れる 読《よ》む 書《か》く

覚《おぼ》え 記憶《きおく》に残《のこ》っていること。例 そんなこと、まったく身《み》に覚《おぼ》えがない。

物覚《ものおぼ》え 物事《ものごと》を覚《おぼ》えること。また、その能力《のうりょく》。例「年《とし》を取《と》ると物覚《ものおぼ》えが悪《わる》くなる」と、祖父《そふ》は盛《さか》んにぼやいている。

見覚《みおぼ》え 以前《いぜん》に見《み》て、覚《おぼ》えていること。例 あの人《ひと》には絶対《ぜったい》に見覚《みおぼ》えがある。

聞《き》き覚《おぼ》え ⇒「聞《き》く」267

心覚《こころおぼ》え 記憶《きおく》があること。また、忘《わす》れないための、しるしとなるもの。例 この場所《ばしょ》には、ぜんぜん心《こころ》覚《おぼ》えがない。例 心覚《こころおぼ》えに、手帳《てちょう》にメモしておこう。

うろ覚《おぼ》え 記憶《きおく》が確《たし》かでないこと。ぼんやりと覚《おぼ》えていること。例 住所《じゅうしょ》がうろ覚《おぼ》えだったので、道《みち》に迷《まよ》ってしまった。似 空覚《そらおぼ》え。

見《み》よう見《み》まね 人《ひと》のすることを見《み》てまねをしているうちに、ひとりでに覚《おぼ》えてしまうこと。例 外国《がいこく》の民族舞踊《みんぞくぶよう》を、見《み》よう見《み》まねで踊《おど》ってみた。

メモリー ◎「記憶《きおく》」「思《おも》い出《で》」などの意味《いみ》の英語《えいご》。例 アルバムに残《のこ》された、若《わか》き日《ひ》のメモリー。◎コンピュータなどに保存《ほぞん》されたデータや、それを処理《しょり》する部品《ぶひん》。例 デジカメの写真《しゃしん》を、メモリーに残《のこ》す。

忘《わす》れる

forget
［フォーゲット］

忘《わす》れる ◎物事《ものごと》の記憶《きおく》をなくしてしまう。例 今言《いまい》おうとしたことを忘《わす》れてしまった。◎やるべきことを、うっかりやらないでおく。例 あんなに注意《ちゅうい》されたのに、宿題《しゅくだい》を忘《わす》れてしまった。◎うっかりして物《もの》を置《お》いてくる。例 帽子《ぼうし》を学校《がっこう》に忘《わす》れてきた。◎あることに気《き》づかないでいる。例 時《とき》のたつのも忘《わす》れて、川遊《かわあそ》びをした。

忘《わす》れ去《さ》る すっかり忘《わす》れてしまう。例 昔《むかし》のことは何《なに》もかも忘《わす》れ去《さ》って、まったく思《おも》い出《だ》せない。

見忘《みわす》れる ◎前《まえ》に見《み》たり、会《あ》ったりしたことを忘《わす》れる。例 目《め》の前《まえ》にいるのに気《き》がつかないなんて、僕《ぼく》の顔《かお》を見忘《みわす》れたのかい。◎見《み》ることを忘《わす》れる。例 毎週楽《まいしゅうたの》しみにしていた連続《れんぞく》ドラマを、うっかり見忘《みわす》れてしまった。

聞《き》き忘《わす》れる 聞《き》いておかなければいけないことを、忘《わす》れて聞《き》かないでいる。例 後《あと》で電話《でんわ》しますと言《い》っておきながら、電話番号《でんわばんごう》を聞《き》き忘《わす》れてしまった。

置《お》き忘《わす》れる ◎物《もの》を置《お》いた場所《ばしょ》を忘《わす》れる。例 父《ちち》はめがねを置《お》き忘《わす》れて、家中《いえじゅう》を捜《さが》している。◎物《もの》を置《お》いたままにして、持《も》ってくるのを忘《わす》れる。例 タクシーの中《なか》に、大切《たいせつ》なバッグを置《お》き忘《わす》れてきた。

水《みず》に流《なが》す 前《まえ》にあった不愉快《ふゆかい》なことを、なかったことにする。例 けんかは水《みず》に流《なが》して、仲直《なかなお》りしよう。

忘《わす》れっぽい 物事《ものごと》を忘《わす》れやすい性《せい》質《しつ》である。例「年《とし》を

◆＝もっと知《し》りたい、ことばの知識《ちしき》。

取《と》ると忘《わす》れっぽくなって困《こま》る」と祖母《そぼ》がこぼしている。

度忘《どわす》れ よく知《し》っているはずのことを忘《わす》れてしまい、思《おも》い出《だ》せないこと。例 自分《じぶん》の家《いえ》の住所《じゅうしょ》を度忘《どわす》れしてしまった。

失念《しつねん》 うっかり忘《わす》れること。例 申《もう》し訳《わけ》ありません、お名前《なまえ》を失念《しつねん》してしまいました。

忘却《ぼうきゃく》 すっかり忘《わす》れてしまうこと。例 長《なが》い年月《ねんげつ》が流《なが》れ、喜《よろこ》びも悲《かな》しみも忘却《ぼうきゃく》のかなたに消《き》え去《さ》った。

物忘《ものわす》れ 物事《ものごと》を忘《わす》れること。また、忘《わす》れやすさ。例 年《とし》のせいか、祖父《そふ》はよく物忘《ものわす》れをする。

うっかり ◎不注意《ふちゅうい》だったり、ぼんやりしていたりするようす。つい忘《わす》れてしまったときの表現《ひょうげん》。例 うっかりして、友《とも》だちと約束《やくそく》していたのを忘《わす》れていた。◎「しくじる」➡344

忘《わす》れ物《もの》 忘《わす》れてきた物《もの》。また、持《も》っていくのを忘《わす》れた品物《しなもの》。例 雨《あめ》の日《ひ》は、傘《かさ》の忘《わす》れ物《もの》が多《おお》い。例 忘《わす》れ物《もの》を取《と》りに、学校《がっこう》から家《いえ》に戻《もど》った。

忘《わす》れん坊《ぼう》 物事《ものごと》を忘《わす》れやすい人《ひと》。例 父《ちち》は忘《わす》れん坊《ぼう》で、しょっちゅう電車《でんしゃ》の中《なか》に傘《かさ》を忘《わす》れてくる。

きれいさっぱり 思《おも》い出《だ》す手《て》がかりもないほど、まったく忘《わす》れるようす。例 遠《とお》い昔《むかし》のことは、きれいさっぱりと忘《わす》れてしまった。

ころっと すっかり忘《わす》れてしまうようす。例 友《とも》だちとの約束《やくそく》をころっと忘《わす》れていた。

記憶喪失《きおくそうしつ》 病気《びょうき》や事故《じこ》のショックなどにより、過去《かこ》の記憶《きおく》が思《おも》い出《だ》せなくなる障害《しょうがい》。例 ドラマでは、主人公《しゅじんこう》が記憶喪失《きおくそうしつ》になる話《はなし》がよくある。

「忘《わす》れる」に関連《かんれん》することば

喉元《のどもと》過《す》ぎれば熱《あつ》さを忘《わす》れる 苦《くる》しかったことやつらかったことも、過《す》ぎてしまえばすぐに忘《わす》れてしまうものだということ。熱《あつ》い食《た》べ物《もの》も、飲《の》み込《こ》んでしまうとその熱《あつ》さを忘《わす》れてしまうことから。

忘年会《ぼうねんかい》 年末《ねんまつ》に、一年《いちねん》の苦労《くろう》をねぎらい合《あ》うための宴会《えんかい》。「苦労《くろう》を忘《わす》れる会《かい》」ということ。

去《さ》る者《もの》は日々《ひび》に疎《うと》し 死《し》んだ人《ひと》や別《わか》れた人《ひと》のことは、月日《つきひ》がたつにつれてだんだん忘《わす》れ去《さ》ってしまうものだということ。

忘《わす》れ形見《がたみ》 その人《ひと》を忘《わす》れないための記《き》念《ねん》の品物《しなもの》。また、親《おや》が死《し》んで後《あと》に残《のこ》された子《こ》どものこと。➡34

寝食《しんしょく》を忘《わす》れる 寝《ね》ることも食《た》べることも忘《わす》れて、何《なに》かに没頭《ぼっとう》する。「寝食《しんしょく》を忘《わす》れて絵画《かいが》の制作《せいさく》に打《う》ち込《こ》む」などと使《つか》う。

我《われ》を忘《わす》れる 物事《ものごと》に夢中《むちゅう》になって理性《りせい》を失《うしな》う。「ゲームに熱中《ねっちゅう》して我《われ》を忘《わす》れる」などと使《つか》う。「忘我《ぼうが》」も、同《おな》じ意《い》味《み》のことば。

読《よ》む

read
［リード］

読《よ》む

◎文字《もじ》や文章《ぶんしょう》などを、一字《いちじ》ずつ声《こえ》に出《だ》して言《い》う。例 発表《はっぴょう》会《かい》で、自分《じぶん》の作《つく》った詩《し》を大《おお》きな声《こえ》で読《よ》む。例 小《ちい》さな子《こ》どもに、昔話《むかしばなし》を読《よ》んでやる。◎書《か》かれている内容《ないよう》を理解《りかい》する。例 図書館《としょかん》で借《か》りたグリム童話《どうわ》を読《よ》む。◎表面《ひょうめん》に現《あらわ》れている事柄《ことがら》から、隠《かく》されている意味《いみ》を考《かんが》える。例 今回《こんかい》の試合《しあい》は、あのチームが強《つよ》いと読《よ》んでいる。

ひもとく

本《ほん》を開《ひら》いて読《よ》む。漢字《かんじ》で「繙《ひもと》く」と書《か》き、「ひもを解《と》く」ということ。昔《むかし》の書物《しょもつ》や巻物《まきもの》は、ひもで結《むす》んであったことから。例『源氏物語《げんじものがたり》』をひもといて、古典《こてん》の世《せ》界《かい》に親《した》しむ。

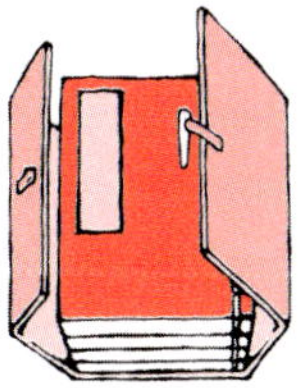

読《よ》み上《あ》げる

◎大《おお》きな声《こえ》を出《だ》して読《よ》む。例 出席者《しゅっせきしゃ》の名前《なまえ》を、五十音順《ごじゅうおんじゅん》に読《よ》み上《あ》げる。◎本《ほん》などを最後《さいご》まで読《よ》む。例 推理小説《すいりしょうせつ》を一晩《ひとばん》で読《よ》み上《あ》げた。

読《よ》み通《とお》す

初《はじ》めから終《お》わりまで通《とお》して読《よ》む。例『ハリー・ポッター』を全巻《ぜんかん》読《よ》み通《とお》す。

目《め》を通《とお》す

書類《しょるい》などを一通《ひととお》りざっと見《み》る。例 研修《けんしゅう》の前《まえ》に、ガイドブックに目《め》を通《とお》しておこう。

読《よ》み切《き》る

◎終《お》わりまで読《よ》む。例 読《よ》めない漢字《かんじ》を調《しら》べながら、一時間《いちじかん》で読《よ》み切《き》った。◎先《さき》まで見通《みとお》す。例 相手《あいて》の行動《こうどう》を読《よ》み切《き》って、次《つぎ》の手《て》を打《う》った。

読《よ》み取《と》る

◎文章《ぶんしょう》を読《よ》んで、その意味《いみ》を理解《りかい》する。例 著者《ちょしゃ》の考《かんが》えを読《よ》み取《と》る。◎表面《ひょうめん》に現《あらわ》れたようすから、内側《うちがわ》に隠《かく》れたものを理解《りかい》する。例 彼《かれ》の表情《ひょうじょう》から、苦労《くろう》のほどが読《よ》み取《と》れた。

読《よ》み下《くだ》す

◎文章《ぶんしょう》を最後《さいご》までざっと読《よ》む。例 配《くば》られた書《しょ》類《るい》を読《よ》み下《くだ》す。◎漢文《かんぶん》(漢字《かんじ》だけで書《か》かれた中国《ちゅうごく》の昔《むかし》の文章《ぶんしょう》など)を、日本《にほん》人《じん》が読《よ》みやすいように字《じ》の順序《じゅんじょ》を変《か》えて読《よ》む。例 中国《ちゅうごく》の古《ふる》い詩《し》を読《よ》み下《くだ》す。

読《よ》み込《こ》む

◎内容《ないよう》をしっかりと理《り》解《かい》するまで、何度《なんど》も繰《く》り返《かえ》して読《よ》む。例 この短編小説《たんぺんしょうせつ》はかなり読《よ》み込《こ》んでいるので、細《こま》かい場面《ばめん》まで覚《おぼ》えている。◎コンピュータが、CD-R《シーディーアール》やネット上《じょう》にある外部《がいぶ》データを、内部《ないぶ》のメモリーに取《と》り込《こ》む。例 添付《てんぷ》ファイルを読《よ》み込《こ》むのに時間《じかん》がかかった。

読《よ》みふける

ほかのことを忘《わす》れるほど夢中《むちゅう》になって読《よ》む。例 推理小説《すいりしょうせつ》に読《よ》みふけっていたら、電車《でんしゃ》を乗《の》り過《す》ごしてしまった。

読《よ》みあさる

興味《きょうみ》を持《も》った分野《ぶんや》や内容《ないよう》についての本《ほん》などを、手当《てあ》たりしだいに次々《つぎつぎ》に読《よ》む。例 織田信長《おだのぶなが》のことが知《し》りたくて、彼《かれ》が登場《とうじょう》する歴史小説《れきししょうせつ》を読《よ》みあさった。

読《よ》みこなす

読《よ》んで、そこに書《か》かれていることを十分《じゅうぶん》に理解《りかい》する。例 古典《こてん》の原文《げんぶん》を読《よ》みこなすのは、まだまだ難《むずか》しそうだ。

◆＝もっと知《し》りたい、ことばの知識《ちしき》。

読《よ》み解《と》く

難《むずか》しい内容《ないよう》の文章《ぶんしょう》や、暗号《あんごう》などの意味《いみ》を解釈《かいしゃく》して明《あき》らかにする。例 古《ふる》い寺《てら》から発見《はっけん》された文献《ぶんけん》を、専門《せんもん》の学者《がくしゃ》が**読《よ》み解《と》く**。

読《よ》み合《あ》わせる

◎二人《ふたり》が原本《げんぽん》と写《うつ》しをそれぞれ持《も》ち、片方《かたほう》が声《こえ》に出《だ》して読《よ》み、もう一人《ひとり》が目《め》で字《じ》を追《お》って、写《うつ》しの文書《ぶんしょ》に誤《あやま》りがないかを確《たし》かめる。例 大切《たいせつ》な原稿《げんこう》なので、提出《ていしゅつ》する前《まえ》にもう一度《いちど》よく**読《よ》み合《あ》わせて**おこう。◎劇《げき》のけいこの初《はじ》めのうちに、出演者《しゅつえんしゃ》が動《うご》きをつけずに台本《だいほん》を声《こえ》に出《だ》して読《よ》んで、せりふの受《う》け渡《わた》しを練習《れんしゅう》する。例 新作《しんさく》の演劇《えんげき》の脚本《きゃくほん》を**読《よ》み合《あ》わせる**。

読《よ》み返《かえ》す

◎本《ほん》などをもう一度《いちど》読《よ》む。例 名作《めいさく》は何度《なんど》**読《よ》み返《かえ》して**も、毎回新《まいかいあたら》しい発見《はっけん》がある。◎書《か》き終《お》わったものを、誤《あやま》りがないかどうか確《たし》かめるためにもう一度《いちど》読《よ》む。例 入会申込書《にゅうかいもうしこみしょ》を**読《よ》み返《かえ》して**、記入漏《きにゅうも》れがないかどうか確認《かくにん》する。似 **読《よ》み直《なお》す**。

読《よ》み飛《と》ばす

◎必要《ひつよう》のないところや興味《きょうみ》のない部分《ぶぶん》を飛《と》ばして読《よ》む。例 本《ほん》の内容《ないよう》はおもしろかったが、途中《とちゅう》の専門用語《せんもんようご》の説明《せつめい》は**読《よ》み飛《と》ばして**しまった。◎だいたいのことが分《わ》かればよいという気持《きも》ちで、ものすごい速《はや》さで読《よ》む。例 全十巻《ぜんじっかん》の漫画《まんが》を、一日《いちにち》で**読《よ》み飛《と》ばす**。

読《よ》み落《お》とす

必要《ひつよう》な部分《ぶぶん》を、自分《じぶん》の不注意《ふちゅうい》できちんと読《よ》まずに先《さき》に進《すす》んでしまう。例 細《こま》かい文字《もじ》だったので、説明書《せつめいしょ》の注意事項《ちゅういじこう》を**読《よ》み落《お》として**しまった。

読《よ》み違《ちが》える

◎字《じ》の読《よ》み方《かた》を誤《あやま》る。例「境内《けいだい》」を「けいない」と**読《よ》み違《ちが》えて**しまった。◎文《ぶん》の内容《ないよう》を間違《まちが》って解釈《かいしゃく》する。例 作者《さくしゃ》の意図《いと》を**読《よ》み違《ちが》える**。◎物事《ものごと》の予想《よそう》を外《はず》す。例 国民《こくみん》の真《しん》の声《こえ》を**読《よ》み違《ちが》えて**、選挙《せんきょ》で大敗《たいはい》する。

「読《よ》む」に関連《かんれん》することば

行間《ぎょうかん》を読《よ》む 文章《ぶんしょう》を読《よ》んで、そこに書《か》かれていない、作者《さくしゃ》の本当《ほんとう》に言《い》いたかったことを読《よ》み取《と》ること。

読書百遍《どくしょひゃっぺん》、意《い》、自《おの》ずから通《つう》ず 自分《じぶん》にとってどんなに難《むずか》しい文章《ぶんしょう》や本《ほん》であっても、途中《とちゅう》で投《な》げ出《だ》さずに、何度《なんど》も繰《く》り返《かえ》して読《よ》めば、自然《しぜん》に意味《いみ》が分《わ》かるようになるものだということ。困難《こんなん》に思《おも》われることでも、あきらめずに何度《なんど》も繰《く》り返《かえ》せばできるようになる、という意味《いみ》でも使《つか》われる。「読書百遍《どくしょひゃっぺん》、義《ぎ》、自《おの》ずから見《あらわ》る」ともいう。

論語読《ろんごよ》みの論語知《ろんごし》らず 本《ほん》に書《か》いてあることは知識《ちしき》として持《も》っているが、実生活《じっせいかつ》の中《なか》でそれを生《い》かすことができない人《ひと》をあざけっていうことば。『論語《ろんご》』は、古代中国《こだいちゅうごく》の思想家《しそうか》・孔子《こうし》の思想《しそう》をまとめた書物《しょもつ》。

眼光紙背《がんこうしはい》に徹《てっ》す 目《め》の光《ひかり》が紙《かみ》の裏側《うらがわ》まで見通《みとお》すという意味《いみ》。本《ほん》を読《よ》んで、ただことばの意味《いみ》を追《お》うだけでなく、その背後《はいご》にある深《ふか》い意味《いみ》まで理解《りかい》するということ。

似＝似《に》た表現《ひょうげん》のことば。対＝反対《はんたい》の意味《いみ》のことば。例＝使《つか》い方《かた》の例《れい》。

見《み》る ◎ざっと目《め》を通《とお》す。例 毎朝《まいあさ》、新聞《しんぶん》を見《み》ていれば、世《よ》の中《なか》の動《うご》きが分《わ》かるものだ。◎「見《み》る」➡251

語《かた》る ◎節《ふし》をつけて、浄瑠璃《じょうるり》や浪曲《ろうきょく》などを朗読《ろうどく》する。例 三味線《しゃみせん》の伴奏《ばんそう》にのせて、名人《めいじん》が浪曲《ろうきょく》を語《かた》る。◆これらの日本《にほん》の芸能《げいのう》は、「語《かた》り物《もの》」と呼《よ》ばれることがある。◎「言《い》う」➡268

唱《とな》える ◎お経《きょう》などを声《こえ》に出《だ》して、また節《ふし》をつけて読《よ》む。例 本堂《ほんどう》の中《なか》から、僧《そう》たちの念仏《ねんぶつ》を唱《とな》える声《こえ》が聞《き》こえてくる。◎人《ひと》に先立《さきだ》って主張《しゅちょう》する。例 新《あたら》しい学説《がくせつ》を唱《とな》える。例 新方針《しんほうしん》に異《い》を唱《とな》える。◎「叫《さけ》ぶ」➡292

音読《おんどく》 声《こえ》に出《だ》して読《よ》むこと。例 外国語《がいこくご》は、音読《おんどく》するのが上達《じょうたつ》の早道《はやみち》だといわれる。対 黙読《もくどく》。

朗読《ろうどく》 聴《き》き手《て》がいるところで、気持《きも》ちを込《こ》めて文章《ぶんしょう》などを声《こえ》に出《だ》して読《よ》むこと。例 妹《いもうと》は学校放送《がっこうほうそう》で、北原白秋《きたはらはくしゅう》の詩《し》を朗読《ろうどく》した。

棒読《ぼうよ》み 声《こえ》の調子《ちょうし》や文《ぶん》の区切《くぎ》りを考《かんが》えずに、一本調子《いっぽんぢょうし》で音読《おんどく》すること。また、そのようにせりふなどを言《い》うこと。例 あの俳優《はいゆう》はルックスはいいが、せりふが棒読《ぼうよ》みなのが残念《ざんねん》だ。

素読《そどく》 内容《ないよう》が分《わ》かるか分《わ》からないかは別《べつ》にして、ただ文字《もじ》を声《こえ》に出《だ》して読《よ》むこと。例 江戸時代《えどじだい》、子《こ》どもたちは寺子屋《てらこや》で漢文《かんぶん》の素読《そどく》の教育《きょういく》を受《う》けていた。

読経《どきょう》 声《こえ》に出《だ》して、お経《きょう》を読《よ》んだり唱《とな》えたりすること。例 山寺《やまでら》には、早朝《そうちょう》から読経《どきょう》の声《こえ》が重々《おもおも》しく流《なが》れていた。

黙読《もくどく》 声《こえ》に出《だ》さずに、目《め》だけで字《じ》を追《お》って読《よ》むこと。例 国語《こくご》の自習時間《じしゅうじかん》に、教科書《きょうかしょ》を黙読《もくどく》する。対 音読《おんどく》。

熟読《じゅくどく》 文章《ぶんしょう》を、意味《いみ》を考《かんが》えながらじっくりと読《よ》むこと。例 テキストを熟読《じゅくどく》してから、練習問題《れんしゅうもんだい》に取《と》り組《く》む。

熟読玩味《じゅくどくがんみ》 じっくりと読《よ》んで、文章《ぶんしょう》を味《あじ》わうこと。例 名文《めいぶん》といわれるエッセイを、熟読玩味《じゅくどくがんみ》する。

精読《せいどく》 内容《ないよう》をしっかり理解《りかい》できるように、細《こま》かいところまで注意《ちゅうい》してていねいに読《よ》むこと。例 教科書《きょうかしょ》は精読《せいどく》したので、どこから出題《しゅつだい》されても大丈夫《だいじょうぶ》だよ。

味読《みどく》 内容《ないよう》や表現《ひょうげん》をじっくり味《あじ》わいながら読《よ》むこと。例 宮沢賢治《みやざわけんじ》の詩集《ししゅう》を味読《みどく》する。

読解《どっかい》 文章《ぶんしょう》を読《よ》んで、その意味《いみ》や内容《ないよう》を正《ただ》しく理解《りかい》すること。例 漢字《かんじ》の書《か》き取《と》りは得意《とくい》だが、読解問題《どっかいもんだい》はどうも苦手《にがて》だ。

解読《かいどく》 暗号文《あんごうぶん》や古代文字《こだいもじ》など、読《よ》みにくい文章《ぶんしょう》やふつうでは読《よ》めない文字《もじ》を、解釈《かいしゃく》しながら読《よ》むこと。例 漢字《かんじ》のもととなった、甲骨文字《こうこつもじ》（カメの甲羅《こうら》や獣《けもの》の骨《ほね》などに刻《きざ》まれた文字《もじ》）を解読《かいどく》する。

判読《はんどく》 消《き》えている文字《もじ》や読《よ》みにくい文字《もじ》などを補《おぎな》い、推測《すいそく》してこうではないかと考《かんが》えながら読《よ》むこと。例 悪筆《あくひつ》で、何《なに》が書《か》いてあるか判読《はんどく》できない。

通読《つうどく》 初《はじ》めから終《お》わりまで一通《ひととお》り読《よ》むこと。例 歴史《れきし》を勉強《べんきょう》するなら、まず教科書《きょうかしょ》を通読《つうどく》しよう。

一読《いちどく》 例 一通《ひととお》りざっと目《め》を通《とお》すこと。例 編集長《へんしゅうちょう》は、一読《いちどく》しただけ

◆＝もっと知《し》りたい、ことばの知識《ちしき》。

でこの作家《さっか》の才能《さいのう》を見抜《みぬ》いた。

拾《ひろ》い読《よ》み ◎文章《ぶんしょう》や本《ほん》の全体《ぜんたい》を読《よ》み通《とお》すのではなく、おもしろそうな部分《ぶぶん》や気《き》になった部分《ぶぶん》だけをところどころ読《よ》むこと。例 女性《じょせい》週刊誌《しゅうかんし》の料理《りょうり》の記事《きじ》だけを拾《ひろ》い読《よ》みする。◎一文字《ひともじ》ずつたどりながら読《よ》むこと。例 知《し》っている漢字《かんじ》と平仮名《ひらがな》だけを拾《ひろ》い読《よ》みする。

走《はし》り読《よ》み 大急《おおいそ》ぎで読《よ》むこと。例 時間《じかん》がないので、新聞《しんぶん》を走《はし》り読《よ》みした。

斜《なな》め読《よ》み 一行一行《いちぎょういちぎょう》ていねいに読《よ》むのではなく、全体《ぜんたい》の流《なが》れをつかむために、ところどころ飛《と》ばしながら読《よ》むこと。例 文章《ぶんしょう》を斜《なな》め読《よ》みして、ストーリーの大筋《おおすじ》を頭《あたま》に入《い》れた。

再読《さいどく》 一度《いちど》読《よ》んだものを、もう一度《いちど》読《よ》むこと。読《よ》み返《かえ》すこと。例 久《ひさ》しぶりに『走《はし》れメロス』を再読《さいどく》したら、以前《いぜん》とは違《ちが》う印象《いんしょう》を受《う》けた。

速読《そくどく》 文《ぶん》の内容《ないよう》を大《おお》ざっぱにつかみながら、本《ほん》を速《はや》く読《よ》むこと。例 兄《あに》は、一時間《いちじかん》に五百《ごひゃく》ページ読《よ》めるという速読術《そくどくじゅつ》を身《み》につけた。

代読《だいどく》 本来《ほんらい》それを読《よ》むべき人《ひと》に代《か》わって、読《よ》み上《あ》げること。例 区長《くちょう》の祝辞《しゅくじ》を、助役《じょやく》が代読《だいどく》する。

必読《ひつどく》 読《よ》む必要《ひつよう》があること。例『星《ほし》の王子《おうじ》さま』は、小学生《しょうがくせい》にとって必読《ひつどく》の書《しょ》とされている。

下読《したよ》み その文書《ぶんしょ》を使《つか》った打《う》ち合《あ》わせなどの準備《じゅんび》のために、前《まえ》もって読《よ》んでおくこと。例 講演会《こうえんかい》の前《まえ》に、配布《はいふ》された資料《しりょう》を下読《したよ》みしておく。

盗《ぬす》み読《よ》み ◎他人《たにん》が秘密《ひみつ》にしているものなどを、隠《かく》れて無断《むだん》で読《よ》むこと。例 姉《あね》の日記《にっき》を盗《ぬす》み読《よ》みする。◎他人《たにん》が読《よ》んでいるものを、横《よこ》からのぞき込《こ》んで読《よ》むこと。例 隣《となり》の席《せき》の人《ひと》が読《よ》んでいる雑誌《ざっし》を盗《ぬす》み読《よ》みする。

誤読《ごどく》 間違《まちが》って読《よ》むこと。例「鳥《とり》」と「烏《からす》」など形《かたち》の似《に》た漢字《かんじ》は誤読《ごどく》しやすい。

拝読《はいどく》 「読《よ》むこと」のへりくだった言《い》い方《かた》。謹《つつし》んで読《よ》むこと。例 さっそくのメール、うれしく拝読《はいどく》いたしました。

読書《どくしょ》 本《ほん》を読《よ》むこと。例 休日《きゅうじつ》の午後《ごご》はテレビを見《み》ずに読書《どくしょ》をするようにしている。

書見《しょけん》 書物《しょもつ》を読《よ》むこと。例 祖父《そふ》は雨《あめ》の日《ひ》にはいつも、書斎《しょさい》にこもって書見《しょけん》をする。

読破《どくは》 本《ほん》を最後《さいご》まで読《よ》み通《とお》すこと。苦労《くろう》して読《よ》み終《お》えたという感《かん》じがある。「破《は》」は「破《やぶ》る」ではなく、「やり遂《と》げる」という意味《いみ》。例 一週間《いっしゅうかん》かけて『三国志《さんごくし》』を読破《どくは》した。

読了《どくりょう》 本《ほん》を読《よ》み終《お》えること。例 春休《はるやす》みに、『若草物語《わかくさものがたり》』を読了《どくりょう》した。

購読《こうどく》 新聞《しんぶん》や雑誌《ざっし》などを買《か》って読《よ》むこと。例 祖母《そぼ》は俳句《はいく》の雑誌《ざっし》を毎月《まいつき》購読《こうどく》している。

愛読《あいどく》 ある本《ほん》をとくに好《この》んで読《よ》むこと。例 愛読書《あいどくしょ》は『ダレン・シャン』のシリーズです。

多読《たどく》 たくさんの本《ほん》を読《よ》むこと。例 若《わか》いときの多読《たどく》が、今《いま》になって役《やく》に立《た》った。

似=似《に》た表現《ひょうげん》のことば。対=反対《はんたい》の意味《いみ》のことば。例=使《つか》い方《かた》の例《れい》。

乱読《らんどく》　手当《てあ》たりしだいに、さまざまな本《ほん》を読《よ》むこと。例 目《め》につく本《ほん》を、次々《つぎつぎ》に乱読《らんどく》していた時期《じき》があった。◆「濫読《らんどく》」とも書《か》く。

積《つ》ん読《どく》　本《ほん》を買《か》っても、ただ積《つ》んでおくだけで読《よ》まないこと。「積《つ》んで置《お》く」→「積《つ》んどく」の「どく」の音《おん》が「読《どく》」と共通《きょうつう》するところからできたことば。例 積《つ》ん読《どく》ばかりではもったいないよ。

立《た》ち読《よ》み　書店《しょてん》で売《う》られている本《ほん》や雑誌《ざっし》を、実際《じっさい》には買《か》わないで店先《みせさき》で立《た》ったまま読《よ》むこと。例 立《た》ち読《よ》みはご遠慮《えんりょ》ください。

回《まわ》し読《よ》み　数人《すうにん》で同《おな》じ一冊《いっさつ》の本《ほん》や文書《ぶんしょ》を、順々《じゅんじゅん》に回《まわ》して読《よ》むこと。例 話題《わだい》になっている恋愛《れんあい》小説《しょうせつ》を、家族《かぞく》で回《まわ》し読《よ》みする。

回覧《かいらん》　➡「見《み》る」256

輪読《りんどく》　一冊《いっさつ》の本《ほん》を数人《すうにん》が担当《たんとう》部分《ぶぶん》を決《き》めて読《よ》み、解釈《かいしゃく》や研究《けんきゅう》をすること。例 星座《せいざ》の本《ほん》の輪読会《りんどくかい》に参加《さんか》したら、大好《だいす》きなオリオン座《ざ》の担当《たんとう》になった。

読《よ》みかけ　ある本《ほん》を読《よ》み始《はじ》めて、途中《とちゅう》の状態《じょうたい》であること。例 あの本《ほん》はまだ読《よ》みかけなので、あと三日《みっか》ほど貸《か》してください。

読《よ》みさし　読《よ》み終《お》わらずに、途中《とちゅう》でやめること。例 弟《おとうと》は、読《よ》みさしの絵本《えほん》を広《ひろ》げたまま遊《あそ》びに行《い》ってしまった。

書《か》く

write
［ライト］

書《か》く　◎紙《かみ》などに、ペンや筆《ふで》などを使《つか》って文字《もじ》を形《かたち》にして残《のこ》す。例 答案用紙《とうあんようし》に名前《なまえ》を書《か》く。◎文章《ぶんしょう》を作《つく》る。例 あの小説家《しょうせつか》が五年《ごねん》ぶりに書《か》いた作品《さくひん》。◎絵《え》や図形《ずけい》などを、目《め》に見《み》える形《かたち》に表《あらわ》す。この場合《ばあい》は「描《か》く」「画《か》く」と書《か》くこともある。例 実験結果《じっけんけっか》をまとめて、グラフに書《か》いて提出《ていしゅつ》する。

記《しる》す　◎書《か》いて記録《きろく》する。文字《もじ》やことばなどを、書《か》いて残《のこ》す。例 毎日《まいにち》の出来事《できごと》を日記《にっき》に記《しる》す習慣《しゅうかん》がある。◎「覚《おぼ》える」➡306

書《か》き表《あらわ》す　物事《ものごと》のようすや事情《じじょう》、自分《じぶん》の考《かんが》えたことや感《かん》じたことなどを、文章《ぶんしょう》や図《ず》などで表現《ひょうげん》する。例 新聞記者《しんぶんきしゃ》は、最小限《さいしょうげん》の文字《もじ》数《すう》で多《おお》くの情報《じょうほう》を書《か》き表《あらわ》す。

書《か》き記《しる》す　事柄《ことがら》を、文字《もじ》で書《か》いて記録《きろく》する。例 明治時代《めいじじだい》の庶民《しょみん》の生活《せいかつ》を書《か》き記《しる》した文献《ぶんけん》。

認《したた》める　文章《ぶんしょう》を書《か》く。例 恩師《おんし》に感謝《かんしゃ》の手紙《てがみ》を認《したた》めた。◎「食《た》べる」➡227

	手紙《てがみ》を―	字《じ》を―	小説《しょうせつ》を―
書く	○	○	○
記す	–	○	–
認める	○	–	△

書《か》き留《と》める　言《い》われたり聞《き》いたりしたことを、忘《わす》れないように文字《もじ》や文章《ぶんしょう》などにして残《のこ》す。例 彼女《かのじょ》から聞《き》いたメールアドレスを、

◆＝もっと知《し》りたい、ことばの知識《ちしき》。

手帳《てちょう》にきちんと書《か》き留《と》めておいた。◆「書《か》きとどめる」ともいう。

書《か》き付《つ》ける ◎忘《わす》れないように書《か》いておく。例 明《あ》日《す》の遠足《えんそく》に持《も》っていく物《もの》をメモに**書《か》き付《つ》ける**。◎いつも書《か》き慣《な》れている。例 格式《かくしき》ばった手紙《てがみ》は**書《か》き付《つ》けて**いないので、時間《じかん》がかかる。

控《ひか》える 忘《わす》れないように書《か》き留《と》める。例 メモ帳《ちょう》に彼《かれ》の住所《じゅうしょ》を**控《ひか》えて**おいた。

写《うつ》す ◎文字《もじ》や文章《ぶんしょう》・絵《え》・図《ず》などを見《み》ながら、もとのままに書《か》き取《と》る。例 学校《がっこう》を休《やす》んだ日《ひ》のノートを、友《とも》だちに**写《うつ》させて**もらった。◎見《み》たり聞《き》いたりしたことを、そのまま絵《え》や文《ぶん》に表《あらわ》す。例 東北旅行《とうほくりょこう》で見《み》た情景《じょうけい》を**写《うつ》した**紀行文《きこうぶん》。◎写真《しゃしん》を撮《と》ること。また、コピーをとること。例 古《ふる》いお寺《てら》を**写《うつ》して**おく。

書《か》き写《うつ》す 書《か》かれたものを、そのまま別《べつ》の紙《かみ》などに書《か》き取《と》る。例 ホワイトボードに書《か》かれたメンバー表《ひょう》を、手帳《てちょう》に**書《か》き写《うつ》す**。似 書《か》き取《と》る。

引《ひ》き写《うつ》す 文章《ぶんしょう》などをそのまま書《か》き写《うつ》す。例 他人《たにん》の文《ぶん》章《しょう》を**引《ひ》き写《うつ》した**だけの報告書《ほうこくしょ》では、評《ひょう》価《か》されない。

書《か》き抜《ぬ》く 長《なが》い文章《ぶんしょう》の中《なか》から、必《ひつ》要《よう》な部分《ぶぶん》やあらましだけを抜《ぬ》き出《だ》して書《か》く。例 夏目漱石《なつめそうせき》の小《しょう》説《せつ》から、気《き》に入《い》った言《い》い回《まわ》しを**書《か》き抜《ぬ》いて**おいた。

書《か》き入《い》れる ◎決《き》められたところに書《か》き込《こ》む。記入《きにゅう》する。例 テストの解答《かいとう》を、所定《しょてい》の欄《らん》に**書《か》き入《い》れる**。◎余白《よはく》などに文字《もじ》や文《ぶん》を書《か》き加《くわ》える。例 難《むずか》しいことばの意味《いみ》を行《ぎょう》間《かん》に**書《か》き入《い》れる**。

書《か》き込《こ》む ◎余白《よはく》や行間《ぎょうかん》などに書《か》き入《い》れる。例 分《わ》からないことばを辞書《じしょ》で調《しら》べて、本《ほん》の余白《よはく》に**書《か》き込《こ》んだ**。◎決《き》められた所《ところ》に書《か》き入《い》れる。例 注文書《ちゅうもんしょ》に住所氏名《じゅうしょしめい》を**書《か》き込《こ》む**。◎細《こま》かなところまで正確《せいかく》に書《か》く。例 この歴史小説《れきししょうせつ》は、時代背景《じだいはいけい》についてよく**書《か》き込《こ》まれて**いる。◎コンピュータで、データをCD-R《シーディーアール》などに移《うつ》し入《い》れる。例 動画《どうが》など、大《おお》きなデータだと**書《か》き込《こ》む**のに時間《じかん》がかかる。

付《つ》ける 書《か》いて残《のこ》す。例 アイデア料《りょう》理《り》のレシピを、ノートに**付《つ》けて**おく。

書《か》き添《そ》える すでに書《か》いてある文《ぶん》章《しょう》や図《ず》に、ことばなどを少《すこ》し書《か》き足《た》す。例 色紙《しきし》に花《はな》の絵《え》を書《か》いて、好《す》きな俳句《はいく》を**書《か》き添《そ》えた**。

書《か》き加《くわ》える すでに書《か》いてある文《ぶん》章《しょう》などに、さらに書《か》き足《た》す。例 十年前《じゅうねんまえ》の原稿《げんこう》に、最新《さいしん》データを**書《か》き加《くわ》えて**出版《しゅっぱん》する。似 **書《か》き足《た》す**。

筆《ふで》を加《くわ》える 文字《もじ》などを書《か》き足《た》す。とくに、人《ひと》の書《か》いた文章《ぶんしょう》などを手直《てなお》しする。例 新米記《しんまいき》者《しゃ》の原稿《げんこう》に、ベテランが**筆《ふで》を加《くわ》えて**新《しん》聞《ぶん》に載《の》せた。似 **筆《ふで》を入《い》れる**。

書《か》きためる 書《か》いておいた文章《ぶんしょう》を、手元《てもと》にためておく。とくに、いつかは世《よ》に出《だ》そうと思《おも》って文章《ぶんしょう》を書《か》き、まとまった量《りょう》にする。例 若《わか》いころから**書《か》きためて**おいた童話《どうわ》を、一冊《いっさつ》の本《ほん》にする。

書《か》き換《か》える
◎すでに書《か》いてある文章《ぶんしょう》などを書《か》き改《あらた》める。例 作文《さくぶん》の一部《いちぶ》を**書《か》き換《か》えて**提出《ていしゅつ》した。◎正式《せいしき》な文書《ぶんしょ》に記入《きにゅう》されている内容《ないよう》を書《か》き直《なお》す。例 運転免許《うんてんめんきょ》を**書《か》き換《か》える**のを忘《わす》れてしまった。

書《か》き残《のこ》す
◎後《あと》に残《のこ》すために、文章《ぶんしょう》に書《か》いておく。例 祖《そ》父《ふ》は、自分《じぶん》が苦労《くろう》した体験《たいけん》を、日記《にっき》に**書《か》き残《のこ》して**いた。◎書《か》かなければいけなかったことを、全部《ぜんぶ》書《か》き切《き》れずに残《のこ》してしまう。例 時間《じかん》が足《た》りなかったので、必要《ひつよう》な事項《じこう》を**書《か》き残《のこ》して**しまった。

書《か》き立《た》てる
◎新聞《しんぶん》や雑誌《ざっし》を通《つう》じて、人目《ひとめ》につくようなオーバーな表現《ひょうげん》で盛《さか》んに書《か》く。例 芸《げい》能人《のうじん》の離婚《りこん》について、週刊誌《しゅうかんし》がおもしろおかしく**書《か》き立《た》てた**。◎一《ひと》つひとつ、必要《ひつよう》なことを書《か》き並《なら》べる。例 計画《けいかく》を実《じっ》行《こう》に移《うつ》すために必要《ひつよう》な事項《じこう》を**書《か》き立《た》てる**。

書《か》き落《お》とす
不注《ふちゅう》意《い》などで、書《か》くべきことを抜《ぬ》かしてしまう。例 テストで名前《なまえ》を**書《か》き落《お》とす**と、どんなによくできていても零点《れいてん》になっちゃうよ。似 **書《か》き漏《も》らす**。

書《か》き損《そん》じる
書《か》くのをしくじる。例 **書《か》き損《そん》じた**原稿《げんこう》用紙《ようし》で、くずかごが一杯《いっぱい》になってしまった。似 **書《か》き誤《あやま》る**。**書《か》き損《そこ》なう**。

書《か》き殴《なぐ》る
乱暴《らんぼう》に文章《ぶんしょう》を書《か》く。汚《きたな》い文字《もじ》で乱暴《らんぼう》に書《か》く。例 急《いそ》いでいたので、メモ用紙《ようし》に大《おお》きな字《じ》で**書《か》き殴《なぐ》った**。

書《か》き流《なが》す
あまり深《ふか》く考《かんが》えずに、軽《かる》い気持《きも》ちですらすらと書《か》く。例 さらっと**書《か》き流《なが》した**ようなタレントのエッセーが、かえって人気《にんき》を呼《よ》んでいる。

書《か》き散《ち》らす
◎気分《きぶん》に任《まか》せて書《か》く。例 **書《か》き散《ち》らした**旅行記《りょこうき》をまとめて本《ほん》にする。◎あちこちに順序《じゅんじょ》なく書《か》きつける。例 あの発《はつ》明家《めいか》は、思《おも》いついたアイデアをすぐ手《て》帳《ちょう》や紙《かみ》きれなどに**書《か》き散《ち》らす**。

書《か》き飛《と》ばす
◎速《はや》くどんどん書《か》く。例 あの作家《さっか》は、絶好調《ぜっこうちょう》のときは一日《いちにち》に原稿用紙《げんこうようし》で五十《ごじゅう》枚《まい》も**書《か》き飛《と》ばす**そうだ。◎一部分《いちぶぶん》を抜《ぬ》かして書《か》く。例 まるまる一《いち》ページ分《ぶん》**書《か》き飛《と》ばして**しまった。

筆《ふで》に任《まか》せる
体裁《ていさい》などにとらわれず、勢《いきお》いに任《まか》せて書《か》く。例 夏休《なつやす》みの思《おも》い出《で》を、**筆《ふで》に任《まか》せて**自由《じゆう》に書《か》いた。

筆《ふで》が滑《すべ》る
うっかりして、また、調子《ちょうし》に乗《の》って、書《か》かなくてもいいことまで書《か》いてしまう。例 本人《ほんにん》は**筆《ふで》が滑《すべ》った**と言《い》っているが、あの文章《ぶんしょう》は本音《ほんね》が読《よ》めておもしろい。

なぞる
◎すでに書《か》いてある文字《もじ》や絵《え》などの上《うえ》を筆《ふで》やペンなどでたどって、その通《とお》りにそっくりまねて書《か》く。例 番号順《ばんごうじゅん》に文字《もじ》を**なぞって**、書《か》き順《じゅん》を覚《おぼ》える。◎過去《かこ》の例《れい》や文章《ぶんしょう》の通《とお》りに再現《さいげん》する。例 連続殺人事件《れんぞくさつじんじけん》は、話題《わだい》の小説《しょうせつ》を**なぞる**ように展開《てんかい》した。

崩《くず》す
文字《もじ》を書《か》くときに、字《じ》画《かく》を続《つづ》けたり略《りゃく》したりして書《か》く。例 名《な》

行動《こうどう》
考《かんが》える学《まな》ぶ
考《かんが》える
質問《しつもん》する
理解《りかい》する
学《まな》ぶ
覚《おぼ》える
忘《わす》れる
読《よ》む
▶書《か》く

◆＝もっと知《し》りたい、ことばの知識《ちしき》。

前《まえ》を崩《くず》して書《か》かれると、後《あと》で名簿《めいぼ》を作《つく》るときに読《よ》めなくて苦労《くろう》する。

著《あらわ》す 自分《じぶん》で考《かんが》えたことや研究《けんきゅう》したことを、書物《しょもつ》にして世間《せけん》に発表《はっぴょう》する。例 母《はは》は料理好《りょうりず》きが高《こう》じてレシピ集《しゅう》を著《あらわ》した。

つづる ◎ことばを並《なら》べて、文章《ぶんしょう》を作《つく》る。例 入院中《にゅういんちゅう》の友《とも》だちに、励《はげ》ましの手紙《てがみ》をつづる。似 書《か》きつづる。◎アルファベットを並《なら》べて単語《たんご》を書《か》く。例 パスポートを取《と》るために、姓名《せいめい》をローマ字《じ》でつづる。

ペンを執《と》る 文章《ぶんしょう》や手紙《てがみ》などを書《か》く。執筆《しっぴつ》する。例 旅行《りょこう》の日程変更《にっていへんこう》について早《はや》めにお知《し》らせしようと思《おも》い、ペンを執《と》りました。

筆《ふで》を走《はし》らせる すらすらと文章《ぶんしょう》を書《か》く。例 思《おも》い出《で》が色《いろ》あせないうちにと、徹夜《てつや》して旅行《りょこう》の日誌《にっし》に筆《ふで》を走《はし》らせた。似 ペンを走《はし》らせる。

筆《ふで》をふるう 書画《しょが》を書《か》く。とくに、立派《りっぱ》な文字《もじ》や絵《え》・文章《ぶんしょう》などを書《か》く。例 先生《せんせい》が、卒業《そつぎょう》アルバムの題字《だいじ》に筆《ふで》をふるってくださった。例 その作家《さっか》は、人生《じんせい》を問《と》う大作《たいさく》に筆《ふで》をふるった。

書《か》き上《あ》げる ◎書《か》きたいことをすっかり書《か》いて、文《ぶん》を完成《かんせい》させる。例 十年《じゅうねん》の歳月《さいげつ》を要《よう》して、長編小説《ちょうへんしょうせつ》を書《か》き上《あ》げる。◎一《ひと》つひとつ取《と》り出《だ》して並《なら》べて書《か》く。例 あいつのやった悪事《あくじ》を、いちいち書《か》き上《あ》げていてはきりがない。似 書《か》き連《つら》ねる。

書《か》き下《お》ろす 単行本《たんこうぼん》として出版《しゅっぱん》するために、小説《しょうせつ》・論文《ろんぶん》・漫画《まんが》などを新《あたら》しく執筆《しっぴつ》する。例 ジャーナリストが国際問題《こくさいもんだい》について書《か》き下《お》ろしたルポルタージュ。

筆《ふで》が立《た》つ 文章《ぶんしょう》を書《か》くことが上手《じょうず》である。例 筆《ふで》が立《た》つ姉《あね》に、学芸会《がくげいかい》の宣伝文《せんでんぶん》を書《か》いてもらった。

筆《ふで》をおく 文章《ぶんしょう》を書《か》き終《お》える。例 構想八年《こうそうはちねん》、執筆五年《しっぴつごねん》の長編時代小説《ちょうへんじだいしょうせつ》の筆《ふで》をおいた。◆「筆《ふで》を擱《お》く」と書《か》き、「置《お》く」と書《か》くのは誤《あやま》り。

筆《ふで》を断《た》つ 文章《ぶんしょう》を書《か》くことをやめる。文章《ぶんしょう》を書《か》く仕事《しごと》をやめる。例 早熟《そうじゅく》の詩人《しじん》は十代《じゅうだい》で筆《ふで》を断《た》って、実業家《じつぎょうか》として活躍《かつやく》したという。似 筆《ふで》を折《お》る。ペンを断《た》つ。ペンを折《お》る。筆《ふで》を捨《す》てる。

記述《きじゅつ》 書《か》き記《しる》すこと。また、書《か》き記《しる》したもの。例 きちんと理解《りかい》していないと、記述式《きじゅつしき》のテストには歯《は》が立《た》たないね。

叙述《じょじゅつ》 物事《ものごと》や自分《じぶん》の考《かんが》えを、順《じゅん》を追《お》って書《か》いたり述《の》べたりすること。例 事件《じけん》をありのままに叙述《じょじゅつ》する。

記入《きにゅう》 書類《しょるい》などの決《き》められた部分《ぶぶん》に、所定《しょてい》の事項《じこう》を書《か》き入《い》れること。例 住所《じゅうしょ》・氏名《しめい》を記入《きにゅう》して、申《もう》し込《こ》みをしてください。

記載《きさい》 必要《ひつよう》な事柄《ことがら》を書類《しょるい》などに書《か》いて載《の》せること。例 この証明書《しょうめいしょ》に記載《きさい》された事項《じこう》には、何一《なにひと》つ間違《まちが》いはありません。

記録《きろく》 ◎後々《あとあと》まで残《のこ》し、伝《つた》える必要《ひつよう》がある事柄《ことがら》などを書《か》き留《と》めておくこと。また、その書《か》き留《と》めたもの。例 各地《かくち》に残《のこ》る民話《みんわ》を、丹念《たんねん》に記録《きろく》した本《ほん》。◎スポーツの競技《きょうぎ》などの、数値《すうち》としての成績《せいせき》や結果《けっか》。また、そのうちの最高《さいこう》のもの。例 前回《ぜんかい》の大会《たいかい》から、飛躍《ひやく》的《てき》に記録《きろく》を伸《の》ばした。

表記《ひょうき》

◎ことばを文字《もじ》や記号《きごう》などで書《か》き表《あらわ》すこと。また、その書《か》き表《あらわ》し方《かた》。例 外来語《がいらいご》は、ふつう片仮名《かたかな》で表記《ひょうき》される。例 日本語《にほんご》の表記《ひょうき》は、漢《かん》字《じ》仮名《かな》交《ま》じり文《ぶん》を基本《きほん》とする。◎表《おもて》に書《か》くこと。また、書《か》かれたもの。例 返信《へんしん》は、表記《ひょうき》の住所《じゅうしょ》へお送《おく》りください。

明記《めいき》

はっきりと記《しる》すこと。例 作成《さくせい》した書類《しょるい》の右上《みぎうえ》に、氏名《しめい》を明記《めいき》する。

加筆《かひつ》

すでにある文章《ぶんしょう》や絵《え》に、書《か》き足《た》したり修正《しゅうせい》を加《くわ》えたりすること。例 下書《したが》きの原稿《げんこう》に加筆訂正《かひつていせい》をして、論文《ろんぶん》を提出《ていしゅつ》する。例 この油絵《あぶらえ》には、後日《ごじつ》加筆《かひつ》された形跡《けいせき》がある。似 補筆《ほひつ》。

添《そ》え書《が》き

文章《ぶんしょう》や絵《え》などに付《つ》け加《くわ》えて書《か》くこと。また、そのように書《か》いたことば。とくに、手紙《てがみ》の本文《ほんぶん》を書《か》き終《お》えた後《あと》に書《か》き加《くわ》えることば。例 古《ふる》い建物《たてもの》のスケッチの余白《よはく》に、簡単《かんたん》な解説《かいせつ》を添《そ》え書《が》きした。例 父《ちち》が叔父《おじ》にあてた手紙《てがみ》に添《そ》え書《が》きさせてもらう。

追記《ついき》

文章《ぶんしょう》の後《あと》に書《か》き足《た》すこと。また、その文章《ぶんしょう》。例 招待状《しょうたいじょう》の返事《へんじ》に、お祝《いわ》いの一言《ひとこと》を追記《ついき》する。

付記《ふき》

本文《ほんぶん》に付《つ》け加《くわ》えて書《か》き記《しる》すこと。例 難《むずか》しい文章《ぶんしょう》なので、解《かい》説文《せつぶん》が付記《ふき》されている。

注記《ちゅうき》

本文《ほんぶん》について注意《ちゅうい》すべきことや深《ふか》く理解《りかい》してもらうための詳《くわ》しい説明《せつめい》などを、付《つ》け加《くわ》えて書《か》き記《しる》すこと。また、その書《か》き記《しる》したもの。例 アンケート用紙《ようし》の欄外《らんがい》に、記《き》入方《にゅうほう》法《ほう》を注記《ちゅうき》しておく。似 補筆《ほひつ》。

特記《とっき》

特別《とくべつ》に取《と》り上《あ》げて書《か》き記《しる》しておくこと。例 このレシピには、食材《しょくざい》のカロリーまで特記《とっき》してある。

特筆《とくひつ》

特《とく》に取《と》り立《た》てて、強調《きょうちょう》して書《か》くこと。例 彼《かれ》の野球界《やきゅうかい》への貢献《こうけん》は、特筆《とくひつ》に値《あたい》する。似 特筆大書《とくひつたいしょ》。

パソコンで「筆《ふで》」を走《はし》らせる

深谷先生《ふかやせんせい》のちょっとひと息《いき》

書《か》くことに関係《かんけい》することばには、筆《ふで》を走《はし》らせる、加筆《かひつ》、特筆《とくひつ》など、筆《ふで》という字《じ》を使《つか》ったものがたくさんあります。今《いま》では筆《ふで》を使《つか》うのは、書道《しょどう》の授業《じゅぎょう》や書《か》き初《ぞ》めのときぐらいかもしれませんが、昔《むかし》はほとんどの文字《もじ》は、筆《ふで》で書《か》かれていました。

時代《じだい》が変《か》われば筆記《ひっき》具《ぐ》も変《か》わっていくもので、毛筆《もうひつ》は鉛筆《えんぴつ》やボールペン、シャープペンシルなどに取《と》って代《か》わられ、最近《さいきん》ではパソコンで文章《ぶんしょう》を打《う》ち込《こ》むことが多《おお》くなりました。パソコンでは、手《て》に筆記《ひっき》具《ぐ》を持《も》つことはないのですが、この場合《ばあい》にも、書《か》くということばを使《つか》います。消《け》しゴムは要《い》りませんし、書《か》き直《なお》しや、書《か》いた文章《ぶんしょう》を並《なら》べ替《か》えたりするのも簡単《かんたん》なので、たいへん便利《べんり》です。でも、手書《てが》きの文字《もじ》には、書《か》いた人《ひと》の顔《かお》が思《おも》い浮《う》かぶような温《ぬく》もりがあります。毛筆《もうひつ》であれば、その感覚《かんかく》はひとしお。ていねいに手書《てが》きされた文章《ぶんしょう》からは、たとえ達筆《たっぴつ》ではなくても、心《こころ》が伝《つた》わって来《き》ますよね。

◆＝もっと知《し》りたい、ことばの知識《ちしき》。

筆記《ひっき》　文字《もじ》を書《か》き記《しる》すこと。例 講演《こうえん》の内容《ないよう》をノートに筆記《ひっき》する。◎用具《ようぐ》。例 筆記《ひっき》用具。

記帳《きちょう》　決《き》められた帳簿《ちょうぼ》や帳面《ちょうめん》などに、数字《すうじ》や名前《なまえ》などを記入《きにゅう》すること。例 披露宴《ひろうえん》の受付《うけつけ》で記帳《きちょう》してから着席《ちゃくせき》する。

筆写《ひっしゃ》　書類《しょるい》や書物《しょもつ》などを書《か》き写《うつ》すこと。例 コピー機《き》が使《つか》えなかったので、図書室《としょしつ》で必要《ひつよう》な資料《しりょう》を筆写《ひっしゃ》してきた。

書写《しょしゃ》　◎「筆写《ひっしゃ》」と同《おな》じ。例 古文書《こもんじょ》を書写《しょしゃ》するだけでも、歴史《れきし》の勉強《べんきょう》になる。◎小《しょう》・中学校《ちゅうがっこう》の国語《こくご》の一分野《いちぶんや》で、正《ただ》しい文字《もじ》の書《か》き方《かた》を学《まな》ぶ「習字《しゅうじ》」のこと。例 書写《しょしゃ》の授業《じゅぎょう》では、いつもより濃《こ》い目《め》の鉛筆《えんぴつ》を使《つか》う。

書き取り《かきとり》　書《か》き写《うつ》すこと。とくに、人《ひと》が読《よ》み上《あ》げたことばを文字《もじ》で書《か》いたり、仮名《かな》などで書《か》いてあることばを漢字《かんじ》や外国語《がいこくご》に直《なお》したりすること。例 今《いま》から読《よ》み上《あ》げる文章《ぶんしょう》を、ローマ字《じ》で書《か》き取《と》りしてください。例 明日《あす》は朝《あさ》から漢字《かんじ》の書《か》き取《と》りテストがある。

転記《てんき》　書《か》かれていることを、ほかのところに書《か》き写《うつ》すこと。例 売上伝票《うりあげでんぴょう》を帳簿《ちょうぼ》に転記《てんき》する。

臨書《りんしょ》　書道《しょどう》で、手本《てほん》を見《み》てその通《とお》りに文字《もじ》を書《か》くこと。また、そのように書《か》いたもの。例 中国《ちゅうごく》の有名《ゆうめい》な書家《しょか》の作品《さくひん》を臨書《りんしょ》する。

聞き書き《ききがき》　人《ひと》から話《はなし》を聞《き》いてその内容《ないよう》を書《か》き留《と》めること。また、そのように書《か》き留《と》めたもの。例 祖父母《そふぼ》から戦争体験《せんそうたいけん》を聞《き》き書《が》きして、レポートにまとめる。

抜き書き《ぬきがき》　ある文章《ぶんしょう》から必要《ひつよう》な部分《ぶぶん》だけを抜《ぬ》き出《だ》して書《か》き写《うつ》すこと。また、そのように書《か》き写《うつ》したもの。例 討論《とうろん》の重要《じゅうよう》な部分《ぶぶん》だけを、メモ帳《ちょう》に抜《ぬ》き書《が》きする。

寄せ書き《よせがき》　何人《なんにん》かが一枚《いちまい》の紙《かみ》や布《ぬの》に、思《おも》い思《おも》いにことばや絵《え》などを書《か》くこと。また、そのように書《か》いたもの。例 転校《てんこう》する友《とも》だちに、寄《よ》せ書《が》きの色紙《しきし》を贈《おく》る。◆記念《きねん》にしたり、人《ひと》を激励《げきれい》したりするときに書《か》くことが多《おお》い。

手書き《てがき》　印刷《いんさつ》やコピーでなく、自分《じぶん》の手《て》で文字《もじ》などを書《か》くこと。また、そのように書《か》いたもの。例 先生《せんせい》から手書《てが》きの年賀状《ねんがじょう》をいただいて、感激《かんげき》してしまった。

肉筆《にくひつ》　「手書《てが》き」と同《おな》じ。例 鑑定《かんてい》の結果《けっか》、祖父秘蔵《そふひぞう》の日本画《にほんが》は肉筆《にくひつ》のものと判明《はんめい》した。

自筆《じひつ》　手紙《てがみ》や原稿《げんこう》などの文字《もじ》を、ほかの人《ひと》に書《か》かせずに、自分自身《じぶんじしん》で書《か》くこと。また、そのように書《か》いたもの。筆跡《ひっせき》が本人《ほんにん》のものであることを強調《きょうちょう》するときに使《つか》われることが多《おお》い。例 履歴書《りれきしょ》は、自筆《じひつ》のものに限《かぎ》ります。対 代筆《だいひつ》。

直筆《じきひつ》　「自筆《じひつ》」と同《おな》じ。有名人《ゆうめいじん》や身分《みぶん》の高《たか》い人《ひと》が書《か》いたものを指《さ》すことが多《おお》い。例 人気漫画家《にんきまんがか》の、直筆《じきひつ》の色紙《しきし》をもらった。対 代筆《だいひつ》。

自記《じき》　「自筆《じひつ》」と同《おな》じ。投票《とうひょう》や書類《しょるい》への署名《しょめい》などに使《つか》われることが多《おお》い。例契約書《けいやくしょ》に住所《じゅうしょ》と氏名《しめい》を自記《じき》してからはんこを押《お》す。似自書《じしょ》。

署名《しょめい》　書類《しょるい》などに、本人《ほんにん》が自分《じぶん》の名《な》前《まえ》を書《か》き記《しる》すこと。また、書《か》き記《しる》した名前《なまえ》。また、ある考《かんが》えや主張《しゅちょう》への賛成《さんせい》の意思《いし》を示《しめ》すために、自分《じぶん》の名前《なまえ》を書《か》くこと。例自筆《じひつ》の遺言状《ゆいごんじょう》でも、署名《しょめい》がなければ無効《むこう》だ。例駅前《えきまえ》で、運《うん》賃値上《ちんねあ》げ反対《はんたい》の署名《しょめい》活動《かつどう》を行《おこな》う。

記名《きめい》　書類《しょるい》や持《も》ち物《もの》などに、名前《なまえ》を書《か》き記《しる》すこと。また、書《か》き記《しる》した名前《なまえ》。例自転車《じてんしゃ》の貸《か》し出《だ》し帳《ちょう》に、自分《じぶん》と友《とも》だちの分《ぶん》を記名《きめい》する。◆「署《しょ》名《めい》」と違《ちが》って、自分《じぶん》で書《か》いたものでなくてもよい。

サイン　「署名《しょめい》」という意味《いみ》の英語《えいご》。とくに、自分《じぶん》に責任《せきにん》があるときに自分《じぶん》の名前《なまえ》を書《か》く場合《ばあい》や、有名《ゆうめい》人《じん》などが記念《きねん》として書《か》く場合《ばあい》に多《おお》く使《つか》われる。例伝票《でんぴょう》にサインをして、宅配《たくはい》便《びん》の荷物《にもつ》を受《う》け取《と》る。例偶然《ぐうぜん》会《あ》った人《にん》気俳優《きはいゆう》にサインをねだったら、気《き》さくに応《おう》じてくれた。◆はんこを使《つか》わない欧米《おうべい》などでは、これが本人《ほんにん》の正式《せいしき》な証《しょう》明《めい》になる。

代筆《だいひつ》　本人《ほんにん》に代《か》わって、手紙《てがみ》や書類《しょるい》などを書《か》くこと。また、書《か》いたもの。書《か》く人《ひと》が、内容《ないよう》まで考《かんが》えて書《か》くときに使《つか》われることが多《おお》い。例悩《なや》んでいる友《とも》だちを見《み》かねて、ラブレターの代筆《だいひつ》を引《ひ》き受《う》けた。対自筆《じひつ》。直筆《じきひつ》。

代書《だいしょ》　本人《ほんにん》に代《か》わって書類《しょるい》などを書《か》くこと。とくに、決《き》められた形式《けいしき》の書類《しょるい》を本人《ほんにん》に代《か》わって作成《さくせい》するときに使《つか》われることが多《おお》い。例運転免《うんてんめん》許取得《きょしゅとく》に必要《ひつよう》な書類《しょるい》を、行政書士《ぎょうせいしょし》に代《だい》書《しょ》してもらう。

表書《おもてが》き　封筒《ふうとう》や小包《こづつみ》の表側《おもてがわ》に、送《おく》り先《さき》の住所《じゅうしょ》や氏名《しめい》などを書《か》くこと。また、そのように書《か》かれたあて名《な》や住所《じゅうしょ》。例表書《おもてが》きが間違《まちが》っていたらしく、友《とも》だちにあてた手紙《てがみ》が戻《もど》ってきてしまった。

上書《うわが》き　◎「表書《おもてが》き」と同《おな》じ。例字《じ》の上手《じょうず》な母《はは》に、先生《せんせい》あての小包《こづつみ》の上書《うわが》きを頼《たの》んだ。◎コンピュータのデータに新《あたら》しい内容《ないよう》を書《か》き加《くわ》え、それを保存《ほぞん》すること。例新《あたら》しい実験結《じっけんけっ》果《か》を、論文《ろんぶん》のデータに上書《うわが》きする。

裏書《うらが》き　◎小切手《こぎって》などの裏《うら》に、支払《しはら》いを受《う》ける人《ひと》が自分《じぶん》の住所《じゅうしょ》や氏名《しめい》を書《か》くこと。例初《はじ》めて手《て》にした小切手《こぎって》に、緊張《きんちょう》しながら裏書《うらが》きした。◎ある物事《ものごと》が確《たし》かであるという証明《しょうめい》をすること。例各種《かくしゅ》コンクールの受賞《じゅしょう》歴《れき》が、あのピアニストの実力《じつりょく》を裏書《うらが》きしている。似裏付《うらづ》け。

速記《そっき》　すばやく書《か》き記《しる》すこと。とくに、特殊《とくしゅ》な記号《きごう》を使《つか》って、会《かい》議《ぎ》での発言《はつげん》などを記録《きろく》すること。例速《そっ》記《き》で書《か》かれた座談会《ざだんかい》の記録《きろく》から、原稿《げんこう》をおこす。

口述筆記《こうじゅつひっき》　ほかの人《ひと》が述《の》べたことを、その場《ば》で書《か》き取《と》ること。例重傷《じゅうしょう》を負《お》った目撃者《もくげきしゃ》の証言《しょうげん》を口述筆記《こうじゅつひっき》する。

下書《したが》き　清書《せいしょ》をする前《まえ》に、練習《れんしゅう》のために書《か》いてみること。また、そのように書《か》いたもの。文字《もじ》・文《ぶん》章《しょう》・絵《え》・楽譜《がくふ》などに広《ひろ》く使《つか》われる。例色紙《しきし》に書《か》く字《じ》を何度《なんど》も下書《したが》きする。対清書《せいしょ》。

◆＝もっと知《し》りたい、ことばの知識《ちしき》。

書《か》き置《お》き
その場《ば》にいない人《ひと》にあてて、必要《ひつよう》な用件《ようけん》を書《か》き残《のこ》すこと。また、そのように書《か》き残《のこ》したもの。とくに、遺書《いしょ》を指《さ》すこともある。例 彼《かれ》が留守《るす》だったので、明日《あす》の予定《よてい》について書《か》き置《お》きを残《のこ》してきた。例 亡《な》くなった祖母《そぼ》の枕《まくら》の下《した》から、家族《かぞく》にあてた書《か》き置《お》きが出《で》てきた。

メモ
忘《わす》れないように書《か》き留《と》めておくこと。また、そのように書《か》き留《と》めたもの。例 機械《きかい》の使《つか》い方《かた》について、工員《こういん》たちは熱心《ねっしん》にメモしていた。

書《か》き付《つ》け
◎覚《おぼ》えるため、また、記録《きろく》のために書《か》き記《しる》したもの。例 前任者《ぜんにんしゃ》の書《か》き付《つ》けが残《のこ》っていたので、新《あたら》しい仕事《しごと》にすぐ慣《な》れた。◎お金《かね》の貸《か》し借《か》りを証明《しょうめい》する書類《しょるい》。また、飲食店《いんしょくてん》などの勘定《かんじょう》書《が》き。例 この宴会《えんかい》の書《か》き付《つ》けは、幹事《かんじ》に渡《わた》してください。

控《ひか》え
◎忘《わす》れないために書《か》いておいたメモや文書《ぶんしょ》。例 宝《たから》くじの当選番号《とうせんばんごう》の控《ひか》えを取《と》った。◎正式《せいしき》な書類《しょるい》やデータが失《うしな》われたときの用心《ようじん》のために取《と》っておく写《うつ》し。例 原本《げんぽん》は自宅《じたく》に、控《ひか》えは銀行《ぎんこう》の貸《か》し金庫《きんこ》に預《あず》けてある。

覚《おぼ》え書《が》き
◎忘《わす》れないために書《か》いておいたメモや文書《ぶんしょ》。例 手帳《てちょう》に覚《おぼ》え書《が》きがあったので助《たす》かった。◎条約《じょうやく》に付《つ》け加《くわ》えられた、略式《りゃくしき》の外交文書《がいこうぶんしょ》。例 隣国《りんごく》と海底資源《かいていしげん》に関《かん》する覚《おぼ》え書《が》きを交《か》わす。

ノート
◎書《か》き留《と》めること。また、その記録《きろく》。「メモ」より長《なが》いものの場合《ばあい》をいう。例 思《おも》いついたアイデアはこまめにノートしておくことが大切《たいせつ》だ。◎物《もの》を書《か》くための帳面《ちょうめん》のこと。例 先生《せんせい》のおっしゃることを、ノートに記帳《きちょう》する。

一筆《いっぴつ》
◎一気《いっき》に続《つづ》けて書《か》くこと。また、書道《しょどう》で途中《とちゅう》で墨《すみ》を継《つ》ぎ足《た》さないで一気《いっき》に書《か》くこと。例 画数《かくすう》の多《おお》い漢字《かんじ》を、すらすらと一筆《いっぴつ》で書《か》き上《あ》げる。◎短《みじか》い文章《ぶんしょう》や手紙《てがみ》のこと。例 時候《じこう》のごあいさつを一筆《いっぴつ》したためさせていただきます。

一筆《ひとふで》
◎途中《とちゅう》で墨《すみ》をつけたり、紙《かみ》から筆《ふで》を離《はな》したりしないで、字《じ》や絵《え》などを一続《ひとつづ》きに書《か》くこと。例 この図形《ずけい》は、どう考《かんが》えても一筆《ひとふで》で書《か》くことはできない。◎文章《ぶんしょう》や手紙《てがみ》を短《みじか》くちょっと書《か》くこと。例 伯母《おば》さんに手紙《てがみ》を出《だ》すのなら、わたしにも一筆《ひとふで》書《か》き添《そ》えさせてね。

単記《たんき》
選挙《せんきょ》の投票《とうひょう》などで、一枚《いちまい》の用《よう》紙《し》に候補者名《こうほしゃめい》を一人《ひとり》だけ書《か》くこと。例 日本《にほん》の選挙《せんきょ》は単記《たんき》投票《とうひょう》が原則《げんそく》だ。対 連記《れんき》。

連記《れんき》
二《ふた》つ以上《いじょう》のものを並《なら》べて書《か》くこと。とくに、選挙《せんきょ》の投票《とうひょう》などで、一枚《いちまい》の用紙《ようし》に複数《ふくすう》の候補者名《こうほしゃめい》を書《か》くこと。例 あの文学賞《ぶんがくしょう》は、審査員《しんさいん》による連記《れんき》の投票《とうひょう》で優秀賞《ゆうしゅうしょう》が決《き》まる。対 単記《たんき》。

併記《へいき》
二《ふた》つ以上《いじょう》の事柄《ことがら》を並《なら》べて書《か》くこと。例 この本《ほん》では西暦《せいれき》のあとに、日本《にほん》の年号《ねんごう》を併記《へいき》しています。

列記《れっき》
いくつかのことを一《ひと》つひとつ並《なら》べて書《か》くこと。例 失敗《しっぱい》の原《げん》因《いん》を列記《れっき》して、順《じゅん》を追《お》って検討《けんとう》しよう。

誤記《ごき》
書《か》き間違《まちが》えること。字《じ》や、外国語《がいこくご》のつづりなどを 例 正式《せいしき》な書類《しょるい》なので誤記《ごき》は許《ゆる》されない。

執筆《しっぴつ》 文章《ぶんしょう》を書《か》くこと。とくに、出版《しゅっぱん》したり公《おおやけ》に発表《はっぴょう》したりする文章《ぶんしょう》を書《か》くこと。例 文芸部員《ぶんげいぶいん》が、文集《ぶんしゅう》に載《の》せる小説《しょうせつ》を執筆《しっぴつ》している。

著述《ちょじゅつ》 書物《しょもつ》を書《か》き著《あらわ》すこと。また、その書物《しょもつ》。例 叔父《おじ》は著述業《ちょじゅつぎょう》のかたわら、山奥《やまおく》で民宿《みんしゅく》を営《いとな》んでいる。

著作《ちょさく》 「著述《ちょじゅつ》」と同《おな》じ。文章《ぶんしょう》だけでなく、広《ひろ》く演劇《えんげき》・美術《びじゅつ》・音楽《おんがく》などの作品《さくひん》についても使《つか》われることがある。例 作家《さっか》を目指《めざ》して、日夜《にちや》著作《ちょさく》に励《はげ》む。例 著作権《ちょさくけん》を保護《ほご》するための法律《ほうりつ》が整備《せいび》される。似 述作《じゅっさく》。

文筆《ぶんぴつ》 小説《しょうせつ》・評論《ひょうろん》・随筆《ずいひつ》・詩歌《しいか》などを書《か》くこと。例 兄《あに》は幼少《ようしょう》のころから文筆《ぶんぴつ》の才《さい》があった。

起草《きそう》 文章《ぶんしょう》の原稿《げんこう》を書《か》き始《はじ》めること。とくに、条約《じょうやく》や法律《ほうりつ》など、公式《こうしき》な文書《ぶんしょ》の原案《げんあん》となる文《ぶん》を作《つく》ること。例 アメリカの「独立宣言《どくりつせんげん》」は、トーマスージェファーソンが起草《きそう》した。

起筆《きひつ》 文章《ぶんしょう》を書《か》き始《はじ》めること。例 恩師《おんし》への追悼《ついとう》の気持《きも》ちから、こ

の書物《しょもつ》を起筆《きひつ》した。

寄稿《きこう》 依頼《いらい》されて、新聞《しんぶん》や雑誌《ざっし》などに原稿《げんこう》を書《か》いて送《おく》ること。例 同窓会誌《どうそうかいし》に、「恩師《おんし》の思《おも》い出《で》」というタイトルの文章《ぶんしょう》を寄稿《きこう》する。

投稿《とうこう》 自分《じぶん》から、新聞《しんぶん》や雑誌《ざっし》などに原稿《げんこう》を書《か》いて送《おく》ること。例 投稿《とうこう》した作品《さくひん》が、漫画賞《まんがしょう》をとった。

脱稿《だっこう》 原稿《げんこう》を書《か》き終《お》えること。例 一年《いちねん》かけて執筆《しっぴつ》してきた論文《ろんぶん》を、昨日《きのう》脱稿《だっこう》した。対 起稿《きこう》。

断筆《だんぴつ》 作家《さっか》などが、文筆活動《ぶんぴつかつどう》をいっさいやめること。例 人気作家《にんきさっか》の断筆宣言《だんぴつせんげん》を惜《お》しむ声《こえ》が多《おお》い。

絶筆《ぜっぴつ》 ◎その人《ひと》が生《い》きているうちに最後《さいご》に書《か》いた文章《ぶんしょう》・絵《え》・音楽《おんがく》など。例『明暗《めいあん》』という作品《さくひん》が、夏目漱石《なつめそうせき》の絶筆《ぜっぴつ》となった。◎「断筆《だんぴつ》」と同《おな》じ。例 視力《しりょく》が弱《よわ》ってきたことを理由《りゆう》に、その作家《さっか》は七十才《ななじっさい》で絶筆《ぜっぴつ》した。

清書《せいしょ》 下書《したが》きしてあるものを、ていねいに書《か》き直《なお》すこと。例 作文《さくぶん》を、原稿用紙《げんこうようし》に清書《せいしょ》してから提出《ていしゅつ》する。対 下書《したが》き。

浄書《じょうしょ》 「清書《せいしょ》」の改《あらた》まった言《い》い方《かた》。例 小説《しょうせつ》の原稿《げんこう》を何度《なんど》も浄書《じょうしょ》する。

揮毫《きごう》 毛筆《もうひつ》を使《つか》って文字《もじ》や絵《え》を書《か》くこと。とくに、有名人《ゆうめいじん》が頼《たの》まれて書《しょ》を書《か》くこと。「揮《き》」はふるう、「毫《ごう》」は筆《ふで》という意味《いみ》。例 学校《がっこう》の正面玄関《しょうめんげんかん》に飾《かざ》られている書《しょ》は、初代校長《しょだいこうちょう》の揮毫《きごう》だそうだ。例 首相《しゅしょう》が色紙《しきし》に揮毫《きごう》する。

乱筆《らんぴつ》 ◎文字《もじ》を乱暴《らんぼう》に書《か》くこと。例 あまりの乱筆《らんぴつ》で、読《よ》むのに苦労《くろう》した。◎自分《じぶん》の書《か》いた字《じ》を、へりくだっていうことば。例 乱筆乱文《らんぴつらんぶん》にて失礼《しつれい》いたします。

殴《なぐ》り書《が》き 文字《もじ》や絵《え》を、無造作《むぞうさ》に、または乱暴《らんぼう》に書《か》くこと。また、その文字《もじ》や絵《え》。例 思《おも》いついたアイデアをノートに殴《なぐ》り書《が》きした。

走《はし》り書《が》き 急《いそ》いで、立《た》て続《つづ》けに書《か》くこと。また、そのように書《か》いたもの。例 先生《せんせい》があまりにも早口《はやくち》なので、ノートはどうしても走《はし》り書《が》きになってしまう。

落書《らくが》き 壁《かべ》や塀《へい》・教科書《きょうかしょ》など、本来《ほんらい》書《か》いてはいけない所《ところ》にいた

ずら書《が》きを書《か》くこと。また、その書《か》いたもの。例 世界遺産《せかいいさん》の建物《たてもの》の壁《かべ》に落書《らくが》きするとは、嘆《なげ》かわしい。

達筆《たっぴつ》 文字《もじ》の書《か》き方《かた》に勢《いきお》いがあって、とてもうまいこと。また、そのような文字《もじ》。例 パーティーの看板《かんばん》は、**達筆**《たっぴつ》な祖父《そふ》に書《か》いてもらった。

能筆《のうひつ》 文字《もじ》を書《か》くのがうまいこと。また、そのような人《ひと》。例 あの生徒《せいと》は、書道《しょどう》の県大会《けんたいかい》で優勝《ゆうしょう》するほどの**能筆**《のうひつ》だ。似 **能書**《のうしょ》。

健筆《けんぴつ》 文字《もじ》を上手《じょうず》に書《か》くこと。また、うまい文章《ぶんしょう》をどんどん書《か》くこと。例 新聞社《しんぶんしゃ》を退職後《たいしょくご》、雑誌《ざっし》の世界《せかい》で**健筆**《けんぴつ》をふるう。

悪筆《あくひつ》 文字《もじ》を書《か》くことが下手《へた》なこと。また、下手《へた》な文字《もじ》。例 **悪筆**《あくひつ》なので、人前《ひとまえ》で字《じ》を書《か》くのはどうにも苦《にが》手《て》だ。

金釘流《かなくぎりゅう》 「悪筆《あくひつ》」のこと。くぎをつなぎ合《あ》わせたような下手《へた》な文字《もじ》ということ。ばかにしていう場合《ばあい》や、とくに、自分《じぶん》の書《か》いた文字《もじ》をへりくだっていうときに使《つか》われる。例 こんな**金釘流**《かなくぎりゅう》の年賀状《ねんがじょう》で、お恥《は》ずかしいかぎりです。

みみずのたくったよう 下手《へた》な筆跡《ひっせき》のたとえ。ミミズが体《からだ》をくねらせてはい回《まわ》ったような筆跡《ひっせき》の文字《もじ》ということから。例 もらった葉書《はがき》は、**みみずのたくったよう**な字《じ》で全然読《ぜんぜんよ》めなかった。

書《か》き物《もの》 ◎書《か》いたもの。文書《ぶんしょ》。例 参加者《さんかしゃ》に**書《か》き物《もの》**を配《くば》る。◎文章《ぶんしょう》を書《か》くこと。例 日曜日《にちようび》の午後《ごご》はいつも、書斎《しょさい》にこもって静《しず》かに**書《か》き物《もの》**をする。

筆《ふで》まめ 面倒《めんどう》がらずに、文章《ぶんしょう》や手紙《てがみ》を書《か》くこと。また、そのような人《ひと》。例 **筆《ふで》まめ**な彼女《かのじょ》は、一月《ひとつき》に一《いっ》通《つう》は手紙《てがみ》をくれる。対 **筆不精**《ふでぶしょう》。

筆不精《ふでぶしょう》 手紙《てがみ》や文章《ぶんしょう》を書《か》くのをおっくうがること。また、そのような人《ひと》。例 **筆無精**《ふでぶしょう》のわたしにとっては、手紙《てがみ》はもちろん、メールを出《だ》すことさえ面倒《めんどう》だ。対 **筆《ふで》まめ**。◆「筆無精《ふでぶしょう》」とも書《か》く。

やり取《と》り

会《あ》う

meet
［ミート］

会《あ》う ◎場所《ばしょ》を決《き》めて人《ひと》と対面《たいめん》する。例 公園《こうえん》で友《とも》だちと十時《じゅうじ》に**会《あ》う**約束《やくそく》をする。対 **別《わか》れる**。◎思《おも》いがけなく人《ひと》と出《で》くわす。例 旅先《たびさき》の京都《きょうと》で、ばったり先生《せんせい》に**会《あ》った**。対 **別《わか》れる**。

出会《であ》う ◎偶然《ぐうぜん》に人《ひと》や動物《どうぶつ》と会《あ》う。例 この学校《がっこう》に入《はい》って、すばらしい友《とも》だちと**出会《であ》う**ことができた。◎ある物事《ものごと》を見《み》かける。また、体《たい》験《けん》する。例 北原白秋《きたはらはくしゅう》の詩《し》に**出会《であ》って**、自分《じぶん》でも詩《し》を書《か》くようになった。

出《で》くわす 思《おも》いがけない人《ひと》や物事《ものごと》に偶然《ぐうぜん》出《で》会《あ》う。例 山《やま》道《みち》を歩《ある》いていて君《きみ》と**出《で》くわす**なんて、思《おも》ってもみなかったよ。◆「出《で》っくわす」ともいう。

ぶつかる ◎「出《で》くわす」と同《おな》じ。例 国道《こくどう》で通行止《つうこうど》めにぶつかって遠回《とおまわ》りした。◎行事《ぎょうじ》や日程《にってい》が、かち合《あ》う。例 クラス会《かい》と演奏会《えんそうかい》がぶつかる。◎人《ひと》や物同士《ものどうし》が衝突《しょうとつ》する。例 月《つき》にいん石《せき》がぶつかってクレーターができた。◎「戦《たたか》う」➡345 ◎「頑張《がんば》る」➡480

行《ゆ》き合《あ》う 別々《べつべつ》の場所《ばしょ》に行《い》こうとしていた人同士《ひとどうし》が、途中《とちゅう》でばったり出会《であ》う。例 弟《おとうと》を迎《むか》えに行《い》く途中《とちゅう》で、同級生《どうきゅうせい》の山田《やまだ》さんと行《ゆ》き合《あ》った。◆「いきあう」ともいう。

接《せっ》する ◎人《ひと》の相手《あいて》になって応対《おうたい》したり、付《つ》き合《あ》ったりする。例 彼《かれ》は、お客《きゃく》さんと接《せっ》する仕事《しごと》に向《む》いている。◎ある物事《ものごと》に出会《であ》う。例 この美術館《びじゅつかん》のおかげで、本物《ほんもの》の芸術《げいじゅつ》に接《せっ》することができた。

触《ふ》れる ◎人《ひと》や物事《ものごと》に出会《であ》い、かかわりを持《も》つ。例 先生《せんせい》の温《あたた》かい人柄《ひとがら》に触《ふ》れて、福祉《ふくし》の道《みち》を目指《めざ》す。◎「触《さわ》る」➡153 ◎「逆《さか》らう」➡457

まみえる ◎顔《かお》を合《あ》わせる。例 追《お》ってきた敵《てき》の一群《いちぐん》と、山中《さんちゅう》で相《あい》まみえた。◎「会《あ》う」のへりくだった言《い》い方《かた》。例 お城《しろ》に参上《さんじょう》して、主君《しゅくん》にまみえる機会《きかい》を得《え》た。

来合《きあ》わせる たまたまその場所《ばしょ》に来《き》て、人《ひと》や物事《ものごと》に出会《であ》う。例 来合《きあ》わせた地元《じもと》の人《ひと》に、バス停《てい》の場所《ばしょ》を尋《たず》ねた。

落《お》ち合《あ》う 前《まえ》もって約束《やくそく》しておいて、ある場所《ばしょ》でいっしょになる。例 親友《しんゆう》と駅《えき》で落《お》ち合《あ》ってから、クラス会《かい》に行《い》った。

待《ま》ち合《あ》わせる 前《まえ》もって時間《じかん》と場所《ばしょ》を決《き》めておき、そこで互《たが》いに相手《あいて》が来《く》るのを待《ま》つ。例 駅前《えきまえ》の喫茶店《きっさてん》で、五時《ごじ》に待《ま》ち合《あ》わせる。

巡《めぐ》り会《あ》う 長《なが》い間《あいだ》探《さが》していたり、求《もと》めていたりしていた人《ひと》や物事《ものごと》に、偶然出会《ぐうぜんであ》う。例 その海岸《かいがん》で、わたしは運命《うんめい》の人《ひと》と巡《めぐ》り会《あ》った。

対面《たいめん》 相手《あいて》と直接顔《ちょくせつかお》を合《あ》わせること。例 二十年《にじゅうねん》ぶりに親子《おやこ》の対面《たいめん》を果《は》たすことができた。

面会《めんかい》 ある場所《ばしょ》に訪《たず》ねて行《い》って人《ひと》に会《あ》うこと。また、訪《たず》ねて来《き》た人《ひと》と会《あ》うこと。例 手術《しゅじゅつ》を終《お》えたばかりなので、まだ面会《めんかい》は禁止《きんし》されている。

会見《かいけん》 ◎公式《こうしき》に、改《あらた》まって人《ひと》と会《あ》うこと。例 勝海舟《かつかいしゅう》は、西郷隆盛《さいごうたかもり》と会見《かいけん》して、江戸《えど》を戦火《せんか》から救《すく》った。◎「記者会見《きしゃかいけん》」の略《りゃく》。決《き》まった場所《ばしょ》に新聞記者《しんぶんきしゃ》などを集《あつ》めて、発表《はっぴょう》や説明《せつめい》をすること。例 人気《にんき》バンドのリーダーが、会見《かいけん》で解散《かいさん》を発表《はっぴょう》した。

顔合《かおあ》わせ ◎人《ひと》と人《ひと》とが会《あ》うこと。とくに、仲間《なかま》などが初《はじ》めて集《あつ》まって会《あ》うこと。例 全国《ぜんこく》から集《あつ》まった研究《けんきゅう》チームのメンバーが顔合《かおあ》わせをした。◎映画《えいが》や舞台《ぶたい》などで共演《きょうえん》することや、スポーツなどで対戦《たいせん》すること。例 今回《こんかい》のドラマの出演者《しゅつえんしゃ》は、異色《いしょく》の顔合《かおあ》わせとなった。

出会《であ》い 人《ひと》や物事《ものごと》に、偶然会《ぐうぜんあ》うこと。例 人生《じんせい》には数《かぞ》え切《き》れない出会《であ》いと別《わか》れがある。例 天文学《てんもんがく》との出会《であ》いが、わたしの一生《いっしょう》を決定《けってい》づけた。

◆＝もっと知《し》りたい、ことばの知識《ちしき》。

巡《めぐ》り会《あ》い　長《なが》い間《あいだ》探《さが》していたり、求《もと》めていたりしていた人《ひと》や物事《ものごと》に、偶然出会《ぐうぜんであ》うこと。例 人《ひと》と人《ひと》との巡《めぐ》り会《あ》いには、何《なに》か運命《うんめい》のようなものを感《かん》じる。

邂逅《かいこう》　思《おも》いがけない巡《めぐ》り会《あ》い。例 旅《たび》先《さき》での恩師《おんし》との邂逅《かいこう》を心《こころ》から喜《よろこ》んだ。

奇遇《きぐう》　思《おも》いがけず出会《であ》うこと。知人《ちじん》と思《おも》いがけない場所《ばしょ》で出会《であ》ったときなどに、驚《おどろ》きを込《こ》めていうことば。例 こんな場所《ばしょ》で君《きみ》と会《あ》うなんて奇遇《きぐう》だね。

鉢合《はちあ》わせ　思《おも》いがけないところで出会《であ》うこと。「鉢《はち》」は、人《ひと》の頭《あたま》のこと。頭《あたま》と頭《あたま》をぶつけることという意味《いみ》から。例 幼《おさな》なじみと、入試《にゅうし》の会場《かいじょう》で鉢合《はちあ》わせをした。

遭遇《そうぐう》　思《おも》いがけなく出会《であ》うこと。とくに、困難《こんなん》や事故《じこ》などのあまりよくないことや、珍《めずら》しい出来事《できごと》などに出会《であ》うときに多《おお》く使《つか》われる。例 滞在《たいざい》していたホテルで、爆発事故《ばくはつじこ》に遭遇《そうぐう》した。

際会《さいかい》　事件《じけん》やある機会《きかい》・時機《じき》などに、たまたま出《で》くわすこと。例 たとえ困難《こんなん》に際会《さいかい》しても、今《いま》の君《きみ》ならそれを乗《の》り越《こ》えられるだろう。

接触《せっしょく》　◎人《ひと》と会《あ》うこと。交渉《こうしょう》を持《も》つこと。例 犯人《はんにん》との接触《せっしょく》を試《こころ》みる。◎「触《さわ》る」⬇153

再会《さいかい》　長《なが》い間《あいだ》会《あ》っていなかった人《ひと》と、もう一度《いちど》会《あ》うこと。例 十年《じゅうねん》ぶりに、親友《しんゆう》と思《おも》い出《で》の場所《ばしょ》で再会《さいかい》した。

出合《であ》い頭《がしら》　両方《りょうほう》が出会《であ》う瞬間《しゅんかん》。例 二台《にだい》の自動車《じどうしゃ》が、出合《であ》い頭《がしら》に衝突事故《しょうとつじこ》を起《お》こした。◆「出会《であ》い頭《がしら》」とも書《か》く。

ばったり　◎思《おも》いがけなく人《ひと》と出《で》会《あ》うようす。例 デパートで買《か》い物《もの》をしていたら、同級生《どうきゅうせい》とばったり会《あ》った。◎「倒《たお》れる」⬇150

初対面《しょたいめん》　人《ひと》と人《ひと》が、初《はじ》めて会《あ》うこと。例 わたしたちは、初対面《しょたいめん》にもかかわらず意気投合《いきとうごう》した。

一見《いちげん》　初《はじ》めて会《あ》うこと。とくに、飲《いん》食店《しょくてん》などの客《きゃく》がなじみでなく、初《はじ》めてであること。また、その人《ひと》。例 高級料亭《こうきゅうりょうてい》では、一見《いちげん》の客《きゃく》は断《ことわ》られることが多《おお》い。

「会《あ》う」に関連《かんれん》することば

会《あ》うは別《わか》れの始《はじ》め　人《ひと》と人《ひと》とが出会《であ》えば、必《かなら》ずいつか別《わか》れるときがくるということ。人生《じんせい》の無常《むじょう》をいったことば。

人目《ひとめ》を忍《しの》ぶ　他人《たにん》に見《み》られないように気《き》を配《くば》る。また、人《ひと》に知《し》られないようにする。「人目《ひとめ》を忍《しの》んで会《あ》う」などと使《つか》う。

一期一会《いちごいちえ》　人《ひと》と人《ひと》との出会《であ》いは、一生《いっしょう》に一度《いちど》であるということ。出会《であ》いの大切《たいせつ》さを表《あらわ》すことば。人以外《ひといがい》の、物《もの》事《ごと》との出会《であ》いについていうこともある。

●「お目《め》にかかる」のいろいろな言《い》い方《かた》
謁《えっ》する・お目通《めどお》りする・お目見《めみ》えする・お目文字《めもじ》する・謦咳《けいがい》に接《せっ》する・ご尊顔《そんがん》を拝《はい》する・見参《けんざん》・拝顔《はいがん》・拝眉《はいび》

デート　男女《だんじょ》が、日時《にちじ》や場所《ばしょ》を決《き》めて会《あ》うこと。例 彼女《かのじょ》と、水族館《すいぞくかん》でデートをした。◆英語《えいご》のもとの意味《いみ》は、「日付《ひづけ》」。

逢《あ》い引《び》き　愛《あい》し合《あ》っている男女《だんじょ》が、人《ひと》に知《し》られないように会《あ》うこと。例 二人《ふたり》は、親《おや》の反対《はんたい》をよそに逢《あ》い引《び》きを続《つづ》けた。

密会《みっかい》　ひそかに会《あ》うこと。とくに、愛《あい》し合《あ》っている男女《だんじょ》が、人《ひと》に知《し》られないように会《あ》うこと。例 密会《みっかい》の現場《げんば》を、記者《きしゃ》に目撃《もくげき》されたタレント。似 しのび逢《あ》い。

逢瀬《おうせ》　愛《あい》し合《あ》っている男女《だんじょ》が、人《ひと》に知《し》られないように会《あ》うこと。例 逢瀬《おうせ》を重《かさ》ねながら親《おや》を説得《せっとく》し、とうとう結婚《けっこん》にこぎつけた。

お目《め》にかかる　「会《あ》う」のへりくだった言《い》い方《かた》。お会《あ》いする。例 一度《いちど》お目《め》にかかって、お話《はなし》をしたいと思《おも》っております。

謁見《えっけん》　国王《こくおう》や君主《くんしゅ》など、身分《みぶん》の高《たか》い人《ひと》に会《あ》うこと。例 家来《けらい》たちが国王《こくおう》に謁見《えっけん》して、戦《たたか》いの経過《けいか》を報告《ほうこく》する。

拝謁《はいえつ》　国王《こくおう》や君主《くんしゅ》など、身分《みぶん》の高《たか》い人《ひと》に、正式《せいしき》な手続《てつづ》きを踏《ふ》んで公的《こうてき》に会《あ》うこと。例 医学界《いがくかい》での功績《こうせき》が認《みと》められ、天皇《てんのう》への拝謁《はいえつ》が許《ゆる》された。

接見《せっけん》　◎身分《みぶん》の高《たか》い人《ひと》が、公式《こうしき》の場《ば》で人《ひと》に会《あ》うこと。例 本日《ほんじつ》、大臣《だいじん》は外国《がいこく》の記者団《きしゃだん》と接見《せっけん》する予定《よてい》です。◎弁護士《べんごし》などが、容疑者《ようぎしゃ》や被告人《ひこくにん》と会《あ》うこと。例 弁護士《べんごし》が容疑者《ようぎしゃ》と接見《せっけん》する。

引見《いんけん》　身分《みぶん》の高《たか》い人《ひと》が、目下《めした》の者《もの》を呼《よ》び寄《よ》せて会《あ》うこと。例 天皇《てんのう》が、皇居《こうきょ》で各国《かっこく》の大使《たいし》を引見《いんけん》する。

別《わか》れる

part
［パート］

このページも見《み》てみよう　▼死《し》ぬ　→120

別《わか》れる　◎今《いま》までいっしょにいた人《ひと》と離《はな》れて、別々《べつべつ》になる。例 校門《こうもん》で友《とも》だちと別《わか》れて、一人《ひとり》で家《いえ》に帰《かえ》った。対 会《あ》う。◎それまでの関係《かんけい》を断《た》ち切《き》る。とくに、夫婦《ふうふ》であった男女《だんじょ》が、結婚《けっこん》を解消《かいしょう》する。例 最近《さいきん》は、中高年《ちゅうこうねん》の夫婦《ふうふ》が別《わか》れるケースが増《ふ》えているそうだ。

手《て》を切《き》る　今《いま》まで続《つづ》いていた人《ひと》との付《つ》き合《あ》いや、ある物《もの》事《ごと》にかかわることをやめる。多《おお》く、あまりよくない関係《かんけい》を断《た》つ場合《ばあい》に使《つか》われる。例 いたずら仲間《なかま》とは、もう手《て》を切《き》った。例 あんな誠意《せいい》のないやつとは、早《はや》く手《て》を切《き》ったほうがいい。

縁《えん》を切《き》る　◎親子《おやこ》・夫婦《ふうふ》・師弟《してい》・友《とも》だちなどとの付《つ》き合《あ》いを断《た》つ。例 定職《ていしょく》に就《つ》かない息子《むすこ》に、父親《ちちおや》は「親子《おやこ》の縁《えん》を切《き》るぞ」と脅《おど》かした。◎ある物事《ものごと》にかかわることをやめる。例 父《ちち》はタバコと縁《えん》を切《き》った。

袂《たもと》を分《わ》かつ　今《いま》までいっしょに行動《こうどう》してきた人《ひと》や仲間《なかま》たちと、関係《かんけい》を断《た》つ。多《おお》く、考《かんが》え方《かた》の違《ちが》いなどが原因《げんいん》で別《わか》れるときに使《つか》われる。

「袂《たもと》」は、和服《わふく》のそでの下《した》にある袋《ふくろ》のようになった部分《ぶぶん》。例 古巣《ふるす》のバンドとは音楽性《おんがくせい》の違《ちが》いから**袂《たもと》を分《わ》かち**、ソロデビューした。似 袖《そで》を分《わ》かつ。

生《い》き別《わか》れる
生《い》きたまま別《わか》れ別《わか》れになり、会《あ》うことができなくなる。多《おお》く、親子《おやこ》や兄弟《きょうだい》など、血《ち》のつながりが濃《こ》い人《ひと》と別《わか》れるときに使《つか》われる。例 異国《いこく》で**生《い》き別《わか》れた**両親《りょうしん》と、三十年《さんじゅうねん》ぶりに再会《さいかい》することができた。対 死《し》に別《わか》れる。

死《し》に別《わか》れる
その人《ひと》が死《し》んだことによって、永遠《えいえん》に別《わか》れる。例 妻《つま》に**死《し》に別《わか》れた**映画監督《えいがかんとく》は、悲《かな》しみを乗《の》り越《こ》えて新作《しんさく》に挑《いど》んだ。対 生《い》き別《わか》れる。

裂《さ》く
◎親《した》しくて仲《なか》のよい人《ひと》の間《あいだ》を、無理《むり》に引《ひ》き離《はな》す。例 愛《あい》し合《あ》う二人《ふたり》の仲《なか》を**裂《さ》く**。◎「切《き》る」➡160

引《ひ》き裂《さ》く
◎「裂《さ》く」と同《おな》じ。例 二人《ふたり》の仲《なか》を**引《ひ》き裂《さ》く**ようなまねは、やめてほしい。◎「切《き》る」➡160

生木《なまき》を裂《さ》く
愛《あい》し合《あ》っている男女《だんじょ》や親密《しんみつ》な人々《ひとびと》を、無《む》理《り》に引《ひ》き離《はな》して別《わか》れさせる。例 仲《なか》のよい姉妹《しまい》が、**生木《なまき》を裂《さ》かれる**ように引《ひ》き離《はな》された。

別《わか》れ
◎今《いま》までいっしょにいた人《ひと》と離《はな》れて別々《べつべつ》になり、会《あ》えなくなること。例 覚悟《かくご》はしていたが、彼女《かのじょ》との**別《わか》れ**は、やはりつらいものだった。◎それまで関係《かんけい》のあった物事《ものごと》とのつながりを断《た》つこと。例 学生生活《がくせいせいかつ》に**別《わか》れ**を告《つ》げて、明日《あした》から社会人《しゃかいじん》となる。◎別《わか》れるときのあいさつ。例 走《はし》り始《はじ》めた列《れっ》車《しゃ》の窓《まど》から、友《とも》だちに**別《わか》れ**を言《い》う。

別離《べつり》
別《わか》れること。多《おお》く、深刻《しんこく》な事《じ》情《じょう》がある場合《ばあい》や、長《なが》い期間《きかん》別《わか》れるときに使《つか》われる。例 恋人《こいびと》との**別離《べつり》**の涙《なみだ》を流《なが》した後《あと》、再出発《さいしゅっぱつ》を心《こころ》に誓《ちか》う。

離別《りべつ》
「別離《べつり》」と同《おな》じ。多《おお》く、夫婦《ふうふ》の関係《かんけい》を断《た》つことにいう。例 妻《つま》と**離別《りべつ》**した後《あと》、男《おとこ》はしばらく気《き》が抜《ぬ》けたようになってしまった。

離散《りさん》
家族《かぞく》や民族《みんぞく》など、一《ひと》つにまとまっていた人《ひと》たちが、離《はな》れ離《ばな》れになること。例 働《はたら》き手《て》を失《うしな》って、一《いっ》家《か》が**離散《りさん》**する。

決別《けつべつ》
他人《たにん》やある物事《ものごと》と二度《にど》と関係《かんけい》を持《も》つことはないと覚悟《かくご》して、きっぱりと別《わか》れること。例 だらしない生活《せいかつ》と**決別《けつべつ》**して、ちゃんとした人間《にんげん》になろうと思《おも》う。

一別《いちべつ》
ある人《ひと》と、いったん別《わか》れること。かなり前《まえ》に別《わか》れたことを表《あらわ》す、「一別以来《いちべついらい》」の形《かたち》で使《つか》われることが多《おお》い。例 彼《かれ》とは**一別《いちべつ》**以来《いらい》、連絡《れんらく》を取《と》り合《あ》っていなかったので、再会《さいかい》して感《かん》激《げき》した。

告別《こくべつ》
遠《とお》い場所《ばしょ》に行《い》く人《ひと》に、別《わか》れを告《つ》げること。とくに、死《し》んだ人《ひと》に別《わか》れを告《つ》げること。例 外国《がいこく》へ行《ゆ》く友《とも》だちに、クラスを代表《だいひょう》して**告別《こくべつ》**の辞《じ》を述《の》べる。例 亡《な》くなられた先生《せんせい》の**告別《こくべつ》**式《しき》には、多《おお》くの教《おし》え子《ご》が集《あつ》まった。

惜別《せきべつ》
別《わか》れたくないと思《おも》いながら、別《わか》れなくてはならないこと。別《わか》れを惜《お》しむこと。例 愛《あい》する家族《かぞく》を残《のこ》して出発《しゅっぱつ》する彼《かれ》は、さすがに**惜別《せきべつ》**の情《じょう》を禁《きん》じえなかった。

生《い》き別《わか》れ
親子《おやこ》・兄弟《きょうだい》・夫婦《ふうふ》などが、お互《たが》い生《い》きているのに別《わか》れ別《わか》れになって会《あ》えないこと。例 二十年前《にじゅうねんまえ》に生《い》き別《わか》れになった弟《おとうと》と会《あ》えて、こんなうれしいことはない。対 死《し》に別《わか》れ。

生別《せいべつ》 「生《い》き別《わか》れ」と同《おな》じ。例 生別《せいべつ》した親《おや》と、もう一度《いちど》いっしょに暮《く》らせるようになるとは考《かんが》えてもみなかった。対 死別《しべつ》。

泣《な》き別《わか》れ ◎泣《な》くような悲《かな》しい思《おも》いをして、それまで関係《かんけい》のあった人《ひと》が別《わか》れること。例 親子《おやこ》の泣《な》き別《わか》れを目《ま》の当《あ》たりにするのはつらいものだ。◎ある場所《ばしょ》にいっしょにいるべき人《ひと》や物《もの》が、別々《べつべつ》の場所《ばしょ》に切《き》り離《はな》されていること。例 記事《きじ》の最後《さいご》の一行《いちぎょう》だけが、次《つぎ》のページに泣《な》き別《わか》れになってしまった。

喧嘩別《けんかわか》れ 争《あらそ》ったままの状態《じょうたい》で別《わか》れること。例 喧嘩別《けんかわか》れしたばかりのあいつと街《まち》でばったり会《あ》って、気《き》まずい思《おも》いをした。

物別《ものわか》れ 交渉《こうしょう》や話《はな》し合《あ》いなどで、意《い》見《けん》がまとまらないまま別《わか》れること。例 領土問題《りょうどもんだい》についての両国《りょうこく》の交渉《こうしょう》は、結局《けっきょく》、物別《ものわか》れに終《お》わった。

縁切《えんき》り 親子《おやこ》・夫婦《ふうふ》・師弟《してい》などの関《かん》係《けい》を断《た》ち切《き》ること。例 金《かね》づかいの荒《あら》い娘《むすめ》と縁切《えんき》りをして、仕送《しおく》りをやめることにした。

手切《てぎ》れ それまでの関係《かんけい》を断《た》つこと。とくに、男女間《だんじょかん》の関係《かんけい》を断《た》つこと。また、そのときに渡《わた》すお金《かね》(慰謝料《いしゃりょう》・手切《てぎ》れ金《きん》などという)。例 親分《おやぶん》とは手切《てぎ》れなんてできない。例 別《わか》れた彼女《かのじょ》に手切《てぎ》れを渡《わた》す。

絶交《ぜっこう》 付《つ》き合《あ》いをやめること。とくに、友《とも》だちとの交際《こうさい》を断《た》つこと。例 親友《しんゆう》なのに裏切《うらぎ》るなんて、もうあいつとは絶交《ぜっこう》だ。

絶縁《ぜつえん》 ◎それまでの関係《かんけい》を断《た》ち、他《た》人《にん》になること。例 あんな子《こ》とは、もう絶縁《ぜつえん》しています。◎電気《でんき》の伝《つた》わらない素材《そざい》を使《つか》って、電流《でんりゅう》が流《なが》れないようにすること。例 ビニールテープで絶縁《ぜつえん》する。

勘当《かんどう》 親《おや》が子《こ》に対《たい》する戒《いまし》めや罰《ばつ》として、親子《おやこ》の縁《えん》を断《た》って家《いえ》を追《お》い出《だ》すこと。師弟《してい》や、君主《くんしゅ》と家来《けらい》の場《ば》合《あい》にもいうことがある。例 師匠《ししょう》の流儀《りゅうぎ》を曲《ま》げて斬新《ざんしん》な陶器《とうき》を作《つく》った職人《しょくにん》が、勘当《かんどう》された。

離婚《りこん》 夫婦《ふうふ》であった男女《だんじょ》が、それまでの結婚《けっこん》を解消《かいしょう》して、戸籍《こせき》の上《うえ》で他人《たにん》になること。例 あんなに仲《なか》のよかった二人《ふたり》が離婚《りこん》するなんて、よほどの事情《じじょう》があったのだろう。

離縁《りえん》 夫婦《ふうふ》、また養子《ようし》との縁《えん》を切《き》って、戸籍《こせき》の上《うえ》で他人《たにん》になること。例 長年連《ながねんつ》れ添《そ》った奥様《おくさま》を、事情《じじょう》があって離縁《りえん》なさったそうだ。

死《し》に別《わか》れ 家族《かぞく》や友《とも》だちなど親《した》しい人《ひと》が死《し》んで、永久《えいきゅう》に会《あ》えなくなること。例 生《い》き別《わか》れならいつか会《あ》えるかもしれないが、死《し》に別《わか》れではもう会《あ》うことはできない。対 生《い》き別《わか》れ。

死別《しべつ》 「死《し》に別《わか》れ」と同《おな》じ。例 愛妻《あいさい》と死別《しべつ》した作家《さっか》は、執筆《しっぴつ》する気力《きりょく》をなくしてしまった。対 生別《せいべつ》。

永《なが》の別《わか》れ 永遠《えいえん》に別《わか》れること。とくに、死《し》に別《わか》れること。例 飛行機《ひこうき》に乗《の》る彼《かれ》を見送《みおく》るのが永《なが》の別《わか》れになるとは、考《かんが》えもしなかった。

永別《えいべつ》 「永《なが》の別《わか》れ」と同《おな》じ。例 先日《せんじつ》、祖父《そふ》との永別《えいべつ》の朝《あさ》を迎《むか》えることになってしまった。

永訣《えいけつ》 「永《なが》の別《わか》れ」と同《おな》じ。多《おお》く、文章《ぶんしょう》の中《なか》で使《つか》われる。例 心《こころ》より、ご母堂様《ぼどうさま》との永訣《えいけつ》をお悔《く》やみ申《もう》し上《あ》げます。

今生《こんじょう》の別《わか》れ 生《い》きている間《あいだ》は、もう二度《にど》と会《あ》えない別《わか》れ。生《う》まれ変《か》わって、再《ふたた》び会《あ》うまでの別《わか》れ。「今生《こんじょう》」は仏教《ぶっきょう》のことばで、この世《よ》での一生《いっしょう》という意味《いみ》。例 今生《こんじょう》の別《わか》れに当《あ》たり、形見《かたみ》の品《しな》を家族《かぞく》たちに残《のこ》す。

別《わか》れ別《わか》れ 今《いま》までいっしょだった人《ひと》や、本来《ほんらい》いっしょにいるべき人《ひと》が、離《はな》れて別々《べつべつ》になること。例 両親《りょうしん》が離婚《りこん》したため、わたしたち姉妹《しまい》は、ずっと別《わか》れ別《わか》れに暮《く》らしていた。

離《はな》れ離《ばな》れ お互《たが》いに離《はな》れて別々《べつべつ》になること。例 クラス替《が》えで、仲《なか》のいい友《とも》だちと離《はな》れ離《ばな》れになってしまった。

散《ち》り散《ぢ》り 一《ひと》つの場所《ばしょ》に集《あつ》まっていたものが、あちこちに散《ち》らばるようす。例 遊《あそ》び疲《つか》れた子《こ》どもたちは、散《ち》り散《ぢ》りに家《いえ》に帰《かえ》って行《い》った。

ばらばら ◎一《ひと》つにまとまっていた人《ひと》や物《もの》が、別々《べつべつ》になるようす。例 家族《かぞく》が、父《ちち》の仕事《しごと》の関係《かんけい》でばらばらに生活《せいかつ》することになった。◎「雨《あめ》」↓588

助《たす》ける

help
[ヘルプ]

助《たす》ける ◎人《ひと》に力《ちから》を添《そ》えて、危《あぶ》ない状況《じょうきょう》から逃《のが》れさせる。例 川《かわ》に落《お》ちておぼれそうになった子《こ》どもを助《たす》けた。◎力《ちから》を貸《か》して、物事《ものごと》がうまくいくようにする。例 この薬草《やくそう》は、昔《むかし》から消化《しょうか》を助《たす》けると言《い》われている。

助《たす》かる ◎危《あぶ》ない状況《じょうきょう》から逃《のが》れる。被害《ひがい》を受《う》けずに済《す》む。例 パイロットのとっさの判断《はんだん》で、乗客全《じょうきゃくぜん》員《いん》が助《たす》かった。例 金《かね》は盗《ぬす》まれてしまったが、大切《たいせつ》にしている美術品《びじゅつひん》は助《たす》かった。◎負担《ふたん》や労力《ろうりょく》が省《はぶ》けて楽《らく》になる。例 今日《きょう》は手伝《てつだ》ってもらって助《たす》かったよ。

助《たす》け出《だ》す 危《あぶ》ない状況《じょうきょう》から人《ひと》を逃《のが》れさせ、そこから外《そと》に出《だ》す。例 火事《かじ》の現場《げんば》からけが人《にん》を助《たす》け出《だ》す。

救《すく》う ◎苦《くる》しんでいる人《ひと》からその苦痛《くつう》を取《と》り除《のぞ》く。例 飢《う》えに苦《くる》しむ人々《ひとびと》を救《すく》う活動《かつどう》に参加《さんか》する。◎罪《つみ》を犯《おか》した人《ひと》を正《ただ》しく導《みちび》く。例 犯罪《はんざい》に手《て》を染《そ》めた人《ひと》を信仰《しんこう》の力《ちから》で救《すく》う。

救《すく》い出《だ》す 「助《たす》け出《だ》す」と同《おな》じ。例 倒《たお》れたビルの中《なか》から負傷者《ふしょうしゃ》を救《すく》い出《だ》す。

手伝《てつだ》う 人《ひと》の仕事《しごと》などを助《たす》ける。例 友《とも》だちの引《ひ》っ越《こ》しを手伝《てつだ》う。

手《て》を貸《か》す 人《ひと》の仕事《しごと》などを手伝《てつだ》う。気軽《きがる》な仕事《しごと》や、悪《わる》だくみに加《くわ》わる場合《ばあい》に使《つか》われることが多《おお》い。例 冷蔵庫《れいぞうこ》の運搬《うんぱん》に手《て》を貸《か》す。例

似＝似《に》た表現《ひょうげん》のことば。対＝反対《はんたい》の意味《いみ》のことば。例＝使《つか》い方《かた》の例《れい》。

汚職事件《おしょくじけん》に**手《て》を貸《か》して**、共犯者《きょうはんしゃ》となる。

力《ちから》を貸《か》す

人《ひと》に信用《しんよう》されて、その仕事《しごと》を手伝《てつだ》う。例 友人《ゆうじん》の一人《ひとり》として、文芸部《ぶんげいぶ》の設立《せつりつ》に**力《ちから》を貸《か》した**。似 力《ちから》になる。

肩《かた》を貸《か》す

肩《かた》を差《さ》し出《だ》し、力《ちから》を添《そ》えて助《たす》けてやる。例 貧《ひん》血《けつ》でふらふらしていた妹《いもうと》に、**肩《かた》を貸《か》して**帰《かえ》った。

味方《みかた》する

対立《たいりつ》しているもののうち、自分《じぶん》がよいと思《おも》うほうに力《ちから》を貸《か》す。仲間《なかま》として力《ちから》を添《そ》える。例 賛成派《さんせいは》に**味方《みかた》して**発言《はつげん》する。例 高《たか》く上《あ》がった打球《だきゅう》は、風《かぜ》も**味方《みかた》して**ホームランになった。◆「身方《みかた》する」とも書《か》く。

一肌脱《ひとはだぬ》ぐ

本気《ほんき》になって、困《こま》っている人《ひと》を助《たす》ける。例 バイトが見《み》つからずに困《こま》っている兄《あに》に、友人《ゆうじん》が**一肌脱《ひとはだぬ》いで**くれた。似 片肌脱《かたはだぬ》ぐ。諸肌脱《もろはだぬ》ぐ。

肩《かた》を持《も》つ

特別《とくべつ》にひいきをして、味方《みかた》になる。例 友《とも》だちだからといって**肩《かた》を持《も》つ**わけではないが、そんなに悪《わる》い人《ひと》ではない。

助《たす》け合《あ》う

お互《たが》いに力《ちから》になったり、手伝《てつだ》ったりする。例 二人《ふたり》で**助《たす》け合《あ》って**一《ひと》つの作品《さくひん》を完成《かんせい》させる。

手《て》を借《か》りる

人《ひと》に手伝《てつだ》ってもらう。例 後輩《こうはい》たちの**手《て》を借《か》りて**図書室《としょしつ》の本《ほん》を整理《せいり》した。

世話《せわ》になる

人《ひと》に面倒《めんどう》を見《み》てもらう。「お世話《せわ》になる」という、ていねいな言《い》い方《かた》をすることが多《おお》い。例 留学中《りゅうがくちゅう》は、現地《げんち》の人《ひと》たちに大変《たいへん》お**世話《せわ》になった**。

助《たす》け

困《こま》っている人《ひと》を助《たす》けること。また、その人《ひと》。例 大声《おおごえ》で**助《たす》け**を呼《よ》ぶ。例 **助《たす》け**が必要《ひつよう》な方《かた》は、遠慮《えんりょ》せずにおっしゃってください。

手助《てだす》け

人《ひと》の仕事《しごと》を助《たす》けること。例 母《はは》の店《みせ》が忙《いそが》しいときには、自分《じぶん》から**手助《てだす》け**するようにしている。

手伝《てつだ》い

人《ひと》の仕事《しごと》を助《たす》けること。例 叔父《おじ》の会社《かいしゃ》の**手伝《てつだ》い**を頼《たの》まれる。

後押《あとお》し

表面《ひょうめん》に出《で》ないで、陰《かげ》で力《ちから》になること。例 有力者《ゆうりょくしゃ》の**後《あと》押《お》し**で、市議会議員《しぎかいぎいん》に立候補《りっこうほ》する。

尻押《しりお》し

「後押《あとお》し」と同《おな》じ。例 会社《かいしゃ》に採用《さいよう》してもらえるように、知人《ちじん》に**尻押《しりお》し**をお願《ねが》いした。

援助《えんじょ》

困《こま》っている人《ひと》や国《くに》に力《ちから》を貸《か》したり、物《もの》やお金《かね》を与《あた》えたりして助《たす》けること。例 災害《さいがい》にあった国《くに》に、復興資金《ふっこうしきん》を**援助《えんじょ》**する。

助成《じょせい》

ある事業《じぎょう》や研究《けんきゅう》がうまくいくように、お金《かね》を与《あた》えるなどして経済的《けいざいてき》に助《たす》ける。例 新《あたら》しい薬《くすり》の開発《かいはつ》のために、政府《せいふ》から**助成《じょせい》**金《きん》を受《う》ける。

応援《おうえん》

◎相手《あいて》の努力《どりょく》が実《みの》るように願《ねが》うこと。また、そのために助《たす》けること。例 緑化運動《りょっかうんどう》を**応援《おうえん》**するために、学校《がっこう》でバザーを開《ひら》く。◎「励《はげ》ます」↓487

助力《じょりょく》

困《こま》っている人《ひと》や国《くに》に、力《ちから》を貸《か》して助《たす》けること。例 開発資金《かいはつしきん》が不足《ふそく》し、隣国《りんごく》に**助力《じょりょく》**を求《もと》める。

助勢《じょせい》

力《ちから》を添《そ》えて助《たす》けること。また、その人《ひと》。例 弱《よわ》いほうのチーム

◆＝もっと知《し》りたい、ことばの知識《ちしき》。

に助勢《じょせい》する。

力《ちから》 人《ひと》のためにする骨折《ほねお》り。多《おお》くは「力《ちから》になる」「力《ちから》を尽《つ》くす」などの言《い》い方《かた》で使《つか》われる。例 もしわたしで役《やく》に立《た》てるなら、力《ちから》になりますよ。例 祖父《そふ》の友人《ゆうじん》は医学《いがく》の発展《はってん》に力《ちから》を尽《つ》くしたという。

力添《ちからぞ》え 人《ひと》を助《たす》けること。多《おお》く、「お力添《ちからぞ》え」の形《かたち》で、ほかの人《ひと》が自分《じぶん》のためにしてくれたことをいうときに使《つか》われる。例 このたびはお力添《ちからぞ》えをいただき、ありがとうございました。

後《うし》ろ盾《だて》 陰《かげ》で力《ちから》を貸《か》してくれること。また、そのような人《ひと》。もとは、戦《たたか》いで、後《うし》ろからの攻撃《こうげき》を防《ふせ》ぐ物《もの》や人《ひと》という意味《いみ》。例 彼《かれ》にはしっかりした後《うし》ろ盾《だて》があるので、今回《こんかい》もうまくいくだろう。

助太刀《すけだち》 助《たす》けてやること。また、そのような人《ひと》。もとは、あだ討《う》ちなどをする人《ひと》に力《ちから》を貸《か》すこと。例 荷物《にもつ》が多《おお》くて大変《たいへん》そうなので、助太刀《すけだち》を買《か》って出《で》た。

支援《しえん》 力《ちから》を添《そ》えて援助《えんじょ》すること。例 姉《あね》の通《かよ》っている大学《だいがく》は、地元《じもと》のボランティア活動《かつどう》を支援《しえん》している。

援護《えんご》 ◎力《ちから》を添《そ》えて、困《こま》っている人《ひと》を助《たす》け守《まも》ること。例 貧困《ひんこん》にあえぐ人々《ひとびと》に、援護《えんご》の手《て》を差《さ》し伸《の》べる。◎敵《てき》の攻撃《こうげき》から味方《みかた》を守《まも》ること。例 退却《たいきゃく》する味方《みかた》を援護《えんご》する。例 援護《えんご》射撃《しゃげき》。

扶助《ふじょ》 経済的《けいざいてき》に助《たす》けて、人《ひと》や団体《だんたい》を支《ささ》えること。例 政府《せいふ》の扶助《ふじょ》を受《う》けて研究《けんきゅう》を成《な》し遂《と》げる。

幇助《ほうじょ》 手《て》を貸《か》すこと。また、犯罪《はんざい》や自殺《じさつ》に力《ちから》を貸《か》すこと。例 自殺《じさつ》幇助《ほうじょ》の罪《つみ》に問《と》われる。

協賛《きょうさん》 催《もよお》し物《もの》などの趣旨《しゅし》に賛同《さんどう》し、協力《きょうりょく》すること。例 今回《こんかい》の音楽祭《おんがくさい》には、多《おお》くの企業《きぎょう》が協賛《きょうさん》している。

賛助《さんじょ》 ある事業《じぎょう》などの考《かんが》えに賛成《さんせい》して手助《てだす》けすること。例 市民《しみん》オーケストラの賛助《さんじょ》会員《かいいん》になる。例 友《ゆう》人《じん》の監督《かんとく》した映画《えいが》に賛助《さんじょ》出演《しゅつえん》する。

後援《こうえん》 ある活動《かつどう》や計画《けいかく》を、経済的《けいざいてき》に、または特別《とくべつ》にはからって援助《えんじょ》すること。例 議員《ぎいん》の後援《こうえん》会《かい》。例 区《く》が後援《こうえん》するマラソン大会《たいかい》に参加《さんか》する。

加勢《かせい》 力《ちから》を貸《か》して助《たす》けること。また、その人《ひと》。例 負《ま》けているほうに加勢《かせい》してやろう。

荷担《かたん》 力《ちから》を貸《か》して助《たす》けること。もとは、人《ひと》の荷物《にもつ》を代《か》わって背《せ》負《お》ってやるという意味《いみ》。悪《わる》いたくらみに加《くわ》わることをいうことが多《おお》い。例 悪《あく》事《じ》に荷担《かたん》した一味《いちみ》が捕《と》らえられる。◆「加担《かたん》」とも書《か》く。

肩入《かたい》れ 特別《とくべつ》にひいきをして力《ちから》を貸《か》すこと。例 地元《じもと》の野球《やきゅう》チームに肩入《かたい》れする。

後見《こうけん》 人《ひと》の後《うし》ろ盾《だて》となって面倒《めんどう》を見《み》ること。また、その人《ひと》。もとは、能《のう》や歌舞伎《かぶき》などで舞台《ぶたい》の後《うし》ろに控《ひか》え、役者《やくしゃ》の着物《きもの》を直《なお》したり小道具《こどうぐ》を動《うご》かしたりする役目《やくめ》の人《ひと》をいった。例 未《み》成年者《せいねんしゃ》の後見《こうけん》役《やく》を引《ひ》き受《う》ける。

補助《ほじょ》 不十分《ふじゅうぶん》なところを補《おぎな》って、助《たす》けること。例 この商品《しょうひん》は栄養《えいよう》補助《ほじょ》食品《しょくひん》として注目《ちゅうもく》を集《あつ》めている。

補佐《ほさ》 中心《ちゅうしん》となって仕事《しごと》を進《すす》める人《ひと》を助《たす》けること。また、その人《ひと》。

例 校長《こうちょう》の補佐《ほさ》をして校舎《こうしゃ》の改築計画《かいちくけいかく》を進《すす》める。

人助《ひとだす》け　困《こま》っている人《ひと》に力《ちから》を貸《か》すこと。例 参加者《さんかしゃ》が少《すく》なくて困《こま》っているようなので、人助《ひとだす》けだと思《おも》って出席《しゅっせき》した。

助《たす》け船《ぶね》を出《だ》す　人《ひと》を助《たす》ける行動《こうどう》を起《お》こす。「助《たす》け船《ぶね》」は、海《うみ》や川《かわ》で動《うご》けなくなった船《ふね》やおぼれている人《ひと》を助《たす》ける船《ふね》のこと。例 漢字《かんじ》が読《よ》めずに下《した》を向《む》いていたら、先生《せんせい》が助《たす》け船《ぶね》を出《だ》してくれた。

大助《おおだす》かり　困《こま》っているときに大《おお》きな助《たす》けになること。例 慣《な》れない仕事《しごと》なので、あなたが来《き》てくれれば大助《おおだす》かりです。

一助《いちじょ》　少《すこ》しの足《た》し。わずかな助《たす》け。自分《じぶん》が人助《ひとだす》けをしたときなどに、けんそんの気持《きも》ちをこめて使《つか》うことが多《おお》い。例 今回《こんかい》の寄付《きふ》が、福祉活動《ふくしかつどう》の一助《いちじょ》となれば幸《さいわ》いです。

フォロー　「見守《みまも》る」「追《お》う」などの意味《いみ》の英語《えいご》。足《た》りないところを補《おぎな》って力《ちから》を貸《か》すこと。例 まだ新米《しんまい》ですから、よろしく仕事《しごと》のフォローをお願《ねが》いします。

バックアップ　「支持《しじ》」「予備《よび》」などの意味《いみ》の英語《えいご》。陰《かげ》で支《ささ》えて助《たす》けること。また、コンピュータでデータが使《つか》えなくなったときに備《そな》えて、複製《ふくせい》を作《つく》っておくこと。例 作曲家《さっきょくか》の強力《きょうりょく》なバックアップで、歌手《かしゅ》としてデビューを果《は》たす。例 重要《じゅうよう》な実験結果《じっけんけっか》のデータなので、バックアップをとっておこう。

レスキュー　「救助《きゅうじょ》」という意味《いみ》の英語《えいご》。また、そのための部隊《ぶたい》・組織《そしき》。例 崖《がけ》に取《と》り残《のこ》された人《ひと》をレスキュー隊《たい》が救《すく》った。

救助《きゅうじょ》　危《あぶ》ない状態《じょうたい》にある人《ひと》を救《すく》うこと。例 消防士《しょうぼうし》が、火災《かさい》で家《いえ》の中《なか》に取《と》り残《のこ》されている人《ひと》の救助《きゅうじょ》にあたる。

救出《きゅうしゅつ》　危《あぶ》ないところにいる人《ひと》を助《たす》けて、その場所《ばしょ》から出《だ》すこと。

「助《たす》ける」に関連《かんれん》することば

SOS《エスオーエス》　助《たす》けを求《もと》めるサイン。もとは、船《ふね》や飛行機《ひこうき》が遭難《そうなん》したときに救助《きゅうじょ》を求《もと》めるために出《だ》すモールス信号《しんごう》。今《いま》では、「宿題《しゅくだい》がまったく分《わ》からないので兄《あに》にSOS《エスオーエス》を出《だ》した」など、日常《にちじょう》生活《せいかつ》の中《なか》でも使《つか》われる。

芸《げい》は身《み》を助《たす》ける　遊《あそ》びや道楽《どうらく》で身《み》につけた芸《げい》が、生活《せいかつ》に困《こま》ったときなど、いざというときに役《やく》に立《た》つということ。

唇歯輔車《しんしほしゃ》　一方《いっぽう》が滅《ほろ》んでしまうと、もう一方《いっぽう》も滅《ほろ》んでしまうように、両者《りょうしゃ》の損得《そんとく》の関係《かんけい》がとても深《ふか》く、持《も》ちつ持《も》たれつの仲《なか》であることのたとえ。「唇《しん》歯《し》」は唇《くちびる》と歯《は》、「輔車《ほしゃ》」はほお骨《ぼね》と下《した》あごの骨《ほね》（歯《は》ぐき）のこと。どちらも離《はな》れられない密接《みっせつ》な関係《かんけい》にあることから。

内助《ないじょ》の功《こう》　夫《おっと》が外《そと》で十分《じゅうぶん》に力《ちから》を発揮《はっき》できるように、妻《つま》があれこれと助《たす》けたり世話《せわ》をしたりすること。「内助《ないじょ》」は表立《おもてだ》たずに、内部《ないぶ》から助《たす》けること。

◆＝もっと知《し》りたい、ことばの知識《ちしき》。

[例] ガス爆発《ばくはつ》の現場《げんば》から、負傷者《ふしょうしゃ》を救《きゅう》出《しゅつ》する。

救難《きゅうなん》

自然災害《しぜんさいがい》や海《うみ》・山《やま》での遭難《そうなん》から人《ひと》を助《たす》け出《だ》すこと。[例] 雪山《ゆきやま》での救難《きゅうなん》作業《さぎょう》は困難《こんなん》をきわめた。

救命《きゅうめい》

危《あぶ》ない状態《じょうたい》にある人《ひと》の命《いのち》を助《たす》けること。[例] 飛行機《ひこうき》には事故《じこ》に備《そな》えて、救命胴衣《きゅうめいどうい》が積《つ》み込《こ》まれている。

救済《きゅうさい》

不幸《ふこう》だったり、困《こま》っていたりする人《ひと》を助《たす》けること。多《おお》くの人々《ひとびと》を助《たす》けたり、人《ひと》の心《こころ》を正《ただ》しく導《みちび》く意味《いみ》でも使《つか》われる。[例] 内戦《ないせん》に苦《くる》しむ人々《ひとびと》を救済《きゅうさい》するために、医師団《いしだん》が派遣《はけん》される。[例] すばらしい文学《ぶんがく》は、悩《なや》んでいる若者《わかもの》たちの魂《たましい》を救済《きゅうさい》する。

救援《きゅうえん》

力《ちから》を貸《か》して助《たす》けること。とくに、災害《さいがい》などにあって困《こま》っている人《ひと》や国《くに》を助《たす》けること。[例] 被災地《ひさいち》にヘリコプターで救援《きゅうえん》物資《ぶっし》を送《おく》る。

救護《きゅうご》

災害《さいがい》や事故《じこ》にあった人《ひと》を助《たす》けて、保護《ほご》や手当《てあ》てをすること。[例] 被災地《ひさいち》でけが人《にん》を救護《きゅうご》する。

助命《じょめい》

命《いのち》を助《たす》けること。[例] 死刑囚《しけいしゅう》の助命《じょめい》を嘆願《たんがん》する。

命《いのち》の恩人《おんじん》

死《し》にかけていたところを助《たす》けてくれた人《ひと》。[例] 難《むずか》しい手術《しゅじゅつ》を成功《せいこう》させてくれた先生《せんせい》は、僕《ぼく》の命《いのち》の恩人《おんじん》だ。

助《すけ》っ人《と》

人手《ひとで》が必要《ひつよう》なときに臨時《りんじ》に加勢《かせい》したり、手助《てだす》けしたりする人《ひと》。[例] 引《ひ》っ越《こ》しの助《すけ》っ人《と》を頼《たの》む。

助《たす》け合《あ》い

お互《たが》いに力《ちから》になったり、手伝《てつだ》ったりすること。[例] 歳末《さいまつ》助《たす》け合《あ》い運動《うんどう》で、千円《せんえん》寄付《きふ》した。

互助《ごじょ》

お互《たが》いに助《たす》け合《あ》うこと。[例] 互《ご》助《じょ》の精神《せいしん》で危機《きき》を乗《の》り切《き》る。

相互扶助《そうごふじょ》

関係《かんけい》のある人々《ひとびと》や団体《だんたい》が、とくに経済的《けいざいてき》な面《めん》で助《たす》け合《あ》うこと。[例] 二《ふた》つの企業《きぎょう》は相互《そうご》扶助《ふじょ》の関係《かんけい》にある。

共済《きょうさい》

組織《そしき》などの中《なか》で、お互《たが》いに助《たす》け合《あ》うこと。[例] 小学校《しょうがっこう》の先生《せんせい》である兄《あに》は、教員《きょういん》の共済《きょうさい》組合《くみあい》に所属《しょぞく》している。

相身互《あいみたが》い

同《おな》じような立場《たちば》にある人《ひと》がお互《たが》いを理解《りかい》し、同情《どうじょう》して助《たす》け合《あ》うこと。「相身互《あいみたが》い身《み》」を略《りゃく》したことば。[例] 困《こま》ったときは相身《あいみ》互《たが》いだから、どうかこのお金《かね》を使《つか》ってください。

持《も》ちつ持《も》たれつ

お互《たが》いに助《たす》けたり助《たす》けられたりする関係《かんけい》にあるようす。[例] 俳優《はいゆう》と脚本家《きゃくほんか》は、ある意味《いみ》で持《も》ちつ持《も》たれつの間柄《あいだがら》だ。

力《ちから》を合《あ》わせる

cooperate
［コウオペレイト］

力《ちから》を合《あ》わせる

同《おな》じ目的《もくてき》のためになって物事《ものごと》をする。[例] 問題《もんだい》の解決《かいけつ》に向《む》けて、クラス全員《ぜんいん》が力《ちから》を合《あ》わせる。

まとまる

ばらばらのものが、一《ひと》つに整《ととの》う。また、団結《だんけつ》して一体《いったい》となる。[例] クラスの意見《いけん》がまとまるまで、よく話《はな》し合《あ》う。[例] キャプテンを中心《ちゅうしん》によくまとまったチームだ。

◎結《むす》ばれて一《ひと》つになる。

結《むす》び付《つ》く

ある目的《もくてき》のためにいっしょになる。[例] 両者《りょうしゃ》が結《むす》び付《つ》けば、

[似]＝似《に》た表現《ひょうげん》のことば。[対]＝反対《はんたい》の意味《いみ》のことば。[例]＝使《つか》い方《かた》の例《れい》。

最強《さいきょう》のチームができあがる。◎ある物事《ものごと》と関連《かんれん》する。例 努力《どりょく》の成果《せいか》が、成績《せいせき》に結《むす》び付《つ》く。

組《く》む

同《おな》じ目的《もくてき》で何《なに》かをするために、仲間《なかま》になる。例 兄《あに》は親友《しんゆう》と組《く》んで、コンピュータ関係《かんけい》の事業《じぎょう》を始《はじ》めた。

一丸《いちがん》となる

力《ちから》を合《あ》わせ、みんなの心《こころ》が一《ひと》つになる。「一丸《いちがん》」は、心《こころ》を一《ひと》つにしたひとかたまりのこと。例 チームの全員《ぜんいん》が一丸《いちがん》となって、厳《きび》しい国内予選《こくないよせん》を勝《か》ち進《すす》んだ。

心《こころ》を合《あ》わせる

みんなが心《こころ》を一《ひと》つにして協力《きょうりょく》する。例 学芸会《がくげいかい》に向《む》けて、クラス全員《ぜんいん》が心《こころ》を合《あ》わせて練習《れんしゅう》した。

手《て》を組《く》む

協力《きょうりょく》し合《あ》ったほうが有利《ゆうり》であると考《かんが》え、相手《あいて》と結《むす》び付《つ》く。例 この二人《ふたり》が手《て》を組《く》めば怖《こわ》いものなしだ。例 異業種《いぎょうしゅ》の企業《きぎょう》と手《て》を組《く》んで、新商品《しんしょうひん》を開発《かいはつ》する。

手《て》を携《たずさ》える

いっしょに力《ちから》を合《あ》わせる。例 夫婦《ふうふ》手《て》を携《たずさ》えて暮《く》らしていく。

手《て》を握《にぎ》る

今《いま》まで組《く》んでいなかった者同士《ものどうし》が、協力《きょうりょく》して物事《ものごと》を行《おこな》う。例 与野党《よやとう》が手《て》を握《にぎ》り、スムーズに法案《ほうあん》が可決《かけつ》された。似 手《て》を結《むす》ぶ。

スクラムを組《く》む

◎デモなどで、大勢《おおぜい》の人々《ひとびと》が肩《かた》や腕《うで》を組《く》み合《あ》わせて、がっちりと固《かた》まる。「スクラム」は、ラグビーで選手同士《せんしゅどうし》が組《く》み合《あ》うこと。例 デモ隊《たい》がスクラムを組《く》んで、要求貫徹《ようきゅうかんてつ》のためのデモ行進《こうしん》をする。◎ある目的《もくてき》のために、協力《きょうりょく》し合《あ》う。例 市民《しみん》と警察《けいさつ》がスクラムを組《く》んで、夜間《やかん》のパトロールを行《おこな》っている。

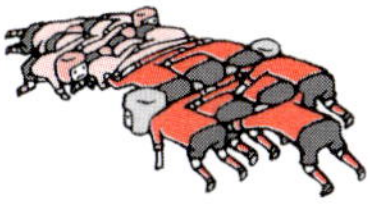

行動《こうどう》を共《とも》にする

ある目的《もくてき》のために、相手《あいて》といっしょに行動《こうどう》する。例 実行委員会《じっこういいんかい》に結集《けっしゅう》し、行動《こうどう》を共《とも》にしたみなさんに感謝《かんしゃ》いたします。

束《たば》になる

複数《ふくすう》の人《ひと》が、協力《きょうりょく》して事《こと》に当《あ》たる。例 力士《りきし》が相手《あいて》では、子《こ》どもたちが束《たば》になってもかなわない。

足並《あしな》みをそろえる

多《おお》くの人《ひと》が、考《かんが》え方《かた》や行動《こうどう》を合《あ》わせて物事《ものごと》を行《おこな》う。例 商店街《しょうてんがい》の活性化《かっせいか》のために、みんなで足並《あしな》みをそろえよう。

徒党《ととう》を組《く》む

あることをするために、仲間《なかま》が団結《だんけつ》する。例 政府《せいふ》に不満《ふまん》を持《も》つ者《もの》が、徒党《ととう》を組《く》んで暴動《ぼうどう》を起《お》こす。

片棒《かたぼう》をかつぐ

計画《けいかく》に加《くわ》わって協力《きょうりょく》する。多《おお》く、悪《わる》いことにいう。昔《むかし》の乗《の》り物《もの》の「かご」の、前後《ぜんご》に突《つ》き出《だ》した棒《ぼう》をかつぐということから。例 知《し》らないうちに、泥棒《どろぼう》の片棒《かたぼう》をかつがされていた。

ぐるになる

示《しめ》し合《あ》わせて悪事《あくじ》を企《くわだ》てる仲間《なかま》になる。例 三人《さんにん》がぐるになって、悪事《あくじ》を働《はたら》く。

協力《きょうりょく》

力《ちから》を合《あ》わせ、努力《どりょく》して物事《ものごと》に当《あ》たること。例 音楽会《おんがくかい》を成功《せいこう》させるために、みなさん協力《きょうりょく》してください。

◆＝もっと知《し》りたい、ことばの知識《ちしき》。

共同《きょうどう》 複数《ふくすう》の人《ひと》や団体《だんたい》が、同《おな》じ目的《もくてき》のために力《ちから》を合《あ》わせること。例 日本《にほん》・中国《ちゅうごく》・韓国《かんこく》のスタッフが、共同《きょうどう》でアニメ映画《えいが》を制作《せいさく》した。

協同《きょうどう》 多《おお》くの人《ひと》が、心《こころ》や力《ちから》を合《あ》わせて、物事《ものごと》を行《おこな》うためにまとまること。例 協同組合《きょうどうくみあい》。例 地域住民《ちいきじゅうみん》が協同《きょうどう》して暮《く》らしを支《ささ》え合《あ》う。

握手《あくしゅ》 ◎協力《きょうりょく》したり仲直《なかなお》りしたりすること。例 ライバル会社《がいしゃ》が握手《あくしゅ》をして、難局《なんきょく》に立《た》ち向《む》かう。◎「持《も》つ」↓153

提携《ていけい》 互《たが》いに助《たす》け合《あ》うこと。とくに、会社《かいしゃ》などが仕事《しごと》を効率的《こうりつてき》に行《おこな》うためにつながりを持《も》つこと。例 技術《ぎじゅつ》提携《ていけい》。例 異業種《いぎょうしゅ》の会社《かいしゃ》と提携《ていけい》し新《あたら》しいサービスを始《はじ》める。

タイアップ 「提携《ていけい》」という意味《いみ》の英語《えいご》。例 映画会社《えいがかいしゃ》とタイアップして、原作本《げんさくぼん》を出版《しゅっぱん》する。

連携《れんけい》 いっしょに物事《ものごと》を行《おこな》うために、互《たが》いに連絡《れんらく》を取《と》って同時《どうじ》に行動《こうどう》すること。例 野党《やとう》が連携《れんけい》したことにより、法案《ほうあん》は廃案《はいあん》に追《お》い込《こ》まれた。

団結《だんけつ》 多《おお》くの人《ひと》が、共通《きょうつう》の目的《もくてき》のために、一《ひと》つに強《つよ》くまとまること。例 みんなで団結《だんけつ》して、暴力《ぼうりょく》を追放《ついほう》しよう。

合同《ごうどう》 ◎幾《いく》つかのものが、ある目的《もくてき》のために一時的《いちじてき》に一《ひと》つにまとまること。例 中小企業《ちゅうしょうきぎょう》が合同《ごうどう》で、就職説明会《しゅうしょくせつめいかい》を開《ひら》く。◎二《ふた》つの図形《ずけい》が、形《かたち》も大《おお》きさもまったく同《おな》じこと。例 正方形《せいほうけい》を対角線《たいかくせん》で二《ふた》つに分《わ》けてできた三角形《さんかくけい》は合同《ごうどう》だ。

大同団結《だいどうだんけつ》 複数《ふくすう》の党派《とうは》や団体《だんたい》が、ある目的《もくてき》のために、主張《しゅちょう》などの少《すこ》しの違《ちが》いは問題《もんだい》としないで力《ちから》を合《あ》わせること。例 野党《やとう》が大同団結《だいどうだんけつ》して、与党《よとう》に勝利《しょうり》した。

一致団結《いっちだんけつ》 心《こころ》を一《ひと》つに合《あ》わせまとまること。例 世界各国《せかいかっこく》が一致団結《いっちだんけつ》して、環境保護《かんきょうほご》に努《つと》める必要《ひつよう》がある。

結束《けっそく》 ◎ある目的《もくてき》のために、人々《ひとびと》が心《こころ》を合《あ》わせてまとまること。例 わがチームは、仲間同士《なかまどうし》の結束《けっそく》が固《かた》い。◎物《もの》を、ひもなどで束《たば》ねること。例 古雑誌《ふるざっし》を結束《けっそく》して、ちり紙交換《がみこうかん》に出《だ》す。

協調《きょうちょう》 協力《きょうりょく》して物事《ものごと》を解決《かいけつ》しようとすること。とくに、利害《りがい》や立場《たちば》などの異《こと》なる者同士《ものどうし》が協力《きょうりょく》すること。例 チームプレーで目標《もくひょう》を達成《たっせい》するためには、協調性《きょうちょうせい》が大事《だいじ》だ。

連帯《れんたい》 強《つよ》く結《むす》びついた二人《ふたり》以上《いじょう》の人《ひと》が、いっしょになって物事《ものごと》をすること。また、その結果《けっか》に対《たい》して共同《きょうどう》で責任《せきにん》を負《お》うこと。例 町《まち》の活性化《かっせいか》に住民《じゅうみん》が一体《いったい》となって取《と》り組《く》んだことで、連帯感《れんたいかん》が生《う》まれた。例 不動産《ふどうさん》を買《か》うときに、親《おや》が連帯《れんたい》して保証人《ほしょうにん》になってくれた。

連係《れんけい》 何《なに》かをするために、人同士《ひとどうし》が協力《きょうりょく》し、それぞれに応《おう》じた力《ちから》を出《だ》し合《あ》うこと。例 学校《がっこう》と家庭《かてい》とが連係《れんけい》して、子《こ》どもを守《まも》ることが必要《ひつよう》だ。例 レスキュー隊《たい》は、見事《みごと》な連係《れんけい》プレーで人命《じんめい》を救助《きゅうじょ》した。

共闘《きょうとう》 複数《ふくすう》の組織《そしき》や団体《だんたい》が、力《ちから》を合《あ》わせて闘《たたか》うこと。例 国会《こっかい》の審議《しんぎ》で、野党《やとう》が共闘《きょうとう》する。

連合《れんごう》 二《ふた》つ以上《いじょう》のものが、共通《きょうつう》の目的《もくてき》のために結《むす》び合《あ》うこと。組織的《そしきてき》に別々《べつべつ》のものが、ある目的《もくてき》のために協力《きょうりょく》し合《あ》うこと。例 国際連合《こくさいれんごう》。例 市内《しない》の小《しょう》・中学校《ちゅうがっこう》が連合《れんごう》して、陸上《りくじょう》競技会《きょうぎかい》を開《ひら》く。

結託《けったく》 互《たが》いに心《こころ》を通《つう》じて示《しめ》し合《あ》わせ、不正《ふせい》を行《おこな》うこと。例 業者《ぎょうしゃ》と結託《けったく》して、私腹《しふく》を肥《こ》やした役人《やくにん》が逮捕《たいほ》された。

二人三脚《ににんさんきゃく》 二人《ふたり》が協力《きょうりょく》して一《ひと》つのことをすること。二人《ふたり》が一組《ひとく》みになり、隣《とな》り合《あ》う足《あし》を縛《しば》って走《はし》る競技《きょうぎ》から。例 あの兄弟《きょうだい》は、二人三脚《ににんさんきゃく》でここまで会社《かいしゃ》を大《おお》きくした。

一心同体《いっしんどうたい》 二人《ふたり》以上《いじょう》の人《ひと》が、心《こころ》を一《ひと》つにして行動《こうどう》すること。心《こころ》も体《からだ》も、一人《ひとり》の人《ひと》であるかのようだという意味《いみ》。例 夫婦《ふうふ》は一心同体《いっしんどうたい》であるといわれる。

一枚岩《いちまいいわ》 組織《そしき》などが、しっかりとまとまっていることのたとえ。一枚《いちまい》の板《いた》のように、平《たい》らで大《おお》きな岩《いわ》ということから。例 一枚岩《いちまいいわ》の結束《けっそく》を誇《ほこ》った平家一門《へいけいちもん》。

「力《ちから》を合《あ》わせる」に関連《かんれん》することば

三本《さんぼん》の矢《や》の教《おし》え 一《ひと》つひとつは無力《むりょく》なものも、協力《きょうりょく》し合《あ》えば強《つよ》くなるということ。戦国武将《せんごくぶしょう》の毛利元就《もうりもとなり》が死《し》の直前《ちょくぜん》、三人《さんにん》の子《こ》に「一本《いっぽん》の矢《や》は折《お》れやすいが、三本束《さんぼんたば》ねれば折《お》れない」と教《おし》え、以後《いご》の協力《きょうりょく》を命《めい》じたという逸話《いつわ》から。

小異《しょうい》を捨《す》てて大同《だいどう》につく 何《なに》かを成《な》し遂《と》げるために、お互《たが》いの小《ちい》さな違《ちが》いは考《かんが》えずに協力《きょうりょく》し合《あ》うこと。

与《あた》える

give
［ギブ］

与《あた》える ◎物《もの》などを、ほかの人《ひと》や動《どう》植物《しょくぶつ》などにやる。例 小鳥《ことり》にえさを与《あた》える。◎影響《えいきょう》を及《およ》ぼす。例 彼《かれ》の演説《えんぜつ》は、人々《ひとびと》に深《ふか》い感銘《かんめい》を与《あた》えた。◎相手《あいて》に何《なに》かを課《か》す。例 問題《もんだい》を与《あた》えて考《かんが》えさせる。

授《さず》ける ◎目上《めうえ》の者《もの》が目下《めした》の者《もの》に、貴重《きちょう》な物《もの》や技術《ぎじゅつ》などを与《あた》える。例 弟子《でし》に武術《ぶじゅつ》の極意《ごくい》を授《さず》ける。◎「指導《しどう》する」➡373

やる 動植物《どうしょくぶつ》や目下《めした》の者《もの》へ、物《もの》を与《あた》える。例 犬《いぬ》にえさをやる。例 弟《おとうと》に使《つか》わなくなった虫《むし》かごをやる。

譲《ゆず》る ◎自分《じぶん》の物《もの》を他人《たにん》に与《あた》える。例 友《とも》だちにゲームを譲《ゆず》る。◎「売《う》る」の遠回《とおまわ》しな言《い》い方《かた》。例 よろしければ、安《やす》く譲《ゆず》りますよ。◎権利《けんり》や順番《じゅんばん》などのことで、譲歩《じょうほ》する。例 大型《おおがた》トラックに道《みち》を譲《ゆず》る。

譲《ゆず》り渡《わた》す 自分《じぶん》のもので、価値《かち》のあるものや権利《けんり》などを人《ひと》に与《あた》える。例 土地《とち》を無償《むしょう》で譲《ゆず》り渡《わた》す。

贈《おく》る 感謝《かんしゃ》やお礼《れい》の気持《きも》ちを込《こ》めて、人《ひと》に何《なに》かをあげる。例 母《はは》の誕《たん》生祝《じょういわ》いに、バラの花束《はなたば》を贈《おく》る。

呈《てい》する ◎差《さ》し上《あ》げる。差《さ》し出《だ》す。例 苦言《くげん》を呈《てい》する。◎ある

◆＝もっと知《し》りたい、ことばの知識《ちしき》。

助《たす》ける　**力《ちから》を合《あ》わせる**　**与《あた》える**◀　**もらう**　**やり遂《と》げる**　**しくじる**

状態《じょうたい》を表《あらわ》す。例 見本市《みほんいち》は、大勢《おおぜい》の人《ひと》で活況《かっきょう》を呈《てい》していた。

分《わ》ける　一部分《いちぶぶん》を与《あた》えたり売《う》ったりする。例 リンゴを少《すこ》し分《わ》けてもらった。

分《わ》け与《あた》える　自分《じぶん》のものを分《わ》けて与《あた》える。例 貧《まず》しい国《くに》の子《こ》どもたちに、食糧《しょくりょう》や薬《くすり》を分《わ》け与《あた》える。

渡《わた》す　◎自分《じぶん》から相手《あいて》に与《あた》える。例 代金《だいきん》と引《ひ》き換《か》えに品物《しなもの》を渡《わた》す。◎手《て》から手《て》に移《うつ》す。例 保護者《ほごしゃ》あての手《て》紙《がみ》を母《はは》に渡《わた》す。

まく　◎あちこちに与《あた》える。例 駅前《えきまえ》で割引券《わりびきけん》をまく。◎「投《な》げる」↓156

ばらまく　◎金品《きんぴん》などを、広《ひろ》い範《はん》囲《い》の人《ひと》に与《あた》える。例 選《せん》挙《きょ》で金《かね》をばらまいた候補者《こうほしゃ》が逮捕《たいほ》された。◎「投《な》げる」↓156

振《ふ》りまく　◎だれにでも惜《お》しまず与《あた》える。例 子犬《こいぬ》がしっぽを振《ふ》って、愛敬《あいきょう》を振《ふ》りまいている。◎「投《な》げる」↓157

くれる　自分《じぶん》より下《した》または同等《どうとう》の人《ひと》が、自分《じぶん》に与《あた》える。例 いちばん上《うえ》の兄《あに》は、いつも僕《ぼく》にお小遣《こづか》いをくれる。

恵《めぐ》む　困《こま》っている人《ひと》を気《き》の毒《どく》に思《おも》い、お金《かね》や品物《しなもの》を与《あた》える。例 困《こま》っている人《ひと》たちにお金《かね》を恵《めぐ》む。

施《ほどこ》す　恵《めぐ》んで与《あた》える。例 哀《あわ》れみの心《こころ》を持《も》って、人々《ひとびと》に恩恵《おんけい》を施《ほどこ》す。

あてがう　適当《てきとう》と思《おも》うものを見《み》つくろって与《あた》える。例 できそうな仕事《しごと》を、一人一人《ひとりひとり》にあてがう。

上《あ》げる　「与《あた》える」「やる」のていねいな言《い》い方《かた》。例 友《とも》だちに子《こ》犬《いぬ》を上《あ》げる。

差《さ》し上《あ》げる　◎「与《あた》える」のへりくだった言《い》い方《かた》。例 よろしければ、こちらのパンフレットを差《さ》し上《あ》げます。◎「〜してやる」という意味《いみ》のへりくだった言《い》い方《かた》。例 わたしが読《よ》んで差《さ》し上《あ》げます。◎「持《も》つ」↓151

下《くだ》さる　目上《めうえ》の人《ひと》が、自分《じぶん》に与《あた》える。くれる人《ひと》をうやまった言《い》い方《かた》。例 おじさんが、誕生日《たんじょうび》のお祝《いわ》いに本《ほん》を下《くだ》さった。

賜《たまわ》る　◎「くれる」のうやまった言《い》い方《かた》。例 社長《しゃちょう》が激励《げきれい》のことばを賜《たまわ》る。◆「給《たま》わる」とも書《か》く。◎「もらう」↓339

くれてやる　自分《じぶん》より目下《めした》または同等《どうとう》の者《もの》が欲《ほ》しがっているものを、偉《えら》そうに与《あた》える。例 そんなに欲《ほ》しければ、のしをつけてくれてやる。

供与《きょうよ》　相手《あいて》の欲《ほ》しがっている品物《しなもの》や利益《りえき》を与《あた》えること。例 役人《やくにん》が便宜《べんぎ》を供与《きょうよ》することは禁止《きんし》されている。

付与《ふよ》　資格《しかく》・権利《けんり》などを授《さず》け与《あた》えること。例 大統領《だいとうりょう》にいっさいの権限《けんげん》を付与《ふよ》する。

給付《きゅうふ》　お金《かね》や品物《しなもの》を与《あた》えること。例 役所《やくしょ》などが、規定《きてい》に基《もと》づいて被災者《ひさいしゃ》へ見舞《みま》い金《きん》を給付《きゅうふ》する。

給与《きゅうよ》　◎お金《かね》や品物《しなもの》を与《あた》えること。例 社員《しゃいん》に制服《せいふく》を給与《きゅうよ》する。◎働《はたら》いて得《え》る給料《きゅうりょう》のこと。例 給与《きゅうよ》から積《つ》み立《た》て貯金《ちょきん》が天引《てんび》きされる。

供給《きょうきゅう》 ◎必要《ひつよう》に応《おう》じて品物《しなもの》などを与《あた》えること。例 被災地《ひさいち》に食料《しょくりょう》を供給《きょうきゅう》する。◎市場《しじょう》に商品《しょうひん》を出《だ》して売《う》ること。例 需要《じゅよう》と供給《きょうきゅう》のバランスを取《と》る。

支給《しきゅう》 お金《かね》や品物《しなもの》を払《はら》い渡《わた》すこと。例 年末《ねんまつ》の特別手当《とくべつてあて》を支給《しきゅう》する。

発給《はっきゅう》 書類《しょるい》などを発行《はっこう》して与《あた》えること。例 パスポートセンターで、旅券《りょけん》を発給《はっきゅう》してもらう。

提供《ていきょう》 ◎利用《りよう》してもらうために、お金《かね》や物《もの》・技術《ぎじゅつ》などを差《さ》し出《だ》して与《あた》えること。例 新会社設立《しんがいしゃせつりつ》の資金《しきん》は、当社《とうしゃ》が提供《ていきょう》します。◎広告主《こうこくぬし》がスポンサーとなって、テレビ番組《ばんぐみ》を視聴者《しちょうしゃ》に公開《こうかい》すること。例 この番組《ばんぐみ》は、ご覧《らん》のスポンサーの提供《ていきょう》でお送《おく》りします。

授賞《じゅしょう》 賞《しょう》や褒美《ほうび》を授《さず》け与《あた》えること。例 ノーベル賞《しょう》の授賞《じゅしょう》式《しき》に参《さん》列《れつ》する。対 受賞《じゅしょう》。

授章《じゅしょう》 勲章《くんしょう》などを授《さず》け与《あた》えること。例 長年《ながねん》の研究《けんきゅう》に対《たい》して、文化《ぶんか》勲章《くんしょう》を授章《じゅしょう》される。対 受章《じゅしょう》。

授与《じゅよ》 授《さず》け与《あた》えること。例 校長先生《こうちょうせんせい》が、卒業証書《そつぎょうしょうしょ》を授与《じゅよ》する。

贈与《ぞうよ》 お金《かね》や品物《しなもの》をあげること。個《こ》人《じん》が個人《こじん》に与《あた》える場合《ばあい》に使《つか》われる。例 贈与《ぞうよ》税《ぜい》。例 大切《たいせつ》にしている掛《か》け軸《じく》を贈与《ぞうよ》する。

分与《ぶんよ》 分《わ》けて与《あた》えること。例 子《こ》どもたちに財産《ざいさん》を分与《ぶんよ》する。

寄贈《きぞう》 ある団体《だんたい》へ品物《しなもの》を贈《おく》り与《あた》えること。例 母校《ぼこう》の図書館《としょかん》に蔵書《ぞうしょ》を寄贈《きぞう》する。◆「きそう」とも読《よ》む。

寄付《きふ》 学校《がっこう》や慈善事業《じぜんじぎょう》の団体《だんたい》などに、金品《きんぴん》を贈《おく》ること。例 バザーの収益金《しゅうえききん》を、福祉団体《ふくしだんたい》に寄付《きふ》する。

贈答《ぞうとう》 人《ひと》に品物《しなもの》を贈《おく》ったり、また、そのお返《かえ》しをしたりすること。例 デパートの贈答《ぞうとう》品《ひん》売《う》り場《ば》は、いつも混雑《こんざつ》している。

贈賄《ぞうわい》 自分《じぶん》に有利《ゆうり》にしてもらうため、関係者《かんけいしゃ》にお金《かね》や品物《しなもの》を贈《おく》ること。「賄《わい》」は「賄賂《わいろ》」の「賄《わい》」で、不正《ふせい》な金《きん》品《ぴん》という意味《いみ》。例 採点官《さいてんかん》にお金《かね》を渡《わた》したことが発覚《はっかく》して、贈賄《ぞうわい》罪《ざい》で逮捕《たいほ》される。対 収賄《しゅうわい》。

付《つ》け届《とど》け 謝礼《しゃれい》や義理《ぎり》などのために贈《おく》る金品《きんぴん》。また、賄《わい》賂《ろ》のこと。例 盆暮《ぼんく》れの付《つ》け届《とど》けは、日《に》本《ほん》の昔《むかし》からの習慣《しゅうかん》だ。

譲渡《じょうと》 物《もの》を譲《ゆず》り渡《わた》すこと。例 所有権《しょゆうけん》を譲渡《じょうと》する。

進呈《しんてい》 とくに目上《めうえ》の人《ひと》でなくても、相手《あいて》をうやまって品物《しなもの》を差《さ》し上《あ》げること。例 君《きみ》に、このゲームの攻《こう》略本《りゃくぼん》を進呈《しんてい》しよう。

贈呈《ぞうてい》 人《ひと》に物《もの》を差《さ》し上《あ》げること。格《かく》式《しき》があり、晴《は》れがましい場合《ばあい》に使《つか》われる。例 卒業生《そつぎょうせい》に花束《はなたば》を贈呈《ぞうてい》する。

謹呈《きんてい》 謹《つつし》んで差《さ》し上《あ》げること。物《もの》を贈《おく》るときなどに使《つか》われることば。例 父《ちち》は自費出版《じひしゅっぱん》した本《ほん》に、謹呈《きんてい》と書《か》いて友人《ゆうじん》に贈《おく》った。

送呈《そうてい》 人《ひと》に物《もの》を送《おく》り与《あた》えること。例 田舎《いなか》でとれたブドウを送呈《そうてい》する。

下賜《かし》 身分《みぶん》の高《たか》い人《ひと》（とくに天皇《てんのう》）が、下位《かい》の者《もの》に物《もの》を下《くだ》し与《あた》えること。例 金《きん》の時計《とけい》が下賜《かし》される。

◆＝もっと知《し》りたい、ことばの知識《ちしき》。

お裾分《すそわ》け もらった物《もの》や利益《りえき》の一《いち》部《ぶ》を、ほかの人《ひと》に分《わ》けること。また、その物《もの》。例 いなかから届《とど》いたリンゴをお裾分《すそわ》けする。

餞別《せんべつ》 旅《たび》に出《で》る人《ひと》や、別《わか》れる人《ひと》に贈《おく》るお金《かね》や品物《しなもの》。例 北海道《ほっかいどう》に転《てん》校《こう》する友《とも》だちに、みんなで餞別《せんべつ》を贈《おく》る。

はなむけ 旅《たび》立《だ》ちや新《あたら》しい門《かど》出《で》を祝《いわ》って贈《おく》られるお金《かね》やことば。例 来賓《らいひん》が、卒業生《そつぎょうせい》にはなむけのことばを贈《おく》る。

贈《おく》り物《もの》 人《ひと》に物《もの》を贈《おく》ること。また、その品物《しなもの》。例 父《ちち》が、誕生《たんじょう》日《び》の贈《おく》り物《もの》に自転車《じてんしゃ》を買《か》ってくれた。

進物《しんもつ》 「贈《おく》り物《もの》」の、やや改《あらた》まった言《い》い方《かた》。慣例《かんれい》として人《ひと》に差《さ》し上《あ》げる贈《おく》り物《もの》。例 お世話《せわ》になった人《ひと》に、お中元《ちゅうげん》の進物《しんもつ》をお贈《おく》りする。

プレゼント 「贈《おく》り物《もの》」という意味《いみ》の英語《えいご》。例 クリスマスプレゼントに、かわいいぬいぐるみをもらった。

ギフト 「プレゼント」と同《おな》じ。例 結婚式《けっこんしき》の引《ひ》き出物《でもの》に、自《じ》由《ゆう》に選《えら》べるギフト券《けん》をもらった。◆英《えい》語《ご》では、神《かみ》からの贈《おく》り物《もの》ということから、生《う》まれながらの才能《さいのう》という意味《いみ》もある。

助《たす》ける　力《ちから》を合《あ》わせる　与《あた》える　▶もらう　やり遂《と》げる　しくじる

もらう

receive, get
[レシーブ、ゲット]

もらう 人《ひと》から与《あた》えられたものを受《う》け取《と》って、自分《じぶん》のものにする。例 祖父《そふ》からお小遣《こづか》いをもらう。

「与《あた》える」に関連《かんれん》することば

天《てん》は二物《にぶつ》を与《あた》えず 天《てん》は、一人《ひとり》の人間《にんげん》に多《おお》くの才能《さいのう》を与《あた》えはしない。人間《にんげん》は、それほど多《おお》くの才能《さいのう》を持《も》っているものではないということ。

求《もと》めよ、さらば与《あた》えられん 与《あた》えられるのをただ待《ま》つのではなく、積極的《せっきょくてき》な姿勢《しせい》が大切《たいせつ》であるということ。本《ほん》来《らい》は、キリスト教《きょう》の信仰《しんこう》の心《こころ》がまえを説《と》いたことば。

もらい受《う》ける もらって自分《じぶん》のものにする。例 叔母《おば》から子犬《こいぬ》をもらい受《う》けて、育《そだ》てることにした。

譲《ゆず》り受《う》ける 人《ひと》から譲《ゆず》ってもらう。例 親《おや》から譲《ゆず》り受《う》けた土地《とち》に家《いえ》を建《た》てる。

受《う》け取《と》る ◎自分《じぶん》の所《ところ》に来《き》たものを手《て》で受《う》ける。また、自分《じぶん》のものとする。例 商品《しょうひん》の代金《だいきん》を受《う》け取《と》る。◎「理解《りかい》する」➡301

引《ひ》き取《と》る ◎自分《じぶん》のほうへ受《う》け取《と》る。例 電車《でんしゃ》に置《お》き忘《わす》れたバッグを、遺失物取扱所《いしつぶつとりあつかいじょ》で引《ひ》き取《と》る。◎子《こ》どもなどを、引《ひ》き受《う》けて世話《せわ》をする。例 身寄《みよ》りのない子《こ》どもを引《ひ》き取《と》る。◎「去《さ》る」➡190

納《おさ》める 贈《おく》り物《もの》などを受《う》け取《と》って、自分《じぶん》のものにする。例 心《こころ》ばかりの品《しな》ですが、どうぞお納《おさ》めください。

転《ころ》がり込《こ》む ◎お金《かね》や物《もの》などが、思《おも》いがけなく手《て》に入《はい》る。例 子《こ》どものいなかった伯父《おじ》の遺産《いさん》

が転《ころ》がり込《こ》んだ。◎「住《す》む」↓248

頂《いただ》く ◎「もらう」のへりくだった言《い》い方《かた》。例 けっこうな物《もの》を頂《いただ》き、ありがとうございました。◆「戴《いただ》く」とも書《か》く。◎「食《た》べる」↓226

押《お》し頂《いただ》く うやうやしい態度《たいど》で物《もの》を受《う》け取《と》る。例 授与《じゅよ》された賞状《しょうじょう》を押《お》し頂《いただ》く。

申《もう》し受《う》ける ◎頼《たの》んで、もらい受《う》ける。例 講習会《こうしゅうかい》に参加《さんか》される方《かた》からは、教材費《きょうざいひ》を申《もう》し受《う》けます。◎引《ひ》き受《う》ける。例 バースデーケーキは、三日前《みっかまえ》まで申《もう》し受《う》けます。

授《さず》かる 神仏《しんぶつ》や目上《めうえ》の人《ひと》などから、大切《たいせつ》なものを与《あた》えられる。例 玉《たま》のような赤《あか》ちゃんを授《さず》かる。

頂戴《ちょうだい》 もらうこと。また、相手《あいて》に物《もの》をくれるよう求《もと》めたり行為《こうい》を促《うなが》したりすることば。例 おばさん、ガムを頂戴《ちょうだい》。

頂戴《ちょうだい》する ◎「もらう」のへりくだった言《い》い方《かた》。例 では、遠慮《えんりょ》なく頂戴《ちょうだい》します。◎「食《た》べる」↓228

暇《ひま》をもらう ◎休《やす》みを取《と》る。例 親戚《しんせき》の法事《ほうじ》のため暇《ひま》をもらう。似 暇《ひま》を取《と》る。◎使用人《しようにん》などが辞《や》める。また、妻《つま》の側《がわ》から離縁《りえん》する。例 暇《ひま》をもらって実家《じっか》へ帰《かえ》る。似 暇《ひま》を取《と》る。

賜《たまわ》る ◎「もらう」のへりくだった言《い》い方《かた》。例 恩師《おんし》から、お祝《いわ》いのことばを賜《たまわ》る。◆「給《たま》わる」とも書《か》く。◎「与《あた》える」↓336

領収《りょうしゅう》 代金《だいきん》などを受《う》け取《と》ること。例 右《みぎ》の金額《きんがく》正《まさ》に領《りょう》収《しゅう》いたしました。領収書《りょうしゅうしょ》。

受領《じゅりょう》 お金《かね》や物《もの》を受《う》け取《と》ること。例 ご送金《そうきん》いただきました代金《だいきん》は、確《たし》かに受領《じゅりょう》いたしました。

受給《じゅきゅう》 給与《きゅうよ》や年金《ねんきん》などを受《う》け取《と》ること。例 祖父《そふ》は来年《らいねん》から、年金《ねんきん》を受給《じゅきゅう》するそうだ。

査収《さしゅう》 よく調《しら》べて受《う》け取《と》ること。「ご査収《さしゅう》」の形《かたち》で、人《ひと》に受《う》け取《と》っ

「もらう」に関連《かんれん》することば

猫《ねこ》の子《こ》をもらうよう 縁組《えんぐみ》などを、よく考《かんが》えずに猫《ねこ》の子《こ》をもらうときのように簡単《かんたん》に行《おこな》うようす。「正式《せいしき》な縁組《えんぐみ》ともなれば、そんな猫《ねこ》の子《こ》をもらうようなわけにはいかない」などと使《つか》う。

朝顔《あさがお》に釣瓶《つるべ》とられてもらい水《みず》 朝顔《あさがお》のつるが、釣瓶《つるべ》（井戸水《いどみず》をくむためのおけ）に巻《ま》きついて水《みず》をくむことができないので、隣《となり》の家《いえ》に水《みず》をもらいに行《い》ったという意味《いみ》。江戸時代《えどじだい》の、千代女《ちよじょ》という人《ひと》の俳句《はいく》。

慌《あわ》てる乞食《こじき》はもらいが少《すく》ない 欲張《よくば》って慌《あわ》てると、かえってもらいが少《すく》なくて損《そん》をする。何事《なにごと》も焦《あせ》らずに、落《お》ち着《つ》いてやることが大切《たいせつ》だということ。

もらい泣《な》き 他人《たにん》が泣《な》くのを見《み》て、自分《じぶん》も泣《な》いてしまうこと。↓385

ものもらい まぶたにできるはれ物《もの》。

◆＝もっと知《し》りたい、ことばの知識《ちしき》。

与《あた》える　もらう　**やり遂《と》げる**　しくじる　戦《たたか》う　競争《きょうそう》する　勝《か》つ

てもらうことをいう場合《ばあい》が多《おお》い。例 資《し》料《りょう》をお送《おく》りしましたので、よろしくご**査収《さしゅう》**ください。

落手《らくしゅ》　手紙《てがみ》などを受《う》け取《と》ること。例 本日《ほんじつ》、貴兄《きけい》からのお手紙《てがみ》**落手《らくしゅ》**しました。

入手《にゅうしゅ》　必要《ひつよう》としているものを、手《て》に入《い》れること。例 関係者《かんけいしゃ》から事《じ》件《けん》の容疑者《ようぎしゃ》に関《かん》する、有力《ゆうりょく》な情報《じょうほう》を**入手《にゅうしゅ》**した。

受賞《じゅしょう》　賞《しょう》や褒美《ほうび》を受《う》けること。例 作《さく》文《ぶん》コンクールで金賞《きんしょう》を**受賞《じゅしょう》**した。対 授賞《じゅしょう》。

受章《じゅしょう》　勲章《くんしょう》などを受《う》けること。例 文《ぶん》化勲章《かくんしょう》を**受章《じゅしょう》**する。対 授章《じゅしょう》。

受勲《じゅくん》　「受章《じゅしょう》」と同《おな》じ。例 先生《せんせい》の**受勲《じゅくん》**を祝《しゅく》し、祝電《しゅくでん》を送《おく》る。

拝受《はいじゅ》　「受《う》けること」のへりくだった言《い》い方《かた》。目上《めうえ》の人《ひと》から、つつしんで受《う》け取《と》ること。例 先生《せんせい》の原稿《げんこう》を、確《たし》かに**拝受《はいじゅ》**いたしました。

拝領《はいりょう》　目上《めうえ》の人《ひと》から、大切《たいせつ》な物《もの》などを頂《いただ》くこと。例 この刀《かたな》は、先《せん》祖《ぞ》が主君《しゅくん》から**拝領《はいりょう》**したものだ。

笑納《しょうのう》　贈《おく》り物《もの》をするとき、「もらってください」と頼《たの》むときのへりくだった言《い》い方《かた》。つまらない物《もの》ですが、笑《わら》って納《おさ》めてくださいという意味《いみ》。例 つまらない物《もの》ですが、どうぞ、ご**笑納《しょうのう》**ください。

収賄《しゅうわい》　不正《ふせい》なお金《かね》や品物《しなもの》を受《う》け取《と》ること。「賄《わい》」は「賄賂《わいろ》」の「賄《わい》」で、不正《ふせい》な金品《きんぴん》という意味《いみ》。例 今回《こんかい》の**収賄《しゅうわい》**事件《じけん》で、多《おお》くの議員《ぎいん》が事情聴取《じじょうちょうしゅ》を受《う》けたらしい。対 贈賄《ぞうわい》。

やり遂《と》げる

carry out
［キャリ・アウト］

果《は》たす　願望《がんぼう》・責任《せきにん》・役割《やくわり》などを、最後《さいご》まで完全《かんぜん》に行《おこな》う。例 目的《もくてき》を**果《は》たす**ためには、どんな苦《くる》しいことでもやるつもりだ。

遂《と》げる　◎かなり難《むずか》しいと思《おも》われることを、最後《さいご》までやる。例 思《おも》いを**遂《と》げる**ことができて幸《しあわ》せだ。◎そのような結果《けっか》になる。例 中国経《ちゅうごくけい》済《ざい》は、ここ数年《すうねん》で急成長《きゅうせいちょう》を**遂《と》げた**。

	果たす	遂げる
目的《もくてき》を	○	○
約束《やくそく》を	○	－
進歩《しんぽ》を	－	○

やり遂《と》げる　困難《こんなん》な仕事《しごと》などを、最後《さいご》までやり通《とお》す。例 彼《かれ》は目標《もくひょう》を掲《かか》げたら、最後《さいご》までやり遂《と》げる男《おとこ》だ。

成《な》し遂《と》げる　人《ひと》が簡単《かんたん》にできないようなことを、最後《さいご》までやり通《とお》す。例 けがを克服《こくふく》し、新記《しんき》録樹立《ろくじゅりつ》の快挙《かいきょ》を**成《な》し遂《と》げる**。

達《たっ》する　◎目的《もくてき》・望《のぞ》みなどを成《な》し遂《と》げる。例 目的《もくてき》を**達《たっ》する**まで、寝《ね》る間《ま》も惜《お》しんでがんばる。◎「到着《とうちゃく》する」➡191

こぎ着《つ》ける　◎目標《もくひょう》としていた状態《じょうたい》まで到達《とうたつ》する。例 難問《なんもん》に苦《くる》しみながらも、何《なん》とか最後《さいご》の問題《もんだい》まで**こぎ着《つ》けた**。◎「到着《とうちゃく》する」➡191

やりこなす　物事《ものごと》をうまく処理《しょり》する。例 新人《しんじん》ながら、難《むずか》しい役《やく》を見事《みごと》にやりこなした。

やり抜《ぬ》く　途中《とちゅう》であきらめずに、最後《さいご》までやる。例 一《ひと》つのことを始《はじ》めたら、最後《さいご》までやり抜《ぬ》く力《ちから》を身《み》につけたい。

やり通《とお》す　「やり抜《ぬ》く」と同《おな》じ。例 つらい仕事《しごと》を最後《さいご》までやり通《とお》したことをほめてあげたい。

し遂《と》げる　決意《けつい》を変《か》えずにやり遂《と》げる。例 困難《こんなん》な道《みち》だったが、何《なん》とかし遂《と》げることができた。

貫《つらぬ》く　◎決意《けつい》を変《か》えずにやり遂《と》げる。例 初心《しょしん》を貫《つらぬ》いて、作家《さっか》になった。◎「通《とお》る」➡180

全《まっと》うする　与《あた》えられたことなどを、完全《かんぜん》に果《は》たす。例 迅速《じんそく》かつ確実《かくじつ》に任務《にんむ》を全《まっと》うする。

仕上《しあ》げる　仕事《しごと》などを完成《かんせい》させる。例 オリンピックに間《ま》に合《あ》うよう、昼夜兼行《ちゅうやけんこう》で工事《こうじ》を仕上《しあ》げる。

やって退《の》ける　人《ひと》にとって難《むずか》しいことを、やり遂《と》げる。例 みんなができなかったことを、彼《かれ》は苦《く》もなくやって退《の》けた。

おおせる　ほかの動詞《どうし》に付《つ》いて、「完全《かんぜん》に〜する」という意味《いみ》を表《あらわ》す。例 警報《けいほう》のおかげで、津波《つなみ》から無事《ぶじ》に逃《に》げおおせることができた。

でかした　うまくやったことをほめるときに使《つか》われることば。例 合格《ごうかく》したことを告《つ》げると、父《ちち》は「でかした！」と大声《おおごえ》を出《だ》した。

達成《たっせい》　目的《もくてき》を果《は》たすこと。あらかじめ決《き》めた目標《もくひょう》などに到達《とうたつ》すること。例 目標《もくひょう》を達成《たっせい》するまで、努力《どりょく》を惜《お》しまないつもりだ。

遂行《すいこう》　任務《にんむ》や仕事《しごと》をやり遂《と》げること。例 極秘任務《ごくひにんむ》を遂行《すいこう》する特殊部隊《とくしゅぶたい》の一員《いちいん》になる。

完遂《かんすい》　物事《ものごと》を完全《かんぜん》に成《な》し遂《と》げること。例 トンネル工事《こうじ》完遂《かんすい》のために奔走《ほんそう》する。

成就《じょうじゅ》　長年《ながねん》の願《ねが》いなどを達成《たっせい》すること。願《ねが》いなどがかなうこと。例 悲願《ひがん》の初勝利《はつしょうり》を成就《じょうじゅ》した。

大成《たいせい》　◎長《なが》い時間《じかん》を費《つい》やして、仕事《しごと》や研究《けんきゅう》などを完全《かんぜん》にやり遂《と》げること。例 新《あたら》しい研究《けんきゅう》を大成《たいせい》させた教授《きょうじゅ》の偉業《いぎょう》をたたえる。◎業績《ぎょうせき》を成《な》し遂《と》

「やり遂《と》げる」に関連《かんれん》することば

功《こう》成《な》り名《な》遂《と》げる　立派《りっぱ》な仕事《しごと》をして、名声《めいせい》を得《え》る。「功《こう》」は、立派《りっぱ》な仕事《しごと》という意味《いみ》。

故郷《こきょう》へ錦《にしき》を飾《かざ》る　立身出世《りっしんしゅっせ》をして、晴《は》れがましく故郷《こきょう》へ帰《かえ》る。「錦《にしき》（美《うつく》しい着物《きもの》）」を身《み》にまとって故郷《こきょう》へ帰《かえ》るということ。

虚仮《こけ》の一心《いっしん》　「虚仮《こけ》」は、愚《おろ》か者《もの》という意味《いみ》。愚《おろ》か者《もの》が、ただその事《こと》だけに心《こころ》を傾《かたむ》けてやり遂《と》げようとすること。

雨《あめ》が降《ふ》ろうが槍《やり》が降《ふ》ろうが　どんな困難《こんなん》があってもやり遂《と》げるという強《つよ》い決意《けつい》のたとえ。

石《いし》にかじりついても　どんな苦労《くろう》をしても。是《ぜ》が非《ひ》でも。「石《いし》にかじりついてもやり抜《ぬ》く覚悟《かくご》だ」などと使《つか》う。

◆＝もっと知《し》りたい、ことばの知識《ちしき》。

げて、優《すぐ》れた人《ひと》になること。例 学者《がくしゃ》として大成《たいせい》し、多《おお》くの著書《ちょしょ》を残《のこ》す。

速成《そくせい》 達成《たっせい》するまでに長《なが》い時間《じかん》がかかる物事《ものごと》を、短期間《たんきかん》でやり遂《と》げること。例 三《さん》か月《げつ》の速成《そくせい》訓練《くんれん》を受《う》けただけなので、ちょっと不安《ふあん》だ。

クリアー 「片《かた》づける」という意味《いみ》の英語《えいご》。コンピュータの記録《きろく》を消《け》す。また、ゲームなどでゴールに至《いた》る。例 このゲームは最後《さいご》のボスが強《つよ》くて、なかなかクリアーできない。

コンプリート 「完成《かんせい》させる」「そろえる」などの意《い》味《み》の英語《えいご》。個数《こすう》が決《き》まっているコレクションを、すべてそろえたときなどに使《つか》われる。例 あと二種類《にしゅるい》で、日本《にほん》の城《しろ》シリーズはコンプリートだ。

しくじる

fail
［フェイル］

しくじる 物事《ものごと》のやり方《かた》や方法《ほうほう》を誤《あやま》り、期待《きたい》した結果《けっか》が得《え》られなくなる。例 大切《たいせつ》なテストをしくじってしまった。

やり損《そこ》なう ◎ある作《さ》業《ぎょう》や行動《こうどう》を、うまくやることができなくなる。例 この仕事《しごと》をやり損《そこ》なったら大変《たいへん》なことになる。◎せっかくの機会《きかい》を逃《のが》す。例 コートを予約《よやく》するのを忘《わす》れて、テニスをやり損《そこ》なった。似 仕損《しそこ》なう。

抜《ぬ》かる 油断《ゆだん》してしくじる。例 相《あい》手《て》は昨年《さくねん》二《に》位《い》の強豪《きょうごう》だから抜《ぬ》かるなよ。

損《そん》じる ◎ほかの動詞《どうし》に付《つ》いて、「〜し損《そこ》なう」「間違《まちが》える」という意《い》味《み》を表《あらわ》す。例 ボールを受《う》け損《そん》じて、盗塁《とうるい》を許《ゆる》した。◎状態《じょうたい》を悪《わる》くする。例 上司《じょうし》の機嫌《きげん》を損《そん》じる。

仕損《しそん》じる 「やり損《そこ》なう」と同《おな》じ。例 急《せ》いては事《こと》を仕損《しそん》じる(物事《ものごと》は急《いそ》いでやると失敗《しっぱい》しやすいので、落《お》ち着《つ》いてやるべきだということ)。

つまずく ◎物事《ものごと》の途中《とちゅう》で障害《しょうがい》に出合《であ》い、しくじる。例 一回戦《いっかいせん》で、早《はや》くもつまずいてしまった。◎「倒《たお》れる」➡149

けつまずく ◎「つまずく」を強《つよ》めた言《い》い方《かた》。例 新会《しんがい》社《しゃ》を立《た》ち上《あ》げたが、資金難《しきんなん》でけつまずいた。◎「倒《たお》れる」➡149

誤《あやま》る ◎失敗《しっぱい》する。やり損《そこ》なう。例 パソコンの操作《そうさ》を誤《あやま》る。◎正《ただ》しくない判断《はんだん》をする。例 君《きみ》の考《かんが》え方《かた》は、自分勝手《じぶんかって》で誤《あやま》っているよ。

間違《まちが》う ◎し損《そこ》なう。例 一《ひと》つ間違《まちが》えば命取《いのちと》りになる。◎取《と》り違《ちが》える。例 乗《の》る電車《でんしゃ》を間違《まちが》う。

どじを踏《ふ》む 間《ま》の抜《ぬ》けた失敗《しっぱい》をする。例 足跡《あしあと》を残《のこ》してどじを踏《ふ》んだ泥棒《どろぼう》が、捕《つか》まった。

とちる 物事《ものごと》をやり損《そこ》ねる。本来《ほんらい》は、芝居《しばい》で役者《やくしゃ》がせりふや演技《えんぎ》を間違《まちが》えること。例 アナウンサーが、大根《だいこん》の産地名《さんちめい》をとちった。

墓穴《ぼけつ》を掘《ほ》る 身《み》を滅《ほろ》ぼす原因《げんいん》を自《じ》分《ぶん》で作《つく》る。自分《じぶん》で自《じ》分《ぶん》の墓《はか》の穴《あな》を掘《ほ》るということから。例 ピッチャーは突然《とつぜん》フォアボールを連発《れんぱつ》し、墓穴《ぼけつ》を掘《ほ》ってしまった。

二《に》の舞《まい》を演《えん》じる 前《まえ》の人《ひと》と同《おな》じ失敗《しっぱい》を繰《く》り返《かえ》す。例 前任者《ぜんにんしゃ》の**二《に》の舞《まい》を演《えん》じない**ように注意《ちゅうい》しよう。

失敗《しっぱい》 物事《ものごと》のやり方《かた》や方法《ほうほう》を誤《あやま》り、期待《きたい》した結果《けっか》にならないこと。例 旅客機《りょかくき》が着陸《ちゃくりく》に**失敗《しっぱい》**した。

失策《しっさく》 失敗《しっぱい》すること。とくに、野球《やきゅう》で守備側《しゅびがわ》の失敗《しっぱい》のことをいう。例 **失策《しっさく》**が続《つづ》いて、今日《きょう》のゲームは負《ま》けた。

失態《しったい》 みっともない失敗《しっぱい》をすること。例 みんなの見《み》ている前《まえ》で、とんだ**失態《しったい》**を演《えん》じてしまった。

落《お》ち度《ど》 失敗《しっぱい》の原因《げんいん》となった不注《ふちゅう》意《い》。例 集計方法《しゅうけいほうほう》に**落《お》ち度《ど》**があったらしい。例 今度《こんど》のことは、わたしの**落《お》ち度《ど》**だ。

過失《かしつ》 不注意《ふちゅうい》などから生《しょう》じた失敗《しっぱい》。例 彼《かれ》は素直《すなお》に自分《じぶん》の**過失《かしつ》**を認《みと》めた。

粗相《そそう》 ◎不注意《ふちゅうい》のために起《お》こった、他人《たにん》に失礼《しつれい》な失敗《しっぱい》。例 お客様《きゃくさま》に**粗相《そそう》**のないようにしなさい。◎大小《だいしょう》便《べん》をもらすこと。例 小《ちい》さな子《こ》どもが**粗《そ》相《そう》**をする。

過誤《かご》 「過失《かしつ》」と同《おな》じ。例 書類《しょるい》の記《き》入《にゅう》には、**過誤《かご》**のないようご注《ちゅう》意《い》ください。

手違《てちが》い あらかじめ決《き》まっている手《て》順《じゅん》や手段《しゅだん》などを間違《まちが》えること。例 こちらの**手違《てちが》い**でお待《ま》たせしてしまい、申《もう》し訳《わけ》ありません。

「しくじる」に関連《かんれん》することば

前車《ぜんしゃ》の轍《てつ》を踏《ふ》む 前《まえ》の人《ひと》と同《おな》じ方法《ほうほう》を繰《く》り返《かえ》して、また失敗《しっぱい》してしまうこと。「前車《ぜんしゃ》の轍《てつ》」は、同《おな》じ道《みち》を先《さき》に通《とお》った車《くるま》の車輪《しゃりん》の跡《あと》。前《まえ》の車《くるま》が転覆《てんぷく》しているなら、その跡《あと》をたどれば、同《おな》じように転覆《てんぷく》することから。「前轍《ぜんてつ》を踏《ふ》む」「轍《てつ》を踏《ふ》む」ともいう。

上手《じょうず》の手《て》から水《みず》が漏《も》れる どんなに腕《うで》のいい人《ひと》でも、たまには失敗《しっぱい》することがあるということ。

猿《さる》も木《き》から落《お》ちる 木登《きのぼ》りが上手《じょうず》なサルも、たまには落《お》ちることがあるということから、名人《めいじん》でも油断《ゆだん》すると失敗《しっぱい》することがあるというたとえ。

河童《かっぱ》の川流《かわなが》れ 泳《およ》ぎのうまい河童《かっぱ》でも、水《みず》に押《お》し流《なが》されることがあるということから、どんなに上手《じょうず》な人《ひと》でも、ときには失敗《しっぱい》することがあるというたとえ。

弘法《こうぼう》にも筆《ふで》の誤《あやま》り 書道《しょどう》の名人《めいじん》である弘法大師《こうぼうだいし》というお坊《ぼう》さんにも、ときには書《か》き誤《あやま》りがあるということから、どんなに優《すぐ》れた人《ひと》でも、ときには過《あやま》ちを犯《おか》すことがあるというたとえ。

虻蜂取《あぶはちと》らず アブとハチを一度《いちど》に追《お》いかけてもどちらも取《と》れないように、あれもこれもとよくばってやると、どれも失敗《しっぱい》するということ。

失敗《しっぱい》は成功《せいこう》のもと 失敗《しっぱい》してもあきらめないで、よくそのわけを考《かんが》えて注《ちゅう》意深《いぶか》くやれば、次《つぎ》には立派《りっぱ》に成功《せいこう》するということ。

◆＝もっと知《し》りたい、ことばの知識《ちしき》。

間違《まちが》い 正《ただ》しくない状態《じょうたい》や結果《けっか》。例 漢字《かんじ》の間違《まちが》いを正《ただ》しく直《なお》す。

過《あやま》ち ◎「間違《まちが》い」と同《おな》じ。例 ふとした過《あやま》ちから、事故《じこ》を起《お》こしてしまった。◎取《と》り返《かえ》しのつかない失《しっ》敗《ぱい》。社会的《しゃかいてき》に間違《まちが》った行《おこな》い。例 過《あやま》ちを認《みと》めて、悔《く》い改《あらた》める。

錯誤《さくご》 思《おも》い違《ちが》えること。間違《まちが》っている物事《ものごと》を、正《ただ》しいと思《おも》い誤《あやま》ること。例 父《ちち》の言《い》っていることは、時代《じだい》錯誤《さくご》もはなはだしい。

蹉跌《さてつ》 つまずくこと。失敗《しっぱい》して行《い》き詰《づ》まること。例 青春《せいしゅん》に蹉跌《さてつ》はつきものだ。

手落《てお》ち 手続《てつづ》きや方法《ほうほう》に、不手際《ふてぎわ》や不足《ふそく》があること。例 品質《ひんしつ》管理《かんり》に手落《てお》ちがあった。

抜《ぬ》かり 「手落《てお》ち」と同《おな》じ。「抜《ぬ》かりなく」という形《かたち》で使《つか》われることが多《おお》い。例 抜《ぬ》かりなく準備《じゅんび》をする。

手抜《てぬ》かり 配慮《はいりょ》が欠《か》けていて、処《しょ》置《ち》が不十分《ふじゅうぶん》なこと。例 工事《こうじ》に手抜《てぬ》かりがあった。

早《はや》とちり よく理解《りかい》していないのに、せっかちに判断《はんだん》して間違《まちが》えること。例 お前《まえ》は慌《あわ》てると早《はや》とちりするから、気《き》をつけなさい。似 早合点《はやがてん》。

不覚《ふかく》 油断《ゆだん》して思《おも》わぬ失敗《しっぱい》をすること。例 格下《かくした》のチームに不覚《ふかく》を取《と》る。

黒星《くろぼし》 重大《じゅうだい》な失敗《しっぱい》。本来《ほんらい》は、相撲《すもう》で負《ま》けたほうに付《つ》ける黒《くろ》くて丸《まる》いしるし(●)のこと。例 この失言《しつげん》は、首相《しゅしょう》には大《おお》きな黒星《くろぼし》だ。

ぽか 思《おも》いがけなくやってしまった、とんでもない失敗《しっぱい》。本来《ほんらい》は、囲碁《いご》・将棋《しょうぎ》での、とんでもなく悪《わる》い手《て》のこと。例 あいつのぽかが出《で》て、楽《らく》勝《しょう》の試合《しあい》を落《お》としてしまった。

へま 間《ま》の抜《ぬ》けた失敗《しっぱい》。例 またへまをしてしまった。

エラー 「失策《しっさく》」「失敗《しっぱい》」などの意味《いみ》の英語《えいご》。例 外野手《がいやしゅ》のエラーで一点《いってん》取《と》られた。

ミス 「失敗《しっぱい》」という意味《いみ》の英語《えいご》。例 これ以上《いじょう》、ミスはできない。

ケアレスミス 不注意《ふちゅうい》による、つまらないミス。「ケア」は注意《ちゅうい》、「レス」は「〜がない」という意味《いみ》の英語《えいご》。例 試験《しけん》のときは、ケアレスミスに十分《じゅうぶん》気《き》をつけよう。

凡《ぼん》ミス 「ケアレスミス」と同《おな》じ。例 あんな凡《ぼん》ミスをしていては、金《きん》メダルは取《と》れないぞ。

ミスる 不注意《ふちゅうい》で失敗《しっぱい》する。ミスをする。例 弟《おとうと》のやつ、また計算《けいさん》をミスったな。

NG《エヌジー》 映画《えいが》やテレビなどで、出演者《しゅつえんしゃ》などが失敗《しっぱい》すること。また、その失敗《しっぱい》。ノーグッド(no good)の頭《かしら》文字《もじ》からできたことば。例 せりふをとちって、監督《かんとく》にNG《エヌジー》を出《だ》された。

うかうか 何《なに》かに気《き》を取《と》られて、失敗《しっぱい》するようす。例 うかうかしているうちに、チャンスを逃《のが》してしまった。

うっかり ◎ぼんやりしていて気《き》がつかず、失敗《しっぱい》するようす。例 うっかりして、一駅《ひとえき》乗《の》り越《こ》してしまった。◎「忘《わす》れる」➡308

戦《たたか》う

fight
［ファイト］

このページも見《み》てみよう
▼競争《きょうそう》する ➡352
▼攻《せ》める ➡363

たたかう

◎武力《ぶりょく》などで相手《あいて》を打《う》ち負《ま》かそうと、力《ちから》を尽《つ》くす。例敵《てき》と戦《たたか》う。例今日《きょう》戦《たたか》う相手《あいて》は、昨年優勝《さくねんゆうしょう》した強豪《きょうごう》チームだ。◆「戦《たたか》う」と書《か》く。◎降《ふ》りかかる困難《こんなん》などを克服《こくふく》する。例病気《びょうき》と闘《たたか》う。例人間《にんげん》は常《つね》に、厳《きび》しい自然《しぜん》と闘《たたか》ってきた。◆「闘《たたか》う」と書《か》く。◎「競争《きょうそう》する」➡352

戦《たたか》い抜《ぬ》く

途中《とちゅう》でやめることなく、最後《さいご》まで力《ちから》いっぱい戦《たたか》う。例試合《しあい》には負《ま》けたが、最後《さいご》まで戦《たたか》い抜《ぬ》いたので悔《く》いはない。

争《あらそ》う

◎戦《たたか》って相手《あいて》を負《ま》かそうとする。例親《おや》の遺産《いさん》をめぐって、兄弟《きょうだい》が争《あらそ》う。◎「競争《きょうそう》する」➡352

やり合《あ》う

互《たが》いに一歩《いっぽ》も引《ひ》かず、ことばや腕力《わんりょく》で争《あらそ》う。例公開討論会《こうかいとうろんかい》で、各党《かくとう》の代表《だいひょう》が激《はげ》しくやり合《あ》う。

ぶつかる

◎対立《たいりつ》して争《あらそ》う。例仕事《しごと》の分担《ぶんたん》の仕方《しかた》で、友《とも》だちとぶつかる。◎相手《あいて》として、直接《ちょくせつ》、戦《たたか》う。例初戦《しょせん》で優勝候補《ゆうしょうこうほ》のチームとぶつかってしまった。◎人《ひと》や物同士《ものどうし》が衝突《しょうとつ》する。例交差点《こうさてん》で、車《くるま》とバイクがぶつかった。◎「会《あ》う」➡323 ◎「頑張《がんば》る」➡480

渡《わた》り合《あ》う

◎堂々《どうどう》とした態度《たいど》で、相手《あいて》となって戦《たたか》う。例柔道部《じゅうどうぶ》の先輩《せんぱい》と、試合《しあい》で五分《ごぶ》に渡《わた》り合《あ》う。◎「論《ろん》じる」➡284

奪《うば》い合《あ》う

数《かず》に限《かぎ》りのあるものを、互《たが》いに取《と》ろうとして争《あらそ》う。例社長《しゃちょう》のいすを、三人《さんにん》の息子《むすこ》たちが奪《うば》い合《あ》う。

火花《ひばな》を散《ち》らす

互《たが》いに激《はげ》しく闘《とう》志《し》を燃《も》やして争《あらそ》う。刀《かたな》の刃《は》と刃《は》がぶつかって、火花《ひばな》が出《で》るほど激《はげ》しく切《き》り合《あ》うという意味《いみ》から。例優勝候補同士《ゆうしょうこうほどうし》の火花《ひばな》を散《ち》らす戦《たたか》いを、満員《まんいん》の観客《かんきゃく》は息《いき》をのんで見守《みまも》った。

組《く》み合《あ》う

互《たが》いに相手《あいて》の体《からだ》に組《く》みついて戦《たたか》う。つかみ合《あ》って争《あらそ》う。例レスリングの選手《せんしゅ》が、マットの中央《ちゅうおう》で組《く》み合《あ》う。

四《よ》つに組《く》む

◎相撲《すもう》で、互《たが》いに両手《りょうて》を差《さ》してまわしを取《と》り、がっちりと組《く》み合《あ》う。例横綱《よこづな》と大関《おおぜき》が、優勝決定戦《ゆうしょうけっていせん》でがっぷりと四《よ》つに組《く》んだ。◎正面《しょうめん》から堂々《どうどう》とぶつかる。例子《こ》どものためにも、大人《おとな》たちがいじめ問題《もんだい》と四《よ》つに組《く》むことが必要《ひつよう》だ。

立《た》ち合《あ》う

互《たが》いに向《む》き合《あ》って勝負《しょうぶ》を争《あらそ》う。とくに、格闘《かくとう》技《ぎ》や武術《ぶじゅつ》で戦《たたか》う。例剣道《けんどう》の先生《せんせい》と竹刀《しない》で立《た》ち合《あ》う。

しのぎを削《けず》る

激《はげ》しく争《あらそ》う。激《はげ》しく競《せ》り合《あ》う。「しのぎ」は、刀《かたな》の側面《そくめん》の小高《こだか》く盛《も》り上《あ》

◆＝もっと知《し》りたい、ことばの知識《ちしき》。

がっている部分《ぶぶん》。それが削《けず》れるほど激《はげ》しく切《き》り合《あ》うということから。例ワールドカップ出場《しゅつじょう》をかけて、各《かく》チームが**しのぎを削《けず》って**いる。

角突《つのつ》き合《あ》わせる
仲《なか》が悪《わる》くて、何《なに》かにつけて対立《たいりつ》したりけんかしたりする。牛《うし》がけんかをするとき、角《つの》で突《つ》き合《あ》うことから。例あの二人《ふたり》は、小《ちい》さいころから何《なに》かと言《い》うと**角突《つのつ》き合《あ》わせて**いる。

血《ち》で血《ち》を洗《あら》う
仲間《なかま》や親族同士《しんぞくどうし》が、互《たが》いにむごい争《あらそ》いをする。中国《ちゅうごく》の昔《むかし》の歴史書《れきししょ》の中《なか》の表現《ひょうげん》で、悪事《あくじ》の決着《けっちゃく》をつけようとして、さらに悪事《あくじ》を重《かさ》ねるという意味《いみ》から。例民族同士《みんぞくどうし》の対立《たいりつ》が、やがて**血《ち》で血《ち》を洗《あら》う**内戦《ないせん》へと拡大《かくだい》した。

骨肉相食《こつにくあいは》む
親子《おやこ》・兄弟《きょうだい》など、血《ち》のつながった者同士《ものどうし》が争《あらそ》う。例祖父《そふ》の遺産《いさん》をめぐり、兄弟《きょうだい》同士《どうし》で**骨肉相食《こくにくあいは》む**争《あらそ》いが始《はじ》まった。

雌雄《しゆう》を決《けっ》する
戦《たたか》って、どちらが強《つよ》いかを決《き》める。優劣《ゆうれつ》を決《き》める。例全勝《ぜんしょう》を守《まも》った横《よこ》綱《づな》同士《どうし》が、千秋楽《せんしゅうらく》で**雌雄《しゆう》を決《けっ》する**。

竜虎相《りゅうこあい》うつ
実力《じつりょく》が同《おな》じくらい優《すぐ》れた二人《ふたり》の勇者《ゆうしゃ》が戦《たたか》う。「竜《りゅう》(想像上《そうぞうじょう》の動物《どうぶつ》)虎《こ》(トラ)」は、非常《ひじょう》に強《つよ》いもののたとえ。例両者《りょうしゃ》の戦《たたか》いは**竜虎相《りゅうこあい》うつ**大勝負《おおしょうぶ》となった。

戦端《せんたん》を開《ひら》く
戦闘《せんとう》を始《はじ》める。「戦《せん》端《たん》」は、戦《たたか》いの糸口《いとぐち》、戦闘《せんとう》の始《はじ》めという意味《いみ》。例川《かわ》を挟《はさ》んでにらみ合《あ》っていた両軍《りょうぐん》は、一発《いっぱつ》の銃声《じゅうせい》を機《き》に**戦端《せんたん》を開《ひら》いた**。

火蓋《ひぶた》を切《き》る
戦闘《せんとう》や試合《しあい》を始《はじ》める。「火蓋《ひぶた》」は、火《ひ》縄銃《なわじゅう》の火皿《ひざら》(火薬《かやく》を盛《も》る部分《ぶぶん》)を覆《おお》うふた。それを開《ひら》いて発砲《はっぽう》の用意《ようい》をすることから。例予選《よせん》を勝《か》ち進《すす》んできた両《りょう》チームが、熱戦《ねっせん》の**火蓋《ひぶた》を切《き》った**。

一戦《いっせん》を交《まじ》える
一勝負《ひとしょうぶ》する。また、意見《いけん》などが対立《たいりつ》して争《あらそ》う。例どうでもいいようなつまらないことで、兄《あに》と**一戦《いっせん》を交《まじ》えて**しまった。似一戦《いっせん》に及《およ》ぶ。

干戈《かんか》を交《まじ》える
戦《たたか》う。戦争《せんそう》をする。「干《かん》」は盾《たて》(矢《や》や刀《かたな》などから身《み》を守《まも》る防具《ぼうぐ》)、「戈《か》」は矛《ほこ》(長《なが》い棒《ぼう》の先《さき》に両《りょう》刃《ば》の剣《けん》をつけた武《ぶ》器《き》)で、「干戈《かんか》」で戦《せん》争《そう》のこと。例隣国《りんごく》同士《どうし》が、**干戈《かんか》を交《まじ》える**事態《じたい》となる。

健闘《けんとう》
くじけないで、力《ちから》いっぱいに元気《げんき》よく戦《たたか》うこと。例互《たが》いの**健闘《けんとう》**をたたえ合《あ》う。

敢闘《かんとう》
勇《いさ》ましく戦《たたか》うこと。勇敢《ゆうかん》に戦《たたか》うこと。例サッカーの練習《れんしゅう》試合《じあい》で、四年生《よねんせい》のチームが、六年生《ろくねんせい》を相手《あいて》に最後《さいご》まで**敢闘《かんとう》**した。

奮戦《ふんせん》
◎力《ちから》を奮《ふる》って戦《たたか》うこと。例強豪《きょうごう》チームを相手《あいて》に**奮戦《ふんせん》**する。◎「頑張《がんば》る」↓482

奮闘《ふんとう》
◎力《ちから》の限《かぎ》り戦《たたか》うこと。例優《ゆう》勝《しょう》候補《こうほ》を相手《あいて》に**奮闘《ふんとう》**したが、最後《さいご》で力尽《ちからつ》きた。◎「頑張《がんば》る」↓482

力戦《りきせん》
力《ちから》の限《かぎ》り戦《たたか》うこと。例両《りょう》チームが**力戦《りきせん》**し、勝負《しょうぶ》は延長戦《えんちょうせん》へともつれ込《こ》んだ。

力闘《りきとう》
「力戦《りきせん》」と同《おな》じ。例両《りょう》チームの**力闘《りきとう》**に、大観衆《だいかんしゅう》から拍手《はくしゅ》がわき起《お》こった。

	強敵《きょうてき》を相手《あいて》に——する	経営《けいえい》の安定《あんてい》のため——する	リングの上《うえ》の——
奮戦	○	○	－
奮闘	○	○	－
力戦	○	－	○
力闘	○	－	○

熱戦《ねっせん》　熱《ねつ》のこもった激《はげ》しい戦《たたか》い。おもに、スポーツでの激《はげ》しい試《し》合《あい》や勝負《しょうぶ》のこと。例 **熱戦《ねっせん》**の末《すえ》、わがチームが勝利《しょうり》を収《おさ》めた。

激戦《げきせん》　激《はげ》しく戦《たたか》うこと。戦争《せんそう》にも、スポーツの試合《しあい》や競争《きょうそう》にも使《つか》われる。例 深紅《しんく》の大優勝《だいゆうしょう》旗《き》を目指《めざ》し、炎天下《えんてんか》で**激戦《げきせん》**が続《つづ》いている。

激闘《げきとう》　激《はげ》しく戦《たたか》うこと。おもに、スポーツの試合《しあい》に使《つか》われる。例 **激闘《げきとう》**の末《すえ》、わが校《こう》のチームは一点差《いってんさ》で勝利《しょうり》した。

死闘《しとう》　ありったけの力《ちから》を尽《つ》くして戦《たたか》うこと。戦争《せんそう》やスポーツなどにも使《つか》われる。例 リングの上《うえ》でチャンピオンベルトをかけて、**死闘《しとう》**を繰《く》り広《ひろ》げる。

苦戦《くせん》　不利《ふり》な状況《じょうきょう》の中《なか》で、苦《くる》しい戦《たたか》いをすること。例 選挙《せんきょ》で、新《しん》人候補《じんこうほ》を相手《あいて》に大臣《だいじん》が**苦戦《くせん》**している。

苦闘《くとう》　苦《くる》しみに耐《た》えて戦《たたか》うこと。困《こん》難《なん》に打《う》ち勝《か》とうと必死《ひっし》に努力《どりょく》すること。例 委員長《いいんちょう》は、クラスをまとめようと悪戦《あくせん》**苦闘《くとう》**している。

乱戦《らんせん》　◎敵味方《てきみかた》が入《い》り乱《みだ》れて戦《たたか》うこと。例 雪合戦《ゆきがっせん》で、だれが味方《みかた》なのか分《わ》からない**乱戦《らんせん》**になった。◎スポーツなどで、両方《りょうほう》が大量得点《たいりょうとくてん》をあげるなどの荒《あ》れ模様《もよう》の試合《しあい》になること。例 九回表《きゅうかいおもて》の満塁《まんるい》ホームランで、**乱戦《らんせん》**に終止符《しゅうしふ》が打《う》たれた。

乱闘《らんとう》　大勢《おおぜい》が入《い》り乱《みだ》れ、取《と》っ組《く》み合《あ》いや殴《なぐ》り合《あ》いをすること。例 デッドボールが原因《げんいん》で、マウンド上《じょう》は大**乱闘《らんとう》**になった。

混戦《こんせん》　入《い》り乱《みだ》れて戦《たたか》うこと。試合《しあい》や選挙《せんきょ》などの場合《ばあい》は、同《おな》じくら

世界《せかい》のことばで応援《おうえん》してみよう
深谷先生《ふかやせんせい》のちょっとひと息《いき》

けんかや戦《たたか》いの応援《おうえん》、ましてや戦争《せんそう》の応援《おうえん》なんてまっぴらですが、平和《へいわ》な戦《たたか》いであるスポーツの応援《おうえん》は楽《たの》しいもの。そのときにはがんばれ！と声《こえ》を張《は》り上《あ》げますが、これは、困難《こんなん》に打《う》ち勝《か》てという意味《いみ》。では、世界《せかい》の国々《くにぐに》では、どのような声援《せいえん》を送《おく》っているのでしょうか。

外国語《がいこくご》では、試合《しあい》が優勢《ゆうせい》か劣勢《れっせい》かによって声援《せいえん》のことばが変《か》わる場合《ばあい》が多《おお》く、がんばれのようにいつでも使《つか》えることばはなかなかありません。それでもおもなものをまとめると、英語《えいご》のファイト！は、戦《たたか》えという意味《いみ》。イタリア語《ご》のフォルツァ！や、韓国語《かんこくご》のヒムネ！は、力《ちから》（を出《だ》せ）という意味《いみ》です。スペイン語《ご》では、やる気《き》（を出《だ》せ）ということでアニモ！と叫《さけ》びます。中国語《ちゅうごくご》では加油《ジャアヨウ》！と言《い》い、これは読《よ》んで字《じ》のごとく、火《ひ》やエンジンなどに油《あぶら》を加《くわ》えろということ。声援《せいえん》というガソリンを燃《も》やして、フルパワーになれそうなことばですね。

◆＝もっと知《し》りたい、ことばの知識《ちしき》。

いの力《ちから》の者同士《ものどうし》が競《きそ》い合《あ》う、勝敗《しょうはい》の分《わ》からない激《はげ》しい戦《たたか》いのこと。例この選《せん》挙区《きょく》は、新人《しんじん》と現職《げんしょく》入《い》り乱《みだ》れての混戦《こんせん》となった。

闘争《とうそう》 相手《あいて》を負《ま》かそうとして激《はげ》しく争《あらそ》うこと。とくに、政治《せいじ》のうえで違《ちが》う考《かんが》えの人《ひと》たちと争《あらそ》うこと。例民族《みんぞく》の独立《どくりつ》を勝《か》ち取《と》るために、長年《ながねん》闘争《とうそう》を続《つづ》けてきた。

抗争《こうそう》 張《は》り合《あ》って争《あらそ》うこと。相手《あいて》の武力《ぶりょく》や暴力《ぼうりょく》に対《たい》して、こちら側《がわ》も対抗《たいこう》して争《あらそ》うこと。例ギャング同《どう》士《し》の抗争《こうそう》に、一般市民《いっぱんしみん》が巻《ま》き込《こ》まれた。

衝突《しょうとつ》 ◎立場《たちば》や意見《いけん》が対立《たいりつ》する者同《ものどう》士《し》が争《あらそ》うこと。例だれをキャプテンに推《お》すかで、親友《しんゆう》と意見《いけん》が衝突《しょうとつ》した。◎物《もの》と物《もの》とがぶつかり合《あ》うこと。例高速道路《こうそくどうろ》でバスとトラックが衝突《しょうとつ》した。

決戦《けっせん》 最後《さいご》の勝敗《しょうはい》を決《き》めるために戦《たたか》うこと。また、その戦《たたか》い。スポーツのほか、戦争《せんそう》などにも使《つか》われる。例関ケ原《せきがはら》の戦《たたか》いは、天下分《てんかわ》け目《め》の決戦《けっせん》と言《い》われている。

戦闘《せんとう》 武器《ぶき》を持《も》って敵《てき》と戦《たたか》うこと。とくに、敵《てき》を倒《たお》そうと攻撃《こうげき》を繰《く》り返《かえ》す行動《こうどう》をいう。例彼《かれ》らは、激《はげ》しい戦闘《せんとう》をくぐり抜《ぬ》けてきたつわものばかりだ。

戦争《せんそう》 ◎対立《たいりつ》する国《くに》や勢力同士《せいりょくどうし》が、兵器《へいき》を用《もち》いて戦《たたか》うこと。例日《に》本《ほん》は、憲法《けんぽう》で戦争《せんそう》を放棄《ほうき》している。対平和《へいわ》。◎ほかのことばと結《むす》びついて、激《はげ》しい競争《きょうそう》や混乱《こんらん》のたとえ。例僕《ぼく》たちは今《いま》、受験戦争《じゅけんせんそう》のまっただ中《なか》にいる。

合戦《かっせん》 ◎「戦争《せんそう》」のこと。おもに、昔《むかし》の武士《ぶし》の戦争《せんそう》のこと。例源《みなもと》義経《よしつね》は、源平《げんぺい》の合戦《かっせん》で活躍《かつやく》した武将《ぶしょう》だ。◎ほかのことばと結《むす》びついて、相手《あいて》と優劣《ゆうれつ》を競《きそ》う物事《ものごと》をいうことば。例子《こ》どもたちが雪合戦《ゆきがっせん》を楽《たの》しんでいる。

戦《いくさ》 「戦争《せんそう》」のこと。例敵《てき》に裏《うら》をかかれて、みじめな負《ま》け戦《いくさ》に終《お》わる。

戦役《せんえき》 「戦争《せんそう》」のこと。例ひいおじいさんは、日露《にちろ》戦役《せんえき》に出征《しゅっせい》したそうだ。

役《えき》 「戦争《せんそう》」のこと。例源氏《げんじ》が東国《とうごく》に基盤《きばん》を築《きず》いた、後三年《ごさんねん》の役《えき》。

乱《らん》 「戦争《せんそう》」や「反乱《はんらん》」のこと。また、戦《せん》争《そう》や反乱《はんらん》で世《よ》の中《なか》が乱《みだ》れること。

「戦《たたか》う」に関連《かんれん》することば

蝸牛角上《かぎゅうかくじょう》の争《あらそ》い 狭《せま》い世界《せかい》でのつまらない争《あらそ》い。取《と》るに足《た》りないささいな争《あらそ》い。「蝸牛《かぎゅう》」は、カタツムリのこと。カタツムリの左《ひだり》の角《つの》にある国《くに》と右《みぎ》の角《つの》にある国《くに》が土地《とち》を争《あらそ》って戦《たたか》い、戦《せん》死者《ししゃ》が数万人《すうまんにん》も出《で》たという中国《ちゅうごく》の古《ふる》いたとえ話《ばなし》から。

コップの中《なか》の嵐《あらし》 本人《ほんにん》にとっては一大事《いちだいじ》だが、全体《ぜんたい》から眺《なが》めたら、限《かぎ》られた範《はん》囲《い》でのもめ事《ごと》に過《す》ぎないことのたとえ。

彼《かれ》を知《し》り己《おのれ》を知《し》れば百戦《ひゃくせん》あやうからず 敵《てき》と味方《みかた》の実力《じつりょく》・情勢《じょうせい》をよく知《し》ったうえで、それにかなった戦《たたか》いをすれば、何度《なんど》戦《たたか》っても負《ま》けることはない。「百戦《ひゃくせん》」は、数多《かずおお》くの戦《たたか》いのこと。中《ちゅう》国《ごく》の昔《むかし》の兵法書《へいほうしょ》から。

似《に》＝似た表現《ひょうげん》のことば。対＝反対《はんたい》の意味《いみ》のことば。例＝使《つか》い方《かた》の例《れい》。

例 京《きょう》の都《みやこ》を灰《はい》にした、応仁《おうにん》の乱《らん》。

内戦《ないせん》 同《おな》じ国民同士《こくみんどうし》が、敵味方《てきみかた》に分《わ》かれて国内《こくない》で行《おこな》う戦争《せんそう》。例 長《なが》く続《つづ》いた内戦《ないせん》によって、多《おお》くの犠牲者《ぎせいしゃ》が出《で》た。

内乱《ないらん》 政府《せいふ》に反対《はんたい》する人《ひと》たちが、その政府《せいふ》を倒《たお》す目的《もくてき》で国内《こくない》で起《お》こす戦争《せんそう》。例 政府軍《せいふぐん》によって内乱《ないらん》は鎮《ちん》圧《あつ》された。

反乱《はんらん》 政府《せいふ》や支配者《しはいしゃ》に不満《ふまん》を持《も》つ人《ひと》たちが、内乱《ないらん》を起《お》こすこと。例 西南戦争《せいなんせんそう》は、明治新政府《めいじしんせいふ》に対《たい》する不《ふ》平士族《へいしぞく》の反乱《はんらん》だ。

開戦《かいせん》 戦争《せんそう》を始《はじ》めること。例 開戦《かいせん》と同時《どうじ》に、隣国《りんごく》の兵《へい》が国境《こっきょう》を越《こ》えて進軍《しんぐん》してきた。対 終戦《しゅうせん》。

宣戦《せんせん》 戦争《せんそう》を始《はじ》めることを相手《あいて》の国《くに》に宣言《せんげん》すること。例 宣戦《せんせん》を布《ふ》告《こく》する。

参戦《さんせん》 戦争《せんそう》に参加《さんか》すること。スポーツなどの試合《しあい》に参加《さんか》することにもいう。例 同盟国側《どうめいこくがわ》に立《た》って参戦《さんせん》する。例 格闘技《かくとうぎ》の世界大会《せかいたいかい》に、有名選手《ゆうめいせんしゅ》が次々《つぎつぎ》と参戦《さんせん》を表明《ひょうめい》した。

交戦《こうせん》 兵力《へいりょく》をもって戦《たたか》いを交《まじ》えること。ほかの国《くに》と戦争状態《せんそうじょうたい》に入《はい》ること。例 和平交渉《わへいこうしょう》が決裂《けつれつ》し、敵国《てきこく》との交戦《こうせん》が避《さ》けられない事態《じたい》となる。

応戦《おうせん》 相手《あいて》の攻撃《こうげき》に応《おう》じて戦《たたか》うこと。試合《しあい》や競技《きょうぎ》で戦《たたか》う場合《ばあい》にも使《つか》われる。例 いつでも応戦《おうせん》できるように態勢《たいせい》を整《ととの》える。例 野党側《やとうがわ》の非難《ひなん》に、与《よ》党側《とうがわ》も負《ま》けじと応戦《おうせん》する。

接戦《せっせん》 ◎実力《じつりょく》が同《おな》じくらいの者同士《ものどうし》が争《あらそ》い、なかなか決着《けっちゃく》がつかない勝負《しょうぶ》。スポーツのほか、ゲーム・選挙《せんきょ》などに幅広《はばひろ》く使《つか》われる。例 決勝《けっしょう》戦《せん》は大接戦《だいせっせん》となり、延長《えんちょう》の末《すえ》ようやく勝負《しょうぶ》がついた。◎お互《たが》いが、とても近《ちか》づいて戦《たたか》うこと。例 川中島《かわなかじま》の戦《たたか》いでは、上杉《うえすぎ》・武田《たけだ》両軍《りょうぐん》の大将同士《たいしょうどうし》が接戦《せっせん》を演《えん》じた。

善戦《ぜんせん》 自分《じぶん》よりも実力《じつりょく》が上《うえ》の相手《あいて》に対《たい》して、よく戦《たたか》うこと。負《ま》けた側《がわ》の戦《たたか》いぶりについていう。例 強《きょう》豪《ごう》チームを相手《あいて》に善戦《ぜんせん》する。

連戦《れんせん》 何度《なんど》も続《つづ》けて戦《たたか》ったり、試合《しあい》をしたりすること。例 連戦《れんせん》につぐ連戦《れんせん》で、疲《つか》れ果《は》ててしまった。

転戦《てんせん》 あちこちと場所《ばしょ》を変《か》えて、各《かく》地《ち》で戦《たたか》ったり試合《しあい》をしたりすること。例 日本代表《にほんだいひょう》チームが、レベルアップのために世界各地《せかいかくち》を転戦《てんせん》する。

防戦《ぼうせん》 敵《てき》の攻撃《こうげき》を防《ふせ》ぐために戦《たたか》うこと。スポーツやゲームなどの場合《ばあい》にも使《つか》われる。例 鋭《するど》いパンチを浴《あ》びて、試合《しあい》は挑戦者《ちょうせんしゃ》の防戦《ぼうせん》一方《いっぽう》となった。

たたかい ◎たたかうこと。戦《せん》争《そう》。例 徳川家康《とくがわいえやす》が勝利《しょうり》を収《おさ》めた関ケ原《せきがはら》の戦《たたか》い。◆「戦《たたか》い」と書《か》く。◎困難《こんなん》に打《う》ち勝《か》つ努力《どりょく》をすること。例 貧《まず》しさとの闘《たたか》い。例 病魔《びょうま》との闘《たたか》い。◆「闘《たたか》い」と書《か》く。◎「競争《きょうそう》する」➡353

争《あらそ》い ◎争《あらそ》うこと。けんかすること。例 僕《ぼく》のクラスはまとまりが悪《わる》く、争《あらそ》いが絶《た》えない。◎「競争《きょうそう》する」➡353

立《た》ち回《まわ》り つかみ合《あ》いや殴《なぐ》り合《あ》いのけんかをして暴《あば》れること。芝居《しばい》や映画《えいが》の演技《えんぎ》で、切《き》り合《あ》ったり格闘《かくとう》をしたりすること。例 口論《こうろん》の

◆＝もっと知《し》りたい、ことばの知識《ちしき》。

あげく、大《おお》立《た》ち回《まわ》りを演《えん》じてしまった。

格闘《かくとう》

互《たが》いに組《く》み合《あ》って戦《たたか》うこと。物事《ものごと》の解決《かいけつ》のために必死《ひっし》に取《と》り組《く》むことのたとえとしても使《つか》われる。例 警察官《けいさつかん》は犯人《はんにん》と**格闘《かくとう》**の末《すえ》、ようやく逮捕《たいほ》した。例 夏休《なつやす》みの最後《さいご》の日《ひ》に、ため続《つづ》けた宿題《しゅくだい》の山《やま》と**格闘《かくとう》**した。

取《と》っ組《く》み合《あ》い

互《たが》いに組《く》みついて戦《たたか》うこと。例 ささいなことから、弟《おとうと》と**取《と》っ組《く》み合《あ》い**のけんかになった。

つかみ合《あ》い

「取《と》っ組《く》み合《あ》い」と同《おな》じ。例 路上《ろじょう》で**つかみ合《あ》い**をしていた男《おとこ》たちを、警察官《けいさつかん》が引《ひ》き離《はな》した。

角《つの》突《つ》き合《あ》い

仲《なか》が悪《わる》く、何《なに》かにつけて対立《たいりつ》したりけんかしたりすること。例 あの二人《ふたり》は顔《かお》を会《あ》わせると、**角《つの》突《つ》き合《あ》い**ばかりしている。似 いがみ合い。◆「つのづきあい」とも読《よ》む。

一《いっ》騎《き》討《う》ち

一対一《いちたいいち》で戦《たたか》うこと。相手《あいて》が複数《ふくすう》いる競技《きょうぎ》や選挙《せんきょ》などで、有力《ゆうりょく》な選手《せんしゅ》や候補者《こうほしゃ》が二人《ふたり》だけであること。昔《むかし》、馬《うま》に乗《の》った武士《ぶし》が、一対一《いちたいいち》の勝負《しょうぶ》をしたことから。例 マラソンは、予想通《よそうどお》り二人《ふたり》の有力選手《ゆうりょくせんしゅ》の**一《いっ》騎《き》討《う》ち**となった。◆「一《いっ》騎《き》打《う》ち」とも書《か》く。

骨肉《こつにく》の争《あらそ》い

親子《おやこ》・兄弟《きょうだい》などの血《ち》のつながった者同士《ものどうし》が、醜《みにく》く争《あらそ》うこと。例 祖父《そふ》の莫大《ばくだい》な遺《い》産《さん》をめぐって、兄弟《きょうだい》で**骨肉《こつにく》の争《あらそ》い**を演《えん》じる。

決闘《けっとう》

争《あらそ》いに決着《けっちゃく》をつけるため、日《にち》時《じ》・場《ば》所《しょ》などを取《と》り決《き》め、約《やく》束《そく》した方法《ほうほう》で命《いのち》を懸《か》けて戦《たたか》うこと。例 一族《いちぞく》の名誉《めいよ》を守《まも》るために、**決闘《けっとう》**を申《もう》し込《こ》む。

果《は》たし合《あ》い

「決闘《けっとう》」のこと。例 武士《ぶし》の面目《めんもく》をつぶされた上《うえ》は、**果《は》たし合《あ》い**をするしかあるまい。

同士討《どうしう》ち

味方同士《みかたどうし》の争《あらそ》い。また、誤《あやま》って味方《みかた》を攻撃《こうげき》してしまうこと。例 **同士討《どうしう》ち**を避《さ》けるために、合《あ》い言葉《ことば》を決《き》めておく。◆「同士《どうし》打《う》ち」とも書《か》く。

もめる

意見《いけん》が折《お》り合《あ》わず、なかなか決《き》まらないで争《あらそ》いが起《お》こる。例 劇《げき》の主役《しゅやく》をだれにするかで、クラス内《ない》が**もめる**。

もみ合《あ》う

互《たが》いが体《からだ》をぶつけ合《あ》い、押《お》し合《あ》い、入《い》り乱《みだ》れて争《あらそ》う。例 デモ隊《たい》が警官隊《けいかんたい》と激《はげ》しく**もみ合《あ》う**。

いがみ合《あ》う

互《たが》いに敵意《てきい》を持《も》って争《あらそ》い合《あ》う。例 土地《とち》の境界線《きょうかいせん》をめぐって、隣《となり》の家《いえ》の人《ひと》と**いがみ合《あ》う**。

ごたつく

問題《もんだい》が起《お》きてもめる。例 次期《じき》キャプテンにだれがなるかで、チーム内《ない》が**ごたつく**。

もめ事《ごと》

ちょっとした争《あらそ》い事《ごと》。ごたごたした争《あらそ》い。例 夫婦《ふうふ》の**もめ事《ごと》**に、子《こ》どもたちを巻《ま》き込《こ》まないでください。

トラブル

「もめ事《ごと》」「混乱《こんらん》」などの意味《いみ》の英語《えいご》。個人《こじん》の間《あいだ》のちょっとした争《あらそ》いや、仕事上《しごとじょう》の混乱《こんらん》などに使《つか》われ、規模《きぼ》が大《おお》きなものには使《つか》われない。機械《きかい》の故障《こしょう》という意味《いみ》でも使《つか》われる。例 彼《かれ》は行《い》く先々《さきざき》でトラブルを引《ひ》き起《お》こす。

いざこざ
小《ちい》さな争《あらそ》い事《ごと》。家庭内《かていない》や個人《こじん》のもめ事《ごと》に使《つか》われ、大《おお》きな集団《しゅうだん》の間《あいだ》のことにはあまり使《つか》われない。例 本《ほん》の貸《か》し借《か》りをめぐる、姉《あね》たちのいざこざに巻《ま》き込《こ》まれる。

ごたごた
小《ちい》さな争《あらそ》い事《ごと》。また、もめているようす。例 チーム内《ない》のごたごたを、話《はな》し合《あ》いで解《かい》決《けつ》する。

騒《さわ》ぎ
争《あらそ》いや混乱《こんらん》で、秩序《ちつじょ》が乱《みだ》れること。例 異臭《いしゅう》騒《さわ》ぎで、地下《ちか》鉄《てつ》のダイヤが乱《みだ》れる。

悶着《もんちゃく》
感情《かんじょう》などがもつれて起《お》こる、ちょっとした争《あらそ》い事《ごと》。例 食事《しょくじ》中《ちゅう》に悶着《もんちゃく》を起《お》こさないでほしい。似 一《ひと》悶着《もんちゃく》。

摩擦《まさつ》
意見《いけん》の違《ちが》いなどから生《しょう》じるもめ事《ごと》。物同士《ものどうし》がこすれ合《あ》うということから。例 貿易赤字《ぼうえきあかじ》が増大《ぞうだい》し、両国間《りょうこくかん》に摩擦《まさつ》が生《しょう》じる。

波風《なみかぜ》
家庭《かてい》など、小《ちい》さなグループに起《お》こるもめ事《ごと》。強《つよ》い風《かぜ》が吹《ふ》いて、静《しず》かだった水面《すいめん》に波《なみ》が立《た》つようすから。例 兄《あに》の進学問題《しんがくもんだい》で、家族《かぞく》の間《あいだ》に波風《なみかぜ》が立《た》つ。

風波《ふうは》
「波風《なみかぜ》」と同《おな》じ。例 監督《かんとく》が代《か》わってからというもの、チーム内《ない》に風波《ふうは》が絶《た》えない。

波乱《はらん》
◎もめ事《ごと》。例 静《しず》かな村《むら》に波乱《はらん》を巻《ま》き起《お》こす。◎物事《ものごと》に大《おお》きな変化《へんか》があること。例 初日《しょにち》に優勝候《ゆうしょうこう》補《ほ》が敗《やぶ》れ、大会《たいかい》は波乱《はらん》に満《み》ちた幕開《まくあ》けとなった。

小競《こぜ》り合《あ》い
小《ちい》さなもめ事《ごと》。また、集団同士《しゅうだんどうし》の衝突《しょうとつ》のうち、規模《きぼ》の小《ちい》さいもの。例 国境付《こっきょうふ》近《きん》では、今《いま》も小競《こぜ》り合《あ》いが続《つづ》いている。

内輪《うちわ》もめ
家族《かぞく》や仲間《なかま》である者同《ものどう》士《し》が、互《たが》いに争《あらそ》うこと。例 内輪《うちわ》もめばかりしているようでは、試合《しあい》にはとうてい勝《か》てない。似 内輪喧《うちわげん》嘩《か》。

喧嘩《けんか》
互《たが》いに相手《あいて》を負《ま》かそうとして、暴力《ぼうりょく》を振《ふ》るったり、悪口《わるくち》を言《い》ったりすること。例 あの二人《ふたり》は顔《かお》を合《あ》わせると喧嘩《けんか》ばかりしている。

いさかい
◎喧嘩《けんか》のこと。例 親友《しんゆう》と、ささいなことでいさかいを起《お》こす。◎「論《ろん》じる」➡286

紛争《ふんそう》
◎問題《もんだい》の決着《けっちゃく》がつかず、国《くに》などが争《あらそ》うこと。「戦争《せんそう》」よりは、規模《きぼ》が小《ちい》さい。例 国同士《くにどうし》が領有権《りょうゆうけん》を巡《めぐ》って、紛争《ふんそう》を続《つづ》けている。◎お互《たが》いの利益《りえき》をめぐって、裁判《さいばん》などで争《あらそ》うこと。例 遺産《いさん》をめぐる紛争《ふんそう》が裁判《さいばん》ざたになった。

すったもんだ
争《あらそ》いが次《つぎ》から次《つぎ》に起《お》こること。さんざんごたつくこと。例 すったもんだのあげく、王女様《おうじょさま》の役《やく》が決定《けってい》した。

内紛《ないふん》
ある地域《ちいき》やグループの中《なか》で起《お》こる争《あらそ》い。例 国王一家《こくおういっか》の内紛《ないふん》が、国中《くにじゅう》を巻《ま》き込《こ》んでの争《あらそ》いに発展《はってん》した。

泥仕合《どろじあい》
互《たが》いに相手《あいて》の弱点《じゃくてん》や秘密《ひみつ》などを暴《あば》き立《た》てて、醜《みにく》く争《あらそ》うこと。また、その争《あらそ》い。例 テレビの討《とう》論会《ろんかい》で、候補者同士《こうほしゃどうし》が泥仕合《どろじあい》を演《えん》じる。

冷戦《れいせん》
互《たが》いが実際《じっさい》に戦争《せんそう》をすることなく、いがみ合《あ》うこと。例 第二《だいに》次世《じせ》界大戦後《かいたいせんご》から一九九〇年《ねん》ごろまでの、アメリカとソビエト連邦《れんぽう》（現在《げんざい》のロシア）との間《あいだ》の争《あらそ》い。また、個人同士《こじんどうし》の争《あらそ》い事《ごと》にもいう。例 平和《へいわ》への祈《いの》りが通《つう》じ、冷戦《れいせん》状態《じょうたい》に終止符《しゅうしふ》が打たれる。
◆「冷《つめ》たい戦争《せんそう》」ともいう。

競争《きょうそう》する

compete
［コンピート］

このページも見《み》てみよう
▼
戦《たたか》う
⬇345

競《きそ》う 相手《あいて》に負《ま》けまいとして、争《あらそ》ったり戦《たたか》ったりする。互《たが》いに張《は》り合《あ》う。例 オリンピックで、日《ひ》ごろ鍛《きた》えた技《わざ》を競《きそ》う。例 チャリティーバザーに、みなさん競《きそ》ってご参加《さんか》ください。

競《きそ》い合《あ》う 互《たが》いに競《きそ》う。互《たが》いに争《あらそ》う。例 僕《ぼく》と彼《かれ》とは、学《がく》年《ねん》トップの座《ざ》を競《きそ》い合《あ》うライバルだ。

競《せ》り合《あ》う 力《ちから》の差《さ》があまりない者《もの》同士《どうし》が、互《たが》いに負《ま》けまいとして激《はげ》しく争《あらそ》う。例 三人《さんにん》の候補者《こうほしゃ》が、生徒会長《せいとかいちょう》のいすをめぐって激《はげ》しく競《せ》り合《あ》う。似 競《せ》る。

戦《たたか》う ◎力《ちから》や技《わざ》で優劣《ゆうれつ》を争《あらそ》う。試合《しあい》をする。例 スポーツマンシップにのっとり、正々堂々《せいせいどうどう》と戦《たたか》うことを誓《ちか》います。◎「戦《たたか》う」⬇345

争《あらそ》う ◎互《たが》いに相手《あいて》より優位《ゆうい》に立《た》とうとして張《は》り合《あ》う。例 全国《ぜんこく》から集《あつ》まった強豪《きょうごう》チームが優勝《ゆうしょう》を争《あらそ》う。◎「戦《たたか》う」⬇345

比《くら》べる 優劣《ゆうれつ》を争《あらそ》う。ほかのものと競争《きょうそう》する。例 弟《おとうと》とゲームの腕前《うでまえ》を比《くら》べる。

張《は》り合《あ》う ライバル同士《どうし》が相手《あいて》に対抗《たいこう》して競《きそ》う。例 成績《せいせき》で親友《しんゆう》と張《は》り合《あ》う。

向《む》こうを張《は》る 相手《あいて》として負《ま》けまいと対抗《たいこう》する。例 兄《あに》は新車《しんしゃ》を買《か》った親友《しんゆう》の向《む》こうを張《は》って、車《くるま》を買《か》い替《か》えた。

取《と》り合《あ》う あるものを、互《たが》いに手《て》に入《い》れようとして争《あらそ》う。例 ワゴンに乗《の》ったバーゲン品《ひん》を、客《きゃく》が取《と》り合《あ》う。似 奪《うば》い合《あ》う。

先《さき》を争《あらそ》う 人《ひと》よりも先《さき》になろうとして、争《あらそ》うように進《すす》む。例 電車《でんしゃ》のドアが開《ひら》くと、乗客《じょうきゃく》は先《さき》を争《あらそ》って乗《の》り込《こ》んだ。

向《む》こうに回《まわ》す 特定《とくてい》の人《ひと》や組織《そしき》などを相手《あいて》にして争《あらそ》う。例 強豪《きょうごう》チームを向《む》こうに回《まわ》して、最後《さいご》まで善戦《ぜんせん》した。

黒白《こくびゃく》を争《あらそ》う どちらが正《ただ》しくてどちらが正《ただ》しくないか、決着《けっちゃく》をつけるために争《あらそ》う。例 どちらの言《い》い分《ぶん》が正《ただ》しいか、法《ほう》に照《て》らして黒白《こくびゃく》を争《あらそ》う。似 白黒《しろくろ》を付《つ》ける。

競争《きょうそう》 優劣《ゆうれつ》や勝敗《しょうはい》などを互《たが》いに争《あらそ》うこと。勉強《べんきょう》・仕事《しごと》・スポーツ・遊《あそ》びなど、多《おお》くの事柄《ことがら》での争《あらそ》いについていう。例 どっちが早《はや》く宿題《しゅくだい》を終《お》わらせるか競争《きょうそう》しよう。

対戦《たいせん》 敵《てき》・味方《みかた》となって戦《たたか》うこと。例 抽選《ちゅうせん》で対戦《たいせん》相手《あいて》を決《き》める。

勝負《しょうぶ》 ◎勝《か》ち負《ま》け。例 試合《しあい》は延長《えんちょう》戦《せん》でやっと勝負《しょうぶ》がついた。◎勝《か》ち負《ま》けを決《き》めるために争《あらそ》うこと。また、その試合《しあい》。はっきり勝《か》ち負《ま》けのつく一対一《いちたいいち》の戦《たたか》いにいうことが多《おお》く、多《た》数《すう》で争《あらそ》う場合《ばあい》にはあまり使《つか》われない。例 上級生《じょうきゅうせい》相手《あいて》に、正々堂々《せいせいどうどう》と勝負《しょうぶ》する。

競合《きょうごう》 同《おな》じ部門《ぶもん》や分野《ぶんや》で、互《たが》いに競《せ》り合《あ》うこと。おもに、会社同《かいしゃどう》士《し》の争《あらそ》いについていう。例 多《おお》くの電話《でんわ》会社《がいしゃ》が**競合**《きょうごう》する、携帯電話《けいたいでんわ》市場《しじょう》。

対抗《たいこう》 同《おな》じ立場《たちば》にいる複数《ふくすう》の者《もの》が、互《たが》いに相手《あいて》に勝《か》とうとして争《あらそ》うこと。例 クラス**対抗**《たいこう》の球技大会《きゅうぎたいかい》で優《ゆう》勝《しょう》する。

対校《たいこう》 学校同士《がっこうどうし》が競《きそ》い合《あ》うこと。例 水泳《すいえい》の**対校**《たいこう》試合《じあい》に、選手《せんしゅ》として選《えら》ばれる。

競技《きょうぎ》 互《たが》いに技術《ぎじゅつ》を競《きそ》い、その優劣《ゆうれつ》を争《あらそ》うこと。スポーツに関《かん》して使《つか》われることが多《おお》い。例 小学生《しょうがくせい》の陸上《りくじょう》**競技**《きょうぎ》大会《たいかい》で、三位《さんい》に入賞《にゅうしょう》した。

試合《しあい》 スポーツ・武芸《ぶげい》などで、互《たが》いに戦《たたか》って勝敗《しょうはい》を争《あらそ》うこと。例 雨《あめ》が降《ふ》ったため、野球《やきゅう》の**試合**《しあい》は中止《ちゅうし》になった。

プレー 「競技《きょうぎ》」などの意味《いみ》の英語《えいご》。また、その技《わざ》や動作《どうさ》。ほかのことばと結《むす》びついて使《つか》われることが多《おお》い。例 正々堂々《せいせいどうどう》と**プレー**する。例 外野手《がいやしゅ》のファイン**プレー**に、観客《かんきゃく》から拍手《はくしゅ》がわく。

争奪《そうだつ》 争《あらそ》い合《あ》って奪《うば》い取《と》ること。例 各球団《かくきゅうだん》がスター選手《せんしゅ》の**争奪**《そうだつ》戦《せん》を繰《く》り広《ひろ》げる。

腕比べ《うでくら》 腕前《うでまえ》や腕力《わんりょく》を比《くら》べて、競《きそ》い合《あ》うこと。例 姉《あね》と料理《りょうり》の**腕比べ**《うでくら》をする。

根比べ《こんくら》 根気《こんき》の強《つよ》さを競《きそ》い合《あ》うこと。例 どちらが長《なが》く熱《あつ》いお風呂《ふろ》につかっていられるか、**根比べ**《こんくら》だ。

太刀打ち《たちう》 まともに張《は》り合《あ》って勝《しょう》負《ぶ》すること。刀《かたな》で互《たが》いに切《き》り合《あ》うことから。ふつう、「太刀《たち》打《う》ちできない」という形《かたち》で、圧倒的《あっとうてき》に強《つよ》い相手《あいて》と争《あらそ》って、とても勝《か》てそうにもないことをいう。例 頭脳《ずのう》では勝《まさ》っても、体力《たいりょく》ではとうてい彼《かれ》に**太刀打ち**《たちう》できない。

戦い《たたか》 ◎競技《きょうぎ》などで争《あらそ》うこと。例 今大会《こんたいかい》の最強《さいきょう》チームに**戦い**《たたか》を挑《いど》む。◎「戦《たたか》う」➡349

争い《あらそ》 ◎互《たが》いに相手《あいて》の優位《ゆうい》に立《た》とうとして、張《は》り合《あ》うこと。例 最後《さいご》まで優勝《ゆうしょう》**争い**《あらそ》に残《のこ》る。◎「戦《たたか》う」➡349

手合わせ《てあ》 力《ちから》を試《ため》すために、相手《あいて》と勝負《しょうぶ》をすること。囲《い》碁《ご》・将棋《しょうぎ》・武術《ぶじゅつ》などでよく使《つか》われる。例 剣道部《けんどうぶ》の先輩《せんぱい》と**手合わせ**《てあ》をしたが、あっという間《ま》に面《めん》をとられた。

せめぎ合い《あ》 互《たが》いに負《ま》けまいとして争《あらそ》うこと。例 投《とう》票日《ひょうび》を前《まえ》に、与野党《よやとう》の**せめぎ合い**《あ》も熱《ねつ》を帯《お》びてきた。

角逐《かくちく》 権力《けんりょく》や勢力《せいりょく》を得《え》るために、力《ちから》の差《さ》のないもの同士《どうし》が競《せ》り合《あ》うこと。「角《かく》」は競《きそ》う、「逐《ちく》」は追《お》うという意味《いみ》。例 与野党《よやとう》両陣営《りょうじんえい》の、激《はげ》しい**角逐**《かくちく》が続《つづ》く。

生存競争《せいぞんきょうそう》 生活《せいかつ》していくための激《はげ》しい競争《きょうそう》。生《い》きていくために互《たが》いに争《あらそ》い、強《つよ》いものが生《い》き残《のこ》り、弱《よわ》いものが滅《ほろ》ぶこと。人間《にんげん》にも動《どう》

◆＝もっと知《し》りたい、ことばの知識《ちしき》。

植物《しょくぶつ》にも使《つか》われる。例何《なに》が何《なん》でも、この厳《きび》しい**生存競争《せいぞんきょうそう》**を勝《か》ち抜《ぬ》いてみせる。

つば競《ぜ》り合《あ》い 激《はげ》しく競《せ》り合《あ》うこと。「つば」は、刀《かたな》の根元《ねもと》近《ちか》くにある手《て》を守《まも》る板《いた》で、それが接近《せっきん》するほどに近《ちか》づいて戦《たたか》うようすから。例両社《りょうしゃ》は、ゲーム市場《しじょう》で**つば競《ぜ》り合《あ》い**を演《えん》じている。

デッドヒート 「競《せ》り合《あ》い」という意味《いみ》の英語《えいご》。例ゴール前《まえ》の直線《ちょくせん》で二人《ふたり》が並《なら》び、激《はげ》しい**デッドヒート**を演《えん》じる。

シーソーゲーム 「接戦《せっせん》」という意味《いみ》の英語《えいご》。リードしたり逆転《ぎゃくてん》されたりすることが何度《なんど》も起《お》こる争《あらそ》い。シーソーのように、お互《たが》いの上下関係《じょうげかんけい》が入《い》れ替《か》わるようすから。例試合《しあい》は、逆転《ぎゃくてん》に次《つ》ぐ逆転《ぎゃくてん》の**シーソーゲーム**となった。

抜《ぬ》きつ抜《ぬ》かれつ 激《はげ》しい争《あらそ》いで、優劣《ゆうれつ》が何《なん》度《ど》も入《い》れ替《か》わるようす。例ゴール寸前《すんぜん》で、**抜《ぬ》きつ抜《ぬ》かれつ**の大接戦《だいせっせん》を演《えん》じる。

我先《われさき》 人《ひと》よりも先《さき》になろうとして争《あらそ》うようす。例ゲームの発売《はつばい》が開始《かいし》されると、人々《ひとびと》は**我先《われさき》**にと売《う》り場《ば》へ走《はし》っていった。似**我勝《われが》ち**。

「競争《きょうそう》する」に関連《かんれん》することば

中原《ちゅうげん》に鹿《しか》を逐《お》う ある地位《ちい》を得《え》ようとして互《たが》いに争《あらそ》う。とくに、政権《せいけん》や選挙《せんきょ》の争《あらそ》いのことをいう。多《おお》くの猟師《りょうし》が鹿《しか》を射止《いと》めようと、中原《ちゅうげん》（野原《のはら》のこと）を走《はし》り回《まわ》ることから、「中原《ちゅうげん》」を天下《てんか》に、「鹿《しか》」を帝位《ていい》になぞらえて言《い》ったもの。中国《ちゅうごく》の古《ふる》い書物《しょもつ》から。

勝《か》つ

win
［ウィン］

勝《か》つ ◎戦《たたか》って相手《あいて》より強《つよ》いことを示《しめ》す。例サッカーの試合《しあい》は、三対一《さんたいいち》で**勝《か》った**。対**負《ま》ける**。◎病気《びょうき》や欲望《よくぼう》などを抑《おさ》える。例「遊《あそ》びに行《い》こう」という友《とも》だちの誘惑《ゆうわく》に**勝《か》って**、宿《しゅく》題《だい》を終《お》わらせた。対**負《ま》ける**。

打《う》ち勝《か》つ ◎「勝《か》つ」の強調《きょうちょう》した言《い》い方《かた》。例強敵《きょうてき》に**打《う》ち勝《か》って**、県大会《けんたいかい》への出場《しゅつじょう》を決《き》めた。◎野球《やきゅう》などで、よく打《う》って相手《あいて》に勝《か》つ。例強力《きょうりょく》打線《だせん》が爆発《ばくはつ》し、十点《じってん》という大《たい》差《さ》で相手《あいて》チームに**打《う》ち勝《か》った**。

負《ま》かす 相手《あいて》に勝《か》つ。相手《あいて》を負《ま》けさせる。例将棋《しょうぎ》で父《ちち》を**負《ま》かす**。

打《う》ち負《ま》かす 「負《ま》かす」の強調《きょうちょう》した言《い》い方《かた》。また、打《う》ち勝《か》つこと。例一度《いちど》も勝《か》てなかった強敵《きょうてき》を**打《う》ち負《ま》かした**。

倒《たお》す 敵《てき》やスポーツの対戦相手《たいせんあいて》に勝《か》つ。例三年間《さんねんかん》負《ま》けなしのチャンピオンを、挑戦者《ちょうせんしゃ》が**倒《たお》した**。◎「殺《ころ》す」⬇136 ◎「倒《たお》れる」⬇149

打《う》ち倒《たお》す 「倒《たお》す」の強調《きょうちょう》した言《い》い方《かた》。例強豪《きょうごう》チームを**打《う》ち倒《たお》さない**と、決勝《けっしょう》には出場《しゅつじょう》できない。

破《やぶ》る ◎相手《あいて》を打《う》ち負《ま》かす。例去年《きょねん》の優勝校《ゆうしょうこう》を**破《やぶ》り**、応援席《おうえんせき》は大《おお》騒《さわ》ぎとなった。◎「逆《さか》らう」⬇457

似＝似《に》た表現《ひょうげん》のことば。対＝反対《はんたい》の意味《いみ》のことば。例＝使《つか》い方《かた》の例《れい》。

打《う》ち破《やぶ》る　「破《やぶ》る」の強調《きょうちょう》した言《い》い方《かた》。例 フルセットの大《だい》接戦《せっせん》の末《すえ》、ついに強敵《きょうてき》を**打《う》ち破《やぶ》った**。

下《くだ》す　相手《あいて》を負《ま》かす。例 名人《めいじん》が、四《よん》勝《しょう》二《に》敗《はい》で挑戦者《ちょうせんしゃ》を**下《くだ》した**。

叩《たた》く　◎相手《あいて》をやっつけたり強《つよ》く非《ひ》難《なん》したりする。例 ここで**叩《たた》いて**おかないと、将来恐《しょうらいこわ》い存在《そんざい》になるぞ。例 選挙違反《せんきょいはん》でマスコミに**叩《たた》かれる**。◎「叩《たた》く」➡157

叩《たた》きのめす　「叩《たた》く」の強調《きょうちょう》した言《い》い方《かた》。例 対戦相手《たいせんあいて》を、徹底的《てっていてき》に**叩《たた》きのめす**。似 **打《う》ちのめす**。

食《く》う　◎スポーツなどで、自分《じぶん》より強《つよ》い相手《あいて》に勝《か》つ。例 あの小柄《こがら》な力士《りきし》は、大物《おおもの》を**食《く》う**ので有名《ゆうめい》だ。◎俳優《はいゆう》が、演技力《えんぎりょく》で共演者《きょうえんしゃ》を圧倒《あっとう》する。例 主役《しゅやく》が脇役《わきやく》に**食《く》われる**。◎「暮《く》らす」➡217　◎「食《た》べる」➡226

やっつける　◎相手《あいて》をひどい目《め》にあわせて勝《か》つ。例 今度対戦《こんどたいせん》したら、徹底的《てっていてき》に**やっつけて**やる。◎作業《さぎょう》などを、いいかげんに急《いそ》いでやる。例 連休《れんきゅう》を前《まえ》に、仕事《しごと》を一気《いっき》に**やっつける**。

ほふる　◎相手《あいて》を打《う》ち倒《たお》す。例 侍《さむらい》が、一刀《いっとう》のもとに敵《てき》を**ほふる**。◎「殺《ころ》す」➡138

なぎ倒《たお》す　◎大勢《おおぜい》の敵《てき》を次々《つぎつぎ》に打《う》ち負《ま》かす。棒《ぼう》や槍《やり》などで、大勢《おおぜい》の敵《てき》の足《あし》を払《はら》って倒《たお》す。例 強豪校《きょうごうこう》を次々《つぎつぎ》に**なぎ倒《たお》し**、あれよあれよという間《ま》に優勝《ゆうしょう》した。◎「倒《たお》れる」➡149

ひねりつぶす　小《ちい》さな虫《むし》などを簡単《かんたん》に押《お》しつぶすように、相手《あいて》を簡単《かんたん》に負《ま》かす。例 あんな弱《よわ》い相手《あいて》なんか、あっという間《ま》に**ひねりつぶして**やる。

勝《か》ち進《すす》む　トーナメント・勝《か》ち抜《ぬ》き戦《せん》などで、勝《か》って次《つぎ》

「勝《か》つ」に関連《かんれん》することば①

栄冠《えいかん》　勝利者《しょうりしゃ》に与《あた》えられる冠《かんむり》。また、勝利《しょうり》・名誉《めいよ》のこと。

月桂冠《げっけいかん》　月桂樹《げっけいじゅ》の枝《えだ》と葉《は》で作《つく》った冠《かんむり》。古代《こだい》ギリシャで競技《きょうぎ》などに優勝《ゆうしょう》した人《ひと》に与《あた》えたため、名誉《めいよ》のしるしとなった。現在《げんざい》ではマラソンの優勝《ゆうしょう》者《しゃ》などに与《あた》えられる。

凱旋門《がいせんもん》　戦《たたか》いに勝《か》った軍隊《ぐんたい》を歓迎《かんげい》するために作《つく》った門《もん》。「凱旋《がいせん》」は、戦《たたか》いに勝《か》って帰《かえ》ること。フランス・パリの凱《がい》旋門《せんもん》が有名《ゆうめい》。

負《ま》けるが勝《か》ち　時《とき》と場合《ばあい》によっては、負《ま》けておいたほうがかえって有利《ゆうり》な結果《けっか》になり、結局《けっきょく》は勝《か》つことになるということ。

勝《か》ってかぶとの緒《お》を締《し》めよ　敵《てき》に勝《か》っても心《こころ》を緩《ゆる》めず、ますます用心《ようじん》して次《つぎ》の準備《じゅんび》を怠《おこた》るなということ。「緒《お》」は、かぶとを頭《あたま》にとめるひも。

勝《か》てば官軍《かんぐん》、負《ま》ければ賊軍《ぞくぐん》　理由《りゆう》はどうであれ、戦《たたか》いに勝《か》ったほうが正《ただ》しいとされるということ。「官軍《かんぐん》」は正《せい》統《とう》な軍隊《ぐんたい》、「賊軍《ぞくぐん》」はその反対《はんたい》。

行《こう》動《どう》
やり取《と》り
しくじる　戦《たたか》う　競争《きょうそう》する　▶勝《か》つ　負《ま》ける　攻《せ》める　守《まも》る・防《ふせ》ぐ

◆＝もっと知《し》りたい、ことばの知識《ちしき》。

の試《し》合《あい》に進《すす》む。例 このまま**勝《か》ち進《すす》めば**、念願《ねんがん》の初優勝《はつゆうしょう》も夢《ゆめ》ではない。似 **勝《か》ち上《あ》がる**。

勝《か》ち抜《ぬ》く 試《し》合《あい》などに勝《か》ち続《つづ》ける。また、最後《さいご》まで勝《か》ち通《とお》す。例 厳《きび》しい受験戦争《じゅけんせんそう》を**勝《か》ち抜《ぬ》く**。

勝《か》ち残《のこ》る 試《し》合《あい》に勝《か》って、次《つぎ》の試《し》合《あい》に出場《しゅつじょう》できるようになる。例 苦《くる》しい戦《たたか》いを制《せい》し、決勝《けっしょう》トーナメントに**勝《か》ち残《のこ》った**。

勝《か》ち取《と》る 争《あらそ》って自分《じぶん》のものにする。例 厳《きび》しい国内予選《こくないよせん》を突破《とっぱ》して、オリンピック出場権《しゅつじょうけん》を**勝《か》ち取《と》る**。

勝《か》ち越《こ》す 勝《か》った数《かず》が負《ま》けた数《かず》より多《おお》くなる。得点《とくてん》が失《しっ》点《てん》を上回《うわまわ》る。例 このグループで**勝《か》ち越《こ》した**チームが、アジア大会《たいかい》への出場権《しゅつじょうけん》を得《え》る。対 **負《ま》け越《こ》す**。◆相撲《すもう》では、一《ひと》場所《ばしょ》の十五《じゅうご》取組《とりくみ》で八勝《はっしょう》以上《いじょう》すること。他《た》のスポーツでは、同《おな》じ相手《あいて》との過去《かこ》の全《ぜん》試《し》合《あい》で勝《か》った数《かず》のほうが多《おお》いこと。また、一《ひと》つの試《し》合《あい》中《ちゅう》にリードから同点《どうてん》に追《お》いつかれた側《がわ》が、再《ふたた》び得点《とくてん》して勝《か》つことなどにいう。

勝《か》ち誇《ほこ》る ➡「いばる」448

逃《に》げ切《き》る ◎点数《てんすう》や順位《じゅんい》などを追《お》いつかれずに、最後《さいご》までリードしたままで勝《か》つ。例 後半《こうはん》追《お》い上《あ》げられたが、どうにか**逃《に》げ切《き》った**。◎「逃《に》げる」➡193

勝《か》ちを制《せい》する 勝利《しょうり》を自分《じぶん》のものとする。「制《せい》する」は、自分《じぶん》のものにすること。例 本《ほん》大会《たいかい》で**勝《か》ちを制《せい》した**チームが、全国《ぜんこく》大《たい》会《かい》に出場《しゅつじょう》できる。

凱歌《がいか》をあげる 戦《たたか》いに勝《か》つ。勝《しょう》利《り》して喜《よろこ》びの声《こえ》をあげる。「凱歌《がいか》」は、勝利《しょうり》を祝《いわ》う歌《うた》のこと。例 全国大会《ぜんこくたいかい》への出場《しゅつじょう》をかけた決《けっ》勝《しょう》で、**凱歌《がいか》をあげた**。

勝《か》ちどきをあげる 戦《たたか》いに勝利《しょうり》して、喜《よろこ》びの声《こえ》をあげる。「勝《か》ちどき」は、昔《むかし》、戦《いくさ》に勝《か》った側《がわ》の兵士《へいし》らがいっせいにあげる叫《さけ》び声《ごえ》のこと。例 勝利《しょうり》チームが「えいえい、おーっ」と大声《おおごえ》で**勝《か》ちどきをあげる**。

勝《か》ちを拾《ひろ》う 負《ま》けそうなところを、思《おも》いがけなく勝《か》つ。例 苦《くる》しい試《し》合《あい》だったが、敵《てき》のエラーのおかげで**勝《か》ちを拾《ひろ》った**。似 **星《ほし》を拾《ひろ》う**。

総《そう》なめにする すべての相手《あいて》に勝《か》つ。その年《とし》のすべての大会《たいかい》や競技会《きょうぎかい》で優勝《ゆうしょう》する。例 今年《ことし》大活躍《だいかつやく》したあの選手《せんしゅ》は、個人《こじん》タイトルを**総《そう》なめにした**。

引《ひ》けを取《と》らない 物事《ものごと》に後《おく》れを取《と》ったり、負《ま》けたりしていない。「引《ひ》け」は、相手《あいて》と比《くら》べて劣《おと》ること。例 練習量《れんしゅうりょう》では、どのチームにも**引《ひ》けを取《と》らない**。

駒《こま》を進《すす》める 次《つぎ》の段階《だんかい》へ勝《か》ち進《すす》む。「駒《こま》」は、馬《うま》のこと。例 卓球《たっきゅう》チームは順調《じゅんちょう》に勝《か》ち進《すす》み、準決勝《じゅんけっしょう》に**駒《こま》を進《すす》めた**。

勝《か》ち 勝《か》つこと。例 次《つぎ》のセットを取《と》れば、ぼくらの**勝《か》ち**だ。対 **負《ま》け**。

勝利《しょうり》 勝《か》つこと。「勝《か》ち」に比《くら》べて、大《おお》きな事柄《ことがら》で勝《か》つことをいう場合《ばあい》が多《おお》い。例 第二次世界大戦《だいにじせかいたいせん》は、連《れん》合国側《ごうこくがわ》が勝利《しょうり》して終結《しゅうけつ》した。対 敗北《はいぼく》。

	——を得《え》る	——の栄冠《えいかん》	わたしの——だ
勝ち	○	－	○
勝利	○	○	△

完勝《かんしょう》 試合《しあい》などで戦《たたか》いぶりが優《すぐ》れ、危《あぶ》なげなく勝《か》つこと。例 柔道《じゅうどう》の世界選手権《せかいせんしゅけん》は、日本《にほん》の完勝《かんしょう》だった。対 完敗《かんぱい》。

大勝《たいしょう》 相手《あいて》に大差《たいさ》をつけて勝《か》つこと。例 今年《ことし》の運動会《うんどうかい》は、赤組《あかぐみ》が大《たい》勝《しょう》した。対 大敗《たいはい》。

圧勝《あっしょう》 圧倒的《あっとうてき》な強《つよ》さで、一方的《いっぽうてき》に勝《か》つこと。例 ワールドカップの決勝戦《けっしょうせん》は、ブラジルの圧勝《あっしょう》だった。

楽勝《らくしょう》 苦戦《くせん》をせずに、簡単《かんたん》に勝《か》つこと。例 下級生《かきゅうせい》のチームなんて、楽勝《らくしょう》だよ。対 辛勝《しんしょう》。

快勝《かいしょう》 胸《むね》がすくような、見事《みごと》な勝《か》ち方《かた》をすること。例 宿敵《しゅくてき》に快《かい》勝《しょう》した選手《せんしゅ》が、気持《きも》ちよさそうに汗《あせ》をぬぐった。

常勝《じょうしょう》 戦《たたか》うたびに勝《か》つこと。戦《たたか》えばいつでも勝《か》つこと。例 常勝《じょうしょう》チームを率《ひき》いて、全国大会《ぜんこくたいかい》に乗《の》り込《こ》む。

百戦百勝《ひゃくせんひゃくしょう》 「常勝《じょうしょう》」と同《おな》じ。百回《ひゃっかい》戦《たたか》えば、百回《ひゃっかい》勝《か》つということ。例 チンギス-ハンの軍隊《ぐんたい》は、百《ひゃく》戦百勝《せんひゃくしょう》の最強軍団《さいきょうぐんだん》だった。

全勝《ぜんしょう》 全部《ぜんぶ》の試合《しあい》や勝負《しょうぶ》に勝《か》つこと。例 秋《あき》のリーグ戦《せん》は、十戦《じっせん》全《ぜん》勝《しょう》で優勝《ゆうしょう》した。対 全敗《ぜんぱい》。

不敗《ふはい》 負《ま》けたことがないこと。すべて勝《か》つこと。例 ドッジボールでは、僕《ぼく》らのチームは不敗《ふはい》だ。

優勝《ゆうしょう》 競技《きょうぎ》や試合《しあい》などで、勝《か》って第《だい》一位《いちい》となること。例 クラス対《たい》抗《こう》リレーは、六年一組《ろくねんいちくみ》が優勝《ゆうしょう》した。

制覇《せいは》 ◎スポーツなどで優勝《ゆうしょう》すること。とくに、規模《きぼ》の大《おお》きな大《たい》会《かい》などで優勝《ゆうしょう》すること。例 わが校《こう》の野《や》球部《きゅうぶ》が、見事全国《みごとぜんこく》制覇《せいは》を遂《と》げた。◎競争相手《きょうそうあいて》に打《う》ち勝《か》って、支配《しはい》すること。例 日本《にほん》の自動車《じどうしゃ》メーカーが、アジアの市場《しじょう》を制覇《せいは》する。

連勝《れんしょう》 続《つづ》けて勝《か》つこと。例 最強《さいきょう》といわれたテニスプレーヤーが、連勝《れんしょう》記録《きろく》を百《ひゃく》に伸《の》ばす。対 連敗《れんぱい》。

勝《か》ちっ放《ぱな》し 連勝《れんしょう》すること。勝《か》ち続《つづ》けること。例 あの強豪《きょうごう》チームは、二年間《にねんかん》勝《か》ちっ放《ぱな》しだ。対 負《ま》けっ放《ぱな》し。

連戦連勝《れんせんれんしょう》 次々《つぎつぎ》に戦《たたか》い、勝《か》ち続《つづ》けること。例 連戦連勝《れんせんれんしょう》のチームが、意気揚々《いきようよう》と引《ひ》き揚《あ》げていく。

連覇《れんぱ》 続《つづ》けて優勝《ゆうしょう》すること。例 連覇《れんぱ》がかかった決勝戦《けっしょうせん》で、彼《かれ》は堂々《どうどう》たる試合《しあい》ぶりだった。

先勝《せんしょう》 最初《さいしょ》の試合《しあい》に勝《か》つこと。例 名人戦七番勝負《めいじんせんななばんしょうぶ》は、挑戦者《ちょうせんしゃ》が先《せん》勝《しょう》した。

辛勝《しんしょう》 苦戦《くせん》の末《すえ》に、やっとのことで勝《か》つこと。例 ドッジボールの試合《しあい》で、一点差《いってんさ》で辛勝《しんしょう》した。対 楽勝《らくしょう》。

打倒《だとう》 打《う》ち倒《たお》すこと。打《う》ち負《ま》かすこと。例 打倒《だとう》白組《しろぐみ》を合《あ》い言葉《ことば》に、がんばって運動会《うんどうかい》の練習《れんしゅう》をした。

撃破《げきは》 敵《てき》を攻撃《こうげき》して、打《う》ち負《ま》かすこと。例 ライバルチームを撃破《げきは》して、決勝戦《けっしょうせん》に進《すす》む。

粉砕《ふんさい》 相手《あいて》を徹底的《てっていてき》に打《う》ち負《ま》かすこと。粉々《こなごな》に砕《くだ》くということか

◆＝もっと知《し》りたい、ことばの知識《ちしき》。

ら。例去年《きょねん》負《ま》けて悔《くや》しい思《おも》いをした相《あい》手《て》を粉砕《ふんさい》してやった。

圧倒《あっとう》 段違《だんちが》いに優《すぐ》れた力《ちから》で、相手《あいて》を打《う》ち負《ま》かすこと。例オリンピックの水泳《すいえい》で、北島選手《きたじませんしゅ》が他《た》の選手《せんしゅ》を圧倒《あっとう》する。

打破《だは》 ◎対抗《たいこう》するものを攻撃《こうげき》して、打《う》ち破《やぶ》ること。例強敵《きょうてき》を打破《だは》して、勝利《しょうり》の美酒《びしゅ》に酔《よ》う。◎束縛《そくばく》やしきたりなどを取《と》り除《のぞ》くこと。例アメリカは、イギリスの支配《しはい》を打破《だは》して独立《どくりつ》した。

攻略《こうりゃく》 ◎相手《あいて》を打《う》ち負《ま》かすこと。例ファールで徹底的《てっていてき》に粘《ねば》り、相手投手《あいてとうしゅ》を攻略《こうりゃく》する。◎攻撃《こうげき》して奪《うば》い取《と》ること。例敵《てき》の陣地《じんち》を攻略《こうりゃく》する。

征服《せいふく》 相手《あいて》を打《う》ち負《ま》かして従《したが》わせること。国同士《くにどうし》の戦争《せんそう》に勝《か》って、相手国《あいてこく》を滅《ほろ》ぼし支配《しはい》すること。例アレキサンダー大王《だいおう》は、周《まわ》りの国《くに》を次々《つぎつぎ》と征服《せいふく》して大帝国《だいていこく》を築《きず》き上《あ》げた。

征圧《せいあつ》 征服《せいふく》して押《お》さえ込《こ》むこと。また、暴動《ぼうどう》などを押《お》さえつけて鎮《しず》めること。例反乱軍《はんらんぐん》を征圧《せいあつ》する。

一蹴《いっしゅう》 ◎相手《あいて》を簡単《かんたん》に負《ま》かすこと。たった一回《いっかい》蹴《け》るだけで倒《たお》すことから。例チャンピオンは、挑戦者《ちょうせんしゃ》を一蹴《いっしゅう》した。◎相手《あいて》の要求《ようきゅう》や提案《ていあん》を取《と》り合《あ》わずに、はねつけること。例お小遣《こづか》いの値上《ねあ》げの要求《ようきゅう》をしたが、母《はは》に一蹴《いっしゅう》された。

鎧袖一触《がいしゅういっしょく》 簡単《かんたん》に相手《あいて》を打《う》ち負《ま》かすこと。「鎧袖《がいしゅう》」は、鎧《よろい》の袖《そで》のこと。鎧《よろい》の袖《そで》にちょっと触《ふ》れただけで、敵《てき》を打《う》ち負《ま》かすということ。例鎧袖一触《がいしゅういっしょく》で、敵《てき》の主力《しゅりょく》を打《う》ち破《やぶ》った。

ひとひねり 相手《あいて》を簡単《かんたん》にやっつけること。軽《かる》くねじ

「勝《か》つ」に関連《かんれん》することば②

●相撲《すもう》の用語《ようご》からきたことば

白星《しろぼし》 相撲《すもう》で、勝《か》ったときに取組表《とりくみひょう》に付《つ》ける、白《しろ》くて丸《まる》いしるし「○」。また、勝《か》つこと。手柄《てがら》を立《た》てること。

金星《きんぼし》 相撲《すもう》で、横綱《よこづな》・大関《おおぜき》・関脇《せきわけ》・小《こ》結《むすび》以外《いがい》の力士《りきし》が、横綱《よこづな》に勝《か》ってあげた白星《しろぼし》。また、大《おお》きな手柄《てがら》や成果《せいか》のこと。

軍配《ぐんばい》**を上**《あ》**げる** 相撲《すもう》で、行司《ぎょうじ》が勝《か》ったほうの力士《りきし》を軍配《ぐんばい》で指《さ》し示《しめ》す。また、争《あらそ》っている二人《ふたり》のうちの一方《いっぽう》を、勝《か》ちと判定《はんてい》する。

勝《か》**ち星**《ぼし》**を上**《あ》**げる** 勝利《しょうり》を得《え》る。また、大《おお》きな手柄《てがら》を立《た》てる。「勝《か》ち星《ぼし》」は、白星《しろぼし》のこと。

初日《しょにち》**を出**《だ》**す** 相撲《すもう》で、負《ま》け続《つづ》けていた力士《りきし》が初《はじ》めて勝《か》つ。

片目《かため》**が明**《あ》**く** 相撲《すもう》で、負《ま》け続《つづ》けていた力士《りきし》が初《はじ》めて一勝《いっしょう》する。また、スポーツで、負《ま》け続《つづ》けていて初《はじ》めて一勝《いっしょう》する。

両目《りょうめ》**が明**《あ》**く** 相撲《すもう》で、負《ま》け続《つづ》けていて、やっと二勝《にしょう》する。

土付《つちつ》**かず** 相撲《すもう》で、その場所《ばしょ》が始《はじ》まってから一度《いちど》も負《ま》けていないということ。「土《つち》」は、土俵《どひょう》の土《つち》のこと。倒《たお》れて土俵《どひょう》の土《つち》が体《からだ》につくことがないことから。

るということから。例あんなチームなんか、ひとひねりだ。

ノックアウト

◎ボクシングで相手《あいて》を倒《たお》して、十秒《じゅうびょう》以内《いない》に立《た》ち上《あ》がれないようにすること。例チャンピオンは、挑戦者《ちょうせんしゃ》を三《さん》ラウンドでノックアウトした。◎相《あい》手《て》が再起《さいき》できないほどに、たたきのめすこと。例ピッチャーは連続《れんぞく》ホームランを浴《あ》びて、ノックアウトされた。◆英語《えいご》の頭文字《かしらもじ》から「KO《ケーオー》」と略《りゃく》す。

反則勝《はんそくが》ち

相手《あいて》が反則行為《はんそくこうい》をして失格《しっかく》となることで勝《か》つこと。例反則勝《はんそくが》ちという後味《あとあじ》の悪《わる》い結《けっ》果《か》に、素直《すなお》に喜《よろこ》べない。

雪辱《せつじょく》

前《まえ》に負《ま》けた相手《あいて》に勝《か》って、受《う》けた恥《はじ》を消《け》すこと。「雪《せつ》」は、すすぐ(洗《あら》い流《なが》す)、「辱《じょく》」は、恥《はじ》という意味《いみ》。例昨年《さくねん》負《ま》けた相手《あいて》に勝《か》って、雪《せつ》辱《じょく》を果《は》たした。

必勝《ひっしょう》

必《かなら》ず勝《か》つこと。例必勝《ひっしょう》の意気《いき》込《ご》みで試合《しあい》に臨《のぞ》む。

無傷《むきず》

傷《きず》や欠点《けってん》がないということから、一度《いちど》も負《ま》けたことがないこと。例無傷《むきず》の八連勝《はちれんしょう》を飾《かざ》って、日本《にほん》チームが優勝《ゆうしょう》した。

不戦勝《ふせんしょう》

相手《あいて》の欠場《けつじょう》や棄権《きけん》のため、試合《しあい》をしないで勝《か》つこと。例次《つぎ》の相手《あいて》は強豪《きょうごう》だったのに、不戦《ふせん》勝《しょう》だなんてラッキーだ。対不戦敗《ふせんぱい》。

逆転勝《ぎゃくてんが》ち

形勢《けいせい》のよくない側《がわ》が、盛《も》り返《かえ》して勝《か》つこと。例残《のこ》り二秒《にびょう》でシュートが決《き》まり、奇跡《きせき》の逆転勝《ぎゃくてんが》ちを収《おさ》めた。対逆転負《ぎゃくてんま》け。

粘《ねば》り勝《が》ち

苦《くる》しい戦《たたか》いを、あきらめずに根気《こんき》よく戦《たたか》って勝《か》つこと。例ファールを十本《じっぽん》も打《う》って四球《しきゅう》を選《えら》ぶなんて、粘《ねば》り勝《が》ちだね。

戦勝《せんしょう》

戦争《せんそう》に勝《か》つこと。例戦勝国《せんしょうこく》の首脳会談《しゅのうかいだん》が開《ひら》かれた地《ち》。

勝《か》ち戦《いくさ》

戦《たたか》いに勝《か》つこと。また、勝《か》った戦《たたか》い。例杯《さかずき》をあげて、味方《みかた》の勝《か》ち戦《いくさ》を祝《いわ》う。対負《ま》け戦《いくさ》。

完膚《かんぷ》なきまでに打《う》ち破《やぶ》る

徹底的《てっていてき》に打《う》ち負《ま》かす。「完膚《かんぷ》」は、傷《きず》がまったくない肌《はだ》のこと。「完膚《かんぷ》なきまで」は、相手《あいて》に傷《きず》のない所《ところ》がどこにもないほど徹底《てってい》しているようす。例プロの棋士《きし》が、アマチュアを完膚《かんぷ》なきまでに打《う》ち破《やぶ》った。

こてんぱん

徹底的《てっていてき》にやっつけるようす。例サッカーの試合《しあい》で、高校生《こうこうせい》のチームにこてんぱんにたたきのめされた。似こてんこてん。

ばったばった

敵《てき》を次々《つぎつぎ》にやっつけるようす。例並《な》み居《い》る強豪《きょうごう》を、ばったばったと倒《たお》す。

負《ま》ける

lose
[ルーズ]

負《ま》ける

◎戦《たたか》ったり優劣《ゆうれつ》を争《あらそ》ったりしたとき、相手《あいて》より弱《よわ》いこと、劣《おと》っていることを示《しめ》される。例腕相撲《うでずもう》をすると、必《かなら》ず父《ちち》に負《ま》ける。例文句《もんく》を言《い》われたので、負《ま》けずに言《い》い返《かえ》した。対勝《か》つ。◎悪《わる》い状態《じょうたい》を切《き》り抜《ぬ》けられなくなる。例暑《あつ》さに負《ま》けて、寝込《ねこ》んでしまった。例友《とも》だちの誘《さそ》いに負《ま》けて、ゲームをやる。対勝《か》つ。

◆＝もっと知《し》りたい、ことばの知識《ちしき》。

敗《やぶ》れる　戦《たたか》いに負《ま》ける。例 準決勝《じゅんけっしょう》で、健闘《けんとう》むなしく敗《やぶ》れる。

やられる　打《う》ち負《ま》かされる。被害《ひがい》を受《う》ける。例 油断《ゆだん》したら、弟《おとうと》にやられた。例 インフルエンザにやられたらしく、体《からだ》がだるい。

取《と》りこぼす　油断《ゆだん》して、勝《か》てるはずの相手《あいて》に負《ま》ける。例 あのサッカーチームは、格下《かくした》の相手《あいて》との試合《しあい》を取《と》りこぼすことが多《おお》い。

負《ま》け越《こ》す　負《ま》けた数《かず》が、勝《か》った数《かず》より多《おお》くなる。例 卓球《たっきゅう》大会《たいかい》では、二勝三敗《にしょうさんぱい》で負《ま》け越《こ》した。対 勝《か》ち越《こ》す。◆相撲《すもう》では、一場所《ひとばしょ》の十五《じゅうご》取組《とりくみ》で八敗以上《はっぱいいじょう》すること。他《た》のスポーツでは、同《おな》じ相手《あいて》との過去《かこ》の全試合《ぜんしあい》で負《ま》けた数《かず》のほうが多《おお》いことなどにいう。

詰《つ》む　将棋《しょうぎ》で、王将《おうしょう》の逃《に》げ道《みち》がなくなって、負《ま》けになる。例 あと一手《いって》で詰《つ》む。

参《まい》る　◎完全《かんぜん》にやられて、勢《いきお》いがなくなる。例 参《まい》りました、わたしの負《ま》けです。◎「行《い》く」⬇177　◎「来《く》る」⬇186　◎「困《こま》る」⬇476

屈《くっ》する　◎相手《あいて》に負《ま》けて、抵抗《ていこう》をやめてしまう。例 権力《けんりょく》に屈《くっ》するわけにはいかない。◎「落《お》ち込《こ》む」⬇472

恐《おそ》れ入《い》る　◎相手《あいて》の力《ちから》や能力《のうりょく》に圧《あっ》倒《とう》されて、負《ま》けを認《みと》める。例 あなたの見事《みごと》な腕前《うでまえ》には、恐《おそ》れ入《い》りました。◎「驚《おどろ》く」⬇388

負《ま》け　負《ま》けること。例 今年《ことし》の運動会《うんどうかい》は、白組《しろぐみ》の負《ま》けだ。対 勝《か》ち。

敗北《はいぼく》　負《ま》けること。「負《ま》け」に比《くら》べて、大《おお》きな事柄《ことがら》で負《ま》けることをいう場合《ばあい》が多《おお》い。例 現職《げんしょく》の知事《ちじ》が、選挙《せんきょ》に敗北《はいぼく》した。対 勝利《しょうり》。

敗退《はいたい》　戦《たたか》いや勝負《しょうぶ》に負《ま》けて、退《しりぞ》くこと。とくに、トーナメントなどの試合《しあい》に負《ま》けて先《さき》に進《すす》めなくなること。例 一次予選《いちじよせん》で敗退《はいたい》し、決勝《けっしょう》トーナメントには進出《しんしゅつ》できなかった。

完敗《かんぱい》　試合《しあい》などで、戦《たたか》いぶりによいところがまったくなく、完全《かんぜん》に負《ま》けること。相手《あいて》のほうがずっと強《つよ》く、まったくかなわずに負《ま》けること。例 タイトルマッチは、挑戦者《ちょうせんしゃ》の完敗《かんぱい》に終《お》わった。対 完勝《かんしょう》。

大敗《たいはい》　大《おお》きな差《さ》をつけられて負《ま》けること。例 昨年優勝《きょねんゆうしょう》の強豪《きょうごう》チームに、十対一《じったいいち》で大敗《たいはい》した。対 大勝《たいしょう》。

惨敗《ざんぱい》　惨《みじ》めな負《ま》け方《かた》をすること。例 この惨敗《ざんぱい》の悔《くや》しさを忘《わす》れずに、明日《あした》から練習《れんしゅう》に励《はげ》もう。◆「さんぱい」とも読《よ》む。

ぼろ負《ま》け　ひどい負《ま》け方《かた》をすること。「ぼろ」は、ほかのことばの前《まえ》に付《つ》いて程度《ていど》がひどいことを表《あらわ》す。例 サッカーの試合《しあい》で強敵《きょうてき》とぶつかり、ぼろ負《ま》けした。

全敗《ぜんぱい》　全部《ぜんぶ》の試合《しあい》や勝負《しょうぶ》に負《ま》けること。例 リーグ戦《せん》で全敗《ぜんぱい》し、最《さい》下位《かい》となった。対 全勝《ぜんしょう》。

連敗《れんぱい》　続《つづ》けて負《ま》けること。例 今日《きょう》こそ勝《か》って連敗脱出《れんぱいだっしゅつ》だ。対 連勝《れんしょう》。

惜敗《せきはい》　試合《しあい》や勝負《しょうぶ》に、わずかの差《さ》で負《ま》けること。例 千五百《せんごひゃく》メートル走《そう》は、わずか一秒《いちびょう》の差《さ》で惜敗《せきはい》した。

降参《こうさん》　◎負《ま》けを認《みと》めて、これ以上《いじょう》戦《たたか》う意志《いし》がないことを示《しめ》すこと。例 弁慶《べんけい》は牛若丸《うしわかまる》に降参《こうさん》して家来《けらい》になった。◎「困《こま》る」⬇477

降伏《こうふく》
戦《たたか》いに負《ま》けたことを認《みと》め、相《あい》手《て》の命令《めいれい》に従《したが》うこと。例 日本《にほん》は、連合国《れんごうこく》に無条件《むじょうけん》降伏《こうふく》した。◆「降《こう》服《ふく》」とも書《か》く。

投降《とうこう》
戦争《せんそう》で、敵《てき》に降参《こうさん》すること。立《た》てこもりなどの犯人《はんにん》が、警《けい》察《さつ》などの説得《せっとく》に応《おう》じて出《で》てくることもいう。例 敵《てき》が、白旗《しらはた》を掲《かか》げて投降《とうこう》する。

脱帽《だつぼう》
敬意《けいい》を表《あらわ》して帽子《ぼうし》を脱《ぬ》ぐということから、相手《あいて》が自分《じぶん》より優《すぐ》れていて、かなわないと認《みと》めること。例 君《きみ》の努力《どりょく》には脱帽《だつぼう》するよ。

負《ま》けっ放《ぱな》し
連敗《れんぱい》すること。負《ま》け続《つづ》けること。例 姉《あね》とやるゲームの勝負《しょうぶ》は、このところ負《ま》けっ放《ぱな》しだ。対 勝《か》ちっ放《ぱな》し。

不戦敗《ふせんぱい》
欠場《けつじょう》や棄権《きけん》のため、試合《しあい》をしないで負《ま》けになること。例 けがで欠場《けつじょう》し、不戦敗《ふせんぱい》となる。対 不戦勝《ふせんしょう》。

逆転《ぎゃくてん》負《ま》け
形勢《けいせい》がよかった側《がわ》が逆《ぎゃく》転《てん》されて、負《ま》けること。例 九回《きゅうかい》に満塁《まんるい》ホームランを打《う》たれて、逆転負《ぎゃくてんま》けを喫《きっ》した。対 逆転勝《ぎゃくてんが》ち。

気合《きあ》い負《ま》け
相手《あいて》の勢《いきお》いに圧倒《あっとう》されて、試合《しあい》や勝負《しょうぶ》の前《まえ》に気持《きも》ちで負《ま》けていること。例 相手《あいて》選手《せんしゅ》ににらまれて、気合《きあ》い負《ま》けした。

根負《こんま》け
根気《こんき》が続《つづ》かないこと。また、そのために負《ま》けたり譲歩《じょうほ》したりすること。例 店員《てんいん》のすすめに根負《こんま》けして、高《たか》いブランド物《もの》を買《か》わされた。

力負《ちからま》け
腕力《わんりょく》や実力《じつりょく》が劣《おと》っているために負《ま》けること。例 あんなひ弱《よわ》な選手《せんしゅ》に、力負《ちからま》けするはずがない。

反則負《はんそくま》け
反則行為《はんそくこうい》をして、失格《しっかく》となって負《ま》けること。例 ルールが変《か》わったことを忘《わす》れ、仕《し》かけた技《わざ》で反則負《はんそくま》けを喫《きっ》した。

敗戦《はいせん》
戦《たたか》いや試合《しあい》に負《ま》けること。例 一点差《いってんさ》での敗戦《はいせん》に、みんな涙《なみだ》を流《なが》した。

負《ま》け戦《いくさ》
戦《たたか》いに負《ま》けること。また、負《ま》けた戦《たたか》い。例 負《ま》け戦《いくさ》に

「負《ま》ける」に関連《かんれん》することば

名前負《なまえま》け 名前《なまえ》が立派《りっぱ》すぎて、その本《ほん》人《にん》や実物《じつぶつ》が見劣《みおと》りすること。

敗軍《はいぐん》の将《しょう》は兵《へい》を語《かた》らず 失敗《しっぱい》した人《ひと》は、そのことについて意見《いけん》や言《い》い訳《わけ》を述《の》べる資格《しかく》がない。戦《たたか》いに負《ま》けた将軍《しょうぐん》は、作戦《さくせん》についてあれこれいう資格《しかく》がないということから。

タッチの差《さ》 ほんのわずかな差《さ》。「タッチ」は「触《ふ》れること」という意味《いみ》の英語《えいご》。「タッチの差《さ》で負《ま》ける」などと使《つか》う。

●相撲《すもう》の用語《ようご》からきたことば

黒星《くろぼし》 相撲《すもう》で、負《ま》けたときに取組表《とりくみひょう》に付《つ》ける黒《くろ》くて丸《まる》いしるし「●」。また、負《ま》けること。失敗《しっぱい》すること。➡344

土《つち》が付《つ》く 相撲《すもう》で、負《ま》ける。他《た》の勝負《しょうぶ》事《ごと》についてもいう。「土《つち》」は、土俵《どひょう》の土《つち》のこと。倒《たお》れて負《ま》けることで土《つち》が体《からだ》につくことから。

星《ほし》を落《お》とす 相撲《すもう》で、負《ま》ける。また、思《おも》いもかけず負《ま》ける場合《ばあい》にもいう。「星《ほし》」は、白星《しろぼし》・勝《か》ち星《ぼし》のこと。

◆＝もっと知《し》りたい、ことばの知識《ちしき》。

なることは、分《わ》かっていた。対 勝《か》ち戦《いくさ》。

敗走《はいそう》
➡「逃《に》げる」195

敗色《はいしょく》
戦《たたか》いや試合《しあい》に負《ま》けそうなようす。例 九点差《きゅうてんさ》をつけられたわがチームは、**敗色《はいしょく》**濃厚《のうこう》だ。

投了《とうりょう》
囲碁《いご》や将棋《しょうぎ》で、一方《いっぽう》が負《ま》けを認《みと》めて勝負《しょうぶ》が終《お》わること。例 名《めい》人《じん》は疲《つか》れきった表情《ひょうじょう》で、ついに**投了《とうりょう》**した。

頭《あたま》が上《あ》がらない
相手《あいて》の力《ちから》や地《ち》位《い》に負《お》い目《め》を感《かん》じて、かなわないと思《おも》って服従《ふくじゅう》する。例 社長《しゃちょう》さんも、奥《おく》さんには**頭《あたま》が上《あ》がらない**そうだ。

手《て》を上《あ》げる
◎降参《こうさん》する。戦《たたか》いに負《ま》けた兵士《へいし》が投降《とうこう》するときの、両手《りょうて》を上《あ》げる動作《どうさ》から。例 うまくいかないとすぐに**手《て》を上《あ》げる**なんて、だらしないな。◎「叩《たた》く」➡158

膝《ひざ》を屈《くっ》する
相手《あいて》に屈服《くっぷく》する。例 潔《いさぎよ》く負《ま》けを認《みと》めて、**膝《ひざ》を屈《くっ》する**。似 **膝《ひざ》を折《お》る**。

しっぽを巻《ま》く
自分《じぶん》の負《ま》けを認《みと》める。けんかに負《ま》けた犬《いぬ》が、しっぽを巻《ま》いて逃《に》げ去《さ》るようすから。例 相手《あいて》のものすごい剣幕《けんまく》に、**しっぽを巻《ま》いて**退散《たいさん》する。

かぶとを脱《ぬ》ぐ
降参《こうさん》する。昔《むかし》、武士《ぶし》が敵《てき》に対《たい》してかぶとを脱《ぬ》ぐのは、降参《こうさん》を表《あらわ》したことから。例 最後《さいご》まであきらめない君《きみ》の根性《こんじょう》には、**かぶとを脱《ぬ》ぐ**よ。

シャッポを脱《ぬ》ぐ
脱帽《だつぼう》する。降参《こうさん》する。「シャッポ」は、フランス語《ご》で「帽子《ぼうし》」という意《い》味《み》。例 何《なん》でも知《し》っている彼《かれ》の博識《はくしき》ぶりには、**シャッポを脱《ぬ》ぐ**。

白旗《しらはた》を掲《かか》げる
降参《こうさん》する。戦《たたか》いに負《ま》けた部隊《ぶたい》が、陣地《じんち》などに白《しろ》い旗《はた》を掲《かか》げることから。例 城《しろ》を守《まも》る将兵《しょうへい》は力尽《ちからつ》きて、ついに**白旗《しらはた》を掲《かか》げた**。似 **旗《はた》を巻《ま》く**。◆「白旗《しらはた》」は、「しろはた」とも読《よ》む。

軍門《ぐんもん》に下《くだ》る
戦争《せんそう》や試合《しあい》に負《ま》けて、降参《こうさん》する。「軍《ぐん》門《もん》」は、軍隊《ぐんたい》の陣地《じんち》にある出入《でい》り口《ぐち》のこと。例 戦《たたか》いに敗《やぶ》れ、敵《てき》の**軍門《ぐんもん》に下《くだ》る**。

負《ま》けが込《こ》む
負《ま》けた回数《かいすう》が多《おお》くなる。負《ま》けてばかりいる。例 あの力士《りきし》はひざのけがで、このところ**負《ま》けが込《こ》んで**いる。

一敗地《いっぱいち》にまみれる
二度《にど》と立《た》ち上《あ》がれないようなひどい負《ま》け方《かた》をする。例 去《きょ》年《ねん》の代表選考会《だいひょうせんこうかい》で**一敗地《いっぱいち》にまみれた**彼《かれ》は、その後《ご》成績《せいせき》がぱっとしない。

かなわない
相手《あいて》が優《すぐ》れていて、とても勝《か》てない。例 かけっこでは姉《あね》に**かなわない**。

及《およ》ばない
かなわない。相手《あいて》と同《おな》じ程度《ていど》になれない。例 後半《こうはん》、三点差《さんてんさ》から激《はげ》しく追《お》い上《あ》げたが、惜《お》しくも**及《およ》ばなかった**。

及《およ》びもつかない
「及《およ》ばない」を強調《きょうちょう》した言《い》い方《かた》。例 兄《あに》は、わたしなどの**及《およ》びもつかない**勉強家《べんきょうか》だ。

足《あし》もとにも及《およ》ばない
「及《およ》びもつかない」と同《おな》じ。例 妹《いもうと》の料理《りょうり》の上手《じょうず》なことといったら、わたしなど**足《あし》もとにも及《およ》ばない**。似 足《あし》もとにも寄《よ》り付けない。

太刀打《たちう》ちできない

相手《あいて》が強《つよ》過《す》ぎて、かなわない。まともに張《は》り合《あ》えない。「太刀打《たちう》ち」は、刀《かたな》で戦《たたか》うこと。例 彼女《かのじょ》のピアノの腕前《うでまえ》には、**太刀打《たちう》ちできない**。

歯《は》が立《た》たない

◎相手《あい て》が強《つよ》すぎてまったくかなわない。なすすべがない。「かたくてかむことができない」ということから。例 今日《きょう》のテストは難《むずか》しくて、全然《ぜんぜん》**歯《は》が立《た》たない**。◎「かたい」➡539

攻《せ》める

attack
［アタック］

このページも見《み》てみよう
▼戦《たたか》う ➡345

攻《せ》める

敵《てき》に対《たい》して積極的《せっきょくてき》に戦《たたか》いを仕《し》かける。スポーツや商《しょう》売上《ばいじょう》の争《あらそ》いなどについてもいう。例 敵《てき》の城《しろ》を**攻《せ》める**。例 チャンピオンは最初《さいしょ》から積極的《せっきょくてき》に**攻《せ》めて**、挑戦者《ちょうせんしゃ》にKO《ケーオー》勝《が》ちした。対 守《まも》る。防《ふせ》ぐ。

攻《せ》め掛《か》かる

自分《じぶん》のほうから勢《いきお》いよく相手《あいて》を攻《せ》めていく。例 敵《てき》が油断《ゆだん》したすきをねらって、一気《いっき》に**攻《せ》め掛《か》かる**。

攻《せ》め込《こ》む

攻《せ》めて、敵《てき》の陣地《じんち》などの中《なか》に入《はい》っていく。例 チーム全員《ぜんいん》で相手《あいて》のゴール前《まえ》に**攻《せ》め込《こ》む**。似 攻《せ》め入《い》る。

攻《せ》め立《た》てる

続《つづ》けざまに激《はげ》しく攻《せ》める。休《やす》むひまなく盛《さか》んに攻《せ》める。例 敵《てき》の城《しろ》を取《と》り囲《かこ》み、四方八方《しほうはっぽう》から**攻《せ》め立《た》てる**。

攻《せ》め落《お》とす

攻《せ》めて、敵《てき》の陣地《じんち》や城《しろ》を奪《うば》い取《と》る。例 城門《じょうもん》を破《やぶ》ってなだれ込《こ》み、敵《てき》の城《しろ》を**攻《せ》め落《お》とした**。

突《つ》く

目的《もくてき》の場所《ばしょ》を目《め》がけて鋭《するど》く攻《せ》める。弱点《じゃくてん》や急所《きゅうしょ》などを鋭《するど》く攻《せ》める。鋭《するど》く指摘《してき》する。例 味方《みかた》の兵《へい》が、敵《てき》の背後《はいご》を**突《つ》く**。例 友《とも》だちに痛《いた》いところを**突《つ》かれ**、しどろもどろになる。

突《つ》っ込《こ》む

激《はげ》しい勢《いきお》いで攻《せ》め込《こ》む。また、相手《あいて》の間違《まちが》いを指摘《してき》する。例 全軍一丸《ぜんぐんいちがん》となって、敵陣《てきじん》の中央《ちゅうおう》に**突《つ》っ込《こ》む**。

掛《か》かる

攻《せ》めていく。攻撃《こうげき》に向《む》かう。例 僕《ぼく》たち兄弟《きょうだい》が束《たば》になって**掛《か》かって**も、父《ちち》には勝《か》てそうもない。

襲《おそ》う

◎いきなり攻《せ》め掛《か》かる。いきなり危害《きがい》を加《くわ》える。例 林《はやし》の中《なか》に兵《へい》を伏《ふ》せておき、通《とお》りかかった敵《てき》を**襲《おそ》う**。◎被害《ひがい》を及《およ》ぼす。例 東北地方《とうほくちほう》を、猛烈《もうれつ》な寒波《かんぱ》が**襲《おそ》う**。

襲《おそ》い掛《か》かる

害《がい》を加《くわ》えようとして、激《はげ》しい勢《いきお》いで相《あい》手《て》に近《ちか》づく。いきなり激《はげ》しく攻《せ》め掛《か》かる。例 ライオンがシマウマに**襲《おそ》い掛《か》かる**。

切《き》り込《こ》む

◎刀《かたな》を抜《ぬ》いて、敵《てき》の中《なか》に攻《せ》め込《こ》む。例 たった一人《ひとり》で、敵陣深《てきじんふか》く**切《き》り込《こ》む**。◎「切《き》る」➡159 ◎「質問《しつもん》する」➡298

乗《の》り込《こ》む

勢《いきお》い込《こ》んで、敵《てき》の中《なか》に切《き》り込《こ》んでいく。勇《いさ》んである場所《ばしょ》へ入《はい》っていく。例 猛将《もうしょう》と恐《おそ》れられた将軍《しょうぐん》は、ただ一騎《いっき》で敵陣《てきじん》に乗《の》り込《こ》んだ。例 反対派《はんたいは》ばかりの会合《かいごう》に、勇躍《ゆうやく》乗《の》り込《こ》んでいく。

殴《なぐ》り込《こ》む
けんか相手《あいて》や恨《うら》みのある人《ひと》の家《いえ》などに押《お》しかけ、乱暴《らんぼう》する。例 敵対《てきたい》する勢力《せいりょく》の事務《じむ》所《しょ》に、仲間《なかま》を引《ひ》き連《つ》れて殴《なぐ》り込《こ》む。

討《う》ち入《い》る
武士《ぶし》などが、敵《てき》の陣地《じんち》や屋敷《やしき》などに勢《いきお》いよく攻《せ》め込《こ》む。例 赤穂浪士《あこうろうし》が、吉良上野《きらこうずけの》介《すけ》の屋敷《やしき》に討《う》ち入《い》る。

矛先《ほこさき》を向《む》ける
ある物《もの》を批判《ひはん》や攻撃《こうげき》の対象《たいしょう》にする。「矛《ほこ》」は槍《やり》に似《に》た武器《ぶき》で、「矛先《ほこさき》」はその先端《せんたん》という意味《いみ》。例 母《はは》は兄《あに》をしかっていたが、そのうち僕《ぼく》に矛先《ほこさき》を向《む》けてきた。

迎《むか》え撃《う》つ
攻《せ》めてくる敵《てき》を、待《ま》ち受《う》けて攻撃《こうげき》する。例 迫《せま》りくる敵《てき》の大軍《たいぐん》を、とりでを築《きず》いて迎《むか》え撃《う》つ。

一矢《いっし》を報《むく》いる
相手《あいて》の圧倒的《あっとうてき》な攻撃《こうげき》に対《たい》して、わずかながらも反撃《はんげき》する。敵《てき》に一本《いっぽん》の矢《や》を射返《いかえ》す意味《いみ》から。例 大量点《たいりょうてん》を取《と》られたが、最終回《さいしゅうかい》にホームランを放《はな》ち一矢《いっし》を報《むく》いた。

攻撃《こうげき》
◎攻《せ》めること。例 敵《てき》の本拠《ほんきょ》地《ち》を奇襲《きしゅう》攻撃《こうげき》する。対 守備《しゅび》。防御《ぼうぎょ》。◎スポーツで、点《てん》を取《と》ろうとしたり相手《あいて》に技《わざ》をかけたりすること。例 攻撃《こうげき》は最大《さいだい》の防御《ぼうぎょ》というから、積極的《せっきょくてき》に攻《せ》めていこう。対 守備《しゅび》。防御《ぼうぎょ》。◎相手《あいて》を非難《ひなん》すること。例 話《はな》し合《あ》いの席《せき》で、個人《こじん》攻撃《こうげき》をするのはよそう。

アタック
◎「攻撃《こうげき》」という意味《いみ》の英語《えいご》。スポーツでは、格闘技《かくとうぎ》やバレーボールなどでの鋭《するど》い攻《こう》撃《げき》。例 試合終了直前《しあいしゅうりょうちょくぜん》に、チーム全員《ぜんいん》で猛烈《もうれつ》なアタックを仕《し》かけた。◎難《むずか》しいと思《おも》われる物事《ものごと》に挑《いど》んだり、積極的《せっきょくてき》に働《はたら》きかけたりすること。例 難関《なんかん》といわれる資格試験《しかくしけん》にアタックする。

襲撃《しゅうげき》
不意《ふい》に敵《てき》を攻撃《こうげき》すること。例 ゲリラの襲撃《しゅうげき》にあって、仲間《なかま》を人質《ひとじち》にとられた。

痛撃《つうげき》
相手《あいて》が立《た》ち直《なお》れなくなるほど、手《て》ひどく攻撃《こうげき》すること。例 敵《てき》をおびき寄《よ》せ、痛撃《つうげき》を与《あた》える。

来襲《らいしゅう》
敵《てき》や恐《おそ》ろしいものが、不意《ふい》に襲《おそ》い掛《か》かってくること。例 鎌倉《かまくら》時代《じだい》には、二度《にど》も蒙古《もうこ》の大軍《たいぐん》が来襲《らいしゅう》した。

襲来《しゅうらい》
「来襲《らいしゅう》」と同《おな》じ。戦争《せんそう》での敵《てき》の場合《ばあい》は、「襲来《しゅうらい》」も「来襲《らいしゅう》」も使《つか》われるが、台風《たいふう》など自然現象《しぜんげんしょう》のときには、「襲来《しゅうらい》」が多《おお》く使《つか》われる。例 東北地《とうほくち》方《ほう》に、猛烈《もうれつ》な寒波《かんぱ》が襲来《しゅうらい》した。

出撃《しゅつげき》
陣地《じんち》や基地《きち》から出《で》て、敵《てき》を攻《こう》撃《げき》しに行《い》くこと。例 味方《みかた》の戦《せん》闘機《とうき》が出撃《しゅつげき》する。

進撃《しんげき》
軍隊《ぐんたい》が敵地《てきち》に向《む》かって前進《ぜんしん》して攻撃《こうげき》すること。例 アメリカ軍《ぐん》がバグダッドへの進撃《しんげき》を開始《かいし》する。

快進撃《かいしんげき》
◎軍隊《ぐんたい》が、とどこおりなく進撃《しんげき》すること。例 戦力《せんりょく》に勝《まさ》るわが軍《ぐん》は、各方面《かくほうめん》で快進撃《かいしんげき》を続《つづ》けた。◎スポーツや商売《しょうばい》などで、成功《せいこう》を重《かさ》ねること。例 韓国人《かんこくじん》歌手《かしゅ》が、日本《にほん》のヒットチャートで快進撃《かいしんげき》を続《つづ》けている。

進攻《しんこう》
進軍《しんぐん》して敵《てき》を攻《せ》めること。例 敵《てき》の攻撃《こうげき》をかわしながら、敵《てき》地深《ちふか》く進攻《しんこう》する。

侵攻《しんこう》 他国《たこく》の領土《りょうど》や領地《りょうち》に攻《せ》め込《こ》むこと。例 自国民《じこくみん》の保護《ほご》を口実《こうじつ》に、隣国《りんごく》に侵攻《しんこう》する。

侵略《しんりゃく》 他国《たこく》に攻《せ》め入《い》って、土地《とち》や財産《ざいさん》などを奪《うば》うこと。例 ドイツに侵略《しんりゃく》されたポーランドは、わずか一《いっ》か月《げつ》で降伏《こうふく》した。

突入《とつにゅう》 ◎激《はげ》しい勢《いきお》いで突《つ》っ込《こ》むこと。まっしぐらに突《つ》き進《すす》んで入《はい》ること。例 警官隊《けいかんたい》が、犯人《はんにん》の立《た》てこもる家《いえ》に突入《とつにゅう》する。◎重大《じゅうだい》な事態《じたい》になること。例 両国《りょうこく》は戦争《せんそう》に突入《とつにゅう》した。

突撃《とつげき》 防御《ぼうぎょ》を顧《かえり》みず、激《はげ》しい勢《いきお》いで敵《てき》に向《む》かって突進《とっしん》し攻撃《こうげき》すること。例 全軍《ぜんぐん》を挙《あ》げて敵陣《てきじん》に突撃《とつげき》する。

奇襲《きしゅう》 相手《あいて》の不意《ふい》を突《つ》いたり、思《おも》いもよらない方法《ほうほう》を使《つか》ったりして襲《おそ》い掛《か》かること。例 闇《やみ》に紛《まぎ》れて、敵《てき》陣《じん》への奇襲《きしゅう》作戦《さくせん》を敢行《かんこう》する。

急襲《きゅうしゅう》 突然《とつぜん》、急《きゅう》に襲《おそ》い掛《か》かること。ある場所《ばしょ》に踏《ふ》み込《こ》むこと。例 潜《ひそ》んでいた敵《てき》が、味方《みかた》の陣地《じんち》を急襲《きゅうしゅう》してきた。例 警察《けいさつ》が事務所《じむしょ》を急襲《きゅうしゅう》し、証《しょう》拠書類《こしょるい》を押収《おうしゅう》した。

強襲《きょうしゅう》 ◎強烈《きょうれつ》な勢《いきお》いで襲《おそ》い掛《か》かること。例 精鋭部隊《せいえいぶたい》が、敵陣《てきじん》を強襲《きょうしゅう》する。◎野球《やきゅう》で、勢《いきお》いのある打球《だきゅう》が野手《やしゅ》のグラブや体《からだ》に当《あ》たって落下《らっか》し、ヒットになること。例 一塁強襲《いちるいきょうしゅう》のヒットで、先頭《せんとう》バッターが塁《るい》に出《で》る。

猛攻《もうこう》 激《はげ》しく攻《せ》めること。例 敵《てき》の猛攻《もうこう》に耐《た》えかね、城《しろ》を明《あ》け渡《わた》す。

電撃《でんげき》 ◎稲妻《いなずま》のように、すばやく、激《はげ》しく攻撃《こうげき》すること。例 電撃《でんげき》作戦《さくせん》で、相手《あいて》チームの機先《きせん》を制《せい》する。◎突然《とつぜん》、衝撃《しょうげき》を与《あた》えること。例 人気《にんき》絶頂《ぜっちょう》のアイドル歌手《かしゅ》が、電撃《でんげき》結婚《けっこん》した。

強攻《きょうこう》 危険《きけん》を承知《しょうち》で強引《ごういん》に攻《せ》めること。例 強攻《きょうこう》策《さく》が失敗《しっぱい》し、走者《そうしゃ》・打者《だしゃ》ともにアウトになる。

速攻《そっこう》 相手《あいて》の態勢《たいせい》が整《ととの》わないうちに、すばやく攻《せ》め立《た》てること。球技《きゅうぎ》などで多《おお》く使《つか》われることば。例 試合《しあい》開始《かいし》直後《ちょくご》に速攻《そっこう》を仕《し》かけ、先取点《せんしゅてん》をあげる。

直撃《ちょくげき》 ◎直接《ちょくせつ》、攻撃《こうげき》すること。直接《ちょくせつ》襲《おそ》うこと。例 大型台風《おおがたたいふう》が、本土《ほんど》を直撃《ちょくげき》しそうだ。◎爆弾《ばくだん》などが、目《め》当《あ》てのものに直接《ちょくせつ》当《あ》たること。例 敵《てき》の砲弾《ほうだん》が陣地《じんち》を直撃《ちょくげき》する。

挟《はさ》み撃《う》ち 味方《みかた》と協力《きょうりょく》して、敵《てき》を前後《ぜんご》、または左右《さゆう》から挟《はさ》むように攻撃《こうげき》すること。例 泥棒《どろぼう》を挟《はさ》み撃《う》ちにして捕《つか》まえる。

挟撃《きょうげき》 「挟《はさ》み撃《う》ち」のこと。例 前後《ぜんご》から敵《てき》を挟撃《きょうげき》する。

追《お》い打《う》ち ◎逃《に》げる敵《てき》を追《お》いかけて攻撃《こうげき》すること。例 敗《やぶ》れて敗走《はいそう》する敵兵《てきへい》に、追《お》い打《う》ちをかける。◎不利《ふり》な状況《じょうきょう》にある人《ひと》に、さらに打撃《だげき》を与《あた》えること。例 地震《じしん》で家《いえ》を失《うしな》った人《ひと》たちに追《お》い打《う》ちをかけるように、大雨《おおあめ》が襲《おそ》った。◆「追《お》い討《う》ち」「追《お》い撃《う》ち」とも書《か》く。

追撃《ついげき》 「追《お》い打《う》ち」のこと。例 敵《てき》の追撃《ついげき》をかわして、一目散《いちもくさん》に逃《に》げる。

夜《よ》討《う》ち 夜《よる》、闇《やみ》に紛《まぎ》れて敵《てき》を攻撃《こうげき》すること。例 夜《よ》討《う》ち朝駆《あさが》け(新聞《しんぶん》記者《きしゃ》などが、取材《しゅざい》相手《あいて》の家《いえ》を深《しん》夜《や》や早朝《そうちょう》に訪問《ほうもん》すること)。

夜襲《やしゅう》 「夜《よ》討《う》ち」のこと。例 敵《てき》のとりでを、夜襲《やしゅう》して奪《うば》い取《と》る。

◆=もっと知《し》りたい、ことばの知識《ちしき》。

朝駆《あさが》け 朝早《あさはや》く、不意《ふい》を突《つ》いて敵陣《てきじん》を攻《せ》めること。例 **朝駆《あさが》け**をして、敵《てき》の本隊《ほんたい》に壊滅的《かいめつてき》な打撃《だげき》を与《あた》える。

逆襲《ぎゃくしゅう》 攻撃《こうげき》されて勢《いきお》いの衰《おとろ》えた側《がわ》が、反対《はんたい》に攻撃《こうげき》を加《くわ》えてくること。例 妹《いもうと》に**逆襲《ぎゃくしゅう》**されて、思《おも》わず立《た》ち往生《おうじょう》してしまった。

反撃《はんげき》 攻《せ》めかけてくる敵《てき》に対《たい》して、反対《はんたい》に攻撃《こうげき》を加《くわ》えること。例 力《ちから》を温存《おんぞん》し、じっと**反撃《はんげき》**の機会《きかい》を待《ま》つ。

反攻《はんこう》 「反撃《はんげき》」と同《おな》じ。多《おお》く、一人《ひとり》の場合《ばあい》でなく、軍隊《ぐんたい》など集団《しゅうだん》によるものをいう。例 敵《てき》の深追《ふかお》いを誘《さそ》い、一気《いっき》に**反攻《はんこう》**に転《てん》じる。

迎撃《げいげき》 攻《せ》めてくる敵《てき》を迎《むか》え撃《う》つこと。例 敵《てき》のミサイルを、**迎撃《げいげき》**ミサイルで撃《う》ち落《お》とす。

攻《せ》め 攻《せ》めること。とくにスポーツなどで、相手《あいて》への攻撃《こうげき》。例 今年《ことし》のわが校《こう》のチームは、**攻《せ》め**のチームだといわれている。対 守《まも》り。

総攻撃《そうこうげき》 全軍《ぜんぐん》をあげて、いっせいに攻撃《こうげき》すること。全軍《ぜんぐん》で一度《いちど》に敵《てき》に襲《おそ》いかかること。例 明朝六時《みょうちょうろくじ》をもって、**総攻撃《そうこうげき》**を開始《かいし》する。

先攻《せんこう》 野球《やきゅう》などで、先《さき》に攻撃《こうげき》をすること。また、そのチーム。例 わが校《こう》の**先攻《せんこう》**で試合《しあい》が始《はじ》まった。似 先《さき》攻《ぜ》め。対 後攻《こうこう》。

後攻《こうこう》 野球《やきゅう》などで、まず守《まも》りについて、後《あと》から攻撃《こうげき》をすること。また、そのチーム。例 リードされているが、**後攻《こうこう》**なのでまだ逆転《ぎゃくてん》のチャンスはある。似 後攻《あとぜ》め。対 先攻《せんこう》。

オフェンス 「攻撃《こうげき》」という意味《いみ》の英語《えいご》。サッカーなどの競技《きょうぎ》で、とくに攻撃《こうげき》を受《う》け持《も》つ選手《せんしゅ》。また、攻撃《こうげき》する側《がわ》。例 足《あし》の速《はや》い選手《せんしゅ》を**オフェンス**に起用《きよう》し、攻撃型《こうげきがた》のチームを作《つく》る。対 ディフェンス。

攻勢《こうせい》 戦《たたか》いや試合《しあい》などで、積極的《せっきょくてき》に相手《あいて》を攻撃《こうげき》しようとする態勢《たいせい》や勢《いきお》い。例 敵《てき》の油断《ゆだん》を突《つ》いて、**攻勢《こうせい》**に転《てん》じる。対 守勢《しゅせい》。

特攻《とっこう》 特別《とくべつ》に兵士《へいし》を集《あつ》めて編成《へんせい》した隊《たい》で攻撃《こうげき》すること。とくに、第二次世界大戦《だいにじせかいたいせん》で日本軍《にほんぐん》が行《おこな》った、戦闘機《せんとうき》や潜水艇《せんすいてい》などによる体当《たいあ》たり自爆《じばく》攻撃《こうげき》。例 昔《むかし》は、神風**特攻《とっこう》**隊《たい》というものがあったそうだ。

兵糧攻《ひょうろうぜ》め 敵《てき》の城《しろ》や陣地《じんち》を大量《たいりょう》の兵《へい》で取《と》り囲《かこ》んで食料《しょくりょう》の補給《ほきゅう》を断《た》ち、時間《じかん》をかけて食料不足《しょくりょうぶそく》にさせて攻《せ》める戦法《せんぽう》。「兵糧《ひょうろう》」は、軍隊《ぐんたい》の食料《しょくりょう》。例 **兵糧攻《ひょうろうぜ》め**にあって、城内《じょうない》の兵《へい》が飢《う》えに苦《くる》しんでいる。

水攻《みずぜ》め 川《かわ》をせき止《と》め、敵《てき》の城《しろ》や陣《じん》地《ち》を水《みず》びたしにして攻《せ》める戦法《せんぽう》。例 豊臣秀吉《とよとみひでよし》による備中高松城《びっちゅうたかまつじょう》の**水攻《みずぜ》め**は有名《ゆうめい》だ。

守《まも》る・防《ふせ》ぐ

protect
[プロテクト]

防《ふせ》ぐ ◎攻撃《こうげき》されたり、害《がい》を受《う》けたりしないようにする。例 見張《みは》りを立《た》てて、敵《てき》の侵入《しんにゅう》を**防《ふせ》ぐ**。例 窓《まど》を二重《にじゅう》にして、寒《さむ》さを**防《ふせ》ぐ**。対 攻《せ》める。◎好《この》ましくないことが起《お》こらないようにする。例 火《ひ》の後始末《あとしまつ》を厳重《げんじゅう》にして、火災《かさい》を**防《ふせ》ぐ**。

守《まも》る ほかからの攻撃《こうげき》や害《がい》などによって侵《おか》されないよう保《たも》つ。例 美《うつく》しい自然《しぜん》を守《まも》る。例 凶悪《きょうあく》な犯罪《はんざい》から子《こ》どもたちを守《まも》る。対 攻《せ》める。

食《く》い止《と》める 好《この》ましくないことが、それ以上《いじょう》進《すす》まないようにする。例 近所《きんじょ》の人《ひと》たちの協力《きょうりょく》で、延焼《えんしょう》を食《く》い止《と》めた。

固《かた》める 守《まも》りを厳《きび》しくする。しっかりと守《まも》る態勢《たいせい》を整《ととの》える。例 外野《がいや》の守備《しゅび》を固《かた》める。

拒《こば》む 進《すす》んでくるものを防《ふせ》ぎ止《と》める。押《お》し進《すす》もうとするのを妨《さまた》げる。例 商店街《しょうてんがい》の人《ひと》たちが協力《きょうりょく》して、大手《おおて》スーパーの進出《しんしゅつ》を拒《こば》む。

阻《はば》む 人《ひと》や物事《ものごと》が進《すす》もうとするのを、じゃまして止《と》めようとする。防《ふせ》ぎ止《と》める。例 新人投手《しんじんとうしゅ》が、常勝《じょうしょう》チームの連勝《れんしょう》を阻《はば》んだ。

かばう 弱《よわ》い立場《たちば》にある人《ひと》や体《からだ》の傷《きず》などに、害《がい》が及《およ》ばないようにする。例 子《こ》どもをかばった母親《ははおや》がけがをした。例 兄《あに》は、痛《いた》めた足《あし》をかばって歩《ある》いている。

防衛《ぼうえい》 害《がい》を与《あた》えられたり侵《おか》されたりしないように、防《ふせ》ぎ守《まも》ること。例 チャンピオンがタイトルの防衛《ぼうえい》に成功《せいこう》する。

防御《ぼうぎょ》 敵《てき》の攻撃《こうげき》を防《ふせ》ぎ守《まも》ること。とくに、スポーツ競技《きょうぎ》で相手《あいて》の攻撃《こうげき》を防《ふせ》ぐこと。例 攻撃《こうげき》は最大《さいだい》の防御《ぼうぎょ》なり。例 両腕《りょううで》で相手《あいて》の回《まわ》し蹴《げ》りを防御《ぼうぎょ》する。対 攻撃《こうげき》。

防備《ぼうび》 敵《てき》の侵入《しんにゅう》や災害《さいがい》などを防《ふせ》ぎ守《まも》ること。また、そのための備《そな》え。例 日本海沿岸《にほんかいえんがん》の防備《ぼうび》を固《かた》める。例 津波《つなみ》に対《たい》する防備《ぼうび》を万全《ばんぜん》にする。

自衛《じえい》 自力《じりき》で身《み》を守《まも》り、暴力《ぼうりょく》やほかからの侵入《しんにゅう》を防《ふせ》ぐこと。例 凶悪《きょうあく》な事件《じけん》に対《たい》して、町《まち》ぐるみで自衛《じえい》のための対策《たいさく》を協議《きょうぎ》する。

予防《よぼう》 病気《びょうき》・災害《さいがい》などを、前《まえ》もって防《ふせ》ぐこと。例 虫歯《むしば》予防《よぼう》デー。例 病気《びょうき》は治療《ちりょう》よりも、まず予防《よぼう》することが大切《たいせつ》だ。

防止《ぼうし》 悪《わる》いことが起《お》きないように、防《ふせ》ぎ止《と》めること。例 交通事故《こうつうじこ》の防止《ぼうし》に協力《きょうりょく》する。

護持《ごじ》 大切《たいせつ》に守《まも》り保《たも》つこと。とくに、国《くに》や名誉《めいよ》などが損《そこ》なわれないように守《まも》ること。例 代々続《だいだいつづ》いた家名《かめい》を護持《ごじ》する。

死守《ししゅ》 命《いのち》がけで守《まも》ること。例 援軍《えんぐん》が到着《とうちゃく》するまで、城《しろ》を死守《ししゅ》する。

警護《けいご》 危険《きけん》や災害《さいがい》などを未然《みぜん》に防《ふせ》ぐために、人《ひと》や建物《たてもの》の近辺《きんぺん》を警戒《けいかい》して守《まも》ること。例 来日《らいにち》した大統領《だいとうりょう》の身辺《しんぺん》を警護《けいご》する。

警備《けいび》 非常《ひじょう》の事態《じたい》に備《そな》えて、警戒《けいかい》すること。用心《ようじん》をして守《まも》ること。例 警備員《けいびいん》のおじさんが、夜《よる》も学校《がっこう》を見回《みまわ》ってくれるから安心《あんしん》だ。

護衛《ごえい》 ある人《ひと》や大事《だいじ》なものに付《つ》き添《そ》って、危険《きけん》から守《まも》ること。また、その人《ひと》。例 遊説中《ゆうぜいちゅう》の大臣《だいじん》を、私服《しふく》の警察官《けいさつかん》が護衛《ごえい》する。

ガード ◎「守《まも》ること」「護衛《ごえい》」などの意味《いみ》の英語《えいご》。攻撃《こうげき》から身《み》を守《まも》ること。例 ガードが固《かた》いので彼《かれ》から情報《じょうほう》を聞《き》き出《だ》すのは無理《むり》だ。例 アイドルが警備員《けいびいん》にガードされて登場《とうじょう》する。◎スポーツで、防御《ぼうぎょ》を受《う》け持《も》つ選《せん》

◆＝もっと知《し》りたい、ことばの知識《ちしき》。

手《しゅ》のこと。また、防御《ぼうぎょ》をしたり、その形《かたち》をとったりすること。例ガードのすきを突《つ》いてダンクシュートを決《き》める。

ブロック 「妨害《ぼうがい》」という意味《いみ》の英《えい》語《ご》。スポーツで、相手《あいて》の攻撃《こうげき》を阻止《そし》すること。例強烈《きょうれつ》なスパイクを**ブロック**する。

保護《ほご》 弱《よわ》いものを、危険《きけん》や害《がい》などから助《たす》け守《まも》ること。例豊《ゆた》かな自《し》然《ぜん》を積極的《せっきょくてき》に**保護《ほご》**しよう。例遊園地《ゆうえんち》で迷子《まいご》になった子《こ》どもを**保護《ほご》**する。

庇護《ひご》 弱《よわ》いものをかばい守《まも》ること。例両親《りょうしん》の**庇護《ひご》**のもとに、すくすくと育《そだ》つ。

擁護《ようご》 ある事柄《ことがら》を、攻撃《こうげき》や侵害《しんがい》から言論《げんろん》などによってかばい守《まも》ること。例日本国憲法《にほんこくけんぽう》を**擁護《ようご》**する。

	産業《さんぎょう》の——	親《おや》の——をうける	人権《じんけん》を——する
保護	○	○	△
庇護	○	○	−
擁護	○	−	○

守護《しゅご》 大切《たいせつ》な人《ひと》や物《もの》などを守《まも》ること。例チームの危機《きき》を救《すく》った彼《かれ》は、まさに**守護《しゅご》**神《しん》と言《い》える。例幼《おさな》い主《しゅ》君《くん》を**守護《しゅご》**する。

守備《しゅび》 戦争《せんそう》やスポーツで、敵《てき》の攻撃《こうげき》に備《そな》えて守《まも》ること。例国境《こっきょう》を**守備《しゅび》**する。例一点差《いってんさ》を守《まも》り切《き》るため、外野《がいや》の**守備《しゅび》**を固《かた》める。対**攻撃《こうげき》**。

守《まも》り 守《まも》ること。備《そな》えを固《かた》くして防《ふせ》ぐこと。例あの城《しろ》は**守《まも》り**が固《かた》くて、どうしても落《お》とすことができない。対**攻《せ》め**。

前衛《ぜんえい》 ◎軍隊《ぐんたい》の前方《ぜんぽう》にいて、本隊《ほんたい》を守《まも》るとともに、敵《てき》を真《ま》っ先《さき》に攻撃《こうげき》する部隊《ぶたい》。例味方《みかた》の騎馬隊《きばたい》が、敵《てき》の**前衛《ぜんえい》**を突《つ》き崩《くず》す。対**後衛《こうえい》**。◎テニスやバレーボールなどの球技《きゅうぎ》で、前方《ぜんぽう》を守《まも》る選手《せんしゅ》。例**前衛《ぜんえい》**の選手《せんしゅ》が、敵《てき》のスパイクをブロックする。対**後衛《こうえい》**。

後衛《こうえい》 ◎軍隊《ぐんたい》の後方《こうほう》にいて、本隊《ほんたい》を背後《はいご》からの攻撃《こうげき》や退却時《たいきゃくじ》の攻《こう》撃《げき》から守《まも》る部隊《ぶたい》。例**後衛《こうえい》**の奮戦《ふんせん》で、本《ほん》隊《たい》が無事《ぶじ》に危地《きち》を脱出《だっしゅつ》した。対**前衛《ぜんえい》**。◎テニスやバレーボールなどの球技《きゅうぎ》で、後方《こうほう》を守《まも》る選手《せんしゅ》。例**後衛《こうえい》**の選手《せんしゅ》のバックアタックが決《き》まった。対**前衛《ぜんえい》**。

ディフェンス 「防御《ぼうぎょ》」という意《い》味《み》の英語《えいご》。サッカーなどの競技《きょうぎ》で、とくに守備《しゅび》を受《う》け持《も》つ選手《せんしゅ》。また、守備《しゅび》する側《がわ》。例あのチームは**ディフェンス**が固《かた》いので、簡《かん》単《たん》には点《てん》が取《と》れないだろう。対**オフェンス**。

守勢《しゅせい》 戦《たたか》いや試合《しあい》などで、相手《あいて》の攻《こう》撃《げき》を防《ふせ》ぐ受《う》け身《み》の構《かま》え。また、敵《てき》にリードされている状態《じょうたい》。例**守勢《しゅせい》**に回《まわ》ってばかりいては、勝《か》てる試合《しあい》も勝《か》てない。対**攻勢《こうせい》**。

体《からだ》を張《は》る 命《いのち》がけで物事《ものごと》を守《まも》る。守備《しゅび》だけでなく、攻撃《こうげき》の場合《ばあい》にもいう。例**体《からだ》を張《は》って**母校《ぼこう》の名誉《めいよ》を守《まも》る。

保《たも》つ 物事《ものごと》の状態《じょうたい》を変《か》えないでいる。ある状態《じょうたい》を守《まも》り続《つづ》ける。例いつまでも若《わか》さを**保《たも》つ**。

国防《こくぼう》 軍隊《ぐんたい》の力《ちから》で国《くに》や国民《こくみん》を守《まも》ること。例隣国《りんごく》が軍備《ぐんび》を増強《ぞうきょう》したので、わが国《くに》も**国防《こくぼう》**を強化《きょうか》すべきだ。

保守《ほしゅ》 ◎機械《きかい》や設備《せつび》などの正常《せいじょう》な状《じょう》態《たい》を保《たも》つこと。例安全《あんぜん》な輸送《ゆそう》のために、線路《せんろ》を保守《ほしゅ》点検《てんけん》する。◎昔《むかし》からの伝統《でんとう》や価値観《かちかん》を守《まも》ろうとすること。また、その立場《たちば》。例 あの人《ひと》は考《かんが》え方《かた》が保守《ほしゅ》的《てき》だ。対 革新《かくしん》。

固守《こしゅ》 物事《ものごと》をあくまで守《まも》り通《とお》すこと。例 自説《じせつ》を固守《こしゅ》して一歩《いっぽ》も譲《ゆず》らない。

「守《まも》る・防《ふせ》ぐ」に関連《かんれん》することば

防人《さきもり》 奈良《なら》時代《じだい》のころ、おもに東日本《ひがしにほん》から集《あつ》められて、九州《きゅうしゅう》北部《ほくぶ》の守《まも》りについた兵士《へいし》。

正当防衛《せいとうぼうえい》 不当《ふとう》な攻撃《こうげき》を受《う》けて自分《じぶん》の命《いのち》などが危《あぶ》ないときなどに、やむをえず相手《あいて》に反撃《はんげき》すること。法律《ほうりつ》で認《みと》められている。

約束《やくそく》する

promise
［プロミス］

約束《やくそく》 相手《あいて》に対《たい》して、将来《しょうらい》、あることをすると請《う》け合《あ》うこと。また、その請《う》け合《あ》った内容《ないよう》。例 一週間《いっしゅうかん》後《ご》にここで会《あ》おうと約束《やくそく》する。例 ゲームは夜遅《よるおそ》くまでやらないという母《はは》との約束《やくそく》を破《やぶ》ってしまった。

約《やく》する 「約束《やくそく》する」の改《あらた》まった言《い》い方《かた》。例 一年後《いちねんご》の再会《さいかい》を約《やく》して同窓会《どうそうかい》をお開《ひら》きにした。

結《むす》ぶ 互《たが》いに約束《やくそく》し合《あ》う。関係《かんけい》を持《も》つ。例 難民救済《なんみんきゅうさい》のための国際《こくさい》条約《じょうやく》を結《むす》ぶ。例 新薬《しんやく》の開発《かいはつ》で、ライバル企業《きぎょう》が手《て》を結《むす》ぶ。

誓《ちか》う 神《かみ》や仏《ほとけ》、また、自分《じぶん》や他人《たにん》に対《たい》して、あることを必《かなら》ず実行《じっこう》すると固《かた》く約束《やくそく》する。例 神《かみ》に誓《ちか》って、わたしはうそは言《い》っていません。例 もう二度《にど》と友《とも》だちとけんかをしないと、心《こころ》に誓《ちか》う。

申《もう》し合《あ》わせる ◎前《まえ》もって約束《やくそく》しておく。例 オーディションの参加者《さんかしゃ》は、申《もう》し合《あ》わせたように白《しろ》いシャツを着《き》てきた。◎関係《かんけい》のある人《ひと》が話《はな》し合《あ》いをして取《と》り決《き》める。例 申《もう》し合《あ》わせた通《とお》り、部員《ぶいん》全員《ぜんいん》が六時《ろくじ》に集合《しゅうごう》した。

言《い》い交《か》わす ◎口《くち》に出《だ》して約束《やくそく》する。とくに、結婚《けっこん》の約束《やくそく》をする。例 あの二人《ふたり》は、将来《しょうらい》を言《い》い交《か》わした仲《なか》だ。◎「言《い》う」➡270

取《と》り交《か》わす お互《たが》いにやり取《と》りして、正式《せいしき》に約束《やくそく》する。例 マンションの建設《けんせつ》について業者《ぎょうしゃ》と契約《けいやく》を取《と》り交《か》わした。

示《しめ》し合《あ》わせる たくらみなどについて前《まえ》もってこっそりと相談《そうだん》しておき、気持《きも》ちを合《あ》わせておく。例 お祭《まつ》りの夜《よる》、兄《あに》と示《しめ》し合《あ》わせてこっそり家《いえ》を抜《ぬ》け出《だ》した。

口裏《くちうら》を合《あ》わせる あらかじめ相談《そうだん》して、話《はなし》の内容《ないよう》が食《く》い違《ちが》わないようにする。多《おお》く、罪《つみ》の追及《ついきゅう》を逃《のが》れようとする者《もの》たちが、罪《つみ》などなかったと同《おな》じうそをつくよう打《う》ち合《あ》わせること。例 友《とも》だちと口裏《くちうら》を合《あ》わせて、そんないたずらはしていないと言《い》い張《は》る。

口約束《くちやくそく》 正式《せいしき》な文書《ぶんしょ》などによらない、口《くち》だけでする約束《やくそく》。例 ゲームを買《か》ってくれるという伯母《おば》さ

◆＝もっと知《し》りたい、ことばの知識《ちしき》。

んの口約束《くちやくそく》など、当《あ》てにしないほうがいい。似 口約《こうやく》。

確約《かくやく》 必《かなら》ず実行《じっこう》すると、はっきりと約束《やくそく》すること。また、その約《やく》束《そく》。例 彼《かれ》からは必《かなら》ず出席《しゅっせき》するとの確約《かくやく》をとってある。

誓約《せいやく》 誓《ちか》いを立《た》てて固《かた》く約束《やくそく》すること。また、その約束《やくそく》。例 会員《かいいん》としてこれらの規約《きやく》を守《まも》るという誓約《せいやく》書《しょ》を提出《ていしゅつ》する。

公約《こうやく》 選挙《せんきょ》などのときに、立候補者《りっこうほしゃ》や政党《せいとう》が有権者《ゆうけんしゃ》に対《たい》して、当《とう》選《せん》したら実行《じっこう》すると約束《やくそく》を掲《かか》げること。また、その約束《やくそく》。例 生徒会長《せいとかいちょう》に当《とう》選《せん》したら、元気《げんき》な学校作《がっこうづく》りを目指《めざ》すと公約《こうやく》する。

契約《けいやく》 売買《ばいばい》や貸《か》し借《か》り、雇用《こよう》などについていろいろな条件《じょうけん》を決《き》めて約束《やくそく》すること。とくに、法律上《ほうりつじょう》の効《こう》果《か》をもった約束《やくそく》を結《むす》ぶこと。また、その約束《やくそく》。例 注目《ちゅうもく》の新人選手《しんじんせんしゅ》が、J《ジェー》リーグのサッカーチームと契約《けいやく》を結《むす》ぶ。

成約《せいやく》 契約《けいやく》が成《な》り立《た》つこと。例 価格《かかく》の折《お》り合《あ》いがついて、車《くるま》の売《ばい》買《ばい》が成約《せいやく》した。

宣誓《せんせい》 人々《ひとびと》の前《まえ》で誓《ちか》いのことばを述《の》べ、それを守《まも》るという決意《けつい》を示《しめ》すこと。例 全国大《ぜんこくたい》会《かい》で、選手《せんしゅ》宣誓《せんせい》の大《たい》役《やく》を果《は》たす。例 裁判《さいばん》で、証人《しょうにん》は真実《しんじつ》を述《の》べることを宣誓《せんせい》しなくてはならない。

盟約《めいやく》 重大《じゅうだい》な決意《けつい》をして固《かた》く誓《ちか》うこと。また、その約束《やくそく》。例 地球環《ちきゅうかん》境《きょう》を守《まも》ろうという宣言《せんげん》に対《たい》して、多《おお》くの国々《くにぐに》が盟約《めいやく》を結《むす》んだ。

同盟《どうめい》 国《くに》や団体《だんたい》、また個人同士《こじんどうし》が、同《おな》じ目的《もくてき》のためにいっしょに行動《こうどう》する約束《やくそく》をすること。また、その約束《やくそく》によって成立《せいりつ》した関係《かんけい》。例 石油産出国《せきゆさんしゅつこく》が同盟《どうめい》を結《むす》ぶ。例 日本《にほん》は第二次世界大戦《だいにじせかいたいせん》で、ドイツ、イタリアと同盟国《どうめいこく》だった。

特約《とくやく》 特別《とくべつ》の利益《りえき》や条件《じょうけん》を伴《ともな》う契約《けいやく》や約束《やくそく》をすること。例 生命保《せいめいほ》険《けん》に、旅行中《りょこうちゅう》の事故《じこ》も補償《ほしょう》される特約《とくやく》をつけた。

予約《よやく》 ある物《もの》を買《か》ったり、ある施設《しせつ》を利用《りよう》したりすることを、前《まえ》もって申《もう》し出《で》て約束《やくそく》すること。また、その約束《やくそく》。例 母《はは》の誕生日《たんじょうび》に、おいしいと評判《ひょうばん》のレストランを予約《よやく》した。

リザーブ 「予約《よやく》」という意味《いみ》の英《えい》語《ご》。ホテルや、施設《しせつ》・乗《の》り物《もの》などの座席《ざせき》について使《つか》われることが多《おお》い。例 今日《きょう》は、リザーブのお客《きゃく》様《さま》で満席《まんせき》です。

アポイントメント 「約束《やくそく》」「予《よ》約《やく》」などの意味《いみ》の英語《えいご》。前《まえ》もって面会《めんかい》や会合《かいごう》の約《やく》束《そく》をすること。例 三時《さんじ》に、取引先《とりひきさき》の部《ぶ》長《ちょう》に面会《めんかい》するアポイントメントをとってある。◆略《りゃく》して「アポイント」あるいは「アポ」ということもある。

指切《ゆびき》り 約束《やくそく》を守《まも》るしるしとして、お互《たが》いの小指《こゆび》をからませる動作《どうさ》。例「ずっと親友《しんゆう》でいよう」と二人《ふたり》で指切《ゆびき》りをした。◆「指切《ゆびき》りげんまん、うそついたら針千本《はりせんぼん》のます」と決《き》まり文《もん》句《く》を言《い》いながら、指《ゆび》を上下《じょうげ》に振《ふ》り動《うご》かし、「指切《ゆびき》った」とからませた小指《こゆび》を離《はな》す。

契《ちぎ》り 「約束《やくそく》」のこと。例 義兄弟《ぎきょうだい》の契《ちぎ》りを交《か》わす。

似＝似《に》た表現《ひょうげん》のことば。対＝反対《はんたい》の意味《いみ》のことば。例＝使《つか》い方《かた》の例《れい》。

誓《ちか》い 神《かみ》や仏《ほとけ》、自分《じぶん》や他人《たにん》に対《たい》して、あることを必《かなら》ず実行《じっこう》すると固《かた》く約束《やくそく》すること。また、そのことば。例 もう二度《にど》と悪《わる》いことはしないと、神《かみ》に**誓《ちか》い**を立《た》てる。

盟《めい》 「同盟《どうめい》」「誓《ちか》い」のこと。例 争《あらそ》いの絶《た》えなかった隣国《りんごく》と、もう戦争《せんそう》をしないと**盟《めい》**を結《むす》ぶ。

協約《きょうやく》 お互《たが》いの利害《りがい》に関係《かんけい》することについて、相談《そうだん》して取《と》り決《き》めること。また、その取《と》り決《き》め。例 一社《いっしゃ》に利益《りえき》が集中《しゅうちゅう》しないように、企業同士《きぎょうどうし》で**協約《きょうやく》**を取《と》り交《か》わす。

約定《やくじょう》 約束《やくそく》して取《と》り決《き》めを交《か》わすこと。取《と》り引《ひ》きの契約《けいやく》が成立《せいりつ》すること。例 労働条件《ろうどうじょうけん》については、双方《そうほう》で**約定《やくじょう》**済《ず》みだ。

血盟《けつめい》 血判《けっぱん》(指先《ゆびさき》を傷《きず》つけ、流《なが》れ出《で》た血《ち》で紙《かみ》にしるしを押《お》すこと)などをして、固《かた》く誓《ちか》い合《あ》うこと。例 絶対《ぜったい》に裏切《うらぎ》らないと、同志《どうし》が集《あつ》まって**血盟《けつめい》**する。

密約《みつやく》 ほかの人《ひと》に知《し》られないように、ひそかに約束《やくそく》すること。また、その約束《やくそく》。例 正式《せいしき》に契約《けいやく》する前《まえ》から、あのチームに入《はい》るという**密約《みつやく》**があったらしい。

先約《せんやく》 ◎前《まえ》もって取《と》り交《か》わした約束《やくそく》。例 再会《さいかい》しようという**先約《せんやく》**を、やっと果《は》たすことができた。◎今《いま》よりも前《まえ》に、別《べつ》の人《ひと》とした約束《やくそく》。例 残念《ざんねん》ですが、明日《あす》は**先約《せんやく》**があるので行《い》けません。

取《と》り決《き》め 相手《あいて》と相談《そうだん》して物事《ものごと》をまとめ、約束《やくそく》すること。また、その約束《やくそく》。例 貴重《きちょう》な魚《さかな》の漁獲量《ぎょかくりょう》について、組合《くみあい》が**取《と》り決《き》め**を交《か》わす。

固《かた》め ◎固《かた》く誓《ちか》って、きずなを強《つよ》めること。例 新郎新婦《しんろうしんぷ》が**固《かた》め**の杯《さかずき》を交《か》わす。◎「かたい」➡539

「約束《やくそく》する」に関連《かんれん》することば

武士《ぶし》に二言《にごん》はない 武士《ぶし》は信義《しんぎ》を重《おも》んじているので、自分《じぶん》が言《い》ったことに責任《せきにん》を持《も》ち、一度《いちど》口《くち》にしたことは必《かなら》ず守《まも》るものだということ。武士《ぶし》が自分《じぶん》に対《たい》する誇《ほこ》りを表《あらわ》したことば。

指導《しどう》する

lead, coach
[リード、コーチ]

指導《しどう》 ある目的《もくてき》・方向《ほうこう》に向《む》かって、教《おし》え導《みちび》くこと。例 日本《にほん》の高校《こうこう》で**指導《しどう》**を受《う》けた外国人《がいこくじん》の陸上選手《りくじょうせんしゅ》が、金《きん》メダルを取《と》った。

指南《しなん》 ◎学問《がくもん》・武芸《ぶげい》などを教《おし》えること。昔《むかし》の中国《ちゅうごく》で作《つく》られた、台車《だいしゃ》を動《うご》かしても常《つね》に南《みなみ》を指《さ》し示《しめ》す、からくり人形《にんぎょう》の「指南車《しなんしゃ》」からできたことば。例 師匠《ししょう》の**指南《しなん》**を受《う》けながら、日々《ひび》けいこに励《はげ》む。◎「先生《せんせい》」➡67

手解《てほど》き 初心者《しょしんしゃ》に、学問《がくもん》や技術《ぎじゅつ》などの基礎《きそ》を教《おし》えること。例 幼《おさな》いころ、祖父《そふ》から囲碁《いご》の**手解《てほど》き**を受《う》け、やがてプロ棋士《きし》になった。

手引《てび》き ◎「手解《てほど》き」と同《おな》じ。例 サポートセンターの**手引《てび》き**に従《したが》い、パソコンのトラブルを解消《かいしょう》する。◎よく知《し》っている人《ひと》が案内《あんない》をすること。例 泥棒《どろぼう》は、内部《ないぶ》の人間《にんげん》の**手引《てび》き**

◆＝もっと知《し》りたい、ことばの知識《ちしき》。

で侵入《しんにゅう》したらしい。

コーチ 運動競技《うんどうきょうぎ》の技術《ぎじゅつ》などについて指導《しどう》・助言《じょげん》すること。また、その人《ひと》。例 父《ちち》のコーチを受《う》けたら、見《み》る見《み》る水泳《すいえい》が上達《じょうたつ》した。

教育《きょういく》 児童《じどう》・生徒《せいと》や学生《がくせい》に知識《ちしき》を与《あた》えたり、技術《ぎじゅつ》を習得《しゅうとく》させたりして能力《のうりょく》を高《たか》めること。例 日本国民《にほんこくみん》は、子《こ》どもに九年間《きゅうねんかん》の学校《がっこう》教育《きょういく》を受《う》けさせる義務《ぎむ》がある。

教授《きょうじゅ》 ◎学問《がくもん》や技芸《ぎげい》を教《おし》え授《さず》けること。例 ぜひとも先生《せんせい》にご教授《きょうじゅ》賜《たまわ》りたく、お願《ねが》い申《もう》し上《あ》げます。◎「先生《せんせい》」⬇66

授業《じゅぎょう》 学校《がっこう》などで、先生《せんせい》が生徒《せいと》に学《がく》問《もん》や技芸《ぎげい》を教《おし》え授《さず》けること。例 国語《こくご》の授業《じゅぎょう》で、類語辞典《るいごじてん》の使《つか》い方《かた》を教《おし》えてもらう。

講義《こうぎ》 ◎研究対象《けんきゅうたいしょう》や学問《がくもん》の成果《せいか》などについて説《と》き聞《き》かせること。例 スライド写真《しゃしん》を使《つか》って、分《わ》かりやすく講義《こうぎ》する。◎大学《だいがく》で行《おこな》われる授業《じゅぎょう》。例 英文学《えいぶんがく》の講義《こうぎ》を聴《き》く。

講習《こうしゅう》 ある一定《いってい》の期間《きかん》、人《ひと》を集《あつ》めて、技術《ぎじゅつ》や知識《ちしき》などを教《おし》えること。例 父《ちち》が、スペイン料理《りょうり》の講習《こうしゅう》を受《う》けてきた。

教習《きょうしゅう》 ある特別《とくべつ》な技術《ぎじゅつ》などを教《おし》えて、習《なら》わせること。例 運転免許《うんてんめんきょ》を取得《しゅとく》するため、週二回《しゅうにかい》の教習《きょうしゅう》を受《う》ける。

補習《ほしゅう》 学校《がっこう》で、正規《せいき》の授業《じゅぎょう》のほかに付《つ》け加《くわ》えて行《おこな》われる特別《とくべつ》の授《じゅ》業《ぎょう》。例 夏休《なつやす》みに苦手《にがて》な、数学《すうがく》の補習《ほしゅう》を受《う》けることにした。

レクチャー 「講義《こうぎ》」「講演《こうえん》」などの意味《いみ》の英語《えいご》。例 釣《つ》りに詳《くわ》しい人《ひと》にレクチャーしてもらう。

レッスン 「授業《じゅぎょう》」という意味《いみ》の英《えい》語《ご》。とくに、技芸《ぎげい》などのけいこ。例 ピアノのレッスンを受《う》ける。

薫陶《くんとう》 優《すぐ》れた人格《じんかく》によって子《こ》どもや弟子《でし》によい影響《えいきょう》を与《あた》え、立派《りっぱ》に教育《きょういく》すること。もとは、香《こう》をたいて物《もの》に香《かお》りを染《し》み込《こ》ませたり、土《つち》をこねて陶器《とうき》を作《つく》ったりすること。例 先生《せんせい》の薫陶《くんとう》を受《う》けた門下生《もんかせい》が集《あつ》まった。

陶冶《とうや》 人《ひと》の性質《せいしつ》や能力《のうりょく》を育《そだ》て高《たか》めること。「陶《とう》」は陶器《とうき》を作《つく》ること、「冶《や》」は鋳物《いもの》を作《つく》ること。例 わが校《こう》では、人格《じんかく》の陶冶《とうや》に重《おも》きを置《お》いている。

伝授《でんじゅ》 師《し》が弟子《でし》に、学問《がくもん》・芸道《げいどう》などの奥義《おうぎ》や秘事《ひじ》を伝《つた》え授《さず》けること。例 プロに、こつを伝授《でんじゅ》してもらう。

口伝《くでん》 師《し》から弟子《でし》に、直接口《ちょくせつくち》で言《い》って伝授《でんじゅ》すること。例 合気道《あいきどう》の極意《ごくい》の口伝《くでん》を受《う》ける。

啓発《けいはつ》 人《ひと》が気《き》づかないような物事《ものごと》について教《おし》え示《しめ》して、より高《たか》い考《かんが》えや理解《りかい》に導《みちび》くこと。例 彼《かれ》の意見《いけん》に啓発《けいはつ》され、考《かんが》え方《かた》を改《あらた》めた。

啓蒙《けいもう》 知識《ちしき》のない人々《ひとびと》に正《ただ》しい知識《ちしき》を与《あた》え、合理的《ごうりてき》な考《かんが》え方《かた》をするように教《おし》え導《みちび》くこと。「啓《けい》」はひらく、「蒙《もう》」は知《し》らないという意味《いみ》。例 福沢諭《ふくざわゆ》吉《きち》は教育《きょういく》の大切《たいせつ》さを解《と》き、明治《めいじ》の人々《ひとびと》を啓蒙《けいもう》した。

教示《きょうじ》 知識《ちしき》や方法《ほうほう》などを教《おし》え示《しめ》すこと。例 天《てん》ぷらをからっと揚《あ》げる方法《ほうほう》をご教示《きょうじ》ください。

訓示《くんじ》 上《うえ》の者《もの》が下《した》の者《もの》に、物事《ものごと》の心《こころ》得《え》や注意《ちゅうい》などを教《おし》え示《しめ》すこと。また、そのことば。例 入社式《にゅうしゃしき》で、社《しゃ》長《ちょう》が新入社員《しんにゅうしゃいん》に訓示《くんじ》する。

助言《じょげん》
助《たす》けになるような意見《いけん》やことばをかけること。また、そのことば。例 栄養士《えいようし》の助言《じょげん》に従《したが》い、塩分《えんぶん》を控《ひか》えた食事《しょくじ》を作《つく》る。

アドバイス
英語《えいご》。「助言《じょげん》」という意味《いみ》の例 プロのアドバイスを受《う》け、ゴルフが格段《かくだん》に上達《じょうたつ》した。

カウンセリング
悩《なや》みや不安《ふあん》を持《も》つ人《ひと》と話《はな》し合《あ》い、知識《ちしき》や経験《けいけん》に基《もと》づいて援助《えんじょ》・助言《げん》すること。例 友人関係《ゆうじんかんけい》に悩《なや》んで、カウンセリングを受《う》ける。

教化《きょうか》
人《ひと》を教《おし》え導《みちび》き、正《ただ》しい方向《ほうこう》に進《すす》ませること。例 徳《とく》をもって人《ひと》を教化《きょうか》する。

補導《ほどう》
正《ただ》しい方向《ほうこう》へ教《おし》え導《みちび》くこと。とくに、非行《ひこう》を防《ふせ》ぐために青少年《せいしょうねん》を正《ただ》しい方向《ほうこう》に助《たす》け導《みちび》くこと。例 夜《よる》の街《まち》で、非行少年《ひこうしょうねん》を補導《ほどう》する。

説諭《せつゆ》
悪《わる》い行《おこな》いを改《あらた》めるよう、言《い》い聞《き》かせること。例 万引《まんび》き犯《はん》を事務所《じむしょ》に呼《よ》び、説諭《せつゆ》する。

告諭《こくゆ》
上《うえ》の者《もの》が下《した》の者《もの》に言《い》い聞《き》かせること。また、そのことば。例 情報管理《じょうほうかんり》の徹底《てってい》を社員《しゃいん》に告諭《こくゆ》する。

しつけ
子《こ》どもなどに礼儀作法《れいぎさほう》を教《おし》え込《こ》んで、身《み》につけさせること。また、その礼儀作法《れいぎさほう》。動物《どうぶつ》についてもいう。例 親《おや》のしつけが厳《きび》しい家《か》庭《てい》に育《そだ》った。例 しつけの悪《わる》い犬《いぬ》が、人《ひと》に向《む》かってほえまくっている。

調教《ちょうきょう》
動物《どうぶつ》を目的《もくてき》に応《おう》じて訓練《くんれん》すること。例 競走馬《きょうそうば》を調教《ちょうきょう》している厩舎《きゅうしゃ》。

教《おし》える
知識《ちしき》を相手《あいて》に伝《つた》える。学《がく》問《もん》・技能《ぎのう》などを、相手《あいて》に身《み》につけさせるよう導《みちび》く。例 外国人《がいこくじん》に皇《こう》居《きょ》までの道順《みちじゅん》を教《おし》えた。

授《さず》ける
◎師《し》が弟子《でし》に教《おし》える。例 伝統工芸《でんとうこうげい》の技《わざ》を授《さず》ける。◎「与《あた》える」⬇335

講《こう》じる
◎講義《こうぎ》をする。例 彼《かれ》は大《だい》学《がく》で経済学《けいざいがく》を講《こう》じている。◎問題《もんだい》を解決《かいけつ》するため、よく考《かんが》えて対《たい》処《しょ》する。例 水不足《みずぶそく》への対応策《たいおうさく》を講《こう》じる。

育《そだ》てる
◎能力《のうりょく》などが伸《の》びるように教《おし》え導《みちび》く。手《て》をかけて、一人前《いちにんまえ》にする。例 オリンピック選手《せんしゅ》を育《そだ》てた経験《けいけん》のあるコーチに教《おそ》わる。◎「育《そだ》つ」⬇109

導《みちび》く
正《ただ》しい方向《ほうこう》に手引《てび》きをする。指導《しどう》する。例 新《あたら》しい担任《たんにん》の先《せん》生《せい》に導《みちび》かれ、めきめき成績《せいせき》が上《あ》がった。

教壇《きょうだん》に立《た》つ
教師《きょうし》として、教室《きょうしつ》で授業《じゅぎょう》をする。教師《きょうし》になる。「教壇《きょうだん》」は、教室《きょうしつ》で先生《せんせい》が授業《じゅぎょう》をするときに立《た》つ、一段高《いちだんたか》くなった所《ところ》。例 大学卒業後《だいがくそつぎょうご》は、英語《えいご》の教員《きょういん》として母校《ぼこう》の教壇《きょうだん》に立《た》つのが夢《ゆめ》だ。

教鞭《きょうべん》を執《と》る
教師《きょうし》になって学生《がくせい》・生徒《せいと》を教《おし》える。「教《きょう》鞭《べん》」は、昔《むかし》、先生《せんせい》が持《も》っていた鞭《むち》。例 大学《だいがく》で三十年間《さんじゅうねんかん》教《きょう》鞭《べん》を執《と》ってきたが、君《きみ》のような優秀《ゆうしゅう》な学《がく》生《せい》は初《はじ》めてだ。

稽古《けいこ》を付《つ》ける
芸能《げいのう》・武術《ぶじゅつ》・技《ぎ》術《じゅつ》などを教《おし》える。例 横綱《よこづな》が、幕内力士《まくうちりきし》に稽古《けいこ》を付《つ》ける。

仕込《しこ》む
教《おし》えてしっかりと身《み》につけさせる。例 サルに芸《げい》を仕《し》込《こ》む。

◆＝もっと知《し》りたい、ことばの知識《ちしき》。

教《おし》え込《こ》む しっかりと教《おし》える。例 同《おな》じ間違《まちが》いをしないよう、みっちりと教《おし》え込《こ》んだ。

仕《し》立《た》てる 教《おし》え込《こ》んで一人前《いちにんまえ》にする。例 お前《まえ》を一人前《いちにんまえ》の大《だい》工《く》に仕立《した》てるには、時間《じかん》がかかりそうだ。

引《ひ》き回《まわ》す ◎あれこれと指導《しどう》し、世話《せわ》をする。例 クラブの先輩《せんぱい》が、親切《しんせつ》に引《ひ》き回《まわ》してくれた。◎「行《い》く」⬇178

しつける 礼儀《れいぎ》作法《さほう》や芸《げい》などを教《おし》え込《こ》む。例 子《こ》どもを厳《きび》しくしつける。例 飼《か》い犬《いぬ》にトイレをしつける。

叩《たた》き込《こ》む 厳《きび》しく教《おし》え込《こ》む。しっかりと覚《おぼ》えさせる。例 新人《しんじん》に、基本的《きほんてき》なことを一《いち》から叩《たた》き込《こ》む。

知恵《ちえ》を貸《か》す よい考《かんが》えや方法《ほうほう》を教《おし》えて助《たす》ける。例 どうしたらいいか、知恵《ちえ》を貸《か》してください。

諭《さと》す 目下《めした》の者《もの》に物事《ものごと》の道理《どうり》をよく分《わ》かるように話《はな》し聞《き》かせる。納得《なっとく》するように教《おし》え導《みちび》く。例 先生《せんせい》が生《せい》徒《と》を諭《さと》すシーンで、涙《なみだ》ぐんでしまった。

言《い》い聞《き》かせる よく分《わ》かるように教《おし》え諭《さと》す。例 知《し》らない人《ひと》についていかないよう、子《こ》どもに言《い》い聞《き》かせている。

噛《か》んで含《ふく》める よく理解《りかい》できるように、ていねいに言《い》い聞《き》かせる。赤《あか》ん坊《ぼう》が物《もの》を食《た》べやすいように、親《おや》がかんで柔《やわ》らかくしたものを口《くち》に含《ふく》ませてやる意味《いみ》から。例 子《こ》どもには難《むずか》しいので、噛《か》んで含《ふく》めるように説明《せつめい》した。

スパルタ式《しき》 非常《ひじょう》に厳《きび》しい教育《きょういく》や訓練《くんれん》のやり方《かた》。例 スパルタ式《しき》の塾《じゅく》は、自分《じぶん》には合《あ》わないと思《おも》う。◆「スパルタ」は古代《こだい》ギリシアにあった国《くに》で、厳《きび》しい教育《きょういく》や訓練《くんれん》で有名《ゆうめい》だったことから。「スパルタ教育《きょういく》」ということばもある。

手《て》を取《と》る 親切《しんせつ》に教《おし》え導《みちび》くようす。例 初歩《しょほ》から手《て》を取《と》って、個人指導《こじんしどう》いたします。

手《て》取《と》り足《あし》取《と》り 何《なに》から何《なに》まで、ていねいに教《おし》えるようす。例 手取《てと》り足取《あしと》り教《おし》えてくれるパソコン教室《きょうしつ》が人気《にんき》だ。

懇々《こんこん》 心《こころ》を込《こ》めて、ていねいに繰《く》り返《かえ》し教《おし》えるようす。例 どうしてやってはいけないかを懇々《こんこん》と諭《さと》す。

みっちり 少《すこ》しも手《て》を抜《ぬ》かず、十《じゅう》分《ぶん》に行《おこな》うようす。例 子《こ》どものころから、母親《ははおや》にピアノをみっちり仕込《しこ》まれた。

「指導《しどう》する」に関連《かんれん》することば

負《お》うた子《こ》に教《おし》えられて浅瀬《あさせ》を渡《わた》る ときには自分《じぶん》より未熟《みじゅく》な者《もの》から教《おし》えられることもあるというたとえ。「負《お》うた子《こ》」は、背中《せなか》に背負《せお》った子《こ》ども。「負《お》うた子《こ》に教《おし》えられる」ともいう。

飴《あめ》と鞭《むち》 人《ひと》を指導《しどう》したりするときに、甘《あま》い態度《たいど》を見《み》せる一方《いっぽう》で厳《きび》しく締《し》めつけることのたとえ。

第三章《だいさんしょう》　気《き》持《も》ち

表情《ひょうじょう》

気《き》持《も》ち

表情《ひょうじょう》

笑《わら》う

smile
[スマイル]

このページも見《み》てみよう
▶うれしい→423

笑《わら》う

◎喜《よろこ》びやおかしい気持《きも》ちを、声《こえ》や表情《ひょうじょう》で表《あらわ》す。例赤《あか》ちゃんが笑《わら》う。対泣《な》く。◎あざけってばかにする。例何《なに》も知《し》らないのかと笑《わら》われた。

微笑《ほほえ》む

穏《おだ》やかに、にっこり笑《わら》う。例優《やさ》しく微笑《ほほえ》んで、赤《あか》ちゃんをあやす。◆「ほおえむ」ともいう。

	にっこり——	おかしくて——	子《こ》どものしぐさに——母《はは》
笑う	○	○	△
微笑む	○	−	○

相好《そうごう》を崩《くず》す

うれしそうな顔付《かおつ》きをして喜《よろこ》ぶ。「相好《そうごう》」は、顔付《かおつ》きのこと。例孫《まご》のかわいいしぐさに、祖父《そふ》が相好《そうごう》を崩《くず》す。

白《しろ》い歯《は》を見《み》せる

にっこり笑《わら》う。口《くち》を開《あ》けて笑《わら》い、歯《は》が見《み》えるということ。例この写真《しゃしん》のいちばん右《みぎ》で、白《しろ》い歯《は》を見《み》せているのがわたしの父《ちち》です。

ほころばす

硬《かた》い表情《ひょうじょう》が和《やわ》らいで笑顔《えがお》になる。例よちよち歩《ある》くカルガモの姿《すがた》に、顔《かお》をほころばす。

目《め》を細《ほそ》くする

うれしかったり、かわいらしく思《おも》ったりして、にこにこ笑《わら》う。例おじいさんは孫《まご》の顔《かお》を見《み》ると、すぐに目《め》を細《ほそ》くする。似目《め》を細《ほそ》める。

笑《わら》いこける

転《ころ》がるように体《からだ》を動《うご》かして、大《おお》いに笑《わら》う。例ピエロのこっけいなしぐさに、観客《かんきゃく》は笑《わら》いこけた。似笑《わら》い転《ころ》げる。

吹《ふ》き出《だ》す

がまんできずに、ぷっと笑《わら》い出《だ》す。例仮装大会《かそうたいかい》の写真《しゃしん》を見《み》て、思《おも》わず吹《ふ》き出《だ》した。◆「噴《ふ》き出《だ》す」とも書《か》く。

腹《はら》を抱《かか》える

あまりのおかしさに、両手《りょうて》で腹《はら》を押《お》さえるようなかっこうをして大笑《おおわら》いする。例寝坊《ねぼう》して慌《あわ》てる兄《あに》を見《み》て、腹《はら》を抱《かか》えて笑《わら》いこけた。

腹《はら》の皮《かわ》がよじれる

大笑《おおわら》いする。「よじれる」は、ねじ曲《ま》がるという意味《いみ》。体《からだ》がねじ曲《ま》がるほど大笑《おおわら》いするということ。例それ以上《いじょう》笑《わら》わせないでくれ、腹《はら》の皮《かわ》がよじれるよ。

不敵《ふてき》に笑《わら》う

何者《なにもの》も恐《おそ》れないようすで、ふてぶてしく笑《わら》う。例「今《いま》に見《み》ていろ」と、捕《つか》まった敵《てき》の大将《たいしょう》が不敵《ふてき》に笑《わら》う。

笑《わら》いを噛《か》み殺《ころ》す

笑《わら》いたいのを、懸命《けんめい》にこらえる。例先生《せんせい》が居眠《いねむ》りをしているのを見《み》て、みんな笑《わら》いを噛《か》み殺《ころ》していた。

ほくそ笑《え》む

物事《ものごと》がうまくいったことに満足《まんぞく》して、ひそかに笑《わら》う。例計画通《けいかくどお》りの出来《でき》ばえに、思《おも》わずほくそ笑《え》む。

にやける
締《し》まりのない顔《かお》で、にやにやする。もとは、男性《だんせい》がなよなよしたり、度《ど》を過《す》ぎて着《き》飾《かざ》ったりするという意味《いみ》。例 大好《だいす》きなあの子《こ》と話《はなし》ができて、思《おも》わずにやけてしまった。

脂下《やにさ》がる
男性《だんせい》が女性《じょせい》に囲《かこ》まれるなどして、いい気《き》になってにやにやする。例 彼女《かのじょ》にちやほやされて、脂下《やにさ》がっている。

鼻《はな》の下《した》を伸《の》ばす
男性《だんせい》が、女性《じょせい》のことを考《かんが》えてだらしない顔付《かおつ》きをする。女性《じょせい》に気《き》に入《い》られようと、へつらう。例 バレンタインデーにチョコをもらって、鼻《はな》の下《した》を伸《の》ばしている。

受《う》ける
冗談《じょうだん》や芸《げい》が、観衆《かんしゅう》などに喜《よろこ》ばれる。また、他人《たにん》の行動《こうどう》がおかしくて、自分《じぶん》が笑《わら》ってしまう。例 先生《せんせい》のギャグが、生徒《せいと》たちに大《おお》いに受《う》けた。

笑《わら》い飛《と》ばす
物事《ものごと》を深刻《しんこく》に受《う》け止《と》めずに、笑《わら》ってすませる。例 良《よ》くないうわさが立《た》ったが、そんなことは気《き》にしないと笑《わら》い飛《と》ばす。

笑《わら》い
笑《わら》うこと。声《こえ》を立《た》てる大笑《おおわら》いから、口元《くちもと》だけの小《ちい》さな笑《わら》いまで、幅広《はばひろ》く使《つか》われる。例 落語家《らくごか》の話《わ》芸《げい》が、会場《かいじょう》の笑《わら》いを取《と》る。例 笑《わら》いの絶《た》えない家庭《かてい》が、わたしの理想《りそう》です。

笑《え》み
微笑《ほほえ》むこと。例 緊張《きんちょう》していた彼女《かのじょ》も、やっと笑《え》みをこぼした。

満面《まんめん》の笑《え》み
とてもにこにこしているようす。「満面《まんめん》」は顔全体《かおぜんたい》。例 マラソンを走《はし》り抜《ぬ》いた僕《ぼく》を、母《はは》が満面《まんめん》の笑《え》みで出迎《でむか》えてくれた。

微笑《ほほえ》み
声《こえ》を立《た》てずに、穏《おだ》やかに笑《わら》うこと。例 母《はは》は、どんなに苦《くる》しいときでも微笑《ほほえ》みを忘《わす》れない。
◆「ほおえみ」ともいう。

微笑《びしょう》
微笑《ほほえ》むこと。例 子犬《こいぬ》のかわいい姿《すがた》に、思《おも》わず微笑《びしょう》する。

芸《げい》の道《みち》のように深《ふか》い、芸《げい》のことば
深谷先生《ふかやせんせい》のちょっとひと息《いき》

テレビのお笑《わら》い番組《ばんぐみ》などの中《なか》で、漫才《まんざい》やコントといったことばを聞《き》いたことはありませんか? どうやら、芸《げい》のジャンルのようですが、どんな違《ちが》いがあるのでしょうか。

漫才《まんざい》は、古《ふる》くから続《つづ》く「万歳《まんざい》」という芸《げい》が起源《きげん》。正月《しょうがつ》に特別《とくべつ》な衣装《いしょう》を着《き》て各家《かくか》庭《てい》を回《まわ》り、こっけいな舞《まい》やことばのかけ合《あ》いを披露《ひろう》しました。これが大正時代《たいしょうじだい》の大阪《おおさか》で、スーツ姿《すがた》でことばのやりとりだけで笑《わら》わせる形《かたち》になりました。一方《いっぽう》のコントは、もとはフランス語《ご》で、笑《わら》いを誘《さそ》う短時間《たんじかん》の劇《げき》のこと。

現在《げんざい》のお笑《わら》いの世界《せかい》では、奇抜《きばつ》な格好《かっこう》や踊《おど》りなどをせず、二《に》、三人《さんにん》の会話《かいわ》だけで笑《わら》わせる芸《げい》が漫才《まんざい》で、役柄《やくがら》になりきるための衣装《いしょう》や小道具《こどうぐ》を使《つか》うのがコントとされているようです。つまり、コントこそが、衣装《いしょう》など、昔《むかし》の「万歳《まんざい》」の要素《ようそ》を受《う》けついでいるということになりますね。

◆＝もっと知《し》りたい、ことばの知識《ちしき》。

スマイル　「微笑《ほほえ》み」という意味《いみ》の英語《えいご》。例 国民《こくみん》からの祝福《しゅくふく》に、王妃《おうひ》はスマイルで応《こた》えた。

破顔一笑《はがんいっしょう》　顔《かお》をほころばせて、にっこり笑《わら》うこと。例 緊張《きんちょう》がゆるむと、弟《おとうと》は破顔一笑《はがんいっしょう》した。

大笑《おおわら》い　大声《おおごえ》で、大《おお》いに笑《わら》うこと。例 彼《かれ》の海外旅行《かいがいりょこう》の失敗談《しっぱいだん》に、クラスのみんなが大笑《おおわら》いした。

大笑《たいしょう》　大笑《おおわら》いすること。例 祖父《そふ》は僕《ぼく》の取《と》り越《こ》し苦労《ぐろう》を知《し》って、呵々《かか》大笑《たいしょう》（からからと笑《わら》うこと）した。

高笑《たかわら》い　大声《おおごえ》で、勝《か》ち誇《ほこ》ったように笑《わら》うこと。例 対戦相手《たいせんあいて》をすべて打《う》ち負《ま》かし、高笑《たかわら》いする。

哄笑《こうしょう》　高笑《たかわら》いすること。例 太《ふと》った男《おとこ》が、腹《はら》をゆすって哄笑《こうしょう》する。

爆笑《ばくしょう》　大勢《おおぜい》の人《ひと》がどっと笑《わら》うこと。例 ギャグが受《う》けて、教室《きょうしつ》は爆笑《ばくしょう》の渦《うず》に包《つつ》まれた。

馬鹿笑《ばかわら》い　周《まわ》りの目《め》を気《き》にせず、やたらと大声《おおごえ》で笑《わら》うこと。例 道《みち》の真《ま》ん中《なか》で馬鹿笑《ばかわら》いしてると、車《くるま》にひかれちゃうぞ。

抱腹絶倒《ほうふくぜっとう》　腹《はら》を抱《かか》えて、倒《たお》れるほど大笑《おおわら》いすること。また、そのようなようす。例 抱腹絶倒《ほうふくぜっとう》のギャグ漫画《まんが》を友《とも》だちに借《か》りて読《よ》む。

苦笑《にがわら》い　苦々《にがにが》しく思《おも》いながらも、しかたなく笑《わら》うこと。例 妹《いもうと》に漢字《かんじ》の書《か》き順《じゅん》を注意《ちゅうい》されて、苦笑《にがわら》いする。

苦笑《くしょう》　苦笑《にがわら》いすること。例 見《み》え見《み》えのお世辞《せじ》を言《い》われて、思《おも》わず苦笑《くしょう》した。

微苦笑《びくしょう》　微笑《びしょう》とも苦笑《くしょう》ともつかない笑《わら》い。かすかな苦笑《にがわら》いのこと。例 孫《まご》の無邪気《むじゃき》な質問《しつもん》に、祖母《そぼ》は微《び》苦笑《くしょう》している。

思《おも》い出《だ》し笑《わら》い　楽《たの》しかったことやうれしかったことを思《おも》い出《だ》して、一人《ひとり》でにやにや笑《わら》うこと。例 姉《あね》は料理《りょうり》を作《つく》りながら、思《おも》い出《だ》し笑《わら》いをしている。

忍《しの》び笑《わら》い　声《こえ》が出《で》るのをがまんしながら、こっそり笑《わら》うこと。例 調子《ちょうし》はずれの歌《うた》に、あちこちから忍《しの》び笑《わら》いが起《お》こった。

含《ふく》み笑《わら》い　声《こえ》を出《だ》さずに意味《いみ》ありげに笑《わら》うこと。例 姉《あね》がわたしの顔《かお》を見《み》て、含《ふく》み笑《わら》いをしている。

照《て》れ笑《わら》い　恥《は》ずかしさや気《き》まずさのために、照《て》れて笑《わら》うこと。例 みんなから絵《え》がうまいとほめられて、兄《あに》は照《て》れ笑《わら》いしている。

泣《な》き笑《わら》い　◎泣《な》いているのに、つい笑《わら》ってしまうこと。例 おどけてみせたら、べそをかいていた弟《おとうと》が泣《な》き笑《わら》いした。◎悲《かな》しい出来事《できごと》と幸《しあわ》せな出来事《できごと》。例 人生《じんせい》は、泣《な》き笑《わら》いの連続《れんぞく》だ。

会心《かいしん》の笑《え》み　自分《じぶん》のしたことに満足《まんぞく》し、思《おも》わず浮《う》かべる微笑《ほほえ》み。「会心《かいしん》」は、心《こころ》から満足《まんぞく》すること。例 予想以上《よそういじょう》の成果《せいか》に、会心《かいしん》の笑《え》みをもらした。

作《つく》り笑《わら》い　おかしくもないのに、無理《むり》に笑《わら》うこと。例 別《わか》れ話《ばなし》の間中《あいだじゅう》、彼女《かのじょ》はずっと作《つく》り笑《わら》いを浮《う》かべていた。

愛想笑《あいそわら》い
機嫌《きげん》を取《と》るために、作《つく》り笑《わら》いをすること。例 愛想笑《あいそわら》いを浮《う》かべて、兄《あに》にうなずく。

追従笑《ついしょうわら》い
「愛想笑《あいそわら》い」と同《おな》じ。「追《つい》従《しょう》」は、人《ひと》の機嫌《きげん》を取《と》ること。例 そんな追従笑《ついしょうわら》いをしても、コンサートのチケットはあげないよ。

顎《あご》が外《はず》れるほど
大笑《おおわら》いをするようす。あごの関節《かんせつ》が外《はず》れてしまうほど、口《くち》を大《おお》きく開《あ》けて笑《わら》うということから。例 ゴキブリに驚《おどろ》いて悲鳴《ひめい》を上《あ》げる兄《あに》を見《み》て、顎《あご》が外《はず》れるほど大笑《おおわら》いした。

にこやか
明《あか》るくて愛想《あいそ》がよいようす。例 彼女《かのじょ》は、だれに対《たい》してもにこやかにあいさつする。

笑《わら》い顔《がお》
笑《わら》っている顔《かお》。例 キャンプ場《じょう》は、楽《たの》しそうな笑《わら》い顔《がお》でいっぱいだ。

笑顔《えがお》
笑《わら》っている顔《かお》。微笑《ほほえ》んでいる顔《かお》。例 赤《あか》ちゃんの笑顔《えがお》は、とてもかわいい。

えびす顔《がお》
うれしそうに、にこにこしている顔《かお》。例 祖《そ》父《ふ》の家《いえ》に行《い》くと、いつもえびす顔《がお》で迎《むか》えてくれる。◆「えびす」は、七福神《しちふくじん》の一人《ひとり》で「恵比須《えびす》」または「恵比寿《えびす》」と書《か》く。幸福《こうふく》をもたらす神《かみ》で、タイを抱《かか》えてにこやかに笑《わら》っている姿《すがた》で知《し》られる。

にこにこ
うれしそうに、声《こえ》を出《だ》さないで笑《わら》うようす。例 校長先生《こうちょうせんせい》は、いつもにこにこしている。似 にっこり。にこっと。

くすくす
声《こえ》をひそめて笑《わら》うようす。例 変《へん》な答《こた》えを言《い》ったらしく、みんながくすくす笑《わら》っている。

ころころ
楽《たの》しそうな笑《わら》い声《ごえ》などが、高《たか》く澄《す》んでよく響《ひび》くようす。例 姉《あね》の友《とも》だちは、いつもころころとよく笑《わら》っている。

おほほ
おもに、女性《じょせい》が上品《じょうひん》に、または気取《きど》って笑《わら》うときの声《こえ》のようす。例 お母《かあ》さん同士《どうし》が、道端《みちばた》で話《はなし》をしながらおほほと笑《わら》っている。

わはは
周《まわ》りの目《め》を気《き》にせず、口《くち》を大《おお》きく開《あ》けて笑《わら》うようす。例 陽気《ようき》な父《ちち》は、いつも大声《おおごえ》でわははと笑《わら》う。似 あはは。はっはっ。

けたけた
聞《き》く人《ひと》を不愉快《ふゆかい》にさせる感《かん》じで、甲高《かんだか》い声《こえ》で笑《わら》うようす。例 壁《かべ》にいたずら書《が》きした子《こ》が、けたけた笑《わら》いながら逃《に》げていった。

けらけら
軽々《かるがる》しい感《かん》じで、甲高《かんだか》い声《こえ》で笑《わら》うようす。例 兄《あに》が友《とも》だちと、冗談《じょうだん》を言《い》ってはけらけら笑《わら》っている。

げらげら
遠慮《えんりょ》なく、明《あか》るく大《おお》きな声《こえ》で笑《わら》うようす。「けらけら」より、声《こえ》や動作《どうさ》が大《おお》きい感《かん》じ。例 テレビのお笑《わら》い番組《ばんぐみ》を、寝転《ねころ》がりながらげらげら笑《わら》って見《み》ている。

からから
勇《いさ》ましい武士《ぶし》などが、豪快《ごうかい》に笑《わら》うようす。例 その大男《おおおとこ》は、気持《きも》ちよさそうにからからと笑《わら》って去《さ》っていった。似 かんらかんら。

ぷっと
おかしくて、思《おも》わず吹《ふ》き出《だ》すようす。例 お笑《わら》い芸人《げいにん》のギャグに、思《おも》わずぷっとなった。

◆＝もっと知《し》りたい、ことばの知識《ちしき》。

くっくっと 笑《わら》いたいのをこらえようとしてもこらえきれずに、笑《わら》い声《ごえ》がもれるようす。例 うわさ話《ばなし》を聞《き》いて、周《まわ》りを気《き》にしながらくっくっと笑《わら》う。

にやにや 声《こえ》を立《た》てず、意味《いみ》ありげに笑《わら》うようす。人《ひと》から見《み》ると、嫌《いや》な感《かん》じがすることもある笑《わら》い方《かた》。例 父《ちち》は何《なに》がうれしいのか、鏡《かがみ》を見《み》ながらにやにやしている。似 にやっと。にやり。

にたにた 声《こえ》を出《だ》さず、薄気味悪《うすきみわる》く笑《わら》うようす。例 人前《ひとまえ》でにたにたすると、嫌《いや》がられるよ。似 にたっと。にたり。

にっと 「に」と発音《はつおん》するときのように、歯《は》を見《み》せてちょっと笑《わら》うようす。例 街《まち》ですれ違《ちが》った兄《あに》が、白《しろ》い歯《は》を見《み》せてにっと笑《わら》った。似 にまっと。

ひひひ 薄気味悪《うすきみわる》く、下品《げひん》に笑《わら》うようす。例 気味《きみ》の悪《わる》い怪物《かいぶつ》が、ひひひと笑《わら》いながら近《ちか》づいてくる夢《ゆめ》を見《み》た。

ふふん 鼻先《はなさき》であしらうように、相手《あいて》をばかにして笑《わら》うようす。例 対戦相手《たいせんあいて》は僕《ぼく》の顔《かお》を見《み》ると、自信《じしん》ありげにふふんと笑《わら》った。

へっへっへっと 愛想笑《あいそわら》いや照《て》れ笑《わら》いをするときのようす。例 もみ手《で》をしながら、へっへっへっと笑《わら》う。

へらへら だらしなく笑《わら》うようす。また、軽薄《けいはく》なようす。例 お葬式《そうしき》に来《き》ているのに、へらへら笑《わら》っていては失礼《しつれい》だよ。似 えへらえへら。

にんまり 物事《ものごと》が思《おも》い通《どお》りになって満足《まんぞく》し、一人《ひとり》で笑《わら》うようす。例 ライバルの失敗《しっぱい》に、思《おも》わずにんまりした。

あざ笑《わら》う 相手《あいて》をばかにして、からかうように笑《わら》う。例 兄《あに》は「へたくそだな」と、僕《ぼく》をあざ笑《わら》った。

せせら笑《わら》う 「あざ笑《わら》う」と同《おな》じ。例 お前《まえ》なんかにできるものかと、せせら笑《わら》う。

鼻《はな》で笑《わら》う 相手《あいて》をばかにする。ばかにした感《かん》じで、ふんと鼻先《はなさき》で笑《わら》う。例 彼《かれ》は鼻《はな》で笑《わら》って、僕《ぼく》の話《はなし》に耳《みみ》を貸《か》そうともしない。

舌《した》を出《だ》す ◎相手《あいて》に分《わ》からないように、その人《ひと》がいないところでばかにして笑《わら》う。例 彼《かれ》は偉《えら》そうにしているけれど、みんなが陰《かげ》で舌《した》を出《だ》していることに気《き》づいていない。◎「恥《は》ずかしい」➡495

一笑《いっしょう》に付《ふ》す まともに取《と》り合《あ》わずに、笑《わら》って相手《あいて》にしないでいる。例 僕《ぼく》の苦心《くしん》のアイデアは、一笑《いっしょう》に付《ふ》されてしまった。

片腹痛《かたはらいた》い あまりにこっけいで、笑《わら》わずにはいられないようす。もともとは、「傍《かたわ》ら痛《いた》い」で、そばで見《み》ていて苦々《にがにが》しいようす。例 勉強《べんきょう》もしないで満点《まんてん》を取《と》ろうなんて片腹痛《かたはらいた》い。

へそで茶《ちゃ》を沸《わ》かす おかしくてたまらないようす。ばかばかしくてしょうがないようす。例 素手《すで》でトラを捕《つか》まえるなんて話《はなし》を聞《き》くと、**へそで茶《ちゃ》を沸《わ》かす**よ。

ちゃんちゃらおかしい 相手《あいて》の見栄《みえ》や虚勢《きょせい》などが見《み》え透《す》いていて、こっけいで笑《わら》ってしまう。例 お前《まえ》たちが将棋《しょうぎ》二段《にだん》の父《とう》さんに勝《か》とうなんて、**ちゃんちゃらおかしい**。

嘲笑《ちょうしょう》 相手《あいて》をばかにして、からかうように笑《わら》うこと。例 ヒット商《しょう》品《ひん》の偽物《にせもの》ばかりを売《う》っている会社《かいしゃ》が、世間《せけん》に**嘲笑《ちょうしょう》**される。

冷笑《れいしょう》 相手《あいて》をばかにして、冷《ひ》ややかに笑《わら》うこと。例 いい加減《かげん》なことばかりしていると、世間《せけん》の**冷笑《れいしょう》**を買《か》うことになるよ。

物笑《ものわら》い 人《ひと》にばかにされ、笑《わら》われること。例 そんなせこいことをしたら、**物笑《ものわら》い**の種《たね》になる。

失笑《しっしょう》 ばかばかしさにがまんできず、笑《わら》ってしまうこと。例 とんちんかんな質問《しつもん》をした人《ひと》が、**失笑《しっしょう》**を買《か》った。

薄笑《うすわら》い 相手《あいて》をばかにして、表情《ひょうじょう》をあまり変《か》えずに口元《くちもと》だけで

「笑《わら》う」に関連《かんれん》することば

笑《わら》う門《かど》には福《ふく》来《き》たる いつも笑《わら》って明《あか》るく暮《く》らしている人《ひと》の家《いえ》には、幸《しあわ》せがやって来《く》るということば。「門《かど》」は、家《いえ》・家庭《かてい》のこと。

一銭《いっせん》を笑《わら》う者《もの》は一銭《いっせん》に泣《な》く たとえ少《しょう》額《がく》でも、お金《かね》は大切《たいせつ》にしなければならないということ。「銭《せん》」は、円《えん》より小《ちい》さいお金《かね》の単位《たんい》で、ごくわずかな金額《きんがく》。「一円《いちえん》を笑《わら》う者《もの》は一円《いちえん》に泣《な》く」ともいう。

目《め》くそ鼻《はな》くそを笑《わら》う 自分《じぶん》の欠点《けってん》には気《き》づかずに、他人《たにん》の欠点《けってん》をばかにすること。競《きそ》い合《あ》っている者《もの》たちの実《じつ》力《りょく》が、周《まわ》りから見《み》るとそれほど差《さ》がないこと。きたない目《め》やに（目《め》くそ）が、同《おな》じようにきたない鼻《はな》くそをあざ笑《わら》うということ。

来年《らいねん》の事《こと》を言《い》えば鬼《おに》が笑《わら》う 先《さき》のことがどうなるかは、だれにも分《わ》からないのに、あれこれ言《い》うのは愚《おろ》かなことだというたとえ。

膝《ひざ》が笑《わら》う 歩《ある》き疲《つか》れて、山道《やまみち》をくだるときなどに、まるで笑《わら》っているようにひざががくがくする。

笑納《しょうのう》 贈《おく》り物《もの》をするとき、つまらない物《もの》ですが笑《わら》ってお納《おさ》めくださいという気持《きも》ちを込《こ》めて、へりくだっていうことば。⬇340

笑覧《しょうらん》 自分《じぶん》の物《もの》を人《ひと》に見《み》せるときの、へりくだっていうことば。⬇262

山笑《やまわら》う 春《はる》の山《やま》の草木《くさき》がいっせいに若《わか》芽《め》を吹《ふ》いて、明《あか》るい感《かん》じになるようすをいうことば。

えくぼ 笑《わら》ったとき、ほおにできる小《ちい》さなくぼみ。⬇82

●こんなことばも覚《おぼ》えておこう
艶笑《えんしょう》・嬌笑《きょうしょう》・莞爾《かんじ》・憫笑《びんしょう》・笑壺《えつぼ》に入《い》る・アルカイックスマイル

●いろいろな笑《わら》い方《かた》
うふふ・えへへ・くすり・ふふふ・へへへ・くつくつ・ほっほっと・げたげた・きゃっきゃっと

笑《わら》うこと。例 場違《ばちが》いな発言《はつげん》をした彼女《かのじょ》に対《たい》して、出席者《しゅっせきしゃ》はみな**薄笑《うすわら》い**を浮《う》かべていた。

お笑《わら》いぐさ
物笑《ものわら》いの種《たね》。あざ笑《わら》う材料《ざいりょう》。例 そんなギャグが受《う》けると思《おも》っていたなんて、とんだ**お笑《わら》いぐさ**だ。

噴飯物《ふんぱんもの》
あまりのばかばかしさに、思《おも》わず噴《ふ》き出《だ》して笑《わら》ってしまうということ。「口《くち》の中《なか》のご飯《はん》を噴《ふ》き出《だ》す」ということから。例 あの映画《えいが》の時代考証《じだいこうしょう》のでたらめさは、**噴飯物《ふんぱんもの》**だ。

泣《な》く

weep
［ウィーブ］

このページも見《み》てみよう
▼ 悲《かな》しい ↓ 426

泣《な》く
悲《かな》しみ・苦《くる》しみ・喜《よろこ》びなどを心《こころ》に強《つよ》く感《かん》じて、声《こえ》を上《あ》げたり涙《なみだ》を流《なが》したりする。例 親友《しんゆう》との別《わか》れが悲《かな》しくて、大声《おおごえ》で**泣《な》く**。対 **笑《わら》う**。

涙《なみだ》を流《なが》す
泣《な》く。涙《なみだ》を目《め》から出《だ》す。例 かわいそうな身《み》の上《うえ》話《ばなし》に、**涙《なみだ》を流《なが》す**。似 **涙《なみだ》をこぼす**。

涙《なみだ》する
「涙《なみだ》を流《なが》す」と同《おな》じ。例 温《あたた》かいことばをかけられて、思《おも》わず**涙《なみだ》する**。

泣《な》きぬれる
泣《な》いて、涙《なみだ》でほおがぬれる。例 東海《とうかい》の小島《こじま》の磯《いそ》の白砂《しらすな》にわれ**泣《な》きぬれて**蟹《かに》とたわむる(石川啄木《いしかわたくぼく》)。

頬《ほお》をぬらす
泣《な》いて、流《なが》れた涙《なみだ》でほおがぬれる。例 感激《かんげき》の再会《さいかい》を果《は》たし、熱《あつ》い涙《なみだ》が**頬《ほお》をぬらす**。

枕《まくら》をぬらす
寝《ね》ているときに泣《な》く。涙《なみだ》で枕《まくら》がぬれるほど泣《な》く。例 悲《かな》しみがおさまらず、毎《まい》晩《ばん》**枕《まくら》をぬらして**しまった。

涙腺《るいせん》が緩《ゆる》む
涙《なみだ》を流《なが》す。また、ちょっとした悲《かな》しみで泣《な》きやすくなる。「涙腺《るいせん》」はまぶたの中《なか》にある、涙《なみだ》を出《だ》す器官《きかん》。例 祖父《そふ》は、「年《とし》のせいですぐに**涙腺《るいせん》が緩《ゆる》んで**しまう」と言《い》っている。

泣《な》き明《あ》かす
悲《かな》しくて、一晩中《ひとばんじゅう》泣《な》きながら過《す》ごす。例 愛犬《あいけん》に死《し》なれた妹《いもうと》は、昨夜《さくや》は**泣《な》き明《あ》かした**ようだ。

涙《なみだ》に暮《く》れる
◎泣《な》き悲《かな》しんで毎日《まいにち》を送《おく》る。例 かわいがっていたインコが死《し》に、**涙《なみだ》に暮《く》れる**毎日《まいにち》だ。◎ひどく泣《な》き悲《かな》しむ。例 別《わか》れを惜《お》しんで**涙《なみだ》に暮《く》れる**。

泣《な》き暮《く》らす
毎日《まいにち》泣《な》いてばかりいる。例 祖父《そふ》が亡《な》くなってから、祖母《そぼ》は毎日《まいにち》**泣《な》き暮《く》らして**いる。

涙《なみだ》もかれる
涙《なみだ》が出尽《でつ》くしてしまうほど、たくさん泣《な》く。例 さんざん泣《な》き続《つづ》けて、もう**涙《なみだ》もかれた**。

泣《な》きはらす
激《はげ》しく泣《な》いて、まぶたをはれ上《あ》がらせる。例 目《め》を真《ま》っ赤《か》に**泣《な》きはらした**女《おんな》の子《こ》が、必死《ひっし》にお母《かあ》さんを捜《さが》している。

涙《なみだ》を誘《さそ》う
同情《どうじょう》や感動《かんどう》で、涙《なみだ》が出《で》るようにさせる。人《ひと》を悲《かな》しい気持《きも》ちにさせる。例 難民《なんみん》キャンプの子《こ》どもたちの写真《しゃしん》が、人々《ひとびと》の**涙《なみだ》を誘《さそ》う**。

忍《しの》び泣《な》く 人《ひと》に分《わ》からないように、声《こえ》を抑《おさ》えて泣《な》く。例 姉《あね》は親《おや》にしかられて、部屋《へや》の隅《すみ》で**忍《しの》び泣《な》いて**いる。

すすり泣《な》く 声《こえ》を抑《おさ》えて、鼻《はな》をすすり上《あ》げながら泣《な》く。例 映画《えいが》の悲《かな》しい場面《ばめん》で、あちこちから**すすり泣《な》く**声《こえ》が聞《き》こえた。

泣《な》き叫《さけ》ぶ 周《まわ》りの目《め》を気《き》にせず、叫《さけ》ぶような大声《おおごえ》で泣《な》く。例 迷子《まいご》になった子《こ》どもが、道《みち》の真《ま》ん中《なか》で**泣《な》き叫《さけ》んで**いる。

泣《な》きわめく わめきながら泣《な》く。大声《おおごえ》で泣《な》いて叫《さけ》ぶ。例 弟《おとうと》は、おもちゃを買《か》ってほしいと**泣《な》きわめいた**。

泣《な》き伏《ふ》す 悲《かな》しみのあまり、うつ伏《ぶ》せになって泣《な》く。例 遺体《いたい》に取《と》りすがって**泣《な》き伏《ふ》す**遺族《いぞく》。

泣《な》き崩《くず》れる あまりの悲《かな》しみに取《と》り乱《みだ》して、立《た》っていられない状態《じょうたい》で激《はげ》しく泣《な》く。例 兄《あに》が事故《じこ》にあったと聞《き》いて、母《はは》はその場《ば》に**泣《な》き崩《くず》れた**。

袖《そで》を絞《しぼ》る ひどく涙《なみだ》を流《なが》して泣《な》く。絞《しぼ》れば涙《なみだ》が垂《た》れるのではないかと思《おも》えるほど、そでがぬれるということ。例 日本中《にほんじゅう》の読者《どくしゃ》の**袖《そで》を絞《しぼ》った**恋愛小説《れんあいしょうせつ》。

泣《な》き付《つ》く ◎泣《な》いてすがりつく。例 迷子《まいご》の子《こ》が、見《み》つけた母親《ははおや》に**泣《な》き付《つ》いた**。◎泣《な》くほどにして頼《たの》み込《こ》む。例 母親《ははおや》に**泣《な》き付《つ》いて**ゲームを買《か》ってもらう。

むせび泣《な》く のどを詰《つ》まらせて、震《ふる》えるように激《はげ》しく泣《な》く。風《かぜ》や笛《ふえ》の音《おと》などにもいう。例 遺《い》影《えい》を見詰《みつ》めて、**むせび泣《な》く**人《ひと》たち。例 **むせび泣《な》く**ような船《ふね》の汽笛《きてき》。

しゃくり上《あ》げる 息《いき》を繰《く》り返《かえ》し吸《す》い込《こ》むようにして泣《な》く。例 弟《おとうと》はいつまでも**しゃくり上《あ》げて**いて、泣《な》き止《や》まない。

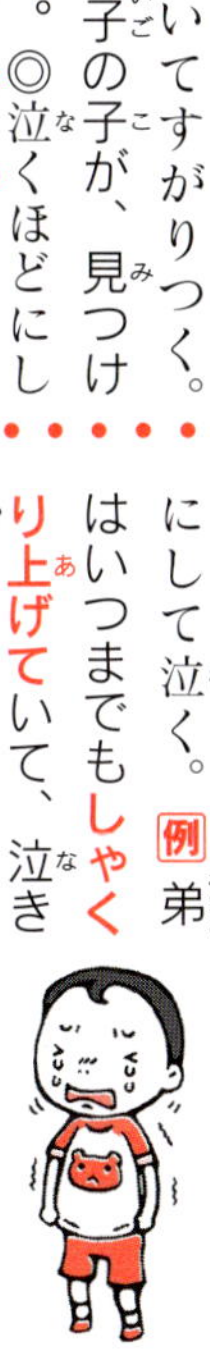

すすり上《あ》げる 鼻水《はなみず》を吸《す》い込《こ》むようにして泣《な》く。例 けんかに負《ま》けた男《おとこ》の子《こ》の**すすり上《あ》げ**

「泣《な》く」に関連《かんれん》することば①

泣《な》きを入《い》れる 泣《な》きついて頼《たの》みこむ。泣《な》いてわびる。

泣《な》きを見《み》る 泣《な》くようなつらいめにあう。

今《いま》泣《な》いた烏《からす》がもう笑《わら》った 赤《あか》ちゃんや子《こ》どもが、たった今《いま》泣《な》いていたと思《おも》ったら、すぐに機嫌《きげん》が直《なお》って笑《わら》うようす。子《こ》どもなどの感情《かんじょう》が、変《か》わりやすいことのたとえ。

鬼《おに》の目《め》にも涙《なみだ》 鬼《おに》のようなひどい人《ひと》でも、あまりにも気《き》の毒《どく》な相手《あいて》には、同情《どうじょう》したり親切《しんせつ》にしたりすることもあるということ。

泣《な》き面《つら》に蜂《はち》 不幸《ふこう》な上《うえ》に、さらに不幸《ふこう》が重《かさ》なること。困《こま》って苦《くる》しんでいる上《うえ》に、さらに災難《さいなん》や苦労《くろう》が重《かさ》なって起《お》こること。不運《ふうん》で泣《な》いている人《ひと》が、さらに顔《かお》をハチに刺《さ》されるということから。「泣《な》きっ面《つら》に蜂《はち》」ともいう。⬇136

る声《こえ》が聞《き》こえる。

泣《な》きじゃくる
しゃくり上《あ》げながら、声《こえ》を出《だ》して泣《な》き続《つづ》ける。例 妹《いもうと》はしかられて、まだ泣《な》きじゃくっている。

せき上《あ》げる
せき込《こ》むようにして激《はげ》しく泣《な》く。例 遺《い》体《たい》に対面《たいめん》し、ただせき上《あ》げるばかりだ。

涙《なみだ》ぐむ
涙《なみだ》がたまって、目《め》からこぼれ出《で》そうになる。例 母《はは》は悲《かな》しいドラマを見《み》ると、すぐに涙《なみだ》ぐむ。

涙《なみだ》を催《もよお》す
泣《な》きそうになる。例 だんだんと見《み》えなくなっていく船《ふね》を見送《みおく》って、思《おも》わず涙《なみだ》を催《もよお》した。

込《こ》み上《あ》げる
悲《かな》しみがわき上《あ》がってあふれ出《で》る。涙《なみだ》が、急《きゅう》に出《で》てくる。喜《よろこ》びや怒《いか》りの気持《きも》ちなどにもいう。例 空襲《くうしゅう》で子《こ》どもが死《し》ぬシーンを見《み》て、涙《なみだ》が込《こ》み上《あ》げてきた。

熱《あつ》いものが込《こ》み上《あ》げる
感情《かんじょう》が高《たか》ぶって、涙《なみだ》が出《で》そうになる。例 両親《りょうしん》の苦労《くろう》を思《おも》うと、熱《あつ》いものが込《こ》み上《あ》げてくる。

目《め》が潤《うる》む
泣《な》きそうになって、涙《なみだ》で目《め》がぬれる。例 姉《あね》の優《やさ》しい気《き》づかいに、思《おも》わず目《め》が潤《うる》んでしまった。

目頭《めがしら》が熱《あつ》くなる
物事《ものごと》に感動《かんどう》して、涙《なみだ》が出《で》そうになる。「目頭《めがしら》」は、鼻《はな》に近《ちか》いほうの目《め》の端《はし》。例 十年《じゅうねん》ぶりの親子再会《おやこさいかい》のシーンに、目頭《めがしら》が熱《あつ》くなった。

目頭《めがしら》を押《お》さえる
涙《なみだ》が出《で》そうになる。それをこらえようと、手《て》やハンカチなどで目《め》を押《お》さえるしぐさから。「目頭《めがしら》」は、鼻《はな》に近《ちか》いほうの目《め》の端《はし》。例 母《はは》は妹《いもうと》の晴《は》れ舞台《ぶたい》を見《み》て、そっと目頭《めがしら》を押《お》さえていた。似 目頭《めがしら》をぬぐう。

目《め》を赤《あか》くする
たくさん泣《な》いて、目《め》を充血《じゅうけつ》させる。疲《つか》れのため、目《め》を充血《じゅうけつ》させることにもいう。例 悲《かな》しい別《わか》れに、目《め》を赤《あか》くして立《た》ち尽《つ》くしていた。

目《め》に涙《なみだ》をためる
涙《なみだ》が出《で》て目《め》にいっぱいになる。目《め》から涙《なみだ》がこぼれそうになる。例 出張《しゅっちょう》に行《い》く父《ちち》を、妹《いもうと》は目《め》に涙《なみだ》をためて引《ひ》き止《と》めようとしている。

むせび泣《な》き
のどを詰《つ》まらせて、激《はげ》しく泣《な》くこと。例 災害地《さいがいち》の遺体安置所《いたいあんちじょ》では、あちこちからむせび泣《な》きの声《こえ》が漏《も》れていた。

嗚咽《おえつ》
「むせび泣《な》き」と同《おな》じ。また、その声《こえ》。例 お焼香《しょうこう》で嗚咽《おえつ》する母《はは》を慰《なぐさ》めた。

忍《しの》び泣《な》き
声《こえ》を立《た》てないように、こらえて泣《な》くこと。例 部《へ》屋《や》の中《なか》から、忍《しの》び泣《な》きの声《こえ》が漏《も》れてくる。

すすり泣《な》き
鼻《はな》をすすり上《あ》げるようにして泣《な》くこと。例 そのトンネルからは、幽霊《ゆうれい》のすすり泣《な》きの声《こえ》が聞《き》こえるという。

大泣《おおな》き
激《はげ》しく大声《おおごえ》で泣《な》くこと。例 全国大会出場《ぜんこくたいかいしゅつじょう》を決《き》めて、うれしさのあまり大泣《おおな》きした。

号泣《ごうきゅう》
大泣《おおな》きすること。例 部屋《へや》から遺族《いぞく》の号泣《ごうきゅう》が聞《き》こえた。

慟哭《どうこく》
声《こえ》を上《あ》げて激《はげ》しく泣《な》くこと。「慟《どう》」も「哭《こく》」も、大声《おおごえ》で泣《な》くという意味《み》。例 深《ふか》い悲《かな》しみに、慟哭《どうこく》する人々《ひとびと》。

似＝似《に》た表現《ひょうげん》のことば。対＝反対《はんたい》の意味《いみ》のことば。例＝使《つか》い方《かた》の例《れい》。

うれし泣《な》き
あまりのうれしさのために泣《な》くこと。例 やっと努力《どりょく》が認《みと》められ、うれし泣《な》きをした。

悔《くや》し泣《な》き
悔《くや》しがって、泣《な》くこと。例 決勝戦《けっしょうせん》で惜敗《せきはい》し、チーム全員《ぜんいん》悔《くや》し泣《な》きをした。

男泣《おとこな》き
男《おとこ》が、激《はげ》しい感情《かんじょう》に堪《た》えかねて泣《な》くこと。例 妻《つま》を失《うしな》い、男泣《おとこな》きに泣《な》く。

もらい泣《な》き
泣《な》いている人《ひと》につられて、ほかの人《ひと》も泣《な》いてしまうこと。例 あわれな身《み》の上《うえ》話《ばなし》に、思《おも》わずもらい泣《な》きをした。

うそ泣《な》き
泣《な》いているふりをすること。また、そのような泣《な》き方《かた》。例 おもちゃを買《か》ってもらえない弟《おとうと》が、うそ泣《な》きをしている。

空泣《そらな》き
泣《な》きまねをすること。例 空泣《そらな》きをして同情《どうじょう》を誘《さそ》おうとしてもむだだよ。

半泣《はんな》き
もう少《すこ》しで泣《な》いてしまうようす。泣《な》きそうになっているようす。例 なかなか信用《しんよう》してもらえないので、半泣《はんな》きになって弁解《べんかい》した。

落涙《らくるい》
泣《な》くこと。泣《な》いて涙《なみだ》を流《なが》すこと。また、その涙《なみだ》。例 あまりの悲《かな》しみに、落涙《らくるい》を禁《きん》じ得《え》ない。

感泣《かんきゅう》
感激《かんげき》のあまり泣《な》くこと。例 父《ふ》母《ぼ》の温情《おんじょう》に感泣《かんきゅう》する。

夜泣《よな》き
赤《あか》ん坊《ぼう》が夜中《よなか》に泣《な》き出《だ》して、なかなかおさまらないこと。例 今《いま》は夜泣《よな》きが激《はげ》しくて困《こま》るけど、そのうち泣《な》かなくなるよ。◆発育《はついく》の一段階《いちだんかい》であり、病気《びょうき》ではない。

じいん
→「感動《かんどう》する」433

止《と》めどなく
止《と》まらないと思《おも》われるほど、たくさんの涙《なみだ》を流《なが》すようす。例 二十年《にじゅうねん》ぶりの再会《さいかい》に、祖母《そぼ》の目《め》からは止《と》めどなく涙《なみだ》がこぼれていた。

火《ひ》の付《つ》いたよう
赤《あか》ん坊《ぼう》などが、大声《おおごえ》で

うそ泣《な》きのすすめ

みなさんは、だれかを困《こま》らせたり同情《どうじょう》をひいたりするために、うそ泣《な》きをしたことはありませんか？　人《ひと》をだますことなので、本来《ほんらい》はほめられるものではありません。でも、この本《ほん》にあるいろいろな泣《な》き方《かた》について、ただ読《よ》むだけでなく、どんな泣《な》き方《かた》なのかを体感《たいかん》するために、やってみてはどうでしょう。
そして、おうちの人《ひと》や友《とも》だちに「この泣《な》き方《かた》は、どれでしょう？」と当《あ》ててもらうのです。すすり泣《な》きと忍《しの》び泣《な》き、おいおいと号泣《ごうきゅう》、うれし泣《な》きと感泣《かんきゅう》などは、演《えん》じ分《わ》けがとても難《むずか》しいと思《おも》います。でも、いちばん難《むずか》しいのは、実際《じっさい》に涙《なみだ》を流《なが》さずには表現《ひょうげん》できない泣《な》き方《かた》。目薬《めぐすり》を使《つか》わずに、泣《な》きぬれる、さめざめ、目《め》を赤《あか》くする……などまで演《えん》じきることができたら、もはやプロの役者《やくしゃ》レベル。ここまでできれば、うそ泣《な》きも立派《りっぱ》な才能《さいのう》ですので、そのまま俳優《はいゆう》・女優《じょゆう》を目指《めざ》してみてはいかがでしょうか？

深谷《ふかや》先生《せんせい》のちょっとひと息《いき》

◆＝もっと知《し》りたい、ことばの知識《ちしき》。

激《はげ》しく泣《な》くようす。**例** 目《め》を覚《さ》ました赤《あか》ちゃんが、**火《ひ》の付《つ》いたように**泣《な》き出《だ》した。

涙《なみだ》もろい　ちょっとしたことにも、すぐ泣《な》いてしまうようす。**例** 頑固《がんこ》な父《ちち》だが、**涙《なみだ》もろい**ところもある。

めそめそ　声《こえ》を出《だ》さず弱々《よわよわ》しく泣《な》くようす。また、気《き》が弱《よわ》くてすぐ泣《な》くようす。**例** ちょっとしかられたくらいで、**めそめそ**するな。

さめざめ　涙《なみだ》をたくさん流《なが》して、静《しず》かに泣《な》くようす。**例** 叔母《おば》は、思《おも》い出話《でばなし》をしながら**さめざめ**と泣《な》いた。

しくしく　◎弱々《よわよわ》しく、哀《あわ》れっぽく泣《な》くようす。また、そのような声《こえ》。**例** いつまでも**しくしく**泣《な》いてないで、事情《じじょう》を聞《き》かせてくれ。◎「痛《いた》い・痒《かゆ》い」➡201

うるうる　涙《なみだ》があふれそうになるようす。**例** けなげな子《こ》どもの演技《えんぎ》に、両親《りょうしん》は**うるうる**している。

よよと　しゃくり上《あ》げて激《はげ》しく泣《な》くようす。**例** 父《ちち》の戦死《せんし》を知《し》った姫《ひめ》は、**よよと**泣《な》き崩《くず》れた。

はらはら　◎涙《なみだ》が、続《つづ》いて静《しず》かに落《お》ちるようす。**例** かぐや姫《ひめ》は月《つき》を見上《みあ》げて、**はらはら**と泣《な》いた。◎「心配《しんぱい》する」➡499

ほろり　感動《かんどう》して、思《おも》わず涙《なみだ》ぐむようす。**例** この曲《きょく》を聞《き》くと、悲《かな》しいことを思《おも》い出《だ》して、思《おも》わず**ほろり**としてしまう。**似** ほろっと。

ぽろり　涙《なみだ》が一粒《ひとつぶ》落《お》ちるようす。**例** 大粒《おおつぶ》の涙《なみだ》を**ぽろり**とこぼした。

ぽろぽろ　涙《なみだ》が続《つづ》けてこぼれ落《お》ちるようす。**例** 転《ころ》んだ男《おとこ》の子《こ》が、涙《なみだ》を**ぽろぽろ**こぼして泣《な》いている。

ぼろぼろ　◎大粒《おおつぶ》の涙《なみだ》が、次々《つぎつぎ》に落《お》ちるようす。**例** 試合《しあい》に負《ま》けた選手《せんしゅ》が、涙《なみだ》を**ぼろぼろ**こぼしていた。◎「古《ふる》い」➡551

びいびい　赤《あか》ん坊《ぼう》などが、やかましく泣《な》くようす。**例** 赤《あか》ちゃんがおなかをすかせて、**びいびい**泣《な》く。

ええん　小《ちい》さい子《こ》どもが、大声《おおごえ》で泣《な》くようす。**例** おもちゃを取《と》り上《あ》げられた弟《おとうと》は、たちまち**ええん**と泣《な》き出《だ》した。**似** えんえん。

おいおい　周《まわ》りを気《き》にせずに、大《おお》声《ごえ》で泣《な》くようす。**例** 感激《かんげき》のあまり、人目《ひとめ》をはばからず**おいおい**と泣《な》く。

わっと　一気《いっき》に大声《おおごえ》を上《あ》げて泣《な》き出《だ》すようす。**例** こらえきれずに**わっと**泣《な》き出《だ》した。

わあわあ　激《はげ》しく大声《おおごえ》で泣《な》くようす。**例** 合格《ごうかく》の知《し》らせに、うれしくて辺《あた》りかまわず**わあわあ**泣《な》いてしまった。

おぎゃあ　赤《あか》ん坊《ぼう》の泣《な》く声《こえ》のようす。**例** 赤《あか》ちゃんが、**おぎゃあ**と元気《げんき》な産声《うぶごえ》を上《あ》げる。

泣《な》き顔《がお》　泣《な》いている顔《かお》。また、今《いま》にも泣《な》きそうな顔《かお》。**例** **泣《な》き顔《がお》**を見《み》られまいと、横《よこ》を向《む》いていた。

泣《な》き面《つら》　泣《な》き顔《がお》。泣《な》き出《だ》しそうな顔《かお》。**例** しかられて**泣《な》き面《つら》**

似＝似《に》た表現《ひょうげん》のことば。対＝反対《はんたい》の意味《いみ》のことば。例＝使《つか》い方《かた》の例《れい》。

をしている兄《あに》をからかう。◆「泣《な》きっ面《つら》」ともいう。

ほえ面《づら》　泣《な》き顔《がお》。ほえるように大《おお》声《ごえ》で泣《な》く顔《かお》。例 覚《おぼ》えてろ、後《あと》でほえ面《づら》をかくなよ。◆「ほえ面《づら》をかく」とは、大声《おおごえ》を上《あ》げて泣《な》く、泣《な》き面《つら》をするという意味《いみ》。

べそ　子《こ》どもなどが、口《くち》をゆがめて今《いま》にも泣《な》きそうな顔《かお》になること。例 仲間《なかま》はずれにされた子《こ》が、べそをかいている。

泣《な》きべそ　今《いま》にも泣《な》きそうな顔《かお》。すでに涙《なみだ》を流《なが》したり、泣《な》き声《ごえ》を上《あ》げたりしている場合《ばあい》にも使《つか》われる。例「おもちゃが壊《こわ》れた」と言《い》って、弟《おとうと》は泣《な》きべそをかいている。

半《はん》べそ　あと少《すこ》しで泣《な》きそうな顔《かお》になること。例 おやつは全部《ぜんぶ》食《た》べてしまったと姉《あね》に言《い》われて、妹《いもうと》は半《はん》べそをかいていた。

泣《な》きの涙《なみだ》　ひどく泣《な》き悲《かな》しむこと。ひどく悲《かな》しい思《おも》いをすること。例 生《う》まれた子犬《こいぬ》の一匹《いっぴき》を、泣《な》きの涙《なみだ》で友《とも》だちに上《あ》げた。

涙《なみだ》ながら　涙《なみだ》を流《なが》しながら、何《なに》かをするようす。例 悲《かな》しい思《おも》い出《で》を、涙《なみだ》ながらに語《かた》る。

涙《なみだ》　◎悲《かな》しいときやうれしいとき、痛《いた》いときなどに目《め》から出《で》る液体《えきたい》。また、泣《な》くこと。例 悔《くや》しくて涙《なみだ》がこぼれた。例 友《とも》だちの慰《なぐさ》めのことばに涙《なみだ》する。◎「情《なさ》け深《ぶか》い」➡436

うれし涙《なみだ》　うれしさのあまり出《で》る涙《なみだ》。例 孫《まご》からの贈《おく》り物《もの》に、祖母《そぼ》はうれし涙《なみだ》を流《なが》した。

悔《くや》し涙《なみだ》　悔《くや》しくて出《で》る涙《なみだ》。例 理由《りゆう》もなくしかられて、姉《あね》は悔《くや》し涙《なみだ》を流《なが》した。

感涙《かんるい》　感激《かんげき》したり感謝《かんしゃ》したりして流《なが》す涙《なみだ》。例 厚《あつ》い友情《ゆうじょう》を目《ま》の当《あ》たりにして、感涙《かんるい》にむせぶ。

空涙《そらなみだ》　悲《かな》しくないのに流《なが》す涙《なみだ》。例 うそをついたり空涙《そらなみだ》を流《なが》したり、いったいどういうつもりだい。

泣《な》き虫《むし》　ちょっとしたことですぐ泣《な》く人《ひと》。いつも泣《な》いてばかり

「泣《な》く」に関連《かんれん》することば②

泣《な》き寝入《ねい》り　泣《な》いていた子《こ》どもが、そのまま眠《ねむ》ってしまうこと。また、ひどい目《め》にあったのに、抗議《こうぎ》などをせずにあきらめてしまうこと。➡221

泣《な》く子《こ》と地頭《じとう》には勝《か》てぬ　道理《どうり》の通《つう》じない相手《あいて》には、黙《だま》って従《したが》うしかない。泣《な》いて聞《き》き分《わ》けのない子《こ》や横暴《おうぼう》な地《じ》頭《とう》とは、道理《どうり》で争《あらそ》っても勝《か》ち目《め》はないということから。「地頭《じとう》」は、鎌倉《かまくら》時代《じだい》の権力《けんりょく》を持《も》った役人《やくにん》。

泣《な》く子《こ》も黙《だま》る　聞《き》き分《わ》けなく泣《な》いている子《こ》どもも急《きゅう》に黙《だま》ってしまうほど、威力《いりょく》や勢力《せいりょく》のあることのたとえ。

●こんなことばも覚《おぼ》えておこう
涕泣《ていきゅう》・紅涙《こうるい》・鬼哭《きこく》・血涙《けつるい》・滂沱《ぼうだ》

●いろいろな泣《な》き方《かた》
ぐすん・はらり・ひいひい・ぴいぴい・おんおん・わあん・わんわん

◆＝もっと知《し》りたい、ことばの知識《ちしき》。

いる人《ひと》。例 父《ちち》は小《ちい》さいころ、泣《な》き虫《むし》だったそうだ。

驚《おどろ》く

be surprised
[ビ・サプライズド]

このページも見《み》てみよう
▼ 慌《あわ》てる ➡392

驚《おどろ》く

意外《いがい》なことに出会《であ》って、心《こころ》が動《うご》く。びっくりする。例 友人《ゆうじん》のあまりの博識《はくしき》に驚《おどろ》く。例 驚《おどろ》くほど早《はや》く計算《けいさん》できる方法《ほうほう》を学《まな》ぶ。

驚《おどろ》かす

相手《あいて》をびっくりさせる。例 ここに隠《かく》れていて、彼《かれ》が来《き》たら驚《おどろ》かしてやろう。

脅《おど》かす

◎びっくりさせる。例 後《うし》ろから「わっ」と言《い》って、脅《おど》かす。例 だれかと思《おも》ったら君《きみ》か、脅《おど》かすなよ。◎怖《こわ》がらせる。脅《おど》す。例 強盗《ごうとう》がナイフをちらつかせて、店員《てんいん》を脅《おど》かす。

たまげる

びっくりする。漢字《かんじ》で「魂消《たまげ》る」と書《か》き、魂《たましい》が消《き》えるほどの思《おも》いという意味《いみ》。例 だれもがたまげるような、すごい話《はなし》を知《し》っている。

ぶったまげる

ひどくびっくりする。「たまげる」を強調《きょうちょう》した言《い》い方《かた》。例 バッターボックスに立《た》って、投球《とうきゅう》のあまりの速《はや》さにぶったまげた。似 おったまげる。

立《た》ちすくむ

◎ひどくびっくりして、立《た》ったまま動《うご》けなくなる。例 目《め》の前《まえ》で交通事故《こうつうじこ》が起《お》き、その場《ば》に立《た》ちすくむ。◎「怖《こわ》がる」➡403

あきれる

物事《ものごと》があまりにもひどくて驚《おどろ》く。意外《いがい》さに驚《おどろ》く。例 あきれて物《もの》も言《い》えない。

飛《と》び上《あ》がる

◎ひどく驚《おどろ》いて跳《は》ね上《あ》がる。例 グルメレポーターは、カレーライスのあまりの辛《から》さに飛《と》び上《あ》がった。◎「跳《は》ねる」➡147 ◎「うれしい」➡424

あきれ返《かえ》る

ひどくあきれる。例 歩《ある》きながら携帯《けいたい》ゲームをする兄《あに》に、母《はは》はあきれ返《かえ》っている。

あきれ果《は》てる

「あきれ返《かえ》る」と同《おな》じ。例 父《ちち》の頑《がん》固《こ》さには、あきれ果《は》てて何《なに》も言《い》えない。

恐《おそ》れ入《い》る

◎物事《ものごと》のひどさに驚《おどろ》きあきれる。ひどさに気《き》づいていない人《ひと》の鈍感《どんかん》さを皮肉《ひにく》るときにも使《つか》われる。例 あれで歌手《かしゅ》とは、まったく恐《おそ》れ入《い》るよ。◎「負《ま》ける」➡360

聞《き》いてあきれる

聞《き》かされていたことが実《じつ》情《じょう》と大違《おおちが》いで、ばかばかしくなる。例 合格請負人《ごうかくうけおいにん》だとはお粗末《そまつ》な講義《こうぎ》で、聞《き》いてあきれる。

あっけにとられる

驚《おどろ》きのあまり、しばらく何《なに》もできない状態《じょうたい》になる。例 一《いっ》試合《しあい》で三度《さんど》のオウンゴールに、サポーターもあっけにとられてしまった。

息《いき》を呑《の》む

驚《おどろ》いたり恐《おそ》れたりして、息《いき》を止《と》める。例 ウエディングドレス姿《すがた》の新婦《しんぷ》は、息《いき》を呑《の》むほどの美《うつく》しさだった。

声《こえ》を呑《の》む

驚《おどろ》きや感動《かんどう》で、声《こえ》が出《で》なくなる。例 マジシャンの見事《みごと》なパフォーマンスに**声《こえ》を呑《の》む**。

色《いろ》を失《うしな》う　◎驚《おどろ》いて、顔色《かおいろ》が悪《わる》くなる。例 財布《さいふ》をなくしたことに気《き》づき**色《いろ》を失《うしな》う**。◎「怖《こわ》がる」➡404

肝《きも》をつぶす　とてもびっくりする。例 山道《やまみち》でクマを見《み》かけて、**肝《きも》をつぶした**。

肝《きも》を冷《ひ》やす　非常《ひじょう》に驚《おどろ》いて、ぞっとする。例 危《あや》うく車《くるま》にひかれそうになって、**肝《きも》を冷《ひ》やす**。

度肝《どぎも》を抜《ぬ》く　非常《ひじょう》に驚《おどろ》かせる。例 観客《かんきゃく》の**度肝《どぎも》を抜《ぬ》く**大《だい》ジャンプで金《きん》メダルをとった。

耳《みみ》を疑《うたが》う　ありえないことや思《おも》いがけない話《はなし》を聞《き》いて、聞《き》き間違《まちが》いではないかと思《おも》うほどびっくりする。例 別《わか》れたばかりの友《とも》だちが事故《じこ》にあったと聞《き》いて、思《おも》わず**耳《みみ》を疑《うたが》った**。

目《め》が点《てん》になる　びっくりする。漫画《まんが》で、目《め》を点《てん》のように描《えが》いて驚《おどろ》きの表情《ひょうじょう》を表《あらわ》すことから。例 ショーウインドーの値札《ねふだ》を見《み》て、**目《め》が点《てん》になる**。

目玉《めだま》が飛《と》び出《で》る　驚《おどろ》いて目《め》を大《おお》きく見開《みひら》くようす。例 あの絵画《かいが》は、オークションで**目玉《めだま》が飛《と》び出《で》る**ほどの値《ね》がついた。似 目《め》の玉《たま》が飛《と》び出《で》る。

目《め》を疑《うたが》う　意外《いがい》なものを見《み》て、見《み》間違《まちが》いではないかと思《おも》うほどびっくりする。例 難関校《なんかんこう》の合格《ごうかく》掲示板《けいじばん》に自分《じぶん》の受験番号《じゅけんばんごう》を見《み》つけ、**目《め》を疑《うたが》う**。

目《め》を白黒《しろくろ》させる　◎目玉《めだま》を、白《しろ》目《め》にしたり黒《くろ》目《め》にしたりしてしきりに動《うご》かすほど驚《おどろ》く。例 外国人《がいこくじん》に声《こえ》をかけられ、ことばが分《わ》からず**目《め》を白黒《しろくろ》させる**。◆実際《じっさい》に、目《め》がそのように動《うご》くわけではない。◎「苦《くる》しむ」➡467

目《め》を丸《まる》くする　目《め》を大《おお》きく開《あ》けて驚《おどろ》く。例 ゲームソフトの値段《ねだん》があまりにも高《たか》いので、**目《め》を丸《まる》くする**。

目《め》を見張《みは》る　目《め》を大《おお》きく見開《みひら》いて驚《おどろ》く。今《いま》までとあまりに変《か》わったようすなどを見《み》て、驚《おどろ》く。例 誕生日《たんじょうび》の豪華《ごうか》な夕食《ゆうしょく》に**目《め》を見張《みは》る**。例 だれもが、彼《かれ》の成績《せいせき》の向上《こうじょう》ぶりに**目《め》を見張《みは》った**。

耳目《じもく》を驚《おどろ》かす　世間《せけん》に衝撃《しょうげき》を与《あた》える。世《よ》の中《なか》の人《ひと》の、目《め》や耳《みみ》をびっくりさせるということ。例 **耳目《じもく》を驚《おどろ》かす**大事件《だいじけん》が起《お》きた。

胸《むね》がつぶれる　◎驚《おどろ》きで、心《こころ》が締《し》めつけられる。例 自転車《じてんしゃ》に乗《の》っていたら突然《とつぜん》猫《ねこ》が飛《と》び出《だ》してきて、**胸《むね》がつぶれる**思《おも》いがした。◎「悲《かな》しい」➡428

胸《むね》を突《つ》く　◎驚《おどろ》いてはっとする。例 友《とも》だちの何気《なにげ》ない一言《ひとこと》が**胸《むね》を突《つ》く**。◎「感動《かんどう》する」➡433

腰《こし》が抜《ぬ》ける　びっくりして立《た》っていられなくなる。例 火事《かじ》だと聞《き》いたとたんに、**腰《こし》が抜《ぬ》けて**立《た》てなくなってしまった。似 腰《こし》を抜《ぬ》かす。

◆＝もっと知《し》りたい、ことばの知識《ちしき》。

開《あ》いた口《くち》がふさがらない

驚《おどろ》きあきれて、物《もの》が言《い》えない。例お年《とし》玉《だま》を一日《いちにち》で全部《ぜんぶ》使《つか》い切《き》ってしまうなんて、開《あ》いた口《くち》がふさがらない。

寿命《じゅみょう》が縮《ちぢ》まる

一気《いっき》に年《とし》を取《と》って、死《し》が近《ちか》づいてしまうのではないかと思《おも》えるほど驚《おどろ》く。例父《ちち》が交通事故《こうつうじこ》にあったという知《し》らせに、寿命《じゅみょう》が縮《ちぢ》まるような思《おも》いがした。

あっと言《い》わせる

思《おも》いもかけないことをして、人《ひと》を驚《おどろ》かせる。感心《かんしん》させる。例世《よ》の中《なか》をあっと言《い》わせるヒット商品《しょうひん》を開《かい》発《はつ》したい。

悲鳴《ひめい》を上《あ》げる

驚《おどろ》いて、叫《さけ》び声《ごえ》を出《だ》す。例ゴキブリを見《み》つけた母《はは》が、台所《だいどころ》で悲鳴《ひめい》を上《あ》げる。

舌《した》を巻《ま》く

ことばも出《で》ないほど、感心《かんしん》する。あまりに優《すぐ》れていて、驚《おどろ》く。例囲碁《いご》のプロも舌《した》を巻《ま》くほどの小学生棋士《しょうがくせいきし》。

二《に》の句《く》が継《つ》げない

驚《おどろ》きあきれて、次《つぎ》に言《い》うことばが出《で》てこない。例あまりに自分勝手《じぶんかって》な言《い》い訳《わけ》ばかりするので、二《に》の句《く》が継《つ》げなかった。

狐《きつね》につままれる

キツネに化《ば》かされたように、意外《いがい》なことがあって何《なに》がなんだか分《わ》からずにぼんやりする。例エイプリルフールでだまされた友《とも》だちは、しばらく狐《きつね》につままれたような顔《かお》をしていた。

驚《おどろ》き

意外《いがい》なことが起《お》きて、心《こころ》に衝撃《しょうげき》を受《う》けること。例驚《おどろ》きのあまり、椅子《いす》ごと後《うし》ろにひっくり返《かえ》った。

びっくり

突然《とつぜん》のことや意外《いがい》なことが起《お》きて、驚《おどろ》くようす。例後《うし》ろから突然肩《とつぜんかた》をたたかれて、びっくりする。例びっくりするくらい背《せ》の高《たか》い人《ひと》が歩《ある》いてきた。

仰天《ぎょうてん》

非常《ひじょう》に驚《おどろ》くこと。驚《おどろ》いて天《てん》を仰《あお》ぐということ。例あの店《みせ》の料理《りょうり》は、だれもが仰天《ぎょうてん》するほどおいしい。

びっくり仰天《ぎょうてん》

「仰天《ぎょうてん》」を強調《きょうちょう》した言《い》い方《かた》。例大《だい》スター同士《どうし》の結婚《けっこん》に、だれもがびっくり仰天《ぎょうてん》した。

一驚《いっきょう》

驚《おどろ》くこと。びっくりすること。例一歩《いっぽ》足《あし》を踏《ふ》み入《い》れた者《もの》は、その美《うつく》しい光景《こうけい》に一驚《いっきょう》するに違《ちが》いない。

驚愕《きょうがく》

思《おも》いがけない知《し》らせなどに、ひどく驚《おどろ》くこと。例調査《ちょうさ》の結果《けっか》、驚愕《きょうがく》の事実《じじつ》が浮《う》かび上《あ》がった。

驚倒《きょうとう》

倒《たお》れそうになるほど、ひどく驚《おどろ》くこと。例世間《せけん》を驚倒《きょうとう》させたソーラーカーの発明《はつめい》。

驚天動地《きょうてんどうち》

世間《せけん》をひどく驚《おどろ》かすこと。天《てん》を驚《おどろ》かし地《ち》を動《うご》かすということ。例人気歌手《にんきかしゅ》が突然逮捕《とつぜんたいほ》されたのは、まさに驚天動地《きょうてんどうち》の出来事《できごと》だった。

驚異《きょうい》

驚《おどろ》いて不思議《ふしぎ》がること。また、それほどすばらしいこと。例氷河《ひょうが》がものすごい音《おと》をたてて崩《くず》れ落《お》ちるようすを見《み》て、大自然《だいしぜん》の驚異《きょうい》を感《かん》じた。

似＝似《に》た表現《ひょうげん》のことば。対＝反対《はんたい》の意味《いみ》のことば。例＝使《つか》い方《かた》の例《れい》。

驚異的《きょういてき》　驚《おどろ》きの度合《どあ》いが大《おお》きいようす。例 デビュー曲《きょく》が驚異的《きょういてき》なヒットを記録《きろく》した大型新人歌手《おおがたしんじんかしゅ》。

驚嘆《きょうたん》　非常《ひじょう》に驚《おどろ》いて、感心《かんしん》すること。例 意欲的《いよくてき》な活動《かつどう》は、驚嘆《きょうたん》に値《あたい》する。

瞠目《どうもく》　驚《おどろ》いたり感心《かんしん》したりして、目《め》を見張《みは》ること。例 プロの選手《せんしゅ》を瞠目《どうもく》させる高校生《こうこうせい》ピッチャーが現《あらわ》れた。

衝撃《しょうげき》　心《こころ》に激《はげ》しい興奮《こうふん》や感動《かんどう》を受《う》けること。また、その心《こころ》の動《うご》き。例 その事件《じけん》は、全世界《ぜんせかい》に衝撃《しょうげき》を与《あた》えた。

衝撃的《しょうげきてき》　興奮《こうふん》や感動《かんどう》を受《う》ける度合《どあ》いが大《おお》きいようす。例 あまりにも衝撃的《しょうげきてき》なラストシーンだった。

ショック　「驚《おどろ》き」「刺激《しげき》」などの意《い》味《み》の英語《えいご》。非常《ひじょう》な驚《おどろ》きで、どきっとすること。例 友《とも》だちが転《てん》校《こう》すると聞《き》いてショックだった。

ショッキング　「衝撃的《しょうげきてき》」という意味《いみ》の英語《えいご》。例 毒入《どくい》り食品《しょくひん》や産地《さんち》の偽装《ぎそう》などの、ショッキングな事件《じけん》が相次《あいつ》いで起《お》こる。

唖然《あぜん》　思《おも》いがけない出来事《できごと》に、驚《おどろ》きあきれて声《こえ》も出《で》ないようす。例 あまりの手数料《てすうりょう》の高《たか》さに、唖然《あぜん》としてしまった。

愕然《がくぜん》　非常《ひじょう》に驚《おどろ》いて動揺《どうよう》するようす。例 事件《じけん》の真相《しんそう》を知《し》って、愕然《がくぜん》とした。

呆然《ぼうぜん》　気《き》が抜《ぬ》けて、ぼんやりとするようす。あきれはてて、物《もの》も言《い》えないようす。例 燃《も》え落《お》ちる家《いえ》を前《まえ》に、ただ呆然《ぼうぜん》と立《た》ち尽《つ》くすしかなかった。

茫然自失《ぼうぜんじしつ》　あっけに取《と》られたり、あきれたりして、我《われ》を忘《わす》れてしまうこと。例 一夜《いちや》にして全《ぜん》財産《ざいさん》をなくした彼《かれ》は、茫然自失《ぼうぜんじしつ》のまま座《すわ》っていた。

感心《かんしん》　◎あきれたりびっくりしたりすること。皮肉《ひにく》を込《こ》めた言《い》い方《かた》。例 よくもまあ、本人《ほんにん》を前《まえ》にずけずけ言《い》えるもんだと感心《かんしん》するよ。◎「感《かん》動《どう》する」➡432

棒立《ぼうだ》ち　びっくりしたり恐《おそ》れたりして、棒《ぼう》のようにまっすぐに突《つ》っ立《た》っていること。例 敵《てき》の強襲《きょうしゅう》に、なす術《すべ》もなく棒立《ぼうだ》ちになる。

寝耳《ねみみ》に水《みず》　不意《ふい》の出来事《できごと》や知《し》らせに驚《おどろ》くことのたとえ。寝《ね》ているときに、突然《とつぜん》、耳《みみ》に水《みず》が入《はい》ってびっくりするということから。例 彼《かれ》が転校《てんこう》するなんて、寝耳《ねみみ》に水《みず》の話《はなし》でびっくりした。

青天《せいてん》の霹靂《へきれき》　突然《とつぜん》受《う》けた衝撃《しょうげき》。また、急《きゅう》に起《お》きる変動《へんどう》や大事件《だいじけん》。「霹靂《へきれき》」は、雷《かみなり》のこと。晴《は》れ渡《わた》った空《そら》に、突然《とつぜん》起《お》こる雷《かみなり》ということ。例 首相《しゅしょう》の突然《とつぜん》の辞任《じにん》は、国民《こくみん》にとってはまさに青天《せいてん》の霹靂《へきれき》だった。

驚《おどろ》き桃《もも》の木《き》山椒《さんしょ》の木《き》　たいそう驚《おどろ》いた、たまげたということ。「驚《おどろ》き」の「き」に「木《き》」をかけた語呂合《ごろあ》わせ。ことば遊《あそ》びの一《ひと》つ。例 そんな秘密《ひみつ》があったとは、驚《おどろ》き桃《もも》の木《き》山椒《さんしょ》の木《き》だ。

鳩《はと》が豆鉄砲《まめでっぽう》を食《く》ったよう　突然《とつぜん》のことにびっくりして、きょとんとしているようす。例 わが校《こう》が全国大《ぜんこくたい》

◆＝もっと知《し》りたい、ことばの知識《ちしき》。

会《かい》で優勝《ゆうしょう》したことを聞《き》いた友《とも》だちは、一瞬《いっしゅん》、**鳩《はと》が豆鉄砲《まめでっぽう》を食《く》ったよう**な顔《かお》をしていた。

あんぐり
驚《おどろ》いたりあきれたりして、口《くち》を大《おお》きく開《あ》けるようす。例ものすごいスピードで走《はし》り去《さ》った車《くるま》を、口《くち》を**あんぐり**と開《あ》けて見《み》ていた。

いやはや
驚《おどろ》きあきれたときに口《くち》にすることば。例**いやはや**、あまりの散《ち》らかりようでどこから片《かた》づけてよいものか、ため息《いき》が出《で》てしまう。

ぎくっと
弱点《じゃくてん》や不意《ふい》を突《つ》かれて驚《おどろ》くようす。例証拠《しょうこ》を突《つ》きつけられて**ぎくっと**した。似ぎくり。

びくっと
驚《おどろ》いて、瞬間的《しゅんかんてき》に身《み》を震《ふる》わせたりこわばらせたりするようす。例夜道《よみち》で背後《はいご》から物音《ものおと》がしたので、**びくっと**して振《ふ》り返《かえ》った。似びくり。

どきっと
驚《おどろ》きのために、心臓《しんぞう》の鼓動《こどう》が激《はげ》しく打《う》つようす。例好《す》きな人《ひと》と目《め》が合《あ》って**どきっと**した。似どきり。どきん。

どっきり
心臓《しんぞう》が止《と》まるかと思《おも》うほど、ひどく驚《おどろ》くようす。例巧妙《こうみょう》ないたずらを仕掛《しか》ける弟《おとうと》には、いつも**どっきり**させられる。

ぎょっと
予期《よき》しないことに出《で》会《あ》って、驚《おどろ》き動揺《どうよう》するようす。例財布《さいふ》をなくしたかと思《おも》い、一瞬《いっしゅん》**ぎょっと**する。

はっと
◎思《おも》いがけない出来事《できごと》に、びっくりするようす。例大《おお》きな音《おと》に**はっと**して飛《と》び起《お》きた。◎「感《かん》じ取《と》る」⬇199

きょとん
びっくりしたり、事情《じじょう》が飲《の》み込《こ》めなかったりして、目《め》を見開《みひら》いてぼんやりしているようす。例突然《とつぜん》名前《なまえ》を呼《よ》ばれ、**きょとん**とした。

ぽかん
驚《おどろ》きのあまり、何《なに》をしたらよいのか分《わ》からなくなって、ぼんやりするようす。例あまりの星《ほし》の多《おお》さに、**ぽかん**として夜空《よぞら》を見上《みあ》げていた。

慌《あわ》てる

be panicked
［ビ・パニックド］

このページも見《み》てみよう
▼驚《おどろ》く ⬇388
▼困《こま》る ⬇475

慌《あわ》てる
不意《ふい》を突《つ》かれて、どうしてよいか分《わ》からなくなる。例突然《とつぜん》の来客《らいきゃく》に**慌《あわ》てる**。

慌《あわ》てふためく
ひどく慌《あわ》てて騒《さわ》ぐ。例夜中《よなか》の火《か》事《じ》に**慌《あわ》てふためいた**。

うろたえる
予想《よそう》していなかったことが起《お》きて、どうしてよいか分《わ》からず取《と》り乱《みだ》す。例目《め》の前《まえ》で起《お》こった事故《じこ》に**うろたえる**。

動《どう》じる
心《こころ》の落《お》ち着《つ》きをなくす。例事前《じぜん》に訓練《くんれん》しておけば、いざというときにも**動《どう》じる**ことがない。

面食《めんく》らう
突然《とつぜん》のことに、驚《おどろ》き慌《あわ》てる。例急《きゅう》に指名《しめい》され

似＝似《に》た表現《ひょうげん》のことば。対＝反対《はんたい》の意味《いみ》のことば。例＝使《つか》い方《かた》の例《れい》。

て面食《めんく》らった。

焦《あせ》る
◎思《おも》ってもみなかったことに出《で》くわして、うろたえる。例 急《きゅう》に質問《しつもん》されて焦《あせ》った。◎「いら立《だ》つ」→410

泡《あわ》を食《く》う
驚《おどろ》き慌《あわ》てる。例「火事《かじ》だ！」という声《こえ》に、泡《あわ》を食《く》って建物《たてもの》から逃《に》げ出《だ》した。

浮《う》き足立《あしだ》つ
そわそわして、落《お》ち着《つ》きがなくなる。例 エラーが続《つづ》いて、チーム全員《ぜんいん》が浮《う》き足立《あしだ》つ。

気《き》が動転《どうてん》する
驚《おどろ》き慌《あわ》てて、わけが分《わ》からなくなる。例 気《き》が動転《どうてん》して、冷静《れいせい》な判断《はんだん》ができなくなってしまった。

平静《へいせい》を失《うしな》う
落《お》ち着《つ》きをなくす。「平静《へいせい》」は、心《こころ》が穏《おだ》やかなこと。例 父《ちち》の死《し》を知《し》り、平静《へいせい》を失《うしな》う。

度《ど》を失《うしな》う
ひどく慌《あわ》てて、普段《ふだん》の状態《じょうたい》ではなくなる。例 好《す》きだった子《こ》に逆《ぎゃく》に告白《こくはく》されて、度《ど》を失《うしな》った。

取《と》り乱《みだ》す
心《こころ》の落《お》ち着《つ》きをなくして、辺《あた》りかまわず見苦《みぐる》しい振《ふ》る舞《ま》いをする。例 子《こ》どもの事故《じこ》の知《し》らせを聞《き》いて、取《と》り乱《みだ》さない親《おや》はいない。

戸惑《とまど》う
どう行動《こうどう》してよいのか決《き》められなくなる。例 英語《えいご》で道《みち》を聞《き》かれて戸惑《とまど》う。

まごつく
不慣《ふな》れなために、迷《まよ》ってうろうろする。例 かかってきた電話《でんわ》の対応《たいおう》に、新入社員《しんにゅうしゃいん》がまごつく。

一泡吹《ひとあわふ》かせる
相手《あいて》を驚《おどろ》かせ、慌《あわ》てさせる。例 強《つよ》いチームに一泡吹《ひとあわふ》かせてやろう。

動揺《どうよう》
心《こころ》が落《お》ち着《つ》かないこと。例 そんなデマを言《い》って、人《ひと》に動揺《どうよう》を与《あた》えるな。

当惑《とうわく》
事情《じじょう》やわけがよく分《わ》からないため、どうしたらよいのか迷《まよ》い戸惑《とまど》うこと。例 急《きゅう》に結婚式《けっこんしき》のスピーチを頼《たの》まれて、当惑《とうわく》する。

狼狽《ろうばい》
慌《あわ》ててうろたえること。「狼《ろう》」も「狽《ばい》」も、想像上《そうぞうじょう》のオオカミのこと。「狼《ろう》」は前足《まえあし》が長《なが》くて後《うし》ろ足《あし》が短《みじか》く、「狽《ばい》」はその逆《ぎゃく》。二匹《にひき》はいっしょに行動《こうどう》するが、ばらばらになると倒《たお》れて慌《あわ》てると言《い》われている。例 会計《かいけい》のときに財布《さいふ》が見当《みあ》たらず、狼狽《ろうばい》する。

周章狼狽《しゅうしょうろうばい》
ひどく慌《あわ》ててうろたえること。「周章《しゅうしょう》」も、慌《あわ》てること。例 鋭《するど》い指摘《してき》に答《こた》えることができず、周章狼狽《しゅうしょうろうばい》してしまった。

大慌《おおあわ》て
とても慌《あわ》てること。例 朝《あさ》寝坊《ねぼう》し、大慌《おおあわ》てで家《いえ》を飛《と》び出《だ》す。

右往左往《うおうさおう》
右《みぎ》へ行《い》ったり左《ひだり》へ行《い》ったりして、うろうろしていること。慌《あわ》ててうろたえるようす。例 開場時間《かいじょうじかん》になっても劇場《げきじょう》の場所《ばしょ》が分《わ》からず、地図《ちず》を片手《かたて》に右往左往《うおうさおう》する。

◆「うおうざおう」ともいう。

恐慌《きょうこう》
◎恐怖《きょうふ》や不安《ふあん》などで混乱《こんらん》すること。例 突然《とつぜん》の地震《じしん》に、非常口《ひじょうぐち》に殺到《さっとう》した人々《ひとびと》が恐慌《きょうこう》をきたした。◎経済《けいざい》が一挙《いっきょ》に不況《ふきょう》に陥《おちい》ること。例 このまま株価《かぶか》の下落《げらく》が続《つづ》けば、世界《せかい》恐慌《きょうこう》になりかねない。

◆＝もっと知《し》りたい、ことばの知識《ちしき》。

パニック　「恐慌《きょうこう》」という意味《いみ》の英《えい》語《ご》。例 爆弾《ばくだん》テロがあり、町中《まちじゅう》が**パニック**に陥《おちい》った。

パニクる　慌《あわ》てふためく。「パニック」を動詞《どうし》にしたことば。例 ランチタイムに客《きゃく》が殺到《さっとう》し、店《てん》員《いん》は**パニクった**ようすで対応《たいおう》していた。

おろおろ　どうしてよいか分《わ》からなくて、慌《あわ》てるようす。例 赤《あか》ちゃんの急《きゅう》な発熱《はつねつ》に、新米《しんまい》のママは**おろおろ**している。

おたおた　不意《ふい》の出来事《できごと》に驚《おどろ》いたり、相手《あいて》の勢《いきお》いに押《お》されたりして、何《なに》もできずうろたえるようす。例 急《きゅう》な来客《らいきゃく》に、母《はは》は台所《だいどころ》で**おたおた**している。

まごまご　どうしてよいか分《わ》からなくて、うろうろするようす。例 道《みち》が分《わ》からなくて**まごまご**してしまった。

あたふた　慌《あわ》てて急《いそ》いでいるようす。例 遅刻《ちこく》しそうになり、**あたふた**と家《いえ》を出《で》る。

どぎまぎ　不意《ふい》を突《つ》かれてうろたえ、慌《あわ》てるようす。例 指名《しめい》されて**どぎまぎ**しながら答《こた》える。

へどもど　◎どうしてよいか分《わ》からずに、うろたえまごつくようす。例 反対派《はんたいは》からの鋭《するど》い質問《しつもん》に、説明者《せつめいしゃ》が答《こた》えられず**へどもど**する。
◎「物《もの》の言《い》い方《かた》」↓280

じたばた　ある状態《じょうたい》から逃《のが》れようと、慌《あわ》てたり焦《あせ》ったりするようす。例 テストの前日《ぜんじつ》になって**じたばた**しても、もう遅《おそ》い。

怒《おこ》る
get angry
［ゲット・アングリ］

このページも見《み》てみよう
▼嫌《きら》い ↓418
▼いら立《だ》つ ↓410

怒《おこ》る　◎不愉快《ふゆかい》なことがあって、腹《はら》を立《た》てる。例 悪口《わるくち》を言《い》われたと知《し》って、弟《おとうと》は真《ま》っ赤《か》になって**怒《おこ》った**。
◎強《つよ》くしかる。例 遅刻《ちこく》をして、先生《せんせい》にひどく**怒《おこ》られた**。

怒《いか》る　腹《はら》を立《た》てる。「怒《おこ》る」よりも文《ぶん》章《しょう》の中《なか》で使《つか》われる傾向《けいこう》がある。例 最近《さいきん》の政治《せいじ》に国民《こくみん》が**怒《いか》って**いる。

怒《いか》り狂《くる》う　まるで狂《くる》ったように激《はげ》しく怒《いか》る。例 裏切《うらぎ》られたと知《し》った彼《かれ》は、**怒《いか》り狂《くる》って**暴《あば》れ回《まわ》った。

憤《いきどお》る　激《はげ》しく怒《おこ》る。憤慨《ふんがい》する。そんなことは道理《どうり》に合《あ》わない、とうてい許《ゆる》せないという気《き》持《も》ちが込《こ》められている。例 世《よ》の中《なか》の不正《ふせい》に対《たい》して強《つよ》く**憤《いきどお》る**。

	おこる	いかる	憤る
烈《れっ》火《か》のごとく―	○	○	○
モラルの低下《てい》《か》を―	△	○	○
―ぷりぷり	○	△	－

いきり立《た》つ　激《はげ》しく興奮《こうふん》して怒《おこ》る。もうがまんできないと、感情《かんじょう》を爆発《ばくはつ》させる。例「そんなことはぬれぎぬだ」と、彼《かれ》は突然《とつぜん》**いきり立《た》った**。

気色《けしき》ばむ
怒《いか》りの気持《きも》ちを表情《ひょうじょう》に表《あらわ》す。例 弟《おとうと》の生意気《なまいき》な一言《ひとこと》に、父《ちち》は一瞬《いっしゅん》気色《けしき》ばんだ。

荒《あ》れる
感情《かんじょう》が穏《おだ》やかでなくなり、荒々《あらあら》しくなる。例 よほど悔《くや》しかったのか、いつもは温和《おんわ》な彼女《かのじょ》がかなり荒《あ》れていた。

荒《あ》れ狂《くる》う
荒々《あらあら》しく暴《あば》れる。例 荒《あ》れ狂《くる》った暴徒《ぼうと》が、城《しろ》を襲撃《しゅうげき》する。

当《あ》たる
不愉快《ふゆかい》なことがあって、関係《かんけい》のない人《ひと》や物《もの》に怒《いか》りの感情《かんじょう》をぶつける。例 仕事《しごと》がうまくいかないからといって、みんなに当《あ》たるとはひどい。

当《あ》たり散《ち》らす
ひどく当《あ》たる。辺《あた》りかまわず当《あ》たる。例 今日《きょう》はなぜかいらいらして、母《はは》に当《あ》たり散《ち》らしてしまった。

ぶつける
◎怒《いか》りなどの感情《かんじょう》を、包《つつ》み隠《かく》さず相手《あいて》に言《い》う。例 長《なが》い間《あいだ》の不満《ふまん》を、耐《た》え切《き》れずに姉《あね》にぶつけてしまった。◆「ぶっつける」ともいう。◎「投《な》げる」➡156

ぶちまける
それまで抑《おさ》えていた怒《いか》りなどの気持《きも》ちを、包《つつ》み隠《かく》さず言《い》い尽《つ》くす。例 妻《つま》は夫《おっと》への不満《ふまん》をぶちまけた。

猛《たけ》り立《た》つ
気《き》が立《た》って、荒々《あらあら》しく振《ふ》る舞《ま》う。感情《かんじょう》が高《たか》ぶって勇《いさ》み立《た》つ。例 試合前《しあいまえ》の、緊張《きんちょう》して猛《たけ》り立《た》つ心《こころ》をじっと静《しず》める。

猛《たけ》り狂《くる》う
気《き》が立《た》って、叫《さけ》んだり暴《あば》れたりする。例 猛《たけ》り狂《くる》った人々《ひとびと》が、スローガンを叫《さけ》びながら大統領府《だいとうりょうふ》に押《お》し寄《よ》せる。

切《き》れる
◎突然《とつぜん》、怒《おこ》り出《だ》す。怒《いか》りを抑《おさ》えられず、見境《みさかい》のない行動《こうどう》をする。例 友人《ゆうじん》の何気《なにげ》ない一言《ひとこと》に、思《おも》わず切《き》れてしまった。◎「切《き》る」➡159

ぶち切《き》れる
突然《とつぜん》、ひどく怒《おこ》り出《だ》す。例 母親《ははおや》にしかられていた弟《おとうと》が急《きゅう》にぶち切《き》れたので、慌《あわ》てて二人《ふたり》の間《あいだ》に割《わ》って入《はい》った。

逆切《ぎゃくぎ》れ
怒《おこ》られていた人《ひと》が開《ひら》き直《なお》って、逆《ぎゃく》に怒《おこ》り返《かえ》すこと。例 スピード違反《いはん》で捕《つか》まった人《ひと》が、警察官《けいさつかん》に逆切《ぎゃくぎ》れした。

むかつく
不愉快《ふゆかい》で、怒《いか》りが込《こ》み上《あ》げてくる。胃《い》の中《なか》にある食《た》べ物《もの》を吐《は》き出《だ》したくなるという意味《いみ》から。例 あまりに見《み》え透《す》いたお世辞《せじ》を言《い》われて、かえってむかついた。

息巻《いきま》く
息《いき》を荒《あら》くして、激《はげ》しい口調《くちょう》で言《い》い立《た》てる。例 お前《まえ》がそんなことを言《い》うなら、いつでも相手《あいて》になってやると息巻《いきま》いた。

叱《しか》る
目下《めした》の人《ひと》の悪《わる》い点《てん》を、強《つよ》く注意《ちゅうい》する。例 先生《せんせい》が、授業中《じゅぎょうちゅう》の私語《しご》を叱《しか》る。

とがめる
◎他人《たにん》の欠点《けってん》などを取《と》り上《あ》げて、非難《ひなん》する。例 祖父《そふ》に、人《ひと》の話《はなし》をよく聞《き》くようにとがめられる。◎「質問《しつもん》する」➡298

怒鳴《どな》る
◎大《おお》きな声《こえ》で、怒《おこ》ったりしかったりする。例 窓《まど》ガラスを割《わ》ってしまい、隣《となり》の家《いえ》のおじいさんに怒鳴《どな》られた。◎「叫《さけ》ぶ」➡291

怒鳴《どな》り散《ち》らす
辺《あた》りかまわず、大声《おおごえ》で盛《さか》んに怒鳴《どな》る。例 駅前《えきまえ》で、男《おとこ》の人《ひと》がわけの分《わ》からないことを怒鳴《どな》り散《ち》らしていた。

◆＝もっと知《し》りたい、ことばの知識《ちしき》。

怒鳴《どな》り付《つ》ける

怒鳴《どな》るように激《はげ》しい声《こえ》でしかる。とくに、目下《めした》の者《もの》に対《たい》して怒鳴《どな》り声《ごえ》を上《あ》げる。例 ふざけていた生徒《せいと》たちを、先生《せんせい》が**怒鳴《どな》り付《つ》けた**。

ねじ込《こ》む

相手《あいて》の失敗《しっぱい》を責《せ》める。また、押《お》しかけて強《つよ》く抗議《こうぎ》する。例 犬《いぬ》の鳴《な》き声《ごえ》がうるさいと**ねじ込《こ》む**。例 駅前《えきまえ》の放置《ほうち》自転車《じてんしゃ》を何《なん》とかしてほしいと、役所《やくしょ》に**ねじ込《こ》む**。

頭《あたま》に血《ち》が上《のぼ》る

頭《あたま》がぼうっとなるくらい、ひどく怒《おこ》って興奮《こうふん》する。例 ついつい**頭《あたま》に血《ち》が上《のぼ》って**、激《はげ》しく議論《ぎろん》してしまった。

頭《あたま》に来《く》る

怒《いか》りで興奮《こうふん》する。かっとなる。例 待《ま》ち合《あ》わせの約束《やくそく》を忘《わす》れてしまうなんて、本当《ほんとう》に**頭《あたま》に来《き》た**。

とさかに来《く》る

「頭《あたま》に来《く》る」のくだけた言《い》い方《かた》。「とさか」は、ニワトリなどの頭《あたま》の上《うえ》にある赤《あか》い冠《かんむり》のようなもの。例 朝《あさ》から親《おや》がうるさくて、今日《きょう》こそは**とさかに来《き》た**よ。

頭《あたま》から湯気《ゆげ》を立《た》てる

まるで沸《わ》いている湯《ゆ》から湯気《ゆげ》が立《た》つように、興奮《こうふん》して怒《おこ》っているようすのたとえ。例 注文《ちゅうもん》した料理《りょうり》がまだ来《こ》ないと、客《きゃく》が**頭《あたま》から湯気《ゆげ》を立《た》てて**いた。

怒《いか》り心頭《しんとう》に発《はっ》する

心《こころ》の底《そこ》から激《はげ》しい怒《いか》りが突《つ》き上《あ》げる。「心頭《しんとう》」は、心《こころ》という意味《いみ》。例 いわれのない中傷《ちゅうしょう》に、**怒《いか》り心頭《しんとう》に発《はっ》した**。

顔《かお》がこわばる

怒《いか》りや緊張《きんちょう》などのために、顔《かお》の表情《ひょうじょう》が硬《かた》くなる。例 親《おや》の悪口《わるくち》を言《い》われて、思《おも》わず**顔《かお》がこわばって**しまった。

血相《けっそう》を変《か》える

あまりにも激《はげ》しい怒《いか》りで、顔付《かおつ》きが変《か》わる。例 電話《でんわ》で言《い》い争《あらそ》っていた兄《あに》は、**血相《けっそう》を変《か》えて**外《そと》に飛《と》び出《だ》した。似 顔色《かおいろ》を変《か》える。

色《いろ》をなす

怒《おこ》って顔色《かおいろ》を変《か》える。例 無神経《むしんけい》なことを言《い》われて、普段《ふだん》はおとなしい彼女《かのじょ》もさすがに**色《いろ》をなした**。

青筋《あおすじ》を立《た》てる

激《はげ》しく怒《おこ》ったり興奮《こうふん》したりする。「青筋《あおすじ》」は、こめかみ（額《ひたい》の両方《りょうほう》のわきの部分《ぶぶん》）にある血管《けっかん》のことで、それが怒《いか》りなどから浮《う》き出《で》て見《み》えることから。例 部下《ぶか》の重大《じゅうだい》なミスを、上司《じょうし》が**青《あお》筋《すじ》を立《た》てて**しかりつける。

目《め》を怒《いか》らせる

怒《おこ》って怖《こわ》い目付《めつ》きをする。例 **目《め》を怒《いか》らせて**部屋《へや》に入《はい》ってきた鬼《おに》に、節分《せつぶん》の豆《まめ》を投《な》げつけた。

目《め》を三角《さんかく》にする

怖《こわ》い目付《めつ》きをする。例 門限《もんげん》より遅《おそ》く帰《かえ》ってきた妹《いもうと》に、父《ちち》が**目《め》を三角《さんかく》にして**説教《せっきょう》をしていた。

目《め》に角《かど》を立《た》てる

怖《こわ》い目付《めつ》きをする。例 少《すこ》し仕事《しごと》をサボっていたら、店長《てんちょう》が**目《め》に角《かど》を立《た》てて**こちらをにらみつけていた。似 目角《めかど》を立《た》てる。

目《め》くじらを立《た》てる

目《め》をつり上《あ》げて他《た》

人《にん》の粗探《あらさが》しをする。他人《たにん》の欠点《けってん》を取《と》り立《た》てて非難《ひなん》する。「目《め》くじら」は、目《め》の端《はし》、目尻《めじり》。例 ささいなことにいちいち目《め》くじらを立《た》てていたら、きりがない。

目《め》をつり上《あ》げる

ひどく怒《おこ》って、目《め》じりを上《あ》げる。例 こんな小《ちい》さなミスに目《め》をつり上《あ》げても、仕方《しかた》がないじゃないか。似 眉《まゆ》をつり上《あ》げる。

目《め》をむく

怒《いか》りのあまり、目《め》を大《おお》きく見開《みひら》く。例 いたずらの現場《げんば》を押《お》さえた先生《せんせい》が、子《こ》どもたちに目《め》をむいて小言《こごと》を言《い》っている。

腹《はら》を立《た》てる

怒《おこ》る。例 たび重《かさ》なるいたずらに、友《とも》だちはとうとう腹《はら》を立《た》てた。

腹《はら》が立《た》つ

心《こころ》の中《なか》に怒《いか》りの気持《きも》ちが生《う》まれる。例 後輩《こうはい》の生意気《なまいき》な態度《たいど》には、どうにも腹《はら》が立《た》つ。

向《む》かっ腹《ぱら》を立《た》てる

無性《むしょう》に怒《いか》りの気持《きも》ちがわく。「向《む》かっ腹《ぱら》」は、「向《む》か腹《ばら》」の変化《へんか》したもので、やり場《ば》のない怒《いか》りのこと。例 担当者《たんとうしゃ》の失礼《しつれい》な態度《たいど》に、向《む》かっ

腹《ぱら》を立《た》てる。

腹《はら》に据《す》えかねる

自分《じぶん》がここまでなら許《ゆる》せるという限度《げんど》を超《こ》えていて、どうにも怒《いか》りの気持《きも》ちを抑《おさ》えられない。例 隣《となり》の工場《こうじょう》の騒音《そうおん》については、近所《きんじょ》の人々《ひとびと》も腹《はら》に据《す》えかねていたらしい。

腹《はら》の虫《むし》が治《おさ》まらない

腹立《はらだ》たしくて、怒《いか》りの気持《きも》ちをどうにも抑《おさ》えることができない。怒《いか》りの気持《きも》ちを晴《は》らすために、仕返《しかえ》しをせずにいられないという思《おも》いを表《あらわ》すことが多《おお》い。例 こんなに非《ひ》難《なん》されたら、一言《ひとこと》くらい言《い》い返《かえ》さないと腹《はら》の虫《むし》が治《おさ》まらない。

はらわたが煮《に》えくり返《かえ》る

腹《はら》の中《なか》が煮《に》えたぎるほど、激《はげ》しく怒《いか》る。「はらわた」は内臓《ないぞう》のこと。例 あまりにひどい裏切《うらぎ》り行為《こうい》に、はらわたが煮《に》

深谷先生《ふかやせんせい》のちょっとひと息《いき》　怒《おこ》ったときに切《き》れる物《もの》は？

「大変《たいへん》だ、お姉《ねえ》さんが切《き》れちゃった！」ということばから、みなさんはどんな場《ば》面《めん》を想像《そうぞう》しますか？　額《ひたい》に血管《けっかん》を浮《う》き上《あ》がらせた人《ひと》の顔《かお》に「ぶちっ！」という文《も》字《じ》が添《そ》えられた、漫画《まんが》のような場面《ばめん》でしょうか。もしくは、コンピュータなどの回路《かいろ》が切《き》れて、制御不能《せいぎょふのう》になったロボットが暴《あば》れ回《まわ》っている姿《すがた》でしょうか。

切《き》れるとは、怒《いか》りを抑《おさ》えきれず爆発《ばくはつ》させることを言《い》います。似《に》た表現《ひょうげん》として、堪忍袋《かんにんぶくろ》の緒《お》が切《き》れるというものがありますが、こちらには、怒《いか》りを抑《おさ》えている状《じょう》態《たい》が、長《なが》く続《つづ》いたあとの爆発《ばくはつ》という意味《いみ》があります。切《き》れるとだけ言《い》った場合《ばあい》には、何《なん》の前触《まえぶ》れもない突然《とつぜん》の爆発《ばくはつ》なのです。急《きゅう》に血圧《けつあつ》が上《あ》がって、頭《あたま》の血管《けっかん》が切《き》れるほどの怒《いか》り、という感《かん》じなのでしょうが、怒《いか》りで実際《じっさい》に血管《けっかん》が切《き》れることはまずありません。でも、怒《おこ》ってばかりの人《ひと》って、心《こころ》が狭《せま》いようで格好悪《かっこうわる》いですよね。

◆＝もっと知《し》りたい、ことばの知識《ちしき》。

えくり返《かえ》る。似 はらわたが煮《に》え返《かえ》る。

むきになる

大《たい》したことでもないのに、本気《ほんき》になって腹《はら》を立《た》てる。例 けんかをするつもりで言《い》ったわけではないから、そんなに**むきにならないで**ほしい。

短気《たんき》を起《お》こす

がまん強《づよ》さや粘《ねば》り強《づよ》さがなく、すぐに怒《おこ》る。例 一度《いちど》しかられたからって、**短気《たんき》を起《お》こして**ブラスバンドを辞《や》めるなんて言《い》うなよ。

癇癪《かんしゃく》を起《お》こす

小《ちい》さなことでもがまんできなくて、すぐに怒《いか》りを爆発《ばくはつ》させる。「癇《かん》」は、神経《しんけい》が過敏《かびん》でいらいらしやすい性質《せいしつ》のこと。「癪《しゃく》」は、胸《むね》や腹《はら》に起《お》こる激《はげ》しい痛《いた》みのこと。例 妹《いもうと》は幼《おさな》いころはわがままで、いつも**癇癪《かんしゃく》を起《お》こして**母《はは》を困《こま》らせていた。

堪忍袋《かんにんぶくろ》の緒《お》が切《き》れる

抑《おさ》えてきた怒《いか》りが、それ以上《いじょう》はこらえられなくなって爆発《ばくはつ》する。「堪忍袋《かんにんぶくろ》」は、がまんのできる量《りょう》を袋《ふくろ》にたとえたもの。その袋《ふくろ》の口《くち》を結《むす》んでいるひも（緒《お》）が、怒《いか》りがたまって切《き》れるということ。例 今《いま》までは遅刻《ちこく》を大目《おおめ》に見《み》てきたが、さすがに先生《せんせい》も**堪忍袋《かんにんぶくろ》の緒《お》が切《き》れた**らしい。

逆鱗《げきりん》に触《ふ》れる

目上《めうえ》の人《ひと》を激《はげ》しく怒《おこ》らせる。「逆鱗《げきりん》」は、竜《りゅう》ののどの下《した》に一枚《いちまい》だけ逆向《ぎゃくむ》きに生《は》えたうろこ。これに触《さわ》ると竜《りゅう》が激《はげ》しく怒《いか》って、触《さわ》った者《もの》を必《かなら》ず殺《ころ》すという中国《ちゅうごく》の言《い》い伝《つた》えからできたことば。例 失礼《しつれい》な態度《たいど》が社長《しゃちょう》の**逆鱗《げきりん》に触《ふ》れて**、会社《かいしゃ》を辞《や》めることになってしまった。

怒髪天《どはつてん》を衝《つ》く

まるで髪《かみ》の毛《け》が逆立《さかだ》ってしまうくらい、激《はげ》しい勢《いきお》いで怒《おこ》る。例 あらぬ疑《うたが》いをかけられ、その怒《いか》りは**怒髪天《どはつてん》を衝《つ》く**ばかりであった。似 怒髪冠《どはつかん》を衝《つ》く。

殺気立《さっきだ》つ

興奮《こうふん》して、ぴりぴりとした気持《きも》ちや態度《たいど》になる。「殺気《さっき》」は、殺伐《さつばつ》として緊迫《きんぱく》した不穏《ふおん》なようすのこと。例 新作《しんさく》ゲームの売《う》り場《ば》は、買《か》い求《もと》める客《きゃく》で**殺気立《さっきだ》って**いた。例 審判《しんぱん》のたび重《かさ》なる誤審《ごしん》に、観客《かんきゃく》が**殺気立《さっきだ》つ**。

席《せき》を蹴《け》る

怒《いか》りのあまり、会議《かいぎ》などの場所《ばしょ》から立《た》ち去《さ》る。例 反対者《はんたいしゃ》の卑劣《ひれつ》な態度《たいど》に、**席《せき》を蹴《け》って**出《で》てきた。

火《ひ》を吹《ふ》く

◎たまっていた怒《いか》りが、激《はげ》しい勢《いきお》いで表《おもて》に出《で》る。例 あくどい商法《しょうほう》に、消費者《しょうひしゃ》の怒《いか》りが**火《ひ》を吹《ふ》いた**。◎「燃える」➡574

怒《いか》り

怒《おこ》っていること。怒《おこ》っている気持《きも》ち。例 もう一度《いちど》考《かんが》えてみたが、やはりどうにも**怒《いか》り**がおさまらない。

憤《いきどお》り

心《こころ》の底《そこ》から感《かん》じる怒《いか》り。例 被災地《ひさいち》の救援《きゅうえん》の遅《おく》れに、**憤《いきどお》り**を感《かん》じる。

怒気《どき》

表情《ひょうじょう》や態度《たいど》に表《あらわ》れる怒《いか》りの気持《きも》ち。例 **怒気《どき》**を含《ふく》んだ声《こえ》から、彼《かれ》がいかに怒《おこ》っているかが伝《つた》わってきた。

激怒《げきど》

激《はげ》しく怒《おこ》ること。例 詰《つ》めかけた客《きゃく》は、店員《てんいん》の横柄《おうへい》な態度《たいど》に**激怒《げきど》**した。

憤怒《ふんぬ》

ひどく憤《いきどお》り怒《いか》ること。例 仏像《ぶつぞう》の**憤怒《ふんぬ》**の形相《ぎょうそう》は、まるでわたしたちをしかりつけているようだった。◆「ふんど」ともいう。

逆上《ぎゃくじょう》　激《はげ》しい怒《いか》りで、分別《ふんべつ》を失《うしな》うこと。例 逆上《ぎゃくじょう》した彼女《かのじょ》は、辺《あた》りかまわず食器《しょっき》を投《な》げつけた。◆「逆《ぎゃく》切《ぎ》れ」の意味《いみ》で使《つか》うのは間違《まちが》い。

激高《げきこう》　ひどく興奮《こうふん》して怒《おこ》ること。例 友人《ゆうじん》は、そのとき激高《げきこう》して犯《はん》人《にん》に飛《と》びかかったらしい。◆「げっこう」ともいう。

立腹《りっぷく》　腹《はら》を立《た》てること。「ご立腹《りっぷく》」の形《かたち》で、目上《めうえ》の人《ひと》の怒《いか》りをいうときにも使《つか》われる。例 先方《せんぽう》の無責任《むせきにん》な対応《たいおう》に、大《おお》いに立腹《りっぷく》した。例 この口《く》調《ちょう》からすると、お客様《きゃくさま》はかなりご立腹《りっぷく》のようすだ。

叱責《しっせき》　他人《たにん》の失敗《しっぱい》などをしかること。例 交渉《こうしょう》がうまくいかず、上司《じょうし》に叱責《しっせき》された。

一喝《いっかつ》　大声《おおごえ》でしかりつけること。例 先生《せんせい》が「うるさい!」と一喝《いっかつ》した。

癪《しゃく》　どうにも気《き》に入《い》らずに、腹《はら》が立《た》ってむしゃくしゃすること。もともとは、胸《むね》や腹《はら》に起《お》こる激《はげ》しい痛《いた》みのこと。例 あんな簡単《かんたん》なトリックの手品《てじな》に、まんまとだまされたのが癪《しゃく》だ。

爆発《ばくはつ》　たまっていた怒《いか》りや不満《ふまん》が、一度《いちど》に激《はげ》しく噴《ふ》き出《で》ること。例 貧困《ひんこん》に耐《た》えていた国民《こくみん》の怒《いか》りが爆発《ばくはつ》した。

憤慨《ふんがい》　不正《ふせい》や卑劣《ひれつ》な行《おこな》いなどに対《たい》して、とても怒《いか》ること。例 相手《あいて》チームの卑怯《ひきょう》な反則《はんそく》に憤慨《ふんがい》する。

憤激《ふんげき》　激《はげ》しく憤《いきどお》ること。例 政治家《せいじか》の失言《しつげん》が、世間《せけん》の人々《ひとびと》の憤激《ふんげき》を買《か》う。

悲憤慷慨《ひふんこうがい》　ひどく嘆《なげ》き悲《かな》しむこと。とくに、世《よ》の中《なか》の不正《ふせい》や自分《じぶん》の運命《うんめい》などについて使《つか》われる。例 悪意《あくい》に満《み》ちた報道《ほうどう》に悲憤慷慨《ひふんこうがい》する。

鬱憤《うっぷん》　日《ひ》ごろから心《こころ》の中《なか》に積《つ》もり積《つ》もった怒《いか》りや不満《ふまん》。例 たまには思《おも》い切《き》り大声《おおごえ》を出《だ》して、日《ひ》ごろの鬱憤《うっぷん》を晴《は》らそう。

義憤《ぎふん》　世《よ》の中《なか》の正義《せいぎ》や道理《どうり》に外《はず》れていることに対《たい》する怒《いか》り。例 途《と》上国《じょうこく》の貧困《ひんこん》な医療体制《いりょうたいせい》に、思《おも》わず義憤《ぎふん》を覚《おぼ》える。

憤然《ふんぜん》　激《はげ》しく怒《おこ》っているようす。例 身《み》に覚《おぼ》えのないことを非難《ひなん》され、憤然《ふんぜん》として席《せき》を立《た》った。

業腹《ごうはら》　ひどく腹《はら》が立《た》つこと。例 やっと九合目《きゅうごうめ》まで登《のぼ》ったというのに、悪天候《あくてんこう》で引《ひ》き返《かえ》すのも業腹《ごうはら》だ。

八《や》つ当《あ》たり　腹《はら》を立《た》てて、関係《かんけい》のない人《ひと》や物《もの》に対《たい》してその感情《かんじょう》をぶつけること。例 合格《ごうかく》できなかったのは自分《じぶん》の責任《せきにん》だから、家族《かぞく》に八《や》つ当《あ》たりしてもしようがない。

腹立《はらだ》たしい　怒《おこ》らずにはいられないようす。例 弱《よわ》い者《もの》いじめをして得意《とくい》になっているとは、なんとも腹立《はらだ》たしいかぎりだ。

いまいましい　腹《はら》が立《た》って仕方《しかた》がない。例 細《こま》かいところまでいちいち揚《あ》げ足《あし》を取《と》られて、本当《ほんとう》にいまいましい。

烈火《れっか》のごとく　まるで燃《も》えさかる火《ひ》のように、激《はげ》しく怒《おこ》るようす。例 大事《だいじ》にしていたつぼを割《わ》られた祖父《そふ》は、烈火《れっか》のごとく

笑《わら》う　泣《な》く　驚《おどろ》く　慌《あわ》てる
気持《きも》ち
表情《ひょうじょう》
▶怒《おこ》る　怖《こわ》がる　気取《きど》る　いら立《だ》つ

◆＝もっと知《し》りたい、ことばの知識《ちしき》。

怒《おこ》った。

かんかん ◎激《はげ》しく怒《おこ》っているようす。例 日記《にっき》を読《よ》まれたことを知《し》ったら、姉《あね》はもうかんかんだよ。◎「燃《も》える」➡578 ◎「光《ひか》る」➡584

ぷりぷり ◎機嫌《きげん》が悪《わる》く、腹《はら》を立《た》てているようす。例 そんなにぷりぷりしないで、わたしの話《はなし》も聞《き》いてよ。

ぷんぷん ◎腹《はら》を立《た》てて、機嫌《きげん》の悪《わる》さを周囲《しゅうい》にまき散《ち》らすようす。例 近所《きんじょ》の奥《おく》さんと口《くち》げんかしたらしく、母《はは》がぷんぷんして帰《かえ》ってきた。◎「におう」➡206

かりかり ➡「いら立《だ》つ」412

かっと ◎急《きゅう》に怒《おこ》り出《だ》し、頭《あたま》に血《ち》が上《のぼ》るようす。一時的《いちじてき》な怒《いか》りを表《あらわ》すことが多《おお》い。例 裏切《うらぎ》り者《もの》とののしられ、ついかっとなって彼《かれ》を殴《なぐ》ってしまった。似 かあっと。◎「見《み》る」➡261

かっか ◎火《ひ》が燃《も》え盛《さか》るように、激《はげ》しく怒《おこ》っているようす。一時的《いちじてき》な怒《いか》りを表《あらわ》すことが多《おお》い。例 口論《こうろん》しているうちに興奮《こうふん》して、ついついかっかとしてしまった。◎「燃《も》える」➡578

むっと ◎怒《おこ》っている気持《きも》ちや不快《ふかい》感《かん》が、顔《かお》に表《あらわ》れているようす。例 電車《でんしゃ》の中《なか》で荷物《にもつ》をぶつけられ、思《おも》わずむっとした。◎「熱《あつ》い・温《あたた》かい」➡213

むかむか ◎怒《いか》りや憎《にく》しみの気持《きも》ちがこみ上《あ》げて、不愉《ふゆ》快《かい》になるようす。例 だまされたことを思《おも》い出《だ》すと、今《いま》でもむかむかする。◎気持《きも》ちが悪《わる》いようす。例 気分《きぶん》が悪《わる》くて、胃《い》がむかむかする。

むかっと 突然《とつぜん》、むかむかする。例 受付《うけつけ》の失礼《しつれい》な態度《たいど》に、思《おも》わずむかっとして帰《かえ》ってきてしまった。

むらむら 怒《いか》りや欲望《よくぼう》などの激《はげ》しい気持《きも》ちがこみ上《あ》げてくるようす。例 だまされたと知《し》って、怒《いか》りがむらむらとわき起《お》こった。

わなわな ◎怒《いか》りのあまり体《からだ》が震《ふる》えるようす。例 父《ちち》は怒《いか》りのあまり、肩《かた》をわなわなと震《ふる》わせている。◎「怖《こわ》がる」➡407

ぷっつん 一時的《いちじてき》に腹《はら》が立《た》って、激《はげ》しい怒《いか》りがこみ上《あ》げるようす。怒《いか》りを突然《とつぜん》抑《おさ》えきれなくなるようす。例 一方的《いっぽうてき》に非難《ひなん》されて、穏《おだ》やかな部長《ぶちょう》もさすがにぷっつんしたようだ。

苦《にが》り切《き》る とても不愉《ふゆ》快《かい》に思《おも》って、いかにも苦々《にがにが》しい表情《ひょうじょう》をする。例 生徒《せいと》が起《お》こした問題《もんだい》に、先生方《せんせいがた》は苦《にが》り切《き》った顔《かお》をしていた。

膨《ふく》れる ほおをふくらませて、不愉《ふゆ》快《かい》そうな顔付《かおつ》きをする。腹《はら》を立《た》てて、むっとした表情《ひょうじょう》になる。例 お土産《みやげ》を買《か》ってこなかったからといって、そんなに膨《ふく》れるなよ。

むくれる 怒《おこ》ってむっとする。ふくれっ面《つら》をする。例 デパートに連《つ》れて行《い》ってもらえなかった弟《おとうと》は、一日中《いちにちじゅう》むくれていた。

頬《ほお》を膨《ふく》らます ふくれっ面《つら》で不《ふ》満《まん》な気持《きも》ちを表《あらわ》す。例 ゲームをやらせてもらえない妹《いもうと》は、ぷっと頬《ほお》を膨《ふく》らませた。似 小鼻《こばな》を膨《ふく》らます。

口《くち》をとがらせる

唇《くちびる》を突《つ》き出《だ》すようにして、不満《ふまん》そうな表情《ひょうじょう》をする。例 弟《おとうと》は、そんないたずらはしていないと**口《くち》をとがらせた**。似 唇《くちびる》をとがらせる。

眉《まゆ》をひそめる

不快《ふかい》に感《かん》じて、まゆのあたりにしわを寄《よ》せる。例 電車《でんしゃ》の中《なか》でわめいている酔《よ》っ払《ぱら》いに、乗客《じょうきゃく》が**眉《まゆ》をひそめた**。

気《き》に障《さわ》る

人《ひと》の言動《げんどう》を不愉快《ふゆかい》に感《かん》じる。例 後輩《こうはい》たちの生《なま》意気《いき》な態度《たいど》が、どうも**気《き》に障《さわ》る**。例 何《なに》が**気《き》に障《さわ》った**のかよく分《わ》からないが、彼《かれ》は朝《あさ》から口《くち》をきいてくれない。

癪《しゃく》に障《さわ》る

「気《き》に障《さわ》る」と同《おな》じ。「癪《しゃく》」は、胸《むね》や腹《はら》に起《お》こる激《はげ》しい痛《いた》みのこと。例 下級生《かきゅうせい》にクイズで負《ま》けるなんて、どうにも**癪《しゃく》に障《さわ》る**。例 彼《かれ》の言《い》うことが、いちいち**癪《しゃく》に障《さわ》る**。

癇《かん》に障《さわ》る

他人《たにん》のしたり言《い》ったりすることが、気持《きも》ちを腹立《はらだ》たしくさせる。「癇《かん》」は、神経《しんけい》が過《か》敏《びん》でいらいらしやすい性質《せいしつ》のこと。例 彼女《かのじょ》のかん高《だか》い笑《わら》い声《ごえ》が、どうにも**癇《かん》に障《さわ》る**。

かちんと来《く》る

他人《たにん》の言動《げんどう》が気《き》に障《さわ》る。例 カンニングをしただろうと言《い》われて、さすがに**かちんと来《き》た**よ。

気《き》を悪《わる》くする

人《ひと》の言動《げんどう》を不愉《ふゆ》快《かい》に感《かん》じ、気分《きぶん》が悪《わる》くなる。例 君《きみ》のためを思《おも》って言《い》うんだから、**気《き》を悪《わる》くする**なよ。

気分《きぶん》を害《がい》する

「気《き》を悪《わる》くする」と同《おな》じ。例 新《しん》入社員《にゅうしゃいん》の失礼《しつれい》な態度《たいど》に、部長《ぶちょう》はかなり**気分《きぶん》を害《がい》した**ようだ。似 感情《かんじょう》を害《がい》する。

機嫌《きげん》を損《そこ》ねる

人《ひと》の気分《きぶん》を悪《わる》くさせてしまう。例 ちょっと冗談《じょうだん》が過《す》ぎて、彼女《かのじょ》の**機嫌《きげん》を損《そこ》ねて**しまった。

神経《しんけい》が逆立《さかだ》つ

ひどく気《き》に障《さわ》って、神経《しんけい》がぴりぴりする。例 集中《しゅうちゅう》して勉強《べんきょう》しているときに、のんびり話《はな》しかけられると**神《しん》経《けい》が逆立《さかだ》つ**。似 神経《しんけい》に障《さわ》る。

つむじを曲《ま》げる

気分《きぶん》を悪《わる》くして素直《すなお》でなくなり、わざと人《ひと》を困《こま》らせるようなことをする。例 彼女《かのじょ》は、一度《いちど》**つむじを曲《ま》げる**と、人《ひと》の言《い》うことを聞《き》いてくれないので弱《よわ》る。

へそを曲《ま》げる

機嫌《きげん》を損《そこ》ねて意《い》固地《こじ》になる。例 あいつによけいな忠告《ちゅうこく》をすると、すぐに**へそを曲《ま》げる**ぞ。

冠《かんむり》を曲《ま》げる

機嫌《きげん》を悪《わる》くする。例 弟《おとうと》は、からかうとすぐに**冠《かんむり》を曲《ま》げる**。

おもしろくない

思《おも》うようにならず、不愉快《ふゆかい》なようす。例 競争相手《きょうそうあいて》に先《さき》を越《こ》されて、どうも**おもしろくない**。

苦々《にがにが》しい

とても不愉快《ふゆかい》で、嫌《いや》な気持《きも》ちであるようす。例 日《ひ》ごろから姉《あね》の長電話《ながでんわ》には、両親《りょうしん》も**苦々《にがにが》しく**思《おも》っていたようだ。

機嫌《きげん》が悪《わる》い

人《ひと》の気分《きぶん》の状態《じょうたい》がよくない。例 気《き》に入《い》っていたスカートを汚《よご》してしまっ

◆＝もっと知《し》りたい、ことばの知識《ちしき》。

て、母《はは》は朝《あさ》から**機嫌《きげん》が悪《わる》い**。

胸《むな》くそが悪《わる》い

何《なん》とも不愉快《ふゆかい》で、胸《むね》がむかむかする。「胸《むな》くそ」は、「胸《むね》」を乱暴《らんぼう》にいったことば。例 サッカーの試合《しあい》に負《ま》けたのは自分《じぶん》のせいだと言《い》われて、どうにも**胸《むな》くそが悪《わる》い**。

虫《むし》の居所《いどころ》が悪《わる》い

機嫌《きげん》が悪《わる》く、怒《おこ》りやすい状《じょう》態《たい》にある。「虫《むし》」は、人《ひと》の体《からだ》の中《なか》にいて、感情《かんじょう》や意識《いしき》を動《うご》かすと考《かんが》えられていたもの。例 今日《きょう》の父《ちち》は**虫《むし》の居所《いどころ》が悪《わる》い**ようだから、旅行《りょこう》の話《はなし》はまたにしよう。

難《むずか》しい

◎機嫌《きげん》が悪《わる》い。例 父《ちち》は**難《むずか》しい**顔《かお》をして考《かんが》え込《こ》んでいる。◆「むつかしい」ともいう。◎「難《むずか》しい」➡562

小難《こむずか》しい

何《なん》となく機嫌《きげん》が悪《わる》そうだ。例 姉《あね》が**小難《こむずか》しい**顔《かお》をして帰《かえ》ってきた。◎「難《むずか》しい」➡562

不快《ふかい》

◎嫌《いや》な気持《きも》ちで、おもしろくないこと。気分《きぶん》がよくないこと。例 車内《しゃない》の空気《くうき》が悪《わる》くて、**不快《ふかい》**な思《おも》いをした。例 行儀《ぎょうぎ》の悪《わる》い若者《わかもの》を見《み》て、老人《ろうじん》が**不快《ふかい》**な表情《ひょうじょう》を見《み》せる。◎「病気《びょうき》」➡97

不愉快《ふゆかい》

愉快《ゆかい》でないこと。嫌《いや》な気分《きぶん》であること。例 個人的《こじんてき》な質問《しつもん》ばかりされて、とても**不愉快《ふゆかい》**だ。対 愉快《ゆかい》。

不機嫌《ふきげん》

機嫌《きげん》が悪《わる》いこと。気分《きぶん》がよくないこと。例 朝《あさ》から**不機嫌《ふきげん》**な顔《かお》をして、いったいどうしたの。対 上機嫌《じょうきげん》。

お冠《かんむり》

機嫌《きげん》が悪《わる》いこと。「冠《かんむり》を曲《ま》げる」ということから。例 窓《まど》ガラスを割《わ》ったので、先生《せんせい》は**お冠《かんむり》**だ。

膨《ふく》れっ面《つら》

ほおをふくらませた、不満《ふまん》や不機嫌《ふきげん》さを表《あらわ》した顔《かお》。例 妹《いもうと》が悪《わる》いのに自分《じぶん》が怒《おこ》られて、姉《あね》は**膨《ふく》れっ面《つら》**をしている。

仏頂面《ぶっちょうづら》

無愛想《ぶあいそう》で機嫌《きげん》が悪《わる》そうな顔《かお》。仏頂尊《ぶっちょうそん》という仏《ほとけ》の恐《おそ》ろしい顔《かお》にたとえたことばという説《せつ》がある。例 そんな**仏頂面《ぶっちょうづら》**をしていたら、友《とも》だちもできないよ。

怒《おこ》りん坊《ぼう》

少《すこ》しのことでもすぐ怒《おこ》る人《ひと》。怒《おこ》りっぽい人《ひと》。例 隣《となり》のおじいさんは**怒《おこ》りん坊《ぼう》**だから、怒鳴《どな》られないように気《き》をつけよう。◆「おこりんぼ」ともいう。

ぷいと

急《きゅう》に機嫌《きげん》が悪《わる》くなり、無愛想《ぶあいそう》な態度《たいど》を取《と》るようす。例 ちょっとからかったら、彼女《かのじょ》は**ぷいと**横《よこ》を向《む》いてしまった。

ぶすっと

いかにも不機嫌《ふきげん》な顔《かお》で黙《だま》っているようす。例 あの店《みせ》は奥《おく》さんは愛想《あいそ》がいいが、主人《しゅじん》のほうはいつも**ぶすっと**している。

「怒《おこ》る」に関連《かんれん》することば

仏《ほとけ》の顔《かお》も三度《さんど》　どんなに情《なさ》け深《ぶか》い人《ひと》でも、何回《なんかい》もひどいことをされれば怒《おこ》り出《だ》すものだというたとえ。許《ゆる》すのにも、限度《げんど》があるということ。

満面《まんめん》朱《しゅ》を注《そそ》ぐ　ひどい怒《いか》りのために、顔《かお》が真《ま》っ赤《か》になる。顔全体《かおぜんたい》に朱《しゅ》（赤《あか》色《いろ》の染料《せんりょう》）をかけたように、赤《あか》くなることをたとえていったことば。

怖《こわ》がる

fear
［フィア］

怖《こわ》がる 危険《きけん》を感《かん》じてびくびくする。怖《こわ》いと思《おも》う気持《きも》ちが、態度《たいど》に表《あらわ》れる。例 犬《いぬ》を**怖《こわ》がって**、近寄《ちかよ》ろうとしない。

恐《おそ》れる ◎危険《きけん》を感《かん》じて怖《こわ》いと思《おも》う。例 仕返《しかえ》しを**恐《おそ》れて**びくびくする。◎「心配《しんぱい》する」⬇498

怖《お》じける 怖《こわ》がって尻込《しりご》みする。びくびくする。例 偉《えら》い人《ひと》たちを前《まえ》に**怖《お》じける**ふうでもなく、堂々《どうどう》としている。

怖《お》じ気付《けづ》く 怖《こわ》いという気持《きも》ちになる。例 みんな**怖《お》じ気付《けづ》いた**のか、だれもかかってこない。

怖気立《おぞけだ》つ 恐《おそ》ろしさにぞっとする。例 真夜中《まよなか》の墓地《ぼち》に、**怖気立《おぞけだ》つ**ような生暖《なまあたた》かい風《かぜ》が通《とお》り過《す》ぎた。◆「おじけだつ」ともいう。

おびえる 怖《こわ》がってびくびくする。怖《こわ》さのあまり、ふつうの気持《きも》ちでいられなくなる。例 大地震《おおじしん》の恐怖《きょうふ》に**おびえる**。

びくつく 怖《こわ》がってびくびくする。例 怖《こわ》がりやの弟《おとうと》は、ちょっとした物音《ものおと》にも**びくつく**。

びびる 怖《お》じ気《け》づく。例 いくら強《つよ》いからといって、下級生《かきゅうせい》のチームに**びびる**とは情《なさ》けない。

すくむ 恐《おそ》ろしさのあまり、体《からだ》が縮《ちぢ》んで動《うご》けなくなる。例 上司《じょうし》の怒鳴《どな》り声《ごえ》に身《み》が**すくむ**。

立《た》ちすくむ ◎怖《こわ》くて、立《た》ったまま動《うご》けなくなる。例 あまりの恐《おそ》ろしさに、その場《ば》に**立《た》ちすくんだ**まま声《こえ》も出《だ》せずにいた。◎「驚《おどろ》く」⬇388

足《あし》がすくむ 怖《こわ》くて、足《あし》が自由《じゆう》に動《うご》かなくなる。例 釣《つ》り橋《ばし》の途中《とちゅう》で下《した》を見《み》たら、あまりの高《たか》さに**足《あし》がすくんで**しまった。

すくみ上《あ》がる 怖《こわ》くて動《うご》けなくなる。例 名前《なまえ》を聞《き》いただけで、だれもが**すくみ上《あ》がる**ような存在《そんざい》。

臆《おく》する 怖《こわ》くて勇気《ゆうき》を失《うしな》う。気後《きおく》れする。例 **臆《おく》する**ことなく、強《つよ》い相手《あいて》に立《た》ち向《む》かっていった。

縮《ちぢ》む 怖《こわ》くて体《からだ》や気持《きも》ちが小《ちい》さくなる。例 対向車《たいこうしゃ》にぶつかりそうになり、身《み》の**縮《ちぢ》む**思《おも》いをした。似 縮《ちぢ》こまる。

縮《ちぢ》み上《あ》がる 怖《こわ》くて、体《からだ》が縮《ちぢ》んで動《うご》けなくなる。「縮《ちぢ》む」を強調《きょうちょう》した言《い》い方《かた》。例 ここが有名《ゆうめい》な心霊《しんれい》スポットだと聞《き》いて、思《おも》わず**縮《ちぢ》み上《あ》がる**。

ひるむ 困難《こんなん》にぶつかったりして勢《いきお》いがくじけ、気《き》が弱《よわ》くなる。例 どんなに困難《こんなん》な道《みち》でも、**ひるむ**ことなく立《た》ち向《む》かっていこう。

たじろぐ 相手《あいて》の勢《いきお》いに圧倒《あっとう》されて、尻込《しりご》みする。例 捨《す》て身《み》の体当《たいあ》たりで、相手《あいて》が一瞬《いっしゅん》**たじろいだ**。

背筋《せすじ》が寒《さむ》くなる 怖《こわ》くて、ぞっとする。例

◆＝もっと知《し》りたい、ことばの知識《ちしき》。

ホラー映画《えいが》を見《み》て、**背筋《せすじ》が寒《さむ》くなる。**

臆病風《おくびょうかぜ》に吹《ふ》かれる
怖《こわ》さのあまり、何《なに》をしてもうまくいかない気《き》がする。臆《おく》病《びょう》な気《き》持《も》ちになる。例今《いま》さら行《い》きたくないなどと、さては**臆病風《おくびょうかぜ》に吹《ふ》かれたな。**

震《ふる》える
◎恐《おそ》ろしさで、体《からだ》が小刻《こきざ》みに動《うご》く。例あの事件《じけん》のことは、思《おも》い出《だ》しただけで恐怖《きょうふ》に体《からだ》が**震《ふる》える。**◎「寒《さむ》い・冷《つめ》たい」↓215

震《ふる》え上《あ》がる
◎「震《ふる》える」を強調《きょうちょう》した言《い》い方《かた》。例連《れん》続《ぞく》通《とお》り魔《ま》事《じ》件《けん》に、日本中《にほんじゅう》が**震《ふる》え上《あ》がった。**◎「寒《さむ》い・冷《つめ》たい」↓215

おののく
恐《おそ》ろしさや寒《さむ》さ、興奮《こうふん》のために、体《からだ》や手足《てあし》が震《ふる》える。例被災地《ひさいち》では、いまだに余震《よしん》に**おののいて**いる。

恐《おそ》れおののく
恐《おそ》ろしさのために、体《からだ》や手足《てあし》が震《ふる》える。例雷《かみなり》の音《おと》に、祖母《そぼ》は「くわばら、くわばら」と言《い》いながら**恐《おそ》れおののいて**いる。

わななく
恐《きょう》怖《ふ》や緊張《きんちょう》などのために、体《からだ》がぶるぶる震《ふる》える。例今《いま》でも世界《せかい》には、爆撃《ばくげき》の音《おと》に**わなないて**いる人《ひと》たちがいる。

鳥肌《とりはだ》が立《た》つ
◎恐《きょう》怖《ふ》でぞっとする。恐怖《きょうふ》を感《かん》じると、毛《け》穴《あな》が強《つよ》く閉《と》じて鳥《とり》の羽毛《うもう》をむしった跡《あと》のようなぶつぶつの肌《はだ》になることから。例洞穴《ほらあな》の奥《おく》から、**鳥肌《とりはだ》が立《た》つ**ような不《ぶ》気《き》味《み》な声《こえ》が聞《き》こえてきた。◎「寒《さむ》い・冷《つめ》たい」↓215

身《み》の毛《け》がよだつ
恐《おそ》ろしさのあまり、体《からだ》の毛《け》が逆立《さかだ》つ。鳥肌《とりはだ》になった状態《じょうたい》になること。例**身《み》の毛《け》がよだつ**ような、恐《おそ》ろしい体験《たいけん》をした。

総《そう》毛《け》立《だ》つ
◎恐《おそ》ろしさのために、全身《ぜんしん》の毛《け》が逆立《さかだ》つ。例だれかに後《あと》をつけられているようで、**総毛立《そうけだ》った。**◎「寒《さむ》い・冷《つめ》たい」↓215

粟《あわ》立《だ》つ
◎恐《きょう》怖《ふ》のために、皮膚《ひふ》の表面《ひょうめん》にぶつぶつと粟粒《あわつぶ》ができたようになる。例地震直後《じしんちょくご》の崩《ほう》壊《かい》した町《まち》を見《み》て、全身《ぜんしん》が**粟立《あわだ》つ**のを覚《おぼ》えた。◎「寒《さむ》い・冷《つめ》たい」↓215

歯《は》の根《ね》が合《あ》わない
◎怖《こわ》さで、歯《は》ががちがちとぶつかるほど震《ふる》える。例交通《こうつう》事《じ》故《こ》にあい、しばらくは**歯《は》の根《ね》が合《あ》わなかった。**◎「寒《さむ》い・冷《つめ》たい」↓215

青《あお》ざめる
怖《こわ》くて、顔色《かおいろ》が青白《あおじろ》くなる。例強風《きょうふう》でロープウエーが停止《ていし》し、乗客《じょうきゃく》らが**青《あお》ざめる。**

青《あお》くなる
「青《あお》ざめる」と同《おな》じ。例お化《ば》け屋敷《やしき》から出《で》てきた子《こ》どもたちの顔《かお》は、みな**青《あお》くなって**いた。

血《ち》の気《け》が引《ひ》く
恐《きょう》怖《ふ》などのために青《あお》ざめる。顔《かお》の赤《あか》い血《ち》の色《いろ》がなくなるということ。例事《じ》故《こ》現《げん》場《ば》の惨状《さんじょう》を見《み》て、**血《ち》の気《け》が引《ひ》いた。**似**血《ち》の気《け》が失《う》せる。**

色《いろ》を失《うしな》う
◎恐《きょう》怖《ふ》や心配《しんぱい》などで、顔《かお》が真《ま》っ青《さお》になる。例テストの結果《けっか》を聞《き》いて、**色《いろ》を失《うしな》った。**◎「驚《おどろ》く」↓389

似＝似《に》た表現《ひょうげん》のことば。対＝反対《はんたい》の意味《いみ》のことば。例＝使《つか》い方《かた》の例《れい》。

恐怖《きょうふ》 恐《おそ》れること。怖《こわ》がること。例 対人《たいじん》恐怖《きょうふ》症《しょう》を克服《こくふく》する。

戦慄《せんりつ》 恐《おそ》ろしくて、体《からだ》が震《ふる》えること。例 記者《きしゃ》を戦慄《せんりつ》させた光景《こうけい》が、人々《ひとびと》の目《め》の前《まえ》に広《ひろ》がっていた。

震撼《しんかん》 人《ひと》を恐怖《きょうふ》で震《ふる》え上《あ》がらせること。「撼《かん》」は、揺《ゆ》り動《うご》かすという意味《いみ》。例 世間《せけん》を震撼《しんかん》させる凶悪事件《きょうあくじけん》が起《お》きた。

畏怖《いふ》 恐《おそ》れおののくこと。尊敬《そんけい》するものや、力《ちから》の強《つよ》いものに対《たい》して持《も》つ、恐《おそ》れの気持《きも》ち。例 大自然《だいしぜん》に対《たい》し、畏怖《いふ》の念《ねん》を抱《いだ》く。似 畏敬《いけい》。

身震《みぶる》い ◎恐《おそ》ろしさで、体《からだ》が震《ふる》えること。例 ミステリー小説《しょうせつ》を読《よ》みながら、思《おも》わず身震《みぶる》いした。◎「寒《さむ》い・冷《つめ》たい」➡214

物怖《ものお》じ 物事《ものごと》を怖《こわ》がること。びくびくすること。例 物怖《ものお》じせずに、思《おも》ったことをはっきり言《い》う性格《せいかく》だ。

気後《きおく》れ 弱気《よわき》になって、尻込《しりご》みすること。例 気後《きおく》れして何《なに》も言《い》えなかった。

恐《おそ》ろしい 危険《きけん》を感《かん》じて不安《ふあん》である。例 こんな恐《おそ》ろしい結末《けつまつ》になるとは、だれも予想《よそう》していなかった。

怖《こわ》い 恐《おそ》ろしい。例 あんなに怖《こわ》い思《おも》いをするなら、ジェットコースターなど乗《の》らなければよかった。

	恐ろしい	怖い
――人《ひと》	○	○
――毒《どく》グモ	○	－
――もの見《み》たさ	－	○

おっかない 怖《こわ》い。恐《おそ》ろしい。例 おっかない顔《かお》して、どうしたんだい?

おぞましい ぞっとするほど嫌《いや》な感《かん》じである。例 その森《もり》には、おぞましい怪物《かいぶつ》が潜《ひそ》んでいるという言《い》い伝《つた》えがある。

おどろおどろしい 不気味《ぶきみ》で恐《おそ》ろしい。例 おどろおどろしいタイトルがついた怪奇映画《かいきえいが》。

空恐《そらおそ》ろしい 何《なん》となく恐《おそ》ろしい。将来《しょうらい》どうなるかと、言《い》いようのない不安《ふあん》を感《かん》じて怖《こわ》い。例 空恐《そらおそ》ろしいほどに情報化《じょうほうか》された社会《しゃかい》。

薄気味悪《うすきみわる》い 何《なん》となく気持《きも》ち悪《わる》い。例 そんな薄気《うすき》味悪《みわる》い笑《わら》い方《かた》などしないでほしい。

気味《きみ》が悪《わる》い 何《なん》となく恐《おそ》ろしい。何《なん》となく気持《きも》ちが悪《わる》い。例 古《ふる》くて気味《きみ》が悪《わる》い家《いえ》だ。

怪《あや》しい ◎気味《きみ》が悪《わる》い。例 あの森《もり》には、怪《あや》しい雰囲気《ふんいき》が漂《ただよ》っている。◎「疑《うたが》う」➡460

凄《すご》い 恐《おそ》ろしい。気味《きみ》が悪《わる》い。例 そんな凄《すご》い目《め》でにらまないでよ。

物凄《ものすご》い ひどく恐《おそ》ろしい。「凄《すご》い」の強調《きょうちょう》した言《い》い方《かた》。例 物凄《ものすご》い形相《ぎょうそう》で飛《と》び込《こ》んできた。

慄然《りつぜん》 恐《おそ》ろしさにぞっとするようす。例 あまりの偶然《ぐうぜん》の一致《いっち》に、慄然《りつぜん》とする。

不気味《ぶきみ》 気味《きみ》が悪《わる》いこと。例 どこからともなく、不気味《ぶきみ》な笑《わら》い声《ごえ》が聞《き》こえる。◆「無気味《ぶきみ》」とも書《か》く。

鬼気迫《ききせま》る 恐《おそ》ろしくて不気味《ぶきみ》な雰《ふん》囲気《いき》が、ひしひしと伝《つた》

◆＝もっと知《し》りたい、ことばの知識《ちしき》。

わってくる感《かん》じがする。例 鬼気迫《ききせま》る演《えん》技《ぎ》に、思《おも》わずぞっとする。

小心翼々《しょうしんよくよく》
気《き》が小《ちい》さく、びくびくしているようす。例 小心翼々《しょうしんよくよく》として反論《はんろん》もできず、人《ひと》の顔色《かおいろ》ばかりうかがっている。

戦々恐々《せんせんきょうきょう》
恐《おそ》れて、びくびくするようす。多《おお》く、まだ起《お》こっていないことを恐《おそ》れるようすをいう。例 口《くち》やかましいとうわさの新社《しんしゃ》長《ちょう》が就任《しゅうにん》して、社員《しゃいん》たちはみな戦々《せんせん》恐々《きょうきょう》としている。

顔面蒼白《がんめんそうはく》
恐《おそ》ろしさのために、顔《かお》色《いろ》が青白《あおじろ》くなること。例 あまりにも恐《おそ》ろしい光景《こうけい》に、生気《せいき》を失《うしな》って顔面蒼白《がんめんそうはく》となる。

臆病《おくびょう》
気《き》が小《ちい》さくて、少《すこ》しのことにも怖《こわ》がったり尻込《しりご》みしたりすること。また、そういう人《ひと》。例 初《はじ》めてだからといって、そんなに臆病《おくびょう》になることはないよ。例 怖《こわ》くて一人《ひとり》でトイレに行《い》けないなんて、ずいぶんと臆病《おくびょう》だね。

恐《おそ》る恐《おそ》る
びくびくしながら物事《ものごと》をするようす。ひどくかしこまりながら行《おこな》うようす。例 校《こう》長先生《ちょうせんせい》の前《まえ》に、恐《おそ》る恐《おそ》る進《すす》み出《で》る。

怖々《こわごわ》
びくびくしながら物事《ものごと》をするようす。例 大《おお》きな犬《いぬ》に怖々《こわごわ》と手《て》を出《だ》して、触《さわ》ってみる。

おっかなびっくり
恐《おそ》ろしいことが起《お》こるのではないかと、緊張《きんちょう》しながら物《もの》事《ごと》をするようす。例 妹《いもうと》は初《はじ》めての海《うみ》におっかなびっくりしながらも、目《め》を輝《かがや》かせている。

怖《こわ》いくらいに豊《ゆた》かなことば
深谷先生《ふかやせんせい》のちょっとひと息《いき》

わたしが住《す》む京都《きょうと》には、全国《ぜんこく》から多《おお》くの観光客《かんこうきゃく》がやってきます。このため、街《まち》のそこかしこで、いろいろな方言《ほうげん》を聞《き》くことができます。ある日《ひ》、有名《ゆうめい》な「清水《きよみず》の舞台《ぶたい》」で、しきりに「こわい」と言《い》っているおばあさんがいました。切《き》り立《た》ったがけに建《た》つお寺《てら》なので恐《おそ》ろしいんだろうな、と思《おも》っていたところ、地上《ちじょう》に降《お》りたあとも、まだ「こわい、こわい」とため息《いき》をついています。どうやら、このおばあさんは、清水寺《きよみずでら》の坂道《さかみち》や石段《いしだん》を登《のぼ》るのに疲《つか》れたという意味《いみ》で、こわいということばを使《つか》っているらしいのです。

東北《とうほく》や北海道《ほっかいどう》の一部《いちぶ》では、疲《つか》れや体調《たいちょう》の悪《わる》さをうったえるのに、こわいという方言《ほうげん》を使《つか》います。ほかに、これは方言《ほうげん》というわけではありませんが、物《もの》がかたいことをこわい（539ページ）ということもあります（こちらは強《こわ》いと書《か》きます）。かために炊《た》いたまぜごはんを、おこわと呼《よ》ぶのはこのためなのです。

かせている。

ショッキング
➡「驚《おどろ》く」391

びくびく
恐《おそ》れや不安《ふあん》を感《かん》じて、落《お》ち着《つ》かないようす。例 友《とも》だちは、いつうそがばれるかとびくびくしている。

ひやり
◎一瞬《いっしゅん》、恐怖《きょうふ》を感《かん》じて、ぞっとするようす。例 タクシーとぶつかりそうになって、ひやりとす

似＝似《に》た表現《ひょうげん》のことば。対＝反対《はんたい》の意味《いみ》のことば。例＝使《つか》い方《かた》の例《れい》。

る。例 高価《こうか》な花瓶《かびん》を落《お》としそうになって、ひやりとした。◎「寒《さむ》い・冷《つめ》たい」↓216

どきどき

◎怖《こわ》くて心臓《しんぞう》が激《はげ》しく打《う》つようす。例 どきどきしながらお化《ば》け屋敷《やしき》に入《はい》る。◎「うれしい」↓426

ぞくぞく

◎恐《おそ》ろしさで身震《みぶる》いするようす。例 怖《こわ》い話《はなし》を聞《き》いて、ぞくぞくしてきた。◎「寒《さむ》い・冷《つめ》たい」↓216 ◎「うれしい」↓426

ぞっと

恐怖《きょうふ》のため、体《からだ》が震《ふる》え上《あ》がるようす。例 一歩《いっぽ》遅《おそ》かったら大事故《だいじこ》になっていたかと思《おも》うとぞっとする。◆「ぞっとしない」の形《かたち》で、おもしろくない、感心《かんしん》しない、という意味《いみ》になる。

がくがく

◎恐《おそ》ろしさで、足《あし》やひざが小刻《こきざ》みに震《ふる》えるようす。例 がけの上《うえ》から谷底《たにぞこ》をのぞき込《こ》んだら、足《あし》ががくがくしてきた。◎「寒《さむ》い・冷《つめ》たい」↓216

がたがた

◎恐《おそ》ろしさで、体《からだ》が激《はげ》しく震《ふる》えるようす。例 恐《おそ》ろしい記憶《きおく》がよみがえり、怖《こわ》くてがたがたしてきた。◎「寒《さむ》い・冷《つめ》たい」↓216 ◎「物《もの》の言《い》い方《かた》」↓280 ◎「古《ふる》い」↓551

ぶるぶる

◎怖《こわ》さで、手足《てあし》や唇《くちびる》などが細《こま》かく震《ふる》え動《うご》くようす。例 何《なに》か恐《おそ》ろしいものでも見《み》たのか、唇《くちびる》をぶるぶるさせながら背後《はいご》を指《ゆび》さしている。◎「寒《さむ》い・冷《つめ》たい」↓216

わなわな

◎怖《こわ》くて体《からだ》が震《ふる》えるようす。例 村人《むらびと》たちは、恐《おそ》ろしさのあまりわなわなと身《み》を震《ふる》わせていたそうだ。◎「怒《おこ》る」↓400

おずおず

怖《こわ》がって尻込《しりご》みするようす。例 受話器《じゅわき》の向《む》こうの相手《あいて》に、おずおずと話《はな》しかけた。

おどおど

慣《な》れない場所《ばしょ》や人《ひと》を前《まえ》にして、怖《こわ》がって落《お》ち着《つ》かないようす。例 その子《こ》はおどおどして、母親《ははおや》の後《うし》ろからこちらをうかがっていた。

恐《おそ》れ

◎怖《こわ》がること。例 恐《おそ》れを知《し》らない戦士《せんし》のようだ。◎「心配《しんぱい》する」↓498

寒心《かんしん》

ひやひやすること。恐《おそ》ろしくて、ぞっとすること。例 若《わか》い人《ひと》たちのことばづかいには、寒心《かんしん》に堪《た》えないものがある。◆「寒心《かんしん》に堪《た》えない」とは、恐《おそ》れてぞっとする意味《いみ》。多《おお》く、今後《こんご》のことを心配《しんぱい》していう。

寒気《さむけ》

◎恐怖《きょうふ》などのために感《かん》じる、不愉快《ふゆかい》な寒《さむ》さ。例 後《うし》ろにだれかが立《た》っていそうで、一瞬《いっしゅん》寒気《さむけ》がした。◎「寒《さむ》い・冷《つめ》たい」↓214

真《ま》っ青《さお》

怖《こわ》くて血《ち》の気《け》が引《ひ》き、顔色《かおいろ》が悪《わる》いようす。病気《びょうき》やけがによるものもいう。例 おぞましい光景《こうけい》を前《まえ》に、真《ま》っ青《さお》になって座《すわ》り込《こ》む。

冷《ひ》や汗《あせ》

◎恐《おそ》ろしいときに出《で》る汗《あせ》。例 はしごから落《お》ちそうになり、冷《ひ》や汗《あせ》をかいた。◎「恥《は》ずかしい」↓496

冷汗三斗《れいかんさんと》

◎怖《こわ》い思《おも》いをして、ひどく冷《ひ》や汗《あせ》をかくこと。「斗《と》」は、昔《むかし》の水《みず》かさの単位《たんい》。「三斗《さんと》」は約五十四《やくごじゅうよん》リットルで、量《りょう》が多《おお》いことのたとえ。例 冷汗三斗《れいかんさんと》の思《おも》いをして、必《ひっ》死《し》に逃《に》げ帰《かえ》った。◎「恥《は》ずかしい」↓496

スリル

ぞっとしたり、はらはらどきどきするという意味《いみ》の英《えい》

◆＝もっと知《し》りたい、ことばの知識《ちしき》。

語《ご》。例スリルとサスペンスに富《と》んだ、一大冒険小説《いちだいぼうけんしょうせつ》。

「怖《こわ》がる」に関連《かんれん》することば

鬼《おに》が出《で》るか蛇《じゃ》が出《で》るか ⬇132

地震雷火事親父《じしんかみなりかじおやじ》　この世《よ》で恐《おそ》ろしい四《よっ》つのものを、恐《おそ》ろしい順《じゅん》に並《なら》べたことば。

幽霊《ゆうれい》の正体《しょうたい》見《み》たり枯《か》れ尾花《おばな》　「尾花《おばな》」は、ススキのこと。幽霊《ゆうれい》だと思《おも》ったら、その正体《しょうたい》は枯《か》れたススキだったということから、恐《おそ》れているものも、確《たし》かめてみると、案外《あんがい》、何《なん》でもないものであるということ。

気取《きど》る

be affected
[ビ·アフェクティッド]

気取《きど》る
◎他人《たにん》によく見《み》せようと、態度《たいど》を飾《かざ》る。例ちょっと気取《きど》って、フランス語《ご》であいさつをしてみた。◎「～を気取《きど》る」の形《かたち》で、その者《もの》になった気《き》で、それらしい振《ふ》る舞《ま》いをする。例アイドルを気取《きど》っている三才《さんさい》の娘《むすめ》が、サインの練習《れんしゅう》を始《はじ》めた。

澄《す》ます
◎気取《きど》って、まじめそうな顔《かお》をする。例いつになく澄《す》ました顔《かお》で写真《しゃしん》に写《うつ》っていた。◎自分《じぶん》には関係《かんけい》ないという顔《かお》をする。例名前《なまえ》を呼《よ》んだのに澄《す》まして行《い》ってしまった。

すかす
澄《す》ます。気取《きど》る。例すかしたやつを見《み》ると、ついからかいたくなる。

粋《いき》がる
◎ある行動《こうどう》を、粋《いき》だ（かっこいい）と思《おも》って得意《とくい》になってする。例粋《いき》がって、コーヒーをブラックで飲《の》んだら苦《にが》すぎた。◎虚勢《きょせい》を張《は》る。例粋《いき》がっていつまでも薄着《うすぎ》でいると、そのうち風邪《かぜ》を引《ひ》くよ。

ぶる
◎気取《きど》る。偉《えら》そうに見《み》せる。例彼《かれ》のぶった態度《たいど》が鼻《はな》に付《つ》く。◎そのように振《ふ》る舞《ま》う。それらしいようすをする。例いい子《こ》ぶるのに疲《つか》れた。

もったいぶる
もっともらしく、重々《おもおも》しく振《ふ》る舞《ま》う。「もったい」は、態度《たいど》が重々《おもおも》しく風格《ふうかく》があること。例もったいぶっていないで、早《はや》く話《はな》しなさいよ。

もったいを付《つ》ける
「もったいぶる」と同《おな》じ。例ソムリエ（ワインの専門家《せんもんか》）が、もったいを付《つ》けて高級《こうきゅう》ワインを差《さ》し出《だ》す。

上品《じょうひん》ぶる
品《ひん》のよいふりをする。例フランス料理《りょうり》の店《みせ》で、ことさらに上品《じょうひん》ぶって食事《しょくじ》をする。

体裁《ていさい》ぶる
体面《たいめん》だけを考《かんが》えて行動《こうどう》する。見栄《みえ》を張《は》る。例本《ほん》などまったく読《よ》まないくせに、「趣味《しゅみ》は読書《どくしょ》です」などと体裁《ていさい》ぶる。

通《つう》ぶる
その事《こと》については、いかにも詳《くわ》しいというふりをする。「通《つう》」は、趣味《しゅみ》などのことについて、よく知《し》っていること。例そばにはあまりつゆをつけないものだと、通《つう》ぶって食《た》べる。似通《つう》がる。

飾《かざ》る
よく見《み》えるように、見《み》せかけをよくする。例外見《がいけん》だけを飾《かざ》っても、心《こころ》がすさんでいてはいけない。

繕《つくろ》う

◎はたから見《み》た感《かん》じがいいようにに、体裁《ていさい》をよくする。例彼《かれ》がお金《かね》を寄付《きふ》したのは、世間体《せけんてい》を繕《つくろ》うためだけではないはずだ。◎「着《き》る」⬇246

お高《たか》くとまる

気位《きぐらい》が高《たか》く、取《と》り澄《す》ましている。人《ひと》を見下《みくだ》したような態度《たいど》を取《と》る。例美《び》人《じん》でも愛想《あいそ》がないと、お高《たか》くとまっていると思《おも》われるよ。例あの人《ひと》はいつもお高《たか》くとまっていて、我々《われわれ》など眼中《がんちゅう》にないようだ。

格好《かっこう》を付《つ》ける

人《ひと》によく見《み》せようとする。例いつも通《どお》りの自分《じぶん》を見《み》てもらうための面《めん》接《せつ》なのだから、何《なに》も格好《かっこう》を付《つ》ける必要《ひつよう》はない。

取《と》り繕《つくろ》う

あやまちや失敗《しっぱい》などを、うまくごまかして隠《かく》す。例気《き》まずい雰囲気《ふんいき》になったので、笑《わら》ってその場《ば》を取《と》り繕《つくろ》う。

取《と》り澄《す》ます

澄《す》ました顔付《かおつ》きをする。つんとして、気《き》取《ど》る。例勝《か》ち気《き》で、いつも取《と》り澄《す》ました顔《かお》をしている。

見《み》せかける

実際《じっさい》は違《ちが》っているのに、うわべを繕《つくろ》って見《み》せる。例洋書《ようしょ》を持《も》ち歩《ある》いて、英語《えいご》ができるように見《み》せかけている。

真面目腐《まじめくさ》る

いかにもまじめそうな態度《たいど》を取《と》る。例真面目腐《まじめくさ》った顔《かお》でメモを取《と》りながら、講演者《こうえんしゃ》の話《はなし》を聞《き》く。

わざとらしい

いかにもわざとしたように見《み》えて、不自然《ふしぜん》なようす。例わざとらしいお世辞《せじ》で人《ひと》に取《と》り入《い》ろうとしても、そうはいかないよ。

見栄《みえ》

うわべを飾《かざ》ること。例つい見《み》栄《え》を張《は》って、高《たか》いほうのコースを選《えら》んでしまう。

虚栄《きょえい》

うわべを飾《かざ》ること。中身《なかみ》を伴《ともな》わない、うわべだけの栄誉《えいよ》。例虚栄心《きょえいしん》から、高額《こうがく》なものを買《か》ってしまった。

虚飾《きょしょく》

実質《じっしつ》を伴《ともな》わない外見《がいけん》だけの飾《かざ》り。例その小説《しょうせつ》には、偽善《ぎぜん》と虚飾《きょしょく》に満《み》ちた貴族《きぞく》の生活《せいかつ》が描《えが》かれている。

ポーズ

「姿勢《しせい》」「姿《すがた》」などの意味《いみ》の英《えい》語《ご》。気取《きど》った、わざとらしい態度《たいど》。例初《はじ》めて聞《き》いたのに、いかにも知《し》っているようなポーズを取《と》る。

お澄《す》まし

気取《きど》ること。また、その人《ひと》。例発表会《はっぴょうかい》で、妹《いもうと》がお澄《す》ましして、ピアノを弾《ひ》いていた。

知《し》ったかぶり

知《し》らないのに知《し》っているふりをすること。例知《し》ったかぶりをして、後《あと》で墓穴《ぼけつ》を掘《ほ》らないようにね。

見栄坊《みえぼう》

うわべだけを飾《かざ》って、よく見《み》せようとする人《ひと》。例姉《あね》は見栄坊《みえぼう》で、いつも高価《こうか》なものを身《み》につけたがる。

見栄《みえ》っ張《ぱ》り

見栄《みえ》を張《は》ること。うわべをよく見《み》せようとする人《ひと》。また、そのようす。例ブランド品《ひん》にばかりこだわるなんて、見《み》栄《え》っ張《ぱ》りなやつだ。

笑《わら》う　泣《な》く　驚《おどろ》く　慌《あわ》てる
気持《きも》ち
表情《ひょうじょう》
怒《おこ》る　怖《こわ》がる
▶気取《きど》る　いら立《だ》つ

◆＝もっと知《し》りたい、ことばの知識《ちしき》。

気取り屋《きどりや》　気取《きど》る人《ひと》。体裁《ていさい》を気《き》にする人《ひと》。例 **気取《きど》り屋《や》**でわがままなお嬢《じょう》さんだけど、実《じつ》はとても優《やさ》しい人《ひと》だ。

ぶりっ子《こ》　いい子《こ》ぶること。かわいく見《み》せようとすること。また、その人《ひと》。例 先生《せんせい》の前《まえ》で**ぶりっ子《こ》**していると、友《とも》だちに嫌《きら》われるよ。

見《み》かけ倒《だお》し　外見《がいけん》は立派《りっぱ》でも、中味《なかみ》が伴《ともな》っていないこと。例 体格《たいかく》は人並《ひとな》み以上《いじょう》だけれど、案外《あんがい》、**見《み》かけ倒《だお》し**の臆病者《おくびょうもの》だよ。

張《は》りぼて　うわべだけを取《と》り繕《つくろ》った、実体《じったい》のないもの。もとは、木《き》や竹《たけ》の枠組《わくぐ》みに紙《かみ》を張《は》り重《かさ》ねて、目的《もくてき》の形《かたち》を作《つく》ったもの。例 今度《こんど》の改革案《かいかくあん》は、弱者救済《じゃくしゃきゅうさい》に見《み》せかけた**張《は》りぼて**にすぎない。似 張《は》り子《こ》。

張《は》り子《こ》の虎《とら》　虚勢《きょせい》を張《は》るだけの人《ひと》や、見《み》かけだけ立派《りっぱ》な人《ひと》をあざけっていうことば。もとは、中国《ちゅうごく》・四国地方《しこくちほう》の伝統玩具《でんとうがんぐ》で、張《は》り子《こ》（張《は》りぼて）でできている、首《くび》を振《ふ》るトラの人形《にんぎょう》のこと。例 あの国《くに》の強力《きょうりょく》に見《み》える軍隊《ぐんたい》は**張《は》り子《こ》の虎《とら》**で、実戦《じっせん》には弱《よわ》い。

つんと　◎あごを突《つ》き出《だ》すように顔《かお》を上《うえ》に向《む》けて、人《ひと》を見下《みくだ》したように澄《す》ました態度《たいど》を取《と》るようす。例 彼女《かのじょ》はいつも、**つんと**澄《す》ましてお茶《ちゃ》をたてている。◎「におう」➡205

いら立《だ》つ

get irritated
［ゲット・イリテイティッド］

このページも見《み》てみよう
▼ 怒《おこ》る ➡394

いら立《だ》つ　思《おも》うようにならないことや不快《ふかい》なことのために、気持《きも》ちが落《お》ち着《つ》かない。例 騒音《そうおん》でピアノの練習《れんしゅう》が進《すす》まず、つい**いら立《だ》って**しまう。

いらつく　思《おも》うようにいかなかったり不快《ふかい》なことがあったりして、神経《しんけい》をいらいらさせる。例 電車《でんしゃ》の時間《じかん》が迫《せま》っているのに、君《きみ》がなかなか来《こ》ないので**いらついた**よ。

焦《あせ》る　◎思《おも》い通《どお》りに物事《ものごと》が進《すす》まず、早《はや》くしなくてはといらいらする。例 渋滞《じゅうたい》に巻《ま》き込《こ》まれ、時間《じかん》までに着《つ》けるかと**焦《あせ》る**。◎「慌《あわ》てる」➡393

じれる　思《おも》うようにならなくて、気《き》持《も》ちがいらいらする。予想《よそう》していたよりも時間《じかん》がかかって、もどかしい気分《きぶん》になる。例 バスがなかなか来《こ》ないので、**じれて**歩《ある》き出《だ》した。

じらす　相手《あいて》が早《はや》くしてほしいと思《おも》っているのを知《し》っていながら、わざと遅《おく》らせていらいらさせる。例 そんなに**じらさない**で、早《はや》く教《おし》えてよ。

逸《はや》る　◎早《はや》くやりたいと思《おも》って、いら立《だ》つ。例 本番《ほんばん》を前《まえ》にして、**逸《はや》る**心《こころ》を抑《おさ》えられない。◎「頑張《がんば》る」➡485

急《せ》く　早《はや》くやろうとして、気持《きも》ちが落《お》ち着《つ》かなくなる。例 **急《せ》いて**は事《こと》を仕損《しそん》じると言《い》うから、ゆっくりやろう。

急《せ》き込《こ》む　急《いそ》いで物事《ものごと》をしようとして、ひどく焦《あせ》る。例

似＝似《に》た表現《ひょうげん》のことば。対＝反対《はんたい》の意味《いみ》のことば。例＝使《つか》い方《かた》の例《れい》。

事情《じじょう》を分《わ》かってほしいと、急《せ》き込《こ》んで話《はな》す。

もがく

◎苦《くる》しい状態《じょうたい》から逃《のが》れようとして、焦《あせ》る。例 今《いま》さらもがいて勉強《べんきょう》しても、後《あと》の祭《まつ》りだ。◎「苦《くる》しむ」⬇466

あがく

◎苦《くる》しい状態《じょうたい》から逃《のが》れようともがく。漢字《かんじ》で「足掻《あが》く」と書《か》き、馬《うま》などが前足《まえあし》で地面《じめん》をけって進《すす》もうとする、という意味《いみ》。例 入試《にゅうし》は明日《あした》だから、今《いま》さらあがいても仕方《しかた》がない。◎「苦《くる》しむ」⬇466

気《き》がもめる

◎思《おも》うようにならず、落《お》ち着《つ》かない。例 大雪《おおゆき》で列車《れっしゃ》が遅《おく》れ、約束《やくそく》の時間《じかん》に間《ま》に合《あ》うか気《き》がもめる。◎「心配《しんぱい》する」⬇498

業《ごう》を煮《に》やす

思《おも》い通《どお》りにならずに、いらいらする。例 待《ま》ち合《あ》わせた友《とも》だちが来《こ》ないので、母《はは》は業《ごう》を煮《に》やして先《さき》に出《で》かけてしまった。

気《き》が立《た》つ

怒《おこ》ったり緊張《きんちょう》したりして、感情《かんじょう》が高《たか》ぶる。例 先生《せんせい》は、忘《わす》れ物《もの》をする生徒《せいと》の多《おお》さに、少《すこ》し気《き》が立《た》っているようだ。

しびれを切《き》らす

長《なが》く待《ま》たされて、がまんできなくなる。長時間《ちょうじかん》正座《せいざ》をするなどして、足《あし》がしびれるという意味《いみ》から。例 メールの返事《へんじ》が来《こ》ないので、しびれを切《き》らして電話《でんわ》をかけた。

居《い》ても立《た》ってもいられない

いらいらして、じっとしていられない。「居《い》る」は、「座《すわ》る」という意味《いみ》。座《すわ》っていても立《た》っていても落《お》ち着《つ》かないようすをいう。例 来週《らいしゅう》の合格発表《ごうかくはっぴょう》のことを考《かんが》えると、居《い》ても立《た》ってもいられない。

いら立《だ》たしい

思《おも》い通《どお》りにいかず、焦《あせ》っていらいらするようす。例 手続《てつづ》きをするのにあまりに長《なが》く待《ま》たされて、いら立《だ》たしい思《おも》いをした。

じれったい

物事《ものごと》が思《おも》い通《どお》りにならず、いらいらして落《お》ち着《つ》かない。例 実力《じつりょく》のある選手《せんしゅ》が力《ちから》を発揮《はっき》できないのは、じれったいかぎりだ。

かったるい

◎人《ひと》のしていることなどを見《み》て、いらいらする。例 あいつの話《はなし》を聞《き》いていると、かったるくなる。◎「疲《つか》れる」⬇207

歯《は》がゆい

思《おも》い通《どお》りにならず、いらいらする。人《ひと》のしていることがじれったくて、見《み》ていていらいらする。例 妹《いもうと》のリンゴの皮《かわ》をむく手付《てつ》きは、歯《は》がゆくて見《み》ていられない。

もどかしい

思《おも》うようにならず、いらいらする。例 自分《じぶん》の気持《きも》ちをうまく伝《つた》えることができないで、もどかしい思《おも》いをした。

	――気持《きも》ち	うまく言《い》えないのが――	待《ま》たされて――
いら立たしい	○	△	○
じれったい	○	○	△
歯がゆい	○	○	–
もどかしい	○	○	–

まどろっこしい

他人《たにん》の動作《どうさ》が、遅《おそ》かったり間《ま》が悪《わる》かったりして、いらいらする。

◆＝もっと知《し》りたい、ことばの知識《ちしき》。

例そんなまどろっこしいやり方《かた》では、いつまでたっても終《お》わらないよ。似まだるっこい。

落《お》ち着《つ》かない　気持《きも》ちが動揺《どうよう》して、穏《おだ》やかにしていられない。例テストが近《ちか》づいて、気持《きも》ちが落《お》ち着《つ》かない。例そんなに近《ちか》くで動《うご》き回《まわ》られたら、気《き》になって落《お》ち着《つ》かないよ。

気《き》が気《き》でない　何《なに》かが気《き》になって、落《お》ち着《つ》いていられない。例持《も》っているお金《かね》で足《た》りるかどうか、気《き》が気《き》でなかった。

じっとしていられない　気《き》になることがあって、落《お》ち着《つ》いていられない。例心配《しんぱい》で心配《しんぱい》で、とてもじっとしていられない。

矢《や》も盾《たて》もたまらない　あることをしたいという気持《きも》ちを、抑《おさ》えることができないようす。例プール開《びら》きのニュースを聞《き》いて、矢《や》も盾《たて》もたまらず泳《およ》ぎに行《い》った。

焦《あせ》り　思《おも》うようにいかずに、いらいらすること。例捜査《そうさ》がなかなか進《すす》まず、当局《とうきょく》にも焦《あせ》りの色《いろ》が見《み》え始《はじ》めた。

躍起《やっき》　焦《あせ》ってむきになること。例何《なに》を言《い》っても信《しん》じてもらえないので、躍起《やっき》になって弁解《べんかい》する。

焦燥《しょうそう》　焦《あせ》っていらいらすること。例時間《じかん》ばかりがどんどん過《す》ぎて、このままでは焦燥《しょうそう》感《かん》に押《お》しつぶされそうだ。

隔靴掻痒《かっかそうよう》　物事《ものごと》が思《おも》い通《どお》りに進《すす》まず、歯《は》がゆいこと。靴《くつ》の上《うえ》からかゆいところをかいても、かゆみが治《おさ》まらないということから。例話《はなし》がそれてなかなか本題《ほんだい》に入《はい》らないのは、見《み》ていて隔靴掻痒《かっかそうよう》の感《かん》がある。

いらいら　自分《じぶん》の思《おも》い通《どお》りにならず、焦《あせ》って落《お》ち着《つ》かないようす。例宿題《しゅくだい》をしていたら、電《でん》話《わ》が何本《なんぼん》もかかってきていらいらした。

かりかり　◎いら立《だ》って、怒《おこ》りっぽくなっているようす。例やりたくない仕事《しごと》ばかり押《お》しつけられて、ついかりかりしてしまった。◎「噛《か》む・なめる」⬇235

じりじり　◎気持《きも》ちが、だんだんといら立《だ》ってくるようす。例出《で》かける準備《じゅんび》に手間《てま》取《ど》っている母《はは》を、父《ちち》がじりじりして待《ま》っている。◎「光《ひか》る」⬇584

ぴりぴり　◎緊張《きんちょう》して神経《しんけい》が過敏《かびん》になっているようす。例入試《にゅうし》が近《ちか》づいて、兄《あに》は毎日《まいにち》ぴりぴりしている。◎「痛《いた》い・痒《かゆ》い」⬇202　◎「味《あじ》わう」⬇242

むしゃくしゃ　原因《げんいん》がはっきりしないやり場《ば》のないいら立《だ》ちで、気分《きぶん》が晴《は》れないようす。例朝《あさ》から不愉快《ふゆかい》なことばかりで、むしゃくしゃする。

やきもき　気《き》をもんでいらいらするようす。例時間《じかん》通《どお》りに着《つ》けるかどうか、時計《とけい》を見《み》ながらやきもきする。例二人《ふたり》が結婚《けっこん》するのかどうか、はたでやきもきしてもしようがない。

似＝似《に》た表現《ひょうげん》のことば。対＝反対《はんたい》の意味《いみ》のことば。例＝使《つか》い方《かた》の例《れい》。

気持《きも》ち

好《す》き

like
［ライク］

好《この》む　気《き》に入《い》って、心《こころ》が引《ひ》かれる。欲《ほ》しいと思《おも》う。望《のぞ》む。例 うちのおばあちゃんは、明《あか》るい色《いろ》の服《ふく》を好《この》む。例 魚《さかな》より肉《にく》を好《この》んで食《た》べる。対 嫌《きら》う。

好《す》く　心《こころ》が引《ひ》かれる。また、異性《いせい》に愛情《あいじょう》を抱《いだ》く。例 だれからも好《す》かれる明《あか》るい子《こ》。例 あの二人《ふたり》は好《す》いた者同士《ものどうし》だ。

好《す》き好《この》む　多《おお》くの物《もの》のうちで、とくに好《この》む。多《おお》く、「好《す》き好《この》んで〜ない」という形《かたち》で使《つか》われ、いやいやながらする行動《こうどう》についていう。例 何《なに》も好《す》き好《この》んでやったわけではない。例 好《す》き好《この》んで苦労《くろう》する者《もの》などいない。

たしなむ　◎お酒《さけ》などを、度《ど》が過《す》ぎない程度《ていど》に好《この》む。例 酒《さけ》は飲《の》みますが、たしなむ程度《ていど》です。◎芸事《げいごと》などの心得《こころえ》がある。例 うちの娘《むすめ》は、お茶《ちゃ》とお花《はな》をたしなんでいる。

気《き》に入《い》る　自分《じぶん》の好《この》みに合《あ》う。例 気《き》に入《い》ったものがなかったので、何《なに》も買《か》わずに店《みせ》を出《で》た。

意《い》にかなう　気《き》に入《い》る。願《ねが》った通《とお》りのものである。例 求人広告《きゅうじんこうこく》を出《だ》したが、意《い》にかなう人材《じんざい》は集《あつ》まらなかった。

お眼鏡《めがね》にかなう　目上《めうえ》の人《ひと》に認《みと》められ、気《き》に入《い》られる。例 社長《しゃちょう》のお眼鏡《めがね》にかなった新入社員《しんにゅうしゃいん》。似 お目《め》にかなう。

心《こころ》にかなう　気《き》に入《い》る。満足《まんぞく》に思《おも》う。例 わたしの心《こころ》にかなう、理想《りそう》の相手《あいて》が見《み》つかった。

嫌《きら》いではない　ちょっとした欠《けっ》点《てん》が目《め》について、大好《だいす》きとは言《い》いきれないようす。「好《す》き」の遠回《とおまわ》しな言《い》い方《かた》。例 あの俳優《はいゆう》は嫌《きら》いではないが、声《こえ》があまりよくない。

愛《あい》する　◎かわいがったり大切《たいせつ》にしたりして、愛情《あいじょう》を注《そそ》ぐ。例 わが子《こ》を愛《あい》する。例 音楽《おんがく》を愛《あい》する。対 憎《にく》む。◎特定《とくてい》の異性《いせい》を心《こころ》から大切《たいせつ》にする。例 愛《あい》する人《ひと》と、ずっといっしょにいたい。対 憎《にく》む。

かわいがる　かわいいと思《おも》って、優《やさ》しく扱《あつか》う。例 かわいがっている猫《ねこ》に、手《て》をひっかかれる。

慈《いつく》しむ　かわいがって大切《たいせつ》にする。また、目下《めした》の者《もの》や弱《よわ》い者《もの》に対《たい》して愛情《あいじょう》を注《そそ》ぐ。例 わが子《こ》を慈《いつく》しむ親《おや》の優《やさ》しいまなざし。

いとおしむ　かわいいと思《おも》って大《だい》事《じ》にする。かわいそうだという気持《きも》ちを含《ふく》む場合《ばあい》もある。例 かわいい孫《まご》をいとおしむ。例 病気《びょうき》の子《こ》どもをいとおしむ。

愛《め》でる　動植物《どうしょくぶつ》や自然《しぜん》などの美《うつく》しさを味《あじ》わい、すばらしいと思《おも》う。例 満開《まんかい》のサクラを愛《め》でながら、

▶好《す》き　嫌《きら》い　うれしい　悲《かな》しい　快《こころよ》い　感動《かんどう》する　情《なさ》け深《ぶか》い　親《した》しい

川沿《かわぞ》いの道《みち》を散歩《さんぽ》する。

慕《した》う

◎愛情《あいじょう》を感《かん》じて、心《こころ》が引《ひ》かれる。例先輩《せんぱい》を兄《あに》のように慕《した》う。例以前《いぜん》から、あなたのことをお慕《した》い申《もう》しておりました。◎離《はな》れがたく思《おも》って、後《あと》を追《お》う。例保育園《ほいくえん》に預《あず》けられた子《こ》が、母親《ははおや》を慕《した》って泣《な》いている。

思《おも》う

◎愛《あい》する。慕《した》う。例三年前《さんねんまえ》から、ずっと彼《かれ》のことを思《おも》っていた。◎人《ひと》や物事《ものごと》を大切《たいせつ》に考《かんが》える。例先生《せんせい》が生徒《せいと》の将来《しょうらい》を思《おも》って、熱心《ねっしん》に進《しん》路相談《ろそうだん》にあたる。◎「考《かんが》える」➡295

心《こころ》を寄《よ》せる

相手《あいて》に好意《こうい》を抱《いだ》く。例その当時《とうじ》、姉《あね》に心《こころ》を寄《よ》せる人《ひと》がいた。

ひいき目《め》に見《み》る

実際《じっさい》よりも好《こう》意的《いてき》な目《め》で相《あい》手《て》を見《み》る。例どうひいき目《め》に見《み》ても、うちの子《こ》に勝《か》ち目《め》はない。

目《め》の中《なか》に入《い》れても痛《いた》くない

子《こ》どもなどを、とてもかわいいと思《おも》うようす。例孫《まご》は目《め》の中《なか》に入《い》れても痛《いた》くないほどかわいいらしい。

憎《にく》からず思《おも》う

憎《にく》くないと思《おも》うということで、「好《す》く」「愛《あい》する」の遠回《とおまわ》しな言《い》い方《かた》。例お互《たが》いに憎《にく》からず思《おも》う相手《あいて》なのに、なかなか歩《あゆ》み寄《よ》れない。

恋《こい》する

男女《だんじょ》の間《あいだ》で、相手《あいて》を特別《とくべつ》に好《す》きになる。例漫画家《まんがか》は、恋《こい》する少女《しょうじょ》の目《め》をハート形《がた》で描《えが》いた。

ほれる

◎異性《いせい》を好《す》きになって、夢《む》中《ちゅう》になる。例ほれた弱《よわ》みで、なんでも言《い》うことを聞《き》いてやる。◎人柄《ひとがら》などが気《き》に入《い》って、心《こころ》を奪《うば》われる。例営業《えいぎょう》マンの心意気《こころいき》にほれて、契《けい》約《やく》を結《むす》んだ。

ほれ込《こ》む

すっかりほれる。例すごい選手《せんしゅ》だ、監督《かんとく》がほれ込《こ》むだけのことはある。

焦《こ》がれる

深《ふか》く思《おも》いを寄《よ》せる。例いくら焦《こ》がれても、手《て》の届《とど》かない人《ひと》。

恋《こ》い焦《こ》がれる

恋《こい》しさのあまり、ひどく思《おも》い悩《なや》む。例恋《こ》い焦《こ》がれる相手《あいて》の名前《なまえ》を、何度《なんど》もノートに書《か》く。似思《おも》い焦《こ》がれる。

身《み》を焦《こ》がす

恋《こ》い慕《した》う気持《きも》ちが強《つよ》く、悩《なや》み苦《くる》しむ。例かなわぬ恋《こい》に身《み》を焦《こ》がす。似胸《むね》を焦《こ》がす。

気《き》がある

特定《とくてい》の異性《いせい》に、好意《こうい》や興味《きょうみ》がある。例彼《かれ》は彼女《かのじょ》に気《き》があるみたいだ。

熱《ねつ》を上《あ》げる

熱中《ねっちゅう》する。夢中《むちゅう》になる。例父《ちち》は今《いま》、ゴルフに熱《ねつ》を上《あ》げている。例アイドルに熱《ねつ》を上《あ》げ、ファンクラブに入《はい》った。

見《み》初《そ》める

異性《いせい》を一目《ひとめ》見《み》て、恋心《こいごころ》を抱《いだ》く。例御曹司《おんぞうし》に見《み》初《そ》められて、玉《たま》の輿《こし》に乗《の》る。

愛《いと》しい

かわいく思《おも》うようす。また、恋《こい》しくて慕《した》わしい。例愛《いと》しいわが子《こ》を抱《だ》きしめる。例愛《いと》しいあの人《ひと》に、一目《ひとめ》会《あ》いたい。似いとおしい。

かわいい

小《ちい》さいものや弱《よわ》いものなどに心《こころ》が引《ひ》かれるようす。例かわいい子《こ》には旅《たび》をさせよ。例笑《わら》うとえくぼがかわいい。似かわいらしい。

恋《こい》しい
離《はな》れている人《ひと》や場所《ばしょ》、物事《ものごと》などに心《こころ》が強《つよ》く引《ひ》かれるようす。例 別《わか》れた人《ひと》が恋《こい》しくて、声《こえ》が聞《き》きたくなる。例 海外旅行《かいがいりょこう》で日本食《にほんしょく》が恋《こい》しくなった。

好《この》ましい
よい感《かん》じがして、心《こころ》が引《ひ》かれる。ふさわしい。例 入学式《にゅうがくしき》に好《この》ましい服装《ふくそう》をしてきてください。

目《め》がない
あるものが、すごく好《す》きである。多《おお》く、食《た》べ物《もの》についていう。例 ケーキには目《め》がないので、おなかがいっぱいでも食《た》べられる。

悪《わる》くない
「好《す》きである」「好《この》ましい」などの、遠回《とおまわ》しな言《い》い方《かた》。例 あの画家《がか》はあまり好《す》きではないけれど、この絵《え》は悪《わる》くないね。

好《この》み
よいと思《おも》うものや好《す》きなものの傾向《けいこう》。例 お好《この》み通《どお》りに作《つく》りますので、遠慮《えんりょ》なく言《い》ってください。例 好《この》みのタイプを教《おし》えてください。

好《す》き
心《こころ》が引《ひ》かれて、よいと思《おも》うこと。気《き》に入《い》ること。例 仕事《しごと》となれば、好《す》きも嫌《きら》いもない。例 野菜《やさい》より肉《にく》が好《す》きだ。対 嫌《きら》い。

大好《だいす》き
とても好《す》きなこと。例 大《だい》好《す》きなキャラクターのグッズを集《あつ》めている。対 大嫌《だいきら》い。

大好物《だいこうぶつ》
とくに好《す》きな食《た》べ物《もの》や料理《りょうり》。例 わたしの大好物《だいこうぶつ》は、カレーライスだ。

お気《き》に入《い》り
とても気《き》に入《い》っていて、大事《だいじ》にしている人《ひと》や物《もの》。例 この皿《さら》は母《はは》のお気《き》に入《い》りなので、割《わ》らないように注意《ちゅうい》している。

選《よ》り好《ごの》み
自分《じぶん》の好《す》きなものだけを選《えら》び取《と》ること。例 選《よ》り好《ごの》みばかりしていると、就職《しゅうしょく》はなかなか決《き》まらない。◆「えりごのみ」ともいう。

好意《こうい》
◎好《この》ましいと思《おも》う気持《きも》ち。例 まじめな人柄《ひとがら》に好意《こうい》を抱《いだ》き、お付《つ》き合《あ》いを始《はじ》めた。◎「情《なさ》け深《ぶか》い」➡435

好感《こうかん》
相手《あいて》から受《う》ける、好《この》ましい感《かん》じ。例 明《あか》るい人《ひと》は、だれからも好感《こうかん》を持《も》たれる。

愛好《あいこう》
そのことが好《す》きで、親《した》しみ楽《たの》しむこと。例 野鳥《やちょう》愛好家《あいこうか》が、双眼鏡《そうがんきょう》をのぞいて湿原《しつげん》を観察《かんさつ》している。

嗜好《しこう》
ある物《もの》をとくに好《この》み、親《した》しむこと。おもに、飲食物《いんしょくぶつ》についていう。例 日本人《にほんじん》の嗜好《しこう》に合《あ》う食品《しょくひん》を輸入《ゆにゅう》する。

趣味《しゅみ》
楽《たの》しみで行《おこな》っている物事《ものごと》。また、好《この》み。例 父《ちち》は、休日《きゅうじつ》にはよく趣味《しゅみ》の尺八《しゃくはち》を吹《ふ》いている。例 その色《いろ》は、わたしの趣味《しゅみ》に合《あ》わない。

タイプ
「型《かた》」「典型《てんけい》」などの意味《いみ》の英語《えいご》。とくに、異性《いせい》についての見《み》た目《め》や性格《せいかく》などの好《この》み。例 髪《かみ》の長《なが》い女性《じょせい》がタイプなの？

蓼食《たでく》う虫《むし》も好《す》き好《ず》き
人《ひと》の好《この》みはさまざまであるということ。「蓼《たで》」は、とても辛《から》みのある草《くさ》。その蓼《たで》さえ好《この》んで食《た》べる虫《むし》がいるということから。例 この絵《え》のどこがよくて買《か》ったのか、蓼食《たでく》う虫《むし》も好《す》き好《ず》きだね。

愛《あい》
人《ひと》や物《もの》に対《たい》して、大切《たいせつ》に思《おも》う心《こころ》。また、とくに、異性《いせい》をいとしく思《おも》う心《こころ》。例 親《おや》の愛《あい》を一身《いっしん》に受《う》けて育《そだ》つ。

◆＝もっと知《し》りたい、ことばの知識《ちしき》。

例 愛《あい》の告白《こくはく》を受《う》ける。

愛情《あいじょう》 いとおしく思《おも》う心《こころ》。大切《たいせつ》に思《おも》う心《こころ》。例 お百姓《ひゃくしょう》さんが愛情《あいじょう》込《こ》めて作《つく》ったお米《こめ》だから、大事《だいじ》に食《た》べようね。

情愛《じょうあい》 慈《いつく》しみ愛《あい》する気持《きも》ち。深《ふか》く愛《あい》する心《こころ》。例 親子《おやこ》の情愛《じょうあい》を描《えが》いた映画《えいが》。

親愛《しんあい》 人《ひと》に親《した》しみと愛情《あいじょう》を持《も》っていること。例 満面《まんめん》の笑《え》みをたたえて、親愛《しんあい》の情《じょう》を示《しめ》す。

慈愛《じあい》 愛情《あいじょう》を持《も》って優《やさ》しくいたわること。また、その心《こころ》。とくに、神仏《しんぶつ》や宗教家《しゅうきょうか》が、人々《ひとびと》を愛《あい》する心《こころ》をいうことが多《おお》い。例 慈愛《じあい》にみちた仏像《ぶつぞう》の顔《かお》。

愛着《あいちゃく》 長《なが》い間《あいだ》親《した》しんだ物《もの》などに対《たい》して、心《こころ》がなじんで離《はな》れられない気持《きも》ち。例 このかばんは古《ふる》くなってもう使《つか》えないが、愛着《あいちゃく》があるので捨《す》てられない。

寵愛《ちょうあい》 目上《めうえ》の人《ひと》が、下《した》の者《もの》をとてもかわいがること。例 社長《しゃちょう》の寵《ちょう》愛《あい》を受《う》けて、出世《しゅっせ》を遂《と》げる。

最愛《さいあい》 いちばん愛《あい》していること。例 最愛《さいあい》の子《こ》を病気《びょうき》で失《うしな》う。

熱愛《ねつあい》 熱烈《ねつれつ》に愛《あい》すること。また、その愛情《あいじょう》。例 芸能人《げいのうじん》カップルの熱愛《ねつあい》報道《ほうどう》は、でたらめだった。

溺愛《できあい》 ほかのことが目《め》に入《はい》らないほど、むやみにかわいがること。例 年《とし》を取《と》ってからできた子《こ》を溺愛《できあい》する。

猫《ねこ》かわいがり 猫《ねこ》をかわいがるように、ひどく甘《あま》やかしてかわいがること。例 祖父《そふ》は孫《まご》を猫《ねこ》かわいがりして、なんでも買《か》い与《あた》えてしまう。

「好《す》き」に関連《かんれん》することば

ひいきの引《ひ》き倒《たお》し ひいきし過《す》ぎて、かえってその人《ひと》に迷惑《めいわく》をかけ、悪《わる》い結果《けっか》になってしまうこと。

下手《へた》の横好《よこず》き 上手《じょうず》でもないのに、そのことにひどく熱心《ねっしん》でむやみに好《この》むこと。

あばたもえくぼ 「あばた」は、痘瘡《とうそう》という病気《びょうき》が治《なお》った後《あと》に残《のこ》る跡《あと》。「あばた」でさえも、かわいいえくぼに見《み》えるということで、好《す》きになると相《あい》手《て》の悪《わる》い所《ところ》もよく見《み》えてくるということ。

手鍋《てなべ》提《さ》げても 好《す》きな男《おとこ》の人《ひと》と夫婦《ふうふ》になれるのなら、どんな貧《まず》しい暮《く》らしもいやと思《おも》わないということ。「手《て》鍋《なべ》」は、取《と》っ手《て》のある鍋《なべ》。料理人《りょうりにん》がいるような上流《じょうりゅう》の家《いえ》に嫁《とつ》ぐはずの女《じょ》性《せい》が、自分《じぶん》で料理《りょうり》をする生活《せいかつ》を覚悟《かくご》してまでということから。

魚心《うおごころ》あれば水心《みずごころ》 相手《あいて》がこちらに好意《こうい》を持《も》つならば、こちらもそれに応《おう》じる気持《きも》ちを持《も》つようになるということ。魚《さかな》に水《みず》を思《おも》う気持《きも》ちがあれば、水《みず》にもそれに応《おう》じる気持《きも》ちがあるという意味《いみ》。

掌中《しょうちゅう》の珠《たま》 自分《じぶん》のいちばん大切《たいせつ》な持《も》ち物《もの》。とくに、最愛《さいあい》の子《こ》ども。掌《てのひら》の中《なか》に持《も》っている宝石《ほうせき》という意味《いみ》。

偏愛《へんあい》
ある物《もの》や人《ひと》だけを、偏《かたよ》って愛《あい》すること。例 末《すえ》っ子《こ》を偏愛《へんあい》する。

引《ひ》き
特別《とくべつ》に目《め》をかけて、便宜《べんぎ》をはかること。例 叔父《おじ》は、上役《うわやく》の引《ひ》きで課長《かちょう》に昇進《しょうしん》したそうだ。

ひいき
自分《じぶん》の気《き》に入《い》った者《もの》を、とくに引《ひ》き立《た》てて応援《おうえん》すること。例 ひいきの相撲取《すもうと》りが勝《か》って、今日《きょう》は機嫌《きげん》がいい。

えこひいき
自分《じぶん》の気《き》に入《い》った者《もの》だけを、不公平《ふこうへい》にかわいがること。例 あの先生《せんせい》がえこひいきなどするわけがない。

欲目《よくめ》
自分《じぶん》の都合《つごう》のよいように見《み》ること。例 親《おや》の欲目《よくめ》で「うちの子《こ》がいちばんかわいい」と思《おも》ってしまう。似 ひいき目《め》。

愛顧《あいこ》
ひいきすること。とくに、商《しょう》店《てん》や企業《きぎょう》などを客《きゃく》として気《き》に入《い》ること。例 今後《こんご》とも、ご愛顧《あいこ》いただきますようお願《ねが》い申《もう》しあげます。

愛護《あいご》
動物《どうぶつ》などをかわいがって、保《ほ》護《ご》すること。例 動物《どうぶつ》愛護《あいご》の精《せい》神《しん》を忘《わす》れない。

愛玩《あいがん》
大切《たいせつ》にし、かわいがること。とくに、小《ちい》さな動物《どうぶつ》などについていう。例 愛玩《あいがん》動物《どうぶつ》。例 姉《あね》は小犬《こいぬ》を愛玩《あいがん》している。

博愛《はくあい》
すべての人《ひと》を、分《わ》け隔《へだ》てなく愛《あい》すること。例 博愛《はくあい》の精神《せいしん》で、弱者救済《じゃくしゃきゅうさい》に全力《ぜんりょく》を尽《つ》くす。

思慕《しぼ》
恋《こい》しく思《おも》うこと。また、懐《なつ》かしく思《おも》うこと。例 彼女《かのじょ》に思慕《しぼ》の念《ねん》を抱《いだ》く。例 亡《な》くなった母《はは》を思慕《しぼ》する。

恋心《こいごころ》
異性《いせい》を恋《こい》しいと思《おも》う心《こころ》。例 いつしか二人《ふたり》の間《あいだ》には、恋心《こいごころ》が芽生《めば》えていった。

恋情《れんじょう》
異性《いせい》を恋《こ》い慕《した》う気持《きも》ち。例 恋《れん》情《じょう》を短歌《たんか》に詠《よ》み、思《おも》いを託《たく》す。

恋愛《れんあい》
男女《だんじょ》が互《たが》いに慕《した》い合《あ》うこと。例 恋愛結婚《れんあいけっこん》。例 うちの両親《りょうしん》は、熱烈《ねつれつ》な恋愛《れんあい》の末《すえ》に結《むす》ばれたそうだ。

夢中《むちゅう》
熱中《ねっちゅう》して、我《われ》を忘《わす》れるほど好《す》きなこと。例 スポーツ万能《ばんのう》の彼《かれ》に、学校中《がっこうじゅう》の女子《じょし》が夢中《むちゅう》になっている。

首《くび》っ丈《たけ》
ある物事《ものごと》への愛情《あいじょう》に、深《ふか》くとらわれること。とくに、異性《いせい》に夢中《むちゅう》になること。首《くび》の高《たか》さまでどっぷりとはまり込《こ》むという意味《いみ》から。例 彼《かれ》は、彼女《かのじょ》に首《くび》っ丈《たけ》だ。

ぞっこん
心《こころ》の底《そこ》からほれ込《こ》んでいるようす。例 父《ちち》は母《はは》にぞっこんで、大恋愛《だいれんあい》の末《すえ》に結婚《けっこん》したと聞《き》いている。

相思相愛《そうしそうあい》
男女《だんじょ》が互《たが》いに愛《あい》し合《あ》うこと。例 相思相愛《そうしそうあい》の仲《なか》なので、だれも二人《ふたり》の間《あいだ》には入《はい》り込《こ》めない。

一目《ひとめ》ぼれ
一度《いちど》見《み》ただけで好《す》きになること。例 彼女《かのじょ》に一《ひと》目《め》ぼれする。例 一目《ひとめ》ぼれしたブランド物《もの》のバッグを、衝動買《しょうどうが》いしてしまった。

片思《かたおも》い
自分《じぶん》のことを好《す》きなのかどうか分《わ》からない相手《あいて》を、一《いっ》方的《ぽうてき》に恋《こ》い慕《した》うこと。例 彼女《かのじょ》に片思《かたおも》いして、もう二年《にねん》がたつ。

両思《りょうおも》い
男女《だんじょ》が互《たが》いに好意《こうい》を寄《よ》せ合《あ》うこと。「片思《かたおも》い」に対《たい》することば。例 あの二人《ふたり》は去年《きょねん》から両思《りょうおも》いらしい。

ラブラブ
男女《だんじょ》が深《ふか》く愛《あい》し合《あ》っているようす。例 叔父《おじ》さ

▶好《す》き 嫌《きら》い うれしい 悲《かな》しい
気持《きも》ち
気持《きも》ち
快《こころよ》い 感動《かんどう》する 情《なさ》け深《ぶか》い 親《した》しい

◆＝もっと知《し》りたい、ことばの知識《ちしき》。

ん夫婦《ふうふ》は、いつまでもラブラブだ。

熱々《あつあつ》

◎男女《だんじょ》が熱烈《ねつれつ》に愛《あい》し合《あ》っているようす。例熱々《あつあつ》のカップル。◎「熱《あつ》い・温《あたた》かい」⬇213

でれでれ

男性《だんせい》が、好《す》きな女性《じょせい》にだらしのない態度《たいど》を取《と》るようす。例結婚《けっこん》式《しき》での新郎《しんろう》は、新《しん》婦《ぷ》にでれでれだった。

めろめろ

好《す》きな人《ひと》や物《もの》を前《まえ》に、締《し》まりがなくなるようす。例赤《あか》ちゃんの笑顔《えがお》に、パパはもうめろめろになってあやしている。

嫌《きら》い

hate
［ヘイト］

このページも見《み》てみよう
▼
怒《おこ》る
⬇394

嫌《きら》う

嫌《いや》だと思《おも》う。好《この》まない。例世《よ》の中《なか》の悪《あく》を嫌《きら》う。例意《い》地《じ》悪《わる》をすると嫌《きら》われるよ。対好《この》む。

嫌《いや》がる

嫌《いや》だと思《おも》って避《さ》けようとする。嫌《いや》な気《き》持《も》ちを、実際《じっさい》の動作《どうさ》や態度《たいど》で表《あらわ》す。例泣《な》いて嫌《いや》がる弟《おとうと》の腕《うで》を引《ひ》っ張《ぱ》って、歯《は》医《い》者《しゃ》に連《つ》れて行《い》く。

忌《い》む

不吉《ふきつ》なことや縁起《えんぎ》の悪《わる》いことを、嫌《きら》って避《さ》ける。例イスラム教徒《きょうと》は豚肉《ぶたにく》を忌《い》む。例友引《ともびき》の日《ひ》は「凶事《きょうじ》が友《とも》に及《およ》ぶ」という意《い》味《み》があるので、葬式《そうしき》を忌《い》む風習《ふうしゅう》がある。

忌《い》み嫌《きら》う

ひどく嫌《いや》がる。例日本《にほん》で「四《し》」の数字《すうじ》を忌《い》み嫌《きら》うのは、それが「死《し》」を連想《れんそう》させるからだ。

厭《いと》う

嫌《きら》って避《さ》ける。例好《す》きな人《ひと》のためなら、どんな苦労《くろう》も厭《いと》わない。

疎《うと》んじる

嫌《きら》ってよそよそしくする。また、相手《あいて》を遠《とお》ざける。例最近《さいきん》、仲間《なかま》に疎《うと》んじられるようになった。

鼻《はな》に付《つ》く

◎飽《あ》きて嫌《いや》になる。また、人《ひと》の振《ふ》る舞《ま》いなどがうっとうしく感《かん》じられる。例あいつの自慢話《じまんばなし》が鼻《はな》に付《つ》く。◎「におう」⬇202

歯《は》が浮《う》く

見《み》えすいたお世辞《せじ》などを耳《みみ》にして、わざとらしさに不愉快《ふゆかい》な気《き》持《も》ちになる。例よくまあ、そんな歯《は》が浮《う》くようなことが言《い》えるなあ。

嫌気《いやけ》が差《さ》す

物事《ものごと》に飽《あ》きて、嫌《きら》う気《き》持《も》ちがわいてくる。例単調《たんちょう》な仕事《しごと》が続《つづ》いて、さすがに嫌気《いやけ》が差《さ》した。

愛想《あいそ》を尽《つ》かす

それまでどうにか付《つ》き合《あ》ってきたが、すっかり嫌《いや》になって相手《あいて》にしなくなる。「愛想《あいそ》」は、好意《こうい》や信頼感《しんらいかん》などの意味《いみ》。例わがままな友《とも》だちに愛想《あいそ》を尽《つ》かす。

総好《そうす》かんを食《く》う

全員《ぜんいん》から嫌《きら》われたり、反対《はんたい》されたりする。例お金《かね》は返《かえ》さない、約《やく》束《そく》は破《やぶ》るでは、仲間《なかま》から総好《そうす》かんを食《く》うのも当然《とうぜん》だ。

ひんしゅくを買《か》う

良識《りょうしき》に反《はん》する行動《こうどう》

をして、嫌《きら》われる。「ひんしゅく」は、顔《かお》をしかめて嫌《いや》がること。例 電車《でんしゃ》の中《なか》で大騒《おおさわ》ぎして、ひんしゅくを買《か》う。

吐《は》き気《け》がする
人《ひと》の言動《げんどう》や物事《ものごと》に対《たい》して、非常《ひじょう》に不快《ふかい》な気持《きも》ちになる。胃《い》の中《なか》にあるものを吐《は》き戻《もど》したくなるほどであるということ。例 下品《げひん》な人《ひと》を見《み》ると吐《は》き気《け》がする。

へどが出《で》る
「吐《は》き気《け》がする」と同《おな》じ。「へど」は、食《た》べたものを戻《もど》すことや戻《もど》した物《もの》。例 反省《はんせい》の態度《たいど》をまったく示《しめ》さない犯人《はんにん》に、へどが出《で》そうになる。

虫唾《むしず》が走《はし》る
胸《むね》がむかむかするほど不快《ふかい》である。「虫唾《むしず》」は、げっぷをすると胃《い》から出《で》てくる苦《にが》い液体《えきたい》(胃液《いえき》)のこと。例 一度《いちど》嫌《きら》いになると、笑《わら》い声《ごえ》を聞《き》いただけで虫唾《むしず》が走《はし》る。

憎《にく》む
強《つよ》く嫌《きら》う気持《きも》ちを、その相手《あいて》に向《む》ける。例 不正《ふせい》を憎《にく》む兄《あに》は、政治家《せいじか》になって世《よ》の中《なか》の悪《あく》をただすと言《い》っている。対 愛《あい》する。

恨《うら》む
◎自分《じぶん》にひどい仕打《しう》ちをした相手《あいて》や、思《おも》うようにならないことに対《たい》して、憎《にく》く思《おも》う気持《きも》ちを持《も》ち続《つづ》ける。例 彼《かれ》は、意地悪《いじわる》をした友《とも》だちを今《いま》でも恨《うら》んでいる。例 冷《つめ》たい世間《せけん》を恨《うら》む。◆「憾《うら》む」とも書《か》く。◎「悔《く》やむ」➡464

恨《うら》みを買《か》う
人《ひと》から憎《にく》らしく思《おも》われる。例 人《ひと》の恨《うら》みを買《か》うようなことをした覚《おぼ》えはない。

女性《じょせい》のことばをどう読《よ》み取《と》る?
深谷先生《ふかやせんせい》のちょっとひと息《いき》

嫌《いや》よ嫌《いや》よも好《す》きのうちということばがあります。男性《だんせい》に好意《こうい》を寄《よ》せられた女性《じょせい》が「嫌《いや》よ」と断《ことわ》ったとしても、本心《ほんしん》では、その男性《だんせい》を好《す》きでいて、受《う》け入《い》れる気《き》があるのだという意味《いみ》です。女性《じょせい》は一般的《いっぱんてき》に恥《は》ずかしがり屋《や》で、もったいぶる気持《きも》ちがあるので、受《う》け入《い》れないふりをしているだけだから、男性《だんせい》は「嫌《いや》よ」を真《ま》に受《う》けて引《ひ》き下《さ》がるのではなく、さらに積極的《せっきょくてき》にアタックすべきだというのです。

もちろん、これは男性側《だんせいがわ》に都合《つごう》のいいだけの解釈《かいしゃく》で、女性《じょせい》にしてみれば「本当《ほんとう》に断《ことわ》りたいときは何《なん》て言《い》えばいいの?」と思《おも》うことでしょう。それに近《ちか》ごろは、女性《じょせい》が好《す》き嫌《きら》いをはっきりと言《い》うようになったので、好《す》きな相手《あいて》にもじもじと「嫌《いや》よ」などと言《い》う人《ひと》は少《すく》ないでしょう。つまり、この言《い》い回《まわ》しはすでに時代遅《じだいおく》れになっているのです。男性《だんせい》にとっては、これを真《ま》に受《う》けて深追《ふかお》いすることのほうが危険《きけん》。セクハラで訴《うった》えられかねませんね。

呪《のろ》う
恨《うら》みのある人《ひと》や憎《にく》い人《ひと》に、災《さい》難《なん》が起《お》こるよう祈《いの》る。また、強《つよ》く恨《うら》む。例 わら人形《にんぎょう》で人《ひと》を呪《のろ》う。例 うまくいかなくて、世《よ》の中《なか》を呪《のろ》う。

根《ね》に持《も》つ
以前《いぜん》の恨《うら》みを、ずっと持《も》ち続《つづ》けている。例 みんなの前《まえ》でしかられたことを、いまだに根《ね》に持《も》っている。

恨《うら》み骨髄《こつずい》に徹《てっ》する
人《ひと》を深《ふか》く恨《うら》む。骨《ほね》

好《す》き　▶嫌《きら》い　うれしい　悲《かな》しい
気持《きも》ち
気持《きも》ち
快《こころよ》い　感動《かんどう》する　情《なさ》け深《ぶか》い　親《した》しい

◆=もっと知《し》りたい、ことばの知識《ちしき》。

のしんまで染《し》み通《とお》るほど、深《ふか》く恨《うら》む。例大事《だいじ》に育《そだ》てた花壇《かだん》を踏《ふ》み荒《あ》らされて、**恨《うら》み骨髄《こつずい》に徹《てつ》する**。

嫌《いや》らしい

態度《たいど》やようすが下品《げひん》で、不愉快《ふゆかい》である。例お世《せ》辞《じ》ばっかり言《い》って、**嫌《いや》らしい**人《ひと》だ。

嫌味《いやみ》たらしい

いかにも嫌《いや》らしくて感《かん》じが悪《わる》いようす。例いつまでも**嫌味《いやみ》たらしい**ことばかり言《い》うものではない。◆「嫌《いや》味《み》ったらしい」ともいう。

気《き》に入《い》らない

好《す》きになれない。嫌《きら》いである。例このシャツの形《かたち》はいいんだけど、色《いろ》が**気《き》に入《い》らない**。

気《き》に染《そ》まない

気《き》に入《い》らない。心《こころ》になじまない。「染《そ》む」は、心《こころ》に染《し》み入《い》るという意味《いみ》。例**気《き》に染《そ》まない**相手《あいて》とは、ペアを組《く》みたくない。

気《き》に食《く》わない

気《き》に入《い》らない。不満《ふまん》である。例いつも自慢《じまん》ばかりして、**気《き》に食《く》わない**やつだ。

いけ好《す》かない

相手《あいて》の自信《じしん》たっぷりな態度《たいど》などが、ひどく気《き》に入《い》らない。例きざで**いけ好《す》かない**男《おとこ》だが、悪《わる》い人間《にんげん》ではない。

虫《むし》が好《す》かない

これといった理由《りゆう》はないが、何《なん》となく好《す》きになれない。「虫《むし》」は、体《からだ》の中《なか》にいて、人《ひと》の感情《かんじょう》を左右《さゆう》するといわれるもの。例あの人《ひと》は、どうも**虫《むし》が好《す》かない**のよね。

鼻持《はなも》ちならない

発言《はつげん》や行動《こうどう》が、耐《た》えられないほど不愉快《ふゆかい》だ。「鼻持《はなも》ち」は、くさいにおいをがまんすること。例**鼻持《はなも》ちならない**客《きゃく》だが、追《お》い出《だ》すわけにもいかない。

気障《きざ》ったらしい

気取《きど》っていて、嫌《いや》な感《かん》じがする。例**気障《きざ》ったらしい**格好《かっこう》が似合《にあ》う俳優《はいゆう》。似気障《きざ》っぽい。

気持《きも》ちが悪《わる》い

見《み》たり聞《き》いたりすると、体《からだ》の調子《ちょうし》が悪《わる》くなりそうなくらい、嫌《いや》な感《かん》じがする。例石《いし》の下《した》から、**気持《きも》ちが悪《わる》い**虫《むし》がうようよ出《で》てきた。

気色《きしょく》が悪《わる》い

「気持《きも》ちが悪《わる》い」と同《おな》じ。例甘《あま》い声《こえ》でお願《ねが》いされても、**気色《きしょく》が悪《わる》い**だけだ。

汚《けが》らわしい

汚《きたな》らしい。また、自分《じぶん》まで汚《よご》れそうで不快《ふかい》だ。例困《こま》っている人《ひと》をだますなんて、耳《みみ》にするのも**汚《けが》らわしい**話《はなし》だ。

煙《けむ》たい

◎その人《ひと》がいると窮屈《きゅうくつ》に感《かん》じられ、親《した》しみが持《も》てない。例まじめで口《くち》うるさい父《ちち》は、わたしにとってずっと**煙《けむ》たい**存在《そんざい》だった。◆「けぶたい」「けむったい」「けぶったい」ともいう。◎「燃《も》える」➡577

気《き》まずい

互《たが》いの気持《きも》ちが合《あ》わず、打《う》ち解《と》けないで何《なん》となく居心地《いごこち》が悪《わる》い。例彼女《かのじょ》と意見《いけん》が分《わ》かれて、お互《たが》い**気《き》まずい**思《おも》いをした。

厭《いと》わしい

嫌《いや》な感《かん》じがして好《この》ましくない。煩《わずら》わしくて、ある行為《こうい》をする気《き》になれない。例あの人《ひと》とは、口《くち》をきくのも**厭《いと》わしい**。

疎《うと》ましい

好感《こうかん》が持《も》てずに、遠《とお》ざけたい。例彼《かれ》の顔《かお》など、

似＝似《に》た表現《ひょうげん》のことば。対＝反対《はんたい》の意味《いみ》のことば。例＝使《つか》い方《かた》の例《れい》。

見《み》るのも疎《うと》ましい。

忌《い》まわしい 嫌《いや》な感《かん》じで、思《おも》い浮《う》かべたり思《おも》い出《だ》したりしたくない。縁起《えんぎ》が悪《わる》い。例 過去《かこ》の忌《い》まわしい出来事《できごと》を思《おも》い起《お》こす。

おぞましい ⬇「怖《こわ》がる」405

憎《にく》い 相手《あいて》を許《ゆる》せないほど腹立《はらだ》たしい。例 あいつは、わたしを裏《うら》切《ぎ》った憎《にく》いやつだ。

憎《にく》らしい 憎《にく》いと思《おも》うような言動《げんどう》や態度《たいど》をする。例 大人《おとな》をだますなんて、憎《にく》らしい子《こ》だね。

小憎《こにく》らしい 生意気《なまいき》で、何《なん》となくしゃくに障《さわ》る感《かん》じである。例 頭《あたま》はよさそうだけど、小憎《こにく》らしい口《くち》をきく子《こ》だ。

憎《にく》たらしい たいへん憎《にく》らしい。例 憎《にく》たらしいほど強《つよ》い相手《あいて》で、どうにも太刀打《たちう》ちできない。

憎々《にくにく》しい 非常《ひじょう》に憎《にく》らしい。例 何《なん》て憎々《にくにく》しい目付《めつ》きでにらむのだろう。

小面憎《こづらにく》い 顔《かお》を見《み》るだけでも嫌《いや》になるくらい憎《にく》らしい。例 ちゃっかりしていて、どうにも小面《こづら》憎《にく》いやつだ。似 面憎《つらにく》い。

恨《うら》めしい ◎現実《げんじつ》や他人《たにん》の言動《げんどう》に対《たい》し、恨《うら》みたくなるほど不満《ふまん》だ。例 せっかく楽《たの》しみにしていた遠足《えんそく》なのに、朝《あさ》から雨《あめ》とは恨《うら》めしい。◎「悔《く》やむ」⬇464

恨《うら》みがましい 恨《うら》んでいることを、あえて見《み》せつけようとするようす。例 ゲームを買《か》ってもらえなかった妹《いもうと》は、いつまでも恨《うら》みがましい目付《めつ》きで母《はは》を見《み》ていた。

嫌《きら》い 嫌《いや》だと思《おも》うこと。例 体育《たいいく》は好《す》きだけど、マラソンだけは嫌《きら》いだ。対 好《す》き。

大嫌《だいきら》い とても嫌《きら》いであること。例 大嫌《だいきら》いなピーマンが食《た》べられるようになった。対 大好《だいす》き。◆「大《だい》っ嫌《きら》い」ともいう。

毛嫌《けぎら》い 特別《とくべつ》な理由《りゆう》もないのに、ひどく嫌《きら》うこと。例 どうして生魚《なまざかな》を毛嫌《けぎら》いするんだろう。

嫌悪《けんお》 激《はげ》しく嫌《きら》うこと。例 暴力《ぼうりょく》を嫌《けん》悪《お》する。例 不正《ふせい》をわざと見逃《みのが》したことで、自己《じこ》嫌悪《けんお》に陥《おちい》る。

憎悪《ぞうお》 激《はげ》しく憎《にく》み嫌《きら》うこと。例 犯人《はんにん》に対《たい》する憎悪《ぞうお》の念《ねん》が強《つよ》まる。

唾棄《だき》 つばを吐《は》きすてるということから、非常《ひじょう》に軽蔑《けいべつ》して嫌《きら》うこと。例 お年寄《としよ》りをだますなんて、唾棄《だき》すべき人間《にんげん》だ。

疎外《そがい》 嫌《きら》って仲間外《なかまはず》れにすること。例 約束《やくそく》を守《まも》らなかったので、仲間《なかま》から疎外《そがい》される。例 見知《みし》らぬ土地《とち》で、疎外感《そがいかん》を味《あじ》わう。

敵視《てきし》 相手《あいて》を敵《てき》と見《み》なして憎《にく》むこと。例 彼《かれ》はわたしのことを敵視《てきし》しているみたいだ。

逆恨《さかうら》み ◎自分《じぶん》に非《ひ》があるのに、迷《めい》惑《わく》をかけた相手《あいて》を逆《ぎゃく》に恨《うら》むこと。例 不正《ふせい》を指摘《してき》されたことを根《ね》に持《も》って、相手《あいて》を逆恨《さかうら》みするとはひどいやつだ。◎人《ひと》が好意《こうい》からした行動《こうどう》を、悪《わる》く解釈《かいしゃく》して恨《うら》むこと。例 親切心《しんせつしん》から注意《ちゅうい》してやったのに、かえって逆恨《さかうら》み

◆＝もっと知《し》りたい、ことばの知識《ちしき》。

されてしまった。

嫌《いや》 嫌《きら》うようす。例 雨降《あめふ》りの日《ひ》に、出《で》かけるのは嫌《いや》だ。

嫌々《いやいや》 嫌《いや》だと思《おも》いながら。仕方《しかた》なく。例 嫌々《いやいや》薬《くすり》を飲《の》む。

苦手《にがて》 ◎その人《ひと》と接《せっ》するのが、耐《た》えられないほどではないが嫌《きら》いであること。例 あの人《ひと》は気《き》はいいが、ちょっとしつこいところがどうも苦手《にがて》だ。◎不得意《ふとくい》なこと。例 算数《さんすう》は得意《とくい》だけど、社会《しゃかい》は苦手《にがて》だ。

嫌味《いやみ》 相手《あいて》に嫌《いや》な感《かん》じを起《お》こさせるようなことばや態度《たいど》。それによって不快《ふかい》にさせるようす。例 人前《ひとまえ》で、そんな嫌味《いやみ》を言《い》うな。例 いつもにやにやして、嫌味《いやみ》なやつだ。

臭《くさ》み ◎人《ひと》や、その文章《ぶんしょう》・作品《さくひん》などが持《も》っている、嫌味《いやみ》な感《かん》じ。例 あの作家《さっか》の文章《ぶんしょう》には、独特《どくとく》の臭《くさ》みがある。◎「におう」➡205

気障《きざ》 周《まわ》りが不愉《ふゆ》快《かい》になるくらい気取《きど》っていて、自信《じしん》たっぷりに見《み》

えるようす。「気障《きざわ》り」の略《りゃく》。例 姉《あね》は、すごく気障《きざ》なやつと付《つ》き合《あ》っているみたいだ。

まっぴら 自分《じぶん》の身《み》に降《ふ》りかかるのだけは、絶対《ぜったい》に嫌《いや》だと思《おも》うようす。「まっぴら御免《ごめん》」の略《りゃく》。例 戦争《せんそう》なんてまっぴらだ。

耳障《みみざわ》り 聞《き》いていて、嫌《いや》な感《かん》じがすること。例 せっかくの休《きゅう》日《じつ》だというのに、耳障《みみざわ》りな工事《こうじ》の騒音《そうおん》が聞《き》こえる。

目障《めざわ》り 見《み》て不快《ふかい》に思《おも》うこと。例 せっかくのすばらしい風景《ふうけい》なのに、まったく目障《めざわ》りな看板《かんばん》だ。

鼻《はな》つまみ 人《ひと》にひどく嫌《いや》がられること。また、そのような人《ひと》。臭《くさ》いものを、鼻《はな》をつまんで避《さ》けるようすから。例 夜中《よなか》にいつもうるさいあの家《いえ》は、町《まち》の鼻《はな》つまみ者《もの》だ。

ねたみ うらやましく思《おも》って憎《にく》むこと。例 友人《ゆうじん》へのねたみから、先生《せんせい》に告《つ》げ口《ぐち》をする。

そねみ 他人《たにん》の幸《しあわ》せや長所《ちょうしょ》をうらやみねたむこと。例 一人《ひとり》だけほめられて、級友《きゅうゆう》のそねみを受《う》ける。

憎《にく》しみ 憎《にく》らしく思《おも》うこと。例 愛《あい》と憎《にく》しみが渦巻《うずま》く物語《ものがたり》。

敵意《てきい》 相手《あいて》を敵《てき》として憎《にく》む気持《きも》ち。例 不満《ふまん》を覚《おぼ》え敵意《てきい》を抱《いだ》くのも無理《むり》はない。

悪意《あくい》 人《ひと》の不幸《ふこう》を望《のぞ》む、意地《いじ》の悪《わる》い心《こころ》。例 別《べつ》に悪意《あくい》があってやったことではない。対 善意《ぜんい》。

悪感情《あくかんじょう》 相手《あいて》を嫌《きら》いだと思《おも》う気持《きも》ち。例 弱《よわ》い者《もの》いじめをする人間《にんげん》に、悪感情《あくかんじょう》を抱《いだ》く。◆「あっかんじょう」ともいう。

憎《にく》まれ口《ぐち》 人《ひと》に憎《にく》まれるような発《はつ》言《げん》。あえて嫌《きら》われようとして言《い》う場合《ばあい》が多《おお》い。例 弟《おとうと》は、いつまでも母《はは》に憎《にく》まれ口《ぐち》をたたいている。

目《め》の敵《かたき》 何《なに》かにつけて相手《あいて》を憎《にく》く思《おも》うこと。例 一人《ひとり》だけいい目《め》を見《み》たので、みんなから目《め》の敵《かたき》にされた。

恨《うら》み ◎恨《うら》むこと。恨《うら》む心《こころ》。例 この恨《うら》みを晴《は》らさずにはいられない。似 恨《うら》みつらみ。◆「憾《うら》み」とも書《か》く。

似＝似《に》た表現《ひょうげん》のことば。対＝反対《はんたい》の意味《いみ》のことば。例＝使《つか》い方《かた》の例《れい》。

◎「悔《く》やむ」↓464

遺恨《いこん》 長《なが》い間《あいだ》、忘《わす》れることのできない深《ふか》い恨《うら》み。例 十年来《じゅうねんらい》の遺《い》恨《こん》を晴《は》らすときがきた。

怨恨《えんこん》 必《かなら》ず仕返《しかえ》しをしてやるという、深《ふか》い恨《うら》みの心《こころ》。例 この殺人事《さつじんじ》件《けん》は、手口《てぐち》からいって怨恨《えんこん》によるものだろう。

	――を晴《は》らす	――を抱《いだ》く	――を残《のこ》す
恨み	○	○	○
遺恨	○	△	○
怨恨	△	○	―

怨念《おんねん》 恨《うら》みのこもった気持《きも》ち。多《おお》く、亡霊《ぼうれい》がこの世《よ》に残《のこ》した恨《うら》みという意味《いみ》で使《つか》われる。例 怨念《おんねん》を晴《は》らそうとする亡霊《ぼうれい》が、夜《よ》な夜《よ》な街角《まちかど》に現《あらわ》れるといううわさだ。

呪《のろ》い 呪《のろ》うこと。例 王子《おうじ》さまのキスで魔女《まじょ》の呪《のろ》いがとけ、お姫《ひめ》さまが目覚《めざ》めた。

恨《うら》み言《ごと》 恨《うら》みを込《こ》めたことば。例 恨《うら》み言《ごと》ばかり言《い》っていないで、前向《まえむ》きに生《い》きよう。

不倶戴天《ふぐたいてん》 相手《あいて》を生《い》かしてはおけないと思《おも》うほど、恨《うら》みや怒《いか》りが深《ふか》いこと。ともに同《おな》じ天《てん》の下《した》に生《い》きていくことはできない、ということから。例 不倶戴天《ふぐたいてん》の敵《てき》と出会《であ》う。

「嫌《きら》い」に関連《かんれん》することば

かわいさ余《あま》って憎《にく》さが百倍《ひゃくばい》 かわいいという気持《きも》ちが強《つよ》ければ強《つよ》いほど、いったん憎《にく》いと思《おも》うと、その憎《にく》しみはとても強《つよ》いものになるということ。

坊主憎《ぼうずにく》けりゃ袈裟《けさ》まで憎《にく》い その人《ひと》が憎《にく》いと、その人《ひと》に関係《かんけい》のあるものまで憎《にく》らしくなるものだということ。「袈裟《けさ》」は、僧《そう》が肩《かた》からかける長方形《ちょうほうけい》の布《ぬの》。

白《しろ》い目《め》で見《み》る 軽蔑《けいべつ》した、また、憎《にく》しみのこもった目付《めつ》きで人《ひと》を見《み》る。昔《むかし》の中国《ちゅうごく》で、有名《ゆうめい》な知識人《ちしきじん》が、好《す》きな人《ひと》は青《あお》い目《め》で、嫌《きら》いな人《ひと》は白《しろ》い目《め》で迎《むか》えたという話《はなし》からできたことば。「白眼視《はくがんし》する（冷《つめ》たい目付《めつ》きで見《み》る）」も同《おな》じ意味《いみ》のことば。

うれしい

glad
［グラッド］

このページも見《み》てみよう
▼笑《わら》う↓376

うれしい 自分《じぶん》の願《ねが》いがかなったり、思《おも》い通《どお》りになったりして、明《あか》るい気持《きも》ちになるようす。例 病気《びょうき》が治《なお》ってうれしい。

楽《たの》しい 何《なに》かをしているときに、うきうきする気分《きぶん》になる。例 遠足《えんそく》に行《い》って、楽《たの》しい一日《いちにち》を過《す》ごした。

喜《よろこ》ばしい うれしい。おめでたい。物事《ものごと》が喜《よろこ》ぶべき状態《じょうたい》であるようす。例 お隣《となり》は、家族《かぞく》がまた一人《ひとり》増《ふ》えて、喜《よろこ》ばしいかぎりだ。

めでたい 祝《いわ》うに値《あたい》するほど喜《よろこ》ばしい。例 今日《きょう》はめでたいお祭《まつ》りだ。例 二人《ふたり》が結婚《けっこん》するなんて、こんなめでたいことはない。

◆＝もっと知《し》りたい、ことばの知識《ちしき》。

喜《よろこ》ぶ　うれしく思《おも》う。例 わが校《こう》の優《ゆう》勝《しょう》を、みんなで抱《だ》き合《あ》って喜《よろこ》ぶ。対 悲《かな》しむ。

喜《よろこ》び勇《いさ》む　うれしくて、じっとしていられなくなる。例 親友《しんゆう》の帰国《きこく》を知《し》り、喜《よろこ》び勇《いさ》んで空港《くうこう》へ迎《むか》えに行《い》った。

楽《たの》しむ　満《み》ちたりて愉快《ゆかい》な気持《きも》ちになる。好《す》きなことをして満《まん》足《ぞく》を感《かん》じる。例 祖父母《そふぼ》は、大《おお》いに余生《よせい》を楽《たの》しんでいる。例 週末《しゅうまつ》は家族《かぞく》でドライブを楽《たの》しむ。

浮《う》かれる　心《こころ》がうきうきして、落《お》ち着《つ》かなくなる。例 笛《ふえ》や太鼓《たいこ》の音《おと》に浮《う》かれて、祭《まつ》りを見《み》に行《い》く。

浮《う》き立《た》つ　楽《たの》しくて心《こころ》が落《お》ち着《つ》かない。そわそわする。例 サクラが咲《さ》くと、人《ひと》の心《こころ》も浮《う》き立《た》つ。

飛《と》び上《あ》がる　◎とてもうれしくて、跳《は》ね上《あ》がる。例 優勝《ゆうしょう》の知《し》らせを聞《き》いて、思《おも》わず飛《と》び上《あ》がった。◎「跳《は》ねる」➡147 ◎「驚《おどろ》く」➡388

躍《おど》り上《あ》がる　◎その場《ば》で飛《と》び上《あ》がりたくなるほど喜《よろこ》ぶ。例 名前《なまえ》を呼《よ》ばれた受賞者《じゅしょうしゃ》は、躍《おど》り上《あ》がって喜《よろこ》んでいた。◎「跳《は》ねる」➡147

はしゃぐ　調子《ちょうし》に乗《の》って、浮《う》かれ騒《さわ》ぐ。例 弟《おとうと》は、うれしくて一人《ひとり》ではしゃいでいる。

飛《と》び立《た》つ　◎喜《よろこ》びや期待《きたい》で、心《こころ》が落《お》ち着《つ》かずうきうきする。例 飛《と》び立《た》つ思《おも》いで、急《いそ》いで駆《か》けつけた。◎「出発《しゅっぱつ》する」➡183

声《こえ》が弾《はず》む　うれしくて、声《こえ》が生《い》き生《い》きしてくる。例 合格《ごうかく》したうれしさに、思《おも》わず声《こえ》が弾《はず》む。

心《こころ》が弾《はず》む　楽《たの》しくて心《こころ》がうきうきする。例 明日《あした》は父《ちち》と釣《つ》りに行《い》くのだと思《おも》うと、心《こころ》が弾《はず》む。似 胸《むね》が弾《はず》む。

心《こころ》が躍《おど》る　喜《よろこ》びや期待《きたい》で、わくわくする。例 もうすぐ夏《なつ》休《やす》みだと思《おも》うと、心《こころ》が躍《おど》る。似 胸《むね》が躍《おど》る。

目《め》を輝《かがや》かす　喜《よろこ》びや期待《きたい》に、目《め》をきらきらさせる。例 スター選手《せんしゅ》の登場《とうじょう》に、子《こ》どもたちは目《め》を輝《かがや》かせた。

胸《むね》を弾《はず》ませる　喜《よろこ》びや期待《きたい》で、胸《むね》をわくわくさせる。例 胸《むね》を弾《はず》ませて入学式《にゅうがくしき》に向《む》かう。似 心《こころ》を弾《はず》ませる。

胸《むね》を躍《おど》らせる　喜《よろこ》びや期待《きたい》で、胸《むね》をどきどきさせる。例 胸《むね》を躍《おど》らせて、世界一周《せかいいっしゅう》の旅《たび》に出《で》かける。似 心《こころ》を躍《おど》らせる。

胸《むね》が膨《ふく》らむ　喜《よろこ》びや期待《きたい》で、心《こころ》の中《なか》がいっぱいになる。例 来週《らいしゅう》に迫《せま》った修学旅行《しゅうがくりょこう》のことを考《かんが》えると、うれしくて胸《むね》が膨《ふく》らむ。

胸《むね》をときめかせる　喜《よろこ》びや期《き》待《たい》で、胸《むね》をわくわくさせる。例 大好《だいす》きなアイドル歌手《かしゅ》に会《あ》えることになり、胸《むね》をときめかせる。

歓《かん》を尽《つ》くす　十分《じゅうぶん》に楽《たの》しむ。例 久《ひさ》しぶりに再会《さいかい》した友《とも》だちと、心行《こころゆ》くまで歓《かん》を尽《つ》くす。

冥利《みょうり》に尽《つ》きる　その立場《たちば》にいる者《もの》として、これ以上《いじょう》の幸《しあわ》せはないと思《おも》う。例 教《おし》え子《ご》が

似＝似《に》た表現《ひょうげん》のことば。対＝反対《はんたい》の意味《いみ》のことば。例＝使《つか》い方《かた》の例《れい》。

立派《りっぱ》に成人《せいじん》した姿《すがた》を見《み》ると、教師《きょうし》冥《みょう》利《り》に尽《つ》きる。

悪《わる》い気《き》がしない　嫌《いや》な気持《きも》ちにはならない。「うれしい」ということを、照《て》れ隠《かく》しで言《い》っている場合《ばあい》が多《おお》い。例 好《す》きと言《い》われると、だれしも悪《わる》い気《き》がしないものだ。

大喜《おおよろこ》び　とても喜《よろこ》ぶこと。例 宝《たから》くじが当《あ》たって大喜《おおよろこ》びした。

小躍《こおど》り　躍《おど》り上《あ》がりたくなるほど喜《よろこ》ぶこと。例 きのこ狩《が》りに行《い》き、マツタケを見《み》つけて小躍《こおど》りした。

狂喜《きょうき》　我《われ》を忘《わす》れて大喜《おおよろこ》びすること。異常《いじょう》なまでに喜《よろこ》ぶこと。例 母《ぼ》校《こう》の甲子園《こうしえん》への出場《しゅつじょう》が決《き》まって、全校《ぜんこう》生徒《せいと》が狂喜《きょうき》する。

驚喜《きょうき》　思《おも》いがけない出来事《できごと》に、大喜《おおよろこ》びすること。例 受賞《じゅしょう》の知《し》らせを聞《き》いて驚喜《きょうき》する。

歓喜《かんき》　興奮《こうふん》するほど、激《はげ》しく喜《よろこ》ぶこと。例 歓喜《かんき》のあまり泣《な》き出《だ》してしまった。

随喜《ずいき》　心《こころ》から喜《よろこ》び、ありがたがること。例 思《おも》いがけない親切《しんせつ》を受《う》け、随喜《ずいき》の涙《なみだ》を流《なが》す。

欣喜雀躍《きんきじゃくやく》　思《おも》わず小躍《こおど》りするほど大喜《おおよろこ》びすること。「欣《きん》喜《き》」は、非常《ひじょう》に喜《よろこ》ぶこと。「雀躍《じゃくやく》」は、スズメが飛《と》び跳《は》ねるように、喜《よろこ》んで小《こ》躍《おど》りすること。例 合格《ごうかく》の知《し》らせに欣喜《きんき》雀躍《じゃくやく》する。

交歓《こうかん》　⬇「親《した》しい」440

エンジョイ　「楽《たの》しむこと」という意味《いみ》の英語《えいご》。十分《じゅうぶん》に楽《たの》しむこと。例 父《ちち》は退職《たいしょく》後《ご》の人生《じんせい》をエンジョイするために、せっせと貯金《ちょきん》をしている。

喜《よろこ》び　喜《よろこ》ぶこと。うれしいこと。例 ご利用《りよう》のお客《きゃく》さまからは、喜《よろこ》びの声《こえ》が多数《たすう》寄《よ》せられています。

快楽《かいらく》　⬇「快《こころよ》い」431

悦楽《えつらく》　喜《よろこ》びを得《え》て楽《たの》しむこと。喜《よろこ》び満足《まんぞく》すること。例 好《す》きな音楽《おんがく》を聴《き》いて、悦楽《えつらく》にひたる。

歓心《かんしん》　喜《よろこ》ぶ気持《きも》ち。うれしいと思《おも》う心《こころ》。例 意中《いちゅう》の人《ひと》の歓心《かんしん》を得《え》ようとする。

喜色《きしょく》　喜《よろこ》んでいるようす。うれしそうな顔《かお》つき。例 優勝《ゆうしょう》した選手《せんしゅ》が、喜色《きしょく》満面《まんめん》(喜《よろこ》びの表情《ひょうじょう》が、顔《かお》

「うれしい」に関連《かんれん》することば

うれしい悲鳴《ひめい》　予想《よそう》以上《いじょう》の好結果《こうけっか》を喜《よろこ》びながら、一方《いっぽう》で忙《いそが》しさを嘆《なげ》く声《こえ》のこと。「注文《ちゅうもん》が殺到《さっとう》して生産《せいさん》が追《お》いつかず、うれしい悲鳴《ひめい》を上《あ》げる」などと使《つか》う。

喜《よろこ》びの眉《まゆ》を開《ひら》く　不安《ふあん》が解消《かいしょう》して喜《よろこ》ぶ。うれしくて顔《かお》がほころぶ。

歓楽極《かんらくきわ》まりて哀情《あいじょう》多《おお》し　喜《よろこ》びや楽《たの》しみがその頂点《ちょうてん》に達《たっ》すると、かえって悲《かな》しみの気持《きも》ちが生《しょう》じてくるということ。「喜《よろこ》び極《きわ》まれば憂《うれ》いを生《しょう》ずる」などともいう。

●こんなことばも覚《おぼ》えておこう

喜悦《きえつ》・恐悦《きょうえつ》・欣然《きんぜん》・法悦《ほうえつ》・愉悦《ゆえつ》

◆＝もっと知《し》りたい、ことばの知識《ちしき》。

いっぱいに表《あらわ》れているようす）でインタビューに答《こた》えている。

大悦《たいえつ》
大《おお》きな喜《よろこ》び。例 **大悦《たいえつ》**至極《しごく》に存《ぞん》じます。

嬉々《きき》として
笑《わら》い楽《たの》しんで。いかにもうれしそうに。例 主役《しゅやく》を演《えん》じた学芸会《がくげいかい》のようすを**嬉々《きき》として**語《かた》る。

天《てん》にも昇《のぼ》る心地《ここち》
とてもうれしくて、うきうきする気持《きも》ち。空《そら》を飛《と》ぶような、夢見《ゆめみ》るような喜《よろこ》びということ。例 ファンレターの返事《へんじ》が来《き》て、**天《てん》にも昇《のぼ》る心地《ここち》**だ。

有頂天《うちょうてん》
最高《さいこう》の気分《きぶん》で、得意《とくい》の絶頂《ぜっちょう》にあること。本来《ほんらい》は、仏教《ぶっきょう》のことばで天《てん》のもっとも上《うえ》にあるという世界《せかい》のこと。例 いつもは厳《きび》しい先生《せんせい》にほめられて、**有頂天《うちょうてん》**になる。

盆《ぼん》と正月《しょうがつ》が一緒《いっしょ》に来《き》たよう
◎うれしいことが重《かさ》なるようす。例 父《ちち》がケーキを、姉《あね》がアイスを買《か》ってきてくれるなんて、**盆《ぼん》と正月《しょうがつ》が一緒《いっしょ》に来《き》たよう**だ。◎「忙《いそが》しい」⬇507

うきうき
心《こころ》が弾《はず》むようす。例 今日《きょう》はお花見《はなみ》に行《い》くと思《おも》うと、心《こころ》が**うきうき**する。

わくわく
期待《きたい》で心《こころ》が落《お》ち着《つ》かないようす。例 胸《むね》を**わくわく**させて発表《はっぴょう》を待《ま》つ。

どきどき
◎楽《たの》しいことや大事《だいじ》な事柄《ことがら》を前《まえ》にして、緊張《きんちょう》のため心臓《しんぞう》が激《はげ》しく打《う》つようす。例 彼女《かのじょ》に会《あ》えると思《おも》うと、胸《むね》が**どきどき**する。◎「怖《こわ》がる」⬇407

いそいそ
心《こころ》がうきうきして、動作《どうさ》が弾《はず》むようす。例 姉《あね》は晴《は》れ着《ぎ》を着《き》て、**いそいそ**と成人式《せいじんしき》に出《で》かけた。

ぞくぞく
◎うれしくて身震《みぶる》いするようす。例 珍《めずら》しいチョウを見《み》つけ、もしかすると新種《しんしゅ》ではないかと**ぞくぞく**した。◎「寒《さむ》い・冷《つめ》たい」⬇216 ◎「怖《こわ》がる」⬇407

ほくほく
◎うれしさを隠《かく》しきれないようす。おもに、金銭的《きんせんてき》な喜《よろこ》びを表《あらわ》す。例 弟《おとうと》は、お年玉《としだま》をたくさんもらって**ほくほく**顔《がお》だ。◎「味《あじ》わう」⬇242

るんるん
気分《きぶん》が明《あか》るく弾《はず》んでいるようす。例 真新《まあたら》しいドレスに身《み》を包《つつ》み、**るんるん**している。

うはうは
うれしくて笑《わら》いが止《と》まらないようす。おもに、金銭的《きんせんてき》な喜《よろこ》びを表《あらわ》す。例 予想以上《よそういじょう》にアルバイト収入《しゅうにゅう》があった兄《あに》は、**うはうは**している。

糠喜《ぬかよろこ》び
当《あ》てがはずれて、後《あと》でがっかりするような喜《よろこ》び。例 大《おお》きな取《と》り引《ひ》きがキャンセルになり、**糠喜《ぬかよろこ》び**に終《お》わった。

悲《かな》しい

sad
［サッド］

このページも見《み》てみよう
▼落《お》ち込《こ》む ⬇471
▼泣《な》く ⬇382

悲《かな》しい
泣《な》きたいような、つらい気持《きも》ちになる。例 愛犬《あいけん》が死《し》んで、とても悲《かな》しかった。

物悲《ものがな》しい

理由《りゆう》もないのに、何《なん》となく悲《かな》しい。例 物悲《ものがな》しい秋《あき》の夕暮《ゆうぐ》れ。

うら悲《がな》しい

「物悲《ものがな》しい」と同《おな》じ。「うら」は、「心《こころ》」のこと。例 人気《ひとけ》のない海岸《かいがん》は、うら悲《がな》しい感《かん》じがする。

切《せつ》ない

つらかったり悲《かな》しかったりして、胸《むね》がぎゅっと締《し》めつけられるような気持《きも》ちになる。例 転校《てんこう》する親友《しんゆう》を、切《せつ》ない思《おも》いで駅《えき》まで送《おく》った。

嘆《なげ》かわしい

悲《かな》しくなるほど残念《ざんねん》だ。例 山《やま》にごみを捨《す》てて帰《かえ》る人《ひと》がいるとは嘆《なげ》かわしいことだ。

やるせない

悲《かな》しみなどの紛《まぎ》らわしようがなくて、どうしようもない気持《きも》ちだ。例 片思《かたおも》いをして、やるせない気持《きも》ちになる。

身《み》も世《よ》もない

自分《じぶん》のことや世間《せけん》への体裁《ていさい》を考《かんが》えていられないほど、悲《かな》しいようす。例 思《おも》いがけない出来事《できごと》に、身《み》も世《よ》もなく泣《な》き崩《くず》れる。

悲《かな》しむ

悲《かな》しく思《おも》う。例 友《とも》との別《わか》れを悲《かな》しむ。

嘆《なげ》く

ひどく悲《かな》しむ。世《よ》の中《なか》などを腹立《はらだ》たしく思《おも》う。例 道徳《どうとく》の低下《ていか》を嘆《なげ》く。

嘆《なげ》き悲《かな》しむ

「嘆《なげ》く」を強調《きょうちょう》した言《い》い方《かた》。例 不合格《ふごうかく》だったとはいえ、いつまでも嘆《なげ》き悲《かな》しんでばかりはいられない。

嘆《たん》じる

「嘆《なげ》く」と同《おな》じ。例 学力《がくりょく》の低下《ていか》を嘆《たん》じる。

傷付《きずつ》く

◎心《こころ》に痛手《いたで》を受《う》ける。悲《かな》しい思《おも》いをする。例 音楽《おんがく》は傷付《きずつ》いた心《こころ》を慰《なぐさ》めてくれる。◎「けがをする」↓94

うれえる

◎嘆《なげ》き悲《かな》しむ。思《おも》い悩《なや》む。例 祖父《そふ》の病状《びょうじょう》をうれえる。◆「愁《うれ》える」と書《か》く。◎「心配《しんぱい》する」↓498

心《こころ》が痛《いた》む

心《こころ》に痛《いた》いほどの悲《かな》しみを感《かん》じる。また、申《もう》し訳《わけ》ないという気持《きも》ちで苦《くる》しくなる。例 彼女《かのじょ》の気持《きも》ちを思《おも》うと、心《こころ》が痛《いた》む。似 胸《むね》が痛《いた》む。

胸《むね》が一杯《いっぱい》になる

◎悲《かな》しみなどで心《こころ》が強《つよ》く動《うご》かされ、その思《おも》いで満《み》たされる。例 親《おや》をなくした子犬《こいぬ》の姿《すがた》を見《み》て、胸《むね》が一杯《いっぱい》になった。◎「感動《かんどう》する」↓433

打《う》ちひしがれる

↓「落《お》ち込《こ》む」473

胸《むね》がつかえる

あまりの悲《かな》しみに、胸《むね》が苦《くる》しくなる。例 弔辞《ちょうじ》の途中《とちゅう》、胸《むね》がつかえてことばが出《で》なくなった。

胸《むね》がふさがる

不安《ふあん》や悲《かな》しみなどで、胸《むね》がつまるように感《かん》じる。例 紛争地域《ふんそうちいき》の現状《げんじょう》を知《し》り、胸《むね》がふさがる思《おも》いだった。

胸《むね》が締《し》め付《つ》けられる

悲《かな》しみなどで胸《むね》が押《お》さえつけられるような感《かん》じがする。例 母親《ははおや》は、胸《むね》が締《し》め付《つ》けられる思《おも》いでわが子《こ》と別《わか》れた。

胸《むね》が張《は》り裂《さ》ける

とても深《ふか》い悲《かな》しみに打《う》ちひ

◆＝もっと知《し》りたい、ことばの知識《ちしき》。

しがれる。例 災害《さいがい》の知《し》らせを受《う》けた家族《かぞく》たちは、胸《むね》が張《は》り裂《さ》けるような思《おも》いで現場《げんば》に到着《とうちゃく》した。

胸《むね》がつぶれる ◎悲《かな》しみで、心《こころ》がいっぱいになる。例 親友《しんゆう》の突然《とつぜん》の悲報《ひほう》に、胸《むね》がつぶれる思《おも》いがした。◎「驚《おどろ》く」➡389

はらわたが千切《ちぎ》れる 強《つよ》い悲《かな》しみや怒《いか》りを感《かん》じる。「はらわた」は、内臓《ないぞう》のこと。例 ひき逃《に》げ事故《じこ》にあった被害者《ひがいしゃ》の遺族《いぞく》は、はらわたが千切《ちぎ》れる思《おも》いだったろう。

悲嘆《ひたん》 悲《かな》しみ嘆《なげ》くこと。例 友《とも》を失《うしな》い、悲嘆《ひたん》にくれる。

嘆息《たんそく》 嘆《なげ》いてため息《いき》をつくこと。ひどく嘆《なげ》くこと。例 くじ運《うん》の悪《わる》さに、思《おも》わず嘆息《たんそく》をもらす。

長嘆《ちょうたん》 長《なが》いため息《いき》をついて嘆《なげ》くこと。また、そのため息《いき》。例 もう少《すこ》しのところで試合《しあい》に負《ま》け、天《てん》を仰《あお》いで長嘆《ちょうたん》する。似 長嘆息《ちょうたんそく》。長大息《ちょうたいそく》。

悲観《ひかん》 これから起《お》こることを、うまく行《い》かないだろうと予想《よそう》して悲《かな》しむこと。例 一度《いちど》負《ま》けたくらいで悲観《ひかん》しないで、また、次《つぎ》を目指《めざ》して練習《れんしゅう》しよう。

傷心《しょうしん》 ひどい悲《かな》しみのために、心《こころ》を傷《いた》めること。また、悲《かな》しみに傷《きず》ついた心《こころ》。例 失恋《しつれん》して傷心《しょうしん》の友《とも》だちを慰《なぐさ》める。

悲《かな》しみ 悲《かな》しむこと。嘆《なげ》くこと。例 彼女《かのじょ》は、顔《かお》に悲《かな》しみの色《いろ》を浮《う》かべていた。

嘆《なげ》き 深《ふか》く悲《かな》しむことや悲《かな》しみながら怒《おこ》ること。また、その思《おも》い。例 戦乱《せんらん》に苦《くる》しむ人々《ひとびと》の深《ふか》い嘆《なげ》き。

うれい ◎悲《かな》しみなどで憂《ゆう》うつになり、心《こころ》が晴《は》れないこと。例 うれいに沈《しず》む横顔《よこがお》。◆「愁《うれ》い」と書《か》く。◎「心配《しんぱい》する」➡498

痛《いた》み ◎悩《なや》んだり悲《かな》しんだりする思《おも》い。例 他人《たにん》の痛《いた》みが分《わ》かる人《ひと》になりたい。◎「痛《いた》い・痒《かゆ》い」➡201

悲哀《ひあい》 哀《あわ》れで悲《かな》しいこと。例 彼《かれ》の背《せ》中《なか》には人生《じんせい》の悲哀《ひあい》を感《かん》じる。

沈痛《ちんつう》 深《ふか》い悲《かな》しみや心配事《しんぱいごと》に心《こころ》を痛《いた》めること。「沈痛《ちんつう》な面持《おもも》ち」などと、悲《かな》しみの表情《ひょうじょう》を表《あらわ》すときに使《つか》われることが多《おお》い。例 沈痛《ちんつう》な面持《おもも》ちで通《つ》夜《や》に向《む》かう。

悲痛《ひつう》 どうしようもない悲《かな》しみで心《こころ》が痛《いた》むこと。「悲痛《ひつう》な叫《さけ》び」などと、悲《かな》しさから発《はっ》する訴《うった》えを表《あらわ》すときに使《つか》われることが多《おお》い。例 生活苦《せいかつく》にあえぐ人々《ひとびと》の、悲痛《ひつう》な叫《さけ》び。

悲惨《ひさん》 見聞《みき》きに耐《た》えられないほど、悲《かな》しくいたましいこと。例 地《じ》震《しん》の被災地《ひさいち》には、悲惨《ひさん》な光景《こうけい》が広《ひろ》がっていた。

悲壮《ひそう》 悲《かな》しい中《なか》にも雄々《おお》しく立派《りっぱ》なところがあること。例 絶対《ぜったい》に助《たす》けるという悲壮《ひそう》な決意《けつい》で、消防士《しょうぼうし》は火《ひ》の海《うみ》に飛《と》び込《こ》んでいった。

悼《いた》む 人《ひと》の死《し》を悲《かな》しみ嘆《なげ》く。例 戦争《せんそう》の犠牲者《ぎせいしゃ》を悼《いた》み、花《はな》を手向《たむ》ける。

悔《く》やむ ◎人《ひと》の死《し》を惜《お》しんで悲《かな》しむ。例 早《はや》すぎる友人《ゆうじん》の死《し》を悔《く》やむ。◎「悔《く》やむ」➡463

哀悼《あいとう》 人《ひと》の死《し》を悲《かな》しんで、嘆《なげ》くこと。例 黙《もく》とうで哀悼《あいとう》の意《い》を表《あらわ》す。

似＝似《に》た表現《ひょうげん》のことば。対＝反対《はんたい》の意味《いみ》のことば。例＝使《つか》い方《かた》の例《れい》。

哀惜《あいせき》
人《ひと》の死《し》を悲《かな》しみ惜《お》しむこと。例 突然《とつぜん》の訃報《ふほう》に接《せっ》し、まことに哀惜《あいせき》の念《ねん》に堪《た》えません。

追悼《ついとう》
死《し》んだ人《ひと》の生前《せいぜん》を思《おも》い起《お》こし、悲《かな》しみにひたること。例 故人《こじん》の追悼文集《ついとうぶんしゅう》を作《つく》る。

愁傷《しゅうしょう》
人《ひと》の死《し》を悲《かな》しんで、嘆《なげ》くこと。お悔《く》やみのあいさつに使《つか》われることば。多《おお》く、「ご愁傷様《しゅうしょうさま》」という形《かたち》で使《つか》われる。例 このたびは、ご愁《しゅう》傷様《しょうさま》でございます。

弔意《ちょうい》
人《ひと》の死《し》を嘆《なげ》き悲《かな》しむ気持《きも》ち。例 悲報《ひほう》に接《せっ》し、ここに謹《つつし》んで弔意《ちょうい》を表《ひょう》します。

痛《いた》ましい
あまりにもかわいそうなようすに同情《どうじょう》し、心《こころ》が痛《いた》む。例 見《み》るも痛《いた》ましい、交通事故《こうつうじこ》の現場《げんば》。

痛々《いたいた》しい
気《き》の毒《どく》で見《み》ていられないほどかわいそうである。例 足《あし》を痛《いた》めて元気《げんき》のない子犬《こいぬ》の姿《すがた》が痛々《いたいた》しい。

いたわしい
気《き》の毒《どく》で、かわいそうである。例 傷《きず》だらけのおいたわしい姿《すがた》に、思《おも》わず涙《なみだ》が流《なが》れた。

見《み》るに忍《しの》びない
気《き》の毒《どく》で、見《み》ていられない。例 お地蔵《じぞう》さんが雨《あま》ざらしになっているのは、見《み》るに忍《しの》びない。

かわいそう
相手《あいて》のつらい立場《たちば》やようすに同情《どうじょう》して、心《こころ》を痛《いた》めるようす。例 小《ちい》さな弟《おとうと》に一人《ひとり》で留守番《るすばん》をさせるのはかわいそうだ。

気《き》の毒《どく》
他人《たにん》の不幸《ふこう》に同情《どうじょう》して、心《こころ》を痛《いた》めること。また、そのようす。例 あんなところで事故《じこ》にあうとは、気《き》の毒《どく》な話《はなし》だ。

哀《あわ》れ
かわいそうなこと。また、そのように思《おも》われるようす。例 残《のこ》された幼子《おさなご》の笑顔《えがお》が、人々《ひとびと》の哀《あわ》れを誘《さそ》った。例 泥《どろ》まみれの、見《み》るも哀《あわ》れな姿《すがた》で帰《かえ》ってきた。

惨《みじ》め
哀《あわ》れで、見《み》るに忍《しの》びないようす。例 寒《さむ》さとひもじさで、何《なん》とも惨《みじ》めな思《おも》いをした。

不憫《ふびん》
かわいそうなこと。哀《あわ》れむべきこと。また、そのようす。自分《じぶん》より年下《としした》や目下《めした》の者《もの》に対《たい》して使《つか》われる。例 親《おや》と離《はな》れて暮《く》らすこの子《こ》のことを思《おも》うと、不憫《ふびん》でならない。

哀切《あいせつ》
非常《ひじょう》に哀《あわ》れで、もの悲《がな》しいこと。また、そのようす。例 離《はな》ればなれになった姉妹《しまい》を描《えが》いた、哀切《あいせつ》を極《きわ》める物語《ものがたり》。

「悲《かな》しい」に関連《かんれん》することば

断腸《だんちょう》の思《おも》い 耐《た》えられないほどのつらく悲《かな》しい思《おも》い。昔《むかし》、中国《ちゅうごく》で、子猿《こざる》を捕《と》らえた人間《にんげん》を母猿《ははざる》が追《お》いかけ続《つづ》け、やっと追《お》いついたが死《し》んでしまった。母猿《ははざる》の死体《したい》の腹《はら》を割《さ》いてみると腸《ちょう》がずたずたに断《た》ち切《き》れていたという話《はなし》から。

髀肉《ひにく》の嘆《たん》 功名《こうみょう》を立《た》てたり手腕《しゅわん》を発揮《はっき》したりする機会《きかい》のないのを嘆《なげ》くこと。昔《むかし》、中国《ちゅうごく》の武将《ぶしょう》が、馬《うま》に乗《の》って戦場《せんじょう》に行《い》くことのない平和《へいわ》な日々《ひび》が続《つづ》いたため、内《うち》ももの肉《にく》（髀肉《ひにく》）が肥《こ》え太《ふと》ってしまったのを嘆《なげ》いたという故事《こじ》による。

◆＝もっと知《し》りたい、ことばの知識《ちしき》。

快《こころよ》い

comfortable
［カムファータブル］

このページも見《み》てみよう
▼うれしい ➡423

快《こころよ》い

心《こころ》が晴《は》れやかで楽《たの》しい。穏《おだ》やかで気持《きも》ちがよい。例 友《とも》だちの頼《たの》みを、快《こころよ》く引《ひ》き受《う》ける。

心地《ここち》よい

さわやかで気持《きも》ちがよい。「心地《ここち》」は、気分《きぶん》・気持《きも》ちのこと。例 柔《やわ》らかな春風《はるかぜ》が、ほおに心地《ここち》よい。

気持《きも》ちがよい

◎快《こころよ》い。心《こころ》がすっきりしている。例 水泳《すいえい》のレースで優勝《ゆうしょう》して、とても気持《きも》ちがよかった。◎態度《たいど》や性格《せいかく》がさわやかだ。例 小川《おがわ》さんは、いつもにこにこしていて気持《きも》ちがよい人《ひと》だ。

気分《きぶん》がよい

気持《きも》ちがよくて、愉《ゆ》快《かい》である。例 よいことをした後《あと》は、やっぱり気分《きぶん》がよいものだ。

すがすがしい

さっぱりしていて、気持《きも》ちがよい。例 すがすがしい気分《きぶん》で朝《あさ》を迎《むか》える。

小気味《こきみ》よい

行動《こうどう》やり方《かた》などがあざやかで、胸《むね》がすうっとするほど気持《きも》ちがよい。例 現代《げんだい》社会《しゃかい》を小気味《こきみ》よく風刺《ふうし》した漫画《まんが》。

麗《うるわ》しい

◎気分《きぶん》がよくて晴《は》れやかである。例 皆様《みなさま》には、ご機《き》嫌《げん》麗《うるわ》しくお過《す》ごしのことと存《ぞん》じます。◎「美《うつく》しい」➡543

軽《かる》い

◎気持《きも》ちなどが晴《は》れ晴《ば》れする感《かん》じだ。例 試験《しけん》が終《お》わったので、心《こころ》が軽《かる》い。対 重《おも》い。◎「軽《かる》い」➡542

おもしろい

つい笑《わら》ってしまうくらい、楽《たの》しくて心《こころ》がひかれる。興味《きょうみ》をそそられる。例 いとこが遊《あそ》びに来《き》たので、週末《しゅうまつ》はおもしろく過《す》ごした。例 友《とも》だちに、おもしろいと評判《ひょうばん》の小説《しょうせつ》を借《か》りた。

甘《あま》い

◎親《した》しみやすくて気持《きも》ちがいい。例 ショパンの曲《きょく》は、甘《あま》いメロディーで女性《じょせい》に人気《にんき》がある。◎相手《あいて》を気持《きも》ちよくさせて迷《まよ》わせるようす。例 甘《あま》いことばにだまされて、面倒《めんどう》な仕事《しごと》を引《ひ》き受《う》けてしまった。◎「味《あじ》わう」➡239 ◎「簡単《かんたん》」➡564

胸《むね》がすく

気持《きも》ちがさっぱりする。晴《は》れやかな気持《きも》ちになる。例 映画《えいが》の主人公《しゅじんこう》の胸《むね》がすく大活躍《だいかつやく》に、妹《いもうと》は大《おお》はしゃぎだ。

気《き》をよくする

都合《つごう》よく物事《ものごと》が運《はこ》んで、いい気《き》持《も》ちになる。例 家族《かぞく》の好評《こうひょう》に気《き》をよくした母《はは》は、三日《みっか》続《つづ》けて同《おな》じ料理《りょうり》を出《だ》した。

こたえられない

たまらなくよい。一度《いちど》体験《たいけん》してしまったら、再《ふたた》び試《ため》さずにはいられないほどよい。例 風呂《ふろ》上《あが》りに飲《の》む冷《ひ》えたサイダーは、こたえられない。

さわやか

◎さっぱりしていて、気持《きも》ちがよいようす。例 田中《たなか》さんのさわやかな笑顔《えがお》を見《み》ると、疲《つか》れも吹《ふ》っ飛《と》ぶよ。◎はっきりしていて、分《わ》かりやすいようす。例 司会《しかい》は、弁舌《べんぜつ》さわやかな彼《かれ》に頼《たの》もう。

晴《は》れやか　心配《しんぱい》や悩《なや》みがなく、心《こころ》がさっぱりとして明《あか》るいようす。例 優勝《ゆうしょう》した選手《せんしゅ》が、晴《は》れやかな表情《ひょうじょう》で手《て》を振《ふ》った。

麗《うら》らか　気分《きぶん》が明《あか》るく、朗《ほが》らかなようす。例 春《はる》の野《の》に、麗《うら》らかなヒバリのさえずりが響《ひび》きわたる。

壮快《そうかい》　元気《げんき》にあふれていて、気持《きも》ちがよいこと。例 雪山《ゆきやま》をスキーで壮快《そうかい》に滑《すべ》り降《お》りる。

爽快《そうかい》　すっきりとさわやかで、気持《きも》ちがよいこと。例 ゆっくり眠《ねむ》れたので、今朝《けさ》は気分《きぶん》爽快《そうかい》だ。

軽快《けいかい》　◎心《こころ》が弾《はず》むようで、気持《きも》ちがよいこと。例 軽快《けいかい》なリズムに乗《の》って体操《たいそう》をする。◎「速《はや》い」➡552

快適《かいてき》　その場所《ばしょ》の状態《じょうたい》などが、気持《きも》ちよく楽《たの》しいこと。例 快適《かいてき》な船《ふね》の旅《たび》を楽《たの》しむ。

痛快《つうかい》　胸《むね》がすっとするようで心地《ここち》よいこと。胸《むね》のつかえが取《と》り払《はら》われるようなようす。例 主人公《しゅじんこう》が悪人《あくにん》を次々《つぎつぎ》とやっつける、痛快《つうかい》な物語《ものがたり》。

愉快《ゆかい》　楽《たの》しくて、気持《きも》ちがよいこと。おかしくて、笑《わら》いを誘《さそ》われるようす。例 気《き》の合《あ》う仲間《なかま》たちと、愉快《ゆかい》に語《かた》り合《あ》う。例 愉快《ゆかい》な小話《こばなし》で、みんなを笑《わら》わせる。対 不愉快《ふゆかい》。

清新《せいしん》　さわやかで生《い》き生《い》きしていること。古《ふる》めかしくないようす。例 初日《はつひ》の出《で》を拝《おが》み、清新《せいしん》な力《ちから》がみなぎるのを感《かん》じた。

快感《かいかん》　気持《きも》ちがよい感《かん》じ。例 急流《きゅうりゅう》をボートで一気《いっき》に下《くだ》り、今《いま》までにない快感《かいかん》を味《あじ》わった。

快楽《かいらく》　欲望《よくぼう》が満《み》たされて心地《ここち》よいこと。例 次々《つぎつぎ》と新《あたら》しい快楽《かいらく》を求《もと》める。

快哉《かいさい》　痛快《つうかい》であること。例 決勝戦《けっしょうせん》で強敵《きょうてき》を倒《たお》し、快哉《かいさい》を叫《さけ》ぶ（喜《よろこ》びの声《こえ》を上《あ》げる）。

欣快《きんかい》　喜《よろこ》ばしくて、気持《きも》ちがよいこと。例 志望校《しぼうこう》に合格《ごうかく》することができ、欣快《きんかい》の至《いた》りです。

ご機嫌《きげん》　非常《ひじょう》に機嫌《きげん》がよいようす。また、その度合《どあ》い。例 子《こ》どもたちは、お年玉《としだま》をもらってご機嫌《きげん》だ。

上機嫌《じょうきげん》　機嫌《きげん》がよく、楽《たの》しんでいるようす。例 祖父《そふ》はお酒《さけ》を飲《の》むと、たちまち上機嫌《じょうきげん》になる。対 不機嫌《ふきげん》。

楽《らく》　◎心《こころ》や体《からだ》に、苦《くる》しみやつらさがないようす。例 今回《こんかい》のテストは、直接《ちょくせつ》成績《せいせき》に関係《かんけい》しないというので気《き》が楽《らく》だ。◎「簡単《かんたん》」➡565

楽《らく》ちん　楽《らく》で気《き》持《も》ちがよいこと。例 このバスの座席《ざせき》は、柔《やわ》らかくてとても楽《らく》ちんだね。

天国《てんごく》　何《なん》の心配《しんぱい》もなく、快適《かいてき》で楽《たの》しいこと。天上《てんじょう》のすばらしい世《せ》界《かい》にいるかのような快《こころよ》い状態《じょうたい》。例 宿《しゅく》題《だい》はないし、家族《かぞく》は出《で》かけているし、今日《きょう》は天国《てんごく》だ。似 パラダイス。

極楽《ごくらく》　何《なん》の苦《くる》しみもないすばらしい世界《せかい》にいるような、気分《きぶん》がよい状態《じょうたい》。もとは、仏教《ぶっきょう》のことば。例 気《き》候《こう》はいいし、果物《くだもの》はおいしいしで、この島《しま》はまさに極楽《ごくらく》だ。

清々《せいせい》　気分《きぶん》がよくて、さわやかなようす。例 面倒《めんどう》なことが全部《ぜんぶ》済《す》

◆＝もっと知《し》りたい、ことばの知識《ちしき》。

んだので、清々《せいせい》した。

晴《は》れ晴《ば》れ　晴《は》れやかなようす。さっぱりしたようす。例 旅《たび》に出《で》ると、心《こころ》が晴《は》れ晴《ば》れとする。

いい気味《きみ》　胸《むね》がすくような、いい気分《きぶん》であるようす。憎《にく》く思《おも》っている人《ひと》の失敗《しっぱい》や災難《さいなん》などを見《み》て喜《よろこ》ぶようす。例 電車《でんしゃ》の中《なか》で騒《さわ》いでいる中学生《ちゅうがくせい》がいたが、駅員《えきいん》に怒《おこ》られて、いい気味《きみ》だった。

さっぱり　◎不快《ふかい》なものがなくなって、気分《きぶん》がよくなるようす。例 風呂《ふろ》に入《はい》って、さっぱりとする。◎「味《あじ》わう」⬇241

すっきり　◎煩《わずら》わしいことがなくて、気持《きも》ちがよいようす。例 昨日《きのう》からの雨《あめ》が上《あ》がって、今朝《けさ》はすっきりと晴《は》れた。◎余計《よけい》なものがなくて整《ととの》っているようす。例 すっきりしたデザインの椅子《いす》を買《か》ってきた。

うっとり　美《うつく》しいものや気持《きも》ちがよいことに心《こころ》を奪《うば》われ、ぼうっとしているようす。例 人気歌手《にんきかしゅ》の歌声《うたごえ》に、うっとりと聞《き》き入《い》った。

すかっと　一瞬《いっしゅん》で気分《きぶん》がすっきりするようす。例 こんなむしゃくしゃする日《ひ》は、カラオケにでも行《い》ってすかっとするか。

感動《かんどう》する

be moved
［ビ・ムーブド］

感動《かんどう》　ある物事《ものごと》に触《ふ》れて、心《こころ》を強《つよ》く動《うご》かされること。例 先生《せんせい》の作品《さくひん》に触《ふ》れ、深《ふか》い感動《かんどう》を覚《おぼ》えました。例 オリンピックの感動《かんどう》の名場面《めいばめん》を集《あつ》める。

感激《かんげき》　深《ふか》く感《かん》じて、心《こころ》が激《はげ》しく動《うご》くこと。感情《かんじょう》が高《たか》ぶって、何《なん》らかの形《かたち》で外《そと》に表《あらわ》れ出《で》ること。例 スターに握手《あくしゅ》してもらったファンが、感激《かんげき》のあまり泣《な》き出《だ》した。

感銘《かんめい》　しみじみと感動《かんどう》し、心《こころ》に深《ふか》く刻《きざ》み込《こ》まれること。例 講演《こうえん》で深《ふか》い感銘《かんめい》を受《う》けた登山家《とざんか》の著書《ちょしょ》を買《か》い求《もと》める。◆「肝銘《かんめい》」とも書《か》く。

感心《かんしん》　◎立派《りっぱ》だ、すばらしいなどと、心《こころ》に深《ふか》く感《かん》じること。例 実《じつ》に親孝行《おやこうこう》な少年《しょうねん》だと感心《かんしん》した。◎「驚《おどろ》く」⬇391

	感動	感激	感銘	感心
名曲《めいきょく》に——する	○	○	○	△
深《ふか》い——を与《あた》える	○	−	○	−
——の再会《さいかい》	△	○	−	−

感慨《かんがい》　心《こころ》に深《ふか》く感《かん》じて、しみじみとした気持《きも》ちになること。例 命日《めいにち》に、故人《こじん》との思《おも》い出《で》を感慨深《かんがいぶか》げに語《かた》り合《あ》う。

感無量《かんむりょう》　しみじみとした思《おも》いで、胸《むね》がいっぱいに満《み》たされること。「無量《むりょう》」は、計《はか》り知《し》れないほど多《おお》いこと。例 世界新記録《せかいしんきろく》を樹立《じゅりつ》した選手《せんしゅ》が、感無量《かんむりょう》の面持《おもも》ちで涙《なみだ》を浮《う》かべた。似 感慨無量《かんがいむりょう》。

感服《かんぷく》　深《ふか》く感心《かんしん》して、尊敬《そんけい》・尊重《そんちょう》の気持《きも》ちを抱《いだ》くこと。例 見事《みごと》な腕前《うでまえ》に感服《かんぷく》いたしました。

感《かん》じ入《い》る　すっかり感心《かんしん》してしまう。例 父《ちち》は武道《ぶどう》の本《ほん》に深《ふか》く感《かん》じ入《い》って、道場《どうじょう》に通《かよ》い始《はじ》めた。

感極《かんきわ》まる
感動《かんどう》の気持《きも》ちが、絶頂《ぜっちょう》に達《たっ》する。例 優勝《ゆうしょう》が決《き》まった瞬間《しゅんかん》、感極《かんきわ》まって思《おも》わず泣《な》いてしまった。

ぐっと
感動《かんどう》や激《はげ》しい感情《かんじょう》が込《こ》み上《あ》げてくるようす。例 胸《むね》にぐっとくるせりふで、彼女《かのじょ》のハートを射止《いと》めた。

じいん
感動《かんどう》のために、体《からだ》がしびれるように感《かん》じるようす。例 じいんとくる話《はなし》に、ハンカチで目《め》を押《お》さえながら聞《き》き入《い》った。

打《う》つ
◎心《こころ》に強《つよ》い感動《かんどう》を与《あた》える。例 先生《せんせい》の体験談《たいけんだん》は、生徒《せいと》たちの心《こころ》を打《う》った。◎「叩《たた》く」➡157

動《うご》かす
人《ひと》の心《こころ》に訴《うった》えて感動《かんどう》させる。気持《きも》ちを揺《ゆ》さぶる。例 彼《かれ》の行動《こうどう》が大勢《おおぜい》の人《ひと》の心《こころ》を動《うご》かし、たくさんの協力《きょうりょく》を得《え》ることができた。例 最後《さいご》まであきらめずに走《はし》る姿《すがた》に、心《こころ》を動《うご》かされた。

泣《な》かせる
泣《な》いてしまいそうになるほどの感動《かんどう》を与《あた》える。例 何度《なんど》聞《き》いても泣《な》かせる話《はなし》だ。

胸《むね》を打《う》つ
心《こころ》を強《つよ》く刺激《しげき》し、感動《かんどう》させる。例 主人公《しゅじんこう》の誠実《せいじつ》な生《い》き方《かた》が、激《はげ》しく読者《どくしゃ》の胸《むね》を打《う》つ作品《さくひん》だ。

胸《むね》を突《つ》く
◎心《こころ》に衝撃《しょうげき》を与《あた》える。激《はげ》しく心《こころ》を動《うご》かす。例 目《め》の前《まえ》に広《ひろ》がるすばらしい光景《こうけい》に、胸《むね》を突《つ》かれた。似 心《こころ》を打《う》つ。◎「驚《おどろ》く」➡389

胸《むね》に迫《せま》る
感動《かんどう》などの思《おも》いが、強《つよ》く押《お》し寄《よ》せる。例 万感《ばんかん》胸《むね》に迫《せま》る思《おも》いで、表彰台《ひょうしょうだい》に上《のぼ》った。

胸《むね》が詰《つ》まる
悲《かな》しみや感動《かんどう》などで、物《もの》が言《い》えないような状態《じょうたい》になる。例 離《はな》れ離《ばな》れだった親子《おやこ》の再会《さいかい》シーンに胸《むね》が詰《つ》まった。

胸《むね》に響《ひび》く
人《ひと》のことばなどが、心《こころ》に感銘《かんめい》を与《あた》える。例 映画《えいが》の中《なか》で主人公《しゅじんこう》が語《かた》った一言《ひとこと》が、とても胸《むね》に響《ひび》いた。

胸《むね》が熱《あつ》くなる
じいんと感動《かんどう》が込《こ》み上《あ》げてくる。例 ドラマの最終回《さいしゅうかい》を見《み》て、胸《むね》が熱《あつ》くなった。

胸《むね》が一杯《いっぱい》になる
◎大《おお》きな喜《よろこ》びなどで心《こころ》が強《つよ》く動《うご》かされ、その思《おも》いで満《み》たされる。例 悲願《ひがん》の初優勝《はつゆうしょう》に、皆《みな》、胸《むね》が一杯《いっぱい》になった。◎「悲《かな》しい」➡427

身《み》に染《し》みる
心《こころ》にしみじみと感《かん》じる。例 慣《な》れない海外生活《かいがいせいかつ》で、人《ひと》の親切《しんせつ》が身《み》に染《し》みる。

感《かん》に堪《た》えない
非常《ひじょう》に感動《かんどう》して、それを表《おもて》に出《だ》さずにはいられない。例 優勝《ゆうしょう》した選手《せんしゅ》の母親《ははおや》は、感《かん》に堪《た》えないようすだった。

琴線《きんせん》に触《ふ》れる
すばらしいものに深《ふか》い感銘《かんめい》を受《う》ける。心《こころ》の奥深《おくふか》くにある、物事《ものごと》に感動《かんどう》・共鳴《きょうめい》しやすい感情《かんじょう》を、琴《こと》の弦《げん》にたとえたことば。例 何気《なにげ》なく読《よ》み始《はじ》めた本《ほん》が、わたしの心《こころ》の琴線《きんせん》に触《ふ》れる一冊《いっさつ》だった。

ハートをとらえる
相手《あいて》に感動《かんどう》を与《あた》え、心《こころ》をとらえる。相手《あいて》に愛情《あいじょう》を抱《いだ》かせる。「ハート」は、心《こころ》や愛情《あいじょう》という意味《いみ》の英語《えいご》。例 すばらしい演奏《えんそう》が、聴《ちょう》

◆＝もっと知《し》りたい、ことばの知識《ちしき》。

衆《しゅう》のハートをとらえる。例プレゼントを贈《おく》って、彼女《かのじょ》のハートをとらえた。

心《こころ》をつかむ　相手《あいて》に気《き》に入《い》られる。相手《あいて》の気持《きも》ちをとらえる。例便利《べんり》な新製品《しんせいひん》が、あっという間《ま》に消費者《しょうひしゃ》の心《こころ》をつかんだ。

揺《ゆ》さぶる　すばらしさで、相手《あいて》の心《こころ》を揺《ゆ》り動《うご》かす。例ゴスペル歌手《かしゅ》の歌声《うたごえ》に、魂《たましい》が揺《ゆ》さぶられる思《おも》いがした。

しびれる　◎強《つよ》い刺激《しげき》を受《う》けて、感動《かんどう》する。例彼女《かのじょ》のすばらしい演技《えんぎ》に、しびれてしまった。◎「痛《いた》い・痒《かゆ》い」↓201

情《なさ》け深《ぶか》い

merciful
［マーシフル］

情《なさ》け深《ぶか》い　思《おも》いやりの心《こころ》が強《つよ》い。例傷《きず》ついたツルを助《たす》けた、情《なさ》け深《ぶか》い心《こころ》の持《も》ち主《ぬし》。

優《やさ》しい　◎相手《あいて》を思《おも》いやる気持《きも》ちがある。例お年寄《としよ》りに優《やさ》しい心《こころ》づかいを見《み》せる。◎「おとなしい」↓441 ◎「美《うつく》しい」↓543

心優《こころやさ》しい　優《やさ》しい心《こころ》の持《も》ち主《ぬし》である。例道《みち》に迷《まよ》って困《こま》っているときに、大勢《おおぜい》の心優《こころやさ》しい人《ひと》たちに助《たす》けられた。

温《あたた》かい　◎思《おも》いやりや愛情《あいじょう》がこもっている。例被災者《ひさいしゃ》の人《ひと》たちを、温《あたた》かくもてなす。対冷《つめ》たい。◆「あったかい」ともいう。◎「熱《あつ》い・温《あたた》かい」↓210

厚《あつ》い　真心《まごころ》がこもっている。例現地《げんち》の人《ひと》から厚《あつ》いもてなしを受《う》ける。

手厚《てあつ》い　取《と》り扱《あつか》いに、思《おも》いやりがこもっている。例大切《たいせつ》なお客様《きゃくさま》を、手厚《てあつ》くもてなす。

広《ひろ》い　◎のびのびとして、小《ちい》さなことにこだわらない。例心《こころ》の広《ひろ》い人間《にんげん》になりたい。似狭《せま》い。◎「広《ひろ》い」↓515

哀《あわ》れみ深《ぶか》い　かわいそうだと思《おも》う心《こころ》が強《つよ》い。例この仏像《ぶつぞう》は哀《あわ》れみ深《ぶか》いお顔《かお》をしている。

親切《しんせつ》　思《おも》いやりの心《こころ》をもって、相手《あいて》に何《なに》かをすること。例困《こま》っているときの親切《しんせつ》ほど、身《み》に染《し》みるものはない。

懇切《こんせつ》　細《こま》かいところまで心《こころ》が行《い》き届《とど》いて親切《しんせつ》なこと。多《おお》く、「懇切《こんせつ》丁寧《ていねい》」の形《かたち》で使《つか》われる。例先生《せんせい》が懇切《こんせつ》丁寧《ていねい》に教《おし》えてくださった。

親身《しんみ》　肉親《にくしん》に対《たい》するように、細《こま》かく気《き》をつかうこと。例本校《ほんこう》の上級生《じょうきゅうせい》は、親身《しんみ》になって下級生《かきゅうせい》の面倒《めんどう》を見《み》る。

懇《ねんご》ろ　◎真心《まごころ》がこもっているようす。例客《きゃく》を懇《ねんご》ろにもてなす。◎「親《した》しい」↓437

細《こま》やか　隅々《すみずみ》まで行《い》き届《とど》いているようす。例全員《ぜんいん》が気持《きも》ちよく参加《さんか》できるように、細《こま》やかに気《き》を配《くば》る。

温情《おんじょう》　優《やさ》しい思《おも》いやりのある心《こころ》。例王様《おおさま》の温情《おんじょう》で、反乱軍《はんらんぐん》の兵士《へいし》は死刑《しけい》を免《まぬが》れた。

厚情《こうじょう》　思《おも》いやりの深《ふか》い気持《きも》ち。「ご厚《こう》情《じょう》」の形《かたち》で、手紙《てがみ》などで使《つか》うことが多《おお》い。例日《ひ》ごろのご厚情《こうじょう》に対《たい》し、心《こころ》からお礼《れい》申《もう》し上《あ》げます。

好意《こうい》 ◎相手《あいて》のためを思《おも》う親切《しんせつ》な心《こころ》。例 好意《こうい》に甘《あま》えて、傘《かさ》を借《か》りて帰《かえ》った。◎「好《す》き」⬇415

厚意《こうい》 親切《しんせつ》な温《あたた》かい気持《きも》ち。他人《たにん》が自分《じぶん》に示《しめ》してくれた気持《きも》ちについていう。例 旅先《たびさき》で受《う》けた厚意《こうい》には、忘《わす》れがたいものがある。

善意《ぜんい》 他人《たにん》のためを思《おも》う、温《あたた》かい気持《き》ち。例 この福祉施設《ふくししせつ》は、多《おお》くの人々《ひとびと》の善意《ぜんい》で完成《かんせい》した。対 悪意《あくい》。

慈悲《じひ》 情《なさ》け深《ぶか》いこと。いつくしみ哀《あわ》れむ心《こころ》。もとは仏教《ぶっきょう》のことばで、人々《ひとびと》を哀《あわ》れみ楽《らく》を与《あた》える「慈《じ》」と、苦《く》を除《のぞ》く「悲《ひ》」という意味《いみ》。例 仏《ほとけ》の慈悲《じひ》にすがる。

仁愛《じんあい》 思《おも》いやりの深《ふか》いこと。例 仁愛《じんあい》の心《こころ》を持《も》った人《ひと》こそ、医者《いしゃ》にふさわしい。

仁徳《じんとく》 思《おも》いやりのある、優《やさ》しい心《こころ》を持《も》っていること。また、その人《ひと》。例 弱者《じゃくしゃ》に優《やさ》しい、仁徳《じんとく》あふれる政治《せいじ》をしてほしい。

同情《どうじょう》 他人《たにん》の不幸《ふこう》や悲《かな》しみを、その身《み》になって思《おも》うこと。例 友《とも》だちの不幸《ふこう》に同情《どうじょう》して、気《き》を落《お》とさないよう慰《なぐさ》めた。

哀れみ《あわれみ》 同情《どうじょう》すること。多《おお》く、自分《じぶん》より目下《めした》の者《もの》に対《たい》して使《つか》われる。例 かわいそうな人《ひと》に哀《あわ》れみをかける。

憐憫《れんびん》 かわいそうに思《おも》うこと。哀《あわ》れむこと。例 犯人《はんにん》の身《み》の上《うえ》を知《し》って、憐憫《れんびん》の気持《きも》ちがわく。

思《おも》**いやり** 他人《たにん》に心《こころ》を配《くば》ること。また、その気持《きも》ち。例 温《あたた》かい思《おも》いやりのあることば。

惻隠《そくいん》**の情**《じょう》 かわいそうに思《おも》う気持《きも》ち。同情《どうじょう》して哀《あわ》れむ心《こころ》。例 人《ひと》はだれでも、弱《よわ》っている人《ひと》を助《たす》けてあげたいという惻隠《そくいん》の情《じょう》を持《も》っている。

人情《にんじょう》 人間《にんげん》らしい優《やさ》しさや思《おも》いやりの心《こころ》。例 僕《ぼく》の兄《あに》は、とても人《にん》情《じょう》に厚《あつ》い男《おとこ》だ。

情《じょう》 物事《ものごと》に感《かん》じて起《お》こる心《こころ》の動《うご》き。とくに、思《おも》いやりや愛情《あいじょう》。例 捨《す》て犬《いぬ》を世話《せわ》しているうちに情《じょう》が移《うつ》ってしまった。

情《なさ》**け** 人間《にんげん》が本来《ほんらい》持《も》っている、他人《たにん》を思《おも》いやる気持《きも》ち。例 情《なさ》け容赦《ようしゃ》のない仕打《しう》ちに、激《はげ》しい憤《いきどお》りを感《かん》じる。

	―のある裁《さば》き	―が濃《こ》い	―をかける
人情	○	△	―
情	○	○	―
情け	○	―	○

人情味《にんじょうみ》 人間《にんげん》らしい優《やさ》しさや温《あたた》かみ。例 生活《せいかつ》が便利《べんり》になった分《ぶん》だけ、世《よ》の中《なか》から人情味《にんじょうみ》が薄《うす》れてしまった。似 情味《じょうみ》。

人間味《にんげんみ》 人間《にんげん》らしい思《おも》いやり。例 人間味《にんげんみ》あふれる話《はなし》に、思《おも》わず涙《なみだ》ぐむ。

人間的《にんげんてき》 人間《にんげん》らしいようす。優《やさ》しさや思《おも》いやりなどのよい性質《せいしつ》だけでなく、不完全《ふかんぜん》さや弱《よわ》さなど必《かなら》ずしもよいとはいえない性質《せいしつ》についてもいう。例 だれに対《たい》しても、人間的《にんげんてき》な優《やさ》しい心《こころ》を持《も》って接《せっ》するように努《つと》める。対 非人間的《ひにんげんてき》。

ヒューマン 「人間《にんげん》」「人間的《にんげんてき》」などの意味《いみ》の英語《えいご》。例

快《こころよ》い 感動《かんどう》する ▶情《なさ》け深《ぶか》い
気持《きも》ち
気持《きも》ち
親《した》しい おとなしい 素《そ》っ気《け》ない いばる

◆＝もっと知《し》りたい、ことばの知識《ちしき》。

ヒューマンドキュメントとは、人間《にんげん》の真実《しんじつ》の姿《すがた》を描《えが》いた記録《きろく》だ。

心《こころ》がこもる　相手《あいて》を思《おも》う気持《きも》ちが十分《じゅうぶん》に含《ふく》まれている。例 久《ひさ》しぶりに訪《たず》ねた友《とも》だちの家《いえ》で、心《こころ》のこもったもてなしを受《う》ける。

血《ち》が通《かよ》う　形式的《けいしきてき》でなく、温《あたた》かな人間《にんげん》味《み》があって融通《ゆうずう》がきく。思《おも》いやりがある。例 柔軟《じゅうなん》で血《ち》が通《かよ》った政治《せいじ》を国民《こくみん》は望《のぞ》んでいる。

心有《こころあ》る　深《ふか》い考《かんが》えや思《おも》いやりがある。良識《りょうしき》がある。例 心有《こころあ》る人《ひと》なら、満開《まんかい》のサクラの枝《えだ》を折《お》ったりはしない。対 心《こころ》ない。

心尽《こころづ》くし　心《こころ》を込《こ》めてすること。例 母《はは》の心尽《こころづ》くしの料理《りょうり》で、友《とも》だちをもてなした。

包容《ほうよう》　心《こころ》が広《ひろ》く、あやまちや欠点《けってん》にこだわらずに相手《あいて》を受《う》け入《い》れること。例 彼《かれ》は度胸《どきょう》もあれば包容力《ほうようりょく》もある、みんなのリーダーだ。

寛大《かんだい》　心《こころ》が広《ひろ》くて思《おも》いやりのあるようす。むやみに人《ひと》を責《せ》めないこと。例 もっと人《ひと》に寛大《かんだい》な人間《にんげん》でありたいと願《ねが》う。

寛容《かんよう》　心《こころ》が広《ひろ》く、あやまちなどを許《ゆる》して他人《たにん》を受《う》け入《い》れること。また、そのようす。例 すぐ怒《おこ》ったりせず、人《ひと》には常《つね》に寛容《かんよう》でありたいものだ。

太《ふと》っ腹《ぱら》　心《こころ》が大《おお》きく、小《ちい》さなことにこだわらないこと。気前《きまえ》よくお金《かね》などを出《だ》すようす。例 みんなに太《ふと》っ腹《ぱら》なところを見《み》せる。

度量《どりょう》　人《ひと》を受《う》け入《い》れる、心《こころ》のおおらかさ。例 わたしには、彼《かれ》を許《ゆる》すだけの度量《どりょう》はない。

雅量《がりょう》　人《ひと》をよく受《う》け入《い》れる寛大《かんだい》な心《こころ》。例 わたしの先生《せんせい》は、雅量《がりょう》に富《と》んだ温厚《おんこう》な人物《じんぶつ》だ。

仏《ほとけ》の　温厚《おんこう》で人《ひと》のよい人物《じんぶつ》につけていうことば。例「仏《ほとけ》の山《やま》さん」と呼《よ》ばれた刑事《けいじ》がいた。

情《なさ》けをかける　人《ひと》に思《おも》いやりのある優《やさ》しい気持《きも》ちを向《む》ける。例 苦《くる》しいときに、情《なさ》けをかけてもらったことは一生忘《いっしょうわす》れません。

情《なさ》けを知《し》る　人《ひと》の心《こころ》の細《こま》やかさや思《おも》いやりが分《わ》かるようになる。例 つらい目《め》にあって、初《はじ》めて人《ひと》の情《なさ》けを知《し》った。

哀《あわ》れむ　かわいそうに思《おも》う。目下《めした》の者《もの》や、動物《どうぶつ》などに使《つか》われることが多《おお》い。例 捨《す》てられた子猫《こねこ》を哀《あわ》れむ。

ほだされる　情《じょう》に引《ひ》きつけられて、相手《あいて》の求《もと》めに応《おう》じる。心《こころ》や行動《こうどう》の自由《じゆう》が奪《うば》われる。例 情《じょう》にほだされてお金《かね》を貸《か》してしまった。

身《み》につまされる　人《ひと》の不幸《ふこう》などが、自分《じぶん》のことのように感《かん》じられる。例 悲《かな》しい身《み》の上話《うえばなし》を聞《き》いて、身《み》につまされる思《おも》いがした。

志《こころざし》　◎相手《あいて》を思《おも》う親切《しんせつ》な気持《きも》ち。例 せっかくの志《こころざし》を無《む》にするわけにはいかない。◎あることを目指《めざ》す気持《きも》ち。心《こころ》に決《き》めた目標《もくひょう》。例 国《くに》をよくしたいという志《こころざし》に燃《も》えて、政治家《せいじか》になる。

涙《なみだ》　◎思《おも》いやりや、哀《あわ》れみの心《こころ》のこと。例 血《ち》も涙《なみだ》もない仕打《しう》ちを受《う》ける。◎「泣《な》く」➡387

温顔《おんがん》 穏《おだ》やかな、温《あたた》かみのある顔《かお》。例 温顔《おんがん》をほころばせる。

仏心《ほとけごころ》 仏様《ほとけさま》のように慈悲《じひ》深《ぶか》い心《こころ》。例 手《て》を合《あ》わせて泣《な》きつかれたので、つい仏心《ほとけごころ》が出《で》てしまった。

「情《なさ》け深《ぶか》い」に関連《かんれん》することば

情《なさ》けは人《ひと》のためならず 人《ひと》に情《なさ》けをかけるのは、その人《ひと》のためだけではなく、よい報《むく》いがやがては自分《じぶん》にも返《かえ》ってくるものだということ。「人《ひと》に親切《しんせつ》にするのは、その人《ひと》のためにならないから、やめたほうがよい」という意味《いみ》に取《と》るのは誤《あやま》り。

旅《たび》は道連《みちづ》れ世《よ》は情《なさ》け 旅《たび》に出《で》たら、だれか道連《みちづ》れがいるほうが心強《こころづよ》いように、世《よ》の中《なか》を生《い》きていくにも、お互《たが》いに情《なさ》けをかけ合《あ》うことが大切《たいせつ》であるということ。

渡《わた》る世間《せけん》に鬼《おに》はない 世《よ》の中《なか》には薄情《はくじょう》な人《ひと》ばかりではなく、困《こま》ったときには助《たす》けてくれる情《なさ》け深《ぶか》い人《ひと》もいるものだということ。

親《した》しい

close
［クロウス］

親《した》しい ◎互《たが》いに心《こころ》を許《ゆる》し合《あ》って、仲《なか》がよい。友人《ゆうじん》として仲《なか》がよい意味《いみ》で、ふつう、家族《かぞく》や夫婦《ふうふ》には使《つか》わない。例 親《した》しい友人《ゆうじん》を食事《しょくじ》に招《まね》く。◎よく接《せっ》していて慣《な》れている。例 雪《ゆき》をかぶった富士山《ふじさん》は、日本人《にほんじん》にとって親《した》しい景色《けしき》だ。

むつまじい 心《こころ》が通《つう》じ合《あ》っていて仲《なか》がよい。とくに、夫婦《ふうふ》や恋人同士《こいびとどうし》、家族《かぞく》などが仲《なか》がよいようす。例 父《ちち》と母《はは》は仲《なか》むつまじく、二人《ふたり》で温泉旅行《おんせんりょこう》に出《で》かけた。

近《ちか》しい 人《ひと》と人《ひと》との心《こころ》が近《ちか》い関係《かんけい》にある。例 近《ちか》しい友人《ゆうじん》を誘《さそ》って、映画《えいが》を見《み》に行《い》く。

気安《きやす》い ◎遠慮《えんりょ》やこだわりがなく、気楽《きらく》に付《つ》き合《あ》えるほどに親《した》しい。例 彼《かれ》はクラスのだれにでも気安《きやす》く話《はな》しかける。◎一方的《いっぽうてき》に親《した》しみを感《かん》じていて、ずうずうしい態度《たいど》を取《と》る。例 好《す》きでもない男性《だんせい》に気安《きやす》く肩《かた》を触《さわ》られて嫌《いや》だった。

心安《こころやす》い 親《した》しみやすく、遠慮《えんりょ》がいらない。例 父《ちち》は近所《きんじょ》に、心《こころ》安《やす》い店《みせ》を何軒《なんげん》か知《し》っているようだ。

親密《しんみつ》 交際《こうさい》が深《ふか》くて、非常《ひじょう》に親《した》しく付《つ》き合《あ》っていること。例 あの二人《ふたり》はどうやら親密《しんみつ》な関係《かんけい》にあるようだ。対 疎遠《そえん》。

懇意《こんい》 互《たが》いに打《う》ち解《と》けて、親《した》しく付《つ》き合《あ》っていること。ふつう、家族《かぞく》や夫婦《ふうふ》などには使《つか》わない。例 お父《とう》様《さま》とは、懇意《こんい》にさせていただいております。

懇《ねんご》ろ ◎互《たが》いに打《う》ち解《と》けて、親《した》しく付《つ》き合《あ》うようす。男女《だんじょ》の仲《なか》について使《つか》われることが多《おお》い。例 懇《ねんご》ろな間柄《あいだがら》。例 今後《こんご》とも、どうか懇《ねんご》ろにお付《つ》き合《あ》いください。◎「情《なさ》け深《ぶか》い」⬇434

仲良《なかよ》く 相手《あいて》の気心《きごころ》が分《わ》かり、隔《へだ》てがないようす。例 けんかばかりだった夫婦《ふうふ》だが、老後《ろうご》は仲良《なかよ》く暮《く》らしている。

親《した》しむ　人《ひと》や物事《ものごと》によく接《せっ》して、仲《なか》よくしたり、身近《みぢか》に感《かん》じたりする。例 入学《にゅうがく》したときから**親《した》しんで**よく遊《あそ》んだ友《とも》だちが、転校《てんこう》してしまった。例 ハイキングに行《い》き、自然《しぜん》と**親《した》しむ**。

馴染《なじ》む　なれて親《した》しくなる。なれ親《した》しんで違和感《いわかん》がなくなる。例 新《あたら》しいクラスにもようやく**馴染《なじ》んで**きた。

触《ふ》れ合《あ》う　◎人《ひと》や動物《どうぶつ》・文化《ぶんか》などと親《した》しむ。例 海外旅行《かいがいりょこう》で、現地《げんち》の人《ひと》たちと**触《ふ》れ合《あ》う**機会《きかい》を持《も》つ。◎「触《さわ》る」➡153

溶《と》け込《こ》む　周《まわ》りの雰囲気《ふんいき》に慣《な》れる。その場《ば》の空気《くうき》や環境《かんきょう》になじむ。例 転校《てんこう》してきた彼《かれ》も、新《あたら》しいクラスに**溶《と》け込《こ》んだ**ようだ。

解《と》け合《あ》う　互《たが》いに隔《へだ》たりがなくなり、心《こころ》を許《ゆる》し合《あ》って仲《なか》よくなる。例 春《はる》の遠足以来《えんそくいらい》、クラス全《ぜん》員《いん》の心《こころ》が一《ひと》つに**解《と》け合《あ》った**。

打《う》ち解《と》ける　警戒《けいかい》や遠慮《えんりょ》をしていた関係《かんけい》が、仲《なか》よく付《つ》き合《あ》えるように変《か》わる。例 子《こ》どもたちは、すぐに**打《う》ち解《と》けて**遊《あそ》び出《だ》した。

心《こころ》が通《かよ》う　互《たが》いに十分理解《じゅうぶんりかい》し合《あ》うようになる。気持《きも》ちが通《つう》じ合《あ》う。例 厳《きび》しい練習《れんしゅう》を共《とも》に耐《た》えたことで、彼《かれ》とは**心《こころ》が通《かよ》う**友人《ゆうじん》となった。

心《こころ》を開《ひら》く　本心《ほんしん》を明《あき》らかにする。隠《かく》し立《だ》てのない素直《すなお》な気《き》持《も》ちになって、打《う》ち解《と》ける。例 お互《たが》い**心《こころ》を開《ひら》いて**、納得《なっとく》するまで話《はな》し合《あ》おう。

心《こころ》を許《ゆる》す　警戒《けいかい》する気持《きも》ちを捨《す》て、信頼《しんらい》する。例 彼《かれ》は**心《こころ》を許《ゆる》す**ことのできる、ただ一人《ひとり》の友《ゆう》人《じん》だ。例 親切《しんせつ》なことばについ**心《こころ》を許《ゆる》して**、仲間《なかま》の秘密《ひみつ》をばらしてしまった。似 気《き》を許《ゆる》す。

気《き》が合《あ》う　考《かん》え方《かた》や感《かん》じ方《かた》、好《この》みが似《に》ていて、互《たが》いに通《つう》じ合《あ》う。例 **気《き》が合《あ》う**仲間《なかま》といっしょにキャンプに行《い》く。

馬《うま》が合《あ》う　「気《き》が合《あ》う」と同《おな》じ。馬《うま》と乗《の》り手《て》との呼吸《こきゅう》が合《あ》い、一体《いったい》となることから。例 彼《かれ》とは**馬《うま》が合《あ》う**ので、どんな仕事《しごと》も思《おも》うように

「親《した》しい」に関連《かんれん》することば

親《した》しき仲《なか》にも礼儀《れいぎ》あり　親《した》しさになれてしまい無作法《ぶさほう》な言動《げんどう》をすると、相《あい》手《て》との仲《なか》を悪《わる》くすることがあるから、どんなに仲《なか》のよい間柄《あいだがら》であっても、礼儀《れいぎ》は守《まも》らなければならないということ。

灯火《とうか》親《した》しむべし　秋《あき》の夜《よる》は、灯火《とうか》の下《もと》で読書《どくしょ》をするのにふさわしい季節《きせつ》である。秋《あき》は夜《よる》が長《なが》く涼《すず》しいので、読《どく》書《しょ》をするのによい季節《きせつ》であるということ。読書《どくしょ》や学問《がくもん》をすすめることば。

同《おな》じ釜《かま》の飯《めし》を食《く》う　生活《せいかつ》を共《とも》にした、親《した》しい仲間《なかま》であることのたとえ。「あいつとは、同《おな》じ釜《かま》の飯《めし》を食《く》った仲《なか》だ」などと使《つか》う。

膝《ひざ》を交《まじ》える　ひざが触《ふ》れ合《あ》うほど近《ちか》づくということから、互《たが》いに近寄《ちかよ》って、親《した》しく話《はな》し合《あ》う。➡289

はかどった。

肝胆相照《かんたんあいて》らす
互《たが》いに心《こころ》の底《そこ》まで打《う》ち明《あ》けて理《り》解《かい》し合《あ》い、親《した》しく付《つ》き合《あ》う。「肝胆《かんたん》」は、肝臓《かんぞう》と胆嚢《たんのう》という臓器《ぞうき》のことで、腹《はら》の奥《おく》にしまっている本音《ほんね》のたとえ。例 彼《かれ》とは幼《おさな》なじみで、**肝胆相照《かんたんあいて》らす**仲《なか》だ。

気《き》が置《お》けない
遠慮《えんりょ》や気兼《きが》ねをしないで気軽《きがる》に付《つ》き合《あ》える。例 彼《かれ》とは**気《き》が置《お》けない**仲《なか》なので、何《なん》でも相談《そうだん》できる。◆「気《き》が許《ゆる》せない」「油断《ゆだん》できない」という意味《いみ》で使《つか》うのは誤《あやま》り。

砕《くだ》ける
人間関係《にんげんかんけい》や会合《かいごう》などの堅苦《かたくる》しさが取《と》れて、打《う》ち解《と》けた態度《たいど》や雰囲気《ふんいき》になる。例 先生《せんせい》はみんなの緊張《きんちょう》をほぐそうと、**砕《くだ》けた**調子《ちょうし》で話《はな》し出《だ》した。

懐《なつ》く
警戒《けいかい》を解《と》き、なれ親《した》しむ。子《こ》どもや動物《どうぶつ》などのようすをいう場合《ばあい》が多《おお》い。例 彼女《かのじょ》の家《いえ》にはよく**懐《なつ》いた**子犬《こいぬ》がいる。

和《わ》
仲《なか》よくすること。また、争《あらそ》っていた者《もの》が仲直《なかなお》りすること。例 人《ひと》の**和《わ》**を大切《たいせつ》にしていこう。

親交《しんこう》
親《した》しく交際《こうさい》すること。親《した》しい交《まじ》わり。例 僕《ぼく》は彼女《かのじょ》のお兄《にい》さんと**親交《しんこう》**がある。

友好《ゆうこう》
友《とも》だちとして、仲《なか》よく付《つ》き合《あ》うこと。国家《こっか》や組織《そしき》などが互《たが》いに交流《こうりゅう》して、仲《なか》よくする場合《ばあい》にも使《つか》われる。例 互《たが》いの家《いえ》を行《い》き来《き》して、**友好《ゆうこう》**を深《ふか》める。例 わが国《くに》と隣国《りんごく》とは**友好《ゆうこう》**関係《かんけい》にある。

親善《しんぜん》
互《たが》いに理解《りかい》を深《ふか》めて仲《なか》よくすること。おもに、国《くに》や団体同士《だんたいどうし》について使《つか》われる。例 オリンピックは国際**親善《こくさいしんぜん》**に大《おお》いに役立《やくだ》つ。

親睦《しんぼく》
互《たが》いに親《した》しみ合《あ》うこと。とくに、食事《しょくじ》や行事《ぎょうじ》などを共《とも》にして、付《つ》き合《あ》いを深《ふか》めること。例 クラス全員《ぜんいん》でピクニックに行《い》き、クラスメー

しかられなくてラッキーですか？
深谷先生《ふかやせんせい》のちょっとひと息《いき》

友《とも》だち親子《おやこ》ということばがあります。本来《ほんらい》は、友《とも》だちとその親《おや》、または子《こ》という意味《いみ》ですが、近年《きんねん》、「**友《とも》だち同士《どうし》のような仲《なか》の親子《おやこ》**」という意味《いみ》で使《つか》われ始《はじ》めています。親《おや》が子《こ》どもと同《おな》じ目線《めせん》で付《つ》き合《あ》い、同《おな》じ趣味《しゅみ》を楽《たの》しむ関係《かんけい》。たしかに、いばり散《ち》らすだけの親《おや》よりは、よほどましですが、しかるべきときにしかれない親《おや》が増《ふ》えているんだそうです。みなさんにとっては、いいことに感《かん》じられるかもしれませんが、まったくしかってもらわずに、正《ただ》しく育《そだ》つ自信《じしん》がありますか？

また、他人《たにん》から、友《とも》だちがいない人《ひと》と思《おも》われるのを極度《きょくど》に恐《おそ》れる、**ランチメート症候群《しょうこうぐん》**ということばもあります。昼食《ちゅうしょく》をいっしょに食《た》べる友《とも》だちを探《さが》すのに必《ひっ》死《し》なのだとか。小《しょう》・中学生《ちゅうがくせい》ぐらいなら、そういった気持《きも》ちがあるかもしれませんが、大人《おとな》になっても抜《ぬ》け出《だ》せない人《ひと》が増《ふ》えているんだそうです。人同士《ひとどうし》が親《した》しく付《つ》き合《あ》うのは、大変結構《たいへんけっこう》なことですが、本来《ほんらい》の関係《かんけい》がゆがんでしまうほどの親《した》しさは、少々《しょうしょう》、考《かんが》えものです。

快《こころよ》い　感動《かんどう》する　情《なさ》け深《ぶか》い
気持《きも》ち
気持《きも》ち
▶親《した》しい　おとなしい　素《そ》っ気《け》ない　いばる

◆＝もっと知《し》りたい、ことばの知識《ちしき》。

トとの親睦《しんぼく》を深《ふか》める。

懇親《こんしん》 関係《かんけい》する人《ひと》たちが互《たが》いに交《まじ》わりを深《ふか》めて、親《した》しみ合《あ》うこと。例 パーティーを開《ひら》いて、新入社員《しんにゅうしゃいん》の懇親《こんしん》を図《はか》る。

交歓《こうかん》 人々《ひとびと》が互《たが》いに打《う》ち解《と》けて親《した》しむこと。多《おお》くの人《ひと》がいっしょに交《まじ》わり、打《う》ち解《と》けて楽《たの》しむこと。例 全国大会《ぜんこくたいかい》に出場《しゅつじょう》する選手《せんしゅ》たちが、食事《しょくじ》をしながら交歓《こうかん》する。

厚誼《こうぎ》 心《こころ》からの親《した》しい交《まじ》わり。また、深《ふか》い親《した》しみの気持《きも》ち。相手《あいて》との深《ふか》い付《つ》き合《あ》いに感謝《かんしゃ》するときに使《つか》われることが多《おお》い。例 旧年中《きゅうねんちゅう》は格別《かくべつ》のご厚誼《こうぎ》を賜《たまわ》り、厚《あつ》くお礼《れい》申《もう》し上《あ》げます。

親和《しんわ》 互《たが》いに親《した》しみ仲《なか》よくすること。また、物事《ものごと》の結《むす》び付《つ》きが強《つよ》いこと。例 みんなで協力《きょうりょく》して劇《げき》を成功《せいこう》させることで、クラスの親和《しんわ》を図《はか》る。

融和《ゆうわ》 気持《きも》ちがなじんで打《う》ち解《と》けること。例 共同《きょうどう》でイベントを開《ひら》き、地域住民《ちいきじゅうみん》の融和《ゆうわ》を図《はか》る。

昵懇《じっこん》 遠慮《えんりょ》することなく、親《した》しく付《つ》き合《あ》うこと。非常《ひじょう》に親密《しんみつ》で、遠慮《えんりょ》のないこと。また、そのようす。「昵《じつ》」はなれ親《した》しむ、「懇《こん》」は懇《ねんご》ろという意味《いみ》。例 彼《かれ》とは小学校《しょうがっこう》の同級生《どうきゅうせい》で、今《いま》でも昵懇《じっこん》の間柄《あいだがら》だ。

馴染《なじ》**み** 互《たが》いになれ親《した》しんでいること。また、そういう間柄《あいだがら》の相手《あいて》。例 彼《かれ》とは馴染《なじ》みが薄《うす》いので、どういう人《ひと》なのかまったく知《し》らない。例 練習《れんしゅう》の後《あと》に、コーチの馴染《なじ》みの店《みせ》でかき氷《ごおり》をおごってもらった。

よしみ 親《した》しい付《つ》き合《あ》い。人《ひと》と人《ひと》、物事《ものごと》と物事《ものごと》の親《した》しいつながり。ないがしろにできない関係《かんけい》。例 友《とも》だちのよしみで、協力《きょうりょく》する。例 あの会社《かいしゃ》の社長《しゃちょう》は、政界《せいかい》の大物《おおもの》とよしみを通《つう》じているらしい。

親《した》**しみ** 親《した》しく思《おも》う気持《きも》ち。例 彼《かれ》とは趣味《しゅみ》が同《おな》じなので、何《なん》となく親《した》しみが持《も》てる。

意気投合《いきとうごう》 互《たが》いの趣味《しゅみ》や考《かんが》え方《かた》などが同《おな》じで、気持《きも》ちがぴったりと合《あ》うこと。例 わたしたちは初対面《しょたいめん》で意気投合《いきとうごう》し、すぐに親友《しんゆう》になった。

しっくり 気持《きも》ちや性格《せいかく》がぴったり合《あ》って、円満《えんまん》であるようす。また、物《もの》と物《もの》とがよくなじんで調和《ちょうわ》しているようす。例 どうもあの人《ひと》とはしっくりいかない。例 黒《くろ》いドレスにしっくりと合《あ》った真珠《しんじゅ》の首飾《くびかざ》り。

つうと言《い》**えばかあ** 互《たが》いに相手《あいて》のことをよく知《し》っていて、ちょっと言《い》っただけで、言《い》いたい内容《ないよう》が通《つう》じるということ。それほど互《たが》いの気心《きごころ》が知《し》れているようす。例 わたしと彼女《かのじょ》とはつうと言《い》えばかあの仲《なか》だ。◆略《りゃく》して「つうかあ」ともいう。

おとなしい

quiet
［クワイアット］

おとなしい ◎性質《せいしつ》や態度《たいど》などが落《お》ち着《つ》いていて、静《しず》かである。例 あの子《こ》はおとなしい性格《せいかく》だが、根性《こんじょう》があってしっかりしている。◎色《いろ》や柄《がら》が落《お》ち着《つ》いていて、派手《はで》ではない。例彼女《かのじょ》はいつもおとなしい服装《ふくそう》をしている。

慎《つつ》ましい ◎遠慮深《えんりょぶか》く、控《ひか》えめであるようす。例新婦《しんぷ》は慎《つつ》ましく新郎《しんろう》に寄《よ》り添《そ》っている。◎ぜいたくでなく、質素《しっそ》である。例父《ちち》は若《わか》いころは安月給《やすげっきゅう》で、慎《つつ》ましい生活《せいかつ》を送《おく》っていた。似倹《つま》しい。

慎《つつし》み深《ぶか》い 心《こころ》を引《ひ》き締《し》めていて、軽《かる》はずみな言動《げんどう》をしない。遠慮《えんりょ》がちで控《ひか》えめである。例彼《かれ》の奥《おく》さんは、慎《つつし》み深《ぶか》く上品《じょうひん》だ。

優《やさ》しい ◎性格《せいかく》が素直《すなお》でおとなしい。例だれからも好《す》かれる気立《きだ》ての優《やさ》しい子《こ》だ。◎「情《なさ》け深《ぶか》い」⬇543 ◎「美《うつく》しい」⬇434

しおらしい ◎控《ひか》えめで従順《じゅうじゅん》である。例姉《あね》はお見合《みあ》いの席《せき》で、いつになくしおらしく振《ふ》る舞《ま》っていた。◎慎《つつし》み深《ぶか》く、けなげである。例親《おや》の面倒《めんどう》を見《み》るなんて、しおらしいことを言《い》ってくれるね。

遠慮深《えんりょぶか》い 他人《たにん》に対《たい》する態度《たいど》や言《げん》動《どう》が、とても控《ひか》えめである。例彼《かれ》は遠慮深《えんりょぶか》いので、いつも自《じ》分《ぶん》は最後《さいご》でいいと言《い》う。

柔《やわ》らかい ◎受《う》け答《こた》えや物腰《ものごし》などが、穏《おだ》やかでおとなしい。例人当《ひとあ》たりが柔《やわ》らかく、初対面《しょたいめん》の人《ひと》にも好印象《こういんしょう》を与《あた》える。◎「やわらかい」⬇539

丸《まる》い 性格《せいかく》などに角《かど》がなく、穏《おだ》やかである。例年《とし》をとったせいか、父《とう》さんもずいぶん丸《まる》くなったなあ。

虫《むし》も殺《ころ》さない おとなしくて、気《き》が優《やさ》しそうなようす。小《ちい》さな虫《むし》でさえ殺《ころ》せないように見《み》えるということ。例虫《むし》も殺《ころ》さないような顔《かお》をして、こんな恐《おそ》ろしいことをしていたなんて信《しん》じられない。

静《しず》か 性格《せいかく》が穏《おだ》やかなようす。おとなしいようす。例小学生時《しょうがくせいじ》代《だい》は、いつも本《ほん》ばかり読《よ》んでいる静《しず》かな子《こ》どもだった。

物静《ものしず》か 言動《げんどう》が落《お》ち着《つ》いていて、穏《おだ》やかなようす。例父《ちち》は物《もの》静《しず》かな性格《せいかく》で、声《こえ》を荒《あら》らげて怒《おこ》ることはない。

穏《おだ》やか 落《お》ち着《つ》いていて、おとなしいようす。例兄《あに》はいつも穏《おだ》やかな口調《くちょう》で話《はな》す。

物柔《ものやわ》らか ことばや動作《どうさ》が柔《やわ》らかで、穏《おだ》やかなようす。例母親《ははおや》は、物柔《ものやわ》らかな口調《くちょう》で子《こ》どもを諭《さと》した。

慎《つつ》ましやか しとやかなようす。慎《つつ》ましいようす。例先生《せんせい》の娘《むすめ》さんは、慎《つつ》ましやかな大和《やまと》撫子《なでしこ》だ。

控《ひか》えめ ◎言動《げんどう》を遠慮《えんりょ》がちにすること。積極的《せっきょくてき》に行動《こうどう》したり主張《しゅちょう》したりしないこと。例彼《かれ》はいつも控《ひか》えめで、相手《あいて》に合《あ》わせるタイプだ。◎「少《すく》ない」⬇525

温厚《おんこう》 性格《せいかく》・性質《せいしつ》が、穏《おだ》やかで優《やさ》しいようす。例父《ちち》は温厚《おんこう》な人柄《ひとがら》で、多《おお》くの人《ひと》に慕《した》われている。

温和《おんわ》 ◎穏《おだ》やかで優《やさ》しく、落《お》ち着《つ》いているようす。例のんびりしていて温和《おんわ》な性格《せいかく》のため、あまりストレスを感《かん》じないようだ。◆「穏和《おんわ》」とも書《か》く。◎「熱《あつ》い・温《あたた》かい」⬇211

◆＝もっと知《し》りたい、ことばの知識《ちしき》。

穏健《おんけん》　考《かんが》え方《かた》や言動《げんどう》などが穏《おだ》やかで、行《い》き過《す》ぎがなく、しっかりしているようす。例 今度《こんど》の大臣《だいじん》は、穏健《おんけん》な人物《じんぶつ》として知《し》られている。

柔和《にゅうわ》　性質《せいしつ》や態度《たいど》などが穏《おだ》やかで、優《やさ》しげなようす。例 仏像《ぶつぞう》の柔和《にゅうわ》な眼差《まなざ》しに癒《い》やされる。

ソフト　◎「柔《やわ》らかい」「穏《おだ》やか」などの意味《いみ》の英語《えいご》。例 人当《ひとあ》たりがソフトなので、接客業《せっきゃくぎょう》に向《む》いていると言《い》われた。◎「やわらかい」↓540

地味《じみ》　◎言動《げんどう》や性格《せいかく》に飾《かざ》り気《け》がなく、控《ひか》えめなようす。例 地味《じみ》で目《め》立《だ》たなかった彼女《かのじょ》が、今《いま》では人気《にんき》のアイドルだ。◎形《かたち》や色《いろ》などが、落《お》ち着《つ》いた感《かん》じのするようす。例 お通夜《つや》には、地味《じみ》な服装《ふくそう》で行《い》くのが常識《じょうしき》だよ。対 派手《はで》。

内気《うちき》　気《き》が弱《よわ》く、人前《ひとまえ》ではきはきしない性格《せいかく》。おとなしくて控《ひか》えめなようす。例 内気《うちき》な性格《せいかく》で自己主《じこしゅ》張《ちょう》できないため、いつも損《そん》な役《やく》をやらされる。

シャイ　「恥《は》ずかしがり」「内気《うちき》」などの意味《いみ》の英語《えいご》。例 臆病《おくびょう》でシャイな性格《せいかく》のため、なかなか好《す》きな人《ひと》に告白《こくはく》できない。

内向的《ないこうてき》　内気《うちき》で、自分《じぶん》の気持《きも》ちを外《そと》に表《あらわ》さないようす。例 内向的《ないこうてき》だった彼《かれ》が、今《いま》ではお笑《わら》いの人気《にんき》者《もの》とは驚《おどろ》きだ。対 外向的《がいこうてき》。

引《ひ》っ込《こ》み思案《じあん》　内気《うちき》で、積極的《せっきょくてき》に人前《ひとまえ》に出《で》たり自分《じぶん》から行動《こうどう》を起《お》こしたりすることが苦手《にがて》な性格《せいかく》。例 彼女《かのじょ》は引《ひ》っ込《こ》み思案《じあん》ですが、人《ひと》の気持《きも》ちを思《おも》いやれる優《やさ》しい子《こ》です。

素《そ》っ気《け》ない

cold
［コウルド］

このページも見《み》てみよう
▼嫌《きら》い↓418

素《そ》っ気《け》ない　他人《たにん》に対《たい》する思《おも》いやりや温《あたた》かさ、好意《こうい》が感《かん》じられない。例 彼《かれ》のメールの返事《へんじ》は、いつも短《みじか》くて素《そ》っ気《け》ない。

すげない　ことばや言《い》い方《かた》、態度《たいど》などが冷淡《れいたん》で温《あたた》かみがなく、思《おも》いやりがない。例 社長《しゃちょう》に面会《めんかい》を求《もと》めたが、すげなく断《ことわ》られた。

つれない　人《ひと》に対《たい》する接《せっ》し方《かた》が、思《おも》いやりがなくて冷《つめ》たい。薄情《はくじょう》である。例 あまりにもつれない仕打《しう》ちじゃありませんか。

よそよそしい　親《した》しい気持《きも》ちを見《み》せず、素《そ》っ気《け》ない。他人行儀《たにんぎょうぎ》である。例 付《つ》き合《あ》っていることが発覚《はっかく》しないよう、わざとよそよそしい態度《たいど》を取《と》った。

冷《つめ》たい　◎態度《たいど》などに思《おも》いやりがないようす。例 大声《おおごえ》を出《だ》したら、周《まわ》りの人《ひと》から冷《つめ》たい目《め》で見《み》られた。対 温《あたた》かい。◎「寒《さむ》い・冷《つめ》たい」↓213

辛《つら》い　◎冷《つめ》たくて思《おも》いやりのない態《たい》度《ど》で接《せっ》するようす。例 いくら馬《うま》が合《あ》わないからといって、彼女一人《かのじょひとり》に辛《つら》く当《あ》たるのはよくない。◎「苦《くる》しむ」↓469

水臭《みずくさ》い　親《した》しい間柄《あいだがら》なのに、よそよそしい。遠慮《えんりょ》しすぎているようす。例おれとお前《まえ》の仲《なか》で黙《だま》っているなんて、水臭《みずくさ》いじゃないか。

にべもない

まったく愛想《あいそ》がない。「にべ」は、海水《かいすい》魚《ぎょ》の一種《いっしゅ》。また、その魚《さかな》から作《つく》ったにかわ(接着剤《せっちゃくざい》)のことで、粘《ねば》り気《け》が強《つよ》い物《もの》のたとえ。また、人付《ひとづ》き合《あ》いの強《つよ》さや愛情《あいじょう》などの意味《いみ》もある。例お願《ねが》いしてみたが、にべもなく断《ことわ》られた。

取《と》り付《つ》く島《しま》もない

頼《たよ》りとして取《と》りすがる方法《ほうほう》も場所《ばしょ》もなく、どうしようもない。冷《つめ》たく見放《みはな》されたようす。例マスコミがコメントを求《もと》めても耳《みみ》を貸《か》さず、取《と》り付《つ》く島《しま》もない。

冷《ひ》える

◎熱中《ねっちゅう》する気持《きも》ちや親《した》しみがなくなる。例両国《りょうこく》の関《かん》係《けい》が冷《ひ》えてしまわないよう、慎重《しんちょう》な話《はな》し合《あ》いが必要《ひつよう》だ。◎「寒《さむ》い・冷《つめ》たい」↓215

冷《さ》める

◎高《たか》まっていた感情《かんじょう》や興味《きょうみ》が、衰《おとろ》えたり薄《うす》らいだりする。例父《ちち》のゴルフ熱《ねつ》も冷《さ》めて、使《つか》わなくなったゴルフセットがじゃまになった。◎「寒《さむ》い・冷《つめ》たい」↓215

冷《ひ》え切《き》る

◎愛情《あいじょう》・熱意《ねつい》などがすっかりなくなる。例彼《かれ》との仲《なか》がすっかり冷《ひ》え切《き》って、最近《さいきん》では会話《かいわ》がまったくない。◎「寒《さむ》い・冷《つめ》たい」↓215

すきま風《かぜ》が吹《ふ》く

親密《しんみつ》だった両《りょう》者《しゃ》の関係《かんけい》が冷《つめ》たくなる。「すきま風《かぜ》」は、戸《と》や障子《しょうじ》などのすきまから吹《ふ》き込《こ》む冷《つめ》たい風《かぜ》。例仲《なか》のよかった二人《ふたり》の間《あいだ》に、いつしかすきま風《かぜ》が吹《ふ》き始《はじ》めた。

木《き》で鼻《はな》をくくる

無愛想《ぶあいそう》に応対《おうたい》する。人《ひと》に冷《つめ》たく応《おう》じる。例木《き》で鼻《はな》をくくったようなあいさつに腹《はら》が立《た》った。

冷《ひ》ややか

◎人《ひと》の態度《たいど》が冷淡《れいたん》なようす。例差別的《さべつてき》な発言《はつげん》で、女性《じょせい》から冷《ひ》ややかな視線《しせん》を向《む》けられる。◎「寒《さむ》い・冷《つめ》たい」↓214

冷《ひ》え冷《び》え

◎関係《かんけい》などが、とても悪《わる》いようす。例あの事《じ》件《けん》の後《あと》、友人《ゆうじん》との仲《なか》は冷《ひ》え冷《び》えとしてしまった。◎「寒《さむ》い・冷《つめ》たい」↓216

冷淡《れいたん》

同情《どうじょう》や関心《かんしん》、親切心《しんせつしん》を示《しめ》さないこと。例彼女《かのじょ》は相手《あいて》によって、ひどく冷淡《れいたん》な態度《たいど》で接《せっ》する。

薄情《はくじょう》

人情《にんじょう》に薄《うす》いこと。思《おも》いやりがないこと。例母親《ははおや》の見舞《みま》いに来《こ》ないなんて、薄情《はくじょう》な息子《むすこ》だ。

冷然《れいぜん》

少《すこ》しも心《こころ》を動《うご》かさず、冷《ひ》ややかな態度《たいど》でいるようす。例必《ひっ》死《し》に懇願《こんがん》する相手《あいて》を、冷然《れいぜん》と眺《なが》めている。

疎遠《そえん》

遠《とお》ざかって関係《かんけい》が薄《うす》いこと。付《つ》き合《あ》いや連絡《れんらく》が長《なが》い間《あいだ》途絶《とだ》えていること。例卒業《そつぎょう》してから疎遠《そえん》になっていた友《とも》だちと、道《みち》でばったり会《あ》った。対親密《しんみつ》。

無愛想《ぶあいそう》

愛想《あいそ》のないこと。むっつりとしていて、感《かん》じがよくないこと。例あそこの店員《てんいん》は無愛想《ぶあいそう》だが、とても気《き》がきく。◆「ぶあいそ」ともいう。

ぶっきらぼう

物《もの》の言《い》い方《かた》や態《たい》度《ど》などに愛想《あいそ》がないこと。例伯父《おじ》さんは話《はな》し方《かた》はぶっきらぼうだが、思《おも》いやりのある優《やさ》しい

親《した》しい　おとなしい　▶素《そ》っ気《け》ない
気持《きも》ち
気持《きも》ち
いばる　ずうずうしい　こびる　逆《さか》らう

◆＝もっと知《し》りたい、ことばの知識《ちしき》。

人《ひと》だ。

つっけんどん
物《もの》の言《い》い方《かた》や態《たい》度《ど》が、無遠慮《ぶえんりょ》でとげとげしいようす。例 頭《あたま》にきて、わざと**つっけんどん**な口調《くちょう》で言《い》い返《かえ》した。

他人行儀《たにんぎょうぎ》
親《した》しい間柄《あいだがら》なのに、他《た》人《にん》のようによそよそしく振《ふ》る舞《ま》うこと。例 十二才《じゅうにさい》になった息子《むすこ》は、久々《ひさびさ》に会《あ》う祖父母《そふぼ》に**他人行儀《たにんぎょうぎ》**なあいさつをしている。

けんもほろろ
素《そ》っ気《け》なく振《ふ》る舞《ま》うようす。また、人《ひと》の頼《たの》みや相談事《そうだんごと》を冷《つめ》たく断《ことわ》るようす。例 お客様相談係《きゃくさまそうだんがかり》に電話《でんわ》しても、**けんもほろろ**の対応《たいおう》だった。

つんと
➡「気取《きど》る」410

つんけん
無愛想《ぶあいそう》で、ことばや態《たい》度《ど》がとげとげしているようす。不機嫌《ふきげん》だったり、怒《おこ》っていたりして、言動《げんどう》に柔《やわ》らかさがないようす。例 姉《あね》はだれに対《たい》しても**つんけん**していて感《かん》じが悪《わる》い。

いばる

be arrogant
［ビ・アロガント］

いばる
自分《じぶん》を優《すぐ》れていると思《おも》い、それを見《み》せつけるような態《たい》度《ど》をとる。例 上級生《じょうきゅうせい》だからといって、むやみに**いばる**ものではない。似 **えばる**。

いばり散《ち》らす
やたらといばる。例 いくらお客《きゃく》でも、店員《てんいん》に**いばり散《ち》らす**のはみっともない。似 **いばり返《かえ》る**。

偉《えら》ぶる
偉《えら》そうに振《ふ》る舞《ま》う。得意《とくい》になって偉《えら》そうな態《たい》度《ど》を取《と》る。例 その大臣《だいじん》は、いつも**偉《えら》ぶった**態《たい》度《ど》で話《はな》すので、人気《にんき》がない。

付《つ》け上《あ》がる
相手《あいて》が黙《だま》っているのをいいことに、わがままを言《い》ったり勝手《かって》なことをしたりする。例 弟《おとうと》をほめたら、**付《つ》け上《あ》がって**生《なま》意気《いき》な口《くち》をきいてきた。

図《ず》に乗《の》る
いい気《き》になって勢《いきお》いづく。付《つ》け上《あ》がる。例 彼《かれ》の作戦《さくせん》が成功《せいこう》して勝《か》てたものだから、**図《ず》に乗《の》って**いばり出《だ》した。

いい気《き》になる
得意《とくい》になって、いばった態度《たいど》を取《と》ったり、軽率《けいそつ》な行動《こうどう》を取《と》ったりする。例 みんなにおだてられ、**いい気《き》になって**クラス委員《いいん》を引《ひ》き受《う》けた。

調子《ちょうし》に乗《の》る
好調《こうちょう》だったりおだてられたりして、得意《とくい》になる。例 ほめられてうれしくなり、**調子《ちょうし》に乗《の》って**何枚《なんまい》も絵《え》を描《えが》いた。

反《そ》っくり返《かえ》る
体《からだ》を後《うし》ろへ曲《ま》げ、胸《むね》を張《は》って偉《えら》そうにする。むやみにいばった態《たい》度《ど》を取《と》る。例 仕事《しごと》はすべて他人《たにん》に任《まか》せきりで、自分《じぶん》は**反《そ》っくり返《かえ》って**いるだけだ。似 **反《そ》り返《かえ》る**。

踏《ふ》ん反《ぞ》り返《かえ》る
「反《そ》っくり返《かえ》る」と同《おな》じ。例 椅子《いす》に**踏《ふ》ん反《ぞ》り返《かえ》った**まま、部下《ぶか》にあれこれと指示《しじ》を出《だ》す。

肩《かた》を怒《いか》らせる
肩《かた》を高《たか》く張《は》って、いばったようすをする。例 体《からだ》の大《おお》きな男《おとこ》たちが、**肩《かた》を**

怒《いか》らせて町《まち》をのし歩《ある》く。例 似 肩《かた》をそびやかす。

肩《かた》で風《かぜ》を切《き》る　肩《かた》を怒《いか》らせて、得意《とくい》になって歩《ある》くようす。例 全国大会《ぜんこくたいかい》で優勝《ゆうしょう》したチームの選手《せんしゅ》が、肩《かた》で風《かぜ》を切《き》って歩《ある》く。

大《おお》きな顔《かお》をする　いばった顔付《かおつ》きをする。また、悪《わる》いことをしたのに、平気《へいき》な顔《かお》をしている。例 ちょっと成績《せいせき》が上《あ》がったからって、大《おお》きな顔《かお》をするなよ。

かさに懸《か》かる　優勢《ゆうせい》なのをいいことに、相手《あいて》を押《お》さえつけるような態度《たいど》に出《で》る。例 相《あい》手《て》チームの守備《しゅび》が弱《よわ》いと分《わ》かると、かさに懸《か》かって攻撃《こうげき》を始《はじ》めた。

笠《かさ》に着《き》る　弱《よわ》い者《もの》が、ほかの者《もの》の力《ちから》や権威《けんい》を利用《りよう》していばる。例 彼女《かのじょ》は、親《おや》の威光《いこう》を笠《かさ》に着《き》るところがある。

幅《はば》を利《き》かせる　あるグループの中《なか》などで、一部《いちぶ》の人《ひと》が思《おも》いのままに威勢《いせい》を振《ふ》るう。例 この町《まち》では、地主《じぬし》とその親族《しんぞく》が幅《はば》を利《き》かせている。

はばかる　いばる。幅《はば》を利《き》かせる。例 憎《にく》まれっ子《こ》、世《よ》にはばかる（人《ひと》に憎《にく》まれるような人《ひと》のほうが、かえって世《よ》の中《なか》で力《ちから》があり、いばっていたりするものだ）。

のさばる　わが物顔《ものがお》に振《ふ》る舞《ま》って、勝手《かって》なことをする。例 口《くち》ばかりの人間《にんげん》がのさばる世《よ》の中《なか》にしてはいけない。

顎《あご》で使《つか》う　いばった態度《たいど》で、人《ひと》にあれこれ命令《めいれい》する。例 姉《あね》は、何《なに》かにつけてわたしを顎《あご》で使《つか》う。

空《から》いばり　実力《じつりょく》がないのにいばること。例 弟《おとうと》は、本当《ほんとう》は泣《な》き虫《むし》なのに、いつも空《から》いばりしている。

大《おお》いばり　ひどくいばること。また、まったく負《お》い目《め》を

「いばる」に関連《かんれん》することば

夜郎自大《やろうじだい》　自分《じぶん》の実力《じつりょく》を知《し》らない者《もの》が、大《おお》きな顔《かお》をしていばること。「夜郎《やろう》」は、昔《むかし》、中国《ちゅうごく》の南西部《なんせいぶ》にあった小国《しょうこく》。その国《くに》の王《おう》が、自分《じぶん》を大国《たいこく》の王《おう》だと思《おも》い込《こ》んで自慢《じまん》していたという話《はなし》からできたことば。

虎《とら》の威《い》を借《か》る狐《きつね》　自分自身《じぶんじしん》にはちっとも力《ちから》がないのに、強《つよ》い者《もの》の力《ちから》を借《か》りていばる者《もの》のたとえ。

内弁慶《うちべんけい》の外地蔵《そとじぞう》　家《いえ》の中《なか》ではいばっているのに、家《いえ》の外《そと》に出《で》るとおとなしくなること。「弁慶《べんけい》」は、強《つよ》い人《ひと》のたとえ。「地蔵《じぞう》」は、おとなしい人《ひと》のたとえ。

おごる平家《へいけ》は久《ひさ》しからず　勢《いきお》いが盛《さか》んなときに、思《おも》い上《あ》がって勝手《かって》なことをする人《ひと》は、その地位《ちい》を長《なが》く保《たも》てないものだということ。平安時代末期《へいあんじだいまっき》に天下《てんか》を握《にぎ》って繁栄《はんえい》した平家《へいけ》も、たちまち源氏《げんじ》に滅《ほろ》ぼされたことから。

●こんなことばも覚《おぼ》えておこう
傲然《ごうぜん》・倣岸《ごうがん》・増上慢《ぞうじょうまん》

気持《きも》ち
気持《きも》ち
親《した》しい　おとなしい　素《そ》っ気《け》ない　▶いばる　ずうずうしい　こびる　逆《さか》らう

◆＝もっと知《し》りたい、ことばの知識《ちしき》。

気持《きも》ち

感《かん》じないで、堂々《どうどう》とすること。例 勝《か》ったチームの選手《せんしゅ》が、**大《おお》いばり**で引《ひ》き上《あ》げていく。例 宿題《しゅくだい》を済《す》ませて、**大《おお》いばり**で遊《あそ》びに行《い》く。

頭《ず》が高《たか》い 立場《たちば》が下《した》の者《もの》が、上《うえ》の者《もの》の前《まえ》でかしこまらずに無礼《ぶれい》なようす。例 新米《しんまい》のくせに、師匠《ししょう》に対《たい》して**頭《ず》が高《たか》い**。

態度《たいど》が大《おお》きい 偉《えら》そうな態度《たいど》で、無礼《ぶれい》であるようす。例 一年生《いちねんせい》で四番《よばん》バッターの彼《かれ》は、**態度《たいど》が大《おお》きい**こともなく人気者《にんきもの》だ。

誇《ほこ》らしい 優《すぐ》れていると思《おも》って、自慢《じまん》したいようす。例 テストで百点《ひゃくてん》を取《と》って、とても**誇《ほこ》らしい**気持《きも》ちだ。

尊大《そんだい》 人《ひと》を見下《みくだ》したように、いばって偉《えら》そうに振《ふ》る舞《ま》うようす。例 相手《あいて》が弱気《よわき》なのをいいことに、**尊大《そんだい》**な態度《たいど》を取《と》る。

横柄《おうへい》 いばっていて、人《ひと》をないがしろにするようす。謙虚《けんきょ》さがなく、相手《あいて》をばかにしている感《かん》じ。例 パソコンに詳《くわ》しいからといって、**横柄《おうへい》**な口《くち》の利《き》き方《かた》をするものではない。

不遜《ふそん》 思《おも》い上《あ》がった態度《たいど》を取《と》り、礼《れい》儀《ぎ》に欠《か》けるようす。例 年長《ねんちょう》者《しゃ》に**不遜《ふそん》**な態度《たいど》で接《せっ》して、たしなめられた。

高圧的《こうあつてき》 権力《けんりょく》などに物《もの》を言《い》わせて、人《ひと》を押《お》さえつけようとするようす。例 あんな**高圧的《こうあつてき》**な物《もの》の言《い》い方《かた》をされては、みんなが意見《いけん》を出《だ》しにくくなってしまう。

威圧的《いあつてき》 相手《あいて》を強《つよ》さや権威《けんい》などで脅《おど》かして、押《お》さえつけるような態度《たいど》に出《で》るようす。例 **威圧的《いあつてき》**な態度《たいど》で、強引《ごういん》に約束《やくそく》させる。

高飛車《たかびしゃ》 相手《あいて》に対《たい》して偉《えら》そうな態度《たいど》を取《と》ること。もとは、将棋《しょうぎ》で「飛車《ひしゃ》」という駒《こま》を自分《じぶん》の陣地《じんち》の前方《ぜんぽう》に進《すす》める、強気《つよき》の戦法《せんぽう》のこと。例 じゃんけんに勝《か》った姉《あね》は、**高飛車《たかびしゃ》**な口調《くちょう》で僕《ぼく》に用事《ようじ》を言《い》いつけた。

居丈高《いたけだか》 相手《あいて》を威圧《いあつ》するような態度《たいど》であるようす。「居丈《いたけ》」は、座高《ざこう》のことで、座《すわ》っているときの背《せ》の高《たか》さが高《たか》いということから。例 その政《せい》治家《じか》は、新聞《しんぶん》記者《きしゃ》を**居丈高《いたけだか》**に追《お》い払《はら》った。◆「威丈高《いたけだか》」とも書《か》く。

	威圧的	高飛車	居丈高
――に言《い》う	○	○	○
――にしかる	−	−	○
――に出《で》る	○	○	−

高姿勢《こうしせい》 相手《あいて》に対《たい》して強《つよ》い態度《たいど》に出《で》るようす。一歩《いっぽ》も譲《ゆず》らないというかまえ。例 要求《ようきゅう》を通《とお》すため、**高《こう》姿勢《しせい》**で話《はな》し合《あ》いに臨《のぞ》む。対 低姿勢《ていしせい》。

権柄尽《けんぺいず》く 権力《けんりょく》や勢力《せいりょく》に任《まか》せて、偉《えら》そうに物事《ものごと》を行《おこな》うようす。例 市長《しちょう》が**権柄尽《けんぺいず》く**な態度《たいど》で、職《しょく》員《いん》に指示《しじ》をしている。

頭《あたま》ごなし 相手《あいて》の言《い》い分《ぶん》も聞《き》かないで、初《はじ》めから決《き》めつけた態度《たいど》を取《と》ること。例 帰《かえ》りが遅《おそ》くなった理由《りゆう》も聞《き》かないで、**頭《あたま》ごなし**にしからないでよ。

亭主関白《ていしゅかんぱく》 家庭《かてい》の中《なか》で、夫《おっと》が非常《ひじょう》にいばっていること。「関白《かんぱく》」は、天皇《てんのう》を補佐《ほさ》する貴族《きぞく》の最高《さいこう》位《い》。例 **亭主関白《ていしゅかんぱく》**の祖父《そふ》は、家事《かじ》を一切《いっさい》したことがない。

かかあ天下《でんか》

家庭《かてい》の中《なか》で、妻《つま》が夫《おっと》よりもいばっていること。例 わが家《や》はかかあ天下《でんか》で、お父《とう》さんはお母《かあ》さんに頭《あたま》が上《あ》がらない。

お山《やま》の大将《たいしょう》

仲間《なかま》だけの狭《せま》い世界《せかい》で、自分《じぶん》が一番《いちばん》だと得意《とくい》になっている人《ひと》。例 校内《こうない》で最強《さいきょう》だといばっているが、地区大会《ちくたいかい》に出《で》ればお山《やま》の大将《たいしょう》だったと気《き》づくだろう。

えへん

いばるときの声《こえ》。周《まわ》りの注目《ちゅうもく》を集《あつ》めるための、せき払《ばら》いの声《こえ》。例 王様《おうさま》は、えへんとせきをして家来《けらい》を呼《よ》んだ。

うぬぼれる

実際《じっさい》以上《いじょう》に自分《じぶん》を偉《えら》いと思《おも》い、得意《とくい》になる。例 一度賞《いちどしょう》を取《と》ったくらいでうぬぼれて、歌手《かしゅ》になろうだなんてとんでもない。

思《おも》い上《あ》がる

いい気《き》になってうぬぼれる。例 自分《じぶん》だけは特別《とくべつ》だという思《おも》い上《あ》がった考《かんが》えは、改《あらた》めたほうがよい。

おごる

権力《けんりょく》や才能《さいのう》、財産《ざいさん》などを誇《ほこ》って、思《おも》い上《あ》がった振《ふ》る舞《ま》いをする。例 試合《しあい》に勝《か》ったからといっておごっていると、すぐに腕《うで》がなまるぞ。

高《たか》ぶる

◎思《おも》い上《あ》がった態度《たいど》を取《と》る。例 むやみに高《たか》ぶった態度《たいど》で後輩《こうはい》に接《せっ》する。◎気分《きぶん》が盛《も》り上《あ》がって興奮《こうふん》する。例 明日《あした》の決勝《けっしょう》を前《まえ》に、気持《きも》ちが高《たか》ぶる。

おごり高《たか》ぶる

いばって、思《おも》い上《あ》がった行動《こうどう》をする。「おごる」と「高《たか》ぶる」を合《あ》わせたことば。例 おごり高《たか》ぶっていた平氏一《へいしいち》族《ぞく》も、やがて源氏《げんじ》に滅《ほろ》ぼされた。

誇《ほこ》る

優《すぐ》れていると思《おも》って得意《とくい》になる。自分《じぶん》の地位《ちい》や功績《こうせき》などを名誉《めいよ》に思《おも》う。例 彼《かれ》は、ことあるごとに自分《じぶん》の足《あし》の速《はや》さを誇《ほこ》る。例 世界一《せかいいち》の高《たか》さを誇《ほこ》る高層《こうそう》ビル。

のぼせる

気持《きも》ちが舞《ま》い上《あ》がるようにうぬぼれる。例

いばりんぼうの動物《どうぶつ》たち

深谷先生《ふかやせんせい》のちょっとひと息《いき》

異性《いせい》の好《この》みのタイプとして「いばっている人《ひと》が好《す》き」という人《ひと》は、あまりいません。このページにも、いやな感《かん》じのことばが並《なら》んでいます。でも、いばるのは人間《にんげん》だけではありません。動物《どうぶつ》たち（とくにオス）にとって、いばることは、同《どう》性《せい》のライバルを怖《こわ》がらせ、異性《いせい》を引《ひ》きつける大切《たいせつ》な習性《しゅうせい》なのです。

たとえば多《おお》くの鳥《とり》は、反《そ》っくり返《かえ》って胸《むね》を張《は》り、派手《はで》な羽《はね》をこれ見《み》よがしにひけらかします。シカは立派《りっぱ》な角《つの》を見《み》せびらかします。これらの行動《こうどう》をディスプレーと言《い》うのですが、クジャクが羽《はね》を広《ひろ》げるのは異性《いせい》を引《ひ》きつけるためで、ライバルを脅《おど》すためではありません。つまり、いばるというよりは着飾《きかざ》る感《かん》じでしょうか。しかし、派手《はで》すぎる羽《はね》や大《おお》きすぎる角《つの》は、天敵《てんてき》に見《み》つかりやすく不利《ふり》にもなります。これは、不利《ふり》を乗《の》り越《こ》えて生《い》き抜《ぬ》く生命力《せいめいりょく》をあえて見《み》せつける、いわばやせ我慢《がまん》（489ページ）なのです。

気持《きも》ち
気持《きも》ち
親《した》しい　おとなしい　素《そ》っ気《け》ない
▶いばる　ずうずうしい　こびる　逆《さか》らう

◆＝もっと知《し》りたい、ことばの知識《ちしき》。

珍《めずら》しく先生《せんせい》にほめられて、しばらくのぼせていた。

のぼせ上《あ》がる　すっかりのぼせてしまう。例好《す》きな子《こ》から手紙《てがみ》をもらって、兄《あに》はのぼせ上《あ》がっている。

しょってる　思《おも》い上《あ》がる。うぬぼれる。例自分《じぶん》こそがこのクラスのヒーローだなんて、あの人《ひと》はずいぶんしょってるね。

てらう　偉《えら》そうに、自分《じぶん》の能力《のうりょく》をやたらと見《み》せようとする。例彼《かれ》は学校一《がっこういち》の名投手《めいとうしゅ》だが、少《すこ》しもてらうところがない。

小鼻《こばな》をうごめかす　得意《とくい》そうな顔《かお》をする。「小鼻《こばな》」は、鼻《はな》の左右《さゆう》の小《ちい》さなふくらみ。例松田《まつだ》くんは、芸能人《げいのうじん》のサインを、小鼻《こばな》をうごめかしてみんなに見《み》せている。

鼻《はな》にかける　自分《じぶん》の優《すぐ》れている点《てん》を、人《ひと》に示《しめ》して得意《とくい》がる。例叔父《おじ》は、自分《じぶん》の地位《ちい》を鼻《はな》にかけているところがある。

鼻《はな》を高《たか》くする　自分《じぶん》の能力《のうりょく》などを自慢《じまん》する。得《とく》意《い》になる。例作品《さくひん》が金賞《きんしょう》に選《えら》ばれて、大《おお》いに鼻《はな》を高《たか》くする。

天狗《てんぐ》になる　いい気《き》になってうぬぼれる。「天狗《てんぐ》」は、鼻《はな》が高《たか》いことから。例自分《じぶん》ほどサッカーのうまい人《ひと》はいないと、天狗《てんぐ》になっている。

見《み》せびらかす　自分《じぶん》の優《すぐ》れたところや値打《ねう》ちのある持《も》ち物《もの》などを、得意《とくい》そうに、やたらと見《み》せようとする。例誕生日《たんじょうび》に買《か》ってもらったペンダントを、みんなに見《み》せびらかす。

ひけらかす　見《み》せびらかす。とくに、才能《さいのう》や地位《ちい》などを自慢《じまん》する。例日本史《にほんし》に詳《くわ》しい小島《こじま》さんは、何《なに》かというとすぐ知識《ちしき》をひけらかす。

見《み》せ付《つ》ける　自分《じぶん》の能力《のうりょく》などを、思《おも》い知《し》らせるようにしっかりと見《み》せる。わざと人目《ひとめ》につくようにする。例チャンピオンは、圧倒的《あっとうてき》な実力《じつりょく》の差《さ》を見《み》せ付《つ》けて勝利《しょうり》した。

振《ふ》り回《まわ》す　やみにひけらかす。例権力《けんりょく》や知識《ちしき》などを、むやみに…

勝《か》ち誇《ほこ》る　勝《か》って得意《とくい》になる。例クラス代表《だいひょう》に選《えら》ばれた彼《かれ》は、勝《か》ち誇《ほこ》った顔《かお》をしている。

自慢《じまん》　自分《じぶん》の優《すぐ》れたところや値打《ねう》ちのある持《も》ち物《もの》などを、自分《じぶん》でほめて得意《とくい》になること。例新《あたら》しい自転《じてん》車《しゃ》を友《とも》だちに自慢《じまん》する。例とても優《やさ》しくて頼《たよ》りになる、自慢《じまん》の兄《あに》です。

自慢気《じまんげ》　いかにも得意《とくい》になっているように見《み》えるようす。例自慢気《じまんげ》に海外旅行《かいがいりょこう》の話《はなし》をする。

自負《じふ》　ある物事《ものごと》について自信《じしん》を持《も》ち、これだけは負《ま》けないと思《おも》うこと。例この作文《さくぶん》は上手《じょうず》に書《か》けたと自負《じふ》している。

自任《じにん》　自分《じぶん》の能力《のうりょく》などが、ある役目《やくめ》や立場《たちば》にふさわしいと思《おも》うこ

似＝似《に》た表現《ひょうげん》のことば。対＝反対《はんたい》の意味《いみ》のことば。例＝使《つか》い方《かた》の例《れい》。

と。例 彼《かれ》は、算数《さんすう》の天才《てんさい》と自任《じにん》している。

誇示《こじ》 誇《ほこ》らしげに示《しめ》すこと。得意《とくい》になって見《み》せびらかすこと。例 ランナーは勝利《しょうり》を誇示《こじ》するかのように、ガッツポーズをしながらトラックを一周《いっしゅう》した。

顕示《けんじ》 優《すぐ》れたところがはっきりと分《わ》かるように見《み》せつけること。例 自己顕示欲《じこけんじよく》。例 実力《じつりょく》を顕示《けんじ》したがる。

高慢《こうまん》 自分《じぶん》が優《すぐ》れているとうぬぼれて、人《ひと》をばかにすること。例 相手《あいて》が初心者《しょしんしゃ》だというので、つい高慢《こうまん》な態度《たいど》を取《と》ってしまった。

驕慢《きょうまん》 うぬぼれて人《ひと》をばかにし、勝手《かって》なことをすること。例 人情《にんじょう》がなく驕慢《きょうまん》な王《おう》に、家来《けらい》たちは困《こま》り果《は》てた。

傲慢《ごうまん》 自分《じぶん》で自分《じぶん》を偉《えら》いと思《おも》い、自分勝手《じぶんかって》に行動《こうどう》すること。例 彼《かれ》は、有名《ゆうめい》になってから傲慢《ごうまん》な態度《たいど》が目《め》につくようになった。

増長《ぞうちょう》 調子《ちょうし》に乗《の》って、しだいに高慢《こうまん》になること。例 飼《か》い犬《いぬ》を甘《あま》やかしていたら、増長《ぞうちょう》して言《い》うことをきかなくなってきた。

慢心《まんしん》 自分《じぶん》を偉《えら》いと思《おも》って、油断《ゆだん》すること。また、そのような気《き》持《も》ち。例 相手《あいて》は格下《かくした》だという慢心《まんしん》が、敗北《はいぼく》の原因《げんいん》である。

高慢ちき《こうまん》 いかにも高慢《こうまん》で周《まわ》りを不愉快《ふゆかい》にさせること。高慢《こうまん》な人《ひと》をののしっていうことば。例 一言《ひとこと》のお礼《れい》もない高慢《こうまん》ちきな振《ふ》る舞《ま》いに腹《はら》を立《た》てる。

自画自賛《じがじさん》 自分《じぶん》で自分《じぶん》をほめること。自分《じぶん》の描《えが》いた絵《え》（自《じ》画《が》）に、自分《じぶん》でほめことば（賛《さん》）をつけるということから。例 我《われ》ながら面白《おもしろ》い小説《しょうせつ》を書《か》いたものだと自画自賛《じがじさん》する。

手前味噌《てまえみそ》 自分《じぶん》の優《すぐ》れたところを、隠《かく》さずに自慢《じまん》すること。自分《じぶん》の家《いえ》で作《つく》った味噌《みそ》の味《あじ》が一番《いちばん》だと自慢《じまん》することから。例 自分《じぶん》の店《みせ》のコーヒーがこの町《まち》で一番《いちばん》だと、マスターが手前味噌《てまえみそ》を並《なら》べている。

得意《とくい》 自分《じぶん》が優《すぐ》れていると思《おも》って、誇《ほこ》らしげに振《ふ》る舞《ま》うこと。例 飛行機《ひこうき》のことならクラスでいちばん詳《くわ》しいと、得意《とくい》になってしゃべっている。

得意気《とくいげ》 いかにも得意《とくい》そうであるようす。例 みんなの前《まえ》で、得意気《とくいげ》に空手《からて》の技《わざ》を披露《ひろう》した。

得意満面《とくいまんめん》 得意《とくい》そうな表情《ひょうじょう》が、顔《かお》全体《ぜんたい》に表《あらわ》れていること。例 作文《さくぶん》をほめられて得意満面《とくいまんめん》になる。

鼻高々《はなたかだか》 大《おお》いに自慢《じまん》するようす。例 難《むずか》しいと言《い》われている検定《けんてい》に合格《ごうかく》したので、姉《あね》は鼻高々《はなたかだか》だ。

得々《とくとく》 得意気《とくいげ》に自慢話《じまんばなし》をするようす。例 自分《じぶん》が活躍《かつやく》した試合《しあい》のようすを、得々《とくとく》として話《はな》す。

意気揚々《いきようよう》 得意気《とくいげ》で威勢《いせい》のよいようす。例 優勝《ゆうしょう》チームが意気揚々《いきようよう》と帰《かえ》ってきた。

優越感《ゆうえつかん》 自分《じぶん》は他人《たにん》より優《すぐ》れていると思《おも》う気持《きも》ち。例 テストで満点《まんてん》を取《と》り、優越感《ゆうえつかん》に浸《ひた》る。対 劣等感《れっとうかん》。

唯我独尊《ゆいがどくそん》 この世《よ》の中《なか》で、自分《じぶん》だけが偉《えら》いとうぬぼれること。釈迦《しゃか》が生《う》まれたときに唱《とな》えたという「天上天下唯我独尊《てんじょうてんげゆいがどくそん》（この世《よ》に自《じ》分《ぶん》ほど尊《とうと》いものはない）」ということば

◆＝もっと知《し》りたい、ことばの知識《ちしき》。

から。例いくら有能《ゆうのう》でも、唯我独尊《ゆいがどくそん》な態度《たいど》では嫌《きら》われる。

したり顔《がお》　何《なに》かをうまくやったという、得意《とくい》そうな顔付《かおつ》き。例したり顔《がお》で、自分《じぶん》の手柄《てがら》について長々《ながなが》と話《はな》す。

これ見《み》よがし　「これを見《み》ろ」と言《い》わんばかりに、得意気《とくいげ》に見《み》せつけるようす。例これ見《み》よがしに、新《あたら》しい腕時計《うでどけい》を見《み》せびらかす。

鬼《おに》の首《くび》を取《と》ったよう　大《たい》したことでもないのに、この上《うえ》もなく大《おお》きな手柄《てがら》を立《た》てたように得意《とくい》になることのたとえ。例ほんの一《ひと》つ間違《まちが》いを見《み》つけただけなのに、まるで鬼《おに》の首《くび》を取《と》ったような口《くち》ぶりだ。

ずうずうしい

impudent
［インピュデント］

ずうずうしい　相手《あいて》の都合《つごう》や気持《きも》ちなどをまったく考《かんが》えずに、身勝手《みがって》に振《ふ》る舞《ま》うようす。例のら猫《ねこ》がやってきて、ずうずうしく庭《にわ》の真《ま》ん中《なか》で寝《ね》ている。◆「図々《ずうずう》しい」と書《か》くこともある。

厚《あつ》かましい　慎《つつし》みがなく、恥知《はじし》らずで遠慮《えんりょ》がない。例長《なが》い行列《ぎょうれつ》ができているのに、後《あと》から来《き》て割《わ》り込《こ》もうだなんて厚《あつ》かましい。

馴《な》れ馴《な》れしい　たいして親《した》しくもないのに、こちらが戸惑《とまど》うほど親《した》しげに接《せっ》してきたり話《はな》しかけてきたりするようす。例街《まち》で知《し》らない人《ひと》に馴《な》れ馴《な》れしく話《はな》しかけられた。例友《とも》だちのような馴《な》れ馴《な》れしい口調《くちょう》で呼《よ》びかける。

ふてぶてしい　相手《あいて》や周囲《しゅうい》の人《ひと》に遠慮《えんりょ》することなく、大胆《だいたん》に振《ふ》る舞《ま》うようす。悪事《あくじ》を反省《はんせい》せずに、開《ひら》き直《なお》っているようす。例弟《おとうと》は、自分《じぶん》のせいではないとふてぶてしく言《い》い放《はな》った。

太《ふと》い　ずうずうしいようす。また、恐《おそ》れを知《し》らず大胆《だいたん》なようす。例みんなで使《つか》うためのボールを独占《どくせん》するなんて、太《ふと》いやつだ。例彼《かれ》は気《き》が弱《よわ》そうに見《み》えて、意外《いがい》と神経《しんけい》が太《ふと》い。

図太《ずぶと》い　大胆《だいたん》で、少《すこ》しのことではびくともしないようす。「太《ふと》い」には大胆《だいたん》さをほめる意味《いみ》もあるが、「図太《ずぶと》い」をほめる場面《ばめん》で使《つか》うことは少《すく》ない。例いたずらが過《す》ぎるのをたしなめられても、図太《ずぶと》く構《かま》えている。

心臓《しんぞう》が強《つよ》い　厚《あつ》かましくて、物《もの》おじしないようす。例やじを飛《と》ばされても顔色《かおいろ》一《ひと》つ変《か》えないなんて、彼《かれ》は本当《ほんとう》に心臓《しんぞう》が強《つよ》い。

面《つら》の皮《かわ》が厚《あつ》い　恥《はじ》を恥《はじ》とも思《おも》わない、恥知《はじし》らずでずうずうしいようす。例彼《かれ》はよほど面《つら》の皮《かわ》が厚《あつ》いようで、平然《へいぜん》とうそをつき続《つづ》けた。

遠慮会釈《えんりょえしゃく》もない　相手《あいて》の同意《どうい》を得《え》ることなく、自分《じぶん》の思《おも》い通《どお》りに物事《ものごと》を進《すす》めるようす。例彼《かれ》は遠慮会釈《えんりょえしゃく》もなく、勝手《かって》に劇《げき》の配役《はいやく》を決《き》めていった。

盗人猛々《ぬすっとたけだけ》しい　悪《わる》いことをしていながらずうずうず

うしくしたり、とがめられても逆《ぎゃく》に居《い》直《なお》ったりするようす。例つまみ食いをした上《うえ》に、あまりおいしくなかったなんて言《い》うとは、**盗人猛々《ぬすっとたけだけ》しい**にもほどがある。

心臓《しんぞう》に毛《け》が生《は》えている

とても厚《あつ》かましいようすのたとえ。実《じっ》際《さい》には心臓《しんぞう》に毛《け》はないが、「毛《け》が生《は》えている」ということで、荒《あら》っぽくて強《きょう》靭《じん》な印象《いんしょう》を表《あらわ》す。例あの新人投手《しんじんとうしゅ》はどんなピンチにも落《お》ち着《つ》いていて、**心臓《しんぞう》に毛《け》が生《は》えている**としか思《おも》えない。

デリカシーがない

相手《あいて》を思《おも》いやる気《き》持《も》ちがない。「デリカシー」は「繊細《せんさい》さ」という意味《いみ》の英語《えいご》。例食事中《しょくじちゅう》に汚《きたな》い話《はなし》をするなんて、**デリカシーがない**人《ひと》だ。

どの面《つら》下《さ》げて

厚《あつ》かましく恥《は》ずかしげのない人《ひと》を非難《ひなん》することば。ふつうなら、恥《はじ》や後《うし》ろめたさで顔《かお》を出《だ》せないような場《ば》所《しょ》に、平《へい》気《き》でやってくるようすをいう。例約束《やくそく》を破《やぶ》っておいて、今《いま》さら**どの面《つら》下《さ》げて**やって来《き》たんだ。

臆面《おくめん》もなく

本来《ほんらい》なら、気後《きおく》れしたり恥《は》ずかしがったりするはずなのに、そうしないようす。「臆面《おくめん》」は、気後《きおく》れした表情《ひょうじょう》やようす。例彼《かれ》のせいで舞台《ぶたい》が台無《だいな》しになったというのに、よく**臆面《おくめん》もなく**顔《かお》を出《だ》せるものだ。

無遠慮《ぶえんりょ》

相手《あいて》のことを考《かんが》えずに、思《おも》いのままに振《ふ》る舞《ま》うこと。控《ひか》えめなところがないこと。例親友《しんゆう》だからといって、彼《かれ》の好意《こうい》に甘《あま》えっぱなしというのも**無遠慮《ぶえんりょ》**すぎる。

無神経《むしんけい》

相手《あいて》を思《おも》いやったり、相手《あいて》の身《み》になって考《かんが》えたりすることがないこと。例勉強中《べんきょうちゅう》の兄《あに》に、**無《む》神経《しんけい》**にも遊《あそ》びの誘《さそ》いをかけてしまった。

恥知《はじし》らず

恥《は》ずかしいことを平気《へいき》でやってのけること。また、その人《ひと》。例大声《おおごえ》で下品《げひん》な話《はなし》をするとは、何《なん》という**恥知《はじし》らず**だ。

破廉恥《はれんち》

道徳《どうとく》や人《ひと》の道《みち》に反《はん》する行動《こうどう》を、恥《はじ》とも思《おも》わず平《へい》気《き》でやること。例状況《じょうきょう》によって敵《てき》にも味《み》方《かた》にもなるとは、**破廉恥《はれんち》**な男《おとこ》だ。例公《こう》衆《しゅう》の面前《めんぜん》で**破廉恥《はれんち》**な行《おこな》いをした男《おとこ》が逮《たい》捕《ほ》された。

我《わ》が物顔《ものがお》

まるで自分《じぶん》がその場《ば》でいちばん偉《えら》いかのように、いばった態度《たいど》で勝手《かって》気《き》ままに振《ふ》る舞《ま》うこと。人間以外《にんげんいがい》のものにも使《つか》われる。例上級生《じょうきゅうせい》が、昼休《ひるやす》みのグラウンドを**我《わ》が物顔《ものがお》**に使《つか》っている。例刈《か》り入《い》れの終《お》わった畑《はたけ》に、雑草《ざっそう》が**我《わ》が物顔《ものがお》**にはびこる。

厚顔《こうがん》

厚《あつ》かましいこと。面《つら》の皮《かわ》が厚《あつ》いという意味《いみ》から。例物《もの》を借《か》りておいて礼《れい》も言《い》わないとは、**厚顔《こうがん》**な人《ひと》だ。

厚顔無恥《こうがんむち》

厚《あつ》かましくて、恥《はじ》を恥《はじ》とも思《おも》わないこと。例急《きゅう》に遊《あそ》びに来《き》たうえにおやつまでねだるなんて、**厚顔無恥《こうがんむち》**にもほどがある。

心臓《しんぞう》

厚《あつ》かましいこと。また、度胸《どきょう》があること。「心臓《しんぞう》が強《つよ》い」の略《りゃく》。例学校一《がっこういち》のアイドルに交際《こうさい》を申《もう》し込《こ》むなんて、彼《かれ》もなかなかの**心臓《しんぞう》**だね。

◆＝もっと知《し》りたい、ことばの知識《ちしき》。

鉄面皮《てつめんぴ》

まるで面《つら》の皮《かわ》が鉄《てつ》でできているかのように厚《あつ》かましいこと。例 何度《なんど》断《ことわ》っても訪《たず》ねてくる、彼《かれ》ほど**鉄面皮《てつめんぴ》**なセールスマンは見《み》たことがない。

蛙《かえる》の面《つら》に水《みず》

何《なに》かを言《い》われたりされたりしても、いっこうに平気《へいき》でいることのたとえ。カエルの顔《かお》に水《みず》をかけても、平気《へいき》でいることから。例 弟《おとうと》に意見《いけん》しても、**蛙《かえる》の面《つら》に水《みず》**でさっぱり効《き》き目《め》がない。似 蛙《かえる》の面《つら》に小便《しょうべん》。

しゃあしゃあ

恥《はじ》を恥《はじ》とも思《おも》わず、ずうずうしく平気《へいき》でいるようす。例 彼《かれ》は先生《せんせい》に注意《ちゅうい》されても、**しゃあしゃあ**としている。

いけしゃあしゃあ

憎《にく》らしいほど平然《へいぜん》としているようす。「しゃあしゃあ」に、非難《ひなん》の意味《いみ》を強《つよ》める「いけ」をつけたことば。例 記者会見《きしゃかいけん》で、**いけしゃあしゃあ**とうそをつく経営者《けいえいしゃ》たち。

ぬけぬけ

ずうずうしく構《かま》えてとぼけるようす。恥《は》ずべき行動《こうどう》や発言《はつげん》をするようす。例 窓《まど》ガラスを割《わ》ったのはだれの目《め》にも明《あき》らかなのに、**ぬけぬけ**としらを切《き》る。

のこのこ

周囲《しゅうい》の状況《じょうきょう》を知《し》らずに、あるいは気《き》にせずに、都合《つごう》の悪《わる》い場所《ばしょ》や時間《じかん》などに平気《へいき》で出《で》てくるようす。例 家族《かぞく》みんなで草《くさ》むしりを終《お》えたころになって、弟《おとうと》は**のこのこ**と起《お》きてきた。

出《で》しゃばる

自分《じぶん》とは関係《かんけい》のないことに、手《て》を出《だ》したり口《くち》を出《だ》したりする。他《た》を押《お》しのけて目立《めだ》つことをする。例 **出《で》しゃばって**、隣《となり》のクラスの問題《もんだい》にまで口《くち》を出《だ》す。

出過《です》ぎる

自分《じぶん》の守《まも》るべき限度《げんど》や範囲《はんい》を超《こ》えて、手《て》を出《だ》したり口《くち》を出《だ》したりする。例 人《ひと》には人《ひと》の事情《じじょう》があるのだから、あまり**出過《です》ぎた**ことをするものではない。

しゃしゃり出《で》る

出《で》しゃばって、出《で》なくてもいい場《ば》などへ厚《あつ》かましく出《で》る。厚《あつ》かましく目立《めだ》とうとする。例 あの人《ひと》は、集《あつ》まりがあると必《かなら》ず**しゃしゃり出《で》て**きて場《ば》を仕切《しき》ろうとする。

おこがましい

身《み》の程知《ほどし》らずで生意気《なまいき》なようす。思《おも》い上《あ》がっているようす。例 初心者《しょしんしゃ》が、ベテランに意見《いけん》するなど**おこがましい**。例 自分《じぶん》で言《い》うのも**おこがましい**が、僕《ぼく》たちのチームの団結力《だんけつりょく》は日本一《にほんいち》だ。

差《さ》し出《で》がましい

必要以上《ひつよういじょう》に他人《たにん》のことにかかわろうとする。おせっかいなようす。例 **差《さ》し出《で》がましい**ようですが、わたしにも一言言《ひとことい》わせてください。

立《た》ち入《い》る

自分《じぶん》と関係《かんけい》ないことなどに深《ふか》くかかわったり、あれこれ言《い》ったりする。とくに、他人《たにん》の私生活《しせいかつ》に深《ふか》くかかわる。例 君《きみ》の家庭《かてい》に**立《た》ち入《い》る**ことになるので、これ以上《いじょう》は聞《き》かないよ。

首《くび》を突《つ》っ込《こ》む

興味《きょうみ》や関心《かんしん》を持《も》って、あることにかかわる。自分《じぶん》がすべきことを超《こ》えてかかわる。また、あることに深入《ふかい》りする。例 他人《たにん》のけんかに**首《くび》を突《つ》っ込《こ》ん**

で、たいへんな目《め》にあってしまった。

くちばしを入《い》れる

自分《じぶん》に関《かん》係《けい》のない話《はなし》に、出《で》しゃばって口出《くちだ》しをする。例 僕《ぼく》が中田《なかた》さんと話《はなし》をしていたら、急《きゅう》に兄《あに》が横《よこ》からくちばしを入《い》れてきた。似 くちばしを挟《はさ》む。

ちょっかいを出《だ》す

◎余《よ》計《けい》な手《て》出《だ》しや口出《くちだ》しをする。「ちょっかい」は、猫《ねこ》などがじゃれて前足《まえあし》で物《もの》をかきよせる動《どう》作《さ》のこと。例 僕《ぼく》がプラモデルを作《つく》っていると、いつも兄《あに》がちょっかいを出《だ》してくる。◎好《す》きな異性《いせい》の気《き》を引《ひ》こうとする。例 好《す》きな女《おんな》の子《こ》にちょっかいを出《だ》す。

お節介《せっかい》

出《で》しゃばって、あれこれと余計《よけい》な世話《せわ》を焼《や》くこと。また、その人《ひと》。相手《あいて》のためと思《おも》ってした行動《こうどう》が、結局《けっきょく》、相手《あいて》にとって余計《よけい》なことになる場合《ばあい》に使《つか》われる。例 時間《じかん》がかかっても一人《ひとり》でやり遂《と》げたいのだから、お節介《せっかい》を焼《や》かないでほしい。例 あのおばさんは、町内一《ちょうないいち》のお節介《せっかい》として有名《ゆうめい》だ。

干渉《かんしょう》

他人《たにん》のことに無理《むり》やり立《た》ち入《い》り、あれこれ言《い》って自分《じぶん》の思《おも》い通《どお》りにさせようとすること。国《くに》が外《がい》国《こく》を従《したが》わせようとすることについてもいう。例 内政干渉《ないせいかんしょう》（国《くに》が、ほかの国《くに》の政治《せいじ》に口《くち》を出《だ》すこと）。例 年《とし》の離《はな》れた姉《あね》は、僕《ぼく》が何《なに》かをしようとすると、いちいち干渉《かんしょう》してくる。

介入《かいにゅう》

もめ事《ごと》などをしている人《ひと》や国《くに》の間《あいだ》に入《はい》り込《こ》み、無理《むり》にかかわりを持《も》つこと。例 下級生同士《かきゅうせいどうし》のけんかに、上級生《じょうきゅうせい》が介入《かいにゅう》してきた。

僭越《せんえつ》

身《み》の程《ほど》をわきまえずに、出過《です》ぎたことをすること。自分《じぶん》の行《おこな》いをへりくだっていうことが多《おお》い。例 他人《たにん》の私生活《しせいかつ》について、あれこれ言《い》うのは僭越《せんえつ》だ。例 僭越《せんえつ》ながら、私《わたくし》が司《し》会《かい》を務《つと》めます。

口出《くちだ》し

他人《たにん》の話《はなし》に割《わ》り込《こ》んで、余《よ》計《けい》な発言《はつげん》をすること。他人《たにん》の行動《こうどう》や物事《ものごと》のやり方《かた》に、余計《よけい》な助言《じょげん》をすること。例 これは僕《ぼく》と彼《かれ》の問題《もんだい》なので、君《きみ》は口出《くちだ》しをしないでほしい。

差《さ》し出口《でぐち》

口出《くちだ》しをすること。また、そのことば。例 大人《おとな》の話《はなし》に利口《りこう》ぶった差《さ》し出口《でぐち》をして、父《ちち》にたしなめられた。

手出《てだ》し

余計《よけい》な世話《せわ》を焼《や》くこと。かまうこと。例 この仕事《しごと》に関《かん》しては、手出《てだ》しをせず見守《みまも》っていてほしい。

こびる

flatter
［フラッター］

こびる

特定《とくてい》の相手《あいて》や世間全体《せけんぜんたい》に気《き》に入《い》られるように振《ふ》る舞《ま》う。例 時流《じりゅう》にこびることなく、よい物《もの》を作《つく》っていこうという姿勢《しせい》が大切《たいせつ》だ。

へつらう

人《ひと》に気《き》に入《い》られるように振《ふ》る舞《ま》う。お世辞《せじ》を言《い》う。例 彼《かれ》は、強《つよ》い者《もの》にへつらい、弱《よわ》い者《もの》にはいばるので、評判《ひょうばん》がよくない。

おもねる

人《ひと》に気《き》に入《い》られようとする。例 その芸術家《げいじゅつか》は、世間《せけん》におもねることで評価《ひょうか》を得《え》て

◆＝もっと知《し》りたい、ことばの知識《ちしき》。

も意味《いみ》がないと考《かんが》えていた。

こびへつらう

「こびる」と「へつらう」を合《あ》わせて強調《きょうちょう》した言《い》い方《かた》。例この記事《きじ》は権力《けんりょく》に**こびへつらって**いて、真実《しんじつ》が書《か》かれていないように思《おも》う。

こびを売《う》る

自分《じぶん》の利益《りえき》のために、こびる。例なんとかして小遣《こづか》いを値上《ねあ》げしてもらおうと、**こびを売《う》る**ような調子《ちょうし》で話《はな》しかけた。

機嫌《きげん》を取《と》る

相手《あいて》の喜《よろこ》ぶようなことを、言《い》ったりしたりする。例祖父《そふ》の**機嫌《きげん》を取《と》って**、お年《とし》玉《だま》をいっぱいもらった。

取《と》り入《い》る

自分《じぶん》が有利《ゆうり》になるように、力《ちから》のある人《ひと》に働《はたら》きかけて、気《き》に入《い》られようとする。例いくら先生《せんせい》に**取《と》り入《い》っても**、テストの点《てん》はよくならないよ。

くすぐる

相手《あいて》の心《こころ》を軽《かる》く刺激《しげき》して、いい気分《きぶん》にさせる。例君《きみ》にしかできないのだということばに、自尊心《じそんしん》を**くすぐられる**。

ごまをする

自分《じぶん》が得《とく》をするために、相手《あいて》が喜《よろこ》ぶことを言《い》って機嫌《きげん》を取《と》る。例母《はは》に**ごまをすって**、おやつをいつもより多《おお》めにもらおうとしたが、だめだった。似味噌《みそ》をする。

歓心《かんしん》を買《か》う

相手《あいて》に気《き》に入《い》られるよう努《つと》める。人《ひと》の機《き》嫌《げん》を取《と》る。「歓心《かんしん》」は、うれしいと思《おも》う気持《きも》ち。例彼女《かのじょ》の**歓心《かんしん》を買《か》おう**と、誕《たん》生日《じょうび》にプレゼントをした。

点数《てんすう》を稼《かせ》ぐ

相手《あいて》の機嫌《きげん》を取《と》ったり、努力《どりょく》したりして、自分《じぶん》への評価《ひょうか》をよくしようとする。例母《はは》の手伝《てつだ》いをして、**点数《てんすう》を稼《かせ》ぐ**。

色目《いろめ》を使《つか》う

下心《したごころ》を持《も》ってこびるような態度《たいど》を取《と》る。異性《いせい》の気《き》を引《ひ》くようなそぶりをするという意味《いみ》もある。例何《なん》とか認《みと》めてもらおうと、役人《やくにん》に**色目《いろめ》を使《つか》う**ようでは情《なさ》けない。

しっぽを振《ふ》る

相手《あいて》の機嫌《きげん》を取《と》るために、下手《したて》に出《で》て言《い》いなりになる。犬《いぬ》が飼《か》い主《ぬし》に対《たい》して尾《お》を振《ふ》るようすから。例強《つよ》い者《もの》に**しっぽを振《ふ》る**人間《にんげん》が増《ふ》えると、みんなの意見《いけん》が生《い》かされなくなってしまう。似尾《お》を振《ふ》る。

顔色《かおいろ》をうかがう

相手《あいて》の表情《ひょうじょう》を見《み》て、機嫌《きげん》のよしあしを察《さっ》し、気《き》に入《い》られようとする。例父《ちち》の**顔色《かおいろ》をうかがい**ながら、新《あたら》しいパソコンが欲《ほ》しいという話《はなし》を切《き》り出《だ》す。

鼻息《はないき》をうかがう

相手《あいて》の考《かんが》えや機嫌《きげん》を探《さぐ》り、気《き》に入《い》られようとする。例人《ひと》の**鼻息《はないき》をうかがって**ばかりで、自分《じぶん》の言《い》いたいことは一《ひと》つも言《い》えていない。

おひげのちりを払《はら》う

目上《めうえ》の人《ひと》や力《ちから》の強《つよ》い人《ひと》に、こびへつらう。例大物俳《おおものはい》優《ゆう》に、司会者《しかいしゃ》は**おひげのちりを払《はら》う**ような口調《くちょう》でほめことばを並《なら》べた。

迎合《げいごう》

自分《じぶん》の考《かんが》えを曲《ま》げて、相手《あいて》の意見《いけん》や世《よ》の中《なか》の大勢《たいせい》に合《あ》わせ、機嫌《きげん》を取《と》ること。例時代《じだい》に**迎合《げいごう》**した作《さく》品《ひん》は、すぐに飽《あ》きられて消《き》えていくものだ。

追従《ついしょう》　他人《たにん》に付《つ》き従《したが》うこと。他人《たにん》の意見《いけん》に従《したが》うこと。例 有力者《ゆうりょくしゃ》にお追従《ついしょう》を言《い》って、自分《じぶん》の出世《しゅっせ》を図《はか》る。

卑屈《ひくつ》　心《こころ》がいじけて気力《きりょく》がなくなり、他人《たにん》にこびること。自分《じぶん》を取《と》るに足《た》らない者《もの》と思《おも》うこと。例 一度《いちど》くらい失敗《しっぱい》したからって卑屈《ひくつ》にならず、成功《せいこう》すると信《しん》じてがんばろう。

お世辞《せじ》　相手《あいて》を喜《よろこ》ばせようとして、実際《じっさい》以上《いじょう》にほめたり立《た》てたりすること。また、そのようなことば。例 お世辞《せじ》だと分《わ》かってはいても、ほめられるとやっぱりうれしい。

お上手《じょうず》　口先《くちさき》で人《ひと》の機嫌《きげん》を取《と》ることがうまいこと。また、そのようなことば。例 そんなお上手《じょうず》を言《い》っても、何《なに》も買《か》ってあげないよ。

猫《ねこ》なで声《ごえ》　相手《あいて》の機嫌《きげん》を取《と》るために出《だ》す、甘《あま》えたような声《こえ》。猫《ねこ》をなでる人《ひと》の優《やさ》しい声《こえ》とも、猫《ねこ》がなでられたときに出《だ》す気持《きも》ちよさそうな声《こえ》ともいう。例 弟《おとうと》が物《もの》をねだるときは、必《かなら》ず猫《ねこ》なで声《ごえ》で話《はな》しかけてくる。

おべっか　相手《あいて》の機嫌《きげん》を取《と》るために、口先《くちさき》だけの誠意《せいい》のないことばを言《い》うこと。また、そのことば。例 どんなにおべっかを使《つか》おうと、夏休《なつやす》みの宿題《しゅくだい》の手伝《てつだ》いだけはお断《ことわ》りだよ。

おべんちゃら　相手《あいて》に気《き》に入《い》られようとして、へつらったり心《こころ》にもないお世辞《せじ》を言《い》うこと。また、そのことば。例 見《み》えすいたおべんちゃらを並《なら》べ立《た》てて、かえって嫌《いや》な顔《かお》をされてしまった。

へいこら　相手《あいて》にこびへつらうようす。例 初《はじ》めはいばっていたのに、相手《あいて》が強《つよ》いとわかると、とたんにへいこらし始《はじ》めた。

ぺこぺこ　◎相手《あいて》に頭《あたま》を何度《なんど》も下《さ》げて、こびへつらうようす。例 力《ちから》の強《つよ》い者《もの》に、ぺこぺこしながら付《つ》いて行《い》く。◎「腹《はら》が減《へ》る」➡210

取《と》り巻《ま》き　目上《めうえ》の人《ひと》や力《ちから》の強《つよ》い人《ひと》に付《つ》きまとって、機嫌《きげん》を取《と》る人《ひと》たち。例 社長《しゃちょう》には、大勢《おおぜい》の取《と》り巻《ま》きがいて、そのほかの人《ひと》の意見《いけん》を聞《き》く機会《きかい》がない。

ご機嫌《きげん》取《と》り　目上《めうえ》の人《ひと》や力《ちから》の強《つよ》い人《ひと》の機嫌《きげん》を取《と》ること。また、そのような人《ひと》。例 姉《あね》はどうにかして旅行《りょこう》の許可《きょか》をもらおうと、父《ちち》のご機嫌《きげん》取《と》りに必死《ひっし》だ。

腰巾着《こしぎんちゃく》　いつも目上《めうえ》の人《ひと》のそばから離《はな》れず、その人《ひと》の機嫌《きげん》をうかがっている人《ひと》。和服《わふく》の腰《こし》にぶら下《さ》げる巾着《きんちゃく》（財布《さいふ》として使《つか》う袋《ふくろ》）のように張《は》り付《つ》いていることから。例 その議員《ぎいん》は、知事《ちじ》の腰巾着《こしぎんちゃく》と陰口《かげぐち》をたたかれている。

太鼓持《たいこも》ち　人《ひと》にへつらって気《き》に入《い》られようとする者《もの》。例 出世《しゅっせ》のためとはいえ、上司《じょうし》の太鼓持《たいこも》ちなどごめんだね。

イエスマン　目上《めうえ》の人《ひと》の言《い》いなりになるばかりで、自分《じぶん》の考《かんが》えを言《い》えない人《ひと》。目上《めうえ》の人《ひと》の判断《はんだん》に疑問《ぎもん》を抱《いだ》いても、「イエス（その通《とお》り）」としか言《い》わないことから。例 あの会社《かいしゃ》はイエスマンばかりで、社長《しゃちょう》をい

◆＝もっと知《し》りたい、ことばの知識《ちしき》。

さめる人《ひと》がいない。

「こびる」に関連《かんれん》することば

曲学阿世《きょくがくあせい》　学問上《がくもんじょう》の正《ただ》しい考《かんが》えを曲《ま》げてまで、権力者《けんりょくしゃ》や世間《せけん》にこびへつらい、人気《にんき》を得《え》ようとすること。「阿《あ》世《せい》」は、世《よ》に阿《おもね》ること。

●こんなことばも覚《おぼ》えておこう

阿諛《あゆ》

逆《さか》らう

oppose
［オポウズ］

逆《さか》らう

◎物事《ものごと》の成《な》り行《ゆ》きや自然《しぜん》の流《なが》れに従《したが》わないで、逆《ぎゃく》の方《ほう》向《こう》に進《すす》もうとする。例 父《ちち》は、時流《じりゅう》に**逆《さか》らって**携帯電話《けいたいでんわ》を持《も》たずにいる。◎人《ひと》の意見《いけん》や指示《しじ》などに従《したが》わないでいる。例 親《おや》に**逆《さか》らって**ばかりいたことを、今《いま》ではとても反省《はんせい》している。

盾《たて》突《つ》く

目上《めうえ》の人《ひと》に逆《さか》らう。はっきりとした反対《はんたい》の意思《いし》を相手《あいて》に示《しめ》す。例 上司《じょうし》に**盾《たて》突《つ》き**、リストラの対象《たいしょう》になってしまった。

刃《は》向《む》かう

強《つよ》いもの、力《ちから》のあるものに反抗《はんこう》して、向《む》かっていく。刃物《はもの》を持《も》ったり、歯《は》をむき出《だ》したりして向《む》かっていく意味《いみ》から。例 巨大《きょだい》な権力《けんりょく》に、真《ま》っ向《こう》から**刃《は》向《む》かう**。

◆「歯《は》向《む》かう」とも書《か》く。

手《て》向《む》かう

腕力《わんりょく》・武力《ぶりょく》を用《もち》いて逆《さか》らう。例 体《からだ》の大《おお》きな兄《あに》に**手《て》向《む》かっても**、すぐに負《ま》かされるのでむだだ。

立《た》ち向《む》かう

逃《に》げることなく、正《しょう》面《めん》から向《む》かっていく。例 クマに素手《すで》で**立《た》ち向《む》かう**なんて、まったく無謀《むぼう》だ。

抗《こう》する

逆《さか》らう。抵抗《ていこう》する。例 時《じ》流《りゅう》に**抗《こう》して**、己《おのれ》の生《い》き方《かた》を貫《つらぬ》く。

あらがう

従《したが》わないで争《あらそ》う。逆《さか》らう。例 過酷《かこく》な運命《うんめい》に**あらがい**、命《いのち》がけの冒険《ぼうけん》に身《み》を投《とう》じる。

背《せ》を向《む》ける

後《うし》ろ向《む》きになるということから、相手《あいて》の意志《いし》に従《したが》わない。無関心《むかんしん》な態度《たいど》を取《と》る。例 文明社会《ぶんめいしゃかい》に**背《せ》を向《む》け**、世捨《よす》て人《びと》のような生活《せいかつ》を送《おく》る。

そっぽを向《む》く

気《き》に入《い》らず、従《したが》わない態度《たいど》を取《と》る。「そっぽ」は、「外方《そっぽ》」と書《か》くこともあり、よそのほうという意味《いみ》。例 軽《かる》はずみな言動《げんどう》で、ファンから**そっぽを向《む》かれる**。

反旗《はんき》を翻《ひるがえ》す

主君《しゅくん》に逆《さか》らって反乱《はんらん》を起《お》こす。「反旗《はんき》」は、反乱《はんらん》を起《お》こした勢力《せいりょく》の旗印《はたじるし》で、それを堂々《どうどう》と掲《かか》げるということ。例 独裁体制《どくさいたいせい》に**反旗《はんき》を翻《ひるがえ》す**。

背《そむ》く

取《と》り決《き》めや目上《めうえ》の人《ひと》の考《かんが》え・命令《めいれい》などに従《したが》わずに、反抗《はんこう》したり反対《はんたい》したりする。例 それは、法《ほう》に**背《そむ》く**行為《こうい》だ。例 親《おや》の言《い》いつけに**背《そむ》く**。

反《はん》する

命令《めいれい》や教《おし》え、ルールなどに背《そむ》く。例 父《ちち》の忠告《ちゅうこく》に**反《はん》して**、やりたい放題《ほうだい》やってきた。例 人《ひと》の道《みち》に**反《はん》して**まで、やろうとは思《おも》わない。

外《はず》れる

基準《きじゅん》からそれる。当然《とうぜん》するべきことと違《ちが》うことをす

似＝似《に》た表現《ひょうげん》のことば。対＝反対《はんたい》の意味《いみ》のことば。例＝使《つか》い方《かた》の例《れい》。

る。例農薬《のうやく》に汚染《おせん》されたお米《こめ》を売《う》るなんて、人《ひと》の道《みち》に外《はず》れた行為《こうい》だ。

もとる 物事《ものごと》の道理《どうり》から外《はず》れたことをする。例人《ひと》の道《みち》にもとるような行《おこな》いをするべきではない。

触《ふ》れる ◎規則《きそく》・法律《ほうりつ》などに反《はん》する。例キャラクターをコピーして無断《むだん》で掲載《けいさい》することは、著作権法《ちょさくけんほう》に触《ふ》れる。◎「触《さわ》る」⬇153 ◎「会《あ》う」⬇323

破《やぶ》る 決《き》まりや約束《やくそく》などを無視《むし》する。例約束《やくそく》を破《やぶ》った友《とも》だちのことが、信《しん》じられなくなる。◎「勝《か》つ」⬇354

違《たが》える すでに決《き》まったことに従《したが》わないでいる。例約束《やくそく》を違《たが》えてしまったことを深《ふか》く反省《はんせい》する。

裏切《うらぎ》る ◎他人《たにん》との約束《やくそく》や期待《きたい》などに従《したが》わず、信頼関係《しんらいかんけい》を傷《きず》つける。例親《おや》の期待《きたい》を裏切《うらぎ》るわけにはいかない。◎味方《みかた》に背《そむ》いて敵方《てきがた》につく。例味方《みかた》を裏切《うらぎ》り、敵《てき》に情報《じょうほう》を漏《も》らす。

売《う》る 自分《じぶん》の利益《りえき》のために、味方《みかた》を裏切《うらぎ》る。例どんなに金《かね》を積《つ》まれても、仲間《なかま》を売《う》るようなひきょうなまねはしたくない。

売《う》り渡《わた》す 自分《じぶん》の利益《りえき》のために、裏切《うらぎ》って仲間《なかま》や情報《じょうほう》を敵《てき》に渡《わた》す。例戦友《せんゆう》を売《う》り渡《わた》した元兵士《もとへいし》がざんげする。

寝返《ねがえ》る 味方《みかた》を裏切《うらぎ》って、敵方《てきがた》につく。例数名《すうめい》の武将《ぶしょう》が、西軍《せいぐん》から東軍《とうぐん》に寝返《ねがえ》った。

弓《ゆみ》を引《ひ》く 弓《ゆみ》に矢《や》をつがえて射《い》ることから、自分《じぶん》のいる組織《そしき》や目上《めうえ》の者《もの》に反抗《はんこう》する。例親会社《おやがいしゃ》に弓《ゆみ》を引《ひ》くわけにはいかない。

恩《おん》を仇《あだ》で返《かえ》す 恩《おん》を受《う》けていながら、感謝《かんしゃ》しないばかりか、かえってひどいことをする。例世話《せわ》になった人《ひと》に恩《おん》を仇《あだ》で返《かえ》すようなことはしたくない。

後足《あとあし》で砂《すな》をかける 恩《おん》のある人《ひと》を裏切《うらぎ》るだけでなく、大《おお》きな迷惑《めいわく》をかける。例恩人《おんじん》の悪口《わるくち》を言《い》うのは、後足《あとあし》で砂《すな》をかけるようなものだ。

反抗《はんこう》 逆《さか》らうこと。例中学《ちゅうがく》に入《はい》り、親《おや》に反抗《はんこう》するようになった。

抵抗《ていこう》 逆《さか》らうこと。外部《がいぶ》から加《くわ》わる力《ちから》に対《たい》して、ことばや武力《ぶりょく》・腕力《わんりょく》などで刃向《はむ》かうこと。例むだな抵抗《ていこう》はやめて出《で》てきなさい。

反発《はんぱつ》 人《ひと》の言動《げんどう》などが気《き》に入《い》らず、受《う》け付《つ》けないこと。例対応《たいおう》を誤《あやま》ると、消費者《しょうひしゃ》の反発《はんぱつ》を買《か》うことになる。

反対《はんたい》 ある意見《いけん》などに対《たい》して、同意《どうい》しないこと。違《ちが》う意見《いけん》を持《も》つこと。例君《きみ》の意見《いけん》には反対《はんたい》だ。対賛成《さんせい》。

反感《はんかん》 相手《あいて》の存在《そんざい》や言動《げんどう》を嫌《きら》い、反抗《はんこう》する気持《きも》ち。例国民《こくみん》の多《おお》くは、議員《ぎいん》の発言《はつげん》に反感《はんかん》を抱《いだ》いた。

口答《くちごた》え 目上《めうえ》の人《ひと》に逆《さか》らって言《い》い返《かえ》すこと。例「親《おや》に口答《くちごた》えするな」と怒《おこ》られた。

反逆《はんぎゃく》 支配者《しはいしゃ》や主人《しゅじん》などに背《そむ》くこと。権威《けんい》や権力《けんりょく》などに逆《さか》らうこと。例圧制《あっせい》に反逆《はんぎゃく》し、革命《かくめい》を起《お》こす。例反逆者《はんぎゃくしゃ》として国《くに》から追放《ついほう》される。

蟷螂《とうろう》の斧《おの》 弱《よわ》い者《もの》が自分《じぶん》の力《ちから》も考《かんが》えないで、強《つよ》い相手《あいて》に立《た》ち向《む》かうことのたとえ。身《み》の程《ほど》をわきまえない、むだな抵抗《ていこう》。「蟷螂《とうろう》」は、カマキリのこと。カマキリが前脚《まえあし》を上《あ》げて、大《おお》きな車《くるま》の進行《しんこう》を止《と》めようとするようすから。例たとえ蟷螂《とうろう》の斧《おの》だとしても、精一杯《せいいっぱい》立《た》ち向《む》かっていきたい。

離反《りはん》 従《したが》っていたものなどが、背《そむ》き離《はな》れること。例武力《ぶりょく》で民衆《みんしゅう》を押《お》さえつけたことで、人心《じんしん》の離反《りはん》を招《まね》いた。

背反《はいはん》 ◎背《そむ》くこと。例命令《めいれい》に背反《はいはん》する者《もの》は罰《ばっ》せられる。◎相容《あいい》れないこと。例二人《ふたり》の主張《しゅちょう》が背反《はいはん》していて、どちらが正《ただ》しいのか分《わ》からない。

背信《はいしん》 信頼《しんらい》や約束《やくそく》を裏切《うらぎ》ること。例支持者《しじしゃ》への背信《はいしん》は許《ゆる》されない。

背徳《はいとく》 道徳《どうとく》に背《そむ》くこと。例背徳者《はいとくしゃ》として後《うし》ろ指《ゆび》を差《さ》された。

違反《いはん》 法律《ほうりつ》・ルールなどに背《そむ》くこと。例校則《こうそく》に違反《いはん》し、停学処分《ていがくしょぶん》になる。例当選者《とうせんしゃ》が、選挙《せんきょ》違反《いはん》で逮捕《たいほ》された。

抵触《ていしょく》 決《き》まりや規則《きそく》などに背《そむ》くこと。法《ほう》に触《ふ》れること。例法律《ほうりつ》に抵触《ていしょく》し、罰《ばっ》せられる。

裏切《うらぎ》り 裏切《うらぎ》ること。味方《みかた》を捨《す》てて敵《てき》についたり、約束《やくそく》や期待《きたい》に背《そむ》いたりすること。例税金《ぜいきん》の無駄遣《むだづか》いは、国民《こくみん》に対《たい》する裏切《うらぎ》り行為《こうい》だ。

寝返《ねがえ》り 戦《たたか》いなどで、味方《みかた》を裏切《うらぎ》って敵方《てきがた》につくこと。例小早川隊《こばやかわたい》の寝返《ねがえ》りで、関《せき》ケ原《がはら》の戦《たたか》いは一変《いっぺん》した。

内通《ないつう》 味方《みかた》の中《なか》にいて、こっそり敵側《てきがわ》につき敵《てき》の利益《りえき》となる働《はたら》きをすること。例この中《なか》に、敵《てき》に内通《ないつう》している者《もの》がいる。

内応《ないおう》 味方《みかた》を裏切《うらぎ》って、ひそかに敵《てき》と通《つう》じること。例反対派《はんたいは》に内応《ないおう》する者《もの》がいるらしい。

謀反《むほん》 国《くに》や主君《しゅくん》など、仕《つか》えている人《ひと》に背《そむ》くこと。例明智光秀《あけちみつひで》は、謀反《むほん》を起《お》こして織田信長《おだのぶなが》を殺《ころ》した。◆「謀叛《むほん》」とも書《か》く。

造反《ぞうはん》 体制《たいせい》に逆《さか》らうこと。謀反《むほん》を起《お》こすこと。例あの議員《ぎいん》は自分《じぶん》の考《かんが》えを通《とお》すため、党《とう》に造反《ぞうはん》した。

反骨《はんこつ》 権力《けんりょく》や古《ふる》いしきたりなどに逆《さか》らい、自分《じぶん》の主張《しゅちょう》を通《とお》そうとする姿勢《しせい》。例ジャーナリストだった祖父《そふ》は、反骨《はんこつ》の人《ひと》だった。

逆心《ぎゃくしん》 主君《しゅくん》に背《そむ》く心《こころ》。例逆心《ぎゃくしん》を抱《いだ》いた家臣《かしん》に暗殺《あんさつ》されてしまう。

二心《ふたごころ》 背《そむ》こうとする心《こころ》。例主君《しゅくん》に二心《ふたごころ》を抱《いだ》き、謀反《むほん》を起《お》こす。◆「にしん」「じしん」ともいう。

面従腹背《めんじゅうふくはい》 顔《かお》では服従《ふくじゅう》しているように見《み》せて、腹《はら》の中《なか》では背《そむ》いていること。例面従腹背《めんじゅうふくはい》の部下《ぶか》に裏切《うらぎ》られる。

疑《うたが》う

doubt
［ダウト］

疑《うたが》う ◎本当《ほんとう》かどうか、怪《あや》しいと思《おも》う。間違《まちが》いではないかと思《おも》う。例まったく身《み》に覚《おぼ》えのないことを疑《うたが》われる。例耳《みみ》を疑《うたが》うようなニュースが飛《と》び込《こ》んできた。◎はっきりしないことについて、悪《わる》いほうに考《かんが》える。例 せきが長引《ながび》くときは、風邪《かぜ》以外《いがい》の病気《びょうき》を疑《うたが》ったほうがよい。例 警察《けいさつ》は、最初《さいしょ》から彼《かれ》を犯人《はんにん》と疑《うたが》ってかかっていたようだ。

疑《うたぐ》る　怪《あや》しいと思《おも》う。「疑《うたが》う」のくだけた言《い》い方《かた》。例 うますぎる話《はなし》は、疑《うたぐ》ってかかったほうがいい。

怪《あや》しむ　物《もの》の正体《しょうたい》や物事《ものごと》の真相《しんそう》が分《わ》からず、変《へん》だと思《おも》ったり、悪《わる》く考《かんが》えたりする。例 警察《けいさつ》は、事件《じけん》の第一発見者《だいいちはっけんしゃ》を怪《あや》しんでいる。

いぶかる　ようすがはっきりしないため、疑《うたが》わしく思《おも》う。例 わざとらしい笑顔《えがお》をつくると、母《はは》は僕《ぼく》をいぶかるような目《め》で見《み》た。

	実現《じつげん》を——	わが目《め》を——	急《きゅう》に優《やさ》しくなったのを——
疑う	○	○	−
怪しむ	○	−	○
いぶかる	○	−	○

臭《にお》う　◎どことなく疑《うたが》わしい感《かん》じがする。怪《あや》しい気配《けはい》が感《かん》じられる。例 この事件《じけん》は、どう見《み》ても目撃者《もくげきしゃ》が臭《にお》う。◎「におう」➡202

首《くび》をかしげる　疑《うたが》ったり不思議《ふしぎ》がったりする。首《くび》を傾《かたむ》けるしぐさから。例「犯人《はんにん》はどこから逃《に》げたのだろう」と、探偵《たんてい》が首《くび》をかしげた。似 小首《こくび》をかしげる。

首《くび》をひねる　疑《うたが》ったり納得《なっとく》できなかったりして、あれこれ考《かんが》える。例 どうも話《はなし》がうまくでき過《す》ぎていると、首《くび》をひねる。

疑《うたが》わしい　◎本当《ほんとう》かどうか、信《しん》じられない。例 国民《こくみん》は大《だい》

「疑《うたが》う」に関連《かんれん》することば

痛《いた》くもない腹《はら》を探《さぐ》られる　何《なに》も悪《わる》いことをしていないのに、疑《うたが》いをかけられるということ。

七度尋《ななたびたず》ねて人《ひと》を疑《うたが》え　物《もの》が見当《みあ》たらないときは、人《ひと》を疑《うたが》う前《まえ》にまず自分《じぶん》で何度《なんど》も探《さが》してからにしなさいということ。

瓜田《かでん》に履《くつ》を納《い》れず　「瓜《か》」は、ウリ。ウリ畑《ばたけ》で脱《ぬ》げた靴《くつ》を履《は》き直《なお》そうとして身《み》をかがめると、ウリを盗《ぬす》んでいるのかと疑《うたが》われるので、そこでは履《は》き直《なお》すべきではない。疑《うたが》いをかけられるような行《おこな》いは避《さ》けよというたとえ。

李下《りか》に冠《かんむり》を正《ただ》さず　「李《り》」は、スモモ。スモモの木《き》の下《した》で冠《かんむり》をかぶり直《なお》そうとして手《て》を上《あ》げると、スモモの実《み》を盗《ぬす》んでいるのかと疑《うたが》われるので、そこではかぶり直《なお》すべきではない。疑《うたが》いをかけられるような行《おこな》いは避《さ》けよというたとえ。前項《ぜんこう》とあわせて、「瓜田《か》に履《くつ》を納《い》れず、李下《りか》に冠《かんむり》を正《ただ》さず」と続《つづ》けてもいう。

眉唾物《まゆつばもの》　信用《しんよう》できない、疑《うたが》わしい話《はなし》や物事《ものごと》のこと。キツネやタヌキにだまされそうなときは、まゆにつばを付《つ》けるとよいという言《い》い伝《つた》えからできたことば。

疑《うたが》わしきは罰《ばっ》せず　裁判《さいばん》などで、被告《ひこく》人《にん》が疑《うたが》わしいというだけで、確《たし》かな証拠《しょうこ》がない場合《ばあい》は無罪《むざい》にすべきという原則《げんそく》。

◆＝もっと知《し》りたい、ことばの知識《ちしき》。

臣《じん》の答弁《とうべん》を疑《うたが》わしいと感《かん》じた。◎そうなるかどうか、不確《ふたし》かだ。例売《う》り上《あ》げ目標《もくひょう》の達成《たっせい》は疑《うたが》わしい。

疑問符《ぎもんふ》が付《つ》く　疑《うたが》わしく思《おも》われる。疑問符《ぎもんふ》は「？（クエスチョンマーク）」のこと。例この記事《きじ》の正確《せいかく》さには、疑問符《ぎもんふ》が付《つ》くと言《い》わざるをえない。

怪《あや》しい　◎物事《ものごと》が完全《かんぜん》には信用《しんよう》できない。例だれが言《い》い出《だ》したか分《わ》からないうわさ話《ばなし》など、怪《あや》しいものだ。◎よくないほうに変《か》わりそうだ。例雲行《くもゆ》きが怪《あや》しくなってきた。◎「怖《こわ》がる」➡405

おかしい　ふつうとようすが違《ちが》っていて疑《うたが》わしい。例兄《あに》のそぶりがおかしいので、思《おも》い切《き》って本人《ほんにん》に聞《き》いてみた。

いぶかしい　物事《ものごと》に不明《ふめい》な点《てん》があり、怪《あや》しくて気《き》がかりである。例その話《はなし》には、どうもいぶかしい点《てん》がある。

いかがわしい　◎きちんとしたものかどうか、信用《しんよう》できない。例いかがわしい人物《じんぶつ》が出入《でい》りするビル。◎道徳的《どうとくてき》によくないようすである。例路地裏《ろじうら》に、いかがわしいポスターが張《は》ってあった。

臭《くさ》い　◎疑《うたが》わしい。よくないにおいがするということから。例現場《げんば》をうろうろしている、あの男《おとこ》が臭《くさ》い。◎「におう」➡204

うさん臭《くさ》い　どことなく怪《あや》しくて、気《き》が許《ゆる》せず信用《しんよう》できない。例安《やす》いのはいいが、保証書《ほしょうしょ》が付《つ》いていなくて、どうもうさん臭《くさ》い品《しな》だ。

覚束《おぼつか》ない　うまくいくかどうか疑《うたが》わしい。頼《たよ》りない。例エースを欠《か》いたこのチームでは、優勝《ゆうしょう》どころか本戦進出《ほんせんしんしゅつ》さえ覚束《おぼつか》ない。

疑《うたぐ》り深《ぶか》い　何《なに》かにつけて人《ひと》を疑《うたが》ってかかる。なかなか信《しん》じない気持《きも》ちが強《つよ》い。例疑《うたぐ》り深《ぶか》いたちで、広告《こうこく》なども簡単《かんたん》には信《しん》じない。似疑《うたが》い深《ぶか》い。

疑《うたが》い　◎本当《ほんとう》かどうか、怪《あや》しいと思《おも》うこと。間違《まちが》いではないかと思《おも》うこと。例目撃者《もくげきしゃ》の証言《しょうげん》に、疑《うたが》いを持《も》つ。◎はっきりしないことについて、悪《わる》いほうに考《かんが》えること。例検査《けんさ》の結果《けっか》、肺炎《はいえん》の疑《うたが》いがあります。

疑問《ぎもん》　本当《ほんとう》かどうか疑《うたが》わしいこと。また、疑《うたが》いによる問《と》い。例地《ち》球温暖化《きゅうおんだんか》が進行《しんこう》していることに、疑問《ぎもん》の余地《よち》はない。

疑問点《ぎもんてん》　物事《ものごと》の疑《うたが》わしい部分《ぶぶん》。例新《あたら》しく発表《はっぴょう》された学説《がくせつ》の疑問点《ぎもんてん》を指摘《してき》する。

疑問視《ぎもんし》　疑《うたが》わしいと思《おも》うこと。例科学的《かがくてき》な効果《こうか》を疑問視《ぎもんし》する意見《いけん》が相次《あいつ》いでいる。

疑惑《ぎわく》　不正《ふせい》があるのではないかと疑《うたが》うこと。また、その気持《きも》ち。例この絵《え》は、ピカソの盗作《とうさく》ではないかとの疑惑《ぎわく》が持《も》たれている。

疑念《ぎねん》　疑《うたが》いの気持《きも》ち。例国民《こくみん》の疑念《ぎねん》を晴《は》らすため、記者会見《きしゃかいけん》が行《おこな》われた。

疑心《ぎしん》　疑《うたが》いの気持《きも》ち。疑《うたが》う心《こころ》。例だまされているのではないかという疑心《ぎしん》をぬぐい切《き》れない。

似＝似《に》た表現《ひょうげん》のことば。対＝反対《はんたい》の意味《いみ》のことば。例＝使《つか》い方《かた》の例《れい》。

疑心暗鬼《ぎしんあんき》
疑《うたが》いの気持《きも》ちを持《も》つと、何《なん》でもないことまでが恐《おそ》ろしく、信《しん》じられなくなるということ。「疑心《ぎしん》、暗鬼《あんき》を生《しょう》ず」ということばの略《りゃく》で、疑《うたが》いの気持《きも》ちがあると、暗闇《くらやみ》の中《なか》に、いるはずのない鬼《おに》の姿《すがた》までもが見《み》えるようになるという意味《いみ》。例 ささいなことから疑心暗鬼《ぎしんあんき》に陥《おちい》り、友《とも》だちを失《うしな》いかけた。

不審《ふしん》
分《わ》からない点《てん》が多《おお》く、おかしいと思《おも》うこと。例 挙動《きょどう》不審《ふしん》。例 言動《げんどう》に不審《ふしん》な点《てん》がある。

懐疑《かいぎ》
物事《ものごと》の意味《いみ》や価値《かち》、また、人《ひと》の存在《そんざい》など、根本的《こんぽんてき》なことに疑《うたが》いを持《も》つこと。例 大量《たいりょう》消費《しょうひ》社会《しゃかい》に懐疑《かいぎ》の念《ねん》を抱《いだ》く。

猜疑《さいぎ》
相手《あいて》を信用《しんよう》せず、何《なに》かをたくらんでいるのではないかと疑《うたが》うこと。例 猜疑《さいぎ》心《しん》の強《つよ》かった彼女《かのじょ》も、しだいに心《こころ》を開《ひら》くようになった。

怪訝《けげん》
不思議《ふしぎ》で納得《なっとく》がいかないこと。また、そのようす。例 電車《でんしゃ》の中《なか》で声《こえ》をかけたら人違《ひとちが》いで、怪訝《けげん》な顔《かお》をされた。

不信《ふしん》
他人《たにん》などを信用《しんよう》できないこと。また、その気持《きも》ち。例 公約《こうやく》を守《まも》らない政治家《せいじか》に対《たい》して、不信《ふしん》感《かん》を募《つの》らせる。

嫌疑《けんぎ》
悪《わる》いことをした疑《うたが》いのあること。犯罪《はんざい》の疑《うたが》いのあること。例 昔《むかし》は、ささいな理由《りゆう》で魔女《まじょ》の嫌疑《けんぎ》をかけられた人々《ひとびと》がいた。

容疑《ようぎ》
「嫌疑《けんぎ》」と同《おな》じ。例 取《と》り調《しら》べの結果《けっか》、盗《ぬす》みの容疑《ようぎ》が晴《は》れた。

あれ
疑問《ぎもん》に思《おも》ったり、不審《ふしん》を抱《いだ》いたりしたときに出《だ》すことば。例 あれ、昨日《きのう》、確《たし》かにここに本《ほん》を置《お》いたんだけどなあ。

あら
「あれ」と同《おな》じだが、おもに、女性《じょせい》がいうことば。例 あら、ドアが開《あ》かないわ、変《へん》ねえ。

はて
疑《うたが》わしいことを考《かんが》えてみるときに出《だ》すことば。例 はて、今《いま》のは、だれの声《こえ》だろう。似 はてな。

はてさて
驚《おどろ》いたり戸惑《とまど》ったりしたときにいうことば。例 はてさて、どちらの道《みち》を行《い》ったものか。

とぼける

pretend ignorance
［プリテンド・イグノランス］

とぼける
知《し》っているのに、知《し》らないふりをする。自分《じぶん》にとって都合《つごう》が悪《わる》いことを隠《かく》す。例 社長《しゃちょう》が知《し》らないはずはない、会社《かいしゃ》ぐるみでとぼけているんだ。

空《そら》とぼける
知《し》っているのに、知《し》らないふりをする。「空《そら》」は、うそ、いつわりなどの意味《いみ》を表《あらわ》す接頭語《せっとうご》。例 容疑者《ようぎしゃ》は空《そら》とぼけてばかりで、いっこうに白状《はくじょう》しない。◆「空《そら》っとぼける」ともいう。

すっとぼける
知《し》っているのに、平然《へいぜん》と知《し》らないふりをする。「すっ」は、意味《いみ》を強《つよ》める接頭語《せっとうご》。例 すっとぼけようったってだめだ、いずればれる。

しらばくれる
知《し》らないふりをする。悪《わる》いことなどしていないと言《い》い張《は》る。例 しらば

◆＝もっと知《し》りたい、ことばの知識《ちしき》。

くれても、証拠《しょうこ》は挙《あ》がっているんだぞ。
◆「しらばっくれる」ともいう。

うそぶく

◎とぼけて知《し》らないふりをする。例「聞《き》いたこともないなあ」と、平気《へいき》な顔《かお》でうそぶいてみせる。◎「言《い》い切《き》る」⬇283

しらを切《き》る

知《し》っているのに、知《し》らないと言《い》い張《は》る。例いつまでもしらを切《き》ることなどできないから、さっさと白状《はくじょう》したほうがいいよ。

口《くち》をぬぐう

悪《わる》いことをしておきながら、無関係《むかんけい》を装《よそお》う。また、知《し》っていながら知《し》らないふりをする。盗《ぬす》み食《ぐ》いをした後《あと》で、口《くち》をぬぐって知《し》らん顔《かお》をするという意味《いみ》から。例過去《かこ》の事件《じけん》については、口《くち》をぬぐって涼《すず》しい顔《かお》でいる。

見《み》て見《み》ぬふりをする

実際《じっさい》には見《み》ていても、見《み》なかったように振《ふ》る舞《ま》う。また、悪《わる》いことをしていると分《わ》かっているのに、注意《ちゅうい》しないで見逃《みのが》す。例空《あ》き缶《かん》のぽい捨《す》てを注意《ちゅうい》しようとしたが、つい気後《きおく》れがして見《み》て見《み》ぬふりをしてしまった。

白々《しらじら》しい

◎知《し》っていながら知《し》らないふりをするようす。例二人《ふたり》は、初対面《しょたいめん》のような白々《しらじら》しいあいさつを交《か》わした。◎うそであることが見《み》え透《す》いているようす。興《きょう》ざめであるようす。例あんな白々《しらじら》しいうそをついたって、全部《ぜんぶ》ばれているよ。

空々《そらぞら》しい

◎知《し》っていて知《し》らないふりをするようす。例あいつの空々《そらぞら》しい態度《たいど》がどうにも気《き》に入《い》らないね。◎わざとらしいようす。例空々《そらぞら》しいお世辞《せじ》など、よく言《い》えるものだ。

知《し》らん振《ぷ》り

知《し》っているのに知《し》らないようなそぶりをすること。例けんかをしている友《とも》だちに会《あ》ったが、知《し》らん振《ぷ》りして通《とお》り過《す》ぎた。

頰《ほお》かぶり

◎知《し》らないふりをすること。とくに、悪《わる》いことをして、しらばくれること。頭《あたま》から手《て》ぬぐいなどをかぶって、顔《かお》を隠《かく》すことから。例社員《しゃいん》が勝手《かって》にやったことだと言《い》って、社長《しゃちょう》は頰《ほお》かぶりしてやり過《す》ごそうとしている。◆「ほおかむり」「ほっかむり」「ほっかぶり」ともいう。◎「着《き》る」⬇245

知《し》らん顔《かお》

知《し》っていながら、まったく知《し》らないふりをすること。また、そのような表情《ひょうじょう》。例街《まち》中《なか》で見《み》かけてあいさつしたのに、知《し》らん顔《かお》して行《い》ってしまった。◆「知《し》らぬ顔《かお》」ともいう。

そ知《し》らぬ

知《し》っているのに、知《し》らないふりをすること。例途中《とちゅう》で失敗《しっぱい》に気《き》づいたが、みなそ知《し》らぬ顔《かお》をしていた。

何食《なにく》わぬ顔《かお》

悪《わる》いことをしていても、自分《じぶん》には関係《かんけい》ないという顔付《かおつ》き。また、そのように振《ふ》る舞《ま》うようす。例人《ひと》を裏切《うらぎ》っておきながら、何食《なにく》わぬ顔《かお》で道徳《どうとく》を説《と》いている。

涼《すず》しい顔《かお》

自分《じぶん》にもかかわりがあるのに、何《なん》の関係《かんけい》もないように、澄《す》ましているようす。例いたずらをしておいて、涼《すず》しい顔《かお》をしている。

ポーカーフェース

都合《つごう》の悪《わる》いことがあっても、表情《ひょうじょう》を変《か》えないこと。また、そのような表情《ひょうじょう》。トランプで「ポーカー」というゲームをするとき、手札《てふだ》のよしあしを相手《あいて》に知《し》られまいと無《む》表情《ひょうじょう》を装《よそお》うところから。「フェース」は、顔《かお》という意味《いみ》の英語《えいご》。例けがをしていたが、**ポーカーフェース**で試合《しあい》を続《つづ》けた。

どこ吹《ふ》く風《かぜ》

自分《じぶん》にはまったく関《かん》係《けい》がないと、知《し》らん顔《かお》をするようす。例親《おや》の心配《しんぱい》も**どこ吹《ふ》く風《かぜ》**と遊《あそ》び歩《ある》いてばかりいる。例人《ひと》の注意《ちゅうい》など**どこ吹《ふ》く風《かぜ》**と聞《き》き流《なが》す。

かまとと

知《し》っているくせに知《し》らないふりをして、上品《じょうひん》ぶったり世慣《よな》れていないふりをすること。また、その人《ひと》。多《おお》く女性《じょせい》についていう。江戸《えど》時代《じだい》の遊女《ゆうじょ》が世間《せけん》知《し》らずなふりをして、かまぼこは「とと」（魚《さかな》のこと）から作《つく》るのかと、分《わ》かりきったことを尋《たず》ねたことから。例いい年《とし》して、**かまとと**ぶるんじゃないよ。

知《し》らぬ顔《かお》の半兵衛《はんべえ》

そ知《し》らぬふりをして少《すこ》しも取《と》り合《あ》わない冷淡《れいたん》な者《もの》を、人《じん》名《めい》のように呼《よ》んだことば。例役人《やくにん》が**知《し》らぬ顔《かお》の半兵衛《はんべえ》**を決《き》め込《こ》むとは、世《よ》も末《すえ》だ。

知《し》らぬ存《ぞん》ぜぬ

まったく知《し》らないこと。「知《し》らぬ」も「存《ぞん》ぜぬ」も、知《し》らないという意味《いみ》。例「産地《さんち》の偽装《ぎそう》などしていない」などという、**知《し》らぬ存《ぞん》ぜぬ**は通《とお》らない。

悔《く》やむ

regret
［リグレット］

このページも見《み》てみよう
▼ 怒《おこ》る ➡394

悔《く》やむ

◎すでに終《お》わってしまったことや思《おも》い通《どお》りにできなかったことを、ああすればよかったと残念《ざんねん》に思《おも》う。例全力《ぜんりょく》を尽《つ》くして負《ま》けたのだから、**悔《く》やむ**ことはない。◎「悲《かな》しい」➡428

悔《く》いる

自分《じぶん》の悪《わる》かったことや失敗《しっぱい》などを後悔《こうかい》し、反省《はんせい》する。例悪《わる》い行《おこな》いを**悔《く》いて**、心《こころ》を入《い》れ替《か》える。

悔《く》やしがる

思《おも》うようにいかなかったりして、腹立《はらだ》たしい気持《きも》ちになる。例妹《いもうと》に言《い》い負《ま》かされて**悔《く》やしがる**。

悔《く》いを残《のこ》す

後悔《こうかい》する。例**悔《く》いを残《のこ》さ**ないように、力《ちから》いっぱい頑張《がんば》ろう。

唇《くちびる》を噛《か》む

思《おも》わず唇《くちびる》をかんでしまうほど悔《く》やしがる。例一《いっ》点《てん》差《さ》で負《ま》けた悔《く》やしさに、みんな**唇《くちびる》を噛《か》んで**下《した》を向《む》いている。

ほぞを噛《か》む

たいへん後悔《こうかい》する。「ほぞ」は、「へそ」のこと。例ほんの数分《すうふん》の遅刻《ちこく》のために彼《かの》女《じょ》に会《あ》えず、**ほぞを噛《か》んだ**。

地団駄《じだんだ》を踏《ふ》む

悔《く》やしがって、激《はげ》しく足《あし》を踏《ふ》み鳴《な》

らす。「地団駄《じだんだ》」は、「地《じ》たたら」が変化《へんか》したことば。「地《じ》たたら」は、「ふいご」という足《あし》で踏《ふ》んで火《ひ》に空気《くうき》を送《おく》る道具《どうぐ》のことで、これを踏《ふ》む姿《すがた》と悔《くや》しがるようすが似《に》ているところから。例 単純《たんじゅん》なうそに引っかかり、**地団駄《じだんだ》を踏《ふ》んで**悔《くや》しがった。

恨《うら》む ◎望《のぞ》み通《どお》りにならず、残念《ざんねん》に思《おも》う。例 あの送《おく》りバントの失《しっ》敗《ぱい》が**恨《うら》まれる**。◆「憾《うら》む」とも書《か》く。◎「嫌《きら》い」⬇419

惜《お》しむ 心残《こころのこ》りに思《おも》う。残念《ざんねん》がる。例 親友《しんゆう》との別《わか》れを**惜《お》しむ**。

思《おも》い残《のこ》す やり残《のこ》したことがあって残念《ざんねん》に思《おも》う。未練《みれん》を感《かん》じる。例 最後《さいご》の試合《しあい》では全力《ぜんりょく》を出《だ》し切《き》れたので、これで**思《おも》い残《のこ》す**ことはない。

懲《こ》りる 失敗《しっぱい》してひどい目《め》にあい、もう二度《にど》とやるまいと思《おも》う。例 これに**懲《こ》りて**、もう二度《にど》と遅刻《ちこく》はしません。

悔《くや》しい 残念《ざんねん》で腹立《はらだ》たしい。例 三《さん》回続《かいつづ》けて将棋《しょうぎ》に負《ま》け、とても**悔《くや》しい**思《おも》いをした。

口惜《くちお》しい 思《おも》うようにいかなかったり、大切《たいせつ》なものを失《うしな》ったりして残念《ざんねん》だ。例 最後《さいご》の数分《すうふん》で逆転負《ぎゃくてんま》けとは、**口惜《くちお》しい**限《かぎ》りだ。

惜《お》しい もう少《すこ》しのところでうまくいかず、残念《ざんねん》に思《おも》う。大切《たいせつ》なものを失《うしな》い、もったいない。例 **惜《お》しい**ところで、金賞《きんしょう》を逃《のが》した。

恨《うら》めしい ◎その不幸《ふこう》の原因《げんいん》を、腹立《はらだ》たしく思《おも》う。例 うそをついた友《とも》だちが**恨《うら》めしい**。例 自分《じぶん》の実力不足《じつりょくぶそく》が**恨《うら》めしい**。◎「嫌《きら》い」⬇421

遺憾《いかん》に堪《た》えない 残念《ざんねん》でたまらない。例 ご期待《きたい》に沿《そ》えず、**遺憾《いかん》に堪《た》えません**。

未練《みれん》がましい 失《うしな》ったり得《え》られなかったりしたものを、いつまでも心残《こころのこ》りに思《おも》う。例 いつまでも愚痴《ぐち》をこぼして、**未練《みれん》がましい**人《ひと》だ。似 未練《みれん》たらしい。

悔《く》い 後悔《こうかい》すること。残念《ざんねん》に思《おも》うこと。例 **悔《く》い**のない人生《じんせい》を送《おく》りたい。

恨《うら》み ◎不満《ふまん》に思《おも》ったり、残念《ざんねん》に思《おも》ったりすること。また、その気持《きも》ち。例 メロンはおいしいけれど、値段《ねだん》が高《たか》すぎる**恨《うら》み**がある。◆「憾《うら》み」とも書《か》く。◎「嫌《きら》い」⬇422

心残《こころのこ》り 悔《くや》しさや未練《みれん》が心《こころ》に残《のこ》り続《つづ》けて、忘《わす》れられないこと。例 六年生《ろくねんせい》の遠足《えんそく》に、風邪《かぜ》で参加《さんか》できなかったのが**心残《こころのこ》り**だ。

残念《ざんねん》 悔《くや》しく思《おも》うこと。あきらめ切《き》れないこと。例 **残念《ざんねん》**ながら、夏休《なつやす》みの家族旅行《かぞくりょこう》は中止《ちゅうし》になった。

痛恨《つうこん》 たいへん残念《ざんねん》であること。悔《く》やんでも悔やみきれないこと。例 三塁手《さんるいしゅ》の**痛恨《つうこん》**のエラーで、チームは敗《やぶ》れ去《さ》った。

無念《むねん》 たいへん残念《ざんねん》なこと。悔《くや》しくてあきらめきれない気持《きも》ち。例 優勝確実《ゆうしょうかくじつ》といわれた選手《せんしゅ》なのに、けがで欠場《けつじょう》とは、さぞ**無念《むねん》**だろう。

残念無念《ざんねんむねん》 とても悔《くや》しく思《おも》うようす。例 せっかくチケットが取《と》れたのに公演中止《こうえんちゅうし》とは、**残念無念《ざんねんむねん》**だ。

未練《みれん》 あきらめきれず、心残《こころのこ》りがすること。例 過《す》ぎ去《さ》ったことに未練《みれん》はない。例 いらないからと人《ひと》にあげたバッグに、まだ未練《みれん》たらたらのようすだ。

後悔《こうかい》 後《あと》で残念《ざんねん》に思《おも》うこと。例 今《いま》さら後悔《こうかい》しても始《はじ》まらない。

悔恨《かいこん》 自分《じぶん》の犯《おか》した過《あやま》ちを後悔《こうかい》し、残念《ざんねん》に思《おも》うこと。例 深《ふか》い悔恨《かいこん》の念《ねん》にとらわれる。

悔悟《かいご》 自分《じぶん》のしたことが間違《まちが》っていたと悟《さと》って、残念《ざんねん》に思《おも》うこと。例 悔悟《かいご》し始《はじ》めた犯人《はんにん》に、寛大《かんだい》な判決《はんけつ》が下《くだ》された。

遺憾《いかん》 思《おも》っているようにならずに、残念《ざんねん》であること。例 役人《やくにん》の汚《お》職《しょく》に、首相《しゅしょう》が遺憾《いかん》の意《い》を表明《ひょうめい》する。

屈託《くったく》 細《こま》かなことを気《き》にして、思《おも》い悩《なや》むこと。ふつう、「屈託《くったく》のない」という打《う》ち消《け》しの形《かたち》で使《つか》われる。例 山下《やました》さんは屈託《くったく》のない、明《あか》るい性格《せいかく》の人《ひと》だ。

歯《は》ぎしり 悔《くや》しくて、歯《は》をかみ合《あ》わせて音《おと》を出《だ》すこと。非常《ひじょう》に残念《ざんねん》がること。例 だまされたと分《わ》かり、歯《は》ぎしりして悔《くや》しがる。似 歯《は》噛《が》み。

切歯扼腕《せっしやくわん》 激《はげ》しく悔《くや》しがること。また、そのようす。「切《せっ》歯《し》」は歯《は》ぎしり、「扼腕《やくわん》」は自分《じぶん》の腕《うで》を握《にぎ》り締《し》めること。例 最終回《さいしゅうかい》に逆転《ぎゃくてん》ホームランを打《う》たれ、切歯扼腕《せっしやくわん》して悔《くや》しがる。

悔《くや》し紛《まぎ》れ 悔《くや》しさのあまりかっとして、筋《すじ》が通《とお》らないことをするようす。例 試合《しあい》に負《ま》けて、悔《くや》し紛《まぎ》れに人《ひと》に当《あ》たり散《ち》らす。

懲《こ》り懲《ご》り ひどく懲《こ》りて、二度《にど》としたくないようす。例 一時間《いちじかん》もお説教《せっきょう》されたから、いたずらはもう懲《こ》り懲《ご》りだよ。

くよくよ 小《ちい》さいことを気《き》にして、いつまでも後悔《こうかい》するようす。例 つまらないことに、くよくよするな。

きりきり ◎物《もの》が強《つよ》くこすれ合《あ》う音《おと》を表《あらわ》すことば。悔《くや》しくて、歯《は》ぎしりするときのようすを表《あらわ》すことば。例 妹《いもうと》に言《い》い負《ま》かされ、歯《は》をきりきりといわせて悔《くや》しがる。◎「痛《いた》い・痒《かゆ》い」↓202

返《かえ》す返《がえ》す 過《す》ぎたことをひどく悔《く》やむようす。例 実験《じっけん》の失敗《しっぱい》は、返《かえ》す返《がえ》すも残念《ざんねん》だった。

「悔《く》やむ」に関連《かんれん》することば

ごまめの歯《は》ぎしり もともとかなうはずのない弱《よわ》い者《もの》が、身《み》のほど知《し》らずに腹《はら》を立《た》てて悔《くや》しがることのたとえ。「ごまめ」は、カタクチイワシという魚《さかな》の小《ちい》さいものを干《ほ》した食品《しょくひん》。

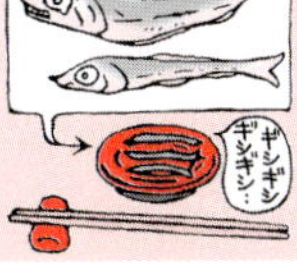

苦《くる》しむ

suffer
［サファー］

このページも見《み》てみよう
頑張《がんば》る↓479
耐《た》える↓487

苦《くる》しむ ◎つらい思《おも》いをする。肉体《にくたい》的《てき》だけでなく、精神的《せいしんてき》につ

◆＝もっと知《し》りたい、ことばの知識《ちしき》。

らい場合《ばあい》にも使《つか》われる。例ここ一年《いちねん》、母《はは》は持病《じびょう》の胃痛《いつう》にずいぶん苦《くる》しんだ。◎「困《こま》る」⬇476

のたうつ

苦《くる》しみのあまり、もがくようにして地面《じめん》を転《ころ》げ回《まわ》る。例事故現場《じこげんば》では、多《おお》くのけが人《にん》が痛《いた》みにのたうって苦《くる》しんでいた。

のたうち回《まわ》る

「のたうつ」の強調《きょうちょう》した言《い》い方《かた》。例手術《しゅじゅつ》のあとが痛《いた》んで、一晩中《ひとばんじゅう》ベッドの上《うえ》でのたうち回《まわ》ってしまった。

もがく

◎苦《くる》しんで、手足《てあし》をやたらに動《うご》かしてじたばたする。例クモの巣《す》に引《ひ》っかかったチョウが、必死《ひっし》になってもがいている。◎「いら立《だ》つ」⬇411

あがく

◎苦《くる》しい状態《じょうたい》から抜《ぬ》け出《で》ようともがき、じたばたする。何《なん》とかしようとあれこれやってみる。漢字《かんじ》で「足掻《あが》く」と書《か》き、馬《うま》などが前足《まえあし》で地面《じめん》をけって進《すす》もうとする、という意味《いみ》。例貧《まず》しい生活《せいかつ》から逃《のが》れようと、あがき苦《くる》しんだ数年間《すうねんかん》だった。◎「いら立《だ》つ」⬇411

悶《もだ》える

◎苦痛《くつう》に耐《た》えることができず、体《からだ》を激《はげ》しく動《うご》かす。例救急車《きゅうきゅうしゃ》がなかなか来《こ》ないので、傷《きず》が痛《いた》くて悶《もだ》え苦《くる》しんだ。◎思《おも》い悩《なや》んでじっとしていられないでいる。例好《す》きな人《ひと》に思《おも》いが届《とど》かず、苦《くる》しみに悶《もだ》える。

唸《うな》る

◎体《からだ》の痛《いた》みや心《こころ》の苦《くる》しみなどを感《かん》じて、苦《くる》しそうな声《こえ》を出《だ》す。例高《たか》い熱《ねつ》が出《で》て、一晩中《ひとばんじゅう》唸《うな》っていた。◎深《ふか》く感動《かんどう》して、思《おも》わず声《こえ》を発《はっ》する。例聴衆《ちょうしゅう》は、新人《しんじん》ピアニストの名演奏《めいえんそう》に唸《うな》った。

呻《うめ》く

苦《くる》しみや痛《いた》みなどのために、低《ひく》い声《こえ》を漏《も》らす。例厳《きび》しい年貢《ねんぐ》の取《と》り立《た》てに、民衆《みんしゅう》が呻《うめ》く。

喘《あえ》ぐ

◎激《はげ》しい運動《うんどう》や病気《びょうき》の苦《くる》しみなどのために、はあはあと苦《くる》しい呼吸《こきゅう》をする。例接戦《せっせん》を制《せい》した力士《りきし》が、喘《あえ》ぎながらインタビューに答《こた》える。◎生活《せいかつ》や経営《けいえい》などがうまくいかず、苦《くる》しむ。例不況《ふきょう》に喘《あえ》ぐ中小企業《ちゅうしょうきぎょう》に、救《すく》いの手《て》が差《さ》し伸《の》べられた。

息《いき》が切《き》れる

◎呼吸《こきゅう》が激《はげ》しく乱《みだ》れる。例駅《えき》までの坂《さか》道を駆《か》け上《あ》がったので、さすがに息《いき》が切《き》れた。◎気力《きりょく》がなくなったりして、物事《ものごと》をそれ以上《いじょう》続《つづ》けていくことができなくなる。例新製品《しんせいひん》の開発《かいはつ》は、資金《しきん》不足《ぶそく》で息《いき》が切《き》れる寸前《すんぜん》だ。

息《いき》が詰《つ》まる

自由《じゆう》に行動《こうどう》できなかったり、ひどく緊《きん》張《ちょう》したりして、窮屈《きゅうくつ》で息苦《いきぐる》しく感《かん》じる。例あれもだめ、これもだめと言《い》われて、息《いき》が詰《つ》まりそうだ。例互《たが》いに一歩《いっぽ》も譲《ゆず》らないテニスの試合《しあい》を、息《いき》が詰《つ》まる思《おも》いで観戦《かんせん》する。

息《いき》を弾《はず》ませる

激《はげ》しい運動《うんどう》や興《こう》奮《ふん》などのために、苦《くる》しくなって荒《あら》い息《いき》づかいをする。例のら犬《いぬ》に追《お》いかけられて、弟《おとうと》は息《いき》を弾《はず》ませて家《いえ》に飛《と》び込《こ》んできた。

肩《かた》で息《いき》をする

肩《かた》を上下《じょうげ》させながら、苦《くる》しそうに呼吸《こきゅう》する。例よほど急《いそ》いだのか、彼《かれ》は肩《かた》で息《いき》をして、しばらくまともに話《はなし》もできなかった。

骨身《ほねみ》にこたえる

つらさ・痛《いた》み・寒《さむ》さなど

を、骨《ほね》に染《し》み込《こ》むほど強《つよ》く感《かん》じる。例 病後《びょうご》の体育《たいいく》の授業《じゅぎょう》は、さすがに**骨身《ほねみ》にこたえた**。似 **骨身《ほねみ》にしみる。**

目《め》を白黒《しろくろ》させる

◎目玉《めだま》を、白《しろ》目《め》にしたり黒目《くろめ》にしたりしてしきりに動《うご》かすほど苦《くる》しむ。例 もちがのどにつかえて、**目《め》を白黒《しろくろ》させる**。

◆実際《じっさい》に、目《め》がそのように動《うご》くわけではない。◎「驚《おどろ》く」⬇389

苦《く》にする

◎気《き》にかけて苦《くる》しく思《おも》い、あれこれ悩《なや》む。例 一度《いちど》の失敗《しっぱい》を**苦《く》にして**、次《つぎ》のチャンスを見送《みおく》るなんてもったいない。似 **苦《く》に病《や》む。**◎あまり得意《とくい》でないと思《おも》って悩《なや》む。例 ほとんどの教科《きょうか》は得意《とくい》な彼《かれ》だが、算数《さんすう》だけは**苦《く》にして**いる。似 **苦《く》に病《や》む。**

痛《いた》い目《め》にあう

つらい思《おも》いや苦《くる》しい経験《けいけん》をさせられる。例 前回《ぜんかい》の試合《しあい》では、相手《あいて》を甘《あま》く見《み》て**痛《いた》い目《め》にあった**。似 **痛《いた》い目《め》を見《み》る。**

苦杯《くはい》をなめる

苦《くる》しくつらい経《けい》験《けん》をして、苦《にが》い思《おも》いを味《あじ》わう。とくに、スポーツや勝《しょう》負事《ぶごと》などで敗《やぶ》れることにいう。「苦杯《くはい》」は、苦《にが》い酒《さけ》を入《い》れた杯《さかずき》のこと。例 優《ゆう》勝候補《しょうこうほ》と言《い》われながら、彼女《かのじょ》は何度《なんど》も**苦杯《くはい》をなめて**きた。似 **苦杯《くはい》を喫《きっ》する。苦汁《くじゅう》をなめる。**

辛酸《しんさん》をなめる

身《み》をもって、苦《くる》しくつらい経《けい》験《けん》を重《かさ》ねる。とくに、人生経験《じんせいけいけん》について使《つか》われることが多《おお》い。例 女優《じょゆう》として名《めい》声《せい》を得《え》るまでに、彼女《かのじょ》は多《おお》くの**辛酸《しんさん》をなめて**きた。

身《み》を砕《くだ》く

大変《たいへん》な苦労《くろう》や心配《しんぱい》をする。例 お金《かね》を使《つか》い果《は》たし、毎日《まいにち》のやりくりに**身《み》を砕《くだ》く**。

身《み》を削《けず》る

大変《たいへん》な苦労《くろう》をしたり、心《こころ》を痛《いた》めたりする。例 父《ちち》が亡《な》くなった後《あと》、母《はは》は**身《み》を削《けず》る**思《おも》いでわたしたちを育《そだ》ててくれた。似 **骨身《ほねみ》を削《けず》る。**

骨《ほね》が折《お》れる

労力《ろうりょく》がいる。困難《こんなん》である。例 パソコンの操作《そうさ》を理解《りかい》するのは**骨《ほね》が折《お》れる**。

悩《なや》む

あれこれと考《かん》えて、心《こころ》を痛《いた》めて苦《くる》しむ。体《からだ》の痛《いた》みなどで苦《くる》しむ場合《ばあい》にもいう。例 思春期《ししゅんき》は恋《こい》に**悩《なや》む**のもよい経験《けいけん》になる。例 ここ数《すう》日《じつ》、原因不明《げんいんふめい》の頭痛《ずつう》に**悩《なや》まされて**いる。

思《おも》い悩《なや》む

あれこれ考《かん》えるものの、いい考《かんが》えが思《おも》い浮《う》かばず、精神的《せいしんてき》に苦《くる》しむ。例 進学《しんがく》については一人《ひとり》で**思《おも》い悩《なや》まず**、人《ひと》に相談《そうだん》するのがよい。

思《おも》い煩《わずら》う

いい考《かんが》えがなかなか見《み》つからず、あれこれと考《かんが》えて精神的《せいしんてき》に苦《くる》しむ。例 父《ちち》が事業《じぎょう》に失敗《しっぱい》し、将来《しょうらい》を**思《おも》い煩《わずら》う**今日《きょう》このごろだ。

焦《こ》がす

◎心《こころ》を苦《くる》しめ悩《なや》ます。例 遠《とお》い土地《とち》にいる彼《かれ》を思《おも》って、胸《むね》を**焦《こ》がす**。◎「燃《も》える」⬇576

気《き》に病《や》む

物事《ものごと》を、くよくよと思《おも》い悩《なや》む。例 字《じ》が下手《へた》なことを**気《き》に病《や》む**必要《ひつよう》はない。

頭《あたま》を痛《いた》める

解決策《かいけつさく》などがなかなか見《み》つからず、あ

◆＝もっと知《し》りたい、ことばの知識《ちしき》。

れこれ心配《しんぱい》したり悩《なや》んだりする。例 地球温暖化問題《ちきゅうおんだんかもんだい》に、世界中《せかいじゅう》の人々《ひとびと》が頭《あたま》を痛《いた》めている。似 頭《あたま》を悩《なや》ます。

苦《くる》しみ

身《み》や心《こころ》がつらいこと。また、そのように感《かん》じること。例 多《おお》くの苦《くる》しみを乗《の》り越《こ》えて、幸福《こうふく》を手《て》にすることができた。例 その病《やまい》の苦《くる》しみは、想像《そうぞう》を絶《ぜっ》するものらしい。

苦難《くなん》

大《おお》きな苦《くる》しみやつらさ。また、それを感《かん》じさせるような出来事《できごと》。例 彼《かれ》は人生《じんせい》の苦難《くなん》に打《う》ち勝《か》って、とうとう成功《せいこう》を得《え》た。

苦痛《くつう》

◎悩《なや》みなどのために、つらく思《おも》ったり苦《くる》しんだりすること。例 幼《おさな》いころから人前《ひとまえ》に出《で》るのが苦痛《くつう》だったが、演劇《えんげき》を始《はじ》めてそれを克服《こくふく》した。◎「痛《いた》い・痒《かゆ》い」⬇200

陣痛《じんつう》

◎物事《ものごと》を成《な》し遂《と》げるまでの苦労《くろう》や困難《こんなん》。例 この長編小説《ちょうへんしょうせつ》を書《か》き上《あ》げるのには、大変《たいへん》な陣痛《じんつう》を伴《ともな》ったという。◎「痛《いた》い・痒《かゆ》い」⬇201

呻吟《しんぎん》

苦《くる》しみのあまり、うめいたりうなったりすること。例 名案《めいあん》が浮《う》かばないらしく、兄《あに》は一日中《いちにちじゅう》呻吟《しんぎん》している。

四苦八苦《しくはっく》

非常《ひじょう》に苦《くる》しむこと。もともとは、仏教《ぶっきょう》で、この世《よ》にあるあらゆる苦《くる》しみという意味《いみ》。例 母《はは》が入院《にゅういん》してしまい、家族全員《かぞくぜんいん》が慣《な》れない家事《かじ》に四苦八苦《しくはっく》している。

七転八倒《しちてんばっとう》

がまんできないほどの苦《くる》しみや痛《いた》みのために、転《ころ》げ回《まわ》ること。何度《なんど》も転《ころ》がったり倒《たお》れたりすることから。例 放《ほう》っておいた虫歯《むしば》のせいで、七転八倒《しちてんばっとう》の苦《くる》しみを味《あじ》わった。◆「しってんばっとう」ともいう。

苦労《くろう》

◎精神的《せいしんてき》・肉体的《にくたいてき》に苦《くる》しい思《おも》いをすること。例 アメリカに行《い》ったばかりのころは、英語《えいご》が通《つう》じなくてずいぶん苦労《くろう》した。似 労苦《ろうく》。◎「頑張《がんば》る」⬇482

一苦労《ひとくろう》

ひとしきり、かなりの苦労《くろう》をすること。例 みんなが勝手《かって》なことばかり言《い》うので、意見《いけん》をまとめるのに一苦労《ひとくろう》した。

辛苦《しんく》

つらく苦《くる》しい思《おも》いをすること。また、その苦《くる》しみ。例 大国《たいこく》から独立《どくりつ》するために、長《なが》いあいだ多大《ただい》の辛苦《しんく》を味《あじ》わった。

困苦《こんく》

困《こま》り苦《くる》しむこと。必要《ひつよう》なものが得《え》られないときに感《かん》じる苦《くる》しみやつらさ。例 戦後《せんご》は食料《しょくりょう》が入手《にゅうしゅ》できず、日本国民《にほんこくみん》は困苦《こんく》の毎日《まいにち》を送《おく》った。

艱難《かんなん》

ある物事《ものごと》をやり遂《と》げるまでにいろいろと苦労《くろう》すること。例 移民《いみん》たちは艱難《かんなん》を乗《の》り越《こ》えて、農地《のうち》を開拓《かいたく》した。

艱難辛苦《かんなんしんく》

とてもつらいことや、実現《じつげん》が困難《こんなん》なことがあって、悩《なや》み苦《くる》しむこと。例 幾多《いくた》の艱難辛苦《かんなんしんく》の果《は》てに、画家《がか》としての大《おお》きな成功《せいこう》が待《ま》っていた。

骨折《ほねお》り

何《なに》かを成《な》し遂《と》げるために苦労《くろう》すること。例 町内会《ちょうないかい》の骨折《ほねお》りで、立派《りっぱ》な運動場《うんどうじょう》ができた。

悩《なや》み

あれこれ考《かんが》えてもどうしてもうまくいかず、心《こころ》に苦《くる》しみを感《かん》じること。例 友《とも》だちにも、恋《こい》の悩《なや》みはなかなか打《う》ち明《あ》けられない。例 忙《いそが》しくて、家族《かぞく》と過《す》ごす時間《じかん》がとれないのが悩《なや》みの種《たね》だ。

苦悩《くのう》 どうしてよいか分《わ》からなくなるほど、精神的《せいしんてき》に苦《くる》しみ悩《なや》むこと。例 この映画《えいが》には、愛《あい》する家族《かぞく》に思《おも》いが届《とど》かずに苦悩《くのう》する主人公《しゅじんこう》の姿《すがた》がうまく描《えが》かれている。

苦悶《くもん》 肉体的《にくたいてき》な痛《いた》みや精神的《せいしんてき》な悩《なや》みのために苦《くる》しみ、身《み》もだえすること。例 突然激痛《とつぜんげきつう》が走《はし》って、思《おも》わず苦悶《くもん》の表情《ひょうじょう》を浮《う》かべる。

苦渋《くじゅう》 困難《こんなん》に突《つ》き当《あ》たって、非常《ひじょう》に悩《なや》み苦《くる》しむこと。例 選挙違反《せんきょいはん》が発覚《はっかく》した政治家《せいじか》が、苦渋《くじゅう》に満《み》ちた表情《ひょうじょう》を浮《う》かべて謝罪《しゃざい》する。

煩悶《はんもん》 問題《もんだい》を解決《かいけつ》できず、身《み》もだえするように悩《なや》み苦《くる》しむこと。例 次《つぎ》から次《つぎ》へと問題《もんだい》が起《お》こり、日夜《にちや》煩悶《はんもん》する。

難儀《なんぎ》 ◎苦《くる》しみ悩《なや》むこと。困難《こんなん》なこと。例 時《とき》ならぬ大雪《おおゆき》で、駅《えき》まで行《い》くのに難儀《なんぎ》した。◎「難《むずか》しい」➡563

苦心《くしん》 物事《ものごと》をやり遂《と》げるために、いろいろ試《こころ》みたり考《かんが》えたりして心《こころ》を悩《なや》ますこと。例 たくさんある漢字《かんじ》を覚《おぼ》えるのに苦心《くしん》する。

腐心《ふしん》 成《な》し遂《と》げようと苦心《くしん》すること。例 実行委員長《じっこういいんちょう》として、この一年間《いちねんかん》、大会《たいかい》のために腐心《ふしん》してきた。

苦慮《くりょ》 苦心《くしん》して、さまざまに考《かんが》えをめぐらせて悩《なや》むこと。例 両国《りょうこく》は、領土問題《りょうどもんだい》の解決《かいけつ》のために、長年《ながねん》苦慮《くりょ》してきた。

苦心惨憺《くしんさんたん》 ひどく心《こころ》を苦《くる》しめ、悩《なや》みながらいろいろ試《ため》すこと。「惨憺《さんたん》」は、あれこれと心《こころ》を砕《くだ》くこと。例 苦心惨憺《くしんさんたん》の末《すえ》、発明《はつめい》に成功《せいこう》した。

息切《いきぎ》れ ◎呼吸《こきゅう》が激《はげ》しくなって、苦《くる》しくなること。例 階段《かいだん》を駆《か》け上《あ》がって、息切《いきぎ》れしてしまった。◎疲《つか》れや気力《きりょく》の衰《おとろ》えなどのため、能率《のうりつ》が落《お》ちてしまうこと。例 受験勉強《じゅけんべんきょう》は長《なが》い道《みち》のりだから、途中《とちゅう》で息切《いきぎ》れしないように適度《てきど》に休《やす》むことも必要《ひつよう》だ。

身悶《みもだ》え 激《はげ》しい苦《くる》しみや悲《かな》しみのために、じっとしていられず体《からだ》をくねらせること。例 激《はげ》しい痛《いた》みに身悶《みもだ》えする。例 悲《かな》しみのあまり、身悶《みもだ》えして泣《な》く。

くよくよ ➡「悔《く》やむ」465

辛《つら》い ◎がまんすることができないほど、心《こころ》や体《からだ》が苦《くる》しい。例 寒《さむ》さが厳《きび》しくなり、朝早《あさはや》く起《お》きるのが辛《つら》い季節《きせつ》になってきた。◎「素《そ》っ気《け》ない」➡442

苦《くる》しい ◎心《こころ》や体《からだ》が、がまんができないほどつらい。例 落選《らくせん》した候補者《こうほしゃ》が、苦《くる》しい胸《むね》のうちを語《かた》る。例 車内《しゃない》の空気《くうき》が悪《わる》くて、息《いき》が苦《くる》しい。◎「難《むずか》しい」➡562

息苦《いきぐる》しい ◎呼吸《こきゅう》が楽《らく》にできない。例 狭《せま》い室内《しつない》に何十人《なんじゅうにん》も詰《つ》め込《こ》まれて、非常《ひじょう》に息苦《いきぐる》しい。◎気《き》が重《おも》かったり緊張《きんちょう》したりして、胸《むね》が詰《つ》まる感《かん》じがする。例 社長《しゃちょう》がずっと怖《こわ》い顔《かお》をしていたので、会議《かいぎ》の雰囲気《ふんいき》は息苦《いきぐる》しかった。似 胸苦《むなぐる》しい。

重苦《おもくる》しい 押《お》さえつけられているような感《かん》じがして、気分《ぶん》が晴《は》れ晴《ば》れしない。例 思《おも》い通《どお》りに攻撃《こうげき》できず、チームに重苦《おもくる》しいムードが漂《ただよ》っている。

◆＝もっと知《し》りたい、ことばの知識《ちしき》。

たまらない　つらくてがまんできない。例 友《とも》だちに会《あ》いたくて**たまらない**。

きつい　◎窮屈《きゅうくつ》で余裕《よゆう》がないということから、厳《きび》しくてつらい。例 休《やす》みなしの**きつい**練習《れんしゅう》に、不満《ふまん》の声《こえ》が上《あ》がる。◎「狭《せま》い」➡518

ハード　◎「激《はげ》しい」「厳《きび》しい」などの意味《いみ》の英語《えいご》。仕事《しごと》や運動《うんどう》などが厳《きび》しくつらいようす。例 アイドルの**ハード**なスケジュール。◎「かたい」➡539

苦《にが》い　◎思《おも》い出《だ》すのが嫌《いや》なくらいつらい。不愉快《ふゆかい》でおもしろくない。例 信《しん》じていた友《とも》だちに裏切《うらぎ》られる**苦《にが》い**経験《けいけん》をした。例 茶《ちゃ》わんを割《わ》ってしまったと白状《はくじょう》すると、父《ちち》は**苦《にが》い**顔《かお》をした。◎「味《あじ》わう」➡239

ほろ苦《にが》い　◎かすかな苦味《にがみ》があるということから、少《すこ》し苦《くる》しさや悔《く》いが混《ま》じった感《かん》じがする。例 中学時代《ちゅうがくじだい》には、**ほろ苦《にが》い**初恋《はつこい》の思《おも》い出《で》がある。◎「味《あじ》わう」➡239

喘《あえ》ぎ喘《あえ》ぎ　激《はげ》しい運動《うんどう》の後《あと》や病気《びょうき》の苦《くる》しみに、はあはあと苦《くる》しそうに息《いき》をするようす。例 重《おも》い荷物《にもつ》を背負《せお》って、急《きゅう》な坂道《さかみち》を**喘《あえ》ぎ喘《あえ》ぎ**上《のぼ》る。

苦《くる》し紛《まぎ》れ　苦《くる》しいことから何《なん》とか逃《のが》れようとして、いい加減《かげん》な行動《こうどう》をするようす。例 厳《きび》しい質問《しつもん》の連続《れんぞく》で、**苦《くる》し紛《まぎ》れ**にでたらめを言《い》ってしまった。

悶々《もんもん》　気持《きも》ちや心《こころ》が晴《は》れず、あれこれと悩《なや》むようす。例 思《おも》うように恋人《こいびと》と会《あ》えず、**悶々《もんもん》**とした毎日《まいにち》を過《す》ごす。

身《み》を切《き》るよう　◎つらさが厳《きび》しくて、体《からだ》を切《き》るようである。例 親友《しんゆう》との別《わか》れは、**身《み》を切《き》るよう**につらかった。◎「寒《さむ》い・冷《つめ》たい」➡214

血《ち》の出《で》るよう　大変《たいへん》なつらさに苦《くる》しみつつ、努《ど》力《りょく》するようす。例 悲願《ひがん》の予選突破《よせんとっぱ》を果《は》たすため、**血《ち》の出《で》るよう**な練習《れんしゅう》を重《かさ》ねてきた。似 血《ち》のにじむよう。

血《ち》を吐《は》く思《おも》い　耐《た》えがたいほどつらい思《おも》い。例 肉親《にくしん》を異国《いこく》に残《のこ》したまま帰国《きこく》するのは、**血《ち》を吐《は》く思《おも》い**であったに違《ちが》いない。

窮地《きゅうち》　追《お》い詰《つ》められて逃《のが》れられない、苦《くる》しく困難《こんなん》な立場《たちば》や状態《じょうたい》。例 初回《しょかい》の連続《れんぞく》フォアボールで、先発投手《せんぱつとうしゅ》

「苦《くる》しむ」に関連《かんれん》することば

苦《くる》しい時《とき》の神頼《かみだの》み　普段《ふだん》は神仏《しんぶつ》を信《しん》じていない人《ひと》が、困《こま》ったときだけ神仏《しんぶつ》に助《たす》けを求《もと》めるということ。人間《にんげん》の身勝手《みがって》さを表《あらわ》したことば。

塗炭《とたん》の苦《くる》しみ　ひどい苦《くる》しみのたとえ。「塗《と》」は泥《どろ》、「炭《たん》」は炭火《すみび》という意味《いみ》。泥《どろ》にまみれ、炭火《すみび》に焼《や》かれるほど苦《くる》しいということ。

産《う》みの苦《くる》しみ　出産《しゅっさん》するときの妊婦《にんぷ》の苦《くる》しみ。また、新《あたら》しい物事《ものごと》を一《いち》から生《う》み出《だ》したり、作《つく》り上《あ》げたりするときの苦《くる》しみ。

●こんなことばも覚《おぼ》えておこう
懊悩《おうのう》・憂悶《ゆうもん》

似＝似《に》た表現《ひょうげん》のことば。対＝反対《はんたい》の意味《いみ》のことば。例＝使《つか》い方《かた》の例《れい》。

はいきなり窮地《きゅうち》に追《お》い込《こ》まれた。

憂《う》き目《め》 つらい思《おも》いや、悲《かな》しい経《けい》験《けん》。例 相手《あいて》チームが弱《よわ》いと油断《ゆだん》して、敗戦《はいせん》の憂《う》き目《め》にあってしまった。

逆境《ぎゃっきょう》 苦労《くろう》が多《おお》く、恵《めぐ》まれない状態《じょうたい》。また、そのような身《み》の上《うえ》。例 逆境《ぎゃっきょう》にあっても、彼女《かのじょ》は決《けっ》して美《うつく》しい心《こころ》を失《うしな》わなかった。対 順境《じゅんきょう》。

苦境《くきょう》 苦《くる》しい立場《たちば》や境遇《きょうぐう》。例 確《たし》かな証拠《しょうこ》を突《つ》きつけられ、被告人《ひこくにん》は苦境《くきょう》に立《た》たされた。

骨《ほね》 成《な》し遂《と》げるのに苦労《くろう》すること。困《こん》難《なん》なこと。例 こんなにたくさんの仕事《しごと》を一日《いちにち》で終《お》わらせるのは骨《ほね》だ。

煩悩《ぼんのう》 仏教《ぶっきょう》のことばで、人間《にんげん》の心《こころ》や体《からだ》を悩《なや》ませるすべての欲望《よくぼう》・怒《いか》り・ねたみなど。例 煩悩《ぼんのう》に悩《なや》まされるときには、座禅《ざぜん》を組《く》むことにしている。

はあはあ 熱《ねつ》があるときや激《はげ》しい運動《うんどう》の後《あと》などに、苦《くる》しそうに口《くち》を大《おお》きく開《あ》けて、肩《かた》で息《いき》をするようす。例 よほど熱《ねつ》が高《たか》いのか、妹《いもうと》は一晩中《ひとばんじゅう》はあはあと荒《あら》い息《いき》をしていた。

ふうふう ◎口《くち》をすぼめて息《いき》をするときの音《おと》から、苦《くる》しい息《いき》づかいをするようす。例 電車《でんしゃ》に飛《と》び乗《の》ってから、しばらくふうふうとあえいだ。◎やらなければならないことが多《おお》すぎて、苦労《くろう》するようす。例 塾《じゅく》に通《かよ》い始《はじ》めたが、宿題《しゅくだい》が多《おお》くて毎日《まいにち》ふうふう言《い》っている。

うんうん 苦《くる》しんだりして声《こえ》を出《だ》すようす。例 柱《はしら》に頭《あたま》をぶつけ、痛《いた》くてうんうんとうなっている。例 手紙《てがみ》を書《か》き始《はじ》めたが、うまいことばが見《み》つからず、うんうん言《い》って考《かん》え込《こ》んでいる。似 ううん。

ぜいぜい たんがからんだり呼吸《こきゅう》がしにくくなったりして、苦《くる》しそうな息《いき》をするようす。例 風邪《かぜ》を引《ひ》いたらしく、朝《あさ》からのどがぜいぜいして声《こえ》がうまく出《で》ない。

ひいひい 苦痛《くつう》を感《かん》じて、苦《くる》しそうな息《いき》や泣《な》き声《ごえ》を出《だ》すようす。また、泣《な》きたくなるほど苦《くる》しいようす。例 傷口《きずぐち》に消毒液《しょうどくえき》をかけられて、思《おも》わずひいひいと泣《な》いてしまった。例 注文《ちゅうもん》が殺到《さっとう》しているのに人手《ひとで》が足《た》りず、店員《てんいん》はひいひい言《い》っている。

あっぷあっぷ ◎おぼれそうになって、もがき苦《くる》しむようす。例 プールの底《そこ》に足《あし》が届《とど》かず、あっぷあっぷしているところを人《ひと》に助《たす》けられた。◎困難《こんなん》に追《お》い込《こ》まれて、困《こま》り苦《くる》しむようす。例 与《あた》えられた課題《かだい》をこなせず、あっぷあっぷの状態《じょうたい》だ。

きゅうきゅう ひどい目《め》にあって苦《くる》しんでいるようす。例 弟《おとうと》は、たまった夏休《なつやす》みの宿《しゅく》題《だい》を終《お》わらせるのにきゅうきゅうとしている。

落《お》ち込《こ》む

be depressed
［ビ・ディプレスト］

このページも見《み》てみよう
▼悲《かな》しい ⬇426

落《お》ち込《こ》む 失敗《しっぱい》や失望《しつぼう》でがっかりして、元気《げんき》がなくなる。

◆＝もっと知《し》りたい、ことばの知識《ちしき》。

例 失恋《しつれん》して落《お》ち込《こ》んでいる友《とも》を慰《なぐさ》める。

しょげる

落《お》ち込《こ》んで、見《み》るからに元気《げんき》がなくなる。例 先生《せんせい》にしかられ、すっかりしょげてしまった。似 しょげ返《かえ》る。

ふさぐ

心《こころ》の中《なか》に何《なに》かが詰《つ》まったように、気分《きぶん》がすぐれなくなる。例 ふさいだ顔《かお》をして、どうしたんだい。

ふさぎ込《こ》む

すっかりふさいでしまう。ひどく落《お》ち込《こ》む。例 愛《あい》する人《ひと》を亡《な》くして以来《いらい》、ずっとふさぎ込《こ》んでいる。

滅《め》入《い》る

元気《げんき》がなくなり、暗《くら》い気分《きぶん》になる。例 梅雨時《つゆどき》は、雨《あめ》の日《ひ》が続《つづ》いて気《き》が滅《め》入《い》る。

めげる

気力《きりょく》が失《うしな》われ、すっかり弱《よわ》気《き》になる。例 へまをやらかして、めげている友《とも》だちを励《はげ》ます。

しおれる

気《き》落《お》ちして、元気《げんき》がなくなる。草木《くさき》などが、水分《すいぶん》が少《すく》なくてぐったりすることから。例 テストの結果《けっか》が悪《わる》かったので、彼《かれ》はすっかりしおれてしまった。似 打《う》ちしおれる。

沈《しず》む

気《き》持《も》ちが高《たか》まらず、暗《くら》い気分《きぶん》になる。例 電話《でんわ》をしたら、声《こえ》が沈《しず》んでいたので心配《しんぱい》になった。

打《う》ち沈《しず》む

すっかり元気《げんき》をなくして、ふさぎ込《こ》む。例 一《いっ》家《か》の支《ささ》えを失《うしな》い、残《のこ》された家族《かぞく》は悲《かな》しみに打《う》ち沈《しず》んでいる。

腐《くさ》る

思《おも》い通《どお》りに物事《ものごと》が運《はこ》ばないため、やる気《き》をなくしてしまう。例 失敗《しっぱい》して師匠《ししょう》に怒鳴《どな》られても、腐《くさ》らずにがんばりなさいよ。

曇《くも》る

◎雲《くも》が出《で》て空《そら》が暗《くら》くなるように、悲《かな》しみや心配事《しんぱいごと》のために、心《こころ》や表情《ひょうじょう》から明《あか》るさが失《うしな》われる。例 何《なに》か悲《かな》しいことでもあったのか、曇《くも》った表情《ひょうじょう》でうつむいている。◎「曇《くも》り」⬇603

湿《しめ》る

湿気《しっけ》を含《ふく》んでじめじめするように、気《き》持《も》ちが沈《しず》んでしまう。元気《げんき》がなくなる。例 大《おお》きく点差《てんさ》が開《ひら》き、応援団《おうえんだん》も湿《しめ》ってしまった。

挫《くじ》ける

勢《いきお》いや意欲《いよく》などがなくなる。足《あし》などの関節《かんせつ》が、曲《ま》げられて傷《きず》つくことから。例 自信《じしん》がなくなって挫《くじ》けそうになったら、元気《げんき》をくれる友《とも》だちに会《あ》いに行《い》こう。

屈《くっ》する

◎何《なに》かをしようとする意欲《いよく》や気力《きりょく》がなくなる。例 失《しっ》敗《ぱい》に屈《くっ》することなく、できる限《かぎ》りのことをやってみよう。◎「負《ま》ける」⬇360

しょぼくれる

元気《げんき》がなく、みじめなようすになる。例 彼女《かのじょ》にふられた兄《あに》は、すっかりしょぼくれて部屋《へや》に閉《と》じこもっている。似 しょぼたれる。

うな垂《だ》れる

失望《しつぼう》や悲《かな》しさ・恥《は》ずかしさなどのために、力《ちから》なく首《くび》を前《まえ》に垂《た》れる。「うな」は、うなじ(首《くび》の後《うし》ろ)のこと。例 試合《しあい》に負《ま》けた選手《せんしゅ》が、うな垂《だ》れて監督《かんとく》の話《はなし》を聞《き》いている。

へたり込《こ》む

力《ちから》が抜《ぬ》けて、その場《ば》に座《すわ》り込《こ》む。また、疲《つか》れて立《た》てなくなる。例 悲報《ひほう》を聞《き》いて思《おも》わずその場《ば》にへたり込《こ》む。

気《き》を落《お》とす

物事《ものごと》がうまくいかず、元気《げんき》をなくす。がっかりする。例 一度《いちど》や二度《にど》の失敗《しっぱい》で、そう気《き》を落《お》とすことはない。

肩《かた》を落《お》とす

がっかりして、力《ちから》が抜《ぬ》けて肩《かた》が下《さ》がる。例 落選《らくせん》が決《き》まり、候補者《こうほしゃ》が肩《かた》を落《お》とす。

力《ちから》を落《お》とす

失望《しつぼう》したりつらいことがあったりして、気力《きりょく》を失《うしな》う。例 負《ま》けたチームのサポーターは、力《ちから》を落《お》として競技場《きょうぎじょう》を後《あと》にした。

膝《ひざ》を抱《かか》える

悲《かな》しみや孤独感《こどくかん》などのためにふさぎ込《こ》んで、小《ちい》さく座《すわ》ってじっとしている。例 暗《くら》い部屋《へや》で、膝《ひざ》を抱《かか》えて考《かんが》え込《こ》む。

気《き》が抜《ぬ》ける

◎気持《きも》ちの張《は》りがなくなって、ぼんやりしてしまう。例 試験《しけん》が終《お》わったら気《き》が抜《ぬ》けてしまった。◎「味《あじ》わう」➡238

打《う》ちひしがれる

精神的《せいしんてき》に強《つよ》い衝撃《しょうげき》を受《う》けて、気力《きりょく》がなくなる。例 かわいがっていたペットを亡《な》くし、悲《かな》しみに打《う》ちひしがれる。

目《め》の前《まえ》が暗《くら》くなる

希望《きぼう》を失《うしな》い、将来《しょうらい》に対《たい》する不安《ふあん》で、どうしてよいか分《わ》からなくなる。例 医師《いし》から病名《びょうめい》を告《つ》げられ、目《め》の前《まえ》が暗《くら》くなった。似 目《め》の前《まえ》が真《ま》っ暗《くら》になる。

気落《きお》ち

気持《きも》ちの支《ささ》えや希望《きぼう》をなくし、がっかりして気力《きりょく》をなくすこと。例 オリンピックの選考《せんこう》には漏《も》れたが、気落《きお》ちせずに練習《れんしゅう》を続《つづ》けた。

気抜《きぬ》け

体《からだ》から気力《きりょく》が抜《ぬ》けること。張《は》りつめていた気持《きも》ちが緩《ゆる》み、ぼんやりすること。例 楽《たの》しみにしていた遠足《えんそく》の日《ひ》は大雨《おおあめ》で、すっかり気《き》抜《ぬ》けしてしまった。

脱力《だつりょく》

悲《かな》しみなどのために体《からだ》から力《ちから》が抜《ぬ》けて、ぐったりしてしまうこと。例 事実《じじつ》を聞《き》かされた彼《かれ》は、脱《だつ》力《りょく》したまま部屋《へや》を出《で》ていった。

虚脱《きょだつ》

ぼんやりとしてしまい、何《なに》も手《て》につかなくなること。例 クラブをやめてから、虚脱感《きょだつかん》にとらわれる日《ひ》が続《つづ》いている。

がっかり

望《のぞ》みがなくなったり当《あ》てが外《はず》れたりして、気《き》力《りょく》をなくすようす。例 楽《たの》しみにしていた旅行《りょこう》が中止《ちゅうし》になり、がっかりだ。

落胆《らくたん》

期待《きたい》や希望通《きぼうどお》りにならず、がっかりすること。例 仲《なか》のいい友《とも》だちと違《ちが》うクラスになり、落胆《らくたん》してしまった。

失望《しつぼう》

期待《きたい》が外《はず》れてがっかりすること。また、その結果《けっか》、希望《きぼう》を持《も》てなくなること。例 とても期待《きたい》していたのに、君《きみ》には失望《しつぼう》したよ。

	がっかり	落胆	失望
誠意《せいい》のなさに――する	○	○	○
――の色《いろ》を隠《かく》せない	–	○	○
人生《じんせい》に――する	–	–	○

絶望《ぜつぼう》

期待《きたい》や希望《きぼう》がまったく失《うしな》われること。例 船《ふね》が沈没《ちんぼつ》し、乗組《のりくみ》員《いん》の生存《せいぞん》は絶望的《ぜつぼうてき》と見《み》られている。

幻滅《げんめつ》

現実《げんじつ》が期待《きたい》していたことと違《ちが》うと知《し》り、がっかりすること。例 あこがれていた先輩《せんぱい》が、実《じつ》はいじめっ子《こ》だと知《し》って幻滅《げんめつ》した。

意気消沈《いきしょうちん》

意気込《いきご》みがすっかり衰《おとろ》えること。「消沈《しょうちん》」は、気力《きりょく》などがなえ、衰《おとろ》えること。例 練《れん》習《しゅう》しても記録《きろく》が伸《の》びず、意気消沈《いきしょうちん》している選手《せんしゅ》を励《はげ》ます。

意気阻喪《いきそそう》　意気込《いきご》みがくじけて、落《お》ち込《こ》むこと。「阻喪《そそう》」は、気力《きりょく》がくじけて元気《げんき》がなくなること。気落《きお》ちすること。例 やる気満々《きまんまん》で取《と》り組《く》んでいた企画《きかく》が中止《ちゅうし》になり、意気阻喪《いきそそう》してしまった。

嘆息《たんそく》　➡「悲《かな》しい」428

鬱屈《うっくつ》　気分《きぶん》が晴《は》れ晴《ば》れしないこと。例 就職先《しゅうしょくさき》が決《き》まらず、鬱屈《うっくつ》した日々《ひび》を過《す》ごす。

気《き》が重《おも》い　物事《ものごと》をするのに気《き》が進《すす》まない。負担《ふたん》に感《かん》じ、気持《きも》ちが沈《しず》む。例 試験《しけん》を一週間後《いっしゅうかんご》にひかえ、気《き》が重《おも》い毎日《まいにち》だ。

うっとうしい　心《こころ》がふさいで、晴《は》れ晴《ば》れしない。例 六月《ろくがつ》は雨《あめ》ばかりで、うっとうしい日《ひ》が多《おお》い。

物憂《ものう》い　何《なん》となく心《こころ》が晴《は》れ晴《ば》れしない。だるくておっくうである。例 物憂《ものう》い気分《きぶん》の日《ひ》には、漫画《まんが》を読《よ》んでもおもしろく感《かん》じられない。

暗《くら》い　気持《きも》ちが晴《は》れ晴《ば》れせず、沈《しず》み込《こ》んでいる。また、人《ひと》にそのような印象《いんしょう》を与《あた》えるようすである。例 彼女《かのじょ》は表情《ひょうじょう》が暗《くら》いけど、何《なに》かあったのかい？ 対 明《あか》るい。

湿《しめ》っぽい　湿《しめ》り気《け》があってじめじめするように、気分《きぶん》が沈《しず》んでいる。例 湿《しめ》っぽい話《はなし》はやめて、楽《たの》しくやろうよ。

憂鬱《ゆううつ》　気持《きも》ちがふさいで、何《なに》もやる気《き》が起《お》きないようす。例 自分《じぶん》の番《ばん》が近《ちか》づくにつれ、憂鬱《ゆううつ》な気分《きぶん》になった。

沈鬱《ちんうつ》　気分《きぶん》が沈《しず》み、ふさぎこむようす。例 病院《びょういん》で父《ちち》の病状《びょうじょう》を尋《たず》ねると、母《はは》は沈鬱《ちんうつ》な表情《ひょうじょう》で語《かた》り始《はじ》めた。

陰鬱《いんうつ》　陰気《いんき》でうっとうしい感《かん》じがするようす。例 朝《あさ》から、陰鬱《いんうつ》な雨空《あまぞら》が重《おも》く広《ひろ》がっていた。

陰気《いんき》　気分《きぶん》や雰囲気《ふんいき》が、晴《は》れ晴《ば》れしないこと。例 あの医者《いしゃ》は、いつも陰気《いんき》な顔《かお》をしている。対 陽気《ようき》。

不景気《ふけいき》　沈《しず》み込《こ》んで元気《げんき》のないこと。本来《ほんらい》は、社会全体《しゃかいぜんたい》の経済状態《けいざいじょうたい》が悪《わる》くて、活気《かっき》がないこと。例 そんな不景気《ふけいき》な顔《かお》してたら、客《きゃく》も寄《よ》りつかないぞ。

力落《ちからお》とし　頼《たの》みとするものや希望《きぼう》がなくなって、がっかりすること。例 このたびのご不幸《ふこう》で、ご家族《かぞく》の皆様《みなさま》は、さぞお力落《ちからお》としのことでしょう。

へこたれる　気力《きりょく》をなくす。例 失敗《しっぱい》したって、へこたれるようなやつではないよ。似 へこむ。

ブルー　「青色《あおいろ》」という意味《いみ》の英語《えいご》。憂鬱《ゆううつ》なこと。また、そのようす。例 今日《きょう》は朝《あさ》から気分《きぶん》がブルーだ。

憔悴《しょうすい》　心配事《しんぱいごと》や病気《びょうき》などのために、やせ衰《おとろ》えること。例 事故《じこ》から一夜明《いちやあ》けて、関係者《かんけいしゃ》はみな憔悴《しょうすい》しきっていた。

失意《しつい》　望《のぞ》みが遂《と》げられなかったり、当《あ》てが外《はず》れたりして、がっかりすること。例 愛《あい》する人《ひと》を亡《な》くし、失意《しつい》のどん底《ぞこ》にいる。例 志半《こころざしなか》ばで病気《びょうき》になり、失意《しつい》のうちに世《よ》を去《さ》った。対 得意《とくい》。

ため息《いき》　悩《なや》み・苦《くる》しみ・心配事《しんぱいごと》があるときや、がっかりしたときなどに思《おも》わず出《で》る長《なが》い息《いき》。例 何《なに》をやってもうまくいかず、出《で》るのは**ため息《いき》**ばかりだ。

吐息《といき》　「ため息《いき》」のこと。また、ほっとしたときに出《で》る息《いき》という意《い》味《み》もある。例 景気《けいき》が悪《わる》くて、庶民《しょみん》の生《せい》活《かつ》は青息《あおいき》**吐息《といき》**だ（「青息《あおいき》」は、苦《くる》しさに弱《よわ》りきって吐《は》く息《いき》）。例 やってもやっても終《お》わらない仕事《しごと》に、**吐息《といき》**をもらす。

青菜《あおな》に塩《しお》　人《ひと》が元気《げんき》をなくして、しょげるようす。青菜《あおな》に塩《しお》を振《ふ》りかけると、しなっとしおれることから。例 先生《せんせい》にしかられ、みんな**青菜《あおな》に塩《しお》**のようだ。

がっくり　気《き》落《お》ちするなどして、元気《げんき》がすっかりなくなるようす。例 せっかく並《なら》んだのに、わたしの前《まえ》の人《ひと》で売《う》り切《き》れになり**がっくり**きた。

しょんぼり　元気《げんき》がなく、うちしおれて寂《さび》しそうなようす。例 お母《かあ》さんのお迎《むか》えが遅《おそ》くなり、子《こ》どもは**しょんぼり**していた。似 しょぼん。

しゅん　しかられたりして、しょげて静《しず》かになるようす。例 教室《きょうしつ》で騒《さわ》いでいたら先生《せんせい》に怒《おこ》られ、みんな**しゅん**として席《せき》に戻《もど》った。

鬱々《うつうつ》　心《こころ》の中《なか》に不安《ふあん》や心配《しんぱい》があって、思《おも》い沈《しず》むようす。例 合格《ごうかく》発《はっ》表《ぴょう》まで**鬱々《うつうつ》**とした日々《ひび》を過《す》ごした。

悄然《しょうぜん》　元気《げんき》がなく、しょんぼりと静《しず》かにしているようす。例 **悄然《しょうぜん》**としてうつむく友人《ゆうじん》の肩《かた》に、そっと手《て》を置《お》いた。

暗澹《あんたん》　将来《しょうらい》の見通《みとお》しが立《た》たず、まったく希望《きぼう》が持《も》てないようす。例 被災者《ひさいしゃ》たちはみな**暗澹《あんたん》**とした表情《ひょうじょう》を浮《う》かべ、避難所生活《ひなんじょせいかつ》を送《おく》っていた。

くさくさ　いやなことがあったり、しゃくに障《さわ》ったりして気分《きぶん》がすっきりしないようす。例 雨続《あめつづ》きで気持《きも》ちが晴《は》れず、どうも**くさくさ**する。

しおしお　がっかりして元気《げんき》がないようす。例 試合《しあい》に負《ま》けて**しおしお**と帰《かえ》っていった。

じめじめ　しめっぽくて陰気《いんき》なようす。活気《かっき》のないようす。例 **じめじめ**した人間関係《にんげんかんけい》には、もううんざりだ。

へたへた　力《ちから》が抜《ぬ》けて、立《た》っていられなくなるようす。例 気《き》落《お》ちして、その場《ば》に**へたへた**としゃがみ込《こ》んでしまった。

へなへな　気力《きりょく》や体力《たいりょく》を失《うしな》って、立《た》っていられないようす。また、そのように見《み》えるようす。例 家《いえ》に帰《かえ》ると気《き》が緩《ゆる》み、**へなへな**とベッドに座《すわ》り込《こ》んだ。

困《こま》る

be in trouble
［ビ・イン・トラブル］

このページも見《み》てみよう
▼苦《くる》しむ ↓465

困《こま》る　◎好《この》ましくないことが起《お》こり、どうしてよいのか分《わ》からくて苦《くる》しむ。例 初《はじ》めて来《き》た町《まち》なので、道《みち》が分《わ》からなくて困《こま》ってしまった。◎金銭《きんせん》や物《もの》がなくて苦《くる》しむ。例 仕事《しごと》が見《み》つからず、生活《せいかつ》に困《こま》る。

困《こま》り果《は》てる とても困《こま》ってしまう。これ以上《いじょう》ないほど困《こま》る。例 日《ひ》が暮《く》れてきたのに、道《みち》に迷《まよ》って困《こま》り果《は》てた。似 困《こま》り切《き》る。

弱《よわ》る どうしてよいか分《わ》からなくて困《こま》る。例 弱《よわ》ったなあ、財布《さいふ》を忘《わす》れてきちゃったよ。

弱《よわ》り切《き》る すっかり困《こま》ってしまう。例 姉《あね》の口《くち》の悪《わる》さに弱《よわ》り切《き》る。似 弱《よわ》り果《は》てる。

参《まい》る ◎どうしようもないと、あきらめる。例 ガソリンの値《ね》上《あ》がりには参《まい》った。例 今年《ことし》の暑《あつ》さには、ほとほと参《まい》ったね。◎「行《い》く」↓177 ◎「来《く》る」↓186 ◎「負《ま》ける」↓360

苦《くる》しむ ◎解決《かいけつ》の方法《ほうほう》がなかったり、判断《はんだん》がつけられなくて困《こま》る。例 君《きみ》の言《い》うことは、いつものことながら理解《りかい》に苦《くる》しむよ。◎「苦《くる》しむ」↓465

窮《きゅう》する ◎行《い》き詰《づ》まって、どうにも手《て》の打《う》ちようがなくなり困《こま》る。例 彼《かれ》に無理難題《むりなんだい》を持《も》ち込《こ》まれ、返答《へんとう》に窮《きゅう》する。◎金銭《きんせん》や物《もの》が不足《ふそく》して、困《こま》る。例 立《た》て続《つづ》けに災難《さいなん》に見舞《みま》われ、父《ちち》の薬代《くすりだい》にも窮《きゅう》するようになった。

詰《つ》まる ◎対応《たいおう》の仕方《しかた》が思《おも》いつかず、困《こま》る。例 突然《とつぜん》質問《しつもん》されて、ことばに詰《つ》まる。◎ゆとりや逃《に》げ道《みち》のない状態《じょうたい》になって、困《こま》る。例 事業《じぎょう》を拡大《かくだい》し過《す》ぎて、営業資金《えいぎょうしきん》に詰《つ》まる。◆将棋《しょうぎ》で王将《おうしょう》の逃《に》げ場《ば》がなくなるのは「詰《つ》む」。

あぐむ 思《おも》うようにいかなくて、すっかり困《こま》ってしまう。ふつう、動作《どうさ》を表《あらわ》すことばの後《あと》に付《つ》けて使《つか》われる。例 考《かんが》えあぐむ。例 敵《てき》の固《かた》い守《まも》りに、味方《みかた》は攻《せ》めあぐんだ。

頭《あたま》を抱《かか》える 心配事《しんぱいごと》や悩《なや》み事《ごと》があって、どうしたらよいか分《わ》からず、困《こま》り果《は》てる。例 明日《あす》までの宿題《しゅくだい》が終《お》わらなくて、頭《あたま》を抱《かか》える。例 デートだというのに、小遣《こづか》いがなくて頭《あたま》を抱《かか》えてしまった。

思《し》案《あん》に暮《く》れる どうしたらよいのか考《かんが》えが定《さだ》まらず、困《こま》り果《は》てる。例 このまま部活《ぶかつ》を続《つづ》けようか、それともやめようか、思《し》案《あん》に暮《く》れる。

途《と》方《ほう》に暮《く》れる 手段《しゅだん》が尽《つ》き、どうしてよいか分《わ》からなくて困《こま》り果《は》てる。例 財布《さいふ》を落《お》としてしまい、途方《とほう》に暮《く》れてしまった。

思《おも》い余《あま》る いくら考《かんが》えても、どうしてよいか分《わ》からなくなる。例 思《おも》い余《あま》って、先生《せんせい》に相談《そうだん》する。

持《も》て余《あま》す どう扱《あつか》ってよいのか分《わ》からず、処置《しょち》に困《こま》る。例 おもちゃがほしいと泣《な》き出《だ》した妹《いもうと》を持《も》て余《あま》す。

てこずる 扱《あつか》いや処置《しょち》をどうしてよいか分《わ》からず困《こま》る。解決《かいけつ》に手間取《てまど》る。例 漢字《かんじ》の問題《もんだい》にてこずって、テスト時間《じかん》が足《た》りなくなってしまった。

手《て》に余《あま》る 自分《じぶん》の力《ちから》では処理《しょり》しきれなくて困《こま》る。例 障子《しょうじ》の張《は》り替《か》えは、僕《ぼく》には手《て》に余《あま》る仕事《しごと》だ。

手《て》を焼《や》く　うまく処理《しょり》できずに、困《こま》って持《も》て余《あま》す。例 嫌《いや》がる弟《おとうと》を歯医者《はいしゃ》に連《つ》れて行《い》くのに**手《て》を焼《や》く**。

泣《な》かされる　困《こま》らされる。例 今度《こんど》の旅行《りょこう》では、雨《あめ》に**泣《な》かされた**よ。

手《て》も足《あし》も出《で》ない　力《ちから》が及《およ》ばず、どうしようもない。解決《かいけつ》する方法《ほうほう》がない。例 今日《きょう》のテストは、問題《もんだい》が難《むずか》し過《す》ぎて**手《て》も足《あし》も出《で》なかった**。

困惑《こんわく》　どうしたらよいか判断《はんだん》がつかず、困《こま》ること。例 兄《あに》は、見合《みあ》いの話《はなし》を持《も》ち込《こ》まれて**困惑《こんわく》**している。

困窮《こんきゅう》　◎非常《ひじょう》に困《こま》ること。物事《ものごと》をどう処理《しょり》していいのか分《わ》からず、困《こま》ること。例 地震《じしん》で水道《すいどう》が止《と》まってしまい、住民《じゅうみん》が**困窮《こんきゅう》**する。◎非常《ひじょう》に貧《びん》乏《ぼう》で、これ以上《いじょう》ないほど生活《せいかつ》に苦《くる》しむこと。例 病気《びょうき》のために定職《ていしょく》に就《つ》けず、生活《せいかつ》が**困窮《こんきゅう》**する。

閉口《へいこう》　➡「飽《あ》きる」478

辟易《へきえき》　うんざりしたり、困《こま》ったりすること。もとは、相手《あいて》を避《さ》けて道《みち》を変《か》えるという意味《いみ》。例 彼女《かのじょ》のしつこいメールには、もう**辟易《へきえき》**した。

降参《こうさん》　◎どうしようもなくて困《こま》ること。どうにも手《て》に負《お》えずに、うんざりすること。例 この蒸《む》し暑《あつ》さには、もう**降参《こうさん》**だ。例 あいつのしつこさには、**降参《こうさん》**するしかないね。◎「負《ま》ける」➡360

難渋《なんじゅう》　➡「難《むずか》しい」563

往生《おうじょう》　◎行《い》き詰《づ》まった状況《じょうきょう》を打開《だかい》できずに困《こま》ること。例 携帯電話《けいたいでんわ》を忘《わす》れたので、友《とも》だちと連絡《れんらく》が取《と》れずに**往生《おうじょう》**した。◎あきらめて抵抗《ていこう》をやめること。例 もう観念《かんねん》して、いい加減《かげん》に**往生《おうじょう》**したらどうだ。◆本来《ほんらい》は仏教《ぶっきょう》のことばで、死《し》んで仏《ほとけ》の浄土《じょうど》に行《い》くということ。◎「死《し》ぬ」➡122

迷惑《めいわく》　他人《たにん》のしたことで、嫌《いや》な思《おも》いをしたり、不利益《ふりえき》を受《う》けたりして困《こま》ること。例 夜中《よなか》に大声《おおごえ》で叫《さけ》ぶなんて、人《ひと》の**迷惑《めいわく》**も少《すこ》しは考《かんが》えなさい。

痛《いた》い　◎ひどく困《こま》る。例 試合《しあい》を前《まえ》に、ピッチャーがけがをしたのが**痛《いた》い**。◎「痛《いた》い・痒《かゆ》い」➡200

青息吐息《あおいきといき》　心配《しんぱい》や悩《なや》み事《ごと》などで、困《こま》りきったときにつくため息《いき》。また、そのような状況《じょうきょう》をたとえていうことば。例 会社《かいしゃ》の経営《けいえい》が苦《くる》しくなり、**青息吐息《あおいきといき》**の状態《じょうたい》だ。

思案投《しあんな》げ首《くび》　名案《めいあん》が浮《う》かばず、困《こま》り果《は》てること。困《こま》って首《くび》を傾《かたむ》けること。例 弟《おとうと》のいたずらをやめさせるよい考《かんが》えが浮《う》かばず、母《はは》は**思案投《しあんな》げ首《くび》**のようすだ。

万策尽《ばんさくつ》きる　あらゆる方策《ほうさく》がなくなる。例 八方手《はっぽうて》を尽《つ》くしたが、資金《しきん》の調達《ちょうたつ》は**万策尽《ばんさくつ》きた**。

手《て》の施《ほどこ》しようがない　どうにもこうにも、対処《たいしょ》のしようがない。例 何《なん》とかしようと思《おも》ったが、こうなっては、もう**手《て》の施《ほどこ》しようがない**。

匙《さじ》を投《な》げる　医者《いしゃ》が、治療《ちりょう》をあきらめて病人《びょうにん》を見放《みはな》す。また、解決《かいけつ》の見込《みこ》みがないとして

◆＝もっと知《し》りたい、ことばの知識《ちしき》。

手《て》を引《ひ》く。薬《くすり》を調合《ちょうごう》するさじを投《な》げ出《だ》すという意味《いみ》から。例 名医《めいい》も匙《さじ》を投《な》げた難病《なんびょう》。例 難問《なんもん》が山積《さんせき》し、専門家《せんもんか》もとうとう**匙《さじ》を投《な》げた**。

にっちもさっちも　物事《ものごと》が行《い》き詰《づ》まって、身動《みうご》きが取《と》れないようす。「二進《にっち》も三進《さっち》も」と書《か》き、そろばんの用語《ようご》で計算《けいさん》のやりくりという意味《いみ》。例 借金《しゃっきん》がかさんで、**にっちもさっちも**行《い》かない。

痛《いた》し痒《かゆ》し　二《ふた》つのどちらを取《と》ってもぐあいが悪《わる》く迷《まよ》う。良《よ》い面《めん》もあれば悪《わる》い面《めん》もあって困《こま》る。かくと痛《いた》いし、かかなければかゆくて困《こま》るという意味《いみ》から。例 船旅《ふなたび》は優雅《ゆうが》だが高《たか》いし、飛行機《ひこうき》だと速《はや》いけど座《すわ》りっぱなしなので、どちらも**痛《いた》し痒《かゆ》し**だ。

飽《あ》きる

get tired
[ゲット・タイアッド]

飽《あ》きる　十分《じゅうぶん》すぎたり、同《おな》じようなことが続《つづ》いたりして、嫌《いや》になる。例 甘《あま》い物《もの》は、たくさん食《た》べるとそのうち**飽《あ》きて**くる。例 ずっと単調《たんちょう》な作業《さぎょう》の繰《く》り返《かえ》しで、仕事《しごと》に**飽《あ》きて**しまった。

飽《あ》く　「飽《あ》きる」と同《おな》じ。例 勉学《べんがく》への**飽《あ》く**ことなき意欲《いよく》。例 **飽《あ》く**ことなき金銭欲《きんせんよく》。

倦《う》む　退屈《たいくつ》する。飽《あ》きる。疲《つか》れる。例 兄《あに》は弁護士《べんごし》を目指《めざ》して、**倦《う》まず**たゆまず(こつこつと一生懸命《いっしょうけんめい》に)勉学《べんがく》に努《つと》めている。

だれる　気持《きも》ちに締《し》まりがなくなって、気《き》が緩《ゆる》む。例 試験《しけん》が終《お》わったら、ついつい**だれて**勉強《べんきょう》する気《き》になれない。

倦怠《けんたい》　◎飽《あ》きて嫌《いや》になること。例 単《たん》調《ちょう》な毎日《まいにち》に**倦怠《けんたい》**を覚《おぼ》える。◎「疲《つか》れる」⬇208

食傷《しょくしょう》　同《おな》じ行動《こうどう》や物事《ものごと》の繰《く》り返《かえ》しで、飽《あ》きて嫌《いや》になること。例 あの俳優《はいゆう》は演技《えんぎ》はうまいが、このところ刑《けい》事役《じやく》ばかりで**食傷《しょくしょう》**ぎみだ。◆食《しょく》あたりや、同《おな》じ食事《しょくじ》ばかりで飽《あ》きるという意《い》味《み》もある。

退屈《たいくつ》　何《なに》もすることがなく、暇《ひま》で困《こま》ること。また、興味《きょうみ》を引《ひ》かずにつまらないようす。例 毎日雨《まいにちあめ》が降《ふ》り続《つづ》いているので、家《いえ》の中《なか》で**退屈《たいくつ》**している。例 あいつの話《はなし》は、いつも**退屈《たいくつ》**だ。

飽《あ》き飽《あ》き　同《おな》じことが続《つづ》いて、すっかり飽《あ》きてしまうこと。例 来賓《らいひん》たちのつまらない祝辞《しゅくじ》に、**飽《あ》き飽《あ》き**してしまった。

うんざり　物事《ものごと》に飽《あ》きて嫌《いや》になるようす。期待外《きたいはず》れでがっかりするようす。例 食《た》べ放題《ほうだい》のケーキ屋《や》で、おなかいっぱい食《た》べたので、甘《あま》い物《もの》はもう**うんざり**だ。

げんなり　◎飽《あ》きてしまい、続《つづ》ける気力《きりょく》がなくなるようす。例 山《やま》のような夏休《なつやす》みの宿題《しゅくだい》を前《まえ》に、**げんなり**する。◎「疲《つか》れる」⬇208

閉口《へいこう》　うんざりして、嫌《いや》になること。口《くち》を閉《と》じて、何《なに》も言《い》いたくなくなるということから。例 今年《ことし》の夏《なつ》の暑《あつ》さには**閉口《へいこう》**する。

秋風《あきかぜ》が立《た》つ　仲《なか》がよかった男女《だんじょ》の愛情《あいじょう》が冷《さ》める。「秋《あき》」

に「飽《あ》き」をかけていったもの。例 あんなに愛《あい》し合《あ》った二人《ふたり》の間《あいだ》に、秋風《あきかぜ》が立《た》つ。似 秋風《あきかぜ》が吹《ふ》く。

暇《ひま》を持《も》て余《あま》す
何《なに》もすることがなくて、困《こま》ってしまう。例 無趣味《むしゅみ》な父《ちち》は、休日《きゅうじつ》は家《いえ》で**暇《ひま》を持《も》て余《あま》して**いる。

聞《き》き飽《あ》きる
何度《なんど》も繰《く》り返《かえ》し聞《き》かされて、うんざりする。例 同《おな》じ曲《きょく》ばかりがコマーシャルで流《なが》れるので、**聞《き》き飽《あ》きて**しまった。

耳《みみ》にたこができる
聞《き》き飽《あ》きてうんざりする。「たこ」は、皮膚《ひふ》のこすれる部《ぶ》分《ぶん》にできる、皮《かわ》が厚《あつ》く固《かた》くなったもの。同《おな》じ話《はなし》ばかり聞《き》かされるために、耳《みみ》がこすられて「たこ」ができてしまうというたとえから。例 寝《ね》る前《まえ》にお菓子《かし》を食《た》べると虫歯《むしば》になると、母《はは》から**耳《みみ》にたこができる**ほど聞《き》かされている。

飽《あ》きっぽい
長続《ながつづ》きしないで、飽《あ》きやすいようす。例 彼《かれ》は**飽《あ》きっぽい**性格《せいかく》なので、習《なら》い事《ごと》を始《はじ》めてもすぐにやめてしまう。

所在《しょざい》ない
することがなくて、退《たい》屈《くつ》である。例 会社《かいしゃ》を辞《や》めてから、毎日《まいにち》を**所在《しょざい》なく**過《す》ごしています。

たくさん
◎十分《じゅうぶん》で、これ以上《いじょう》はいらないようす。例 母《はは》親《おや》のしつこい小言《こごと》は、もう**たくさん**だ。
◎「多《おお》い」➡519

徒然《つれづれ》
することがなく、退屈《たいくつ》なこと。やや古《ふる》い言《い》い方《かた》。例 庭《にわ》の草花《くさばな》の世話《せわ》をして、老後《ろうご》の**徒然《つれづれ》**を紛《まぎ》らわす。

無聊《ぶりょう》
退屈《たいくつ》なこと。気《き》が晴《は》れないこと。手紙《てがみ》などで使《つか》うことが多《おお》い。例 退院《たいいん》してから静養《せいよう》に努《つと》めており、**無聊《ぶりょう》**を慰《なぐさ》める毎日《まいにち》です。

手持《ても》ち無沙汰《ぶさた》
何《なに》もすることがなく、間《ま》が持《も》たなくて困《こま》ること。例 一人暮《ひとりぐ》らしで話《はな》し相手《あいて》もなく、**手持《ても》ち無沙汰《ぶさた》**だ。

三日坊主《みっかぼうず》
飽《あ》きっぽくて、何《なに》をやっても長続《ながつづ》きしないこと。また、そのような人《ひと》。お坊《ぼう》さんになっても、修行《しゅぎょう》が厳《きび》しくて三日《みっか》でやめてしまうようすから。例 毎年元日《まいとしがんじつ》に、今年《ことし》こそは日記《にっき》をつけようと決心《けっしん》するが、いつも**三日坊主《みっかぼうず》**でやめてしまう。

「飽《あ》きる」に関連《かんれん》することば

明《あ》けても暮《く》れても 同《おな》じことを、飽《あ》きもせず毎日続《まいにちつづ》けるさま。年《ねん》がら年中《ねんじゅう》。「長《なが》い船旅《ふなたび》で、目《め》にするものは明《あ》けても暮《く》れても海《うみ》ばかりだ」などと使《つか》う。

頑張《がんば》る

do one's best
[ドゥー・ワンズ・ベスト]

このページも見《み》てみよう
苦《くる》しむ ➡465
耐《た》える ➡487

頑張《がんば》る
◎困難《こんなん》な状況《じょうきょう》で、力《ちから》を十《じゅう》分《ぶん》に出《だ》して努力《どりょく》する。例 夜遅《よるおそ》くまで**頑張《がんば》って**、テスト勉強《べんきょう》をする。◎頑固《がんこ》に意地《いじ》を張《は》る。例 弟《おとうと》は、雨《あめ》が降《ふ》っているのにどうしても遊園地《ゆうえんち》に行《い》くと**頑張《がんば》って**いる。

◆＝もっと知《し》りたい、ことばの知識《ちしき》。

堪《こら》える
◎外《そと》から加《くわ》えられた力《ちから》に耐《た》える。持《も》ちこたえる。例 横綱《よこづな》の強烈《きょうれつ》な寄《よ》りを必死《ひっし》で**堪《こら》える**。◎「耐《た》える」⬇488

粘《ねば》る
途中《とちゅう》であきらめずに、最後《さいご》までやり通《とお》す。例 姉《あね》はさんざん**粘《ねば》って**、千円《せんえん》のシャツを八百円《はっぴゃくえん》にまけさせた。

踏《ふ》ん張《ば》る
◎気力《きりょく》を出《だ》してこらえる。やり通《とお》す。例 救《きゅう》援隊《えんたい》が来《く》るまで、この場所《ばしょ》で**踏《ふ》ん張《ば》ろう**。◎足《あし》に力《ちから》を入《い》れてこらえる。例 顔《かお》を真《ま》っ赤《か》にして、土俵際《どひょうぎわ》で**踏《ふ》ん張《ば》る**。

踏《ふ》みとどまる
◎ある状態《じょうたい》を、やっとのことで保《たも》つ。足《あし》に力《ちから》を入《い》れて、その場《ば》にとどまる。例 がけっぷちで**踏《ふ》みとどまる**。◎やりたいと思《おも》ったことを、がまんしてやめる。例 悪《わる》い仲間《なかま》に誘《さそ》われたが、なんとか**踏《ふ》みとどまった**。

励《はげ》む
あることを、できる限《かぎ》り努力《どりょく》してやる。自分《じぶん》のつとめや自《じ》分《ぶん》で決《き》めたことを、がんばってやる。例 脇目《わきめ》も振《ふ》らず、ラケットの素振《すぶ》りに**励《はげ》む**。

いそしむ
熱心《ねっしん》に努《つと》め励《はげ》む。例 草《くさ》花《ばな》の好《す》きな母《はは》は、暇《ひま》を見《み》つけては庭《にわ》いじりに**いそしんで**いる。

尽《つ》くす
自分《じぶん》の能力《のうりょく》や気力《きりょく》を、すべて出《だ》し切《き》ってがんばる。また、人《ひと》や社会《しゃかい》のために努力《どりょく》する。例 世《せ》界平和《かいへいわ》のために**尽《つ》くす**のが、わたしの夢《ゆめ》です。

努《つと》める
困難《こんなん》や苦《くる》しさに耐《た》えて、何《なに》かをしようとがんばる。例 列車《れっしゃ》の安全運行《あんぜんうんこう》に**努《つと》める**のが、私《わたくし》たち乗務員《じょうむいん》の仕事《しごと》です。

骨《ほね》を折《お》る
物事《ものごと》を成功《せいこう》させるために苦労《くろう》する。人《ひと》のために力《ちから》を尽《つ》くす。例 委員全員《いいんぜんいん》が**骨《ほね》を折《お》ってくれた**おかげで、文化祭《ぶんかさい》は大成功《だいせいこう》を収《おさ》めた。

打《う》ち込《こ》む
◎一《ひと》つの物事《ものごと》に、全力《ぜんりょく》を集中《しゅうちゅう》して取《と》り組《く》む。例 中学《ちゅうがく》の三年間《さんねんかん》は、クラブ活動《かつどう》に**打《う》ち込《こ》もう**。◎「叩《たた》く」⬇157

取《と》り組《く》む
困《こん》難《なん》な物事《ものごと》を、逃《に》げないで全力《ぜんりょく》で事《こと》に当《あ》たる。全力で行《おこな》う。例 地球温暖化《ちきゅうおんだんか》の対策《たいさく》に、国《くに》を挙《あ》げて**取《と》り組《く》む**。◎本腰《ほんごし》で取《と》り組《く》む。例 教育改革《きょういくかいかく》に本気《ほんき》で**ぶつかって**いこう。

ぶつかる
◎本腰《ほんごし》で取《と》り組《く》む。例 教育改革《きょういくかいかく》に本気《ほんき》で**ぶつかって**いこう。◎人《ひと》や物同士《ものどうし》が衝突《しょうとつ》する。例 よそ見《み》をしていて、電信柱《でんしんばしら》に**ぶつかる**。◎「会《あ》う」⬇323 ◎「戦《たたか》う」⬇345

精《せい》を出《だ》す
物事《ものごと》に精《せい》いっぱい打《う》ち込《こ》む。例 夏《なつ》の一日《いちにち》、家《か》族《ぞく》みんなで庭《にわ》の草《くさ》むしりに**精《せい》を出《だ》す**。

心血《しんけつ》を注《そそ》ぐ
ありったけの力《ちから》を出《だ》して物事《ものごと》をする。「心血《しんけつ》」は、心《こころ》と体《からだ》。例 画家《がか》が**心血《しんけつ》を注《そそ》いで**描《えが》き上《あ》げた絵《え》は、鬼気《きき》迫《せま》る出来《でき》ばえだった。

身《み》を入《い》れる
一《ひと》つの物事《ものごと》を、一《いっ》生懸命《しょうけんめい》に行《おこな》う。例 少《すこ》しは**身《み》を入《い》れて**勉強《べんきょう》しないと、成績《せいせき》は下《さ》がる一方《いっぽう》だ。似 気《き》を入《い》れる。

身《み》を粉《こ》にする
苦労《くろう》を惜《お》しまずに、一生懸命《いっしょうけんめい》に働《はたら》く。体《からだ》がばらばらになって、粉《こな》になってしまうほどということ。例 家族《かぞく》のために、**身《み》を粉《こ》にして**働《はたら》いてきた。

似＝似《に》た表現《ひょうげん》のことば。対＝反対《はんたい》の意味《いみ》のことば。例＝使《つか》い方《かた》の例《れい》。

一身《いっしん》をささげる

自分《じぶん》のすべてを犠牲《ぎせい》にして、物事《ものごと》に打《う》ち込《こ》む。「一身《いっしん》」は、自分《じぶん》の体《からだ》や命《いのち》のこと。例 祖国《そこく》のために一身《いっしん》をささげたガンジーは、「インド独立《どくりつ》の父《ちち》」といわれる。

熱《ねつ》を入《い》れる

熱意《ねつい》を込《こ》めて打《う》ち込《こ》む。熱心《ねっしん》に取《と》り組《く》む。例 あの家《いえ》は、子《こ》どもの教育《きょういく》に熱《ねつ》を入《い》れている。

手《て》を尽《つ》くす

あらゆる手段《しゅだん》を使《つか》い、できる限《かぎ》りの努《ど》力《りょく》をする。例 八方《はっぽう》手《て》を尽《つ》くして近所《きんじょ》を捜《さが》しまわったが、迷《まよ》い犬《いぬ》は見《み》つからなかった。

全力《ぜんりょく》を尽《つ》くす

ありったけの力《ちから》を出《だ》して努力《どりょく》する。例 チームの勝利《しょうり》のために全力《ぜんりょく》を尽《つ》くす。似 全力《ぜんりょく》を傾《かたむ》ける。

死力《しりょく》を尽《つ》くす

死《し》んでもいいという覚悟《かくご》で、力《ちから》を出《だ》し尽《つ》くしてがんばる。例 死力《しりょく》を尽《つ》くして戦《たたか》えば、たとえ優勝候補《ゆうしょうこうほ》でも何《なん》とかなる。

最善《さいぜん》を尽《つ》くす

できる限《かぎ》りの努《ど》力《りょく》をする。例 たとえどんな状況《じょうきょう》でも、最善《さいぜん》を尽《つ》くして治療《ちりょう》するのが医者《いしゃ》だ。

ベストを尽《つ》くす

「最善《さいぜん》を尽《つ》くす」と同《おな》じ。「ベスト」は、「最良《さいりょう》」「最上《さいじょう》」などの意味《いみ》の英語《えいご》。例 勝利《しょうり》を目指《めざ》して、チーム全員《ぜんいん》がベストを尽《つ》くした。

心《こころ》を込《こ》める

真心《まごころ》をもって、一生懸命《いっしょうけんめい》に物事《ものごと》をする。例 病気《びょうき》の友《とも》だちに、心《こころ》を込《こ》めて見舞《みま》いの手紙《てがみ》を書《か》く。

馬力《ばりき》をかける

いちだんと精《せい》を出《だ》して仕事《しごと》をする。「馬力《ばりき》」は、エンジンなどの力《ちから》を表《あらわ》す単位《たんい》で、「体力《たいりょく》」「勢《いきお》い」などの意味《いみ》もある。例 そろそろ馬力《ばりき》をかけてやらないと、夏休《なつやす》みの宿題《しゅくだい》が終《お》わらないぞ。似 馬力《ばりき》を出《だ》す。

腕《うで》によりをかける

自分《じぶん》の技《ぎ》術《じゅつ》や能力《のうりょく》を、全部《ぜんぶ》出《だ》そうとがんばる。とくに、張《は》り切《き》って料理《りょうり》を作《つく》るときに使《つか》うことば。例 兄《あに》が久《ひさ》しぶりに帰《かえ》ってくるので、母《はは》は腕《うで》によりをかけてごちそうを作《つく》った。

走《はし》り回《まわ》る

◎目的《もくてき》のために、あちこちに行《い》って努力《どりょく》する。例 イベントの資金集《しきんあつ》めのために走《はし》り回《まわ》る。◎「走《はし》る」➡171

駆《か》け回《まわ》る

◎「走《はし》り回《まわ》る」と同《おな》じ。例 候補者《こうほしゃ》への支持集《しじあつ》めに駆《か》け回《まわ》った。◎「走《はし》る」➡171

駆《か》けずり回《まわ》る

◎「駆《か》け回《まわ》る」と同《おな》じ。例 友人《ゆうじん》の間《あいだ》を駆《か》けずり回《まわ》って、署名《しょめい》を集《あつ》める。◎「走《はし》る」➡171

飛《と》び回《まわ》る

◎仕事《しごと》などのために、忙《いそが》しく動《うご》き回《まわ》る。例 世界中《せかいじゅう》を飛《と》び回《まわ》って活躍《かつやく》するカメラマン。◎「走《はし》る」➡171

努力《どりょく》

力《ちから》の限《かぎ》り励《はげ》むこと。例 これまでの努力《どりょく》が報《むく》われて、志望校《しぼうこう》に合格《ごうかく》した。

精励《せいれい》

力《ちから》を尽《つ》くして、勉強《べんきょう》や仕事《しごと》に励《はげ》むこと。例 仕事《しごと》に精励《せいれい》する。

精勤《せいきん》

勉強《べんきょう》や仕事《しごと》に、まじめに励《はげ》むこと。例 長年《ながねん》消防活動《しょうぼうかつどう》に努《ど》力《りょく》した人《ひと》の、精勤《せいきん》表彰《ひょうしょう》が行《おこな》われた。

奮励《ふんれい》　気力《きりょく》を奮《ふる》い起《お》こして、がんばって物事《ものごと》をすること。例いっそうの奮励《ふんれい》努力《どりょく》を期待《きたい》します。

専念《せんねん》　ある一《ひと》つのことだけに打《う》ち込《こ》んで、一生懸命《いっしょうけんめい》にすること。例赤《あか》ちゃんの生《う》まれた叔母《おば》は、育児《いくじ》に専念《せんねん》するために会社《かいしゃ》を辞《や》めた。

専心《せんしん》　ある一《ひと》つのことだけに心《こころ》を集《しゅう》中《ちゅう》して、一生懸命《いっしょうけんめい》にすること。例このたび会社《かいしゃ》を退職《たいしょく》し、母《はは》の介護《かいご》に専心《せんしん》することにしました。

傾注《けいちゅう》　ある物事《ものごと》に全力《ぜんりょく》を傾《かたむ》けて、打《う》ち込《こ》むこと。例新製品《しんせいひん》の開発《かいはつ》に、全力《ぜんりょく》を傾注《けいちゅう》する。

尽力《じんりょく》　ある物事《ものごと》や人《ひと》のために、力《ちから》を尽《つ》くすこと。例父母会《ふぼかい》の方々《かたがた》のご尽力《じんりょく》に感謝《かんしゃ》いたします。

奔走《ほんそう》　物事《ものごと》がうまくいくように、いろいろと世話《せわ》を焼《や》いて、あちこちを回《まわ》ること。例子《こ》ども会《かい》の会場《かいじょう》探《さが》しに奔走《ほんそう》する。

苦労《くろう》　◎物事《ものごと》を進《すす》めようと、努力《どりょく》すること。例珍《めずら》しい本《ほん》らしく、見《み》つけるのに苦労《くろう》したよ。似労苦《ろうく》。◎「苦《くる》しむ」⬇468

精進《しょうじん》　一《ひと》つのことに精神《せいしん》を集中《しゅうちゅう》して、努《つと》め励《はげ》むこと。仏教《ぶっきょう》のことばで、肉《にく》や魚《さかな》を食《た》べずに身《み》を清《きよ》め、修《しゅ》行《ぎょう》に励《はげ》むこと。例日本一《にほんいち》のラーメンを作《つく》ろうと、日々《ひび》精進《しょうじん》する。

励行《れいこう》　決《き》めたことを、必《かなら》ず実行《じっこう》するように努《つと》めること。例朝夕《あさゆう》のあいさつを励行《れいこう》する。

奮戦《ふんせん》　◎懸命《けんめい》にがんばること。例商店街《しょうてんがい》が団結《だんけつ》して、大型《おおがた》スーパーを相手《あいて》に奮戦《ふんせん》する。◎「戦《たたか》う」⬇346

奮闘《ふんとう》　◎厳《きび》しい状況《じょうきょう》の中《なか》で、力《ちから》の限《かぎ》り努力《どりょく》すること。例問題解決《もんだいかいけつ》のために日夜《にちや》奮闘《ふんとう》する。◎「戦《たたか》う」⬇346

刻苦勉励《こっくべんれい》　苦《くる》しさに耐《た》えて、仕事《しごと》や勉学《べんがく》に励《はげ》むこと。「刻《こっ》苦《く》」は、心《こころ》や体《からだ》を苦《くる》しめるほど努力《どりょく》すること。「勉励《べんれい》」は、努《つと》め励《はげ》むこと。例刻苦勉励《こっくべんれい》して、ついに事業《じぎょう》に成功《せいこう》した。

孤軍奮闘《こぐんふんとう》　だれの助《たす》けもないまま、一人《ひとり》でがんばること。援軍《えんぐん》もない孤立《こりつ》した軍勢《ぐんぜい》(孤軍《こぐん》)が、よく戦《たたか》うということから。例父《ちち》は一人《ひとり》で会社《かいしゃ》を軌道《きどう》に乗《の》せようと、孤軍奮闘《こぐんふんとう》している。

力一杯《ちからいっぱい》　持《も》っている力《ちから》を完全《かんぜん》に出《だ》し切《き》ってがんばるようす。例ホームランをねらって、力一杯《ちからいっぱい》バットを振《ふ》った。

精一杯《せいいっぱい》　持《も》っている力《ちから》のすべてを出《だ》しきって、限界《げんかい》までがんばるようす。例私《わたくし》たちスタッフが、精一《せいいっ》杯《ぱい》お世話《せわ》させていただきます。

力《ちから》**の限**《かぎ》**り**　持《も》っている力《ちから》をすべて出《だ》すこと。例ゴールを目指《めざ》して、力《ちから》の限《かぎ》り走《はし》り続《つづ》けた。

必死《ひっし》　死《し》んでもかまわないほどの覚《かく》悟《ご》で、全力《ぜんりょく》を尽《つ》くすこと。例必死《ひっし》になって受験勉強《じゅけんべんきょう》に取《と》り組《く》む。

決死《けっし》　危険《きけん》でつらいと思《おも》われることに、覚悟《かくご》を決《き》めて全力《ぜんりょく》で当《あ》たること。例決死《けっし》の覚悟《かくご》で敵《てき》と戦《たたか》う。

命懸《いのちが》**け**　命《いのち》を捨《す》てるつもりで、がんばるようす。例消防士《しょうぼうし》は、命《いのち》懸《が》けで燃《も》え盛《さか》る炎《ほのお》の中《なか》から子《こ》どもを助《たす》け出《だ》した。

似＝似《に》た表現《ひょうげん》のことば。対＝反対《はんたい》の意味《いみ》のことば。例＝使《つか》い方《かた》の例《れい》。

懸命《けんめい》

力《ちから》の限《かぎ》り尽《つ》くすようす。例 関《かん》係者《けいしゃ》の懸命《けんめい》の作業《さぎょう》で、堤防《ていぼう》の決壊《けっかい》を防《ふせ》ぐことができた。

捨《す》て身《み》

自分《じぶん》の身《み》をなげうつ覚悟《かくご》で、物事《ものごと》に当《あ》たること。例 絶体絶命《ぜったいぜつめい》のピンチを脱《だっ》するには、捨《す》て身《み》の攻撃《こうげき》を仕《し》かけるしかない。

死《し》に物狂《ものぐる》い

追《お》い詰《つ》められて、必《ひっ》死《し》でがんばること。例 父《ちち》に先立《さきだ》たれた母《はは》は、死《し》に物狂《ものぐる》いで働《はたら》き、僕《ぼく》たちを育《そだ》ててくれた。

熱心《ねっしん》

一《ひと》つの物事《ものごと》に、心《こころ》を打《う》ち込《こ》むこと。例 校長先生《こうちょうせんせい》の話《はなし》に、熱心《ねっしん》に耳《みみ》を傾《かたむ》ける。

一生懸命《いっしょうけんめい》

非常《ひじょう》に熱心《ねっしん》に物事《ものごと》をするようす。「一所懸命《いっしょけんめい》（一《いっ》か所《しょ》の領地《りょうち》に命《いのち》を懸《か》けて生活《せいかつ》の頼《たの》みとすること）」が変化《へんか》したことば。例 志望校《しぼうこう》を目指《めざ》して、一生懸命《いっしょうけんめい》勉強《べんきょう》する。

一心不乱《いっしんふらん》

心《こころ》を一《ひと》つの物事《ものごと》に向《む》け、ほかのことは考《かんが》えずにがんばるようす。例 母《はは》の手術《しゅじゅつ》の成功《せいこう》を願《ねが》い、一心不乱《いっしんふらん》に神様《かみさま》に祈《いの》った。

一意専心《いちいせんしん》

脇目《わきめ》も振《ふ》らず、一《ひと》つのことに一生懸命《いっしょうけんめい》になるようす。「一意《いちい》」も「専心《せんしん》」も、心《こころ》を一《ひと》つのことだけに集中《しゅうちゅう》すること。例 社長《しゃちょう》就任《しゅうにん》に当《あ》たり、一意専心《いちいせんしん》努力《どりょく》する所存《しょぞん》です。

大車輪《だいしゃりん》

ある目的《もくてき》のために、一生《いっしょう》懸命《けんめい》にがんばるようす。例 エースの投打《とうだ》にわたる大車輪《だいしゃりん》の活躍《かつやく》で、ついに優勝《ゆうしょう》した。

全身全霊《ぜんしんぜんれい》

体《からだ》も心《こころ》も全部《ぜんぶ》ささげて、精一杯《せいいっぱい》がんばるようす。例 新《あたら》しいプロジェクトの成功《せいこう》のために、全身全霊《ぜんしんぜんれい》をささげる。

粉骨砕身《ふんこつさいしん》

自分《じぶん》の骨《ほね》を粉《こな》にし、体《からだ》を砕《くだ》くほど、力《ちから》の限《かぎ》り働《はたら》くこと。例 わが郷土《きょうど》のために、粉骨《ふんこつ》砕身《さいしん》努力《どりょく》する覚悟《かくご》です。

昼夜兼行《ちゅうやけんこう》

昼《ひる》も夜《よる》もなく、休《やす》まずに物事《ものごと》に励《はげ》むようす。

深谷先生《ふかやせんせい》のちょっとひと息《いき》

相撲《すもう》の世界《せかい》の難《むずか》しいことば

黙々《もくもく》と練習《れんしゅう》を重《かさ》ね、頑張《がんば》り続《つづ》けなくては勝《か》てないのが、スポーツの世界《せかい》。とくに、大相撲《おおずもう》の力士《りきし》たちは日々《ひび》、厳《きび》しいけいこに汗《あせ》を流《なが》しています。その専心《せんしん》の果《は》てに目指《めざ》すのが大関《おおぜき》や横綱《よこづな》の座《ざ》です。一九九〇年代《ねんだい》に、相撲界《すもうかい》の主役《しゅやく》として活躍《かつやく》した、兄弟力士《きょうだいりきし》の若乃花《わかのはな》と貴乃花《たかのはな》は、共《とも》に横綱《よこづな》にまで上《のぼ》りつめました。

そして当時《とうじ》、話題《わだい》を呼《よ》んだのが、二人《ふたり》がそれぞれ大関《おおぜき》や横綱《よこづな》に昇進《しょうしん》したときに、決意《けつい》をのべたことば。貴乃花《たかのはな》が大関《おおぜき》昇進時《しょうしんじ》に「不撓不屈《ふとうふくつ》の精神《せいしん》で相撲道《すもうどう》に精《しょう》進《じん》します」と言《い》ったのを皮切《かわき》りに、一意《いちい》専心《せんしん》、不惜身命《ふしゃくしんみょう》、堅忍不抜《けんにんふばつ》などのことばが語《かた》られました。不撓不屈《ふとうふくつ》は、どんな困《こん》難《なん》にあっても心《こころ》がくじけないこと。不惜《ふしゃく》身命《しんみょう》は、修行《しゅぎょう》のために命《いのち》も惜《お》しまないこと。堅忍不抜《けんにんふばつ》は、耐《た》え忍《しの》んでどんな困難《こんなん》にも心《こころ》を動《うご》かさないこと。がんばりのプロだからこそ言《い》えることばですが、覚《おぼ》えるのにがんばりが必要《ひつよう》そうです。

困《こま》る　飽《あ》きる　▶頑張《がんば》る　励《はげ》ます
気持《きも》ち
気持《きも》ち
耐《た》える　願《ねが》う　恥《は》ずかしい　心配《しんぱい》する　褒《ほ》める

◆＝もっと知《し》りたい、ことばの知識《ちしき》。

例 昼夜兼行《ちゅうやけんこう》の突貫工事《とっかんこうじ》で、何《なん》とか期《き》日《じつ》までに間《ま》に合《あ》った。

不眠不休《ふみんふきゅう》　休《やす》みなしで一生懸命《いっしょうけんめい》に働《はたら》くようす。眠《ねむ》りもせず、休《やす》みもしないということ。例 被災《ひさい》地《ち》では、不眠不休《ふみんふきゅう》の救助活動《きゅうじょかつどう》が続《つづ》いた。

脇目《わきめ》も振《ふ》らず　ほかのことには一切《いっさい》目《め》を向《む》けないで、一《ひと》つのことに励《はげ》むようす。例 レギュラーを取《と》るために、脇目《わきめ》も振《ふ》らずに練習《れんしゅう》してきた。

ねじり鉢巻《はちま》き　必死《ひっし》になって物事《ものごと》に取《と》り組《く》むようす。がんばるときに、頭《あたま》に鉢巻《はちま》きを巻《ま》くことから。例 兄《あに》は、ねじり鉢巻《はちま》きで宿題《しゅくだい》に取《と》り組《く》んでいる。

緊褌一番《きんこんいちばん》　気《き》を引《ひ》き締《し》め、十分《じゅうぶん》な覚悟《かくご》を持《も》って物事《ものごと》に臨《のぞ》むこと。相撲《すもう》で、ふんどしをしっかりと締《し》めて取組《とりくみ》に臨《のぞ》むということから。「緊《きん》」はきつく締《し》める、「褌《こん》」はふんどしのこと。例 新社長《しんしゃちょう》に就任《しゅうにん》し、緊褌一番《きんこんいちばん》、身《み》を引《ひ》き締《し》めてがんばります。

大童《おおわらわ》　なりふりかまわず、夢中《むちゅう》で物事《ものごと》をするようす。まげがほどけて、髪《かみ》を振《ふ》り乱《みだ》して戦《たたか》う武士《ぶし》のようすを、当時《とうじ》の子《こ》どもの髪形《かみがた》のようであることから「大《おお》きな子《こ》ども」という意味《いみ》でこう呼《よ》んだ。例 姉《あね》の結婚式《けっこんしき》を明日《あす》に控《ひか》え、わが家《や》では準備《じゅんび》に大童《おおわらわ》だ。

犬馬《けんば》の労《ろう》　他人《たにん》のために一生懸命《いっしょうけんめい》に働《はたら》くことを、へりくだっていうことば。犬《いぬ》や馬《うま》が、主《あるじ》のために骨《ほね》を折《お》って働《はたら》くということから。例 秀吉《ひでよし》は、信長《のぶなが》のために犬馬《けんば》の労《ろう》をいとわず働《はたら》いた。

一途《いちず》　一《ひと》つのことに熱中《ねっちゅう》して、ほかのことには目《め》もくれないようす。例 仕事《しごと》一途《いちず》の父《ちち》は、毎日夜遅《まいにちよるおそ》くに家《いえ》に帰《かえ》ってくる。

一筋《ひとすじ》　ただ一《ひと》つのことに心《こころ》を傾《かたむ》けるようす。例 兄《あに》はサッカー一筋《ひとすじ》に、毎日《まいにち》がんばっている。

ひたすら　一《ひと》つのことに集中《しゅうちゅう》して、それればかりを繰《く》り返《かえ》すようす。例 志望校《しぼうこう》の合格《ごうかく》を目指《めざ》して、ひたすら勉強《べんきょう》する。

ひたむき　ある一《ひと》つの物事《ものごと》に、一《いっ》生懸命《しょうけんめい》なようす。例 わが子《こ》へのひたむきな愛情《あいじょう》。例 入賞《にゅうしょう》を目指《めざ》して、ひたむきに練習《れんしゅう》する。

黙々《もくもく》　黙《だま》って物事《ものごと》に励《はげ》むようす。例 炎天下《えんてんか》の校庭《こうてい》で、一人《ひとり》黙々《もくもく》とトレーニングする。

営々《えいえい》　休《やす》まずに励《はげ》むようす。少《すこ》しずつだが着実《ちゃくじつ》に物事《ものごと》を行《おこな》うようす。例 わたしたちの祖先《そせん》が、営々《えいえい》と築《きず》き上《あ》げてきた日本文化《にほんぶんか》を大切《たいせつ》にしよう。

こつこつ　少《すこ》しずつだが、粘《ねば》り強《づよ》く着実《ちゃくじつ》に努力《どりょく》するようす。例 夏休《なつやす》みの宿題《しゅくだい》は、毎日《まいにち》こつこつやらないと終《お》わらないよ。

せっせ　休《やす》まずに熱心《ねっしん》に行《おこな》うようす。忙《いそが》しそうに働《はたら》くようす。例 待《ま》ちぼうけ　待《ま》ちぼうけ　ある日《ひ》せっせと野良《のら》かせぎ（北原白秋《きたはらはくしゅう》「待《ま》ちぼうけ」）

張《は》り切《き》る　元気《げんき》や気力《きりょく》に満《み》ちあふれ、力《ちから》を十分《じゅうぶん》に出《だ》す。

例 弟《おとうと》は張《は》り切《き》って登山《とざん》に出発《しゅっぱつ》した。

勇《いさ》む 心《こころ》や体《からだ》に勇気《ゆうき》や力《ちから》がわいて、張《は》り切《き》る。例 みっちり勉強《べんきょう》した姉《あね》は、勇《いさ》んで試験場《しけんじょう》へと向《む》かった。

逸《はや》る ◎早《はや》く行動《こうどう》したくて張《は》り切《き》る。例 砂浜《すなはま》に出《で》て、逸《はや》る気持《きも》ちを抑《おさ》えて準備運動《じゅんびうんどう》をした。◎「いら立《だ》つ」↓410

奮《ふる》う 気力《きりょく》を一杯《いっぱい》にわき起《お》こさせる。例 勇気《ゆうき》を奮《ふる》って、彼女《かのじょ》に告白《こくはく》した。

気負《きお》う 自分《じぶん》こそはと張《は》り切《き》って、気持《きも》ちがはやる。例 あまり気負《きお》うと失敗《しっぱい》するから、落《お》ち着《つ》いていこう。

気負《きお》い立《た》つ 何《なに》かをしようという気持《きも》ちがとても強《つよ》まる。例 決勝戦《けっしょうせん》を前《まえ》に、チーム全員《ぜんいん》が気負《きお》い立《た》っている。

勇《いさ》み立《た》つ 勇気《ゆうき》を奮《ふる》い起《お》こして気《き》負《お》い立《た》つ。例 スタンドの大歓声《だいかんせい》に、選手《せんしゅ》たちは勇《いさ》み立《た》った。

奮《ふる》い立《た》つ 心《こころ》の中《なか》に、勇気《ゆうき》や活気《かっき》がみなぎる。例 援軍《えんぐん》の到着《とうちゃく》に、兵士《へいし》はみな奮《ふる》い立《た》った。

奮《ふる》い起《お》こす 自分自身《じぶんじしん》や仲間《なかま》などを励《はげ》まして、気力《きりょく》をいっそう引《ひ》き立《た》てる。例 妹《いもうと》は勇気《ゆうき》を奮《ふる》い起《お》こして、お化《ば》け屋敷《やしき》に入《はい》っていった。

意気込《いきご》む 張《は》り切《き》った気持《きも》ちで、勇《いさ》んで物事《ものごと》をやろうとする。例 練習《れんしゅう》の成果《せいか》を見《み》せようと、意《い》気込《きご》んで試合《しあい》に臨《のぞ》んだ。

勢《いきお》い込《こ》む 奮《ふる》い立《た》って何《なに》かをする。例 弟《おとうと》は「今日《きょう》は絶対《ぜったい》に負《ま》けられない」と、勢《いきお》い込《こ》んで会場《かいじょう》に向《む》かった。

気張《きば》る ◎気力《きりょく》を奮《ふる》い起《お》こす。意気《いき》込《ご》む。例 そんなに気張《きば》らないで、普段《ふだん》のようにしていなさい。◎無理《むり》をして、いいかっこをする。例 ご祝儀《しゅうぎ》が一万円《いちまんえん》だなんて、気張《きば》ったもんだ。

ハッスル 「張《は》り切《き》ること」「急《いそ》ぐこと」などの意味《いみ》の英語《えいご》。元気《げんき》よく張《は》り切《き》って行動《こうどう》すること。例 みんなにいいところを見《み》せようと、思《おも》い切《き》りハッスルした。

奮起《ふんき》 心《こころ》を奮《ふる》い立《た》たせること。例 スタンドからわき起《お》こった大《おお》きな声援《せいえん》に、選手《せんしゅ》たちは奮起《ふんき》した。

発奮《はっぷん》 何《なに》かに刺激《しげき》されてやる気《き》を起《お》こし、心《こころ》を奮《ふる》い立《た》たせること。例 エジソンの伝記《でんき》を読《よ》み、発奮《はっぷん》して猛《もう》勉強《べんきょう》する。

奮発《ふんぱつ》 ◎心《こころ》を奮《ふる》い起《お》こすこと。例 明《あ》日《す》は奮発《ふんぱつ》して、頂上《ちょうじょう》まで一気《いっき》に登《のぼ》ろう。◎思《おも》い切《き》りよくお金《かね》を出《だ》すこと。例 奮発《ふんぱつ》して、弟《おとうと》に高《たか》いほうのゲームを買《か》ってやった。

意気込《いきご》み 物事《ものごと》に積極的《せっきょくてき》に取《と》り組《く》んでいこうという心構《こころがま》え。例 今年《ことし》の運動会《うんどうかい》は、クラスのみんなの意気込《いきご》みが違《ちが》う。

熱意《ねつい》 物事《ものごと》に対《たい》する、強《つよ》く激《はげ》しい意《い》気込《きご》み。熱心《ねっしん》な気持《きも》ち。例 熱意《ねつい》を持《も》って説得《せっとく》すれば、きっと分《わ》かってくれるはずだ。

気勢《きせい》 張《は》り切《き》っている気持《きも》ち。例 雨《あめ》で試合《しあい》が流《なが》れ、気勢《きせい》をそがれる。

困《こま》る　飽《あ》きる　▶頑張《がんば》る　励《はげ》ます
気持《きも》ち
気持《きも》ち
耐《た》える　願《ねが》う　恥《は》ずかしい　心配《しんぱい》する　褒《ほ》める

◆＝もっと知《し》りたい、ことばの知識《ちしき》。

気迫《きはく》

熱《ねつ》のこもった激《はげ》しい気持《も》ちや精神力《せいしんりょく》。例 相手《あいて》の気迫《きはく》に圧倒《あっとう》されて、思《おも》わず後《うし》ろに下《さ》がってしまった。

気合《きあ》い

精神《せいしん》を集中《しゅうちゅう》させて物事《ものごと》をするときの気持《きも》ちの勢《いきお》い。また、そのときのかけ声《ごえ》。例 気合《きあ》いを入《い》れて、受験勉強《じゅけんべんきょう》に取《と》り組《く》む。例 柔道《じゅうどう》の選手《せんしゅ》が、「やあっ」と気合《きあ》いをかける。

「頑張《がんば》る」に関連《かんれん》することば

天《てん》は自《みずか》ら助《たす》くる者《もの》を助《たす》く　神様《かみさま》は、他人《たにん》に頼《たよ》らずに自分《じぶん》の力《ちから》で努力《どりょく》する人《ひと》を助《たす》け、力《ちから》を貸《か》して成功《せいこう》や幸福《こうふく》を与《あた》えてくれるものだということ。

雨垂《あまだ》れ石《いし》を穿《うが》つ　小《ちい》さな努力《どりょく》でも、根気《こんき》よく続《つづ》ければ成功《せいこう》する。雨垂《あまだ》れでも、長《なが》い間《あいだ》落《お》ち続《つづ》ければ、硬《かた》い石《いし》に穴《あな》を空《あ》けるということから。「穿《うが》つ」は、穴《あな》を空《あ》けるという意味《いみ》。「点滴石《てんてきいし》を穿《うが》つ」ともいう。

●こんなことばも覚《おぼ》えておこう

精励恪勤《せいれいかっきん》・不惜身命《ふしゃくしんみょう》

励《はげ》ます

encourage
［インカーリッジ］

励《はげ》ます

元気《げんき》を失《うしな》っている相手《あいて》を、奮《ふる》い立《た》たせる。自分自身《じぶんじしん》に対《たい》しても使《つか》う。例 選手《せんしゅ》に選《えら》ばれず、がっかりしている友《とも》だちを励《はげ》ます。

元気付《げんきづ》ける

慰《なぐさ》めたり励《はげ》ましたりして、気力《きりょく》を奮《ふる》い立《た》たせる。例 落《お》ち込《こ》んでいる友《とも》だちを元気付《げんきづ》けるため、メールを送《おく》った。

力付《ちからづ》ける

元気《げんき》が出《で》るように励《はげ》ます。例 担任《たんにん》の先生《せんせい》の温《あたた》かいことばに、とても力付《ちからづ》けられた。

勇気付《ゆうきづ》ける

相手《あいて》を励《はげ》まして、勇気《ゆうき》を持《も》たせる。例 先輩《せんぱい》の話《はなし》に勇気付《ゆうきづ》けられ、またやる気《き》が出《で》てきた。

引《ひ》き立《た》てる

励《はげ》まして元気《げんき》を出《だ》させる。例 彼女《かのじょ》の笑顔《えがお》が、沈《しず》んでいた彼《かれ》の気《き》を引《ひ》き立《た》ててくれた。

尻《しり》を叩《たた》く

◎やる気《き》を起《お》こすように励《はげ》ます。例 コーチに尻《しり》を叩《たた》かれ、練習《れんしゅう》を再開《さいかい》した。◎遅《おく》れがちな物事《ものごと》を、もっと急《いそ》ぐようにさせる。例 そろそろ妹《いもうと》の尻《しり》を叩《たた》かないと、夏休《なつやす》みの宿題《しゅくだい》は終《お》わらないぞ。

鞭打《むちう》つ

励《はげ》まし、奮《ふる》い立《た》たせる。むちで打《う》って、何《なに》かをさせるということから。例 ひるむ心《こころ》に鞭打《むちう》って、がんばり続《つづ》けた。例 老骨《ろうこつ》に鞭打《むちう》つ。

活《かつ》を入《い》れる

刺激《しげき》を与《あた》えて元気《げんき》づける。本来《ほんらい》は、柔道《じゅうどう》などで、気絶《きぜつ》した人《ひと》を目覚《めざ》めさせること。例 たるんでいる若者《わかもの》に、ひとつ活《かつ》を入《い》れてやろう。

気合《きあ》いを入《い》れる

しかりつけたりして、奮《ふる》い立《た》たせる。例 卒業《そつぎょう》した先輩《せんぱい》たちがやってきて、後輩部員《こうはいぶいん》に気合《きあ》いを入《い》れた。

発破《はっぱ》をかける

強《つよ》いことばで激励《げきれい》したり、気合《きあ》いを入《い》れたりする。「発破《はっぱ》」は、鉱山《こうざん》や土木工事《どぼくこうじ》などで、爆薬《ばくやく》を使《つか》って爆破《ばくは》すること。例 試合前《しあいまえ》の選手《せんしゅ》に、発破《はっぱ》をかける監督《かんとく》。

激励《げきれい》 力《ちから》づけ、強《つよ》く励《はげ》ますこと。現《げん》在《ざい》の力《ちから》を持続《じぞく》したり、勢《いきお》いが増《ま》したりするよう励《はげ》ますこと。例 地震《じしん》の被災者《ひさいしゃ》を激励《げきれい》する総理大臣《そうりだいじん》。例 ファンから激励《げきれい》の手紙《てがみ》が送《おく》られてきた。

叱咤《しった》 大声《おおごえ》を張《は》り上《あ》げてしかりつけること。また、しかりつけるようにして励《はげ》ますこと。例 親方《おやかた》が見習《みなら》いの職人《しょくにん》を叱咤《しった》する。

叱咤激励《しったげきれい》 大声《おおごえ》でしかったり、強《つよ》く励《はげ》ましたりすること。例「もう一息《ひといき》で頂上《ちょうじょう》だぞ」と叱咤激励《しったげきれい》され、歯《は》を食《く》いしばってがんばった。

鼓舞《こぶ》 大《おお》いに励《はげ》まし、気持《きも》ちを奮《ふる》い立《た》たせること。鼓《つづみ》を打《う》ち、舞《ま》い踊《おど》って励《はげ》ますという意味《いみ》から。例 監《かん》督《とく》が選手《せんしゅ》の士気《しき》を鼓舞《こぶ》した。

鼓吹《こすい》 元気《げんき》づけ、励《はげ》ますこと。また、ある意見《いけん》や主張《しゅちょう》を、相手《あいて》に吹《ふ》き込《こ》むこと。鼓《つづみ》を打《う》ち、笛《ふえ》を吹《ふ》くという意味《いみ》から。例 応援団《おうえんだん》が、大声《おおごえ》を張《は》り上《あ》げて選手《せんしゅ》を鼓吹《こすい》する。例 民主主義思《みんしゅしゅぎし》想《そう》を鼓吹《こすい》し、独裁者《どくさいしゃ》に抵抗《ていこう》する。

応援《おうえん》 ◎競技《きょうぎ》・試合《しあい》などで、声援《せいえん》や拍手《はくしゅ》を送《おく》って選手《せんしゅ》やチームを励《はげ》ますこと。例 高校野球《こうこうやきゅう》では、出身地《しゅっしんち》の代表《だいひょう》チームを応援《おうえん》している。◎「助《たす》ける」➡329

声援《せいえん》 声《こえ》を出《だ》して、応援《おうえん》すること。声《こえ》をかけて励《はげ》ますこと。例 沿《えん》道《どう》の市民《しみん》から大《おお》きな声援《せいえん》を送《おく》られ、最《さい》後《ご》まで完走《かんそう》することができた。

督励《とくれい》 監督《かんとく》し、励《はげ》ますこと。例 作《さ》業員《ぎょういん》を督励《とくれい》し、ビルの完成《かんせい》を急《いそ》がせた。

鞭撻《べんたつ》 目上《めうえ》の人《ひと》が目下《めした》の人《ひと》を、努力《どりょく》するように励《はげ》ますこと。「鞭《べん》」も「撻《たつ》」も、むちで打《う》つという意味《いみ》。例 ご指導《しどう》ご鞭撻《べんたつ》のほど、よろしくお願《ねが》い申《もう》しあげます。

エール 「声援《せいえん》」のこと。スポーツの試合《しあい》などで、声《こえ》をそろえて発《はっ》する応援《おうえん》のかけ声《ごえ》。例 試合《しあい》の前《まえ》に、両校《りょうこう》の応援団《おうえんだん》がエールを交換《こうかん》した。

ドンマイ 失敗《しっぱい》して気落《きお》ちしている人《ひと》を励《はげ》ますかけ声《ごえ》。「気《き》にするな」「心配《しんぱい》するな」という意味《いみ》で、スポーツの応援《おうえん》などで使《つか》う。「ドント・マインド（考《かんが》えるな）」という英語《えいご》を縮《ちぢ》めたことばだが、英語《えいご》として応援《おうえん》の意味《いみ》はなく、日本語《にほんご》としてだけの使《つか》い方《かた》。例 三振《さんしん》してベンチに帰《かえ》ると、仲間《なかま》に「ドンマイ！」と肩《かた》をたたかれた。

フレー スポーツなどで、選手《せんしゅ》などを応援《おうえん》するためのかけ声《ごえ》。英語《えいご》。例 フレー、フレー、白組《しろぐみ》！

ファイト 「戦《たたか》う」という意味《いみ》の英《えい》語《ご》。相手《あいて》を奮《ふる》い立《た》たせるための、「がんばれ」などという意味《いみ》のかけ声《ごえ》。例 赤組《あかぐみ》、ファイト。

耐《た》える

bear
［ベア］

耐《た》える 苦《くる》しいことに負《ま》けないようにふんばる。例 傷《きず》の痛《いた》み

このページも見《み》てみよう
▼苦《くる》しむ➡465
▼頑張《がんば》る➡479

困《こま》る 飽《あ》きる 頑張《がんば》る 励《はげ》ます 気持《きも》ち 気持《きも》ち ▶耐《た》える 願《ねが》う 恥《は》ずかしい 心配《しんぱい》する 褒《ほ》める

◆＝もっと知《し》りたい、ことばの知識《ちしき》。

に耐《た》える。

堪《こら》える　◎悲《かな》しみなどの感情《かんじょう》を抑《おさ》えて外《そと》に出《だ》さないようにする。また、肉体的《にくたいてき》な痛《いた》みなどに耐《た》えてがまんする。例悲《かな》しい気持《きも》ちを**堪《こら》えて**、葬儀《そうぎ》に出席《しゅっせき》する。例足《あし》の痛《いた》みを**堪《こら》えて**、最後《さいご》まで走《はし》りきった。◎「頑張《がんば》る」⬇480

忍《しの》ぶ　つらいことを、じっとがまんする。例恥《はじ》を**忍《しの》んで**、下級《かきゅう》生《せい》に教《おし》えてもらう。

耐《た》え忍《しの》ぶ　長時間《ちょうじかん》、じっと耐《た》える。例苦《くる》しい時期《じき》を**耐《た》え忍《しの》んだ**仲間《なかま》とは、今《いま》も連絡《れんらく》を取《と》り合《あ》っている。

耐《た》え抜《ぬ》く　長時間《ちょうじかん》耐《た》えることに成功《せいこう》する。例冬《ふゆ》の寒《さむ》さに**耐《た》え抜《ぬ》いた**草木《くさき》は、春《はる》になるときれいな花《はな》を咲《さ》かせる。

抑《おさ》える　怒《いか》りや悲《かな》しみなどの感情《かんじょう》を、外《そと》に出《だ》さないようにする。例腹立《はらだ》たしいのを**抑《おさ》えて**、ていねいに事情《じじょう》を説明《せつめい》した。

しのぐ　◎暑《あつ》さや寒《さむ》さ・飢《う》えなどの苦《くる》しい状態《じょうたい》をがまんして、乗《の》り越《こ》える。例空腹《くうふく》だったが、水《みず》だけで夕飯《ゆうはん》まで**しのいだ**。例暑《あつ》さが和《やわ》らぎ、**しのぎ**やすい気候《きこう》になる。◎「優《すぐ》れる」⬇556

呑《の》み込《こ》む　不満《ふまん》のことばなどを、口《くち》から出《だ》さないようにがまんする。例監督《かんとく》の前《まえ》では、弱音《よわね》をぐっと**呑《の》み込《こ》んで**がんばった。

噛《か》み殺《ころ》す　口《くち》を閉《と》じて、出《で》かかったものをじっとがまんする。とくに、あくびが出《で》そうなのをがまんする。例退屈《たいくつ》な演説《えんぜつ》が続《つづ》いたが、どうにかあくびを**噛《か》み殺《ころ》した**。

歯《は》を食《く》いしばる　歯《は》をかたくかみ、つらさや悔《くや》しさなどに一生懸命《いっしょうけんめい》耐《た》える。例ゴールまで**歯《は》を食《く》いしばって**走《はし》る。

涙《なみだ》を呑《の》む　悔《くや》しい気持《きも》ちを、じっとがまんする。残念《ざんねん》な思《おも》いをこらえる。例けがのため試合《しあい》に出《で》られず、**涙《なみだ》を呑《の》む**。

目《め》をつぶる　相手《あいて》の欠点《けってん》や失敗《しっぱい》、不正《ふせい》などを、見《み》て見《み》ぬふりをしてがまんする。例今回《こんかい》だけ

「耐《た》える」に関連《かんれん》することば

石《いし》の上《うえ》にも三年《さんねん》　冷《つめ》たい石《いし》でも、三年《さんねん》も座《すわ》っていれば温《あたた》かくなるということから、つらいことでも、じっとがまんしていれば、最後《さいご》には必《かなら》ずよい結果《けっか》が得《え》られるということ。

成《な》らぬ堪忍《かんにん》するが堪忍《かんにん》　がまんできないところをじっとがまんするのが、本当《ほんとう》のがまんであるということ。

武士《ぶし》は食《く》わねど高楊枝《たかようじ》　面目《めんぼく》のためがまんすること。武士《ぶし》は面目《めんぼく》を大切《たいせつ》にするので、貧《まず》しくて食事《しょくじ》ができなくても、爪楊枝《つまようじ》をくわえて満腹《まんぷく》なふりをするという意味《いみ》から。

臥薪嘗胆《がしんしょうたん》　復讐《ふくしゅう》を誓《ちか》って耐《た》えること。昔《むかし》、中国《ちゅうごく》で敵対《てきたい》する武将《ぶしょう》が、互《たが》いに相手《あいて》への復讐心《ふくしゅうしん》を保《たも》つために、薪《まき》の上《うえ》で寝《ね》たり、志《こころざし》を忘《わす》れないよう苦《にが》い胆《きも》をなめたりしたという故事《こじ》から。

は目《め》をつぶるが、またいたずらをしたら、次《つぎ》こそ許《ゆる》さないぞ。

我慢《がまん》 自分《じぶん》の要求《ようきゅう》を抑《おさ》えたり、苦痛《くつう》をじっとこらえたりすること。例 トイレに行《い》くのを我慢《がまん》する。

やせ我慢《がまん》 無理《むり》にがまんをして、平気《へいき》なように見《み》せかけること。例 寒《さむ》いのにやせ我慢《がまん》して、薄《うす》着《ぎ》で過《す》ごす。

辛抱《しんぼう》 つらいことをがまんすること。例 もう少《すこ》しの辛抱《しんぼう》で、暖《あたた》かい春《はる》が来《く》るだろう。

堪忍《かんにん》 肉体的《にくたいてき》な痛《いた》みや苦《くる》しい境遇《きょうぐう》などを、じっとこらえること。他人《たにん》の失敗《しっぱい》や要求《ようきゅう》を許《ゆる》してやること。例 堪忍袋《かんにんぶくろ》の緒《お》が切《き》れる。例 このたびの不手際《ふてぎわ》を、どうか堪忍《かんにん》してください。似 勘弁《かんべん》。

隠忍《いんにん》 苦《くる》しみを心《こころ》の中《なか》に隠《かく》して、がまんすること。例 敗軍《はいぐん》の兵《へい》たちは隠忍《いんにん》自重《じちょう》して、機《き》が熟《じゅく》すのを待《ま》った。

忍耐《にんたい》 つらいことや苦《くる》しいことを、じっとがまんすること。例 忍《にん》耐力《たいりょく》。例 本棚《ほんだな》の整理《せいり》は忍耐《にんたい》のいる作《さ》業《ぎょう》だが、彼《かれ》はきちんとやり遂《と》げた。

耐乏《たいぼう》 物《もの》やお金《かね》などが足《た》りなくて苦《くる》しいのを、ぐっとがまんすること。例 その土地《とち》では作物《さくもつ》があまりとれず、耐乏《たいぼう》生活《せいかつ》が続《つづ》いていた。

堅忍不抜《けんにんふばつ》 がまん強《づよ》くて、心《こころ》がぐらつかないこと。例 堅《けん》忍不抜《にんふばつ》の精神《せいしん》で、逆境《ぎゃっきょう》に耐《た》える。

雌伏《しふく》 力《ちから》を持《も》った人《ひと》や組織《そしき》に屈服《くっぷく》すること。また、屈伏《くっぷく》しながらもひそかに力《ちから》を蓄《たくわ》え、よい機会《きかい》が来《く》るまで耐《た》えること。例 雌伏《しふく》すること八《はち》年《ねん》、ようやく活躍《かつやく》の機会《きかい》に恵《めぐ》まれる。

辛抱強い《しんぼうづよ》 がまん強《づよ》い。つらいことに耐《た》えられるようす。例 すぐにあきらめてしまわず、辛抱強《しんぼうづよ》くチャンスを待《ま》つ。

じっと ◎がまんして、静《しず》かにしているようす。例 彼《かれ》はどんな悪口《わるくち》にもじっと耐《た》え、決《けっ》して信念《しんねん》を曲《ま》げなかった。◎「見《み》る」➡261

苦節十年《くせつじゅうねん》 長《なが》い間《あいだ》がまんすること。「十年《じゅうねん》」は長《なが》い期間《きかん》のたとえ。例 苦節十年《くせつじゅうねん》、やっとチャンスがめぐってきた。

下積み《したづ》 低《ひく》い地位《ちい》や人目《ひとめ》につかない立場《たちば》にいて、能力《のうりょく》を十分《じゅうぶん》に発揮《はっき》できない状態《じょうたい》。例 長《なが》い下積《したづ》み生活《せいかつ》に耐《た》え抜《ぬ》き、ようやく俳優《はいゆう》として成功《せいこう》した。

願《ねが》う

hope
［ホウプ］

願う《ねが》 ◎物事《ものごと》が、こうあってほしいと思《おも》う。例 世界《せかい》の平和《へいわ》を願《ねが》う。例 子《こ》どもの幸福《こうふく》を願《ねが》う。◎神仏《しんぶつ》や他人《たにん》に対《たい》して、こうしてほしいと頼《たの》む。例 初詣《はつもうで》に行《い》って、家族《かぞく》の健康《けんこう》を願《ねが》う。例 場内《じょうない》ではお静《しず》かに願《ねが》います。

望む《のぞ》 ◎そうあってほしいと思《おも》う。例 みなさんのいっそうの努《ど》力《りょく》を望《のぞ》みます。◎「見《み》る」➡261

求める《もと》 相手《あいて》に要求《ようきゅう》する。物事《ものごと》の実《じつ》現《げん》を強《つよ》く働《はたら》きかける。例 冬山《ふゆやま》で遭難《そうなん》した人《ひと》が、必死《ひっし》で助《たす》けを求《もと》

◆＝もっと知《し》りたい、ことばの知識《ちしき》。

める。

欲《ほっ》する　欲《ほ》しいと思《おも》う。また、したいと思《おも》う。例 心《こころ》の欲《ほっ》するままに行動《こうどう》する。

こいねがう　強《つよ》く願《ねが》う。やや古《ふる》く、改《あらた》まった言《い》い方《かた》。例 みなさんのご支援《しえん》をこいねがうしだいです。

欲《ほ》しがる　欲《ほ》しいと思《おも》う。自分《じぶん》のものにしたいと思《おも》う。例 赤《あか》ちゃんがおっぱいを欲《ほ》しがる。

祈《いの》る　◎人《ひと》のために、心《こころ》から願《ねが》う。例 あなたの幸《しあわ》せを、心《こころ》からお祈《いの》り申《もう》し上げます。◎神仏《しんぶつ》にお願《ねが》いする。例 遭難者《そうなんしゃ》の無事《ぶじ》を神《かみ》に祈《いの》る。

待《ま》ち望《のぞ》む　今《いま》か今《いま》かと心待《こころま》ちにする。期待《きたい》して待《ま》つ。例 合格《ごうかく》の知《し》らせを待《ま》ち望《のぞ》む。

夢見《ゆめみ》る　そうあってほしいことを心《こころ》に思《おも》い浮《う》かべる。例 世界《せかい》的《てき》なピアニストを夢見《ゆめみ》る。

夢《ゆめ》を描《えが》く　将来《しょうらい》への願《ねが》いや望《のぞ》みを持《も》つ。例 看護師《かんごし》への夢《ゆめ》を描《えが》いて進学《しんがく》する。

願《がん》をかける　神仏《しんぶつ》に願《ねが》いごとをする。例 合格《ごうかく》できますようにと、願《がん》をかける。似 願《がん》を起《お》こす。願《がん》を立《た》てる。

よだれが出《で》る　欲《ほ》しくてたまらないようす。食《た》べ物《もの》を見《み》ると、食欲《しょくよく》が刺激《しげき》されてよだれが出《で》ることから。例 友《とも》だちの持《も》っているゲームが欲《ほ》しくて、よだれが出《で》そうだ。似 よだれを流《なが》す。よだれを垂《た》らす。

生唾《なまつば》を飲《の》み込《こ》む　そこにあるものが欲《ほ》しくてたまらないようす。「生唾《なまつば》」は、おいしそうな物《もの》などを見《み》たときに、自然《しぜん》に口《くち》にわき出《で》るつば。例 ショーウインドーに飾《かざ》ってあるバッグを見《み》て、思《おも》わず生唾《なまつば》を飲《の》み込《こ》んだ。

喉《のど》から手《て》が出《で》る　欲《ほ》しくてたまらないことのたとえ。例 この本《ほん》は、喉《のど》から手《て》が出《で》るほど欲《ほ》しかったものだ。

欲張《よくば》る　欲《よく》が強《つよ》く、何《なん》でもかんでも欲《ほ》しがる。例 ごちそうが並《なら》んでいるからって、そんなに欲張《よくば》って食《た》べると、おなかをこわすよ。

欲《よく》に目《め》がくらむ　欲《よく》のために正《ただ》しい判断力《はんだんりょく》を失《うしな》う。例 欲《よく》に目《め》がくらんで、人《ひと》のお金《かね》に手《て》をつけてしまった悪《わる》いやつだ。

欲《よく》の皮《かわ》が突《つ》っ張《ぱ》る　非常《ひじょう》に欲《よく》張《ば》りである。例 すぐに人《ひと》の物《もの》を欲《ほ》しがるとは、欲《よく》の皮《かわ》が突《つ》っ張《ぱ》ったやつだ。

希望《きぼう》　◎こうなればよいと願《ねが》うこと。また、その願《ねが》い。例 大学《だいがく》への進学《しんがく》を希望《きぼう》する。◎将来《しょうらい》への明《あか》るい見通《みとお》し。例 希望《きぼう》に胸《むね》をふくらませて入学《にゅうがく》する。

望《のぞ》み　こうなればよい、こうしたいと思《おも》うこと。また、その思《おも》い。例 これで、やっと望《のぞ》みがかなった。例 子《こ》どもの将来《しょうらい》に望《のぞ》みを託《たく》す。

夢《ゆめ》　◎実現《じつげん》させたいと思《おも》っている願《ねが》い。例 宇宙飛行士《うちゅうひこうし》になるのが夢《ゆめ》だ。◎現実《げんじつ》とかけ離《はな》れた空想《くうそう》。例 科学《かがく》の進歩《しんぽ》で、宇宙旅行《うちゅうりょこう》も夢《ゆめ》ではなくなった。◎眠《ねむ》っているときに、現実《げんじつ》のように感《かん》じ取《と》る幻《まぼろし》。

	——を持《も》ち続《つづ》ける	——に燃《も》える	——の品《しな》
希望	○	○	○
望み	○	–	○
夢	○	–	–

ドリーム
「夢《ゆめ》」という意味《いみ》の英語《えいご》。例 アメリカンドリーム(アメリカでは、だれもが実力《じつりょく》しだいで成功《せいこう》をおさめることができるという、機会《きかい》の平等《びょうどう》ぶりを表《あらわ》すことば。また、その夢《ゆめ》)。

切望《せつぼう》
切実《せつじつ》に望《のぞ》むこと。心《こころ》から願《ねが》うこと。例 世界《せかい》の平和《へいわ》は、だれもが切望《せつぼう》している。

熱望《ねつぼう》
熱心《ねっしん》に願《ねが》い望《のぞ》むこと。例 国民《こくみん》の熱望《ねつぼう》にこたえて、金《きん》メダルを獲得《かくとく》する。

渇望《かつぼう》
のどが乾《かわ》いて水《みず》を欲《ほ》しがるときのように、強《つよ》く望《のぞ》むこと。「渇《かつ》」は、のどが乾《かわ》くという意味《いみ》。例 優《すぐ》れた政治家《せいじか》の出現《しゅつげん》を渇望《かつぼう》する。

希求《ききゅう》
強《つよ》く願《ねが》い求《もと》めること。例 世界《せかい》平和《へいわ》を希求《ききゅう》する。

待望《たいぼう》
ある事柄《ことがら》が起《お》こるのを待《ま》ち望《のぞ》むこと。例 待望《たいぼう》の救援物資《きゅうえんぶっし》が到着《とうちゃく》する。

所望《しょもう》
あることをしてほしい、また、ある物《もの》を手《て》に入《い》れたいなどと望《のぞ》むこと。例 お茶《ちゃ》を一杯《いっぱい》所望《しょもう》したい。

願《ねが》い
こうあってほしいと望《のぞ》むこと。また、その内容《ないよう》。例 わたしの願《ねが》いをぜひ聞《き》いてください。

願《ねが》い事《ごと》
「願《ねが》い」と同《おな》じ。とくに、神《しん》仏《ぶつ》に願《ねが》い望《のぞ》む場合《ばあい》が多《おお》い。例 神様《かみさま》に願《ねが》い事《ごと》をする。

願望《がんぼう》
願《ねが》い望《のぞ》むこと。また、その内容《ないよう》。例 平和《へいわ》は人類全体《じんるいぜんたい》の願望《がんぼう》である。

祈願《きがん》
神《かみ》や仏《ほとけ》に、祈《いの》り願《ねが》うこと。例 合格《ごうかく》を祈願《きがん》して絵馬《えま》を奉納《ほうのう》する。

念願《ねんがん》
常《つね》に心《こころ》で強《つよ》く望《のぞ》むこと。長《なが》い間《あいだ》、一心《いっしん》に願《ねが》っていること。また、その内容《ないよう》。例 念願《ねんがん》の京都旅行《きょうとりょこう》が実現《じつげん》する。

悲願《ひがん》
どうしても実現《じつげん》したいと真剣《しんけん》に思《おも》っている願《ねが》い。また、その内容《ないよう》。例 悲願《ひがん》の金《きん》メダルに輝《かがや》いた日《に》本《ほん》チーム。

宿願《しゅくがん》
ずっと前《まえ》から持《も》っていた願《ねが》い。例 アメリカ留学《りゅうがく》の宿願《しゅくがん》を果《は》たす。

本望《ほんもう》
◎本来《ほんらい》の望《のぞ》み。ずっと前《まえ》からの志《こころざし》。例 天下《てんか》をとって本望《ほんもう》を遂《と》げる。◎望《のぞ》みがかなって満足《まんぞく》に思《おも》うこと。例 たとえ負《ま》けても、あの強豪《きょうごう》チームと戦《たたか》えるなら本望《ほんもう》だ。

本懐《ほんかい》
もとから抱《いだ》いている願《ねが》い。ぜひ達成《たっせい》したい願《ねが》い。例 男子《だんし》の本懐《ほんかい》を遂《と》げる。

宿望《しゅくぼう》
前々《まえまえ》からの望《のぞ》み。かねてからの念願《ねんがん》。例 ようやく甲子園《こうしえん》出場《しゅつじょう》の宿望《しゅくぼう》を遂《と》げた。◆「しゅくもう」ともいう。

欲《よく》
◎あるものを欲《ほ》しいと思《おも》うこと。また、その心《こころ》。例 人間《にんげん》の欲《よく》には限《かぎ》りがない。◎やる気《き》。意欲《いよく》。例 勉《べん》強《きょう》に欲《よく》が出《で》てくれば、しめたものだ。

欲望《よくぼう》
足《た》りないことを満《み》たそうと、強《つよ》く望《のぞ》むこと。また、その内《ない》

◆＝もっと知《し》りたい、ことばの知識《ちしき》。

容《よう》。例ただ欲望《よくぼう》を満《み》たすだけの生活《せいかつ》では、意味《いみ》がない。

欲求《よっきゅう》　欲《ほ》しがり求《もと》めること。例あれもだめ、これもだめと言《い》われて欲求《よっきゅう》不満《ふまん》になる。

欲張《よくば》り　欲《よく》が強《つよ》いこと。また、そのような人《ひと》。例あれも欲《ほ》しい、これも欲《ほ》しいなんて欲張《よくば》りな人《ひと》だ。

欲深《よくふか》　欲《よく》が深《ふか》いこと。また、そのような人《ひと》。例彼《かれ》はあまりにも欲《よく》深《ふか》で、友《とも》だちも寄《よ》りつかない。

強欲《ごうよく》　ひどく欲張《よくば》りであること。例強欲《ごうよく》に金《かね》もうけをする。

貪欲《どんよく》　非常《ひじょう》に欲《よく》が深《ふか》いこと。知識欲《ちしきよく》など、よい意味《いみ》の場合《ばあい》にもいう。例金銭《きんせん》に貪欲《どんよく》な嫌《きら》われ者《もの》。例新《あたら》しい知識《ちしき》を貪欲《どんよく》に吸収《きゅうしゅう》する。

私欲《しよく》　自分《じぶん》の利益《りえき》ばかりを考《かんが》える心《こころ》。例私利私欲《しりしよく》をほしいままにする。

野心《やしん》　◎ひそかに抱《いだ》く、大《だい》それた望《のぞ》み。例世界新記録《せかいしんきろく》への野心《やしん》に燃《も》える。◎新《あたら》しい試《こころ》みに大胆《だいたん》に取《と》り組《く》む気持《きも》ち。例彼女《かのじょ》の叔母《おば》さんは、野心《やしん》的《てき》な作品《さくひん》を次々《つぎつぎ》に発表《はっぴょう》する、新進《しんしん》デザイナーです。

野望《やぼう》　身《み》のほどを知《し》らない、大《おお》きな望《のぞ》み。例天下《てんか》をとろうという野望《やぼう》を抱《いだ》く。

大望《たいもう》　大《おお》きな望《のぞ》み。大《だい》それた志《こころざし》。例大望《たいもう》を抱《いだ》いてアメリカへ渡《わた》る。
◆「たいぼう」ともいう。

望《のぞ》ましい　そうあってほしい。例医者《いしゃ》から、食事《しょくじ》は控《ひか》えめにするのが望《のぞ》ましいと言《い》われた。

欲《ほ》しい　◎自分《じぶん》のものにしたい。例誕生日《たんじょうび》のプレゼントに、オフロードの自転車《じてんしゃ》が欲《ほ》しい。◎そうあることが望《のぞ》ましい。例もう少《すこ》し積《せっ》極性《きょくせい》が欲《ほ》しい。◎「〜てほしい」の形《かたち》で、そのようにしてもらいたいという意味《いみ》を表《あらわ》す。例掃除《そうじ》を手伝《てつだ》って欲《ほ》しい。

意地汚《いじきたな》い　➡「食《た》べる」231

業突《ごうつ》く張《ば》り　非常《ひじょう》に欲張《よくば》りで頑固《がんこ》なこと。また、その人《ひと》。例あの業突《ごうつ》く張《ば》りめが、まだもうけようというのか。◆「強突《ごうつ》く張《ば》り」とも書《か》く。

垂涎《すいぜん》　ある物《もの》を手《て》に入《い》れたいと熱望《ねつぼう》すること。食《た》べたくてよだれを垂《た》らすようすから。「涎《ぜん》」は、よだれ。例人気《にんき》アニメのフィギュアは、マニアにとって垂涎《すいぜん》の的《まと》(何《なん》としても手《て》に入《い》れたいと思《おも》うほど貴重《きちょう》なもの)だ。

「願《ねが》う」に関連《かんれん》することば

棒《ぼう》ほど願《ねが》って針《はり》ほどかなう　大《おお》きく願《ねが》っても、実際《じっさい》にかなうのはごくわずかであるということ。願《ねが》いや望《のぞ》みは、なかなか思《おも》い通《どお》りにはいかないものだということのたとえ。「棒《ぼう》」は大《おお》きいこと、「針《はり》」は小《ちい》さいことのたとえ。

願《ねが》ったりかなったり　まったく希望通《きぼうどお》りであること。すっかり望《のぞ》みがかなうこと。

出来《でき》れば　可能《かのう》であれば、そうしてほしいと望《のぞ》むようす。例もし出来《でき》れば、予約《よやく》を変更《へんこう》してもらいたいのですが。似出来《でき》るなら。出来《でき》ることなら。

欲《よく》を言《い》えば　一応《いちおう》は満足《まんぞく》だが、さらに完全《かんぜん》を望《のぞ》むならば。例この習字《しゅうじ》は上手《じょうず》だけど、欲《よく》を言《い》えばもう少《すこ》し勢《いきお》いがあるといいね。

願《ねが》わくは　願《ねが》うことは。願《ねが》っている内容《ないよう》をいうことば。例願《ねが》わくは東京《とうきょう》に居《きょ》を構《かま》えたいと思《おも》っております。◆「願《ねが》わくば」ともいう。

是非《ぜひ》　強《つよ》く望《のぞ》むようす。どうあっても。例遠慮《えんりょ》しないで、是非《ぜひ》参《さん》加《か》してください。

是非《ぜひ》とも　「是非《ぜひ》」を強《つよ》めていうことば。何《なん》としても。どうしても。例是非《ぜひ》ともキャンプに連《つ》れて行《い》ってください。

是《ぜ》が非《ひ》でも　何《なに》がなんでも。何《なん》としてでも。例その役《やく》は、是《ぜ》が非《ひ》でもわたしにやらせてください。

切《せつ》に　心《こころ》から強《つよ》く望《のぞ》むようす。切実《せつじつ》に願《ねが》うようす。例ご協力《きょうりょく》を切《せつ》にお願《ねが》いするしだいです。

たって　無理《むり》に望《のぞ》むようす。例あなたのたっての願《ねが》いとあらば、お引《ひ》き受《う》けしましょう。

がつがつ　◎ひどく欲《ほ》しがるようす。とても欲張《よくば》るようす。例そんなにがつがつ勉強《べんきょう》しないと、合格《ごうかく》できないのかい。◎「食《た》べる」➡232

恥《は》ずかしい

ashamed
［アシェイムド］

恥《は》ずかしい　◎自分《じぶん》の欠点《けってん》や失敗《しっぱい》に気《き》づいて、格好悪《かっこうわる》いと感《かん》じるようす。例親《おや》に反抗《はんこう》してばかりいた自分《じぶん》が恥《は》ずかしくなった。◎他《た》人《にん》が注目《ちゅうもく》しているので、緊張《きんちょう》してしまう。例人前《ひとまえ》で歌《うた》を歌《うた》うのは恥《は》ずかしい。

気恥《きは》ずかしい　何《なん》となく恥《は》ずかしい。例書《か》いた作文《さくぶん》を先生《せんせい》に読《よ》み上《あ》げられ、気恥《きは》ずかしかった。似小《こ》っ恥《ぱ》ずかしい。

照《て》れる　人《ひと》に注目《ちゅうもく》され、緊張《きんちょう》する。恥《は》ずかしそうな表情《ひょうじょう》になる。例照《て》れるようすもなく、舞台《ぶたい》に上《あ》がる。

照《て》れくさい　照《て》れてしまって、何《なん》となく恥《は》ずかしい。例みんなの前《まえ》でほめられて、ちょっぴり照《て》れくさい。

面映《おもは》ゆい　照《て》れくさい。相手《あいて》と顔《かお》を合《あ》わせるとまばゆく感《かん》じるという意味《いみ》から、面《めん》と向《む》かうのが、何《なん》となく恥《は》ずかしいようす。例実《じつ》力《りょく》以上《いじょう》に評価《ひょうか》されると、何《なん》だか面映《おもは》ゆい感《かん》じがする。

くすぐったい　◎あまりにほめられて、照《て》れくさい。くすぐられたように、むずむずした感《かん》じがすることから。例いつも怒《おこ》られている先生《せんせい》に珍《めずら》しくほめられて、くすぐったい気持《きも》ちだ。◎「痛《いた》い・痒《かゆ》い」➡200

こそばゆい　◎「くすぐったい」と同《おな》じ。例祖母《そぼ》があ

まりにも僕《ぼく》をほめちぎるので、**こそばゆかった**。◎「痛《いた》い・痒《かゆ》い」⬇200

きまりが悪《わる》い
体裁《ていさい》がよくないと感《かん》じて、気恥《きは》ずかしく思《おも》う。例 大《おお》げんかの後《あと》ですぐに顔《かお》を合《あ》わせるのは、さすがに**きまりが悪《わる》かった**。

ばつが悪《わる》い
「きまりが悪《わる》い」と同《おな》じ。「ばつ」は、その場《ば》のぐあいや都合《つごう》ということ。例 自分《じぶん》は悪《わる》くないと主張《しゅちょう》した後《あと》でミスが見《み》つかり、とても**ばつが悪《わる》かった**。

間《ま》が悪《わる》い
◎きまりが悪《わる》い。例 悪《わる》口《くち》を本人《ほんにん》に聞《き》かれて、**間《ま》が悪《わる》い**思《おも》いをした。◎「不運《ふうん》」⬇136

肩身《かたみ》が狭《せま》い
世間《せけん》や仲間《なかま》に対《たい》して面目《めんぼく》が立《た》たず、引《ひ》け目《め》を感《かん》じている。例 強豪《きょうごう》といわれていたのに、一回戦《いっかいせん》で負《ま》けて**肩身《かたみ》が狭《せま》い**。対 肩身《かたみ》が広《ひろ》い。

立《た》つ瀬《せ》がない
自分《じぶん》の立場《たちば》がなくなる。人々《ひとびと》に対《たい》する面目《めんぼく》を失《うしな》う。例 みんなの期待《きたい》を背負《せお》って代表《だいひょう》になったが、失敗《しっぱい》ばかりで**立《た》つ瀬《せ》がない**。

合《あ》わせる顔《かお》がない
失敗《しっぱい》や悪《わる》いことなどをしたために、迷惑《めいわく》をかけた相手《あいて》や期待《きたい》してくれた人《ひと》に会《あ》うことができない。例 リレー競走《きょうそう》のバトンを落《お》としてしまい、みんなに**合《あ》わせる顔《かお》がない**。

顔《かお》向《む》けができない
申《もう》し訳《わけ》なさや恥《は》ずかしさのため、人《ひと》に会《あ》えない。例 友《とも》だちを裏切《うらぎ》るようなことをしてしまい、もう彼《かれ》には**顔向《かおむ》けができない**。

面目《めんぼく》ない
恥《は》ずかしくて顔向《かおむ》けできない。例 肝心《かんじん》なところで失敗《しっぱい》し、本当《ほんとう》に**面目《めんぼく》ない**。◆「めんもくない」ともいう。

面目《めんぼく》次第《しだい》もない
本当《ほんとう》に恥《は》ずかしくて人《ひと》に会《あ》うことができない。例 ほんの一時《いっとき》にしろ君《きみ》を疑《うたが》ってしまい、**面目次第《めんぼくしだい》もない**。

赤恥《あかはじ》は赤面《せきめん》しなくてもいいんです
深谷先生《ふかやせんせい》のちょっとひと息《いき》

赤恥《あかはじ》を「顔《かお》が赤《あか》くなってしまうような恥《はじ》」と思《おも》ってはいませんか？　でも、それは間違《まちが》い。赤《あか》の他人《たにん》、真《ま》っ赤《か》なうそなどのように、赤《あか》ということばには、「明《あき》らかな」という意味《いみ》があります。つまり、赤恥《あかはじ》は、みんなに見《み》られて明《あき》らかになっている恥《はじ》ということなのです。

わたしたちは、人前《ひとまえ》で失敗《しっぱい》したり怒《おこ》られたりしたときはもちろんですが、逆《ぎゃく》に、成功《せいこう》したり、ほめられたりしたときにも恥《は》ずかしいと感《かん》じます。でも、本当《ほんとう》につらいのは、やっぱり失敗《しっぱい》などによる恥《はじ》。ほめられて照《て》れくさいからといって、消《き》えてしまいたい、穴《あな》があったら入《はい》りたいとまでは思《おも》いません。

逆《ぎゃく》に、生《い》き恥《はじ》という感覚《かんかく》は、現代《げんだい》のわたしたちには理解《りかい》しづらいものです。戦《せん》争《そう》などで、戦友《せんゆう》がみんな死《し》んだのに、自《じ》分《ぶん》だけが降伏《こうふく》するなどして生《い》き残《のこ》ったときなどに使《つか》います。命《いのち》あっての物種《ものだね》ということばとは正反対《せいはんたい》の考《かんが》えですね。

似＝似《に》た表現《ひょうげん》のことば。対＝反対《はんたい》の意味《いみ》のことば。例＝使《つか》い方《かた》の例《れい》。

身《み》の置《お》き所《どころ》もない

恥《は》ずかしくて、その場《ば》にいるのがつらい。例 みんなの前《まえ》で間違《まちが》いを指摘《してき》され、身《み》の置《お》き所《どころ》もないくらい恥《は》ずかしい。

消《き》えてしまいたい

恥《は》ずかしくて、その場《ば》にいられない。例 とっさについたうそを見抜《みぬ》かれて、消《き》えてしまいたい思《おも》いだった。

穴《あな》があったら入《はい》りたい

恥《は》ずかしくて、人《ひと》に顔《かお》を見《み》られたくない気持《きも》ちのたとえ。例 大勢《おおぜい》の人《ひと》の前《まえ》で転《ころ》んでしまい、穴《あな》があったら入《はい》りたい気分《きぶん》だった。

恥《は》ずかしがる

恥《は》ずかしく思《おも》う。恥《は》ずかしいという表情《ひょうじょう》やしぐさをする。例 急《きゅう》にカメラを向《む》けられ、姉《あね》は恥《は》ずかしがった。

恥《は》じ入《い》る

とても恥《は》ずかしく思《おも》う。深《ふか》く恥《は》じる。例 謝罪会《しゃざいかい》見《けん》で、社長《しゃちょう》は深《ふか》く恥《は》じ入《い》ったようすを見《み》せた。

恥《は》じらう

恥《は》ずかしがる。例 じっと見《み》つめられて恥《は》じらう少女《しょうじょ》。

はにかむ

恥《は》ずかしがる。恥《は》ずかしそうな表情《ひょうじょう》をする。例 その選手《せんしゅ》は、インタビュアーに囲《かこ》まれてはにかむ姿《すがた》が印象的《いんしょうてき》だった。

赤《あか》くなる

恥《は》ずかしくて、顔色《かおいろ》が赤《あか》みをおびる。例 成績《せいせき》優秀者《ゆうしゅうしゃ》として名前《なまえ》が読《よ》み上《あ》げられ、思《おも》わず赤《あか》くなる。

真《ま》っ赤《か》になる

「赤《あか》くなる」を強《きょう》調《ちょう》した言《い》い方《かた》。恥《は》ずかしさだけでなく、怒《いか》りで顔《かお》が赤《あか》くなることもいう。例 好《す》きな人《ひと》に声《こえ》をかけられ、真《ま》っ赤《か》になる。

顔《かお》を赤《あか》らめる

「赤《あか》くなる」と同《おな》じ。例 友《とも》だちに好《す》きな子《こ》がいるかと聞《き》かれ、思《おも》わず顔《かお》を赤《あか》らめる。似 頬《ほお》を染《そ》める。

顔《かお》が紅潮《こうちょう》する

恥《は》ずかしさで顔《かお》が赤《あか》くなる。「紅《こう》潮《ちょう》」は顔《かお》が赤《あか》くなることで、恥《は》ずかしさだけでなく、体《からだ》の不調《ふちょう》や興奮《こうふん》で顔《かお》が赤《あか》くなる場合《ばあい》にもいう。例 テレビの街《がい》頭《とう》インタビューに答《こた》えながら、顔《かお》が紅《こう》潮《ちょう》するのが自分《じぶん》でも分《わ》かった。

紅葉《もみじ》を散《ち》らす

恥《は》ずかしくて顔《かお》が赤《あか》くなる。とくに、若《わか》い女性《じょせい》などが顔《かお》を赤《あか》くするようすを、遠回《とおまわ》しに言《い》ったもの。例 彼《かの》女《じょ》は、あいさつをするとすぐに、顔《かお》に紅葉《もみじ》を散《ち》らして下《した》を向《む》いてしまった。

顔《かお》から火《ひ》が出《で》る

とても恥《は》ずかしい思《おも》いをして、顔《かお》が燃《も》えたように真《ま》っ赤《か》になる。例 人違《ひとちが》いをしてしまい、顔《かお》から火《ひ》が出《で》る思《おも》いだった。

舌《した》を出《だ》す

◎恥《は》ずかしさのために、舌《した》を少《すこ》し見《み》せる。例 漢《かん》字《じ》をうっかり読《よ》み間違《まちが》えて、ぺろっと舌《した》を出《だ》した。◎「笑《わら》う」➡380

肩《かた》をすぼめる

体《からだ》を縮《ちぢ》めて、恥《は》ずかしそうにする。例 知《し》らない人《ひと》に声《こえ》をかけられた子《こ》どもが、肩《かた》をすぼめてうつむく。

恥《はじ》をさらす

大勢《おおぜい》の前《まえ》で恥《は》ずかしい思《おも》いをする。自分《じぶん》

◆＝もっと知《し》りたい、ことばの知識《ちしき》。

の不名誉《ふめいよ》を多《おお》くの人《ひと》に知《し》られる。例兄《きょう》弟《だい》げんかの声《こえ》が家《いえ》の外《そと》に聞《き》こえていたらしく、とんだ**恥《はじ》をさらして**しまった。

面目《めんぼく》を失《うしな》う　自分《じぶん》の名誉《めいよ》に傷《きず》をつける。体面《たいめん》を損《そこ》なう。例紛争《ふんそう》の調停《ちょうてい》に失敗《しっぱい》して、大国《たいこく》としての**面目《めんぼく》を失《うしな》う**。

冷《ひ》や汗《あせ》　◎恥《は》ずかしいときに出《で》る汗《あせ》。例うわさの相手《あいて》がひょっこり現《あらわ》れたので、**冷《ひ》や汗《あせ》**をかいた。◎「怖《こわ》がる」⬇407

冷汗三斗《れいかんさんと》　◎恥《は》ずかしい思《おも》いをして、ひどく冷《ひ》や汗《あせ》をかくこと。「斗《と》」は、昔《むかし》の水《みず》かさの単位《たんい》。「三斗《さんと》」は約《やく》五十四《ごじゅうよん》リットルで、量《りょう》が多《おお》いことのたとえ。例劇《げき》のせりふを忘《わす》れて、**冷汗三斗《れいかんさんと》**の思《おも》いをする。◎「怖《こわ》がる」⬇407

汗顔《かんがん》の至《いた》り　顔《かお》に汗《あせ》をかくほど恥《は》ずかしく感《かん》じること。例息子《むすこ》が大変《たいへん》ご迷惑《めいわく》をおかけしまして、**汗顔《かんがん》の至《いた》り**です。

いい面《つら》の皮《かわ》　恥《は》ずかしい目《め》にあったときに、自分《じぶん》をあざけっていうことば。例これだけ断言《だんげん》して違《ちが》っていたら、わたしも**いい面《つら》の皮《かわ》**だ。

赤面《せきめん》　恥《は》ずかしくて顔《かお》を赤《あか》らめること。例人見知《ひとみし》りをするたちで、他人《たにん》と目《め》を合《あ》わせただけで**赤面《せきめん》**してしまう。

恥《は》じらい　恥《は》ずかしがること。多《おお》く、女性《じょせい》が恥《は》ずかしがることについていう。例手《て》をつなぐと、少女《しょうじょ》の顔《かお》に**恥《は》じらい**の色《いろ》が浮《う》かんだ。

含羞《がんしゅう》　恥《は》ずかしいと思《おも》う気持《きも》ち。例ほおに**含羞《がんしゅう》**の色《いろ》を浮《う》かべる。

羞恥《しゅうち》　恥《は》ずかしい気持《きも》ち。例**羞恥《しゅうち》**心《しん》。例**羞恥《しゅうち》**を覚《おぼ》える。

屈辱《くつじょく》　勝負事《しょうぶごと》に敗《やぶ》れたり、他人《たにん》に負《ま》かされたりして恥《は》ずかしい思《おも》いをすること。恥《はじ》をかかせられて面目《めんぼく》を失《うしな》うこと。例**屈辱《くつじょく》**をばねにして猛練《もうれん》習《しゅう》し、金《きん》メダルを勝《か》ち取《と》る。

照《て》れ隠《かく》し　恥《は》ずかしくないふりをすること。例失敗《しっぱい》した

「恥《は》ずかしい」に関連《かんれん》することば

旅《たび》の恥《はじ》はかき捨《す》て　旅先《たびさき》では知《し》っている人《ひと》もいないし、そこに長《なが》くいるわけでもないから、恥《は》ずかしいことをしてしまってもそれっきりだということ。

男《おとこ》を下《さ》げる　一人前《いちにんまえ》の男性《だんせい》として恥《は》ずかしいことをして、自分《じぶん》の価値《かち》を低《ひく》める。反対《はんたい》は「男《おとこ》を上《あ》げる」という。

顔《かお》に泥《どろ》を塗《ぬ》る　面目《めんぼく》を失《うしな》わせる。恥《はじ》をかかせる。「親《おや》の顔《かお》に泥《どろ》を塗《ぬ》るようなことはできない」などと使《つか》う。

のの字《じ》を書《か》く　もじもじする。とくに、女性《じょせい》が恥《は》ずかしくて指先《ゆびさき》で畳《たたみ》をいじっているようすにいうことば。

花《はな》も恥《は》じらう　美《うつく》しい花《はな》でさえ、とてもかなわないと恥《は》ずかしがるほど美《うつく》しいということ。若《わか》い女性《じょせい》についていうことば。⬇545

聞《き》くは一時《いっとき》の恥《はじ》、聞《き》かぬは一生《いっしょう》の恥《はじ》　⬇299

照《て》れ隠《かく》しに、おどけてみせる。

恥《はじ》の上塗《うわぬ》り 恥《はじ》をかいたうえに、さらに恥《はじ》をかくこと。例 一度《いちど》も成功《せいこう》しないうえに、途《と》中《ちゅう》であきらめては、恥《はじ》の上塗《うわぬ》りだ。

もじもじ 遠慮《えんりょ》したり、恥《は》ずかしがって、ぐずぐずするようす。例 弟《おとうと》は、知《し》らない人《ひと》の前《まえ》だと、もじもじして何《なに》も言《い》えなくなる。

恥《はじ》 恥《は》ずかしいこと。名誉《めいよ》を傷《きず》つけられること。例 みんなの前《まえ》で転《ころ》んでしまい、恥《はじ》をかいた。

大恥《おおはじ》 ひどく面目《めんぼく》を失《うしな》うこと。例 公《こう》衆《しゅう》の面前《めんぜん》で大恥《おおはじ》をかき、一目《いちもく》散《さん》に逃《に》げ帰《かえ》った。

赤恥《あかはじ》 人《ひと》の前《まえ》でかくひどい恥《はじ》。例 会《かい》食《しょく》のときに赤恥《あかはじ》をかかないよう、テーブルマナーは知《し》っておこう。◆「赤《あか》っ恥《ぱじ》」ともいう。

生《い》き恥《はじ》 この世《よ》に生《い》きているために受《う》ける恥《はじ》。例 たとえ生《い》き恥《はじ》をさらすことになっても、死《し》ぬわけにはいかない。

辱《はずかし》め 恥《はじ》をかかせること。例 正義《せいぎ》を貫《つらぬ》くためなら、辱《はずかし》めを受《う》けることもおそれない。

恥辱《ちじょく》 体面《たいめん》や名誉《めいよ》などを傷《きず》つけること。例 人前《ひとまえ》でののしられるという恥辱《ちじょく》に耐《た》える。

不面目《ふめんぼく》 面目《めんぼく》を失《うしな》うこと。名誉《めいよ》が傷《きず》つけられること。例 一《いっ》点《てん》もとれず、試合《しあい》は不面目《ふめんぼく》な結果《けっか》に終《お》わった。◆「ふめんもく」ともいう。

不名誉《ふめいよ》 名誉《めいよ》が傷《きず》つくこと。評判《ひょうばん》を落《お》とすこと。例 十連敗《じゅうれんぱい》という、不名誉《ふめいよ》な記録《きろく》を作《つく》ってしまった。

心配《しんぱい》する

worry
［ワーリ］

このページも見《み》てみよう ▼苦《くる》しむ ➡465

心配《しんぱい》 何《なに》か悪《わる》いことが起《お》こるのではないかと、心《こころ》が落《お》ち着《つ》かないこと。例 小《ちい》さな妹《いもうと》のことが心配《しんぱい》で、急《いそ》いで家《いえ》に帰《かえ》った。

不安《ふあん》 よくないことが起《お》きそうで、心《こころ》が落《お》ち着《つ》かないこと。例 台《たい》風《ふう》が近《ちか》づいていると聞《き》き、不安《ふあん》な一夜《いちや》を明《あ》かした。

	心配	不安
子《こ》どもの将来《しょうらい》が——だ	○	○
親《おや》に——をかける	○	–
——をいだく	–	○

懸念《けねん》 気《き》にかかって不安《ふあん》に思《おも》うこと。例 昨晩《さくばん》から大雪《おおゆき》となり、登山《とざん》者《しゃ》の安否《あんぴ》が懸念《けねん》される。

危惧《きぐ》 悪《わる》い結果《けっか》になるのを恐《おそ》れ、心《しん》配《ぱい》すること。例 絶滅《ぜつめつ》危惧《きぐ》種《しゅ》。例 開発《かいはつ》による環境《かんきょう》の悪化《あっか》を危惧《きぐ》する。

憂慮《ゆうりょ》 よくないことが起《お》こるのではないかと心配《しんぱい》すること。例 今年《ことし》の夏《なつ》は、各地《かくち》で水不足《みずぶそく》が憂慮《ゆうりょ》される。

思案《しあん》 ◎あれこれと考《かんが》えを巡《めぐ》らすこと。とくに、心配《しんぱい》すること。例 昔《むかし》から、子《こ》を持《も》つ親《おや》の思案《しあん》の種《たね》は尽《つ》きないものだ。◎「考《かんが》える」➡296

◆＝もっと知《し》りたい、ことばの知識《ちしき》。

頓着《とんちゃく》 こだわって気《き》にすること。例 父《ちち》は、着《き》る物《もの》にいっさい頓着《とんちゃく》しない。対 無頓着《むとんちゃく》。◆「とんじゃく」ともいう。

案《あん》じる ◎物事《ものごと》や人《ひと》がどうなるかを気《き》にする。心配《しんぱい》する。例 入院《にゅういん》している友《とも》だちの身《み》を案《あん》じる。◎「考《かんが》える」↓295

気遣《きづか》う ほかの人《ひと》のことをあれこれ心配《しんぱい》する。気《き》にかける。例 毎日忙《まいにちいそが》しく働《はたら》いている母《はは》の体調《たいちょう》を気《き》遣《づか》う。

危《あや》ぶむ うまくいくかどうか心配《しんぱい》する。例 予定時間《よていじかん》が残《のこ》り少《すく》なく、完成《かんせい》が危《あや》ぶまれる。

恐《おそ》れる ◎よくないことが起《お》こるのではないかと心配《しんぱい》する。例 失敗《しっぱい》を恐《おそ》れていては何《なに》もできない。◎「怖《こわ》がる」↓403

うれえる ◎よくない状態《じょうたい》になるのではないかと、心配《しんぱい》する。例 人類《じんるい》の将来《しょうらい》をうれえる。例 国《くに》の行《ゆ》く末《すえ》をうれえる。◆「憂《うれ》える」と書《か》く。◎「悲《かな》しい」↓427

病《や》む ◎ひどく気《き》にして、心配《しんぱい》する。例 あんな剛速球《ごうそっきゅう》など、打《う》てなくても気《き》に病《や》むことはない。◎「病気《びょうき》」↓98

気《き》になる 心《こころ》に引《ひ》っかかって、心《しん》配《ぱい》してしまう。例 夜《よる》になり、下山途中《げざんとちゅう》ですれ違《ちが》った登山客《とざんきゃく》のことが気《き》になる。

気《き》にかかる 心《こころ》に引《ひ》っかかって忘《わす》れられず、心配《しんぱい》である。例 友《とも》だちの元気《げんき》のないようすが、どうも気《き》にかかる。似 心《こころ》にかかる。

気《き》がもめる ◎どうなるか心配《しんぱい》で、気持《きも》ちが落《お》ち着《つ》かない。例 合格通知《ごうかくつうち》が来《く》るまでは、気《き》がもめてしようがない。◎「いら立《だ》つ」↓411

思《おも》いやられる これから先《さき》、悪《わる》くなりそうだと予想《よそう》されて心配《しんぱい》になる。例 チームを結成《けっせい》した矢先《やさき》にけんかとは、先《さき》が思《おも》いやられる。

胸《むね》を痛《いた》める ひどく心配《しんぱい》し、心《こころ》を悩《なや》ませる。また、悲《かな》しい目《め》にあった人《ひと》の気持《きも》ちを想像《そうぞう》する。例 母《はは》は体《からだ》の弱《よわ》い弟《おとうと》のことで、胸《むね》を痛《いた》めている。似 心《こころ》を痛《いた》める。

頭《あたま》を痛《いた》める ↓「苦《くる》しむ」467

心細《こころぼそ》い 頼《たよ》るものがなくて心配《しんぱい》である。自分自身《じぶんじしん》についていうことが多《おお》い。例 一人《ひとり》で留守番《るすばん》するのは心細《こころぼそ》い。

心許《こころもと》ない 人《ひと》のようすが危《あぶ》なっかしくて、心配《しんぱい》である。例 小《ちい》さい妹《いもうと》をお使《つか》いに出《だ》すのは心許《こころもと》ない。

気《き》がかり 心配《しんぱい》で、気《き》になるようす。例 ここ数日《すうじつ》、祖父《そふ》が体調《たいちょう》を崩《くず》しているのが気《き》がかりだ。似 心《こころ》がかり。

うれい ◎よくない状態《じょうたい》になるのではないかと、心配《しんぱい》すること。例 後顧《こうこ》のうれい(後々《あとあと》の心配《しんぱい》)をなくす。◆「憂《うれ》い」と書《か》く。◎「悲《かな》しい」↓428

恐《おそ》れ ◎よくないことが起《お》こりそうで、不安《ふあん》なようす。例 地震《じしん》による津波《つなみ》の恐《おそ》れがあるため、急《いそ》いで避《ひ》

難《なん》する。◆「虞《おそれ》」とも書《か》く。◎「怖《こわ》がる」⬇407

胸騒《むなさわ》ぎ 何《なに》か悪《わる》いことが起《お》こりそうな予感《よかん》がして、心《こころ》が落《お》ち着《つ》かないこと。例 夜中《よなか》に鳴《な》り響《ひび》く消防車《しょうぼうしゃ》のサイレンに、**胸騒《むなさわ》ぎ**がする。

頭痛《ずつう》 ◎何《なに》か心配《しんぱい》で頭《あたま》を悩《なや》ますことのたとえ。例 夏休《なつやす》みは楽《たの》しみだが、山《やま》のような宿題《しゅくだい》が**頭痛《ずつう》**の種《たね》だ。◎「痛《いた》い・痒《かゆ》い」⬇201

考《かんが》え事《ごと》 気《き》がかりなことを、あれこれ考《かんが》えること。また、その内容《ないよう》。例 **考《かんが》え事《ごと》**をしながら歩《ある》いていたら、道《みち》を間違《まちが》えてしまった。

心配事《しんぱいごと》 心配《しんぱい》で気《き》がかりなこと。悩《なや》んでいること。例 **心配事《しんぱいごと》**があるなら、先生《せんせい》に相談《そうだん》してみたら。

物思《ものおも》い 心配《しんぱい》や悲《かな》しみなどのために、思《おも》い悩《なや》むこと。例 かぐや姫《ひめ》は月《つき》を眺《なが》めて、**物思《ものおも》い**に沈《しず》んだ。

後顧《こうこ》の憂《うれ》い 後々《あとあと》のことを心配《しんぱい》すること。「後顧《こうこ》」は、後《うし》ろを振《ふ》り返《かえ》って見《み》ること。多《おお》く、「後顧《こうこ》の憂《うれ》いがない」と、打《う》ち消《け》しの形《かたち》で使《つか》われる。例 **後顧《こうこ》の憂《うれ》い**がないよう、旅行前《りょこうまえ》に仕事《しごと》を片《かた》づけておく。

取《と》り越《こ》し苦労《ぐろう》 先《さき》のことをあれこれと考《かんが》え、余計《よけい》な心配《しんぱい》をすること。例 転校先《てんこうさき》で友《とも》だちができるかどうか不安《ふあん》だったが、まったくの**取《と》り越《こ》し苦労《ぐろう》**だった。

杞憂《きゆう》 取《と》り越《こ》し苦労《ぐろう》のこと。昔《むかし》、中国《ちゅうごく》の「杞《き》」という国《くに》の人《ひと》が、天《てん》が落《お》ちてくるのではないかと心配《しんぱい》したという話《はなし》から。例 精密検査《せいみつけんさ》の結果《けっか》、癌《がん》の疑《うたが》いは**杞憂《きゆう》**に終《お》わった。

内憂外患《ないゆうがいかん》 国全体《くにぜんたい》にとっての心配《しんぱい》事《ごと》や問題《もんだい》。国内《こくない》の問題《もんだい》（内憂《ないゆう》）と国外《こくがい》の問題《もんだい》（外患《がいかん》）を合《あ》わせたことば。例 今年《ことし》は、**内憂外患《ないゆうがいかん》**の相次《あいつ》ぐ多難《たなん》の年《とし》だった。

はらはら ◎物事《ものごと》の成《な》り行《ゆ》きを心配《しんぱい》して気《き》をもむようす。例 サーカスの空中《くうちゅう》ブランコを、**はらはら**しながら見守《みまも》った。◎「泣《な》く」⬇386

ひやひや ◎心配《しんぱい》したり危険《きけん》を感《かん》じたりして、気《き》が気《き》でないようす。例 つまみ食《ぐ》いが見《み》つかりはしないかと**ひやひや**する。◎「寒《さむ》い・冷《つめ》たい」⬇216

「心配《しんぱい》する」に関連《かんれん》することば

案《あん》ずるより産《う》むが易《やす》し あれこれ心配《しんぱい》するよりも、実際《じっさい》にやってみると案外簡単《あんがいかんたん》にいくものだということ。

備《そな》えあれば憂《うれ》いなし 普段《ふだん》から十分準備《じゅうぶんじゅんび》をしておけば、いざというときに何《なん》の心配《しんぱい》もないということ。

褒《ほ》める

褒《ほ》める その人《ひと》の行動《こうどう》・努力《どりょく》・成果《せいか》などを、立派《りっぱ》だと評価《ひょうか》する。自分《じぶん》と同等《どうとう》か目下《めした》の人《ひと》に対《たい》して使《つか》う。「褒《ほ》められない」など打《う》ち消《け》しのことばが続《つづ》くと、相手《あいて》の行動《こうどう》などを非難《ひなん》する意味《いみ》になる。例 お年寄《としよ》りに席《せき》を譲《ゆず》った子《こ》どもを**褒《ほ》める**。例 口《くち》に物《もの》を入《い》れたままおしゃべりをするなんて、**褒《ほ》められ**

◆＝もっと知《し》りたい、ことばの知識《ちしき》。

ない行動《こうどう》だ。◆「誉《ほ》める」とも書《か》く。対けなす。

称《たた》える

「褒《ほ》める」と同《おな》じ意味《いみ》だが、自分《じぶん》と同等《どうとう》か自分《じぶん》より目《め》上《うえ》の人《ひと》に対《たい》して使《つか》うことが多《おお》い。例環《かん》境《きょう》保護《ほご》に尽《つ》くした彼《かれ》の業績《ぎょうせき》を**称《たた》え**、賞《しょう》が贈《おく》られた。

褒《ほ》め称《たた》える

すばらしいと評価《ひょうか》し、盛《さか》んにほめる。例全国大会《ぜんこくたいかい》で優勝《ゆうしょう》した地元《じもと》の野球《やきゅう》チームを、市民《しみん》が**褒《ほ》め称《たた》える**。◆「誉《ほ》め称《たた》える」とも書《か》く。

	努力《どりょく》を	作文《さくぶん》を	偉業《いぎょう》を
褒める	○	○	−
称える	○	△	○
褒め称える	○	△	○

褒《ほ》め立《た》てる

盛《さか》んにほめる。大《おお》いにほめる。例彼《かれ》は、この店《みせ》のカレーは日本一《にほんいち》だと**褒《ほ》め立《た》てた**。

褒《ほ》めそやす

多《おお》くの人《ひと》が口《くち》をそろえて盛《さか》んにほめる。例彼女《かのじょ》の作《つく》ってくれた料理《りょうり》はとてもおいしかったので、みんなは口々《くちぐち》に**褒《ほ》めそやした**。

褒《ほ》めちぎる

これ以上《いじょう》はほめられないというほど盛《さか》んにほめる。例こんなすばらしい作品《さくひん》とは出会《であ》ったことがないと、**褒《ほ》めちぎる**。

賞《しょう》する

◎すばらしい、よいことだと認《みと》めてたたえる。例優《ゆう》秀《しゅう》な成績《せいせき》を修《おさ》めましたので、ここにこれを**賞《しょう》し**ます。◎美《うつく》しいものや味《あじ》わいのあるものを楽《たの》しむ。例名月《めいげつ》を庭《にわ》から**賞《しょう》する**。

はやす

◎歓声《かんせい》を上《あ》げたり手《て》を打《う》ったりしてほめる。例見事《みごと》な大技《おおわざ》を決《き》めた選手《せんしゅ》を、観客《かんきゃく》がやんやと**はやした**。◎からかったり、ひやかしたりする。例恥《は》ずかしがって母親《ははおや》の後《うし》ろに隠《かく》れた子《こ》を**はやす**。

もてはやす

大勢《おおぜい》でほめる。多《おお》くの人《ひと》が話題《わだい》にしてほめる。例みんなが彼《かれ》のことを、そろばんの名人《めいじん》だと**もてはやす**。例彼女《かのじょ》は歌《うた》の才能《さいのう》があると**もてはやされて**、得意《とくい》になっている。

おだてる

盛《さか》んにほめて、相手《あいて》をいい気分《きぶん》にさせる。例弟《おとうと》を**おだてて**、庭《にわ》の草《くさ》むしりを手伝《てつだ》わせよう。

持《も》ち上《あ》げる

◎それほどでもない成果《せいか》をほめて、相《あい》手《て》を気《き》持《も》ちよくさせる。例ほんの少《すこ》し上手《じょうず》になっただけなのに、そんなに**持《も》ち上《あ》げられる**と、照《て》れてしまう。◎「持《も》つ」➡151

よいしょ

相手《あいて》の機嫌《きげん》を取《と》って持《も》ち上《あ》げること。重《おも》い物《もの》を持《も》ち上《あ》げるときのかけ声《ごえ》から。例どの先輩《せんぱい》にも**よいしょ**し過《す》ぎて、みんなから信用《しんよう》されなくなった。

賛美《さんび》

偉大《いだい》なもの、すばらしいものとして心《こころ》からたたえること。例大自然《だいしぜん》が織《お》り成《な》す広大《こうだい》な風景《ふうけい》を**賛美《さんび》**する。例青春《せいしゅん》を**賛美《さんび》**する若者《わかもの》たち。◆「讃美《さんび》」とも書《か》く。

賞賛《しょうさん》

才能《さいのう》や行動《こうどう》、成果《せいか》などがすばらしいものであるとたたえること。例マザー＝テレサの偉大《いだい》な業績《ぎょうせき》は、多《おお》くの人々《ひとびと》から**賞賛《しょうさん》**を浴《あ》びた。◆

「賞讃《しょうさん》」「称賛《しょうさん》」「称讃《しょうさん》」とも書《か》く。

称揚《しょうよう》 価値《かち》があるものとして大《おお》いにほめたたえ、世《よ》に広《ひろ》く知《し》らせること。例 演劇界《えんげきかい》の大御所《おおごしょ》が、新人俳《しんじんはい》優《ゆう》の演技《えんぎ》を称揚《しょうよう》した。◆「賞揚《しょうよう》」とも書《か》く。

絶賛《ぜっさん》 人《ひと》や作品《さくひん》などをこのうえなく高《たか》く評価《ひょうか》し、ほめること。例 絶賛《ぜっさん》上映中《じょうえいちゅう》。例 彼《かれ》の小説《しょうせつ》は、多《おお》くの評論家《ひょうろんか》から絶賛《ぜっさん》された。◆「絶讃《ぜっさん》」とも書《か》く。

激賞《げきしょう》 大《おお》いにほめること。例 近年《きんねん》まれに見《み》る勇敢《ゆうかん》な子《こ》どもだと、先生《せんせい》たちから激賞《げきしょう》された。

感嘆《かんたん》 深《ふか》く感心《かんしん》してほめたたえること。「嘆《たん》」はため息《いき》のことで、ため息《いき》が出《で》るほど深《ふか》く感心《かんしん》するという意味《いみ》。例 目《め》の前《まえ》に広《ひろ》がるアルプスの雄《ゆう》大《だい》さに感嘆《かんたん》する。

賛嘆《さんたん》 「感嘆《かんたん》」と同《おな》じ。例 彼《かれ》が描《えが》き上《あ》げた絵画《かいが》を見《み》て、みんなは賛《さん》嘆《たん》の声《こえ》を上《あ》げた。◆「讃嘆《さんたん》」とも書《か》く。

礼賛《らいさん》 ありがたいと思《おも》い、その偉大《いだい》さをすばらしいとたたえうやまうこと。もとは仏教《ぶっきょう》のことばで、仏《ほとけ》を拝《おが》み、賛嘆《さんたん》すること。例 自然《しぜん》の美《うつく》しさを礼賛《らいさん》する。◆「礼讃《らいさん》」とも書《か》く。

拍手《はくしゅ》 何度《なんど》も両手《りょうて》を打《う》ち合《あ》わせて、相手《あいて》をほめたたえること。例 すばらしい演奏《えんそう》に拍手《はくしゅ》が鳴《な》り止《や》まなかった。

喝采《かっさい》 出来《でき》ばえのよさに感心《かんしん》して、手《て》をたたいたり声《こえ》を上《あ》げたりしてたたえること。例 世界新記録《せかいしんきろく》の誕《たん》生《じょう》に、スタジアムは喝采《かっさい》の渦《うず》に包《つつ》まれた。

拍手喝采《はくしゅかっさい》 大勢《おおぜい》の人《ひと》が手《て》を打《う》ちたたき、声《こえ》を上《あ》げてほめたたえること。例 ファインプレーを決《き》めた選手《せんしゅ》が、観客《かんきゃく》から拍手喝采《はくしゅかっさい》を浴《あ》びる。

表彰《ひょうしょう》 優《すぐ》れた業績《ぎょうせき》やよい行《おこな》いなどをほめたたえ、世間《せけん》に知《し》らせること。例 表彰状《ひょうしょうじょう》。例 兄《あに》は人命救助《じんめいきゅうじょ》に協力《きょうりょく》して、警察《けいさつ》から表彰《ひょうしょう》されたそうだ。

顕彰《けんしょう》 あまり知《し》られていない功績《こうせき》や立派《りっぱ》な行《おこな》いなどを、世間《せけん》に明《あき》らかにし、ほめたたえること。例 ボランティア活動《かつどう》を三十年間続《さんじゅうねんかんつづ》けてきたとして、顕彰《けんしょう》された。

べた褒《ぼ》め ほめる相手《あいて》のあらゆる面《めん》を、何《なに》から何《なに》までほめること。ほめている人《ひと》の評価《ひょうか》の甘《あま》さを、やや批判《ひはん》する意味《いみ》がある。例 姉《あね》がべた褒《ぼ》めしていた推理小説《すいりしょうせつ》を読《よ》んでみたけれど、それほどおもしろくはなかった。

褒《ほ》め言葉《ことば》 ほめることば。愛想《あいそ》のよいお世辞《せじ》であることも多《おお》い。例 発表会《はっぴょうかい》は大成功《だいせいこう》だったので、先生方《せんせいがた》から多《おお》くの褒《ほ》め言葉《ことば》をいただいた。

褒《ほ》め殺《ごろ》し 嫌《いや》みなほどほめること。必要以上《ひつよういじょう》にほめることで、かえって相手《あいて》を冷《ひ》やかしたりけなしたりすること。例 あなたは頭《あたま》がいいから勉強《べんきょう》などしなくていいのでしょうね、と褒《ほ》め殺《ごろ》しにあう。◆「誉《ほ》め殺《ごろ》し」とも書《か》く。

賛辞《さんじ》 ほめたたえることば。ほめことば。例 彼《かれ》の勇気《ゆうき》ある行動《こうどう》に

◆＝もっと知《し》りたい、ことばの知識《ちしき》。

だれもが賛辞《さんじ》を惜《お》しまない。◆「讃辞《さんじ》」とも書《か》く。

ナイス　「良《よ》い」「見事《みごと》な」などの意味《いみ》の英語《えいご》。スポーツなどの技《わざ》のうまさや、物事《ものごと》のすばらしさをほめるときのことば。例 **ナイス**キャッチ。例 さすが委員長《いいんちょう》、あらかじめ帰《かえ》りのバスの時間《じかん》を調《しら》べておくなんて、**ナイス**だよ。

ブラボー　演奏《えんそう》や演劇《えんげき》が終《お》わった直後《ちょくご》に、そのすばらしさをほめるかけ声《ごえ》。もとは、イタリア語《ご》で「すばらしい」という意味《いみ》。例 演奏《えんそう》が終《お》わると、観客《かんきゃく》は席《せき》を立《た》ち、**ブラボー**と口々《くちぐち》に叫《さけ》んだ。

天晴《あっぱ》れ　人《ひと》の立派《りっぱ》な行動《こうどう》や態度《たいど》を、見事《みごと》だとほめたたえるようす。また、ほめたたえるときのことば。例 今日《きょう》の対戦相手《たいせんあいて》は、敵《てき》ながら**天晴《あっぱ》れ**な態度《たいど》だった。例 最後《さいご》まで走《はし》り抜《ぬ》いたランナーに、「**天晴《あっぱ》れ**、よくやった」と声《こえ》がかかった。

やんや　大勢《おおぜい》で盛《さか》んにほめそやす声《こえ》や、そのことば。例 歌《うた》い終《お》わった彼《かれ》は、みんなから**やんや**の喝采《かっさい》を浴《あ》びた。

けなす

speak ill
［スピーク・イル］

けなす　人《ひと》や物《もの》の悪《わる》いところをあれこれと取《と》り上《あ》げて、価値《かち》がなくつまらないものだと言《い》う。例 コーチは、人前《ひとまえ》ではあの選手《せんしゅ》を**けなして**ばかりいるが、本当《ほんとう》はとてもかわいがっている。対 **褒《ほ》める**。

そしる　他人《たにん》のことを非難《ひなん》して、あれこれと悪《わる》く言《い》う。例 君《きみ》には思《おも》いやりの心《こころ》がないのかと**そしられる**。

腐《くさ》す　悪意《あくい》を持《も》って、けなす。わずかな欠点《けってん》を取《と》り上《あ》げて悪《わる》く言《い》ったり、価値《かち》のないものだと言《い》ったりする。例 母《はは》は、最近《さいきん》のテレビドラマはつまらないと**腐《くさ》して**ばかりいる。

こき下《お》ろす　欠点《けってん》などを指摘《してき》して、ひどく悪《わる》く言《い》う。人《ひと》にも物《もの》にも使《つか》われる。例 世間《せけん》は、若《わか》い映画監督《えいがかんとく》の作品《さくひん》をさんざんに**こき下《お》ろした**。

	他人《たにん》の作品《さくひん》を――	みっともないと――	ひきょう者《もの》と――
けなす	○	○	△
そしる	－	－	○
腐す	○	△	－
こき下ろす	○	○	△

ののしる　悪意《あくい》を込《こ》めて、相手《あいて》を非難《ひなん》する。大声《おおごえ》で非難《ひなん》する。例 どんなに意見《いけん》が食《く》い違《ちが》っていても、お互《たが》いに口汚《くちぎたな》く**ののしる**ことだけは慎《つつし》みたい。

毒突《どくづ》く　ひどい悪口《わるくち》を言《い》う。相手《あいて》は悪《わる》くないのに、逆恨《さかうら》みや愚痴《ぐち》で悪口《わるくち》を言《い》う場合《ばあい》もある。例 駅員《えきいん》に注意《ちゅうい》された青年《せいねん》が、何《なん》だかんだと**毒突《どくづ》いて**いた。

おとしめる　相手《あいて》を劣《おと》ったものとしてばかにする。悪意《あくい》を持《も》って、相手《あいて》を実際《じっさい》よりも低《ひく》く見《み》せようとする。例 むやみに他人《たにん》を**おとしめる**言《い》い方《かた》は、その人《ひと》の品位《ひんい》が疑《うたが》われるものだ。

けちを付《つ》ける

小《ちい》さな欠点《けってん》をあえて見《み》つけ出《だ》して悪《わる》く言《い》う。例 彼女《かのじょ》はその服《ふく》を見《み》て、デザインはよいが色合《いろあ》いが地味《じみ》だと**けちを付《つ》けた**。

悪態《あくたい》をつく

口汚《くちぎたな》くののしる。ひどくけなす。「悪態《あくたい》」は、悪口《わるくち》や憎《にく》まれ口《ぐち》。例 母《はは》に小遣《こづか》いの前借《まえが》りを断《ことわ》られた兄《あに》は、小声《こごえ》で**悪態《あくたい》をついた**。

難癖《なんくせ》を付《つ》ける

小《ちい》さな欠点《けってん》をあえて探《さが》し出《だ》し、悪《わる》く言《い》う。例 ちょっと肩《かた》が触《ふ》れただけなのに、わざとぶつかってきたと**難癖《なんくせ》を付《つ》ける**。似 **因縁《いんねん》を付《つ》ける**。

罵倒《ばとう》

激《はげ》しいことばで、相手《あいて》を非難《ひなん》すること。例 わいろを受《う》け取《と》っていた政治家《せいじか》が、国民《こくみん》に**罵倒《ばとう》**される。

痛罵《つうば》

痛烈《つうれつ》に極《きわ》めて激《はげ》しくののしること。例 彼《かれ》の新《あたら》しい小説《しょうせつ》は読《よ》むだけ時間《じかん》のむだだと、評論家《ひょうろんか》に**痛罵《つうば》**された。

侮蔑《ぶべつ》

見下《みくだ》してばかにする気持《きも》ちを、ことばや態度《たいど》に表《あらわ》すこと。例 普段《ふだん》はおとなしい彼《かれ》も、家族《かぞく》のことを**侮蔑《ぶべつ》**されては黙《だま》っていなかった。

面罵《めんば》

面《めん》と向《む》かって相手《あいて》を強《つよ》くののしること。例 秘密《ひみつ》を漏《も》らした友人《ゆうじん》を、怒《いか》りにまかせて**面罵《めんば》**してしまった。

誹謗《ひぼう》

悪口《わるくち》を言《い》って相手《あいて》をおとしめること。そしること。例 人気者《にんきもの》をねたんで**誹謗《ひぼう》**する。

中傷《ちゅうしょう》

ありもしないことを言《い》って、相手《あいて》の名誉《めいよ》を傷《きず》つけること。「誹謗中傷《ひぼうちゅうしょう》」という四字熟語《よじじゅくご》として使《つか》うこともある。例 公《おおやけ》の場《ば》では、決《けっ》して個人《こじん》を**中傷《ちゅうしょう》**するような発言《はつげん》をしてはならない。

悪口《わるくち》

悪意《あくい》を持《も》って、人《ひと》を悪《わる》く言《い》うこと。また、そのことば。例 こっそり兄《あに》の**悪口《わるくち》**を言《い》っていたら、本人《ほんにん》に全部《ぜんぶ》聞《き》かれていた。◆「わるぐち」「あっこう」ともいう。

悪《あく》たれ口《ぐち》

わざわざ人《ひと》を怒《おこ》らせるようなことば。例 **悪《あく》たれ口《ぐち》**をたたいてばかりいないで、さっさとスーパーまでお使《つか》いに行《い》ってきなさい。

罵声《ばせい》

大声《おおごえ》でののしる声《こえ》。例 反則《はんそく》ぎりぎりのプレーを続《つづ》ける選手《せんしゅ》に、観客《かんきゃく》は**罵声《ばせい》**を浴《あ》びせた。

悪口雑言《あっこうぞうごん》

口汚《くちぎたな》くいろいろな悪口《わるくち》を言《い》うこと。また、そのことば。「悪口《あっこう》」や「雑言《ぞうごん》」だけでも同《おな》じ意味《いみ》がある。例 どれだけ**悪口雑言《あっこうぞうごん》**を並《なら》べられても、彼《かれ》は怒《おこ》らずに受《う》け流《なが》した。

罵詈雑言《ばりぞうごん》

口《くち》を極《きわ》めた悪口《わるくち》を言《い》うこと。「罵詈《ばり》」は、ひどい悪口《わるくち》を言《い》ったり非難《ひなん》したりすること。例 審判《しんぱん》に**罵詈雑言《ばりぞうごん》**を吐《は》いた選手《せんしゅ》が、出場停止《しゅつじょうていし》になった。

毒舌《どくぜつ》

意地《いじ》の悪《わる》い皮肉《ひにく》や悪口《わるくち》。普段《ふだん》は言《い》いにくい相手《あいて》への批判《ひはん》。例 **毒舌《どくぜつ》**家《か》。例 **毒舌《どくぜつ》**を振《ふ》るうことで有名《ゆうめい》な批評家《ひひょうか》。

陰口《かげぐち》

本人《ほんにん》のいないところで、その人《ひと》の悪口《わるくち》を言《い》うこと。また、その悪口《わるくち》。例 こそこそと**陰口《かげぐち》**をたたい

◆＝もっと知《し》りたい、ことばの知識《ちしき》。

ていないで、本人《ほんにん》に直接《ちょくせつ》言《い》ったらどうだ。

ぼろくそ

ぼろ切《き》れや、くそほどの価値《かち》しかないものということから、相手《あいて》をそのようなものだとののしるようす。例 約束《やくそく》の時刻《じこく》を二時間《にじかん》も過《す》ぎてしまい、ぼろくそに言《い》われてしまった。

悪《あ》し様《ざま》

悪意《あくい》を持《も》って、相手《あいて》のことを事実《じじつ》よりも悪《わる》く言《い》ったり扱《あつか》ったりするようす。例 彼《かれ》はずいぶん悪《あ》し様《ざま》に言《い》われているが、どうも全部《ぜんぶ》が本当《ほんとう》のことではないようだ。

くそ味噌《みそ》

まったく価値《かち》がないものとして、厳《きび》しくけなすようす。例 ピアノの腕《うで》をくそ味噌《みそ》にけなされたのが悔《くや》しくて、猛練習《もうれんしゅう》する。
◆「味噌《みそ》くそ」ともいう。

けちょんけちょん

徹底的《てっていてき》にけなしたり、やっつけたりして痛《いた》めつけるようす。例 からかうつもりで姉《あね》の服《ふく》のセンスをけなしたら、あなたこそとけちょんけちょんに言《い》い返《かえ》された。

急《いそ》ぐ

hurry
［ハリー］

このページも見《み》てみよう

走《はし》る → 170
慌《あわ》てる → 392
速《はや》い → 552

急《いそ》ぐ

物事《ものごと》を早《はや》くしようとする。行動《こうどう》が実際《じっさい》に早《はや》いようすのほか、気《き》持《も》ちが焦《あせ》っていることもいう。例 旅行《りょこう》の計画《けいかく》を急《いそ》いで立《た》てる。例 結論《けつろん》を急《いそ》ぐことなく、納得《なっとく》がいくまで検討《けんとう》しよう。

一刻《いっこく》を争《あらそ》う

ゆっくりしていては悪《わる》い状態《じょうたい》になるため、少《すこ》しでも早《はや》くしようと急《いそ》ぐ。「一《いっ》刻《こく》」は、わずかな時間《じかん》という意味《いみ》。例 患者《かんじゃ》の容態《ようだい》が急変《きゅうへん》したため、手術《しゅじゅつ》は一《いっ》刻《こく》を争《あらそ》う事態《じたい》となった。

分秒《ふんびょう》を争《あらそ》う

一刻《いっこく》を争《あらそ》う。一分一《いっぷんいち》秒《びょう》でも早《はや》くしようと急《いそ》ぐ。例 制限《せいげん》時間《じかん》が迫《せま》り、分秒《ふんびょう》を争《あらそ》っ

て答案《とうあん》を埋《う》める。

先《さき》を争《あらそ》う

➡「競争《きょうそう》する」352

速《はや》める

スピードを速《はや》くする。急《いそ》がせる。例 日《ひ》が暮《く》れる前《まえ》に家《いえ》に帰《かえ》ろうと、足《あし》を速《はや》める。

急《せ》かす

他人《たにん》に、動作《どうさ》や行動《こうどう》などをふつうより短時間《たんじかん》で行《おこな》うようにさせる。例 そんなに急《せ》かすなよ、電車《でんしゃ》の出《で》る時刻《じこく》には十分《じゅうぶん》間《ま》に合《あ》うよ。

息《いき》急《せ》き切《き》る

ひどく急《いそ》ぐ。息《いき》を弾《はず》ませながら急《いそ》いで行動《こうどう》する。例 彼《かれ》は、発車《はっしゃ》間際《まぎわ》に息《いき》急《せ》き切《き》ってやって来《き》た。

急《せ》き立《た》てる

強《つよ》く急《いそ》がせる。急《いそ》ぐように促《うなが》す。例 寝《ね》ぼけ眼《まなこ》の弟《おとうと》を急《せ》き立《た》てて、学校《がっこう》に送《おく》り出《だ》す。

急《きゅう》を要《よう》する

急《いそ》ぐ必要《ひつよう》がある。急《いそ》がねばならない状態《じょうたい》である。例 環境《かんきょう》破壊《はかい》対策《たいさく》は、急《きゅう》を要《よう》する問題《もんだい》だ。

至急《しきゅう》

非常《ひじょう》に急《いそ》ぐこと。他《た》の作業《さぎょう》を差《さ》し置《お》いて、最《もっと》も急《いそ》ぐ必要《ひつよう》が

あること。例本田《ほんだ》さん、至急《しきゅう》職員室《しょくいんしつ》まで来《き》てください。

早急《さっきゅう》　とても急《いそ》ぐこと。できる限《かぎ》り急《いそ》ぐこと。例登下校時《とうげこうじ》の安全《あんぜん》のためにも、早急《さっきゅう》な処置《しょち》を必要《ひつよう》とする。
◆「そうきゅう」ともいう。

大至急《だいしきゅう》　「至急《しきゅう》」を強調《きょうちょう》した言《い》い方《かた》。例土砂崩《どしゃくず》れの危険《きけん》がありますので、大至急《だいしきゅう》避難《ひなん》してください。

火急《かきゅう》　非常《ひじょう》に急《いそ》ぐこと。火《ひ》が燃《も》え広《ひろ》がるように差《さ》し迫《せま》ること。例火急《かきゅう》の用事《ようじ》ができて、北海道《ほっかいどう》まで行《い》くことになった。

急ぎ《いそぎ》　急《いそ》いで物事《ものごと》をすること。また、急《きゅう》を要《よう》すること。例父《ちち》は急《いそ》ぎの仕事《しごと》が入《はい》り、今日《きょう》は帰宅《きたく》できないらしい。

取り急ぎ《といそぎ》　ほかのことはさておき、急《いそ》ぐこと。手紙《てがみ》の文《ぶん》に使《つか》うことが多《おお》い。例取《と》り急《いそ》ぎお知《し》らせいたします。例取《と》り急《いそ》ぎ御礼《おんれい》まで。

緊急《きんきゅう》　事《こと》が重大《じゅうだい》で、急《いそ》ぐ必要《ひつよう》があること。例緊急《きんきゅう》避難《ひなん》。例患者《かんじゃ》が意識《いしき》不明《ふめい》に陥《おちい》ったため、緊急《きんきゅう》に手術《しゅじゅつ》を行《おこな》った。

急遽《きゅうきょ》　慌《あわ》ただしく物事《ものごと》を行《おこな》うようす。急《いそ》ぐべき事情《じじょう》が発生《はっせい》し、予定《よてい》を変《か》えて行動《こうどう》すること。「遽《きょ》」も、急《いそ》ぐという意味《いみ》。例劇《げき》の主役《しゅやく》が体調《たいちょう》を崩《くず》したので、急遽《きゅうきょ》代役《だいやく》を立《た》てた。

特急《とっきゅう》　◎ふつうより急《いそ》ぐこと。例明日《あす》の午前《ごぜん》に会議《かいぎ》をすることになったので、特急《とっきゅう》で資料《しりょう》をそろえた。◎停車駅《ていしゃえき》が少《すく》なく、高速《こうそく》で走《はし》る「特別《とくべつ》急行列車《きゅうこうれっしゃ》」の略《りゃく》。例特急《とっきゅう》は、各駅停車《かくえきていしゃ》より三十分《さんじっぷん》も早《はや》く目的地《もくてきち》に着《つ》く。

超特急《ちょうとっきゅう》　◎「特急《とっきゅう》」の強調《きょうちょう》した言《い》い方《かた》。それ以上《いじょう》速《はや》くできないくらい、物事《ものごと》を急《いそ》いで行《おこな》うこと。例残《のこ》り一日《いちにち》しかないので、超特急《ちょうとっきゅう》で宿題《しゅくだい》の工作《こうさく》を仕上《しあ》げた。◎「特急《とっきゅう》」よりも、さらに速《はや》い列車《れっしゃ》。例新幹線《しんかんせん》ひかり号《ごう》は、かつて「夢《ゆめ》の超特急《ちょうとっきゅう》」と呼《よ》ばれた。

駆け足《かけあし》　◎物事《ものごと》を急《いそ》いで行《おこな》うこと。例観光《かんこう》名所《めいしょ》を駆《か》け足《あし》で巡《めぐ》った。◎「走《はし》る」⬇172

取る物も取りあえず《とるものもとりあえず》　十分《じゅうぶん》な支度《したく》をする時間《じかん》もないくらい急《いそ》ぐようす。例祖母《そぼ》が急《きゅう》に入院《にゅういん》したと聞《き》いて、取《と》る物《もの》も取《と》りあえず駆《か》けつけた。

押っ取り刀《おっとりがたな》　大急《おおいそ》ぎで駆《か》けつけるようす。急《きゅう》なときに、刀《かたな》を腰《こし》に差《さ》す暇《ひま》もなく、手《て》に持《も》ったまま駆《か》けつけるという意味《いみ》から。例小《ちい》さな妹《いもうと》の泣《な》き声《ごえ》が聞《き》こえ、押《お》っ取《と》り刀《がたな》で駆《か》けつける。

我先《われさき》　⬇「競争《きょうそう》する」354

我も我も《われもわれも》　大勢《おおぜい》の人《ひと》たちが先《さき》を争《あらそ》って押《お》しかけるようす。例バーゲンセールの会場《かいじょう》に、たくさんの人《ひと》が我《われ》も我《われ》もと押《お》しかける。

早々《そうそう》　◎ある動作《どうさ》を急《いそ》いでするようす。例早々《そうそう》に食事《しょくじ》を済《す》ませて、宿題《しゅくだい》に取《と》りかかる。◎その状態《じょうたい》になってすぐのとき。例あの店《みせ》は、いつも開店《かいてん》早々《そうそう》から忙《いそが》しい。

そこそこ　急《いそ》いでいて、物事《ものごと》を簡単《かんたん》に済《す》ませるようす。先《さき》を急《いそ》ぐため、あることを十分《じゅうぶん》にしないまま、次《つぎ》のことをするようす。例

◆＝もっと知《し》りたい、ことばの知識《ちしき》。

弟《おとうと》は、お昼《ひる》ご飯《はん》もそこそこに、外《そと》へ飛《と》び出《だ》した。

「急《いそ》ぐ」に関連《かんれん》することば

急《せ》いては事《こと》を仕損《しそん》じる 焦《あせ》って事《こと》を急《いそ》ぐと、しなくていい失敗《しっぱい》をすることがあるから、慌《あわ》てず落《お》ち着《つ》いてやりなさいということ。

善《ぜん》は急《いそ》げ よいと思《おも》ったことは、機会《きかい》を逃《のが》さずに、すぐに行《おこな》うべきだということ。

忙《いそが》しい

busy
［ビジー］

このページも見《み》てみよう
▼急《いそ》ぐ ➡504
▼慌《あわ》てる ➡392

忙《いそが》しい 次《つぎ》から次《つぎ》へと用事《ようじ》や変化《へんか》があって、暇《ひま》がない。例 テストはあるし、サッカークラブの練習《れんしゅう》もあるしで、とても忙《いそが》しい。

せわしい 忙《いそが》しくて気持《きも》ちがせかせかし、落《お》ち着《つ》かない。例 新学期《しんがっき》が始《はじ》まり、しばらくせわしい毎日《まいにち》を送《おく》る。

せわしない 「せわしい」と同《おな》じ。例 リスが手《て》をせわしなく動《うご》かして、えさを食《た》べている。

気《き》ぜわしい 何《なん》となくせかされるようで、気持《きも》ちが落《お》ち着《つ》かない。例 日帰《ひがえ》り旅行《りょこう》は、少《すこ》し気《き》ぜわしい感《かん》じがする。

慌《あわ》ただしい 非常《ひじょう》に急《いそ》いでいて、せわしい。例 忘《わす》れ物《もの》を取《と》りに帰《かえ》ってきた姉《あね》が、慌《あわ》ただしく家《いえ》を出《で》て行《い》った。

手《て》が離《はな》せない あることをしなければならなくて、ほかのことができない。例 今《いま》、料理《りょうり》をしていて手《て》が離《はな》せないので、また後《あと》で電話《でんわ》します。

手《て》が回《まわ》らない 忙《いそが》しくて、ほかの作業《さぎょう》などをする余裕《よゆう》がない。例 妹《いもうと》の世話《せわ》で手《て》いっぱいで、自分《じぶん》のことまで手《て》が回《まわ》らない。

手《て》がふさがる ある作業《さぎょう》が忙《いそが》しくて、ほかのことをする余裕《よゆう》がない。例 今月《こんげつ》はお祭《まつ》りの準備《じゅんび》で手《て》がふさがっているから、その件《けん》は来月《らいげつ》に考《かんが》えよう。

息《いき》をつく暇《ひま》もない ほっとする時間《じかん》もないほど忙《いそが》しい。例 ランニングから戻《もど》ってくると、息《いき》をつく暇《ひま》もなく守備《しゅび》練習《れんしゅう》に移《うつ》った。

席《せき》の暖《あたた》まる暇《ひま》もない 忙《いそが》しくて、あちこち動《うご》き回《まわ》っているようすである。長《なが》い時間《じかん》同《おな》じ場所《ばしょ》に座《すわ》っていないために、席《せき》が暖《あたた》まらないということから。例 次《つぎ》から次《つぎ》へと用事《ようじ》を言《い》いつけられて、席《せき》の暖《あたた》まる暇《ひま》もないよ。

猫《ねこ》の手《て》も借《か》りたい 忙《いそが》しくて人手《ひとで》の足《た》りないようすである。仕事《しごと》の助《たす》けにならない猫《ねこ》にさえ手伝《てつだ》ってもらいたいということから。例 店《みせ》は大入《おおい》り満員《まんいん》で、猫《ねこ》の手《て》も借《か》りたいくらいだ。

多忙《たぼう》　非常《ひじょう》に忙《いそが》しいこと。例 選挙《せんきょ》に立候補《りっこうほ》してから、多忙《たぼう》な毎日《まいにち》を送《おく》っている。

多用《たよう》　用事《ようじ》が多《おお》くてとても忙《いそが》しいこと。例 ご多用《たよう》のところお時間《じかん》をいただき、恐《おそ》れ入《い》ります。

繁忙《はんぼう》　仕事《しごと》がとても忙《いそが》しいこと。例 繁忙《はんぼう》期《き》。例 開店後《かいてんご》の一週間《いっしゅうかん》は、繁忙《はんぼう》を極《きわ》める毎日《まいにち》だった。似 繁《はん》多《た》。◆「煩忙《はんぼう》」とも書《か》く。

忙殺《ぼうさつ》　仕事《しごと》などに追《お》われて、とても忙《いそが》しいこと。「殺《さつ》」は、意味《いみ》を強調《きょうちょう》するために付《つ》けることば。「忙殺《ぼうさつ》される」という形《かたち》で使《つか》われることが多《おお》い。例 運動会《うんどうかい》の準備《じゅんび》に忙殺《ぼうさつ》される。

多事多端《たじたたん》　仕事《しごと》や、するべきことがたくさんあって忙《いそが》しいこと。「端《たん》」は、事柄《ことがら》という意味《いみ》。例 今年《ことし》のわが家《や》は、妹《いもうと》の入学《にゅうがく》や家《いえ》の改築《かいちく》などで、まさに多事多端《たじたたん》の一年《いちねん》だった。

盆《ぼん》と正月《しょうがつ》が一緒《いっしょ》に来《き》たよう　◎非常《ひじょう》に忙《いそが》しいようす。盆《ぼん》も正月《しょうがつ》も、するべきことが多《おお》いことから。例 発《はっ》表会《ぴょうかい》の前日《ぜんじつ》は、盆《ぼん》と正月《しょうがつ》が一緒《いっしょ》に来《き》たようなありさまだった。◎「うれしい」→426

てんてこ舞《ま》い　非常《ひじょう》に忙《いそが》しくて、慌《あわ》てて動《うご》き回《まわ》るようす。「てんてこ」は、太鼓《たいこ》の音《おと》。例 慣《な》れない引《ひ》っ越《こ》しで、家族全員《かぞくぜんいん》が朝《あさ》からてんてこ舞《ま》いだった。

きりきり舞《ま》い　慌《あわ》ただしく働《はたら》くこと。また、異《い》常《じょう》な事態《じたい》にあって、慌《あわ》ててしまうこと。例 あまりの注文《ちゅうもん》の多《おお》さに、きりきり舞《ま》いしてしまった。例 相手《あいて》チームの見事《みごと》なプレーにきりきり舞《ま》いさせられる。

立《た》て込《こ》む　仕事《しごと》などが一度《いちど》に重《かさ》なる。例 仕事《しごと》が立《た》て込《こ》んできたので、休暇《きゅうか》を取《と》るのは少《すこ》し先《さき》になりそうだ。

取《と》り込《こ》む　不意《ふい》の出来事《できごと》で、忙《いそが》しくなる。とくに、家庭《かてい》

深谷先生《ふかやせんせい》のちょっとひと息《いき》

舞台《ぶたい》から生《う》まれたことばたち

てんてこ舞《ま》い、どろん（195ページ）など、口《くち》に出《だ》してみるとおもしろいこれらのことばは、日本《にほん》の伝統芸能《でんとうげいのう》の用語《ようご》が一般《いっぱん》に広《ひろ》まったものです。

てんてこは、神様《かみさま》を祭《まつ》るための神楽《かぐら》という舞《まい》のなかで使《つか》われる、小太鼓《こだいこ》の音《おと》のことです。その音《おと》に合《あ》わせてせわしなく踊《おど》ることから、忙《いそが》しいことを意味《いみ》するようになりました。また、「急《きゅう》に消《き》えること」という意味《いみ》のどろんは、歌舞伎《かぶき》で幽霊《ゆうれい》が出《で》入《い》りする場面《ばめん》などで打《う》つ、「どろどろ…」という太鼓《たいこ》の音《おと》のことです。両《りょう》方《ほう》とも、音《おと》の与《あた》える印象《いんしょう》が、それぞれのことばの意味《いみ》とうまく合《あ》っているのが分《わ》かります。

このほか、神楽《かぐら》で使《つか》う楽器《がっき》の形《かたち》から生《う》まれた鈴《すず》なり（520ページ）や、歌舞伎《かぶき》の役者《やくしゃ》がポーズを決《き》めるときの動作《どうさ》である大見得《おおみえ》を切《き》る（283ページ）など、伝統《でんとう》芸能《げいのう》から生《う》まれたことばが、日常生活《にちじょうせいかつ》のなかでたくさん使《つか》われています。

◆＝もっと知《し》りたい、ことばの知識《ちしき》。

の中《なか》が忙《いそが》しくてごたごたする。例母《はは》が過労《かろう》で倒《たお》れ、取《と》り込《こ》んでおりますので、また改《あらた》めてお越《こ》しください。

目《め》が回《まわ》る たいへん忙《いそが》しいようす。例音楽発表会《おんがくはっぴょうかい》を明日《あす》に控《ひか》えて、目《め》が回《まわ》るような忙《いそが》しさだ。

押《お》せ押《お》せになる 物事《ものごと》が立《た》て込《こ》んで作業《さぎょう》の予《よ》定《てい》が延《の》び、時間《じかん》の余裕《よゆう》がなくなる。例にわか雨《あめ》で運動会《うんどうかい》が中断《ちゅうだん》したため、スケジュールが押《お》せ押《お》せになる。

せかせか 忙《いそが》しそうで落《お》ち着《つ》かないようす。例叔母《おば》はいつも、せかせかした話《はな》し方《かた》をする。

ばたばた ◎慌《あわ》ただしく物事《ものごと》を行《おこな》うようす。例引《ひ》っ越《こ》しの日《ひ》が近《ちか》づき、家《いえ》の中《なか》がばたばたしている。例約束《やくそく》の時間《じかん》に遅《おく》れそうだといって、ばたばたと出《で》かけていった。

◎「倒《たお》れる」➡150

そそくさ 慌《あわ》ただしく行動《こうどう》するようす。例彼《かれ》は、このあと用事《ようじ》があるからと言《い》い、そそくさと帰《かえ》ってしまった。

書《か》き入《い》れ時《どき》 商店《しょうてん》などで売《う》れ行《ゆ》きがよく、もっとももうかる時期《じき》。帳簿《ちょうぼ》の書《か》き入《い》れに忙《いそが》しいときということから。例クリスマスイブは、ケーキ屋《や》さんは書《か》き入《い》れ時《どき》だ。

農繁期《のうはんき》 農家《のうか》にとって、田植《たう》えや収穫《しゅうかく》などでとくに忙《いそが》しい時期《じき》。例農繁期《のうはんき》には、山形《やまがた》の祖父《そふ》の家《いえ》で農作業《のうさぎょう》の手伝《てつだ》いをする。

「忙《いそが》しい」に関連《かんれん》することば

忙中閑《ぼうちゅうかん》あり 仕事《しごと》や用事《ようじ》で忙《いそが》しくしている中《なか》にも、少《すこ》しは暇《ひま》な時間《じかん》があるものだということ。「閑《かん》」は、暇《ひま》な時《じ》間《かん》のこと。

紺屋《こうや》の白袴《しろばかま》 他人《たにん》のことに忙《いそが》しくて、自分自身《じぶんじしん》のことにまで手《て》が回《まわ》らないことのたとえ。紺屋《こうや》（染《そ》め物《もの》を職業《しょくぎょう》とする人《ひと》）が、自分《じぶん》のはかまを染《そ》める暇《ひま》がなくて、いつも白《しろ》いはかまをはいているということから。

貧乏暇《びんぼうひま》なし 貧乏《びんぼう》で生活《せいかつ》に追《お》われ、ほかのことをする時間《じかん》のゆとりがない。

第四章《だいよんしょう》　ようす

物《もの》のようす

大《おお》きい

big
［ビッグ］

大《おお》きい　大《おお》きさや広《ひろ》さなどが、ふつう以上《いじょう》である。例 父《ちち》は体《からだ》が大《おお》きい。例 大《おお》きい声《こえ》で話《はな》す。対 小《ちい》さい。◆「おっきい」ともいう。

でかい　「大《おお》きい」と同《おな》じ。例 あいつはいつも、態度《たいど》がでかい。対 ちっちゃい。◆「でっかい」ともいう。

馬鹿《ばか》でかい　あきれるほど大《おお》きい。「馬鹿《ばか》」は、程度《ていど》のはなはだしいようすを表《あらわ》すことば。例 そんな馬鹿《ばか》でかいケーキ、一人《ひとり》で食《た》べる気《き》かい。似 どでかい。

大物《おおもの》　◎大《おお》きいもの。また、非常《ひじょう》に価値《かち》のあるもの。例 父《ちち》が大物《おおもの》を釣《つ》り上《あ》げる。対 小物《こもの》。◎「優《すぐ》れた人《ひと》」➡67

大形《おおがた》　大《おお》きいこと。大《おお》きいもの。例 大形《おおがた》のカブトムシを捕《つか》まえた。対 小形《こがた》。

大型《おおがた》　同《おな》じ形《かたち》のもので、型《かた》が大《おお》きいこと。例 大型《おおがた》の台風《たいふう》が、日本《にほん》に近《ちか》づく。対 小型《こがた》。

大判《おおばん》　布《ぬの》・紙《かみ》・本《ほん》・ノートなどの型《かた》が大《おお》きいこと。例 大判《おおばん》のノートを買《か》う。

大粒《おおつぶ》　粒《つぶ》が大《おお》きいこと。例 大粒《おおつぶ》の涙《なみだ》がこぼれ落《お》ちる。対 小粒《こつぶ》。

大《おお》きめ　ふつうより、少《すこ》し大《おお》きいようす。例 漢字《かんじ》を大《おお》きめに書《か》く。対 小《ちい》さめ。

大振《おおぶ》り　その種類《しゅるい》の中《なか》で、大《おお》きめであること。例 大振《おおぶ》りのお皿《さら》に、大《おお》きなタイを載《の》せる。対 小振《こぶ》り。

大《だい》　大《おお》きいこと。大《おお》きいもの。例 声《こえ》を大《だい》にして訴《うった》える。対 小《しょう》。

特大《とくだい》　特別《とくべつ》に大《おお》きいこと。また、そのようなもの。例 特大《とくだい》のステーキを食《た》べる。

巨大《きょだい》　非常《ひじょう》に大《おお》きいこと。例 巨大《きょだい》なタンカーが航行《こうこう》する。

極大《きょくだい》　極《きわ》めて大《おお》きいこと。例 しし座《ざ》流星群《りゅうせいぐん》が極大《きょくだい》を迎《むか》え、たくさんの流《なが》れ星《ぼし》が夜空《よぞら》に出現《しゅつげん》した。対 極《きょく》小《しょう》。

超弩級《ちょうどきゅう》　並外《なみはず》れて大《おお》きいこと。「弩《ど》」は、昔《むかし》のイギリスの巨大戦艦《きょだいせんかん》ドレッドノート号《ごう》を示《しめ》す当《あ》て字《じ》。当時《とうじ》ずば抜《ぬ》けて大《おお》きかったその船《ふね》を超《こ》える大《おお》きさ、という意味《いみ》から。例 超弩級《ちょうどきゅう》のハリケーンが、アメリカ南《なん》東部《とうぶ》を襲《おそ》った。

最大《さいだい》　あるまとまりの中《なか》で、いちばん大《おお》きいこと。例 日本《にほん》に生息《せいそく》する最大《さいだい》の動物《どうぶつ》。対 最小《さいしょう》。

無限大《むげんだい》　大《おお》きさや多《おお》さが、限《かぎ》りないこと。例 わたしたちの可《か》能性《のうせい》は、無限大《むげんだい》だ。

大々的《だいだいてき》　物事《ものごと》をするようすが、大《おお》がかりであること。例 新商《しんしょう》品《ひん》を、テレビで大々的《だいだいてき》に宣伝《せんでん》する。

大規模《だいきぼ》

仕組《しく》みやつくりなどが大《おお》きいこと。例 大規模《だいきぼ》な原子《げんし》力発電所《りょくはつでんしょ》を建設《けんせつ》する。対 小規模《しょうきぼ》。

大掛《おおが》かり

仕組《しく》みや規模《きぼ》が大《おお》きいこと。とくに、多《おお》くの人手《ひとで》や費用《ひよう》がかかること。例 四百人《よんひゃくにん》も出演《しゅつえん》する、大掛《おおが》かりな芝居《しばい》。

	―な工事《こうじ》	―な手品《てじな》	―な学校《がっこう》
大規模	○	–	○
大掛かり	○	○	–

大仕掛《おおじか》け

仕掛《しか》けや仕組《しく》みが大《おお》きいこと。例 ゾウを使《つか》った、大仕掛《おおじか》けのマジックショーを見《み》に行《い》く。

大幅《おおはば》

数《かず》などの、変化《へんか》の度合《どあ》いが大《おお》きいこと。例 マラソンの世界《せかい》記録《きろく》を大幅《おおはば》に更新《こうしん》する。対 小幅《こはば》。

過大《かだい》

大《おお》き過《す》ぎること。また、大《おお》き過《す》ぎて実際《じっさい》と食《く》い違《ちが》いがあるようす。例 あの人《ひと》の実力《じつりょく》を過大《かだい》に評価《ひょうか》していた。対 過小《かしょう》。

強大《きょうだい》

強《つよ》くて大《おお》きいこと。例 強大《きょうだい》な権力《けんりょく》を握《にぎ》る。

最大限《さいだいげん》

それ以上《いじょう》大《おお》きいものがない、ぎりぎりのところ。例 みんなのために、最大限《さいだいげん》の努力《どりょく》を惜《お》しまない。対 最小限《さいしょうげん》。

甚大《じんだい》

物事《ものごと》の程度《ていど》が、非常《ひじょう》に大《おお》きいようす。被害《ひがい》など、よくない物事《ものごと》についていうことが多《おお》い。例 大地《おおじ》震《しん》によって、甚大《じんだい》な被害《ひがい》を受《う》ける。

絶大《ぜつだい》

物事《ものごと》の程度《ていど》が、この上《うえ》もなく大《おお》きいようす。とくに、人《にん》気《き》・権力《けんりょく》など、人《ひと》に備《そな》わったものについていうことが多《おお》い。例 アメリカの大《だい》統領《とうりょう》は絶大《ぜつだい》な権限《けんげん》を持《も》っている。

膨大《ぼうだい》

⬇「多《おお》い」519

豪壮《ごうそう》

建物《たてもの》などが、大《おお》きくて立派《りっぱ》なようす。例 豪壮《ごうそう》な造《つく》りの宮《きゅう》殿《でん》。

壮大《そうだい》

大《おお》きく堂々《どうどう》としていて立派《りっぱ》なようす。例 フランス革命《かくめい》を描《えが》いた、壮大《そうだい》な物語《ものがたり》。

雄大《ゆうだい》

規模《きぼ》が大《おお》きくて、すばらしいと感《かん》じさせるようす。例 雄大《ゆうだい》なアルプスの山々《やまやま》を眺《なが》める。

重厚長大《じゅうこうちょうだい》

人《ひと》や物事《ものごと》の性質《せいしつ》・状態《じょうたい》などが、重々《おもおも》しくて落《お》ち着《つ》いていること。例 威容《いよう》を誇《ほこ》る重厚《じゅうこう》長大《ちょうだい》なモニュメント。対 軽薄短小《けいはくたんしょう》。

遠大《えんだい》

計画《けいかく》や志《こころざし》などが、遠《とお》い先《さき》までを見通《みとお》していて大《おお》きいようす。例 遠大《えんだい》な宇宙開発計画《うちゅうかいはつけいかく》を話《はな》し合《あ》う。

拡大《かくだい》

大《おお》きくすること。例 プランクトンを、顕微鏡《けんびきょう》で百倍《ひゃくばい》に拡大《かくだい》して見《み》る。対 縮小《しゅくしょう》。

拡充《かくじゅう》

規模《きぼ》や内容《ないよう》を大《おお》きくしたり充《じゅう》実《じつ》させたりすること。例 工《こう》場《じょう》を拡充《かくじゅう》して生産量《せいさんりょう》を増《ふ》やす。

膨張《ぼうちょう》

膨《ふく》れて、大《おお》きくなること。例 空気《くうき》を暖《あたた》めると膨張《ぼうちょう》する。◆「膨脹《ぼうちょう》」とも書《か》く。

ビッグ

「大《おお》きい」という意味《いみ》の英《えい》語《ご》。例 ビッグニュースが飛《と》び込《こ》んできた。対 スモール。

グランド

「大型《おおがた》の」「雄大《ゆうだい》な」などの意味《いみ》の英語《えいご》。例 グランドピアノを演奏《えんそう》する。

ジャイアント

「巨人《きょじん》」という意《い》味《み》の英語《えいご》。物事《ものごと》

▶大《おお》きい 小《ちい》さい 広《ひろ》い 狭《せま》い 多《おお》い 少《すく》ない
ようす 物《もの》のようす
長《なが》い 短《みじか》い 高《たか》い

◆＝もっと知《し》りたい、ことばの知識《ちしき》。

が巨大《きょだい》であること。例ジャイアントパンダは、中国《ちゅうごく》の山奥《やまおく》に生息《せいそく》している。

ジャンボ 飛《と》び抜《ぬ》けて大《おお》きいこと。もとは、スワヒリ語《ご》(ケニアなどのことば)で「こんにちは」という意味《いみ》。昔《むかし》、アメリカなどで人気者《にんきもの》になったゾウがこう名《な》づけられていたことから。例ジャンボジェットは、一《いち》度《ど》に五百人《ごひゃくにん》もの乗客《じょうきゃく》を運《はこ》べる。

マンモス 巨大《きょだい》なもののたとえ。大昔《おおむかし》にいた、ゾウの仲間《なかま》の名《な》から。例日本一《にほんいち》のマンモス団地《だんち》。

L《エル》 洋服《ようふく》や食《た》べ物《もの》などの大《おお》きさが、大《おお》きいことを示《しめ》す記号《きごう》。英語《えいご》のラージ(大《おお》きい)の頭文字《かしらもじ》から。例L《エル》サイズのズボンを探《さが》す。対S《エス》。

キングサイズ 服《ふく》などで、特別《とくべつ》に大《おお》きなサイズのもの。例父《ちち》は太《ふと》っているので、キングサイズの服《ふく》を着《き》ている。似クイーンサイズ。

だぶだぶ 着《き》るものが、大《おお》き過《す》ぎるようす。例兄《あに》のシャツを着《き》たら、だぶだぶだった。

がばがば 大《おお》き過《す》ぎて、緩《ゆる》いようす。例運《うん》動着《どうぎ》のゴムが伸《の》びて、がばがばになってしまった。

ぶかぶか 身《み》につける物《もの》が大《おお》き過《す》ぎて緩《ゆる》いようす。例その帽子《ぼうし》は、気《き》に入《い》っているけどぶかぶかだ。

ゆるゆる ◎緩《ゆる》過《す》ぎるようす。きっちりしていないようす。例気《き》に入《い》ったデザインのその服《ふく》は、わたしには大《おお》き過《す》ぎてゆるゆるだった。◎「遅《おそ》い」➡556

でかでか 大《おお》きくて、目立《めだ》つようす。例入選《にゅうせん》した山田《やまだ》さんの写真《しゃしん》が、新聞《しんぶん》にでかでかと載《の》っていた。

「大《おお》きい」に関連《かんれん》することば

うどの大木《たいぼく》 体《からだ》が大《おお》きいだけで、役《やく》に立《た》たない人《ひと》のたとえ。ウドは、大《おお》きく育《そだ》つと食《た》べるにはかた過《す》ぎるし、木材《もくざい》としては柔《やわ》らか過《す》ぎて使《つか》えないことから。➡74

大男《おおおとこ》総身《そうみ》に知恵《ちえ》が回《まわ》りかね 体《からだ》ばかり大《おお》きくて動《うご》きの鈍《にぶ》い男《おとこ》を、ばかにしていうことば。

大《おお》きな顔《かお》をする 偉《えら》そうにして、いばった態度《たいど》を取《と》る。また、悪《わる》いことをしたのに、平気《へいき》な顔《かお》をしている。「でかい面《つら》をする」ともいう。➡445

大《おお》きなお世話《せわ》 余計《よけい》な世話《せわ》をしてくれては、かえって迷惑《めいわく》であるということ。他人《たにん》の口出《くちだ》しや助力《じょりょく》をこばむときに使《つか》うことば。

大《おお》きな口《くち》をきく 偉《えら》そうなことを言《い》う。➡283

大《だい》は小《しょう》を兼《か》ねる 大《おお》きいものは、小《ちい》さいものの代《か》わりとしても使《つか》うことができるということ。

逃《に》がした魚《さかな》は大《おお》きい ➡194

●こんなことばも覚《おぼ》えておこう
著大《ちょだい》・倍大《ばいだい》・膨満《ぼうまん》

小《ち》さ《い》い

small
[スモール]

小《ちい》さい 大《おお》きさや広《ひろ》さなどが、わずかである。例 小《ちい》さいつづらを選《えら》んだおじいさん。対 大《おお》きい。

ちっちゃい 「小《ちい》さい」と同《おな》じ。例 赤《あか》ちゃんのちっちゃい手《て》。対 でかい。

小物《こもの》 ◎小《ちい》さいもの。こまごまとしたもの。また、アクセサリーや化粧道具《けしょうどうぐ》・財布《さいふ》・腕時計《うでどけい》などのこと。例 輸入《ゆにゅう》小物《こもの》の店《みせ》。対 大物《おおもの》。◎「だめな人《ひと》」➡75

小形《こがた》 小《ちい》さいこと。小《ちい》さいもの。例 小形《こがた》のチョウがたくさん飛《と》んでいた。対 大形《おおがた》。

小型《こがた》 同《おな》じ形《かたち》のもので、型《かた》が小《ちい》さいこと。例 小型《こがた》自動車《じどうしゃ》なら駐車《ちゅうしゃ》できます。対 大型《おおがた》。

小粒《こつぶ》 ◎粒《つぶ》が小《ちい》さいこと。例 山椒《さんしょう》は小粒《こつぶ》でもぴりりと辛《から》い(体《からだ》は小《ちい》さくても、気性《きしょう》や才能《さいのう》が優《すぐ》れていてあなどれないことのたとえ)。対 大粒《おおつぶ》。◎体付《からだつ》きが小《ちい》さい人《ひと》。平凡《へいぼん》な人《ひと》。例 今年《ことし》は小粒《こつぶ》な新人《しんじん》ばかりだ。

小《ちい》さめ ふつうより、少《すこ》し小《ちい》さいようす。例 小《ちい》さめの器《うつわ》に移《うつ》し変《か》える。対 大《おお》きめ。

小振《こぶ》り その種類《しゅるい》の中《なか》で、小《ちい》さめであること。例 小振《こぶ》りのアジを揚《あ》げて南蛮漬《なんばんづ》けにした。対 大振《おおぶ》り。

ちっぽけ ごく小《ちい》さいようす。取《と》るに足《た》りないようす。例 星空《ほしぞら》を見《み》ていたら、自分《じぶん》がちっぽけな存在《そんざい》に思《おも》えてきた。

小《しょう》 小《ちい》さいこと。小《ちい》さいもの。例 小《しょう》企業《きぎょう》。小《しょう》宇宙《うちゅう》。対 大《だい》。

微小《びしょう》 とても小《ちい》さいようす。例 微《び》小《しょう》な生物《せいぶつ》を顕微鏡《けんびきょう》で観察《かんさつ》する。

極小《きょくしょう》 極《きわ》めて小《ちい》さいこと。飛《と》び抜《ぬ》けて小《ちい》さいこと。例 人体《じんたい》は六十兆《ろくじっちょう》もの極小《きょくしょう》の細胞《さいぼう》が集《あつ》まってできている。対 極大《きょくだい》。

極微《ごくび》 とても小《ちい》さいこと。例 目《め》には見《み》えない極微《ごくび》の世界《せかい》。◆「きょくび」とも読《よ》む。

粟粒《あわつぶ》 ごく小《ちい》さいもののたとえ。粟《あわ》の実《み》の粒《つぶ》。例 粟粒《あわつぶ》ほどのできものができた。

芥子粒《けしつぶ》 ケシの種《たね》。とても細《こま》かく小《ちい》さいもののたとえ。例 飛行《ひこう》機《き》からは、車《くるま》が芥子粒《けしつぶ》のように見《み》えた。

最小《さいしょう》 あるまとまりの中《なか》で、いちばん小《ちい》さいこと。例 世界《せかい》最小《さいしょう》のビデオカメラ。対 最大《さいだい》。

小規模《しょうきぼ》 仕組《しく》みやつくりなどが小《ちい》さいこと。例 小規模《しょうきぼ》農業《のうぎょう》を保護《ほご》する。対 大規模《だいきぼ》。

小幅《こはば》 数《かず》などの、変化《へんか》の度合《どあ》いが小《ちい》さいこと。例 円相場《えんそうば》は小幅《こはば》な値動《ねうご》きとなっている。似 小刻《こきざ》み。対 大幅《おおはば》。

過小《かしょう》 小《ちい》さ過《す》ぎること。また、小《ちい》さ過《す》ぎて実際《じっさい》と食《く》い違《ちが》いがあるようす。例 相手《あいて》を過小《かしょう》に見《み》て敗《やぶ》れた。対 過大《かだい》。

最小限《さいしょうげん》 それ以下《いか》に小《ちい》さいものがない、ぎりぎりのところ。例 最小限《さいしょうげん》、これだけはやってほしい。

◆＝もっと知《し》りたい、ことばの知識《ちしき》。

対 最大限《さいだいげん》。

縮小《しゅくしょう》 縮《ちぢ》めて小《ちい》さくすること。例 工場《こうじょう》を縮小《しゅくしょう》する。対 拡大《かくだい》。

群小《ぐんしょう》 たくさんの小《ちい》さなもの。取《と》るに足《た》りないこと。例 群小《ぐんしょう》作《さっ》家《か》。例 群小《ぐんしょう》国家《こっか》。

軽薄短小《けいはくたんしょう》 電気製品《でんきせいひん》などが、軽《かる》くて薄《うす》くて小《ちい》さいということを表《あらわ》すことば。また、文化的《ぶんかてき》な面《めん》や精神的《せいしんてき》な面《めん》にもいう。例 軽薄短小《けいはくたんしょう》の家《か》電品《でんぴん》に人気《にんき》が集《あつ》まる。例 すぐに流行《りゅうこう》に飛《と》びつく軽薄短小《けいはくたんしょう》な人《ひと》。対 重厚長大《じゅうこうちょうだい》。

こぢんまり 小《ちい》さいが、きちんとまとまっているようす。例 こぢんまりとした宿《やど》で、料理《りょうり》もうまい。

ささやか 規模《きぼ》が小《ちい》さくて、控《ひか》えめなようす。少《すく》ないようす。自分《じぶん》に関《かん》する物事《ものごと》を、けんそんしていうことが多《おお》い。例 ささやかですが、お祝《いわ》いの席《せき》を設《もう》けました。

雛《ひな》 ほかのことばの前《まえ》に付《つ》いて、「小《ちい》さい」「愛《あい》らしい」という意味《いみ》を表《あらわ》すことば。卵《たまご》からかえったばかりの鳥《とり》のように、小《ちい》さくて、かわいらしいということ。例 新製品《しんせいひん》の雛形《ひながた》を展示《てんじ》する。例 かわいらしい雛菊《ひなぎく》の花《はな》。

姫《ひめ》 ほかのことばの前《まえ》に付《つ》いて、「小《ちい》さい」という意味《いみ》を表《あらわ》すことば。お姫《ひめ》さまのように、小《ちい》さくかわいらしいということ。例 姫鏡台《ひめきょうだい》。例 ひっそりと咲《さ》く一輪《いちりん》の姫百合《ひめゆり》。

豆《まめ》 ほかのことばの前《まえ》に付《つ》いて、「小《ちい》さい」という意味《いみ》を表《あらわ》すことば。豆《まめ》のように小《ちい》さいということ。例 豆電《まめでん》球《きゅう》を直列《ちょくれつ》につなぐ。

コンパクト 「小形《こがた》」という意味《いみ》の英語《えいご》。内容《ないよう》がまとまって充実《じゅうじつ》していること。例 旅行《りょこう》の荷《に》物《もつ》をコンパクトにまとめる。

ハンディー 「手《て》ごろな」という意《い》味《み》の英語《えいご》。とくに、手《て》で持《も》って運《はこ》べるくらい小《ちい》さくて扱《あつか》いやすいこと。例 車《くるま》の中《なか》をハンディーク

深谷先生《ふかやせんせい》のちょっとひと息《いき》

京都《きょうと》は全国《ぜんこく》に五十《ごじっ》か所《しょ》?

歴史《れきし》ある町並《まちな》みが自慢《じまん》の、石川県《いしかわけん》金沢《かなざわ》市《し》や山口県《やまぐちけん》萩市《はぎし》の観光案内《かんこうあんない》などには、必《かなら》ずと言《い》っていいほど、小京都《しょうきょうと》ということばが出《で》てきます。これは、古都《こと》の代表格《だいひょうかく》である京都市《きょうとし》になぞらえたことばで、みずからこう名乗《なの》っている市《し》や町《まち》は、全国《ぜんこく》に四十九《よんじゅうきゅう》か所《しょ》もあります(二〇〇九年現《ねんげん》在《ざい》)。これらに「本家《ほんけ》」の京都市《きょうとし》も加《くわ》わった「全国京都会議《ぜんこくきょうとかいぎ》」という団体《だんたい》がありますが、さすがに京都府《きょうとふ》のほかの市《し》や歴史《れきし》の新《あたら》しい北海道《ほっかいどう》の市《し》などは入《はい》っていません。しかし、栃木県《とちぎけん》からは栃木市《とちぎし》・足利《あしかが》市《し》・佐野市《さのし》の三市《さんし》が加入《かにゅう》しており、それぞれが小京都《しょうきょうと》を名乗《なの》っているそうです。

また、小江戸《こえど》ということばもあり、こちらは埼玉県《さいたまけん》川越市《かわごえし》などが、江戸《えど》(東京《とうきょう》の昔《むかし》の名《な》)の雰囲気《ふんいき》の町並《まちな》みであることから名乗《なの》っています。海外《かいがい》では、アメリカ・ロサンゼルス市《し》に日系人《にっけいじん》の街《まち》、リトルトーキョー(小《ちい》さな東京《とうきょう》という意味《いみ》)があります。

リーナーで掃除《そうじ》する。

スモール　「小《ちい》さい」という意味《いみ》の英語《えいご》。例スモールサイズのフライドポテトを注文《ちゅうもん》する。対ビッグ。

ミニ　「小《ちい》さい」「小規模《しょうきぼ》」などの意味《いみ》の英語《えいご》。例駅構内《えきこうない》で行《おこな》われるミニコンサート。

リトル　「小《ちい》さい」「子《こ》ども」などの意味《いみ》の英語《えいご》。例リトルリーグの全国大会《ぜんこくたいかい》に出場《しゅつじょう》する。

プチ　「小《ちい》さい」「小規模《しょうきぼ》な」などの意味《いみ》のフランス語《ご》。例プチケーキの詰《つ》め合《あ》わせ。

ポケット　衣服《いふく》のポケットに入《はい》るほど小《ちい》さいようす。例ポケットサイズのカメラを持《も》って散歩《さんぽ》に出《で》かける。

マイクロ　「非常《ひじょう》に小《ちい》さい」という意味《いみ》の英語《えいご》。例マイクロフィルムに画像《がぞう》を記録《きろく》する。

ミクロ　肉眼《にくがん》では見《み》えないほど、とても小《ちい》さいこと。例電子《でんし》顕微鏡《けんびきょう》でミクロの世界《せかい》をのぞき込《こ》む。

S《エス》　洋服《ようふく》や食《た》べ物《もの》などの大《おお》きさが、小《ちい》さいことを示《しめ》す記号《きごう》。英語《えいご》のスモール（小《ちい》さい）の頭文字《かしらもじ》から。例S《エス》サイズのピザを注文《ちゅうもん》する。対L《エル》。

ちんまり　小《ちい》さくまとまっているようす。大胆《だいたん》さに欠《か》けるようす。例妹《いもうと》が部屋《へや》の隅《すみ》にちんまり座《すわ》っている。

ちまちま　小《ちい》さいようす。小《ちい》さくまとまっているようす。例ちまちま書《か》かれた文字《もじ》。

広《ひろ》い

wide
［ワイド］

広《ひろ》い　◎空間《くうかん》や面積《めんせき》、範囲《はんい》などが大《おお》きい。例今《いま》よりも広《ひろ》い部屋《へや》のアパートに引《ひ》っ越《こ》す。例広《ひろ》い知識《ちしき》を持《も》つ。対狭《せま》い。◎「情《なさ》け深《ぶか》い」➡434

だだっ広《ぴろ》い　やたらに広《ひろ》い。必要《ひつよう》以上《いじょう》に広《ひろ》い。例だだっ広《ぴろ》い美術館《びじゅつかん》で、見《み》て回《まわ》るのに一日《いちにち》かかる。

手広《てびろ》い　◎家《いえ》・屋敷《やしき》などが広《ひろ》い。例おじさんの家《いえ》の庭《にわ》は手《て》広《びろ》い。◎交際《こうさい》・仕事《しごと》などで、関係《かんけい》している範囲《はんい》が広《ひろ》い。例化粧品《けしょうひん》から健康《けんこう》食品《しょくひん》まで、手広《てびろ》く扱《あつか》っている会社《かいしゃ》。

幅広《はばひろ》い　◎横《よこ》の広《ひろ》がりが大《おお》きい。例幅広《はばひろ》い道《みち》をひたすら走《はし》る。◎範囲《はんい》が広《ひろ》い。例このアニメは、幅広《はばひろ》い年齢層《ねんれいそう》から支持《しじ》されている。

果《は》てしない　時間《じかん》や空間《くうかん》に限《かぎ》りがない。また、そう感《かん》じられるほど広《ひろ》かったり、長《なが》かったりするようす。例アフリカの果《は》てしない大地《だいち》を走《はし》り抜《ぬ》ける、野生動物《やせいどうぶつ》の群《む》れ。例いつまでも、果《は》てしない論争《ろんそう》が繰《く》り広《ひろ》げられる。

限《かぎ》りない　物事《ものごと》が果《は》てしないようす。例限《かぎ》りなく広《ひろ》がる青空《あおぞら》へ飛《と》び立《た》つ鳥《とり》たち。

広範囲《こうはんい》　範囲《はんい》が広《ひろ》いこと。例今回《こんかい》の試験《しけん》は、広範囲《こうはんい》な分野《ぶんや》から出題《しゅつだい》されている。

広域《こういき》　区切《くぎ》られた土地《とち》の範囲《はんい》などが広《ひろ》いこと。例大規模《だいきぼ》な広域《こういき》捜

大《おお》きい　小《ちい》さい　▶広《ひろ》い　狭《せま》い　多《おお》い　少《すく》ない　長《なが》い　短《みじか》い　高《たか》い
ようす　物《もの》のようす

◆＝もっと知《し》りたい、ことばの知識《ちしき》。

査《さ》を必要《ひつよう》とする事件《じけん》が発生《はっせい》した。

広範《こうはん》　力《ちから》や勢《いきお》い、影響《えいきょう》などの及《およ》ぶ範囲《はんい》が広《ひろ》いこと。広《ひろ》く行《い》き渡《わた》るようす。例 事件《じけん》は広範《こうはん》な人々《ひとびと》を巻《ま》き込《こ》んで、さらに深刻《しんこく》になった。

広大《こうだい》　広《ひろ》くて大《おお》きいようす。例 広大《こうだい》な敷地内《しきちない》に建《た》てられたリゾートホテル。対 狭小《きょうしょう》。

無辺《むへん》　果《は》てや境界《きょうかい》などがないほど広《ひろ》いこと。例 無辺《むへん》の天空《てんくう》を見上《みあ》げる。

広大無辺《こうだいむへん》　果《は》てしなく広《ひろ》いようす。例 スペースシャトルは広大無辺《こうだいむへん》な宇宙空間《うちゅうくうかん》に飛《と》び立《た》っていった。

無辺際《むへんさい》　広《ひろ》くて果《は》てがないこと。また、そのようす。例 無辺際《むへんさい》に広《ひろ》がる原野《げんや》。例 マゼランは無辺際《むへんさい》な大洋《たいよう》に船《ふね》を出《だ》した。

広壮《こうそう》　建物《たてもの》などが広大《こうだい》で立派《りっぱ》なこと。また、そのようす。例 画家《がか》は広壮《こうそう》な邸宅内《ていたくない》のアトリエに、巨大《きょだい》なキャンバスを持《も》ち込《こ》んだ。◆「宏壮《こうそう》」とも書《か》く。

茫漠《ぼうばく》　あまりに広々《ひろびろ》として、とりとめのないようす。例 茫漠《ぼうばく》とした砂漠地帯《さばくちたい》を、ラクダに乗《の》った隊商《たいしょう》が行《い》く。

茫洋《ぼうよう》　広々《ひろびろ》として限《かぎ》りのないようす。広《ひろ》くて見当《けんとう》のつかないようす。例 茫洋《ぼうよう》とした海原《うなばら》に沈《しず》む、赤《あか》い夕日《ゆうひ》を眺《なが》める。

広漠《こうばく》　広々《ひろびろ》として、果《は》てしないようす。例 モンゴルの大平原《だいへいげん》は、あまりにも広漠《こうばく》としている。

蒼茫《そうぼう》　見渡《みわた》す限《かぎ》り青々《あおあお》として広《ひろ》いようす。とくに、広々《ひろびろ》とした海《うみ》のこと。例 クジラが蒼茫《そうぼう》とした大海《たいかい》を悠然《ゆうぜん》と泳《およ》いでいる。

広々《ひろびろ》　非常《ひじょう》に広《ひろ》く感《かん》じられるようす。広《ひろ》さに、ゆとりがあるようす。例 引《ひ》っ越《こ》しの荷物《にもつ》を片《かた》づけたら、部屋《へや》が広々《ひろびろ》とした。

のびのび　◎体《からだ》を思《おも》いきり伸《の》ばしたり動《うご》かしたりできる広《ひろ》さがあるようす。例 広《ひろ》い部屋《へや》なのでのびのびできる。◎開放的《かいほうてき》な気分《きぶん》でくつろぐようす。例 自然《しぜん》の中《なか》にいると、身《み》も心《こころ》ものびのびとしてくる。

ゆったり　◎緩《ゆる》やかでゆとりのあるようす。例 ゆったりと編《あ》んだセーター。◎落《お》ち着《つ》いてのんびりとしているようす。例 自分《じぶん》の部屋《へや》でゆったりとくつろぐ。

がらん　何《なに》もなくて、だだっ広《ぴろ》く感《かん》じられるようす。例 がらんとした体育館《たいいくかん》で、一人《ひとり》でバスケの練習《れんしゅう》をした。

広《ひろ》やか　広々《ひろびろ》としているようす。例 後楽園《こうらくえん》は、明《あか》るく広《ひろ》やかな日本庭園《にほんていえん》だ。

洋々《ようよう》　◎水《みず》が広々《ひろびろ》と広《ひろ》がっているようす。例 洋々《ようよう》とした大海《たいかい》に点在《てんざい》する島々《しまじま》を船《ふね》でめぐる。◎希望《きぼう》に満《み》ちているようす。例 前途《ぜんと》洋々《ようよう》な若者《わかもの》の夢《ゆめ》をかなえてあげたい。

一望千里《いちぼうせんり》　広大《こうだい》な眺《なが》めを、一目《ひとめ》で見渡《みわた》せること。例 一望《いちぼう》千里《せんり》の大草原《だいそうげん》を、馬《うま》に乗《の》って駆《か》け抜《ぬ》けていく。

ワイド　「幅《はば》が広《ひろ》い」「範囲《はんい》が広《ひろ》い」などの意味《いみ》の英語《えいご》。例 ワイド画面《がめん》のテレビに買《か》い換《か》える。例 この新製品《しんせいひん》はワールドワイドな市場展開《しじょうてんかい》を目標《もくひょう》としている。

「広《ひろ》い」に関連《かんれん》することば

顔《かお》が広《ひろ》い 大勢《おおぜい》の人《ひと》を知《し》っていて、付《つ》き合《あ》いが広《ひろ》い。

末広《すえひろ》がり 物《もの》の先《さき》のほうや下《した》のほうが広《ひろ》がっていること。だんだんと広《ひろ》がるようすから、将来《しょうらい》、栄《さか》えていくこと。おめでたいことばとして使《つか》われる。

●こんなことばも覚《おぼ》えておこう
豁然《かつぜん》・空漠《くうばく》・広闊《こうかつ》・渺茫《びょうぼう》・渺々《びょうびょう》

狭《せま》い

narrow
［ナロウ］

狭《せま》い ◎空間《くうかん》や面積《めんせき》、範囲《はんい》などが小《ちい》さい。例 狭《せま》い敷地《しきち》いっぱいに家《いえ》を建《た》てた。例 姉《あね》は人《ひと》と話《はな》すのが苦手《にがて》で、交際範囲《こうさいはんい》が狭《せま》い。対 広《ひろ》い。◎考《かんが》え方《かた》や物《もの》の見方《みかた》などが偏《かたよ》っていて、ゆとりがない。例 了見《りょうけん》が狭《せま》い意見《いけん》が見受《みう》けられる。対 広《ひろ》い。

狭苦《せまくる》しい ◎周囲《しゅうい》の空間《くうかん》に余裕《よゆう》がなくて、窮屈《きゅうくつ》な感《かん》じがするようす。例 狭苦《せまくる》しい部屋《へや》だが、ここで過《す》ごした日々《ひび》が懐《なつ》かしい。

せせこましい ◎狭《せま》くて窮屈《きゅうくつ》な感《かん》じがするようす。例 せせこましい家《いえ》ですが、どうぞ遊《あそ》びに来《き》てください。◎気持《きも》ちにゆとりがないようす。例 せせこましい考《かんが》えはやめよう。

窮屈《きゅうくつ》 ◎空間《くうかん》や場所《ばしょ》にゆとりがなく、自由《じゆう》に動《うご》きがとれないこと。例 冬《ふゆ》は厚着《あつぎ》なので電車《でんしゃ》の座席《ざせき》が窮屈《きゅうくつ》になる。◎形式《けいしき》ばっていて、不自由《ふじゆう》な感《かん》じがすること。例 決《き》まりごとが多《おお》く窮屈《きゅうくつ》な思《おも》いをする。

深谷先生《ふかやせんせい》のちょっとひと息《いき》　おいしそうなことばたち

人《ひと》や物《もの》が、狭《せま》い所《ところ》にぎゅうぎゅうにつめ込《こ》まれているようすを、芋《いも》を洗《あら》うよう、すし詰《づ》めなどと言《い》います。窮屈《きゅうくつ》な思《おも》いをするのはだれでも嫌《いや》なものですが、おもしろい表現《ひょうげん》を使《つか》うと、少《すこ》しは気持《きも》ちが明《あか》るくなるのではないでしょうか。

食《た》べ物《もの》のことばを使《つか》って狭《せま》さを表《あらわ》すのは、日本語《にほんご》だけではありません。英語《えいご》やフランス語《ご》などでは、同《おな》じような状態《じょうたい》をオイルサーディンのようと言《い》います。これは、イワシなどの魚《さかな》をオイル漬《づ》けにした缶詰《かんづめ》のことですが、ふたを開《あ》けると缶《かん》の中《なか》に、魚《さかな》がびっしりとつめ込《こ》まれているのが分《わ》かります。

また、人《ひと》をおだてることを日本語《にほんご》では、ごまをすると言《い》いますが、英語《えいご》では、リンゴを磨《みが》くと言《い》います。どちらも手先《てさき》を動《うご》かすようすが、おだてるときの手《て》もみと似《に》ているからです。イギリス人《じん》やアメリカ人《じん》もこの動作《どうさ》をすると思《おも》うと、何《なん》だか不思議《ふしぎ》でおもしろいですよね。

きつい ◎ゆとりがなくて窮屈《きゅうくつ》である。例 食《た》べ過《す》ぎてスカートがきつい。◎「苦《くる》しむ」➡470

手狭《てぜま》 暮《く》らしたり仕事《しごと》をしたりするには、場所《ばしょ》が狭《せま》いこと。例 子《こ》どもが大《おお》きくなり、家《いえ》が手狭《てぜま》になったので引《ひ》っ越《こ》すことにした。

狭小《きょうしょう》 土地《とち》や建物《たてもの》などが、狭《せま》くて小《ちい》さいこと。例 狭小《きょうしょう》住宅《じゅうたく》だが、間取《まど》りを工夫《くふう》して広《ひろ》く感《かん》じるように建《た》てた。対 広大《こうだい》。

狭隘《きょうあい》 土地《とち》などが狭《せま》いこと。多《おお》く、盆地《ぼんち》や谷《たに》などある程度《ていど》まとまった土地《とち》のことをいう。例 狭隘《きょうあい》な谷《たに》に架《か》けられた釣《つ》り橋《ばし》を渡《わた》る。

狭窄《きょうさく》 つぼまって狭《せま》くなっていること。例 視野《しや》狭窄《きょうさく》。例 海峡《かいきょう》の狭窄《きょうさく》部《ぶ》を船《ふね》で渡《わた》る。

所狭《ところせま》し その場所《ばしょ》が狭《せま》く感《かん》じられるくらい、ある場所《ばしょ》に多《おお》くの物《もの》があるようす。例 所狭《ところせま》しと商品《しょうひん》が並《なら》べられたディスカウントストア。

猫《ねこ》の額《ひたい》 猫《ねこ》の額《ひたい》は狭《せま》いことから、場《ば》所《しょ》の狭《せま》いことのたとえ。例 猫《ねこ》の額《ひたい》ほどの庭《にわ》だが、季節《きせつ》ごとに色《いろ》とりどりの花《はな》を咲《さ》かせたい。

針《はり》の穴《あな》 狭《せま》いもののたとえ。例 針《はり》の穴《あな》から天《てん》をのぞく(狭《せま》い見識《けんしき》で、大《おお》きな事柄《ことがら》を勝手《かって》に推測《すいそく》するたとえ)。

ぎゅうぎゅう詰《づ》め 狭《せま》い場所《ばしょ》に、多《おお》くの人《ひと》や物《もの》が入《い》れられているようす。例 行楽地《こうらくち》に向《む》かう電車《でんしゃ》はぎゅうぎゅう詰《づ》めだ。

すし詰《づ》め 「ぎゅうぎゅう詰《づ》め」と同《おな》じ。すしを折《お》り箱《ばこ》に透《す》き間《ま》なく詰《つ》めるようすから。例 今日《きょう》もすし詰《づ》めのバスで学校《がっこう》に行《い》く。

立錐《りっすい》の余地《よち》もない 一《いっ》か所《しょ》に多《おお》くの人《ひと》が集《あつ》まって、わずかの透《す》き間《ま》もないようす。「錐《すい》」は、きり(木材《もくざい》などに穴《あな》を空《あ》ける細長《ほそなが》い道具《どうぐ》)のことで、それを立《た》てるだけの透《す》き間《ま》もないようすから。例 人《にん》気《き》グループのサイン会場《かいじょう》は、集《あつ》まったファンで立錐《りっすい》の余地《よち》もない。

芋《いも》を洗《あら》うよう 狭《せま》いところに多《おお》くの人《ひと》が集《あつ》まっていて、窮屈《きゅうくつ》なようす。サトイモをおけにたくさん入《い》れて、棒《ぼう》でかき混《ま》ぜて洗《あら》うようすから。例 真夏《まなつ》のプールは客《きゃく》がどっと押《お》し寄《よ》せて、まるで芋《いも》を洗《あら》うようだ。

多《おお》い

many, much
[メニ、マッチ]

多《おお》い 数《かず》や量《りょう》などがたくさんある。例 ここの図書館《としょかん》には、図鑑《ずかん》が多《おお》い。例 塩分《えんぶん》の多《おお》い食品《しょくひん》を調《しら》べる。対 少《すく》ない。

数多《かずおお》い 数《かず》がたくさんある。例 この地域《ちいき》には文化《ぶんか》施設《しせつ》が数多《かずおお》くある。例 空《そら》に輝《かがや》く星《ほし》は数多《かずおお》いが、中《なか》でもシリウスが大好《だいす》きだ。対 数少《かずすく》ない。

おびただしい ◎数《かず》や量《りょう》が、非《ひ》常《じょう》に多《おお》い。例 人《にん》気《き》歌手《かしゅ》のコンサートにはおびただしい

似《に》＝似た表現《ひょうげん》のことば。対＝反対《はんたい》の意味《いみ》のことば。例＝使《つか》い方《かた》の例《れい》。

人数《にんずう》のファンが集《あつ》まった。◎程度《ていど》がはなはだしい。あまりよい意味《いみ》では使《つか》われない。例不親切《ふしんせつ》なことおびただしい店《みせ》だ。

少《すく》なくない
無視《むし》できるような量《りょう》ではない。ある程度《ていど》の量《りょう》がある。例地球温暖化《ちきゅうおんだんか》の影響《えいきょう》を懸《け》念《ねん》する人《ひと》の数《かず》は、けっして少《すく》なくない。

数《かぞ》え切《き》れない
とても数《かぞ》えることができないほど、数《かず》や量《りょう》が多《おお》い。例冬《ふゆ》になると、数《かぞ》え切《き》れないほどの白鳥《はくちょう》の群《む》れが湖《みずうみ》に渡《わた》ってくる。

数知《かずし》れない
想像《そうぞう》がつかないほど多《おお》い。数《かぞ》えられないくらい多《おお》い。例あまりに険《けわ》しい山《やま》なので、登頂《とうちょう》をあきらめた人《ひと》は数知《かずし》れない。

数限《かずかぎ》りない
終《お》わりや上限《じょうげん》がないと思《おも》えるほど、数《かず》が多《おお》いようす。例澄《す》んだ夜空《よぞら》には、数限《かずかぎ》りない星《ほし》が美《うつく》しく輝《かがや》いていた。

枚挙《まいきょ》にいとまがない
たくさんあり過《す》ぎて、いちいち数《かぞ》え上《あ》げられないほど多《おお》いこと。「枚挙《まいきょ》」は、一《ひと》つひとつ数《かぞ》え上《あ》げること。例父《ちち》の若《わか》いころの武勇伝《ぶゆうでん》は、枚挙《まいきょ》にいとまがない。

たくさん
◎数《かず》や量《りょう》が多《おお》いこと。例こんなにたくさんの人《ひと》に受賞《じゅしょう》を祝《いわ》ってもらって、とてもうれしい。◎「飽《あ》きる」➡479

盛《も》りだくさん
分量《ぶんりょう》が多《おお》く、さらに内容《ないよう》が豊《ゆた》かであること。例バイキングでは盛《も》りだくさんの料理《りょうり》が楽《たの》しめる。

いっぱい
あふれそうなほど多《おお》いこと。限度《げんど》ぎりぎり。例公園《こうえん》には花《はな》がいっぱい咲《さ》いている。例好《す》きなものをおなかいっぱい食《た》べられて満足《まんぞく》だ。

無数《むすう》
数《かぞ》え切《き》れないほどたくさんあること。例庭《にわ》には、無数《むすう》の花《はな》が咲《さ》き乱《みだ》れている。

無量《むりょう》
計《はか》り知《し》れないほど多《おお》いこと。物《もの》の数《かず》だけでなく、感情《かんじょう》の深《ふか》さなどについてもいう。例幼《おさな》いころからあこがれていた小説家《しょうせつか》に会《あ》えて、感《かん》無量《むりょう》だった。

膨大《ぼうだい》
分量《ぶんりょう》が非常《ひじょう》に多《おお》いようす。また、ふくれて大《おお》きくなるようす。例豊臣秀吉《とよとみひでよし》についてインターネットで調《しら》べたら、膨大《ぼうだい》な資料《しりょう》が集《あつ》まった。

莫大《ばくだい》
数《かず》や量《りょう》がたいへん多《おお》いようす。例校舎《こうしゃ》を改築《かいちく》するには、莫大《ばくだい》な費用《ひよう》がかかる。

多大《ただい》
程度《ていど》や規模《きぼ》が、とても大《おお》きいようす。例夏目漱石《なつめそうせき》の作品《さくひん》は、日本《にほん》の文学《ぶんがく》に多大《ただい》な影響《えいきょう》を与《あた》えた。

豊《ゆた》か
たくさんあって不足《ふそく》のないようす。例三十年前《さんじゅうねんまえ》に比《くら》べて、日本人《にほんじん》の生活《せいかつ》はかなり豊《ゆた》かになった。

豊富《ほうふ》
豊《ゆた》かであること。ふんだんにあること。また、そのようす。例豊富《ほうふ》な地下資源《ちかしげん》を生《い》かした産業《さんぎょう》が発《はっ》達《たつ》する。

潤沢《じゅんたく》
必要《ひつよう》な量《りょう》を満《み》たして、豊富《ほうふ》にあること。例潤沢《じゅんたく》な資金《しきん》を生《い》かして、海外進出《かいがいしんしゅつ》を果《は》たす。

十分《じゅうぶん》
不足《ふそく》がなく、満《み》ち足《た》りているようす。例明日《あした》は忙《いそが》しいので、今夜《こんや》は睡眠《すいみん》を十分《じゅうぶん》にとっておこう。◆

◆＝もっと知《し》りたい、ことばの知識《ちしき》。

「充分《じゅうぶん》」とも書《か》く。

十二分《じゅうにぶん》

十分《じゅうぶん》過《す》ぎるほど、たっぷりあるようす。例 本日《ほんじつ》は十二分《じゅうにぶん》に、ごちそうになりました。

無尽蔵《むじんぞう》

いくら取《と》ってもなくならないほど、たっぷりあるようす。例 石油《せきゆ》は無尽蔵《むじんぞう》ではない。

過多《かた》

多過《おおす》ぎること。例 現代《げんだい》は情報《じょうほう》過多《かた》の時代《じだい》だと言《い》われる。対 過少《かしょう》。

余計《よけい》

必要《ひつよう》以上《いじょう》に多《おお》いこと。物《もの》が余《あま》っていること。例 遠回《とおまわ》りをしたら、十五分《じゅうごふん》も余計《よけい》にかかってしまった。例 弁当《べんとう》が一人分《ひとりぶん》余計《よけい》だ。

余分《よぶん》

必要《ひつよう》以上《いじょう》にあって、余《あま》っていること。また、その余《あま》り。例 余分《よぶん》なチケットがあったら、分《わ》けてください。

多《おお》め

数《かず》や量《りょう》が、ふつうより少《すこ》し多《おお》いようす。例 甘《あま》いのが好《す》きなので、紅茶《こうちゃ》には砂糖《さとう》を多《おお》めに入《い》れてください。対 少《すく》なめ。

多《た》

数《かず》や量《りょう》が多《おお》いこと。例 皆様《みなさま》のご尽力《じんりょく》を多《た》として、心《こころ》から感謝《かんしゃ》いたします。対 少《しょう》。

多《おお》く

たくさん。また、全体《ぜんたい》の中《なか》の大部分《だいぶぶん》。例 彼女《かのじょ》はその件《けん》について多《おお》くを語《かた》らなかった。例『ガリバー旅行記《りょこうき》』は、今《いま》でも多《おお》くの人《ひと》に読《よ》まれている。

多分《たぶん》

数《かず》や量《りょう》が多《おお》いこと。例 多分《たぶん》のご援助《えんじょ》をいただき、ありがとうございます。

多量《たりょう》

分量《ぶんりょう》が多《おお》いこと。例 出血《しゅっけつ》多量《たりょう》。例 タンカーと漁船《ぎょせん》が衝突《しょうとつ》して、多量《たりょう》の油《あぶら》が流《なが》れ出《だ》した。対 少量《しょうりょう》。

大量《たいりょう》

数量《すうりょう》が多《おお》いこと。例 大量《たいりょう》生《せい》産《さん》。例 人気商品《にんきしょうひん》が大量《たいりょう》に入《にゅう》荷《か》した。対 少量《しょうりょう》。

多数《たすう》

人《ひと》や物《もの》の数《かず》が多《おお》いこと。例 募《ぼ》金活動《きんかつどう》に参加《さんか》しようという意《い》見《けん》が多数《たすう》を占《し》める。対 少数《しょうすう》。

巨万《きょまん》

非常《ひじょう》に多《おお》くの数量《すうりょう》。とくに、たくさんのお金《かね》のこと。例 彼《かれ》は、コンピュータ産業《さんぎょう》で巨万《きょまん》の富《とみ》を築《きず》いた。

山積《やまづ》み

山《やま》のように積《つ》み上《あ》がるほど多《おお》いこと。例 床《ゆか》に本《ほん》が山《やま》積《づ》みになっている。

山積《さんせき》

「山積《やまづ》み」のこと。とくに、片《かた》づけなくてはならない仕事《しごと》や、解決《かいけつ》しなくてはならない問題《もんだい》がたまっていること。例 図書館《としょかん》の運営《うんえい》については、問題《もんだい》が山積《さんせき》している。

数《かず》

かなりの数量《すうりょう》。例 計算問題《けいさんもんだい》は、ある程度《ていど》数《かず》をこなすことが大切《たいせつ》だ。

洪水《こうずい》

一度《いちど》に多《おお》くのことが起《お》きたり、多《おお》くの物《もの》が現《あらわ》れ出《で》たりすることを、川《かわ》の水《みず》があふれるようすにたとえたことば。例 帰省《きせい》ラッシュで、高速《こうそく》道路《どうろ》は車《くるま》の洪水《こうずい》だ。

最多《さいた》

数《かず》や量《りょう》が、いちばん多《おお》いこと。例 今回《こんかい》のオリンピックには、史上《しじょう》最多《さいた》の選手《せんしゅ》が参加《さんか》している。対 最少《さいしょう》。

鈴《すず》なり

一本《いっぽん》の木《き》にたくさんの実《み》がなっているようす。また、多《おお》くの物《もの》が一《いっ》か所《しょ》にぶら下《さ》がっているようすや、一《いっ》か所《しょ》にたくさんの人《ひと》

が集《あつ》まっているようす。神楽《かぐら》で鳴《な》らす楽器《がっき》に、小《ちい》さな鈴《すず》がたくさんついていることからできたことば。例 リンゴの木《き》が**鈴《すず》なり**に実《み》をつける。例 ビルの窓《まど》には多《おお》くの見物人《けんぶつにん》が**鈴《すず》なり**になっていた。

山盛《やまも》り
山《やま》の形《かたち》に高《たか》く盛《も》り上《あ》げたように、物《もの》がたくさんあること。例 腹《はら》ぺこの弟《おとうと》は、**山盛《やまも》り**のカレーライスをあっという間《ま》に平《たい》らげた。

てんこ盛《も》り
食器《しょっき》にうずたかく盛《も》ること。例 おなかがすいていたので、ご飯《はん》を**てんこ盛《も》り**にして食《た》べた。

大入《おおい》り
客《きゃく》がたくさん入《はい》ること。例 話題《わだい》の映画《えいが》だったので、封切《ふうき》り初日《しょにち》から**大入《おおい》り**だ。対 **不入《ふい》り**。

大多数《だいたすう》
ほとんど全部《ぜんぶ》に近《ちか》い数《かず》。例 学芸会《がくげいかい》の出《だ》し物《もの》は、**大《だい》多数《たすう》**の賛成《さんせい》で合唱《がっしょう》に決《き》まった。

大部分《だいぶぶん》
ほとんど全部《ぜんぶ》に近《ちか》い数量《すうりょう》や程度《ていど》。例 **大部分《だいぶぶん》**の国語辞典《こくごじてん》は縦書《たてが》きである。例 宿題《しゅくだい》の**大部分《だいぶぶん》**は、もうやり終《お》えたよ。

ほとんど
全部《ぜんぶ》ではないが、それに近《ちか》い程度《ていど》。例 学級《がっきゅう》文庫《ぶんこ》の本《ほん》は、**ほとんど**読《よ》んでしまった。

相当数《そうとうすう》
かなりの数《かず》。例 サイン会《かい》には**相当数《そうとうすう》**のファンが集《あつ》まった。

大半《たいはん》
全体《ぜんたい》の半分《はんぶん》よりも多《おお》いこと。例 試験問題《しけんもんだい》の**大半《たいはん》**は、教科書《きょうかしょ》から出題《しゅつだい》されている。

過半数《かはんすう》
全体《ぜんたい》の半分《はんぶん》よりも多《おお》い数《かず》。例 賛成派《さんせいは》が**過半数《かはんすう》**を占《し》めている。

「多《おお》い」に関連《かんれん》することば

汗牛充棟《かんぎゅうじゅうとう》　家《いえ》の中《なか》に本《ほん》がたくさんあること。車《くるま》に乗《の》せて牛《うし》に引《ひ》かせると牛《うし》が汗《あせ》だくになるほどの重《おも》さがあり、家《いえ》の中《なか》に積《つ》み上《あ》げると棟《むね》（屋根《やね》のいちばん高《たか》い部分《ぶぶん》）に届《とど》いてしまうほど量《りょう》があるということ。

引《ひ》く手数多《てあまた》　仲間《なかま》に入《い》れようと誘《さそ》ってくれる人《ひと》が多《おお》いこと。人気《にんき》があること。あちこちから、こちらにおいでという手《て》がいっぱい出《で》てくるようすから。

仰山《ぎょうさん》　数《かず》が多《おお》いようすを表《あらわ》すことば。多《おお》く、西日本《にしにほん》で使《つか》われる。

多士済々《たしせいせい》　優《すぐ》れた人材《じんざい》が数多《かずおお》くいること。「多士《たし》」は、優《すぐ》れた才能《さいのう》を持《も》つ多《おお》くの人《ひと》。「たしさいさい」ともいう。

黒山《くろやま》の人《ひと》だかり　多《おお》くの人《ひと》が群《むら》がり集《あつ》まっているようす。

●「多《おお》い」の数字《すうじ》による表現《ひょうげん》

百《ひゃく》　好《す》き嫌《きら》いがいけないのは**百《ひゃく》**も承知《しょうち》だが、ピーマンだけは苦手《にがて》だ。

千《せん》　君《きみ》が助《たす》けてくれれば**千《せん》**人力《にんりき》だ。

万《まん》　**万《まん》**に一《ひと》つも成功《せいこう》する見込《みこ》みはない。

万《よろず》　ご相談《そうだん》、**万《よろず》**承《うけたまわ》ります。

八百万《やおよろず》　日本《にほん》では古《ふる》くから、**八百万《やおよろず》**の神《かみ》に信仰《しんこう》を寄《よ》せてきた。

億《おく》　**億《おく》**の金《かね》を積《つ》まれても、この絵《え》は手放《てばな》さない。

億万《おくまん》　石油《せきゆ》を掘《ほ》り当《あ》てて**億万《おくまん》**長者《ちょうじゃ》になる。

◆＝もっと知《し》りたい、ことばの知識《ちしき》。

絶対多数《ぜったいたすう》 会議《かいぎ》などで、ある意見《いけん》の人《ひと》が圧倒的《あっとうてき》に多《おお》いこと。例 減税法案《げんぜいほうあん》が、絶対多数《ぜったいたすう》で衆議院《しゅうぎいん》を通過《つうか》した。

強《きょう》 数《かず》や量《りょう》を表《あらわ》すことばに付《つ》けて、それよりもやや多《おお》いことを表《あらわ》すことば。例 パレードには、一万人強《いちまんにんきょう》の見物《けんぶつ》客《きゃく》が集《あつ》まった。対 弱《じゃく》。

百出《ひゃくしゅつ》 いろいろな物《もの》が、たくさん出《で》ること。例 議論《ぎろん》百出《ひゃくしゅつ》の、白《はく》熱《ねつ》した会議《かいぎ》。

百遍《ひゃっぺん》 百回《ひゃっかい》も繰《く》り返《かえ》すほど、何度《なんど》も。例 駐車場《ちゅうしゃじょう》で遊《あそ》んではいけないと百遍《ひゃっぺん》も注意《ちゅうい》したのに、また遊《あそ》んでいる。

あふれる いっぱいになって外《そと》にこぼれそうなほど、たくさんある。例 休日《きゅうじつ》の遊園地《ゆうえんち》は、人《ひと》であふれている。

有《あ》り余《あま》る 余《あま》るほどたくさんある。例 有《あ》り余《あま》る力《ちから》で、バーベルを軽々《かるがる》と持《も》ち上《あ》げる。

十指《じっし》に余《あま》る 十本《じっぽん》の指《ゆび》では数《かぞ》え切《き》れないほど数《かず》が多《おお》くある。例 わが校《こう》の、実力《じつりょく》のある選手《せんしゅ》は十指《じっし》に余《あま》る。似 五指《ごし》に余《あま》る。

尽《つ》きない 数《かぞ》え切《き》れない。なくなることがないくらい多《おお》い。例 親《した》しい友《とも》だちと久《ひさ》しぶりに会《あ》うと、楽《たの》しくて話《はなし》が尽《つ》きない。

山《やま》ほど 積《つ》み上《あ》げて山《やま》になるほど、たくさんあるようす。例 やりたいことは山《やま》ほどあるが、なかなか時間《じかん》がない。

売《う》るほど 店《みせ》を出《だ》して人《ひと》に売《う》ることができるくらい、たくさんあるようす。例 セーターなら売《う》るほどあるから、寒《さむ》いならどれを着《き》て行《い》ってもいいよ。

唸《うな》るほど たまっていた物《もの》があふれ出《で》てしまうほど、たくさんあるようす。例 彼《かれ》の家《いえ》には、C《シー》D《ディー》が唸《うな》るほどある。

腐《くさ》るほど ずっとため込《こ》んで腐《くさ》ってしまうほど、たくさんあるようす。あまりよい意味《いみ》には使《つか》われない。例 これくらいの腕前《うでまえ》の選手《せんしゅ》なら、腐《くさ》るほどいる。

星《ほし》の数《かず》ほど 夜空《よぞら》に輝《かがや》く星《ほし》の数《かず》と同《おな》じくらい、たくさんあるようす。例 君《きみ》たちはまだ若《わか》いから、チャンスは星《ほし》の数《かず》ほどある。

掃《は》いて捨《す》てるほど 捨《す》ててしまっても惜《お》しくないほど、たくさんあるようす。あまりよい意味《いみ》には使《つか》われない。例 今《いま》どき、海外旅行《かいがいりょこう》の経験者《けいけんしゃ》なんて掃《は》いて捨《す》てるほどいるよ。

雲霞《うんか》のごとく 雲《くも》や霞《かすみ》のように、非常《ひじょう》に多《おお》くの人《ひと》や物《もの》が集《あつ》まっているようす。例 大軍《たいぐん》が、雲霞《うんか》のごとく押《お》し寄《よ》せる。

多々《たた》 数《かず》が多《おお》いようす。例 欠点《けってん》は多々《たた》あるが、努力《どりょく》は認《みと》めよう。

数多《あまた》 数《かず》が多《おお》いようす。たくさん。例 論文《ろんぶん》の執筆《しっぴつ》に当《あ》たっては、数多《あまた》の資料《しりょう》を参考《さんこう》にした。

幾多《いくた》 数量《すうりょう》の多《おお》いこと。数多《かずおお》く。例 幾多《いくた》の困難《こんなん》を乗《の》り越《こ》えて、成《せい》功《こう》を勝《か》ち取《と》る。

山《やま》と 山《やま》のようにたくさんあるようす。例 引《ひ》っ越《こ》し前《まえ》の部屋《へや》には、段《だん》ボール箱《ばこ》が**山《やま》と**積《つ》まれている。

山々《やまやま》

◎たくさんあるようす。例今日《きょう》のところはかんべんしてやろう。◎とてもそうしたいようす。例遊《あそ》びに行《い》きたいのは山々《やまやま》だが、宿題《しゅくだい》がいっぱいあるので出《で》かけられない。

ふんだん

物《もの》が豊《ゆた》かにあるようす。多《おお》く、よい意《い》味《み》で使《つか》われる。「不断《ふだん》」が変《へん》化《か》したことば。例季《き》節《せつ》の野《や》菜《さい》を**ふんだん**に使《つか》って、サラダを作《つく》る。

幾《いく》らでも

数量《すうりょう》の多《おお》いことを強《きょう》調《ちょう》することば。例メモ用《よう》紙《し》なら**幾《いく》らでも**ある。例今日《きょう》は休日《きゅうじつ》だから、**幾《いく》らでも**遊《あそ》んでいいよ。

しこたま

「たくさん」の、ぞんざいな言《い》い方《かた》。例彼《かれ》は、**しこたま**金《かね》をため込《こ》んでいるらしい。

わんさ

大勢《おおぜい》の人《ひと》が集《あつ》まるようす。また、多《おお》くの物《もの》があるようす。例受《う》け付《つ》けと同時《どうじ》に、入会希望者《にゅうかいきぼうしゃ》が**わんさ**と押《お》しかけた。似**わんさか**。

ごまんと

いくらでもあるようす。例やらなければならない仕《し》事《ごと》が**ごまんと**ある。

少《すく》なからず

大《おお》いに。たいそう。少《すく》なくないという意《い》味《み》。例内気《うちき》でおとなしい彼《かれ》がお笑《わら》い芸《げい》人《にん》のまねをするなんて、**少《すく》なからず**驚《おどろ》いたよ。

がっぽり

たくさんのお金《かね》が、手《て》に入《はい》ったりなくなったりするようす。例あの人《ひと》は株《かぶ》で**がっぽり**もうけたそうだ。

たっぷり

余《あま》るくらいたくさんあるようす。かなり多《おお》めであるようす。例母《はは》の作《つく》った料理《りょうり》で、**たっぷり**と栄養《えいよう》を取《と》ることができた。

なみなみ

液《えき》体《たい》が容《よう》器《き》からこぼれそうなほどたくさんあるようす。例ジュースをコップに**なみなみ**とつぐ。

ざくざく

お金《かね》や宝物《たからもの》などがたくさんあるようす。例古《ふる》

数《かぞ》え切《き》れない、数《かず》のことば

算数《さんすう》の世《せ》界《かい》では、一千《いっせん》より一万《いちまん》、一万《いちまん》より一億《いちおく》のほうが大《おお》きいのは当《あ》たり前《まえ》です。でも、国語《こくご》の世《せ》界《かい》では、八《はち》や九《きゅう》などの半《はん》端《ぱ》な数《すう》字《じ》も、物《もの》の多《おお》さをたとえる意《い》味《み》を持《も》っています。数《すう》字《じ》を使《つか》ったことばは、それこそ**おびただしい**数《かず》にのぼります。ほんの一例《いちれい》をあげてみましょう。

八《はち》：**四通八達《しつうはったつ》**（181ページ）

九《きゅう》：**九死《きゅうし》に一生《いっしょう》を得《え》る**（とても危《あぶ》ない状《じょう》態《たい》を切《き》り抜《ぬ》ける）・**九牛《きゅうぎゅう》の一毛《いちもう》**（527ページ）

十《じゅう》：**十人《じゅうにん》十《と》色《いろ》**（好《この》みや考《かんが》え方《かた》は人《ひと》それぞれだということ）・**十年《じゅうねん》一日《いちじつ》**（長《なが》い間《あいだ》、何《なん》の変《へん》化《か》もないようす）

百《ひゃく》：**議《ぎ》論《ろん》百出《ひゃくしゅつ》**（288ページ）・**百聞《ひゃくぶん》は一見《いっけん》にしかず**（263ページ）

千《せん》：**一騎《いっき》当千《とうせん》**（一人《ひとり》で多《おお》くの敵《てき》を相手《あいて》にできるほど強《つよ》いこと）・**千客万来《せんきゃくばんらい》**（187ページ）

万《まん》：**万能《ばんのう》**（何《なん》でもできること）、**万国《ばんこく》**（世《せ》界《かい》中《じゅう》の国《くに》ぐに）

深谷《ふかや》先生《せんせい》のちょっとひと息《いき》

大《おお》きい　小《ちい》さい　広《ひろ》い　狭《せま》い　▶多《おお》い　少《すく》ない　ようす　物《もの》のようす　長《なが》い　短《みじか》い　高《たか》い

◆＝もっと知《し》りたい、ことばの知識《ちしき》。

い沈没船《ちんぼつせん》を引《ひ》き上《あ》げたら、中《なか》から財宝《ざいほう》がざくざく出《で》てきた。

たんまり

たっぷりあるようす。お金《かね》についていうことが多《おお》い。例お金《かね》をたんまり稼《かせ》いだら、どんな場所《ばしょ》にでも連《つ》れて行《い》ってあげるよ。

ごっそり

一《ひと》つも残《のこ》さず全部《ぜんぶ》、取《と》ったり取《と》られたりするようす。例空《あ》き巣《す》に入《はい》られ、ためていたお金《かね》をごっそり持《も》って行《い》かれた。似ごそっと。**根《ね》こそぎ**。

どっさり

十分《じゅうぶん》すぎるほどたくさんあるようす。例今年《ことし》の夏休《なつやす》みは、どっさりと宿題《しゅくだい》が出《で》た。似どさっと。

どっと

多《おお》くの人《ひと》や物《もの》が一度《いちど》に現《あらわ》れるようす。例三日間《みっかかん》母《はは》の看病《かんびょう》をしたら、どっと疲《つか》れが出《で》た。

どかっと

大量《たいりょう》の物《もの》が一度《いちど》に手《て》に入《はい》ったり、勢《いきお》いよく落《お》ちたりするようす。例思《おも》わぬ大金《たいきん》が、どかっと転《ころ》がり込《こ》んできた。例雪《ゆき》がどかっと屋根《やね》から落《お》ちてきた。

うんと

数量《すうりょう》や程度《ていど》が多《おお》いようす。例おなかがすいていたので、うんとご飯《はん》を食《た》べてしまった。

たんと

数量《すうりょう》の多《おお》いようす。たくさん。例さあ、たんと召《め》し上《あ》がれ。

じゃんじゃん

次《つぎ》から次《つぎ》へと、思《おも》い切《き》りよく使《つか》ったり行《おこな》ったりするようす。半鐘《はんしょう》（火《ひ》の見《み》やぐらの上《うえ》にあって、火事《かじ》が起《お》きたことを人々《ひとびと》に知《し》らせる鐘《かね》）が繰《く》り返《かえ》し鳴《な》らされる音《おと》から。例好《す》きなアイドルに、じゃんじゃんファンレターを送《おく》る。

ごろごろ

あちこちにいくらでもあるようす。たくさんあって、珍《めずら》しくないようす。例この程《てい》度《ど》の文章《ぶんしょう》が書《か》ける人《ひと》なら、世間《せけん》にはごろごろいる。

うようよ

小《ちい》さな生《い》き物《もの》が、たくさん集《あつ》まって動《うご》いているようす。例お寺《てら》の池《いけ》には、ぼうふらがうようよいる。

うじゃうじゃ

小《ちい》さい虫《むし》などが集《あつ》まって、不快《ふかい》な感《かん》じでうごめいているようす。例水《みず》たまりにおたまじゃくしがうじゃうじゃ泳《およ》いでいる。似うじょうじょ。

累々《るいるい》

重《かさ》なり合《あ》ってたくさんあるようす。例累々《るいるい》と石垣《いしがき》が続《つづ》く城《しろ》跡《あと》。

少《すく》ない

few
［フュー］

少《すく》ない

数《かず》や量《りょう》などが小《ちい》さい。例今年《ことし》の梅雨《つゆ》は比較的《ひかくてき》雨《あめ》が少《すく》ない。例今月《こんげつ》は交通事故《こうつうじこ》が少《すく》ない。対多《おお》い。

数少《かずすく》ない

数《かず》が少《すこ》ししかない。まれである。例大形《おおがた》のペットが飼《か》えるマンションは数少《かずすく》ない。対数多《かずおお》い。

残《のこ》り少《すく》ない

残《のこ》りがあと少《すこ》しだ。ある物事《ものごと》が減《へ》ってい

て残《のこ》りがわずかしかない。例 夏休《なつやす》みも残《のこ》り少《すく》なくなった。似 残《のこ》りわずか。

乏《とぼ》しい
◎あることはあるが、ちょっとしかない。例 あの人《ひと》は経験《けいけん》が乏《とぼ》しいので、大《おお》きな仕事《しごと》は任《まか》せられない。◎生活《せいかつ》が貧《まず》しい。例 乏《とぼ》しい暮《く》らしの中《なか》から、学費《がくひ》を払《はら》う。

細《ほそ》い
◎量《りょう》が少《すく》ない。普段《ふだん》の食事《しょくじ》の量《りょう》の少《すく》なさをいうことが多《おお》い。例 妹《いもうと》は食《しょく》が細《ほそ》いので、おいしい料理《りょうり》を作《つく》ってあげよう。◎力強《ちからづよ》さがなくて弱々《よわよわ》しい。例 彼《かれ》は神経《しんけい》が細《ほそ》いので、そのことは言《い》わないほうがいい。対 太《ふと》い。

薄《うす》い
◎物事《ものごと》の程度《ていど》が少《すく》ない。例 関心《かんしん》の薄《うす》い人《ひと》たちに、専門的《せんもんてき》な話《はなし》をしてもつまらないだろう。◎「味《あじ》わう」→239

少《すく》なめ
数《かず》や量《りょう》が、ふつうよりやや少《すく》ないようす。例 少《すく》なめに見積《みつ》もっても、一万円《いちまんえん》はかかる。対 多《おお》め。

控《ひか》えめ
◎量《りょう》や程度《ていど》を少《すく》なめにするようす。例 父《ちち》は最近《さいきん》太《ふと》り気味《ぎみ》なので、糖分《とうぶん》を控《ひか》えめにしている。◎「おとなしい」→441

僅《わず》か
数量《すうりょう》や程度《ていど》などが、とても少《すく》ないようす。例 僅《わず》かなお金《かね》で人《ひと》が救《すく》えるなら、ぜひ寄付《きふ》しよう。

僅少《きんしょう》
数量《すうりょう》や差《さ》などが、とても少《すく》ないようす。例 僅少《きんしょう》の差《さ》で、試合《しあい》に負《ま》けてしまった。

微少《びしょう》
ごくわずかなようす。物質《ぶっしつ》の量《りょう》などについていうことが多《おお》い。例 空気中《くうきちゅう》から、微少《びしょう》の有毒《ゆうどく》ガスが検知《けんち》された。

些少《さしょう》
とても少《すく》ないようす。自分《じぶん》の力《ちから》や自分《じぶん》が出《だ》す金額《きんがく》をへりくだって、少《すく》ないものとしていうことが多《おお》い。例 些少《さしょう》ですが、謝礼《しゃれい》をお受《う》け取《と》りください。

軽少《けいしょう》
程度《ていど》などがほんの少《すこ》しであるようす。例 早急《さっきゅう》な対策《たいさく》により、津波《つなみ》の被害《ひがい》は軽少《けいしょう》で食《く》い止《と》めることができた。

軽微《けいび》
被害《ひがい》や損害《そんがい》の程度《ていど》がわずかであるようす。例 軽微《けいび》な被害《ひがい》で済《す》んでよかった。

少量《しょうりょう》
わずかな分量《ぶんりょう》。例 仕上《しあ》げに少量《しょうりょう》の酢《す》を隠《かく》し味《あじ》として加《くわ》える。対 多量《たりょう》。大量《たいりょう》。

微量《びりょう》
ごくわずかな分量《ぶんりょう》。例 生物《せいぶつ》が生《い》きていくうえで、微量《びりょう》ながら必要《ひつよう》な元素《げんそ》がある。

少数《しょうすう》
人数《にんずう》や物《もの》の数《かず》が少《すく》ないこと。例 中国《ちゅうごく》には多《おお》くの少数民族《しょうすうみんぞく》が生活《せいかつ》している。対 多数《たすう》。

過少《かしょう》
少《すく》な過《す》ぎること。必要《ひつよう》な量《りょう》をまったく満《み》たしていないこと。例 あんなにがんばっているのに、彼《かれ》に対《たい》する評価《ひょうか》は過少《かしょう》だ。対 過多《かた》。

希少《きしょう》
少《すく》なくて珍《めずら》しいようす。例 この宝石《ほうせき》は日本《にほん》では希少《きしょう》な品《しな》です。◆「稀少《きしょう》」とも書《か》く。

手薄《てうす》
◎手元《てもと》に物《もの》やお金《かね》が少《すこ》ししかないこと。例 急《きゅう》に人気《にんき》が出《で》たので、このゲームは在庫《ざいこ》が手薄《てうす》になった。◎人手《ひとで》などが十分《じゅうぶん》に整《ととの》っていないこと。例 裏口《うらぐち》の警備《けいび》が手薄《てうす》だったので防犯《ぼうはん》カメラを設置《せっち》することにした。

品薄《しなうす》
商品《しょうひん》が不足《ふそく》していること。買《か》いたいと思《おも》っている人《ひと》が多《おお》いのに、品物《しなもの》が少《すく》ないこと。例 最近《さいきん》はバターが品薄《しなうす》だそうで、ずいぶん値段《ねだん》が

◆＝もっと知《し》りたい、ことばの知識《ちしき》。

上《あ》がった。

微々《びび》 ほんのわずかで、取《と》るに足《た》りないようす。例微々《びび》たる収入《しゅうにゅう》ではあるが、少《すこ》しは家計《かけい》の足《た》しになると思《おも》ってアルバイトをする。似片々《へんぺん》。

最少《さいしょう》 数《かず》や量《りょう》が、いちばん少《すく》ないこと。例今年《ことし》の交通事故《こうつうじこ》は、過去《かこ》最少《さいしょう》でした。対最多《さいた》。

一点《いってん》 ごくわずかのこと。例あの報告書《ほうこくしょ》は一点《いってん》の曇《くも》りもなく、すべて真実《しんじつ》だ。

一片《いっぺん》 ごくわずかのこと。一切《ひとき》れ・ひとひらという意味《いみ》。例そんなことをするなんて、彼《かれ》は一片《いっぺん》の良心《りょうしん》も持《も》ち合《あ》わせていないのか。

一縷《いちる》 今《いま》にも絶《た》えそうなほど、ほんのわずかなようす。たった一《いっ》本《ぽん》の糸《いと》という意味《いみ》。「一縷《いちる》の望《のぞ》み」「一《いち》縷《る》の涙《なみだ》」などの形《かたち》で使《つか》われることが多《おお》い。例新薬《しんやく》の開発《かいはつ》に一縷《いちる》の望《のぞ》みをつなぐ。

一抹《いちまつ》 ほんの少《すこ》しだけ。絵《え》を描《えが》くときの筆《ふで》の一払《ひとはら》いという意味《いみ》。「一抹《いちまつ》の不安《ふあん》」「一抹《いちまつ》の寂《さび》しさ」などの形《かたち》で使《つか》われることが多《おお》い。例彼《かれ》にこの仕事《しごと》を全部《ぜんぶ》任《まか》せるには、一抹《いちまつ》の不安《ふあん》を感《かん》じる。

一毫《いちごう》 ごくわずかのこと。一本《いっぽん》の細《ほそ》い毛《け》という意味《いみ》。後《あと》に打《う》ち消《け》しのことばが来《く》ることが多《おお》い。例城《しろ》の守《まも》りには一毫《いちごう》のすきもない。

寸分《すんぶん》 ごくわずかの長《なが》さや程度《ていど》。「寸《すん》」も「分《ぶん》」も昔《むかし》の長《なが》さの単位《たんい》で、「一寸《いっすん》」は約三《やくさん》センチ、「一分《いちぶ》」は約《やく》三《さん》ミリ。「寸分《すんぶん》たがわず」「寸分《すんぶん》の狂《くる》いもない」などの形《かたち》で使《つか》われることが多《おお》い。例本物《ほんもの》と寸分《すんぶん》たがわない複製《ふくせい》を作《つく》る。

寸毫《すんごう》 極《きわ》めてわずかなこと。「毫《ごう》」は、細《ほそ》い毛《け》という意味《いみ》。例名人《めいじん》の筆《ふで》さばきには寸毫《すんごう》の狂《くる》いもない。

微塵《みじん》 ごくわずかのこと。細《こま》かいちりやほこりという意味《いみ》。後《あと》に打《う》ち消《け》しのことばが来《く》ることが多《おお》い。例彼《かれ》は旅行《りょこう》に出《で》かけるようなそぶりは、微塵《みじん》も見《み》せなかった。

一二《いちに》 一《ひと》つか二《ふた》つくらい。ほんの少《すこ》し。例長《なが》い文章《ぶんしょう》なので、一二《いちに》の誤字《ごじ》があるのは仕方《しかた》がない。似一《ひと》つ二《ふた》つ。

二三《にさん》 二《ふた》つか三《みっ》つくらい。わずか。例研究発表《けんきゅうはっぴょう》の内容《ないよう》について、二三《にさん》確認《かくにん》させてください。似二《ふた》つ三《みっ》つ。

ひとつまみ ほんの少《すこ》し。指先《ゆびさき》でつまめるくらいのわずかな量《りょう》ということ。例お湯《ゆ》が煮立《にた》ったら、ひとつまみの塩《しお》を入《い》れて青菜《あおな》をゆでる。例ほんのひとつまみの人々《ひとびと》にではあるが理解《りかい》してもらえた。

一握《ひとにぎ》り ほんの少《すこ》し。片手《かたて》で握《にぎ》れるくらいの少《すこ》しの量《りょう》ということ。例一握《ひとにぎ》りの砂《すな》。例よくないことを考《かんが》えているのは、一握《ひとにぎ》りの人《ひと》たちだ。

不入《ふい》り 客《きゃく》があまり入《はい》らないこと。例不入《ふい》り続《つづ》きで店《みせ》の経営《けいえい》が危《あや》ぶまれる。対大入《おおい》り。

弱《じゃく》 数《かず》や量《りょう》を表《あらわ》すことばに付《つ》けて、それよりもやや少《すく》ないことを表《あらわ》すことば。例難関《なんかん》を突破《とっぱ》できるのは二十《にじっ》パーセント弱《じゃく》の人《ひと》だけです。例この石《いし》の重《おも》さは一《いち》キロ弱《じゃく》くらいかな。対強《きょう》。

内輪《うちわ》 数量《すうりょう》・金額《きんがく》などを控《ひか》えめにすること。また、実際《じっさい》よりもやや少《すく》ない量《りょう》。例 内輪《うちわ》に見積《みつ》もっても、同窓会《どうそうかい》の会費《かいひ》は二千円《にせんえん》を超《こ》えると思《おも》う。

なけなし

ほんのわずかしかないこと。出《だ》そうと思《おも》っても、それしかないという気持《きも》ちを表《あらわ》す。お金《かね》についていうことが多《おお》い。例 どうしても必要《ひつよう》な資料《しりょう》だったので、なけなしの小遣《こづか》いをはたいて買《か》ってきた。

数《かぞ》えるほど

すぐに数《かぞ》え終《お》わってしまうくらい少《すく》ないこと。例 クラスで一輪車《いちりんしゃ》が乗《の》れる人《ひと》は、数《かぞ》えるほどしかいない。

気持《きも》ち

気《き》のせいとしか思《おも》えないくらい少《すく》ないこと。人《ひと》にお金《かね》を渡《わた》すときなどに、へりくだって少《すく》なさを強調《きょうちょう》するために使《つか》われることが多《おお》い。例 気持《きも》ち、長《なが》めに髪《かみ》を切《き》ってください。例 ほんの気持《きも》ちですが、お礼《れい》を受《う》け取《と》ってください。

心持《こころも》ち

気《き》の持《も》ちようによって、そう感《かん》じられなくもないというほど少《すく》ないこと。例 写真《しゃしん》を撮《と》るときには、心持《こころも》ちあごを引《ひ》いてください。例 胸《むね》を張《は》って歩《ある》くと、心持《こころも》ち背《せ》が高《たか》く見《み》えるかもしれない。

心《こころ》ばかり

ほんの少《すこ》し。自分《じぶん》の気《き》持《も》ちが伝《つた》わるだけの、ということ。贈《おく》り物《もの》をするときなどに、へりくだって使《つか》われることが多《おお》い。例 心《こころ》ばかりの品《しな》ですが、お祝《いわ》いの気持《きも》ちですのでどうかお納《おさ》めください。

雀《すずめ》の涙《なみだ》

ごくわずかな量《りょう》のたとえ。スズメが流《なが》す涙《なみだ》は、とても少《すく》ないだろうということから。例 がんばって手伝《てつだ》いをしたのに、小遣《こづか》いは雀《すずめ》の涙《なみだ》ほどしかもらえなかった。

九牛《きゅうぎゅう》の一毛《いちもう》

取《と》るに足《た》りないくらい、わずかなことのたとえ。また、たくさんの中《なか》のごく小《ちい》さな部分《ぶぶん》。多《おお》くの牛《うし》の中《なか》の一本《いっぽん》の毛《け》という意味《いみ》から。例 反対《はんたい》する人《ひと》は九牛《きゅうぎゅう》の一毛《いちもう》ほどしかいないのだから、そんなに気《き》にすることはない。

少《すこ》し

数量《すうりょう》や程度《ていど》などがわずかであるようす。例 もう少《すこ》しお茶《ちゃ》が飲《の》みたい。例 英語《えいご》なら少《すこ》しは分《わ》かる。

少《すこ》しく

少《すこ》しばかり。例 初《はじ》めてそんなことを伺《うかが》ったので、少《すこ》しく困惑《こんわく》しております。

少々《しょうしょう》

数量《すうりょう》や程度《ていど》が少《すこ》しであるようす。例 少々《しょうしょう》そのままでお待《ま》ちください。例 ここで少々《しょうしょう》塩《しお》を加《くわ》えます。

多少《たしょう》

◎数量《すうりょう》や程度《ていど》が多《おお》くないようす。全体《ぜんたい》からすればほんの少《すこ》しであるという感《かん》じが含《ふく》まれる。例 開《かい》始《し》は多少《たしょう》遅《おく》れそうだ。例 多少《たしょう》大《おお》きめの袋《ふくろ》を持《も》ってきてください。◎多《おお》いことと少《すく》ないこと。例 ご購入《こうにゅう》いただいた品物《しなもの》は、多少《たしょう》にかかわらず配達《はいたつ》します。

幾《いく》らか

少《すこ》し。また、程度《ていど》や数量《すうりょう》がそれほど多《おお》くないようす。例 横《よこ》になったら、幾《いく》らか楽《らく》になった。

若干《じゃっかん》

数《かず》ははっきりしないが、多《おお》くないようす。例 定員《ていいん》には若干《じゃっかん》の余裕《よゆう》があります。例 アルバイトを若《じゃっ》干名《かんめい》募集《ぼしゅう》する。

幾分《いくぶん》

程度《ていど》が少《すく》ないようす。例 九月《くがつ》に入《はい》って、幾分《いくぶん》過《す》ごしやすくなってきた。

幾《いく》らも

あまり量《りょう》が多《おお》くないようす。後《あと》に打《う》ち消《け》しのことばが来《く》る。例 母《はは》が出《で》かけてから幾《いく》らも

◆＝もっと知《し》りたい、ことばの知識《ちしき》。

たっていないので、今《いま》なら追《お》いつけるかもしれない。

いささか　程度《ていど》がそれほどでもないようす。少《すこ》し。例 この長雨《ながあめ》には、いささか参《まい》りました。例 疲《つか》れているはずなのに、そんなそぶりはいささかも見《み》せなかった。

ちょっと　◎数量《すうりょう》や程度《ていど》が、わずかであるようす。少《すこ》し。例 ちょっと値段《ねだん》は高《たか》いが、このケーキはとてもおいしい。◎「難《むずか》しい」↓563

ちょっぴり　ほんの少《すこ》し。ちょっと。例 ほめられてちょっぴり恥《は》ずかしい。似 ちょこっと。

ちょっとした　たいしたことがなく、ごくありふれたようす。例 ちょっとしたアイデアで、能率《のうりつ》はずいぶん上《あ》がる。

ただ　数《かず》や量《りょう》が、自分《じぶん》で考《かんが》えていたよりもずっと少《すく》ないようす。例 百人《ひゃくにん》の人《ひと》が答《こた》えて、正解者《せいかいしゃ》はただの三人《さんにん》だった。

たった　少《すく》ないことを強調《きょうちょう》した言《い》い方《かた》。わずか。例 たった一《いち》度《ど》会《あ》っただけで、いい人《ひと》だとすぐに分《わ》かった。

やや　少《すこ》しばかり。少《すこ》しの間《あいだ》。例 雨《あめ》がやんで、やや明《あか》るくなってきた。例 出発《しゅっぱつ》までには、やや時間《じかん》がある。

ほんの　本当《ほんとう》にその程度《ていど》に過《す》ぎないようす。ただそれだけの。例 家《いえ》から公園《こうえん》までは、徒歩《とほ》でほんの三《さん》分《ぷん》の距離《きょり》だ。

露《つゆ》　後《あと》に打《う》ち消《け》しのことばが来《き》て、「少《すこ》しも～ない」「まったく～ない」という意味《いみ》を表《あらわ》す。例 彼女《かのじょ》が留学《りゅうがく》するなんてことは、露《つゆ》知《し》らずにいた。

これっぽっち　たったこれだけしかないようす。例 これっぽっちのお菓子《かし》では腹《はら》の足《た》しにもならないよ。

あるかなしか　あるのかないのか分《わ》からないほど少《すこ》しであるようす。例 あるかなしかの染《し》みがあるだけで、和服《わふく》はずいぶん安《やす》い値段《ねだん》になる。似 あるかなきか。

爪《つめ》の垢《あか》ほど　つめの間《あいだ》にはさまった汚《よご》れのように、ごく少《すく》ない量《りょう》であることのたとえ。例 悪《わる》気《ぎ》は爪《つめ》の垢《あか》ほどもなかったので許《ゆる》してほしい。

ちびちび　◎物事《ものごと》を一度《いちど》でやってしまわずに、少《すこ》しずつ行《おこな》うようす。例 お年玉《としだま》をちびちび使《つか》う。似 ちびりちびり。◎「飲《の》む」↓238

ちらほら　◎あちらこちらに少《すこ》しずつあるようす。また、たまにあるようす。例 久《ひさ》しぶりにお会《あ》いした先生《せんせい》の頭《あたま》には、ちらほらと白《しろ》いものが見《み》える。例 サクラの花《はな》がちらほら咲《さ》き始《はじ》めた。似 ちらりほらり。◎「雪《ゆき》」↓592

長《なが》い

long
［ロング］

このページも見《み》てみよう
▼遠《とお》い ↓536

長《なが》い　◎物《もの》の一方《いっぽう》の端《はし》からもう一方《いっぽう》の端《はし》までの距離《きょり》が大《おお》きい。例日本《にほん》でいちばん長《なが》い川《かわ》は信濃川《しなのがわ》である。対 短《みじか》い。◎物事《ものごと》の期間《きかん》や始《はじ》まってから終《お》わるまでの時間《じかん》が、かなりかかる。例 病気《びょうき》で長《なが》く学校《がっこう》を休《やす》んだ。対 短《みじか》い。

永《なが》い
時間《じかん》や年月《ねんげつ》の隔《へだ》たりが大《おお》きい。例 王《おう》は多《おお》くの人々《ひとびと》に惜《お》しまれながら、永《なが》い眠《ねむ》りについた。

細長《ほそなが》い
ひもや棒《ぼう》、道《みち》や土地《とち》などが、細《ほそ》くて長《なが》い。例 チリは、南米大陸《なんべいたいりく》にある細長《ほそなが》い国《くに》だ。

長細《ながほそ》い
端《はし》から端《はし》までの距離《きょり》が大《おお》きくて、幅《はば》が狭《せま》い。例 あの人《ひと》はよく見《み》ると、長細《ながほそ》い顔《かお》をしている。◆「長《なが》っ細《ぽそ》い」ともいう。

ひょろ長《なが》い
ひょろひょろと細《ほそ》くて、頼《たよ》りない感《かん》じで長《なが》い。例 キリンの首《くび》はひょろ長《なが》い。

長《なが》たらしい
時間《じかん》が、だらだらとして嫌《いや》になってしまうほど長《なが》い。あまりよい意味《いみ》には使《つか》われない。例 披露宴《ひろうえん》で長《なが》たらしいスピーチをするのは禁物《きんもつ》だ。◆「長《なが》ったらしい」ともいう。

ロング
「長《なが》い」という意味《いみ》の英語《えいご》。例 彼女《かのじょ》はロングヘアーがよく似合《にあ》う。例 この映画《えいが》は、異例《いれい》のロングランを記録《きろく》した。対 ショート。

久《ひさ》しい
あることが起《お》きてから長《なが》い時間《じかん》がたっている。例 彼《かれ》と連絡《れんらく》が取《と》れなくなってから久《ひさ》しい。

長大《ちょうだい》
長《なが》くて、寸法《すんぽう》や規模《きぼ》が大《おお》きいようす。例『源氏物語《げんじものがたり》』は、長大《ちょうだい》な作品《さくひん》だ。対 短小《たんしょう》。

延々《えんえん》
時間《じかん》や距離《きょり》などが、長々《ながなが》と続《つづ》くようす。例 今年《ことし》の決勝戦《けっしょうせん》は延々《えんえん》三時間《さんじかん》を超《こ》える熱戦《ねっせん》となった。

はるか
➡「遠《とお》い」536

「長《なが》い」に関連《かんれん》することば

うなぎの寝床《ねどこ》　体《からだ》の細長《ほそなが》いウナギは、狭《せま》い岩穴《いわあな》などを寝床《ねどこ》にすることから、幅《はば》が狭《せま》くて奥行《おくゆ》きが深《ふか》い建物《たてもの》や部屋《へや》のたとえ。

息《いき》が長《なが》い　一《ひと》つのことを粘《ねば》り強《づよ》く続《つづ》けていくようす。途中《とちゅう》でやめることなく、ずっとやり続《つづ》けるようす。

下手《へた》の長談義《ながだんぎ》　話《はなし》が下手《へた》な人《ひと》に限《かぎ》って、長々《ながなが》と話《はなし》をするものだということ。口下手《くちべた》な人《ひと》は要領《ようりょう》を得《え》ない長話《ながばなし》をするので、人《ひと》には迷惑《めいわく》だという意味《いみ》で使《つか》う。

長時間《ちょうじかん》
長《なが》い時間《じかん》。例 長時間《ちょうじかん》運動《うんどう》したので、かなり疲《つか》れてしまった。対 短時間《たんじかん》。

長丁場《ながちょうば》
◎長《なが》い道《みち》のり。距離《きょり》の長《なが》い区間《くかん》。例 この駅伝《えきでん》では、第一走者《だいいちそうしゃ》が二十《にじっ》キロという長丁場《ながちょうば》を走《はし》る。◎同《おな》じようなことが長々《ながなが》と続《つづ》くこと。とくに、苦《くる》しい仕事《しごと》などが長時間《ちょうじかん》続《つづ》くこと。例 受験勉強《じゅけんべんきょう》は長丁場《ながちょうば》なので、適度《てきど》の息抜《いきぬ》きが必要《ひつよう》だ。

永久《えいきゅう》
時間《じかん》の終《お》わりがなく、ずっと続《つづ》くこと。例 この平和《へいわ》が永久《えいきゅう》に続《つづ》きますように。

とわ
「永久《えいきゅう》」と同《おな》じ。例 結婚式《けっこんしき》で、二人《ふたり》のとわの愛《あい》を誓《ちか》う。◆漢《かん》

◆＝もっと知《し》りたい、ことばの知識《ちしき》。

字《じ》で「永久《とわ》」と書《か》くこともある。

永遠《えいえん》 時間《じかん》が限《かぎ》りなく、いつまでも続《つづ》くこと。例 人間《にんげん》は、永遠《えいえん》に生《い》き続《つづ》けられるわけではない。

永世《えいせい》 限《かぎ》りなく続《つづ》く長《なが》い年月《ねんげつ》。例 スイスやオーストリアは、永世《えいせい》中立国《ちゅうりつこく》である。

とこしえ いつまでも、永遠《えいえん》に変《か》わることなく続《つづ》くこと。例 二人《ふたり》の心《こころ》はとこしえに変《か》わらないと神《かみ》に誓《ちか》う。似 とこしなえ。

恒久《こうきゅう》 いつまでもそのままで、変《か》わらずに長《なが》く続《つづ》くこと。例 世界《せかい》の恒久《こうきゅう》平和《へいわ》を祈《いの》って、みんなで千羽《せんば》鶴《づる》を折《お》った。

悠久《ゆうきゅう》 時間《じかん》が、長《なが》くはるかに続《つづ》いていること。気《き》が遠《とお》くなるほど長《なが》く続《つづ》くこと。例 屋久島《やくしま》には悠久《ゆうきゅう》の自然《しぜん》が残《のこ》されている。

長久《ちょうきゅう》 長《なが》く続《つづ》くこと。例 武運《ぶうん》長久《ちょうきゅう》を祈《いの》る。

長年《ながねん》 何年《なんねん》もの長《なが》い間《あいだ》。例 長年《ながねん》の苦労《くろう》が実《みの》って、新《あたら》しい製品《せいひん》を開発《かいはつ》することができた。◆「永年《ながねん》」とも書《か》く。

多年《たねん》 多《おお》くの年月《ねんげつ》。長《なが》い年月《ねんげつ》。例 多年《たねん》の努力《どりょく》が、学者《がくしゃ》としての成功《せいこう》をもたらした。

永代《えいたい》 長《なが》い年月《ねんげつ》。例 何代《なんだい》もの間《あいだ》積《つ》み重《かさ》ねられた、先祖《せんぞ》代々《だいだい》の墓《はか》の永代《えいたい》供養《くよう》を頼《たの》む。

永劫《えいごう》 非常《ひじょう》に長《なが》い年月《ねんげつ》。「劫《こう》」は仏教《ぶっきょう》のことばで、非常《ひじょう》に長《なが》い時間《じかん》。例 このご恩《おん》は、未来《みらい》永劫《えいごう》忘《わす》れません。

久遠《くおん》 時間《じかん》が限《かぎ》りなく、いつまでも続《つづ》くこと。例 久遠《くおん》の理《り》想《そう》を追《お》い求《もと》める。

百年《ひゃくねん》 長《なが》い年月《ねんげつ》を表《あらわ》すたとえ。例 あんなに行儀《ぎょうぎ》の悪《わる》い姿《すがた》を見《み》たら、百年《ひゃくねん》の恋《こい》も冷《さ》めてしまう。

千年《せんねん》 とても長《なが》い年月《ねんげつ》を表《あらわ》すたとえ。例 待《ま》てというなら、千年《せんねん》でも万年《まんねん》でもお待《ま》ちしましょう。例 鶴《つる》は千《せん》年《ねん》、亀《かめ》は万年《まんねん》(長寿《ちょうじゅ》を祝《いわ》っていうことば)。

千載《せんざい》 年月《ねんげつ》のこと。千年《せんねん》。とても長《なが》い年月《ねんげつ》。「載《さい》」は、年月《ねんげつ》のこと。例 名《な》を千載《せんざい》に残《のこ》す。例 千載《せんざい》一遇《いちぐう》(とてもまれにしかない)のチャンスを生《い》かす。◆「千歳《せんざい》」とも書《か》く。

長《なが》め ふつうより少《すこ》し長《なが》いようす。例 長《なが》めのスカートをはくと、ちょっと大人《おとな》っぽく見《み》える。対 短《みじか》め。

縦長《たてなが》 横《よこ》よりも縦《たて》の方向《ほうこう》に長《なが》いこと。例 滝《たき》の雄大《ゆうだい》な姿《すがた》を表現《ひょうげん》するために、縦長《たてなが》のキャンバスを選《えら》んだ。対 横長《よこなが》。

横長《よこなが》 縦《たて》よりも横《よこ》の方向《ほうこう》に長《なが》いこと。例 テレビの画面《がめん》は、だいたい横長《よこなが》である。対 縦長《たてなが》。

最長《さいちょう》 いちばん長《なが》いこと。例 近所《きんじょ》の商店街《しょうてんがい》のアーケードは、都内《とない》で最長《さいちょう》だと言《い》われている。対 最短《さいたん》。

長蛇《ちょうだ》の列《れつ》 大《おお》きな蛇《へび》のように、長《なが》く続《つづ》いている行列《ぎょうれつ》。例 話題《わだい》の映画《えいが》が封切《ふうき》られて、映画館《えいがかん》の前《まえ》には長蛇《ちょうだ》の列《れつ》ができている。

冗長《じょうちょう》 文章《ぶんしょう》や話《はなし》などが、むだが多《おお》くてくどくどと長《なが》いようす。例 こんな冗長《じょうちょう》な文章《ぶんしょう》では、あなたの考《かんが》えがちゃんと相手《あいて》に伝《つた》わらない。

長々《ながなが》 ◎物《もの》の長《なが》さや時間《じかん》などが、いかにも長《なが》いようす。例 長々《ながなが》とお世話《せわ》になりました。◎寝転《ねころ》がるなどして、体《からだ》を伸《の》ばしているようす。例 ソファーに長々《ながなが》と寝《ね》そべっていたら、いつの間《ま》にか眠《ねむ》ってしまった。

長《なが》らく 長《なが》い間《あいだ》。例 長《なが》らくごぶさたしておりますが、いかがお過《す》ごしですか。

末永《すえなが》く この先《さき》ずっと。いつまでも。例 結婚《けっこん》する二人《ふたり》に、「末永《すえなが》くお幸《しあわ》せに」という電報《でんぽう》を送《おく》った。◆「末長《すえなが》く」とも書《か》く。

幾久《いくひさ》しく いついつまでも。「久《ひさ》しく」を強調《きょうちょう》した言《い》い方《かた》。例 これからも、幾久《いくひさ》しくよろしくお願《ねが》いいたします。

だらだら ◎坂《さか》などの傾斜《けいしゃ》が長《なが》く続《つづ》くようす。例 駅《えき》からだらだらと続《つづ》く坂道《さかみち》を下《お》りると教会《きょうかい》がある。◎人《ひと》の話《はなし》や文章《ぶんしょう》などが、長々《ながなが》と続《つづ》いて、まとまりがないようす。例 あの人《ひと》の話《はなし》はだらだらと長《なが》いばかりで、ちっともおもしろくない。

短《みじか》い

short
［ショート］

短《みじか》い ◎物《もの》の一方《いっぽう》の端《はし》からもう一方《いっぽう》の端《はし》までの距離《きょり》が小《ちい》さい。例 短《みじか》い髪《かみ》で短《みじか》いスカートをはいた女《おんな》の子《こ》。対 長《なが》い。◎物事《ものごと》の期間《きかん》や始《はじ》まってから終《お》わるまでの時間《じかん》が、少《すく》ない。例 短《みじか》い冬休《ふゆやす》みの間《あいだ》に、本《ほん》を五冊《ごさつ》読《よ》んだ。対 長《なが》い。

ショート 「短《みじか》い」という意味《いみ》の英語《えいご》。例 髪《かみ》をショートにしたら、頭《あたま》が軽《かる》くなった。対 ロング。

短《みじか》め ふつうより少《すこ》し短《みじか》いようす。例 夏《なつ》の初《はじ》めに、髪《かみ》をいつもより短《みじか》めに切《き》った。例 時間《じかん》がないので短《みじか》めにお願《ねが》いします。対 長《なが》め。

短小《たんしょう》 短《みじか》くて小《ちい》さいようす。例 このカブトムシは、短小《たんしょう》な角《つの》が特徴的《とくちょうてき》だ。対 長大《ちょうだい》。

最短《さいたん》 いちばん短《みじか》いこと。例 最短《さいたん》距離《きょり》を行《い》っても十分《じっぷん》はかかる。対 最長《さいちょう》。

寸詰《すんづ》まり 長《なが》さが足《た》りないこと。例 背《せ》が伸《の》びるのが早《はや》く、すぐに服《ふく》が寸詰《すんづ》まりになる。

ちんちくりん 背丈《せたけ》に比《くら》べて衣服《いふく》が短《みじか》過《す》ぎること。また、背《せ》の低《ひく》いことを、あざけっていうことば。例 去年《きょねん》買《か》った長袖《ながそで》シャツがちんちくりんで、七分袖《しちぶそで》のようだ。

つんつるてん 衣服《いふく》の丈《たけ》が短《みじか》くて、手足《てあし》が出《で》過《す》ぎること。例 彼《かれ》のズボンはつんつるてんで、靴下《くつした》が丸見《まるみ》えだ。

瞬間《しゅんかん》 ごくわずかの時間《じかん》。「瞬《まばた》きをする間《あいだ》」という意味《いみ》。また、ちょうどそのとき。例 瞬間《しゅんかん》湯沸《ゆわ》かし器《き》。例 優勝《ゆうしょう》が決《き》まった瞬間《しゅんかん》、大歓声《だいかんせい》が沸《わ》き上《あ》がった。

一瞬《いっしゅん》 瞬《まばた》きを一回《いっかい》するくらいの短《みじか》い時間《じかん》。例 爆発《ばくはつ》のあと、一瞬《いっしゅん》にしてビルが崩《くず》れ落《お》ちた。

瞬時《しゅんじ》 ほんのわずかな時間《じかん》。例 危《あぶ》なっかしくて、幼児《ようじ》からは瞬《しゅん》

少《すく》ない　長《なが》い　▶短《みじか》い　高《たか》い　低《ひく》い　遠《とお》い　近《ちか》い
ようす
物《もの》のようす
かたい　やわらかい

◆＝もっと知《し》りたい、ことばの知識《ちしき》。

時《じ》も目《め》を離《はな》せない。

刹那《せつな》　非常《ひじょう》に短《みじか》い時間《じかん》。仏教《ぶっきょう》のことばで、時間《じかん》の最小単位《さいしょうたんい》のこと。例 衝突《しょうとつ》した**刹那《せつな》**に気《き》を失《うしな》った。

とっさ　意識《いしき》できないほどのわずかな時間《じかん》。例 車《くるま》が猛《もう》スピードで走《はし》ってきたので、**とっさ**に子《こ》どもの手《て》を引《ひ》いてよけた。

瞬《またた》く間《ま》　非常《ひじょう》に短《みじか》い時間《じかん》。目《め》を瞬《またた》かせる間《あいだ》ほどに短《みじか》いということ。例 テーブルの料理《りょうり》は、**瞬《またた》く間《ま》**に胃《い》の中《なか》に消《き》えていった。

束《つか》の間《ま》　ほんの少《すこ》しの間《あいだ》。「束《つか》」は握《にぎ》りこぶしの幅《はば》のことで、指《ゆび》四本分《よんほんぶん》の長《なが》さ。昔《むかし》、矢《や》の長《なが》さの単位《たんい》として使《つか》われた。例 盛大《せいだい》な花火《はなび》を特等席《とくとうせき》で見物《けんぶつ》して、**束《つか》の間《ま》**の幸《しあわ》せに酔《よ》いしれた。

あっと言《い》う間《ま》　ごく短《みじか》い時間《じかん》。「あっ」と声《こえ》を出《だ》すだけの短《みじか》さということ。例 夏休《なつやす》みの宿題《しゅくだい》を**あっと言《い》う間《ま》**に片《かた》づけた。

片時《かたとき》　ほんの少《すこ》しの間《あいだ》。「片時《かたとき》も～ない」の形《かたち》で使《つか》うことが多《おお》い。例 母親《ははおや》は、よちよち歩《ある》きの子《こ》から**片時《かたとき》**も目《め》を離《はな》せない。

一刻《いっこく》　少《すこ》しの時間《じかん》。昔《むかし》の時間《じかん》で、一時《いっとき》の四分《よんぶん》の一《いち》、今《いま》の約三十分《やくさんじっぷん》のこと。例 **一刻《いっこく》**も早《はや》く手術《しゅじゅつ》しないと、手遅《ておく》れになる。

分秒《ふんびょう》　極《きわ》めてわずかの時間《じかん》。時間《じかん》の「分《ふん》」と「秒《びょう》」。例 **分秒《ふんびょう》**を争《あらそ》う消火活動《しょうかかつどう》。

寸秒《すんびょう》　ほんのわずかな時間《じかん》。「寸《すん》」は、とても短《みじか》いこと。例 病院《びょういん》に着《つ》くまでの間《あいだ》、**寸秒《すんびょう》**を争《あらそ》う応急処置《おうきゅうしょち》が必要《ひつよう》だった。

一時《ひととき》　しばらくの間《あいだ》。何《なに》かをするための、長《なが》くはないがまとまった時間《じかん》。例 友《とも》だちと楽《たの》しい**一時《ひととき》**を過《す》ごす。

一時《いちじ》　◎しばらくの間《あいだ》。例 デパートで買《か》い物《もの》をした荷物《にもつ》を、**一時《いちじ》**預《あず》かってもらう。◎過去《かこ》のあるとき。例 **一時《いちじ》**はもうだめかと思《おも》ったが、あきらめずに頑張《がんば》った。

一時《いっとき》　短《みじか》い時間《じかん》。ちょっとの間《あいだ》。例 テニスは**一時《いっとき》**の気《き》の緩《ゆる》みが負《ま》けにつながる。

	ひととき	いちじ	いっとき
雨《あめ》が―降《ふ》る	–	△	○
―も待《ま》てない	△	–	○
お昼《ひる》の―を過《す》ごす	○	–	–

ひとしきり　ある動作《どうさ》や状態《じょうたい》が、しばらくの間《あいだ》、盛《さか》んに続《つづ》くようす。例 **ひとしきり**泣《な》いたらすっきりした。

暫時《ざんじ》　しばらくの間《あいだ》。例 恐《おそ》れ入《い》りますが、**暫時《ざんじ》**お待《ま》ちください。

短時間《たんじかん》　短《みじか》い時間《じかん》。例 比較的《ひかくてき》**短時間《たんじかん》**で仕事《しごと》が片《かた》づいた。対 長時間《ちょうじかん》。

短時日《たんじじつ》　わずかな日数《にっすう》。短《みじか》い年月《ねんげつ》。例 この研究《けんきゅう》は**短時日《たんじじつ》**になされたものではない。

一朝一夕《いっちょういっせき》　わずかな日時《にちじ》。一朝《ひとあさ》か一晩《ひとばん》かということ。例 外国語《がいこくご》は、**一朝一夕《いっちょういっせき》**に習得《しゅうとく》できるものではない。

暫《しばら》く　ほんの少《すこ》しの間《あいだ》。例 ただいま席《せき》を外《はず》しておりますので、**暫《しばら》**

くお待《ま》ちください。

暫《しば》し 「暫《しばら》く」と同《おな》じ。例 すばらしい絵《え》の前《まえ》で、**暫《しば》し**我《われ》を忘《わす》れてたたずむ。

高《たか》い

high
[ハイ]

高《たか》い ◎縦《たて》に長《なが》い。ずっと上《うえ》のほうにある。例 兄《あに》は背《せ》が**高《たか》い**。例 富士山《ふじさん》は日本《にほん》でいちばん**高《たか》い**山《やま》だ。対 低《ひく》い。◎音《おと》や声《こえ》などが大《おお》きい。高音《こうおん》である。例 しっ、声《こえ》が**高《たか》い**。対 低《ひく》い。◎程度《ていど》や数値《すうち》が上《うえ》である。例 姉《あね》は理想《りそう》が**高《たか》い**。例 今日《きょう》は気温《きおん》が**高《たか》い**。対 低《ひく》い。◎買《か》うのにお金《かね》が多《おお》くいる。例 ダイヤモンドは値段《ねだん》が**高《たか》い**。対 安《やす》い。

小高《こだか》い 少《すこ》し高《たか》い。例 **小高《こだか》い**丘《おか》に登《のぼ》ると、町全体《まちぜんたい》がよく見《み》える。

うずたかい 物《もの》が積《つ》み重《かさ》なって高《たか》くなっているようす。例 草原《そうげん》には、刈《か》り取《と》った牧草《ぼくそう》が**うずたかく**積《つ》み上《あ》げられている。

馬鹿高《ばかたか》い とてつもなく高《たか》い。予《よ》想《そう》を超《こ》えて高《たか》い。「馬《ば》鹿《か》」は、程度《ていど》のはなはだしいようすを表《あらわ》すことば。例 天候不順《てんこうふじゅん》で、野菜《やさい》の値《ね》段《だん》が**馬鹿高《ばかたか》い**。例 冬《ふゆ》だというのに**馬鹿《ばか》高《たか》い**気温《きおん》の日《ひ》が続《つづ》く。

高《たか》さ 高《たか》いこと。また、その程度《ていど》。例 健康診断《けんこうしんだん》で、背《せ》の**高《たか》さ**を測《そく》定《てい》する。例 日本一《にほんいち》の**高《たか》さ**を誇《ほこ》るテレビ塔《とう》。対 低《ひく》さ。

高《たか》め ◎位置《いち》や程度《ていど》が、少《すこ》し高《たか》いようす。例 **高《たか》め**の球《たま》を打《う》たれる。例 血圧《けつあつ》が**高《たか》め**の父《ちち》は、食生活《しょくせいかつ》に気《き》をつかっている。対 低《ひく》め。◎値段《ねだん》が少《すこ》し高《たか》いようす。例 このレストランは、ほかの店《みせ》より値段《ねだん》がやや**高《たか》め**だ。対 安《やす》め。

そびえる 山《やま》や建物《たてもの》などが、周《まわ》りよりもひときわ高《たか》く立《た》つ。例 眼前《がんぜん》に**そびえる**雄大《ゆうだい》な山々《やまやま》に圧《あっ》倒《とう》される。

そそり立《た》つ 他《た》に抜《ぬ》きん出《で》て高《たか》く立《た》つ。急傾斜《きゅうけいしゃ》で高《たか》く立《た》つ。例 東京《とうきょう》タワーが目《め》の前《まえ》に**そそり立《た》つ**。

そばだつ 山《やま》などが高《たか》くそびえる。例 急峻《きゅうしゅん》な山々《やまやま》が、壁《かべ》のように**そばだって**いる。

切《き》り立《た》つ 山《やま》や岩《いわ》などが、急傾斜《きゅうけいしゃ》で鋭《するど》くそびえる。例 ザイルを使《つか》って、**切《き》り立《た》った**岩壁《がんぺき》を登《のぼ》る。

雲《くも》を衝《つ》く 身長《しんちょう》が非常《ひじょう》に高《たか》いようす。雲《くも》を衝《つ》き抜《ぬ》けるほど高《たか》いということ。例 **雲《くも》を衝《つ》く**ような大男《おおおとこ》。

上《うえ》 ◎ある基準《きじゅん》より高《たか》い場所《ばしょ》や方向《ほうこう》。例 飛行機《ひこうき》に乗《の》って、雲《くも》の**上《うえ》**を飛《と》ぶ。対 下《した》。◎程度《ていど》や地位《ちい》、年齢《ねんれい》などが高《たか》いこと。例 剣道《けんどう》の腕前《うでまえ》は、彼《かれ》のほうが**上《うえ》**だ。対 下《した》。

上層《じょうそう》 ◎重《かさ》なっているものの、高《たか》いほうの部分《ぶぶん》。例 巻雲《けんうん》・巻積雲《けんせきうん》などを**上層《じょうそう》**雲《うん》という。対 下層《かそう》。◎社会《しゃかい》や組織《そしき》の中《なか》での地位《ちい》が高《たか》いこと。例 これは、会社《かいしゃ》の**上層《じょうそう》**部《ぶ》の決定事項《けっていじこう》です。対 下層《かそう》。

高層《こうそう》 ◎たくさんの層《そう》が高《たか》く積《つ》み重《かさ》なっていること。例 新宿副《しんじゅくふく》都心《としん》の超**高層《こうそう》**ビル群《ぐん》。対 低層《ていそう》。◎空《そら》

少《すく》ない　長《なが》い　短《みじか》い　▶高《たか》い　低《ひく》い　遠《とお》い　近《ちか》い　かたい　やわらかい
ようす
物《もの》のようす

◆＝もっと知《し》りたい、ことばの知識《ちしき》。

の高《たか》いところ。例 気象《きしょう》ロケットや人工《じんこう》衛星《えいせい》を利用《りよう》して高層《こうそう》気象観測《きしょうかんそく》を行《おこな》う。対 低層《ていそう》。

最高《さいこう》 ◎いちばん高《たか》いこと。例 エベレストは世界《せかい》の最高峰《さいこうほう》である。対 最低《さいてい》。◎程度《ていど》や気分《きぶん》が、この上《うえ》なくすばらしいこと。例 今日《きょう》の気分《きぶん》は最高《さいこう》だ。対 最低《さいてい》。◎「優《すぐ》れる」➡560

屹立《きつりつ》 そびえること。例 大都会《だいとかい》に屹立《きつりつ》するビルの群《む》れ。

対峙《たいじ》 ◎山《やま》などが向《む》き合《あ》ってそびえること。例 峡谷《きょうこく》を挟《はさ》んで対峙《たいじ》する山《やま》。◎対立《たいりつ》する勢力《せいりょく》が、向《む》き合《あ》ったままじっと動《うご》かないでいること。例 関ケ原《せきがはら》を挟《はさ》んで、東西両軍《とうざいりょうぐん》が対峙《たいじ》する。

長身《ちょうしん》 背《せ》が高《たか》いこと。また、背《せ》の高《たか》い人《ひと》。例 二《に》メートル近《ちか》い、長身《ちょうしん》のピッチャー。

のっぽ 「長身《ちょうしん》」と同《おな》じ。例 君《きみ》のお兄《にい》さんは、ずいぶんのっぽだね。対 ちび。

高々《たかだか》 ◎目立《めだ》って高《たか》いようす。例 横綱《よこづな》が相手《あいて》の力士《りきし》を高々《たかだか》とつり上《あ》げた。◎声《こえ》や音《おと》が大《おお》きいようす。例 みんなの前《まえ》で、作文《さくぶん》を高々《たかだか》と読《よ》み上《あ》げる。

亭々《ていてい》 樹木《じゅもく》などが、高《たか》くそびえているようす。例 青空《あおぞら》に向《む》かって、亭々《ていてい》と伸《の》びる一本《いっぽん》の大樹《たいじゅ》。

高度《こうど》 ◎ほかのものと比《くら》べて、程度《ていど》が高《たか》いこと。例 宇宙飛行士《うちゅうひこうし》には、強《つよ》い精神力《せいしんりょく》と高度《こうど》な知識《ちしき》が要求《ようきゅう》される。◎海水面《かいすいめん》からの高《たか》さ。例 飛行機《ひこうき》が、高度《こうど》一万《いちまん》メートルの上空《じょうくう》を飛行《ひこう》する。似 海抜《かいばつ》。

標高《ひょうこう》 ある地点《ちてん》の、平均海水面《へいきんかいすいめん》からの高《たか》さ。日本《にほん》では東京湾《とうきょうわん》の平《へい》均海水面《きんかいすいめん》を〇《ゼロ》メートルとする。例 標《ひょう》高三千《こうさんぜん》メートル級《きゅう》の山々《やまやま》が連《つら》なるアルプスの山並《やまな》み。似 海抜《かいばつ》。

高等《こうとう》 ◎ほかのものより、等級《とうきゅう》や質《しつ》などが高《たか》いこと。例 ロボットの製造《せいぞう》には高等《こうとう》な技術《ぎじゅつ》が必要《ひつよう》だ。対 下等《かとう》。◎知能《ちのう》などの進化《しんか》の度合《どあ》いなどが高《たか》いこと。例 複雑《ふくざつ》に進化《しんか》した高等動《こうとうどう》物《ぶつ》。対 下等《かとう》。

上等《じょうとう》 ◎ほかのものより、等級《とうきゅう》や質《しつ》などが高《たか》いこと。例 いちばん上等《じょうとう》なホテルに泊《と》まった。対 下等《かとう》。◎「優《すぐ》れる」➡561

上級《じょうきゅう》 上《うえ》の等級《とうきゅう》。また、上《うえ》の学年《がくねん》。例 運動会《うんどうかい》の準備《じゅんび》を、上級生《じょうきゅうせい》

「高《たか》い」に関連《かんれん》することば

鼻《はな》が高《たか》い 自慢《じまん》をしたり、誇《ほこ》らしく思《おも》ったりする。

目《め》が高《たか》い 物事《ものごと》を見分《みわ》ける力《ちから》が優《すぐ》れている。反対《はんたい》は「目《め》が低《ひく》い」ではなく、「(見《み》る)目《め》がない」という。

敷居《しきい》が高《たか》い 偉《えら》い人《ひと》や迷惑《めいわく》をかけた相《あい》手《て》の家《いえ》に、気後《きおく》れや気《き》まずさのために行《い》きにくい。「敷居《しきい》」は、建物《たてもの》の入《い》り口《ぐち》の引《ひ》き戸《ど》が乗《の》っている部分《ぶぶん》のこと。

ただより高《たか》いものはない ただで物《もの》をもらうと、気《き》をつかったりお礼《れい》したりしなければならず、かえって高《たか》いものにつくということ。

似＝似《に》た表現《ひょうげん》のことば。対＝反対《はんたい》の意味《いみ》のことば。例＝使《つか》い方《かた》の例《れい》。

が手伝《てつだ》ってくれた。対 下級《かきゅう》。

高級《こうきゅう》 ➡「優《すぐ》れる」561

高価《こうか》 値段《ねだん》が高《たか》いこと。例 高価《こうか》な毛皮《けがわ》のオーバーを買《か》う。対 安価《あんか》。

高値《たかね》 値段《ねだん》が高《たか》いこと。物価《ぶっか》や相場《そうば》などが高《たか》いこと。例 円《えん》のドルに対《たい》する高値《たかね》が続《つづ》いている。対 安値《やすね》。

割高《わりだか》 品質《ひんしつ》の割《わり》に、また、ほかと比《くら》べて値段《ねだん》が高《たか》いこと。例 ばらで買《か》うと、まとめて買《か》うより割高《わりだか》になる。対 割安《わりやす》。

金目《かねめ》 金銭的《きんせんてき》な価値《かち》の高《たか》いこと。例 金目《かねめ》のものばかり盗《ぬす》まれる。

天井《てんじょう》 物価《ぶっか》などが、いちばん高《たか》い状態《じょうたい》。例 インフレで、物価《ぶっか》が天井《てんじょう》知《し》らずの値上《ねあ》がりを続《つづ》けている。

青天井《あおてんじょう》 物価《ぶっか》や相場《そうば》などが無制限《むせいげん》に上《あ》がること。例 低迷《ていめい》を脱《だっ》した株価《かぶか》は青天井《あおてんじょう》の様相《ようそう》を呈《てい》している。

値《ね》が張《は》る 値段《ねだん》がふつうより高《たか》くなっている。例 高級《こうきゅう》な分《ぶん》だけ、ほかの品物《しなもの》に比《くら》べて値《ね》が張《は》るのは仕方《しかた》がない。

低《ひく》い

low
［ロウ］

低《ひく》い ◎高《たか》さが少《すく》ない。例 妹《いもうと》は背《せ》が低《ひく》い。例 雲《くも》が低《ひく》く垂《た》れ込《こ》める。対 高《たか》い。◎音《おと》や声《こえ》などが小《ちい》さい。低音《ていおん》である。例 低《ひく》い声《こえ》で歌《うた》う。例 テレビの音《おと》を低《ひく》くする。対 高《たか》い。◎程度《ていど》や数値《すうち》が下《した》である。例 志《こころざし》が低《ひく》い。例 湿度《しつど》が低《ひく》くて過《す》ごしやすい。対 高《たか》い。

低《ひく》さ 低《ひく》いこと。また、その程度《ていど》。例 冷夏《れいか》の年《とし》は、やはり気温《きおん》の低《ひく》さが気《き》になる。対 高《たか》さ。

低《ひく》め 位置《いち》や程度《ていど》が、少《すこ》し低《ひく》いようす。例 低《ひく》めのボールを、腰《こし》を落《お》として打《う》つ。例 クーラーの設定温度《せっていおんど》を低《ひく》めにする。対 高《たか》め。

下《した》 ◎ある基準《きじゅん》より低《ひく》い場所《ばしょ》や方向《ほうこう》。例 東京《とうきょう》タワーの展望台《てんぼうだい》から下《した》を見《み》る。対 上《うえ》。◎程度《ていど》や地位《ちい》、年齢《ねんれい》などが低《ひく》いこと。例 わたしより三《みっ》つ下《した》の妹《いもうと》。対 上《うえ》。

下層《かそう》 ◎重《かさ》なっているものの、低《ひく》いほうの部分《ぶぶん》。例 砂漠《さばく》の下層《かそう》から化石《かせき》が発見《はっけん》された。対 上層《じょうそう》。◎社会《しゃかい》や組織《そしき》の中《なか》での地位《ちい》が低《ひく》いこと。例 ローマ帝国《ていこく》には、下層《かそう》階級《かいきゅう》出身《しゅっしん》の皇帝《こうてい》もいた。対 上層《じょうそう》。

低層《ていそう》 ◎層《そう》の重《かさ》なりが少《すく》なくて低《ひく》いこと。例 低層《ていそう》住宅《じゅうたく》に住《す》む。対 高層《こうそう》。◎空《そら》の低《ひく》いところ。例 大気《たいき》の低層《ていそう》部《ぶ》の気温《きおん》を測定《そくてい》する。対 高層《こうそう》。

最低《さいてい》 ◎いちばん低《ひく》いこと。例 この夏《なつ》は、最低《さいてい》気温《きおん》が二十五度《にじゅうごど》以上《いじょう》の熱帯夜《ねったいや》が続《つづ》いている。対 最高《さいこう》。◎程度《ていど》や気分《きぶん》が、このうえなくひどいこと。例 あいつは最低《さいてい》のやつだ。対 最高《さいこう》。

ちび ◎背《せ》が低《ひく》いこと。体《からだ》が小《ちい》さいこと。例 弟《おとうと》はクラスでいちばんちびだ。対 のっぽ。◎「子《こ》ども」➡47

下等《かとう》 ◎ほかのものより、等級《とうきゅう》や質《しつ》などが高《たか》いこと。例 品質《ひんしつ》の下等《かとう》な米《こめ》。対 高等《こうとう》。上等《じょうとう》。◎知能《ちのう》などの進化《しんか》の度合《どあ》いが低《ひく》いこと。例 太古《たいこ》からほとんど進化《しんか》していない下等《かとう》生物《せいぶつ》。対 高等《こうとう》。

少《すく》ない　長《なが》い　短《みじか》い　高《たか》い　▶低《ひく》い　遠《とお》い　近《ちか》い
ようす
物《もの》のようす
かたい　やわらかい

◆＝もっと知《し》りたい、ことばの知識《ちしき》。

下級《かきゅう》　下《した》の等級《とうきゅう》。また、下《した》の学年《がくねん》。例 学校行事《がっこうぎょうじ》で、上級生《じょうきゅうせい》が下級生《かきゅうせい》の面倒《めんどう》を見《み》る。対 上級《じょうきゅう》。

遠《とお》い

far
［ファー］

このページも見《み》てみよう　長《なが》い→528

遠《とお》い　時間《じかん》や距離《きょり》などが、離《はな》れている。例 わたしの家《いえ》から学校《がっこう》まではかなり遠《とお》い。例 日本《にほん》とアメリカが戦争《せんそう》したのは、遠《とお》い昔《むかし》の話《はなし》だ。対 近《ちか》い。

程遠《ほどとお》い　時間《じかん》や距離《きょり》などが、だいぶ離《はな》れている。また、理想《りそう》や完成《かんせい》などに、かなり隔《へだ》たりがある。例 夕《ゆう》べ遅《おそ》くまでがんばったのに、完成《かんせい》には程遠《ほどとお》いありさまだ。対 程近《ほどちか》い。

間遠《まどお》　遠《とお》く離《はな》れているようす。また、繰《く》り返《かえ》し起《お》こることの間隔《かんかく》が長《なが》いこと。例 転校《てんこう》した友《とも》だちとの手紙《てがみ》のやり取《と》りが、間遠《まどお》になった。対 間近《まぢか》。

遠《とお》く　遠《とお》い場所《ばしょ》。例 遠《とお》くに山《やま》が見《み》える。対 近《ちか》く。

かなた　遠《とお》く離《はな》れた、向《む》こうのほう。例 空《そら》のかなたにまたたく星《ほし》。

はるか　◎非常《ひじょう》に遠《とお》く離《はな》れたようす。年月《ねんげつ》が隔《へだ》たっているようす。例 はるかかなたにエベレストの雄姿《ゆうし》を望《のぞ》む。例 それははるか昔《むかし》の出来事《できごと》だ。◎「はるかに」の形《かたち》で、違《ちが》いが非常《ひじょう》に大《おお》きいようす。例 富士山《ふじさん》は東京《とうきょう》タワーよりはるかに高《たか》い。

遠《とお》め　位置《いち》が、ふつうよりやや遠《とお》くであるようす。例 舞台《ぶたい》からちょっと遠《とお》めの席《せき》だけど、全然《ぜんぜん》見《み》えないわけではない。対 近《ちか》め。

遠路《えんろ》　遠《とお》い道《みち》のり。例 遠路《えんろ》はるばる来《き》てくれた叔父《おじ》さんに、冷《つめ》たい麦茶《むぎちゃ》を出《だ》してあげた。

遠隔《えんかく》　遠《とお》く離《はな》れていること。例 遠隔《えんかく》操作《そうさ》。例 南米《なんべい》のチリは、日本《にほん》

深谷先生《ふかやせんせい》のちょっとひと息《いき》

三億年《さんおくねん》かけて歩《ある》いてみますか？

とても遠《とお》くにある物《もの》は何《なに》かと聞《き》かれたら、多《おお》くの人《ひと》が星《ほし》と答《こた》えるのではないでしょうか？　そして、宇宙《うちゅう》での距離《きょり》の単《たん》位《い》である光年《こうねん》ということばや、それが「一年間《いちねんかん》に光《ひかり》が進《すす》む距離《きょり》」ということを知《し》っている人《ひと》も多《おお》いかもしれません。

でも、光《ひかり》が進《すす》む距離《きょり》と言《い》われても実感《じっかん》がわきません。分《わ》かりやすい単位《たんい》に置《お》きかえると、一光年《いちこうねん》は約《やく》九兆五千億《きゅうちょうごせんおく》キロに当《あ》たります。これは、眠《ねむ》らずに歩《ある》き続《つづ》けて三億年《さんおくねん》、飛行機《ひこうき》でも百二十万年《ひゃくにじゅうまんねん》かかる計算《けいさん》になります。太陽《たいよう》からいちばん近《ちか》い恒星《こうせい》（571ページ）プロキシマ・ケンタウリまで四《よん》・二《に》光年《こうねん》ですから、気《き》の遠《とお》くなるような時間《じかん》がかかります。

わたしたちが見《み》ている太陽《たいよう》の光《ひかり》も、約《やく》八分《はちふん》かかって地球《ちきゅう》にたどり着《つ》いたもの。光年《こうねん》のほかに、地球《ちきゅう》と太陽《たいよう》の距離《きょり》を一《いち》とした天文単位《てんもんたんい》（AU《エーユー》）という長《なが》さの単位《たんい》や、パーセクという単位《たんい》もあります。はるかかなたの世界《せかい》のお話《はなし》でした。

似＝似《に》た表現《ひょうげん》のことば。対＝反対《はんたい》の意味《いみ》のことば。例＝使《つか》い方《かた》の例《れい》。

から遠隔《えんかく》の地《ち》にある。

遠方《えんぽう》 遠《とお》い所《ところ》。遠《とお》くのほう。例 遠方《えんぽう》からの珍《めずら》しいお客《きゃく》さんを、祖《そ》父《ふ》は大喜《おおよろこ》びで出迎《でむか》えた。

遠距離《えんきょり》 道《みち》のりが遠《とお》いこと。例 姉《あね》の友《とも》だちは、新幹線《しんかんせん》で遠距離《えんきょり》通学《つうがく》している。似 長距離《ちょうきょり》。対 近距離《きんきょり》。

最果《さいは》**て** これより先《さき》はないという、遠《とお》く離《はな》れた場所《ばしょ》。国《くに》の中央《ちゅうおう》から離《はな》れたへき地《ち》。例 稚内《わっかない》は、日本《にほん》の北《きた》の最果《さいは》ての地《ち》だ。

地《ち》**の果**《は》**て** 最果《さいは》て。人《ひと》がたどり着《つ》ける最《もっと》も遠《とお》い所《ところ》。例 犯《はん》人《にん》を地《ち》の果《は》てまで追《お》いかける。

かけ離《はな》**れる** ◎はるか遠《とお》く離《はな》れる。例 都会《とかい》からかけ離《はな》れた離島《りとう》に住《す》む。◎二《ふた》つ以上《いじょう》の物《もの》のようすに大《おお》きな差《さ》がある。例 彼《かれ》とは実力《じつりょく》がかけ離《はな》れていて、とてもかなわない。

はるばる 遠《とお》く離《はな》れているようす。また、遠《とお》くと往来《おうらい》したり、遠《とお》くに影響《えいきょう》などが及《およ》ぶようす。例 ツバメは、はるばる海《うみ》を越《こ》えて日本《にほん》までやって来《く》る。

のちのち それよりずっと後《あと》。また、これから先《さき》。例 彼《かれ》の活躍《かつやく》は、のちのちまで語《かた》り継《つ》がれた。

近《ちか》い

near
［ニア］

近《ちか》**い** 時間《じかん》や距離《きょり》などが短《みじか》い。例 楽《たの》しみにしていた遠足《えんそく》の日《ひ》が近《ちか》い。例 海《うみ》に近《ちか》い町《まち》に住《す》む。対 遠《とお》い。

程近《ほどちか》**い** 時間《じかん》や距離《きょり》などが、それほど遠《とお》くない。例 家《いえ》から程《ほど》近《ちか》いところにある公園《こうえん》。対 程遠《ほどとお》い。

間近《まぢか》 時間《じかん》や場所《ばしょ》などが、とても近《ちか》いこと。例 卒業《そつぎょう》の日《ひ》も間近《まぢか》に迫《せま》った。対 間遠《まどお》。

近《ちか》**く** すぐ近《ちか》くの場所《ばしょ》。すぐそば。例 家《いえ》の近《ちか》くの人《ひと》と、いっしょにお祭《まつ》りに行《い》く。対 遠《とお》く。

身近《みぢか》 ◎自分《じぶん》の体《からだ》のすぐ近《ちか》くの所《ところ》。例 使《つか》いやすいように、辞書《じしょ》を身近《みぢか》に引《ひ》き寄《よ》せる。◎自分《じぶん》に関係《かんけい》が深《ふか》いようす。例 祖母《そぼ》の容態《ようだい》の急変《きゅうへん》を、身《み》近《ぢか》な人《ひと》に知《し》らせる。

手近《てぢか》 ◎手《て》の届《とど》くような近《ちか》い所《ところ》。例 手近《てぢか》な本《ほん》を手《て》に取《と》ってみる。◎物事《ものごと》に慣《な》れ親《した》しんでいてよく知《し》っていること。例 理解《りかい》しやすいように、手《て》近《ぢか》な例《れい》を引《ひ》いて説明《せつめい》する。

近《ちか》**め** 位置《いち》が、ふつうよりやや近《ちか》くであるようす。例 内角《ないかく》近《ちか》めの直球《ちょっきゅう》に、思《おも》わずのけぞった。対 遠《とお》め。

至近《しきん》 距離《きょり》がとても近《ちか》いこと。例 クマを至近《しきん》距離《きょり》から撃《う》つ。

近距離《きんきょり》 道《みち》のりが近《ちか》いこと。例 近《きん》距離《きょり》の移動《いどう》なら、自転車《じてんしゃ》のほうが便利《べんり》だ。似 短距離《たんきょり》。対 遠距離《えんきょり》。

目《め》**の前**《まえ》 ◎その人《ひと》の見《み》ているすぐ前《まえ》の所《ところ》。例 わたしの目《め》の前《まえ》で、その人《ひと》は突然《とつぜん》倒《たお》れた。◎ごく近《ちか》い将来《しょうらい》。例 サッカーの試合《しあい》が、いよいよ目《め》の前《まえ》に迫《せま》ってきた。

目前《もくぜん》 「目《め》の前《まえ》」と同《おな》じ。例 目前《もくぜん》で起《お》きた交通事故《こうつうじこ》に、思《おも》わず立《た》ちすくむ。例 わがチームの勝利《しょうり》は、目前《もくぜん》だ。

眼前《がんぜん》 すぐ目《め》の前《まえ》。目《ま》の当《あ》たり。例 眼前《がんぜん》に広《ひろ》がる大海原《おおうなばら》。

◆＝もっと知《し》りたい、ことばの知識《ちしき》。

鼻先《はなさき》　◎顔《かお》のすぐ前《まえ》。目《め》の前《まえ》。例犯《はん》人《にん》の鼻先《はなさき》に、証拠品《しょうこひん》を突《つ》きつける。◎「頭部《とうぶ》」➡81

目《め》と鼻《はな》の先《さき》　ほんのちょっとの距離《きょり》。例わが家《や》の目《め》と鼻《はな》の先《さき》に郵便局《ゆうびんきょく》がある。似目《め》と鼻《はな》の間《あいだ》。

すぐ　時間《じかん》や距離《きょり》が、とても短《みじか》いようす。手間《てま》がかからないようす。例その角《かど》を曲《ま》がると、すぐ駅《えき》です。

近々《ちかぢか》　◎すぐ目《め》の前《まえ》で。例アサガオの花《はな》を、近々《ちかぢか》と眺《なが》める。◎近《ちか》いうちに。例近々工事《ちかぢかこうじ》を始《はじ》める予定《よてい》ですので、お知《し》らせいたします。

近所《きんじょ》　ある場所《ばしょ》から近《ちか》いところ。また、近《ちか》くにある家《いえ》。例近所《きんじょ》に住《す》む親類《しんるい》の家《いえ》に遊《あそ》びに行《い》く。

近隣《きんりん》　隣《とな》り合《あ》ったごく近《ちか》い辺《あた》り。例工事《こうじ》のため、近隣《きんりん》の皆様《みなさま》にはご迷惑《めいわく》をおかけいたします。

隣近所《となりきんじょ》　隣《となり》の家《いえ》や近所《きんじょ》の家《いえ》。また、そこに住《す》む人々《ひとびと》。例そんな大声《おおごえ》を出《だ》したら、隣近所《となりきんじょ》に迷惑《めいわく》だよ。

向《む》こう三軒両隣《さんげんりょうどなり》　自分《じぶん》の家《いえ》の向《む》かい側《がわ》の三軒《さんげん》と左右《さゆう》の二軒《にけん》の家《いえ》。日《ひ》ごろ親《した》しく交際《こうさい》する近《ちか》くの家《いえ》。例引《ひ》っ越《こ》しの後《あと》、向《む》こう三軒両隣《さんげんりょうどなり》にあいさつに行《い》く。

最寄《もよ》り　同種《どうしゅ》の物《もの》や場所《ばしょ》のうちで、いちばん近《ちか》くにある物《もの》。また、いちばん近《ちか》い所《ところ》。例財布《さいふ》を拾《ひろ》ったので、最寄《もよ》りの交番《こうばん》に届《とど》けた。

そば　空間《くうかん》の隔《へだ》たりがあまりない所《ところ》。すぐ近《ちか》く。例寒《さむ》いので、ストーブのそばで着替《きが》える。

かたわら　すぐ近《ちか》く。また、その人《ひと》や物《もの》の隣《となり》。例社長《しゃちょう》のかたわらには、いつも秘書《ひしょ》が控《ひか》えている。

脇《わき》　◎物《もの》のそばやすぐ横《よこ》。例玄関《げんかん》の脇《わき》に自転車《じてんしゃ》を止《と》め、呼《よ》び鈴《りん》を押《お》した。◎「胴《どう》」➡86

その辺《へん》　その辺《あた》り。その人《ひと》や物《もの》の近《ちか》く。例その辺《へん》を散歩《さんぽ》してくるよ。

付近《ふきん》　近《ちか》くの場所《ばしょ》。近《ちか》い範囲《はんい》。例落《らく》雷《らい》で付近《ふきん》一帯《いったい》が停電《ていでん》になった。

近辺《きんぺん》　ある場所《ばしょ》の周辺《しゅうへん》の地域《ちいき》。例学《がっ》校《こう》の近辺《きんぺん》に危険《きけん》な場所《ばしょ》がないか、よく調《しら》べてみよう。

界隈《かいわい》　その辺《あた》り一帯《いったい》。例秋葉原《あきはばら》界隈《かいわい》には、多《おお》くの電気店《でんきてん》が建《た》ち並《なら》ぶ。

近郊《きんこう》　都市《とし》に近《ちか》い場所《ばしょ》。都市《とし》の周辺《しゅうへん》の地域《ちいき》。例大都市《だいとし》近郊《きんこう》の畑《はたけ》でとれた野菜《やさい》。

近郷《きんごう》　近《ちか》くの村《むら》。また、都市《とし》に近《ちか》い村《むら》。例神社《じんじゃ》のお祭《まつ》りには、近郷《きんごう》近在《きんざい》の人々《ひとびと》が大勢《おおぜい》集《あつ》まった。

最近《さいきん》　近《ちか》い過去《かこ》。また、そこから現《げん》在《ざい》までの間《あいだ》。例最近《さいきん》、このゲームが流行《りゅうこう》している。

直近《ちょっきん》　ある物事《ものごと》に最《もっと》も近《ちか》いこと。ある事柄《ことがら》のうち、いちばん最近《さいきん》起《お》きた例《れい》。例直近《ちょっきん》の事例《じれい》を参考《さんこう》にする。

近々《きんきん》　近《ちか》い将来《しょうらい》。近《ちか》いうちに。例近々《きんきん》のうちに退院《たいいん》できるでしょう。

かたい

hard
［ハード］

固《かた》い　◎強《つよ》くて形《かたち》が変《か》わりにくい。例トンネル工事《こうじ》で、固《かた》い地盤《じばん》を掘《ほ》り進《すす》める。対やわらかい。◎心《こころ》がしっかりしている。例 彼女《かのじょ》の決心《けっしん》は固《かた》い。◎頑固《がんこ》で融通《ゆうずう》がきかない。例 僕《ぼく》の父《ちち》は頭《あたま》が固《かた》い。対 やわらかい。

堅《かた》い ◎質《しつ》が強《つよ》くて丈夫《じょうぶ》である。例 カシの木《き》は堅《かた》くて、切《き》るのが大変《たいへん》だ。対 やわらかい。◎確《たし》かで簡単《かんたん》には変《か》わらない。例 堅《かた》い信念《しんねん》を守《まも》り通《とお》して、キリスト教《きょう》を広《ひろ》めた。

硬《かた》い ◎傷《きず》つきにくくて丈夫《じょうぶ》である。例 ダイヤモンドは最《もっと》も硬《かた》い鉱《こう》物《ぶつ》だ。対 やわらかい。◎こわばって、ぎこちない。例 緊張《きんちょう》して表情《ひょうじょう》が硬《かた》い。対 やわらかい。

	決意《けつい》が――	口《くち》が――	文章《ぶんしょう》が――
固い	○	–	–
堅い	–	○	–
硬い	–	–	○

こわい ◎かたい。ごわごわしている。例 水《みず》が少《すく》なかったので、ご飯《はん》がこわい。◆「強《こわ》い」と書《か》く。

歯《は》が立《た》たない ◎かたくて、かみ砕《くだ》けない。例 このせんべいは、かたくて歯《は》が立《た》たない。◎「負《ま》ける」➡363

かため ◎かたいほうであるようす。例 手紙《てがみ》をていねいに書《か》こうとすると、かための文章《ぶんしょう》になる。対 やわらかめ。◎「約束《やくそく》する」➡371

硬質《こうしつ》 ◎物《もの》の性質《せいしつ》や材質《ざいしつ》がかたいこと。例 実験用《じっけんよう》のビーカーは硬質《こうしつ》ガラスでできている。対 軟質《なんしつ》。

ハード ◎「かたい」という意味《いみ》の英《えい》語《ご》。例 わたしのコンタクトはハードレンズです。対 ソフト。◎「苦《くる》しむ」➡470

硬化《こうか》 ◎やわらかいものが、かたくなること。例 動脈《どうみゃく》硬化《こうか》は、生活習慣病《せいかつしゅうかんびょう》の一《ひと》つです。対 軟化《なんか》。◎意見《いけん》や態度《たいど》が、強《つよ》く激《はげ》しいものに変《か》わること。例 政府《せいふ》の一方的《いっぽうてき》な決定《けってい》に、町《ちょう》民《みん》は態度《たいど》を硬化《こうか》させた。対 軟化《なんか》。

強堅《きょうけん》 ◎強《つよ》くてしっかりしていること。また、そのようす。例 強堅《きょうけん》な意志《いし》の持《も》ち主《ぬし》。

強固《きょうこ》 ◎強《つよ》くしっかりしていて、揺《ゆ》るがないようす。例 基礎《きそ》を強固《きょうこ》にする。

かちかち ◎乾燥《かんそう》したり、凍《こお》ったりして、非常《ひじょう》にかたいようす。例 かちかちになったおもちを、油《あぶら》で揚《あ》げる。似 こちこち。◎たいへん緊《きん》張《ちょう》しているようす。例 本番《ほんばん》の舞台《ぶたい》でかちかちになってしまった。似 こちこち。

がちがち ◎「かちかち」を強調《きょうちょう》した言《い》い方《かた》。例 雪《ゆき》の降《ふ》った翌朝《よくあさ》は、道路《どうろ》ががちがちに凍《こお》っている。

かちんかちん ◎非常《ひじょう》にかたいようす。考《かんが》えや性《せい》質《しつ》などが、とてもかた苦《くる》しいようす。例 冷凍《れいとう》のピザが、かちんかちんに固《かた》まっている。例 今《いま》どきそんなことを言《い》うなんて、かちんかちんの石頭《いしあたま》だな。

やわらかい

soft
［ソフト］

柔《やわ》らかい・軟《やわ》らかい ◎たやすく形《かたち》が変《か》わる。例 歯《は》が悪《わる》いのでやわらかい

◆＝もっと知《し》りたい、ことばの知識《ちしき》。

ものを食《た》べる。対かたい。◎しなやかで、弾力《だんりょく》がある。例彼女《かのじょ》は、身《み》のこなしがやわらかい。対かたい。◎堅苦《かたくる》しくなくて、融通《ゆうずう》がきく。例頭《あたま》のやわらかい人《ひと》。対かたい。◎「おとなしい」➡441

やわ
やわらかいようす。弱々《よわよわ》しく、ひ弱《よわ》なようす。例やわな神経《しんけい》では、この厳《きび》しい業界《ぎょうかい》では生《い》き残《のこ》れない。

緩《ゆる》い
◎水分《すいぶん》が多《おお》くてやわらかい。例下痢《げり》をして、便《べん》が緩《ゆる》い。◎「遅《おそ》い」➡554

やわらか
◎手触《てざわ》りなどがやわらかいようす。例やわらかなクッション。◎物事《ものごと》のありさまや人《ひと》の気持《きも》ち・言動《げんどう》などが穏《おだ》やかなようす。例やわらかな物腰《ものごし》の人物《じんぶつ》。例やわらかな日差《ひざ》しを浴《あ》びる。

しなやか
◎弾力《だんりょく》があって、やわらかに曲《ま》がるようす。例ヤナギの枝《えだ》がしなやかに風《かぜ》にそよぐ。◎「美《うつく》しい」➡543

やわらかめ
やわらかいほうであるようす。例ご飯《はん》はやわらかめのほうが好《す》きだ。対かため。

柔軟《じゅうなん》
◎やわらかくて、しなやかなようす。例体操選手《たいそうせんしゅ》の体《からだ》は柔軟《じゅうなん》だ。◎考《かんが》え方《かた》などが偏《かたよ》らず、その場《ば》その場《ば》に応《おう》じて変《か》えられるようす。例いろいろな状況《じょうきょう》に対《たい》して、柔軟《じゅうなん》に対応《たいおう》する。

軟弱《なんじゃく》
◎物《もの》の性質《せいしつ》が、やわらかくて弱《よわ》いこと。例軟弱《なんじゃく》な地盤《じばん》なので、あまり高《たか》いビルは建《た》てられない。◎人《ひと》の意志《いし》や性格《せいかく》がしっかりしていなくて、弱《よわ》いこと。例そのような軟弱《なんじゃく》な考《かんが》えは、世《よ》の中《なか》では通用《つうよう》しない。

軟質《なんしつ》
物《もの》の性質《せいしつ》や材質《ざいしつ》がやわらかいこと。例軟質《なんしつ》プラスチック製《せい》のまないた。対硬質《こうしつ》。

ソフト
◎「やわらかい」という意味《いみ》の英語《えいご》。物《もの》のやわらかさのほか、人《ひと》の態度《たいど》などについてもいう。例ソフトな肌触《はだざわ》りのカシミヤのセーター。対ハード。◎「おとなしい」➡442

軟化《なんか》
◎かたいものが、やわらかくなること。例暑《あつ》さでアスファルトが軟化《なんか》する。対硬化《こうか》。◎態度《たいど》や主張《しゅちょう》が穏《おだ》やかになること。例新《あたら》しい案《あん》を示《しめ》すと、反対派《はんたいは》はたちまち軟化《なんか》した。対硬化《こうか》。

やんわり
やわらかく穏《おだ》やかなようす。例健康《けんこう》に注意《ちゅうい》するように、父《ちち》にやんわりと注意《ちゅうい》する。

ふかふか
ふっくらとやわらかなようす。例焼《や》き立《た》てでふかふかのパンを食《た》べる。

ふっくら
やわらかくふくらんでいるようす。例赤《あか》ちゃんのふっくらとしたほおにキスをした。

ふわふわ
軽《かる》くて、やわらかいようす。やわらかくふくらんでいるようす。例このソファーはふわふわで、座《すわ》り心地《ごこち》がよい。

ふわり
やわらかいものをそっと載《の》せるようす。やわらかくふくらむようす。軽《かる》く浮《う》かんで漂《ただよ》っているようす。例ふわりとコートを羽織《はお》る。例ふわりとした髪《かみ》の少女《しょうじょ》。似ふわっと。

ふんわり
「ふわり」を強調《きょうちょう》したことば。例やわらかな布《ふ》団《とん》にふんわりと包《つつ》まれる。例ふんわりとしたおいしそうなケーキ。

ふにゃふにゃ ◎ やわらかくて、張《は》りのないようす。例 空気《くうき》が抜《ぬ》けて、ふにゃふにゃのビーチボール。似 ふにゃっと。

べちゃべちゃ ◎ 水分《すいぶん》をたくさん含《ふく》んで、やわらかくなったようす。例 水加減《みずかげん》を間違《まちが》えて、ご飯《はん》がべちゃべちゃになった。

ぶよぶよ ◎ 弾力《だんりょく》があってやわらかく、締《し》まりのないようす。例 クラゲは骨《ほね》がなく、ぶよぶよしている。

ずぶずぶ ◎ やわらかい物《もの》に突《つ》き刺《さ》さるようす。例 川底《かわぞこ》のヘドロにスコップがずぶずぶと沈《しず》んだ。◎ 人間関係《にんげんかんけい》にけじめがなく、なれ合《あ》っているようす。例 市長《しちょう》はあの業者《ぎょうしゃ》とずぶずぶの関係《かんけい》だ。

重《おも》い

heavy
［ヘビ］

重《おも》い ◎ 重量《じゅうりょう》が多《おお》い。例 彼《かれ》は僕《ぼく》より、体重《たいじゅう》が五《ご》キロ重《おも》い。対 軽《かる》い。◎ 物事《ものごと》の程度《ていど》がはなはだしい。例 あの人《ひと》は重《おも》い罪《つみ》を犯《おか》して警察《けいさつ》に逮捕《たいほ》された。対 軽《かる》い。◎ 重要《じゅうよう》であるようす。例 祖父《そふ》はこの春《はる》で、重《おも》い役職《やくしょく》から退《しりぞ》いた。対 軽《かる》い。◎ 気持《きも》ちなどが晴《は》れ晴《ば》れしないようす。例 明日《あす》はみんなの前《まえ》で作文発表《さくぶんはっぴょう》をすると思《おも》うと、気《き》が重《おも》い。対 軽《かる》い。◎「痛《いた》い・痒《かゆ》い」➡200

重《おも》たい ◎ 目方《めかた》が多《おお》い。また、心《こころ》などが晴《は》れ晴《ば》れしない。例 兄《あに》より姉《あね》のほうが、体重《たいじゅう》が重《おも》たい。例 外《そと》はいい天気《てんき》なのに、風邪《かぜ》で朝《あさ》から頭《あたま》が重《おも》たい。

過重《かじゅう》 ◎ 重《おも》さや負担《ふたん》などが、限度《げんど》を超《こ》えて重過《おもす》ぎること。例 過重《かじゅう》な労働《ろうどう》による健康被害《けんこうひがい》が問題《もんだい》になっている。

重量《じゅうりょう》 ◎ 物《もの》の重《おも》さ。また、重《おも》いこと。例 上皿天《うわざらてん》びんで、粉薬《こなぐすり》の重量《じゅうりょう》を量《はか》る。例 重量級《じゅうりょうきゅう》のボクシングは、

命《いのち》の重《おも》さは何《なん》グラム？

深谷先生《ふかやせんせい》のちょっとひと息《いき》

昔《むかし》、日本《にほん》の飛行機《ひこうき》がハイジャックされ、乗客《じょうきゃく》たちが人質《ひとじち》となった事件《じけん》で、当時《とうじ》の総理大臣《そうりだいじん》が、「人命《じんめい》は地球《ちきゅう》より重《おも》い」と言《い》って、犯人《はんにん》の要求《ようきゅう》に応《おう》じたことがありました。人《ひと》の命《いのち》は何物《なにもの》にも代《か》えられないほど大切《たいせつ》だという意味《いみ》で、それに賛成《さんせい》する意見《いけん》と、法律《ほうりつ》をまげて犯人《はんにん》に従《したが》ったことを批判《ひはん》する意見《いけん》がわき起《お》こりました。

ところで、命《いのち》に重《おも》さはあるのでしょうか？　今《いま》から百年《ひゃくねん》ほど前《まえ》のアメリカで、ある実験《じっけん》が行《おこな》われました。病気《びょうき》で死《し》にそうな患者《かんじゃ》を、本人《ほんにん》の同意《どうい》を得《え》てベッドごと大《おお》きなはかりに乗《の》せたのです。すると、死《し》の瞬間《しゅんかん》に二十一《にじゅういち》グラムだけ軽《かる》くなったというのです。研究者《けんきゅうしゃ》は、死体《したい》から失《うしな》われた水分《すいぶん》の重《おも》さなどを差《さ》し引《ひ》いた数字《すうじ》だと説明《せつめい》しました。でも、こんな実験《じっけん》はそう多《おお》くできるものでないため、正《ただ》しかったという証拠《しょうこ》はありません。量《はか》り方《かた》や計算《けいさん》の間違《まちが》いなのか、それとも…？

やっぱり迫力《はくりょく》が違《ちが》う。対 軽量《けいりょう》。

重《おも》み
◎重《おも》い感《かん》じがすること。例 ずしりと重《おも》みのある財布《さいふ》を拾《ひろ》った。◎威厳《いげん》や重々《おもおも》しさがあること。例 千年続《せんねんつづ》くお祭《まつ》りを見《み》て、伝統《でんとう》の重《おも》みを感《かん》じた。

千鈞《せんきん》
非常《ひじょう》に重《おも》いこと。「鈞《きん》」は、昔《むかし》の重《おも》さの単位《たんい》。例 卒業式《そつぎょうしき》に校長先生《こうちょうせんせい》のおっしゃったのは、千鈞《せんきん》の重《おも》みのあることばだった。

ヘビー
「重《おも》い」「程度《ていど》がはなはだしい」などの意味《いみ》の英語《えいご》。例 ヘビー級《きゅう》のタイトルマッチを見《み》る。対 ライト。

ずしっと
質感《しっかん》を伴《ともな》って重《おも》みを感《かん》じるようす。例 右手《みぎて》にずしっと重《おも》みが加《くわ》わった。

ずっしり
手《て》ごたえが、かなり重《おも》いようす。例 このかばんは、小《ちい》さいわりに、ずっしりと重《おも》い。似 ずしり。

どっしり
◎重《おも》たく感《かん》じられるようす。例 兄《あに》から受《う》け取《と》った荷物《にもつ》は、どっしりと重《おも》かった。◎威厳《いげん》があって落《お》ち着《つ》いたようす。例 横綱《よこづな》が腕組《うでぐ》みをして、どっしり座《すわ》っている。

軽《かる》い

light
［ライト］

軽《かる》い
◎重量《じゅうりょう》が少《すく》ない。例 この辞書《じしょ》は、重量《じゅうりょう》は軽《かる》いが中身《なかみ》は濃《こ》い。対 重《おも》い。◎物事《ものごと》が、たいした程度《ていど》ではない。例 軽《かる》い風邪《かぜ》を引《ひ》いたようだ。対 重《おも》い。◎本格的《ほんかくてき》でなく、手軽《てがる》であるようす。例 軽《かる》い食事《しょくじ》をとる。対 重《おも》い。◎「快《こころよ》い」↓430

軽量《けいりょう》
目方《めかた》が軽《かる》いこと。例 電車《でんしゃ》の軽量化《けいりょうか》によって、消費電力《しょうひでんりょく》を節約《せつやく》する。対 重量《じゅうりょう》。

軽《かろ》やか
動《うご》きなどが、いかにも身軽《みがる》そうなようす。気持《きも》ちが晴《は》れ晴《ば》れとしたようす。例 軽《かろ》やかな手綱《たづな》さばきで、馬《うま》を操《あやつ》る。

身軽《みがる》
◎体《からだ》の動《うご》きが軽《かる》いこと。行動《こうどう》が楽《らく》であるようす。例 父《ちち》はいつも、身軽《みがる》なかっこうで会社《かいしゃ》に行《い》く。◎自由《じゆう》で気《き》ままなこと。例 「おれは独《どく》身《しん》だから身軽《みがる》だ」と叔父《おじ》が言《い》う。

軽快《けいかい》
↓「速《はや》い」552

軽々《かるがる》
◎持《も》った感《かん》じが、いかにも軽《かる》そうなようす。何《なに》かをするのが楽《らく》なようす。例 大男《おおおとこ》がとても大《おお》きな岩《いわ》を軽々《かるがる》と持《も》ち上《あ》げた。◎「簡単《かんたん》」↓566

ライト
「軽《かる》い」「手軽《てがる》」「明《あか》るい」などの意味《いみ》の英語《えいご》。例 ライトな感覚《かんかく》のインテリア。対 ヘビー。

鴻毛《こうもう》
非常《ひじょう》に軽《かる》いもののたとえ。「鴻《こう》」は、オオハクチョウなどの大形《おおがた》の鳥《とり》。例 命《いのち》は鴻《こう》毛《もう》より軽《かろ》し（命《いのち》は尊《とうと》いものだが、正義《せいぎ》のためなら捨《す》てても決《けっ》して惜《お》しくはない）。

ひらり
薄《うす》くて軽《かる》いものが、ひるがえるようす。また、身《み》のこなしが身軽《みがる》なようす。例 サクラの花《はな》びらがひらりと舞《ま》い落《お》ちた。例 カウボーイが、ひらりと馬《うま》にまたがった。

美《うつく》しい

beautiful
[ビューティフル]

このページも見《み》てみよう

▼優《すぐ》れる ➡556

美《うつく》しい ◎色《いろ》や形《かたち》などが、好《この》ましくて快《こころよ》い。例 美《うつく》しいメロディーが聞《き》こえてきた。対 醜《みにく》い。◎人《ひと》の態度《たいど》が立派《りっぱ》で正《ただ》しい。例 美《うつく》しい友《ゆう》情《じょう》を育《はぐく》む。

麗《うるわ》しい ◎整《ととの》っていて美《うつく》しい。例 見目《みめ》麗《うるわ》しい乙女《おとめ》の姿《すがた》。◎「快《こころよ》い」➡430

まぶしい 輝《かがや》くように美《うつく》しい。例 あの話題《わだい》の映画《えいが》に主演《しゅえん》している女優《じょゆう》さんは、まぶしいほどの美人《びじん》だ。

目映《まばゆ》い まともに見《み》られないほど、きらびやかで美《うつく》しい。例 王様《おうさま》は、目映《まばゆ》いばかりの豪華《ごうか》な衣装《いしょう》で現《あらわ》れた。

優《やさ》しい ◎上品《じょうひん》で美《うつく》しい。穏《おだ》やかで美《うつく》しい。例 優《やさ》しい顔立《かおだ》ちのフランス人形《にんぎょう》。◎「情《なさ》け深《ぶか》い」➡434 ◎「おとなしい」➡441

清《きよ》い ◎汚《よご》れがなくて、美《うつく》しい。例 谷川《たにがわ》の清《きよ》く澄《す》んだ水《みず》をすくって飲《の》んだ。◎不正《ふせい》などがなく、純粋《じゅんすい》である。例 清《きよ》く正《ただ》しい生活《せいかつ》を送《おく》る。

見目好《みめよ》い 顔立《かおだ》ちが美《うつく》しい。例 見《み》目《め》好《よ》く性格《せいかく》もいい、すばらしい女性《じょせい》です。

きれい ◎見《み》た感《かん》じが美《うつく》しくて、心地《ここち》よいようす。例 きれいに咲《さ》いたサクラを眺《なが》める。対 汚《きたな》い。◎汚《よご》れがなくて気持《きも》ちのいいようす。例 部屋《へや》に掃除機《そうじき》をかけてきれいにする。対 汚《きたな》い。◎正《ただ》しくて立派《りっぱ》である。例 いんちきしないで、きれいな試合《しあい》をしよう。対 汚《きたな》い。

秀麗《しゅうれい》 ほかのものより、ひときわ立《りっ》派《ぱ》で美《うつく》しいようす。例 秀麗《しゅうれい》な富士山《ふじさん》が、その姿《すがた》を現《あらわ》した。

美麗《びれい》 人目《ひとめ》につくほど、派手《はで》で美《うつく》しいようす。例 美麗《びれい》な装飾《そうしょく》に飾《かざ》られたベルサイユ宮殿《きゅうでん》を見学《けんがく》する。

壮麗《そうれい》 規模《きぼ》が大《おお》きく、立派《りっぱ》で美《うつく》しいこと。建物《たてもの》や街並《まちな》みなどについていうことが多《おお》い。例 日光《にっこう》の壮麗《そうれい》な東照宮《とうしょうぐう》は、世界遺産《せかいいさん》に登録《とうろく》されている。

優美《ゆうび》 上品《じょうひん》で美《うつく》しいこと。物《もの》の形《かたち》や人《ひと》の動《うご》きなどについていうことが多《おお》い。例 五百年《ごひゃくねん》も続《つづ》く伝統《でんとう》の祭《まつ》りの、優美《ゆうび》な舞《まい》を観賞《かんしょう》した。

鮮《あざ》やか ◎色《いろ》や形《かたち》がはっきりして美《うつく》しいようす。例 新《あたら》しいテレビは、画面《がめん》が鮮《あざ》やかに見《み》える。◎動《どう》作《さ》や技術《ぎじゅつ》などが見事《みごと》なようす。例 板前《いたまえ》さんの、鮮《あざ》やかな包丁《ほうちょう》さばきを眺《なが》める。

清《きよ》らか けがれがなくて、美《うつく》しいようす。例 清《きよ》らかな水《みず》が、こんこんとわき出《で》る。例 赤《あか》ちゃんの清《きよ》らかに澄《す》んだひとみを見詰《みつ》める。

しなやか ◎姿《すがた》や動作《どうさ》がなめらかで美《うつく》しいようす。例 しなやかな身《み》のこなしで舞《ま》う。◎「やわらかい」➡540

潔白《けっぱく》 心《こころ》や行《おこな》いがきれいで、後《うし》ろ暗《ぐら》さがないこと。例 身《み》の潔白《けっぱく》を

◆＝もっと知《し》りたい、ことばの知識《ちしき》。

証明《しょうめい》する。

清純《せいじゅん》 世《よ》の中《なか》のけがれに染《そ》まらず、清《きよ》らかなこと。例 清純《せいじゅん》でかれんな少女《しょうじょ》。

高潔《こうけつ》 人格《じんかく》などが立派《りっぱ》でけがれがなく、気高《けだか》いこと。例 あの人《ひと》の高潔《こうけつ》な人柄《ひとがら》を、かねてから尊敬《そんけい》していました。

清廉潔白《せいれんけっぱく》 心《こころ》や行《おこな》いが清《きよ》く、少《すこ》しもやましいことがないこと。例 彼《かれ》は私利私欲《しりしよく》のない清廉潔白《せいれんけっぱく》な人《ひと》です。

清潔《せいけつ》 ◎汚《よご》れがなくて、きれいなこと。例 台所《だいどころ》は、いつも清潔《せいけつ》にしておこう。対 不潔《ふけつ》。◎人柄《ひとがら》や行動《こうどう》などが正《ただ》しく純粋《じゅんすい》であること。例 清潔《せいけつ》な政治《せいじ》を公約《こうやく》に掲《かか》げる。

清浄《せいじょう》 清《きよ》らかできれいなこと。とくに、水《みず》や空気《くうき》などについていうことが多《おお》い。例 室内《しつない》の空気《くうき》を清浄《せいじょう》に保《たも》つ。対 不浄《ふじょう》。

クリーン 「清潔《せいけつ》」という意味《いみ》の英《えい》語《ご》。例 二酸化炭素《にさんかたんそ》を排《はい》出《しゅつ》しない、クリーンなエネルギーを開《かい》発《はつ》する。例 あの候補《こうほ》は、クリーンな選《せん》挙《きょ》で有権者《ゆうけんしゃ》の支持《しじ》を得《え》た。

衛生的《えいせいてき》 清潔《せいけつ》なようす。細菌《さいきん》などのない、清潔《せいけつ》な状態《じょうたい》。例 衛《えい》生的《せいてき》な設備《せつび》で調理《ちょうり》されたものしか、口《くち》にしたくはない。

清冽《せいれつ》 水《みず》などが清《きよ》らかに澄《す》んで冷《つめ》たいようす。例 手《て》が切《き》れそうに冷《つめ》たい、清冽《せいれつ》な雪解《ゆきど》け水《みず》。

清澄《せいちょう》 澄《す》みきっていてきれいなこと。空気《くうき》などについていうことが多《おお》い。例 高原《こうげん》の朝《あさ》は、清澄《せいちょう》な空気《くうき》に満《み》ちていた。

流麗《りゅうれい》 文章《ぶんしょう》・詩《し》・音楽《おんがく》などが、よどみなく美《うつく》しいこと。例 この小《しょう》説《せつ》は、流麗《りゅうれい》な文体《ぶんたい》で生《せい》と死《し》の問題《もんだい》を描《えが》ききった傑作《けっさく》だ。

端正《たんせい》 乱《みだ》れたところがなく、整《ととの》っていて美《うつく》しいようす。顔立《かおだ》ち・体《からだ》つき・動作《どうさ》などについていう。例 うちのポチは、よく見《み》ると端正《たんせい》で品《ひん》のある顔《かお》立《だ》ちをしているなあ。

眉目秀麗《びもくしゅうれい》 「眉目《びもく》」は、眉《まゆ》と目《め》のことから、顔立《かおだ》ちのこと。顔立《かおだ》ちが整《ととの》っていて美《うつく》しいこと。おもに男性《だんせい》についていう。例 祖母《そぼ》の荷物《にもつ》を持《も》ってくれたのは、眉目秀麗《びもくしゅうれい》な若《わか》者《もの》だったそうだ。

容姿端麗《ようしたんれい》 顔《かお》と姿《すがた》が整《ととの》っていて、美《うつく》しいこと。「容姿《ようし》」は、顔立《かおだ》ちと姿《すがた》。例 容姿端麗《ようしたんれい》でスポーツ万《ばん》能《のう》の橋本《はしもと》さんは、クラスの人気者《にんきもの》だ。

楚々《そそ》 女性《じょせい》が清《きよ》らかで美《うつく》しいようす。例 あのお屋敷《やしき》のお嬢様《じょうさま》は、楚々《そそ》とした美人《びじん》だよ。

華《はな》やか ◎花《はな》のように美《うつく》しいようす。例 結婚披露宴《けっこんひろうえん》には、みんな華《はな》やかな衣装《いしょう》でやってくる。◎勢《いきお》いが盛《さか》んで輝《かがや》かしいようす。例 オリンピックという華《はな》やかな舞台《ぶたい》で活躍《かつやく》する。

きらびやか きらきらしてとても美《うつく》しいようす。例 きらびやかな舞台《ぶたい》衣装《いしょう》に、くらくらしてしまった。

あでやか 女性《じょせい》が、華《はな》やかで美《うつく》しいようす。例 映画制作《えいがせいさく》発表会《はっぴょうかい》で、出演女優《しゅつえんじょゆう》が**あでやか**な和服《わふく》姿《すがた》を披露《ひろう》した。

目《め》も綾《あや》　まぶしいほど美《うつく》しいようす。「綾《あや》」は、光沢《こうたく》があって美《うつく》しい絹織物《きぬおりもの》のこと。例 **目《め》も綾《あや》**に着飾《きかざ》った女性《じょせい》たちが、成人式《せいじんしき》の会場《かいじょう》に向《む》かう。

華麗《かれい》　華《はな》やかで美《うつく》しいようす。人《ひと》の人生《じんせい》やスポーツの演技《えんぎ》・技術《ぎじゅつ》などについても使《つか》われる。例 **華麗《かれい》**な技《わざ》で、観客《かんきゃく》の目《め》を引《ひ》きつける。

絢爛《けんらん》　華《はな》やかで美《うつく》しいようす。例 豪《ごう》華《か》**絢爛《けんらん》**のふすま絵《え》を見《み》る。

華美《かび》　華《はな》やかで美《うつく》しいこと。また、派手《はで》でぜいたく過《す》ぎること。例 **華美《かび》**を競《きそ》うファッションショー。

小《こ》ぎれい　服装《ふくそう》や部屋《へや》などが、さっぱりとしてきれいなようす。例 **小《こ》ぎれい**に片《かた》づけられた部屋《へや》が、気持《きも》ちいい。

身《み》ぎれい　身《み》の回《まわ》りが、さっぱりしているようす。例 母《はは》はいつも**身《み》ぎれい**にしている。

絵《え》に描《か》いたよう　絵《え》のように美《うつく》しいことのたとえ。例 ここから眺《なが》める夜景《やけい》は、本当《ほんとう》に**絵《え》に描《か》いたよう**にきれいだね。

匂《にお》う　◎色《いろ》が照《て》り輝《かがや》いて、美《うつく》しく見《み》える。例 朝日《あさひ》に**匂《にお》う**サクラの花《はな》。◎「におう」⬇202

映《は》える　◎調和《ちょうわ》して美《うつく》しく見《み》える。例 白《しろ》い服《ふく》に、赤《あか》いスカーフがよく**映《は》える**。◎「光《ひか》る」⬇581

清《きよ》める　けがれや汚《よご》れをなくして、きれいにする。例 滝《たき》に打《う》たれて身《み》を**清《きよ》める**。

水《みず》の滴《したた》るよう　人《ひと》がとても美《うつく》しいことのたとえ。みずみずしくて、水《みず》が垂《た》れるようだということ。例 祖母《そぼ》はいつも兄《あに》のことを、「**水《みず》の滴《したた》るよう**ないい男《おとこ》だ」なんて言《い》っている。

花《はな》も恥《は》じらう　美《うつく》しい花《はな》でさえ、とてもかなわないと恥《は》ずかしがるほど美《うつく》しいということ。若《わか》い女性《じょせい》についていうことば。例 **花《はな》も恥《は》じらう**乙女《おとめ》たちが、テニスコー

「美《うつく》しい」に関連《かんれん》することば

鬼《おに》も十八番茶《じゅうはちばんちゃ》も出花《でばな》　結婚《けっこん》する年《とし》ごろになれば、女性《じょせい》はだれしも美《うつく》しくなるものだということ。醜《みにく》い鬼《おに》の娘《むすめ》も十八才《じゅうはっさい》になればそれなりにきれいになるし、煎茶《せんちゃ》などに比《くら》べ質《しつ》が落《お》ちる番茶《ばんちゃ》でも、お湯《ゆ》を入《い》れたばかりならけっこうおいしいということから。

水清《みずきよ》ければ魚棲《うおす》まず　人《ひと》は、行《おこな》いが正《ただ》しくて心《こころ》がきれいであり過《す》ぎると、かえって他人《たにん》に親《した》しまれないものだということ。川《かわ》や池《いけ》の水《みず》があまりに澄《す》んでいる所《ところ》には、隠《かく》れる場所《ばしょ》やえさがないので、かえって魚《さかな》がいないということから。

錦上《きんじょう》に花《はな》を添《そ》える　美《うつく》しいものの上《うえ》に、さらに美《うつく》しいものを加《くわ》える。いっそうよくなることのたとえ。「錦《きん》」は、にしき（高級《こうきゅう》で美《うつく》しい絹織物《きぬおりもの》）のこと。

●こんなことばも覚《おぼ》えておこう
絶佳《ぜっか》・端麗《たんれい》

◆＝もっと知《し》りたい、ことばの知識《ちしき》。

トでは活発《かっぱつ》に走《はし》り回《まわ》っている。

美《び》　美《うつく》しいこと。また、美《うつく》しさそのもの。例 美《び》の女神《めがみ》、ビーナス。

絶景《ぜっけい》　このうえもなくすばらしい景色《けしき》。例 山中湖《やまなかこ》からの富士《ふじ》の眺《なが》めは絶景《ぜっけい》だ。

山紫水明《さんしすいめい》　山《やま》や川《かわ》の自然《しぜん》の風景《ふうけい》が、たいへん美《うつく》しいこと。山《やま》は日《ひ》に照《て》らされて紫色《むらさきいろ》に輝《かがや》き、川《かわ》の水《みず》は清《きよ》く澄《す》んでいるということから。例 山紫水明《さんしすいめい》の地《ち》で、悠々《ゆうゆう》と老後《ろうご》を過《す》ごすのが夢《ゆめ》だ。

風光明媚《ふうこうめいび》　自然《しぜん》の眺《なが》めが美《うつく》しいこと。例 京都府《きょうとふ》の天橋立《あまのはしだて》は、風光明媚《ふうこうめいび》な景勝地《けいしょうち》として有名《ゆうめい》です。

汚《きたな》い

dirty
[ダーティ]

汚《きたな》い　◎汚《よご》れていて、清潔《せいけつ》でない。例 汚《きたな》い足《あし》で座敷《ざしき》に上《あ》がるな。対 きれい。◎見《み》たり聞《き》いたりして不快《ふかい》になる。例 ほこりだらけで、汚《きたな》い部屋《へや》だ。例 そんな汚《きたな》いことばづかいをしてはいけない。対 きれい。◎正《ただ》しくない。ひきょうである。例 汚《きたな》い手《て》を使《つか》って試《し》合《あい》に勝《か》ってもうれしくない。対 きれい。

汚《きたな》らしい　いかにも汚《きたな》い感《かん》じである。例 その汚《きたな》らしいシャツを脱《ぬ》いで洗濯《せんたく》しなさい。

むさ苦《くる》しい　汚《きたな》らしくてだらしがないようす。不潔《ふけつ》で見苦《みぐる》しいようす。例 むさ苦《くる》しい家《いえ》ですが、お上《あ》がりください。似 むさい。

	——部屋《へや》	——ことば	ハンカチが——
汚い	○	○	○
汚らしい	○	○	○
むさ苦しい	○	–	–

小汚《こぎたな》い　どことなく汚《きたな》らしい感《かん》じである。例 下町《したまち》の小汚《こぎたな》い店《みせ》だが、料理《りょうり》の味《あじ》はすばらしい。

薄汚《うすぎたな》い　見《み》た感《かん》じが、なんとなく汚《きたな》らしい。例 そんな薄汚《うすぎたな》い身《み》なりで、人前《ひとまえ》に出《で》てはいけない。

ばっちい　汚《きたな》い。幼児語《ようじご》。例 ばっちいお手手《てて》を洗《あら》いましょうね。似 ばばっちい。

ほこりっぽい　ほこりが多《おお》くて、汚《よご》れた感《かん》じである。例 ほこりっぽい街《まち》を歩《ある》く。

黒《くろ》い　◎汚《よご》れている。例 シャツのえりが黒《くろ》くなっている。◎悪《わる》い心《こころ》や不正《ふせい》を隠《かく》している。例 あの政治家《せいじか》には、黒《くろ》いうわさが絶《た》えない。

不潔《ふけつ》　汚《きたな》らしいこと。例 不潔《ふけつ》な手《て》で料理《りょうり》をしてはいけない。対 清潔《せいけつ》。

不浄《ふじょう》　清《きよ》らかでないこと。けがれていること。例 不正《ふせい》を働《はたら》いて得《え》た不浄《ふじょう》の金《かね》は受《う》け取《と》れない。対 清浄《せいじょう》。◆「ご不浄《ふじょう》」は、トイレのこと。

不衛生《ふえいせい》　清潔《せいけつ》さを保《たも》つような配慮《はいりょ》がなく、汚《きたな》くて体《からだ》のためによくないこと。例 ごみ処理場《しょりじょう》の不衛生《ふえいせい》な環境《かんきょう》を改善《かいぜん》しなくてはいけない。

尾籠《びろう》　汚《きたな》いこと。とくに、大小便《だいしょうべん》にかかわること。例 尾籠《びろう》な話《はなし》で恐縮《きょうしゅく》ですが、下痢《げり》をしておりまして、おかゆしか食《た》べられません。

汚《よご》れ　物《もの》などが汚《よご》れていること。また、汚《よご》れている程度《ていど》。例 この洗剤《せんざい》なら、どんな汚《よご》れも落《お》とせます。

汚《けが》れ
人《ひと》の心《こころ》などが汚《よご》れること。例 清《せい》潔《けつ》さや純《じゅん》潔《けつ》さを失《うしな》うこと。例 汚《けが》れを知《し》らない心《こころ》の持《も》ち主《ぬし》。

染《し》み
紙《かみ》や布《ぬの》などについた液体《えきたい》などが、にじんでできた汚《よご》れ。例 洋服《ようふく》についた果物《くだもの》の染《し》みを取《と》る。◎物《もの》の一《いち》部《ぶ》分《ぶん》だけについた汚《よご》れ。とくに、染《し》みのこと。

汚《お》点《てん》
例 この服《ふく》の汚《お》点《てん》は、いつできたのだろう。◎不《ふ》名《めい》誉《よ》なこと。例 この事件《じけん》は、本校《ほんこう》の歴《れき》史《し》に汚《お》点《てん》を残《のこ》した。

汚《お》穢《わい》
汚《きたな》いもの。とくに、大小便《だいしょうべん》のこと。例 昔《むかし》のトイレは水洗式《すいせんしき》ではなくて、汚《お》穢《わい》をくみ取《と》っていた。

汚《お》染《せん》
汚《よご》れること。とくに、空気《くうき》や水《みず》などが有毒物質《ゆうどくぶっしつ》に汚《よご》されること。例 排《はい》気《き》ガスなどで、都会《とかい》の空気《くうき》は汚《お》染《せん》されている。

汚《お》濁《だく》
汚《よご》れて濁《にご》ること。例 河川《かせん》の水《すい》質《しつ》汚《お》濁《だく》の現状《げんじょう》を調《しら》べる。

汚《よご》れる
きれいだったものが汚《きたな》くなる。例 満員電車《まんいんでんしゃ》で足《あし》を踏《ふ》まれ、靴《くつ》が汚《よご》れた。

汚《けが》れる
大切《たいせつ》なものなどが汚《きたな》くなる。とくに、人《ひと》の心《こころ》や人格《じんかく》などが正《ただ》しくなくなる。例 悪《わる》い人《ひと》と付っき合《あ》うと心《こころ》が汚《けが》れる。

まみれる
泥《どろ》や汗《あせ》などがべったりとついて汚《よご》れる。例 汗《あせ》にまみれて一生懸命《いっしょうけんめい》働《はたら》く。

薄汚《うすよご》れる
どことなく汚《よご》れた感《かん》じになる。例 ずいぶん薄《うす》汚《よご》れたハンカチだな。

新《あたら》しい

new
［ニュー］

新《あたら》しい
◎ある状態《じょうたい》になったばかりである。例 家《か》族《ぞく》そろって新《あたら》しい年《とし》を迎《むか》える。対 古《ふる》い。◎今《いま》までと違《ちが》っている。例 新《あたら》しい練習方法《れんしゅうほうほう》で、試《し》合《あい》に勝《か》った。対 古《ふる》い。◎野《や》菜《さい》や魚《さかな》などが、生《い》き生《い》きとしている。例 新《あたら》しい魚《さかな》なので臭《くさ》みがない。対 古《ふる》い。◎進歩《しんぽ》的《てき》である。現代的《げんだいてき》である。例 伯《お》父《じ》は、年《とし》のわりに感覚《かんかく》が新《あたら》しいと思《おも》う。対 古《ふる》い。

真《ま》新《あたら》しい
いかにも新《あたら》しい。「新《あたら》しい」を強調《きょうちょう》した言《い》い方《かた》。例 一年生《いちねんせい》が、真《ま》新《あたら》しいランドセルをしょって登校《とうこう》してきた。

目《め》新《あたら》しい
今《いま》までに見《み》たことがないような新《あたら》しさがある。例 父《ちち》は目《め》新《あたら》しい物《もの》を見《み》るとすぐに買《か》ってくる。

	新しい	真新しい	目新しい
——洋服《ようふく》	○	○	○
——情報《じょうほう》	○	△	－
——デザイン	○	－	○

事《こと》新《あたら》しい
今《いま》までのものと違《ちが》って新《あたら》しい。例 今年《ことし》の作品《さくひん》展《てん》は、とくに事《こと》新《あたら》しい出品《しゅっぴん》はなかった。

最《さい》新《しん》
いちばん新《あたら》しいこと。例 最新《さいしん》のデータを分析《ぶんせき》する。対 最古《さいこ》。

ホット
◎「熱《あつ》い」という意《い》味《み》の英《えい》語《ご》。話題《わだい》や流行《りゅうこう》などが、最《さい》新《しん》で注目《ちゅうもく》を集《あつ》めているようす。例 今《いま》いちばんホットな話題《わだい》は何《なん》ですか？ ◎「熱《あつ》い・温《あたた》かい」

⬇211

◆＝もっと知《し》りたい、ことばの知識《ちしき》。

新鋭《しんえい》 新《あたら》しく現《あらわ》れ、勢《いきお》いが盛《さか》んで優《すぐ》れていること。また、そういう人《ひと》や物《もの》。例 テニス界《かい》に、期待《きたい》の新鋭《しんえい》が現《あらわ》れた。

最新鋭《さいしんえい》 最《もっと》も新《あたら》しくて優《すぐ》れていること。また、そのようなもの。例 最新鋭《さいしんえい》のビデオカメラを購入《こうにゅう》した。

新式《しんしき》 新《あたら》しいやり方《かた》や形式《けいしき》。例 新式《しんしき》の機械《きかい》を導入《どうにゅう》する。対 旧式《きゅうしき》。

新型《しんがた》 従来《じゅうらい》のものとは違《ちが》う、新《あたら》しい型《かた》や形式《けいしき》。例 新型《しんがた》のインフルエンザが猛威《もうい》を振《ふ》るう。

新規《しんき》 新《あたら》しく何《なに》かをすること。また、そのようす。例 新規《しんき》に加入《かにゅう》した会員《かいいん》に、ダイレクトメールを送《おく》る。

斬新《ざんしん》 趣向《しゅこう》や発想《はっそう》などが際立《きわだ》って新《あたら》しいようす。例 斬新《ざんしん》なデザインが目《め》を引《ひ》く作品《さくひん》だ。

新鮮《しんせん》 ◎魚《さかな》・肉《にく》・野菜《やさい》などが、新《あたら》しくて生《い》き生《い》きとしていること。例 新鮮《しんせん》な果物《くだもの》をふんだんに使《つか》ったケーキをいただく。◎汚《よご》れがなく、澄《す》みきっていること。例 新鮮《しんせん》な山《やま》の空気《くうき》を吸《す》いに出《で》かける。◎物事《ものごと》に、今《いま》までにない新《あたら》しさが感《かん》じられること。例 彼《かれ》の絵《え》は、見《み》る者《もの》すべてに新鮮《しんせん》な感動《かんどう》を与《あた》えた。

生鮮《せいせん》 魚《さかな》・肉《にく》・野菜《やさい》などが新《あたら》しく、生《い》きがいいこと。例 生鮮《せいせん》な野《や》菜《さい》を選《えら》んで出荷《しゅっか》する。

フレッシュ 「新鮮《しんせん》」という意味《いみ》の英語《えいご》。例 毎朝《まいあさ》しぼりたてのフレッシュジュースを飲《の》んでいる。例 新入社員《しんにゅうしゃいん》のフレッシュな意《い》見《けん》が、案外《あんがい》、参考《さんこう》になる。

現代的《げんだいてき》 今《いま》の時代《じだい》にふさわしい新《あたら》しさがあるようす。例 現代《げんだい》的《てき》な生活様式《せいかつようしき》に合《あ》う製品《せいひん》づくりを心《こころ》がけている。似 現代風《げんだいふう》。

今風《いまふう》 流行《りゅうこう》している考《かんが》え方《かた》などに合《あ》っていること。例 いかにも今風《いまふう》な格好《かっこう》をした若者《わかもの》が訪《たず》ねてきた。似 当世風《とうせいふう》。対 古風《こふう》。

モダン 「現代的《げんだいてき》」という意味《いみ》の英《えい》語《ご》。例 うちの祖母《そぼ》はおしゃれで、モダンな服《ふく》も上手《じょうず》に着《き》こなす。

革新的《かくしんてき》 世《よ》の中《なか》の仕組《しく》みや方法《ほうほう》などを改《あらた》めて、新《あたら》しくしようとするようす。例 革新的《かくしんてき》な意見《いけん》を求《もと》めている。対 保守的《ほしゅてき》。

画期的《かっきてき》 それまでの物事《ものごと》や方法《ほうほう》とはまったく違《ちが》っていて新《あたら》しいようす。例 携帯電話《けいたいでんわ》で写真《しゃしん》が撮《と》れるというのは、画期的《かっきてき》な発明《はつめい》だった。

進歩的《しんぽてき》 考《かんが》え方《かた》などが進《すす》んでいて新《あたら》しいようす。例 祖父《そふ》は進《しん》歩的《ぽてき》な思想《しそう》の持《も》ち主《ぬし》だ。

新《あら》た 新《あたら》しいようす。今《いま》までなかったようす。例 日本経済《にほんけいざい》は新《あら》たな局面《きょくめん》を迎《むか》えたといってよい。

出来《でき》たて できたばかりであること。また、できたばかりのもの。例 出来《でき》たてのほやほやを召《め》し上《あ》がれ。

下《お》ろしたて 新《あたら》しく使《つか》い始《はじ》めたばかりであること。また、その物《もの》。例 下《お》ろしたての靴《くつ》が合《あ》わず、靴擦《くつず》れができた。

まっさら まったく新《あたら》しいこと。一度《いちど》も使《つか》っていないこと。例 まっさらなノートに名前《なまえ》を書《か》く。◎光《ひか》り輝《かがや》くほど真新《まあたら》しいようす。例 買《か》ったば

ぴかぴか

似＝似《に》た表現《ひょうげん》のことば。対＝反対《はんたい》の意味《いみ》のことば。例＝使《つか》い方《かた》の例《れい》。

かりのぴかぴかのスニーカーにひもを通《とお》す。似ぴっかぴか。◎「光《ひか》る」➡584

ほやほや

新《あたら》しくできたばかりであるようす。その状態《じょうたい》になったばかりのようす。例新婚《しんこん》ほやほやの叔父《おじ》の家《いえ》にお邪魔《じゃま》した。

古《ふる》い

old
[オウルド]

古《ふる》い

◎年月《ねんげつ》が多《おお》くたっている。例タンスにしまってあった古《ふる》い洋服《ようふく》をまとめて捨《す》てた。対新《あたら》しい。◎時代《じだい》に合《あ》わない。例父《ちち》は考《かんが》え方《かた》が古《ふる》い。対新《あたら》しい。◎今《いま》までと変《か》わっていなくて、珍《めずら》しくない。例その手《て》はもう古《ふる》いから、何《なに》か新《あたら》しい秘策《ひさく》を考《かんが》えよう。対新《あたら》しい。◎食料品《しょくりょうひん》などが、新鮮《しんせん》でない。例古《ふる》い牛乳《ぎゅうにゅう》が、固《かた》まってすっぱくなってしまった。対新《あたら》しい。

古臭《ふるくさ》い

いかにも古《ふる》い感《かん》じである。時代遅《じだいおく》れである。例見《み》かけによらず、古臭《ふるくさ》い考《かんが》えの持《も》ち主《ぬし》だ。

古《ふる》めかしい

いかにも古《ふる》く感《かん》じられる。例丘《おか》の上《うえ》の古《ふる》めかしい洋館《ようかん》は「お化《ば》け屋敷《やしき》」と呼《よ》ばれている。

かび臭《くさ》い

◎まるで、かびがはえているかと思《おも》うほど、古《ふる》いように感《かん》じられる。例そんなかび臭《くさ》い考《かんが》え方《かた》は、今《いま》すぐ改《あらた》めたほうがいい。◎「におう」➡206

ぼろい

古《ふる》くて壊《こわ》れかけているようす。例すぐにエンジンが止《と》まってしまう、ぼろい車《くるま》に乗《の》っている。

中古《ちゅうこ》

使《つか》って、少《すこ》し古《ふる》くなっているもの。一度《いちど》も使《つか》っていない「新品《しんぴん》」に対《たい》することば。例中古《ちゅうこ》で買《か》った一軒家《いっけんや》に住《す》む。対新品《しんぴん》。◆「中古《ちゅうぶる》」と読《よ》むこともある。

老朽《ろうきゅう》

古《ふる》くなって、使《つか》えなくなること。建築物《けんちくぶつ》にいうことが多《おお》い。例老朽《ろうきゅう》化《か》した校舎《こうしゃ》を建《た》て替《か》える。

使《つか》い古《ふる》し

長《なが》い間《あいだ》使《つか》って古《ふる》くなったもの。例使《つか》い古《ふる》しの歯《は》ブラシを、掃除道具《そうじどうぐ》として使《つか》う。

ぼろ

◎使《つか》い古《ふる》して使《つか》えなくなった布《ぬの》や洋服《ようふく》。例ぼろで靴《くつ》を磨《みが》く。◎古《ふる》くなって役《やく》に立《た》たないようす。また、そのようなもの。例ぼろ自転車《じてんしゃ》を粗大《そだい》ごみに出《だ》す。

ぽんこつ

使《つか》い古《ふる》したり壊《こわ》れたりして、使《つか》いづらいようす。また、そのようなもの。例ぽんこつだが愛着《あいちゃく》のある車《くるま》なので、手放《てばな》せない。

おんぼろ

使《つか》い古《ふる》して非常《ひじょう》に傷《いた》んでいるようす。また、そのようなもの。例築五十年《ちくごじゅうねん》のおんぼろアパートに住《す》んでいる。

時代物《じだいもの》

長《なが》い年数《ねんすう》を経《へ》ているもの。とくに、古《ふる》くなって価値《かち》が出《で》たもの。例田舎《いなか》の家《いえ》に、時代物《じだいもの》の時計《とけい》がある。

年代物《ねんだいもの》

長《なが》い年月《ねんげつ》を経《へ》て、値打《ねう》ちが上《あ》がったもの。例これは年代物《ねんだいもの》のワインだから、値段《ねだん》もかなり高《たか》い。

骨董《こっとう》

価値《かち》のある古美術品《こびじゅつひん》や古道具《ふるどうぐ》類《るい》。古《ふる》いだけで役《やく》に立《た》たなく

◆＝もっと知《し》りたい、ことばの知識《ちしき》。

なったものにもいう。例祖父《そふ》の趣味《しゅみ》は**骨董品《こっとうひん》**の収集《しゅうしゅう》だ。

古物《こぶつ》　古《ふる》くから伝《つた》わる由緒《ゆいしょ》のある品《しな》物《もの》。例兄《あに》は**古物《こぶつ》**に興味《きょうみ》があるそうだ。

旧式《きゅうしき》　◎古《ふる》いやり方《かた》や形式《けいしき》。例これは**旧式《きゅうしき》**のパソコンだから、立《た》ち上《あ》がるのが遅《おそ》くて困《こま》る。対**新式《しんしき》**。◎考《かんが》え方《かた》やり方《かた》が古臭《ふるくさ》いこと。例考《かんが》え方《かた》が**旧式《きゅうしき》**で、時代《じだい》に合《あ》わない。

陳腐《ちんぷ》　ありふれているようす。古臭《ふるくさ》いようす。時代遅《じだいおく》れであるようす。例君《きみ》の脚本《きゃくほん》はどのせりふも**陳腐《ちんぷ》**で、新鮮味《しんせんみ》がまったくない。

前時代的《ぜんじだいてき》　前《まえ》の時代《じだい》の物事《ものごと》であるかのように古《ふる》めかしいようす。例**前時代的《ぜんじだいてき》**な印象《いんしょう》を受《う》ける作《さく》品《ひん》だが、年配者《ねんぱいしゃ》の評判《ひょうばん》はいい。似**前近《ぜんきん》代的《だいてき》**。

旧態依然《きゅうたいいぜん》　昔《むかし》のままの古《ふる》いありさまで、少《すこ》しも進歩《しんぽ》のないようす。例これまで通《どお》りの**旧態依然《きゅうたいいぜん》**としたやり方《かた》では、消費者《しょうひしゃ》のニーズに応《こた》えられない。

旧弊《きゅうへい》　古《ふる》くから続《つづ》いている悪《わる》い習慣《しゅうかん》。また、古《ふる》い習慣《しゅうかん》や考《かんが》え方《かた》にとらわれること。例**旧弊《きゅうへい》**を打破《だは》し、新《あたら》しい風《かぜ》を呼《よ》び込《こ》みたい。

古色蒼然《こしょくそうぜん》　いかにも古《ふる》そうなようす。例**古色蒼然《こしょくそうぜん》**とした門構《もんがま》えの洋館《ようかん》は、以前《いぜん》は病院《びょういん》だった。

時代錯誤《じだいさくご》　考《かんが》え方《かた》などが、その時《じ》代《だい》に合《あ》っていないこと。とくに、古《ふる》い時代《じだい》の考《かんが》え方《かた》をすること。例「家事《かじ》は女《おんな》がやるものだ」なんて、今《いま》どき**時代錯誤《じだいさくご》**もはなはだしい。

アナクロニズム　「時代錯誤《じだいさくご》」「時代遅《じだいおく》れ」などの意味《いみ》の英語《えいご》。例情報公開《じょうほうこうかい》が求《もと》められる時代《じだい》にすべて非公開《ひこうかい》とは、**アナクロニズム**もいいところだ。

最古《さいこ》　最《もっと》も古《ふる》いこと。例法隆寺《ほうりゅうじ》は世界《せかい》**最古《さいこ》**の木造建築《もくぞうけんちく》です。対**最新《さいしん》**。

古風《こふう》　古《ふる》めかしいようす。例和服《わふく》が似合《にあ》う**古風《こふう》**な女性《じょせい》だ。対**今風《いまふう》**。

昔風《むかしふう》　昔《むかし》を思《おも》わせるようなようす。例**昔風《むかしふう》**の建物《たてもの》が多《おお》く集《あつ》まった町並《まちな》み。

保守的《ほしゅてき》　古《ふる》いしきたりや制度《せいど》を守《まも》り、重《おも》んじること。例**保《ほ》守的《しゅてき》**な考《かんが》えの人《ひと》が多《おお》い中《なか》で、改革案《かいかくあん》を通《とお》すのは難《むずか》しい。対**革新的《かくしんてき》**。

固陋《ころう》　古《ふる》い習慣《しゅうかん》や考《かんが》えにかたくなにこだわって、新《あたら》しいものを嫌《きら》うこと。例頑迷《がんめい》**固陋《ころう》**。例**固陋《ころう》**な人々《ひとびと》を相手《あいて》に、いかに新《あたら》しい制度《せいど》が有益《ゆうえき》かを説明《せつめい》した。

古《ふる》びる　古《ふる》くなる。また、古臭《ふるくさ》くなる。例今《いま》は使《つか》われていない**古《ふる》びた**建物《たてもの》の中《なか》から、人《ひと》のうめき声《ごえ》が聞《き》こえた。

古《ふる》ぼける　古《ふる》くなって汚《きたな》らしくなる。例本《ほん》の間《あいだ》から、**古《ふる》ぼけた**写真《しゃしん》が一枚《いちまい》出《で》てきた。

くたびれる　◎衣服《いふく》などが長《なが》く使《つか》われたため、古《ふる》びてみすぼらしくなる。例**くたびれた**コートを着《き》る。◎「疲《つか》れる」⬇207

がたが来《く》る　機械《きかい》や人間《にんげん》の体《からだ》などが、時間《じかん》を経《へ》てあちこちぐあいが悪《わる》くなる。例**がたが来《き》た**

似＝似《に》た表現《ひょうげん》のことば。対＝反対《はんたい》の意味《いみ》のことば。例＝使《つか》い方《かた》の例《れい》。

テレビを買《か》い換《か》えた。

時代《じだい》がかる
古《ふる》めかしく見《み》える。また、古風《こふう》でおおげさになる。例 お国《くに》のために死《し》ぬなどと、**時代《じだい》がかった**ことを言《い》う。似 **時代《じだい》めく**。

言《い》い古《ふる》す
ずっと言《い》われてきて、珍《めずら》しくなくなる。例 **言《い》い古《ふる》された**ことばですが、「ただより高《たか》いものはない」ということです。

年季《ねんき》が入《はい》る
長《なが》い間使《あいだつか》ってきて、古《ふる》いが味《あじ》わいや風格《ふうかく》がある。もとは、長《なが》い間修練《あいだしゅうれん》を積《つ》んで習熟《しゅうじゅく》しているということ。例 かなり**年季《ねんき》が入《はい》った**帽子《ぼうし》だけど、これがないと外出《がいしゅつ》できないんだ。

時代遅《じだいおく》れ
その時代《じだい》の傾向《けいこう》や流行《りゅうこう》などについていけず、取《と》り残《のこ》されていること。例 **時代遅《じだいおく》れ**と言《い》われても、お気《き》に入《い》りの物《もの》は大事《だいじ》に使《つか》い続《つづ》けていきたい。

流行遅《りゅうこうおく》れ
世間《せけん》で流行《りゅうこう》した時期《じき》に外《はず》れること。例 裁縫《さいほう》が得意《とくい》な彼女《かのじょ》は、**流行遅《りゅうこうおく》れ**の服《ふく》を今風《いまふう》にリフォームして着《き》ている。

昔《むかし》ながら
昔《むかし》のままで少《すこ》しも変《か》わらないようす。例 わたしの家《いえ》は、**昔《むかし》ながら**の製法《せいほう》で和菓子《わがし》を作《つく》り続《つづ》けている老舗《しにせ》です。

がたがた
◎古《ふる》くなって壊《こわ》れかかっているようす。例 この机《つくえ》は、小《ちい》さいころから使《つか》っているのでもう**がたがた**だ。◎「寒《さむ》い・冷《つめ》たい」↓216 ◎「物《もの》の言《い》い方《かた》」↓280 ◎「怖《こわ》がる」↓407

ぼろぼろ
◎物《もの》が使《つか》い古《ふる》されて、破損《はそん》しているようす。例 母《はは》は息子《むすこ》にもらったエプロンを、**ぼろぼろ**になっても使《つか》い続《つづ》けた。◎「泣《な》く」↓386

よれよれ
◎衣類《いるい》や紙《かみ》などが、古《ふる》くなって張《は》りがなくなっているようす。例 愛着《あいちゃく》があるのか、父《ちち》は**よれよれ**のコートを手放《てばな》さない。◎「疲《つか》れる」↓209

「古《ふる》さ」が価値《かち》ある趣味《しゅみ》の世界《せかい》
深谷先生《ふかやせんせい》のちょっとひと息《いき》

みなさんのおうちの方《かた》のご趣味《しゅみ》は何《なん》でしょうか？ ワインを飲《の》んだり、古《ふる》い品《しな》物《もの》を集《あつ》めたり、音楽《おんがく》を聴《き》いたり、楽《たの》しいと感《かん》じることは人《ひと》それぞれ。大人《おとな》の趣味《しゅみ》の世界《せかい》には、古《ふる》いもののよさを味《あじ》わうことばがたくさんあります。

ビンテージということばは、もともとワイン用《よう》のブドウが収穫《しゅうかく》された年《とし》のこと。よいブドウが採《と》れた年《とし》のワインは、古《ふる》くても値打《ねう》ちが出《で》ます。このため、腕《うで》時計《どけい》や自動車《じどうしゃ》などで、古《ふる》くてよい品《しな》のこともこう呼《よ》びます。ビンテージよりさらに古《ふる》い物《もの》という感《かん》じのことばがアンティーク。ただし、こう呼《よ》ばれるには、古《ふる》いだけでなく芸術的《げいじゅつてき》な価値《かち》も必要《ひつよう》です。

芸術《げいじゅつ》といえば、クラシックということばも忘《わす》れてはいけません。これはおもに、西洋《せいよう》の王様《おうさま》や貴族《きぞく》が愛《あい》した音楽《おんがく》のことです。ほかに、古着《ふるぎ》や中古《ちゅうこ》の電気製品《でんきせいひん》などはユーズドと呼《よ》ばれ、エコロジーの時代《じだい》のなかで見直《みなお》されつつあります。

速《はや》い

fast
［ファスト］

このページも見《み》てみよう
急《いそ》ぐ ➡504

速《はや》い 動作《どうさ》などに時間《じかん》がかからない。スピードがある。例クラスでいちばん足《あし》の**速《はや》い**森《もり》くんが、リレーに出場《しゅつじょう》する。対**遅《おそ》い**。**のろい**。

早《はや》い 物事《ものごと》が起《お》こったり変《か》わったりする時期《じき》が、ふつうより前《まえ》である。例いつもより**早《はや》い**バスに乗《の》って登校《とうこう》した。対**遅《おそ》い**。

素早《すばや》い 動作《どうさ》や頭《あたま》の回転《かいてん》などが、きびきびとしてとても早《はや》いようす。例ゴロを拾《ひろ》って、**素早《すばや》く**一塁《いちるい》へ投《な》げる。

すばしっこい 活発《かっぱつ》で動作《どうさ》がとても早《はや》い。また、抜《ぬ》け目《め》がなく、とても手際《てぎわ》がよい。例ウサギが、**すばしっこく**逃《に》げ回《まわ》る。◆「すばしこい」ともいう。

はしこい 動《うご》きがきびきびとしている。機転《きてん》がきく。例子犬《こいぬ》が庭《にわ》を**はしこく**走《はし》り回《まわ》る。◆「はしっこい」ともいう。

手早《てばや》い 物事《ものごと》を処理《しょり》するのが早《はや》い。例部屋《へや》の掃除《そうじ》を、短時間《たんじかん》で**手早《てばや》く**済《す》ませる。

急速《きゅうそく》 物事《ものごと》の変化《へんか》や進行《しんこう》・発展《はってん》などが、とても速《はや》いようす。例交《こう》通機関《つうきかん》の**急速《きゅうそく》**な進歩《しんぽ》。

迅速《じんそく》 行動《こうどう》や対応《たいおう》などが、とてもすばやいこと。例消防車《しょうぼうしゃ》が**迅速《じんそく》**に出動《しゅつどう》する。

速《すみ》やか 動作《どうさ》などが、時間《じかん》がかからず速《はや》いようす。ぐずぐずしないようす。例授業《じゅぎょう》が終《お》わったら、**速《すみ》やか**に下校《げこう》しなさい。

スピーディー 「速《はや》い」という意味《いみ》の英語《えいご》。物事《ものごと》が能率《のうりつ》よく行《おこな》われるようす。例クラス全員《ぜんいん》で、**スピーディー**に作業《さぎょう》を進《すす》める。

軽快《けいかい》 ◎身軽《みがる》で動《うご》きがすばやいようす。例マラソンランナーが、**軽快《けいかい》**な足取《あしど》りで走《はし》り抜《ぬ》ける。◎「快《こころよ》い」➡431

敏速《びんそく》 物事《ものごと》の処理《しょり》や判断《はんだん》がすばやく、てきぱきしているようす。例消防士《しょうぼうし》が、**敏速《びんそく》**に持《も》ち場《ば》に就《つ》く。

敏活《びんかつ》 動作《どうさ》や頭《あたま》の働《はたら》きがすばやいこと。例彼女《かのじょ》はいつも、**敏活《びんかつ》**に頭《あたま》を働《はたら》かせる。

敏捷《びんしょう》 身《み》のこなしがきびきびしていて、すばやいようす。例シロクマは、大《おお》きな体《からだ》に似合《にあ》わぬ**敏捷《びんしょう》**な動《うご》きをする動物《どうぶつ》だ。

	敏速	敏活	敏捷
行動《こうどう》――な	○	○	○
仕事《しごと》が――だ	○	○	–
――に動《うご》く	△	○	○

機敏《きびん》 物事《ものごと》をてきぱきとやっていくようす。例**機敏《きびん》**な判断《はんだん》で、チームの危機《きき》を救《すく》った。

急《きゅう》ピッチ 作業《さぎょう》などの進行《しんこう》が、速《はや》いようす。例台風《たいふう》による被害《ひがい》の復旧工事《ふっきゅうこうじ》を、**急《きゅう》ピッチ**で進《すす》める。

高速《こうそく》
速度《そくど》が速《はや》いこと。また、高速《こうそく》道路《どうろ》の略《りゃく》。例 エンジンが**高速《こうそく》**で回転《かいてん》する。

最速《さいそく》
最《もっと》も速《はや》いこと。似 **高速度《こうそくど》**。対 **低速《ていそく》**。例 世界《せかい》で**最速《さいそく》**の新型新幹線《しんがたしんかんせん》。

快速《かいそく》
◎気持《きも》ちのいいほど速《はや》いこと。例 **快速《かいそく》**船《せん》で島《しま》に渡《わた》る。◎駅《えき》を各《かく》駅停車《えきていしゃ》から**快速《かいそく》**に乗《の》り換《か》える。いくつか通過《つうか》して運行《うんこう》する電車《でんしゃ》。例 各《かく》駅停車《えきていしゃ》から**快速《かいそく》**に乗《の》り換《か》える。

全速力《ぜんそくりょく》
ありったけの速《はや》さを出《だ》すようす。例 救急車《きゅうきゅうしゃ》が**全速《ぜんそく》力《りょく》**で事故現場《じこげんば》に急《いそ》ぐ。

フルスピード
「全速力《ぜんそくりょく》」という意味《いみ》の英語《えいご》。例 パトカーが**フルスピード**で、犯人《はんにん》の車《くるま》を追《お》いかける。

猛《もう》スピード
すさまじく速《はや》いこと。「猛《もう》」は、猛烈《もうれつ》（勢《いきお》いが強《つよ》く激《はげ》しいこと）から。例 レーシングカーが、**猛《もう》スピード**で目《め》の前《まえ》を走《はし》り抜《ぬ》けた。

クイック
「動作《どうさ》が速《はや》い」という意味《いみ》の英語《えいご》。例 ピッチャーが、**クイック**モーションで投球《とうきゅう》する。対 スロー。

ハイペース
物事《ものごと》の進行《しんこう》が、ふつうより速《はや》いようす。例 日本《にほん》では、予想《よそう》を超《こ》えた**ハイペース**で少子化《しょうしか》が進《すす》んでいる。

快足《かいそく》
走《はし》るのが速《はや》いこと。例 **快足《かいそく》**を飛《と》ばし、一着《いっちゃく》でゴールインする。

俊足《しゅんそく》
足《あし》が速《はや》いこと。また、足《あし》の速《はや》い人《ひと》。例 父《ちち》は学生時代《がくせいじだい》、百《ひゃく》メートル十一秒台《じゅういちびょうだい》の**俊足《しゅんそく》**を誇《ほこ》るランナーだった。対 **鈍足《どんそく》**。

電光石火《でんこうせっか》
非常《ひじょう》にすばやい動作《どうさ》のたとえ。「電光《でんこう》」は稲妻《いなずま》、「石火《せっか》」は火打《ひう》ち石《いし》の火花《ひばな》のこと。例 **電《でん》光石火《こうせっか》**の早技《はやわざ》で、見事《みごと》な一本勝《いっぽんが》ちを決《き》めた。

一瀉千里《いっしゃせんり》
物事《ものごと》の進《すす》みぐあいが速《はや》く、とどまることなく一気《いっき》にはかどること。「瀉《しゃ》」は、水《みず》が流《なが》れ出《で》ること。川《かわ》の水《みず》が、一気《いっき》に千里《せんり》も流《なが》れ下《くだ》るということから。例 今日《きょう》はとても気分《きぶん》がいいので、**一瀉千里《いっしゃせんり》**に仕事《しごと》がはかどる。

脱兎《だっと》の勢《いきお》い
ウサギが逃《に》げるときのように、動作《どうさ》が非《ひ》常《じょう》に速《はや》いことのたとえ。例 犯人《はんにん》は包囲《ほうい》網《もう》を破《やぶ》り、**脱兎《だっと》の勢《いきお》い**で逃《に》げ去《さ》った。

いち早《はや》く
ほかのものよりも、まっさきに。例 被災地《ひさいち》からの救助隊《きゅうじょたい》の要請《ようせい》に、**いち早《はや》く**参加《さんか》を表《ひょう》明《めい》した。

矢《や》のように
矢《や》が飛《と》ぶように、速《はや》いことのたとえ。例 月日《つきひ》が**矢《や》のように**過《す》ぎ去《さ》る。

目《め》にも留《と》まらぬ
動《うご》きを目《め》でとらえることができないくらい速《はや》いようす。ふつう、人《ひと》の動《うご》きについていう。例 **目《め》にも留《と》まらぬ**早技《はやわざ》で、相手《あいて》を投《な》げ飛《と》ばす。

打《う》てば響《ひび》く
働《はたら》きかけるとすぐに反応《はんのう》する。例 **打《う》てば響《ひび》く**ような返事《へんじ》。

一目散《いちもくさん》
➡「走《はし》る」173

さっと
◎すばやく動《うご》くようす。例 彼《かれ》は**さっと**立《た》ち上《あ》がり、おじいさんに席《せき》を譲《ゆず》った。◎「風《かぜ》」➡599

◆＝もっと知《し》りたい、ことばの知識《ちしき》。

さっさ てきぱきと、すばやく物事《ものごと》をするようす。例 さあご飯《はん》ですよ。**さっさ**とゲームを片《かた》づけなさい。

とっとと 歩《ある》き方《かた》や行動《こうどう》が速《はや》いようす。目下《めした》の人《ひと》の行動《こうどう》について言《い》ったり、命令《めいれい》したりするときに使《つか》う。例 いつまでも教室《きょうしつ》でおしゃべりしてないで、**とっとと**帰《かえ》りなさい。

ぐんぐん 物事《ものごと》の進《すす》み方《かた》や成長《せいちょう》が速《はや》いようす。例 背《せ》が**ぐんぐん**伸《の》びる。

びゅんびゅん ◎物《もの》が風《かぜ》を切《き》って非常《ひじょう》に速《はや》く進《すす》むようす。乗《の》り物《もの》や、投《な》げられた物《もの》についていう。例 車《くるま》を**びゅんびゅん**飛《と》ばす。◎「風《かぜ》」⬇600

てきぱき 仕事《しごと》などを手際《てぎわ》よく、すばやくするようす。例 たまった仕事《しごと》を、**てきぱき**と片《かた》づける。

きびきび 動作《どうさ》が生《い》き生《い》きとしていて、気持《きも》ちのいいくらいに速《はや》いようす。例 **きびきび**した態《たい》度《ど》で働《はたら》く店員《てんいん》さん。

「速《はや》い」に関連《かんれん》することば

駿馬《しゅんめ》 足《あし》の速《はや》い、優《すぐ》れた馬《うま》。
韋駄天《いだてん》 足《あし》が速《はや》い人《ひと》のたとえ。もともとは、非常《ひじょう》に足《あし》の速《はや》い神様《かみさま》の名前《なまえ》。
七《なな》つ立《だ》ち 昔《むかし》、旅行《りょこう》などで、朝早《あさはや》く出発《しゅっぱつ》すること。「七《なな》つ」は昔《むかし》の時間《じかん》で、午前四時《ごぜんよじ》ごろ。⬇184
アレグロ 音楽《おんがく》の速度《そくど》を表《あらわ》すことばの一《ひと》つ。速《はや》い速度《そくど》で演奏《えんそう》するように指示《しじ》することば。

遅《おそ》い

slow
[スロウ]

遅《おそ》い ◎動作《どうさ》などに、時間《じかん》がかかる。例 彼《かれ》は、仕事《しごと》は**遅《おそ》い**がていねいだ。対 **速《はや》い**。◎物事《ものごと》が起《お》こったり変《か》わったりする時期《じき》が、ふつうより後《あと》である。例 テレビに夢中《むちゅう》で、寝《ね》るのが**遅《おそ》く**なる。対 **早《はや》い**。

のろい 動《うご》きや進《すす》みぐあいが遅《おそ》い。非難《ひなん》する気持《きも》ちが含《ふく》まれることが多《おお》い。例 なんであんなに、歩《ある》くのが**のろい**んだろう。対 **速《はや》い**。

間《ま》に合《あ》わない 決《き》まった時間《じかん》より遅《おそ》くなる。例 今《いま》からでは、最終《さいしゅう》バスに**間《ま》に合《あ》わない**。

緩《ゆる》い ◎動《うご》きがゆっくりしている。例 もっと**緩《ゆる》い**ボールを投《な》げてくれないと、取《と》れないよ。◎「やわらかい」⬇540

鈍《にぶ》い 体《からだ》の動《うご》きや頭《あたま》の働《はたら》きが遅《おそ》い。ややばかにする気持《きも》ちが含《ふく》まれることもある。例 そうとう疲《つか》れたのか、選手《せんしゅ》たちの動《うご》きが**鈍《にぶ》い**。例 いくら言《い》っても分《わ》からないなんて、かなり**鈍《にぶ》い**やつだ。

腰《こし》が重《おも》い なかなか行動《こうどう》を起《お》こそうとしない。なかなかやる気《き》にならない。例 彼《かれ》は**腰《こし》が重《おも》い**から、一度《いちど》言《い》ったくらいではだめだ。

緩《ゆる》やか 物事《ものごと》の動《うご》きや進《すす》みぐあいがゆっくりしているようす。例 **緩《ゆる》やか**なガンジス川《がわ》の流《なが》れ。

緩慢《かんまん》　物事《ものごと》の動《うご》きや進《すす》みぐあいがゆったりしていて、のろいこと。例 緩慢《かんまん》な動《うご》きで、敵《てき》にボールを取《と》られてしまう。

スロー　「遅《おそ》い」という意味《いみ》の英語《えいご》。例 スローなテンポの曲《きょく》が好《す》きだ。対 クイック。

スローモーション　動作《どうさ》などがゆっくりしていること。また、映画《えいが》やテレビで、高速度撮影《こうそくどさつえい》したものをふつうの速《そく》度《ど》で映写《えいしゃ》して、動《うご》きを実際《じっさい》よりゆっくりと見《み》せるもの。例 まるでスローモーションを見《み》ているような、鮮《あざ》やかなダイビングキャッチ。

のろま　➡「だめな人《ひと》」74

徐行《じょこう》　自動車《じどうしゃ》や列車《れっしゃ》が、ゆっくりと進《すす》むこと。例 急《きゅう》カーブで車《くるま》は徐行《じょこう》した。

遅延《ちえん》　物事《ものごと》が予定《よてい》より遅《おそ》くなること。例 電車《でんしゃ》が一時間《いちじかん》も遅延《ちえん》する。

低速《ていそく》　速度《そくど》が遅《おそ》いこと。例 濃霧《のうむ》のため、低速《ていそく》で走行《そうこう》している。対 高速《こうそく》。

鈍足《どんそく》　走《はし》るのが遅《おそ》いこと。例 あの選《せん》手《しゅ》は鈍足《どんそく》なので、コーチに三《さん》塁《るい》で止《と》められた。対 俊足《しゅんそく》。

牛歩《ぎゅうほ》　牛《うし》が歩《ある》くようにのろのろとして物事《ものごと》が進《すす》まないこと。また、議会《ぎかい》などで採決案《さいけつあん》に反対《はんたい》する議員《ぎいん》らが、引《ひ》き延《の》ばしのために投票《とうひょう》をのろのろとすること。例 野党《やとう》は牛歩《ぎゅうほ》戦術《せんじゅつ》（議《ぎ》会《かい》での投票《とうひょう》を、わざと遅《おそ》くすること）で、政府案《せいふあん》に対抗《たいこう》してきた。

遅れ《おく》　遅《おく》れること。進《すす》み方《かた》が遅《おそ》いこと。例 十分《じっぷん》遅《おく》れの列車《れっしゃ》に乗《の》り込《こ》む。

手後れ《ておく》　対応《たいおう》や処理《しょり》が遅《おく》れて、間《ま》に合《あ》わないようす。例 救急《きゅうきゅう》車《しゃ》で病院《びょういん》に運《はこ》ばれたが、手後《てお》くれだった。
◆「手遅《ておく》れ」とも書《か》く。

遅れる《おく》　一定《いってい》の時刻《じこく》や期限《きげん》に間《ま》に合《あ》わなくなる。例 事故《じこ》で電《でん》車《しゃ》が五分《ごふん》遅《おく》れる。

緩める《ゆる》　速度《そくど》や勢《いきお》いを遅《おそ》くする。例 雨《あめ》が激《はげ》しくなってきたので、車《くるま》のスピードを緩《ゆる》める。

立ち後れる《たおく》　物事《ものごと》を始《はじ》めることや進《すす》みぐあいが遅《おく》れている。標準《ひょうじゅん》より遅《おく》れている。例 日本《にほん》の地球温暖化対策《ちきゅうおんだんかたいさく》は、先進諸国《せんしんしょこく》に比《くら》べて立《た》ち後《おく》れている。

もたつく　物事《ものごと》がすらすらとうまく進《すす》まない。例 外野手《がいやしゅ》がもたついている間《あいだ》に、一塁《いちるい》ランナーがホームインした。

遅々《ちち》　物事《ものごと》の進《すす》み方《かた》がゆっくりして、なかなかはかどらないようす。「遅々《ちち》として」という形《かたち》で使《つか》われることが多《おお》い。例 遅々《ちち》として宿題《しゅくだい》が進《すす》まない。

おもむろに　落《お》ち着《つ》いて、いい時《じ》機《き》を見《み》つけて、ゆっくりと行動《こうどう》するようす。例 先生《せんせい》はみんなを見回《みまわ》してから、おもむろに口《くち》を開《ひら》いた。

やおら　ゆっくりと、落《お》ち着《つ》いて動《どう》作《さ》を始《はじ》めるようす。例 父《ちち》は読《よ》んでいた新聞《しんぶん》をたたむと、やおら立《た》ち上《あ》がって話《はな》し始《はじ》めた。

徐々に《じょじょ》　ゆっくり変化《へんか》していくようす。例 春《はる》が来《き》て、雪《ゆき》が

◆＝もっと知《し》りたい、ことばの知識《ちしき》。

徐々《じょじょ》に解《と》ける。

ゆっくり　物事《ものごと》の動《うご》きや変化《へんか》が、ゆるやかに進《すす》むようす。落《お》ち着《つ》いて過《す》ごすようす。例もっと、ゆっくり歩《ある》いてください。

ゆるゆる　◎急《いそ》がないで、ゆっくりと少《すこ》しずつ動《うご》くようす。落《お》ち着《つ》いて過《す》ごすようす。例お祭《まつ》りの行列《ぎょうれつ》が、ゆるゆると進《すす》む。似ゆるり。◎「大《おお》きい」⬇512

そろそろ　ゆっくりと、注意深《ちゅういぶか》く動《うご》くようす。例おじいさんが、そろそろと歩《ある》いている。似そろり。

のろのろ　動作《どうさ》がゆっくりとして鈍《にぶ》いようす。例渋滞《じゅうたい》で車《くるま》がのろのろと進《すす》む。

もたもた　人《ひと》の動作《どうさ》が遅《おそ》くてはかどらないようす。例もたもたしていて、電車《でんしゃ》に乗《の》り遅《おく》れてしまった。

ぐずぐず　動作《どうさ》がてきぱきとしていないで、遅《おそ》いようす。のろまなようす。例ぐずぐずしている

と遅刻《ちこく》するよ。

おっとり　動作《どうさ》や反応《はんのう》などが遅《おそ》いようす。細《こま》かいことを気《き》にせず、おおらかなようす。例いい人《ひと》だけど、ちょっとおっとりし過《す》ぎているね。

優《すぐ》れる

superior
［スピアリアー］

優《すぐ》れる　能力《のうりょく》・技《わざ》・価値《かち》などが、ほかのものより上《うえ》である。例夏目漱石《なつめそうせき》は、優《すぐ》れた作品《さくひん》を数多《かずおお》く発表《はっぴょう》した。例彼《かれ》は、優《すぐ》れた運動神経《うんどうしんけい》の持《も》ち主《ぬし》だ。

秀《ひい》でる　◎ほかよりもとくに優《すぐ》れているようす。例語学力《ごがくりょく》に秀《ひい》でた兄《あに》は、外交官《がいこうかん》を目指《めざ》している。◎くっきりと目立《めだ》つ。例まゆの秀《ひい》でた、整《ととの》った顔立《かおだ》ち。

勝《まさ》る　ほかのものに比《くら》べて、能力《のうりょく》などが上《うえ》である。例算数《さんすう》に関《かん》しては、僕《ぼく》より彼《かれ》のほうが勝《まさ》っている。

対劣《おと》る。◆「優《まさ》る」とも書《か》く。

しのぐ　◎ほかのものを超《こ》えて、それ以上《いじょう》に優《すぐ》れる。例七十《ななじっ》才《さい》の祖父《そふ》は、父《ちち》をしのぐ元気《げんき》さだ。◎「耐《た》える」⬇488

長《た》ける　練習《れんしゅう》や経験《けいけん》を積《つ》んで、ある能力《のうりょく》が優《すぐ》れる。例悪知恵《わるぢえ》に長《た》けた兄《あに》が、そのいたずらを考《かんが》え出《だ》した。

長《ちょう》じる　「長《た》ける」と同《おな》じ。得意《とくい》である。例わたしの祖父《そふ》は、語学《ごがく》に長《ちょう》じた国際人《こくさいじん》です。◎「育《そだ》つ」⬇108

上回《うわまわ》る　能力《のうりょく》や技術《ぎじゅつ》などが、ある基準《きじゅん》より優《すぐ》れる。例この子《こ》のピアノの腕前《うでまえ》は、母《はは》をはるかに上回《うわまわ》っている。対下回《したまわ》る。

光《ひか》る　◎才能《さいのう》や姿《すがた》かたちが、いちだんと優《すぐ》れて目立《めだ》っている。例彼《かれ》の絵《え》は、展覧会《てんらんかい》でひときわ光《ひか》っている。◎「光《ひか》る」⬇580

輝《かがや》く　◎「光《ひか》る」と同《おな》じ。例今年《ことし》の新人《しんじん》の中《なか》では、あの選手《せんしゅ》が断然《だんぜん》輝《かがや》いている。◎「光《ひか》る」⬇580

似＝似《に》た表現《ひょうげん》のことば。対＝反対《はんたい》の意味《いみ》のことば。例＝使《つか》い方《かた》の例《れい》。

過《す》ぎる ◎釣《つ》り合《あ》わないほど優《すぐ》れている。分不相応《ぶんふそうおう》なほどよい。例 立派《りっぱ》な賞《しょう》をいただき、これに過《す》ぎる喜《よろこ》びはありません。◎「通《とお》る」➡179

抜《ぬ》きん出《で》る ほかのものと比《くら》べて優《すぐ》れている。例 彼《かれ》は、他《た》に抜《ぬ》きん出《で》た絵《え》の才能《さいのう》の持《も》ち主《ぬし》だ。

ずば抜《ぬ》ける ほかのものと比《くら》べて、並外《なみはず》れて優《すぐ》れている。例 あの子《こ》は、算数《さんすう》の成績《せいせき》がずば抜《ぬ》けてよい。

図抜《ずぬ》ける 「ずば抜《ぬ》ける」と同《おな》じ。例 バレーボール部員《ぶいん》の中《なか》でも、彼女《かのじょ》は図抜《ずぬ》けて背《せ》が高《たか》い。

飛《と》び抜《ぬ》ける ほかのものより、はるかに優《すぐ》れている。例 小《ちい》さいころから音楽好《おんがくず》きで、飛《と》び抜《ぬ》けた音感《おんかん》の持《も》ち主《ぬし》だった。

群《ぐん》を抜《ぬ》く ほかに比《くら》べて、抜《ぬ》きん出《で》ている。「群《ぐん》」は、大勢《おおぜい》の人《ひと》のこと。例 強豪《きょうごう》ぞろいのA《エー》ブロックの中《なか》でも、あのチームは群《ぐん》を抜《ぬ》いて強《つよ》い。

一頭地《いっとうち》を抜《ぬ》く ほかより、ひときわ優《すぐ》れている。「一頭地《いっとうち》」は、頭一《あたまひと》つ分《ぶん》ほどの高《たか》さのことで、首一《くびひと》つ分高《ぶんたか》く抜《ぬ》け出《だ》して見《み》えるという意味《いみ》。例 彼《かれ》の作品《さくひん》は、一頭地《いっとうち》を抜《ぬ》いている。

五指《ごし》に入《はい》る 上位《じょうい》の五番《ごばん》のうちに入《はい》るくらい、優《すぐ》れている。例 この記録《きろく》は、世界《せかい》の五指《ごし》に入《はい》る。似 五本《ごほん》の指《ゆび》に入《はい》る。

右《みぎ》に出《で》る者《もの》がない その人《ひと》がいちばん優《すぐ》れている。昔《むかし》、中国《ちゅうごく》では左《ひだり》よりも右《みぎ》を上位《じょうい》として尊《とうと》び、それ以上《いじょう》右《みぎ》に出《で》て優位《ゆうい》を占《し》める者《もの》がいないということから。例 暗算《あんざん》をさせたら、彼《かれ》の右《みぎ》に出《で》る者《もの》がない。

他《た》を寄《よ》せ付《つ》けない 非常《ひじょう》に優《すぐ》れていて、ほかの者《もの》がまねをしたり追《お》いついたりできないほどである。例 この論文《ろんぶん》のすばらしさは他《た》を寄《よ》せ付《つ》けない。

追随《ついずい》を許《ゆる》さない 非常《ひじょう》に優《すぐ》れていて、後《あと》を追《お》う者《もの》が追《お》いつくことができないほどである。例 わが社《しゃ》の新製品《しんせいひん》は、他社《たしゃ》の追随《ついずい》を許《ゆる》さない性能《せいのう》を持《も》っている。

際立《きわだ》つ ひときわ目立《めだ》って優《すぐ》れている。例 雪《ゆき》を頂《いただ》いた富士山《ふじさん》は、際立《きわだ》って美《うつく》しい。

水際立《みずぎわだ》つ ひときわ目立《めだ》つ。鮮《あざ》やかに際立《きわだ》つ。とくに、演技《えんぎ》や人《ひと》の動作《どうさ》などについて使《つか》われる。例 主役《しゅやく》の水際立《みずぎわだ》った演技《えんぎ》に、観衆《かんしゅう》は惜《お》しみない拍手《はくしゅ》を送《おく》った。

異彩《いさい》を放《はな》つ 多《おお》くの中《なか》で、際立《きわだ》って見《み》える。「異彩《いさい》」は、ふつうと違《ちが》った彩《いろど》りということから、とくに優《すぐ》れたようす。例 彼女《かのじょ》は、個性的《こせいてき》な新進女優《しんしんじょゆう》として異彩《いさい》を放《はな》つ存在《そんざい》だ。

頭角《とうかく》を現《あらわ》す 才能《さいのう》や技能《ぎのう》などが、ほかの人《ひと》よりも目立《めだ》つようになる。「頭角《とうかく》」は、「頭《あたま》の先《さき》」のこと。頭《あたま》の先《さき》が、人《ひと》より目立《めだ》つということから。例 コーチの指導《しどう》を受《う》けるようになってから、めきめき頭角《とうかく》を現《あらわ》した。

一芸《いちげい》に秀《ひい》でる ある技術《ぎじゅつ》や芸事《げいごと》などが、人《ひと》より飛《と》び抜《ぬ》けて優《すぐ》れている。例 何《なん》でもまんべんなくできるよりも、**一芸《いちげい》に秀《ひい》でた**人《ひと》のほうが魅力的《みりょくてき》かもしれない。

傑出《けっしゅつ》 実力《じつりょく》・才能《さいのう》などが、ほかのものより飛《と》び抜《ぬ》けて優《すぐ》れていること。例 リンカーンは、歴代《れきだい》の大統《だいとう》領《りょう》の中《なか》でも、**傑出《けっしゅつ》**した政治家《せいじか》だった。

抜群《ばつぐん》 多《おお》くの中《なか》で、とくに優《すぐ》れていること。例 あのグループは、日本《にほん》で**抜群《ばつぐん》**の人気《にんき》を誇《ほこ》っている。

秀逸《しゅういつ》 ほかより抜《ぬ》きん出《で》て優《すぐ》れていること。例 よくできた俳句《はいく》の中《なか》でも、とくに**秀逸《しゅういつ》**な作品《さくひん》を選《えら》んだ。

秀抜《しゅうばつ》 能力《のうりょく》・出来《でき》ばえなどが、とくに優《すぐ》れていること。例 **秀抜《しゅうばつ》**な業績《ぎょうせき》を残《のこ》した会社《かいしゃ》。

卓抜《たくばつ》 同《おな》じ種類《しゅるい》の中《なか》で、ずば抜《ぬ》けて優《すぐ》れていること。例 **卓抜《たくばつ》**な着《ちゃく》想《そう》で、みんなをあっと言《い》わせた。

卓越《たくえつ》 ほかのものよりも、はるかに抜《ぬ》きん出《で》て優《すぐ》れていること。例 彼《かれ》は、人柄《ひとがら》・技量《ぎりょう》ともに**卓越《たくえつ》**している。

卓絶《たくぜつ》 他《た》に比《くら》べるものがないほど優《すぐ》れていること。例 彼女《かのじょ》のピアノ演奏《えんそう》は**卓絶《たくぜつ》**していた。

出色《しゅっしょく》 ほかのものより、目立《めだ》って優《すぐ》れていること。例 この作品《さくひん》は**出色《しゅっしょく》**の出来《でき》ばえだ。

優秀《ゆうしゅう》 とても優《すぐ》れているようす。例 日本《にほん》の技術力《ぎじゅつりょく》は、**優秀《ゆうしゅう》**なエンジニアによって支《ささ》えられている。

優等《ゆうとう》 ほかよりとくに優《すぐ》れていること。等級《とうきゅう》が勝《まさ》っているということ。例 叔母《おば》は、名門大学《めいもんだいがく》を**優等《ゆうとう》**で卒《そつ》業《ぎょう》した。対 **劣等《れっとう》**。

優越《ゆうえつ》 ほかより優《すぐ》れていること。例 イギリスは、かつて、他国《たこく》に**優越《ゆうえつ》**した海軍力《かいぐんりょく》を誇《ほこ》った。

凌駕《りょうが》 ほかのものより勝《まさ》って、そのいちばん上《うえ》に出《で》ること。例 アメリカは、国民総生産《こくみんそうせいさん》で他国《たこく》を**凌駕《りょうが》**している。◆「陵駕《りょうが》」とも書《か》く。

上出来《じょうでき》 出来《でき》ばえや物事《ものごと》の結果《けっか》などが優《すぐ》れていること。また、そのようす。例 初《はじ》めての仕事《しごと》にしては**上出来《じょうでき》**だ。

ひとかど ひときわ優《すぐ》れていること。例 あの老紳士《ろうしんし》は**ひとかど**の人物《じんぶつ》だ。

類《たぐい》ない あまりに優《すぐ》れていて、ほかに比《くら》べるものがない。「類《たぐい》」は、同程度《どうていど》のもの。例 **類《たぐい》ない**才能《さいのう》に恵《めぐ》まれた新人《しんじん》。似 **類《たぐい》まれ**。

比類《ひるい》ない ほかに比《くら》べるものがないほど優《すぐ》れている。「比類《ひるい》」は、比《くら》べるべき対象《たいしょう》。例 インドのタージマハルは、その**比類《ひるい》ない**美《うつく》しさで世界的《せかいてき》に有名《ゆうめい》だ。

並《なら》びない 同程度《どうていど》のものがないほど、とくに優《すぐ》れている。例 世界《せかい》に**並《なら》びない**、偉大《いだい》な指揮者《しきしゃ》が来日《らいにち》した。

無比《むひ》 ほかに比《くら》べるものがないほど優《すぐ》れていること。ほかのことばと結《むす》びついて使《つか》われることが多《おお》い。例 痛快《つうかい》**無比《むひ》**。例 正確《せいかく》**無比《むひ》**のコントロールを誇《ほこ》るピッチャー。

無双《むそう》 同程度《どうていど》のものが二《ふた》つとないほど優《すぐ》れていること。「双《そう》」は、二《ふた》つという意味《いみ》。例 天下《てんか》無双《むそう》の大横綱《だいよこづな》。例 古今《ここん》無双《むそう》の名将《めいしょう》。

無類《むるい》

ほかに類《るい》がないほど優《すぐ》れていたり、はなはだしかったりすること。「類《るい》」は、同程度《どうていど》のもの。例 母《はは》は無類《むるい》の読書《どくしょ》好《ず》きで、家《いえ》には小説本《しょうせつぼん》があふれている。

絶世《ぜっせい》

世《よ》に並《なら》ぶものがないほど優《すぐ》れていること。美人《びじん》をほめていうときに使《つか》うことが多《おお》い。例 クレオパトラは、古来《こらい》、絶世《ぜっせい》の美女《びじょ》として有名《ゆうめい》だ。

超越《ちょうえつ》

ふつうの程度《ていど》をはるかに超《こ》えていること。はるかに超《こ》えて優《すぐ》れていること。例 世俗《せぞく》を超越《ちょうえつ》した、すばらしい才能《さいのう》。

超凡《ちょうぼん》

ふつうよりはるかに優《すぐ》れていること。平凡《へいぼん》ではないようす。例 超凡《ちょうぼん》な色彩感覚《しきさいかんかく》の持《も》ち主《ぬし》。

非凡《ひぼん》

平凡《へいぼん》でないこと。ふつうより優《すぐ》れていること。また、そのようす。例 レオナルド-ダ-ビンチは非凡《ひぼん》な才能《さいのう》の持《も》ち主《ぬし》で、万能《ばんのう》の天才《てんさい》と呼《よ》ばれた。

超絶《ちょうぜつ》

ほかに同等《どうとう》のものがまったくないほど、飛《と》び抜《ぬ》けて優《すぐ》れていること。例 超絶《ちょうぜつ》した力量《りきりょう》を見《み》せつける、プロのサッカー選手《せんしゅ》。

不世出《ふせいしゅつ》

めったにこの世《よ》に現《あらわ》れないほど、優《すぐ》れていること。例 彼《かれ》は不世出《ふせいしゅつ》の作家《さっか》で、もうあれほどの人《ひと》は現《あらわ》れないだろう。

冠《かん》たる

最《もっと》も優《すぐ》れているようす。例 日本《にほん》は、世界《せかい》に冠《かん》たる工業国《こうぎょうこく》である。

錚々《そうそう》たる

名前《なまえ》が世間《せけん》に知《し》れ渡《わた》っていて、とくに優《すぐ》れているようす。「錚々《そうそう》」は、金属《きんぞく》や楽器《がっき》の音色《ねいろ》がさえて響《ひび》くようす。例 錚々《そうそう》たるメンバーが、県大会《けんたいかい》の代表《だいひょう》として選《えら》ばれた。

きっての

その中《なか》で、最《もっと》も優《すぐ》れているようす。ほかのことばに付《つ》いて、「その中《なか》でいちばんの」

好《す》き？ 嫌《きら》い？ 通信簿《つうしんぼ》の話《はなし》

深谷先生《ふかやせんせい》のちょっとひと息《いき》

みなさんが楽《たの》しみにしている夏《なつ》・冬《ふゆ》・春《はる》の休《やす》みの前《まえ》に先生《せんせい》からもらうのが、楽《たの》しさ半分《はんぶん》、怖《こわ》さ半分《はんぶん》の通信簿《つうしんぼ》。地域《ちいき》や学《がっ》校《こう》によっては通知表《つうちひょう》、通知箋《つうちせん》などとも呼《よ》ばれています。多《おお》くの学校《がっこう》では、その子《こ》の頑張《がんば》りを三段階《さんだんかい》で評価《ひょうか》しますが、五段《ごだん》階《かい》や十段階《じゅうだんかい》の学校《がっこう》もあります。小学校《しょうがっこう》では、出席日数《しゅっせきにっすう》を満《み》たしていれば、よほどのことがない限《かぎ》り上《うえ》の学年《がくねん》に進級《しんきゅう》できますが、大学《だいがく》などでは、よい順《じゅん》から「優《ゆう》・良《りょう》・可《か》・不可《ふか》（またはA《エー》～D《ディー》）」と評価《ひょうか》され、不可《ふか》（D《ディー》）の科目《かもく》が多《おお》いと留年《りゅうねん》（同《おな》じ学《がく》年《ねん》をもう一度《いちど》すること）したり、卒業《そつぎょう》できなかったりすることがあります。

また、「甲《こう》・乙《おつ》・丙《へい》・丁《てい》…」という評《ひょう》価方法《かほうほう》もあり、昔《むかし》はすべての男性《だんせい》が体格《たいかく》などを検査《けんさ》され、甲《こう》や乙《おつ》と認《みと》められると軍隊《ぐんたい》に入《い》れられました。人《ひと》に限《かぎ》らず、二《ふた》つの物《もの》の優劣《ゆうれつ》を判断《はんだん》できないほど差《さ》がないという意味《いみ》の、甲《こう》乙《おつ》付《つ》けがたいということばもあります。

軽《かる》い 美《うつく》しい 汚《きたな》い 新《あたら》しい 古《ふる》い 速《はや》い 遅《おそ》い
ようす
物《もの》のようす
▶優《すぐ》れる 難《むずか》しい 簡単《かんたん》

◆＝もっと知《し》りたい、ことばの知識《ちしき》。

という意味《いみ》を表《あらわ》すことば。例 あの選手《せんしゅ》は、日本代表《にほんだいひょう》きってのドリブルの名手《めいしゅ》だ。

天才的《てんさいてき》 生《う》まれつき、才能《さいのう》が人並《ひとな》み外《はず》れて優《すぐ》れているようす。例 天才的《てんさいてき》な着想《ちゃくそう》で、大人《おとな》たちをびっくりさせる。

スーパー 「非常《ひじょう》によい」などの意《い》味《み》の英語《えいご》。ほかのことばの前《まえ》に付《つ》いて使《つか》われることが多《おお》い。例 スーパーコンピュータ。例 スーパースター。

珠玉《しゅぎょく》 美《うつく》しく優《すぐ》れたものをほめたたえることば。とくに、詩《し》や文《ぶん》章《しょう》について使《つか》われることば。例 珠玉《しゅぎょく》の短編小説集《たんぺんしょうせつしゅう》。

天下一品《てんかいっぴん》 この世《よ》にただ一《ひと》つしかないというほど、優《すぐ》れているもの。例 このレストランで出《だ》されるハンバーグは、天下一品《てんかいっぴん》だ。

飛《と》び切《き》り ずば抜《ぬ》けて優《すぐ》れているようす。例 飛《と》び切《き》り上《じょう》等《とう》のワインを買《か》う。◆「飛《と》びっ切《き》り」ともいう。

素人離《しろうとばな》れ 素人《しろうと》(アマチュア)とは思《おも》えないくらい、技術《ぎじゅつ》や知識《ちしき》などが優《すぐ》れていること。例 彼《かれ》の書道《しょどう》の腕前《うでまえ》は、素人離《しろうとばな》れしている。

玄人《くろうと》はだし 素人《しろうと》(アマチュア)なのに、専門家《せんもんか》が驚《おどろ》くほど技術《ぎじゅつ》や知識《ちしき》に優《すぐ》れていること。玄人《くろうと》(プロ)が、はだしで逃《に》げ出《だ》すということから。例 父《ちち》の医学知識《いがくちしき》は、玄人《くろうと》はだしだ。

一日《いちじつ》の長《ちょう》 知識《ちしき》・技術《ぎじゅつ》・経験《けいけん》などが、人《ひと》よりも少《すこ》し勝《まさ》っていること。一日《いちにち》だけ早《はや》く生《う》まれた程度《ていど》ということ。例 英会話《えいかいわ》では、君《きみ》のほうに一日《いちじつ》の長《ちょう》がある。

指折《ゆびお》り 多《おお》くの中《なか》で、上位《じょうい》から指《ゆび》を折《お》って数《かぞ》えられるほど優《すぐ》れていること。また、そのもの。例 日本《にほん》でも指折《ゆびお》りの大会社《だいがいしゃ》に勤《つと》める。

屈指《くっし》 多《おお》くの中《なか》で、とくに数《かぞ》え上《あ》げるに値《あたい》するほど優《すぐ》れていること。例 今大会《こんたいかい》屈指《くっし》の投手《とうしゅ》が登場《とうじょう》した。

有数《ゆうすう》 その分野《ぶんや》で代表的《だいひょうてき》なものとして有名《ゆうめい》であること。例 宮城県《みやぎけん》は、全国《ぜんこく》有数《ゆうすう》の米《こめ》の産地《さんち》だ。

最高《さいこう》 ◎最《もっと》も優《すぐ》れていること。例 わが国《くに》のコンピュータ技術《ぎじゅつ》は、最高《さいこう》のレベルに達《たっ》した。対 最低《さいてい》。◎「高《たか》い」⬇534

至高《しこう》 この上《うえ》なく優《すぐ》れていること。例 この絵《え》の芸術性《げいじゅつせい》は、まさに至高《しこう》の域《いき》に達《たっ》している。

随一《ずいいち》 同《おな》じ種類《しゅるい》のものの中《なか》で、最《もっと》も優《すぐ》れていること。例 当代《とうだい》随一《ずいいち》の名女優《めいじょゆう》が出演《しゅつえん》する映画《えいが》。

ベスト 「最高《さいこう》」という意味《いみ》の英語《えいご》。最《もっと》も優《すぐ》れていること。また、最《もっと》も優《すぐ》れているもの。例 今《こん》シーズンのベストの記録《きろく》が出《で》た。

一番《いちばん》 ◎同《おな》じ種類《しゅるい》のものの中《なか》で、最《さい》上位《じょうい》であること。例 今回《こんかい》のテストの一番《いちばん》は、内田《うちだ》さんだった。◎順番《じゅんばん》の最初《さいしょ》。例 一番《いちばん》電車《でんしゃ》に乗《の》って出《で》かける。

トップ 「頂上《ちょうじょう》」「てっぺん」などの意《い》味《み》の英語《えいご》。例 ファッション業界《ぎょうかい》のトップに立《た》つ。例 前半《ぜんはん》をトップで折《お》り返《かえ》した。

第一《だいいち》 ◎最《もっと》も優《すぐ》れていること。例 あの人《ひと》が今《いま》の日本《にほん》画壇《がだん》では第《だい》一《いち》の画家《がか》だ。◎順序《じゅんじょ》のいちばん初《はじ》め。例 朝起《あさお》きたら、第一《だいいち》に新聞《しんぶん》を読《よ》むことにしている。◎最《もっと》も重要《じゅうよう》であること。例 何《なに》よりも安全《あんぜん》を第一《だいいち》に作業《さぎょう》を進《すす》める。

日本一《にっぽんいち》 日本《にほん》で第一《だいいち》であること。また、そのもの。例 やっぱり富士山《ふじさん》は日本一《にっぽんいち》の山《やま》だ。◆「にほんいち」ともいう。

世界一《せかいいち》 世界《せかい》で第一《だいいち》であること。また、そのもの。例 この大会《たいかい》の優勝者《ゆうしょうしゃ》が、世界一《せかいいち》の称号《しょうごう》を手《て》に入《い》れる。

三国一《さんごくいち》 この世《よ》で第一《だいいち》であること。「三国《さんごく》」は、日本《にほん》・中国《ちゅうごく》・インドの三《みっ》つの国《くに》のことで、昔《むかし》、「全世《ぜんせ》界《かい》」という意味《いみ》で使《つか》ったことから。例 三国一《さんごくいち》の花嫁《はなよめ》。

ぴか一《いち》 多《おお》くの中《なか》で、抜《ぬ》きん出《で》て優《すぐ》れていること。また、そのもの。例 この学校《がっこう》では、彼《かれ》がぴか一《いち》のマラソンランナーだ。

断トツ《だん》 ほかのものを大《おお》きく引《ひ》き離《はな》して、一番《いちばん》であること。「断然《だんぜん》トップ」の略《りゃく》。例 この本《ほん》の売《う》り上《あ》げが、今年《ことし》の断《だん》トツの一位《いちい》だった。

高級《こうきゅう》 程度《ていど》や内容《ないよう》が高《たか》く、優《すぐ》れていること。例 高級《こうきゅう》なお茶《ちゃ》は、百《ひゃく》グラムで何千円《なんぜんえん》もするらしい。

一流《いちりゅう》 ある分野《ぶんや》で優《すぐ》れていて、いちばん上《うえ》の等級《とうきゅう》であること。例 一流《いちりゅう》のレストランで食事《しょくじ》をする。似 超一流《ちょういちりゅう》。

一級《いっきゅう》 いちばん上《うえ》の等級《とうきゅう》。最《もっと》も優《すぐ》れた階級《かいきゅう》。例 一級《いっきゅう》の品《しな》がそろっている高級店《こうきゅうてん》。似 一等《いっとう》。

上等《じょうとう》 ◎品質《ひんしつ》・状態《じょうたい》などが優《すぐ》れていること。例 奮発《ふんぱつ》して、普段《ふだん》より上等《じょうとう》な肉《にく》を買《か》った。◎「高《たか》い」⬇534

上質《じょうしつ》 品質《ひんしつ》が上等《じょうとう》であること。例 上質《じょうしつ》な素材《そざい》を用《もち》いた斬新《ざんしん》なデザインの家具《かぐ》。

良質《りょうしつ》 質《しつ》が優《すぐ》れていること。例 良《りょう》質《しつ》の油《あぶら》で、からっと揚《あ》げたて

「優《すぐ》れる」に関連《かんれん》することば

上《うえ》には上《うえ》がある あるものが最《もっと》も優《すぐ》れていると思《おも》っていたら、ほかにそれよりもっと優《すぐ》れたものがあるということ。思《おも》いがけないことで驚《おどろ》いたときや、目標《もくひょう》やうぬぼれはほどほどにしろというときに使《つか》うことば。

栴檀《せんだん》は双葉《ふたば》より芳《かんば》し 優《すぐ》れた人物《じんぶつ》は、幼《おさな》いころから人並《ひとな》み外《はず》れて優《すぐ》れているということ。「栴檀《せんだん》」は、白檀《びゃくだん》というよい香《かお》りのする香木《こうぼく》のこと。「双《ふた》葉《ば》」は木《き》や草《くさ》が種《たね》から芽《め》を出《だ》したとき、最初《さいしょ》に出《で》る二枚《にまい》の葉《は》。香木《こうぼく》は、双葉《ふたば》のときからすでによい香《かお》りがするということから。

白眉《はくび》 同《おな》じ分野《ぶんや》の中《なか》などで、最《もっと》も優《すぐ》れている人《ひと》や物《もの》。「白眉《はくび》」は、白《しろ》いまゆげのこと。昔《むかし》、中国《ちゅうごく》に優秀《ゆうしゅう》な五人《ごにん》の兄弟《きょうだい》がいたが、中《なか》でもとくに優《すぐ》れている長男《ちょうなん》のまゆに白《しろ》い毛《け》があったという話《はなし》から。⬇71

◆＝もっと知《し》りたい、ことばの知識《ちしき》。

んぷら。

極上《ごくじょう》 物《もの》の品質《ひんしつ》が、極《きわ》めて上等《じょうとう》であること。例 極上《ごくじょう》の絹糸《きぬいと》で織《お》り上《あ》げた着物《きもの》。

最上《さいじょう》 内容《ないよう》や程度《ていど》が、いちばん上《うえ》であるもの。例 鮭児《けいじ》という最上《さいじょう》のサケは、あぶらが乗《の》っていておいしかった。

きらり ◎人の能力《のうりょく》や美《うつく》しさなどが、目立《めだ》たないが確《たし》かにあるようす。例 あの選手《せんしゅ》はまだ二軍《にぐん》だが、盗塁《とうるい》のセンスはきらりと光《ひか》っている。似 きらっと。◎「光《ひか》る」↓584

難《むずか》しい

difficult
［ディフィカルト］

難《むずか》**しい** ◎簡単《かんたん》に実現《じつげん》することができない。例 中国語《ちゅうごくご》の発音《はつおん》は難《むずか》しい。対 易《やさ》しい。◎分《わ》かりにくく、面倒《めんどう》だ。例 駅《えき》から家《いえ》までの道《みち》を一度《いちど》で覚《おぼ》えるのは難《むずか》しい。対 易《やさ》しい。◎病気《びょうき》やけがが、ひどく治《なお》りにくい。例 母《はは》の病気《びょうき》は難《むずか》しいと言《い》われたが、手術《しゅじゅつ》がうまくいってめきめき回復《かいふく》した。◆「むつかしい」ともいう。◎「怒《おこ》る」↓402

小難《こむずか》**しい** ◎何《なん》となく難《むずか》しくて、面倒《めんどう》である。例 パソコンのマニュアルは小難《こむずか》しいばかりで、あまり役《やく》に立《た》たない。◎「怒《おこ》る」↓402

分《わ》**かりにくい** 理解《りかい》するのが難《むずか》しい。例 写真《しゃしん》にだれが写《うつ》っているのか分《わ》かりにくい。対 分《わ》かりやすい。

やりにくい ◎その物事《ものごと》をするのが難《むずか》しい。例 台所《だいどころ》が狭《せま》いので、料理《りょうり》がやりにくくて困《こま》る。似 しにくい。◎何《なん》となく行動《こうどう》しにくい。例 先輩《せんぱい》の目《め》が光《ひか》っているので、どうもやりにくい。似 しにくい。

苦《くる》**しい** ◎解決《かいけつ》が難《むずか》しい。無理《むり》があって、とうてい成功《せいこう》しそうには見《み》えない。例 急《きゅう》に腹痛《ふくつう》がしたと、苦《くる》しい言《い》い訳《わけ》をする。◎「苦《くる》しむ」↓469

難《かた》**い** あることをすることが難《むずか》しい。なかなかできない。例 守《まも》るに易《やす》く攻《せ》めるに難《かた》い城《しろ》。対 易《やす》い。

難《がた》**い** 難《むずか》しい。動作《どうさ》を表《あらわ》すことばに付《つ》いて、「〜しにくい」「〜するのが難《むずか》しい」という意味《いみ》を表《あらわ》す。例 信《しん》じ難《がた》い出来事《できごと》が起《お》こる。例 今《いま》の気持《きも》ちは筆舌《ひっぜつ》に尽《つ》くし難《がた》い。

づらい 難《むずか》しい。動作《どうさ》を表《あらわ》すことばに付《つ》いて、「〜しにくい」「〜するのが心苦《こころぐる》しい」という意味《いみ》を表《あらわ》す。例 視力《しりょく》が落《お》ちてきたのか、最近黒板《さいきんこくばん》の字《じ》が見《み》づらい。

にくい 難《むずか》しい。動作《どうさ》を表《あらわ》すことばに付《つ》いて、「〜するのが難《むずか》しい」「なかなか〜しない」という意味《いみ》を表《あらわ》す。例 このペンは、インクの出《で》が悪《わる》くてどうも書《か》きにくい。

いかんともしがたい 解決《かいけつ》や達成《たっせい》が難《むずか》しく、どうすることもできない。例 わがチームとしては健闘《けんとう》したが、相手《あいて》が強《つよ》すぎていかんともしがたかった。

そうは問屋《とんや》**が卸**《おろ》**さない** 都合《つごう》のいいことばかりを願《ねが》っても、簡《かん》単《たん》に期待《きたい》通《どお》りにはいかない。そんなに安《やす》い値段《ねだん》では、問屋《とんや》が売《う》ってくれないという意味《いみ》から。例 君《きみ》の成績《せいせき》で推薦《すいせん》入学《にゅうがく》を希望《きぼう》しても、**そうは問屋《とんや》が卸《おろ》さない。**

一筋縄《ひとすじなわ》ではいかない ふつうの、単《たん》純《じゅん》なやり方《かた》ではうまくいかない。「一《ひと》筋縄《すじなわ》」は一本《いっぽん》の縄《なわ》のことで、ふつうの方法《ほうほう》という意味《いみ》。例 気難《きむずか》しい彼《かれ》との交渉《こうしょう》は、**一筋縄《ひとすじなわ》ではいかない**だろう。

困難《こんなん》 物事《ものごと》をするのが難《むずか》しいこと。また、そのような事柄《ことがら》。例 石《いし》の多《おお》い土地《とち》でのトンネル掘削《くっさく》は、**困難《こんなん》**な作業《さぎょう》だ。

至難《しなん》 ほとんど不可能《ふかのう》なくらい難《むずか》しいようす。「至難《しなん》の業《わざ》」ということばで使《つか》うことが多《おお》い。例 十点差《じってんさ》をひっくり返《かえ》すのは**至難《しなん》**の業《わざ》だ。

難儀《なんぎ》 ◎難《むずか》しいこと。面倒《めんどう》なこと。例 **難儀《なんぎ》**な仕事《しごと》を引《ひ》き受《う》けてしまった。◎「苦《くる》しむ」➡469

難渋《なんじゅう》 物事《ものごと》がうまく進《すす》まず苦労《くろう》すること。思《おも》うようにならなくて困《こま》ること。例 道《みち》が込《こ》んでいて、到着《とうちゃく》するまでにかなり**難渋《なんじゅう》**した。

難解《なんかい》 難《むずか》しくて、内容《ないよう》が分《わ》かりにくいこと。例 **難解《なんかい》**な文章《ぶんしょう》なので、読《よ》みこなすのに時間《じかん》がかかる。対 平易《へいい》。

晦渋《かいじゅう》 ことばや文章《ぶんしょう》が難《むずか》しくて、意《い》味《み》が分《わ》かりにくいこと。例 あの作家《さっか》の小説《しょうせつ》は**晦渋《かいじゅう》**だといわれている。

ちんぷんかんぷん 何《なに》がなんだかまるで分《わ》からないようす。とくに、話《はなし》の内《ない》容《よう》がまったく分《わ》からないようす。例 あの先生《せんせい》の話《はなし》は、英語《えいご》が多《おお》くて**ちんぷんかんぷん**だ。似 ちんぷんかん。

難航《なんこう》 物事《ものごと》がうまくはかどらないこと。悪天候《あくてんこう》のために、船《ふね》や飛《ひ》行機《こうき》がうまく進《すす》めないことから。例 領《りょう》土問題《どもんだい》についての隣国《りんごく》との交渉《こうしょう》が**難航《なんこう》**している。

無理《むり》 ◎行《おこな》うのが不可能《ふかのう》なこと。例 こんなに多《おお》い宿題《しゅくだい》を、今日中《きょうじゅう》に仕上《しあ》げるのは**無理《むり》**だ。◎道理《どうり》に合《あ》わないこと。例 いたずらをしたのだから、先生《せんせい》が怒《おこ》るのも**無理《むり》**はない。◎しいて何《なに》かをすること。例 **無理《むり》**に勉強《べんきょう》させても、結局《けっきょく》は頭《あたま》に入《はい》らない。

ちょっと ◎後《あと》に打《う》ち消《け》しのことばが付《つ》いて、「簡単《かんたん》には〜ない」「すぐには〜ない」という意《い》味《み》を表《あらわ》す。例 わたしにはこの問題《もんだい》は、**ちょっと**解《と》けそうにない。◎「少《すく》ない」➡528

「難《むずか》しい」に関連《かんれん》することば

狭《せま》き門《もん》 競争《きょうそう》が激《はげ》しく、突破《とっぱ》するのが難《むずか》しいこと。とくに、入学《にゅうがく》・就職《しゅうしょく》などについて使《つか》うことが多《おお》い。フランスの小説家《しょうせつか》、ジードの小説《しょうせつ》の題名《だいめい》としても知《し》られる。

登竜門《とうりゅうもん》 そこを通《とお》り抜《ぬ》けなければ出世《しゅっせ》できないという難関《なんかん》。中国《ちゅうごく》の黄河《こうが》という川《かわ》の上流《じょうりゅう》に竜門《りゅうもん》という急流《きゅうりゅう》があり、ここをコイが登《のぼ》ることができれば竜《りゅう》になるという故事《こじ》からできたことば。

◆＝もっと知《し》りたい、ことばの知識《ちしき》。

簡単《かんたん》

easy
［イージー］

簡単《かんたん》 ◎物事《ものごと》が込《こ》み入《い》っていなくて、やさしいようす。例**簡単《かんたん》**な問題《もんだい》から解《と》いていこう。◎手間《てま》がかからず、あっさりとできるようす。例筆記《ひっき》試験《しけん》の後《あと》、**簡単《かんたん》**な面接《めんせつ》があるそうだ。

簡略《かんりゃく》 手短《てみじか》で簡単《かんたん》なようす。例最近《さいきん》では、披露宴《ひろうえん》を**簡略《かんりゃく》**に済《す》ませるカップルが増《ふ》えている。対**煩雑《はんざつ》**。

簡便《かんべん》 取《と》り扱《あつか》いが簡単《かんたん》で、便利《べんり》なようす。気軽《きがる》にできること。例通信手段《つうしんしゅだん》は、より**簡便《かんべん》**なものが好《この》まれる傾向《けいこう》にある。似**軽便《けいべん》**。

簡易《かんい》 手軽《てがる》で簡単《かんたん》であること。形式《けいしき》などをある程度《ていど》省略《しょうりゃく》し、簡単《かんたん》にすませること。例**簡易《かんい》**書留《かきとめ》。例**簡《かん》易《い》**裁判所《さいばんしょ》では、小《ちい》さな訴訟《そしょう》などを扱《あつか》う。

平易《へいい》 内容《ないよう》がやさしく分《わ》かりやすいこと。例子《こ》ども向《む》けに**平易《へいい》**に書《か》かれた書物《しょもつ》。対**難解《なんかい》**。

容易《ようい》 困難《こんなん》や苦労《くろう》がなく、簡単《かんたん》にできること。例外国語《がいこくご》を習得《しゅうとく》するのは**容易《ようい》**なことではない。

手軽《てがる》 手間《てま》がかからず、簡単《かんたん》にできるようす。「お手軽《てがる》」というと、ややばかにした感《かん》じを含《ふく》むことがある。例夕食《ゆうしょく》は**手軽《てがる》**な料理《りょうり》で済《す》ませた。例他人《たにん》の文章《ぶんしょう》をまねするようなお**手軽《てがる》**な方法《ほうほう》では、力《ちから》がつくわけがない。

無造作《むぞうさ》 手数《てすう》をかけないで、簡単《かんたん》に物事《ものごと》をするようす。気軽《きがる》にするようす。気《き》をつかわず、念入《ねんい》りでないこと。例**無造作《むぞうさ》**にまとめた髪《かみ》の毛《け》。◆「無雑作《むぞうさ》」とも書《か》く。

安易《あんい》 とくに努力《どりょく》をしなくても、簡《かん》単《たん》にできるようす。いい加減《かげん》なやり方《かた》への非難《ひなん》の気持《きも》ちを込《こ》めて使《つか》われることが多《おお》い。例進路《しんろ》は一生《いっしょう》の問《もん》題《だい》だから、**安易《あんい》**に考《かんが》えないほうがいい。

安直《あんちょく》 難《むずか》しいことを避《さ》けて、気軽《きがる》に済《す》ませること。非難《ひなん》の気持《きも》ちを込《こ》めて使《つか》うことが多《おお》い。例答《こた》えを丸《まる》写《うつ》しするような**安直《あんちょく》**なやり方《かた》では、学《がく》力《りょく》は伸《の》びない。

イージー 「簡単《かんたん》」「手軽《てがる》」などの意《い》味《み》の英語《えいご》。例**イージー**オーダー。例そんな**イージー**な考《かんが》え方《かた》ばかりしていたら、いつか失敗《しっぱい》するよ。

易《やさ》しい 分《わ》かりやすい。簡単《かんたん》で、やろうと思《おも》えばすぐにできる。例小学生《しょうがくせい》向《む》けに書《か》かれた**易《やさ》しい**天文学《てんもんがく》の本《ほん》を読《よ》んだ。対**難《むずか》しい**。

易《やす》い 行《おこな》うのが容易《ようい》である。するのがたやすい。動作《どうさ》を表《あらわ》すことばに付《つ》いて、「〜することが簡単《かんたん》である」などの意味《いみ》を表《あらわ》す。例言《い》うは**易《やす》く**、行《おこな》うは難《かた》し（言《い》うのは簡単《かんたん》だが、実行《じっこう》するのは難《むずか》しい）。例繰《く》り上《あ》がりのある計算問題《けいさんもんだい》は、間違《まちが》え**易《やす》い**ので気《き》をつけよう。対**難《かた》い**。

生易《なまやさ》しい 簡単《かんたん》である。多《おお》く、後《あと》に打《う》ち消《け》しのことばを付《つ》けて使《つか》われる。例プロのサッカー選《せん》手《しゅ》になるのは、**生易《なまやさ》しい**ことではない。

甘《あま》い ◎人《ひと》や物事《ものごと》に対《たい》する態度《たいど》が厳《きび》しくない。例いくら末《すえ》っ子《こ》でも、父親《ちちおや》があまりに**甘《あま》い**のはよくない。◎考《かんが》えが浅《あさ》くてしっかりしていない。

似＝似《に》た表現《ひょうげん》のことば。対＝反対《はんたい》の意味《いみ》のことば。例＝使《つか》い方《かた》の例《れい》。

い。例 そんな甘《あま》い考《かんが》えでは、留学《りゅうがく》しても何《なに》も身《み》につかないよ。◎十分《じゅうぶん》に役《やく》目《め》を果《は》たさない。例 このびんの栓《せん》は甘《あま》くなっているので、横《よこ》にしないほうがいい。◎「味《あじ》わう」➡239 ◎「快《こころよ》い」➡430

平《ひら》たい
だれにでも分《わ》かりやすく、やさしい。例 感冒《かんぼう》というと難《むずか》しく聞《き》こえるが、平《ひら》たく言《い》えば風邪《かぜ》のことだ。

訳《わけ》ない
とても簡単《かんたん》である。例 彼《かれ》らの実力《じつりょく》からすれば、訳《わけ》なく決勝《けっしょう》に進《すす》めるだろう。似 訳《わけ》もない。

難《かた》くない
そうするのが難《むずか》しくない。簡単《かんたん》にすることができる。多《おお》く、「想像《そうぞう》（する）に難《かた》くない」という表現《ひょうげん》で使《つか》う。例 あんなに仲《なか》のよい友《とも》だちと別《わか》れたのだから、どんなに彼女《かのじょ》が悲《かな》しんだかは想像《そうぞう》に難《かた》くない。

造作《ぞうさ》ない
簡単《かんたん》である。「造作《ぞうさ》」は、何《なに》かと面倒《めんどう》で手間《てま》のかかること。例 この手《て》の仕事《しごと》なら、慣《な》れているので造作《ぞうさ》なくできる。

手《て》っ取《と》り早《ばや》い
手間《てま》がかからず、簡単《かんたん》である。例 手紙《てがみ》よりもメールのほうが手《て》っ取《と》り早《ばや》く連絡《れんらく》できる。

くみしやすい
勝負《しょうぶ》する相手《あいて》として、それほど怖《こわ》くない。例 くみしやすい相手《あいて》だと侮《あなど》っていると、痛《いた》い目《め》にあうよ。

たやすい
時間《じかん》や手間《てま》などがかからず、難《むずか》しくない。訳《わけ》もなくできる。例 難《むずか》しい問題《もんだい》を、彼《かれ》はいともたやすく解《と》いてしまった。

何《なん》でもない
◎簡単《かんたん》で、たやすくできる。例 この本《ほん》を一日《いちにち》で読《よ》むのは、君《きみ》には何《なん》でもないだろう。◎取《と》り立《た》てていうほど、特別《とくべつ》なことではない。例 この程度《ていど》の雨《あめ》なら何《なん》でもないので、予定通《よていどお》り出《で》かけよう。

ちょろい
問題《もんだい》にならないほど簡《かん》単《たん》である。相手《あいて》や、取《と》り組《く》もうとする物事《ものごと》を軽《かる》く見《み》る気持《きも》ちを含《ふく》んだ言《い》い方《かた》。例 パソコンなんてちょろいから、三日《みっか》もあればできるようになるさ。

苦《く》もなく
とくに苦労《くろう》することもなく、簡単《かんたん》に。例 運動《うんどう》神経《しんけい》のいい弟《おとうと》は、苦《く》もなく自転車《じてんしゃ》に乗《の》れるようになった。

手《て》もなく
たいしたこともしないうちに簡単《かんたん》に。訳《わけ》なく、やすやすと。例 優勝候補《ゆうしょうこうほ》が、新人《しんじん》に手《て》もなく負《ま》けてしまった。

難《なん》なく
何《なん》の困難《こんなん》もなく。「難《なん》」は、身《み》に降《ふ》りかかる災難《さいなん》や苦労《くろう》のこと。例 天候《てんこう》に恵《めぐ》まれて、難《なん》なく目《もく》的地《てきち》に到着《とうちゃく》した。

労《ろう》せずして
苦労《くろう》や骨折《ほねお》りをしないで、たやすく。例 宝《たから》くじに当《あ》たって、労《ろう》せずして大金《たいきん》を手《て》に入《い》れた。

事《こと》もなげ
とくに面倒《めんどう》なこともなく、簡単《かんたん》にするようす。例 あの体操選手《たいそうせんしゅ》は、難度《なんど》の高《たか》い技《わざ》を事《こと》もなげにやってのけた。

楽《らく》
◎たやすく、余裕《よゆう》を持《も》ってできること。例 次《つぎ》の対戦相手《たいせんあいて》は、楽《らく》には勝《か》たせてくれないだろう。◎「快《こころよ》い」➡431

楽々《らくらく》
◎とても簡単《かんたん》なようす。例 彼《かれ》はどんな曲《きょく》でも、楽々《らくらく》と演奏《えんそう》

◆＝もっと知《し》りたい、ことばの知識《ちしき》。

してしまう。例今出発《いましゅっぱつ》すれば、五時《ごじ》の電車《でんしゃ》に楽々《らくらく》間《ま》に合《あ》う。◎ゆったりとして気楽《きらく》なようす。例老後《ろうご》を楽々《らくらく》と過《す》ごす。例手足《てあし》を楽々《らくらく》と伸《の》ばす。

軽々《かるがる》
◎いかにも簡単《かんたん》そうに物事《ものごと》をやってのけるようす。例漢字《かんじ》博士《はかせ》とあだ名《な》されている姉《あね》は、軽々《かるがる》と「薔薇《ばら》」という漢字《かんじ》を書《か》いた。◎「軽《かる》い」➡542

やすやす
何《なん》の苦労《くろう》もなく、簡単《かんたん》に行《おこな》うようす。例不利《ふり》だといわれていた日本《にほん》チームは、やすやすと相手《あいて》チームを下《くだ》した。

すらすら
◎途中《とちゅう》でつかえたりせずに、物事《ものごと》がなめらかに進《すす》むようす。例予習《よしゅう》してきたので、教科書《きょうかしょ》の練習問題《れんしゅうもんだい》はすらすら解《と》けた。◎「物《もの》の言《い》い方《かた》」➡279

あっさり
◎とくにこだわりがなく、簡単《かんたん》にするようす。例怒《おこ》られるかと思《おも》っていたら、あっさり許《ゆる》してくれた。◎「味《あじ》わう」➡241

さらり
◎物事《ものごと》を思《おも》い切《き》りよく、あっさりと成《な》し遂《と》げてしまうようす。例彼《かれ》は文句《もんく》も言《い》わずに、二人分《ふたりぶん》の仕事《しごと》をさらりと仕上《しあ》げてしまった。◎「味《あじ》わう」➡241

おいそれと
簡単《かんたん》に応《おう》じるようす。すぐに。後《あと》に打《う》ち消《け》しのことばが付《つ》いて、「簡単《かんたん》には～しない」「深《ふか》く考《かんが》えないと～しない」という意味《いみ》を表《あらわ》すことが多《おお》い。例めんどうな仕事《しごと》なので、おいそれとできるものではない。

朝飯前《あさめしまえ》
朝起《あさお》きて朝食《ちょうしょく》をとる前《まえ》にできるくらい、簡単《かんたん》であるようす。例弟《おとうと》の宿題《しゅくだい》を手伝《てつだ》うなんて、朝《あさ》飯前《めしまえ》だ。

お安《やす》いご用《よう》
簡単《かんたん》であるようす。とくに、人《ひと》からものを頼《たの》まれ、気軽《きがる》に快《こころよ》く引《ひ》き受《う》けるときに使《つか》う。例この荷物《にもつ》を届《とど》けるなどお安《やす》いご用《よう》だ。

屁《へ》でもない
軽《かる》く見《み》て、大《たい》したことではないと感《かん》じるようす。「屁《へ》」はおならのことで、取《と》るに足《た》りないもののたとえ。例跳《と》び箱《ばこ》の五段《ごだん》を跳《と》ぶなんて屁《へ》でもないよ。似屁《へ》とも思《おも》わない。

屁《へ》の河童《かっぱ》
取《と》るに足《た》りないほど簡《かん》単《たん》にできてしまうこと。例普段《ふだん》から体《からだ》を鍛《きた》えているので、この程度《ていど》の登山《とざん》なら屁《へ》の河童《かっぱ》だ。似河童《かっぱ》の屁《へ》。

お茶《ちゃ》の子《こ》さいさい
とても簡《かん》単《たん》にできること。「お茶《ちゃ》の子《こ》」とは、お茶《ちゃ》を飲《の》むときにいっしょに出《だ》す菓子《かし》のことで、おなかにたまらないくらい軽《かる》いものという意味《いみ》。「さいさい」は、昔《むかし》のはやり歌《うた》の中《なか》にあるはやしことば。例君《きみ》なら、こんな作文《さくぶん》を書《か》くのはお茶《ちゃ》の子《こ》さいさいだろうね。

赤子《あかご》の手《て》をひねる
物事《ものごと》がとても簡単《かんたん》であることのたとえ。弱《よわ》い者《もの》を自分《じぶん》の思《おも》うようにすることのたとえ。赤《あか》ん坊《ぼう》の手《て》をひねるのは簡単《かんたん》であることから。例横綱《よこづな》にとっては、小柄《こがら》な新人力《しんじんりき》士《し》を負《ま》かすことなど、赤子《あかご》の手《て》をひねるようなものだろう。似赤子《あかご》の手《て》をねじる。

第五章《だいごしょう》　自然《しぜん》

宇宙《うちゅう》と地球《ちきゅう》

太陽《たいよう》・月《つき》・星《ほし》

sun, moon, star
［サン、ムーン、スター］

このページも見《み》てみよう
▼光《ひか》る→580

太陽《たいよう》 ◎太陽系《たいようけい》の中心《ちゅうしん》にあり、地球《ちきゅう》に最《もっと》も近《ちか》い恒星《こうせい》(それ自身《じしん》で光《ひかり》を出《だ》し、ほとんど位置《いち》を変《か》えない星《ほし》)。地球《ちきゅう》に光《ひかり》と熱《ねつ》を与《あた》える。例 真夏《まなつ》の太陽《たいよう》の下《もと》、海水浴《かいすいよく》を楽《たの》しんだ。◎明《あか》るく光《ひか》り輝《かがや》くような、人《ひと》に希望《きぼう》を与《あた》える存在《そんざい》のたとえ。例 チャーミングな彼女《かのじょ》は、わが商店街《しょうてんがい》の太陽《たいよう》と呼《よ》ばれている。

お日様《ひさま》 太陽《たいよう》を親《した》しんで呼《よ》ぶことば。例 雨《あめ》が止《や》んで、雲《くも》の切《き》れ間《ま》からお日様《ひさま》が顔《かお》をのぞかせた。

お天道様《てんとうさま》 太陽《たいよう》をうやまい、親《した》しんで呼《よ》ぶことば。例 おいしいお米《こめ》ができるのも、お天道様《てんとうさま》のおかげだ。◆「おてんとさま」ともいう。

日《ひ》 ◎「太陽《たいよう》」のこと。また、日光《にっこう》や日差《ひざ》しという意味《いみ》でも使《つか》われる。例 水平線《すいへいせん》に日《ひ》が沈《しず》む。例 一日中外《いちにちじゅうそと》で遊《あそ》んでいたら、すっかり日《ひ》に焼《や》けた。例 日《ひ》に当《あ》たってポスターの写真《しゃしん》が変色《へんしょく》する。◎「昼《ひる》」→609

日輪《にちりん》 「太陽《たいよう》」のこと。例 山《やま》なみに、美《うつく》しい日輪《にちりん》が照《て》り映《は》える。

白日《はくじつ》 ◎曇《くも》りがなく、さんさんと輝《かがや》く太陽《たいよう》。例 真相《しんそう》が白日《はくじつ》の下《もと》にさらされる(隠《かく》していたことがすっかり明《あか》るみに出《で》る)。◎「昼《ひる》」→609

朝日《あさひ》 朝《あさ》の太陽《たいよう》。また、その光《ひかり》。例 東《ひがし》の空《そら》に朝日《あさひ》が昇《のぼ》る。◆「旭《あさひ》」とも書《か》く。

旭日《きょくじつ》 「朝日《あさひ》」と同《おな》じ。例 選抜《せんばつ》チームは、旭日《きょくじつ》昇天《しょうてん》の勢《いきお》い(朝日《あさひ》が昇《のぼ》るように盛《さか》んな勢《いきお》い)で勝《か》ち進《すす》んだ。

夕日《ゆうひ》 夕方《ゆうがた》の太陽《たいよう》。また、その光《ひかり》。例 山《やま》の向《む》こうに夕日《ゆうひ》が沈《しず》む。◆「夕陽《ゆうひ》」とも書《か》く。

入り日《いりひ》 夕方《ゆうがた》、西《にし》に沈《しず》もうとする太陽《たいよう》。夕日《ゆうひ》。例 夏《なつ》の入《い》り日《ひ》が目《め》にまぶしい。

落日《らくじつ》 ◎「入《い》り日《ひ》」と同《おな》じ。例 神秘的《しんぴてき》な海《うみ》の落日《らくじつ》を撮影《さつえい》した。◎物事《ものごと》の勢《いきお》いが衰《おとろ》えることのたとえ。例 勢《いきお》いの盛《さか》んな旭日《きょくじつ》のチームもあれば、負《ま》けの込《こ》んだ落日《らくじつ》のチームもある。

落陽《らくよう》 「夕日《ゆうひ》」のこと。夕方《ゆうがた》、西《にし》に落《お》ちかかった太陽《たいよう》。例 落陽《らくよう》に山々《やまやま》のシルエットが浮《う》かび上《あ》がる。

斜陽《しゃよう》 ◎「夕日《ゆうひ》」のこと。西《にし》に傾《かたむ》いた太陽《たいよう》。また、その光《ひかり》。例 ビル街《がい》を照《て》らす斜陽《しゃよう》に、何《なん》となく哀愁《あいしゅう》を感《かん》じる。◎新《あたら》しい勢力《せいりょく》に押《お》されて、しだいにおちぶれていくことのたとえ。例 外国《がいこく》の安《やす》い製品《せいひん》に押《お》されて、国内《こくない》では斜陽《しゃよう》産業《さんぎょう》が増大《ぞうだい》しつつある。

月《つき》 地球《ちきゅう》の衛星《えいせい》(惑星《わくせい》の周《まわ》りを回《まわ》る星《ほし》)で、地球《ちきゅう》に最《もっと》も近《ちか》い天体《てんたい》。約《やく》一《いっ》か月《げつ》で地球《ちきゅう》を一周《いっしゅう》する。例 一九六九年《ねん》、人類《じんるい》は初《はじ》めて月《つき》に降《お》り立《た》った。◆他《た》の惑星《わくせい》の衛星《えいせい》も「火星《かせい》の月《つき》はフォボスとダイモスだ」などと呼《よ》ぶことがある。

お月様《つきさま》 月《つき》を親《した》しんで呼《よ》ぶことば。例 お月様《つきさま》にはウサギがすんでいて、おもちをついているという言《い》い伝《つた》えがある。

月影《つきかげ》 月《つき》の光《ひかり》。この場合《ばあい》の「影《かげ》」は、光《ひかり》という意味《いみ》。また、その月《つき》の光《ひかり》を受《う》けて映《うつ》し出《だ》されたものの影《かげ》。例 秋風《あきかぜ》に誘《さそ》われて、月影《つきかげ》の小道《こみち》をいつまでも歩《ある》いた。

月読《つくよ》み 月《つき》の神《かみ》。◆「月《つく》夜見《よみ》」と書《か》くこともある。

玉桂《たまかつら》 「月《つき》」の異名《いみょう》。中国《ちゅうごく》の伝説《でんせつ》で、桂《かつら》という木《き》が月《つき》の世界《せかい》にあるといわれていたことから。

新月《しんげつ》 太陽《たいよう》と同《おな》じ方向《ほうこう》にあり、地球《ちきゅう》に影《かげ》の面《めん》を向《む》けていて見《み》えない状態《じょうたい》の月《つき》。陰暦《いんれき》で毎月《まいつき》の第一日《だいいちにち》のことだが、ふちがわずかに見《み》える状態《じょうたい》や三日月《みかづき》をこう呼《よ》ぶこともある。例 雲《くも》のない新月《しんげつ》の夜《よる》は、星座観察《せいざかんさつ》の絶好《ぜっこう》のチャンスだ。

三日月《みかづき》 細長《ほそなが》く、弓《ゆみ》の形《かたち》に見《み》える月《つき》。陰暦《いんれき》の三日《みっか》ごろに出《で》るのでこう呼《よ》ばれる。例 眉《まゆ》のような美《うつく》しい三日月《みかづき》が出《で》ている。

半月《はんげつ》 半円形《はんえんけい》に見《み》える月《つき》。また、そのような形《かたち》のもの。例 半月《はんげつ》が雲《くも》の間《あいだ》からのぞいている。例 豚汁《ぶたじる》の中《なか》に、半月《はんげつ》に切《き》った大根《だいこん》とにんじんが入《はい》っていた。

上弦《じょうげん》の月《つき》 新月《しんげつ》から満月《まんげつ》の間《あいだ》に見《み》られる半月《はんげつ》。夕方《ゆうがた》に南《みなみ》の空高《そらたか》くに、左側《ひだりがわ》が欠《か》けた姿《すがた》で見《み》え始《はじ》め、真夜中《まよなか》に欠《か》けた側《がわ》を上《うえ》にして西《にし》に沈《しず》む。例 日《ひ》が沈《しず》むと、上弦《じょうげん》の月《つき》がはっきりと見《み》えた。対 下弦《かげん》の月《つき》。◆「上弦《じょうげん》」ともいう。

下弦《かげん》の月《つき》 満月《まんげつ》から新月《しんげつ》の間《あいだ》に見《み》られる半月《はんげつ》。真夜中《まよなか》に、東《ひがし》から上《うえ》が欠《か》けた姿《すがた》で上《のぼ》り、南《みなみ》の空高《そらたか》くまで移動《いどう》し、右側《みぎがわ》が欠《か》けた姿《すがた》で明《あ》け方《がた》となる。例 夜更《よふ》かしをして、下弦《かげん》の月《つき》を見《み》た。対 上弦《じょうげん》の月《つき》。◆「下弦《かげん》」ともいう。

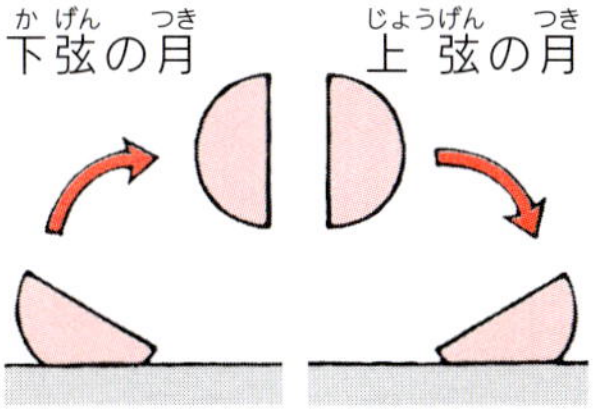

弓張《ゆみは》り月《づき》 弓《ゆみ》の形《かたち》をした月《つき》。上弦《じょうげん》の月《つき》や下弦《かげん》の月《つき》を指《さ》す。例 弓張《ゆみは》り月《づき》には、満月《まんげつ》とは異《こと》なる風情《ふぜい》がある。

満月《まんげつ》 まん丸《まる》の形《かたち》で輝《かがや》く月《つき》。十五夜《じゅうごや》の月《つき》。例 秋《あき》の夜空《よぞら》に大《おお》きな満月《まんげつ》が輝《かがや》く。

望月《もちづき》 満月《まんげつ》。とくに、陰暦八月十五日《いんれきはちがつじゅうごにち》の「中秋《ちゅうしゅう》の名月《めいげつ》」。例 望月《もちづき》に、ススキと団子《だんご》を供《そな》える。

名月《めいげつ》 陰暦八月十五日《いんれきはちがつじゅうごにち》、また陰暦九月十三日《いんれきくがつじゅうさんにち》の夜《よ》の月《つき》。例 田園《でんえん》風景《ふうけい》の中《なか》で見《み》る名月《めいげつ》は、また格別《かくべつ》だ。

明月《めいげつ》 澄《す》んだ空《そら》に浮《う》かんだ、曇《くも》りのない丸《まる》い月《つき》。また、「名月《めいげつ》」のこと。例 雨《あめ》も上《あ》がって、空《そら》には明月《めいげつ》がぽっかりと浮《う》かんでいる。

夕月《ゆうづき》 夕方《ゆうがた》、空《そら》に出《で》ている月《つき》。例 夕月《ゆうづき》を見《み》ながら、家路《いえじ》を急《いそ》ぐ。

おぼろ月《づき》 春《はる》の夜《よる》に、ぼんやりとかすんで見《み》える月《つき》。例 菜《な》の花畑《はなばたけ》をうっすらと照《て》らすように、おぼろ月《づき》が出《で》ている。

◆＝もっと知《し》りたい、ことばの知識《ちしき》。

残月《ざんげつ》 夜《よ》が明《あ》けてからも、まだ空《そら》に薄《うす》く残《のこ》っている月《つき》。例 早起《はやお》きして、南《みなみ》の空《そら》の**残月《ざんげつ》**を見《み》る。

有《あ》り明《あ》けの月《つき》 「残月《ざんげつ》」のこと。例 **有《あ》り明《あ》けの月《つき》**が浮《う》かんだ、幻想的《げんそうてき》なお花畑《はなばたけ》。

寒月《かんげつ》 冬《ふゆ》の夜空《よぞら》に出《で》ている、冷《つめ》たくさえわたった月《つき》。例 しんしんと冷《ひ》えた冬《ふゆ》の夜《よる》、**寒月《かんげつ》**の美《うつく》しさが目《め》に染《し》みた。

星《ほし》 ◎夜《よる》、空《そら》に輝《かがや》いて見《み》える天体《てんたい》。例 **星《ほし》**が降《ふ》ってきそうな秋《あき》の夜空《よぞら》。◎太陽《たいよう》・月《つき》・地球《ちきゅう》などを含《ふく》む、すべての天体《てんたい》。例 大自然《だいしぜん》に恵《めぐ》まれたこの**星《ほし》**に生《う》まれてきたことを、幸《しあわ》せに思《おも》う。

お星様《ほしさま》 星《ほし》を親《した》しんで呼《よ》ぶことば。例 幼《おさな》い子《こ》が「**お星様《ほしさま》**を取《と》ってちょうだい」と言《い》っている。

星辰《せいしん》 星《ほし》や星座《せいざ》のこと。「辰《しん》」は天体《てんたい》のことで、太陽《たいよう》・月《つき》・星《ほし》を表《あらわ》す。例 古代《こだい》のアラビアでは、**星辰《せいしん》**を崇拝《すうはい》する儀式《ぎしき》が執《と》り行《おこな》われた。

星屑《ほしくず》 夜空《よぞら》に輝《かがや》くたくさんの星《ほし》を、小《ちい》さなくずにたとえた言《い》い方《かた》。

「太陽《たいよう》・月《つき》・星《ほし》」に関連《かんれん》することば

月《つき》とすっぽん 二《ふた》つのものが、見《み》かけは似《に》ていても、本質《ほんしつ》は比較《ひかく》にならないほど違《ちが》うことのたとえ。

暁天《ぎょうてん》の星《ほし》 ごくまれであることのたとえ。「暁天《ぎょうてん》」は、夜明《よあ》けの空《そら》。この時《じ》間《かん》の空《そら》に見《み》える星《ほし》が少《すく》ないことから。

綺羅星《きらぼし》のごとく 正《ただ》しくは「綺羅《きら》、星《ほし》のごとく」と区《く》切《ぎ》っていう。「綺羅《きら》」は美《うつく》しい衣服《いふく》のことで、それをまとった人々《ひとびと》が星《ほし》のようにたくさんいることから、実力者《じつりょくしゃ》や有名人《ゆうめいじん》が多《おお》くそろっていること。縮《ちぢ》めて「綺羅星《きらぼし》」ともいうが、この「きら」をきらきら輝《かがや》くようすととらえるのは誤《あやま》り。

●月《つき》のいろいろな名前《なまえ》

栗名月《くりめいげつ》 陰暦九月十三日《いんれきくがつじゅうさんにち》の夜《よる》の月《つき》。栗《くり》を供《そな》えて月《つき》を観賞《かんしょう》したのでこのようにいわれる。枝豆《えだまめ》を供《そな》えることもあったので、「豆名月《まめめいげつ》」ともいう。

芋名月《いもめいげつ》 陰暦八月十五日《いんれきはちがつじゅうごにち》の夜《よる》の月《つき》。その年《とし》に初《はじ》めてとれたサトイモを供《そな》えて月《つき》を観賞《かんしょう》したことから。

十六夜《いざよい》の月《つき》 陰暦十六日《いんれきじゅうろくにち》の夜《よる》の月《つき》。満《まん》月《げつ》（十五夜《じゅうごや》）の翌日《よくじつ》の夜《よる》の月《つき》。「いざよい」は、いざよう（ためらうという意味《いみ》）からのことばで、満月《まんげつ》に比《くら》べて月《つき》の出《で》が遅《おそ》く、出《で》るのをためらっているように見《み》えるということから。

立《た》ち待《ま》ち月《づき》 陰暦十七日《いんれきじゅうしちにち》、とくに、八《はち》月十七日《がつじゅうしちにち》の夜《よる》の月《つき》のこと。立《た》って待《ま》つうちに出《で》るということから。

居《い》待《ま》ち月《づき》 陰暦十八日《いんれきじゅうはちにち》の夜《よる》の月《つき》。月《つき》の出《で》が立《た》ち待《ま》ち月《づき》よりも遅《おそ》いので、座《すわ》って待《ま》つということから。

寝《ね》待《ま》ち月《づき》 陰暦十九日《いんれきじゅうくにち》の夜《よる》の月《つき》。月《つき》の出《で》が居《い》待《ま》ち月《づき》よりも遅《おそ》いので、寝《ね》て待《ま》つということから。

更《ふ》け待《ま》ち月《づき》 陰暦《いんれき》二十日《はつか》の夜《よる》の月《つき》。月《つき》の出《で》が遅《おそ》く、夜更《よふ》け（深夜《しんや》）まで待《ま》つということから。

●こんなことばも覚《おぼ》えておこう

赤日《せきじつ》・天日《てんじつ》・弦月《げんげつ》

似＝似《に》た表現《ひょうげん》のことば。対＝反対《はんたい》の意味《いみ》のことば。例＝使《つか》い方《かた》の例《れい》。

例 無数《むすう》の星屑《ほしくず》がきらめく夜空《よぞら》。

スター

◎「星《ほし》」という意味《いみ》の英語《えいご》。例 夏休《なつやす》みに、スターウオッチング(星座《せいざ》観測《かんそく》)に参加《さんか》した。◎スポーツ界《かい》や芸能界《げいのうかい》などで、ずば抜《ぬ》けて人気《にんき》がある人《ひと》。例 抜群《ばつぐん》の打力《だりょく》と人柄《ひとがら》のよさで、たちまちスター選手《せんしゅ》になった。

恒星《こうせい》

太陽《たいよう》のように、みずから光《ひかり》を出《だ》す星《ほし》。例 太陽《たいよう》から最《もっと》も近《ちか》い恒星《こうせい》でも、光《ひかり》の速度《そくど》で四年《よねん》もかかる距《きょ》離《り》にある。

新星《しんせい》

◎恒星《こうせい》のうち、暗《くら》かったものが数日間《すうじつかん》で急《きゅう》に明《あか》るくなり、徐々《じょじょ》にもとの暗《くら》さに戻《もど》るもの。恒星《こうせい》表面《ひょうめん》での爆発《ばくはつ》が原因《げんいん》。例 新星《しんせい》が観測《かんそく》された。◎スポーツ界《かい》や芸能界《げいのうかい》などで、急《きゅう》に現《あらわ》れた実力《じつりょく》のある新人《しんじん》。例 彼《かれ》は日《に》本《ほん》サッカー界《かい》の期待《きたい》の新星《しんせい》だ。

惑星《わくせい》

太陽《たいよう》などの恒星《こうせい》の周《まわ》りを回《まわ》る星《ほし》のうち、ある程度《ていど》の大《おお》きさのあるもの。地球《ちきゅう》も含《ふく》む。恒星《こうせい》と違《ちが》い、規則正《きそくただ》しい動《うご》きをしていないように見《み》えることから「惑《まど》わす星《ほし》」と思《おも》われていた。例 地球《ちきゅう》に最《もっと》も近《ちか》い惑星《わくせい》は金星《きんせい》だ。

流星《りゅうせい》

わずかな間《あいだ》だけ、光《ひかり》を発《はっ》しながら夜空《よぞら》を飛《と》んでいく星《ほし》。宇《う》宙《ちゅう》の小《ちい》さなちりなどが地球《ちきゅう》に落《お》ちてくるときに、大気《たいき》との摩擦《まさつ》で燃《も》えて光《ひか》る現象《げんしょう》。例 南《みなみ》の空《そら》に流星《りゅうせい》が見《み》えた。

流《なが》れ星《ぼし》

「流星《りゅうせい》」のこと。例 流《なが》れ星《ぼし》が消《き》えないうちに、願《ねが》いごとを唱《とな》える。

彗星《すいせい》

◎水《みず》やメタンなどの氷《こおり》でできた、太陽《たいよう》の周《まわ》りをだ円軌道《えんきどう》で回《まわ》る小天体《しょうてんたい》。太陽《たいよう》に近《ちか》づくと氷《こおり》が解《と》けてガスが放出《ほうしゅつ》され、長《なが》い尾《お》を引《ひ》くように見《み》える。例 ハレー彗星《すいせい》は、七十六《ななじゅうろく》年《ねん》に一度《いちど》だけ見《み》ることができる。◎おもに芸術《げいじゅつ》の世界《せかい》で、才能《さいのう》のある者《もの》が、突然現《とつぜんあらわ》れることのたとえ。例 音楽界《おんがくかい》に彗星《すいせい》のごとく現《あらわ》れたピアニスト。

ほうき星《ぼし》

「彗星《すいせい》」のこと。彗星《すいせい》の長《なが》い尾《お》を、ほうきにたとえた言《い》い方《かた》。例 昔《むかし》はほうき星《ぼし》が出《で》ると

半月《はんげつ》のお月見《つきみ》を楽《たの》しもう

上弦《じょうげん》・下弦《かげん》の月《つき》の弦《げん》とは何《なん》のことでしょうか? 矢《や》を飛《と》ばす武器《ぶき》である弓《ゆみ》の、木《き》や竹《たけ》でできた部分《ぶぶん》(弓幹《ゆがら》)に張《は》った糸《いと》のことです。このため、「半月《はんげつ》を弓《ゆみ》に見立《みた》てて、曲線《きょくせん》の部分《ぶぶん》を弓幹《ゆがら》に、直線《ちょくせん》の部分《ぶぶん》を弦《げん》にたとえた」と思《おも》われています。たしかに、上弦《じょうげん》の月《つき》は夕方《ゆうがた》に南《みなみ》の空《そら》に現《あらわ》れてから、明《あ》け方《がた》に西《にし》に沈《しず》むまで、ずっと直線部分《ちょくせんぶぶん》を斜《なな》め上《うえ》にしています。

しかし、下弦《かげん》の月《つき》は、真夜中《まよなか》に直線部《ちょくせんぶ》分《ぶん》を上《うえ》にした姿《すがた》で東《ひがし》から上《のぼ》り、南《みなみ》の空高《そらたか》くまで上《のぼ》りきって、直線部分《ちょくせんぶぶん》が下向《したむ》きになり始《はじ》めるころには、もう朝《あさ》。そこから先《さき》は、太陽《たいよう》の光《ひかり》にかき消《け》されるので、直《ちょく》線部分《せんぶぶん》を下《した》にした姿《すがた》が見《み》られるのは、朝《あさ》のわずかな時間《じかん》だけなのです。

半月《はんげつ》を弓《ゆみ》に見立《みた》てて、直線《ちょくせん》の部分《ぶぶん》を弦《げん》としたという説《せつ》とは別《べつ》に、本当《ほんとう》は半月全《はんげつぜん》体《たい》を弦《げん》と呼《よ》び、旧暦《きゅうれき》の月《つき》の上旬《じょうじゅん》に見《み》えるものを上弦《じょうげん》、下旬《げじゅん》に見《み》えるものを下弦《かげん》と呼《よ》んだという説《せつ》もあるのです。

深谷先生《ふかやせんせい》のちょっとひと息《いき》

◆＝もっと知《し》りたい、ことばの知識《ちしき》。

と、天災《てんさい》が起《お》きると信《しん》じられていた。

明星《みょうじょう》 金星《きんせい》(地球《ちきゅう》に最《もっと》も近《ちか》い惑星《わくせい》)のこと。金星《きんせい》は、太陽《たいよう》と月《つき》以外《いがい》の星《ほし》のうち最《もっと》も明《あか》るいことから。例 学《がっ》校《こう》から帰《かえ》るとき、西《にし》の空《そら》に**明星《みょうじょう》**が見《み》えていた。

明《あ》けの明星《みょうじょう》 太陽《たいよう》が昇《のぼ》る前《まえ》、東《ひがし》の空《そら》にひときわ明《あか》るく輝《かがや》いて見《み》える金星《きんせい》。例 早朝練習《そうちょうれんしゅう》に行《い》く途中《とちゅう》、**明《あ》けの明星《みょうじょう》**が見《み》えた。

宵《よい》の明星《みょうじょう》 太陽《たいよう》が沈《しず》んだ後《あと》、西《にし》の空《そら》にひときわ明《あか》るく輝《かがや》いて見《み》える金星《きんせい》。例 富士山《ふじさん》に沈《しず》む夕日《ゆうひ》を見《み》た後《あと》、今度《こんど》は**宵《よい》の明星《みょうじょう》**の美《うつく》しさを楽《たの》しんだ。

一番星《いちばんぼし》 夕方《ゆうがた》、いちばん初《はじ》めに見《み》え始《はじ》める星《ほし》。多《おお》くは金星《きんせい》だが、火星《かせい》など他《た》の惑星《わくせい》や恒星《こうせい》の場合《ばあい》もある。例 夕日《ゆうひ》と入《い》れ替《か》わるように、西《にし》の空《そら》に**一番星《いちばんぼし》**が出《で》た。

一《ひと》つ星《ぼし》 「明《あ》けの明星《みょうじょう》」「宵《よい》の明星《みょうじょう》」のこと。明《あ》け方《がた》や夕方《ゆうがた》に、たった一《ひと》つ出《で》ている星《ほし》ということから。例 東《ひがし》の**一《ひと》つ星《ぼし》**に、旅《たび》の安全《あんぜん》を祈《いの》る。

空《そら》

sky
[スカイ]

空《そら》 ◎陸《りく》や海《うみ》の上《うえ》のほうに広《ひろ》がる空《くう》間《かん》。例 たこが**空《そら》**に舞《ま》い上《あ》がる。例 明日《あす》の**空《そら》**模様《もよう》が気《き》になる。◎「覚《おぼ》える」⬇306 ◎「天気《てんき》」⬇586

大空《おおぞら》 「空《そら》」のこと。空《そら》の広《ひろ》いようすを強調《きょうちょう》した言《い》い方《かた》。例 雨《あめ》が上《あ》がり、**大空《おおぞら》**いっぱいににじがかかった。

空《くう》 「空《そら》」のこと。がらんとして何《なに》もない空《そら》。例 じっと**空《くう》**をにらむ。

天《てん》 ◎空《そら》よりもさらに高《たか》い、無限《むげん》の空《くう》間《かん》。例 **天《てん》**の中《なか》ほどに黄色《きいろ》い月《つき》がかかっている。◎神《かみ》が存在《そんざい》するとされる場所《ばしょ》。天国《てんごく》。例 おじいさまは、**天《てん》**に召《め》されました。◎「運命《うんめい》」⬇132

天空《てんくう》 「空《そら》」のこと。果《は》てしなく広《ひろ》がる大空《おおぞら》。例 **天空《てんくう》**を自由《じゆう》にかけめぐる鳥《とり》たち。

虚空《こくう》 「空《そら》」のこと。また、何《なに》も存在《そんざい》しない空間《くうかん》。例 冬山《ふゆやま》が**虚空《こくう》**にそびえ立《た》つ。

宙《ちゅう》 「空《そら》」のこと。また、地面《じめん》から離《はな》れた空間《くうかん》。例 胴上《どうあ》げされた監督《かんとく》が、三回**宙《さんかいちゅう》**に舞《ま》った。

空中《くうちゅう》 大空《おおぞら》の中《なか》。また、地面《じめん》から離《はな》れた空間《くうかん》。例 体操選手《たいそうせんしゅ》が、**空《くう》中《ちゅう》**で一回転《いっかいてん》する。

天上《てんじょう》 空《そら》の上《うえ》。とくに、天《てん》にあるとされる神々《かみがみ》の世界《せかい》のこと。例 天使《てんし》は、**天上《てんじょう》**から遣《つか》わされる神《かみ》の使《つか》いだ。

スカイ 「空《そら》」という意味《いみ》の英語《えいご》。ほかのことばと結《むす》びついて使《つか》われることが多《おお》い。例 **スカイ**ダイビング。例 **スカイ**ライン(地平線《ちへいせん》)。

低空《ていくう》 空中《くうちゅう》の、それほど高《たか》くない所《ところ》。例 **低空《ていくう》**飛行《ひこう》。例 グライダーが**低空《ていくう》**を飛《と》ぶ。

中空《ちゅうくう》 空《そら》の中《なか》ほど。空《そら》を仰《あお》ぎ見《み》たときに見《み》える広《ひろ》い空間《くうかん》。例 **中《ちゅう》空《くう》**にアドバルーンが浮《う》かんでいる。

中空《なかぞら》 「中空《ちゅうくう》」と同《おな》じ。例 いらかの波《なみ》と雲《くも》の波《なみ》 重《かさ》なる波《なみ》の**中空《なかぞら》**を(唱歌《しょうか》「こいのぼり」)。

中天《ちゅうてん》 天《てん》の中心《ちゅうしん》。また、空《そら》の中《なか》ほど。例お月様《つきさま》が中天《ちゅうてん》に昇《のぼ》る。

高空《こうくう》 空《そら》の高《たか》い所《ところ》。例旅客機《りょかくき》は、高度《こうど》一万《いちまん》メートルの高空《こうくう》を飛行《ひこう》する。

上空《じょうくう》 「高空《こうくう》」のこと。また、ある場《ば》所《しょ》の上《うえ》の空《そら》。例東京《とうきょう》の上空《じょうくう》を、ヘリコプターで飛《と》んでみたい。

領空《りょうくう》 ある国《くに》の領土《りょうど》と領海《りょうかい》の上空《じょうくう》。例領空《りょうくう》を飛行《ひこう》するための許《きょ》可《か》を得《え》る。◆高度《こうど》の取《と》り決《き》めはないが、宇宙空間《うちゅうくうかん》はどの国《くに》にも属《ぞく》さないとされる。

空域《くういき》 航空機《こうくうき》の安全《あんぜん》のために決《き》められている、空中《くうちゅう》の範囲《はんい》。例空《くう》港《こう》の周《まわ》りの障害物《しょうがいぶつ》を取《と》り除《のぞ》き、空域《くういき》を設《もう》ける。

天頂《てんちょう》 空《そら》を見上《みあ》げたときの、天空《てんくう》のてっぺん。見上《みあ》げる者《もの》の真上《まうえ》にある空《そら》。地平線《ちへいせん》から九十度《きゅうじゅうど》上《うえ》の空《そら》。例こと座《ざ》の一等星《いっとうせい》ベガは、天頂《てんちょう》付近《ふきん》に輝《かがや》いている。

全天《ぜんてん》 空《そら》の全体《ぜんたい》。例魚眼《ぎょがん》レンズを使《つか》って、全天《ぜんてん》の雲《くも》のようすを撮影《さつえい》した。

一天《いってん》 「全天《ぜんてん》」と同《おな》じ。例さっきまでの晴天《せいてん》はどこへやら、一天《いってん》にわかにかき雲《くも》って大雨《おおあめ》となった。

満天《まんてん》 「全天《ぜんてん》」のこと。また、星《ほし》などが空《そら》いっぱいにたくさんあるようす。例海辺《うみべ》で満天《まんてん》の星《ほし》をあおぐ。

半天《はんてん》 空《そら》の半分《はんぶん》。また、「中空《ちゅうくう》」のこと。例半天《はんてん》にかかる月《つき》が美《うつく》しい。

天球《てんきゅう》 天《てん》を、地球上《ちきゅうじょう》に立《た》つ人《ひと》を中心《ちゅうしん》にした球面《きゅうめん》であると考《かんが》えたもの。例プラネタリウムは、天球《てんきゅう》の上《うえ》での星《ほし》の位置《いち》や動《うご》きを再現《さいげん》している。

夕空《ゆうぞら》 夕方《ゆうがた》の空《そら》。例真《ま》っ赤《か》に染《そ》まった夕空《ゆうぞら》を見《み》ながら、家《いえ》に帰《かえ》った。

夜空《よぞら》 夜《よる》の暗《くら》い空《そら》。例夏《なつ》の夜空《よぞら》いっぱいに、打《う》ち上《あ》げ花火《はなび》が開《ひら》いた。

星空《ほしぞら》 星《ほし》がたくさん輝《かがや》いている、晴《は》れた夜空《よぞら》。例キャンプファイアの後《あと》、野原《のはら》に寝転《ねころ》んで星空《ほしぞら》を仰《あお》いだ。

大気《たいき》 地球《ちきゅう》の表面《ひょうめん》をとりまいている気体《きたい》の層《そう》。例大気《たいき》汚染《おせん》を防《ふせ》ぐための技術《ぎじゅつ》を開発《かいはつ》する。

大気圏《たいきけん》 大気《たいき》が存在《そんざい》する高《たか》さの範《はん》囲《い》。地球《ちきゅう》の場合《ばあい》、地表《ちひょう》から約八百《やくはっぴゃく》キロメートルまで。例スペースシャトルが大気圏《たいきけん》に突入《とつにゅう》した。

「空《そら》」に関連《かんれん》することば

天《てん》を衝《つ》く 非常《ひじょう》に高《たか》いようす。天《てん》に届《とど》くほど高《たか》いということ。また、勢《いきお》いが盛《さか》んである。

天《てん》にも昇《のぼ》る心地《ここち》 とてもうれしくて、うきうきする気持《きも》ち。空《そら》を飛《と》んでいるような、また、まるで夢見《ゆめみ》ているような喜《よろこ》びということ。

天《てん》に向《む》かって唾《つば》を吐《は》く ➡426 他人《たにん》に害《がい》を与《あた》えようとして、かえって自分《じぶん》がひどい目《め》にあうこと。天《てん》に向《む》かってつばを吐《は》けば、それがそのまま自分《じぶん》の顔《かお》に落《お》ちてくるということから。「天《てん》に唾《つば》する」「天《てん》に向《む》かって唾《つば》する」ともいう。

●こんなことばも覚《おぼ》えておこう
天際《てんさい》・**天心**《てんしん》・**天外**《てんがい》・**天涯**《てんがい》

◆＝もっと知《し》りたい、ことばの知識《ちしき》。

しぜんげんしょう 自然現象

燃《も》える

burn
［バーン］

燃《も》える ◎火《ひ》がついて炎《ほのお》が上《あ》がる。炎《ほのお》が立《た》っている状態《じょうたい》をいうことが多《おお》い。また、太陽《たいよう》などが、炎《ほのお》のようにゆらゆらと光《ひか》るようす。例 暖炉《だんろ》に入《い》れたまきが、勢《いきお》いよく燃《も》える。例 燃《も》える落日《らくじつ》が、街《まち》を赤《あか》く染《そ》める。◎ある感情《かんじょう》に動《うご》かされて、気持《きも》ちがたかぶる。例 父《ちち》は、理想《りそう》に燃《も》えて会社《かいしゃ》を設立《せつりつ》した。

焼《や》ける ◎火《ひ》がついて燃《も》える。すっかり燃《も》えてしまって、灰《はい》になったり、もとの形《かたち》がなくなったりしてしまう。例 山火事《やまかじ》で、大部分《だいぶぶん》の木《き》が焼《や》けてしまった。◎料理《りょうり》や陶器《とうき》などが、加熱《かねつ》されてできあがる。例 手作《てづく》りのパンが、こんがり焼《や》けた。◎日光《にっこう》で熱《あつ》くなったり色《いろ》が変《か》わったりする。例 一日中浜辺《いちにちじゅうはまべ》で遊《あそ》んだので、肌《はだ》が小麦色《こむぎいろ》に焼《や》けた。

火《ひ》が付《つ》く ◎燃《も》え始《はじ》める。燃《も》えるようになる。例 かまどのまきに火《ひ》が付《つ》く。◎あることが原因《げんいん》で、物事《ものごと》が起《お》こったり盛《さか》んになったりする。例 あの店《みせ》は、テレビで紹介《しょうかい》されて人気《にんき》に火《ひ》が付《つ》いた。

火《ひ》を吹《ふ》く ◎火《ひ》が中《なか》から外《そと》に勢《いきお》いよく出《で》るように、激《はげ》しく燃《も》える。例 飛行機《ひこうき》のエンジンが火《ひ》を吹《ふ》いたため、運航《うんこう》は中止《ちゅうし》された。◎「怒《おこ》る」➡398

燃《も》え上《あ》がる 燃《も》えて炎《ほのお》が高《たか》く上《あ》がる。例 火《ひ》は、あっという間《ま》に背丈《せたけ》を越《こ》す高《たか》さまで燃《も》え上《あ》がった。

天《てん》を焦《こ》がす 炎《ほのお》が高《たか》く激《はげ》しく燃《も》え上《あ》がる。天《てん》が焦《こ》げると思《おも》われるほど、炎《ほのお》が上《あ》がるということ。例 天《てん》を焦《こ》がすような、キャンプファイアの大《おお》きな炎《ほのお》。

燃《も》え盛《さか》る 盛《さか》んに燃《も》える。勢《いきお》いよく燃《も》える。例 生存者《せいぞんしゃ》の救出《きゅうしゅつ》のため、消防隊員《しょうぼうたいいん》が燃《も》え盛《さか》る炎《ほのお》の中《なか》に飛《と》び込《こ》んだ。

燃《も》え広《ひろ》がる 燃《も》えている範囲《はんい》がだんだん広《ひろ》くなる。例 燃《も》え広《ひろ》がる山火事《やまかじ》を、消防隊《しょうぼうたい》が食《く》い止《と》める。

焼《や》き尽《つ》くす 残《のこ》るものがなくなるほど、すっかり焼《や》いてしまう。例 その村《むら》は、激《はげ》しい戦《いくさ》によって焼《や》き尽《つ》くされてしまったという。

燃《も》やす ◎火《ひ》をつけて炎《ほのお》を上《あ》がらせる。例 焼却炉《しょうきゃくろ》でゴミを燃《も》やす。似 燃《も》す。◎感情《かんじょう》を高《たか》ぶらせることのたとえ。例 初戦突破《しょせんとっぱ》を合《あ》い言葉《ことば》に、チーム全員《ぜんいん》が闘志《とうし》を燃《も》やす。

焼《や》く ◎火《ひ》をつけて灰《はい》にする。例 暖炉《だんろ》で古《ふる》い手紙《てがみ》を焼《や》く。◎料理《りょうり》や陶器《とうき》などを、加熱《かねつ》して作《つく》り上《あ》げる。例 トースターでパンを焼《や》く。◎日光《にっこう》に当《あ》てて変色《へんしょく》させる。例 浜辺《はまべ》に寝転《ねころ》んで肌《はだ》を焼《や》く。

おこす

炭《すみ》や石炭《せきたん》などに火《ひ》をつけて、強《つよ》い火《ひ》と熱《ねつ》を発《はっ》する状《じょう》態《たい》にさせる。炭火《すみび》が盛《さか》んに燃《も》えるようにする。例 七輪《しちりん》の火《ひ》をおこし、サンマを焼《や》く。例 うちわであおいで、かまどの火《ひ》をおこす。

焚《た》く

◎火《ひ》をつけて炎《ほのお》を出《だ》す。例 落《お》ち葉《ば》を集《あつ》めて焚《た》く。例 風呂《ふろ》を焚《た》く(入浴《にゅうよく》できるように風呂《ふろ》おけの水《みず》を熱《あつ》くする)。◎何《なに》かの目的《もくてき》のために物《もの》を燃《も》やす。例 石炭《せきたん》を焚《た》いて、機関車《きかんしゃ》を走《はし》らせる。

焚《た》き付《つ》ける

◎かまどなどに火《ひ》をつけて燃《も》やす。例 暖炉《だんろ》を焚《た》き付《つ》ける。◎相手《あいて》をそそのかして、何《なに》かをするように仕向《しむ》ける。例 妹《いもうと》を焚《た》き付《つ》けて、親戚《しんせき》にお年玉《としだま》を催促《さいそく》させた。

くべる

燃《も》やしたり焼《や》いたりするために、燃料《ねんりょう》などを火《ひ》の中《なか》に入《い》れる。例 居間《いま》の暖炉《だんろ》にまきをくべる。

火《ひ》を放《はな》つ

建物《たてもの》や森《もり》などを燃《も》やそうとして、火《ひ》をつける。例 山焼《やまや》きのため、枯《か》れ野《の》に火《ひ》を放《はな》つ。

焼《や》き払《はら》う

辺《あた》り一面《いちめん》をすっかり焼《や》いてしまう。例 畑《はたけ》に生《は》えた雑草《ざっそう》を焼《や》き払《はら》う。

火《ひ》を入《い》れる

窯《かま》や火鉢《ひばち》など、火《ひ》を使《つか》う道具《どうぐ》を使《つか》うために点火《てんか》する。初《はじ》めて動《うご》かすことにも使《つか》う。例 部屋《へや》の火鉢《ひばち》に火《ひ》を入《い》れる。

焼《や》き付《つ》く

◎焼《や》けて、あとがつく。焼《や》けてくっつく。例 畳《たたみ》にたばこの跡《あと》が焼《や》き付《つ》く。例 過熱《かねつ》してモーターが焼《や》き付《つ》く。◎印象《いんしょう》が強《つよ》く残《のこ》る。例 先生《せんせい》のあの一言《ひとこと》は、今《いま》も心《こころ》に焼《や》き付《つ》いている。

焼《や》き付《つ》ける

◎金属《きんぞく》や陶器《とうき》などに塗料《とりょう》や薬品《やくひん》を塗《ぬ》り、加熱《かねつ》して固《かた》める。例 陶器《とうき》に絵《え》を描《えが》いて、窯《かま》で焼《や》き付《つ》ける。◎写真《しゃしん》の像《ぞう》を印画紙《いんがし》に現《あらわ》れるよう加工《かこう》する。例 気《き》に入《い》った写真《しゃしん》を、大《おお》きく引《ひ》き伸《の》ばして焼《や》き付《つ》ける。◎心《こころ》に強《つよ》い印象《いんしょう》を残《のこ》す。例 このすばらしい景色《けしき》を、しっかりと心《こころ》に焼《や》き付《つ》けておきたい。

点火《てんか》

◎何《なに》かに火《ひ》をつけること。例 最終《さいしゅう》ランナーが、聖火台《せいかだい》に点火《てんか》した。◎爆発物《ばくはつぶつ》の発火《はっか》の操作《そうさ》をすること。例 エンジンに点火《てんか》する。

着火《ちゃっか》

火《ひ》がつくこと。また、火《ひ》をつけること。例 花火《はなび》が湿《しめ》っていて、なかなか着火《ちゃっか》しない。

引火《いんか》

燃《も》えている火《ひ》や熱《ねつ》がほかの物《もの》に伝《つた》わって、ひとりでに燃《も》え始《はじ》めること。わざと火《ひ》をつけることには使《つか》わない。例 タバコの火《ひ》が、こぼれたガソリンに引火《いんか》した。

発火《はっか》

物《もの》が、ひとりでに燃《も》え出《だ》すこと。例 発火《はっか》装置《そうち》。例 今回《こんかい》の山《やま》火事《かじ》は、自然《しぜん》に発火《はっか》したものだ。

燃焼《ねんしょう》

◎燃《も》えること。物《もの》が酸素《さんそ》と結《むす》びついて、光《ひかり》や熱《ねつ》などを出《だ》すこと。例 ろうそくの燃焼《ねんしょう》を観察《かんさつ》する。◎人《ひと》が持《も》っている力《ちから》のすべてを出《だ》すことのたとえ。例 青春《せいしゅん》を燃焼《ねんしょう》し尽《つ》くす。

完全燃焼《かんぜんねんしょう》

◎酸素《さんそ》が十分《じゅうぶん》にある所《ところ》で物《もの》が燃《も》えること。例 廃棄物《はいきぶつ》を高温《こうおん》で完全燃焼《かんぜんねんしょう》させる。◎人《ひと》が持《も》っている力《ちから》のすべてを出《だ》しきり、悔《く》いを残《のこ》さないことのたとえ。例 残《のこ》された最後《さいご》の一試合《いっしあい》を完全燃焼《かんぜんねんしょう》しよう。

不完全燃焼《ふかんぜんねんしょう》　◎酸素《さんそ》が十分《じゅうぶん》でない所《ところ》で物《もの》が燃《も》えること。有害《ゆうがい》な一酸化炭素《いっさんかたんそ》などが発生《はっせい》する。例 安全装置《あんぜんそうち》により、不完全燃焼《ふかんぜんねんしょう》すると自動的《じどうてき》にガスが止《と》まる。◎人《ひと》が力《ちから》を出《だ》しきれないまま物事《ものごと》が終《お》わり、やり残《のこ》した感《かん》じがすること。例 力《ちから》を出《だ》し切《き》れず、不完全燃焼《ふかんぜんねんしょう》のまま競技《きょうぎ》を終《お》えた。

炎上《えんじょう》　大《おお》きな建物《たてもの》などが、火事《かじ》で燃《も》え上《あ》がること。例 金閣寺《きんかくじ》は一度《いちど》炎上《えんじょう》し、後《のち》に再建《さいけん》された。

焼失《しょうしつ》　焼《や》けてなくなること。例 火事《かじ》で、たくさんの貴重《きちょう》な文化財《ぶんかざい》が焼失《しょうしつ》した。

火《ひ》　◎物《もの》が光《ひかり》や熱《ねつ》などを出《だ》して燃《も》えるありさま。また、そのときに出《で》る光《ひかり》や熱《ねつ》。例 急《きゅう》な雨《あめ》で、たいまつの火《ひ》が消《き》えた。◎火事《かじ》のこと。例 火《ひ》の用心《ようじん》。例 決《けっ》して火《ひ》を出《だ》さないように注意《ちゅうい》する。

炎《ほのお》　◎物《もの》が燃《も》えるときに、光《ひか》り輝《かがや》いて見《み》える火《ひ》の先端部分《せんたんぶぶん》。例 たき火《び》の真《ま》っ赤《か》な炎《ほのお》が、みんなの顔《かお》を照《て》らした。◎怒《いか》りや愛《あい》などの強《つよ》い気持《きも》ちで、心《こころ》が燃《も》え立《た》つようすのたとえ。例 人《ひと》を見下《みくだ》したような態度《たいど》に、怒《いか》りの炎《ほのお》が燃《も》え上《あ》がる。◆「焰《ほのお》」とも書《か》く。

ほむら　「炎《ほのお》」のこと。また、怒《いか》りや愛《あい》などの強《つよ》い気持《きも》ちで、心《こころ》が燃《も》え立《た》つようすのたとえ。例 恋《こい》のほむらを抑《おさ》えることができない。

火炎《かえん》　物《もの》が燃《も》えるときの、光《ひか》り輝《かがや》いて見《み》える部分《ぶぶん》。例 火炎《かえん》に包《つつ》まれた家屋《かおく》から、子《こ》どもが救《すく》い出《だ》された。◆「火焔《かえん》」とも書《か》く。

	燃《も》え盛《さか》る――	紙《かみ》に――をつける	――を上《あ》げて燃《も》える
火	○	○	－
炎	○	－	○
ほむら	○	－	－
火炎	△	－	○

火柱《ひばしら》　柱《はしら》のように、空中高《くうちゅうたか》く燃《も》え上《あ》がる火《ひ》。例 爆発《ばくはつ》が起《お》こり、真《ま》っ赤《か》な火柱《ひばしら》が立《た》った。

猛火《もうか》　激《はげ》しく燃《も》える火《ひ》。例 石油《せきゆ》コンビナートが猛火《もうか》に包《つつ》まれる。

烈火《れっか》　すさまじい勢《いきお》いで燃《も》える火《ひ》。例 火《ひ》のついた倉庫《そうこ》から烈火《れっか》が吹《ふ》き上《あ》げた。

業火《ごうか》　激《はげ》しく燃《も》え盛《さか》る火《ひ》。とくに、地獄《じごく》で罪人《ざいにん》を焼《や》く火《ひ》。例 業火《ごうか》の責《せ》め苦《く》。

火力《かりょく》　◎火《ひ》の燃《も》える勢《いきお》いや強《つよ》さ。例 この石油《せきゆ》ストーブは火力《かりょく》が弱《よわ》い。◎銃砲《じゅうほう》などの武器《ぶき》の威力《いりょく》。例 火力《かりょく》の差《さ》で敵《てき》を圧倒《あっとう》する。

火勢《かせい》　火《ひ》の燃《も》える勢《いきお》い。例 雨《あめ》が降《ふ》り出《だ》し、ようやく火勢《かせい》も衰《おとろ》えた。

火《ひ》の気《け》　火《ひ》を使《つか》う場所《ばしょ》や道具《どうぐ》。火事《かじ》の原因《げんいん》となるもの。また、火《ひ》の暖《あたた》かみ。例 火《ひ》の気《け》のない家《いえ》の中《なか》は、寂《さび》しい感《かん》じがする。

火気《かき》　「火《ひ》の気《け》」のこと。また、火《ひ》の勢《いきお》い。例 火気《かき》厳禁《げんきん》。例 吹《ふ》き始《はじ》めた風《かぜ》が、衰《おとろ》えていた火気《かき》を再《ふたた》び強《つよ》めた。

焦《こ》げる　物《もの》の表面《ひょうめん》が、火《ひ》や熱《ねつ》で焼《や》けて黒《くろ》くなる。例 パンが真《ま》っ黒《くろ》に焦《こ》げて食《た》べられない。

焦《こ》がす　◎火《ひ》や日光《にっこう》で、物《もの》を焼《や》いて黒《くろ》くする。例 火《ひ》を強《つよ》くし過《す》ぎて、魚《さかな》を焦《こ》がす。◎「苦《くる》しむ」⬇467

黒焦《くろこ》げ
焼《や》けて真《ま》っ黒《くろ》に焦《こ》げること。また、そのようす。例 焼《や》き過《す》ぎて、肉《にく》が黒焦《くろこ》げになる。似 真《ま》っ黒焦《くろこ》げ。

くすぶる
◎火《ひ》をつけても勢《いきお》いよく燃《も》えなかったり、火《ひ》を消《け》しても煙《けむり》が出続《でつづ》けたりする。例 しけっていたせいか、まきが燃《も》えずにくすぶる。例 くすぶっている生木《なまき》に、水《みず》をかけて消《け》す。◎煙《けむり》のすすで黒《くろ》くなる。例 囲炉裏《いろり》の上《うえ》の天井《てんじょう》が、すっかりくすぶっている。◎実力《じつりょく》を発揮《はっき》する機会《きかい》がなく、成功《せいこう》できずにいる。また、閉《と》じこもって過《す》ごす。例 あいつは二軍《にぐん》でくすぶっているような選手《せんしゅ》ではない。

いぶす
物《もの》を燃《も》やして煙《けむり》を出《だ》す。黒《くろ》くすすけさせる。例 生木《なまき》をいぶして虫《むし》を追《お》い払《はら》う。例 銀細工《ぎんざいく》をいぶして仕上《しあ》げる。

煙《けむ》る
煙《けむり》が立《た》ち込《こ》めたり、立《た》ち上《のぼ》ったりする。煙《けむり》以外《いがい》の雨《あめ》・霧《きり》・ガスなどについても使《つか》われる。例 たき火《び》が煙《けむ》る。例 雨《あめ》に煙《けむ》る山《やま》あいの村《むら》。◆「けぶる」ともいう。

煙《けむり》
物《もの》が燃《も》えるときに立《た》ち上《のぼ》る、黒《くろ》や白《しろ》や灰色《はいいろ》のもの。燃《も》えた物《もの》や水《すい》蒸気《じょうき》の細《こま》かい粒子《りゅうし》の集《あつ》まり。例 煙突《えんとつ》から、煙《けむり》が空《そら》にまっすぐ上《のぼ》る。

黒煙《こくえん》
黒《くろ》い煙《けむり》。燃《も》えた炭《すみ》の粒子《りゅうし》が多《おお》い。例 黒煙《こくえん》を吐《は》きながら蒸気《じょうき》機関車《きかんしゃ》が突《つ》き進《すす》む。

白煙《はくえん》
白《しろ》い色《いろ》をした煙《けむり》。燃《も》え残《のこ》った燃料《ねんりょう》や水《すい》蒸気《じょうき》の粒子《りゅうし》が多《おお》い。例 火口《かこう》から、もうもうと白煙《はくえん》が上《あ》がる。

狼煙《のろし》
昔《むかし》、警報《けいほう》や急報《きゅうほう》、合図《あいず》などのために、見晴《みは》らしのよい所《ところ》で高《たか》く上《あ》げた火《ひ》や煙《けむり》。例 狼煙《のろし》を上《あ》げて、敵《てき》の進撃《しんげき》を本陣《ほんじん》に知《し》らせる。

煙《けむ》い
煙《けむり》が、鼻《はな》・のど・目《め》を刺激《しげき》して苦《くる》しい。例 隣《となり》の席《せき》の人《ひと》のたばこが煙《けむ》い。◆「けぶい」ともいう。

煙《けむ》たい
◎「煙《けむ》い」と同《おな》じ。例 愛煙《あいえん》家《か》の父《ちち》の部屋《へや》は、いつもたばこの煙《けむり》で煙《けむ》たい。◆「けぶたい」「けむったい」「けぶったい」ともいう。◎「嫌《きら》い」➡420

もうもう
煙《けむり》やほこり、霧《きり》や小雨《こさめ》などが立《た》ち込《こ》めて、あたりがよく見《み》えないようす。例 車《くるま》が通《とお》った後《あと》は、土《つち》ぼこりがもうもうと立《た》ち込《こ》めていた。例 大浴場《だいよくじょう》の中《なか》は、湯気《ゆげ》でもうもうとしている。

もくもく
煙《けむり》や雲《くも》などが、盛《さか》んにわき立《た》つようす。例 工場《こうじょう》の煙突《えんとつ》から、もくもくと黒煙《こくえん》が吐《は》き出《だ》されていた。例 真夏《まなつ》の空《そら》に入道雲《にゅうどうぐも》がもくもくとわき立《た》つ。

赤々《あかあか》
非常《ひじょう》に赤《あか》いようす。燃《も》えるようすを表《あらわ》すことば。例 暖炉《だんろ》の火《ひ》が赤々《あかあか》と燃《も》える暖《あたた》かい部屋《へや》。

真《ま》っ赤《か》
◎非常《ひじょう》に赤《あか》いようす。燃《も》えるようすを表《あらわ》すことば。例 真《ま》っ赤《か》に燃《も》える太陽《たいよう》。◎まぎれもなく、はっきりしているようす。例 真《ま》っ赤《か》な偽物《にせもの》。例 真《ま》っ赤《か》なうそ。

炎々《えんえん》
炎《ほのお》が盛《さか》んに燃《も》え上《あ》がるようす。例 炎々《えんえん》と燃《も》え盛《さか》る火《ひ》に、消防《しょうぼう》隊《たい》もなすすべがなかった。

紅蓮《ぐれん》
猛火《もうか》の炎《ほのお》が真《ま》っ赤《か》であるようす。炎《ほのお》が盛《さか》んに燃《も》え立《た》つこと。

◆＝もっと知《し》りたい、ことばの知識《ちしき》。

のたとえ。真《ま》っ赤《か》な蓮《はす》の花《はな》という意味《いみ》から。例 紅蓮《ぐれん》の炎《ほのお》を上《あ》げて、とりでが焼《や》け落《お》ちる。

火達磨《ひだるま》 全身《ぜんしん》に火《ひ》がついて、燃《も》え上《あ》がること。例 衣服《いふく》に火《ひ》がついて、危《あや》うく火達磨《ひだるま》になるところだった。

ぽっと 小《ちい》さな炎《ほのお》が燃《も》え出《だ》すようす。また、急《きゅう》に火《ひ》が燃《も》え上《あ》がるようす。例 ろうそくにぽっと火《ひ》がともる。例 たばこの火《ひ》が落《お》ちて、新聞《しんぶん》紙《し》がぽっと燃《も》え出《だ》す。

ぼっと 急《きゅう》に音《おと》を立《た》てて燃《も》え上《あ》がるようす。また、その音《おと》。例 ガスストーブのつまみをひねると、ぼっと火《ひ》がついた。例 たき火《び》に投《な》げ入《い》れた紙《かみ》くずが、ぼっと燃《も》え上《あ》がる。

ちょろちょろ 火《ひ》が小《ちい》さな炎《ほのお》を上《あ》げて燃《も》えるようす。例 囲炉裏《いろり》の火《ひ》がちょろちょろと一晩中《ひとばんじゅう》燃《も》え続《つづ》ける。似 ちろちろ。

とろとろ ◎火《ひ》の勢《いきお》いが弱《よわ》いようす。火《ひ》が弱《よわ》い状態《じょうたい》で燃《も》えるようす。例 材料《ざいりょう》を入《い》れたスープを、とろとろと煮《に》る。◎「眠《ねむ》る」⬇224

ちりちり 毛《け》などが焼《や》け縮《ちぢ》れるようす。また、その音《おと》。例 髪《かみ》の毛《け》が、こんろの火《ひ》に触《ふ》れてちりちりに焦《こ》げた。

ぱちぱち ◎物《もの》が勢《いきお》いよく燃《も》えたり、熱《ねっ》せられたものがはじけたりする音《おと》。例 暖炉《だんろ》にくべたたきぎがぱちぱちと燃《も》える。例 フライパンでいったごまが、ぱちぱちはぜる。◎「叩《たた》く」⬇158

めらめら ◎火《ひ》などが、なめるように燃《も》え広《ひろ》がるようす。例 乾《かわ》ききったたきぎが、めらめらと燃《も》え上《あ》がる。◎激《はげ》しい感情《かんじょう》がわき上《あ》がることのたとえ。例 彼《かれ》の無責任《むせきにん》な態度《たいど》に、めらめらと怒《いか》りがわいてきた。

ぼうぼう 炎《ほのお》を上《あ》げて盛《さか》んに燃《も》え上《あ》がるようす。また、その音《おと》。例 かまどで廃材《はいざい》がぼうぼうと燃《も》えている。

かっか ◎火《ひ》が盛《さか》んにおこるようす。例 七輪《しちりん》の中《なか》で、炭《すみ》がかっかとおこっている。◎「怒《おこ》る」⬇400

かんかん ◎火《ひ》が盛《さか》んにおこるようす。例 火鉢《ひばち》の炭《すみ》がかんかんにおこる。◎「怒《おこ》る」⬇400 ◎「光《ひか》る」⬇584

がんがん ◎火《ひ》が激《はげ》しく燃《も》えるようす。盛《さか》んに火《ひ》を燃《も》やすようす。例 かまどの中《なか》で、火《ひ》ががんがん燃《も》えている。例 ストーブをがんがんたく。◎「痛《いた》い・痒《かゆ》い」⬇202

ぶすぶす ぱっと燃《も》えずに、煙《けむり》ばかり出《だ》してくすぶるようす。また、その音《おと》。例 燃《も》え残《のこ》った丸太《まるた》がぶすぶすくすぶっている。

ぷすぷす 火《ひ》が弱々《よわよわ》しくくすぶっているようす。また、その音《おと》。例 ぬれたまきが、ぷすぷすくすぶって煙《けむ》たい。

火事《かじ》 建物《たてもの》・山林《さんりん》・船《ふね》などが焼《や》けること。例 家《いえ》が火事《かじ》になった。

火災《かさい》 「火事《かじ》」と同《おな》じ。比較的《ひかくてき》大規模《だいきぼ》な場合《ばあい》に使《つか》うことが多《おお》い。例 化学工場《かがくこうじょう》で火災《かさい》が発生《はっせい》した。

ぼや 建物《たてもの》などの一部《いちぶ》を焼《や》いただけの小《ちい》さな火事《かじ》。例 火《ひ》が出《で》たが、幸《さいわ》いぼやですんだ。

大火《たいか》　大《おお》きな火事《かじ》。例 この町《まち》は昔《むかし》から大火《たいか》に見舞《みま》われることが多《おお》かった。似 大火事《おおかじ》。

出火《しゅっか》　火事《かじ》を出《だ》すこと。火事《かじ》になること。例 台所《だいどころ》から出火《しゅっか》して、家中《いえじゅう》に燃《も》え広《ひろ》がった。

失火《しっか》　不注意《ふちゅうい》から火事《かじ》を起《お》こすこと。例 失火《しっか》の原因《げんいん》は、たばこの火《ひ》の不始末《ふしまつ》らしい。

火《ひ》の手《て》　火事《かじ》などで、燃《も》え上《あ》がる炎《ほのお》。また、その勢《いきお》い。例 強風《きょうふう》にあおられて火《ひ》の手《て》が強《つよ》まる。

火《ひ》の海《うみ》　火《ひ》が一面《いちめん》に燃《も》え広《ひろ》がっていることを海《うみ》にたとえたことば。例 東京大空襲《とうきょうだいくうしゅう》で、下町一帯《したまちいったい》は火《ひ》の海《うみ》になった。

延焼《えんしょう》　火事《かじ》が火元《ひもと》から他《た》の場所《ばしょ》に燃《も》え広《ひろ》がること。例 消防士《しょうぼうし》が必死《ひっし》で延焼《えんしょう》を食《く》い止《と》める。

類焼《るいしょう》　ほかの家《いえ》から出《で》た火事《かじ》が燃《も》え移《うつ》って、家《いえ》が焼《や》けてしまうこと。例 隣《となり》の家《いえ》が火事《かじ》になったが、類焼《るいしょう》は免《まぬが》れた。

もらい火《び》　◎「類焼《るいしょう》」のこと。例 もらい火《び》で家《いえ》を失《うしな》う。◎よそから火種《ひだね》をもらうこと。例 友人《ゆうじん》からのもらい火《び》でたばこに火《ひ》をつけた。

丸焼《まるや》け　火事《かじ》で建物《たてもの》などがすっかり焼《や》けてしまうこと。例 家《いえ》が丸焼《まるや》けになり、家財道具《かざいどうぐ》をすべて失《うしな》ってしまった。

全焼《ぜんしょう》　火事《かじ》で、建物《たてもの》などが丸焼《まるや》けになってしまうこと。例 火災《かさい》で三軒《さんげん》の家《いえ》が全焼《ぜんしょう》する。

半焼《はんしょう》　火事《かじ》で建物《たてもの》などが半分《はんぶん》くらい焼《や》けること。例 昨夜《さくや》の火事《かじ》で工場《こうじょう》が半焼《はんしょう》した。似 半焼《はんや》け。

「燃《も》える」に関連《かんれん》することば

爪《つめ》に火をともす　非常《ひじょう》に倹約《けんやく》すること。ろうそくがもったいないので、爪《つめ》に火《ひ》をつけて代《か》わりにするという意味《いみ》から。

火《ひ》打《う》ち石《いし》　昔《むかし》、火《ひ》をおこす道具《どうぐ》として使《つか》われた石《いし》。石英《せきえい》という鉱物《こうぶつ》の一種《いっしゅ》で、金属《きんぞく》と打《う》ち合《あ》わせて火花《ひばな》を出《だ》した。

火《ひ》の車《くるま》　お金《かね》が少《すく》なくて、暮《く》らしに困《こま》ること。もとは地獄《じごく》にある火《ひ》の燃《も》えている車《くるま》のことで、これに乗《の》せられたものは責《せ》め苦《く》しめられるということから。

火《ひ》のない所《ところ》に煙《けむり》は立《た》たぬ　原因《げんいん》がまったくなければ、うわさが立《た》ったり、疑《うたが》われたりはしない。うわさが立《た》ったり疑《うたが》われたりするのは、何《なに》か原因《げんいん》があるからだということ。

火《ひ》を見《み》るより明《あき》らか　極《きわ》めてはっきりしていて、疑《うたが》う余地《よち》はないということ。燃《も》えている火《ひ》を見《み》ればすぐに火《ひ》だと分《わ》かるが、それよりも、もっとはっきりと分《わ》かるという意味《いみ》。

燎原《りょうげん》の火《ひ》　勢《いきお》いが激《はげ》しくて、防《ふせ》ぎ止《と》められないことのたとえ。「燎原《りょうげん》」は、火《ひ》をつけた野原《のはら》。野原《のはら》に燃《も》え広《ひろ》がる火《ひ》のように、勢《いきお》いが盛《さか》んであるという意味《いみ》から。

◆＝もっと知《し》りたい、ことばの知識《ちしき》。

焼《や》け跡《あと》

火事《かじ》で焼《や》けた跡《あと》。燃《も》え残《のこ》った建物《たてもの》など。例 焼《や》け跡《あと》に呆然《ぼうぜん》と立《た》ち尽《つ》くす。

焼《や》け野原《のはら》

一面《いちめん》に焼《や》けて荒《あ》れ果《は》てた地域《ちいき》。例 空襲《くうしゅう》で、町《まち》は一面《いちめん》の焼《や》け野原《のはら》になった。

放火《ほうか》

家《いえ》などにわざと火《ひ》をつける犯罪《はんざい》。例 昨夜《さくや》の火事《かじ》は放火《ほうか》の疑《うたが》いがある。

不審火《ふしんび》

放火《ほうか》の疑《うたが》いがある、原因《げんいん》不明《ふめい》の火事《かじ》。例 同《おな》じ町内《ちょうない》で不審火《ふしんび》と見《み》られるぼやが、立《た》て続《つづ》けに発生《はっせい》した。◆「ふしんか」とも読《よ》む。

山火事《やまかじ》

山《やま》の木《き》や枯《か》れ葉《は》などが燃《も》える火事《かじ》。例 大規模《だいきぼ》な山火事《やまかじ》が発生《はっせい》し、消火活動《しょうかかつどう》が難航《なんこう》している。

焼《や》け落《お》ちる

建物《たてもの》などが焼《や》けて崩《くず》れ落《お》ちる。例 城《しろ》が焼《や》け落《お》ちるのを、武将《ぶしょう》たちが見《み》つめる。

灰《はい》になる

燃《も》えてすっかりなくなる。例 地震《じしん》による大火《おおか》事《じ》で、町《まち》のほとんどが灰《はい》になった。

灰燼《かいじん》に帰《き》す

跡形《あとかた》もなくすっかり焼《や》けてしまう。「燼《じん》」は、燃《も》えさしという意味《いみ》。例 寺《てら》の本堂《ほんどう》から火《ひ》が出《で》て、重要文化財《じゅうようぶんかざい》が灰燼《かいじん》に帰《き》した。似 灰燼《かいじん》と化《か》す。

焦土《しょうど》と化《か》す

多《おお》くの建物《たてもの》などが焼《や》けて、地域一帯《ちいきいったい》が何《なに》もかもなくなる。「焦土《しょうど》」は、黒《くろ》く焼《や》け焦《こ》げた大地《だいち》という意味《いみ》。例 空襲《くうしゅう》で、街《まち》は一夜《いちや》にして焦土《しょうど》と化《か》した。

焼《や》け出《だ》される

火事《かじ》で家《いえ》を焼《や》かれ、住《す》む場所《ばしょ》がなくなる。例 火災《かさい》で焼《や》け出《だ》された人々《ひとびと》が、寒空《さむぞら》の下《もと》で震《ふる》えていた。

光《ひか》る

shine
［シャイン］

このページも見《み》てみよう
▼優《すぐ》れる ⬇556
▼太陽《たいよう》・月《つき》・星《ほし》 ⬇568

光《ひか》る

◎それ自体《じたい》が光《ひかり》を発《はっ》したり、光《ひかり》を反射《はんしゃ》したりして明《あか》るく見《み》える。例 真夏《まなつ》の日差《ひざ》しに海《うみ》がきらきらと光《ひか》る。◎「優《すぐ》れる」⬇556

輝《かがや》く

◎まぶしいほど光《ひかり》を放《はな》つ。きらきらと美《うつく》しく光《ひか》る。例 東《ひがし》の空《そら》に朝日《あさひ》が輝《かがや》く。◎喜《よろこ》びや名誉《めいよ》などを得《え》た人《ひと》が、華々《はなばな》しく見《み》える。例 わが校《こう》のチームが、全国大会《ぜんこくたいかい》で優勝《ゆうしょう》の栄冠《えいかん》に輝《かがや》いた。◎「優《すぐ》れる」⬇556

光《ひか》り輝《かがや》く

光《ひかり》を放《はな》ってきらきらと光《ひか》る。また、輝《かがや》くばかりに美《うつく》しく見《み》える。例 彼女《かのじょ》の胸《むね》には、ダイヤモンドのネックレスが光《ひか》り輝《かがや》いていた。

きらめく

きらきらと美《うつく》しく光《ひか》り輝《かがや》く。宝石《ほうせき》や肉眼《にくがん》で見《み》る星《ほし》など、細《こま》かいものがまばたくように光《ひか》ったり消《き》えたりする。例 高原《こうげん》の夜空《よぞら》に星《ほし》がきらめく。

	ダイヤが―	ほおに涙《なみだ》が―	―星座《せいざ》
光る	○	○	－
輝く	○	△	○
きらめく	○	－	○

ひらめく

◎一瞬《いっしゅん》だけ、ぴかっと光《ひか》る。例 大雨《おおあめ》の中《なか》、稲《いな》

燃《も》える　▶光《ひか》る　天気《てんき》　雨《あめ》　雪《ゆき》　風《かぜ》　晴《は》れ　曇《くも》り　朝《あさ》　昼《ひる》　夕方《ゆうがた》　夜《よる》

妻《ずま》がひらめく。◎旗《はた》などが風《かぜ》で揺《ゆ》れ動《うご》く。例会場《かいじょう》には万国旗《ばんこっき》がひらめいている。◎考《かんが》えや問題《もんだい》の答《こた》えなどが、急《きゅう》に思《おも》い浮《う》かぶ。例問題解決《もんだいかいけつ》の名案《めいあん》がひらめいた。

輝《かがや》かす きらきらと輝《かがや》かせる。例プレゼントをもらった弟《おとうと》が、ぱっと目《め》を輝《かがや》かせた。

ぎらつく ぎらぎらと強烈《きょうれつ》に光《ひか》る。とくに、太陽《たいよう》や油《あぶら》などの輝《かがや》きをいう。例真夏《まなつ》の太陽《たいよう》が頭上《ずじょう》でぎらつく。

放《はな》つ 光《ひかり》を四方《しほう》に向《む》けて出《だ》す。例灯《とう》台《だい》が白《しろ》い光《ひかり》を夜空《よぞら》に放《はな》っている。

差《さ》す 太陽《たいよう》や月《つき》の光《ひかり》が光線《こうせん》となって当《あ》たる。例雨《あめ》が上《あ》がって、雲《くも》間《ま》から日《ひ》が差《さ》してきた。◆「射《さ》す」とも書《か》く。

差《さ》し込《こ》む ◎太陽《たいよう》や月《つき》の光《ひかり》が、中《なか》まで入《はい》り込《こ》む。例強《つよ》い日差《ひざ》しが、カーテンのすきまから差《さ》し込《こ》む。◆「射《さ》し込《こ》む」とも書《か》く。◎「痛《いた》い・痒《かゆ》い」➡200

照《て》る 太陽《たいよう》や月《つき》が光《ひかり》を発《はっ》する。例雲《くも》一《ひと》つない夜空《よぞら》に、月《つき》がこうこうと照《て》る。

映《は》える ◎光《ひかり》に照《て》らされて輝《かがや》く。例山々《やまやま》の紅葉《こうよう》が、夕日《ゆうひ》に映《は》える。◎「美《うつく》しい」➡545

照《て》り輝《かがや》く 光《ひかり》を発《はっ》したり反射《はんしゃ》したりして、明《あか》るく美《うつく》しく輝《かがや》く。例海水浴客《かいすいよくきゃく》でにぎわう浜辺《はまべ》に、真夏《まなつ》の太陽《たいよう》が照《て》り輝《かがや》く。

照《て》り付《つ》ける 太陽《たいよう》が激《はげ》しく照《て》る。強烈《きょうれつ》な日差《ひざ》しが当《あ》たる。例真昼《まひる》の太陽《たいよう》が、じりじりとアスファルトに照《て》り付《つ》ける。

照《て》り映《は》える 光《ひかり》に当《あ》たって、美《うつく》しく輝《かがや》く。例雪《ゆき》をいただいた富士山《ふじさん》が、夕日《ゆうひ》に照《て》り映《は》える。

照《て》らし出《だ》す その部分《ぶぶん》だけに光《ひかり》を当《あ》てて、はっきりと現《あらわ》す。例スポットライトが、舞台《ぶたい》の上《うえ》の主役《しゅやく》を照《て》らし出《だ》した。

つやめく ◎つやつやと美《うつく》しく輝《かがや》く。例朝露《あさつゆ》にぬれた若《わか》葉《ば》が、日《ひ》の光《ひかり》につやめく。◎行動《こうどう》や雰《ふん》囲気《いき》などが、色《いろ》っぽい。例女性《じょせい》シンガーのつやめいた歌声《うたごえ》。

瞬《またた》く ◎光《ひかり》がちらちらと点滅《てんめつ》する。例夜空《よぞら》に無数《むすう》の星《ほし》が瞬《またた》く。◎目《め》を瞬間的《しゅんかんてき》に閉《と》じたり開《あ》けたりする。例太陽《たいよう》がまぶしくて、しきりに目《め》を瞬《またた》く。

ちらつく ◎それほど強《つよ》くない光《ひかり》が、ちらちらと点滅《てんめつ》する。例古《ふる》くなった蛍光灯《けいこうとう》がちらつく。◎何《なに》かの姿《すがた》や記憶《きおく》が、考《かんが》えの中《なか》に浮《う》かんだり消《き》えたりする。例思《おも》い出《で》の品《しな》を見《み》るたびに、祖父《そふ》のおもかげがちらつく。◎「雪《ゆき》」➡592

点《つ》く 明《あ》かりがともる。例夕方《ゆうがた》になると、街灯《がいとう》が自動的《じどうてき》に点《つ》く。

ともす 明《あ》かりや火《ひ》をつける。例玄関《げんかん》の明《あ》かりをともす。例仏壇《ぶつだん》にろうそくをともす。◆「とぼす」ともいう。「点《とも》す」「灯《とも》す」などと書《か》く。

点《てん》じる 火《ひ》をつける。明《あ》かりをともす。例最終《さいしゅう》ランナーが、聖火台《せいかだい》に火《ひ》を点《てん》じた。

自《し》然《ぜん》　自然現象《しぜんげんしょう》

◆＝もっと知《し》りたい、ことばの知識《ちしき》。

発光《はっこう》　自分《じぶん》から光《ひかり》を出《だ》すこと。ふつう、太陽《たいよう》や火《ひ》などには使《つか》わない。例 発光《はっこう》塗料《とりょう》。例 ホタルが青白《あおじろ》く発光《はっこう》する。

反射《はんしゃ》　光《ひかり》が物《もの》の表面《ひょうめん》に当《あ》たって、はね返《かえ》ること。波《なみ》・音《おと》などについてもいう。例 積《つ》もった雪《ゆき》に、日光《にっこう》が反射《はんしゃ》してまぶしい。

乱反射《らんはんしゃ》　表面《ひょうめん》が滑《なめ》らかでないものに光《ひかり》が当《あ》たって、いろいろな方向《ほうこう》に反射《はんしゃ》すること。例 日光《にっこう》が、湖面《こめん》のさざなみに乱反射《らんはんしゃ》する。

一閃《いっせん》　瞬間的《しゅんかんてき》に強《つよ》い光《ひかり》がひらめくこと。ぴかっと光《ひか》ること。例 電《でん》光《こう》一閃《いっせん》。例 稲妻《いなずま》が一閃《いっせん》すると同時《どうじ》に、激《はげ》しい雨《あめ》が降《ふ》り出《だ》した。

黒光《くろびか》り　黒《くろ》くてつやつや光《ひか》っていること。例 祖母《そぼ》の家《いえ》には、黒光《くろびか》りした年代《ねんだい》ものの家具《かぐ》がいくつもある。

底光《そこびか》り　◎表面《ひょうめん》には現《あらわ》れないが、何《なん》となく奥底《おくそこ》から感《かん》じられる深《ふか》い光《ひかり》や、つや。奥底《おくそこ》から光《ひか》っている感《かん》じを受《う》けること。例 磨《みが》き込《こ》まれて底光《そこびか》りする廊下《ろうか》。◎深《ふか》いところからにじみ出《で》るような、価値《かち》や実力《じつりょく》。例 ベテラン俳優《はいゆう》が、底光《そこびか》りする名演技《めいえんぎ》を見《み》せた。

点灯《てんとう》　明《あ》かりをつけること。電気《でんき》の明《あ》かりをいうことが多《おお》い。例 日《ひ》が暮《く》れると、大通《おおどお》りのツリーの電飾《でんしょく》が一斉《いっせい》に点灯《てんとう》した。対 消灯《しょうとう》。

点滅《てんめつ》　明《あ》かりなどが、ついたり消《き》えたりすること。また、つけたり消《け》したりすること。例 懐中電灯《かいちゅうでんとう》を点滅《てんめつ》させて、仲間《なかま》に合図《あいず》を送《おく》る。

明滅《めいめつ》　明《あ》かりがついたり消《き》えたりすること。また、光《ひかり》が明《あか》るくなったり暗《くら》くなったりすること。例 夕暮《ゆうぐ》れ時《どき》になり、街《まち》のネオンが明滅《めいめつ》し始《はじ》めた。

直射《ちょくしゃ》　光《ひかり》がまともに照《て》りつけること。じかに照《て》らすこと。例 直射《ちょくしゃ》日光《にっこう》。例 日傘《ひがさ》を差《さ》して、真夏《まなつ》の日差《ひざ》しの直射《ちょくしゃ》を避《さ》ける。

照射《しょうしゃ》　光《ひかり》などを照《て》らしつけること。日光《にっこう》や電灯《でんとう》の光《ひかり》などのほか、赤外線《せきがいせん》やX線《エックスせん》など目《め》に見《み》えないものについてもいう。例 X線《エックスせん》を照射《しょうしゃ》して、レントゲン写真《しゃしん》を撮《と》る。

ライトアップ　夜間《やかん》、建物《たてもの》や樹木《じゅもく》などに照明《しょうめい》を当《あ》てたり、明《あ》かりをつけたりして、美《うつく》しく見《み》えるようにすること。例 公園内《こうえんない》の銅像《どうぞう》がライトアップされる。

燦然《さんぜん》　光《ひか》り輝《かがや》いてあでやかなようす。まばゆくきらびやかなようす。例 ダイヤモンドの指輪《ゆびわ》が、花嫁《はなよめ》の薬指《くすりゆび》で燦然《さんぜん》と輝《かがや》いている。

燦々《さんさん》　太陽《たいよう》などが、明《あか》るく光《ひか》り輝《かがや》くようす。例 初夏《しょか》の日差《ひざ》しが、高原《こうげん》の新緑《しんりょく》に燦々《さんさん》と降《ふ》り注《そそ》ぐ。

炯々《けいけい》　目《め》などが鋭《するど》く光《ひか》るようす。例 試合開始《しあいかいし》直前《ちょくぜん》の彼女《かのじょ》の目《め》は、炯々《けいけい》と光《ひか》っていた。

爛々《らんらん》　きらきらと光《ひか》り輝《かがや》くようす。ぎらぎらと異様《いよう》な感《かん》じで光《ひか》るようす。例 トラが爛々《らんらん》と目《め》を光《ひか》らせて、獲物《えもの》をねらっている。

煌々《こうこう》　まぶしいほどきらきらと光《ひか》るようす。例 舞台《ぶたい》の上《うえ》を、ライ

似＝似《に》た表現《ひょうげん》のことば。対＝反対《はんたい》の意味《いみ》のことば。例＝使《つか》い方《かた》の例《れい》。

トが煌々《こうこう》と照《て》らし出《だ》す。

皓々《こうこう》 白々《しらじら》と清《きよ》らかに光《ひか》り輝《かがや》くようす。月《つき》の光《ひかり》についていうことが多《おお》い。例 夜道《よみち》を月《つき》が皓々《こうこう》と照《て》らす。

仄《ほの》か 光《ひかり》がぼんやりとして、弱々《よわよわ》しいようす。全体《ぜんたい》にぼんやりとして、はっきりしない感《かん》じをいう。例 霧《きり》の中《なか》に、外灯《がいとう》の仄《ほの》かな明《あ》かりが浮《う》かんでいる。

光《ひかり》 ◎太陽《たいよう》や電灯《でんとう》などから発《はっ》せられ、人間《にんげん》の目《め》に明《あか》るさを感《かん》じさせるもの。また、その反射《はんしゃ》。例 太陽《たいよう》の光《ひかり》を浴《あ》びて元気《げんき》に遊《あそ》ぶ子《こ》どもたち。◎偉大《いだい》な者《もの》などの威光《いこう》や視力《しりょく》、希望《きぼう》などのたとえ。例 親《おや》の光《ひかり》は七光《ななひかり》（自分《じぶん》の実力《じつりょく》ではなく、親《おや》の力《ちから》で利益《りえき》を得《え》ること）。例 彼《かれ》は事故《じこ》で光《ひかり》を失《うしな》った。例 困難《こんなん》を乗《の》り越《こ》え、自分《じぶん》の将来《しょうらい》に光《ひかり》を見《み》いだす。

光線《こうせん》 「光《ひかり》」のこと。また、光《ひかり》の筋《すじ》。例 太陽《たいよう》光線《こうせん》。例 色《いろ》とりどりの光線《こうせん》が、コンサート会場《かいじょう》に集《あつ》まったファンたちを照《て》らす。

明《あ》かり 暗《くら》い中《なか》で、周辺《しゅうへん》やある場所《ばしょ》を明《あか》るくするためにともした光《ひかり》。また、「雪明《ゆきあ》かり」など、ぼんやりした光《ひかり》についてもいう。例 帰《かえ》ってみると、家《いえ》には明《あ》かりがともっていた。

輝《かがや》き 輝《かがや》くこと。四方《しほう》に放《はな》たれる、強《つよ》く美《うつく》しい光《ひかり》。例 その絵《え》を見《み》たときの子《こ》どもたちの目《め》の輝《かがや》きが忘《わす》れられない。

閃光《せんこう》 瞬間的《しゅんかんてき》にぱっときらめく強《つよ》い光《ひかり》。例 暗《くら》い空《そら》に閃光《せんこう》が走《はし》り、雷《かみなり》が鳴《な》り響《ひび》いた。

光芒《こうぼう》 一筋《ひとすじ》の光《ひかり》。尾《お》を引《ひ》いて見《み》える光《ひかり》の筋《すじ》。例 サーチライトが光芒《こうぼう》を放《はな》つ。

光沢《こうたく》 物《もの》の滑《なめ》らかな表面《ひょうめん》が、光《ひかり》を反射《はんしゃ》して発《はっ》する輝《かがや》き。例 革靴《かわぐつ》を磨《みが》いて光沢《こうたく》を出《だ》す。

つや ◎「光沢《こうたく》」のこと。例 表面《ひょうめん》につやのある金属《きんぞく》。◎滑《なめ》らかで張《は》りがあって美《うつく》しいこと。例 肌《はだ》のつやを保《たも》つためのクリーム。◎芸《げい》などに味《あじ》わいがあること。例 あの女優《じょゆう》の演技《えんぎ》にはつやが感《かん》じられる。

夜光《やこう》 暗《くら》い所《ところ》で光《ひか》ること。また、その光《ひかり》。例 夜光《やこう》塗料《とりょう》。

蛍光《けいこう》 ホタルの光《ひかり》。また、光《ひかり》や放射《ほうしゃ》線《せん》などを当《あ》てると、ホタルのような光《ひかり》を放《はな》つ素材《そざい》や塗料《とりょう》の性質《せいしつ》。例 蛍光《けいこう》ペンでしるしをつける。

順光《じゅんこう》 写真《しゃしん》を撮《と》るときなどに、撮影《さつえい》者《しゃ》の背後《はいご》から光《ひかり》が差《さ》すこと。例 順光《じゅんこう》になるように、撮影《さつえい》位置《いち》を変《か》える。対 逆光《ぎゃっこう》。

逆光《ぎゃっこう》 写真《しゃしん》を撮《と》るときなどに、対象《たいしょう》物《ぶつ》の背後《はいご》から光《ひかり》が差《さ》すこと。例 この写真《しゃしん》は逆光《ぎゃっこう》になってしまって、人物《じんぶつ》の表情《ひょうじょう》がよく見《み》えない。対 順光《じゅんこう》。

後光《ごこう》 仏《ほとけ》などの体《からだ》から発《はっ》するといわれる光《ひかり》。また、仏画《ぶつが》や仏像《ぶつぞう》で、その光《ひかり》を表現《ひょうげん》した、放射状《ほうしゃじょう》の線《せん》や板《いた》。例 お地蔵《じぞう》さんの背後《はいご》に日《ひ》が沈《しず》み、後光《ごこう》のように見《み》えた。

照《て》り返《かえ》し 光《ひかり》や熱《ねつ》を反射《はんしゃ》すること。また、反射《はんしゃ》した光《ひかり》や熱《ねつ》。例 アスファルトの照《て》り返《かえ》しが、都会《とかい》の気温《きおん》を上昇《じょうしょう》させている。

日射《にっしゃ》 太陽《たいよう》が照《て》りつけること。また、太陽《たいよう》からもたらされる光《ひかり》や熱《ねつ》のエネルギー。例 日射《にっしゃ》病《びょう》。例 強《つよ》い日《にっ》

◆＝もっと知《し》りたい、ことばの知識《ちしき》。

射《しゃ》のために、畳《たたみ》が焼《や》けて変色《へんしょく》する。

日照《にっしょう》

太陽《たいよう》が照《て》りつけること。例 隣《となり》にマンションが建《た》ち、部屋《へや》の日照《にっしょう》が悪《わる》くなってしまった。

日当《ひあ》たり

日光《にっこう》が当《あ》たること。また、日光《にっこう》の当《あ》たりぐあい。例 日当《ひあ》たりのいい南向《みなみむ》きの部屋《へや》に住《す》む。◆「陽当《ひあ》たり」とも書《か》く。

日差《ひざ》し

日光《にっこう》が差《さ》すこと。とくに、その差《さ》し方《かた》の強弱《きょうじゃく》についていうときに使《つか》う。例 やわらかな春《はる》の日《ひ》差《ざ》しが、部屋《へや》いっぱいに入《はい》り込《こ》む。◆「日射《ひざ》し」「陽差《ひざ》し」「陽射《ひざ》し」とも書《か》く。

きらり

◎瞬間的《しゅんかんてき》に美《うつく》しく、または鋭《するど》く光《ひか》り輝《かがや》くようす。例 ダイヤモンドのイヤリングがきらりと輝《かがや》く。似 きらっと。◎「優《すぐ》れる」➡562

ぎらり

瞬間的《しゅんかんてき》にどぎつく光《ひか》るようす。一瞬《いっしゅん》すごみを帯《お》びて光《ひか》るようす。例 武士《ぶし》の刀《かたな》がぎらりと光《ひか》る。例 バッターボックスに立《た》った彼《かれ》の目《め》がぎらりと光《ひか》った。似 ぎらっと。

きらきら

小《ちい》さな光《ひかり》が、またたくように美《うつく》しく光《ひか》り輝《かがや》くようす。人《ひと》の美《うつく》しさなどについてもいう。例 夜空《よぞら》の星《ほし》がきらきらと輝《かがや》く。

ぎらぎら

長《なが》い時間《じかん》、どぎつく光《ひか》り輝《かがや》くようす。例 ぎらぎらした真夏《まなつ》の太陽《たいよう》が、浜辺《はまべ》に照《て》りつける。

金《きん》ぴか

◎金色《きんいろ》にぴかぴか光《ひか》ること。きらびやかなこと。例 金《きん》ぴかの時計《とけい》が、彼《かれ》の財力《ざいりょく》を物語《ものがた》っている。◎派手《はで》に飾《かざ》り立《た》てたようす。例 彼《かれ》は金《きん》ぴかの衣装《いしょう》で現《あらわ》れた。

きんきらきん

きらきらと派手《はで》に光《ひか》るようす。けばけばしく派手《はで》なようす。やや茶化《ちゃか》していうことが多《おお》い。例 派《は》手《で》好《ず》きな叔母《おば》は、家中《いえじゅう》をきんきらきんに飾《かざ》り立《た》てている。似 きんきら。

ぴかっと

一瞬《いっしゅん》、鋭《するど》く光《ひか》り輝《かがや》くようす。例 急《きゅう》に暗《くら》くなった空《そら》に、ぴかっと稲妻《いなずま》が光《ひか》った。似 ぴかり。

ぴかぴか

◎強《つよ》い光《ひかり》が繰《く》り返《かえ》し光《ひか》り輝《かがや》くようす。例 自転《じてん》車《しゃ》のハンドルにつけたライトがぴかぴか光《ひか》る。◎「新《あたら》しい」➡548

ちらちら

◎光《ひかり》が長《なが》い間《あいだ》、弱《よわ》くかすかに光《ひか》るようす。例 向《む》こう岸《ぎし》の町《まち》の明《あ》かりが、ちらちらと見《み》える。◎「見《み》る」➡257 ◎「聞《き》く」➡268 ◎「雪《ゆき》」➡592

ちかちか

◎小《ちい》さな光《ひかり》が、ついたり消《き》えたりするようす。例 前《まえ》の車《くるま》がウインカーをちかちかさせている。◎「痛《いた》い・痒《かゆ》い」➡202

かんかん

◎太陽《たいよう》が強《つよ》く照《て》りつけるようす。例 かんかん照《で》り。例 真夏《まなつ》の太陽《たいよう》がかんかんと照《て》りつける。◎「怒《おこ》る」➡400 ◎「燃《も》える」➡578

じりじり

◎太陽《たいよう》が焼《や》けつくように強《つよ》く照《て》りつけるようす。例 肌《はだ》が焼《や》け焦《こ》げそうなくらいに、太陽《たいよう》がじりじりと照《て》りつける。◎「いら立《だ》つ」➡412

つやつや

つやがあるようす。美《うつく》しい光沢《こうたく》があるようす。例 ツバキの木《き》が、つやつやした葉《は》っぱをしげらせている。

似＝似《に》た表現《ひょうげん》のことば。対＝反対《はんたい》の意味《いみ》のことば。例＝使《つか》い方《かた》の例《れい》。

てかてか

表面《ひょうめん》が滑《なめ》らかでつやがあり、光《ひか》っているようす。やや安《やす》っぽい感《かん》じのものにいうことが多《おお》い。例 着古《きふる》した上着《うわぎ》のひじが、てかてか光《ひか》る。

「光《ひか》る」に関連《かんれん》することば

光《ひか》り物《もの》 流星《りゅうせい》やコイン、宝石《ほうせき》など、きらきらと光《ひか》るもの。また、握《にぎ》りずしの種《たね》で、コハダ・アジなどの皮《かわ》が青白《あおじろ》く光《ひか》る魚《さかな》。

夜光虫《やこうちゅう》 体長《たいちょう》一《いち》ミリくらいの体《からだ》の丸《まる》い原生動物《げんせいどうぶつ》（ただ一《ひと》つの細胞《さいぼう》からなる、小《ちい》さな動物《どうぶつ》）。夜《よる》、群《む》れになって海面《かいめん》に浮《う》かび、青白《あおじろ》い光《ひかり》を出《だ》す。

瑠璃《るり》も玻璃《はり》も照《て》らせば光《ひか》る 優《すぐ》れた素《そ》質《しつ》や才能《さいのう》を持《も》っている人《ひと》は、だれでも磨《みが》けば光《ひか》り輝《かがや》き、大成《たいせい》するものだということ。「瑠璃《るり》」は美《うつく》しい青色《あおいろ》の宝石《ほうせき》、「玻璃《はり》」は水晶《すいしょう》のことで、光《ひかり》を当《あ》てれば美《うつく》しく輝《かがや》くという意味《いみ》から。

●こんなことばも覚《おぼ》えておこう

光輝《こうき》・光彩《こうさい》・玲瓏《れいろう》

天気《てんき》

climate

［クライマット］

気象《きしょう》

気温《きおん》・気圧《きあつ》の変化《へんか》・大気《たいき》の状態《じょうたい》、および雨《あめ》・風《かぜ》・雪《ゆき》など、大気中《たいきちゅう》で起《お》こるいろいろな現象《げんしょう》。例 気象《きしょう》予報士《よほうし》。例 気象衛星《きしょうえいせい》がとらえた雲《くも》の動《うご》き。

気候《きこう》

ある土地《とち》の、一年《いちねん》を通《とお》しての気象《きしょう》のようす。例 一年中温暖《いちねんじゅうおんだん》な気候《きこう》で、過《す》ごしやすい。

天気《てんき》

◎ある場所《ばしょ》の、ある時刻《じこく》の気象《きしょう》のようす。一日《いちにち》から三日《みっか》程度《ていど》の、短期間《たんきかん》の気象《きしょう》のようすをいう。例 北陸地方《ほくりくちほう》の天気《てんき》は下《くだ》り坂《ざか》で、午後《ごご》から雨《あめ》になるでしょう。◎「晴《は》れ」⬇601

天候《てんこう》

◎ある期間《きかん》の天気《てんき》の状態《じょうたい》。数《すう》日《じつ》から数十日《すうじゅうにち》程度《ていど》の、気象《きしょう》のようすをいう。天気《てんき》と気候《きこう》との中間《ちゅうかん》という感《かん》じ。例 今年《ことし》の夏《なつ》は天候不順《てんこうふじゅん》で、秋《あき》の刈《か》り入《い》れが遅《おく》れた。◎天気《てんき》のぐあい。例 夜《よる》になって天候《てんこう》が急変《きゅうへん》した。

陽気《ようき》

「気候《きこう》」と同《おな》じ。暑《あつ》い・寒《さむ》いなど、いろいろなようすをいうが、とくに、暖《あたた》かくて快適《かいてき》なようすをいう。例 春《はる》の陽気《ようき》に誘《さそ》われて、動物園《どうぶつえん》は多《おお》くの来園者《らいえんしゃ》で混雑《こんざつ》していた。

	気象	気候	天気	天候	陽気
―の変化《へんか》	○	○	○	○	△
暖《あたた》かな―	－	○	△	－	○
明日《あした》の―	－	△	○	△	－

日和《ひより》

◎その日《ひ》の天気《てんき》。とくに、晴《は》れかどうかについて言《い》うときのことば。例 明日《あした》の日和《ひより》を占《うらな》う。◎何《なに》かをするのに、ちょうどよい天気《てんき》。例 今日《きょう》は運動会日和《うんどうかいびより》だ。◎「晴《は》れ」⬇601

空模様《そらもよう》

◎天候《てんこう》のぐあい。多《おお》く、天《てん》気《き》が悪《わる》くなりそうなときに使《つか》う。例 雨《あめ》になりそうな空模様《そらもよう》だ。◎物事《ものごと》の成《な》り行《ゆ》き。例 チームの中《なか》が、何《なん》だか険悪《けんあく》な空模様《そらもよう》だ。

雲行《くもゆ》き

◎天候《てんこう》のようす。雲《くも》の動《うご》きぐあいということから。

◆＝もっと知《し》りたい、ことばの知識《ちしき》。

例 一雨《ひとあめ》来《き》そうな雲行《くもゆ》きだ。◎物事《ものごと》の成《な》り行《ゆ》き。例 不況《ふきょう》が続《つづ》いて、会社《かいしゃ》の雲行《くもゆ》きが怪《あや》しい。

空《そら》 ◎天気《てんき》のようす。例 秋《あき》の空《そら》は変《か》わりやすい。◎「覚《おぼ》える」➡306 ◎「空《そら》」➡572

時候《じこう》 四季折々《しきおりおり》の気候《きこう》。その時々《ときどき》の陽気《ようき》。例 手紙《てがみ》に時候《じこう》のあいさつを書《か》く。

候《こう》 気象《きしょう》の状況《じょうきょう》。多《おお》く、手紙《てがみ》などで使《つか》う。例 春暖《しゅんだん》の候《こう》、益々《ますます》ご清祥《せいしょう》のこととお慶《よろこ》び申《もう》し上《あ》げます。

季候《きこう》 季節《きせつ》ごとの気候《きこう》。季節感《きせつかん》を伴《ともな》うある時期《じき》の天候《てんこう》。例 そのときの季候《きこう》に合《あ》った服《ふく》を選《えら》んで着《き》る。

「天気《てんき》」に関連《かんれん》することば

お天気屋《てんきや》 天気《てんき》がそのときどきで変《か》わるように、機嫌《きげん》や気分《きぶん》の変《か》わりやすい人《ひと》のこと。「お天気者《てんきもの》」ともいう。

能天気《のうてんき》 軽薄《けいはく》で向《む》こう見《み》ずであること。のんきでばかげていること。また、そのような人《ひと》。「脳天気《のうてんき》」「能転気《のうてんき》」などとも書《か》く。

雨《あめ》

rain
［レイン］

雨《あめ》 ◎水《みず》の粒《つぶ》が空《そら》から落《お》ちてくること。また、その水《みず》の粒《つぶ》。例 急《きゅう》な雨《あめ》に、びっしょりぬれてしまった。◎雨《あめ》が降《ふ》っている天気《てんき》。例 明日《あした》の予報《よほう》は雨《あめ》のち晴《は》れだ。

雨降り《あめふり》 雨《あめ》が降《ふ》ること。また、そういう天気《てんき》。例 雨降《あめふ》りの日《ひ》は、家《いえ》で遊《あそ》ぶ。

雨天《うてん》 雨《あめ》が降《ふ》る天気《てんき》。例 運動会《うんどうかい》は、雨天順延《うてんじゅんえん》です。対 晴天《せいてん》。

降雨《こうう》 雨《あめ》が降《ふ》ること。また、降《ふ》った雨《あめ》。例 各地《かくち》の降雨量《こううりょう》を調《しら》べる。

降水《こうすい》 雨《あめ》や雪《ゆき》が降《ふ》ること。また、その水《みず》。例 年間《ねんかん》降水量《こうすいりょう》。

雨模様《あめもよう》 雨《あめ》の降《ふ》りそうな天気《てんき》。例 雨模様《あめもよう》なので、傘《かさ》を持《も》って出《で》かける。◆「あまもよう」とも読《よ》む。

雨垂れ《あまだれ》 軒先《のきさき》などを伝《つた》って落《お》ちる雨《あめ》。例 雨垂《あまだ》れの音《おと》で、目《め》が覚《さ》める。

点滴《てんてき》 「雨垂《あまだ》れ」のこと。例 点滴《てんてき》石《いし》をうがつ。

雨粒《あまつぶ》 雨《あめ》の、一《ひと》つひとつの粒《つぶ》。例 大《おお》きな雨粒《あまつぶ》が落《お》ちてくる。◆「あめつぶ」とも読《よ》む。

雨水《あまみず》 雨《あめ》の水《みず》。また、雨《あめ》が降《ふ》ってたまった水《みず》。例 雨水《あまみず》をためて、トイレを流《なが》す水《みず》に使用《しよう》する。似 天水《てんすい》。

お湿り《しめ》 ほどよく雨《あめ》が降《ふ》ること。例 しばらくの間《あいだ》、からから天気《てんき》が続《つづ》いていたので、いいお湿《しめ》りになった。

一雨《ひとあめ》 雨《あめ》が一回《いっかい》降《ふ》ること。また、一《いち》時期《じき》盛《さか》んに降《ふ》る雨《あめ》。例 春《はる》は、一雨《ひとあめ》ごとに暖《あたた》かくなる。例 今夜《こんや》あたり、一雨《ひとあめ》来《き》そうだ。

雨脚《あまあし》 雨《あめ》の勢《いきお》い。また、雨《あめ》の移動《いどう》する速《はや》さ。例 夜《よる》になって、雨脚《あまあし》が強《つよ》くなってきた。例 雨脚《あまあし》が速《はや》い。◆「うきゃく」とも読《よ》む。また、「雨足《あまあし》」とも書《か》く。

泣き出しそう《なきだしそう》 今《いま》にも雨《あめ》が降《ふ》り出《だ》しそうなよう

す。例 運動会《うんどうかい》だというのに、朝《あさ》から**泣《な》き出《だ》しそう**な空模様《そらもよう》だ。

大降《おおぶ》り
雨《あめ》や雪《ゆき》が激《はげ》しく降《ふ》ること。例 台風《たいふう》が近《ちか》づいて、いよいよ**大降《おおぶ》り**となった。対 小降《こぶ》り。

本降《ほんぶ》り
すぐには止《や》みそうにない、本格的《ほんかくてき》な降《ふ》り方《かた》。例 夕方《ゆうがた》になって、とうとう**本降《ほんぶ》り**になった。

土砂降《どしゃぶ》り
大粒《おおつぶ》の雨《あめ》が、激《はげ》しく降《ふ》ること。例 **土砂降《どしゃぶ》り**の中《なか》を、傘《かさ》を持《も》って駅《えき》まで父《ちち》を迎《むか》えに行《い》く。

横殴《よこなぐ》りの雨《あめ》
強風《きょうふう》によって、横《よこ》から吹《ふ》きつけるように降《ふ》る強《つよ》い雨《あめ》。例 **横殴《よこなぐ》りの雨《あめ》**で、傘《かさ》がまったく役《やく》に立《た》たない。

車軸《しゃじく》を流《なが》すよう
雨《あめ》が激《はげ》しく降《ふ》るようす。「車軸《しゃじく》」は、車《くるま》の左右《さゆう》の車輪同士《しゃりんどうし》をつないでいる棒《ぼう》のこと。車軸《しゃじく》のように太《ふと》い雨《あめ》が降《ふ》るということから。例 **車軸《しゃじく》を流《なが》すよう**な、猛烈《もうれつ》な雨《あめ》。

滝《たき》のよう
滝《たき》のような勢《いきお》いで、雨《あめ》が激《はげ》しく降《ふ》るようす。例 **滝《たき》のよう**な雨《あめ》が、ざあざあと降《ふ》っている。

バケツをひっくり返《かえ》したよう
バケツの水《みず》をいっぺんに流《なが》したように、雨《あめ》が激《はげ》しく降《ふ》るようす。例 **バケツをひっくり返《かえ》したよう**な、ものすごい土砂降《どしゃぶ》り。

降《ふ》る
雨《あめ》や雪《ゆき》などが、空《そら》から落《お》ちてくる。例 雨《あめ》が**降《ふ》る**。

降《ふ》り出《だ》す
雨《あめ》や雪《ゆき》などが、降《ふ》り始《はじ》める。例 風《かぜ》が強《つよ》くなり、とうとう雨《あめ》まで**降《ふ》り出《だ》す**。

降《ふ》りしきる
雨《あめ》や雪《ゆき》などが、盛《さか》んに降《ふ》る。例 **降《ふ》りしきる**雨《あめ》の中《なか》を、傘《かさ》も差《さ》さずに出《で》かける。

降《ふ》り注《そそ》ぐ
水《みず》を注《そそ》ぐように、雨《あめ》が休《やす》みなく降《ふ》る。例 冷《つめ》た

なくならないでほしい雨《あめ》のことば

深谷先生《ふかやせんせい》のちょっとひと息《いき》

雨《あめ》のページを読《よ》むと、「ひとことで雨《あめ》と言《い》っても、こんなにいろいろな種類《しゅるい》があるのか」と、驚《おどろ》くのではないでしょうか。しかも、それぞれが美《うつく》しい響《ひび》きを持《も》っています。雨《あめ》についての日本語《にほんご》の豊《ゆた》かさは、そのまま、日本《にほん》の四季《しき》や地域性《ちいきせい》の豊《ゆた》かさを表《あらわ》しているのだと思《おも》います。

しかし、近年《きんねん》の日本《にほん》の気候《きこう》はどうでしょう？ 地球規模《ちきゅうきぼ》の温暖化《おんだんか》のためでしょうか、夏《なつ》にはスコールとしか言《い》いようがないような大雨《おおあめ》が連日《れんじつ》降《ふ》ることがあります。しかも、新聞《しんぶん》やテレビがそれに付《つ》けた名前《なまえ》はゲリラ雷雨《らいう》。風情《ふぜい》も美《うつく》しさも、まったく感《かん》じられないこのことばに、悲《かな》しい思《おも》いをしているのは、わたしだけではないでしょう。温暖化《おんだんか》が進《すす》む一方《いっぽう》で、それをゆるやかにする方法《ほうほう》は話《はな》し合《あ》われていますが、止《と》めたり戻《もど》したりするのは難《むずか》しいのかもしれません。このページのことばたちも、豊《ゆた》かな雨《あめ》とともに消《き》えてしまうのではないか心配《しんぱい》です。

◆＝もっと知《し》りたい、ことばの知識《ちしき》。

い雨《あめ》が、絶《た》え間《ま》なく降《ふ》り注《そそ》ぐ。

降《ふ》り籠《こ》める
人《ひと》を家《いえ》に閉《と》じ込《こ》めてしまうほど、たくさん雨《あめ》や雪《ゆき》が降《ふ》る。例 丸三日間《まるみっかかん》、雨《あめ》に降《ふ》り籠《こ》められた。

小降《こぶ》り
雨《あめ》や雪《ゆき》の降《ふ》り方《かた》が少《すく》ないこと。例 昼過《ひるす》ぎから、雨《あめ》は小降《こぶ》りになってきた。対 大降《おおぶ》り。

そぼ降《ふ》る
弱《よわ》い雨《あめ》が、静《しず》かに降《ふ》る。例 そぼ降《ふ》る雨《あめ》の中《なか》を、とぼとぼ歩《ある》く。

ぱらつく
雨《あめ》などが、ぱらぱらと少《すこ》し降《ふ》ってくる。例 朝《あさ》のうちは、小雨《こさめ》がぱらつくでしょう。

止《や》む
雨《あめ》や雪《ゆき》が降《ふ》るのが終《お》わる。例 思《おも》ったより早《はや》く雨《あめ》が止《や》んだ。

上《あ》がる
◎雨《あめ》や雪《ゆき》が止《や》む。例 雨《あめ》が上《あ》がって、にじが出《で》た。◎「入学《にゅうがく》・卒業《そつぎょう》」➡112 ◎「食《た》べる」➡226

小止《こや》み
雨《あめ》や雪《ゆき》が、しばらくの間《あいだ》止《や》むこと。また、降《ふ》り方《かた》が少《すく》なくなること。例 雨《あめ》が小止《こや》みになる。例 雪《ゆき》が小止《こや》みなく降《ふ》り続《つづ》く。◆「おやみ」とも読《よ》む。

雨止《あまや》み
雨《あめ》が一時《いちじ》止《や》むこと。例 軒《のき》下《した》で雨止《あまや》みを待《ま》つ。

雨上《あめあ》がり
雨《あめ》が止《や》んだ後《あと》。例 雨上《あめあ》がりの森《もり》は、すがすがしいかおりがする。

しとしと
細《こま》かい雨《あめ》が、音《おと》もなく静《しず》かに降《ふ》るようす。例 雨《あめ》が、しとしとと降《ふ》り続《つづ》く。

しょぼしょぼ
◎弱《よわ》い雨《あめ》が降《ふ》り続《つづ》くようす。例 陰気《いんき》な雨《あめ》がしょぼしょぼと降《ふ》る。◎まぶしさや眠気《ねむけ》のために、目《め》を開《あ》けづらいようす。例 慣《な》れない早起《はやお》きで目《め》がしょぼしょぼする。

ぽつん
◎しずくや雨《あめ》が一滴《いってき》、落《お》ちてくるようす。例 雨《あめ》がおでこにぽつんと当《あ》たる。似 ぽつっと。ぽつり。◎広《ひろ》い空間《くうかん》に、人《ひと》や物《もの》が一《ひと》つだけあるようす。例 机《つくえ》の上《うえ》に、りんごがぽつんと置《お》いてある。似 ぽつっと。ぽつり。

ぽつぽつ
◎雨粒《あまつぶ》が、まばらに落《お》ちてくるようす。例 ぽつぽつと雨《あめ》が降《ふ》り出《だ》す。◎物《もの》があちこちに少《すこ》しずつあるようす。物事《ものごと》が少《すこ》しずつ行《おこな》われるようす。例 山《やま》あいにぽつぽつと人家《じんか》が散《ち》らばっている。

ぽつりぽつり
◎雨粒《あまつぶ》が、間《あいだ》をおいて落《お》ちてくるようす。例 ぽつりぽつりと雨《あめ》が降《ふ》ってきたので、急《いそ》いで家《いえ》に帰《かえ》った。似 ぽつんぽつん。◎人《ひと》や物《もの》がまばらにあるようす。例 観客席《かんきゃくせき》には、ぽつりぽつりと客《きゃく》がいるだけだった。似 ぽつんぽつん。

ぱらぱら
◎雨《あめ》が、軽《かる》く音《おと》を立《た》てまばらに降《ふ》るようす。例 雨《あめ》がぱらぱら降《ふ》ってきたので、急《いそ》いで洗濯物《せんたくもの》を取《と》り込《こ》む。◎まばらに散《ち》らばっているようす。また、本《ほん》をめくる音《おと》や、そのようすを表《あらわ》すことば。例 過《か》疎《そ》の村《むら》には、人家《じんか》がぱらぱらとあるだけだ。例 ぱらぱらと雑誌《ざっし》をめくる。

ばらばら
◎大粒《おおつぶ》の雨《あめ》やあられが、音《おと》をたてて降《ふ》るようす。例 大粒《おおつぶ》の雨《あめ》が、ばらばらと降《ふ》ってくる。◎「別《わか》れる」➡328

ざっと
◎雨《あめ》が急《きゅう》に、勢《いきお》いよく降《ふ》るようす。例 ざっと降《ふ》って、さっと上《あ》がる。似 ざあっと。◎仕事《しごと》な

似＝似《に》た表現《ひょうげん》のことば。対＝反対《はんたい》の意味《いみ》のことば。例＝使《つか》い方《かた》の例《れい》。

どを、大《おお》ざっぱにこなすようす。細《こま》かい数《かず》にこだわらずに、見積《みつ》もるようす。例 アンケート結果《けっか》をざっと分析《ぶんせき》する。

ざあざあ
激《はげ》しく音《おと》を立《た》てて、雨《あめ》が強《つよ》く降《ふ》るようす。例 雨《あめ》がざあざあ降《ふ》って、テレビの音《おと》が聞《き》こえない。

小雨《こさめ》
少《すこ》し降《ふ》る雨《あめ》。例 小雨《こさめ》だったので、傘《かさ》を差《さ》さずに走《はし》って学校《がっこう》に行《い》った。対 大雨《おおあめ》。

小雨《しょうう》
「小雨《こさめ》」のこと。例 バザーは、小雨《しょうう》決行《けっこう》とします。対 大雨《おおあめ》。

霧雨《きりさめ》
霧《きり》のように、細《こま》かく降《ふ》る雨《あめ》。例 町《まち》が霧雨《きりさめ》に煙《けむ》っている。

糠雨《ぬかあめ》
細《こま》かく降《ふ》る雨《あめ》。雨粒《あまつぶ》の大《おお》きさを、糠《ぬか》(玄米《げんまい》をついたときに皮《かわ》がはがれてできる細《こま》かい粉《こな》)にたとえたことば。似 小糠雨《こぬかあめ》。

大雨《おおあめ》
たくさん降《ふ》る雨《あめ》。例 大雨《おおあめ》で川《かわ》が増水《ぞうすい》する。対 小雨《こさめ》。

雷雨《らいう》
雷《かみなり》を伴《ともな》って降《ふ》る雨《あめ》。例 激《はげ》しい雷雨《らいう》で、電車《でんしゃ》がストップした。

豪雨《ごうう》
とても激《はげ》しい大雨《おおあめ》。大《おお》きな災《さい》害《がい》が起《お》こるような、猛烈《もうれつ》な雨《あめ》。

「雨《あめ》」に関連《かんれん》することば①

雨宿《あまやど》**り** 雨《あめ》を避《さ》けるために、軒下《のきした》などにしばらく身《み》を寄《よ》せること。

雨漏《あまも》**り** 雨水《あまみず》が、屋根《やね》の穴《あな》などから漏《も》れて家《いえ》の中《なか》に滴《したた》り落《お》ちること。

雨垂《あまだ》**れ石**《いし》**を穿**《うが》**つ** ⬇486

雨降《あめふ》**って地固**《じかた》**まる** 悪《わる》いことが起《お》こった後《あと》は、かえって前《まえ》よりもよい状態《じょうたい》になる。雨《あめ》が降《ふ》っているときは地面《じめん》がぬかるんでも、雨《あめ》が上《あ》がると、前《まえ》よりもしっかりと固《かた》まることから。

雨後《うご》**の竹**《たけ》**の子**《こ》 同《おな》じようなものが、次々《つぎつぎ》と現《あらわ》れること。雨《あめ》が止《や》んだ後《あと》には、竹《たけ》の子《こ》が次々《つぎつぎ》に生《は》えてくることから。

五風十雨《ごふうじゅうう》 五日《いつか》に一度《いちど》風《かぜ》が吹《ふ》き、十日《とおか》に一度《いちど》雨《あめ》が降《ふ》るということで、農業《のうぎょう》に都合《つごう》のいい順調《じゅんちょう》な天候《てんこう》のこと。

朝雨《あさあめ》**に傘要**《かさい》**らず** 朝《あさ》に降《ふ》る雨《あめ》はすぐに止《や》むので、傘《かさ》を持《も》って行《い》かなくていいということ。

朝焼《あさや》**けは雨**《あめ》**、夕焼**《ゆうや》**けは晴**《は》**れ** 朝焼《あさや》けなら その日《ひ》は雨《あめ》になり、夕焼《ゆうや》けのあった翌日《よくじつ》は晴《は》れになるということ。

夕立《ゆうだち》**は馬**《うま》**の背**《せ》**を分**《わ》**ける** 夕立《ゆうだち》は、馬《うま》の背中《せなか》の左右《さゆう》のどちらかはぬらしても、もう一方《いっぽう》はぬらさないということ。夕立《ゆうだち》の降《ふ》る範囲《はんい》の狭《せま》いことをいったことば。

●「梅雨《つゆ》」に関《かん》することば

梅雨入《つゆい》**り** 梅雨《つゆ》の季節《きせつ》に入《はい》ること。「入《にゅう》梅《ばい》」ともいう。

空梅雨《からつゆ》 梅雨《つゆ》の季節《きせつ》なのに、雨《あめ》があまり降《ふ》らないこと。

梅雨《つゆ》**の中休**《なかやす》**み** 梅雨《つゆ》の季節《きせつ》なのに、何《なん》日《にち》か雨《あめ》が降《ふ》らない日《ひ》が続《つづ》く状態《じょうたい》。

梅雨《つゆ》**の走**《はし》**り** 梅雨《つゆ》に入《はい》る前《まえ》の、ぐずついた天気《てんき》。

梅雨明《つゆあ》**け** 梅雨《つゆ》の季節《きせつ》が終《お》わること。

梅雨《つゆ》**の戻**《もど》**り** 梅雨明《つゆあ》けの後《あと》の、ぐずついた天気《てんき》。

菜種梅雨《なたねづゆ》 三月《さんがつ》ごろの長雨《ながあめ》のこと。菜《な》の花《はな》が咲《さ》く季節《きせつ》の梅雨《つゆ》という意味《いみ》。

燃《も》える
光《ひか》る
天気《てんき》
▶雨《あめ》
雪《ゆき》
風《かぜ》
晴《は》れ
曇《くも》り
朝《あさ》
昼《ひる》
夕方《ゆうがた》
夜《よる》
自《し》然《ぜん》
自然現象《しぜんげんしょう》

◆＝もっと知《し》りたい、ことばの知識《ちしき》。

例 関東地方《かんとうちほう》は、激《はげ》しい豪雨《ごうう》に見舞《みま》われた。

集中豪雨《しゅうちゅうごうう》 狭《せま》い範囲《はんい》に集中《しゅうちゅう》して降《ふ》る大雨《おおあめ》。例 **集中豪雨《しゅうちゅうごうう》**によって、堤防《ていぼう》が決壊《けっかい》する。

篠突《しのつ》く雨《あめ》 激《はげ》しく降《ふ》る雨《あめ》。篠《しの》（細《ほそ》くむらがり生《は》える篠竹《しのだけ》）を束《たば》ねて、突《つ》き下《お》ろすような勢《いきお》いで降《ふ》る雨《あめ》。例 **篠突《しのつ》く雨《あめ》**から逃《に》げるように、店《みせ》の軒下《のきした》に駆《か》け込《こ》んだ。

長雨《ながあめ》 何日《なんにち》も降《ふ》り続《つづ》く雨《あめ》。例 一週《いっしゅう》間《かん》も**長雨《ながあめ》**が続《つづ》いて、洗濯物《せんたくもの》が乾《かわ》かない。

地雨《じあめ》 一定《いってい》の強《つよ》さで降《ふ》り続《つづ》く雨《あめ》。例 昨日《きのう》から、ずっと**地雨《じあめ》**が続《つづ》いている。

にわか雨《あめ》 急《きゅう》に降《ふ》り出《だ》して、すぐに止《や》んでしまう雨《あめ》。例 午後《ごご》は所《ところ》により、**にわか雨《あめ》**が降《ふ》るでしょう。似 **通《とお》り雨《あめ》**。

村雨《むらさめ》 ひとしきり強《つよ》く降《ふ》り、止《や》んではまた降《ふ》る雨《あめ》。例 **村雨《むらさめ》**のために、出《で》かけるタイミングを逃《のが》してしまった。

驟雨《しゅうう》 「にわか雨《あめ》」のこと。例 **驟雨《しゅうう》**にあい、慌《あわ》てて雨宿《あまやど》りをする場所《ばしょ》を探《さが》した。

スコール 熱帯地方《ねったいちほう》で降《ふ》る、激《はげ》しいにわか雨《あめ》。例 タイではこの時期《じき》、ほぼ毎日《まいにち》**スコール**が降《ふ》る。

天気雨《てんきあめ》 日《ひ》が照《て》っているのに降《ふ》ってくる雨《あめ》。例 干《ほ》していた布《ふ》団《とん》が**天気雨《てんきあめ》**でぬれてしまった。似 **日照《ひで》り雨《あめ》**。

狐《きつね》の嫁入《よめい》り 「天気雨《てんきあめ》」のこと。また、夜《よる》の山野《さんや》で狐《きつね》火《び》（ガスなどによる自然発火《しぜんはっか》）が連《つら》なって、嫁入《よめい》り行列《ぎょうれつ》の提灯《ちょうちん》のように見《み》えるものもいう。例 遠足《えんそく》は天候《てんこう》に恵《めぐ》まれたが、帰《かえ》りに少《すこ》しだけ**狐《きつね》の嫁入《よめい》り**にあった。

春雨《はるさめ》 春《はる》に降《ふ》る、静《しず》かで細《こま》かい雨《あめ》。例 **春雨《はるさめ》**にぬれながら川沿《かわぞ》いの道《みち》を歩《ある》く。

「雨《あめ》」に関連《かんれん》することば②

●「雨《あめ》」を使《つか》ったことば

雨男《あめおとこ》・雨女《あめおんな》 その人《ひと》がいると、必《かなら》ず雨《あめ》降《ふ》りになるという男女《だんじょ》を、冷《ひ》やかしていうことば。➡43・45

春雨《はるさめ》 透《す》き通《とお》った、そうめんのような食《た》べ物《もの》。春《はる》に降《ふ》る雨《あめ》（春雨《はるさめ》）のように細《ほそ》いということから。

黒《くろ》い雨《あめ》 核兵器《かくへいき》が投下《とうか》された後《あと》に降《ふ》る、強《つよ》い放射性物質《ほうしゃせいぶっしつ》を含《ふく》んだ雨《あめ》。広島《ひろしま》の原爆《げんばく》の悲惨《ひさん》さを描《えが》いた小説《しょうせつ》『黒《くろ》い雨《あめ》』（井伏鱒二《いぶせますじ》）は有名《ゆうめい》。

蟬時雨《せみしぐれ》 激《はげ》しいセミの鳴《な》き声《ごえ》を、時雨《しぐれ》の降《ふ》る音《おと》にたとえたことば。

流星雨《りゅうせいう》 流《なが》れ星《ぼし》が、雨《あめ》のようにたくさん降《ふ》り注《そそ》ぐ現象《げんしょう》。

雨《あめ》あられ 弾丸《だんがん》や矢《や》などが、激《はげ》しく飛《と》んでくることのたとえ。

あめふらし 大《おお》きなナメクジのような形《かたち》をした、海《うみ》の生《い》き物《もの》。いじめると雨《あめ》が降《ふ》るといわれることからついた名前《なまえ》。

●こんなことばも覚《おぼ》えておこう

秋霖《しゅうりん》・白雨《はくう》・麦雨《ばくう》・緑雨《りょくう》

梅雨《つゆ》 六月《ろくがつ》から七月《しちがつ》にかけて降《ふ》り続《つづ》く雨《あめ》。また、その季節《きせつ》。「梅雨《つゆ》」と書《か》くのは、梅《うめ》の実《み》が熟《じゅく》す時期《じき》に降《ふ》る雨《あめ》ということから。例 梅雨《つゆ》が明《あ》ければ、いよいよ待《ま》ちに待《ま》った夏休《なつやす》みだ。

梅雨《ばいう》 「梅雨《つゆ》」のこと。例 梅雨《ばいう》前線《ぜんせん》の影響《えいきょう》で、九州《きゅうしゅう》地方《ちほう》は大雨《おおあめ》だ。

五月雨《さみだれ》 「梅雨《つゆ》」のこと。陰暦《いんれき》の五月《ごがつ》(今《いま》の六月《ろくがつ》)ごろに降《ふ》る長《なが》雨《あめ》。例 五月雨《さみだれ》を集《あつ》めて早《はや》し最上川《もがみがわ》(松《まつ》尾芭蕉《おばしょう》)

夕立《ゆうだち》 夏《なつ》の夕方《ゆうがた》に、急《きゅう》に激《はげ》しく降《ふ》ってすぐに止《や》む雨《あめ》。例 夕立《ゆうだち》が降《ふ》って、暑《あつ》さも少《すこ》し和《やわ》らいだ。

秋雨《あきさめ》 秋《あき》に降《ふ》る、冷《つめ》たい長雨《ながあめ》。例 秋《あき》雨《さめ》の中《なか》、稲刈《いねか》りをする。◆「しゅうう」とも読《よ》む。

時雨《しぐれ》 秋《あき》から冬《ふゆ》になるころに、ときどきぱらぱらと降《ふ》る雨《あめ》。例 日《に》本海側《ほんかいがわ》は時雨《しぐれ》になるでしょう。

氷雨《ひさめ》 「みぞれ(雨《あめ》まじりの雪《ゆき》)」のこと。また、秋《あき》の終《お》わりごろに降《ふ》る、とても冷《つめ》たい雨《あめ》。例 こごえるように冷《つめ》たい氷雨《ひさめ》が降《ふ》っている。

遣《や》らずの雨《あめ》 帰《かえ》ろうとする人《ひと》を引《ひ》き止《と》めるかのように降《ふ》ってくる雨《あめ》。例 遣《や》らずの雨《あめ》に、思《おも》わず長居《ながい》をしてしまった。

恵《めぐ》みの雨《あめ》 雨《あめ》が降《ふ》らずに困《こま》っているとき、天《てん》が助《たす》けてくれたかのように降《ふ》る雨《あめ》。例 水不足《みずぶそく》が心《しん》配《ぱい》だったが、ようやく恵《めぐ》みの雨《あめ》が降《ふ》った。

慈雨《じう》 「恵《めぐ》みの雨《あめ》」のこと。例 干《ひ》からびた大地《だいち》に、慈雨《じう》が降《ふ》り注《そそ》ぐ。

涙雨《なみだあめ》 葬式《そうしき》や別《わか》れのときなどにちょうど降《ふ》る雨《あめ》。悲《かな》しみの涙《なみだ》が雨《あめ》となって降《ふ》ってきたように思《おも》える雨《あめ》。例 祖母《そぼ》の亡《な》くなった日《ひ》は、朝《あさ》から涙雨《なみだあめ》が降《ふ》っていた。

酸性雨《さんせいう》 大気《たいき》の汚《よご》れによって、酸性《さんせい》が非常《ひじょう》に強《つよ》くなった雨《あめ》。動《どう》植物《しょくぶつ》などに害《がい》を与《あた》える。例 酸性雨《さんせいう》によって、森《もり》の木《き》が枯《か》れてしまった。

風雨《ふうう》 風《かぜ》と雨《あめ》。例 台風《たいふう》の接近《せっきん》とともに、風雨《ふうう》が強《つよ》まる。

雨露《あめつゆ》 雨《あめ》と露《つゆ》。生活《せいかつ》する中《なか》で、体《からだ》をぬらすものということ。例 雨《あめ》露《つゆ》をしのぐだけの、小《ちい》さな家《いえ》。◆「うろ」とも読《よ》む。

雪《ゆき》

snow
[スノウ]

雪《ゆき》 空《そら》の水蒸気《すいじょうき》が冷《ひ》え、氷《こおり》の結晶《けっしょう》となって降《ふ》るもの。例 冷《ひ》えてきたので、そのうち雨《あめ》から雪《ゆき》へと変《か》わるだろう。

白雪《しらゆき》 真《ま》っ白《しろ》い雪《ゆき》。例 白雪《しらゆき》をいただいた冬《ふゆ》の富士山《ふじさん》を眺《なが》める。

粉雪《こなゆき》 粉《こな》のようにさらさらとした細《こま》かい雪《ゆき》。気温《きおん》・湿度《しつど》が低《ひく》いときに降《ふ》るので、結晶《けっしょう》同士《どうし》がくっつかず、さらさらしている。例 今年《ことし》も、そろそろ粉雪《こなゆき》が舞《ま》う季節《きせつ》になった。◆「こゆき」とも読《よ》む。

細雪《ささめゆき》 細《こま》かい雪《ゆき》。また、まばらに降《ふ》る雪《ゆき》。例 夜《よる》の町《まち》に、細雪《ささめゆき》が静《しず》かに降《ふ》りしきる。

パウダースノー 「粉雪《こなゆき》」という意味《いみ》の英語《えいご》。

スキーのとき、軽《かる》くて滑《すべ》りやすいので好《この》まれる雪質《ゆきしつ》。例 **パウダースノー**のゲレンデを、一気《いっき》に滑《すべ》り降《お》りる。

アスピリンスノー

「パウダースノー」のうち、とくに細《こま》かくて乾燥《かんそう》した雪《ゆき》。スキーをする上《うえ》で、最上級《さいじょうきゅう》の雪質《ゆきしつ》とされる。「アスピリン」は薬《くすり》の一種《いっしゅ》で、結晶《けっしょう》が細《こま》かいことから。例 オリンピック会場《かいじょう》は絶好《ぜっこう》の**アスピリンスノー**で、好記録《こうきろく》が期待《きたい》される。

綿雪《わたゆき》

綿《わた》のように軽《かる》くて、やわらかい雪《ゆき》。綿《わた》をちぎったような大《おお》きな雪《ゆき》。牡丹雪《ぼたんゆき》より、やや小《ちい》さめ。例 赤《あか》いツバキの花《はな》の咲《さ》いた枝《えだ》に、**綿雪《わたゆき》**が積《つ》もっている。

牡丹雪《ぼたんゆき》

牡丹《ぼたん》の花《はな》びらをまき散《ち》らしたように、大《おお》きなかたまりになって降《ふ》る雪《ゆき》。気温《きおん》がそれほど低《ひく》くなく、湿度《しつど》も高《たか》いときに降《ふ》るので、解《と》けた水気《みずけ》で結晶同士《けっしょうどうし》がくっついて大《おお》きくなる。例 冬《ふゆ》の終《お》わりに**牡丹雪《ぼたんゆき》**が降《ふ》って、積雪量《せきせつりょう》が一気《いっき》に上《あ》がった。似 **ぼた雪《ゆき》**。

べた雪《ゆき》

水気《みずけ》が多《おお》くて、解《と》けやすい雪《ゆき》。例 雪《ゆき》だるまは、**べた雪《ゆき》**のほうが作《つく》りやすい。

ざらめ雪《ゆき》

ざらめ糖《とう》（綿菓子《わたがし》などに使《つか》う大粒《おおつぶ》の砂糖《さとう》）のように、粒《つぶ》が大《おお》きくなった雪《ゆき》。積《つ》もった雪《ゆき》が日中《にっちゅう》に解《と》け夜中《よなか》に凍《こお》ることを繰《く》り返《かえ》してできる。例 **ざらめ雪《ゆき》**にはスキーのエッジが効《き》かないので滑《すべ》りづらい。

アイスバーン

積《つ》もった雪《ゆき》の表面《ひょうめん》が凍《こお》って、氷《こおり》のようになった状態《じょうたい》。また、その場所《ばしょ》。例 **アイスバーン**で転《ころ》ばないように、ゆっくりと歩《ある》いていこう。

六花《ろっか》

「雪《ゆき》」のこと。雪《ゆき》の結晶《けっしょう》が六角形《ろっかくけい》で、六《むっ》つの花《はな》びらを持《も》つ花《はな》のように見《み》えることから。例 黒《くろ》い手袋《てぶくろ》の上《うえ》にいくつもの**六花《ろっか》**が咲《さ》いた。◆「りっか」ともいう。

雪降《ゆきふ》り

雪《ゆき》が降《ふ》ること。例 冷《ひ》え込《こ》んできたから、明日《あす》は**雪降《ゆきふ》り**になるだろう。

降雪《こうせつ》

「雪降《ゆきふ》り」のこと。また、降《ふ》った雪《ゆき》。例 日本海側《にほんかいがわ》の地域《ちいき》は**降雪量《こうせつりょう》**が多《おお》い。

積雪《せきせつ》

降《ふ》り積《つ》もった雪《ゆき》。例 **積雪《せきせつ》**のため、道路《どうろ》が通行止《つうこうど》めになる。

雪模様《ゆきもよう》

雪《ゆき》が降《ふ》り出《だ》しそうな空《そら》のようす。例 **雪模様《ゆきもよう》**なので、車《くるま》で出《で》かけるのをやめる。

ちらつく

◎雪《ゆき》が、ちょっと降《ふ》ってくる。細《こま》かい雪《ゆき》が、ちらちらと落《お》ちる。例 雪《ゆき》が**ちらつく**なか、長《なが》い間《あいだ》待《ま》っていた。◎「光《ひか》る」➡581

舞《ま》う

◎雪《ゆき》や花《はな》びら、紙切《かみき》れなどが空中《くうちゅう》を漂《ただよ》う。例 粉雪《こなゆき》が空《そら》から**舞《ま》い**落《お》ちてくる。◎人《ひと》が踊《おど》る。鳥《とり》などが踊《おど》るように飛《と》ぶ。例 少女《しょうじょ》たちは、発表会《はっぴょうかい》で韓国《かんこく》の舞踊《ぶよう》を**舞《ま》った**。

吹雪《ふぶ》く

激《はげ》しい風《かぜ》に吹《ふ》かれて、雪《ゆき》が乱《みだ》れ降《ふ》る。例 **吹雪《ふぶ》いて**きたので、帰《かえ》りの遅《おそ》い父《ちち》が心配《しんぱい》だ。

ちらちら

◎少《すこ》しの雪《ゆき》が、ゆっくりと降《ふ》るようす。例 雪《ゆき》が**ちらちら**舞《ま》い始《はじ》めた。◎「見《み》る」➡257 ◎「聞《き》く」➡268 ◎「光《ひか》る」➡584

ちらほら

◎雪《ゆき》がまばらに降《ふ》るようす。例 **ちらほら**降《ふ》る

くらいの雪《ゆき》なら平気《へいき》だ。**似** ちらりほらり。◎「少《すく》ない」➡528

しんしん

◎雪《ゆき》が静《しず》かに降《ふ》り積《つ》もるようす。**例** 雪《ゆき》が**しんしん**と降《ふ》る夜《よる》は、町《まち》のざわめきがいつもより遠《とお》く感《かん》じられる。◆「深々《しんしん》」とも書《か》く。◎「寒《さむ》い・冷《つめ》たい」➡216

こんこん

◎雪《ゆき》やあられなどが、しきりに降《ふ》るようす。**例** 雪《ゆき》が**こんこん**と降《ふ》り続《つづ》き、出《で》かけられずに困《こま》ってしまった。◎「叩《たた》く」➡157

小雪《こゆき》

少《すこ》し降《ふ》る雪《ゆき》。**例** **小雪《こゆき》**が舞《ま》い散《ち》る大晦日《おおみそか》。

風花《かざはな》

晴《は》れた日《ひ》に風《かぜ》に吹《ふ》かれて、花《はな》びらが舞《ま》うようにちらつく雪《ゆき》。**例** 青空《あおぞら》に、白《しろ》い**風花《かざはな》**がちらちらと飛《と》んでくる。◆「かざばな」とも読《よ》む。

ダイヤモンドダスト

太陽《たいよう》の光《ひかり》で、空気中《くうきちゅう》にきらきらと輝《かがや》いて見《み》える、細《こま》かい氷《こおり》の粒《つぶ》。また、その現象《げんしょう》。極《きわ》めて寒《さむ》い場所《ばしょ》で、さまざまな条件《じょうけん》が重《かさ》なると、空気中《くうきちゅう》の水蒸気《すいじょうき》が凍《こお》ってできる。細氷《さいひょう》。**例** 北海道《ほっかいどう》で、神秘的《しんぴてき》な**ダイヤモンドダスト**を見《み》た。

まだら雪《ゆき》

まだらに降《ふ》り積《つ》もった雪《ゆき》。まだらに消《き》え残《のこ》った雪《ゆき》。**例** 山《やま》の表面《ひょうめん》が**まだら雪《ゆき》**になってきたら、春《はる》はもうすぐだ。

大雪《おおゆき》

雪《ゆき》が大量《たいりょう》に降《ふ》ること。また、大量《たいりょう》に降《ふ》り積《つ》もった雪《ゆき》。**例** **大雪《おおゆき》**の年《とし》は豊作《ほうさく》になるという言《い》い伝《つた》えがある。

豪雪《ごうせつ》

極《きわ》めて大量《たいりょう》に降《ふ》る大雪《おおゆき》。とくに、被害《ひがい》が出《で》るような非常《ひじょう》な大雪《おおゆき》のこと。**例** 新潟県《にいがたけん》は、日本《にほん》でも有《ゆう》数《すう》の**豪雪《ごうせつ》**地帯《ちたい》として知《し》られる。

どか雪《ゆき》

短時間《たんじかん》に多量《たりょう》に降《ふ》り積《つ》もる雪《ゆき》。**例** せっかく雪《ゆき》かきをしたのに、その後《あと》にすぐ**どか雪《ゆき》**が降《ふ》った。

吹雪《ふぶき》

強《つよ》い風《かぜ》に吹《ふ》かれて雪《ゆき》が乱《みだ》れ降《ふ》ること。また、その雪《ゆき》。**例** **吹雪《ふぶき》**のため、スキー場《じょう》のゴンドラが止《と》まった。

風雪《ふうせつ》

◎風《かぜ》と雪《ゆき》。また、吹雪《ふぶき》のこと。**例** **風雪《ふうせつ》**注意報《ちゅういほう》が出《で》たので、今日《きょう》の釣《つ》りは中止《ちゅうし》にしよう。◎厳《きび》しい苦難《くなん》や試練《しれん》のたとえ。**例** 人生《じんせい》の**風雪《ふうせつ》**に耐《た》える力《ちから》を養《やしな》う。

ブリザード

北極《ほっきょく》や南極《なんきょく》で見《み》られる猛吹雪《もうふぶき》。**例** 南極《なんきょく》では、**ブリザード**が何日《なんにち》も吹《ふ》き続《つづ》けることがある。

にわか雪《ゆき》

急《きゅう》に降《ふ》り出《だ》して、間《ま》もなく止《や》む雪《ゆき》。**例** 夕方《ゆうがた》から**にわか雪《ゆき》**の予報《よほう》が出《で》ているから、暖《あたた》かい格好《かっこう》をして出《で》かけよう。

初雪《はつゆき》

その冬《ふゆ》に初《はじ》めて降《ふ》る雪《ゆき》。**例** 今年《ことし》は、去年《きょねん》より一《いっ》か月《げつ》も早《はや》く**初雪《はつゆき》**が降《ふ》った。

春雪《しゅんせつ》

春《はる》に降《ふ》る雪《ゆき》。**例** 菜《な》の花畑《はなばたけ》に、**春雪《しゅんせつ》**が舞《ま》い散《ち》る。

名残雪《なごりゆき》

春《はる》になっても解《と》けずに残《のこ》っている雪《ゆき》。また、春《はる》が来《き》てから降《ふ》る雪《ゆき》。**例** 入学式《にゅうがくしき》の日《ひ》に、思《おも》いがけず**名残雪《なごりゆき》**が降《ふ》った。

淡雪《あわゆき》

薄《うす》く積《つ》もって、解《と》けやすい春《はる》の雪《ゆき》。**例** **淡雪《あわゆき》**だったので、翌《よく》朝《あさ》にはすっかり解《と》けてなくなった。

薄雪《うすゆき》

薄《うす》く積《つ》もった雪《ゆき》。**例** **薄雪《うすゆき》**が積《つ》もり、冬《ふゆ》らしい風情《ふぜい》になった。

◆＝もっと知《し》りたい、ことばの知識《ちしき》。

新雪《しんせつ》　新《あたら》しく降《ふ》り積《つ》もった雪《ゆき》。例 だれも歩《ある》いていない新雪《しんせつ》に、足跡《あしあと》をつけるのが好《す》きだ。

雪景色《ゆきげしき》　雪《ゆき》が一面《いちめん》に降《ふ》り積《つ》もって、真《ま》っ白《しろ》になった景色《けしき》。例 町《まち》は、一晩《ひとばん》のうちに雪景色《ゆきげしき》となった。

雪化粧《ゆきげしょう》　雪《ゆき》が降《ふ》って、あたり一面《いちめん》がおしろいで白《しろ》く化粧《けしょう》をしたように見《み》えること。街全体《まちぜんたい》や山《やま》などについていう。例 雪化粧《ゆきげしょう》した富士山《ふじさん》が美《うつく》しく輝《かがや》いている。

薄化粧《うすげしょう》　雪《ゆき》がうっすらと降《ふ》り積《つ》もったようす。例 露天風呂《ろてんぶろ》から薄化粧《うすげしょう》した山《やま》を眺《なが》めた。

白銀《はくぎん》　雪《ゆき》の白《しろ》さをたとえることば。例 白銀《はくぎん》の世界《せかい》。

銀世界《ぎんせかい》　辺《あた》り一面《いちめん》、真《ま》っ白《しろ》な雪《ゆき》におおわれて美《うつく》しいようす。例 窓《まど》の外《そと》には、一面《いちめん》の銀世界《ぎんせかい》が広《ひろ》がっていた。

雪明かり《ゆきあかり》　積《つ》もった雪《ゆき》の反射《はんしゃ》で、夜《よる》でも周《まわ》りが薄明《うすあか》るく見《み》えること。例 雪明《ゆきあ》かりの道《みち》を、母《はは》と手《て》をつないで歩《ある》く。

綿帽子《わたぼうし》　山《やま》や木《き》に、雪《ゆき》が積《つ》もっているようす。花嫁《はなよめ》の頭《あたま》をおおう白《しろ》い真綿《まわた》のかぶりものに似《に》ていることから。例 綿帽子《わたぼうし》をかぶった木《き》が、等間隔《とうかんかく》に並《なら》んでいる。

深雪《みゆき》　深《ふか》く降《ふ》り積《つ》もった雪《ゆき》。例 深雪《みゆき》を分《わ》け入《い》ってたどり着《つ》いた秘境《ひきょう》の宿《やど》。◆「しんせつ」とも読《よ》む。

冠雪《かんせつ》　雪《ゆき》が山頂付近《さんちょうふきん》に積《つ》もり、白《しろ》い冠《かんむり》をかぶせたように見《み》えること。例 富士山《ふじさん》の初冠雪《はつかんせつ》は十月一日《じゅうがつついたち》だった。

残雪《ざんせつ》　解《と》け残《のこ》った雪《ゆき》。とくに、山《やま》に残《のこ》った雪《ゆき》をいうことが多《おお》い。例 残雪《ざんせつ》の春山《はるやま》を登《のぼ》る。

根雪《ねゆき》　解《と》けないうちにさらに雪《ゆき》が降《ふ》り積《つ》もって、下《した》に残《のこ》った雪《ゆき》。例 春風《はるかぜ》が吹《ふ》いて、根雪《ねゆき》が解《と》け出《だ》す。

万年雪《まんねんゆき》　夏《なつ》になっても消《き》えない、一年中《ねんじゅう》残《のこ》る雪《ゆき》。高山《こうざん》や寒《さむ》い地方《ちほう》に見《み》られる。例 万年雪《まんねんゆき》が凍《こお》り、やがて氷河《ひょうが》になって流《なが》れ出《だ》す。

雪渓《せっけい》　高《たか》い山《やま》の谷間《たにま》の、夏《なつ》でも雪《ゆき》が消《き》えないで残《のこ》っている所《ところ》。例 雪渓《せっけい》の割《わ》れ目《め》に注意《ちゅうい》して歩《ある》く。

雪煙《ゆきけむり》　積《つ》もった雪《ゆき》が、風《かぜ》などによって煙《けむり》のように舞《ま》い上《あ》がること。例 スキーヤーが、雪煙《ゆきけむり》を巻《ま》き上《あ》げてゲレンデを滑降《かっこう》する。

雪崩《なだれ》　大量《たいりょう》に積《つ》もった雪《ゆき》が、山《やま》の斜面《しゃめん》を一度《いちど》にどっと崩《くず》れ落《お》ちること。例 昨晩《さくばん》あった雪崩《なだれ》で、谷《たに》がすっかり埋《う》まってしまった。

雪解け《ゆきどけ》　降《ふ》り積《つ》もった雪《ゆき》が解《と》けること。また、その季節《きせつ》。例 雪解《ゆきど》けのころになると、福寿草《ふくじゅそう》の黄色《きいろ》い花《はな》が咲《さ》く。似 雪解《ゆきげ》。

融雪《ゆうせつ》　雪《ゆき》が解《と》けること。また、道路《どうろ》に積《つ》もった雪《ゆき》を、路面《ろめん》の下《した》に埋《う》めたヒーターや温水《おんすい》で解《と》かして除《のぞ》くこと。例 豪雪地帯《ごうせつちたい》では融雪装置《ゆうせつそうち》が欠《か》かせない。

霙《みぞれ》　雪《ゆき》が解《と》けかけて、雨《あめ》と入《い》り混《ま》じって降《ふ》るもの。例 ひとしきり降《ふ》った雪《ゆき》が、いつの間《ま》にか霙《みぞれ》に変《か》わった。

霰《あられ》　空《そら》から降《ふ》ってくる氷《こおり》の粒《つぶ》。直径《ちょっけい》が五《ご》ミリ以下《いか》のものをいう。例 雪《ゆき》やこんこ、霰《あられ》やこんこ(唱歌《しょうか》「雪《ゆき》」)。

雹《ひょう》
空《そら》から降《ふ》る、霰《あられ》より大《おお》きい氷《こおり》のかたまり。雷雨《らいう》とともに降《ふ》ることが多《おお》く、農作物《のうさくぶつ》などに大《おお》きな被害《ひがい》を与《あた》える。例 雹《ひょう》が降《ふ》って、ビニールハウスに穴《あな》が空《あ》いた。

「雪《ゆき》」に関連《かんれん》することば

花吹雪《はなふぶき》 サクラの花《はな》びらが乱《みだ》れ散《ち》るようすを、吹雪《ふぶき》にたとえたことば。

雪女《ゆきおんな》 雪《ゆき》の夜《よる》に、白《しろ》い着物《きもの》を着《き》て現《あらわ》れるという、女《おんな》の雪《ゆき》の精《せい》。雪国《ゆきぐに》の伝説《でんせつ》にしばしば登場《とうじょう》する。

柳《やなぎ》**に雪折**《ゆきお》**れなし** やわらかいものは、かたいものより、かえって厳《きび》しい試《し》練《れん》に耐《た》えるものだということ。ヤナギの枝《えだ》はよくしなうので、雪《ゆき》が積《つ》もってもしなって雪《ゆき》を落《お》とし、折《お》れにくいということから。

雪形《ゆきがた》 山《やま》に降《ふ》り積《つ》もった雪《ゆき》が解《と》けて、斜面《しゃめん》に現《あらわ》れる残雪模様《ざんせつもよう》。人《ひと》や馬《うま》など、いろいろなものの形《かたち》に見立《みた》てる。昔《むかし》は、田植《たう》えや種《たね》まきの時期《じき》を知《し》る目《め》安《やす》となった。

風《かぜ》

wind
[ウィンド]

風《かぜ》
◎物《もの》を揺《ゆ》り動《うご》かしたり、飛《と》ばしたりする空気《くうき》の動《うご》き。気圧《きあつ》の高《たか》いほうから低《ひく》いほうに向《む》かう空気《くうき》の流《なが》れ。例 今日《きょう》は風《かぜ》が強《つよ》い。◎ほかのことばに付《つ》いて、「～のようなそぶり・態度《たいど》」という意味《いみ》を表《あらわ》す。例 先輩風《せんぱいかぜ》を吹《ふ》かして、いばっている。

気流《きりゅう》 温度《おんど》や地形《ちけい》の変化《へんか》によって大《たい》気中《きちゅう》に起《お》こる空気《くうき》の流《なが》れ。例 上昇《じょうしょう》気流《きりゅう》。例 気流《きりゅう》の乱《みだ》れで飛行機《ひこうき》が大《おお》きく揺《ゆ》れる。

そよ風《かぜ》 優《やさ》しく心地《ここち》いい程度《ていど》の強《つよ》さで吹《ふ》く風《かぜ》。例 そよ風《かぜ》が気《き》持《も》ちのいい春《はる》になった。

微風《びふう》 かすかに吹《ふ》く風《かぜ》。例 春《はる》の微風《びふう》に花《はな》の香《か》が漂《ただよ》う。

強風《きょうふう》 強《つよ》い風《かぜ》。気象用語《きしょうようご》として、風《ふう》速《そく》が秒速《びょうそく》一三・九メートルから一七・一メートルの風《かぜ》。例 強風《きょうふう》注意《ちゅうい》報《ほう》。例 強風《きょうふう》のため電車《でんしゃ》が遅《おく》れた。

大風《おおかぜ》 強《つよ》く激《はげ》しく吹《ふ》く風《かぜ》。例 大風《おおかぜ》で木《き》が倒《たお》れる。

烈風《れっぷう》 極《きわ》めて強《つよ》い風《かぜ》。例 烈風《れっぷう》が吹《ふ》き荒《あ》れ、農作物《のうさくぶつ》に被害《ひがい》が出《で》た。

暴風《ぼうふう》 激《はげ》しい風《かぜ》。大《おお》きな被害《ひがい》を引《ひ》き起《お》こすような猛烈《もうれつ》な風《かぜ》。気象《きしょう》用語《ようご》として、風速《ふうそく》が秒速《びょうそく》二八・五メートルから三二・六メートルの風《かぜ》。例 暴風《ぼうふう》で船《ふね》が転覆《てんぷく》した。

疾風《しっぷう》 速《はや》く激《はげ》しく吹《ふ》く風《かぜ》。気象用語《きしょうようご》として、風速《ふうそく》が秒速《びょうそく》八メートルから一〇・七メートルの風《かぜ》。例 疾風《しっぷう》迅雷《じんらい》(激《はげ》しい風《かぜ》と雷《かみなり》。行動《こうどう》がすばやくて激《はげ》しいことのたとえ)。

疾風《はやて》 「疾風《しっぷう》」のこと。例 疾風《はやて》のようにかけ抜《ぬ》ける。

突風《とっぷう》 急《きゅう》に強《つよ》く吹《ふ》き、すぐに弱《よわ》くなる風《かぜ》。例 突風《とっぷう》にあおられ、看《かん》板《ばん》が倒《たお》れる。

一陣《いちじん》**の風**《かぜ》 しばらくの間《あいだ》吹《ふ》き続《つづ》ける強《つよ》い風《かぜ》。例 一陣《いちじん》の風《かぜ》に、満開《まんかい》のサクラが花吹雪《はなふぶき》となって散《ち》る。

◆＝もっと知《し》りたい、ことばの知識《ちしき》。

つむじ風《かぜ》　うずを巻《ま》いて吹《ふ》き上《あ》がる風《かぜ》。例 つむじ風《かぜ》が起《お》こって、集《あつ》めた枯《か》れ葉《は》が舞《ま》い散《ち》った。

辻風《つじかぜ》　「つむじ風《かぜ》」のこと。例 急《きゅう》に辻《つじ》風《かぜ》が吹《ふ》き起《お》こる。

旋風《せんぷう》　◎「つむじ風《かぜ》」のこと。竜巻《たつまき》よりは小規模《しょうきぼ》のもの。例 旋風《せんぷう》が砂《すな》ぼこりを舞《ま》い上《あ》げる。◎世間《せけん》を騒《さわ》がせるような、突然《とつぜん》の出来事《できごと》。悪《わる》いことにはあまり言《い》わない。例 新《あたら》しいゲーム機《き》は、産業界《さんぎょうかい》に一大《いちだい》旋風《せんぷう》を巻《ま》き起《お》こした。

竜巻《たつまき》　つむじ風《かぜ》の大規模《だいきぼ》なもの。地《ち》上《じょう》にある物《もの》や海水《かいすい》などを巻《ま》き上《あ》げ、建物《たてもの》などに大《おお》きな被害《ひがい》を与《あた》える。海上《かいじょう》で起《お》こると水《みず》を巻《ま》き上《あ》げ、竜《りゅう》（「竜《たつ》」のこと）が天《てん》に昇《のぼ》るようすに見《み》えることから。例 巨大《きょだい》な竜巻《たつまき》が、自動車《じどうしゃ》を空《そら》に巻《ま》き上《あ》げた。

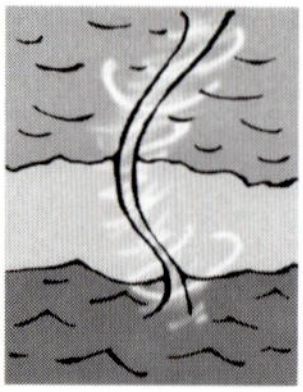

トルネード　北《きた》アメリカ大陸《たいりく》の中《ちゅう》南部《なんぶ》でよく発生《はっせい》する、大規模《だいきぼ》な竜巻《たつまき》。例 二《ふた》つのトルネードが同時《どうじ》に発生《はっせい》した。

追い風《おいかぜ》　◎進《すす》む方向《ほうこう》に、後《うし》ろから吹《ふ》いてくる風《かぜ》。例 追《お》い風《かぜ》を受《う》けて、ヨットが海上《かいじょう》を走《はし》る。対 向《む》かい風《かぜ》。◎物事《ものごと》がうまくいくことのたとえ。進《すす》むのに有利《ゆうり》な風《かぜ》ということから。例 円高《えんだか》は、輸入産業《ゆにゅうさんぎょう》には追《お》い風《かぜ》となる。対 向《む》かい風《かぜ》。

追い風《おいて》　「追《お》い風《かぜ》」と同《おな》じ。「て」は、風《かぜ》のこと。例 追《お》い風《て》に帆《ほ》をかけて、海《うみ》に乗《の》り出《だ》す。

順風《じゅんぷう》　「追《お》い風《かぜ》」のこと。例 舟《ふね》は順風《じゅんぷう》を受《う》けて、一気《いっき》に港《みなと》に着《つ》いた。対 逆風《ぎゃくふう》。

向かい風《むかいかぜ》　◎進《すす》む方向《ほうこう》から吹《ふ》いてくる風《かぜ》。例 向《む》かい風《かぜ》の中《なか》を、がんばって自転車《じてんしゃ》をこぐ。対 追《お》い風《かぜ》。◎物事《ものごと》がうまくいかないことのたとえ。進《すす》むのに不利《ふり》な風《かぜ》ということから。例 石油《せきゆ》の価格《かかく》が上昇《じょうしょう》し、日本経済《にほんけいざい》には大変《たいへん》な向《む》かい風《かぜ》となった。対 追《お》い風《かぜ》。

逆風《ぎゃくふう》　「向《む》かい風《かぜ》」のこと。例 ヨットは逆風《ぎゃくふう》でもその風《かぜ》の力《ちから》を利用《りよう》して前《まえ》に進《すす》むことができる。例 日本経済《にほんけいざい》は強《つよ》い逆風《ぎゃくふう》にさらされている。対 順風《じゅんぷう》。

横風《よこかぜ》　横《よこ》から吹《ふ》きつける風《かぜ》。例 横風《よこかぜ》が強《つよ》くて、自転車《じてんしゃ》が倒《たお》れそうだ。

川風《かわかぜ》　川《かわ》の上《うえ》を吹《ふ》き渡《わた》る風《かぜ》。例 土手《どて》の花《はな》が、川風《かわかぜ》に揺《ゆ》れている。

谷風《たにかぜ》　昼間《ひるま》、谷底《たにぞこ》から山《やま》の高《たか》い所《ところ》に向《む》かって吹《ふ》き上《あ》げる風《かぜ》。山《やま》の斜面《しゃめん》が谷底《たにぞこ》よりも早《はや》く暖《あたた》められるために吹《ふ》く。例 谷風《たにかぜ》が吹《ふ》き、帽子《ぼうし》を押《お》さえながら山登《やまのぼ》りを続《つづ》けた。対 山風《やまかぜ》。

山風《やまかぜ》　夜《よる》、山《やま》の高《たか》い所《ところ》から谷《たに》に向《む》かって吹《ふ》き下《お》ろす風《かぜ》。山《やま》の斜面《しゃめん》が冷《ひ》やされて、重《おも》くなった空気《くうき》が低《ひく》い方《ほう》へ流《なが》れるために吹《ふ》く。例 夜《よる》は山風《やまかぜ》が吹《ふ》いて、昼間《ひるま》の暑《あつ》さがうそのように冷《ひ》え込《こ》む。対 谷風《たにかぜ》。

山《やま》おろし　山《やま》から吹《ふ》き下《お》ろしてくる強風《きょうふう》。とくに、太平《たいへい》洋側《ようがわ》の乾燥《かんそう》した冷《つめ》たい冬《ふゆ》の季節風《きせつふう》のこと。また、「六甲《ろっこう》おろし」「赤城《あかぎ》おろし」などの形《かたち》で、その地方特有《ちほうとくゆう》の風《かぜ》をいうこともある。例 冷《つめ》たい山《やま》おろしが、終日《しゅうじつ》吹《ふ》きつけた。

陸風《りくかぜ》 夜《よる》になって、陸《りく》から海《うみ》へ向《む》かって吹《ふ》く風《かぜ》。例 今夜《こんや》は陸風《りくかぜ》が吹《ふ》き、暑《あつ》さも和《やわ》らぐでしょう。◆「りくふう」とも読《よ》む。

海風《うみかぜ》 昼間《ひるま》、海《うみ》から陸《りく》に向《む》かって吹《ふ》く風《かぜ》。また、海《うみ》の上《うえ》を吹《ふ》く風《かぜ》。例 海風《うみかぜ》が気持《きも》ちいい浜辺《はまべ》を散歩《さんぽ》する。◆「かいふう」とも読《よ》む。

潮風《しおかぜ》 海《うみ》の風《かぜ》。海《うみ》から吹《ふ》いてくる風《かぜ》。例 海《うみ》のそばの家《いえ》は潮風《しおかぜ》で傷《いた》みやすい。

ビル風《かぜ》 高層《こうそう》ビルの影響《えいきょう》で発生《はっせい》する、強風《きょうふう》や乱気流《らんきりゅう》。例 強《つよ》いビル風《かぜ》で、書類《しょるい》が飛《と》ばされた。

夜風《よかぜ》 夜《よる》に吹《ふ》く風《かぜ》。例 夜風《よかぜ》に当《あ》たって、風邪《かぜ》を引《ひ》いてしまった。

春風《はるかぜ》 春《はる》に吹《ふ》く、暖《あたた》かい風《かぜ》。例 心地《ここち》よい春風《はるかぜ》に誘《さそ》われて散歩《さんぽ》する。◆「しゅんぷう」とも読《よ》む。

東風《こち》 東《ひがし》から吹《ふ》いてくる風《かぜ》。東風《ひがしかぜ》。また、春風《はるかぜ》。例 花見客《はなみきゃく》のござを、東風《こち》がめくり上《あ》げた。

春一番《はるいちばん》 早春《そうしゅん》のころ、その年《とし》初《はじ》めて吹《ふ》く強《つよ》い南風《みなみかぜ》。例 都心《としん》で春一番《はるいちばん》が吹《ふ》き荒《あ》れる。

青嵐《あおあらし》 青葉《あおば》のころに吹《ふ》き渡《わた》る、やや強《つよ》い風《かぜ》。例 青嵐《あおあらし》が初夏《しょか》の森《もり》を揺《ゆ》らしている。◆「せいらん」とも読《よ》む。

薫風《くんぷう》 初夏《しょか》に吹《ふ》くさわやかな風《かぜ》。若葉《わかば》のかおりを漂《ただよ》わせるような風《かぜ》ということ。例 薫風《くんぷう》に、こいのぼりが勢《いきお》いよく泳《およ》ぐ。

風薫《かぜかお》る 薫風《くんぷう》が心地《ここち》よく吹《ふ》くようす。おもに、時候《じこう》のあいさつなどに使《つか》うことば。例 風薫《かぜかお》る五月《ごがつ》、いかがお過《す》ごしですか。

南風《みなみかぜ》 例 南《みなみ》から吹《ふ》いてくる暖《あたた》かい風《かぜ》。沿岸部《えんがんぶ》では南風《みなみかぜ》が吹《ふ》き、暑《あつ》

「風《かぜ》」に関連《かんれん》することば①

秋風《あきかぜ》が立《た》つ 仲《なか》がよかった男女《だんじょ》の愛情《あいじょう》が冷《さ》める。「秋《あき》」に「飽《あ》き」をかけたことば。「秋風《あきかぜ》が吹《ふ》く」ともいう。➡478

明日《あした》は明日《あした》の風《かぜ》が吹《ふ》く 先《さき》のことを、くよくよと気《き》にしても仕方《しかた》がないということ。自分《じぶん》の周《まわ》りの状態《じょうたい》が、明日《あす》には今日《きょう》と変《か》わって改善《かいぜん》するかもしれないことを、「今日《きょう》と違《ちが》う風《かぜ》が吹《ふ》く」とたとえた言《い》い方《かた》。

臆病風《おくびょうかぜ》に吹《ふ》かれる 臆病《おくびょう》な気持《きも》ちが起《お》きる。➡404

風穴《かざあな》を空《あ》ける 相手《あいて》の体《からだ》に穴《あな》を空《あ》けるという意味《いみ》から、槍《やり》で突《つ》いたり銃《じゅう》で撃《う》ったりする。また、仕事《しごと》や仕組《しく》みなどの行《い》き詰《づ》まりを、新《あたら》しい方法《ほうほう》で解消《かいしょう》する。

風《かぜ》が吹《ふ》けば桶屋《おけや》がもうかる 一《ひと》つのことがめぐりめぐって、思《おも》いがけない結果《けっか》をもたらすことのたとえ。大風《おおかぜ》が吹《ふ》くと、砂《すな》ぼこりのため目《め》を傷《いた》める人《ひと》が増《ふ》える。昔《むかし》は目《め》が見《み》えない人《ひと》は三味線《しゃみせん》の奏者《そうしゃ》になることが多《おお》かったので、三味線《しゃみせん》の材料《ざいりょう》の猫《ねこ》の皮《かわ》が必要《ひつよう》になる。そのため、猫《ねこ》の数《かず》が減《へ》ってネズミが増《ふ》える。ネズミは桶《おけ》をかじって壊《こわ》すので、桶屋《おけや》がもうかるということから。

◆＝もっと知《し》りたい、ことばの知識《ちしき》。

くなるでしょう。◆「なんぷう」とも読《よ》む。

南風《はえ》 南風《みなみかぜ》。また、南寄《みなみよ》りの風《かぜ》。おもに、中国《ちゅうごく》・四国《しこく》・九州地方《きゅうしゅうちほう》での呼《よ》び名《な》。例 南風《はえ》が吹《ふ》き荒《あ》れ、漁《りょう》ができない。

熱風《ねっぷう》 熱気《ねっき》を持《も》った風《かぜ》。また、夏《なつ》に吹《ふ》く熱《あつ》く乾《かわ》いた風《かぜ》。例 真夏《まなつ》のビル街《がい》を熱風《ねっぷう》が吹《ふ》き抜《ぬ》ける。

やませ 山《やま》を越《こ》えて吹《ふ》いてくる風《かぜ》。また、夏《なつ》の北日本《きたにほん》の太平洋《たいへいよう》側《がわ》に吹《ふ》く冷《つめ》たい北東風《ほくとうふう》。長《なが》く続《つづ》くと、冷害《れいがい》の原因《げんいん》となる。例 三陸地方《さんりくちほう》にやませが吹《ふ》いて、米《こめ》の不作《ふさく》が心配《しんぱい》される。

涼風《すずかぜ》 涼《すず》しい風《かぜ》。とくに、夏《なつ》の終《お》わりに吹《ふ》く涼《すず》しい風《かぜ》。例 山歩《やまある》きで汗《あせ》ばんだ体《からだ》に、涼風《すずかぜ》が気持《きも》ちよかった。◆「りょうふう」とも読《よ》む。

秋風《あきかぜ》 秋《あき》の、涼《すず》しくてさわやかな風《かぜ》。例 秋風《あきかぜ》が立《た》って、少《すこ》し肌寒《はだざむ》い。◆「しゅうふう」とも読《よ》む。

野分《のわ》き 秋《あき》から冬《ふゆ》の初《はじ》めにかけて吹《ふ》く、激《はげ》しい風《かぜ》。とくに、台《たい》風《ふう》のこと。野《の》の草《くさ》を吹《ふ》き分《わ》けることから。例 二百十日《にひゃくとおか》(九月一日《くがつついたち》ごろのこと)は、昔《むかし》から野分《のわ》きの季節《きせつ》である。

北風《きたかぜ》 北《きた》から吹《ふ》いてくる風《かぜ》。おもに、冬《ふゆ》に吹《ふ》く冷《つめ》たい風《かぜ》のこと。例 北風《きたかぜ》と太陽《たいよう》が、旅人《たびびと》のコートを脱《ぬ》がせる競争《きょうそう》をした。

寒風《かんぷう》 冬《ふゆ》に吹《ふ》く冷《つめ》たい風《かぜ》。例 寒風《かんぷう》が吹《ふ》きつけるなか釣《つ》りをする。

木枯《こが》らし 秋《あき》の終《お》わりから冬《ふゆ》の初《はじ》めにかけて吹《ふ》く、冷《つめ》たく乾《かわ》いた風《かぜ》。木《き》を吹《ふ》き枯《か》らす風《かぜ》という意味《いみ》。例 木枯《こが》らしが吹《ふ》いて、寒《さむ》さが厳《きび》しくなる。

空《から》っ風《かぜ》 湿《しめ》り気《け》や雨《あめ》・雪《ゆき》などを含《ふく》んでいない、冬《ふゆ》の乾燥《かんそう》した強《つよ》い風《かぜ》。例 上州《じょうしゅう》(群馬県《ぐんまけん》)名物《めいぶつ》の空《から》っ風《かぜ》。◆「空風《からかぜ》」ともいう。

季節風《きせつふう》 季節《きせつ》によって、毎年《まいとし》決《き》まった方向《ほうこう》から吹《ふ》く風《かぜ》。日本《にほん》では夏《なつ》に南東《なんとう》の暖《あたた》かい風《かぜ》が吹《ふ》き、冬《ふゆ》には北西《ほくせい》の冷《つめ》たい風《かぜ》が吹《ふ》く。例 季節風《きせつふう》により、明日《あす》の太平洋側《たいへいようがわ》は寒《さむ》くなるようだ。

モンスーン 東南《とうなん》アジアなどで夏《なつ》に雨《あめ》をもたらす季節《きせつ》風《ふう》。もとはアラビア語《ご》で、「季節《きせつ》」という意味《いみ》。例 東南《とうなん》アジアは、ほとんどが熱帯《ねったい》モンスーン気候《きこう》に属《ぞく》している。

台風《たいふう》 赤道《せきどう》近《ちか》くの海《うみ》で発生《はっせい》する熱帯《ねったい》性低気圧《せいていきあつ》。日本《にほん》には、おもに夏《なつ》から秋《あき》にかけてやって来《く》る。風《かぜ》や雨《あめ》が激《はげ》しく、大《おお》きな風水害《ふうすいがい》を起《お》こすこともある。例 九州地方《きゅうしゅうちほう》に台風《たいふう》が接近《せっきん》する。

タイフーン 「台風《たいふう》」という意味《いみ》の英語《えいご》。例 東南《とうなん》アジアでタイフーンによる被害《ひがい》が出《で》た。

ハリケーン 大西洋《たいせいよう》のメキシコ湾《わん》やカリブ海辺《かいあた》りで発生《はっせい》する台風《たいふう》の呼《よ》び名《な》。例 巨大《きょだい》なハリケーンに襲《おそ》われる。

サイクロン インド洋《よう》で発生《はっせい》する台風《たいふう》の呼《よ》び名《な》。例 大型《おおがた》のサイクロンによる被害《ひがい》が広《ひろ》がる。

偏西風《へんせいふう》 中緯度地域《ちゅういどちいき》で、一年中《いちねんじゅう》、西《にし》から東《ひがし》に吹《ふ》く風《かぜ》。中緯度地《ちゅういどち》域《いき》とは、北半球《きたはんきゅう》では日本《にほん》やヨーロッパ辺《あた》り、南半球《みなみはんきゅう》ではオーストラリア南部《なんぶ》やアルゼンチン辺《あた》りをいう。例 黄砂《こうさ》は偏西風《へんせいふう》に乗《の》って、中国《ちゅうごく》の砂漠地帯《さばくちたい》から飛《と》んでくる。

貿易風《ぼうえきふう》 赤道《せきどう》の北《きた》や南《みなみ》で、赤道《せきどう》に向《む》かって一年中《いちねんじゅう》吹《ふ》く風《かぜ》。昔《むかし》、ヨーロッパやアラビアの貿易船《ぼうえきせん》がこの風《かぜ》を利用《りよう》したことから。例 ヨーロッパの商人《しょうにん》が、貿易風《ぼうえきふう》に乗《の》ってアジアにやって来《き》た。

ジェット気流《きりゅう》 高度《こうど》一万《いちまん》メートルほどの上空《じょうくう》で吹《ふ》いている、強《つよ》い西風《にしかぜ》。例 旅客機《りょかくき》は、ジェット気流《きりゅう》に乗《の》って燃料《ねんりょう》を節約《せつやく》する。

フェーン現象《げんしょう》 湿《しめ》った空気《くうき》が山《やま》を上《のぼ》るときに雨《あめ》を降《ふ》らせ、反対《はんたい》の斜面《しゃめん》を吹《ふ》き降《お》りるときに乾燥《かんそう》し気温《きおん》が高《たか》くなる現象《げんしょう》。春《はる》から夏《なつ》にかけて日本海側《にほんかいがわ》で起《お》き、気温《きおん》上昇《じょうしょう》を起《お》こしたりする。例 フェーン現象《げんしょう》により、北陸地方《ほくりくちほう》は真夏《まなつ》の暑《あつ》さとなった。

すきま風《かぜ》 ◎壁《かべ》や戸《と》などのすきまから吹《ふ》き込《こ》む風《かぜ》。例 すきま風《かぜ》を防《ふせ》ぐためにテープをはる。◎親《した》しい者《もの》の間《あいだ》に隔《へだ》たりができること。例 二人《ふたり》の関係《かんけい》に、すきま風《かぜ》が吹《ふ》く。

爆風《ばくふう》 爆発《ばくはつ》によって起《お》こる強《つよ》い風《かぜ》。例 爆風《ばくふう》でガラスが割《わ》れた。

神風《かみかぜ》 神《かみ》が吹《ふ》き起《お》こすという風《かぜ》。とくに、鎌倉時代《かまくらじだい》に蒙古《もうこ》(モンゴル)の軍隊《ぐんたい》が襲来《しゅうらい》したとき(元寇《げんこう》)、蒙古《もうこ》の船《ふね》を沈没《ちんぼつ》させた大風《おおかぜ》。例 神風《かみかぜ》が吹《ふ》き、日本《にほん》は救《すく》われたという。

吹《ふ》く 風《かぜ》が起《お》こる。例 明日《あす》は北寄《きたよ》りの風《かぜ》が吹《ふ》くでしょう。

そよ吹《ふ》く 風《かぜ》が静《しず》かに心地《ここち》よく吹《ふ》く。例 涼《すず》しい風《かぜ》がそよ吹《ふ》く高原《こうげん》の昼下《ひるさ》がり。

吹《ふ》き渡《わた》る 風《かぜ》が吹《ふ》いて通《とお》る。また、辺《あた》り一面《いちめん》に吹《ふ》く。例 田園《でんえん》をさわやかな風《かぜ》が吹《ふ》き渡《わた》る。

吹《ふ》き抜《ぬ》ける 風《かぜ》が吹《ふ》き、通《とお》り抜《ぬ》ける。例 この部屋《へや》は風《かぜ》が吹《ふ》き抜《ぬ》けるので、夏《なつ》でも涼《すず》しい。

吹《ふ》き付《つ》ける 風《かぜ》が激《はげ》しく吹《ふ》き当《あ》たる。例 みぞれ混《ま》じりの風《かぜ》が吹《ふ》き付《つ》けて、進《すす》むのに一苦労《ひとくろう》する。

吹《ふ》き荒《あ》れる 風《かぜ》が激《はげ》しく吹《ふ》き続《つづ》ける。例 木枯《こが》らしが吹《ふ》き荒《あ》れる。

吹《ふ》きすさぶ 風《かぜ》が激《はげ》しく吹《ふ》き荒《あ》れる。例 寒風《かんぷう》吹《ふ》きすさぶ冬《ふゆ》の北海道《ほっかいどう》。

吹《ふ》き込《こ》む 部屋《へや》などに風《かぜ》が吹《ふ》いて入《はい》ってくる。例 すきま風《かぜ》が吹《ふ》き込《こ》んで、寒《さむ》くて眠《ねむ》れない。

吹《ふ》き下《お》ろす 風《かぜ》が高《たか》いほうから低《ひく》いほうへ向《む》かって吹《ふ》く。例 山頂《さんちょう》から冷《つめ》たい風《かぜ》が吹《ふ》き下《お》ろす。

そよそよ 風《かぜ》が静《しず》かに吹《ふ》くようす。例 春風《はるかぜ》がそよそよと吹《ふ》く。

さわさわ 草《くさ》や木《こ》の葉《は》をそよがせて、さわやかに風《かぜ》が吹《ふ》くようす。またその音《おと》。例 春風《はるかぜ》がさわさわと渡《わた》る木陰《こかげ》でまどろむ。

さっと ◎風《かぜ》が急《きゅう》に吹《ふ》くようす。例 一陣《いちじん》の風《かぜ》が、さっと吹《ふ》き抜《ぬ》けた。◎「速《はや》い」➡553

ひゅうひゅう 強《つよ》い風《かぜ》が連続《れんぞく》して吹《ふ》くようす。また、その音《おと》。例 寒風《かんぷう》がひゅうひゅうと吹《ふ》きすさぶ。

◆＝もっと知《し》りたい、ことばの知識《ちしき》。

びゅうびゅう

「ひゅうひゅう」よりさらに強《つよ》い感《かん》じで風《かぜ》が吹《ふ》くようす。また、その音《おと》。例 土手《どて》にびゅうびゅうと強《つよ》い風《かぜ》が吹《ふ》く。

ぴゅうぴゅう

風《かぜ》が鋭《するど》く吹《ふ》きすさぶようす。また、その音《おと》。「ひゅうひゅう」より鋭《するど》く、やや甲高《かんだか》い感《かん》じ。例 北風《きたかぜ》がぴゅうぴゅうと吹《ふ》きつけている。

びゅんびゅん

◎風《かぜ》が勢《いきお》いよく吹《ふ》くようす。例 暴風域《ぼうふういき》に入《はい》り、風《かぜ》がびゅんびゅんとうなりを上《あ》げ始《はじ》めた。◎「速《はや》い」⬇554

吹《ふ》き止《や》む

それまで吹《ふ》いていた風《かぜ》が止《や》む。例 風《かぜ》が吹《ふ》き止《や》んだら出《で》かけよう。

収《おさ》まる

◎ひどく吹《ふ》いていた風《かぜ》が、弱《よわ》まったり止《と》まったりする。例 やっと嵐《あらし》が収《おさ》まったので、いよいよ出航《しゅっこう》だ。◎物事《ものごと》の動《うご》きや影響《えいきょう》が、和《やわ》らいだり止《と》まったりする。例 もめごとがやっと収《おさ》まった。

凪《な》ぐ

風《かぜ》が止《や》み、波《なみ》が静《しず》かになる。例 風《かぜ》が凪《な》いで、海面《かいめん》が鏡《かがみ》のように静《しず》かになった。

凪《なぎ》

風《かぜ》が止《や》んで海《うみ》の波《なみ》が静《しず》かになること。朝《あさ》と夕方《ゆうがた》、海風《うみかぜ》と陸風《りくかぜ》が入《い》れ替《か》わるときに起《お》こる。例 凪《なぎ》の海《うみ》を漁船《ぎょせん》が帰《かえ》ってくる。

朝凪《あさなぎ》

朝《あさ》、陸風《りくかぜ》から海風《うみかぜ》に替《か》わるときの凪《なぎ》。例 朝凪《あさなぎ》のうちに漁《りょう》に出《で》る。

夕凪《ゆうなぎ》

夕方《ゆうがた》、海風《うみかぜ》から陸風《りくかぜ》に替《か》わるときの凪《なぎ》。例 夕凪《ゆうなぎ》の海《うみ》を眺《なが》めて、ほっと一息《ひといき》入《い》れる。

べた凪《なぎ》

風《かぜ》がまったく吹《ふ》かず、海面《かいめん》に波《なみ》がないこと。「べた」は、すっかり、すべてという意味《いみ》。例 べた凪《なぎ》の水平線《すいへいせん》の向《む》こうにヨットが見《み》える。

「風《かぜ》」に関連《かんれん》することば②

風《かぜ》の便《たよ》り　どこからともなく伝《つた》わってきたうわさ。うわさは風《かぜ》が運《はこ》んでくるということから。

肩《かた》で風《かぜ》を切《き》る　肩《かた》をわざと高《たか》く上《あ》げて、得意《とくい》そうにいばって歩《ある》く。⬇445

子《こ》どもは風《かぜ》の子《こ》　子《こ》どもは元気《げんき》で、寒《かん》風《ぷう》の中《なか》でも平気《へいき》で遊《あそ》びまわるものだということ。

どこ吹《ふ》く風《かぜ》　自分《じぶん》にはまったく関係《かんけい》がないことだと、知《し》らん顔《かお》をするようす。

馬《ば》耳《じ》東風《とうふう》　人《ひと》の意見《いけん》や注意《ちゅうい》などを、気《き》に留《と》めず、聞《き》こうともしないようす。⬇463 東風《とうふう》（春風《はるかぜ》）が吹《ふ》くと人《ひと》はうれしいものだが、馬《うま》は何《なに》も感《かん》じないということから。

物言《ものい》えば唇寒《くちびるさむ》し秋《あき》の風《かぜ》　余計《よけい》なことを話《はな》したために、かえって自分《じぶん》に災難《さいなん》を招《まね》いてしまうこと。自慢《じまん》したり、人《ひと》の悪口《わるくち》を言《い》ったりした後《あと》は、秋風《あきかぜ》のような寂《さび》しい風《かぜ》が心《こころ》の中《なか》を吹《ふ》き、自分《じぶん》が嫌《いや》になるという意味《いみ》。

柳《やなぎ》に風《かぜ》　人《ひと》に少《すこ》しも逆《さか》らわないで、穏《おだ》やかにあしらうこと。柳《やなぎ》は風《かぜ》の吹《ふ》くままになびいて、逆《さか》らわないということから。

晴《は》れ

fine weather
[ファイン・ウェザー]

このページも見《み》てみよう
▼空《そら》➡572

晴《は》れ
雨《あめ》も雪《ゆき》も降《ふ》っておらず、雲《くも》が少《すく》なくてよい天気《てんき》であること。例 今日《きょう》は、晴《は》れのち曇《くも》りという予報《よほう》だ。

晴天《せいてん》
天気《てんき》のよいこと。また、晴《は》れた空《そら》。例 運動会《うんどうかい》の当日《とうじつ》は晴天《せいてん》に恵《めぐ》まれた。対 雨天《うてん》。

快晴《かいせい》
空《そら》に雲《くも》がほとんどなく、気持《きも》ちよく晴《は》れていること。例 今月《こんげつ》に入《はい》ってから、一週間《いっしゅうかん》快晴《かいせい》が続《つづ》いている。

日本晴《にほんば》れ
雲一《くもひと》つなく晴《は》れ渡《わた》ったよい天気《てんき》。また、心《こころ》が晴《は》れ晴《ば》れとしているようす。例 入学式《にゅうがくしき》を祝《いわ》うかのように、その日《ひ》は朝《あさ》から日本晴《にほんば》れであった。◆「にっぽんばれ」とも読《よ》む。

天気《てんき》
◎晴《は》れていること。例 明日《あした》天気《てんき》になあれ。例 天気《てんき》がよくて、よかったですね。◎「天気《てんき》」➡585

上天気《じょうてんき》
とても天気《てんき》がよいこと。例 台風《たいふう》が通《とお》り過《す》ぎて、うそのような上天気《じょうてんき》になった。

日和《ひより》
◎晴《は》れたよい天気《てんき》。例 今日《きょう》は本当《ほんとう》に、よい日和《ひより》ですね。◎何《なに》かをするのにちょうどよい天気《てんき》。例 週末《しゅうまつ》は、絶好《ぜっこう》の行楽日和《こうらくびより》となるでしょう。◎「天気《てんき》」➡585

好天《こうてん》
天気《てんき》がよいこと。例 好天《こうてん》の下《もと》でマラソン大会《たいかい》が行《おこな》われる。

晴朗《せいろう》
空《そら》が晴《は》れ渡《わた》り、明《あか》るく気持《きも》ちがよいようす。例 天気《てんき》晴朗《せいろう》なれど波高《なみたか》し(日露戦争《にちろせんそう》での、日本《にほん》の海軍《かいぐん》の報告電報《ほうこくでんぽう》のことば)。

青空《あおぞら》
よく晴《は》れた青《あお》い空《そら》。例 開会式《かいかいしき》にふさわしく、気持《きも》ちのよい青空《あおぞら》となった。

日照《ひで》り
おもに夏《なつ》に、長《なが》い間《あいだ》雨《あめ》が降《ふ》らず、晴《は》れの日《ひ》が何日《なんにち》も続《つづ》くこと。例 このところの日照《ひで》り続《つづ》きで、水不足《みずぶそく》が心配《しんぱい》されている。

干天《かんてん》
久《ひさ》しく雨《あめ》が降《ふ》らず、日照《ひで》りが続《つづ》くこと。例 干天《かんてん》の慈雨《じう》(日照《ひで》りのときに降《ふ》る恵《めぐ》みの雨《あめ》。困《こま》り果《は》てているときに与《あた》えられる、ありがたいもののたとえ)。◆「旱天《かんてん》」とも書《か》く。

干魃《かんばつ》
「日照《ひで》り」のこと。とくに、農《のう》作物《さくもつ》に必要《ひつよう》な雨《あめ》が長《なが》い間《あいだ》降《ふ》らないこと。範囲《はんい》が広《ひろ》く、被害《ひがい》の規模《きぼ》が大《おお》きいときなどに使《つか》う。例 干魃《かんばつ》により稲《いね》に被害《ひがい》が出《で》た。◆「旱魃《かんばつ》」とも書《か》く。

からから天気《てんき》
雨《あめ》が降《ふ》らず、日《ひ》が照《て》りつけて乾《かん》燥《そう》している天気《てんき》。例 このところのからから天気《てんき》で、校庭《こうてい》にはひどい土《つち》ぼこりが舞《ま》い上《あ》がっている。

かんかん照《で》り
空《そら》に雲一《くもひと》つなく、太陽《たいよう》が強《つよ》く照《て》りつける天気《てんき》。例 昼《ひる》はかんかん照《で》りだったのに、夕方《ゆうがた》になったら急《きゅう》に涼《すず》しくなった。

夕晴《ゆうば》れ
夕方《ゆうがた》になってきて、空《そら》が晴《は》れ上《あ》がること。例 夕晴《ゆうば》れの空《そら》に、赤《あか》とんぼがたくさん飛《と》び交《か》っている。

◆=もっと知《し》りたい、ことばの知識《ちしき》。

晴《は》れ間《ま》

◎雲《くも》が途切《とぎ》れたところからのぞいている青空《あおぞら》。例 夕立《ゆうだち》があっという間に通《とお》り過《す》ぎ、また晴《は》れ間《ま》が見《み》えてきた。◎雨《あめ》や雪《ゆき》が降《ふ》り止《や》んでいる間《あいだ》。例 貴重《きちょう》な梅雨《つゆ》の晴《は》れ間《ま》に布団《ふとん》を干《ほ》す。

雲間《くもま》

雲《くも》の切《き》れ目《め》。例 雲間《くもま》から青空《あおぞら》がのぞき、日差《ひざ》しが降《ふ》り注《そそ》ぐ。

台風一過《たいふういっか》

台風《たいふう》が過《す》ぎ去《さ》って、よい天気《てんき》になること。また、騒動《そうどう》があった後《あと》によい状態《じょうたい》になることのたとえ。例 昨日《きのう》の雨《あめ》がうそのように、台風一過《たいふういっか》の青空《あおぞら》が広《ひろ》がる。例 大《おお》げんかした二人《ふたり》は、台風一過《たいふういっか》、さらにきずなを深《ふか》めたようだ。

五月晴《さつきば》れ

五月《ごがつ》ごろの、よく晴《は》れたすがすがしい天気《てんき》。もとは、陰暦《いんれき》の五月《ごがつ》(現在《げんざい》の六月《ろくがつ》ごろ)の、梅雨《つゆ》の間《あいだ》の晴《は》れ間《ま》という意味《いみ》。例 ゴールデンウイークは連日《れんじつ》五月晴《さつきば》れに恵《めぐ》まれ、多《おお》くの人出《ひとで》が見込《みこ》まれる。

梅雨晴《つゆば》れ

梅雨《つゆ》の期間中《きかんちゅう》、一時的《いちじてき》に晴《は》れること。また、梅雨《つゆ》が明《あ》けて晴《は》れること。例 梅雨晴《つゆば》れの一日《いちにち》を利用《りよう》して、サイクリングに出《で》かける。例 七月《しちがつ》に入《はい》っても、なかなか梅雨晴《つゆば》れにならない。

炎天《えんてん》

真夏《まなつ》の太陽《たいよう》が焼《や》けるように照《て》りつけている天気《てんき》。例 炎天《えんてん》下《か》で高校《こうこう》野球《やきゅう》の熱戦《ねっせん》が続《つづ》く。

秋晴《あきば》れ

秋《あき》の空《そら》が、青《あお》くさわやかに晴《は》れ渡《わた》っているようす。例 秋晴《あきば》れの日曜日《にちようび》、各地《かくち》で運動会《うんどうかい》が開《ひら》かれた。

秋日和《あきびより》

秋《あき》の、よく晴《は》れてさわやかな天気《てんき》。例 遠足《えんそく》の当日《とうじつ》は、すばらしい秋日和《あきびより》に恵《めぐ》まれた。

秋空《あきぞら》

秋特有《あきとくゆう》の、青《あお》く澄《す》み渡《わた》った空《そら》。例 秋空《あきぞら》にぽっかりと白《しろ》い雲《くも》が浮《う》かんでいる。

冬晴《ふゆば》れ

冬《ふゆ》の、穏《おだ》やかに晴《は》れ渡《わた》った天気《てんき》。例 冬晴《ふゆば》れのゲレンデに、多《おお》くのスキーヤーが集《あつ》まった。

雪晴《ゆきば》れ

雪《ゆき》が止《や》んで、空《そら》がきれいに晴《は》れること。例 雪晴《ゆきば》れに、校庭《こうてい》の新雪《しんせつ》がきらきらと輝《かがや》く。

雲一《くもひと》つない

雲《くも》が一《ひと》つも出《で》ていないくらいに、よい天《てん》気《き》であるたとえ。例 雲一《くもひと》つないよい天《てん》気《き》なのに、部屋《へや》にこもって勉強《べんきょう》なんてつまらない。

抜《ぬ》けるような

向《む》こう側《がわ》が透《す》けて見《み》えるほどである。澄《す》みきった青空《あおぞら》などをたとえたことば。例 抜《ぬ》けるような青空《あおぞら》の下《もと》、駅《えき》伝《でん》のランナーがスタートを切《き》った。

晴《は》れる

◎雨《あめ》や雪《ゆき》が止《や》み、青空《あおぞら》が出《で》る。また、霧《きり》などが消《き》えて見通《みとお》しがよくなる。例 空《そら》が晴《は》れてにじが出《で》る。例 霧《きり》が晴《は》れて、ずいぶん運転《うんてん》がしやすくなった。◎心《こころ》のわだかまりや悩《なや》みがなくなってさっぱりする。また、疑《うたが》いが消《き》える。例 言《い》いたいことを言《い》ったので、すっかり気《き》が晴《は》れた。例 アリバイの証言者《しょうげんしゃ》が現《あらわ》れ、容疑《ようぎ》が晴《は》れた。

晴《は》れ上《あ》がる

空《そら》に雲《くも》一《ひと》つなく、すっかり晴《は》れる。快《かい》晴《せい》であるようす。例 晴《は》れ上《あ》がった空《そら》に向《む》けて、大《おお》きな気球《ききゅう》を上《あ》げた。

晴《は》れ渡《わた》る

空《そら》の隅々《すみずみ》まで晴《は》れる。例 草原《そうげん》に寝転《ねころ》んで、晴《は》れ渡《わた》った秋空《あきぞら》を見上《みあ》げる。

からり さわやかに晴《は》れているようす。例 雨《あめ》がやんで、空《そら》が**からり**と晴《は》れ上《あ》がる。似 からっと。

「晴《は》れ」に関連《かんれん》したことば

晴耕雨読《せいこううどく》 晴《は》れた日《ひ》には外《そと》で田畑《たはた》を耕《たがや》し、雨《あめ》の日《ひ》には家《いえ》の中《なか》で本《ほん》を読《よ》むこと。また、そのようなのんびりとした暮《く》らしのこと。

青天白日《せいてんはくじつ》 心《こころ》にやましいことがないこと。また、疑《うたが》いが晴《は》れること。「青《せい》天《てん》」は青空《あおぞら》、「白日《はくじつ》」は白《しろ》く輝《かがや》く太陽《たいよう》のことで、晴《は》れ渡《わた》った空《そら》に太陽《たいよう》が輝《かがや》いているという意味《いみ》。

照《て》る照《て》る坊主《ぼうず》 晴《は》れになることを願《ねが》って、軒《のき》下《した》などにつるす、紙《かみ》や布《ぬの》などで作《つく》った簡単《かんたん》な人形《にんぎょう》。

晴《は》れ男《おとこ》・晴《は》れ女《おんな》 その人《ひと》がいると、必《かなら》ず天気《てんき》がよくなるという男《おとこ》の人《ひと》や女《おんな》の人《ひと》。➡43・45

曇《くも》り

cloudy weather
[クラウディ・ウェザー]

曇《くも》り 空《そら》が雲《くも》でおおわれている状態《じょうたい》。雨降《あめふ》りではないが、晴《は》れてもいない状態《じょうたい》。例 今日《きょう》の天気《てんき》は**曇《くも》り**のち晴《は》れ。

曇天《どんてん》 曇《くも》りの天気《てんき》。また、そのような空《そら》。例 全国的《ぜんこくてき》に**曇天《どんてん》**で、肌《はだ》寒《ざむ》い一日《いちにち》でした。

薄曇《うすぐも》り 空全体《そらぜんたい》が、薄《うす》い雲《くも》におおわれていること。また、そのような天気《てんき》。例 低気圧《ていきあつ》の影響《えいきょう》で、朝《あさ》から**薄曇《うすぐも》り**の空《そら》が広《ひろ》がっている。

本曇《ほんぐも》り 空一面《そらいちめん》に雲《くも》が広《ひろ》がった状《じょう》態《たい》。例 お昼過《ひるす》ぎから雲《くも》が厚《あつ》くなり、**本曇《ほんぐも》り**となった。

花曇《はなぐも》り サクラの花《はな》の咲《さ》くころの、薄《うす》くぼんやりと曇《くも》った空模《そらも》様《よう》。例 **花曇《はなぐも》り**の空《そら》に、淡《あわ》いサクラの花《はな》びらがいっそう美《うつく》しく映《は》える。

曇《くも》り勝《が》ち 曇《くも》ることが多《おお》いようす。曇《くも》りやすいようす。例 このところ、**曇《くも》り勝《が》ち**の天気《てんき》が続《つづ》いている。

曇《くも》る ◎空《そら》が、雲《くも》や霧《きり》などでおおわれる。例 空《そら》が急《きゅう》に**曇《くも》って**きたので、洗濯物《せんたくもの》を取《と》り込《こ》んだ。◎透明《とうめい》なものや輝《かがや》いていたものがぼやける。例 めがねをかけたままお風呂《ふろ》に入《はい》ったら、レンズが**曇《くも》った**。◎「落《お》ち込《こ》む」➡472

陰《かげ》る 太陽《たいよう》や月《つき》が雲《くも》などにさえぎられて、前《まえ》よりも暗《くら》くなる。例 雲《くも》が出《で》て日《ひ》が**陰《かげ》った**ので、干《ほ》しておいた布団《ふとん》を取《と》り込《こ》んだ。

かき曇《くも》る 雲《くも》や霧《きり》で、空《そら》が急《きゅう》に暗《くら》くなる。「曇《くも》る」の強調《きょうちょう》した言《い》い方《かた》。例 一天《いってん》にわかに**かき曇《くも》る**と、やがて激《はげ》しい雨《あめ》が降《ふ》ってきた。

垂《た》れ込《こ》める 雲《くも》などが低《ひく》く垂《た》れて、辺《あた》りをおおう。例 どんよりとした雨雲《あまぐも》が**垂《た》れ込《こ》めていた**ので、傘《かさ》を持《も》って家《いえ》を出《で》た。

棚引《たなび》く 雲《くも》などが横《よこ》に長《なが》く漂《ただよ》う。例 青《あお》い空《そら》に白雲《はくうん》が**棚引《たなび》く**。

湧《わ》く 雲《くも》が自然《しぜん》に発生《はっせい》する。例 夏空《なつぞら》に、入道雲《にゅうどうぐも》が**湧《わ》き**上《あ》がる。

◆＝もっと知《し》りたい、ことばの知識《ちしき》。

どんより 空《そら》が曇《くも》って重苦《おもくる》しく感《かん》じられるようす。例どんより曇《くも》った日《ひ》が続《つづ》き、青空《あおぞら》が恋《こい》しくなった。

雲《くも》 空気中《くうきちゅう》の水滴《すいてき》や氷《こおり》の粒《つぶ》が集《あつ》まり、空中《くうちゅう》に浮《う》かんでいるもの。例雲《くも》の間《あいだ》から青空《あおぞら》が顔《かお》をのぞかせた。

巻雲《けんうん》 繊維《せんい》のような白《しろ》い雲《くも》。春《はる》と秋《あき》の空《そら》に現《あらわ》れることが多《おお》い。例天高《てんたか》く、はけで掃《は》いたような巻雲《けんうん》が見《み》える。◆「絹雲《けんうん》」とも書《か》く。

筋雲《すじぐも》 「巻雲《けんうん》」の通称《つうしょう》。例一本《いっぽん》の筋雲《すじぐも》が、竜《りゅう》のように浮《う》かんでいた。

巻積雲《けんせきうん》 白《しろ》い小《ちい》さな雲《くも》のかたまりが集《あつ》まって、まだら模様《もよう》になっているもの。例白《しろ》い小石《こいし》を敷《し》き詰《つ》めたような巻積雲《けんせきうん》が、秋《あき》の夕暮《ゆうぐ》れに浮《う》かんでいる。◆「絹積雲《けんせきうん》」とも書《か》く。

鱗雲《うろこぐも》 「巻積雲《けんせきうん》」の通称《つうしょう》。魚《さかな》のうろこのように見《み》えることから。例澄《す》みきった秋《あき》の空《そら》に、鱗雲《うろこぐも》が広《ひろ》がる。

鰯雲《いわしぐも》 「巻積雲《けんせきうん》」の通称《つうしょう》。この雲《くも》が出《で》るとイワシが豊漁《ほうりょう》になるといわれることから。また、形《かたち》がイワシの群《む》れのように見《み》えることからともいわれる。例夏《なつ》の終《お》わりを告《つ》げる鰯雲《いわしぐも》を眺《なが》める。

鯖雲《さばぐも》 「巻積雲《けんせきうん》」の通称《つうしょう》。サバの背中《せなか》の模様《もよう》に似《に》ていることから。例空《そら》いっぱいに広《ひろ》がった鯖雲《さばぐも》が、夕日《ゆうひ》に染《そ》まってとても美《うつく》しかった。

巻層雲《けんそううん》 薄《うす》いベール状《じょう》の白《しろ》い雲《くも》。太陽《たいよう》や月《つき》にかかると、光《ひかり》の輪《わ》(かさ)ができることが多《おお》い。例太陽《たいよう》に巻層雲《けんそううん》がかかり、かさが見《み》えた。◆「絹層雲《けんそううん》」とも書《か》く。

薄雲《うすぐも》 「巻層雲《けんそううん》」の通称《つうしょう》。「層雲《そううん》」を指《さ》すこともある。薄《うす》く広《ひろ》がっている雲《くも》。例薄雲《うすぐも》の間《あいだ》に、満月《まんげつ》が見《み》え隠《かく》れしている。

高層雲《こうそううん》 ほぼ空一面《そらいちめん》をおおう、灰色《はいいろ》がかった厚《あつ》い雲《くも》。例高層《こうそう》雲《うん》が広《ひろ》がり、辺《あた》りは薄暗《うすぐら》くなった。

おぼろ雲《ぐも》 「高層雲《こうそううん》」の通称《つうしょう》。雨《あめ》の前兆《ぜんちょう》といわれる。例おぼろ雲《ぐも》が空《そら》をおおい、今《いま》にも降《ふ》り出《だ》しそうな気配《けはい》だ。

高積雲《こうせきうん》 「巻積雲《けんせきうん》」より大《おお》きな、丸《まる》みのある雲《くも》が集《あつ》まったもの。例飛行機《ひこうき》が上昇《じょうしょう》し、高積雲《こうせきうん》を突《つ》き抜《ぬ》けた。

羊雲《ひつじぐも》 「高積雲《こうせきうん》」の通称《つうしょう》。ヒツジの群《む》れのように見《み》えることから。例澄《す》んだ青空《あおぞら》に、羊雲《ひつじぐも》がふわふわと浮《う》かんでいる。

叢雲《むらくも》 むらがり立《た》った雲《くも》。一《ひと》むれの雲《くも》。例叢雲《むらくも》が流《なが》れ、月《つき》が見《み》え隠《かく》れする。◆「群雲《むらくも》」とも書《か》く。

層積雲《そうせきうん》 空一面《そらいちめん》をおおう、白《しろ》や灰色《はいいろ》の雲《くも》。例空《そら》の低《ひく》い所《ところ》に層積《そうせき》雲《うん》が重《おも》くのしかかって、青空《あおぞら》を隠《かく》した。

層雲《そううん》 灰色《はいいろ》をした低《ひく》い雲《くも》。霧雨《きりさめ》を降《ふ》らせることもある。例早朝《そうちょう》、里山《さとやま》は層雲《そううん》におおわれていた。

霧雲《きりぐも》 「層雲《そううん》」の通称《つうしょう》。霧《きり》のようにぼんやりした低《ひく》い雲《くも》。例山腹《さんぷく》に霧雲《きりぐも》が帯《おび》のようにたなびいている。

乱層雲《らんそううん》 空全体《そらぜんたい》を厚《あつ》くおおう、暗《くら》い灰色《はいいろ》の雲《くも》。雨《あめ》や雪《ゆき》をたくさん降《ふ》らせることが多《おお》い。例乱層雲《らんそううん》が空《そら》いっぱいに広《ひろ》がり、雨《あめ》が降《ふ》ってきた。

雨雲《あまぐも》 「乱層雲《らんそううん》」の通称《つうしょう》。雨《あめ》や雪《ゆき》を降《ふ》らせる雲《くも》。例雨雲《あまぐも》の動《うご》きを観察《かんさつ》し、天気《てんき》を予報《よほう》する。

積雲《せきうん》
むくむくとした感《かん》じの、一《ひと》かたまりの雲《くも》。晴《は》れた日中《にっちゅう》に発《はっ》達《たつ》する。
例 青空《あおぞら》にぽっかり浮《う》かぶ積雲《せきうん》の形《かたち》を、何《なに》に見《み》えるか言《い》い合《あ》う。

綿雲《わたぐも》
「積雲《せきうん》」の通称《つうしょう》。綿《わた》のようにふわっとした感《かん》じの雲《くも》。綿《わた》をちぎったような白《しろ》い雲《くも》。
例 青空《あおぞら》に浮《う》かんだ綿雲《わたぐも》が、ふんわりと流《なが》れていった。

積乱雲《せきらんうん》
垂直《すいちょく》に高《たか》く盛《も》り上《あ》がり、大《おお》きな塔《とう》のように見《み》える雲《くも》。雷雨《らいう》を伴《ともな》うことが多《おお》く、ときには雹《ひょう》を降《ふ》らせる。
例 発達《はったつ》した積乱雲《せきらんうん》の東側《ひがしがわ》に、竜巻《たつまき》が発生《はっせい》した。

入道雲《にゅうどうぐも》
「積乱雲《せきらんうん》」の通称《つうしょう》。高《たか》く盛《も》り上《あ》がって大入道《おおにゅうどう》(体《からだ》の大《おお》きな坊主頭《ぼうずあたま》の化《ば》け物《もの》)のように見《み》えることから。
例 畑《はたけ》の向《む》こうには、大《おお》きな入《にゅう》道雲《どうぐも》がもくもくとわき立《た》っていた。

鉄床雲《かなとこぐも》
積乱雲《せきらんうん》が発達《はったつ》し、上《うえ》のほうが横《よこ》に広《ひろ》がった雲《くも》。鉄《かな》床《とこ》(鉄《てつ》などをのせて加《か》工《こう》する台《だい》)の形《かたち》に似《に》ていることから。

例 巨大《きょだい》な鉄床雲《かなとこぐも》が、空《そら》をおおうように広《ひろ》がっている。

雲の峰《くものみね》
夏《なつ》、山《やま》の峰《みね》のようにそそり立《た》つ雲《くも》。積乱雲《せきらんうん》。
例 蟻《あり》の道《みち》雲《くも》の峰《みね》より続《つづ》きけん(小林一茶《こばやしいっさ》)

雷雲《かみなりぐも》
雷《かみなり》や雷雨《らいう》をもたらす雲《くも》。多《おお》くは積雲《せきうん》や積乱雲《せきらんうん》。
例 雷雲《かみなりぐも》が発生《はっせい》したので、バーベキューをやめて引《ひ》き上《あ》げた。
◆「らいうん」とも読《よ》む。

浮き雲《うきぐも》
空《そら》に浮《う》かび漂《ただよ》っている雲《くも》。
例 青《あお》い空《そら》に、真《ま》っ白《しろ》な浮《う》き雲《ぐも》がただ一《ひと》つ漂《ただよ》う。

千切れ雲《ちぎれぐも》
細《こま》かく引《ひ》き千《ち》切《ぎ》られたような雲《くも》。
例 夕焼《ゆうや》け空《ぞら》に、千《ち》切《ぎ》れ雲《ぐも》が浮《う》いている。

笠雲《かさぐも》
高《たか》い山《やま》の頂《いただき》に、笠《かさ》をかぶせたようにかかる雲《くも》。天《てん》気《き》の変《か》わる前兆《ぜんちょう》とされる。
例 富《ふ》士《じ》山《さん》の上《うえ》に笠雲《かさぐも》がかかっていたので、そのうち雨《あめ》が降《ふ》るかもしれない。

飛行機雲《ひこうきぐも》
飛《ひ》行《こう》機《き》の後《うし》ろに、尾《お》を引《ひ》くようにできる細長《ほそなが》い雲《くも》。エンジンの排《はい》気《き》ガスが冷《ひ》え、それに水《すい》蒸《じょう》気《き》がくっつき凍《こお》ってできる。
例 子《こ》どもが飛行機雲《ひこうきぐも》を見《み》つけて、空《そら》を指《ゆび》さしている。

雲海《うんかい》
山頂《さんちょう》や飛《ひ》行《こう》機《き》から見《み》下《お》ろしたときに、一面《いちめん》に広《ひろ》がって海《うみ》のように見《み》える雲《くも》。
例 飛《ひ》行《こう》機《き》の窓《まど》から雲《うん》海《かい》が輝《かがや》いて見《み》えた。

茜雲《あかねぐも》
朝《あさ》日《ひ》や夕《ゆう》日《ひ》を浴《あ》びて、茜色《あかねいろ》(少《すこ》し黒《くろ》みがかった赤色《あかいろ》)に照《て》り映《は》える雲《くも》。
例 夕焼《ゆうや》けの名残《なごり》の茜雲《あかねぐも》が、細《ほそ》

「曇《くも》り」に関連《かんれん》することば

雲隠れ《くもがくれ》 人《ひと》に見《み》つからないように、行方《ゆくえ》をくらますこと。月《つき》などが雲《くも》に隠《かく》れるようすから。➡195

雲をつかむよう《くも》 物事《ものごと》の本質《ほんしつ》がはっきりせず、理解《りかい》しづらいこと。ふわふわした雲《くも》をつかむような感《かん》じということから。

雲を衝く《くもつ》 身長《しんちょう》が非常《ひじょう》に高《たか》いようす。雲《くも》を衝《つ》き上《あ》げるほど高《たか》いということ。➡533

◆＝もっと知《し》りたい、ことばの知識《ちしき》。

くたなびいている。

暗雲《あんうん》 ◎真《ま》っ黒《くろ》な雲《くも》。今《いま》にも雨《あめ》や雪《ゆき》が降《ふ》り出《だ》しそうな暗《くら》い雲《くも》。例 みるみる**暗雲**《あんうん》が垂《た》れ込《こ》め、空《そら》が真《ま》っ暗《くら》になった。◎何《なに》か事件《じけん》が起《お》こりそうな、穏《おだ》やかでないようす。例 改革《かいかく》の行《ゆ》く手《て》には**暗雲**《あんうん》が立《た》ち込《こ》めている。

青雲《せいうん》 青《あお》みがかった雲《くも》。また、よく晴《は》れた高《たか》い空《そら》。例 月明《つきあ》かりの空《そら》を、**青雲**《せいうん》が風《かぜ》に吹《ふ》かれて流《なが》れ去《さ》った。

雪雲《ゆきぐも》 雪《ゆき》を降《ふ》らせる雲《くも》。例 シベリアの冷《つめ》たい空気《くうき》でできた**雪雲**《ゆきぐも》が、日本海側《にほんかいがわ》に押《お》し寄《よ》せてきた。

夏雲《なつぐも》 夏《なつ》の空《そら》に現《あらわ》れる雲《くも》。入道雲《にゅうどうぐも》や雷雲《かみなりぐも》など。例 草原《そうげん》の向《む》こうに、真《ま》っ白《しろ》い**夏雲**《なつぐも》がわいている。

瑞雲《ずいうん》 めでたいことの前兆《ぜんちょう》として現《あらわ》れるとされる雲《くも》。虹色《にじいろ》に輝《かがや》く「彩雲《さいうん》」のこと。例 山《やま》の上《うえ》に、神秘的《しんぴてき》な**瑞雲**《ずいうん》がたなびく。

原子雲《げんしぐも》 核兵器《かくへいき》が空中《くうちゅう》で爆発《ばくはつ》したときに生《しょう》じる、きのこ形《がた》の雲《くも》。例 巨大《きょだい》な**原子雲**《げんしぐも》が、爆心地《ばくしんち》の五十《ごじっ》キロ先《さき》からでも見《み》えた。似 **きのこ雲**《ぐも》。

雲脚《くもあし》 雲《くも》が流《なが》れ動《うご》くようすや、その速《はや》さ。また、低《ひく》く垂《た》れ下《さ》がった雨雲《あまぐも》のこと。例 台風《たいふう》が接近《せっきん》して風《かぜ》が強《つよ》まり、**雲脚**《くもあし》が速《はや》くなる。◆「うんきゃく」とも読《よ》む。また、「雲足《くもあし》」とも書《か》く。

朝《あさ》

morning
［モーニング］

明《あ》け方《がた》 夜《よる》が終《お》わりに近《ちか》づき、朝《あさ》になろうとするころ。例 **明《あ》け方《がた》**近《ちか》くに強《つよ》い地震《じしん》があった。対 **暮《く》れ方《がた》**。

夜明《よあ》け ◎夜《よ》が明《あ》けること。また、その時間《じかん》。例 父《ちち》は**夜明《よあ》け**とともに、釣《つ》りに出《で》かけた。対 **日暮《ひぐ》れ**。◎新《あたら》しい時代《じだい》や文化《ぶんか》、芸術《げいじゅつ》などの始《はじ》まり。例 近代日本《きんだいにほん》の**夜明《よあ》け**。

	――の空《そら》	――は冷《ひ》える	――に電話《でんわ》があった
明け方	○	○	○
夜明け	○	△	△

明《あ》け ◎夜《よ》が明《あ》けること。例 **明《あ》け**の明星《みょうじょう》。対 **暮《く》れ**。◎ある期間《きかん》が終《お》わること。例 連休**明《あ》け**は、どうにも授業《じゅぎょう》に身《み》が入《はい》らない。

白々明《しらじらあ》け 夜《よ》が明《あ》けようとして、空《そら》がしだいに白《しろ》くなり始《はじ》めること。また、そのころ。例 徹夜《てつや》の仕事《しごと》も、**白々明《しらじらあ》け**とともにどうやら終《お》わった。◆「しらしらあけ」とも読《よ》む。

未明《みめい》 夜《よ》がまだ明《あ》けきらないころ。例 今日《きょう》**未明**《みめい》に、台風《たいふう》は温帯低《おんたいてい》気圧《きあつ》に変《か》わったそうだ。

朝《あさ》まだき 夜《よ》が明《あ》けきらないころ。「朝《あさ》がまだ来《こ》ない」という意味《いみ》。例 遠足《えんそく》の日《ひ》はうれしくて、**朝《あさ》まだき**に目《め》が覚《さ》めてしまった。

暁闇《ぎょうあん》 夜明《よあ》け前《まえ》の、ほの明《あか》るい闇《やみ》。例 **暁闇**《ぎょうあん》をついて出発《しゅっぱつ》する。

有《あ》り明《あ》け 月《つき》が空《そら》に残《のこ》りながら夜《よ》が明《あ》けること。また、その月《つき》。例 美《うつく》しい**有《あ》り明《あ》け**の空《そら》を眺《なが》める。

暁《あかつき》 ◎夜《よ》が明《あ》けるころ。例 **暁**《あかつき》を告《つ》げる鐘《かね》の音《おと》が響《ひび》く。◎待《ま》ち望《のぞ》んでいたことが実現《じつげん》するとき。例 当選《とうせん》の**暁**《あかつき》には、必《かなら》ず公約《こうやく》を実行《じっこう》します。

曙《あけぼの》 夜《よ》が明《あ》け始《はじ》めるころ。明《あ》け方《がた》。◎夜《よ》が明《あ》けるころ。明《あ》け方《がた》。に、紫色《むらさきいろ》の細《ほそ》い雲《くも》がたなびく。例 曙《あけぼの》の空《そら》

朝《あさ》ぼらけ 夜《よる》がほのぼのと明《あ》けてくるころ。例 朝《あさ》ぼらけの、まだ人《ひと》がいない街《まち》を散歩《さんぽ》した。

日《ひ》の出《で》 朝《あさ》、太陽《たいよう》が東《ひがし》の空《そら》に昇《のぼ》ること。また、そのころ。太陽《たいよう》の一部《いちぶ》が地平線《ちへいせん》から出《で》た瞬間《しゅんかん》をいう。例 初《はつ》日《ひ》の出《で》を、富士山《ふじさん》の頂上《ちょうじょう》から拝《おが》む。対 日《ひ》の入《い》り。

東雲《しののめ》 東《ひがし》の空《そら》が明《あか》るくなってくるころ。例 東雲《しののめ》の空《そら》が、ほんのりと赤《あか》く色《いろ》づき始《はじ》める。

残夜《ざんや》 夜明《よあ》け方《がた》。例 残夜《ざんや》の空《そら》に、ぼんやりと月《つき》が浮《う》かぶ。

鶏鳴《けいめい》 一番鶏《いちばんどり》(明《あ》け方《がた》に最初《さいしょ》に鳴《な》くニワトリ)が鳴《な》くころ。夜明《よあ》け。例 鶏鳴《けいめい》とともに家《いえ》を出《で》て駅《えき》に向《む》かう。

払暁《ふつぎょう》 夜《よ》が明《あ》けようとするころ。例 払暁《ふつぎょう》からお勤《つと》めに励《はげ》む修行僧《しゅぎょうそう》。

早暁《そうぎょう》 「払暁《ふつぎょう》」と同《おな》じ。例 早暁《そうぎょう》の稜線《りょうせん》(山《やま》と空《そら》の境目《さかいめ》の線《せん》)を眺《なが》めて、日《ひ》の出《で》を待《ま》つ。

黎明《れいめい》 ◎夜《よ》が明《あ》けるころ。明《あ》け方《がた》。例 黎明《れいめい》より船《ふね》で沖《おき》にこぎ出《だ》す。◎新《あたら》しい時代《じだい》や文化《ぶんか》などが始《はじ》まろうとすること。例 民主主義《みんしゅしゅぎ》の黎明《れいめい》期《き》。

薄明《はくめい》 日《ひ》の出前《でまえ》や日没後《にちぼつご》の、かすかな明《あか》るさ。例 薄明《はくめい》に古城《こじょう》のシルエットが浮《う》かび上《あ》がる。

かわたれ時《どき》 明《あ》け方《がた》の薄暗《うすぐら》いとき。まだ暗《くら》くて、「彼《か》はたれ」(あれはだれだ)とはっきり見《み》分《わ》けられないころという意味《いみ》。例 かわたれ時《どき》の静寂《せいじゃく》を破《やぶ》る救急車《きゅうきゅうしゃ》のサイレンの音《おと》。

朝《あさ》 夜明《よあ》けから正午《しょうご》ごろまでの間《あいだ》。とくに、そのうちの早《はや》い時間帯《じかんたい》のこと。例 朝《あさ》から晩《ばん》まで、額《ひたい》に汗《あせ》して働《はたら》く。対 夕《ゆう》。晩《ばん》。

朝《あした》 夜《よ》が明《あ》けるころ。例 朝《あした》に道《みち》を聞《き》かば夕《ゆう》べに死《し》すとも可《か》なり(その日《ひ》の朝《あさ》、正《ただ》しい道理《どうり》を聞《き》いて悟《さと》ることができれば、夕方《ゆうがた》に死《し》んでも悔《く》いはない)。対 夕《ゆう》べ。

朝方《あさがた》 朝《あさ》の早《はや》い時間《じかん》。例 朝方《あさがた》の雨《あめ》で、土砂崩《どしゃくず》れが発生《はっせい》した。対 夕方《ゆうがた》。

早朝《そうちょう》 朝早《あさはや》いうち。例 頂上《ちょうじょう》を目指《めざ》して、山小屋《やまごや》を早朝《そうちょう》に出発《しゅっぱつ》する。

朝《あさ》っぱら とても朝早《あさはや》く。朝食前《ちょうしょくまえ》の空《す》きっ腹《ぱら》という意味《いみ》の「朝腹《あさはら》」からできたことば。「朝《あさ》っぱらから」の形《かたち》で、「まだ早朝《そうちょう》なのに」と非難《ひなん》の意味《いみ》を込《こ》めていうことが多《おお》い。例 朝《あさ》っぱらから訪《たず》ねてくるとは、いったい何《なん》の用《よう》だ。

午前《ごぜん》 夜中《よなか》の零時《れいじ》から正午《しょうご》までの間《あいだ》。夜《よ》が明《あ》けてから正午《しょうご》までの間《あいだ》だけをいうこともある。例 運動会《うんどうかい》の午《ご》前《ぜん》の部《ぶ》は、無事《ぶじ》終了《しゅうりょう》した。

モーニング 「朝《あさ》」「午前《ごぜん》」などの意《い》味《み》の英語《えいご》。例 モーニングコーヒーを飲《の》むのが日課《にっか》だ。

明《あ》**ける** ◎夜《よる》が終《お》わって朝《あさ》になる。例 夜《よ》が明《あ》けるのを待《ま》って、作戦《さくせん》にかかろう。例 突然《とつぜん》の首相辞任《しゅしょうじにん》で一年《いちねん》が明《あ》けた。対 暮《く》れる。◎一年《いちねん》が始《はじ》まる。対 暮《く》れる。

明《あ》**け初**《そ》**める** 夜《よ》が明《あ》け始《はじ》める。「初《そ》める」は、「〜しはじめる」という意味《いみ》を表《あらわ》すことば。

燃《も》える
光《ひか》る
天気《てんき》
雨《あめ》
雪《ゆき》
風《かぜ》
晴《は》れ
曇《くも》り
▶朝《あさ》
昼《ひる》
夕方《ゆうがた》
夜《よる》

◆＝もっと知《し》りたい、ことばの知識《ちしき》。

例 東《ひがし》の空《そら》が白々《しらじら》と**明《あ》け初《そ》める**ころ、赤《あか》ちゃんが産声《うぶごえ》を上《あ》げた。

明《あか》るむ 夜《よ》が明《あ》けて、明《あか》るくなる。例 空《そら》が**明《あか》るむ**ころ、朝顔《あさがお》が咲《さ》き始《はじ》める。

白《しら》む 空《そら》が明《あか》るくなる。夜《よ》が明《あ》ける。例 夏《なつ》は四時《よじ》にもなると、東《ひがし》の空《そら》が**白《しら》み**始《はじ》める。

明《あ》けやらぬ まだ、夜《よる》が十分《じゅうぶん》明《あ》けきっていない。例 まだ**明《あ》けやらぬ**東《ひがし》の空《そら》に、星《ほし》がかすかに光《ひかり》を放《はな》つ。

今朝《けさ》 今日《きょう》の朝《あさ》。この朝《あさ》。例 **今朝《けさ》**は熱《ねつ》があって、体《からだ》がだるい。

明朝《みょうちょう》 明《あ》くる朝《あさ》。次《つぎ》の日《ひ》の朝《あさ》。例 **明朝《みょうちょう》**まで、ようすをみてみよう。

翌朝《よくあさ》 翌日《よくじつ》の朝《あさ》。例 **翌朝《よくあさ》**にはすっかり熱《ねつ》も下《さ》がって、元気《げんき》になった。◆「よくちょう」とも読《よ》む。

明《あ》くる朝《あさ》 「翌朝《よくあさ》」と同《おな》じ。例 **明《あ》くる朝《あさ》**、池《いけ》に行《い》ってみると氷《こおり》が張《は》っていた。

毎朝《まいあさ》 毎日《まいにち》の朝《あさ》。例 犬《いぬ》の散歩《さんぽ》が**毎朝《まいあさ》**の日課《にっか》だ。

昼《ひる》

noon
[ヌーン]

昼《ひる》 ◎日《ひ》の出《で》から日《ひ》の入《い》りまでの、明《あか》るい間《あいだ》。とくに、正午《しょうご》や、その前《ぜん》後《ご》の数時間《すうじかん》のこと。例 朝方《あさがた》降《ふ》り出《だ》した雨《あめ》も、**昼《ひる》**には上《あ》がるでしょう。対 夜《よる》。◎昼《ひる》の食事《しょくじ》のこと。例 そろそろお**昼《ひる》**にしよう。

昼間《ひるま》 昼《ひる》の間《あいだ》。一日《いちにち》のうちの明《あか》るいとき。例 大都市《だいとし》では**昼間《ひるま》**の人《じん》口《こう》が急激《きゅうげき》に増《ふ》える。

昼間《ちゅうかん》 昼間《ひるま》のこと。例 交通事故《こうつうじこ》の防《ぼう》止《し》には、四輪車《よんりんしゃ》の**昼間《ちゅうかん》**点灯《てんとう》が効果《こうか》があるそうだ。

真昼《まひる》 正午前後《しょうごぜんご》の数時間《すうじかん》。とくに、晴《は》れた日《ひ》の昼《ひる》。例 気温《きおん》の高《たか》い**真昼《まひる》**に水《みず》をやると、植物《しょくぶつ》が枯《か》れることがある。

日中《にっちゅう》 日《ひ》が出《で》ている間《あいだ》。昼間《ひるま》。例 **日《にっ》中《ちゅう》**は留守《るす》にすることが多《おお》いので、荷物《にもつ》は夜間指定《やかんしてい》で配達《はいたつ》してもらう。

昼日中《ひるひなか》 「昼間《ひるま》」「日中《にっちゅう》」を強調《きょうちょう》した言《い》い方《かた》。飲酒《いんしゅ》など、昼《ひる》にふさわしくない行動《こうどう》を非難《ひなん》するときに使《つか》うことが多《おお》い。例 **昼日中《ひるひなか》**からカラオケボックスにこもり、歌《うた》いまくる。

真《ま》っ昼間《ぴるま》 昼《ひる》のさなか。「昼日中《ひるひなか》」と同《おな》じく、非難《ひなん》するときに使《つか》うことが多《おお》い。例 **真《ま》っ昼間《ぴるま》**から酒《さけ》を飲《の》んで、赤《あか》い顔《かお》をしている。

「昼《ひる》」に関連《かんれん》することば

昼行灯《ひるあんどん》 うすぼんやりしている人《ひと》、役《やく》に立《た》たない人《ひと》をあざけっていうことば。「行灯《あんどん》」は、油《あぶら》に火《ひ》をともして使《つか》う昔《むかし》の照明器具《しょうめいきぐ》。行灯《あんどん》は昼《ひる》についていても、何《なに》も役《やく》に立《た》たないことから。

昼夜兼行《ちゅうやけんこう》 ↓74 昼《ひる》も夜《よる》も関係《かんけい》なく、休《やす》まずに物事《ものごと》を行《おこな》うこと。休《やす》みなしに、ふつう以上《いじょう》に急《いそ》いで物事《ものごと》を行《おこな》うこと。 ↓483

白昼《はくちゅう》
多《おお》くの人《ひと》が活動《かつどう》する真昼《まひる》のこと。例 白昼《はくちゅうどうどう》堂々と行《おこな》われた犯《はん》罪《ざい》なのに、目撃者《もくげきしゃ》がいなかったようだ。

白日《はくじつ》
◎昼間《ひるま》のこと。また、すべて明《あき》らかであいまいなことがないようすのたとえ。例 白日《はくじつ》夢《む》。例 彼《かれ》の悪事《あくじ》を白日《はくじつ》の下《もと》にさらす。◎「太陽《たいよう》・月《つき》・星《ほし》」➡568

日《ひ》
◎日《ひ》の出《で》から日没《にちぼつ》までの間《あいだ》。とくに、太陽《たいよう》が出《で》ている時間《じかん》をいう。例 冬至《とうじ》を境《さかい》に日《ひ》が長《なが》くなる。◎「太《たい》陽《よう》・月《つき》・星《ほし》」➡568

デー
「日《ひ》」という意味《いみ》の英語《えいご》。「昼間《ひるま》」だけをいうこともある。例 データイムサービスで、安売《やすう》りをしている。

昼前《ひるまえ》
正午《しょうご》になる少《すこ》し前《まえ》。また、午《ご》前《ぜん》。例 台風《たいふう》は昼前《ひるまえ》に関東地方《かんとうちほう》に上陸《じょうりく》する模様《もよう》。

昼時《ひるどき》
正午《しょうご》ごろ。また、昼食《ちゅうしょく》を食《た》べるころ。例 お昼時《ひるどき》にお邪魔《じゃま》してすみません。

昼過《ひるす》ぎ
正午《しょうご》を少《すこ》し過《す》ぎたころ。例 昼過《ひるす》ぎから雨《あめ》が降《ふ》り出《だ》すでしょう。

昼下《ひるさ》がり
「昼過《ひるす》ぎ」と同《おな》じ。例 夏《なつ》の昼下《ひるさ》がり、セミの声《こえ》を聞《き》きながらスイカにかぶりつく。

午後《ごご》
正午《しょうご》から午前零時《ごぜんれいじ》までの間《あいだ》。正午《しょうご》から日《ひ》が沈《しず》むまでの間《あいだ》だけをいうこともある。例 明日《あした》の午後《ごご》は、おひまですか?

アフタヌーン
「午後《ごご》」という意《い》味《み》の英語《えいご》。例 アフタヌーンティーを楽《たの》しむ。

夕方《ゆうがた》

evening
［イーブニング］

夕方《ゆうがた》
太陽《たいよう》が沈《しず》みかけて、暗《くら》くなり始《はじ》めるころ。例 夕方《ゆうがた》宿題《しゅくだい》をしていると、夕飯《ゆうはん》のいいにおいがしてきた。対 朝方《あさがた》。

夕《ゆう》
日《ひ》が沈《しず》んで夜《よる》になろうとするころ。例 夕涼《ゆうすず》み。例 父《ちち》は朝《あさ》に夕《ゆう》に、欠《か》かさず散歩《さんぽ》をする。対 朝《あさ》。

日暮《ひぐ》れ
日《ひ》が暮《く》れるころ。夜《よる》の始《はじ》まりの時間《じかん》。また、日《ひ》が暮《く》れること。例 だれもいない日暮《ひぐ》れの海辺《うみべ》に、波《なみ》の音《おと》だけが響《ひび》いていた。似 日《ひ》の暮《く》れ。対 夜明《よあ》け。

暮《く》れ
◎日《ひ》が沈《しず》むころ。また、日《ひ》が暮《く》れること。例 山《やま》の暮《く》れは早《はや》く、薄明《うすあ》かりの中《なか》を下山《げざん》した。対 明《あ》け。◎一年《いちねん》や季節《きせつ》などの終《お》わり。例 その映《えい》画《が》なら、去年《きょねん》の暮《く》れに見《み》たはずだ。

夕暮《ゆうぐ》れ
「日暮《ひぐ》れ」と同《おな》じ。例 夕暮《ゆうぐ》れどきの風景《ふうけい》の写真《しゃしん》を撮《と》る。

夕間暮《ゆうまぐ》れ
夕方《ゆうがた》の薄暗《うすぐら》いこと。また、そのころ。例 静《しず》かな秋《あき》の夕間暮《ゆうまぐ》れに、公園《こうえん》を散歩《さんぽ》する。

暮《く》れ方《がた》
日《ひ》が暮《く》れるころ。例 夏《なつ》の暮《く》れ方《がた》に鳴《な》くセミの声《こえ》は、どこか寂《さび》しげだ。対 明《あ》け方《がた》。

夕刻《ゆうこく》
日《ひ》が暮《く》れる時刻《じこく》。例 渋滞《じゅうたい》に巻《ま》き込《こ》まれたが、夕刻《ゆうこく》までには到着《とうちゃく》できそうだ。

黄昏《たそがれ》
◎夕方《ゆうがた》の薄暗《うすぐら》いとき。夕暮《ゆうぐ》れ。「たそ彼《かれ》」（だれだ彼《かれ》は）と、はっきり見分《みわ》けられないようすという意《い》味《み》。例 黄昏《たそがれ》が迫《せま》るころ、秋祭《あきまつ》りでにぎわう神社《じんじゃ》に繰《く》り出《だ》す。◎物《もの》の流行《りゅうこう》や人《じん》

燃《も》える 光《ひか》る 天気《てんき》 雨《あめ》 雪《ゆき》 風《かぜ》 晴《は》れ 曇《くも》り 朝《あさ》 昼《ひる》 ▶夕方《ゆうがた》 夜《よる》

◆＝もっと知《し》りたい、ことばの知識《ちしき》。

生《せい》などが、盛《さか》りを過《す》ぎて終《お》わりに近《ちか》づこうとする時期《じき》。例人生《じんせい》の黄昏《たそがれ》に差《さ》しかかって、ようやく分《わ》かったことがある。

薄暮《はくぼ》
日《ひ》が暮《く》れようとするころ。夕《ゆう》暮《ぐ》れ。薄明《うすあ》かりの残《のこ》る時間《じかん》ということ。例登山道《とざんどう》で道《みち》に迷《まよ》い、薄暮《はくぼ》が迫《せま》ってきた。

日《ひ》の入《い》り
夕方《ゆうがた》、太陽《たいよう》が西《にし》に沈《しず》むこと。また、そのころ。太陽《たいよう》のすべてが地平線《ちへいせん》から消《き》えた瞬間《しゅんかん》をいう。例今日《きょう》の日《ひ》の入《い》りの時刻《じこく》を聞《き》いてから、山《やま》に登《のぼ》った。対日《ひ》の出《で》。

日没《にちぼつ》
「日《ひ》の入《い》り」のこと。例日没《にちぼつ》まで待《ま》って、夕日《ゆうひ》を見《み》よう。

夕《ゆう》べ
◎日《ひ》が暮《く》れるころ。夕方《ゆうがた》。例夏《なつ》の夕《ゆう》べの一時《ひととき》を、浴衣《ゆかた》で過《す》ごす。対朝《あした》。◎何《なに》かの催《もよお》し物《もの》が行《おこな》われる夜《よる》のこと。例公民館《こうみんかん》で「ホタル鑑賞《かんしょう》の夕《ゆう》べ」を開催中《かいさいちゅう》です。

灯《ひ》点《とも》し頃《ごろ》
夕暮《ゆうぐ》れになって、明《あ》かりをともすころ。例公《こう》園《えん》で遊《あそ》んでいたら、いつの間《ま》にか灯点《ひとも》し頃《ごろ》になっていた。

入《い》り相《あい》
日《ひ》が暮《く》れるころ。日《ひ》が山《やま》の端《は》に入《はい》るころ。例入《い》り相《あい》の棚田《たなだ》は、夕日《ゆうひ》に染《そ》まって輝《かがや》いていた。

夕月夜《ゆうづきよ》
夕暮《ゆうぐ》れに出《で》る月《つき》。また、その月《つき》の出《で》ている夕暮《ゆうぐ》れ。例夕月夜《ゆうづきよ》に見守《みまも》られながら土手《どて》を走《はし》る。◆「ゆうづくよ」ともいう。

イブニング
「夕方《ゆうがた》」「晩《ばん》」などの意《い》味《み》の英語《えいご》。日本《にほん》では、ほかのことばと組《く》み合《あ》わせて使《つか》うことが多《おお》い。例イブニングドレス。例イブニングニュースで、今朝《けさ》の事件《じけん》を大《おお》きく取《と》り上《あ》げていた。

傾《かたむ》く
◎太陽《たいよう》や月《つき》が沈《しず》みかける。例日《ひ》が西《にし》に傾《かたむ》くころ、やっと田《た》植《う》えが終《お》わった。◎勢《いきお》いが盛《さか》んだったものが衰《おとろ》える。会社《かいしゃ》などが倒産《とうさん》しそうになる。例世界的《せかいてき》に有名《ゆうめい》な銀行《ぎんこう》が傾《かたむ》く。

黄昏《たそがれ》る
◎日《ひ》が暮《く》れて薄暗《うすぐら》くなる。例空《そら》が黄昏《たそがれ》るころ、船《ふね》が

一度《いちど》は見《み》てみたい青《あお》い夕焼《ゆうや》け

紅霞《こうか》、天《あま》が紅《べに》ということばを知《し》っていますか？　どちらも、夕焼《ゆうや》けに染《そ》まった空《そら》や雲《くも》のこと。ともに「紅《べに》」という字《じ》が使《つか》われているのは、もちろん夕焼《ゆうや》けが赤《あか》やオレンジ色《いろ》に見《み》えるからです。では、なぜ夕焼《ゆうや》けは赤《あか》いのでしょう。

太陽《たいよう》の光《ひかり》はもともと、青《あお》・黄《き》・赤《あか》などさまざまな色《いろ》の光《ひかり》が合《あ》わさったものです。地球《ちきゅう》の大気《たいき》には、そのうちの青《あお》い光《ひかり》を多《おお》く反射《はんしゃ》させる性質《せいしつ》があります。太陽《たいよう》が沈《しず》む位置《いち》にあるときには、日光《にっこう》が大気《たいき》になまめに差《さ》し込《こ》むので、大気《たいき》の中《なか》を昼《ひる》間《ま》より長《なが》く通《とお》ることになり、多《おお》くの青《あお》い光《ひかり》が宇宙《うちゅう》に出《で》て行《い》ってしまいます。青《あお》い光《ひかり》を失《うしな》うことで、夕焼《ゆうや》けは赤《あか》く見《み》えるのです。

でも、驚《おどろ》くべきことに、青《あお》い夕焼《ゆうや》けというものもあります。と言《い》っても、それは火星《かせい》での話《はなし》。火星《かせい》の大気《たいき》は、赤《あか》い光《ひかり》を多《おお》く宇宙《うちゅう》に反射《はんしゃ》させる性質《せいしつ》があるので、沈《しず》むときの日光《にっこう》が多《おお》くの赤《あか》い光《ひかり》を失《うしな》い、青《あお》い光《ひかり》だけが地表《ちひょう》に届《とど》くのです。

深谷《ふかや》先生《せんせい》のちょっとひと息《いき》

似＝似《に》た表現《ひょうげん》のことば。対＝反対《はんたい》の意味《いみ》のことば。例＝使《つか》い方《かた》の例《れい》。

戻《もど》ってきた。◎盛《さか》りを過《す》ぎて衰《おとろ》える。例すっかり黄昏《たそがれ》て、生気《せいき》がなくなる。

夕闇《ゆうやみ》が迫《せま》る　日没後《にちぼつご》、だんだん暗《くら》くなっていく。また、そのころ。例夕闇《ゆうやみ》が迫《せま》る時間《じかん》になっても、だれも帰《かえ》らなかった。似**宵闇《よいやみ》が迫《せま》る**。

暮《く》れる　◎太陽《たいよう》が沈《しず》んで、辺《あた》りが暗《くら》くなる。例日《ひ》が暮《く》れるまで待《ま》って、花火大会《はなびたいかい》に出《で》かけた。対**明《あ》ける**。◎一年《いちねん》が終《お》わる。例今年《ことし》も何事《なにごと》もなく暮《く》れた。対**明《あ》ける**。

暮《く》れ残《のこ》る　日《ひ》が沈《しず》んだ後《あと》、しばらく明《あか》るさが残《のこ》る。例暮《く》れ残《のこ》った空《そら》を、鳥《とり》の一群《いちぐん》が飛《と》んでいった。

暮《く》れなずむ　日《ひ》が暮《く》れそうで、なかなか暮《く》れないでいる。「なずむ」は、なかなか進《すす》まないという意味《いみ》。例暮《く》れなずむ春《はる》の日《ひ》に、友《とも》だちと歌《うた》いながら帰《かえ》った。

行《ゆ》き暮《く》れる　歩《ある》いているうちに日《ひ》が暮《く》れる。目的地《もくてきち》に行《い》く途中《とちゅう》で日《ひ》が暮《く》れる。例寄《よ》り道《みち》をしていたら、宿《やど》に着《つ》くまでに行《ゆ》き暮《く》れてしまった。

今夕《こんゆう》　今日《きょう》の夕方《ゆうがた》。例この仕事《しごと》は、今夕《こんゆう》までに終《お》わらせます。

「夕方《ゆうがた》」に関連《かんれん》することば

逢魔《おうま》が時《とき》　大《おお》きな災《わざわ》いの起《お》こりがちな時刻《じこく》という意味《いみ》から、夕方《ゆうがた》の薄暗《うすぐら》いときのこと。

夜《よる》

night
［ナイト］

このページも見《み》てみよう
▼
太陽《たいよう》・月《つき》・星《ほし》
➡568

夜《よる》　日《ひ》の入《い》りから日《ひ》の出《で》までの暗《くら》い時《じ》間《かん》。例夜《よる》遅《おそ》くに電話《でんわ》がかかってきた。対**昼《ひる》**。

夜《よ》　「夜《よる》」のこと。太陽《たいよう》が沈《しず》んでいる間《あいだ》。例秋《あき》の夜《よ》に、虫《むし》の声《こえ》を聞《き》きながら月《つき》をめでる。

夜間《やかん》　夜《よる》の間《あいだ》。日没《にちぼつ》から翌朝《よくあさ》の日《ひ》の出《で》までの間《あいだ》。例父《ちち》は夜間《やかん》照《しょう》明《めい》のあるグラウンドで、仕事帰《しごとがえ》りに野《や》球《きゅう》の練習《れんしゅう》をしている。

晩《ばん》　「夜《よる》」のこと。また、夜《よる》になって間《ま》もないころ。例朝《あさ》から晩《ばん》まで、働《はたら》きづめだ。例今日《きょう》の晩《ばん》ご飯《はん》のおかずは何《なに》かな。対**朝《あさ》**。

小夜《さよ》　「夜《よる》」のこと。例小夜《さよ》嵐《あらし》。例小《さ》夜《よ》時雨《しぐれ》の音《おと》が、耳《みみ》から離《はな》れない。

ナイト　「夜《よる》」という意味《いみ》の英語《えいご》。例大《おお》みそかは、どの店《みせ》もオールナイトで営業《えいぎょう》する。

宵《よい》　日《ひ》が暮《く》れてまだ間《ま》もないころ。例あたたかな春《はる》の宵《よい》に、ふらりと散歩《さんぽ》に出《で》かけた。

宵《よい》の口《くち》　「宵《よい》」と同《おな》じ。また、夜《よる》のまだ更《ふ》けないころ。例八時《はちじ》や九時《くじ》は、まだ宵《よい》の口《くち》だ。

夜分《やぶん》　夜《よる》。夜間《やかん》。例夜分《やぶん》遅《おそ》くに失礼《しつれい》いたします。

暮夜《ぼや》　「夜分《やぶん》」と同《おな》じ。例暮夜《ぼや》にカエルの鳴《な》き声《ごえ》が聞《き》こえる。

夜中《よなか》　夜《よる》がすっかり更《ふ》けて、人々《ひとびと》が寝静《ねしず》まったころ。夜《よる》の間《あいだ》。例夜中《よなか》に何度《なんど》も目《め》が覚《さ》めた。

◆＝もっと知《し》りたい、ことばの知識《ちしき》。

真夜中《まよなか》

夜《よる》が最《もっと》も更《ふ》けて、人々《ひとびと》が寝静《ねしず》まっているころ。とくに、午前零時《ごぜんれいじ》のこと。例 真夜中《まよなか》に携帯電話《けいたいでんわ》が鳴《な》った。

ミッドナイト

「真夜中《まよなか》」という意味《いみ》の英語《えいご》。例 映画館《えいがかん》へミッドナイトショーを見《み》に行く。

夜夜中《よるよなか》

「夜中《よなか》」を強調《きょうちょう》した言《い》い方《かた》。真夜中《まよなか》。夜《よる》にふさわしくない行動《こうどう》を非難《ひなん》したり、いぶかしく思《おも》ったりするときに使《つか》うことが多《おお》い。例 こんな夜夜中《よるよなか》に訪《たず》ねてくるとは、何事《なにごと》だ。

深夜《しんや》

「真夜中《まよなか》」と同《おな》じ。例 深夜《しんや》放送《ほうそう》。例 会議《かいぎ》は深夜《しんや》に及《およ》んだ。

夜更《よふ》け

夜《よる》が更《ふ》けたこと。また、そのころ。例 夜更《よふ》けに窓《まど》の外《そと》で物音《ものおと》がした。

深更《しんこう》

夜《よる》が更《ふ》けたころ。例 本社《ほんしゃ》との話《はな》し合《あ》いは深更《しんこう》にまで及《およ》んだ。

夜半《やはん》

「夜中《よなか》」のこと。天気予報《てんきよほう》などでよく使《つか》われることば。例 夕方《ゆうがた》から夜半《やはん》にかけて大雨《おおあめ》になるでしょう。

夜半《よわ》

「夜中《よなか》」のこと。例 夜半《よわ》の月《つき》。例 夜半《よわ》の嵐《あらし》。

丑三《うしみ》つ時《どき》

江戸時代《えどじだい》の時刻《じこく》の数《かぞ》え方《かた》で、現在《げんざい》のおよそ午前二時からの三十分間のこと。午前一時《ごぜんいちじ》から午前三時《ごぜんさんじ》までを「丑《うし》の刻《こく》」と呼《よ》び、それを四《よっ》つに分《わ》けた三番目《さんばんめ》という意味《いみ》。人《ひと》が寝静《ねしず》まり、魔物《まもの》などが活躍《かつやく》する時間帯《じかんたい》とされた。例 草木《くさき》も眠《ねむ》る丑三《うしみ》つ時《どき》。

一夜《いちや》

日暮《ひぐ》れから翌朝《よくあさ》までの間《あいだ》。また、ある日《ひ》の夜《よる》。一日《いちにち》の夜《よる》。例 一夜《いちや》にしてサクラの花《はな》が満開《まんかい》になった。◆「ひとよ」とも読《よ》む。

一晩《ひとばん》

「一夜《いちや》」と同《おな》じ。一日《いちにち》の夜《よる》。例 一晩中《ひとばんじゅう》、友《とも》だちと語《かた》り明《あ》かした。

一夕《いっせき》

「一夜《いちや》」のこと。また、ある晩《ばん》。例 何事《なにごと》も、一朝《いっちょう》一夕《いっせき》（わずかな期間《きかん》）にはでき上《あ》がらない。

更《ふ》ける

日《ひ》が暮《く》れて、夜中《よなか》に近《ちか》づく。夜《よる》が深《ふか》まる。例 夜《よる》がしんしんと更《ふ》けてくる。

更《ふ》け行《ゆ》く

夜《よる》が深《ふか》くなっていく。例 更《ふ》け行《ゆ》く秋《あき》の夜《よる》に、読書《どくしょ》をして時間《じかん》のたつのを忘《わす》れる。

夜《よる》の帳《とばり》が下《お》りる

夜《よる》になること。「帳《とばり》」はカーテンのことで、夜《よる》の暗《くら》くなるようすを、帳《とばり》が下《お》りたことにたとえていう。例 夜《よる》の帳《とばり》が下《お》りるころ、民家《みんか》の明《あ》かりがともる。

月夜《つきよ》

月《つき》の光《ひかり》の明《あか》るい夜《よる》。例 月夜《つきよ》の浜辺《はまべ》を散策《さんさく》する。◆「つくよ」ともいう。

十五夜《じゅうごや》

陰暦十五日《いんれきじゅうごにち》の、満月《まんげつ》の夜《よる》。とくに、陰暦八月十五日《いんれきはちがつじゅうごにち》の夜《よる》は「中秋《ちゅうしゅう》の名月《めいげつ》」と呼《よ》ばれ、団子《だんご》などを供《そな》えて宴《うたげ》を催《もよお》した。例 月《つき》がよく見《み》えるよう、十五夜《じゅうごや》には晴《は》れるといいな。

十三夜《じゅうさんや》

陰暦《いんれき》十三《じゅうさん》日《にち》の夜《よる》。とくに、陰暦九月十三日《いんれきくがつじゅうさんにち》の夜《よる》は、八月《はちがつ》の十五夜《じゅうごや》に次《つ》いで月《つき》が美《うつく》しいとされ、「後《のち》の月《つき》」という。例「十三夜《じゅうさんや》に曇《くも》りなし」ということばがあるくらい、十三夜《じゅうさんや》は晴《は》れることが多《おお》い。

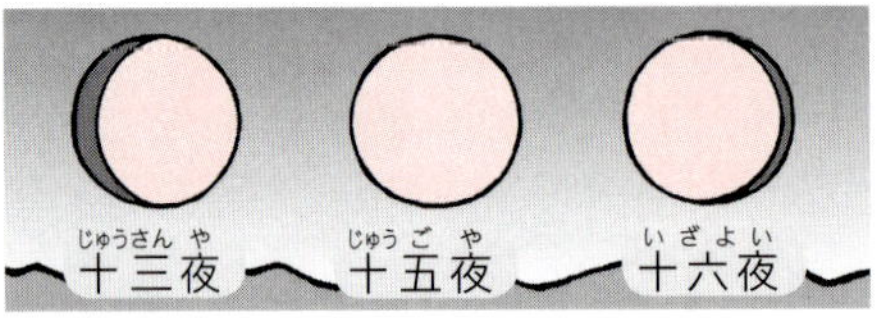

十六夜《いざよい》

陰暦十六日《いんれきじゅうろくにち》の夜《よる》。とくに、陰暦八月十六日《いんれきはちがつじゅうろくにち》の夜《よる》。例昨日《きのう》に引《ひ》き続《つづ》き、十六夜《いざよい》の今日《きょう》も月《つき》が見事《みごと》だ。

良夜《りょうや》　月《つき》の明《あか》るい夜《よる》。とくに、陰暦《いんれき》八月十五日《はちがつじゅうごにち》の夜《よる》。例 良夜《りょうや》に響《ひび》く鐘《かね》の音《おと》。

おぼろ月夜《づきよ》　おぼろ月《づき》(もやに包《つつ》まれて、かすんで見《み》える春《はる》の月《つき》)の出《で》ている夜《よる》。例 おぼろ月夜《づきよ》に、春風《はるかぜ》が花《はな》の香《かお》りをのせて吹《ふ》いてきた。似 おぼろ夜《よ》。◆「おぼろづくよ」ともいう。

星月夜《ほしづきよ》　晴《は》れて、星《ほし》の光《ひかり》が月《つき》のように明《あか》るい夜《よる》。例 キャンプ二日目《ふつかめ》は、よく晴《は》れて星月夜《ほしづきよ》になった。◆「ほしづくよ」ともいう。

闇夜《やみよ》　暗《くら》い夜《よる》。月《つき》のない夜《よる》。例 闇夜《やみよ》に飛《と》び交《か》うホタルの光《ひかり》は、とても幻想的《げんそうてき》だ。

暗夜《あんや》　「闇夜《やみよ》」と同《おな》じ。例 暗夜《あんや》のつぶて(不意《ふい》に襲《おそ》われること。防《ふせ》ぎようのないことのたとえ)。

白夜《びゃくや》　南極《なんきょく》や北極《ほっきょく》に近《ちか》い地域《ちいき》で、夏《なつ》、太陽《たいよう》が夜《よる》になっても沈《しず》まず、明《あか》るいままである現象《げんしょう》。例 ノルウェー観光《かんこう》で白夜《びゃくや》を体験《たいけん》した。

夜長《よなが》　夜《よる》が長《なが》いこと。秋《あき》が深《ふか》まって昼間《ひるま》が短《みじか》くなり、夜《よる》が長《なが》く感《かん》じられること。例 皆《みな》さんは、秋《あき》の夜長《よなが》に何《なに》をして過《す》ごしていますか?

短夜《みじかよ》　短《みじか》い夜《よる》。夜明《よあ》けの早《はや》い、夏《なつ》の夜《よる》のこと。例 夏至《げし》近《ちか》くの短夜《みじかよ》に、雨《あめ》の音《おと》で目《め》が覚《さ》めた。

とっぷり　日《ひ》がすっかり暮《く》れるようす。例 塾《じゅく》の帰《かえ》り、外《そと》はとっぷりと日《ひ》が暮《く》れていた。

前夜《ぜんや》　◎その日《ひ》の前《まえ》の晩《ばん》。例 前夜《ぜんや》からの雨《あめ》が上《あ》がって、今日《きょう》は朝《あさ》から快晴《かいせい》になった。◎特定《とくてい》の日《ひ》の前《まえ》の晩《ばん》。例 クリスマス前夜《ぜんや》。◎大事件《だいじけん》などの起《お》こる直前《ちょくぜん》。例 近《ちか》ごろの日本《にほん》は、まさに革命前夜《かくめいぜんや》という雰囲気《ふんいき》だ。

昨夜《ゆうべ》　昨日《きのう》の夜《よる》。例 昨夜《ゆうべ》は、いつも見《み》ているドラマを見逃《みのが》してしまった。

あいまいでも美《うつく》しかった天気予報《てんきよほう》　深谷先生《ふかやせんせい》のちょっとひと息《いき》

テレビの天気予報《てんきよほう》などで「宵《よい》のうちは雨《あめ》でしょう」などという言《い》い方《かた》を耳《みみ》にしたことはありませんか? 宵《よい》のうちは、気象用語《きしょうようご》としては、午後六時《ごごろくじ》から午後九時《ごごくじ》を指《さ》すそうです。しかし、このことばから思《おも》い浮《う》かべる時間帯《じかんたい》は、人《ひと》によって違《ちが》いが大《おお》きいらしく、最近《さいきん》は、夜《よる》の始《はじ》めごろという表現《ひょうげん》に変《か》えられています。宵《よい》のうちであろうと、夜《よる》の始《はじ》めごろであろうと、日《ひ》が暮《く》れる時刻《じこく》は季節《きせつ》によって変化《へんか》するので、はっきりとした時刻《じこく》として伝《つた》えるのは難《むずか》しいことでしょう。

宵越《よいご》しの銭《ぜに》は持《も》たないなど、おもしろい言《い》い回《まわ》しにも使《つか》われるこのことば。情緒《じょうちょ》のある、すてきなことばなので、聞《き》く機会《きかい》が減《へ》るのは残念《ざんねん》な気《き》もします。でも、ことばは相手《あいて》や目的《もくてき》によって使《つか》い分《わ》けられるべきもの。天気予報《てんきよほう》など、正確《せいかく》さが必要《ひつよう》な場合《ばあい》には、「あいまいさの美《び》」を求《もと》めるのを少《すこ》しがまんするのも、仕方《しかた》のないことかもしれません。

◆＝もっと知《し》りたい、ことばの知識《ちしき》。

昨夜《さくや》　「昨夜《ゆうべ》」のこと。例 **昨夜《さくや》**の事故《じこ》のことを詳《くわ》しく聞《き》かせてください。

昨晩《さくばん》　昨日《きのう》の晩《ばん》。昨日《きのう》の夜《よる》。例 **昨晩《さくばん》**見《み》た夢《ゆめ》は、不思議《ふしぎ》な夢《ゆめ》だった。

今夜《こんや》　今日《きょう》の夜《よる》。例 **今夜《こんや》**のおかずは何《なん》だろう。

今宵《こよい》　「今夜《こんや》」と同《おな》じ。例 **今宵《こよい》**は、七《しち》時《じ》ごろから皆既月食《かいきげっしょく》が見《み》られます。

明晩《みょうばん》　明日《あす》の晩《ばん》。例 **明晩《みょうばん》**九時《くじ》スタートのドラマを楽《たの》しみにしている。

毎晩《まいばん》　毎日《まいにち》の夜《よる》。例 このところ**毎晩《まいばん》**遅《おそ》くまで勉強《べんきょう》している。

夜毎《よごと》　毎晩《まいばん》。毎夜《まいよ》。例 負《ま》けた試合《しあい》を考《かんが》えると、**夜毎《よごと》**に悔《く》やしさが募《つの》る。

連夜《れんや》　いく夜《よ》も続《つづ》くこと。引《ひ》き続《つづ》いて毎夜《まいよ》。例 **連夜《れんや》**に及《およ》ぶワールドカップの深夜観戦《しんやかんせん》で、ここのところ寝不足気味《ねぶそくぎみ》だ。

夜《よ》な夜《よ》な　毎夜毎夜《まいよまいよ》。毎晩《まいばん》。例 あの古《ふる》い屋敷《やしき》には、**夜《よ》な夜《よ》な**幽霊《ゆうれい》が出《で》るといううわさだ。

一晩中《ひとばんじゅう》　晩《ばん》から朝《あさ》になるまで、ずっと。例 父《ちち》は**一晩中《ひとばんじゅう》**、寝《ね》ないで母《はは》の看病《かんびょう》を続《つづ》けた。

夜通《よどお》し　夜《よる》の間《あいだ》、ずっと何《なに》かをすること。また、そのようす。例 アニメ好《ず》きが集《あつ》まって、最新作《さいしんさく》について**夜通《よどお》し**語《かた》り明《あ》かした。

終夜《しゅうや》　「夜通《よどお》し」と同《おな》じ。例 大晦日《おおみそか》には、地下鉄《ちかてつ》は**終夜《しゅうや》**運転《うんてん》される。

夜《よ》もすがら　一晩中《ひとばんじゅう》。例 月《つき》のきれいな夜道《よみち》を、**夜《よ》もすがら**歩《ある》き続《つづ》けた。

オールナイト　「夜通《よどお》し」という意味《いみ》の英語《えいご》。とくに、映画館《えいがかん》や飲食店《いんしょくてん》などが、一晩《ひとばん》中営業《じゅうえいぎょう》していること。例 あの映画館《えいがかん》は、金曜日《きんようび》には**オールナイト**で上映《じょうえい》している。

夜行《やこう》　夜間《やかん》に出歩《であ》いたり活動《かつどう》したりすること。また、「夜行列車《やこうれっしゃ》」（深夜《しんや》に運行《うんこう》している列車《れっしゃ》）のこと。例 父《ちち》と二人《ふたり》で**夜行《やこう》**に乗《の》り、青森《あおもり》の温泉《おんせん》まで旅行《りょこう》した。

「夜《よる》」に関連《かんれん》したことば

月夜《つきよ》に釜《かま》を抜《ぬ》かれる　明《あか》るい月夜《つきよ》に釜《かま》を盗《ぬす》まれる。ひどく油断《ゆだん》することのたとえ。

月夜《つきよ》に提灯《ちょうちん》　月《つき》の明《あか》るい夜《よる》には足《あし》もとを照《て》らすための提灯《ちょうちん》は必要《ひつよう》ないことから、不必要《ふひつよう》なこと、むだなことのたとえ。

闇夜《やみよ》の鉄砲《てっぽう》　真《ま》っ暗《くら》な闇夜《やみよ》に鉄砲《てっぽう》を撃《う》っても当《あ》たりにくいことから、目標《もくひょう》の定《さだ》まらないようす。また、やっても効果《こうか》のないようす。

春宵一刻値千金《しゅんしょういっこくあたいせんきん》　「春宵《しゅんしょう》」は、春《はる》の夜《よる》。春《はる》の夜《よる》はとても趣《おもむき》があり、たいへんな値打《ねう》ちがあるということ。

五十音順《ごじゅうおんじゅん》さくいん

●この本《ほん》にのせた見出《みだ》し語《ご》・関連《かんれん》することばを、五十音順《ごじゅうおんじゅん》にならべました。見出《みだ》し語《ご》は太字《ふとじ》、関連《かんれん》することばは細字《ほそじ》になっています。

●見出《みだ》し語《ご》の読《よ》みが同《おな》じ場合《ばあい》は、平仮名《ひらがな》・片仮《かたか》名《な》・漢字《かんじ》の順《じゅん》です。どちらも漢字《かんじ》の場合《ばあい》は、のっているページの順《じゅん》に並《なら》んでいます。

ああ言《い》えばこう言《い》う……270

あ

愛《あい》……415
愛育《あいいく》……110
愛玩《あいがん》……417
愛顧《あいこ》……417
愛護《あいご》……417
愛好《あいこう》……415
愛児《あいじ》……31
愛情《あいじょう》……416
アイス……214
アイスバーン……592
愛《あい》する……413
相席《あいせき》……145
哀惜《あいせき》……429
哀切《あいせつ》……429
愛想笑《あいそわら》い……379
愛想《あいそ》を尽《つ》かす……418
開《あ》いた口《くち》がふさがらない……390
愛着《あいちゃく》……416
哀悼《あいとう》……428
愛読《あいどく》……312
逢《あ》い引《び》き……325
相身互《あいみたが》い……332
会《あ》う……322
会《あ》うは別《わか》れの始《はじ》め……324
喘《あえ》ぎ喘《あえ》ぎ……470
喘《あえ》ぐ……466
敢《あ》えなくなる……127
青嵐《あおあらし》……597
青息吐息《あおいきといき》……477
仰《あお》ぎ見《み》る……258
仰《あお》ぐ……235・258
青臭《あおくさ》い……206
青《あお》くなる……404
青《あお》ざめる……404
青筋《あおすじ》を立《た》てる……396
青空《あおぞら》……601
青天井《あおてんじょう》……535
青菜《あおな》に塩《しお》……209・475
あおる……235
赤々《あかあか》……577
あがく……411・466
赤《あか》くなる……495
赤子《あかご》……46
赤子《あかご》の手《て》をひねる……566
赤《あか》ちゃん……46
暁《あかつき》……606
茜雲《あかねぐも》……605
赤恥《あかはじ》……497
赤目《あかめ》……83
明《あ》かり……583
上《あ》がり目《め》……83
上《あ》がる……112・226・588
明《あか》るむ……608
赤《あか》ん坊《ぼう》……46
飽《あ》き飽《あ》き……478
秋風《あきかぜ》……598
秋風《あきかぜ》が立《た》つ……478・597
秋雨《あきさめ》……591
秋空《あきぞら》……602
空《あ》きだるは音《おと》が高《たか》い……270
飽《あ》きっぽい……479
秋茄子《あきなす》嫁《よめ》に食《く》わすな……230
秋晴《あきば》れ……602
秋日和《あきびより》……602
飽《あ》きる……478
あきれ返《かえ》る……388
アキレス腱《けん》……90
あきれ果《は》てる……388
あきれる……388
飽《あ》く……478
悪意《あくい》……422
悪運《あくうん》……133・135
灰汁《あく》が強《つよ》い……239
悪感情《あくかんじょう》……422
悪食《あくじき》……231
悪事千里《あくじせんり》を走《はし》る……171
握手《あくしゅ》……153・334
悪臭《あくしゅう》……205
アクセント……276
悪態《あくたい》をつく……503
悪《あく》たれ口《ぐち》……503
あくどい……239
悪筆《あくひつ》……322
あぐむ……476
悪友《あくゆう》……56

あぐら …… 143
明《あ》くる朝《あさ》 …… 608
明《あ》け …… 606
明《あ》け方《がた》 …… 606
明《あ》け初《そ》める …… 607
あげつらう …… 284
明《あ》けても暮《く》れても …… 479
明《あ》けの明星《みょうじょう》 …… 572
曙《あけぼの》 …… 607
明《あ》けやらぬ …… 608
明《あ》ける …… 607
上《あ》げる …… 336
顎《あご》 …… 82
顎《あご》が落《お》ちる …… 238
顎《あご》が外《はず》れるほど …… 379
顎《あご》で使《つか》う …… 445
顎《あご》を出《だ》す …… 207
朝《あさ》 …… 607
朝雨《あさあめ》に傘《かさ》要《い》らず …… 589
朝起《あさお》き …… 225
朝顔《あさがお》に釣瓶《つるべ》とられてもらい水《みず》 …… 339
朝駆《あさが》け …… 366
朝方《あさがた》 …… 607
朝立《あさだ》ち …… 184
朝《あさ》っぱら …… 607
浅手《あさで》 …… 95
朝凪《あさなぎ》 …… 600
朝寝《あさね》 …… 221
朝日《あさひ》 …… 568
朝《あさ》ぼらけ …… 607
朝《あさ》まだき …… 606
朝飯前《あさめしまえ》 …… 566
鮮《あざ》やか …… 543
朝焼《あさや》けは雨《あめ》、夕焼《ゆうや》けは晴《は》れ …… 589
あざ笑《わら》う …… 380
足《あし》 …… 89
足音《あしおと》を忍《しの》ばせる …… 166
足《あし》がすくむ …… 403
足《あし》が向《む》く …… 176
足首《あしくび》 …… 91
悪《あ》し様《ざま》 …… 504
朝《あした》 …… 607
明日《あした》は明日《あした》の風《かぜ》が吹《ふ》く …… 597
足取《あしど》り …… 168
足並《あしな》み …… 169
足並《あしな》みをそろえる …… 333
足《あし》に任《まか》せる …… 166
足早《あしばや》 …… 168
足踏《あしぶ》み …… 169
味見《あじみ》 …… 240
足《あし》もと …… 169
足《あし》もとにも及《およ》ばない …… 362
味《あじ》わう …… 238
足《あし》を急《せ》かせる …… 166
足《あし》を伸《の》ばす …… 176
足《あし》を運《はこ》ぶ …… 182
足《あし》を棒《ぼう》にする …… 167
味《あじ》をみる …… 238
足《あし》を向《む》けて寝《ね》られない …… 223
アスピリンスノー …… 592
東男《あずまおとこ》に京女《きょうおんな》 …… 45
汗臭《あせくさ》い …… 206
焦《あせ》り …… 412
焦《あせ》る …… 393・410
唖然《あぜん》 …… 391
遊《あそ》び友達《ともだち》 …… 57
あたい …… 16
与《あた》える …… 335
あたくし …… 16
あたし …… 16
温《あたた》か …… 211
暖《あたた》か …… 211
温《あたた》かい …… 210・434
暖《あたた》かい …… 211
あたたかみ …… 212
あたたまる …… 213
アタック …… 364
あたふた …… 394
頭《あたま》 …… 77
頭《あたま》が上《あ》がらない …… 362
頭《あたま》から湯気《ゆげ》を立《た》てる …… 396
頭《あたま》ごなし …… 446
頭《あたま》に入《い》れる …… 306
頭《あたま》に来《く》る …… 396
頭《あたま》に血《ち》が上《のぼ》る …… 396
頭《あたま》を痛《いた》める …… 467

頭《あたま》を抱《かか》える……476
頭《あたま》を絞《しぼ》る……295
頭《あたま》をひねる……295
アダム……45
新《あたら》しい……547
当《あ》たり散《ち》らす……395
当《あ》たる……395
あちき……16
熱々《あつあつ》……213・418
熱《あつ》い……210
暑《あつ》い……210
厚《あつ》い……434
熱《あつ》いものが込《こ》み上《あ》げる……384
厚《あつ》かましい……450
厚着《あつぎ》……244
暑苦《あつくる》しい……210
あっけにとられる……388
悪口雑言《あっこうぞうごん》……503
暑《あつ》さ……211
暑《あつ》さ寒《さむ》さも彼岸《ひがん》まで……216
あっさり……241・566
あつし……16
圧勝《あっしょう》……357
あっと言《い》う間《ま》……532
あっと言《い》わせる……390
圧倒《あっとう》……358
天晴《あっぱ》れ……502
あっぷあっぷ……471
あてがう……336
当《あ》て逃《に》げ……196
あでやか……544
後味《あとあじ》……241
後足《あとあし》で砂《すな》をかける……457
後押《あとお》し……329
跡継《あとつ》ぎ……34
跡取《あとと》り……34
後《あと》にする……183
アドバイス……373
跡《あと》を追《お》う……121
穴《あな》があったら入《はい》りたい……495
アナクロニズム……550
あなた……18・117
あなた達《たち》……20
穴《あな》の開《あ》くほど見《み》る……260
兄《あに》……27
兄上《あにうえ》……27
兄貴《あにき》……28・50
兄《あに》さん……28・50
兄者《あにじゃ》……27
兄嫁《あによめ》……120
姉《あね》……28
姉上《あねうえ》……28
姉貴《あねき》……29・50
姉御《あねご》……29・50
姉《あね》さん……29・50
姉《あね》さんかぶり……245
あばたもえくぼ……416
アピール……282
浴《あ》びる……236
アフタヌーン……609
虻蜂取《あぶはちと》らず……343
あぶらっこい……239
あふれる……522
アポイントメント……370
あほう……72
あほんだら……72
雨脚《あまあし》……586
甘《あま》い……239・430・564
甘噛《あまが》み……233
甘辛《あまから》い……239
雨雲《あまぐも》……604
甘酸《あまず》っぱい……239
数多《あまた》……522
雨垂《あまだ》れ……586
雨垂《あまだ》れ石《いし》を穿《うが》つ……486
甘《あま》ったるい……239
雨粒《あまつぶ》……586
雨水《あまみず》……586
雨漏《あまも》り……589
雨宿《あまやど》り……589
雨止《あまや》み……588
網《あみ》の目《め》をくぐる……194
網元《あみもと》……60
雨《あめ》……586
雨《あめ》上《あ》がり……588
雨《あめ》あられ……590
雨男《あめおとこ》……43・590
雨女《あめおんな》……45・590

雨《あめ》が降《ふ》ろうが槍《やり》が降《ふ》ろうが …… 341
雨露《あめつゆ》 …… 591
飴《あめ》と鞭《むち》 …… 374
雨降《あめふ》って地固《じかた》まる …… 589
あめふらし …… 590
雨降《あめふ》り …… 586
雨模様《あめもよう》 …… 586
怪《あや》しい …… 405・460
怪《あや》しむ …… 459
危《あや》ぶむ …… 498
過《あやま》ち …… 344
誤《あやま》る …… 342
殺《あや》める …… 136
阿諛《あゆ》 …… 456
歩《あゆ》み …… 168
歩《あゆ》み寄《よ》る …… 166
歩《あゆ》む …… 166
あら …… 461
あらがう …… 456
争《あらそ》い …… 349・353
争《あらそ》う …… 345・352
新《あら》た …… 548
荒療治《あらりょうじ》 …… 101
霰《あられ》 …… 594
著《あらわ》す …… 316
現《あらわ》れる …… 186
有《あ》り明《あ》け …… 606
有《あ》り明《あ》けの月《つき》 …… 570
有《あ》り余《あま》る …… 522
アルカイックスマイル …… 381
あるかなしか …… 528
歩《ある》き …… 168
歩《ある》き通《とお》す …… 166
歩《ある》き回《まわ》る …… 166
歩《ある》く …… 166
あることないこと …… 270
あれ …… 461
荒《あ》れ狂《くる》う …… 395
アレグロ …… 554
荒《あ》れる …… 395
合《あ》わせる顔《かお》がない …… 494
慌《あわ》ただしい …… 506
粟立《あわだ》つ …… 215・404
粟粒《あわつぶ》 …… 513
慌《あわ》てふためく …… 392
慌《あわ》てる …… 392
慌《あわ》てる乞食《こじき》はもらいが少《すく》ない …… 339
淡雪《あわゆき》 …… 593
哀《あわ》れ …… 429
哀《あわ》れみ …… 435
哀《あわ》れみ深《ぶか》い …… 434
哀《あわ》れむ …… 436
泡《あわ》を食《く》う …… 393
安易《あんい》 …… 564
暗雲《あんうん》 …… 606
暗記《あんき》 …… 306
行脚《あんぎゃ》 …… 168
あんぐり …… 392
暗殺《あんさつ》 …… 137
安産《あんざん》 …… 107
安住《あんじゅう》 …… 249
暗唱《あんしょう》 …… 306
案《あん》じる …… 295・498
案《あん》ずるより産《う》むが易《やす》し …… 499
あんた …… 18
暗澹《あんたん》 …… 475
あんちゃん …… 28・50
安直《あんちょく》 …… 564
塩梅《あんばい》 …… 241
あんぽんたん …… 73
安眠《あんみん》 …… 220
暗黙《あんもく》 …… 294
暗夜《あんや》 …… 613
あんよ …… 89・168
安楽死《あんらくし》 …… 123
アンラッキー …… 135

い

威圧的《いあつてき》 …… 446
言《い》い合《あ》い …… 286
言《い》い合《あ》う …… 284・288
言《い》い誤《あやま》る …… 271
言《い》い争《あらそ》い …… 286
言《い》い争《あらそ》う …… 284
言《い》い返《かえ》す …… 272
言《い》い換《か》える …… 270

言《い》いかける……270
言《い》い方《かた》……276
言《い》いかねる……271
言《い》い交《か》わす……270・369
言《い》い聞《き》かせる……374
いい気《き》になる……444
異域《いいき》の鬼《おに》となる……127
いい気味《きみ》……432
言《い》い切《き》る……281
言《い》い草《ぐさ》……277
イージー……564
言《い》い渋《しぶ》る……271
言《い》い過《す》ぎる……271
言《い》い捨《す》てる……281
言《い》い添《そ》える……270
言《い》い損《そこ》なう……271
言《い》いそびれる……271
言《い》い出《だ》す……269
言《い》い立《た》てる……281
言《い》い散《ち》らす……281
言《い》い尽《つ》くす……270
言《い》いっ放《ぱな》し……282

いい面《つら》の皮《かわ》……496
言《い》い通《とお》す……281
言《い》い放《はな》つ……281
言《い》い張《は》る……281
言《い》い古《ふる》す……551
言《い》い負《ま》かす……284
言《い》い回《まわ》し……276
いい目《め》が出《で》る……134
言《い》い漏《も》らす……271
言《い》いよどむ……278
委員長《いいんちょう》……63
言《い》う……268
家《いえ》……38
イエスマン……455
癒《い》える……102
いかがわしい……460
いがぐり頭《あたま》……79
生《い》かす……102
いがみ合《あ》う……350
いかもの食《ぐ》い……231
怒《いか》り……398
怒《いか》り肩《がた》……85

怒《いか》り狂《くる》う……394
怒《いか》り心頭《しんとう》に発《はっ》する……396
怒《いか》る……394
いかれぽんち……73
遺憾《いかん》……465
いかんともしがたい……562
遺憾《いかん》に堪《た》えない……464
遺棄《いき》……165
行《い》き・行《ゆ》き……177
勢《いきお》い込《こ》む……485
生《い》き返《かえ》る……104
息《いき》が切《き》れる……466
息《いき》が絶《た》える……126
息《いき》が詰《つ》まる……466
息《いき》が長《なが》い……529
粋《いき》がる……408
息切《いきぎ》れ……469
息苦《いきぐる》しい……469
意気込《いきご》み……485
意気込《いきご》む……485
生《い》き字引《じびき》……68
意気消沈《いきしょうちん》……473

行《い》き過《す》ぎる……179
息急《いきせ》き切《き》る……504
意気阻喪《いきそそう》……474
行《い》き倒《だお》れ……124
いぎたない……222
行《い》き着《つ》く……191
息《いき》づく……103
行《い》き付《つ》け……177
意気投合《いきとうごう》……440
憤《いきどお》り……398
憤《いきどお》る……394
生《い》き長《なが》らえる……103
生《い》き抜《ぬ》く……103
生《い》き残《のこ》る……103
息《いき》の根《ね》を止《と》める……137
生《い》き延《の》びる……103
生《い》き恥《はじ》……497
息巻《いきま》く……395
意気揚々《いきようよう》……449
いきり立《た》つ……394
生《い》きる……102
生《い》き別《わか》れ……326

生《い》き別《わか》れる……326
息《いき》を殺《ころ》す……138
息《いき》をつく暇《ひま》もない……506
息《いき》を呑《の》む……388
息《いき》を弾《はず》ませる……466
息《いき》を引《ひ》き取《と》る……126
息《いき》を吹《ふ》き返《かえ》す……104
行《い》く・行《ゆ》く……176
戦《いくさ》……348
育児《いくじ》……110
育成《いくせい》……110
幾多《いくた》……522
異口同音《いくどうおん》……275
猪首《いくび》……84
幾久《いくひさ》しく……531
幾分《いくぶん》……527
幾《いく》らか……527
幾《いく》らでも……523
幾《いく》らも……527
いけしゃあしゃあ……452
いけ好《す》かない……420
遺恨《いこん》……423
偉才《いさい》……69
異才《いさい》……69
異彩《いさい》を放《はな》つ……557
いさかい……286・351
いざこざ……351
いささか……528
勇《いさ》み立《た》つ……485
勇《いさ》む……485
十六夜《いざよい》……612
十六夜《いざよい》の月《つき》……570
遺児《いじ》……34
石頭《いしあたま》……79
意地汚《いじきたな》い……231
いじくり回《まわ》す……154
いじくる……154
石《いし》にかじりついても……341
石《いし》に枕《まくら》し流《なが》れに漱《くちすす》ぐ……251
石《いし》の上《うえ》にも三年《さんねん》……488
異臭《いしゅう》……205
移住《いじゅう》……250
衣食《いしょく》……218
衣食住《いしょくじゅう》……218
衣食《いしょく》足《た》りて礼節《れいせつ》を知《し》る……210
いじる……154
偉人《いじん》……67
居座《いすわ》る……143
異性《いせい》……42
いそいそ……426
居候《いそうろう》……249
忙《いそが》しい……506
急《いそ》ぎ……505
急《いそ》ぐ……504
いそしむ……480
痛《いた》い……200・477
痛《いた》い目《め》にあう……467
痛々《いたいた》しい……429
痛痒《いたがゆ》い……200
痛《いた》くも痒《かゆ》くもない……202
痛《いた》くもない腹《はら》を探《さぐ》られる……459
居丈高《いたけだか》……446
痛《いた》し痒《かゆ》し……202・478
頂《いただ》く……226・339
戴《いただ》く……243
痛手《いたで》……95
韋駄天《いだてん》……554
韋駄天走《いだてんばし》り……172
痛《いた》ましい……429
痛《いた》み……201・428
痛《いた》む……200
悼《いた》む……428
痛《いた》める……200
至《いた》る……191
いたわしい……429
一意専心《いちいせんしん》……483
一丸《いちがん》となる……333
一芸《いちげい》に秀《ひい》でる……558
一見《いちげん》……324
一期一会《いちごいちえ》……324
一毫《いちごう》……526
一時《いちじ》……532
一日《いちじつ》の長《ちょう》……560
一助《いちじょ》……331
一陣《いちじん》の風《かぜ》……595
一途《いちず》……484
一族《いちぞく》……40
一存《いちぞん》……296

一代《いちだい》…… 105
一読《いちどく》…… 311
一《いち》二《に》…… 526
一人前《いちにんまえ》にする …… 110
いち早《はや》く …… 553
一番《いちばん》…… 560
一番星《いちばんぼし》…… 572
一姫《いちひめ》二《に》太郎《たろう》…… 32
一病息災《いちびょうそくさい》…… 99
一瞥《いちべつ》…… 255
一別《いちべつ》…… 326
一望《いちぼう》…… 262
一望千里《いちぼうせんり》…… 516
一枚岩《いちまいいわ》…… 335
一抹《いちまつ》…… 526
一命《いちめい》…… 104
一目散《いちもくさん》…… 173
一門《いちもん》…… 40
一夜《いちや》…… 612
一覧《いちらん》…… 256
一流《いちりゅう》…… 561
一縷《いちる》…… 526
一《いち》を聞《き》いて十《じゅう》を知《し》る …… 300
一家《いっか》…… 38
一家相伝《いっかそうでん》…… 305
一喝《いっかつ》…… 339
一巻《いっかん》の終《お》わり …… 122
一騎《いっき》討《う》ち …… 350
一気《いっき》…… 237
一気《いっき》飲《の》み …… 236
一級《いっきゅう》…… 561
一驚《いっきょう》…… 390
居着《いつ》く …… 248
慈《いつく》しむ …… 413
一見《いっけん》…… 255
一顧《いっこ》…… 259
一考《いっこう》…… 296
一刻《いっこく》…… 532
一刻《いっこく》を争《あらそ》う …… 504
逸材《いつざい》…… 72
一子相伝《いっしそうでん》…… 305
一糸《いっし》まとわず …… 247
一瀉千里《いっしゃせんり》…… 553
一蹴《いっしゅう》…… 358
一瞬《いっしゅん》…… 531
一緒《いっしょ》…… 178
一生《いっしょう》…… 105
一生涯《いっしょうがい》…… 105
一生懸命《いっしょうけんめい》…… 483
一笑《いっしょう》に付《ふ》す …… 380
一緒《いっしょ》になる …… 114
一矢《いっし》を報《むく》いる …… 364
一身《いっしん》…… 76
一心同体《いっしんどうたい》…… 335
一心不乱《いっしんふらん》…… 483
一身《いっしん》をささげる …… 481
一睡《いっすい》…… 222
一夕《いっせき》…… 612
一閃《いっせん》…… 582
一戦《いっせん》を交《まじ》える …… 346
一銭《いっせん》を笑《わら》う者《もの》は一銭《いっせん》に泣《な》く …… 381
一致団結《いっちだんけつ》…… 334
一朝一夕《いっちょういっせき》…… 532
一点《いってん》…… 526
一天《いってん》…… 573
一頭地《いっとうち》を抜《ぬ》く …… 557
一刀両断《いっとうりょうだん》…… 162
一時《いっとき》…… 532
一敗地《いっぱいち》にまみれる …… 362
いっぱい …… 519
一筆《いっぴつ》…… 320
一服《いっぷく》…… 236
一服《いっぷく》盛《も》る …… 138
一片《いっぺん》…… 526
一歩《いっぽ》…… 168
一本《いっぽん》立《だ》ち …… 109
出《い》で立《た》ち …… 247
凍《い》て付《つ》く …… 215
居《い》ても立《た》ってもいられない …… 411
移転《いてん》…… 250
厭《いと》う …… 418
いとおしむ …… 413
糸《いと》切《き》り歯《ば》…… 162
いとこ …… 36
いとこおじ …… 36
いとこおば …… 36

いとこ違《ちが》い …… 36
愛《いと》しい …… 414
愛《いと》し子《ご》 …… 31
営《いとな》む …… 217
厭《いと》わしい …… 420
居並《いなら》ぶ …… 143
意《い》にかなう …… 413
犬《いぬ》かき …… 175
犬死《いぬじ》に …… 124
犬《いぬ》も歩《ある》けば棒《ぼう》に当《あ》たる …… 136
居眠《いねむ》り …… 221
命《いのち》 …… 104
命《いのち》あっての物種《ものだね》 …… 106
命懸《いのちが》け …… 482
命《いのち》が尽《つ》きる …… 126
命《いのち》からがら …… 196
命《いのち》の恩人《おんじん》 …… 332
命《いのち》を落《お》とす …… 126
命《いのち》を捨《す》てる …… 124
命《いのち》をつなぐ …… 103
命《いのち》を棒《ぼう》に振《ふ》る …… 124
祈《いの》る …… 490
いばり散《ち》らす …… 444
いばる …… 444
違反《いはん》 …… 458
畏怖《いふ》 …… 405
イブ …… 45
いぶかしい …… 460
いぶかる …… 459
いぶす …… 577
イブニング …… 610
異母兄弟《いぼきょうだい》 …… 27
いまいましい …… 399
居待《いま》ち月《づき》 …… 570
今泣《いまな》いた烏《からす》がもう笑《わら》った …… 383
今風《いまふう》 …… 548
忌《い》まわしい …… 421
忌《い》み嫌《きら》う …… 418
移民《いみん》 …… 251
忌《い》む …… 418
妹《いもうと》 …… 30
妹《いもうと》さん …… 30
妹分《いもうとぶん》 …… 30
芋名月《いもめいげつ》 …… 570
芋《いも》を洗《あら》うよう …… 518
嫌《いや》 …… 422
嫌々《いやいや》 …… 422
嫌《いや》がる …… 418
嫌気《いやけ》が差《さ》す …… 418
癒《い》やす …… 101
いやはや …… 392
嫌味《いやみ》 …… 422
嫌味《いやみ》たらしい …… 420
嫌《いや》らしい …… 420
畏友《いゆう》 …… 57
いらいら …… 412
いら立《だ》たしい …… 411
いら立《だ》つ …… 410
いらつく …… 410
いらっしゃる …… 177・186
入《い》り相《あい》 …… 610
入《い》り日《ひ》 …… 568
入《い》り婿《むこ》 …… 118
慰霊祭《いれいさい》 …… 129
色目《いろめ》を使《つか》う …… 454
色《いろ》を失《うしな》う …… 389・404
色《いろ》をなす …… 396
いわく …… 274
鰯雲《いわしぐも》 …… 604
言《い》わず語《かた》らず …… 294
陰鬱《いんうつ》 …… 474
引火《いんか》 …… 575
陰気《いんき》 …… 474
隠居《いんきょ》 …… 53・250
引見《いんけん》 …… 325
飲酒《いんしゅ》 …… 237
飲食《いんしょく》 …… 228
インスピレーション …… 199
隠棲《いんせい》 …… 250
姻戚《いんせき》 …… 40
引率《いんそつ》 …… 178
院長《いんちょう》 …… 65
イントネーション …… 276
隠遁《いんとん》 …… 250
隠忍《いんにん》 …… 489
因縁《いんねん》 …… 132
飲用《いんよう》 …… 236

さくいん

う

初産《ういざん》 …… 107
ウーマン …… 44
飢《う》え …… 209
上《うえ》 …… 533
上様《うえさま》 …… 20
ウエスト …… 84
上《うえ》には上《うえ》がある …… 561
植《う》える …… 110
飢《う》える …… 209
右《う》往《おう》左《さ》往《おう》 …… 393
ウオーキング …… 167
魚心《うおごころ》あれば水心《みずごころ》 …… 416
うかうか …… 344
伺《うかが》い …… 299
うかがう …… 255
伺《うかが》う …… 182・263・298
受《う》かる …… 114
浮《う》かれる …… 424
浮《う》き足立《あしだ》つ …… 393
うきうき …… 426
浮《う》き雲《ぐも》 …… 605
浮《う》き立《た》つ …… 424
憂《う》き目《め》 …… 471
受《う》け口《ぐち》 …… 83
承《うけたまわ》る …… 263
受《う》け取《と》る …… 301・338
有《う》卦《け》に入《い》る …… 134
受《う》ける …… 377
動《うご》かす …… 433
雨《う》後《ご》の竹《たけ》の子《こ》 …… 589
うさぎとび …… 148
うさん臭《くさ》い …… 460
失《うしな》う …… 121
丑《うし》三《み》つ時《どき》 …… 612
うじゃうじゃ …… 524
後《うし》ろ盾《だて》 …… 330
後《うし》ろを見《み》せる …… 194
薄《うす》い …… 239・525
薄々《うすうす》 …… 199
薄着《うすぎ》 …… 244
薄汚《うすぎたな》い …… 546
薄《うす》気《き》味《み》悪《わる》い …… 405
疼《うず》く …… 201
うずくまる …… 143
薄雲《うすぐも》 …… 604
薄曇《うすぐも》り …… 603
薄《うす》化《げ》粧《しょう》 …… 594
うずたかい …… 533
うすのろ …… 74
薄目《うすめ》 …… 83
薄雪《うすゆき》 …… 593
薄汚《うすよご》れる …… 547
薄《うす》ら寒《さむ》い …… 214
薄笑《うすわら》い …… 381
失《う》せる …… 190
うそ寒《さむ》い …… 214
うそ泣《な》き …… 385
うそ寝《ね》 …… 222
うそぶく …… 283・462
疑《うたが》い …… 460
疑《うたが》う …… 458
疑《うたが》わしい …… 459
疑《うたが》わしきは罰《ばっ》せず …… 459
疑《うたぐ》り深《ぶか》い …… 460
疑《うたぐ》る …… 459
うたた寝《ね》 …… 221
茹《うだ》る …… 213
うち …… 16・38
打《う》ち合《あ》わせ …… 290
打《う》ち合《あ》わせる …… 289
討《う》ち入《い》る …… 364
打《う》ち勝《か》つ …… 354
内気《うちき》 …… 442
打《う》ち込《こ》む …… 157・480
打《う》ち沈《しず》む …… 472
討《う》ち死《じ》に …… 125
打《う》ち捨《す》てる …… 163
打《う》ち倒《たお》す …… 354
打《う》ち付《つ》ける …… 157
打《う》ち解《と》ける …… 438
討《う》ち取《と》る …… 138
内《うち》の人《ひと》 …… 118
打《う》ち払《はら》う …… 157
打《う》ちひしがれる …… 473
内弁慶《うちべんけい》の外地蔵《そとじぞう》 …… 445
打《う》ち負《ま》かす …… 354

売《う》るほど……522
麗《うるわ》しい……430・543
うれい……428・498
うれえる……427・498
うれしい……423
うれしい悲鳴《ひめい》……425
うれし泣《な》き……385
うれし涙《なみだ》……387
うろうろ……170
うろ覚《おぼ》え……307
鱗雲《うろこぐも》……604
うろたえる……392
うろつく……167
上書《うわが》き……319
上回《うわまわ》る……556
上目遣《うわめづか》い……258
運《うん》……131
うんうん……471
雲海《うんかい》……605
雲霞《うんか》のごとく……522
運《うん》が開《ひら》ける……133
運《うん》が向《む》く……134
運気《うんき》……131
うんざり……478
運勢《うんせい》……131
うんと……524
うんともすんとも……294
うんぬん……274
運《うん》の尽《つ》き……136
運不運《うんふうん》……131
運命《うんめい》……131

え

営々《えいえい》……484
永遠《えいえん》……530
永遠《えいえん》の眠《ねむ》りに就《つ》く……126
栄冠《えいかん》……355
永久《えいきゅう》……529
英傑《えいけつ》……67
永訣《えいけつ》……328
永劫《えいごう》……530
英才《えいさい》……69
嬰児《えいじ》……46
永住《えいじゅう》……249
永世《えいせい》……530
衛生的《えいせいてき》……544
永代《えいたい》……530
永別《えいべつ》……328
永眠《えいみん》……122
英雄《えいゆう》……68
エース……71
エール……487
ええん……386
笑顔《えがお》……379
役《えき》……348
益者三友《えきしゃさんゆう》……57
エキスパート……72
駅長《えきちょう》……65
えぐい……239
えくぼ……82・381
回向《えこう》……129
えこひいき……417
S《エス》……515
SOS《エスオーエス》……331
エスケープ……196
X脚《エックスきゃく》……90
謁見《えっけん》……325
謁《えっ》する……324
えっちらおっちら……170
笑壺《えつぼ》に入《い》る……381
悦楽《えつらく》……425
閲覧《えつらん》……256
会得《えとく》……301
絵《え》に描《か》いたよう……545
NG《エヌジー》……344
えびす顔《がお》……379
えへへ……381
えへん……447
笑《え》み……377
えら……82
エラー……344
偉《えら》ぶる……444
襟《えり》……84
襟足《えりあし》……84
エリート……71
襟元《えりもと》……84
L《エル》……512
遠泳《えんえい》……174

お

大風《おおかぜ》……595
大形《おおがた》……510
大型《おおがた》……510
大きい《おお》……510
大きくなる《おお》……108
大きなお世話《おお せわ》……512
大きな顔をする《おお かお》……445・512
大きな口をきく《おお くち》……283・512
大きめ《おお》……510
O脚《オーきゃく》……90
多く《おお》……520
大食い《おおぐ》……229
大口《おおぐち》……83
大口を叩く《おおぐち たた》……283
大仕掛け《おおじか》……511
仰せ《おお》……274
仰せになる《おお》……272
おおせる……341
大空《おおぞら》……572
オーソリティー……70
大助かり《おおだす》……331
大づかみ《おお》……152
大粒《おおつぶ》……510
大手《おおで》……89
大手を振る《おおで ふ》……166
大泣き《おおな》……384
大恥《おおはじ》……497
大幅《おおはば》……511
大判《おおばん》……510
大振り《おおぶ》……510
大降り《おおぶ》……587
大風呂敷を広げる《おおぶろしき ひろ》……283
大股《おおまた》……169
大見得を切る《おおみえ き》……283
多め《おお》……520
大物《おおもの》……67・510
大雪《おおゆき》……593
大喜び《おおよろこ》……425
オールナイト……614
大笑い《おおわら》……378
大童《おおわらわ》……484
お母様《かあさま》……25
お母さん《かあ》……25・119
お母ちゃん《かあ》……25
お隠れになる《かく》……121
冒される《おか》……98
おかしい……460
拝む《おが》……252
お体《からだ》……77
お代わり《か》……231
お冠《かんむり》……402
起き上がる《お あ》……224
置き去り《お ざ》……190
翁《おきな》……54
お気に入り《き い》……415
おぎゃあ……386
起きる《お》……140・224
置き忘れる《お わす》……307
億《おく》……521
奥方《おくがた》……119
奥様《おくさま》……119
奥さん《おく》……119
御髪《おぐし》……79
臆する《おく》……403
奥手《おくて》……109
奥歯に物が挟まったよう《おくば もの はさ》……279
おくびにも出さない《だ》……294
臆病《おくびょう》……406
臆病風に吹かれる《おくびょうかぜ ふ》……404・597
億万《おくまん》……521
臆面もなく《おくめん》……451
お悔やみ《く》……128
贈り物《おく もの》……338
贈る《おく》……335
遅れ《おく》……555
遅れる《おく》……555
おこがましい……452
お越し《こ》……177・186
おこす……575
起こす《お》……225
おごり高ぶる《たか》……447
怒りん坊《おこ ぼう》……402
怒る《おこ》……394
おごる……447
おごる平家は久しからず《へいけ ひさ》……445
長《おさ》……62
抑える《おさ》……488
幼子《おさなご》……47

お天道様《てんとうさま》……568
お父様《とうさま》……23
お父《とう》さん……22・117
お父《とう》ちゃん……23
弟《おとうと》……29
弟《おとうと》さん……29
弟分《おとうとぶん》……30
おどおど……407
おとがい……82
脅《おど》かす……388
男《おとこ》……42
男一匹《おとこいっぴき》……42
男親《おとこおや》……22
男泣《おとこな》き……385
男《おとこ》の子《こ》……48
男《おとこ》は度胸《どきょう》、女《おんな》は愛嬌《あいきょう》……45
男《おとこ》を下《さ》げる……496
おとしめる……502
訪《おとず》れ……186
訪《おとず》れる……182・186
おとっつぁん……23
大人《おとな》……51

おとなしい……440
大人《おとな》びる……109
乙女《おとめ》……49
お供《とも》……179
躍《おど》り上《あ》がる……147・424
躍《おど》る……147
おどろおどろしい……405
驚《おどろ》かす……388
驚《おどろ》き……390
驚《おどろ》き桃《もも》の木《き》山椒《さんしょ》の木《き》……391
驚《おどろ》く……388
おなか……86
おなかが空《す》く……209
おなかと背中《せなか》がくっつく……209
女子《おなご》……44
同《おな》じ釜《かま》の飯《めし》を食《く》う……438
お成《な》り……186
お兄様《にいさま》……28
お兄《にい》ちゃん……28
鬼《おに》が出《で》るか蛇《じゃ》が出《で》るか……132
鬼《おに》の霍乱《かくらん》……100
鬼《おに》の首《くび》を取《と》ったよう……450

鬼《おに》の目《め》にも涙《なみだ》……383
鬼《おに》も十八番茶《じゅうはちばんちゃ》も出花《でばな》……545
おぬし……19
お姉様《ねえさま》……28
お姉《ねえ》ちゃん……29
各々方《おのおのがた》……20
おののく……404
おのれ……19
伯母《おば》……35
叔母《おば》……35
お祖母《ばあ》さん……35
お婆《ばあ》さん……55
おばさん……52
伯母《おば》さん・叔母《おば》さん……35
お払《はら》い箱《ばこ》……165
おびえる……403
おひげのちりを払《はら》う……454
お日様《ひさま》……568
おびただしい……518
尾《お》ひれを付《つ》ける……283
オフェンス……366
おふくろ……25

おべっか……455
おべんちゃら……455
覚《おぼ》え……307
覚《おぼ》え書《が》き……320
覚《おぼ》え込《こ》む……302
覚《おぼ》える……197・302・305
おぼこ……48
お星様《ほしさま》……570
覚束《おぼつか》ない……460
おほほ……379
おぼろ雲《ぐも》……604
おぼろ月《づき》……569
おぼろ月夜《づきよ》……613
お前《まえ》……18・119
お前《まえ》さん……18
おみ足《あし》……89
お見《み》え……186
お迎《むか》えが来《く》る……127
おめえ……18
おめかし……246
お眼鏡《めがね》にかなう……413
お召《め》し……244

お召《め》し替《か》え……244
お目通《めどお》りする……324
お目《め》にかかる……325
お目見《めみ》えする……324
お目《め》文《も》字《じ》する……324
重《おも》い……200・541
思《おも》い上《あ》がる……447
思《おも》い当《あ》たる……198
思《おも》い余《あま》る……476
思《おも》い合《あ》わせる……295
思《おも》い知《し》る……300
思《おも》い出《だ》し笑《わら》い……378
思《おも》い直《なお》す……295
思《おも》い悩《なや》む……467
思《おも》い残《のこ》す……464
思《おも》い巡《めぐ》らす……295
思《おも》いやられる……498
思《おも》いやり……435
思《おも》い煩《わずら》う……467
思《おも》う……295・414
重苦《おもくる》しい……469
おもしろい……430
おもしろくない……401
重《おも》たい……541
面《おもて》……79
表《おもて》書《が》き……319
おもねる……453
面映《おもは》ゆい……493
重《おも》み……542
赴《おもむ》く……176
おもむろに……555
思惑《おもわく》……296
慮《おもんぱか》る……295
親《おや》……21
親方《おやかた》……60
親兄弟《おやきょうだい》……39
親子《おやこ》……38
親御《おやご》さん……22
おやじ……23・52
親《おや》知《し》らず……24
お安《やす》いご用《よう》……566
親玉《おやだま》……61
親《おや》に似《に》ぬ子《こ》は鬼子《おにご》……32
親《おや》の心《こころ》子《こ》知《し》らず……21
親《おや》の脛《すね》をかじる……21
親《おや》の光《ひかり》は七光《ななひか》り……21
親《おや》はなくとも子《こ》は育《そだ》つ……32
親離《おやばな》れ……109
親分《おやぶん》……61
お山《やま》の大将《たいしょう》……447
泳《およ》ぎ……174
泳《およ》ぐ……174
及《およ》ばない……362
お呼《よ》ばれ……230
及《およ》びもつかない……362
おら……16
俺《おれ》……16
俺様《おれさま》……17
俺達《おれたち》……18
おろおろ……394
愚《おろ》か者《もの》……73
下《お》ろしたて……548
下《お》ろす……161
汚穢《おわい》……547
お笑《わら》いぐさ……382
おんおん……387
温顔《おんがん》……437
穏健《おんけん》……442
温厚《おんこう》……441
恩師《おんし》……66
温情《おんじょう》……434
御曹司《おんぞうし》……33
温暖《おんだん》……211
音読《おんどく》……311
女《おんな》……43
女親《おんなおや》……25
女心《おんなごころ》と秋《あき》の空《そら》……45
女三人《おんなさんにん》寄《よ》れば姦《かしま》しい……45
女《おんな》の子《こ》……48
怨念《おんねん》……423
おんぼろ……549
御身《おんみ》……20・77
温和《おんわ》……211・441
恩《おん》を仇《あだ》で返《かえ》す……457

か

香《か》……204
ガーデニング……111

顔《かお》から火《ひ》が出《で》る……495
顔馴染《かおなじ》み……59
顔《かお》に泥《どろ》を塗《ぬ》る……496
顔見知《かおみし》り……59
顔向《かおむ》けができない……494
香《かお》り……204
香《かお》る……202
顔《かお》を赤《あか》らめる……495
かかあ……119
かかあ天下《でんか》……447
踵《かかと》……91
屈《かが》み込《こ》む……143
屈《かが》む……143
輝《かがや》かす……581
輝《かがや》き……583
輝《かがや》く……556・580
係長《かかりちょう》……65
罹《かか》る……98
掛《か》かる……363
火気《かき》……576
餓鬼《がき》……47
かき上《あ》げる……154
書《か》き上《あ》げる……316
書《か》き表《あらわ》す……313
書《か》き入《い》れ時《どき》……508
書《か》き入《い》れる……314
書《か》き写《うつ》す……314
書《か》き置《お》き……320
書《か》き落《お》とす……315
書《か》き下《お》ろす……316
書《か》き換《か》える……315
かき切《き》る……159
かき曇《くも》る……603
書《か》き加《くわ》える……314
かき込《こ》む……227
書《か》き込《こ》む……314
書《か》き記《しる》す……313
書《か》き添《そ》える……314
書《か》き損《そん》じる……315
書《か》き立《た》てる……315
書《か》きためる……314
書《か》き散《ち》らす……315
書《か》き付《つ》け……320
書《か》き付《つ》ける……314
嗅《か》ぎ付《つ》ける……203
書《か》き飛《と》ばす……315
書《か》き留《と》める……313
書《か》き取《と》り……318
書《か》き流《なが》す……315
書《か》き殴《なぐ》る……315
書《か》き抜《ぬ》く……314
書《か》き残《のこ》す……315
鉤鼻《かぎばな》……83
かきむしる……154
書《か》き物《もの》……322
火急《かきゅう》……505
下級《かきゅう》……536
蝸牛角上《かぎゅうかくじょう》の争《あらそ》い……348
限《かぎ》りない……515
嗅《か》ぎ分《わ》ける……203
餓鬼《がき》んちょ……47
かく……154
書《か》く……313
嗅《か》ぐ……203
各位《かくい》……20
仮寓《かぐう》……249
がくがく……216・407
核家族《かくかぞく》……39
学業《がくぎょう》……305
確言《かくげん》……282
客死《かくし》……124
かくしゃく……93
拡充《かくじゅう》……511
学習《がくしゅう》……302
革新的《かくしんてき》……548
覚醒《かくせい》……225
愕然《がくぜん》……391
拡大《かくだい》……511
角逐《かくちく》……353
学長《がくちょう》……65・66
格闘《かくとう》……350
学童《がくどう》……48
岳父《がくふ》……25
岳母《がくぼ》……26
学問《がくもん》……305
学問《がくもん》に王道《おうどう》なし……304
確約《かくやく》……370
学友《がくゆう》……56

かぐわしい……203
駆《か》け足《あし》……172・505
家兄《かけい》……28
駆《か》け落《お》ち……195
陰口《かげぐち》……503
駆《か》け込《こ》む……171
駆《か》けずり回《まわ》る……171・481
駆《か》け出《だ》す……171
架《か》け付《つ》ける……177
駆《か》けっこ……173
かけ離《はな》れる……537
駆《か》け回《まわ》る……171・481
駆《か》け巡《めぐ》る……171
駆《か》け寄《よ》る……171
掛《か》ける……142・157
駆《か》ける……170
陰《かげ》る……603
下弦《かげん》の月《つき》……569
過誤《かご》……343
過言《かごん》……274
風穴《かざあな》を空《あ》ける……597
火災《かさい》……578
笠雲《かさぐも》……605
かざす……152
かさに懸《か》かる……445
笠《かさ》に着《き》る……445
重《かさ》ね着《ぎ》……244
風花《かざはな》……593
飾《かざ》る……408
下肢《かし》……89
下賜《かし》……337
火事《かじ》……578
餓死《がし》……125
かじかむ……215
かしこまる……142
過失《かしつ》……343
鹿島立《かしまだ》ち……184
カジュアル……247
過重《かじゅう》……541
過小《かしょう》……513
過少《かしょう》……525
過食《かしょく》……229
華燭《かしょく》の典《てん》……116
華胥《かしょ》の国《くに》に遊《あそ》ぶ……223
頭《かしら》……60・78
かじり付《つ》く……233
かじる……232
柏手《かしわで》……158
家人《かじん》……38
臥薪嘗胆《がしんしょうたん》……488
数《かず》……520
数多《かずおお》い……518
数限《かずかぎ》りない……519
数知《かずし》れない……519
数少《かずすく》ない……524
かすり傷《きず》……96
嫁《か》する……115
風《かぜ》……595
加勢《かせい》……330
火勢《かせい》……576
風薫《かぜかお》る……597
風《かぜ》が吹《ふ》けば桶屋《おけや》がもうかる……597
風《かぜ》の便《たよ》り……600
風邪《かぜ》は万病《まんびょう》の元《もと》……99
風《かぜ》を食《く》らう……196
火葬《かそう》……129
仮装《かそう》……246
下層《かそう》……535
数《かぞ》え切《き》れない……519
数《かぞ》えるほど……527
家族《かぞく》……38
ガソリンを入《い》れる……237
肩《かた》……85
過多《かた》……520
固《かた》い……538
堅《かた》い……539
硬《かた》い……539
難《かた》い……562
過大《かだい》……511
がたい……76
難《がた》い……562
肩入《かたい》れ……330
片腕《かたうで》……89
片思《かたおも》い……417
片親《かたおや》……22
がたが来《く》る……550
方々《かたがた》……20
がたがた……216・280・407・551

肩口《かたぐち》……85
難《かた》くない……565
片言《かたこと》……278
片付《かたづ》く……115
片付《かたづ》ける……137
片手《かたて》……88
肩《かた》で息《いき》をする……466
肩《かた》で風《かぜ》を切《き》る……166・445・600
片時《かたとき》……532
刀傷《かたなきず》……96
片腹痛《かたはらいた》い……380
片棒《かたぼう》をかつぐ……333
肩身《かたみ》が狭《せま》い……494
傾《かたむ》く……610
かため……539
片目《かため》……81
固《かた》め……371
片目《かため》が明《あ》く……358
固《かた》める……367
語《かた》らう……288
語《かた》り合《あ》う……288
語《かた》り明《あ》かす……289
語《かた》りかける……288
語《かた》り口《くち》……276
語《かた》る……268・311
かたわら……538
肩《かた》を怒《いか》らせる……444
肩《かた》を落《お》とす……473
肩《かた》を貸《か》す……329
肩《かた》をすぼめる……495
肩《かた》を持《も》つ……329
荷担《かたん》……330
徒《かち》……168
勝《か》ち……356
勝《か》ち戦《いくさ》……359
かちかち……539
がちがち……539
勝《か》ち越《こ》す……356
勝《か》ち進《すす》む……355
勝《か》ちっ放《ぱな》し……357
勝《か》ちどきをあげる……356
勝《か》ち取《と》る……356
勝《か》ち逃《に》げ……196
勝《か》ち抜《ぬ》く……356
勝《か》ち残《のこ》る……356
勝《か》ち誇《ほこ》る……448
勝《か》ち星《ぼし》を上《あ》げる……358
課長《かちょう》……65
勝《か》ちを制《せい》する……356
勝《か》ちを拾《ひろ》う……356
かちんかちん……539
かちんと来《く》る……401
勝《か》つ……354
かっか……400・578
隔靴搔痒《かっかそうよう》……412
がつがつ……232・493
がっかり……473
画期的《かっきてき》……548
がっくり……475
格好《かっこう》を付《つ》ける……409
喝采《かっさい》……501
渇《かっ》しても盗泉《とうせん》の水《みず》を飲《の》まず……237
合戦《かっせん》……348
豁然《かつぜん》……517
滑走《かっそう》……173
かったるい……207・411
がっちり……93
がっつく……227
勝《か》ってかぶとの緒《お》を締《し》めよ……355
かっと……261・400
カット……162
河童《かっぱ》……175
喝破《かっぱ》……282
河童《かっぱ》の川流《かわなが》れ……343
闊歩《かっぽ》……167
渇望《かつぼう》……491
がっぽり……523
刮目《かつもく》……263
活《かつ》を入《い》れる……486
家庭《かてい》……38
家庭教師《かていきょうし》……66
家庭訪問《かていほうもん》……183
勝《か》てば官軍《かんぐん》、負《ま》ければ賊軍《ぞくぐん》……355
合点《がてん》がいく……300
瓜田《かでん》に履《くつ》を納《い》れず……459

下等《かとう》……535
門出《かどで》……184
家内《かない》……38・119
金切《かなき》り声《ごえ》……292
金釘流《かなくぎりゅう》……322
かなぐり捨《す》てる……164
悲《かな》しい……426
悲《かな》しみ……428
悲《かな》しむ……427
かなた……536
金槌《かなづち》……175
鉄床雲《かなとこぐも》……605
がなり立《た》てる……292
かなわない……362
蟹股《がにまた》……90
金《かね》の切《き》れ目《め》が縁《えん》の切《き》れ目《め》……162
金目《かねめ》……535
彼女《かのじょ》……43
蚊《か》の鳴《な》くような声《こえ》……279
かばう……367
がばがば……512
下膊《かはく》……89

がばと……225
下半身《かはんしん》……85
過半数《かはんすう》……521
華美《かび》……545
かび臭《くさ》い……206・549
加筆《かひつ》……317
家父《かふ》……23
寡婦《かふ》……120
がぶがぶ……237
禍福《かふく》……131
禍福《かふく》はあざなえる縄《なわ》のごとし……132
下腹部《かふくぶ》……86
がぶっと……237
かぶとを脱《ぬ》ぐ……362
がぶ飲《の》み……236
かぶり……78
がぶり……234
かぶりつく……233
かぶる……243
家母《かぼ》……25
果報《かほう》……133

過保護《かほご》……110
鎌首《かまくび》……83
かまとと……463
我慢《がまん》……489
髪《かみ》……78
神風《かみかぜ》……599
咬《か》み傷《きず》……96
噛《か》み切《き》る……159
噛《か》み砕《くだ》く……233
噛《か》み殺《ころ》す……488
上座《かみざ》……145
神様《かみさま》……72
かみさん……119
噛《か》み締《し》める……233
噛《か》み付《つ》く……233
雷雲《かみなりぐも》……605
神《かみ》に召《め》される……127
髪《かみ》の毛《け》……78
仮眠《かみん》……221
噛《か》む……232
寡黙《かもく》……294
下問《かもん》……298

痒《かゆ》い……200
痒《かゆ》み……201
辛《から》い……239
空《から》いばり……445
からから……379
からから天気《てんき》……601
体《からだ》……75
体中《からだじゅう》……77
体《からだ》を壊《こわ》す……98
体《からだ》を張《は》る……368
空《から》っ風《かぜ》……598
空梅雨《からつゆ》……589
からり……603
がらん……516
かりかり……235・412
がりがり……235
刈《か》り込《こ》む……161
仮住《かりず》まい……249
かりっと……234
がりっと……234
刈《か》り取《と》る……160
仮寝《かりね》……221

がり勉《べん》……305
加療《かりょう》……101
雅量《がりょう》……436
火力《かりょく》……576
刈《か》る……160
駆《か》る……171
軽《かる》い……430・542
軽々《かるがる》……542・566
彼《かれ》……42
華麗《かれい》……545
彼氏《かれし》……42
彼《かれ》を知《し》り己《おのれ》を知《し》れば百戦《ひゃくせん》あやうからず……348
過労《かろう》……208
過労死《かろうし》……125
軽《かろ》やか……542
かわいい……414
かわいい子《こ》には旅《たび》をさせよ……32
かわいがる……413
かわいさ余《あま》って憎《にく》さが百倍《ひゃくばい》……423
かわいそう……429
川風《かわかぜ》……596
かわたれ時《どき》……607
川《かわ》の字《じ》に寝《ね》る……220
勘《かん》……199
勘案《かんあん》……296
簡易《かんい》……564
看過《かんか》……255
感慨《かんがい》……432
考《かんが》え……295
考《かんが》え事《ごと》……499
考《かんが》え込《こ》む……295
考《かんが》え直《なお》す……295
考《かんが》える……295
考《かんが》える葦《あし》……296
感覚《かんかく》……198
眼下《がんか》に望《のぞ》む……262
鑑《かんが》みる……295
干戈《かんか》を交《まじ》える……346
かんかん……400・578・584
がんがん……202・578
侃々諤々《かんかんがくがく》……288
かんかん照《で》り……601
汗顔《かんがん》の至《いた》り……496
寒気《かんき》……214
歓喜《かんき》……425
感泣《かんきゅう》……385
眼球《がんきゅう》……80
汗牛充棟《かんぎゅうじゅうとう》……521
閑居《かんきょ》……250
感極《かんきわ》まる……433
雁首《がんくび》……78
感激《かんげき》……432
寒月《かんげつ》……570
換言《かんげん》……274
頑健《がんけん》……92
眼光《がんこう》紙背《しはい》に徹《てっ》す……310
環視《かんし》……261
莞爾《かんじ》……381
感《かん》じ入《い》る……432
感《かん》じ取《と》る……197
癇癪《かんしゃく》を起《お》こす……398
含羞《がんしゅう》……496
感受性《かんじゅせい》……199
完勝《かんしょう》……357
干渉《かんしょう》……453
頑丈《がんじょう》……92
完食《かんしょく》……229
感心《かんしん》……391・432
寒心《かんしん》……407
歓心《かんしん》……425
歓心《かんしん》を買《か》う……454
完遂《かんすい》……341
感性《かんせい》……199
冠雪《かんせつ》……594
感染《かんせん》……99
眼前《がんぜん》……537
完全燃焼《かんぜんねんしょう》……575
元祖《がんそ》……41
完走《かんそう》……172
寛大《かんだい》……436
甲高《かんだか》い……292
冠《かん》たる……559
感嘆《かんたん》……501
簡単《かんたん》……564
歓談《かんだん》……289
肝胆相照《かんたんあいて》らす……439

き

聞《き》き落《お》とす……265
聞《き》き覚《おぼ》え……267
聞《き》き及《およ》ぶ……264
聞《き》き書《が》き……318
聞《き》きかじる……265
聞《き》き込《こ》む……265
聞《き》きしに勝《まさ》る……267
聞《き》き捨《ず》て……267
聞《き》き捨《ず》てならない……164
鬼《き》気《き》迫《せま》る……405
聞《き》きそびれる……265
聞《き》き出《だ》す……264
聞《き》き質《ただ》す……298
聞《き》き違《ちが》える……265
聞《き》き付《つ》ける……264
聞《き》きづらい……265
聞《き》きとがめる……298
嬉《き》々《き》として……426
聞《き》き取《と》り……267
聞《き》き取《と》る……264・298
聞《き》き直《なお》す……265
聞《き》き流《なが》す……265

聞《き》き逃《のが》す……265・298
聞《き》きほれる……264
聞《き》き耳《みみ》を立《た》てる……264
聞《き》き漏《も》らす……265
希《き》求《きゅう》……491
起《き》居《きょ》……218
帰《き》郷《きょう》……189
帰《き》京《きょう》……189
義《ぎ》兄弟《きょうだい》……27
聞《き》き分《わ》け……302
聞《き》き分《わ》ける……264
聞《き》き忘《わす》れる……307
聞《き》く……203・263・297
聴《き》く……263
危《き》惧《ぐ》……497
寄《き》寓《ぐう》……249
奇《き》遇《ぐう》……324
着《き》崩《くず》す……243
ぎくっと……392
聞《き》くに堪《た》えない……267
聞《き》くは一時《いっとき》の恥《はじ》、聞《き》かぬは一《いっ》生《しょう》の恥《はじ》……299

聞《き》く耳《みみ》を持《も》たない……266
貴《き》君《くん》……19
貴《き》兄《けい》……19
義《ぎ》兄《けい》……28
棄《き》権《けん》……165
機《き》嫌《げん》が悪《わる》い……401
機《き》嫌《げん》を損《そこ》ねる……401
機《き》嫌《げん》を取《と》る……454
貴《き》公《こう》……19
帰《き》航《こう》……189
寄《き》稿《こう》……321
気《き》候《こう》……585
季《き》候《こう》……586
揮《き》毫《ごう》……321
貴《き》公《こう》子《し》……43
聞《き》こえ……267
聞《き》こえよがし……279
聞《き》こえる……263
帰《き》国《こく》……189
鬼《き》哭《こく》……387
着《き》こなし……246
着《き》こなす……245

着《き》込《こ》む……242
既《き》婚《こん》……115
危《き》座《ざ》……145
起《き》座《ざ》……145
気《き》障《ざ》……422
鬼《き》才《さい》……69
奇《き》才《さい》……69
記《き》載《さい》……316
気《き》障《ざ》ったらしい……420
貴《き》様《さま》……20
刻《きざ》む……160・306
義《ぎ》姉《し》……29
義《ぎ》子《し》……34
帰《き》社《しゃ》……189
奇《き》襲《しゅう》……365
寄《き》宿《しゅく》……249
記《き》述《じゅつ》……316
起《き》床《しょう》……225
希《き》少《しょう》……525
気《き》象《しょう》……585
寄《き》食《しょく》……249
喜《き》色《しょく》……425

気色《きしょく》が悪《わる》い …… 420
疑心《ぎしん》 …… 460
疑心暗鬼《ぎしんあんき》 …… 461
帰心矢《きしんや》のごとし …… 189
傷《きず》 …… 95
傷付《きずつ》く …… 94・427
気勢《きせい》 …… 485
犠牲《ぎせい》 …… 124
鬼籍《きせき》に入《い》る …… 127
季節風《きせつふう》 …… 598
着《き》せる …… 242
気《き》ぜわしい …… 506
競《きそ》い合《あ》う …… 352
起草《きそう》 …… 321
競《きそ》う …… 352
寄贈《きぞう》 …… 337
北風《きたかぜ》 …… 598
着《き》た切《き》り雀《すずめ》 …… 247
帰宅《きたく》 …… 189
汚《きたな》い …… 546
汚《きたな》らしい …… 546
来《きた》る …… 185
忌憚《きたん》のない …… 282
吉《きち》 …… 134
帰着《きちゃく》 …… 188
忌中《きちゅう》 …… 130
機長《きちょう》 …… 65
記帳《きちょう》 …… 318
議長《ぎちょう》 …… 63
きつい …… 470・518
気遣《きづか》う …… 498
気疲《きづか》れ …… 208
吉凶《きっきょう》 …… 131
気付《きづ》く …… 197
着付《きつ》け …… 244
喫《きっ》する …… 236
きっての …… 559
切《き》っても切《き》れない …… 162
きっと …… 261
狐《きつね》につままれる …… 390
狐《きつね》の嫁入《よめい》り …… 590
きっぱり …… 282
詰問《きつもん》 …… 299
屹立《きつりつ》 …… 534
義弟《ぎてい》 …… 29
木《き》で鼻《はな》をくくる …… 443
貴殿《きでん》 …… 19
帰途《きと》 …… 189
危篤《きとく》 …… 100
気取《きど》り屋《や》 …… 410
気取《きど》る …… 408
着流《きなが》し …… 244
きな臭《くさ》い …… 206
気《き》に入《い》らない …… 420
気《き》に入《い》る …… 413
気《き》にかかる …… 498
気《き》に食《く》わない …… 420
気《き》に障《さわ》る …… 401
気《き》に染《そ》まない …… 420
気《き》になる …… 498
気《き》に病《や》む …… 467
記入《きにゅう》 …… 316
気抜《きぬ》け …… 473
疑念《ぎねん》 …… 460
昨日《きのう》は人《ひと》の身《み》今日《きょう》は我《わ》が身《み》 …… 132
気《き》の毒《どく》 …… 429
着《き》の身着《みき》のまま …… 247
気迫《きはく》 …… 486
気恥《きは》ずかしい …… 493
気張《きば》る …… 485
忌引《きび》き …… 130
きびきび …… 554
きびす …… 91
きびすを返《かえ》す …… 188
起筆《きひつ》 …… 321
奇病《きびょう》 …… 97
機敏《きびん》 …… 552
寄付《きふ》 …… 337
義父《ぎふ》 …… 25
着膨《きぶく》れ …… 244
着膨《きぶく》れる …… 243
貴婦人《きふじん》 …… 44
ギフト …… 338
着太《きぶと》り …… 244
義憤《ぎふん》 …… 399
気分《きぶん》がよい …… 430
気分《きぶん》を害《がい》する …… 401

驚《きょう》異的《いてき》 391
教員《きょういん》 65
強運《きょううん》 133
競泳《きょうえい》 174
恐悦《きょうえつ》 425
教化《きょうか》 373
仰臥《ぎょうが》 146
驚愕《きょうがく》 390
教官《きょうかん》 66
行間《ぎょうかん》を読《よ》む 310
狂喜《きょうき》 425
驚喜《きょうき》 425
協議《きょうぎ》 287
競技《きょうぎ》 353
供給《きょうきゅう》 337
境遇《きょうぐう》 133
挟撃《きょうげき》 365
強健《きょうけん》 92
強堅《きょうけん》 539
強固《きょうこ》 539
教皇《きょうこう》 65
強攻《きょうこう》 365
恐慌《きょうこう》 393
競合《きょうごう》 353
僥倖《ぎょうこう》 134
行幸《ぎょうこう》 177
共済《きょうさい》 332
狭窄《きょうさく》 518
協賛《きょうさん》 330
仰山《ぎょうさん》 521
教師《きょうし》 65
教示《きょうじ》 372
仰視《ぎょうし》 258
凝視《ぎょうし》 260
教授《きょうじゅ》 66・372
強襲《きょうしゅう》 365
教習《きょうしゅう》 372
供述《きょうじゅつ》 273
嬌笑《きょうしょう》 381
狭小《きょうしょう》 518
教職《きょうしょく》 66
教職員《きょうしょくいん》 65
強壮《きょうそう》 92
競走《きょうそう》 173
競争《きょうそう》 352
兄弟《きょうだい》 26・58
強大《きょうだい》 511
兄弟姉妹《きょうだいしまい》 27
兄弟《きょうだい》は他人《たにん》の始《はじ》まり 30
驚嘆《きょうたん》 391
教壇《きょうだん》に立《た》つ 373
強調《きょうちょう》 282
協調《きょうちょう》 334
仰天《ぎょうてん》 390
驚天動地《きょうてんどうち》 390
暁天《ぎょうてん》の星《ほし》 570
教頭《きょうとう》 66
共闘《きょうとう》 334
驚倒《きょうとう》 390
共同《きょうどう》 334
協同《きょうどう》 334
京《きょう》の着倒《きだお》れ大阪《おおさか》の食《く》い倒《だお》れ 230
恐怖《きょうふ》 405
胸部《きょうぶ》 85
強風《きょうふう》 595
強弁《きょうべん》 282
教鞭《きょうべん》を執《と》る 373
競歩《きょうほ》 166
驕慢《きょうまん》 449
協約《きょうやく》 371
教諭《きょうゆ》 65
供与《きょうよ》 336
供覧《きょうらん》 256
協力《きょうりょく》 333
虚栄《きょえい》 409
巨魁《きょかい》 61
曲学阿世《きょくがくあせい》 456
極言《きょくげん》 287
旭日《きょくじつ》 568
極小《きょくしょう》 513
極大《きょくだい》 510
玉体《ぎょくたい》 77
局長《きょくちょう》 65
極論《きょくろん》 287
挙式《きょしき》 116
虚弱《きょじゃく》 93
居住《きょじゅう》 248

巨匠《きょしょう》……70
虚飾《きょしょく》……409
巨人《きょじん》……67
巨星《きょせい》……67
巨星《きょせい》墜《お》つ……121
巨大《きょだい》……510
虚脱《きょだつ》……473
ぎょっと……392
巨頭《きょとう》……60
きょとん……392
魚腹《ぎょふく》に葬《ほうむ》られる……125
巨万《きょまん》……520
清《きよ》める……545
清《きよ》らか……543
居留《きょりゅう》……249
きょろきょろ……257
ぎょろぎょろ……257
ぎょろ目《め》……83
居《きょ》を構《かま》える……248
嫌《きら》い……421
嫌《きら》いではない……413
嫌《きら》う……418
きらきら……584
ぎらぎら……584
ぎらつく……581
きらびやか……544
綺羅星《きらぼし》のごとく……570
きらめく……580
きらり……562・584
ぎらり……584
切《き》り落《お》とす……159
切《き》り刻《きざ》む……160
切《き》り傷《きず》……96
きりきり……202・465
ぎりぎり……234
きりきり舞《ま》い……507
霧雲《きりぐも》……604
切《き》り込《こ》む……159・298・363
切《き》り裂《さ》く……160
霧雨《きりさめ》……589
切《き》り捨《す》てる……164
切《き》り出《だ》す……269
切《き》り立《た》つ……533
起立《きりつ》……141
切《き》り取《と》る……159
切《き》り抜《ぬ》ける……193
切《き》り離《はな》す……159
切《き》り開《ひら》く……159
寄留《きりゅう》……249
気流《きりゅう》……595
ぎりり……234
麒麟児《きりんじ》……69
切《き》る……159
着《き》る……242
きれい……543
きれいさっぱり……308
切《き》れ長《なが》……83
切《き》れる……159・395
帰路《きろ》……189
記録《きろく》……316
議論《ぎろん》……285
議論百出《ぎろんひゃくしゅつ》……288
疑惑《ぎわく》……460
際立《きわだ》つ……557
気《き》を落《お》とす……472
気《き》をよくする……430
気《き》を悪《わる》くする……401
近縁《きんえん》……39
欣快《きんかい》……431
欣喜雀躍《きんきじゃくやく》……425
緊急《きんきゅう》……505
近距離《きんきょり》……537
きんきらきん……584
近々《きんきん》……538
キング……64
キングサイズ……512
近郊《きんこう》……538
近郷《きんごう》……538
緊褌一番《きんこんいちばん》……484
近所《きんじょ》……538
僅少《きんしょう》……525
錦上《きんじょう》に花《はな》を添《そ》える……545
近親《きんしん》……39
銀世界《ぎんせかい》……594
欣然《きんぜん》……425
琴線《きんせん》に触《ふ》れる……433
謹呈《きんてい》……337
きんと……216

筋肉痛《きんにくつう》……201
金《きん》ぴか……584
近辺《きんぺん》……538
金星《きんぼし》……358
金蘭《きんらん》の友《とも》……59
近隣《きんりん》……538

く

悔《く》い……464
食《く》い荒《あ》らす……227
食《く》い意地《いじ》が張《は》る……231
クイーン……64
ぐいぐい……237
食《く》いだめ……229
食《く》い千切《ちぎ》る……160
食《く》い散《ち》らす……227
クイック……553
食《く》い付《つ》く……233
食《く》いつなぐ……103・217
ぐいと……237
食《く》い止《と》める……367
食《く》い逃《に》げ……196
食《く》いはぐれる……217・227
悔《く》いる……463
悔《く》いを残《のこ》す……463
食《く》う……217・226・355
空《くう》……572
空域《くういき》……573
空気《くうき》を読《よ》む……198
ぐうぐう……210・224
ぐうすか……224
空中《くうちゅう》……572
空漠《くうばく》……517
空腹《くうふく》……210
食《く》える……217
久遠《くおん》……530
苦学《くがく》……305
苦境《くきょう》……471
潜《くぐ》る……180
愚兄《ぐけい》……28
愚考《ぐこう》……297
臭《くさ》い……204・460
草《くさ》いきれ……212
臭《くさ》い飯《めし》を食《く》う……204
臭《くさ》い物《もの》に蓋《ふた》をする……204
草木《くさき》も眠《ねむ》る……223
くさくさ……475
腐《くさ》す……502
草枕《くさまくら》……223
臭《くさ》み……205・422
腐《くさ》る……472
腐《くさ》るほど……522
愚姉《ぐし》……29
くじ運《うん》……133
挫《くじ》く……94
挫《くじ》ける……472
愚者《ぐしゃ》……73
苦渋《くじゅう》……469
駆除《くじょ》……138
苦笑《くしょう》……378
苦心《くしん》……469
愚人《ぐじん》……73
苦心惨憺《くしんさんたん》……469
ぐず……74
くすくす……379
ぐずぐず……556
くすぐったい……200・493
くすぐる……454
崩《くず》す……315
くすぶる……577
くすり……381
ぐすん……387
愚生《ぐせい》……17
苦節十年《くせつじゅうねん》……489
苦戦《くせん》……347
愚息《ぐそく》……32
くそ味噌《みそ》……504
躯体《くたい》……76
くたくた……208
くだくだ……280
砕《くだ》ける……439
下《くだ》さる……336
下《くだ》す……355
くたばる……121・207
くたびれる……207・550
下《くだ》る……176
口《くち》……82
口裏《くちうら》を合《あ》わせる……369

口惜《くちお》しい…464
口《くち》がうまい…277
口《くち》が重《おも》い…293
口《くち》が堅《かた》い…293
口《くち》が軽《かる》い…277
口数《くちかず》が少《すく》ない…293
口《くち》が過《す》ぎる…271
口《くち》が滑《すべ》る…272
口《くち》が減《へ》らない…277
口《くち》から先《さき》に生《う》まれる…270
口《くち》が悪《わる》い…282
口汚《くちぎたな》い…279
口々《くちぐち》…279
口喧嘩《くちげんか》…286
口答《くちごた》え…457
口《くち》ごもる…278
口《くち》ずさむ…272
口出《くちだ》し…453
口付《くちつ》き…276
口直《くちなお》し…230
口《くち》に合《あ》う…238
口《くち》にする…227・269
口走《くちばし》る…271
くちばしを入《い》れる…453
朽《く》ち果《は》てる…120
口幅《くちはば》ったいことを言《い》う…281
唇《くちびる》…82
唇《くちびる》を噛《か》む…463
口《くち》振《ぶ》り…276
口任《くちまか》せ…275
口元《くちもと》…82
口《くち》も八丁《はっちょう》手《て》も八丁《はっちょう》…270
口約束《くちやくそく》…369
くちゃくちゃ…235
区長《くちょう》…65
口調《くちょう》…276
口汚《くちよご》し…231
口《くち》をきく…269
口《くち》を切《き》る…270
口《くち》を極《きわ》める…279
口《くち》を酸《す》っぱくする…279
口《くち》をそろえる…270
口《くち》をつぐむ…293
口《くち》をとがらせる…401
口《くち》を閉《と》ざす…293
口《くち》を濁《にご》す…278
口《くち》をぬぐう…462
口《くち》を糊《のり》する…217
口《くち》を開《ひら》く…269
口《くち》を封《ふう》じる…293
口《くち》を結《むす》ぶ…293
苦痛《くつう》…200・468
くつくつ…381
くつくつと…380
屈指《くっし》…560
屈辱《くつじょく》…496
ぐっすり…224
屈《くっ》する…360・472
靴擦《くつず》れ…94
屈託《くったく》…465
ぐったり…209
ぐっと…433
愚弟《ぐてい》…29
口伝《くでん》…372
くどい…239
苦闘《くとう》…347
くどくど…280
苦難《くなん》…468
苦《く》にする…467
苦悩《くのう》…469
苦杯《くはい》をなめる…234・467
首《くび》…82
ぐびぐび…237
首筋《くびすじ》…84
首《くび》っ丈《たけ》…417
首《くび》っ玉《たま》…83
首根《くびね》っこ…84
首《くび》をかしげる…459
首《くび》を突《つ》っ込《こ》む…452
首《くび》をひねる…459
くべる…575
愚妹《ぐまい》…30
組《く》み合《あ》う…345
酌《く》み交《か》わす…236
くみしやすい…565
酌《く》む…236
組《く》む…333
雲《くも》…604

け

仮病《けびょう》……97
煙《けむ》い……577
煙《けむ》たい……420・577
煙《けむり》……577
煙《けむ》る……577
けらけら……379
げらげら……379
毛《け》を吹《ふ》いて傷《きず》を求《もと》む……96
権威《けんい》……70
巻雲《けんうん》……604
嫌悪《けんお》……421
喧嘩《けんか》……351
見解《けんかい》……296
喧嘩別《けんかわか》れ……327
嫌疑《けんぎ》……461
元気《げんき》……91
元気付《げんきづ》ける……486
健脚《けんきゃく》……169
言及《げんきゅう》……274
元凶《げんきょう》……62
賢兄《けんけい》……20
弦月《げんげつ》……570
喧々囂々《けんけんごうごう》……288
堅固《けんご》……92
健康《けんこう》……91
健在《けんざい》……92
見参《けんざん》……324
顕示《けんじ》……449
原子雲《げんしぐも》……606
賢者《けんじゃ》……68
元首《げんしゅ》……63
健勝《けんしょう》……92
顕彰《けんしょう》……501
賢人《けんじん》……68
元帥《げんすい》……63
巻積雲《けんせきうん》……604
健全《けんぜん》……92
巻層雲《けんそううん》……604
眷属《けんぞく》……40
玄孫《げんそん》……38
倦怠《けんたい》……208・478
現代的《げんだいてき》……548
検知《けんち》……198
賢弟《けんてい》……20
健闘《けんとう》……346
げんなり……208・478
堅忍不抜《けんにんふばつ》……489
犬馬《けんば》の労《ろう》……484
健筆《けんぴつ》……322
厳父《げんぷ》……24
権柄尽《けんぺいず》く……446
懸命《けんめい》……483
言明《げんめい》……282
幻滅《げんめつ》……473
けんもほろろ……444
絢爛《けんらん》……545
言論《げんろん》……273

こ

子《こ》……30・47
濃《こ》い……239
恋《こ》い焦《こ》がれる……414
恋心《こいごころ》……417
恋《こい》しい……415
恋《こい》する……414
こいねがう……490
誤飲《ごいん》……236
候《こう》……586
高圧的《こうあつてき》……446
更衣《こうい》……244
好意《こうい》……415・435
厚意《こうい》……435
広域《こういき》……515
後遺症《こういしょう》……100
紅一点《こういってん》……45
降雨《こうう》……586
豪雨《ごうう》……589
幸運《こううん》……133
後裔《こうえい》……41
後衛《こうえい》……368
後援《こうえん》……330
高価《こうか》……535
硬化《こうか》……539
業火《ごうか》……576
後悔《こうかい》……465
口外《こうがい》……274
口角《こうかく》……82
合格《ごうかく》……113

口角《こうかく》泡《あわ》を飛《と》ばす …… 284
広闊《こうかつ》 …… 517
好感《こうかん》 …… 415
交歓《こうかん》 …… 440
厚顔《こうがん》 …… 451
傲岸《ごうがん》 …… 445
厚顔《こうがん》無恥《むち》 …… 451
香気《こうき》 …… 205
光輝《こうき》 …… 585
抗議《こうぎ》 …… 286
講義《こうぎ》 …… 372
厚誼《こうぎ》 …… 440
合議《ごうぎ》 …… 287
恒久《こうきゅう》 …… 530
高級《こうきゅう》 …… 561
号泣《ごうきゅう》 …… 384
薨去《こうきょ》 …… 127
香魚《こうぎょ》 …… 204
高空《こうくう》 …… 573
攻撃《こうげき》 …… 364
高潔《こうけつ》 …… 544
後見《こうけん》 …… 330

公言《こうげん》 …… 282
広言《こうげん》 …… 283
後顧《こうこ》 …… 259
豪語《ごうご》 …… 283
後攻《こうこう》 …… 366
煌々《こうこう》 …… 582
皓々《こうこう》 …… 583
孝行《こうこう》のしたい時分《じぶん》に親《おや》はなし …… 21
好々爺《こうこうや》 …… 54
後顧《こうこ》の憂《うれ》い …… 499
光彩《こうさい》 …… 585
考察《こうさつ》 …… 296
降参《こうさん》 …… 360・477
後嗣《こうし》 …… 32
講師《こうし》 …… 66
高姿勢《こうしせい》 …… 446
硬質《こうしつ》 …… 539
講習《こうしゅう》 …… 372
後述《こうじゅつ》 …… 273
口述《こうじゅつ》 …… 273
口述筆記《こうじゅつひっき》 …… 319

公傷《こうしょう》 …… 95
交渉《こうしょう》 …… 291
哄笑《こうしょう》 …… 378
厚情《こうじょう》 …… 434
講《こう》じる …… 373
口唇《こうしん》 …… 82
行進《こうしん》 …… 168
降水《こうすい》 …… 586
洪水《こうずい》 …… 520
抗《こう》する …… 456
薨《こう》ずる …… 127
攻勢《こうせい》 …… 366
恒星《こうせい》 …… 571
高積雲《こうせきうん》 …… 604
降雪《こうせつ》 …… 592
豪雪《ごうせつ》 …… 593
交戦《こうせん》 …… 349
光線《こうせん》 …… 583
傲然《ごうぜん》 …… 445
好走《こうそう》 …… 172
抗争《こうそう》 …… 348
広壮《こうそう》 …… 516

高層《こうそう》 …… 533
豪壮《ごうそう》 …… 511
高層雲《こうそううん》 …… 604
高速《こうそく》 …… 553
高祖《こうそ》父《ふ》 …… 37
高祖《こうそ》母《ぼ》 …… 37
広大《こうだい》 …… 516
広大《こうだい》無辺《むへん》 …… 516
光沢《こうたく》 …… 583
降誕《こうたん》 …… 106
好男《こうだん》子《し》 …… 43
校長《こうちょう》 …… 65・66
業突《ごうつ》く張《ば》り …… 492
皇帝《こうてい》 …… 64
好天《こうてん》 …… 601
高度《こうど》 …… 534
高等《こうとう》 …… 534
合同《ごうどう》 …… 334
行動《こうどう》を共《とも》にする …… 333
購読《こうどく》 …… 312
功《こう》成《な》り名《な》遂《と》げる …… 341
郷《ごう》に入《い》っては郷《ごう》に従《したが》え …… 251

告別《こくべつ》…… 326
告別式《こくべつしき》…… 128
国母《こくぼ》…… 24
国防《こくぼう》…… 368
告諭《こくゆ》…… 373
極楽《ごくらく》…… 431
ごくん…… 238
孤軍奮闘《こぐんふんとう》…… 482
こけ…… 72
後家《ごけ》…… 120
焦《こ》げ臭《くさ》い…… 206
こけつまろびつ…… 173
虚仮《こけ》の一心《いっしん》…… 341
こける…… 149
焦《こ》げる…… 576
午後《ごご》…… 609
後光《ごこう》…… 583
糊口《ここう》をしのぐ…… 217
虎口《ここう》を脱《だっ》する…… 194
凍《こご》える…… 215
心地《ここち》よい…… 430
呱々《ここ》の声《こえ》をあげる…… 108
屈《こご》む…… 143
心当《こころあ》たり…… 199
心有《こころあ》る…… 436
心得《こころえ》る…… 300
心覚《こころおぼ》え…… 307
心《こころ》が痛《いた》む…… 427
心《こころ》が躍《おど》る…… 424
心《こころ》が通《かよ》う…… 438
心《こころ》がこもる…… 436
心《こころ》が弾《はず》む…… 424
志《こころざし》…… 436
心尽《こころづ》くし…… 436
心《こころ》にかなう…… 413
心《こころ》に留《とど》める…… 306
心残《こころのこ》り…… 464
心《こころ》の友《とも》…… 56
心《こころ》ばかり…… 527
心細《こころぼそ》い…… 498
心持《こころも》ち…… 527
心許《こころもと》ない…… 498
心優《こころやさ》しい…… 434
心安《こころやす》い…… 437
快《こころよ》い…… 430
心《こころ》を合《あ》わせる…… 333
心《こころ》を込《こ》める…… 481
心《こころ》をつかむ…… 434
心《こころ》を開《ひら》く…… 438
心《こころ》を許《ゆる》す…… 438
心《こころ》を寄《よ》せる…… 414
後妻《ごさい》…… 120
小雨《こさめ》…… 589
腰《こし》…… 87
孤児《こじ》…… 34
誇示《こじ》…… 449
護持《ごじ》…… 367
輿入《こしい》れ…… 115
腰《こし》が重《おも》い…… 554
腰掛《こしか》ける…… 142
腰《こし》が強《つよ》い…… 234
腰《こし》が抜《ぬ》ける…… 389
腰巾着《こしぎんちゃく》…… 455
五指《ごし》に入《はい》る…… 557
戸主《こしゅ》…… 63
固守《こしゅ》…… 369
小舅《こじゅうと》…… 27
小姑《こじゅうと》…… 27
互助《ごじょ》…… 332
古色蒼然《こしょくそうぜん》…… 550
こじれる…… 100
腰《こし》を上《あ》げる…… 140
腰《こし》を下《お》ろす…… 142
吾人《ごじん》…… 17
鼓吹《こすい》…… 487
午睡《ごすい》…… 222
小競《こぜ》り合《あ》い…… 351
午前《ごぜん》…… 607
小僧《こぞう》…… 48
五臓六腑《ごぞうろっぷ》…… 85
こそげる…… 161
子育《こそだ》て…… 110
こそばゆい…… 200・493
ご尊顔《そんがん》を拝《はい》する…… 324
五体《ごたい》…… 77
こたえられない…… 430
小高《こだか》い…… 533
子宝《こだから》…… 31

御託《ごたく》を並《なら》べる……279
ごたごた……351
ごたつく……350
こだわる……295
東風《こち》……597
ごちそうになる……227
こちとら……16
語調《ごちょう》……276
こちょこちょ……202
こぢんまり……514
極寒《ごっかん》……214
小突《こづ》く……157
刻苦勉励《こっくべんれい》……482
こっくり……224
こつこつ……484
骨折《こっせつ》……94
ごっそり……524
こってり……242
骨董《こっとう》……549
骨肉《こつにく》……40
骨肉相食《こつにくあいは》む……346
骨肉《こつにく》の争《あらそ》い……350
小粒《こつぶ》……513
コップの中《なか》の嵐《あらし》……348
小面憎《こづらにく》い……421
小手《こて》……89
小手先《こてさき》……88
こてんぱん……359
事新《ことあたら》しい……547
事切《ことき》れる……126
誤読《ごどく》……312
言《こと》づて……267
言葉遣《ことばづか》い……277
言葉《ことば》を交《か》わす……288
言葉《ことば》を尽《つ》くす……271
子《こ》ども……30・46
事《こと》もなげ……565
子《こ》どもの喧嘩《けんか》に親《おや》が出《で》る……21
子《こ》どもは風《かぜ》の子《こ》……600
粉雪《こなゆき》……591
小憎《こにく》らしい……421
ごにょごにょ……280
好《この》ましい……415
好《この》み……415
好《この》む……413
子《こ》はかすがい……32
小走《こばし》り……168
小鼻《こばな》……81
子離《こばな》れ……109
小鼻《こばな》をうごめかす……448
小幅《こはば》……513
拒《こば》む……367
小腹《こばら》が空《す》く……209
こびへつらう……454
こびる……453
こびを売《う》る……454
こぶ……31
鼓舞《こぶ》……487
古風《こふう》……550
五風十雨《ごふうじゅうう》……589
古物《こぶつ》……550
小振《こぶ》り……513
小降《こぶ》り……588
ごま塩頭《しおあたま》……79
こましゃくれる……108
小股《こまた》……169
ごまめの歯《は》ぎしり……465
細《こま》やか……434
困《こま》り果《は》てる……476
困《こま》る……475
駒《こま》を進《すす》める……356
ごまをする……454
ごまんと……523
込《こ》み上《あ》げる……384
小耳《こみみ》に挟《はさ》む……264
小難《こむずか》しい……402・562
小娘《こむすめ》……49
こめかみ……80
小物《こもの》……75・513
小止《こや》み……588
小雪《こゆき》……593
今宵《こよい》……614
堪《こら》える……480・488
御覧《ごらん》……252
御覧《ごらん》に入《い》れる……252
こりこり……235
懲《こ》り懲《ご》り……465
顧慮《こりょ》……297

懲《こ》りる……464
これっぽっち……528
これ見《み》よがし……450
古老《ころう》……53
固陋《ころう》……550
転《ころ》がす……150
転《ころ》がり込《こ》む……248・338
転《ころ》がる……145・149
ころころ……379
ごろごろ……524
殺《ころ》し文句《もんく》……138
殺《ころ》す……136
ころっと……308
ごろ寝《ね》……221
転《ころ》ばす……150
転《ころ》ぶ……149
衣替《ころもが》え……244
ころり……123
ごろり……146
こわい……539
怖《こわ》い……405
怖《こわ》がる……403
小脇《こわき》に抱《かか》える……152
怖々《こわごわ》……406
声高《こわだか》……279
懇意《こんい》……437
婚姻《こんいん》……114
婚姻届《こんいんとどけ》……116
婚儀《こんぎ》……116
困窮《こんきゅう》……477
困苦《こんく》……468
根比《こんくら》べ……353
こんこん……157・593
昏々《こんこん》……224
懇々《こんこん》……374
根治《こんじ》……102
今生《こんじょう》……105
言上《ごんじょう》……274
今生《こんじょう》の別《わか》れ……328
渾身《こんしん》……77
懇親《こんしん》……440
昏睡《こんすい》……100
懇切《こんせつ》……434
混戦《こんせん》……347
懇談《こんだん》……290
昏倒《こんとう》……150
困難《こんなん》……563
困憊《こんぱい》……208
コンパクト……514
コンプリート……342
根負《こんま》け……361
今夜《こんや》……614
婚約《こんやく》……116
今夕《こんゆう》……611
婚礼《こんれい》……116
困惑《こんわく》……477

さ

ざあざあ……589
妻《さい》……119
最愛《さいあい》……416
才媛《さいえん》……70
塞翁《さいおう》が馬《うま》……132
際会《さいかい》……324
再会《さいかい》……324
在学《ざいがく》……112
猜疑《さいぎ》……461
最近《さいきん》……538
サイクロン……598
細君《さいくん》……119
再見《さいけん》……255
細見《さいけん》……261
最古《さいこ》……550
最期《さいご》……127
再考《さいこう》……297
最高《さいこう》……534・560
在校《ざいこう》……112
再婚《さいこん》……115
妻子《さいし》……39
才子《さいし》……69
在住《ざいじゅう》……248
妻女《さいじょ》……39・118
才女《さいじょ》……70
宰相《さいしょう》……64
最小《さいしょう》……513
最少《さいしょう》……526
最上《さいじょう》……562
最小限《さいしょうげん》……513

殺傷《さっしょう》 137
雑食《ざっしょく》 231
殺人《さつじん》 137
雑談《ざつだん》 275
察知《さっち》 198
さっと 553・599
ざっと 588
さっぱり 241・432
殺戮《さつりく》 137
蹉跌《さてつ》 344
里親《さとおや》 22
里方《さとかた》 40
里子《さとご》 34
諭《さと》す 374
悟《さと》る 197・300
座《ざ》に着《つ》く 142
さばく 161
鯖雲《さばぐも》 604
覚《さ》ます 225
さまよう 167
五月雨《さみだれ》 591
寒《さむ》い 213
寒気《さむけ》 214・407
寒《さむ》さ 214
寒々《さむざむ》 216
さめざめ 386
冷《さ》める 215・443
覚《さ》める 224
査問《さもん》 299
小夜《さよ》 611
さらう 302
サラブレッド 71
ざらめ雪《ゆき》 592
さらり 241・566
去《さ》る 189
猿《さる》も木《き》から落《お》ちる 343
去《さ》る者《もの》は追《お》わず 190
去《さ》る者《もの》は日々《ひび》に疎《うと》し 308
騒《さわ》ぎ 351
さわさわ 599
さわやか 430
触《さわ》る 153
三寒四温《さんかんしおん》 216
山居《さんきょ》 250
残月《ざんげつ》 570
散見《さんけん》 255
三国一《さんごくいち》 561
散策《さんさく》 167
惨殺《ざんさつ》 137
燦々《さんさん》 582
産児《さんじ》 46
賛辞《さんじ》 501
暫時《ざんじ》 532
山紫水明《さんしすいめい》 546
三十六計逃《さんじゅうろっけいに》げるにしかず 194
三女《さんじょ》 33
賛助《さんじょ》 330
三唱《さんしょう》 292
参上《さんじょう》 177
参《さん》じる 177
斬新《ざんしん》 548
酸性雨《さんせいう》 591
山積《さんせき》 520
残雪《ざんせつ》 594
参戦《さんせん》 349
燦然《さんぜん》 582
賛嘆《さんたん》 501
三男《さんなん》 32
残念《ざんねん》 464
残念無念《ざんねんむねん》 464
惨敗《ざんぱい》 360
賛美《さんび》 500
散歩《さんぽ》 167
三本《さんぼん》の矢《や》の教《おし》え 335
残夜《ざんや》 607
産卵《さんらん》 107
算《さん》を乱《みだ》して 196

し

師《し》 66
死《し》 122
試合《しあい》 353
慈愛《じあい》 416
仕上《しあ》げる 341
地雨《じあめ》 590
幸《しあわ》せ 133
思案《しあん》 296・497

思案《しあん》投《な》げ首《くび》……477
思案《しあん》に暮《く》れる……476
CEO《シーイーオー》……62
COO《シーオーオー》……65
弑逆《しいぎゃく》……138
飼育《しいく》……111
爺《じい》さん……54
じいじ……35
弑《しい》する……138
シーソーゲーム……354
試飲《しいん》……236
じいん……433
慈雨《じう》……591
自衛《じえい》……367
ジェット気流《きりゅう》……599
支援《しえん》……330
ジェンダー……41
ジェントルマン……42
潮風《しおかぜ》……597
塩辛《しおから》い……239
しおしお……475
しおらしい……441

しおれる……472
自害《じがい》……125
自学自習《じがくじしゅう》……303
自画自賛《じがじさん》……449
自活《じかつ》……218
叱《しか》る……395
自記《じき》……318
敷居《しきい》が高《たか》い……534
指揮官《しきかん》……62
直筆《じきひつ》……318
支給《しきゅう》……337
至急《しきゅう》……504
死去《しきょ》……122
辞去《じきょ》……190
至近《しきん》……537
軸足《じくあし》……91
しくしく……201・386
しくじる……342
四苦八苦《しくはっく》……468
時雨《しぐれ》……591
次兄《じけい》……28
刺激臭《しげきしゅう》……205

しげしげ……261
自決《じけつ》……125
四顧《しこ》……263
思考《しこう》……295
嗜好《しこう》……415
至高《しこう》……560
時候《じこう》……586
地獄耳《じごくみみ》……267
事故死《じこし》……125
しこしこ……235
しこたま……523
仕込《しこ》む……373
思索《しさく》……297
自殺《じさつ》……125
嗣子《しし》……34
四肢《しし》……91
次姉《じし》……29
次子《じし》……31
爺《じじい》……54
子々孫々《ししそんそん》……41
示寂《じじゃく》……127
四捨五入《ししゃごにゅう》……164

死守《ししゅ》……367
自習《じしゅう》……303
子女《しじょ》……30・49
次女《じじょ》……33
師匠《ししょう》……67
私傷《ししょう》……95
試食《ししょく》……228
地震雷火事親父《じしんかみなりかじおやじ》……408
静《しず》か……441
静々《しずしず》……170
沈《しず》む……472
辞《じ》する……190
四聖《しせい》……68
辞世《じせい》……122
私生活《しせいかつ》……218
視線《しせん》を浴《あ》びる……263
視線《しせん》を投《な》げる……251
試走《しそう》……172
自走《じそう》……173
子息《しそく》……33
子孫《しそん》……41
仕損《しそん》じる……342

舌《した》……82
下《した》……535
耳朶《じだ》……82
肢体《したい》……76・91
時代遅《じだいおく》れ……551
時代《じだい》がかる……551
時代錯誤《じだいさくご》……550
時代物《じだいもの》……549
慕《した》う……414
従《したが》う……178
従《したが》える……178
下書《したが》き……319
舌《した》が回《まわ》る……277
支度《したく》……247
親《した》しい……437
親《した》しき仲《なか》にも礼儀《れいぎ》あり……438
親《した》しみ……440
親《した》しむ……438
下相談《したそうだん》……290
認《したた》める……227・313
舌足《したた》らず……278
舌鼓《したつづみ》を打《う》つ……238
下積《したづ》み……489
仕立《した》てる……374
舌《した》なめずり……234
耳朶《じだ》に触《ふ》れる……264
じたばた……394
下腹《したばら》……86
下見《したみ》……255
下読《したよ》み……312
したり顔《がお》……450
舌《した》を出《だ》す……380・495
舌《した》を巻《ま》く……390
地団駄《じだんだ》を踏《ふ》む……463
七転八倒《しちてんばっとう》……468
試着《しちゃく》……244
市長《しちょう》……65
試聴《しちょう》……266
次長《じちょう》……65
失意《しつい》……474
歯痛《しつう》……201
四通八達《しつうはったつ》……181
室温《しつおん》……212
失火《しっか》……579
実家《じっか》……40
疾患《しっかん》……97
実感《じっかん》……198
質疑《しつぎ》……298
疾駆《しっく》……171
しっくり……440
しつけ……373
実兄《じっけい》……28
しつける……374
実見《じっけん》……255
しつこい……239
昵懇《じっこん》……440
失策《しっさく》……343
実姉《じっし》……29
実子《じっし》……34
十指《じっし》に余《あま》る……522
実習《じっしゅう》……304
失笑《しっしょう》……381
実生活《じっせいかつ》……218
叱責《しっせき》……399
疾走《しっそう》……172
叱咤《しった》……487
失態《しったい》……343
知《し》ったかぶり……409
叱咤激励《しったげきれい》……487
室長《しっちょう》……65
実弟《じってい》……29
じっと……261・489
じっとしていられない……412
失念《しつねん》……308
実年《じつねん》……52
実《じつ》の親《おや》……22
失敗《しっぱい》……343
失敗《しっぱい》は成功《せいこう》のもと……343
執筆《しっぴつ》……321
実父《じっぷ》……23
疾風《しっぷう》……595
疾病《しっぺい》……97
実母《じつぼ》……25
失望《しつぼう》……473
しっぽを振《ふ》る……454
しっぽを巻《ま》く……362
実妹《じつまい》……30
失命《しつめい》……127

質問《しつもん》……298
子弟《してい》……47
死出《しで》の旅《たび》……126
死闘《しとう》……347
指導《しどう》……371
児童《じどう》……48
指導員《しどういん》……66
指導者《しどうしゃ》……59
自得《じとく》……301
し遂《と》げる……341
しとしと……588
仕留《しと》める……136
しどろもどろ……280
品薄《しなうす》……525
しなやか……540・543
指南《しなん》……67・371
至難《しなん》……563
次男《じなん》……32
死《し》に後《おく》れる……103
死《し》に際《ぎわ》……127
死《し》に化粧《げしょう》……130
死《し》に損《そこ》なう……103
死《し》に花《ばな》を咲《さ》かせる……121
死《し》に物狂《ものぐる》い……483
死《し》に別《わか》れ……327
死《し》に別《わか》れる……326
自任《じにん》……448
死《し》ぬ……120
しのぎを削《けず》る……345
しのぐ……488・556
四《し》の五《ご》の……278
篠突《しのつ》く雨《あめ》……590
東雲《しののめ》……607
忍《しの》び足《あし》……169
忍《しの》び泣《な》き……384
忍《しの》び泣《な》く……383
忍《しの》び笑《わら》い……378
忍《しの》ぶ……488
支配人《しはいにん》……62
暫《しば》し……533
始発《しはつ》……185
暫《しばら》く……532
しばれる……215
師範《しはん》……67
慈悲《じひ》……435
自筆《じひつ》……318
四百四病《しひゃくしびょう》……97
死病《しびょう》……97
持病《じびょう》……97
しびれ……201
しびれる……201・434
しびれを切《き》らす……411
慈父《じふ》……23
自負《じふ》……448
渋《しぶ》い……240
雌伏《しふく》……489
自分《じぶん》……17
死別《しべつ》……327
思慕《しぼ》……417
慈母《じぼ》……25
死亡《しぼう》……122
死没《しぼつ》……122
姉妹《しまい》……27
自慢《じまん》……448
自慢気《じまんげ》……448
染《し》み……547
滋味《じみ》……241
地味《じみ》……442
染《し》みる……200
事務長《じむちょう》……65
示《しめ》し合《あ》わせる……369
じめじめ……475
湿《しめ》っぽい……474
絞《し》める……138
湿《しめ》る……472
耳目《じもく》を驚《おどろ》かす……389
下座《しもざ》……145
試問《しもん》……298
諮問《しもん》……299
自問《じもん》……299
しゃあしゃあ……452
シャイ……442
ジャイアント……511
シャウト……293
社運《しゃうん》……133
しゃがみ込《こ》む……143
しゃがむ……143
しゃきしゃき……234

瘠《しゃく》……399
弱《じゃく》……526
寂《じゃく》する……127
弱体《じゃくたい》……93
瘠《しゃく》に障《さわ》る……401
灼熱《しゃくねつ》……212
若年《じゃくねん》……51
若輩《じゃくはい》……51
寂滅《じゃくめつ》……127
しゃくり上《あ》げる……383
舎兄《しゃけい》……28
射殺《しゃさつ》……138
車軸《しゃじく》を流《なが》すよう……587
しゃしゃり出《で》る……452
しゃちほこ立《だ》ち……142
社長《しゃちょう》……62
弱冠《じゃっかん》……51
若干《じゃっかん》……527
シャッポを脱《ぬ》ぐ……362
舎弟《しゃてい》……29
しゃなりしゃなり……170
しゃぶり付《つ》く……233

しゃぶる……233
しゃべくる……268
しゃべる……268
社友《しゃゆう》……57
斜陽《しゃよう》……568
砂利《じゃり》……47
しゃりしゃり……234
じゃりじゃり……234
しゃりっと……234
洒落《しゃれ》込《こ》む……246
洒落《しゃれ》る……246
じゃんじゃん……524
ジャンプ……148
ジャンボ……512
秀逸《しゅういつ》……558
驟雨《しゅうう》……590
就学《しゅうがく》……112
修学《しゅうがく》……303
自由形《じゆうがた》……175
縦貫《じゅうかん》……181
臭気《しゅうき》……205
衆議《しゅうぎ》……287

住居《じゅうきょ》……248
重軽傷《じゅうけいしょう》……95
襲撃《しゅうげき》……364
祝言《しゅうげん》……116
重厚長大《じゅうこうちょうだい》……511
十五夜《じゅうごや》……612
重婚《じゅうこん》……116
秀才《しゅうさい》……69
銃殺《じゅうさつ》……138
十三夜《じゅうさんや》……612
ジューシー……241
十姉妹《じゅうしまつ》……30
愁傷《しゅうしょう》……429
重傷《じゅうしょう》……95
重症《じゅうしょう》……100
周章狼狽《しゅうしょうろうばい》……393
終身《しゅうしん》……106
就寝《しゅうしん》……220
終生《しゅうせい》……105
銃創《じゅうそう》……96
縦走《じゅうそう》……168・181
重体《じゅうたい》……100

縦断《じゅうだん》……181
羞恥《しゅうち》……496
終着《しゅうちゃく》……192
集中豪雨《しゅうちゅうごうう》……590
酋長《しゅうちょう》……60
舅《しゅうと》……25
修得《しゅうとく》……304
習得《しゅうとく》……305
姑《しゅうとめ》……26
柔軟《じゅうなん》……540
十二分《じゅうにぶん》……520
終発《しゅうはつ》……185
秀抜《しゅうばつ》……558
重病《じゅうびょう》……100
十分《じゅうぶん》……519
終夜《しゅうや》……614
襲来《しゅうらい》……364
縦覧《じゅうらん》……256
修了《しゅうりょう》……113
重量《じゅうりょう》……541
秋霖《しゅうりん》……590
秀麗《しゅうれい》……543

収賄《しゅうわい》 340
雌雄《しゆう》を決《けっ》する 346
首魁《しゅかい》 61
首級《しゅきゅう》 78
受給《じゅきゅう》 339
修行《しゅぎょう》 303
修業《しゅぎょう》 303
授業《じゅぎょう》 372
珠玉《しゅぎょく》 560
宿痾《しゅくあ》 97
宿縁《しゅくえん》 132
宿願《しゅくがん》 491
熟考《じゅくこう》 296
淑女《しゅくじょ》 44
縮小《しゅくしょう》 514
熟睡《じゅくすい》 220
塾長《じゅくちょう》 65
熟読《じゅくどく》 311
熟読玩味《じゅくどくがんみ》 311
宿望《しゅくぼう》 491
宿命《しゅくめい》 132
熟慮《じゅくりょ》 296
主君《しゅくん》 65
受勲《じゅくん》 340
守護《しゅご》 368
首肯《しゅこう》 301
受講《じゅこう》 304
主査《しゅさ》 60
主将《しゅしょう》 60
首相《しゅしょう》 64
授賞《じゅしょう》 337
授章《じゅしょう》 337
受賞《じゅしょう》 340
受章《じゅしょう》 340
主人《しゅじん》 117
守勢《しゅせい》 368
首長《しゅちょう》 63
主張《しゅちょう》 282
出火《しゅっか》 579
述懐《じゅっかい》 273
出撃《しゅつげき》 364
出航《しゅっこう》 185
出港《しゅっこう》 185
出産《しゅっさん》 107
出生《しゅっしょう》 106
出色《しゅっしょく》 558
出立《しゅったつ》 184
出動《しゅつどう》 184
出発《しゅっぱつ》 183
出奔《しゅっぽん》 195
ジュニア 33
主任《しゅにん》 60
首脳《しゅのう》 60
主犯《しゅはん》 61
首班《しゅはん》 64
守備《しゅび》 368
シュプレヒコール 293
首謀者《しゅぼうしゃ》 61
趣味《しゅみ》 415
寿命《じゅみょう》 105
寿命《じゅみょう》が縮《ちぢ》まる 390
授与《じゅよ》 337
首領《しゅりょう》 61
受領《じゅりょう》 339
手話《しゅわ》 275
しゅん 475
瞬間《しゅんかん》 531
殉教《じゅんきょう》 126
准教授《じゅんきょうじゅ》 66
順光《じゅんこう》 583
俊才《しゅんさい》 69
瞬時《しゅんじ》 531
殉死《じゅんし》 125
春宵一刻値千金《しゅんしょういっこくあたいせんきん》 614
殉職《じゅんしょく》 125
殉《じゅん》じる 125
春雪《しゅんせつ》 593
俊足《しゅんそく》 553
潤沢《じゅんたく》 519
順手《じゅんて》 153
殉難《じゅんなん》 126
順風《じゅんぷう》 596
春眠暁《しゅんみんあかつき》を覚《おぼ》えず 223
駿馬《しゅんめ》 554
小《しょう》 513
情《じょう》 435
情愛《じょうあい》 416
傷痍《しょうい》 94

初学《しょがく》…305
暑気《しょき》…211
じょきじょき…163
助教《じょきょう》…66
助教授《じょきょうじゅ》…66
ジョギング…173
食《しょく》…231
私欲《しよく》…492
食《しょく》が細《ほそ》い…231
食指《しょくし》…88
食事《しょくじ》…228
食傷《しょくしょう》…478
食《しょく》する…226
食通《しょくつう》…232
諸君《しょくん》…20
諸兄《しょけい》…20
処刑《しょけい》…138
女傑《じょけつ》…67
しょげる…472
諸賢《しょけん》…20
書見《しょけん》…312
助言《じょげん》…373
徐行《じょこう》…555
初婚《しょこん》…115
所在《しょざい》ない…479
諸氏《しょし》…20
女子《じょし》…43・48
女史《じょし》…44
女児《じょじ》…48
書写《しょしゃ》…318
叙述《じょじゅつ》…316
徐々《じょじょ》に…555
処世《しょせい》…218
女性《じょせい》…43
助成《じょせい》…329
助勢《じょせい》…329
助走《じょそう》…172
所存《しょぞん》…296
初対面《しょたいめん》…324
所帯《しょたい》を持《も》つ…115
処置《しょち》…101
署長《しょちょう》…65
所長《しょちょう》…65
ショッキング…391
ショック…391
しょってる…448
しょっぱい…239
女帝《じょてい》…64
初七日《しょなのか》…130
初日《しょにち》を出《だ》す…358
しょぼくれる…472
しょぼしょぼ…588
署名《しょめい》…319
助命《じょめい》…332
所望《しょもう》…491
女流《じょりゅう》…44
助力《じょりょく》…329
しょんぼり…475
白髪頭《しらがあたま》…79
白川夜船《しらかわよふね》…223
白々《しらじら》明《あ》け…606
白々《しらじら》しい…462
じらす…410
知《し》らぬ顔《かお》の半兵衛《はんべえ》…463
知《し》らぬ存《ぞん》ぜぬ…463
しらばくれる…461
白旗《しらはた》を掲《かか》げる…362
白《しら》む…608
白雪《しらゆき》…591
しらを切《き》る…462
知《し》らん顔《かお》…462
知《し》らん振《ぷ》り…462
尻《しり》…87
知《し》り合《あ》い…59
尻押《しりお》し…329
尻《しり》からげ…244
尻切《しりき》れとんぼ…162
じりじり…412・584
退《しりぞ》く…189
自立《じりつ》…109
尻《しり》に帆《ほ》をかけて…196
尻餅《しりもち》をつく…149
思慮《しりょ》…296
死力《しりょく》を尽《つ》くす…481
思慮分別《しりょふんべつ》…296
尻《しり》を叩《たた》く…486
知《し》る…300
記《しる》す…306・313

知《し》る辺《べ》……59
じれったい……411
痴《し》れ者《もの》……73
じれる……410
白《しろ》い歯《は》を見《み》せる……376
白《しろ》い目《め》で見《み》る……423
素人離《しろうとばな》れ……560
白装束《しろしょうぞく》……130
じろじろ……261
じろっと……261
白星《しろぼし》……358
白目《しろめ》……80
持論《じろん》……287
しわしわ……55
師走《しわす》……171
親愛《しんあい》……416
仁愛《じんあい》……435
新鋭《しんえい》……548
進学《しんがく》……112
新型《しんがた》……548
震撼《しんかん》……405
新規《しんき》……548
審議《しんぎ》……287
進級《しんきゅう》……112
呻吟《しんぎん》……468
辛苦《しんく》……468
シングルマザー……26
神経《しんけい》が逆立《さかだ》つ……401
神経痛《しんけいつう》……201
進撃《しんげき》……364
新月《しんげつ》……569
心血《しんけつ》を注《そそ》ぐ……480
進攻《しんこう》……364
侵攻《しんこう》……365
親交《しんこう》……439
深更《しんこう》……612
新婚《しんこん》……115
辛酸《しんさん》をなめる……234・467
紳士《しんし》……42
新式《しんしき》……548
唇歯輔車《しんしほしゃ》……331
心中《しんじゅう》……125
辛勝《しんしょう》……357
寝食《しんしょく》……218
寝食《しんしょく》を忘《わす》れる……308
しんしん……216・593
人身《じんしん》……76
じんじん……201
新星《しんせい》……571
人生《じんせい》……105
新生児《しんせいじ》……46
親戚《しんせき》……39
親切《しんせつ》……434
新雪《しんせつ》……594
新鮮《しんせん》……548
親善《しんぜん》……439
心臓《しんぞう》……451
心臓《しんぞう》が強《つよ》い……450
心臓死《しんぞうし》……123
心臓《しんぞう》に毛《け》が生《は》えている……451
深窓《しんそう》に育《そだ》つ……112
親族《しんぞく》……39
迅速《じんそく》……552
身体《しんたい》……75
人体《じんたい》……76
甚大《じんだい》……511
陣痛《じんつう》……201・468
進呈《しんてい》……337
しんどい……207
神童《しんどう》……69
仁徳《じんとく》……435
心配《しんぱい》……497
心配事《しんぱいごと》……499
心腹《しんぷく》の友《とも》……58
人物《じんぶつ》……72
辛抱《しんぼう》……489
辛抱強《しんぼうづよ》い……489
親睦《しんぼく》……439
シンポジウム……285
進歩《しんぽ》的《てき》……548
親身《しんみ》……434
親密《しんみつ》……437
身命《しんめい》……104
人命《じんめい》……104
進物《しんもつ》……338
審問《しんもん》……299
尋問《じんもん》……299
深夜《しんや》……612

す

すすり上《あ》げる……383
すすり泣《な》き……384
すすり泣《な》く……383
すする……236
スター……571
スタート……184
すたこら……197
すたすた……169
ずたずた……163
巣立《すだ》つ……109・113
頭痛《ずつう》……201・499
すっきり……432
すっく……142
すっ転《ころ》ぶ……149
ずっしり……542
すったもんだ……351
すってんころり……150
すっと……142
すっとこどっこい……73
すっ飛《と》ばす……172
すっとぶ……147
すっとぼける……461
酸《す》っぱい……239
すっぱり……163
捨《す》て子《ご》……34
捨《す》てたものではない……164
捨《す》て値《ね》……165
捨《す》て鉢《ばち》……165
捨《す》て身《み》……483
捨《す》てる……163
捨《す》てる神《かみ》あれば拾《ひろ》う神《かみ》あり……164
すてん……150
素通《すどお》り……180
図《ず》に乗《の》る……444
図抜《ずぬ》ける……557
脛《すね》……90
脛《すね》に傷《きず》を持《も》つ……96
すばしっこい……552
ずばずば……283
ずば抜《ぬ》ける……557
素早《すばや》い……552
すぱり……163
ずばり……283
スパルタ式《しき》……374
スピーディー……552
ずぶずぶ……541
図太《ずぶと》い……450
すべての道《みち》はローマに通《つう》ず……181
滑《すべ》る……114
スマイル……378
住《す》まう……248
澄《す》ます……408
住《す》み替《か》える……248
住《す》み込《こ》む……248
住《す》み着《つ》く……248
住《す》み慣《な》れる……248
速《すみ》やか……552
住《す》む……248
住《す》めば都《みやこ》……251
スモール……515
すやすや……224
ずらかる……194
すらすら……279・566
すり足《あし》……169
擦《す》り傷《きず》……96
擦《す》り切《き》れる……161
擦《す》り抜《ぬ》ける……180・194
擦《す》り剥《む》く……94
スリル……407
スルー……182
ずるずる……238
スロー……555
スローモーション……555
座《すわ》り……144
座《すわ》り心地《ごこち》……144
座《すわ》り込《こ》み……144
座《すわ》り込《こ》む……143
座《すわ》る……142
寸毫《すんごう》……526
寸断《すんだん》……161
寸詰《すんづ》まり……531
寸秒《すんびょう》……532
寸分《すんぶん》……526

せ

背《せ》……87
性《せい》……41

そ

さくいん

卒業《そつぎょう》 113
素《そ》っ首《くび》 83
反《そ》っくり返《かえ》る 444
素《そ》っ気《け》ない 442
速攻《そっこう》 365
ぞっこん 417
ぞっと 407
卒倒《そっとう》 150
そっぽを向《む》く 456
袖《そで》を絞《しぼ》る 383
袖《そで》を通《とお》す 242
素読《そどく》 311
外孫《そとまご》 37
備《そな》えあれば憂《うれ》いなし 499
そなた 19
そねみ 422
その日暮《ひぐ》らし 218
その辺《へん》 538
その方《ほう》 18
そば 538
そばだつ 533
そびえる 533
祖父《そふ》 35
ソフト 442・540
祖父母《そふぼ》 34
祖母《そぼ》 35
そぼ降《ふ》る 588
背《そむ》く 456
そよ風《かぜ》 595
そよそよ 599
そよ吹《ふ》く 599
空《そら》 306・572・586
空恐《そらおそ》ろしい 405
空々《そらぞら》しい 462
空《そら》とぼける 461
空泣《そらな》き 385
空涙《そらなみだ》 387
空寝《そらね》 222
空耳《そらみみ》 267
空模様《そらもよう》 585
そらんじる 306
某《それがし》 17
そろそろ 556
蹲踞《そんきょ》 143
尊厳死《そんげんし》 123
損者三友《そんしゃさんゆう》 57
存《ぞん》じ寄《よ》り 59
損《そん》じる 342
尊大《そんだい》 446
村長《そんちょう》 65
尊父《そんぷ》 24
存命《ぞんめい》 103

た

多《た》 520
体《たい》 75
大《だい》 510
タイアップ 334
第一《だいいち》 561
第一人者《だいいちにんしゃ》 70
第一子《だいいっし》 31
第一声《だいいっせい》 275
退院《たいいん》 102
大悦《たいえつ》 426
ダイエット 229
大王《だいおう》 64
大家《たいか》 70
大火《たいか》 579
退学《たいがく》 113
大患《たいかん》 97
大観《たいかん》 256
大器《たいき》 67
大気《たいき》 573
大気圏《たいきけん》 573
大規模《だいきぼ》 511
退却《たいきゃく》 195
退去《たいきょ》 190
大嫌《だいきら》い 421
体軀《たいく》 76
大愚《たいぐ》 17
退屈《たいくつ》 478
大兄《たいけい》 20
大賢《たいけん》 68
大言壮語《たいげんそうご》 284
退校《たいこう》 113
対抗《たいこう》 353
対校《たいこう》 353
乃公《だいこう》 17

高飛車《たかびしゃ》 446
高《たか》ぶる 447
高《たか》め 533
高笑《たかわら》い 378
唾棄《だき》 421
焚《た》き付《つ》ける 575
滝《たき》のよう 587
宅《たく》 118
焚《た》く 575
類《たぐい》ない 558
卓越《たくえつ》 558
たくさん 479・519
卓絶《たくぜつ》 558
卓抜《たくばつ》 558
猛《たけ》り狂《くる》う 395
猛《たけ》り立《た》つ 395
長《た》ける 556
他言《たごん》 274
他殺《たさつ》 138
多士済々《たしせいせい》 521
多事多端《たじたたん》 507
たしなむ 413
惰弱《だじゃく》 93
多少《たしょう》 527
たじろぐ 403
出《だ》す 183
多数《たすう》 520
助《たす》かる 328
助《たす》け 329
助《たす》け合《あ》い 332
助《たす》け合《あ》う 329
助《たす》け出《だ》す 328
助《たす》け船《ぶね》を出《だ》す 331
助《たす》ける 328
携《たずさ》える 151
訪《たず》ねる 182
尋《たず》ねる 297
黄昏《たそがれ》 609
黄昏《たそがれ》る 610
多々《たた》 522
ただ 528
多大《ただい》 519
称《たた》える 500
たたかい 349
戦《たたか》い 353
戦《たたか》い抜《ぬ》く 345
たたかう 345
戦《たたか》う 352
叩《たた》き起《お》こす 225
叩《たた》き切《き》る 160
叩《たた》き込《こ》む 374
叩《たた》きつける 156
叩《たた》きのめす 355
叩《たた》く 157・355
質《ただ》す 297
たたずむ 140
だだっ広《ぴろ》い 515
畳《たたみ》の上《うえ》で死《し》ぬ 124
畳《たたみ》の上《うえ》の水練《すいれん》 176
漂《ただよ》う 167
ただより高《たか》いものはない 534
だち 57
立《た》ち合《あ》う 345
立《た》ち上《あ》がる 140
立《た》ち入《い》る 452
太刀打《たちう》ち 353
太刀打《たちう》ちできない 363
立《た》ち往生《おうじょう》 124
立《た》ち後《おく》れる 555
立《た》ち泳《およ》ぎ 175
立《た》ち聞《ぎ》き 266
断《た》ち切《き》る 159
立《た》ち食《ぐ》い 228
立《た》ち去《さ》る 189
立《た》ちすくむ 388・403
立《た》ち尽《つ》くす 140
立《た》ち続《つづ》ける 140
立《た》ちっ放《ぱな》し 141
立《た》ち詰《づ》め 141
立《た》ち通《どお》し 141
立《た》ち退《の》く 190
立《た》ち飲《の》み 236
立《た》ち待《ま》ち月《づき》 570
立《た》ち回《まわ》り 349
立《た》ち向《む》かう 456
立《た》ち読《よ》み 313
立《た》ち寄《よ》る 182
立《た》ちん坊《ぼう》 141

さくいん

立《た》つ …… 140・183
断《た》つ …… 159
裁《た》つ …… 160
脱臼《だっきゅう》 …… 94
脱稿《だっこう》 …… 321
脱獄《だつごく》 …… 195
達者《たっしゃ》 …… 92
ダッシュ …… 173
脱出《だっしゅつ》 …… 195
達人《たつじん》 …… 71
達《たっ》する …… 191・340
脱《だっ》する …… 193
達成《たっせい》 …… 341
立《た》つ瀬《せ》がない …… 494
脱走《だっそう》 …… 195
たった …… 528
タッチ …… 153
立《た》っち …… 142
タッチの差《さ》 …… 361
たって …… 493
立《た》っている者《もの》は親《おや》でも使《つか》え …… 21
脱兎《だっと》の勢《いきお》い …… 553
脱兎《だっと》のごとく …… 197
立《た》つ鳥跡《とりあと》を濁《にご》さず …… 190
達筆《たっぴつ》 …… 322
たっぷり …… 523
脱帽《だつぼう》 …… 361
竜巻《たつまき》 …… 596
脱力《だつりょく》 …… 473
立《た》て板《いた》に水《みず》 …… 277
蓼食《たでく》う虫《むし》も好《す》き好《ず》き …… 415
立《た》て込《こ》む …… 507
盾突《たてつ》く …… 456
縦長《たてなが》 …… 530
伊達《だて》の薄着《うすぎ》 …… 247
立《た》て膝《ひざ》 …… 144
打倒《だとう》 …… 357
多読《たどく》 …… 312
たどたどしい …… 278
たどり着《つ》く …… 191
たどる …… 176
棚《たな》からぼたもち …… 134
掌《たなごころ》 …… 87
棚引《たなび》く …… 603
谷風《たにかぜ》 …… 596
他人行儀《たにんぎょうぎ》 …… 444
狸親父《たぬきおやじ》 …… 55
狸寝入《たぬきねい》り …… 222
多年《たねん》 …… 530
楽《たの》しい …… 423
楽《たの》しむ …… 424
打破《だは》 …… 358
手挟《たばさ》む …… 153
束《たば》になる …… 333
旅立《たびだ》ち …… 184
旅立《たびだ》つ …… 126・183
荼毘《だび》に付《ふ》す …… 129
旅《たび》の恥《はじ》はかき捨《す》て …… 496
旅《たび》は道連《みちづ》れ世《よ》は情《なさ》け …… 437
タフ …… 93
だぶだぶ …… 512
多分《たぶん》 …… 520
食《た》べ歩《ある》き …… 232
食《た》べ過《す》ぎ …… 229
食《た》べ尽《つ》くす …… 227
食《た》べ放題《ほうだい》 …… 232
食《た》べる …… 217・226
だべる …… 268
駄弁《だべん》 …… 276
多忙《たぼう》 …… 507
打撲《だぼく》 …… 94
打撲傷《だぼくしょう》 …… 95
玉桂《たまかつら》 …… 569
たまげる …… 388
玉《たま》の輿《こし》に乗《の》る …… 115
たまらない …… 470
黙《だま》りこくる …… 293
黙《だま》り込《こ》む …… 293
黙《だま》る …… 293
賜《たまわ》る …… 336・339
惰眠《だみん》を貪《むさぼ》る …… 220
ため息《いき》 …… 475
ダメージ …… 95
矯《た》めつすがめつ …… 261
保《たも》つ …… 368
袂《たもと》を分《わ》かつ …… 325
たやすい …… 565

多用《たよう》 …… 507
たらたら …… 280
だらだら …… 531
垂乳根《たらちね》 …… 24
たらふく …… 231
多量《たりょう》 …… 520
だるい …… 207
垂《た》れ込《こ》める …… 603
垂《た》れ目《め》 …… 83
だれる …… 478
たわけ …… 73
他《た》を寄《よ》せ付《つ》けない …… 557
暖《だん》 …… 212
たんかを切《き》る …… 281
単記《たんき》 …… 320
暖気《だんき》 …… 212
短気《たんき》を起《お》こす …… 398
団結《だんけつ》 …… 334
断言《だんげん》 …… 281
談合《だんごう》 …… 290
団子鼻《だんごばな》 …… 83
端座《たんざ》 …… 144
断裁《だんさい》 …… 162
単細胞《たんさいぼう》 …… 74
男子《だんし》 …… 42・48
男児《だんじ》 …… 42・48
短時間《たんじかん》 …… 532
断食《だんじき》 …… 229
短時日《たんじじつ》 …… 532
男女《だんじょ》 …… 41
短小《たんしょう》 …… 531
誕生《たんじょう》 …… 106
談笑《だんしょう》 …… 289
嘆《たん》じる …… 427
談《だん》じる …… 288
端正《たんせい》 …… 544
男性《だんせい》 …… 42
嘆息《たんそく》 …… 428
男尊女卑《だんそんじょひ》 …… 45
団長《だんちょう》 …… 65
断腸《だんちょう》の思《おも》い …… 429
たんと …… 524
単刀直入《たんとうちょくにゅう》 …… 282
断《だん》トツ …… 561
旦那《だんな》 …… 118
担任《たんにん》 …… 65
淡泊《たんぱく》 …… 240
段鼻《だんばな》 …… 83
談判《だんぱん》 …… 291
断筆《だんぴつ》 …… 321
探訪《たんぼう》 …… 182
断末魔《だんまつま》 …… 127
たんまり …… 524
だんまり …… 294
短命《たんめい》 …… 123
端麗《たんれい》 …… 545
談話《だんわ》 …… 290

ち

小《ちい》さい …… 513
小《ちい》さめ …… 513
チーフ …… 60
知音《ちいん》 …… 56
チェアマン …… 63
知恵《ちえ》を貸《か》す …… 374
遅延《ちえん》 …… 555
誓《ちか》い …… 371
近《ちか》い …… 537
誓《ちか》う …… 369
血《ち》が通《かよ》う …… 436
近《ちか》く …… 537
近《ちか》しい …… 437
ちかちか …… 202・584
近々《ちかぢか》 …… 538
近付《ちかづ》き …… 59
近《ちか》め …… 537
力《ちから》 …… 330
力一杯《ちからいっぱい》 …… 482
力落《ちからお》とし …… 474
力添《ちからぞ》え …… 330
力付《ちからづ》ける …… 486
力《ちから》の限《かぎ》り …… 482
力負《ちからま》け …… 361
力《ちから》を合《あ》わせる …… 332
力《ちから》を落《お》とす …… 473
力《ちから》を貸《か》す …… 329
知己《ちき》 …… 56
乳兄弟《ちきょうだい》 …… 27

契《ちぎ》り……370
千《ち》切《ぎ》る……160
千《ち》切《ぎ》れ雲《ぐも》……605
馳《ち》駆《く》……171
ちくちく……201
逐電《ちくでん》……195
竹馬《ちくば》の友《とも》……58
稚《ち》児《ご》……47
知《ち》事《じ》……63
致《ち》傷《しょう》……94
恥《ち》辱《じょく》……497
知《ち》人《じん》……59
父《ちち》……22
遅《ち》々《ち》……555
父上《ちちうえ》……24
父親《ちちおや》……22
父方《ちちかた》……40
父君《ちちぎみ》……24
父《ちち》の日《ひ》……24
父母《ちちはは》……21
縮《ちぢ》み上《あ》がる……403
縮《ちぢ》む……403

ちっちゃい……513
ちっぽけ……513
血《ち》で血《ち》を洗《あら》う……346
千鳥足《ちどりあし》……169
血《ち》なまぐさい……206
血《ち》の気《け》が引《ひ》く……404
血《ち》の出《で》るよう……470
地《ち》の果《は》て……537
乳《ち》飲《の》み子《ご》……46
遅発《ちはつ》……184
乳離《ちばな》れ……108
ちび……47・535
ちびちび……238・528
ちびっ子《こ》……47
ちまちま……515
血祭《ちまつ》りに上《あ》げる……137
血眼《ちまなこ》……83
致命傷《ちめいしょう》……95
着《ちゃく》……191
着衣《ちゃくい》……244
着衣泳《ちゃくいえい》……175
着岸《ちゃくがん》……192

着眼《ちゃくがん》……261
着座《ちゃくざ》……145
嫡子《ちゃくし》……34
着席《ちゃくせき》……144
嫡男《ちゃくなん》……34
着帽《ちゃくぼう》……245
着目《ちゃくもく》……261
着用《ちゃくよう》……244
着陸《ちゃくりく》……192
着火《ちゃっか》……575
茶飲《ちゃの》み友達《ともだち》……57
ちゃん……23
ちゃんちゃらおかしい……381
治癒《ちゆ》……102
宙《ちゅう》……572
知友《ちゆう》……56
昼間《ちゅうかん》……608
注記《ちゅうき》……317
中空《ちゅうくう》……572
中原《ちゅうげん》に鹿《しか》を逐《お》う……354
中古《ちゅうこ》……549
誅殺《ちゅうさつ》……138

注視《ちゅうし》……260
中傷《ちゅうしょう》……503
誅《ちゅう》する……138
中退《ちゅうたい》……113
ちゅうちゅう……238
中天《ちゅうてん》……573
中年《ちゅうねん》……52
注目《ちゅうもく》……260
昼夜兼行《ちゅうやけんこう》……483・608
長《ちょう》……62
寵愛《ちょうあい》……416
弔意《ちょうい》……429
超越《ちょうえつ》……559
長官《ちょうかん》……63
鳥瞰《ちょうかん》……262
長久《ちょうきゅう》……530
調教《ちょうきょう》……373
長駆《ちょうく》……171
長兄《ちょうけい》……28
聴講《ちょうこう》……266
長考《ちょうこう》……297
長広舌《ちょうこうぜつ》……278

さくいん

長姉《ちょうし》……29
長子《ちょうし》……31
寵児《ちょうじ》……31
弔事《ちょうじ》……128
弔辞《ちょうじ》……128
長時間《ちょうじかん》……529
調子《ちょうし》に乗《の》る……444
聴取《ちょうしゅ》……266・299
長寿《ちょうじゅ》……105
長女《ちょうじょ》……33
嘲笑《ちょうしょう》……381
長《ちょう》じる……108・556
長身《ちょうしん》……534
超人《ちょうじん》……70
長生《ちょうせい》……105
長逝《ちょうせい》……127
超絶《ちょうぜつ》……559
鳥葬《ちょうそう》……129
頂戴《ちょうだい》……339
長大《ちょうだい》……529
頂戴《ちょうだい》する……228・339
長蛇《ちょうだ》の列《れつ》……530
長嘆《ちょうたん》……428
町長《ちょうちょう》……65
丁々発止《ちょうちょうはっし》……288
弔電《ちょうでん》……130
超弩級《ちょうどきゅう》……510
超特急《ちょうとっきゅう》……505
長男《ちょうなん》……32
眺望《ちょうぼう》……262
超凡《ちょうぼん》……559
長命《ちょうめい》……105
弔問《ちょうもん》……130
聴聞《ちょうもん》……299
跳躍《ちょうやく》……148
蝶《ちょう》よ花《はな》よ……110
長老《ちょうろう》……53
ちょきちょき……163
ちょきん……163
直撃《ちょくげき》……365
直言《ちょくげん》……282
直視《ちょくし》……260
直射《ちょくしゃ》……582
直通《ちょくつう》……181
直立《ちょくりつ》……140
直立不動《ちょくりつふどう》……140
ちょこちょこ……170
ちょこん……145
著作《ちょさく》……321
著述《ちょじゅつ》……321
著大《ちょだい》……512
ちょっかいを出《だ》す……453
直感《ちょっかん》……199
直近《ちょっきん》……538
直行《ちょっこう》……177
ちょっと……528・563
ちょっとした……528
ちょっと見《み》……256
ちょっぴり……528
ちょろい……565
ちょろちょろ……578
ちょん切《ぎ》る……159
ちょんと……163
ちらちら……257・268・584・592
ちらつく……581・592
ちらほら……528・592
ちらり……257・268
ちりちり……578
散《ち》り散《ぢ》り……328
治療《ちりょう》……100
散《ち》る……121
血《ち》を吐《は》く思《おも》い……470
血《ち》を分《わ》ける……40
朕《ちん》……17
沈鬱《ちんうつ》……474
鎮座《ちんざ》……144
沈思黙考《ちんしもっこう》……297
陳述《ちんじゅつ》……273
ちんちくりん……531
沈痛《ちんつう》……428
陳腐《ちんぷ》……550
ちんぷんかんぷん……563
ちんまり……515
沈黙《ちんもく》……294
沈黙《ちんもく》は金《きん》、雄弁《ゆうべん》は銀《ぎん》……294

つ

追記《ついき》……317

追及《ついきゅう》 …… 299
追撃《ついげき》 …… 365
追従《ついしょう》 …… 455
追従笑《ついしょうわら》い …… 379
追随《ついずい》を許《ゆる》さない …… 557
追善《ついぜん》 …… 129
付《つ》いていない …… 135
追悼《ついとう》 …… 429
ついばむ …… 226
通過《つうか》 …… 113・180
痛快《つうかい》 …… 431
痛感《つうかん》 …… 198
痛撃《つうげき》 …… 364
通行《つうこう》 …… 180
痛恨《つうこん》 …… 464
通《つう》じる …… 179
つうと言《い》えばかあ …… 440
通読《つうどく》 …… 311
痛罵《つうば》 …… 503
通《つう》ぶる …… 408
通覧《つうらん》 …… 256
つがい …… 120
使《つか》い捨《す》て …… 165
使《つか》い古《ふる》し …… 549
つかつか …… 169
束《つか》の間《ま》 …… 532
つかみ合《あ》い …… 350
つかみ取《と》る …… 152
つかむ …… 152・300
疲《つか》れ …… 207
疲《つか》れ切《き》る …… 207
疲《つか》れ果《は》てる …… 207
疲《つか》れる …… 206
付《つ》き …… 133
月《つき》 …… 568
月影《つきかげ》 …… 569
突《つ》き転《ころ》ばす …… 149
付《つ》き従《したが》う …… 178
突《つ》き倒《たお》す …… 149
月《つき》とすっぽん …… 570
尽《つ》きない …… 522
突《つ》き抜《ぬ》ける …… 179
月夜《つきよ》 …… 612
月夜《つきよ》に釜《かま》を抜《ぬ》かれる …… 614
月夜《つきよ》に提灯《ちょうちん》 …… 614
つく …… 271
付《つ》く …… 134
着《つ》く …… 142・191
突《つ》く …… 363
点《つ》く …… 581
尽《つ》くす …… 480
つくばう …… 143
月読《つくよ》み …… 569
作《つく》り笑《わら》い …… 378
作《つく》る …… 110
繕《つくろ》う …… 246・409
付《つ》け上《あ》がる …… 444
付《つ》け届《とど》け …… 337
着《つ》ける …… 191・242
付《つ》ける …… 314
辻風《つじかぜ》 …… 596
伝《つた》い歩《ある》き …… 168
伝《つた》え聞《き》く …… 265
土《つち》いじり …… 111
培《つちか》う …… 110
土《つち》が付《つ》く …… 361
土臭《つちくさ》い …… 206
土《つち》付《つ》かず …… 358
土《つち》になる …… 126
土踏《つちふ》まず …… 91
突《つ》っかける …… 243
つつがない …… 93
突《つ》っ切《き》る …… 180
つつく …… 226
つっけんどん …… 444
突《つ》っ込《こ》む …… 363
慎《つつし》み深《ぶか》い …… 441
突《つ》っ立《た》つ …… 140
突《つ》っ走《ぱし》る …… 172
突《つ》っ伏《ぷ》す …… 146
慎《つつ》ましい …… 441
慎《つつ》ましやか …… 441
つづる …… 316
努《つと》める …… 480
つねる …… 153
角《つの》突《つ》き合《あ》い …… 350
角《つの》突《つ》き合《あ》わせる …… 346
つば競《ぜ》り合《あ》い …… 354

潰《つぶ》す……138
つぶやき……274
つぶやく……272
つべこべ……280
妻《つま》……118
爪先《つまさき》……91
爪先立《つまさきだ》つ……140
つまずく……149・342
爪立《つまだ》てる……140
つまみ食《ぐ》い……228
つまみ出《だ》す……153
つまむ……153・226
詰《つ》まる……476
摘《つ》む……152・161
詰《つ》む……360
つむじ風《かぜ》……596
つむじを曲《ま》げる……401
つむり……78
詰《つ》め込《こ》む……306
冷《つめ》たい……213・442
冷《つめ》たくなる……126
爪《つめ》に火《ひ》をともす……579
爪《つめ》の垢《あか》ほど……528
爪《つめ》の垢《あか》を煎《せん》じて飲《の》む……237
つや……583
通夜《つや》……128
つやつや……584
つやめく……581
露《つゆ》……528
梅雨《つゆ》……591
梅雨明《つゆあ》け……589
梅雨入《つゆい》り……589
梅雨《つゆ》の中休《なかやす》み……589
梅雨《つゆ》の走《はし》り……589
梅雨《つゆ》の戻《もど》り……589
梅雨晴《つゆば》れ……602
強《つよ》い……93
面《つら》……79
辛《つら》い……442・469
づらい……562
貫《つらぬ》く……180・341
面《つら》の皮《かわ》が厚《あつ》い……450
吊《つ》り目《め》……83
つるつる……238
鶴《つる》は千年《せんねん》、亀《かめ》は万年《まんねん》……106
連《つ》れ合《あ》い……117
連《つ》れ子《こ》……34
連《つ》れ添《そ》う……114
連《つ》れ立《だ》つ……178
徒然《つれづれ》……479
つれない……442
連《つ》れる……177
つんけん……444
つんつるてん……531
つんつん……205
つんと……205・410
積《つ》ん読《どく》……313
つんのめる……150

て

手《て》……87
出会《であ》い……323
出合《であ》い頭《がしら》……324
出会《であ》う……322
手足《てあし》……91
手厚《てあつ》い……434
手当《てあ》て……101
手合《てあ》わせ……353
帝王《ていおう》……64
低回《ていかい》……166
停学《ていがく》……113
涕泣《ていきゅう》……387
提供《ていきょう》……337
低空《ていくう》……572
提携《ていけい》……334
抵抗《ていこう》……457
体裁《ていさい》ぶる……408
亭主《ていしゅ》……118
定住《ていじゅう》……249
亭主関白《ていしゅかんぱく》……446
抵触《ていしょく》……458
ディスカッション……285
呈《てい》する……335
低層《ていそう》……535
低速《ていそく》……555
鼎談《ていだん》……285
亭々《ていてい》……534
ディフェンス……368

デリカシーがない …… 451
照《て》り付《つ》ける …… 581
照《て》り映《は》える …… 581
照《て》る …… 581
出《で》る …… 183
照《て》る照《て》る坊主《ぼうず》 …… 603
照《て》れ隠《かく》し …… 496
照《て》れくさい …… 493
でれでれ …… 418
照《て》れる …… 493
照《て》れ笑《わら》い …… 378
手《て》を上《あ》げる …… 158・362
手《て》を打《う》つ …… 157
手《て》を貸《か》す …… 328
手《て》を借《か》りる …… 329
手《て》を切《き》る …… 325
手《て》を組《く》む …… 333
手《て》を携《たずさ》える …… 333
手《て》を尽《つ》くす …… 481
手《て》を付《つ》ける …… 227
手《て》を通《とお》す …… 242
手《て》を取《と》る …… 374
手《て》を握《にぎ》る …… 333
手《て》を焼《や》く …… 477
天《てん》 …… 132・572
天運《てんうん》 …… 132
点火《てんか》 …… 575
天外《てんがい》 …… 573
天涯《てんがい》 …… 573
天下一品《てんかいっぴん》 …… 560
転学《てんがく》 …… 112
転記《てんき》 …… 318
天気《てんき》 …… 585・601
天気雨《てんきあめ》 …… 590
天球《てんきゅう》 …… 573
転居《てんきょ》 …… 250
天空《てんくう》 …… 572
天狗《てんぐ》になる …… 448
電撃《でんげき》 …… 365
転校《てんこう》 …… 112
天候《てんこう》 …… 585
電光石火《でんこうせっか》 …… 553
天国《てんごく》 …… 431
てんこ盛《も》り …… 521
天才《てんさい》 …… 69
天際《てんさい》 …… 573
天才的《てんさいてき》 …… 560
天子《てんし》 …… 64
天使《てんし》が通《とお》る …… 294
天日《てんじつ》 …… 570
天寿《てんじゅ》 …… 105
伝授《でんじゅ》 …… 372
伝習《でんしゅう》 …… 304
天寿《てんじゅ》を全《まっと》うする …… 121
天井《てんじょう》 …… 535
天上《てんじょう》 …… 572
点《てん》じる …… 581
天心《てんしん》 …… 573
点数《てんすう》を稼《かせ》ぐ …… 454
転戦《てんせん》 …… 349
伝染《でんせん》 …… 99
転地《てんち》 …… 250
店長《てんちょう》 …… 65
天頂《てんちょう》 …… 573
点滴《てんてき》 …… 586
てんてこ舞《ま》い …… 507
でんと …… 145
転倒《てんとう》 …… 150
点灯《てんとう》 …… 582
天《てん》に向《む》かって唾《つば》を吐《は》く …… 573
天《てん》にも昇《のぼ》る心地《ここち》 …… 426・573
転入《てんにゅう》 …… 113
天皇《てんのう》 …… 64
天《てん》は二物《にぶつ》を与《あた》えず …… 338
天《てん》は自《みずか》ら助《たす》くる者《もの》を助《たす》く …… 486
臀部《でんぶ》 …… 87
伝聞《でんぶん》 …… 266
展望《てんぼう》 …… 262
天命《てんめい》 …… 132
点滅《てんめつ》 …… 582
伝来《でんらい》 …… 187
天覧《てんらん》 …… 262
天《てん》を焦《こ》がす …… 574
天《てん》を衝《つ》く …… 573

と

問《と》い …… 298

問《と》い合《あ》わせる …… 297
問《と》い返《かえ》す …… 297
問《と》いかける …… 297
吐息《といき》 …… 475
問《と》い質《ただ》す …… 298
問《と》い詰《つ》める …… 298
訪《と》う …… 182
問《と》う …… 297
胴《どう》 …… 84
投下《とうか》 …… 156
頭角《とうかく》を現《あらわ》す …… 557
灯火《とうか》親《した》しむべし …… 438
とうが立《た》つ …… 109
投棄《とうき》 …… 165
討議《とうぎ》 …… 285
同級生《どうきゅうせい》 …… 56
同居《どうきょ》 …… 249
投稿《とうこう》 …… 321
投降《とうこう》 …… 361
瞳孔《どうこう》 …… 80
同行《どうこう》 …… 178
慟哭《どうこく》 …… 384
凍死《とうし》 …… 125
童子《どうじ》 …… 47
同士《どうし》討《う》ち …… 350
童女《どうじょ》 …… 49
凍傷《とうしょう》 …… 96
同情《どうじょう》 …… 435
当職《とうしょく》 …… 18
投《とう》じる …… 155
動《どう》じる …… 392
同性《どうせい》 …… 41
同棲《どうせい》 …… 249
同席《どうせき》 …… 145
逃走《とうそう》 …… 195
闘争《とうそう》 …… 348
胴体《どうたい》 …… 84
到達《とうたつ》 …… 191
到着《とうちゃく》 …… 191
同着《どうちゃく》 …… 192
頭頂《とうちょう》 …… 78
盗聴《とうちょう》 …… 266
疼痛《とうつう》 …… 200
投擲《とうてき》 …… 156
滔々《とうとう》 …… 278
同道《どうどう》 …… 178
堂々巡《どうどうめぐ》り …… 288
頭取《とうどり》 …… 62
投入《とうにゅう》 …… 156
踏破《とうは》 …… 168
頭髪《とうはつ》 …… 78
同伴《どうはん》 …… 178
逃避《とうひ》 …… 195
闘病《とうびょう》 …… 101
頭部《とうぶ》 …… 78
唐変木《とうへんぼく》 …… 75
当方《とうほう》 …… 17
逃亡《とうぼう》 …… 194
同胞《どうほう》 …… 27
同盟《どうめい》 …… 370
頭目《とうもく》 …… 61
瞠目《どうもく》 …… 391
胴元《どうもと》 …… 61
陶冶《とうや》 …… 372
動揺《どうよう》 …… 393
到来《とうらい》 …… 186
倒立《とうりつ》 …… 141
登竜門《とうりゅうもん》 …… 563
頭領《とうりょう》 …… 60
棟梁《とうりょう》 …… 60
投了《とうりょう》 …… 362
蟷螂《とうろう》の斧《おの》 …… 457
討論《とうろん》 …… 285
当惑《とうわく》 …… 393
遠《とお》い …… 536
遠縁《とおえん》 …… 40
遠《とお》く …… 536
遠《とお》くて近《ちか》きは男女《だんじょ》の仲《なか》 …… 45
遠《とお》くの親類《しんるい》より近《ちか》くの他人《たにん》 …… 41
遠見《とおみ》 …… 262
遠目《とおめ》 …… 262
遠《とお》め …… 536
通《とお》り …… 180
通《とお》りがかり …… 180
通《とお》りかかる …… 180
通《とお》り越《こ》す …… 179
通《とお》りすがり …… 181

通《とお》り過《す》ぎる……179
通《とお》り抜《ぬ》け……181
通《とお》り抜《ぬ》ける……179
通《とお》る……114・179
とかげのしっぽ切《き》り……165
どかっと……524
とがめる……298・395
どか雪《ゆき》……593
怒気《どき》……398
どきっと……392
どきどき……407・426
時《とき》の運《うん》……133
どぎまぎ……394
度肝《どぎも》を抜《ぬ》く……389
読経《どきょう》……311
退《ど》く……189
得意《とくい》……449
得意気《とくいげ》……449
得意満面《とくいまんめん》……449
独学《どくがく》……304
独眼《どくがん》……81
独語《どくご》……274
毒殺《どくさつ》……138
独習《どくしゅう》……304
読書《どくしょ》……312
読書百遍《どくしょひゃっぺん》、意《い》、自《おの》ずから通《つう》ず……310
独身《どくしん》……115
得心《とくしん》がいく……301
毒舌《どくぜつ》……503
独走《どくそう》……172
特大《とくだい》……510
毒突《どくづ》く……502
得々《とくとく》……449
読破《どくは》……312
特筆《とくひつ》……317
毒味《どくみ》……230・240
特約《とくやく》……370
独立《どくりつ》……109
読了《どくりょう》……312
督励《とくれい》……487
毒《どく》を盛《も》る……138
解《と》け合《あ》う……438
溶《と》け込《こ》む……438
土下座《どげざ》……144
遂《と》げる……340
床上《とこあ》げ……102
とこしえ……530
床擦《とこず》れ……94
とことこ……169
床《とこ》に就《つ》く……99・219
どこ吹《ふ》く風《かぜ》……463・600
所狭《ところせま》し……518
とさかに来《く》る……396
徒死《とし》……124
年男《としおとこ》……43
年女《としおんな》……45
年子《としご》……32
年頃《としごろ》……50
年回《としまわ》り……131
土砂降《どしゃぶ》り……587
年寄《としよ》り……53
年寄《としよ》りの冷《ひ》や水《みず》……54
どじを踏《ふ》む……342
トス……156
渡世《とせい》……218
土葬《どそう》……129
土足《どそく》……91
どたどた……169
塗炭《とたん》の苦《くる》しみ……470
土着《どちゃく》……250
とちる……342
読解《どっかい》……311
どっかり……145
特記《とっき》……317
特急《とっきゅう》……505
独居《どっきょ》……249
どっきり……392
嫁《とつ》ぐ……115
取《と》っ組《く》み合《あ》い……350
突撃《とつげき》……365
特攻《とっこう》……366
とっさ……532
どっさり……524
どっしり……542
突然死《とつぜんし》……123
取《と》って返《かえ》す……188
どっと……524

とつとつ……281
とっとと……554
突入《とつにゅう》……365
トップ……560
突風《とっぷう》……595
とっぷり……613
訥弁《とつべん》……278
土手《どて》っ腹《ぱら》……86
徒党《ととう》を組《く》む……333
止《とど》めを刺《さ》す……137
唱《とな》える……292・311
隣近所《となりきんじょ》……538
怒鳴《どな》り散《ち》らす……395
怒鳴《どな》り付《つ》ける……396
怒鳴《どな》る……291・395
途《と》に就《つ》く……183
殿《との》……65
殿方《とのがた》……42
どの面《つら》下《さ》げて……451
飛《と》ばす……171
怒髪天《どはつてん》を衝《つ》く……398
とび上《あ》がる……147
飛《と》び上《あ》がる……388・424
とび移《うつ》る……147
とび降《お》りる……148
とびかかる……147
鳶《とび》が鷹《たか》を生《う》む……108
飛《と》び級《きゅう》……112
飛《と》び切《き》り……560
とび越《こ》える……147
とび込《こ》む……148
飛《と》び出《だ》す……190
飛《と》び立《た》つ……183・424
とび付《つ》く……147
飛《と》び抜《ぬ》ける……557
とび跳《は》ねる……147
飛《と》び回《まわ》る……171・481
とぶ……147
飛《と》ぶ……183・194
飛《と》ぶよう……173
徒歩《とほ》……168
途方《とほう》に暮《く》れる……476
とぼける……461
乏《とぼ》しい……525
とぼとぼ……170
戸惑《とまど》う……393
弔《とむら》い……128
弔《とむら》う……128
止《と》めどなく……385
友《とも》……55
友垣《ともがき》……55
共食《ともぐ》い……232
ともす……581
友達《ともだち》……55
友釣《ともづ》り……57
伴《ともな》う……177
友引《ともびき》……57
どもる……273
渡来《とらい》……187
虎《とら》の威《い》を借《か》る狐《きつね》……445
トラブル……350
どら息子《むすこ》……33
取《と》り合《あ》う……352
取《と》り上《あ》げる……151
取《と》り急《いそ》ぎ……505
ドリーム……491
取《と》り入《い》る……454
取《と》り交《か》わす……369
取《と》り決《き》め……371
取《と》り組《く》む……480
取《と》り越《こ》し苦労《ぐろう》……499
取《と》りこぼす……360
取《と》り込《こ》む……507
取締役《とりしまりやく》……62
取《と》り澄《す》ます……409
取《と》り付《つ》く島《しま》もない……443
取《と》り繕《つくろ》う……409
取《と》り逃《に》がす……193
鳥肌《とりはだ》が立《た》つ……215・404
取《と》り巻《ま》き……455
取《と》り乱《みだ》す……393
度量《どりょう》……436
努力《どりょく》……481
取《と》る……151・226
トルネード……596
取《と》る物《もの》も取《と》りあえず……505
ドレスアップ……247
泥臭《どろくさ》い……206

泣《な》きはらす……382
泣《な》き伏《ふ》す……383
泣《な》きべそ……387
泣《な》き虫《むし》……387
亡《な》き者《もの》にする……137
泣《な》き別《わか》れ……327
泣《な》きわめく……383
泣《な》き笑《わら》い……378
泣《な》きを入《い》れる……383
泣《な》きを見《み》る……383
泣《な》く……382
凪《な》ぐ……600
泣《な》く子《こ》と地頭《じとう》には勝《か》てぬ……387
泣《な》く子《こ》も黙《だま》る……387
亡《な》くなる……120
殴《なぐ》り書《が》き……321
殴《なぐ》り込《こ》む……364
殴《なぐ》り付《つ》ける……158
殴《なぐ》る……158
投《な》げ入《い》れる……155
なげうつ……163
投《な》げかける……155
嘆《なげ》かわしい……427
嘆《なげ》き……428
嘆《なげ》き悲《かな》しむ……427
嘆《なげ》く……427
投《な》げ込《こ》む……156
投《な》げ捨《す》てる……163
投《な》げ出《だ》す……156
投《な》げ付《つ》ける……155
なげなし……527
投《な》げる……155
名残雪《なごりゆき》……593
情《なさ》け……435
情《なさ》けは人《ひと》のためならず……437
情《なさ》け深《ぶか》い……434
情《なさ》けをかける……436
情《なさ》けを知《し》る……436
成《な》し遂《と》げる……340
馴染《なじ》み……440
馴染《なじ》む……438
なぞる……315
菜種梅雨《なたねづゆ》……589
雪崩《なだれ》……594
懐《なつ》く……439
夏雲《なつぐも》……606
名付《なづ》け親《おや》……22
納得《なっとく》……301
なで上《あ》げる……154
なで下《お》ろす……154
なで肩《がた》……85
なでつける……154
なで回《まわ》す……154
なでる……154
七度尋《ななたびたず》ねて人《ひと》を疑《うたが》え……459
七《なな》つ立《だ》ち……184・554
斜《なな》め読《よ》み……312
何食《なにく》わぬ顔《かお》……462
生足《なまあし》……91
生暖《なまあたた》かい……211
名前負《なまえま》け……361
生傷《なまきず》……96
生木《なまき》を裂《さ》く……326
生臭《なまぐさ》い……206
生首《なまくび》……78
生唾《なまつば》を飲《の》み込《こ》む……490
生《なま》ぬるい……211
生身《なまみ》……77
生易《なまやさ》しい……564
なまる……273
波風《なみかぜ》……351
涙《なみだ》……387・436
涙雨《なみだあめ》……591
涙《なみだ》ぐむ……384
涙《なみだ》する……382
涙《なみだ》ながら……387
涙《なみだ》に暮《く》れる……382
涙《なみだ》もかれる……382
涙《なみだ》もろい……386
涙《なみだ》を誘《さそ》う……382
涙《なみだ》を流《なが》す……382
涙《なみだ》を呑《の》む……488
涙《なみだ》を催《もよお》す……384
なみなみ……523
なめ回《まわ》す……233
なめる……233・238
悩《なや》み……468
悩《なや》む……467

習《なら》う 302
習《なら》うより慣《な》れよ 304
鳴《な》らす 281
成《な》らぬ堪忍《かんにん》するが堪忍《かんにん》 488
並《なら》びない 558
馴《な》れ馴《な》れしい 450
軟化《なんか》 540
難解《なんかい》 563
難儀《なんぎ》 469・563
難詰《なんきつ》 299
難癖《なんくせ》を付《つ》ける 503
難航《なんこう》 563
難産《なんざん》 107
汝《なんじ》 19
軟質《なんしつ》 540
軟弱《なんじゃく》 540
難渋《なんじゅう》 563
軟着陸《なんちゃくりく》 192
何《なん》でもない 565
難《なん》なく 565
ナンバーワン 70
難病《なんびょう》 97
難問《なんもん》 299

に

兄《にい》さん 28・50
煮《に》え湯《ゆ》を飲《の》まされる 237
匂《にお》い 204
臭《にお》い 204
匂《にお》う 202・545
臭《にお》う 202・459
仁王立《におうだ》ち 141
におやか 204
苦《にが》い 239・470
逃《に》がした魚《さかな》は大《おお》きい 194
逃《に》がす 192
苦手《にがて》 422
苦々《にがにが》しい 401
苦《にが》り切《き》る 400
苦笑《にがわら》い 378
握《にぎ》り締《し》める 152
握《にぎ》りつぶす 152
握《にぎ》る 152
にくい 562
憎《にく》い 421
肉塊《にくかい》 76
憎《にく》からず思《おも》う 414
肉眼《にくがん》 80
肉食《にくじき》 231
憎《にく》しみ 422
肉食《にくしょく》 231
肉親《にくしん》 39
肉体《にくたい》 76
憎《にく》たらしい 421
憎々《にくにく》しい 421
肉筆《にくひつ》 318
憎《にく》まれ口《ぐち》 422
憎《にく》む 419
憎《にく》らしい 421
肉《にく》を切《き》らせて骨《ほね》を断《た》つ 162
逃《に》げ足《あし》 197
逃《に》げ失《う》せる 193
逃《に》げおおせる 193
逃《に》げ切《き》る 193・356
逃《に》げ腰《ごし》 197
逃《に》げ込《こ》む 193
逃《に》げ去《さ》る 193
逃《に》げ出《だ》す 193
逃《に》げ散《ち》る 193
逃《に》げ通《とお》す 193
逃《に》げ延《の》びる 193
逃《に》げ惑《まど》う 193
逃《に》げ回《まわ》る 193
逃《に》げる 192
逃《に》げるが勝《か》ち 194
逃《に》げを打《う》つ 194
にこにこ 379
にこやか 379
二三《にさん》 526
二重顎《にじゅうあご》 82
二世《にせい》 32
にたにた 380
似《に》た者夫婦《ものふうふ》 118
日没《にちぼつ》 610
にちゃにちゃ 234
日輪《にちりん》 568
日射《にっしゃ》 583
日照《にっしょう》 584

にっちもさっちも …… 478
日中《にっちゅう》 …… 608
にっと …… 380
日本一《にっぽんいち》 …… 561
二《に》度《ど》寝《ね》 …… 221
二《に》人三脚《にんさんきゃく》 …… 335
二《に》の腕《うで》 …… 89
二《に》の句《く》が継《つ》げない …… 390
二《に》の舞《まい》を演《えん》じる …… 343
鈍《にぶ》い …… 554
にべもない …… 443
日《に》本《ほん》晴《ば》れ …… 601
二《に》枚腰《まいごし》 …… 85
にやける …… 377
にやにや …… 380
入院《にゅういん》 …… 98
入園《にゅうえん》 …… 112
入学《にゅうがく》 …… 112
入居《にゅうきょ》 …… 249
入校《にゅうこう》 …… 112
乳《にゅう》児《じ》 …… 46
柔弱《にゅうじゃく》 …… 93
入寂《にゅうじゃく》 …… 127
入手《にゅうしゅ》 …… 340
入定《にゅうじょう》 …… 127
入植《にゅうしょく》 …… 250
入籍《にゅうせき》 …… 114
入刀《にゅうとう》 …… 161
入道雲《にゅうどうぐも》 …… 605
入滅《にゅうめつ》 …… 127
乳幼《にゅうよう》児《じ》 …… 46
柔《にゅう》和《わ》 …… 442
女房《にょうぼう》 …… 119
女性《にょしょう》 …… 44
女人《にょにん》 …… 44
にらみ付《つ》ける …… 260
にらむ …… 260
庭《にわ》いじり …… 111
にわか雨《あめ》 …… 590
にわか雪《ゆき》 …… 593
庭《にわ》仕《し》事《ごと》 …… 111
人間臭《にんげんくさ》い …… 204
人間的《にんげんてき》 …… 435
人間味《にんげんみ》 …… 435
刃傷《にんじょう》 …… 95
人情《にんじょう》 …… 435
人情味《にんじょうみ》 …… 435
忍耐《にんたい》 …… 489
にんまり …… 380

ぬ

糠雨《ぬかあめ》 …… 589
ぬかす …… 271
糠喜《ぬかよろこ》び …… 426
抜《ぬ》かり …… 344
抜《ぬ》かる …… 342
抜《ぬ》き足《あし》差《さ》し足《あし》 …… 169
抜《ぬ》き書《が》き …… 318
脱《ぬ》ぎ捨《す》てる …… 165
抜《ぬ》きつ抜《ぬ》かれつ …… 354
抜《ぬ》き手《て》を切《き》る …… 176
抜《ぬ》きん出《で》る …… 557
温《ぬく》い …… 211
ぬくぬく …… 213
温《ぬく》もり …… 212
抜《ぬ》け作《さく》 …… 72
ぬけぬけ …… 452
抜《ぬ》ける …… 180
抜《ぬ》けるような …… 602
主《ぬし》 …… 118
盗人《ぬすっと》猛々《たけだけ》しい …… 450
盗《ぬす》み聞《ぎ》き …… 266
盗《ぬす》み食《ぐ》い …… 229
盗《ぬす》み見《み》る …… 255
盗《ぬす》み読《よ》み …… 312
ぬっと …… 142
ぬるい …… 211
ぬるむ …… 213
濡《ぬ》れ衣《ぎぬ》を着《き》せられる …… 247

ね

寝《ね》 …… 222
寝《ね》入《い》り端《ばな》 …… 222
寝《ね》入《い》る …… 219
姉《ねえ》さん …… 28・50
寝《ね》起《お》き …… 218・225
願《ねが》い …… 491
願《ねが》い事《ごと》 …… 491

願《ねが》う……489
寝返《ねがえ》り……458
寝返《ねがえ》る……457
寝《ね》かし付《つ》ける……219
寝《ね》かす……219
願《ねが》ったりかなったり……492
値《ね》が張《は》る……535
願《ねが》わくは……493
猫《ねこ》かわいがり……416
猫《ねこ》なで声《ごえ》……455
猫《ねこ》の子《こ》をもらうよう……339
猫《ねこ》の手《て》も借《か》りたい……506
猫《ねこ》の額《ひたい》……518
寝込《ねこ》み……222
寝込《ねこ》む……99・219
寝転《ねころ》ぶ……145
寝覚《ねざ》め……225
ねじ込《こ》む……396
寝静《ねしず》まる……220
寝《ね》しな……223
ねじり鉢巻《はちま》き……484
寝過《ねす》ごす……220
寝《ね》そべる……145
寝《ね》たきり……223
ねたみ……422
寝《ね》だめ……221
熱愛《ねつあい》……416
熱意《ねつい》……485
寝付《ねつ》き……223
ネック……83
寝付《ねつ》く……99・219
熱血漢《ねっけつかん》……43
熱心《ねっしん》……483
熱戦《ねっせん》……347
熱風《ねっぷう》……598
熱弁《ねつべん》……277
熱望《ねつぼう》……491
熱《ねつ》を上《あ》げる……414
熱《ねつ》を入《い》れる……481
寝《ね》ても覚《さ》めても……226
根《ね》に持《も》つ……419
粘《ねば》り勝《が》ち……359
粘《ねば》る……480
涅槃《ねはん》……127
寝坊《ねぼう》……222
寝《ね》ぼける……220
寝待《ねま》ち月《づき》……570
寝耳《ねみみ》に水《みず》……391
眠《ねむ》い……222
眠気《ねむけ》……222
眠気《ねむけ》を誘《さそ》う……220
眠《ねむ》たい……222
眠《ねむ》り……222
眠《ねむ》りこける……219
眠《ねむ》り込《こ》む……219
眠《ねむ》りに落《お》ちる……219
眠《ねむ》りに就《つ》く……219
眠《ねむ》る……120・219
ねめ付《つ》ける……260
根雪《ねゆき》……594
練《ね》り歩《ある》く……166
寝《ね》る……99・145・219
寝《ね》る子《こ》は育《そだ》つ……112
念願《ねんがん》……491
年季《ねんき》が入《はい》る……551
懇《ねんご》ろ……434・437
捻挫《ねんざ》……94
燃焼《ねんしょう》……575
年代物《ねんだいもの》……549
ねんね……46・220
年配《ねんぱい》……54

の

濃厚《のうこう》……240
納骨《のうこつ》……129
脳死《のうし》……123
脳天《のうてん》……78
能天気《のうてんき》……586
農繁期《のうはんき》……508
能筆《のうひつ》……322
能弁《のうべん》……277
納涼《のうりょう》……214
ノーコメント……294
ノート……320
野飼《のが》い……111
逃《のが》す……193
逃《のが》れる……192
退《の》く……189

のこのこ……452
残《のこ》り香《が》……205
残《のこ》り少《すく》ない……524
のさばる……445
のし歩《ある》く……166
のしのし……170
野宿《のじゅく》……222
のぞき込《こ》む……255
のぞき見《み》……256
のぞく……254
望《のぞ》ましい……492
望《のぞ》み……490
望《のぞ》む……261・489
のたうち回《まわ》る……466
のたうつ……466
のたまう……272
野《の》たれ死《じ》に……124
のちのち……537
ノック……158
ノックアウト……359
のっぽ……534
喉《のど》……84
喉《のど》が鳴《な》る……238
喉《のど》から手《て》が出《で》る……490
喉首《のどくび》……84
喉笛《のどぶえ》……84
喉仏《のどぼとけ》……84
喉元《のどもと》……84
喉元《のどもと》過《す》ぎれば熱《あつ》さを忘《わす》れる……308
ののしる……502
のの字《じ》を書《か》く……496
伸《の》び上《あ》がる……140
のびのび……516
野辺《のべ》の送《おく》り……128
述《の》べる……268
のぼせ上《あ》がる……448
のぼせる……447
上《のぼ》る……176
飲《の》み食《く》い……228
飲《の》み下《くだ》す……235
飲《の》み込《こ》み……301
飲《の》み込《こ》む……235・300
呑《の》み込《こ》む……488
蚤《のみ》の夫婦《ふうふ》……118
飲《の》み干《ほ》す……236
飲《の》む……235
のめる……150
乗《の》り込《こ》む……363
乗《の》り捨《す》てる……164
乗《の》り出《だ》す……183
乗《の》り付《つ》ける……191
乗《の》り逃《に》げ……196
のろい……554
呪《のろ》い……423
呪《のろ》う……419
狼煙《のろし》……577
のろのろ……556
のろま……74
野分《のわ》き……598

は

把握《はあく》……301
婆《ばあ》さん……55
パーソン……42
ハード……470・539
パートナー……117
ハートをとらえる……433
ばあば……35
はあはあ……471
梅雨《ばいう》……591
拝謁《はいえつ》……325
徘徊《はいかい》……167
拝観《はいかん》……256
拝顔《はいがん》……324
廃棄《はいき》……165
ハイキング……168
配偶者《はいぐうしゃ》……117
敗軍《はいぐん》の将《しょう》は兵《へい》を語《かた》らず……361
拝見《はいけん》……252
拝辞《はいじ》……190
拝受《はいじゅ》……340
敗色《はいしょく》……362
背信《はいしん》……458
拝《はい》する……252
敗戦《はいせん》……361
背走《はいそう》……172
敗走《はいそう》……195

敗退《はいたい》……360
倍大《ばいだい》……512
拝聴《はいちょう》……266
はいつくばる……146
ハイティーン……47
掃《は》いて捨《す》てるほど……522
背徳《はいとく》……458
拝読《はいどく》……312
灰《はい》になる……580
はいはい……146
背反《はいはん》……458
拝眉《はいび》……324
背部《はいぶ》……87
ハイペース……553
敗北《はいぼく》……360
培養《ばいよう》……111
拝領《はいりょう》……340
はう……146
ハウス栽培《さいばい》……111
パウダースノー……591
南風《はえ》……598
はえば立《た》て、立《た》てば歩《あゆ》めの親《おや》
心《ごころ》……21
映《は》える……545・581
羽織《はお》る……243
馬鹿《ばか》……72
歯《は》が浮《う》く……418
博士《はかせ》……70
馬鹿高《ばかたか》い……533
歯《は》が立《た》たない……234・363・539
馬鹿《ばか》たれ……72
馬鹿《ばか》でかい……510
馬鹿《ばか》の一《ひと》つ覚《おぼ》え……306
馬鹿者《ばかもの》……72
馬鹿野郎《ばかやろう》……72
歯《は》がゆい……411
諮《はか》る……297
馬鹿笑《ばかわら》い……378
破顔一笑《はがんいっしょう》……378
破棄《はき》……165
はぎ……90
吐《は》き気《け》がする……419
歯《は》ぎしり……465
履《は》き違《ちが》える……243
履《は》き潰《つぶ》す……243
歯切《はぎ》れ……276
穿《は》く……243
履《は》く……243
吐《は》く……271
博愛《はくあい》……417
白雨《はくう》……590
麦雨《ばくう》……590
白煙《はくえん》……577
白玉楼中《はくぎょくろうちゅう》の人《ひと》となる……127
白銀《はくぎん》……594
育《はぐく》む……109
莫逆《ばくげき》の友《とも》……58
白日《はくじつ》……568・609
拍手《はくしゅ》……501
拍手喝采《はくしゅかっさい》……501
薄情《はくじょう》……443
爆笑《ばくしょう》……378
爆睡《ばくすい》……220
爆走《ばくそう》……173
莫大《ばくだい》……519
白昼《はくちゅう》……609
ぱくつく……227
ぱくっと……232
ぱくぱく……232
爆発《ばくはつ》……399
白眉《はくび》……71・561
爆風《ばくふう》……599
薄暮《はくぼ》……610
薄命《はくめい》……123・135
薄明《はくめい》……607
舶来《はくらい》……187
博覧《はくらん》……256
はげ頭《あたま》……79
バケツをひっくり返《かえ》したよう……587
励《はげ》ます……486
励《はげ》む……480
箱入《はこい》り娘《むすめ》……33
破獄《はごく》……195
歯応《はごた》え……234
ばさっと……163
挟《はさ》み撃《う》ち……365
はさみを入《い》れる……160

挟《はさ》む……153
恥《はじ》……497
恥《は》じ入《い》る……495
箸《はし》が進《すす》む……227
はしこい……552
恥《はじ》知《し》らず……451
ばしっと……158
馬《ば》耳《じ》東《とう》風《ふう》……600
恥《はじ》の上塗《うわぬ》り……497
はしゃぐ……424
ばしゃばしゃ……175
端折《はしょ》る……243
恥《は》じらい……496
恥《は》じらう……495
走《はし》らせる……170
走《はし》り……172
走《はし》り書《が》き……321
走《はし》り込《こ》む……171
走《はし》り出《だ》す……171
走《はし》り回《まわ》る……171・481
走《はし》り読《よ》み……312
走《はし》る……170・200
恥《はじ》をさらす……495
箸《はし》を付《つ》ける……227
パス……114
恥《は》ずかしい……493
恥《は》ずかしがる……495
辱《はずかし》め……497
バスト……86
弾《はず》む……147
外《はず》れる……456
罵《ば》声《せい》……503
馳《は》せ参《さん》じる……177
馳《は》せ着《つ》ける……177
馳《は》せる……170
旗頭《はたがしら》……60
はたく……157
バタ臭《ぐさ》い……204
肌寒《はださむ》い……214
はだし……91
果《は》たし合《あ》い……350
果《は》たす……340
ぱたっと……150
ばたばた……150・508
バタフライ……175
肌身《はだみ》……77
はた目《め》……256
ばたん……150
鉢《はち》合《あ》わせ……324
ぱちぱち……158・578
発《はっ》……183
発育《はついく》……108
発火《はっか》……575
ばつが悪《わる》い……494
発給《はっきゅう》……337
はっきり……282
バックアップ……331
抜群《ばつぐん》……558
発言《はつげん》……273
発光《はっこう》……582
ばっさり……163
発車《はっしゃ》……184
発症《はっしょう》……98
跋渉《ばっしょう》……166
発進《はっしん》……184
発《はっ》する……183
ハッスル……485
発走《はっそう》……185
発達《はったつ》……108
ばったばった……359
ばったり……150・324
ばっちい……546
はっと……199・392
ぱっと……142
発破《はっぱ》をかける……486
発病《はつびょう》……98
抜錨《ばつびょう》……185
発奮《はっぷん》……485
初孫《はつまご》……37
初耳《はつみみ》……267
初物《はつもの》七十《しちじゅう》五日《ごにち》……230
発問《はつもん》……298
初雪《はつゆき》……593
溌剌《はつらつ》……93
はて……461
はてさて……461
果《は》てしない……515
果《は》てる……120

ばてる……207
罵倒《ばとう》……503
鳩《はと》が豆鉄砲《まめでっぽう》を食《く》ったよう……391
はとこ……36
鳩胸《はとむね》……85
鼻《はな》……81
鼻息《はないき》をうかがう……454
鼻《はな》が利《き》く……203
鼻《はな》が高《たか》い……534
鼻《はな》が曲《ま》がるほど……204
花曇《はなぐも》り……603
鼻先《はなさき》……81・538
話《はなし》……290
話《はな》し合《あ》い……290
話《はな》し合《あ》う……288
放《はな》し飼《が》い……111
話《はな》しかける……269
話《はなし》が付《つ》く……291
話《はなし》が弾《はず》む……289
話《はな》し込《こ》む……289
話《はな》し上手《じょうず》は聞《き》き上手《じょうず》……267
話《はなし》に花《はな》が咲《さ》く……289
話《はなし》に実《み》が入《はい》る……289
話《はな》し振《ぶ》り……276
話《はな》す……268
鼻筋《はなすじ》……81
鼻高々《はなたかだか》……449
はな垂《た》れ小僧《こぞう》……48・51
放《はな》つ……581
鼻《はな》つまみ……422
鼻面《はなづら》……81
鼻《はな》で笑《わら》う……380
鼻《はな》にかける……448
鼻《はな》に付《つ》く……202・418
鼻《はな》の下《した》を伸《の》ばす……377
鼻柱《はなばしら》……81
花吹雪《はなふぶき》……595
鼻《はな》ぺちゃ……83
はなむけ……338
鼻持《はなも》ちならない……420
花《はな》も恥《は》じらう……53・496・545
華《はな》やか……544
離《はな》れ離《ばな》れ……328
鼻《はな》を高《たか》くする……448
鼻《はな》を突《つ》く……202
はにかむ……495
歯《は》に衣着《きぬき》せぬ……282
パニクる……394
パニック……394
跳《は》ね上《あ》がる……147
跳《は》ね起《お》きる……224
跳《は》ね返《かえ》る……147
跳《は》ね回《まわ》る……147
跳《は》ねる……146
刎《は》ねる……161
歯《は》の根《ね》が合《あ》わない……215・404
母《はは》……25
パパ……23・118
婆《ばばあ》……55
母上《ははうえ》……26
母親《ははおや》……25
母方《ははかた》……40
はばかる……445
母君《ははぎみ》……26
母刀自《ははとじ》……26
母《はは》の日《ひ》……24
幅広《はばひろ》い……515
阻《はば》む……367
幅《はば》を利《き》かせる……445
食《は》む……226
刃向《はむ》かう……456
早足《はやあし》……168
速《はや》い……552
早《はや》い……552
早生《はやう》まれ……107
早起《はやお》き……225
早起《はやお》きは三文《さんもん》の徳《とく》……226
早口《はやくち》……279
早口言葉《はやくちことば》……279
早死《はやじ》に……123
はやす……500
早立《はやだ》ち……184
疾風《はやて》……595
早《はや》とちり……344
早寝《はやね》……221
早引《はやび》け……188
早耳《はやみみ》……267
速《はや》める……504

逸《はや》る …… 410・485
腹《はら》 …… 86・296
腹《はら》が立《た》つ …… 397
腹《はら》が鳴《な》る …… 209
腹《はら》が減《へ》っては戦《いくさ》ができぬ …… 210
腹《はら》が減《へ》る …… 209
同胞《はらから》 …… 27
腹《はら》ごしらえ …… 230
ばらす …… 137
腹立《はらだ》たしい …… 399
腹違《はらちが》い …… 27
ぱらつく …… 588
腹《はら》に据《す》えかねる …… 397
腹《はら》の皮《かわ》がよじれる …… 376
腹《はら》の虫《むし》が治《おさ》まらない …… 397
腹《はら》ばい …… 146
腹八分《はらはちぶ》に医者《いしゃ》いらず …… 230
はらはら …… 386・499
ばらばら …… 328・588
ぱらぱら …… 588
腹《はら》ぺこ …… 210
ばらまく …… 156・336

腹《はら》も身《み》の内《うち》 …… 230
はらり …… 387
はらわたが千切《ちぎ》れる …… 428
はらわたが煮《に》えくり返《かえ》る …… 397
腹《はら》を痛《いた》める …… 107
腹《はら》を抱《かか》える …… 376
腹《はら》を立《た》てる …… 397
波乱《はらん》 …… 351
張《は》り合《あ》う …… 352
張《は》り上《あ》げる …… 292
張《は》り切《き》る …… 484
馬力《ばりき》をかける …… 481
ハリケーン …… 598
張《は》り子《こ》の虎《とら》 …… 410
罵詈雑言《ばりぞうごん》 …… 503
針《はり》の穴《あな》 …… 518
ばりばり …… 234
ぱりぱり …… 234
張《は》りぼて …… 410
張《は》る …… 158
春一番《はるいちばん》 …… 597
はるか …… 536

春風《はるかぜ》 …… 597
春雨《はるさめ》 …… 590・590
はるばる …… 537
晴《は》れ …… 601
晴《は》れ上《あ》がる …… 602
晴《は》れ男《おとこ》 …… 43・603
晴《は》れ女《おんな》 …… 45・603
晴《は》れ晴《ば》れ …… 432
晴《は》れ間《ま》 …… 602
晴《は》れやか …… 431
晴《は》れる …… 602
晴《は》れ渡《わた》る …… 602
馬齢《ばれい》を重《かさ》ねる …… 54
破廉恥《はれんち》 …… 451
歯《は》を食《く》いしばる …… 234・488
晩《ばん》 …… 611
挽歌《ばんか》 …… 130
ハンガー・ストライキ …… 210
晩学《ばんがく》 …… 305
半跏趺坐《はんかふざ》 …… 145
反感《はんかん》 …… 457
半旗《はんき》 …… 130

反逆《はんぎゃく》 …… 457
反旗《はんき》を翻《ひるがえ》す …… 456
ハングリー精神《せいしん》 …… 210
反撃《はんげき》 …… 366
半月《はんげつ》 …… 569
反攻《はんこう》 …… 366
反抗《はんこう》 …… 457
反骨《はんこつ》 …… 458
万策《ばんさく》尽《つ》きる …… 477
反射《はんしゃ》 …… 582
半焼《はんしょう》 …… 579
伴食《ばんしょく》 …… 230
半身《はんしん》 …… 85
半睡《はんすい》 …… 221
反芻《はんすう》 …… 234
反《はん》する …… 456
半生《はんせい》 …… 106
伴走《ばんそう》 …… 173
反則勝《はんそくが》ち …… 359
反則負《はんそくま》け …… 361
班長《はんちょう》 …… 65

ひ

日《ひ》差《ざ》し……584
久《ひさ》しい……529
膝《ひざ》詰《づ》め談判《だんぱん》……291
ひざまずく……143
氷雨《ひさめ》……591
膝《ひざ》を抱《かか》える……473
膝《ひざ》を崩《くず》す……143
膝《ひざ》を屈《くっ》する……362
膝《ひざ》を正《ただ》す……143
膝《ひざ》を交《まじ》える……289・438
悲惨《ひさん》……428
肘《ひじ》……89
ぴしゃり……283
微笑《びしょう》……377
微小《びしょう》……513
微少《びしょう》……525
美食《びしょく》……229
美食家《びしょくか》……232
聖《ひじり》……68
悲壮《ひそう》……428
ひそひそ……280
額《ひたい》……80

額《ひたい》を集《あつ》める……289
ひたすら……484
ひた走《はし》る……171
ひたむき……484
火達磨《ひだるま》……578
悲嘆《ひたん》……428
ぴちぴち……93
悲痛《ひつう》……428
引《ひ》っかき傷《きず》……96
引《ひ》っかく……154
引《ひ》っかける……236・243
筆記《ひっき》……318
ビッグ……511
びっくり……390
ひっくり返《かえ》る……149
びっくり仰天《ぎょうてん》……390
必見《ひっけん》……257
引《ひ》っ越《こ》し……250
引《ひ》っ越《こ》す……248
引《ひ》っ込《こ》み思案《じあん》……442
引《ひ》っ提《さ》げる……152・178
必死《ひっし》……482

羊雲《ひつじぐも》……604
筆写《ひっしゃ》……318
必修《ひっしゅう》……304
必勝《ひっしょう》……359
畢生《ひっせい》……106
必着《ひっちゃく》……192
引《ひ》っつかむ……152
必読《ひつどく》……312
ひっぱたく……158
ヒップ……87
匹夫《ひっぷ》……75
必要《ひつよう》は発明《はつめい》の母《はは》……24
日《ひ》照《で》り……601
人《ひと》……72
一雨《ひとあめ》……586
一泡《ひとあわ》吹《ふ》かせる……393
一息《ひといき》……237
人《ひと》いきれ……212
一重《ひとえ》瞼《まぶた》……81
ひとかど……558
人《ひと》聞《ぎ》きが悪《わる》い……267
一口《ひとくち》……231

一苦労《ひとくろう》……468
人殺《ひとごろ》し……137
ひとしきり……532
人《ひと》死《じ》に……124
一筋《ひとすじ》……484
一筋縄《ひとすじなわ》ではいかない……563
人助《ひとだす》け……331
人《ひと》づてに聞《き》く……265
一《ひと》っ走《ぱし》り……172
一粒種《ひとつぶだね》……31
一《ひと》つ星《ぼし》……572
ひとつまみ……526
一時《ひととき》……532
一握《ひとにぎ》り……526
一眠《ひとねむ》り……221
人肌《ひとはだ》……213
一肌《ひとはだ》脱《ぬ》ぐ……329
一晩《ひとばん》……612
一晩中《ひとばんじゅう》……614
ひとひねり……358
一筆《ひとふで》……320
瞳《ひとみ》……80

一目《ひとめ》 …… 256
人目《ひとめ》 …… 257
人目《ひとめ》に立《た》つ …… 257
一目《ひとめ》ぼれ …… 417
人目《ひとめ》を忍《しの》ぶ …… 324
人目《ひとめ》を盗《ぬす》む …… 257
灯点《ひとも》し頃《ごろ》 …… 610
一人歩《ひとりある》き …… 109・168
一人口《ひとりぐち》は食《く》えぬが二人口《ふたりぐち》は食《く》える …… 117
一人暮《ひとりぐ》らし …… 218
独《ひと》り言《ごと》 …… 274
独《ひと》り立《だ》ち …… 109
一人《ひとり》っ子《こ》 …… 31
一人息子《ひとりむすこ》 …… 32
一人娘《ひとりむすめ》 …… 33
雛《ひな》 …… 514
髀肉《ひにく》の嘆《たん》 …… 429
ひねくり回《まわ》す …… 153
ひねりつぶす …… 355
ひねる …… 153
日《ひ》の入《い》り …… 610
火《ひ》の海《うみ》 …… 579
火《ひ》の車《くるま》 …… 579
火《ひ》の気《け》 …… 576
火《ひ》の付《つ》いたよう …… 385
火《ひ》の手《て》 …… 579
日《ひ》の出《で》 …… 607
火《ひ》のない所《ところ》に煙《けむり》は立《た》たぬ …… 579
火柱《ひばしら》 …… 576
火花《ひばな》を散《ち》らす …… 345
脾腹《ひばら》 …… 86
微々《びび》 …… 526
ひひ …… 380
びびる …… 403
微風《びふう》 …… 595
火蓋《ひぶた》を切《き》る …… 346
悲憤慷慨《ひふんこうがい》 …… 399
疲弊《ひへい》 …… 208
誹謗《ひぼう》 …… 503
干乾《ひぼ》し …… 210
非凡《ひぼん》 …… 559
曾孫《ひまご》 …… 37
暇《ひま》を持《も》て余《あま》す …… 479
暇《ひま》をもらう …… 339
美味《びみ》 …… 240
姫《ひめ》 …… 514
悲鳴《ひめい》 …… 292
悲鳴《ひめい》を上《あ》げる …… 390
眉目秀麗《びもくしゅうれい》 …… 544
ひもじい …… 209
ひもとく …… 309
冷《ひ》や …… 214
冷《ひ》や汗《あせ》 …… 407・496
百《ひゃく》 …… 521
百出《ひゃくしゅつ》 …… 522
百戦百勝《ひゃくせんひゃくしょう》 …… 357
百年《ひゃくねん》 …… 530
百聞《ひゃくぶん》は一見《いっけん》にしかず …… 263
百《ひゃく》も承知《しょうち》 …… 300
白夜《びゃくや》 …… 613
冷《ひ》やっこい …… 213
百遍《ひゃっぺん》 …… 522
ひやひや …… 216・499
冷《ひ》ややか …… 214・443
ひやり …… 216・406
ひゅうひゅう …… 599
びゅうびゅう …… 600
ぴゅうぴゅう …… 600
ヒューマン …… 435
びゅんびゅん …… 554・600
雹《ひょう》 …… 595
病臥《びょうが》 …… 99
表記《ひょうき》 …… 317
評議《ひょうぎ》 …… 287
病気《びょうき》 …… 97
標高《ひょうこう》 …… 534
病死《びょうし》 …… 123
病弱《びょうじゃく》 …… 93
表彰《ひょうしょう》 …… 501
評定《ひょうじょう》 …… 291
病状《びょうじょう》 …… 100
病床《びょうしょう》に臥《ふ》す …… 99
漂着《ひょうちゃく》 …… 192
漂泊《ひょうはく》 …… 168
渺々《びょうびょう》 …… 517
渺茫《びょうぼう》 …… 517
病没《びょうぼつ》 …… 123

病魔《びょうま》……97
兵糧攻《ひょうろうぜ》め……210・366
表六玉《ひょうろくだま》……73
鼻翼《びよく》……81
日和《ひより》……585・601
ひよろ長《なが》い……529
ひ弱《よわ》い……94
ぴょん……148
ぴょんぴょん……148
飛来《ひらい》……187
平泳《ひらおよ》ぎ……175
平《ひら》たい……565
平手《ひらて》……87
ひらめき……199
ひらめく……580
ひらり……542
ひりつく……200
ぴりっと……241
ひりひり……202・242
ぴりぴり……202・242・412
微量《びりょう》……525
昼《ひる》……608

昼行灯《ひるあんどん》……74・608
比類《ひるい》ない……558
ビル風《かぜ》……597
昼下《ひるさ》がり……609
昼過《ひるす》ぎ……609
昼時《ひるどき》……609
昼寝《ひるね》……222
昼日中《ひるひなか》……608
昼間《ひるま》……608
昼前《ひるまえ》……609
ひるむ……403
美麗《びれい》……543
広《ひろ》い……434・515
拾《ひろ》い読《よ》み……312
ヒロイン……70
疲労《ひろう》……208
尾籠《びろう》……546
披露宴《ひろうえん》……116
広々《ひろびろ》……516
広《ひろ》やか……516
火《ひ》を入《い》れる……575
火《ひ》を放《はな》つ……575

火《ひ》を吹《ふ》く……398・574
火《ひ》を見《み》るより明《あき》らか……579
敏活《びんかつ》……552
ひんしゅくを買《か》う……418
憫笑《びんしょう》……381
敏捷《びんしょう》……552
敏速《びんそく》……552
ぴんと来《く》る……198
ぴんぴん……93
貧乏《びんぼう》くじを引《ひ》く……135
貧乏暇《びんぼうひま》なし……508
ひんやり……216

ふ

歩《ふ》……166
無愛想《ぶあいそう》……443
ファイト……487
ファミリー……38
不安《ふあん》……497
フィーリング……198
ぷいと……402
不入《ふい》り……526

風雨《ふうう》……591
風光明媚《ふうこうめいび》……546
風雪《ふうせつ》……593
風葬《ふうそう》……129
風波《ふうは》……351
夫婦《ふうふ》……117
ふうふう……471
風味《ふうみ》……241
不運《ふうん》……134
武運《ぶうん》……133
武運拙《ぶうんつたな》く……136
不衛生《ふえいせい》……546
フェーン現象《げんしょう》……599
無遠慮《ぶえんりょ》……451
フォーマル……247
フォロー……331
孵化《ふか》……107
不快《ふかい》……97・402
不覚《ふかく》……344
深手《ふかで》……95
ふかふか……540
ふがふが……280

ぶかぶか …… 512
俯《ふ》瞰《かん》 …… 262
不《ふ》完《かん》全《ぜん》燃《ねん》焼《しょう》 …… 576
付《ふ》記《き》 …… 317
吹《ふ》き荒《あ》れる …… 599
吹《ふ》き下《お》ろす …… 599
不《ふ》機《き》嫌《げん》 …… 402
吹《ふ》き込《こ》む …… 599
吹《ふ》きすさぶ …… 599
吹《ふ》き出《だ》す …… 376
吹《ふ》き付《つ》ける …… 599
吹《ふ》き抜《ぬ》ける …… 599
不《ふ》帰《き》の客《きゃく》となる …… 126
不《ぶ》気《き》味《み》 …… 405
吹《ふ》き止《や》む …… 600
吹《ふ》き渡《わた》る …… 599
付《ふ》近《きん》 …… 538
吹《ふ》く …… 599
馥《ふく》郁《いく》 …… 204
不《ふ》遇《ぐう》 …… 135
伏《ふく》臥《が》 …… 146
復《ふく》学《がく》 …… 113
ふぐ食《く》う無《む》分《ふん》別《べつ》ふぐ食《く》わぬ無《む》分《ふん》別《べつ》 …… 230
副《ふく》校《こう》長《ちょう》 …… 66
復《ふく》習《しゅう》 …… 303
服《ふく》する …… 236
不《ふ》倶《ぐ》戴《たい》天《てん》 …… 423
腹《ふく》痛《つう》 …… 201
服《ふく》毒《どく》 …… 237
腹《ふく》部《ぶ》 …… 86
福《ふく》耳《みみ》 …… 82
含《ふく》み笑《わら》い …… 378
服《ふく》用《よう》 …… 237
膨《ふく》らはぎ …… 90
膨《ふく》れっ面《つら》 …… 402
膨《ふく》れる …… 400
父《ふ》君《くん》 …… 24
夫《ふ》君《くん》 …… 117
父《ふ》兄《けい》 …… 22・39
不《ふ》景《けい》気《き》 …… 474
不《ふ》潔《けつ》 …… 546
更《ふ》け待《ま》ち月《づき》 …… 570
更《ふ》け行《ゆ》く …… 612
更《ふ》ける …… 612
付《ふ》言《げん》 …… 274
不《ふ》健《けん》康《こう》 …… 93
不《ふ》健《けん》全《ぜん》 …… 93
不《ふ》幸《こう》 …… 122
不《ふ》合《ごう》格《かく》 …… 114
夫《ふ》妻《さい》 …… 117
ふさぎ込《こ》む …… 472
ふさぐ …… 472
父《ふ》子《し》 …… 38
無《ぶ》事《じ》 …… 92
不《ふ》幸《しあわ》せ …… 135
不《ふ》時《じ》着《ちゃく》 …… 192
武《ぶ》士《し》に二《に》言《ごん》はない …… 371
不《ふ》治《じ》の病《やまい》 …… 97
武《ぶ》士《し》は食《く》わねど高《たか》楊《よう》枝《じ》 …… 488
富《ふ》士《じ》額《びたい》 …… 80
不《ふ》死《じ》身《み》 …… 92
不《ふ》惜《しゃく》身《しん》命《みょう》 …… 486
不《ぶ》祝《しゅう》儀《ぎ》 …… 128
婦《ふ》女《じょ》 …… 44
扶《ふ》助《じょ》 …… 330
不《ふ》肖《しょう》 …… 17
負《ふ》傷《しょう》 …… 94
不《ふ》浄《じょう》 …… 546
夫《ふ》唱《しょう》婦《ふ》随《ずい》 …… 118
不《ふ》審《しん》 …… 461
不《ふ》信《しん》 …… 461
腐《ふ》心《しん》 …… 469
婦《ふ》人《じん》 …… 44
夫《ふ》人《じん》 …… 119
不《ふ》審《しん》火《び》 …… 580
伏《ふ》す …… 146
ぶすっと …… 402
ぶすぶす …… 578
ぷすぷす …… 578
不《ふ》世《せい》出《しゅつ》 …… 559
防《ふせ》ぐ …… 366
臥《ふ》せる …… 99
伏《ふ》せる …… 146
不《ふ》戦《せん》勝《しょう》 …… 359
不《ふ》戦《せん》敗《ぱい》 …… 361
父《ふ》祖《そ》 …… 41
不《ふ》遜《そん》 …… 446

二重《ふたえ》瞼《まぶた》 81
二親《ふたおや》 21
双子《ふたご》 31
二心《ふたごころ》 458
普段着《ふだんぎ》 247
プチ 515
ぶち上《あ》げる 283
ぶち切《き》れる 395
ぶちまける 395
部長《ぶちょう》 62
ぶつ 158・271
ぶっ掛《か》ける 157
ぶつかる 323・345・480
払暁《ふつぎょう》 607
ぶっきらぼう 443
ぶつくさ 280
ふっくら 540
ぶつける 156・395
物故《ぶっこ》 122
仏事《ぶつじ》 129
ぶっ倒《たお》れる 148
ぶった切《ぎ》る 160
ぶっ叩《たた》く 158
ぶったまげる 388
仏頂面《ぶっちょうづら》 402
ぷっつり 162
ぷっつん 400
ぷっと 379
ぶっ飛《と》ばす 158・172
ぶっとぶ 147
ぶつぶつ 163・280
ぶつり 162
ぷつん 162
筆《ふで》が滑《すべ》る 315
筆《ふで》が立《た》つ 316
不敵《ふてき》に笑《わら》う 376
筆《ふで》に任《まか》せる 315
不貞寝《ふてね》 221
筆不精《ふでぶしょう》 322
ふてぶてしい 450
筆《ふで》まめ 322
筆《ふで》をおく 316
筆《ふで》を加《くわ》える 314
筆《ふで》を断《た》つ 316
筆《ふで》を走《はし》らせる 316
筆《ふで》をふるう 316
太《ふと》い 450
太《ふと》っ腹《ぱら》 436
太《ふと》もも 90
船出《ふなで》 185
腑《ふ》に落《お》ちない 300
ふにゃふにゃ 541
舟《ふね》をこぐ 220
不敗《ふはい》 357
不憫《ふびん》 429
吹雪《ふぶき》 593
吹雪《ふぶ》く 592
ふふふ 381
ふふん 380
侮蔑《ぶべつ》 503
父母《ふぼ》 21
踏《ふ》み倒《たお》す 149
踏《ふ》み出《だ》す 166
踏《ふ》みとどまる 480
不眠不休《ふみんふきゅう》 484
不名誉《ふめいよ》 497
不面目《ふめんぼく》 497
不愉快《ふゆかい》 402
冬将軍《ふゆしょうぐん》 216
冬晴《ふゆば》れ 602
付与《ふよ》 336
扶養《ふよう》 110
ぶよぶよ 541
ぶら下《さ》げる 152
ふらつく 167
ぶらつく 167
ふらふら 170・208
ぶらぶら 170
ブラボー 502
振《ふ》り仰《あお》ぐ 258
ぶり返《かえ》す 100
振《ふ》り掛《か》ける 157
降《ふ》り籠《こ》める 588
ブリザード 593
降《ふ》りしきる 587
振《ふ》り捨《す》てる 164
降《ふ》り注《そそ》ぐ 587
降《ふ》り出《だ》す 587

ぶりっ子《こ》……410
ぷりぷり……400
振《ふ》りまく……157・336
振《ふ》り回《まわ》す……448
無聊《ぶりょう》……479
振《ふ》る……157
降《ふ》る……587
ぶる……408
古《ふる》い……549
奮《ふる》い起《お》こす……485
振《ふ》るい落《お》とす……164
奮《ふる》い立《た》つ……485
奮《ふる》う……485
ブルー……474
フルーティー……241
震《ふる》え上《あ》がる……215・404
震《ふる》える……215・404
古傷《ふるきず》……96
古臭《ふるくさ》い……549
フルスピード……553
古《ふる》びる……550
ぶるぶる……216・407
古《ふる》ぼける……550
古《ふる》めかしい……549
触《ふ》れ合《あ》う……153・438
フレー……487
プレー……353
フレーバー……241
プレゼント……338
フレッシュ……548
触《ふ》れる……153・323・457
フレンド……56
不老長寿《ふろうちょうじゅ》……105
ブロック……368
ふわふわ……540
ふわり……540
憤慨《ふんがい》……399
奮起《ふんき》……485
分家《ぶんけ》……40
刎頸《ふんけい》の友《とも》……58
憤激《ふんげき》……399
分骨《ぶんこつ》……129
粉骨砕身《ふんこつさいしん》……483
粉砕《ふんさい》……357
憤死《ふんし》……127
扮《ふん》する……246
奮戦《ふんせん》……346・482
憤然《ふんぜん》……399
扮装《ふんそう》……246
紛争《ふんそう》……351
踏《ふ》ん反《ぞ》り返《かえ》る……444
踏《ふ》んだり蹴《け》ったり……136
ふんだん……523
ぷんと……205
奮闘《ふんとう》……346・482
ぶん殴《なぐ》る……158
ぶん投《な》げる……156
憤怒《ふんぬ》……398
奮発《ふんぱつ》……485
踏《ふ》ん張《ば》る……480
噴飯物《ふんぱんもの》……382
文筆《ぶんぴつ》……321
分秒《ふんびょう》……532
分秒《ふんびょう》を争《あらそ》う……504
芬々《ふんぷん》……204
ぷんぷん……206・400
分娩《ぶんべん》……107
分与《ぶんよ》……337
奮励《ふんれい》……482
ふんわり……540

へ

ヘア……79
平易《へいい》……564
併記《へいき》……320
閉口《へいこう》……478
へいこら……455
斃死《へいし》……127
米食《べいしょく》……231
平静《へいせい》を失《うしな》う……393
平服《へいふく》……247
平癒《へいゆ》……102
辟易《へきえき》……477
碧眼《へきがん》……83
へこたれる……474
ぺこぺこ……210・455
へこます……284
ベスト……560

ベストを尽《つ》くす……481
へそ……86
べそ……387
へそで茶《ちゃ》を沸《わ》かす……380
へその緒《お》を切《き》る……108
へそを曲《ま》げる……401
べた凪《なぎ》……600
下手《へた》の考《かんが》え休《やす》むに似《に》たり……296
下手《へた》の長談義《ながだんぎ》……529
下手《へた》の横好《よこず》き……416
へたばる……207
へたへた……475
べた褒《ぼ》め……501
べた雪《ゆき》……592
へたり込《こ》む……472
ぺたり……145
ぺちゃくちゃ……280
べちゃべちゃ……541
別居《べっきょ》……249
瞥見《べっけん》……255
ヘッド……60・78
へっへっへっと……380

へっぽこ……74
へつらう……453
別離《べつり》……326
屁《へ》でもない……566
へどが出《で》る……419
へとへと……208
へどもど……280・394
へなちょこ……75
へなへな……475
紅差《べにさ》し指《ゆび》……88
屁《へ》の河童《かっぱ》……566
へばる……207
ヘビー……542
ベビー……46
へへ……381
へま……344
減《へ》らず口《ぐち》……278
へらへら……380
べらべら……279
ぺらぺら……279
べらぼう……73
経《へ》る……180

べろ……82
べろべろ……235
ぺろぺろ……235
ぺろり……232・235
偏愛《へんあい》……417
勉学《べんがく》……302
弁《べん》が立《た》つ……277
勉強《べんきょう》……302
弁慶《べんけい》の泣《な》き所《どころ》……90
変死《へんし》……124
偏食《へんしょく》……230
弁《べん》じる……269
片頭痛《へんずつう》……201
偏西風《へんせいふう》……598
弁舌《べんぜつ》……276
弁舌《べんぜつ》さわやか……277
変装《へんそう》……246
鞭撻《べんたつ》……487
編入《へんにゅう》……113
扁平足《へんぺいそく》……91
弁論《べんろん》……287
ペンを執《と》る……316

ほ

保育《ほいく》……110
ぽいする……164
棒暗記《ぼうあんき》……306
暴飲《ぼういん》……236
暴飲暴食《ぼういんぼうしょく》……229
防衛《ぼうえい》……367
貿易風《ぼうえきふう》……599
法悦《ほうえつ》……425
放火《ほうか》……580
放棄《ほうき》……165
ほうき星《ぼし》……571
忘却《ぼうきゃく》……308
崩御《ほうぎょ》……122
防御《ぼうぎょ》……367
放言《ほうげん》……275
望見《ぼうけん》……262
暴言《ぼうげん》……275
放校《ほうこう》……113
彷徨《ほうこう》……167
芳香《ほうこう》……205

歩行《ほこう》 167
矛先《ほこさき》を向《む》ける 364
保護者《ほごしゃ》 21
誇《ほこ》らしい 446
ほこりっぽい 546
誇《ほこ》る 447
ほころばす 376
補佐《ほさ》 330
ほざく 271
星《ほし》 570
母子《ぼし》 38
欲《ほ》しい 492
欲《ほ》しがる 490
星屑《ほしくず》 570
星空《ほしぞら》 573
星月夜《ほしづきよ》 613
星《ほし》の数《かず》ほど 522
星回《ほしまわ》り 131
保守《ほしゅ》 368
補習《ほしゅう》 372
保守的《ほしゅてき》 550
補助《ほじょ》 330

歩哨《ほしょう》 166
星《ほし》を落《お》とす 361
干《ほ》す 236
ボス 61
ほぞ 86
細《ほそ》い 525
細長《ほそなが》い 529
ぼそぼそ 280
細目《ほそめ》 83
ほぞを噛《か》む 463
母体《ぼたい》 77
菩提《ぼだい》を弔《とむら》う 129
ほだされる 436
牡丹雪《ぼたんゆき》 592
歩調《ほちょう》 169
没《ぼつ》 122
ぽっくり 123
欲《ほっ》する 490
没《ぼっ》する 120
坊《ぼっ》ちゃん 33・49・51
ほっつき歩《ある》く 167
ホット 211・547

ぼっと 578
ぽっと 578
頬《ほ》っぺた 81
ぽつぽつ 588
ほっほっと 381
ぽつりぽつり 588
ぽつん 588
ボディー 77
布袋腹《ほていばら》 85
火照《ほて》る 213
補導《ほどう》 373
母堂《ぼどう》 26
仏心《ほとけごころ》 437
仏《ほとけ》になる 126
仏《ほとけ》の 436
仏《ほとけ》の顔《かお》も三度《さんど》 402
施《ほどこ》す 336
程近《ほどちか》い 537
程遠《ほどとお》い 536
ほとんど 521
骨《ほね》 471
骨折《ほねお》り 468

骨《ほね》が折《お》れる 467
骨《ほね》になる 126
骨身《ほねみ》 76
骨身《ほねみ》にこたえる 466
骨《ほね》を折《お》る 480
炎《ほのお》 576
仄《ほの》か 583
匍匐《ほふく》 146
ほふる 138・355
歩兵《ほへい》 166
保母《ほぼ》 66
微笑《ほほえ》み 377
微笑《ほほえ》む 376
ほむら 576
褒《ほ》め言葉《ことば》 501
褒《ほ》め殺《ごろ》し 501
褒《ほ》めそやす 500
褒《ほ》め称《たた》える 500
褒《ほ》め立《た》てる 500
褒《ほ》めちぎる 500
褒《ほ》める 499
ぼや 578

ま

間近《まぢか》 537
間違《まちが》い 344
間違《まちが》う 342
待《ま》ち望《のぞ》む 490
末裔《まつえい》 41
真《ま》っ赤《か》 577
真《ま》っ赤《か》になる 495
睫毛《まつげ》 81
抹香臭《まっこうくさ》い 206
マッサージ 155
真《ま》っ青《さお》 407
まっさら 548
末子《まっし》 31
末孫《まっそん》 41
まったり 241
末弟《まってい》 29
全《まっと》うする 341
まっぴら 422
真《ま》っ昼間《ぴるま》 608
真《ま》っ二《ぷた》つ 162
まとう 242
間遠《まどお》 536
まとまる 332
まどろっこしい 411
まどろむ 219
俎《まないた》の鯉《こい》 132
眼《まなこ》 80
まなざし 81
まなじり 81
学《まな》ぶ 302
愛娘《まなむすめ》 33
間《ま》に合《あ》わない 554
間抜《まぬ》け 72
マネージャー 62
目《ま》の当《あ》たりにする 253
目映《まばゆ》い 543
真昼《まひる》 608
まぶしい 543
瞼《まぶた》 81
瞼《まぶた》が重《おも》くなる 219
まぶだち 58
瞼《まぶた》の母《はは》 26
ママ 25・119
継子《ままこ》 34
継父《ままちち》 25
継母《ままはは》 26
まみえる 323
まみれる 547
まめ 93
豆《まめ》 514
守《まも》り 368
守《まも》る 367
眉唾物《まゆつばもの》 459
眉《まゆ》をひそめる 401
真夜中《まよなか》 612
丸暗記《まるあんき》 306
丸《まる》い 441
丸《まる》い卵《たまご》も切《き》りようで四角《しかく》 162
丸《まる》かじり 233
丸呑《まるの》み 236
丸見《まるみ》え 256
丸焼《まるや》け 579
麿《まろ》 17
まろやか 241
回《まわ》し読《よ》み 313
マン 42
万《まん》 521
満月《まんげつ》 569
満身《まんしん》 77
慢心《まんしん》 449
満身創痍《まんしんそうい》 77・96
満天《まんてん》 573
万年雪《まんねんゆき》 594
万病《まんびょう》 97
満面《まんめん》 79
満面朱《まんめんしゅ》を注《そそ》ぐ 402
満面《まんめん》の笑《え》み 377
マンモス 512

み

身《み》 76
見合《みあ》い 116
見合《みあ》い結婚《けっこん》 116
見合《みあ》う 253
見飽《みあ》きる 254
見上《みあ》げる 258
見当《みあ》たる 252
見合《みあ》わせる 253

見入《みい》る 259
見受《みう》ける 252
見失《みうしな》う 254
身内《みうち》 39
見栄《みえ》 409
見栄《みえ》っ張《ぱ》り 409
見栄坊《みえぼう》 409
見《み》える 186・251
見送《みおく》る 253
見納《みおさ》め 257
見落《みお》とし 255
見落《みお》とす 254
見覚《みおぼ》え 307
見下《みお》ろす 258
見返《みかえ》す 253
味覚《みかく》 241
見《み》かけ倒《だお》し 410
見《み》かける 251
味方《みかた》する 329
三日月《みかづき》 569
帝《みかど》 65
見《み》かねる 253
身柄《みがら》 77
身軽《みがる》 542
見交《みか》わす 253
右《みぎ》に出《で》る者《もの》がない 557
身《み》ぎれい 545
見極《みきわ》める 252
ミクロ 515
眉間《みけん》 80
神輿《みこし》を上《あ》げる 140
未婚《みこん》 115
未婚《みこん》の母《はは》 26
見定《みさだ》める 259
短《みじか》い 531
短《みじか》め 531
短夜《みじかよ》 613
身支度《みじたく》 247
惨《みじ》め 429
未就学児《みしゅうがくじ》 48
微塵《みじん》 526
ミス 44・344
ミズ 44
水浴《みずあ》び 174
見据《みす》える 259
水《みず》かけ論《ろん》 286
身過《みす》ぎ 218
水清《みずきよ》ければ魚《うお》棲《す》まず 545
水際立《みずぎわだ》つ 557
水臭《みずくさ》い 442
見過《みす》ごす 254
水栽培《みずさいばい》 111
水攻《みずぜ》め 366
ミスター 43
水《みず》っぽい 239
見捨《みす》てる 164
水《みず》に流《なが》す 307
水《みず》の滴《したた》るよう 545
ミスる 344
未成年《みせいねん》 51
見《み》せかける 409
ミセス 44
見《み》せ付《つ》ける 448
見《み》せびらかす 448
みぞおち 87
見損《みそこ》なう 254
見《み》そなわす 263
見初《みそ》める 414
霙《みぞれ》 594
身《み》だしなみ 247
身近《みぢか》 537
見違《みちが》える 254
道連《みちづ》れ 179
導《みちび》く 373
密会《みっかい》 325
三日坊主《みっかぼうず》 479
身繕《みづくろ》い 247
三《み》つ子《ご》の魂《たましい》百《ひゃく》まで 54
密葬《みっそう》 128
密談《みつだん》 290
みっちり 374
ミッドナイト 612
見詰《みつ》める 259
密約《みつやく》 371
三《み》つ指《ゆび》 88
見《み》て取《と》る 252
見《み》て見《み》ぬふりをする 462
見通《みとお》す 252

味読《みどく》……311
見届《みとど》ける……252
認《みと》める……251
身共《みども》……17
嬰児《みどりご》……46
緑《みどり》の黒髪《くろかみ》……79
ミドル……52
見《み》とれる……260
皆《みな》……20
見直《みなお》す……252
皆様《みなさま》……20
皆《みな》さん……20
孤児《みなしご》……34
南風《みなみかぜ》……597
見習《みなら》う……302
見慣《みな》れる……253
ミニ……515
見《み》にくい……257
身《み》に染《し》みる……433
身《み》に付《つ》ける……243・302
身《み》につまされる……436
身《み》の上《うえ》……133
身《み》の置《お》き所《どころ》もない……495
見逃《みのが》す……254
身《み》の毛《け》がよだつ……404
見残《みのこ》す……253
見晴《みは》らし……262
見晴《みは》らす……262
見張《みは》る……259
見晴《みは》るかす……262
身二《みふた》つ……107
身震《みぶる》い……214・405
未亡人《みぼうじん》……120
見《み》まがう……254
身罷《みまか》る……127
見守《みまも》る……260
見回《みまわ》す……258
耳《みみ》……82
耳新《みみあたら》しい……266
耳打《みみう》ち……274
耳学問《みみがくもん》……305
耳《みみ》が早《はや》い……267
耳障《みみざわ》り……422
みみずののたくったよう……322
耳《みみ》たぶ……82
耳年増《みみどしま》……267
耳慣《みみな》れる……265
耳《みみ》に入《い》れる……264
耳《みみ》にする……263
耳《みみ》にたこができる……479
耳《みみ》に達《たっ》する……264
耳《みみ》に付《つ》く……265
耳《みみ》に入《はい》る……263
耳《みみ》を疑《うたが》う……389
耳《みみ》を貸《か》す……264
耳《みみ》を傾《かたむ》ける……264
耳《みみ》を澄《す》ます……264
耳《みみ》をそばだてる……264
未明《みめい》……606
見目好《みめよ》い……543
身悶《みもだ》え……469
身《み》も世《よ》もない……427
見《み》やる……257
深雪《みゆき》……594
明星《みょうじょう》……572
明朝《みょうちょう》……608
明晩《みょうばん》……614
見《み》よう見《み》まね……307
冥利《みょうり》に尽《つ》きる……424
妙齢《みょうれい》……51
身寄《みよ》り……39
見《み》る……251・311
診《み》る……251
看《み》る……251
見《み》る影《かげ》もない……263
見《み》るに忍《しの》びない……429
未練《みれん》……464
未練《みれん》がましい……464
見忘《みわす》れる……307
見渡《みわた》す……261
見渡《みわた》す限《かぎ》り……262
身《み》を入《い》れる……480
身《み》を固《かた》める……115・243
身《み》を切《き》るよう……214・470
身《み》を砕《くだ》く……467
身《み》を削《けず》る……467
身《み》を焦《こ》がす……414
身《み》を粉《こ》にする……480

身《み》をやつす……246
みんな……20

む

向《む》かい風《かぜ》……596
向《む》かう……176
迎《むか》え撃《う》つ……364
昔《むかし》ながら……551
昔馴染《むかしなじ》み……56
昔風《むかしふう》……550
むかつく……395
むかっと……400
向《む》かっ腹《ぱら》を立《た》てる……397
むかむか……400
無傷《むきず》……359
むきになる……398
無口《むくち》……294
むくれる……400
無限大《むげんだい》……510
婿《むこ》……118
婿入《むこい》り……115
向《む》こう傷《きず》……96
向《む》こう三軒両隣《さんげんりょうどなり》……538
向《む》こう脛《ずね》……90
向《む》こうに回《まわ》す……352
向《む》こうを張《は》る……352
婿養子《むこようし》……118
無言《むごん》……294
むさ苦《くる》しい……546
むさぼり食《く》う……227
蒸《む》し暑《あつ》い……210
虫《むし》が好《す》かない……420
虫唾《むしず》が走《はし》る……419
虫《むし》の息《いき》……209
虫《むし》の居所《いどころ》が悪《わる》い……402
虫《むし》の知《し》らせ……199
蒸《む》し蒸《む》し……213
虫《むし》も殺《ころ》さない……138・441
むしゃくしゃ……412
むしゃむしゃ……232
無神経《むしんけい》……451
無尽蔵《むじんぞう》……520
蒸《む》す……213
無数《むすう》……519
難《むずか》しい……402・562
むず痒《がゆ》い……200
息子《むすこ》……32
結《むす》び付《つ》く……332
結《むす》ぶ……369
むずむず……202
娘《むすめ》……33・50
むせび泣《な》き……384
むせび泣《な》く……383
無双《むそう》……558
無造作《むぞうさ》……564
無駄死《むだじ》に……124
無駄話《むだばなし》……275
鞭打《むちう》つ……486
夢中《むちゅう》……417
むっくり……225
むっつり……294
むっと……213・400
むつまじい……437
胸板《むないた》……86
胸《むな》くそが悪《わる》い……402
胸倉《むなぐら》……86
胸騒《むなさわ》ぎ……499
空《むな》しくなる……127
胸元《むなもと》……86
むにゃむにゃ……280
胸《むね》……85
胸《むね》が熱《あつ》くなる……433
胸《むね》が一杯《いっぱい》になる……427・433
胸《むね》が締《し》め付《つ》けられる……427
胸《むね》がすく……430
胸《むね》がつかえる……427
胸《むね》がつぶれる……389・428
胸《むね》が詰《つ》まる……433
胸《むね》が張《は》り裂《さ》ける……427
胸《むね》が膨《ふく》らむ……424
胸《むね》がふさがる……427
胸《むね》に迫《せま》る……433
胸《むね》に響《ひび》く……433
胸《むね》を痛《いた》める……498
胸《むね》を打《う》つ……433
胸《むね》を躍《おど》らせる……424
胸《むね》を突《つ》く……389・433
胸《むね》をときめかせる……424

胸《むね》を弾《はず》ませる …… 424
無念《むねん》 …… 464
無比《むひ》 …… 558
夢寐《むび》にも忘《わす》れない …… 223
無病息災《むびょうそくさい》 …… 92
無辺《むへん》 …… 516
無辺際《むへんさい》 …… 516
謀反《むほん》 …… 458
叢雲《むらくも》 …… 604
村雨《むらさめ》 …… 590
むらむら …… 400
無理《むり》 …… 563
無理《むり》が通《とお》れば道理《どうり》が引《ひ》っ込《こ》む …… 181
無量《むりょう》 …… 519
無類《むるい》 …… 559
むんず …… 152
むんむん …… 213

め

目《め》 …… 80
目新《めあたら》しい …… 547
姪《めい》 …… 36
盟《めい》 …… 371
明暗《めいあん》 …… 131
命運《めいうん》 …… 132
銘記《めいき》 …… 306
明記《めいき》 …… 317
名月《めいげつ》 …… 569
明月《めいげつ》 …… 569
明言《めいげん》 …… 282
姪御《めいご》 …… 36
名工《めいこう》 …… 72
盟主《めいしゅ》 …… 60
名手《めいしゅ》 …… 71
名匠《めいしょう》 …… 71
名人《めいじん》 …… 71
迷走《めいそう》 …… 173
瞑想《めいそう》 …… 297
名調子《めいちょうし》 …… 277
姪《めい》っ子《こ》 …… 37
命日《めいにち》 …… 130
冥福《めいふく》を祈《いの》る …… 129
名物《めいぶつ》にうまい物《もの》なし …… 242
命脈《めいみゃく》 …… 104
明滅《めいめつ》 …… 582
瞑目《めいもく》 …… 127
盟約《めいやく》 …… 370
盟友《めいゆう》 …… 57
滅入《めい》る …… 472
迷惑《めいわく》 …… 477
夫婦《めおと》 …… 117
目《め》が行《い》く …… 257
目《め》が潤《うる》む …… 384
目《め》が覚《さ》める …… 225
めかし込《こ》む …… 246
目頭《めがしら》 …… 81
目頭《めがしら》が熱《あつ》くなる …… 384
目頭《めがしら》を押《お》さえる …… 384
めかす …… 246
目《め》が高《たか》い …… 534
目《め》が点《てん》になる …… 389
目《め》がない …… 415
目《め》が回《まわ》る …… 508
目《め》から鱗《うろこ》が落《お》ちる …… 300
目《め》くじらを立《た》てる …… 396
目《め》くそ鼻《はな》くそを笑《わら》う …… 381
恵《めぐ》みの雨《あめ》 …… 591
恵《めぐ》む …… 336
巡《めぐ》り会《あ》い …… 324
巡《めぐ》り会《あ》う …… 323
巡《めぐ》り合《あ》わせ …… 131
めげる …… 472
目《め》こぼし …… 255
目覚《めざ》め …… 225
目覚《めざ》める …… 224
目障《めざわ》り …… 422
召《め》し上《あ》がる …… 226
目尻《めじり》 …… 81
召《め》す …… 226・242
めそめそ …… 386
目立《めだ》つ …… 254
目玉《めだま》 …… 80
目玉《めだま》が飛《と》び出《で》る …… 389
めっけ物《もの》 …… 134
滅多打《めったう》ち …… 158
馬手《めて》 …… 88
めでたい …… 423

愛《め》でる　413
目《め》と鼻《はな》の先《さき》　538
娶《めと》る　116
目《め》に角《かど》を立《た》てる　396
目《め》に染《し》みる　253
目《め》にする　251
目《め》に付《つ》く　253
目《め》に留《と》まる　253
目《め》に涙《なみだ》をためる　384
目《め》に入《はい》る　252
目《め》に触《ふ》れる　252
目《め》にも留《と》まらぬ　553
目《め》の敵《かたき》　422
目《め》の黒《くろ》いうち　104
目《め》の中《なか》に入《い》れても痛《いた》くない　414
目《め》の前《まえ》　537
目《め》の前《まえ》が暗《くら》くなる　473
メモ　320
目《め》も綾《あや》　545
目元《めもと》　81
メモリー　307

めらめら　578
メル友《とも》　59
めろめろ　418
目《め》を赤《あか》くする　384
目《め》を怒《いか》らせる　396
目《め》を疑《うたが》う　389
目《め》を落《お》とす　258
目《め》を輝《かがや》かす　424
目《め》を配《くば》る　260
目《め》を凝《こ》らす　260
目《め》を覚《さ》ます　225
目《め》を皿《さら》のようにする　260
目《め》を三角《さんかく》にする　396
目《め》を白黒《しろくろ》させる　389・467
目《め》を注《そそ》ぐ　259
目《め》を背《そむ》ける　258
目《め》をそらす　258
目《め》をつける　259
目《め》をつぶる　488
目《め》をつり上《あ》げる　397
目《め》を転《てん》じる　257
目《め》を通《とお》す　309

目《め》を留《と》める　259
目《め》を離《はな》す　254
目《め》を細《ほそ》くする　376
目《め》を丸《まる》くする　389
目《め》を見張《みは》る　389
目《め》をむく　397
目《め》を向《む》ける　257
目《め》をやる　257
面会《めんかい》　323
面食《めんく》らう　392
面従腹背《めんじゅうふくはい》　458
面談《めんだん》　290
面罵《めんば》　503
面目次第《めんぼくしだい》もない　494
面目《めんぼく》ない　494
面目《めんぼく》を失《うしな》う　496
綿々《めんめん》　278

も

猛火《もうか》　576
もうけ物《もの》　134
猛攻《もうこう》　365

申《もう》し上《あ》げる　272
申《もう》し合《あ》わせる　369
申《もう》し受《う》ける　339
申《もう》しかねる　272
申《もう》し出《で》る　272
申《もう》し述《の》べる　272
猛暑《もうしょ》　211
申《もう》す　272
猛《もう》スピード　553
毛髪《もうはつ》　79
孟母三遷《もうぼさんせん》の教《おし》え　24
もうもう　577
燃《も》え上《あ》がる　574
燃《も》え盛《さか》る　574
燃《も》え広《ひろ》がる　574
燃《も》える　574
モーニング　607
もがく　411・466
目撃《もくげき》　255
黙《もく》する　293
目前《もくぜん》　537
黙想《もくそう》　297

黙禱《もくとう》……294
黙読《もくどく》……311
黙認《もくにん》……294
黙秘《もくひ》……294
もくもく……577
黙々《もくもく》……484
もぐもぐ……232・281
黙礼《もくれい》……294
もじもじ……497
喪章《もしょう》……130
悶《もだ》える……466
もたつく……555
もたもた……556
もたれる……200
モダン……548
持《も》ち上《あ》げる……151・500
望月《もちづき》……569
持《も》ちつ持《も》たれつ……332
持《も》ち直《なお》す……151
持《も》ち逃《に》げ……196
もちもち……242
喪中《もちゅう》……130
持《も》つ……150
物怪《もっけ》の幸《さいわ》い……134
もったいぶる……408
もったいを付《つ》ける……408
もてあそぶ……154
持《も》て余《あま》す……476
もてはやす……500
もどかしい……411
元締《もとじ》め……61
求《もと》めよ、さらば与《あた》えられん……338
求《もと》める……489
もとる……457
戻《もど》る……188
喪《も》に服《ふく》する……129
物言《ものい》い……276
物言《ものい》えば唇寒《くちびるさむ》し秋《あき》の風《かぜ》……600
物憂《ものう》い……474
物怖《ものお》じ……405
物覚《ものおぼ》え……307
物思《ものおも》い……499
物語《ものがた》る……272
物悲《ものがな》しい……427
物静《ものしず》か……441
物凄《ものすご》い……405
者共《ものども》……21
物《もの》は考《かんが》えよう……296
物《もの》は相談《そうだん》……290
ものもらい……339
物柔《ものやわ》らか……441
物分《ものわ》かり……302
物別《ものわか》れ……327
物忘《ものわす》れ……308
物笑《ものわら》い……381
物《もの》を言《い》う……269
喪服《もふく》……130
もみ合《あ》う……350
もみ消《け》す……155
紅葉《もみじ》を散《ち》らす……495
もみ手《で》……155
もみほぐす……155
もむ……155・284
もめ事《ごと》……350
もめる……350
もも……90
燃《も》やす……574
催《もよお》す……197
最寄《もよ》り……538
もらい受《う》ける……338
もらい泣《な》き……339・385
もらい火《び》……579
もらう……338
漏《も》らす……271
盛《も》りだくさん……519
もりもり……232
漏《も》れ聞《き》く……265
諸手《もろて》……88
悶死《もんし》……127
モンスーン……598
問責《もんせき》……299
門前《もんぜん》の小僧《こぞう》習《なら》わぬ経《きょう》を読《よ》む……306
悶着《もんちゃく》……351
悶々《もんもん》……470

や

刃《やいば》に掛《か》ける……138

やり通《とお》す……341
やり遂《と》げる……340
やり取《と》り……290
やりにくい……562
やり抜《ぬ》く……341
やる……137・335
やるせない……427
野郎《やろう》……42
夜郎自大《やろうじだい》……445
野郎共《やろうども》……21
やわ……540
やわらか……540
柔《やわ》らかい……441・539
軟《やわ》らかい……539
やわらかめ……540
ヤング……50
やんや……502
やんわり……540

ゆ

唯我独尊《ゆいがどくそん》……449
結納《ゆいのう》……116
雄《ゆう》……69
夕《ゆう》……609
憂鬱《ゆううつ》……474
遊泳《ゆうえい》……174
優越《ゆうえつ》……558
優越感《ゆうえつかん》……449
遊学《ゆうがく》……304
夕方《ゆうがた》……609
勇気付《ゆうきづ》ける……486
悠久《ゆうきゅう》……530
夕暮《ゆうぐ》れ……609
友好《ゆうこう》……439
夕刻《ゆうこく》……609
優秀《ゆうしゅう》……558
優勝《ゆうしょう》……357
友人《ゆうじん》……55
有数《ゆうすう》……560
融雪《ゆうせつ》……594
夕空《ゆうぞら》……573
雄大《ゆうだい》……511
夕立《ゆうだち》……591
夕立《ゆうだち》は馬《うま》の背《せ》を分《わ》ける……589
夕月《ゆうづき》……569
夕月夜《ゆうづきよ》……610
優等《ゆうとう》……558
夕凪《ゆうなぎ》……600
夕晴《ゆうば》れ……601
夕日《ゆうひ》……568
優美《ゆうび》……543
夕《ゆう》べ……610
昨夜《ゆうべ》……613
雄弁《ゆうべん》……277
遊牧《ゆうぼく》……111
夕間暮《ゆうまぐ》れ……609
幽明境《ゆうめいさかい》を異《こと》にする……121
憂悶《ゆうもん》……470
夕闇《ゆうやみ》が迫《せま》る……611
憂慮《ゆうりょ》……497
幽霊《ゆうれい》の正体《しょうたい》見《み》たり枯《か》れ尾花《おばな》……408
融和《ゆうわ》……440
愉悦《ゆえつ》……425
愉快《ゆかい》……431
雪《ゆき》……591
行《ゆ》き合《あ》う……323
雪明《ゆきあ》かり……594
雪女《ゆきおんな》……595
雪形《ゆきがた》……595
雪雲《ゆきぐも》……606
行《ゆ》き暮《く》れる……611
雪景色《ゆきげしき》……594
雪化粧《ゆきげしょう》……594
雪煙《ゆきけむり》……594
雪解《ゆきど》け……594
雪晴《ゆきば》れ……602
雪降《ゆきふ》り……592
雪模様《ゆきもよう》……592
逝《ゆ》く……120
行方《ゆくえ》をくらます……193
揺《ゆ》さぶる……434
譲《ゆず》り受《う》ける……338
譲《ゆず》り渡《わた》す……335
譲《ゆず》る……335
豊《ゆた》か……519
ゆっくり……556
ゆったり……516

指《ゆび》 …… 88
指折《ゆびお》り …… 560
指切《ゆびき》り …… 370
弓張《ゆみは》り月《づき》 …… 569
弓《ゆみ》を引《ひ》く …… 457
夢《ゆめ》 …… 490
夢見《ゆめみ》る …… 490
夢《ゆめ》を描《えが》く …… 490
夢《ゆめ》を結《むす》ぶ …… 219
揺《ゆ》り起《お》こす …… 225
緩《ゆる》い …… 540・554
緩《ゆる》める …… 555
緩《ゆる》やか …… 554
ゆるゆる …… 512・556
弓手《ゆんで》 …… 88

よ

余《よ》 …… 17
世《よ》 …… 105
夜《よ》 …… 611
夜明《よあ》け …… 606
宵《よい》 …… 611
よいしょ …… 500
宵《よい》の口《くち》 …… 611
宵《よい》の明星《みょうじょう》 …… 572
容易《ようい》 …… 564
養育《よういく》 …… 110
陽気《ようき》 …… 585
容疑《ようぎ》 …… 461
養魚《ようぎょ》 …… 112
養鶏《ようけい》 …… 111
揚言《ようげん》 …… 284
養護《ようご》 …… 110
擁護《ようご》 …… 368
養蚕《ようさん》 …… 111
養子《ようし》 …… 34
幼児《ようじ》 …… 47
容姿《ようし》端麗《たんれい》 …… 544
養女《ようじょ》 …… 34
幼女《ようじょ》 …… 49
養生《ようじょう》 …… 101
養殖《ようしょく》 …… 112
養成《ようせい》 …… 110
夭逝《ようせい》 …… 123
夭折《ようせつ》 …… 123
洋装《ようそう》 …… 247
容態《ようだい》 …… 100
夜《よ》討《う》ち …… 365
腰痛《ようつう》 …… 201
幼童《ようどう》 …… 47
養豚《ようとん》 …… 111
幼年《ようねん》 …… 49
養父《ようふ》 …… 24
腰部《ようぶ》 …… 87
養父母《ようふぼ》 …… 22
養母《ようぼ》 …… 26
養蜂《ようほう》 …… 112
洋々《ようよう》 …… 516
夜風《よかぜ》 …… 597
予感《よかん》 …… 198
よぎる …… 179
欲《よく》 …… 491
翌朝《よくあさ》 …… 608
欲《よく》に目《め》がくらむ …… 490
欲《よく》の皮《かわ》が突《つ》っ張《ぱ》る …… 490
欲張《よくば》り …… 492
欲張《よくば》る …… 490
欲深《よくふか》 …… 492
欲望《よくぼう》 …… 491
欲目《よくめ》 …… 417
欲《よく》を言《い》えば …… 493
余計《よけい》 …… 520
横顔《よこがお》 …… 79
横風《よこかぜ》 …… 596
横切《よこぎ》る …… 180
横座《よこずわ》り …… 144
横倒《よこだお》し …… 150
横《よこ》たわる …… 146
横《よこ》っ面《つら》 …… 80
横《よこ》っとび …… 148
夜毎《よごと》 …… 614
横長《よこなが》 …… 530
横殴《よこなぐ》りの雨《あめ》 …… 587
横《よこ》になる …… 146
横腹《よこばら》 …… 86
横目《よこめ》 …… 259
汚《よご》れ …… 546
汚《よご》れる …… 547

ら

来校《らいこう》……187
礼賛《らいさん》……501
来社《らいしゃ》……187
来襲《らいしゅう》……364
来場《らいじょう》……187
来宅《らいたく》……182
来着《らいちゃく》……192
来朝《らいちょう》……187
来店《らいてん》……187
ライト……542
ライトアップ……582
来日《らいにち》……187
来年《らいねん》の事《こと》を言《い》えば鬼《おに》が笑《わら》う……381
ライフ……105
来訪《らいほう》……182
裸眼《らがん》……80
楽《らく》……431・565
落書《らくが》き……321
落日《らくじつ》……568
落手《らくしゅ》……340
楽勝《らくしょう》……357
落第《らくだい》……114
落胆《らくたん》……473
楽《らく》ちん……431
落命《らくめい》……122
落陽《らくよう》……568
楽々《らくらく》……565
落涙《らくるい》……385
ラッキー……134
らっぱ飲《の》み……236
らっぱを吹《ふ》く……283
ラブラブ……417
乱《らん》……348
卵生《らんせい》……107
乱戦《らんせん》……347
乱層雲《らんそううん》……604
乱打《らんだ》……157
乱闘《らんとう》……347
乱読《らんどく》……313
ランニング……173
乱反射《らんはんしゃ》……582
乱筆《らんぴつ》……321
爛々《らんらん》……582

り

リーダー……59
離縁《りえん》……327
理解《りかい》……301
李下《りか》に冠《かんむり》を正《ただ》さず……459
罹患《りかん》……98
離岸《りがん》……185
力泳《りきえい》……174
力説《りきせつ》……282
力戦《りきせん》……346
力走《りきそう》……172
力闘《りきとう》……346
陸風《りくかぜ》……597
離婚《りこん》……327
リザーブ……370
離散《りさん》……326
履修《りしゅう》……304
リスニング……268
理想論《りそうろん》……287
立食《りっしょく》……228
立錐《りっすい》の余地《よち》もない……518
慄然《りつぜん》……405
立腹《りっぷく》……399
リトル……515
離乳《りにゅう》……108
離反《りはん》……458
罹病《りびょう》……98
離別《りべつ》……326
略装《りゃくそう》……247
留学《りゅうがく》……304
竜虎《りゅうこ》相《あい》うつ……346
流行遅《りゅうこうおく》れ……551
流星《りゅうせい》……571
流星雨《りゅうせいう》……590
流暢《りゅうちょう》……277
留年《りゅうねん》……113
流亡《りゅうぼう》……166
流離《りゅうり》……166
流麗《りゅうれい》……544
良縁《りょうえん》……115
両思《りょうおも》い……417
凌駕《りょうが》……558
了解《りょうかい》……301

る

れ

連敗《れんぱい》……360
憐憫《れんびん》……435
連夜《れんや》……614

ろ

老翁《ろうおう》……54
老嫗《ろうおう》……55
老朽《ろうきゅう》……549
老骨《ろうこつ》……54
老女《ろうじょ》……55
老人《ろうじん》……53
労《ろう》せずして……565
老体《ろうたい》……53
老大家《ろうたいか》……70
朗読《ろうどく》……311
老年《ろうねん》……53
老婆《ろうば》……55
狼狽《ろうばい》……393
老婆心《ろうばしん》……54
老父《ろうふ》……23
老母《ろうぼ》……25
老爺《ろうや》……54
牢破《ろうやぶ》り……195
老齢《ろうれい》……53
ローティーン……47
ロートル……53
六十《ろくじゅう》の手習《てなら》い……54・305
ろくでなし……74
六花《ろっか》……592
露命《ろめい》……104
ろれつが回《まわ》らない……278
論《ろん》……287
論外《ろんがい》……288
論及《ろんきゅう》……285
ロング……529
論語《ろんご》読みの論語《ろんご》知《し》らず……310
論述《ろんじゅつ》……273
論《ろん》じる……284
論陣《ろんじん》を張《は》る……284
論説《ろんせつ》……287
論戦《ろんせん》……285
論争《ろんそう》……285
論破《ろんぱ》……285
論駁《ろんばく》……285
論《ろん》より証拠《しょうこ》……286
論《ろん》をまたない……286

わ

我《わ》……17
吾《わ》……17
和《わ》……439
わあわあ……386
わあん……387
わい……16
ワイド……516
ワイフ……119
若《わか》い衆《しゅ》……50
若《わか》いときの苦労《くろう》は買《か》ってでもせよ……53
若《わか》い者《もの》……50
我《わ》が子《こ》……31
若死《わかじ》に……123
若造《わかぞう》……51
若手《わかて》……50
我《わ》が輩《はい》……17
我《わ》が身《み》をつねって人《ひと》の痛《いた》さを知《し》れ……202
若者《わかもの》……49
我《わ》が物顔《ものがお》……451
我《わ》が家《や》……38
分《わ》かりにくい……562
分《わ》かる……300
別《わか》れ……326
別《わか》れる……325
別《わか》れ別《わか》れ……328
脇《わき》……86・538
脇《わき》の下《した》……86
脇腹《わきばら》……86
わきまえる……300
脇見《わきみ》……259
脇目《わきめ》……259
脇目《わきめ》も振《ふ》らず……484
湧《わ》く……603
惑星《わくせい》……571
わくわく……426
分《わ》け与《あた》える……336
訳《わけ》ない……565
分《わ》ける……336

若人《わこうど》……49
わざとらしい……409
わし……17
鷲《わし》づかみ……152
鷲鼻《わしばな》……83
僅《わず》か……525
患《わずら》い……97
患《わずら》う……98
忘《わす》れ形見《がたみ》……34・308
忘《わす》れ去《さ》る……307
忘《わす》れっぽい……307
忘《わす》れ物《もの》……308
忘《わす》れる……307
忘《わす》れん坊《ぼう》……308
和装《わそう》……247
私《わたくし》……16
私達《わたくしたち》……18
私共《わたくしども》……18
私《わたくし》め……16
綿雲《わたぐも》……605
私《わたし》……16
私達《わたしたち》……18
私共《わたしども》……18
私《わたし》ら……18
渡《わた》す……336
綿帽子《わたぼうし》……594
綿雪《わたゆき》……592
渡《わた》り合《あ》う……284・345
渡《わた》りがつく……291
渡《わた》る世間《せけん》に鬼《おに》はない……437
わちき……17
わっち……17
わっと……386
童《わっぱ》……48
わて……16
わななく……404
わなわな……400・407
わはは……379
侘《わ》び住《ず》まい……250
喚《わめ》き立《た》てる……291
喚《わめ》く……291
笑《わら》い……377
笑《わら》い顔《がお》……379
笑《わら》いこける……376
笑《わら》い飛《と》ばす……377
笑《わら》いを嚙《か》み殺《ころ》す……376
笑《わら》う……376
笑《わら》う門《かど》には福来《ふくき》たる……381
童《わらべ》……47
わらわ……17
割高《わりだか》……535
悪《わる》い気《き》がしない……425
悪口《わるくち》……503
悪《わる》くない……415
我《われ》……17・19
我関《われかん》せず……17
我先《われさき》……354
我《われ》に返《かえ》る……17
我《われ》も我《われ》も……17・505
我《われ》ら……18
我々《われわれ》……18
我《われ》を忘《わす》れる……308
わんさ……523
わんわん……387

例解学習類語辞典　似たことば・仲間のことば

2009年1月25日　初版第一刷発行

監　修　深谷 圭助
発行者　佐藤 宏
発行所　株式会社 小学館
〒101-8001
東京都千代田区一ツ橋2-3-1
電話　編集 03-3230-5170
販売 03-5281-3555
印刷所　凸版印刷 株式会社
製本所　株式会社 若林製本工場

本文デザイン・DTP組版・
編集協力／株式会社 日本レキシコ
装丁／柏木孝史
イラスト／豆画屋亀吉

編集／大江和弘
制作企画／大木由起夫
資材／池田 靖
制作／西手成人
宣伝／宮村政伸
販売／前原富士夫

小学館国語辞典編集部のホームページ　http://www.web-nihongo.com/
ISBN978-4-09-501661-0